Erik v. Kuehnelt-Leddihn

Die falsch gestellten Weichen
Der Rote Faden 1789–1984

„Man ist jetzt so blöd im Denken und so sittsam im Reden,
daß man beleidigen muß, wenn man die Wahrheit sagen will."

Johann Georg Hamann

ERIK v. KUEHNELT-LEDDIHN

Die falsch gestellten Weichen

Der Rote Faden 1789–1984

1985

HERMANN BÖHLAUS NACHF. WIEN·KÖLN·GRAZ

Im Buchhandel erhältliche Werke des Autors:

AUSTRIA INFELIX oder DIE REPUBLIK DER NEIDGENOSSEN
(H. Böhlaus Nachf.: Wien·Köln·Graz, 1983)

Im Druck:

GLEICHHEIT ODER FREIHEIT?
(Hohenrain–Verlag: Tübingen·Zürich·Paris, 1985)

CIP-Kurztitelaufnahme der Deutschen Bibliothek

Kuehnelt-Leddihn Erik von:

Die falsch gestellten Weichen : d. rote Faden 1789—1984 /
Erik v. Kuehnelt-Leddihn. — Wien ; Köln ; Graz : Böhlau, 1985.
  ISBN 3-205-07213-8

Abbildungsnachweis:

Die Bilder des Umschlages stammen vom Verfasser.

„Die Epoche des G" aus dem Jahre 1984
Das ‚G' steht für unser Zeitalter der
Guillotinen, Gefängnisse, Galgen, Genozide, Gaskammern,
Geisteskrankenhäuser, Genickschüsse und Gulags.

„Ein Meer von Lügen" aus dem Jahre 1977

ISBN 3-205-07213-8

INHALTSVERZEICHNIS

Die Geschichte ist eine einzige Kette von Dummheiten, die immer wieder begangen wurden, obwohl ihr schlechter Ausgang schon zahllose Male offenkundig wurde. Jeder Politiker fühlt sich als Neuentdecker Amerikas, der über die Taten eines Kolumbus erhaben ist. Die Geschichte scheint da zu sein, nicht aus ihr zu lernen. Lernen kann aus ihr nur der demütige, darum in sich sichere, wahrhaft geschichtliche Mensch, der jede Stunde bereit ist, vor seinem Gewissen sich zu verantworten. Ein geistiger Mensch ist, wer in ununterbrochenem Dialog mit Gott steht.

Edgar J. Jung, Denker der Rechten, von den Nationalsozialisten 1934 ermordet, in seinem „Sinndeutung der deutschen Revolution" (1933).

Les hommes sont rarement contemporains de leur propre histoire.
Raymond Aron, „Le grand schisme" (1948).

Totus mundus stultizat.
Kaiser-König Franz I. am ungarischen Reichstag 1808 in Preßburg.

1. EINLEITUNG: EIN MEER VON LÜGEN

Verzeiht, es ist ein groß Ergetzen,
Sich in den Geist der Zeiten zu versetzen.
Zu schauen, wie vor uns ein weiser Mann gedacht,
Und wie wir's dann so herrlich weit gebracht.

Goethes Faust

„Ein Meer von Lügen", das Werk meines Pinsels auf dem Umschlag dieses Bandes, weist auf die vielen Lügen hin, die ganz besonders in der Neuesten Geschichte nisten. Wir haben es hier nicht nur mit entstellenden Lügen zu tun, die zu eigenem Nutz und Frommen in die Welt gesetzt und nur widerstrebend geschluckt wurden, sondern auch mit anderen, die keineswegs verblüfften und an die man bereitwilligst glaubt, denn der Wahrheit ins Gesicht zu schauen ist oft zu unbequem, zu beunruhigend, wenn nicht gar unerträglich. Manchmal muß ich mich da an Phokion erinnern, von dem Plutarch berichtet, er hätte bei einer Rede, durch lebhaften Applaus unterbrochen, sich entsetzt an seine Freunde neben ihm mit der halblauten Frage gewandt: „Habe ich da jetzt einen fürchterlichen Unsinn gesagt?"

Diesen Band könnte man auch einen Idiotenführer durch die moderne Geschichte nennen. Stellen wir aber hier gleich fest, daß der 'Idiot' ursprünglich im antiken Hellas ein biederer Privatmann ist, der sich nicht mit der Politik beschäftigt. Da er somit an der Gestaltung der Geschichte kein Interesse hat, hält er auch das Studium der Geschichte für einen blanken Unsinn. Das hat auch Henry Ford, ein vielbewunderter Fabrikant getan, der Hitler namhafte Summen übermittelte. *„History is bunk* – Geschichte ist Blödsinn" ist eine Formel, die gerne ironisch zitiert wird. *„Don't fear the future and don't honor the past"* war eine andere Aussage dieses industriell und finanziell sicherlich begabten Mannes, der von Hitler im Oktober 1938 feierlich dekoriert wurde.[1]

Die Geschichte ist allerdings ein Unsinn, aber nur in einem ganz bestimmten Sinn. Es ist aber höchst notwendig, sie wirklich zu kennen, und wer die Geschichte mit ihren blutigen und tränenreichen Lehren nicht kennen will, wird von ihr brutal gezwungen, sie zu wiederholen[2]. Das ist stets ein hochnotpeinlicher Prozeß, den man in Bälde nochmals erleben könnte. Daher wollen wir beschwörend die Geschichte der Neuesten Zeit in stark verkürzter aber ungeschminkter Form zum besten geben. Dabei richten wir uns an die „Gebildeten", ein Ausdruck, der heute kaum gebraucht wird, denn in einem demokratischen Zeitalter, in dem jedermann aufgrund eines vegetativen Prinzips zur Stimmabgabe aufgefordert oder sogar gezwungen wird,[3] in dem also „wehrlose Analphabeten zur Urne geschleppt werden",[4] gibt es offiziell keine „Ungebildeten" mehr. Gebildete-Ungebildete? Diese Gegenüberstellung wäre von Arroganz geprägt und enthielte eine gezielte Beleidigung der weniger „Geschulten". Tatsächlich aber setzt dieser Band eine „allgemeine" Kenntnis der Neuesten Geschichte voraus, mindestens so, wie sie in unseren „Allgemeinbildenden Höheren Schulen" zum besten gegeben wird. Den Niederschlag davon bekommen wir in den Massenmedien, im Geschwätz der Stammtische, in den wenigen noch überlebenden Salons, in den Kongressen, den Parlamenten und Modebüchern. Daher ist dieser Band als Beitrag zur dritten Aufklärung gedacht. Es müssen heute endlich einmal die Aufgeklärten gründlich aufgeklärt werden. Doch an dieser Stelle möchte ich mich für einige Wiederholungen entschuldigen. Dieser Text ist so lang, daß ich manches Gesagte dem Leser nochmals in Erinnerung rufen möchte.

Die Bezeichnung „Idiotenführer", die wir oben erwähnten, hat eine doppelte Bedeutung. Wir wollen hier nicht nur den *Idiótes* ansprechen, sondern in der Hauptsache auch ein idiotisches Thema behandeln, das in der Geschichte die wichtigste Rolle spielt, nämlich das Regieren. Papst Julius III. hatte einem portugiesischen Mönch in einer Audienz gesagt: „Du weißt nicht, mein Sohn, mit wie wenig Weisheit die Menschen regiert werden!"[5] Abgesehen vom Strafwesen gibt es in der Geschichte der Menschheit kaum einen jämmerlicheren Mißerfolg als das Regieren und Regiertwerden. Schon Horaz klagte: *„Quidquid delirant reges plectuntur Achivi."*[6] Für den Christen kein Wunder im Lichte der Erkenntnis, daß Staat und Regierung eine Folge der Erbsünde sind! Es besteht auch kein Zweifel, daß Kaiser, Könige und Fürsten in der Vergangenheit, mindestens bis zum Ende des 18. Jahrhunderts, sich infernalischer Missetaten und gigantischer Unsinne schuldig gemacht und uns außerdem ein Mediokritätenkabinett letzten Ranges geliefert hatten. Freilich, einige von ihnen waren dauernd oder temporär geistesgestört (man denke da besonders an Georg III. von Großbritannien),[7] was aber bei dem heutigen Stand der Medizin sehr schnell erkannt werden würde. Es bleibt jedoch eine fürchterliche Tatsache, daß unter den gekrönten Häuptern es zahlreiche Männer (und auch Frauen) gab, die sich sadistischer Exzesse schuldig gemacht hatten, die gestohlen, geraubt, gemordet, geschändet, gelogen, geheuchelt, gefälscht, geplündert, gesoffen, die Ehen und Verträge gebrochen, in jeder erdenklichen Weise zu eigenem Nutzen oder auch zum „Wohle" des Landes gegaunert und Verbrechen begangen hatten. (Es genüge da die vermieteten Söldner Hessens zu erwähnen, was in unseren Tagen von Fidel Castro in brutaler Weise wiederholt wurde.[8]) Manchmal war auch unsere heilige Kirche nicht viel besser: Oft hatte sie ungeheuerliche Entscheidungen getroffen,[9] bei staatlichen Atrozitäten brav mitgemacht (Inquisition),[10] sich mit ihren Hierarchen, Priestern und Mönchen an gesellschaftlichen Scheußlichkeiten beteiligt – und das alles im „Zeichen des Kreuzes". Die Worte von Frank Thieß über die Weltgeschichte als eine „riesige Folterkammer", als ein Geschehen, das „mikrobenhaft von fürchterlichen Ängsten durchsetzt ist",[11] kommen da einem in den Sinn. Die Erde ist und bleibt ein Tal der Tränen oder, um mit Luther zu reden, „des Teufels Wirtshaus".

Und doch müssen wir in gleichem Atem festellen, daß Krone und Kirche, Adel, Bürgertum und die großen Denker unser Europa aus dem wahrhaft finsteren Frühmittelalter nach dem Zusammenbruch des römischen Reiches einer Kultur und Zivilisation zuführten, die an innerem und äußerem Reichtum, Tiefe und Breite nicht ihresgleichen hatte – und zum Teil immer noch nicht hat. Ohne Monarchie, Patriziat und Kirche sollte einem Amerikaner der Besuch Europas keine zehn Cent wert sein, denn an landschaftlicher Schönheit ist uns die Neue Welt zumindestens gleich, wenn nicht gar überlegen.

Nun aber befindet sich die Christenheit (oder wenn man will, die ehemalige Christenheit) seit rund 200 Jahren im Sog dreier Revolutionen: der Französischen, Russischen und Deutschen, die jedesmal inmitten eines großen materiellen Aufstiegs einen ebenso großen religiösen, geistigen und daher auch einen politischen Niedergang verursacht haben.[12] Kein Wunder, daß wir somit an den Rand eines totalen Bankrotts gelangt sind und sogar das Überleben der Menschheit von manchen (und nicht gerade den Dümmsten) mit einem Fragezeichen versehen wird. Die große Urangst ist wieder da, und der Spießer fragt sich oft, wenn er mitten im Fortschrittstaumel von lichten Momenten geplagt wird, wieso es denn gekommen sei, daß bei all diesem „Fortschritt"[13] – dem allgemeinen Wohlstand, einer phänomenalen Verlängerung aller Lebenserwartungen – eine ganz Reihe von Verfallserscheinungen die entsetzlichsten Katastrophen ankündigen.

Was also ist falsch gewesen? Wo hatte man die Weichen falsch gestellt? Wohin hatte der kolossale Optimismus des späten 18. und des ausgehenden 19. Jahrhunderts geführt?

Heute versprechen die utopischen Romane nicht mehr wie zur Zeit Bellamys[14] ein Paradies auf Erden. Selbst im "tiefsten Frieden" (der aber nur da oder dort zu finden ist) nistet schrankenloses Unglück: Drogensucht, Verbrechertum, Selbstmorde, Terrorismus, der allgegenwärtige Straßentod,[15] lähmende Einsamkeit, Familienzusammenbrüche, Fötalmord in ungeahntem Ausmaß, sexuelle Verirrungen, wachsende Neurosen mit steigendem Irrsinn. Über all dem aber schwebt der Neid, der inzwischen zur größten politischen Kraft angewachsen ist, gemischt und angeheizt von einer gewaltigen Intoleranz, die nur zeitweilig von einer tödlichen Indifferenz abgelöst wird. Diese Unduldsamkeit[16] erträgt es nicht nur keineswegs, daß es andere besser haben als man selbst, sondern auch, daß andere es überhaupt wagen, anders zu sein, anders zu denken, zu fühlen, äußerlich anders zu erscheinen. Der Herdentrieb lebt sich orgiastisch aus: am liebsten würde man alle Andersgearteten einsperren, exilieren oder umbringen. Und da die Toleranz so groß auf die Fahnen geschrieben wird, kann man überzeugt sein, daß sie weniger denn je vorhanden ist. Was immer ein Land, ein Stand, ein Volk als seine Kapitaltugend anführt, ist doch immer entweder *nicht* vorhanden oder schwer bedroht. Darum reden Hungrige stets vom Essen, Arme vom Geld, Überarbeitete vom Urlaub, Deutsche von der Treue, Amerikaner von der Gleichheit, Wiener vom „Goldenen Herzen", Ostdeutsche Tyrannen von der Demokratie und Russen vom Gemeinschaftsgeist.[17]

Was wir hier also zu tun gedenken ist, es dem Leser drastisch vor Augen zu führen, warum wir es so „herrlich weit gebracht" haben. Um dies zu tun, geben wir hier einen Abriß der Neuesten Geschichte, der einen (vielleicht vergeblichen) Versuch darstellt, ihm manche schamvoll verschwiegenen Tatsachen mitzuteilen und das allgemeingängige Bild der letzten 200 Jahre durch Korrekturen zurechtzurücken. Was da in dieser langen „Zwischenzeit" zusammengelogen wurde, geht auf keine Kuhhaut, und wir können hier nur mit einigen wenigen Angaben dienen, die auf die Ursachen unseres Elends hinweisen. Denn, wenn auch die Existenz der Menschheit vor 1789 nicht rosig war, so war sie nicht so verzweifelt. Wir reden hier nicht vom Lebensstandard, der natürlich für *unsere* jetzigen Begriffe in der fernen Vergangenheit unerträglich war. Ein Ludwig XIV., der in Versailles hauste, hatte – zumindestens materiell gesehen – eine viel niedrigere „Lebensqualität" als heute ein deutscher Facharbeiter: Man erinnere sich daran, daß Versailles im Sommer so stank, daß Spaziergänger um den Bau einen weiten Bogen machten, daß der *roi soleil* seine Läuse in der Perücke nie los wurde, daß ein deutscher Kleinbürger heute auf einen Knopf drücken kann, um kalte oder heiße Luft zu bekommen, auf einem anderen Knopf ein färbiges Filmtheater, ein Konzert mit klassischer oder deklassierter Musik. Er kann die Segnungen eines modernen Zahnarztes, einer Operation mit Anästhesie oder bequeme Luftreisen in fremde Länder genießen – und dies, anstatt mit einer Kutsche, einem wahren Marterkasten, auf holprigen Landstraßen mühsam weiterzukommen.

Wir haben seitdem in ungeahntem Maße den „Fortschritt", der uns alle aber nicht sonderlich glücklich macht. Wird er uns weggenommen, so entsteht brüllendes Unglück. In Österreich allein gibt es über hundert Selbstmorde im Jahr von jungen Menschen, denen man den Führerschein entzogen hat. Ohne die sausende Stahlschachtel sind diese Burschen restlos Niemande und fühlen sich wie ausgelöscht. Die Utopien aber trösten nicht mehr. Der Aufstand gegen die Technik hat längst begonnen, denn sie entzückt und enttäuscht zur selben Zeit und zeigt zunehmend ihr wahres Gesicht: Sie produziert viel Langeweile, unmenschliche Frondienste und verlangt herrisch eine eiserne *Disziplin*. Die moderne Fron hat aber auch einen wirtschaftlichen Charakter: Einst hatte in einigen Teilen – aber auch nur in Teilen! – Europas der Leibeigene an einem, höchstens aber an zwei Tagen in der Woche für den Grundbesitzer Robotdienste zu leisten. Heute schuftet der Arbeiter und der Bürger nicht selten am Montag und am halben Dienstag für den *Landlord*, den Hausbesitzer, die andere Hälfte des Dienstags und den ganzen Mittwoch für den „Vater Staat". (Da gibt es vor den Schergen des Grundherrn nicht mehr die Flucht in die ferne Stadt, wo man nach Jahr und Tag ein freier Bürger werden konnte. „Stadtluft macht frei!" ist eine Feststellung, die heute wie ein übler Scherz klingt.) Ja, selbst die Freizeit, einmal in der fernen Vergangenheit unter dem Namen ‚Muße' reichlich vorhanden, dann zusammengeschrumpft, um heute wieder aufgebläht zu werden, ist problematisch geworden, denn diese zu bewältigen ist viel schwieriger als die Arbeit. Ins Geschirr gespannt kann schließlich jedes Tier arbeiten, aber zur positiven Bewältigung der Muße bedarf es hoher Qualitäten, sorgfältiger Vorbereitungen, Intelligenz, Selbstzucht und anderer Tugenden mehr. Die modernen *Circenses* in der relativ noch harmlosen, leicht verblödenden Form des Fernsehens, des geistlosen Herumreisens und in der viel gefährlicheren Form des Zusehersports, der Sex-Shops, Diskotheken, Porno-Filme für Spätpubertäre, des Alkohols und der Drogen bringen keinen inneren Gewinn.

Doch die ganz große Bedrohung kommt von der Weltgeschichte, die „politisch" gestaltet wird. Und die Politik steht in Wechselwirkungen mit der Gesellschaft, der Religion, der Philosophie und der Wirtschaft. Auch Technik und Militärwesen stehen in diesem Koordinatengeflecht. Ideologien, größtenteils von Philosophien und auch Theologien abgeleitet, haben die Religion als politischen Faktor weitgehend, aber nicht völlig ersetzt. Doch der Hebel unserer Existenzgestaltung liegt besonders im politisch-geschichtlichen Werden, wobei aber bemerkt werden muß, daß auch der Krieg immer noch zum Teil der Vater der Dinge ist,[18] wenn er auch leicht zum Ende aller Dinge in der Zukunft führen könnte.

Woher kommt dann aber der politische Abstieg, der zum rein materiellen, wissenschaftlich-technischen Fortschritt in so krassem Widerspruch steht? Die Dekadenz äußerte sich natürlicherweise auf der politischen Ebene am allermeisten, weil hier schon von allem Anfang an eine Achillesferse der Menschheit bestand. Die moralische Dekadenz hatte religiöse Ursachen im engeren Sinn, ging aber mit dem politischen Abstieg Hand in Hand. (Zwischen den beiden Verfallserscheinungen gibt es selbstverständlich zahllose Wechselbeziehungen.) Doch die politische Krise kommt nicht von ungefähr und sie ist *eher* intellektueller als ethischer Art. Das Böse gab es zu allen Zeiten. Es wirkt immer. Wahrscheinlich ist die Zahl echter Bösewichte heute nicht größer als vor tausend Jahren. Sie haben aber größere Chancen, weil das Böse dank der gefallenen Natur des Menschen eine größere Faszination besitzt als das Gute. Hitler und Stalin waren populärer als Ludwig der Heilige oder Heinrich der Heilige. (Darum ist auch ein Kriminalroman in der Regel fesselnder als eine Hagiographie.)

Doch die Dummheit, wahrscheinlich in der Endsumme auch nicht größer als früher, hat heute einen führenden Platz bekommen. Der Kampf gegen Vernunft, Verstand, Wissen, Weisheit und Erfahrung – fünf verschiedene Elemente – tobt seit 200 Jahren, und eigentümlicherweise hat dieser Verfall bei uns mit der Anbetung der „Göttin der Vernunft" richtig begonnen. Diese wurde tatsächlich in der Person einer Dirne sehr treffend und anschaulich in der säkularisierten Notre Dame Kathedrale während der Französischen Revolution „verehrt". So falsch und so ungeheuerlich war dieses staatliche Ritual der ersten modernen Demokratie allerdings auch nicht, denn *im Menschen* ist die Vernunft nur dann achtenswert, wenn ihr Träger nicht nur klug und gebildet, sondern auch charakterfest ist. Sonst hätte Luther recht, als er sagte, die *Ratio* wäre eine Hure[19] oder auch ein Esel, den man mit dem Stock bald hierher und bald dorthin treiben kann. Es ist also auch schon daher kein Wunder, daß das Elend der letzten 200 Jahre nicht etwa von einem Minimum an Weisheit, sondern von einer geradezu gigantischen und zugleich auch aggressiven Dummheit gezeichnet wird. Die Geringschätzung der geistigen (und auch der moralischen) Tugenden[20] hat jedoch weltanschaulich-ideologische Ursachen. Und damit kommen wir zur ersten der drei Revolutionen, die unsere Zeit geformt haben, zur Französischen, die auch die beiden folgenden am Gewissen hat.

2. DIE FRANZÖSISCHE REVOLUTION

> Die Französische Revolution war ein Aufstand von Mauleseln
> und Pferden, geführt von Affen, mit den Kehlen von Papagaien.
>
> *H. A. Taine*

Die Französische Revolution bedeutet für unsere Geschichte die Wiedergeburt der Demokratie und damit den Anfang der Neuesten Zeit, in der wir uns trotz der atomaren Entwicklung immer noch befinden.

Zuerst muß allerdings die Frage beantwortet werden, was die Demokratie eigentlich darstellt. Sie heißt wörtlich übersetzt (kraftvolle) Herrschaft des Volkes, denn *krátos* heißt auch ‚Gewalt‘. Eine mildere Form wäre die ‚Demarchie‘, während die Monokratie die unbeschränkte Herrschaft eines Einzelnen ist. Diese wiederum käme der Diktatur, nicht aber automatisch der Tyrannis gleich.

Die Demokratie gibt die Antwort auf die Frage, *wer* regieren soll, die damit beantwortet wird, daß es die Mehrheit der politisch gleichgestellten Bürger sein soll – entweder in Person oder durch Stellvertreter, Abgeordnete. Sie ruht also auf zwei Prinzipien: der Mehrheitsherrschaft und der politischen Gleichheit. Sie hat mit der Freiheit nichts zu tun, die eine Forderung des Liberalismus ist. Der echte Liberalismus – heute gibt es einen Schwindelliberalismus wie es Schwindeldemokratien gibt[1] – beantwortet lediglich die Frage, *wie* regiert werden muß und erklärt: „Gleichgiltig, wer regiert, es muß so regiert werden, daß der Bürger die größtmögliche Freiheit genießt, die größtmögliche Freiheit, die mit dem Gemeingut *(bonum commune)* vereinbar ist." Der echte Liberalismus (es gibt deren vier Spielarten, siehe S. 154 ff) befürwortet also die Freiheitlichkeit. So versteht es sich, daß es eine liberale Diktatur oder eine liberale absolute Monarchie, nicht aber eine liberale Tyrannis geben kann und natürlich auch nicht eine demokratische absolute Monarchie.

Hier aber gehört erwähnt, daß Demokratie nicht mit Demophilie verwechselt werden soll, der Liebe zum ‚einfachen‘ Volk.[2] Eine Diktatur oder eine absolute Monarchie kann demophil, aber nicht demokratisch sein! Und zu bemerken sei auch gleich, daß die Demokratie sellst mit dem Liberalismus eine Synthese eingehen kann, doch wird dann immer latent oder auch offen, zumindestens aber auf lange Sicht hin, zwischen den beiden Prinzipien der Gleichheit und der Freiheit ein innerer Gegensatz aufbrechen, der früher oder später zu schweren Krisen führt. Alexis de Tocqueville sah voraus, daß die Demokratie entweder im Chaos oder in einer kollektiv-totalitär-bürokratischen Zwangsherrschaft enden müsse.[3] Doch war es auch schon Plato offenbar, daß die Demokratie normalerweise in die Tyrannis mündet.[4]

Es besteht auch kein Zweifel, daß die beiden Prinzipien der Demokratie, die der Gleichheit und der Mehrheitsherrschaft, keine wissenschaftlichen und schon gar keine theologischen Grundlagen besitzen und daher, wie zwei führende amerikanische Gelehrte hervorgehoben haben, die Demokratie in unserem so wissenschaftlichen Zeitalter ein gar wunderliches und erstaunenswertes Phänomen darstellt, das eigentlich nur als mystische Säkularreligion weiterleben kann.[5]

Die wahren Wurzeln der Demokratie sind individualpsychologisch und massenpsychologisch. Schon Bertrand Russell, dem niemand extremkonservative Gefühle nachsagen kann, bestand darauf, daß die Demokratie primär vom Neid genährt wird.[6] Auch dürfen wir hier die identitär-animalischen Urtriebe des Menschen nicht vergessen.[7] Sie sind neben der technischen Entwicklung der wichtigste Faktor in der grimmigen Landschaft der Neuesten Zeit. Kein Wunder, denn die technologische Massenproduktion ist durch ihre Massengüter massenformend und massenfördernd. So natürlich auch die zum Teil elektronisch „vielfältigenden" Massenmedien.

Auch darf man in diesem Zusammenhang nicht vergessen, daß die Demokratie auch gar nicht „Volksherrschaft" ist, sondern ein Dominium der Mehrheit über die Minderheit, wobei nichteinmal immer und überall die Minderheiten eine Möglichkeit haben, zu Mehrheiten zu werden. Wann hatte die (katholische) Zentrumspartei im Zweiten Reich die Möglichkeit, eine Mehrheit zu erringen? Oder die katholische Social Democratic Labour Party in Nord-Irland? Oder irgendeine Bauernpartei in einem hochindustrialisierten Land? Solche Möglichkeiten für alle Parteien gab und gibt es dort, wo sie bloße *Ins* und *Outs* sind, also in entintellektualisierten und ideologisch uniformen Ländern wie Neuseeland oder den Vereinigten Staaten.

Vergessen aber darf man auch nicht, daß die Demokratie bei den Primitiven sehr wohl vorhanden ist; sicherlich ist sie eine der ursprünglichsten gesellschaftlich-politischen Formen. Zwar gibt es die Familie von allem Anfang an (reicht sie ja auch ins Tierreich hinunter),[8] aber doch herrscht bei den Allerprimitivsten – zumindest unter Gleichaltrigen – ein Gefühl der ungefähren Gleichheit. In der Gruppe gibt es noch keine richtige Führung: die Entscheidung kommt von Mehrheiten, die sich herauskristallisieren. Erst mit der Zeit stellt es sich heraus, wer klüger, wissender, erfahrener, ja auch physisch stärker ist, und wem man deshalb besser folgen sollte. Später erst wird diese Führung kollektiv oder echt personal, schließlich sogar erblich. Von Freiheit ist auf diesem Niveau allerdings noch nie die Rede. Man darf nicht vergessen, daß gerade Primitive nur ein Minimum an Freiheit genießen und der Begriff der Persönlichkeit eigentlich erst durch das Christentum mit seiner jüdischen Vorgeschichte in die Welt gekommen ist.[9] Die Urdemokratie wird von einer Reihe von Ethnologen und Anthropologen bestätigt.[10]

Herrschaft ist allerdings immer schwer zu ertragen. Der Freiheitsdrang ist mehr oder weniger immer da. Herrschaft aber ist Folge der Erbsünde oder, wenn man will, der angeborenen Schwächen und Unvollkommenheiten der Menschen. In der Heiligen Schrift wird Herrschaft zum erstenmal als Teil des Fluches erwähnt, den Jahwe auf Eva herunterdonnerte: „Nach dem Mann wird dein Verlangen sein, und er wird über dich herrschen.[11]" Theologen haben in der Vergangenheit oft darüber gestritten, ob es ohne Erbsünde (menschliche Unvollkommenheit) den Staat gegeben hätte. Der Konsensus der meisten (aber nicht aller) geht in die Richtung der Unbedingtheit des Staates, wir aber schließen uns der Überzeugung einer Minderheit an.[12] Eine Gesellschaft hätte es unter allen Umständen gegeben, nicht aber den Staat. Verkehrspolizisten? Wie schon José Ortega y Gasset hervorgehoben hat, ist das Automobil Symbol unserer Sterblichkeit. Wenn man unsterblich ist, hat man Zeit, von Paris nach Saigon zu Fuß hinüberzuwandern. Vielleicht macht ein Sportwagen Vergnügen, um mit ungeheurer Geschwindigkeit dahinzuflitzen, aber den Unsterblichen stört auch der Frontalzusammenstoß mit einem anderen Wagen nicht. Reparatur des Autos? Sicherlich nicht im „Schweiß der Nasenlöcher", wie es in der Bibel heißt. Arbeit macht Spaß![13]

Wenn aber das Beherrschtwerden ein Fluch oder Teil eines Fluches ist, dann will man ihm entgehen – so wie der Krankheit, dem Tod, der schmerzhaften Geburt, der schweren Arbeit, dem Patriarchat, der Scham und dergleichen mehr. Man will die Fremdbeherrschung durch die Eigenbeherrschung ersetzen. „Wir werden nicht regiert; wir regieren uns selbst", ist die begeisterte Formel. Die übliche Lösung des Problems ist aber lediglich die Herrschaft der Mehrheit über die Minderheit – oder auch die Einstimmigkeit, wie sie in Polen (mit dem *Liberum Veto* als Sanktion) praktiziert wurde und schließlich zum Niedergang und den Teilungen Polens führte.[14] Sie war selbstmörderisch, aber logisch. Denn wer nicht vom Nachbarn oder vom Vertreter der Nachbarn beherrscht werden will, muß auf die Einstimmigkeit bestehen, die es auch heute noch im Geschworenensystem der amerikanischen Gerichte gibt.[15] Darüber hinaus gäbe es aber noch eine andere „Lösung": das Los. Mehrheitsherrschaft und das Los kennzeichneten die athenische Demokratie, die sich zuerst allerdings *Isonomia,* „Gleichrechtlichkeit", nannte.

Hier also, auf griechischem Boden, erlebten wir eine modernere, kultiviertere Erneuerung der Primitivdemokratie unter Volksführern *(demagogoi)*, wobei zu bemerken ist, daß auch der griechische Begriff des *Demos* (analog dem deutschen „Volk") zwiespältig ist. *(Ochlos* ist allerdings die Hefe.) Die athenische Demokratie hatte Staatsmänner wie Perikles, aber auch eine ganze Reihe von Pöbelanführern. Die antielitäre Grundeinstellung eines guten Teils der Athener kann kaum in Zweifel gestellt werden. Der Ostrazismus war ein purer Ausdruck des Massenneids.

Der dunkelste Augenblick in der Geschichte der Demokratie Athens war jedoch die Verurteilung des Sokrates aus politischen Gründen mit politischen Argumenten. Im Gymnasium bekamen wir den Justizmord an Sokrates verfälscht dargestellt. Die „Verführung der Jugend" stellten wir uns nur zu oft sexuell vor, aber tatsächlich war sie ideologisch: Sokrates kritisierte die Demokratie, die ihm als völlig vernunftwidrig erschien. Er zitierte Homer und Hesiod gegen die Volksherrschaft, die Richter aber gehörten dem demokratischen Lager an, das nach dem Fall der Dreißig Tyrannen wieder zur Macht gekommen war.[16]

Das erklärt auch die antidemokratischen Überzeugungen seines Schülers Plato und die scharfe Kritik der Demokratie bei Aristoteles,[17] der nach einem neuen Ausbruch der Demokratie von Athen nach Chalkis floh, um nicht (in seinen Worten) das Schicksal des Sokrates zu erleiden.

Die Wirkung dieses sokratischen Traumas hielt auch durch das ganze Mittelalter bis in die Neuzeit an. Die Scholastiker, in die Fußstapfen des Aristoteles tretend, unterschieden drei gute Formen der Regierung in steigender Reihenfolge: die Republik als die schwächste, die Aristokratie als bessere und die Monarchie als die beste. Umgekehrt sahen sie in der Tyrannis als Karikatur der Monarchie *(corruptio optimi pessima!)* die schlechteste, in der Oligarchie eine weniger schlechte, in der Demokratie aber von den schlechten Staatsformen noch die erträglichste – was aber den Spätscholastiker Bellarmin nicht davon abhielt, vom *deterrimum regimen democratiae* zu schreiben.[18] Es gab zwar während des Mittelalters Republiken, aber diese wurden in der Mehrzahl oligarchisch oder aristokratisch verwaltet. (In der Schweiz fungierten diese Kantonaloligarchien noch bis ins 20. Jahrhundert hinein.) Tatsächlich aber war es auch so, daß nicht die Monarchie einem nach Macht strebenden Adel die größten Chancen gab, sondern die Republik (oder die Scheinmonarchie), denn in der Monarchie kann der Adel nur eine zweite Geige spielen. In antimonarchischen Linksbewegungen haben deshalb Adelige stets verhängnisvoll mitgewirkt. Wie dem auch immer sei, von Europas Geistesgrößen allerersten Ranges hat kaum jemals einer im reiferen Alter an die Überlegenheit der Demokratie geglaubt.

Die geistigen Väter der Französischen Revolution, die zur Wiederbelebung der Demokratie nach fast zweitausendjährigem Schlummer führte, waren vor allem zwei Männer: Jean-Jacques Rousseau und der Marquis de Sade, wobei auch einige andere Geister mithalfen, so Morelly, Diderot, die übrigen Enzyklopädisten, aber auch Voltaire, obwohl letzterer wahrlich für die Demokratie als solche nichts übrig hatte. Allerdings muß man sich auch daran erinnern, daß der „Demokratist" Rousseau diese Staatsform nur für sehr kleine Einheiten, die nicht über die Größe eines Schweizer Kantons hinausgingen, verwirklichen wollte.[19] Er sah für mittlere Länder in der Oligarchie und für große in der Monarchie die geeignete politische Form. Doch war sein Prinzip des *Contrat Social,* also des Gesellschaftsvertrages, deutlich totalitär, noch mehr aber seine These von der *Volonté Générale,* die er aber nicht in Gegensatz zur Freiheit stellen wollte. Schließlich konnte man auch durch den „Allgemeinwillen" zur Freiheit gezwungen werden.[20]

Sicherlich war Rousseau ein seltsamer Vogel, ein schwerer masochistischer Neurotiker, der gerne die Rolle eines pädagogischen Fachmanns spielte, aber seine eigenen Kinder in Waisenhäuser abschob. Noch bedeutend exzentrischer war jedoch Aldonse Donatien Marquis de Sade, der nicht nur dem Sadismus seinen Namen gegeben hat, sondern auch ein bedeutender Vertreter des materialistischen Determinismus war. In aller Wahrscheinlichkeit hat er den Sturm auf die Bastille verursacht. Schließlich befehligte er als Jakobiner die *Section des Picques*[21] – bis er Robespierre verdächtig wurde und im Gefängnis landete. Der „Göttliche Marquis", muß man wissen, wurde auf Bitten seiner Schwiegermutter von Ludwig XVI. durch ein *Lettre de Cachet* in der fast verödeten Bastille eingekerkert, wo er ein recht fideles Leben führte.[22] Seine Mithäftlinge waren vier Wechselfälscher, zwei verkommene Standesgenossen des Marquis und ein Irrer, der dort zur Beobachtung eingeliefert worden war. Diese sieben Gefangenen wurden von 80 Invaliden und 40 Schweizern bewacht. Der Gouverneur de Launay verhandelte mit einem wütenden Mob, der diese Zwingburg königlicher Tyrannei erstürmen wollte und schließlich ihm wie auch seiner Besatzung freien Abzug versprach. Als aber der Gouverneur mit der Mannschaft, um weiteres Blutvergießen zu vermeiden, die Festung verließ, wurden sie von der wortbrüchigen Meute überwältigt und mindestens die Hälfte mitsamt dem Gouverneur auf die viehischeste Weise umgebracht. Man versuchte, de Launay den Kopf abzuschneiden, was den fortschrittlichen Verbrechern nicht gelang, worauf ein Fleischergeselle gerufen wurde, *qui savait faire les viandes*, der sich also auf eine Zubereitung von Fleischwaren verstand. Aber auch dieser war in seinen Operationen nicht sehr geschickt. Selbst das Messer war zu stumpf. Auf jeden Fall aber dient dieses widerliche Massaker seit 1880 als Basis des Nationalfeiertags der zahlreichen französischen Republiken – bis heute fünf, wenn nicht bald sechs.

Die Schuld an diesem ungeheuerlichen Ereignis trägt Sade zu großem Teil, denn er war in der Bastille bis zum 4. Juli – also zehn Tage vor dem Sturm – eingesperrt und versuchte mit der Hilfe eines Trichters, die Menschen in diesem Stadtviertel aufzuputschen. Das Märchen, daß „zahlreiche politische Gefangene" dort schmachteten, wurde allgemein geglaubt. Der Gouverneur traute sich nicht, seinen Gefangenen zu fesseln, in den Keller zu relegieren oder gar in eine Zwangsjacke zu stecken. Er bat den König, den Marquis zu „versetzen", und da man seine grausamen Perversionen kannte, wurde er schließlich in das Spital für geisteskranke Kriminelle nach Charenton überführt. Als später die Revolution im vollen Gang war, wurde er dort entlassen und beteiligte sich dann hochpolitisch auf der äußersten Linken. Unter Napoleon wanderte er später wieder nach Charenton, wo er unter wahnsinnigen Verbrechern „linke" Theaterstücke inszenierte. Er starb während der Hundert Tage Napoleons, und wird heute wieder von der Neulinken gefeiert.[23] Als Pornograph zeigte er eine unerschöpfliche Phantasie. Der Gleichheitswahn, Perversitäten, systematischer Materialismus, fanatischer Haß auf Altar und Thron machten aus diesem völlig aus der Art geschlagenenen, aber strikt logisch bis zu den letzten Konsequenzen denkenden Philosophen eine Schlüsselfigur unserer jetzigen Zeit.

Doch was waren abgesehen von einer kleineren Schar von Denkern die geschichtlichen und sozialen Voraussetzungen der Französischen Revolution? Gerne erwähnt man die „Ansteckung" adeliger französischer Offiziere, die im amerikanischen Unabhängigkeitskrieg an der Seite der Aufständischen gekämpft hatten, mit freiheitlichen Ideen.[24]

Es gab auch solche, die den Charakter des Unabhängigkeitskrieges, der beileibe keine Revolution war und als solche auch gar nicht verstanden wurde, völlig verkannt hatten.[25] Da war dieser eitle Ehrgeizling Lafayette, der in der Französischen Revolution eine nicht unbedeutende Rolle spielte, aber auch Charles–Armand Tuffin, Marquis de la Rouërie, der ein Freund Washingtons war, dann aber als Hauptorganisator der *Chouannerie* in der Bretagne starb.[26] Hier also haben wir es zum Teil mit dem ersten großen Mißverständnis zwischen Europa und Amerika zu tun, denn die *Founding Fathers,* die Gründerväter, haßten – in den Worten Charles Beards – die Demokratie mehr als die Erbsünde.[27] Dazu kam die in französischen Intellektuellenkreisen fast abgöttische Verehrung des britischen Erbfeinds und seiner Einrichtungen, von der besonders Voltaire ergriffen war. Auch die Rolle Benjamin Franklins, des amerikanischen Gesandten in Paris, ist nicht zu unterschätzen.[28]

Soziale und echte wirtschaftliche Ursachen gab es kaum. In *dieser* Beziehung kam die Revolution, wie Pierre Gaxotte uns zeigte, als Blitz aus heiterem Himmel.[29] Die Leibeigenschaft, mit der Ausnahme einiger versteckter Winkel im Osten des Landes, war längst ausgestorben, doch gab es zwischen dem großen und dem kleinen Grundbesitz oft endlose juridische Streitigkeiten. Die Kette von Prozessen riß nie ab. Das zänkische Temperament des Franzosen, das *rouspeter,* wirkte sich hier besonders übel aus.[30] Der Neid blühte hier wie auch anderswo am europäischen Kontinent. Doch drohte und kam auch der Staatsbankrott, weil das Steuersystem völlig veraltet war und ohne Einberufung der Stände auch nicht reformiert werden konnte.

Hier allerdings lag eine echte Wunde vor. Frankreich (wie auch die meisten anderen Länder Europas) hatte ursprünglich das klassische *Regimen Mixtum,* die Mischregierung aus monarchischen, adeligen und populistischen Elementen, die auch von Thomas von Aquin gepriesen wurde.[31] Doch Ludwig XIV. hatte nie seine Schwierigkeiten mit der *Fronde* der Aristokraten vergessen, die ihn zweimal in der Zeit seiner Minderjährigkeit fast um Thron und Krone gebracht hätte. Auch das Pariser *Parlement* hatte für den Hochadel Partei ergriffen. Darum wurden dann die Drei Stände von Ludwig XIV. nicht mehr einberufen, und so blieb es auch bei seinen beiden Nachfolgern. Aus der verfassungsmäßigen war eine absolute Monarchie geworden. Es muß aber auch vermerkt werden, daß die *corps intermédiaires,* die vielen vermittelnden Körperschaften, wie die lokalen Parlamente, Gerichtshöfe, Kirche, Standesorganisationen, den königlichen Absolutismus doch wiederum sehr relativ gestalteten. Ein Ludwig XVI. konnte weder willkürlich Einkommensteuern vorschreiben, noch friedliche Bürger zum Wehrdienst zwingen oder gar die Diät seiner Untertanen vorschreiben, indem er ihnen den Genuß von Champagner, Weinen, Likören und Bier verbot. Solche Eingriffe ins Privatleben blieben den Demokratien vorbehalten.

Edmund Burke, der Vater des modernen Liberalkonservatismus, der vor dem Ausbruch der Revolution viel in Frankreich herumgereist war, gab uns ein sehr anschauliches Bild von den Ständen und ihrem gegenseitigen Verhältnis. Er notierte, daß der Adel einen viel familiäreren Kontakt mit den unteren Volksständen hatte als in England. Er setzte (mit Erstaunen) hinzu, daß der Adel in den Städten keinen und am Lande nur wenig Einfluß ausübte. Doch kritisierte er den Adel für seine krankhafte Anglomanie, die politisch sicher zu seinem Untergang führen würde. Moralisch war seiner Ansicht nach der Adel eher lax und zeigte keine große Bereitschaft, die Neureichen gesellschaftlich einzubeziehen. „All dieses Geschrei", bemerkte er, „halte ich für gekünstelt und gewollt."[32] Über die katholische Hierarchie meinte er, sie sei „offen und nicht eng, Leute mit dem Herzen von Gentlemen, Männer mit Humor, die weder arrogant noch auch servil sind. Sie schienen mir Männer von Qualität zu sein."[33]

Doch muß man auch sagen, daß schon lange vor der Revolution eine liberalistische Welle über das Land gezogen war. Diese war größtenteils durch die „Aufklärung" ausgelöst worden. Ludwig XVI. war zwar ein schwacher Herrscher, aber ganz und gar kein Finsterling; er behauptete sogar, daß er ohne die *Encyclopédie* (die er komplett besaß) nicht leben konnte. 1788 wurden die Reformierten emanzipiert (sieben Jahre nachdem Josef II. für die österreichischen Erblande das Toleranzpatent erlassen hatte); auch die Emanzipation der Juden hatte große Fortschritte gemacht. Zwar war der Dritte Stand[34] noch von der Offizierslaufbahn ausgeschlossen, aber dieses Gesetz wurde umgangen, indem man verdiente Unteroffiziere schnell adelte.[35] Dennoch strebte der Bürgerstand nach Gleichberechtigung, vor allem in gesellschaftlicher Beziehung, und dies, obwohl (oder gerade weil) Adel und Bürgertum sich gesellschaftlich trafen. Außerdem war es dem reichen Bürgertum in Frankreich möglich, sich durch Landkäufe in den Adel hineinzuschleichen. Bei Ausbruch der Französischen Revolution war schon ein beträchtlicher Sektor der Adelstitel erschwindelt. (Heute rechnet man, daß vom französischen Adel zwei Drittel bis drei Viertel „unecht" sind, was in Mitteleuropa der Katalogisierungen halber unmöglich wäre.)[36] Sehr zahlreich war der Verdienstadel und der Beamtenadel – die *Noblesse de la Robe*. Man denke da nur an Männer wie Lavoisier und Malesherbes.

Doch gerade die Liberalisierungen gaben der kommenden Revolution den Antrieb. Dasselbe sah man im 20. Jahrhundert in Rußland. Es ist ein Ammenmärchen, daß „Reformen" revolutionäre Ausbrüche hintanhalten oder bremsen. In „Reformzeiten" gibt es viele, die durch Veränderungen Vorteile erlangen, aber es sind eben nicht alle: daraus entsteht eine ganze Anzahl von „Erniedrigten und Beleidigten". Zu diesen muß man dann psychologisch auch jene zählen, die nun nicht mehr „Privilegierte", sondern nur „Gleiche" sind. Sie verlieren das eine „Privileg" und wollen dafür ein anderes.[37] *L'appetit vient en mangeant.* Daher brechen sehr wohl Revolutionen auch in Zeiten des allgemeinen Wohlstands aus, und der Glaube, daß revolutionäre Bewegungen sich in der Regel gegen einen „unmenschlichen Druck" wenden und nur dann kommen, wenn „das Faß überläuft", ist ein Produkt jener nur allzumenschlichen Tendenz, in der Geschichte nur logische und lehrhafte Prozesse sehen zu wollen, die man Gymnasiasten verständlich machen kann.

Es war also der Staatsbankrott, der zur Einberufung der Stände führte, die allerdings schon früher vom Adel verlangt worden war. 1788 wurde der früher erwähnte Marquis de la Rouërie mit einer Reihe von Standesgenossen, die von Ludwig XVI. demonstrativ die Einberufung der Stände verlangt hatten, kurz eingesperrt. Überflüssig zu sagen, daß dies die Loyalität dieser Männer zu ihrem König keineswegs beeinträchtigte. Im Mai 1789 kamen die drei Stände zusammen und es wurde ihnen zugestanden, nach Köpfen abstimmen zu dürfen. (600 des Dritten Standes und je 300 für Adel und Klerus.) Im Juni wurde beschlossen, nicht mehr auseinanderzugehen, bis nicht eine neue Verfassung angenommen war. Der Wortführer für den Dritten Stand war der Abbé Siéyès, dessen Flugschrift: *„Was ist der Dritte Stand?"* einen Riesenerfolg erzielte. (Doch die Geschichte hat auch humorvolle Seiten: Dieser Priester, der sich so vehement für die Bürger einsetzte und später für die Hinrichtung Ludwigs XVI. gestimmt hatte, wurde von Napoleon in den Grafenstand erhoben.) Durch diese radikalen Veränderungen wurde jedoch das Gebäude der Monarchie psychologisch schwer erschüttert. Es wurde alles in Frage gestellt. Einen Monat später wurde die Bastille gestürmt. Noch schien es, daß die verfassungsmäßige Monarchie – das große Verbrüderungsfest zwischen König und Volk auf dem Champ de Mars! – sich konsolidieren würde, doch der organische Übergang gelang nicht.

Was 1792–1794 geschah war ein vulkanischer Ausbruch von Volksleidenschaften, in dem ein verrotteter Adel, verkommene Priester und ein rachsüchtiges Bürgertum die Anführer der Massen wurden. Die Septembermorde (1792), für die auch Danton verantwortlich war, leiteten diesen Zerfallprozeß ein. Die auch äußerst aktive Hefe des Volkes hatte aber noch keineswegs den Charakter eines Industrieproletariats, doch auch die Bauernschaft – mit Ausnahme des Westens – war in Bewegung geraten. Das Land war vor Schrecken wie gelähmt. Nur die Vendée und die Bretagne erhoben sich gegen die Regierung in Paris. Dort, im fernen Westen, war noch ein patriarchales Verhältnis zwischen dem großen Besitz und der Bauernschaft vorhanden.

Die Unterdrückung dieser Aufstände wurde mit bestialischer Brutalität durchgeführt. Metternich, über diese Greueltaten unterrichtet, sagte im Hinblick auf den Wahlspruch der Revolution, daß er, hätte er einen Bruder, diesen lieber Vetter nennen würde. Anatole France hat einen Teil dieser Blutorgien in seinem berühmten Roman *Les dieux ont soif* geschildert. Kein Zweifel, „Pack schlägt sich, Pack verträgt sich", was man auch in der Sowjetunion mit ihren widerlichen Schauprozessen beobachten konnte: „Die Revolution frißt ihre eigenen Kinder." Die Mischung von emotionsgeladenem Idealismus und kalter Schurkerei war immer eine explosive gewesen, und so richtete sich der Neid, zeitweilig gestillt durch die Abschlachtung und Ausraubung Andersdenkender, schließlich gegen die eigenen Parteigenossen, die man des Verrats oder der „Abweichung" bezichtigte. Allerdings unterschied sich die Französische in dieser Hinsicht von der Russischen und der Deutschen Revolution, denn in Frankreich beteiligte sich das liebe Volk in höchst eigener Person an diesen viehischen Untaten, während in Rußland und in den deutschen Ländern der Vernichtungsprozeß hinter verschlossenen Türen oder fernen „Lagern" sich vollzog. So wurde die Princesse de Lamballe von einer wütenden Volksmenge umgebracht und dann regelrecht ausgeweidet und zerfleischt. Aus ihrem abgehackten Kopf, ihren Schamlippen und dem Venusberg wurde eine surrealistische Kombination zusammengeheftet und dann im „Triumph" auf einer Stange durch die Straßen von Paris getragen.[38] Die Tinte auf der „Deklaration der Rechte des Menschen und Bürgers" war kaum noch trocken. Anscheinend bereitete die berühmte Atlantic Charter auch das „Klima" für Dresden, Hiroshima und Nagasaki vor.

Wahrscheinlich aber fanden die ärgsten Schandtaten in der Vendée und in der Bretagne statt. Dort hausten die republikanischen Höllenbrigaden des Generals Turreau. Der Präsident Cholet dieser Region schrieb Turreau, daß seine Soldaten Schrecken verübt hätten, deren selbst Kannibalen nicht fähig wären.[39] Einige der entsetzlichsten Untaten wurden von den Republikanern verübt, nachdem die Stadt Le Mans in ihre Hände gefallen war. Alle verwundeten „Gegenrevolutionäre" wurden in den Militärspitälern ermordet. Die Frauen und Mädchen wurden dort ausgezogen, geschändet, wie Schweine abgestochen und schließlich mit nackten männlichen Leichen in obszöne Stellungen gebracht. Diese reizvollen Expeditionen (*promenades* genannt) wurden auch durchgeführt, um die *grande armée des bouches in- utiles*, die „Riesenarmee der überflüssigen Mäuler", zu reduzieren. Nicht minder grau- enhafte Szenen spielten sich in Arras ab, wo der Revolutionsheld Lebon und seine edle Gattin sich von einem Balkon aus an den viehischen Greueltaten der Henker ergötzten. Man ahmte hier die *batteries nationales* von Le Mans nach, indem man männliche und weibliche Kadaver nackt zusammensetzte. Einmal fesselte der Scharf- richter einen „Ex-Marquis" an das Brett der Guillotine und las ihm fast eine Vier- telstunde eine Liste der republikanischen Siege vor, damit dieser sie im Jenseits seinen Standesgenossen mitteilen konnte. Erst dann fiel das „nationale Rasiermesser" auf den Nacken des Gequälten herab.[40] Für alle diese Unmenschlickeiten war aber dieser Abschaum schon wohl trainiert. Während der September–Massaker 1792 bekamen die Schlächter täglich sechs Franken und dazu Wein soviel sie wollten. Doch wurden diese Schandtaten nur zu oft in einem Rausch von großer „Tugendhaftig- keit" begangen: So brachte man die jugendlichen Kriminellen der Erziehungsanstal- ten im Blutrausch um und dazu auch gleich dann die arretierten Dirnen in den Pariser Bicêtre- und Salpetrière–Gefängnissen. Diese Blutbäder waren besonders schauer- lich. Ähnliches hatten die Spanischen Republikaner mit den Prostituierten hinter der katalonischen Front und die SS-Einheiten in Ostpolen während des Zweiten Welt- kriegs verübt. Diese Weiber infizierten die Soldaten und wurden somit dem hohen Ideal der Hygiene geopfert…, also nicht im Namen der Keuschheit.

Der Fanatismus der Revolution, von Haß und Neid angeheizt, kannte bald keine Grenzen. Tatsächlich wurde um die Guillotinen in den Blutlachen getanzt, gejohlt und gesoffen. Die fürchterlichsten Exzesse fanden aber im Süden (Lyon) und, wie wir schon früher sagten, im Westen statt. General Westermann schrieb in einer Bot- schaft an das *Comité du Salut* (das „Heilskomitee") in Paris nach der Niederlage der royalistischen Chouans bei Savenay:

„Die Vendée, meine republikanischen Genossen, existiert nicht mehr. Sie ist unter unseren Säbelhieben gestorben, zusammen mit den Frauen und Kindern. Wir haben sie gerade in den Sümpfen und Wäldern von Savenay begraben. Die Kinder haben wir unter den Pferdehufen zusammengetrampelt. Wir haben die Weiber massakriert, sodaß sie keine neuen Briganten gebären können. Ich bin nicht schuldig, einen einzigen Gefangenen in Gewahrsam zu haben. Ich habe sie alle umgebracht…. Die Straßen sind mit Leichen übersät. An manchen Stellen sind sie so zahlreich, daß wir ganze Pyramiden aus ihnen gemacht haben. Die Pelotons arbeiten bei Savenay ohne auszusetzen, da jeden Augenblick Briganten ankommen, die sich als Gefangene ergeben haben…, aber wir lassen keinen am Leben. Man würde sie mit dem Brot der Freiheit ernähren müssen, aber das Mitleid ist keine Tugend der Revolution."[41]

Dieses Scheusal, der alle Briganten (d. h. Royalisten) ausrotten wollte und Dan- ton sehr nahestand, wurde wie sein Freund eingesperrt und am 5. April 1794 geköpft. Doch sein Ungeist lebte weiter. Ein offizieller Bericht, der aus Avranche in der Nor- mandie kam, besagte: „Das Spital hier war voller Verwundeter und diese verfielen der Rache der Nation. Sie wurden umgebracht, darunter auch eine Frau, die vorgab, krank zu sein." Doktor Gainou, ein Freund Robespierres, schrieb ihm von Fougères, daß die Soldaten alle Verwundeten und Kranken im Spital getötet hatten. Auch

„Frauen der Briganten" waren dort. Sie wurden alle geschändet und ihre Kehlen durchschnitten. Marceau–Desgraviers, ein echter Soldat, der am Krieg gegen die Chouans teilnahm, war von den Eindrücken und Erlebnissen des Kriegs im Westen bis zu seinem Tod gequält. (Er fiel 1796 im Koalitionskrieg.) Die Schrecken der wiedergeborenen Demokratie hatten ihn fast um seinen Verstand gebracht. In Le Mans hatte er ein königstreues Mädchen gerettet und war daraufhin fast hingerichtet worden. Damals schrieb der Regierungskommissär von Angers triumphierend dem Bürgermeister von Paris: „Unsere heilige Mutter, die Guillotine, ist vollauf beschäftigt." Es war auch Angers, wo die Republikaner den Befehl gaben, daß man die Köpfe der „Briganten" skalpiere und entstellt auf kurzen Stangen ausstelle. Die Ärzte, die diesen appetitlichen Auftrag auszuführen hatten, arbeiteten jedoch zu langsam. Da aber die braven Republikaner schnell ein Zeugnis ihrer demokratischen Gesinnung brauchten, köpften sie geschwind alle Gefangenen, die sich noch in ihrer Obhut befanden, darunter die 82 Jahre alte Äbtissin von Fontevault. Sie war blind, aber, wie uns berichtet wird: „voller Tugend und Menschenliebe."[42]

Man muß sich vor Augen halten, daß die Berichte von getreuen Regierungsanhängern nicht immer die volle Wahrheit brachten. Es gab auch weniger begeisterte Augenzeugen. So sahen Bourbotte und Prieux nicht nur die Schändung von nackten Frauen und Mädchen, denen man die Hälse durchschnitt, sondern auch die Schändung von Leichen, also nekrophile Orgien von kaum glaublicher Niedertracht. Beauvais schrieb über die Ereignisse nach dem Rückzug aus Fougères: „Alle Verwundeten in den Spitälern wurden auf die gräßlichste Weise zu Tode gemartert. Man schnitt in ihre Fußsohlen hinein, alle Männer wurden stückweise kastriert, die Frauen wurden genau so behandelt, man steckte in ihre Scheiden Patronen, die man dann entzündete, um ihre Leiden zu beenden." Das sind Torturen, die dann später von den prachtvollen „Loyalisten" im spanischen Bürgerkrieg wiederholt wurden, nur suchten sie sich für diesen Zweck lieber Kirchen als Spitäler aus. Wenn dann später die Nationalsozialisten mit ihren Ausrottungsfeldzügen mehr Opfer zur Strecke brachten, so ist dies lediglich einer fortschrittlichen Technologie zu verdanken.[43] Die Jakobiner aber (getreu ihrem Vorbild, den Husiten) strengten sich jedoch ehrlich in dieser Richtung an. Nur hatten sie dafür nicht so viel Zeit und wollten ihr reinigendes Werk mit persönlichem Vergnügen verbinden. Da waren die *Noyades* in der Loire: Man brachte die gefesselten, politischen Gefangenen auf Flöße, die dann mit Kanonen vom Land aus versenkt wurden. Ein fabelhaftes Training für Artilleristen auf bewegliche Ziele. In Lyon wütete der Nationalkonvent gegen Girondisten, Royalisten und Bauwerke. Die Stadt wollte man buchstäblich dem Erdboden gleichmachen, und die Gefangenen (es gab nicht genug Guillotinen) wurden mit Kartätschen und Schrotgewehren hingerichtet – zwischen 6000 und 10 000 an der Zahl.

Auch die Naturwissenschaften wurden eingesetzt. Ein Chemiker namens Fourcroy, von Robespierre, Collot d'Herbois, Barère und Fouché beauftragt, produzierte ein Giftgas, das sich aber nicht als sehr praktisch erwies. (Da sind die Nationalsozialisten schon weiter gekommen.) Ein Mann, der Carrier hieß, machte den Vorschlag, die Flüsse mit Arsenik zu vergiften. Wie man sieht, wurden schon damals Kriege geplant, die an Renans *guerres zoologiques* gemahnten.[44]

Dieses demokratische Wüten verschonte niemanden, auch im eigenen Lager nicht, was alsbald die Girondisten zu spüren begannen. Als Antoine de Lavoisier, der berühmte Mathematiker, Physiker und Chemiker, als „Verschwörer" zu Tode verurteilt wurde, rief sein Verteidiger aus, daß er ein ganz großer Wissenschafter war. Coffinhal, der Vorsitzende des Tribunals, aber schrie zurück: „Die Republik braucht keine Gelehrten!" Stimmt auch: „Ein Mann – eine Stimme", Wissen und Dummheit werden gleichgestellt. Trotz des Kultes der *raison,* der Vernunft und des Verstands, war es nur eine Frage kurzer Zeit, bis nicht nur Geburt und Besitz, sondern auch der Geist ein Objekt des Neides wurden. (Doch der Prozentsatz der Adeligen unter den Hingerichteten war nur acht Prozent, der der Bauern 22 Prozent!)

Vordergründig aber waren es materielle Güter, wie auch bei den radikalen demokratischen Sekten in England während des 17. Jahrhunderts, die den Neid hervorriefen. Die *Enragés,* der linke Flügel der *Montagne,* Männer wie Roux, Varlet und Leclerc, donnerten gegen die Reichen. Auch Hébert und der *ci-devant* adelige Saint-Just betonten, daß die staatsbürgerliche Gleichheit ohne die Besitzgleichheit sinnlos und wertlos wäre. Und da war es wieder Joseph Lebon, der Schlächter von Arras, der die methodische Verfolgung der Reichen im Norden vornahm; 392 von diesen wurden in Arras, 149 im Cambrai guillotiniert. In einer berühmten Rede verlangte Jacques Roux vor dem Nationalkonvent, daß die Gleichheit des Einkommens zum Gesetz erhoben werden müßte. Sicherlich haben auch nur der Fall von Robespierre im Juli 1794 und die Niederlage von Gracchus Babeuf 1797 den totalen Sieg des Kommunismus verhindert.

Doch auch gegen die Heiligen und die Toten wurde eifrigst zu Felde gezogen. Die Schändung jüdischer Friedhöfe, ein Beispiel des nekrophoben Totalitarismus, der unsere Nationalisten–Rassisten auszuzeichnen scheint, hatte seine urdemokratischen Vorläufer. In St. Denis wurden die Königsgräber gründlich geschändet, die Leiche des hl. Germanus wurde in Burgund ausgegraben, Heiligen und Königsstatuen in den Kirchen und Kathedralen die Köpfe abgeschlagen, herrliche bunte Kirchenfenster zerbrochen, Grabsteine zerstört, Altäre umgestürzt. Die alten Kirchen und Kathedralen Frankreichs bleiben ein stetes Mahnmal des Sieges von Unverstand und unreinen Leidenschaften über edle Gefühle. Glücklich ist Albi zu nennen, wo ein hochgesinnter Bürger den Mob davon abhalten konnte, die herrliche Kathedrale zu verwüsten!

In dieser grauenhaften, doch sehr allgemeinen Verwirrung, in der die „Guten" feige im Hintergrund blieben, spielten die Männer der Kirche keineswegs immer eine sehr ehrenwerte Rolle. Die Worte Spenglers vom Priesterpöbel bewahrheiteten sich schon damals.[45] Eine ganze Reihe von Priestern und sogar Bischöfen leistete den Eid auf die Verfassung, wobei innerhalb der katholischen Kirche die Jansenisten eine besonders jämmerliche Rolle spielten.[46] Der Exkapuziner Chabot unterstützte Marat in seinen blutrünstigen Aufrufen, und auch andere frühere Seelenhirten taten sich in der fürchterlichsten Weise hervor. Der evangelische Pastor Claude Royer von Chalons-sur-Saône und Mitglied des Jakobinerklubs in der Rue St. Honoré brüllte:

„Hören wir zu reden auf und lassen wir unser Schweigen furchtbar werden – wir sollen schrecklich sein, um die Freiheit zu retten!" Danton und Robespierre stimmten für seine Vorschläge. Er forderte das *Levée en masse* und Massenverhaftungen. Er gab auch eine Flugschrift heraus mit dem Titel: „Machen wir den Terror zum täglichen Ereignis!"[47] Nun, es ist auch nicht ganz zufällig, daß die Dominikaner (nach der Rue St. Jacques, wo sie ihr Zentrum hatten, in Paris *Jacobins* genannt) die „Jakobiner" eingeladen hatten, in ihrem Haus in der Rue St. Honoré zu tagen! Und wer glaubt, daß der Terror *(la terreur)* in späteren Schulbüchern der Dritten Republik schamvoll-beschämt behandelt wurde, irrt sich. *„La Terreur était terrible mais grande!"* konnte man da lesen.

Typisch für die Vorbereitung der Revolution und des Terrors war das Schicksal eines intellektuellen, leicht linksdralligen Edelmannes, des Chrétien de Lamoignon de Malesherbes, einer Leuchte der Aufklärung. Im Jahre 1750, im Alter von 29 Jahren, wurde er Präsident der *Cour des Aides* des Pariser *Parlement*, während sein Vater zum Kanzler ernannt wurde, aber fast alle Arbeit seinem Sohn hinterließ. Der junge Malesherbes benützte seine Stellung, um der Aufklärung zu helfen. Er war „tolerant" und „fortschrittlich". Da sein Amt auch das des Zensors war, konnte er der „Aufklärung" helfen und ihre Kritiker bremsen.

Baron Grimm sagte sehr richtig, daß ohne Malesherbes die *Encyclopédie* nie hätte erscheinen können.[48] Pierre Gaxotte nennt ihn den vollendeten Typ des Liberalen, der immer von der Angst geplagt wird, als reaktionär zu gelten. Élie Fréron, der Feind Voltaires, d'Alemberts und Marmontels, veröffentlichte eine relativ konservative Zeitschrift, *L'Année Littéraire,* die immer wieder von Malesherbes konfisziert wurde, und 1758 hätte man Fréron fast eingesperrt, weil er ein Buch gegen die *Encyclopédie* sehr positiv besprochen hatte. Immer wieder angegriffen, versuchte Malesherbes alles zu tun, um Frérons Verteidigung zu erschweren. 1752 verbot Malesherbes die Veröffentlichung eines Buches des Jesuitenpaters Louis Geoffroy, weil darin Diderot angeschwärzt wurde. Pater Thomolas von Lyon, der den Artikel „Collège" darin kritisierte, wurde verwarnt: Er wäre frech! Pater Charles Polissot de Montenoy wurde von Malherbes verfolgt und so auch der hochbegabte Nicholas Gilbert, der jung starb. „Die Philosophen beklagten sich, daß sie verfolgt wurden", bemerkt Gaxotte, „sie aber waren es, die als Verfolger auftraten."[49]

Malesherbes sah schließlich den Schaden, den auch er angerichtet hatte! Während des Terrors war er in die Schweiz geflohen, kehrte aber nach Paris zurück, um seinen König vor dem Tribunal zu verteidigen. Er hatte schließlich die traurige Aufgabe, ihm mitteilen zu müssen, daß er zum Tode verurteilt worden war.[50] Er zog sich aufs Land zurück, wurde aber im Dezember 1793 zusammen mit seiner Tochter, seinem Schwiegersohn und seinen Enkelkindern verhaftet. *Alle* wurden zu Tode verurteilt, er aber absichtlich als letzter hingerichtet, um das Schicksal seiner Familie mitansehen zu müssen. Die *délicatesse* der demokratischen Linken kennt eben keine Grenzen! Für alle seine Sünden hatte dieser Mann schwer gebüßt. Die Straße, die zum linken Radikalismus führt, ist nicht nur breit, sondern auch steil nach unten abfallend. Unter diesen Umständen versagen dann die Bremsen nur allzuleicht.

Doch die Bedeutung der Französischen Revolution liegt nicht nur darin, daß sie die Demokratie erneuerte, die schon in der Antike moralisch Schiffbruch erlitten hatte, sondern auch ganz neue Nahrung zur Staatsvergötterung, zum Totalitarismus und zum „völkischen" Nationalismus gegeben hatte. Die antike *Pólis* mit ihrer absoluten Herrschaft (diesmal mit totalitärem Vorzeichen) war wieder da, aber nunmehr in völkisch-nationalem Gewande mit der falschen Maske des Patriotismus.[51] Man hatte nun nicht mehr gleich zu sein, sondern auch identisch, „nämlich".[52] Der Fall Robespierres im Thermidor vereitelte nicht nur seinen Plan, alle Kirchtürme als „undemokratisch" niederzureißen, denn sie[53] waren höher als die anderen Gebäude, sondern auch seine andere Absicht, alle Franzosen und Französinnen je in eine eigene Uniform zu stecken. „Uniformität" wurde nun zum Schlüsselwort. Diese erstreckte sich auch auf die Landesverteidigung.

Einen der revolutionärsten, für den Rest der Welt verhängnisvollsten Schritte tat die Französische Revolution in der Domäne der Kriegsführung. Da alle *Citoyens* die gleichen Rechte besaßen, hatten sie auch die gleichen Pflichten: Sie durften wählen, also mußten sie auch auf den Schlachtfeldern kämpfen. Wenn aber *ein* Land (und in diesem Fall war es das volkreichste Europas) die allgemeine Wehrpflicht einführt, dann mußten auch alle Nachbarn[54] diesen Zwang kopieren, und damit trat Europa in eine der fürchterlichsten Phasen seiner Geschichte ein, denn es bekämpften sich von nun an riesige Armeen. Das war die Einleitung zu unseren totalen Kriegen des 20. Jahrhunderts. Die Kabinettskriege mit ihren Söldnern waren zuende gegangen, und es setzten nun die ‚Volkskriege' ein. Da aber der Durchschnittsbürger keinerlei Begeisterung für den Soldatenberuf besitzt (der eine ganz bestimmte ‚Berufung' und Eignung voraussetzt), mußten die Gemüter durch eine ungeheure und ungeheuerliche Propaganda angeheizt werden. Diese aber fand nicht nur in den Kasernen statt, sondern erfaßte und mobilisierte die ganze Nation. Nicht nur die Soldaten, nicht nur die Wehrpflichtigen, sondern auch deren Eltern, Frauen, Schwestern und Kinder wurden zum Haß gegen den Feind aufgerufen. Von nun an kämpfte eben nicht mehr König gegen König, sondern Volk gegen Volk. Hippolyte Taine, dem man wohl keine rechtsradikalen Tendenzen vorwerfen kann, hat dies sehr anschaulich geschildert:

„Die allgemeine Wehrpflicht... hat sich wie eine ansteckende Krankheit ausgebreitet..., sie ist im ganzen europäischen Kontinent verbreitet und herrscht dort mit ihrer Zwillingsschwester, die ihr vorausgeht oder nachfolgt, dem allgemeinen Wahlrecht..., eine die andere mit sich schleifend, beide blinde und furchterregende Herrinnen und Meisterinnen der Zukunft. Die eine gibt in die Hand eines jeden den Stimmzettel, die andere hängt ihm den Tournister des Soldaten auf den Rücken – und mit welchen Aussichten auf Massaker und Bankrotterklärungen im [kommenden] zwanzigsten Jahrhundert, mit welchem verzweifelten, internationalen, schlechten Willen und Mißtrauen, mit welchem Verlust an aufbauenden Bestrebungen, durch was für eine Perversion der produktiven Erfindungen, begleitet von was für einem Fortschritt in den Mitteln der Zerstörung, durch was für einen Rückschritt in die niedrigsten und ungesunden Formen streitsüchtiger Gesellschaften, durch was für einen Rückfall in egoistische und brutale Instinkte hinunter zur Gefühlswelt, den

Sitten und der Moral der Staaten der Antike und barbarischen Stämme, das wissen wir nur zu wohl."[55]

Hoffman Nickerson kommentierte diese Dekadenz mit den Worten: „Wie bei barbarischen Stämmen wurde nun jeder körperlich geeignete Mann ein Krieger. Innerhalb von vier Jahren nach der ersten Einberufung des revolutionären Parlaments wurde nun Rousseaus unmöglicher Traum von einem Himmel auf Erden nicht verwirklicht: Anstelle einer ländlichen Szenerie belebt mit Hirtinnen, die wie Figuren aus Dresdner Porzellan aussahen, hatten wir wieder die bewaffnete Horde. Die demokratischen Politiker, verzweifelt nach einem militärischen Werkzeug Ausschau haltend, um ihr System und ihre Haut zu retten, ließen den Teufel des totalen, des absoluten Krieges los."[56]

Und mit dieser Belastung leben wir auch heute. Wir sind sie derartig gewohnt, daß es unseren Massenmedien ein leichtes ist, gegen Söldner Stimmung zu machen. Der Söldner (von dem wir das Wort Soldat immerhin abgeleitet haben) ist ein Mann, der eine echte Berufung zum Kriegshandwerk hat und überdies die so viel gelobte Freiheit besitzt, sich seinen General oder auch seine „Sache" selbst auszusuchen. Verglichen mit dem Mann, der sich zitternd hinter dem Ofen verbirgt und von den Gendarmen zur Assentierung gebracht wird, hat er doch ein beneidenswertes Los. Zugleich geben wir zu, daß Tapferkeit nicht in jedermanns Wiege gelegt wird. Die moderne Gesellschaft und der Staat aber versuchen die oft ganz natürlichen Hemmungen ihrer Männer und deren Anhang zu überwinden, die tiefste und häßlichste menschliche Leidenschaft zu mobilisieren – den Haß, in diesem Fall den Kollektivhaß. Dieser ist, wie zum Beispiel im Ersten Weltkrieg, durch die alliierten Greuelgeschichten über die deutschen Soldaten zur Weißglut angeheizt worden, aber auch im Zweiten Weltkrieg, bevor die Schrecken des Nationalsozialismus bekannt wurden, hatte man in den Vereinigten Staaten für die „Moral" der Soldaten „Dokumentationsfilme" hergestellt. Sie wurden auch zur Propaganda im Ausland verwendet.[57]

Wenn man nun alle diese Tendenzen, Einrichtungen, Programme und Neuerungen[58] der Französischen Revolution mit „modernen" Augen betrachtet, braucht man sich über das Buch des Harvard Professors C. Crane Brinton, *The Jacobins*,[59] nicht wundern. Es erschien drei Jahre vor der braunen Machtübernahme, gab uns aber dennoch ein präzises Bild des Nationalsozialismus. Auch Max Horkheimer, keineswegs ein Vertreter eines extremen Konservatismus, sagte ausdrücklich im Jahre 1939, daß die Ideologie der Französischen Revolution im Nationalsozialismus enden mußte.[60] Im weiteren Sinn des Wortes war die Ideenwelt der Französischen Revolution ein Sozialismus und das bedeutet *wörtlich*, ein dem Individualismus, besser gesagt, dem Personalismus, entgegengesetzter Gesellschaftswahn. Das völkisch-nationale Element kam unweigerlich (genauso wie beim husitischen Vorgänger) als ein weiterer „identitärer" Kollektivismus dazu. Da nur die Franzosen sich gegen die Königsherrschaft im 18. Jahrhundert erhoben hatten, waren sie das einzige tugendhafte, kluge und „auserwählte" Volk. Deshalb wurde auch sehr bald die Klage erhoben, daß die Nichtfranzosen in der *patrie* sich nicht der *langue républicaine* bedienten und daß sowohl die Dialekte, als auch die Minderheitssprachen verschwinden müßten. Besonders die Elsässer (erst seit rund 100 Jahren bei Frankreich) verstießen in dieser Hinsicht gröblich gegen das Uniformitätsprinzip, und so wurden verschiedene Pläne geschmiedet, wie man diese Leute sprachlich zur Räson bringen könnte. Es wurde der Vorschlag gemacht, den Elsässern die Kinder wegzunehmen, sie in ganz Frankreich zu zerstreuen oder schließlich auch (einfachheithalber) alle umzubringen.[61] Somit tauchte hier wiederum das probate Mittel des Genozids aus der Versenkung. Die *égalité* wurde als *identité* verstanden: Wer anders war, konnte eben nicht als „Gleicher" betrachtet werden. Wer sich von der Masse durch Sprache, Aussehen, Akzent, Besitz, Bildung, Gehaben unterschied, war eben ein Feind. Er mußte sich angleichen, und wenn das nicht möglich war, auswandern oder ins Gras beißen.

Also war die Französische Revolution ein früher Nationalsozialismus? Kein Zweifel. *Blut und Boden* wurden schon in der Marseillaise angerufen, laut der man davon träumte, daß das unreine Blut *(sang impur)* der Feinde die Ackerfurchen Frankreichs tränken sollte. Doch vielleicht war man damals doch noch ein wenig liberaltolerant, denn man hatte keine Vorurteile gegen dieses immerhin doch recht aparte Düngemittel.

3. VOM ERSTEN ZUM DRITTEN NAPOLEON

Die Französische Revolution endete mit der Militärdiktatur und der fast gelungenen Royalisierung Napoleons. Die Ideen der Französischen Revolution wurden, wenn auch in einer stark gemilderten Form, durch ganz Europa getragen. Der Blutfleck der Revolution tauchte den Kontinent von Gibraltar bis ins Herz Rußlands in ein allumfassendes Blutbad. Dieses Drama endete erst in Waterloo.

Die Wandlung der Französischen Revolution in eine Personaldiktatur, die gewisse tyrannische Züge trug, doch ohne eine Tyrannis im hochmodernen Sinne zu sein, folgte einem bis in die Antike zurückreichenden Schema. Plato hatte dieses vorausgesehen und so auch Polybios, der von einer *Anakýklosis*, einem Drehen des geschichtlichen Rades sprach. Beide dachten, daß das Königtum von einer Adelsherrschaft abgelöst werden müsse (wie England 1688) und daß diese wiederum einer Demokratie weiche, in der schließlich ein Volkstribun aufstünde, der aber seine Herrschaft – mit der Zeit – „familistisch" gestalten und damit royalisieren würde. Manchmal fällt allerdings ein Stadium aus. Auch die römische Geschichte liegt ungefähr auf dieser Linie. Cäsar war durch seine Heirat ein Neffe des ‚Demokraten' Marius, doch hatte zweifellos das Régime der „Cäsaren", das Prinzipat, durch die Macht der Armee einen ‚bonapartistischen' Charakter. Das vorchristliche Rom ist nicht eine echte Monarchie geworden, mit der Herrschaft von Diokletian ebenfalls nicht, obwohl er sich eine Krone aufsetzte und Proskynesis verlangte.[1] Auch gelang Napoleon die „Verköniglichung" nicht, denn er blieb viel zu sehr ein Volkstribun, um seinem Siegeszug ein Ende zu setzen und sowohl sein Land wie auch seine Herrschaft echt zu konsolidieren. Er war allerdings der Schwiegersohn des österreichischen Kaisers geworden. Hätte er sich nicht in das russische Abenteuer gestürzt, wäre er wahrscheinlich 1821 in Paris im Bett gestorben. Europa wäre mehr oder weniger unter dem Adler seiner Feldstandarten geeint gewesen. (Wie wird es in Indien weitergehen?, fragt man sich. Wird die Tochter Nehrus ihren jüngeren Sohn „einsetzen" können?)

Das *enracinement*, die „Einwurzelung" der neuen Monarchie in Frankreich hätte allerdings eine Friedenszeit gebraucht. Doch muß man hinzusetzen, daß Napoleon sich seiner auch im „Inneren" gefährdeten Lage sehr wohl bewußt war und seinem Schwiegervater gestand, daß er militärische Niederlagen politisch nicht überstehen könnte. (Das hätte allerdings auch Mussolini wissen müssen, der ein – später verfilmtes – Theaterstück über Napoleons Hundert Tage geschrieben hatte.)

Doch weder die Französische Revolution noch die napoleonische Periode waren im übrigen Europa spurlos vorbeigegangen. Im Gegenteil: diese beiden Ereignisse blieben unvergessen, lösten allerlei Reaktionen, aber auch weitere „unterirdische"

Bewegungen aus. „Obenauf" hatten wir die Romantik, eine christliche Erneuerung, und das erste Mal in der Geschichte ein systemisiertes konservatives Denken.[2] Doch waren eben Dinge geschehen, die viele alte, festgefahrene Begriffe und Traditionen gebrochen hatten. Dabei war der Königsmord nichts Neues. Karl I. von England hatte schon dieses Schicksal erfahren und sein Sterben leitete die Britische Republik ein, das *Commonwealth* unter Cromwell, einem echten „Führer" und hervorragenden Praktikanten des Genozids.[2] Auch ein Papst als Gefangener Frankreichs war keine Neuheit. Fontainebleau war lediglich ein neues Avignon. Doch die Heirat der Tochter des regierenden Habsburgers mit einem korsischen Abenteurer, der, wenn er schlecht aufgelegt war, im Patois seiner Heimat fluchte, oder auch die Besteigung des schwedischen Königsthrones durch einen anderen Advokatensohn, diesmal aus Pau und nicht aus Ajaccio, waren ebenso Brüche mit der Vergangenheit wie die zahlreichen territorialen Veränderungen während der napoleonischen Kriege, wie auch in der Folge des Wiener Kongresses, der keineswegs ganz so „konservativ" war, wie manche ihn darstellen wollten.

Die gesellschaftlichen Veränderungen waren nicht so schwerwiegend, und alte Traditionen und Haltungen, die man für verloren glaubte, lebten wieder auf – selbst in Frankreich. Napoleon hatte versucht, den Anschluß an das Alte zu finden und stets mit allen Mitteln danach getrachtet, Überläufer aus dem alten Adel zu bekommen. Gewisse Begriffe – Ehrbegriffe, äußere Modalitäten, Gebräuche – kamen wieder auf. Die „Modernität" regierte noch lange nicht absolut. Man lese da einmal in den Memoiren des Grafen Caulaincourt nach, wie sich nahe bei Moshajsk auf dem Zuge nach Moskau ein „Zivilist" dem französischen Lager näherte und einen Soldaten auf Wache nach seinen Eindrücken ausfragte. Von einem Offizier zur Rede gestellt, den der Unbekannte arrogant behandelte, dann als russischer Offizier (Uniform unter dem grauen Mantel!) erkannt und verhaftet, überstellte man ihn schließlich Napoleon. Es war dies ein Baron Wintzingerode, den Napoleon als theoretischen Untertan seines Bruders Jérôme, König von Westphalen, agnoszierte und deshalb als Verräter und Spion zu erschießen drohte. Er brüllte Wintzingerode an und wollte sich auf ihn stürzen, als dieser dem Kaiser kalt und unbewegt erklärte: „Sie werden nichts davon tun, Sire! Ich diene jetzt dem Kaiser Alexander!" Die französischen Offiziere, entsetzt über die schlechten Manieren ihres Souveräns, rissen Napoleon zurück.[4] Zwar wurde Wintzingerode ein Gefangener, dinierte aber mit den Offizieren, Napoleon hingegen trotzte allein in seinem Zelt. Die Fiktion, daß ein Krieg unter Gentlemen geführt wurde, war noch aufrechterhalten worden. Im Ersten Weltkrieg war dies nur noch an der Ostfront der Fall. Im Zweiten Weltkrieg war es damit völlig aus.

Schwerwiegender waren die Gebietsveränderungen. Der Reichsdeputationshauptschluß wurde beim Wiener Kongreß nicht zurückgenommen, zahlreiche kleine und kleinste deutsche Fürstentümer, Reichsstädte und alle Bistümer waren für immer von der Landkarte verschwunden. Die früheren österreichischen Niederlande wurden mit den Generalstaaten zu einem „Königreich der Niederlande" zusammengelegt, was einen größeren Staat mit einer starken katholischen Mehrheit unter einer reformierten Dynastie ergab.[5] Zwar hatten die Flamen und die „Holländer" eine gemeinsame Literatursprache, doch besaßen diese beiden Völker seit 300 Jahren keine innere Bindung mehr. Sowohl die flämische Oberschichte wie auch die Wallonen sprachen französisch, und so erwies sich diese künstliche Amalgamierung bald als Mißgriff. Den Völkern konnten nicht mehr willkürliche Loyalitäten zugemutet werden. Man wollte Sachsen nicht den Preußen überlassen, dafür aber wurde Preußen mit dem Rheinland entlohnt, was dort auch keine übermäßige Begeisterung hervorrief und zugleich Preußen die Aufgabe zuschob, ein Bollwerk gegen die stetige französische Expansion zu werden. (Auch sollte Rußland etwas bekommen und dafür mußten beide, Preußen und Österreich, herhalten – das Resultat war wie 1945 ein russischer Westruck!) Da man aber Frankreich unter keinen Umständen demütigen wollte, ließ man das damals kaum französisierte Elsaß[6] bei Frankreich und beanspruchte auch Lothringen nicht, das kurz vor der Revolution französisch geworden war. (Die lothringischen Grafen waren noch bis 1789 im Mainzer Grafenkollegium vertreten.) Auch hier, beim Kongreß, begegnete man wieder einem „Wunder": Der Vertreter des besiegten Landes, der Ex-Bischof von Autun, Prinz Talleyrand de Perigord, (napoleonischer) Fürst von Benevent, (neapolitanischer) Herzog von Dino, suspendiert, exkommuniziert, zivil vermählt mit der Madame Grand, spielte dank seiner Intelligenz, seines Wissens und Humors auf dem Wiener Kongreß eine führende Rolle.[7] Frankreich war am Ende all seiner Aggressionskriege *größer* als vor der Revolution. Immerhin, ein weiterer Weltkrieg wurde für hundert Jahre auf der Grundlage des Wiener Kongresses vermieden.

Freilich darf man die Irrtümer, die damals begangen wurden, auch nicht übersehen. Nicht nur die Einwohner von Köln, Mainz, Trier und Münster, die alle unter dem Krummstab gelebt hatten, waren auf einmal „Preußen" und trugen damit den Namen eines nichtdeutschen, baltischen Volksstamms. Auch die Freiburger, echte Vorderösterreicher, wurden „Badener" und die Venezianer, stolze Kinder der *Res Publica Christianissima,* Königin der Meere, waren nun wiederum Österreicher. Vor allem hart war das Schicksal der Polen, die geteilt blieben und überdies ihr Herzland nun für ein Jahrhundert unter russischer Herrschaft sahen. Der berühmte Père Gratry hatte sehr richtig gesagt, daß Europa seit den Teilungen Polens in der Todsünde lebe,[8] und dieses Übel wurde noch dadurch ärger gemacht, daß man die preußische und österreichische Beute aus der dritten Teilung den Russen gab, die nunmehr 295 Kilometer von Wien und 305 Kilometer von Berlin ihre Grenzposten stehen hatten. (Vor den drei Teilungen lag die Grenze Polens 450 Kilometer westlich von Moskau!)

Eine herzlich schlechte Lösung war auch die Errichtung des Deutschen Bundes anstelle des Heiligen Römischen Reiches Deutscher Nation.[9] Er war viel zu lose, um gegen fremde Eroberungspläne eine geeinte Front darzustellen. Auch waren nunmehr, da man die alten Reichsgrenzen berücksichtigen wollte, ein Teil des Königreiches Preußen (Ostpreußen, Westpreußen und Posen) und ein Großteil der Donaumonarchie (Galizien, die Bukowina, Ungarn mit Kroatien, Dalmatien, Venetien und die Lombardei) außerhalb des Bundes. Der König von Dänemark (als Herrscher von Holstein) gehörte genau so dem Bund an wie der König der Niederlande (als Souverän des nördlichen Limburg). Selbstverständlich waren auch Luxemburg und Liechtenstein in der evangelischen Paulskirche vertreten, die in Frankfurt am Main

nicht unweit von der katholischen Kathedrale stand, in der früher die geheiligten
(*sacrae* nicht *sanctae*) römisch-deutschen Kaiser gewählt wurden. Diese „Lösung" war
nicht rein national, denn es befanden sich innerhalb der Grenzen des Bundes Nichtdeutsche (Wenden, Tschechen, Mährer, Slowenen, Italiener), dafür aber auch Deutsche außerhalb des Bundes – in Schleswig, in Ost- und Westpreußen, in Posen, in
Ungarn, im Elsaß und in Lothringen. Auch war der Bund leider so konstruiert, daß
er den deutsch-preußischen Krieg des Jahres 1866 nicht verhindern konnte und
natürlich ebensowenig die preußisch-italienische Allianz. Auch kam kein anderer
deutscher Staat Österreich zur Hilfe, als es von Napoleon III. angegriffen wurde.

Keineswegs gelöst waren die Verhältnisse auf dem Balkan, wo die Griechen und
die Serben sich besonders heftig gegen die türkische Herrschaft wehrten. Die Einverleibung des Königreichs Polen (Kongreßpolens) in Rußland, wie auch die russische Herrschaft über Finnland bargen genau so einen Sprengstoff in sich, wie die
Personalunion zwischen Schweden und Norwegen. (Die norwegische Krone, die
unter der jahrhundertelangen dänischen Herrschaft nichtexistent gewesen war,
wurde nunmehr mit der schwedischen vereint.) Auch hier war es der russische Expan-
sionsdrang, der Unheil gebracht hatte, denn Schweden erhielt die norwegische Krone
als Entschädigung für Finnland. Und England hatte seine Position im Mittelmeer
wieder ausgebaut: es behielt Malta (und gab es dem Orden nicht zurück), dazu kamen dann noch die Ionischen Inseln. Es dachte nicht daran, Gibraltar aufzugeben,
und bekam im 19. Jahrhundert noch zusätzlich Zypern und Ägypten.

Die Französische Revolution *schien* liquidiert, doch der Schein trog. Der Jubel-
schrei des amerikanischen Staatsmannes, Gouverneur Morris: „Die Bourbonen sind
wieder auf ihrem Thron: Europa ist frei!",[10] war nicht nur verfrüht, sondern auch
auf lange Sicht gegenstandslos. Die Französische Revolution spielt in unserem Denken, Fühlen und in unseren Überzeugungen eine verhängnisvolle Rolle. Die niedrigen
Leidenschaften, die damals entfacht wurden, glimmen weiter. Die beiden Niederlagen – die der Revolution und die ihres Produkts, Napoleons, – können mit einer
Krebsoperation verglichen werden, die den Hauptherd entfernt, aber die schon in
der Entwicklung befindlichen Metastasen außeracht läßt. Was dann nachfolgt, ist
eine Zeit der Scheingesundheit, bis der Krebs sich wieder unheilvoll bemerkbar
macht.

4. RECHTS UND LINKS IM 19. JAHRHUNDERT

Die Heilige Allianz – Österreich, Preußen, Rußland und auch Frankreich, während England bald abgesprungen war[1] – versuchte, die „alte Ordnung" aufrechtzuerhalten, doch die neue, unmittelbare Bedrohung dieser Ordnung kam zuerst einmal von der „Nationaldemokratie". Später erst, als logische Weiterentwicklung der Demokratie, kam dann noch der Sozialismus dazu.[2]

Die alte Ordnung, das *ancien régime*, das man mit gewissen Veränderungen wieder zu Ehren bringen wollte, hatte einen *vertikalen* Charakter. Von der alten Ordnung hatte Abel Bonnard gesagt, daß der König Vater in seinem Lande war, denn jeder Vater war ein König in seiner Familie.[3] Nun aber mußte man sich mit dem Begriff der Gleichheit auseinandersetzen, der rein programmatisch-ideologisch war und mit der menschlichen Wirklichkeit nichts zu tun hat. Wie wir schon früher feststellten, hatten überdies die Völker den steigenden Wunsch, „sich selbst" zu regieren, erreichten aber bestenfalls die Herrschaft der Mehrheit über die Minderheit, was im Frühstadium der Französischen Revolution vielleicht auch wirklich erreicht wurde. Hierbei soll aber gleich auch bemerkt werden, daß in der Aktualität und im Endeffekt es jedoch immer wieder eine Minderheit ist, die die große Menge befehligt, und zwar mit oder ohne ihre Einwilligung.

Nun, im Regiertwerden liegt aber ein Fatum der erbsündlichen Menschheit vor, und, wie wir schon andeuteten, ist die Demokratie mit der „Freikörperkultur", der Technik, der Empfängnisverhütung, der schmerzlosen Geburt, dem Feminismus und der Einbalsamierung der verzweifelte und erfolglose Versuch, die Wirkung der großen Schwächung des ganzen Menschengeschlechtes aus der Welt zu schaffen.

Doch hat die Demokratie mit ihrem Gleichmachertum noch einen ganz anderen Aspekt. Im Menschen stecken zwei Urtriebe: der eine, der animalische, der unserer tierischen Natur entspringt, während der andere rein menschlich ist. Wir sprechen hier von den Trieben zur Nämlichkeit (Identität) und zur Vielfalt (Diversität). Ein Ein-Mark-Stück ist *identisch und gleich* jedem anderen Ein-Mark-Stück der gleichen Ausgabe. Zwei Fünfzig-Pfennig-Stücke aber sind einem Ein-Mark-Stück nur gleich, aber nicht identisch! Bewegungen, die Gleichheit fordern, sind denen, die die Nämlichkeit fordern, zutiefst verwandt; sie fordern und inspirieren sich gegenseitig. Manchmal aber entzweit sie auch die Konkurrenz, die in Haß umschlagen kann.

Nun sind wir tatsächlich manchmal in der Stimmung, mit Menschen unseres Geschlechts, unserer Altersstufe, unserer Volkszugehörigkeit und Rasse, unserer Konfession, politischen Überzeugung, unseres Geschmacks, unserer Bildung und Umgangsformen zusammenzusein, also, einem Herdentrieb folgend, in einem „Wir" eine angenehme, warme, spiegelhafte Selbstbestätigung zu finden. Doch dann wollen wir zuweilen, von einer romantischen Sehnsucht verlockt, mit Menschen zusammenkommen, die ganz anders sind als wir: Die Anziehungskraft des anderen Geschlechts liegt zum Teil auch jenseits von Eros und Sexus in diesem „konträren Magnetismus". Dieser verleitet uns auch, auf Reisen zu gehen um fremde Menschen, andere Tiere und Pflanzen zu sehen, andere Bauten, ein anderes Klima kennenzulernen, Speisen zu essen, einer Musik zu lauschen, Sprachen zu hören, Sitten und Gebräuche zu beobachten, die uns „neu" und ungewohnt sind. Das ist ein Trieb, der dem Tier fehlt. „Originalität" ist nicht animalisch, das Wort in jedem Sinn genommen. Einem Hund kann man tagaus-tagein dasselbe Futter vorsetzen, der Mensch aber braucht Abwechslung. (Der Spießer, der Banause, der „Primitive" braucht diese Abwechslung aber wahrscheinlich nicht oder in nur sehr geringem Ausmaß. Dem Ungewissen, dem Fremden steht er unsicher, wenn nicht gar feindlich gegenüber.) Die Worte Goethes: „Höchstes Glück der Erdenkinder ist doch die Persönlichkeit", sind ihm fremd. Er brüstet sich sogar damit, ein „völlig normaler Mensch", ein „rechter Kerl" *(regular guy; ordinary, decent chap)* zu sein,[4] der zwar das Leben genießen möchte, aber keine außerordentlichen Ansprüche erhebt. Den sogenannten Individualisten (wie überhaupt jeden Andersgearteten) blickt er scheel an, wobei wir hier gleich bemerken wollen, daß wir die Ausdrücke „Individualist" und „Individuum" aus sprachlichen Gründen meiden wollen: Der Gegensatz zum Herdenmenschen ist nicht etwa der Herrenmensch, sondern der Personalist. Das Wort „Individuum" bezieht sich auf den letzten „unzerteilbaren" Teil eines Ganzen: Das Sandkorn im Sandhaufen ist ein „individuelles" Sandkorn. Das Wort „Person" hingegen kommt ursprünglich aus dem Etruskischen. *Phersú,* lateinisch *Persona,* war die Maske des Schauspielers auf der Bühne und deutete auf eine ganz bestimmte Rolle hin: *dramatis personae* waren die Personen des Dramas. Hier auf Erden, in dem großartigen „Spiel Gottes"[5] sind auch wir *dramatis personae* mit eigenem, unauswechselbarem, einmaligem und auch unersetzlichem Schicksal und ebensolchen Aufgaben. Anders geht es natürlich (soweit wir dies sehen können) im Ameisen-oder Termitenhaufen zu. Freilich, auch dort gibt es Ungleichheiten, aber auch wiederum unabänderliche Gleichheiten und Auswechselbarkeiten innerhalb der Kategorien. Und setzen wir hier gleich hinzu, daß erst mit dem Christentum der Personalismus in unsere Kultur voll eintritt. Er war im Alten Testament vorgezeichnet, aber noch nicht zur Vollblüte gelangt. Erst mit dem Begriff des „himmlischen Vaterlandes" und des „Ewigen Lebens", das sich der Mensch hier in einer Prüfungszeit „baut" und „einrichtet", wird ein vollendeter Personalismus möglich, wenn ihn auch deterministische Theologien und Philosophien zu zerstören suchen.

Wie wir aber gesehen haben, kommen in der Französischen Revolution „horizontale" anstelle von „vertikalen" politischen und gesellschaftlichen Bindungen auf, die sich in dynamischen, von „Intellektuellen" angeheizten Volksbewegungen explosiv steigern. Diese hysterisch-sadistischen Ausbrüche geschahen zum Teil im Namen der „Tugend", der *vertus républicaines,* und der (strafenden) Gerechtigkeit, die sich vornehmlich gegen einen den „Aberglauben" verbreitenden, unaufgeklärten Klerus und einen amoralischen, frivolen Adel richteten. Das drückte sich während der Revolution besonders in den *fessades* aus: Damen wurden auf der Straße von Banden aufgegriffen, festgehalten, ihnen die Röcke hochgezogen und sie dann mit Ruten geprügelt...,[6] angeblich alles aus sittlicher Entrüstung. Wie man sieht, beteiligte sich auch das liebe Volk an den Gemütsverirrungen des Göttlichen Marquis.

Doch die psychologische Hauptcharakteristik der Französischen Revolution sind der Gleichheitswahn, der der Freiheit diametral entgegengesetzt ist, und der ethnische Nationalismus, der alles „Unfranzösische" auszurotten suchte. Im Unterlinden-Museum in Colmar kann man einen zweisprachigen Aufruf an die Frauen des Elsaß bewundern, sich nach der „fränkischen" und nicht nach der deutschen Mode zu kleiden. Mit anderen Worten: Das Identitäre, das Nämlichkeitsmoment, feierte nach langer Unterbrechung seine bösen Urstände; die Taboriten hatten schon vor 370 Jahren mordend ihr Unwesen getrieben,[7] die englischen egalitären Sekten, die Levellers, Diggers, Fünfmonarchianer erst 140 Jahre später.[8] Der schauerlichste Nachzügler der Französischen Revolution vor unserem Jahrhundert war allerdings Gracchus Babeuf mit seinen (von Mussolini besungenen) *colonnes infernales*.[9] Was war sein Programm? Das hörte sich so an:

„Alle Schriften über die Offenbarung verbieten; die Kinder werden alle gemeinsam erzogen; kein Kind wird den Namen seines Vaters tragen; kein Franzose wird Frankreich verlassen dürfen; die Städte werden zerstört werden, die Schlösser dem Erdboden gleichgemacht und die Bücher verboten. Die Franzosen werden eine Einheitskleidung tragen; die Armeen werden von Zivilbehörden befehligt, die Toten aber gerichtlich abgeurteilt und nur im Falle einer begünstigten Beurteilung durch die Tribunale ordentlich begraben; keine Schrift darf ohne ausdrückliche Erlaubnis der Regierung veröffentlicht werden."[10]

Allerdings hatte Babeuf nicht nur in der Französischen Revolution, sondern auch in dem mysteriösen Morelly einen ideologischen Vorgänger, der einen Idealstaat nicht unähnlich dem Babeufs beschrieben hatte.[11] Auch aus diesem Programm sieht man mit erschreckender Deutlichkeit, daß Freiheit und Gleichheit-Nämlichkeit im Ende unvereinbar sind. Die Natur kennt keine Gleichheiten-Nämlichkeiten: selbst eineiige Zwillinge sind nicht „identisch". Geographische Gleichheit verlangt das gewaltsame Abtragen der Berge, um die Täler zu füllen, gleichmäßige Hecken brauchen die schmerzhafte Gartenschere, „nationale Einheit" brutale Denationalisierungen, Vermögensgleichheit Enteignungen und so weiter. Wir stehen immer vor der Entscheidung „Freiheit oder Gleichheit?" Daher ist die Synthese der (egalitären-identitären) Demokratie mit dem Nationalismus (oder auch Rassismus) wohl möglich, nicht aber – auf die Dauer – mit dem freiheitlichen Liberalismus. Hier steht man nur zu oft einer Täuschung gegenüber. Wie in der christlich-demokratischen Synthese die Demokratie das Christentum verschlingt (was Alexandre Vinet sehr deutlich erkannte), so kommt es schließlich in der liberalen Demokratie zum Erlöschen der Freiheit (wenn andererseits nicht zum Chaos). Auch Goethe sah dies als er in seinen *Maximen* (No. 953) schrieb: „Gesetzgeber oder Revolutionäre, die Gleichheit und Freiheit zugleich versprechen, sind Phantasten oder Charlatans." Diese phantastische Scharlatanerie beherrscht allerdings die politische Szene der gesamten freien Welt.

In der Reaktion gegen die napoleonischen Eroberungskriege sahen wir aber nicht nur eine christlich-romantische Erneuerung und eine Systemisierung konservativen[12] Denkens und Handelns, sondern auch eine vielleicht unerwartete Verschmelzung egalitärer und nationaler Ideen. Dies sollte eigentlich niemanden überrascht haben, denn es handelte sich um die Synthese von zwei Kollektivismen. Hier muß man gleich auch einmal auf die Doppelsinnigkeit des Wortes ‚Volk' in so vielen Sprachen hinweisen. Der Terminus 'Volk' kann als (ethnisch-sprachliche) Nation, aber auch als Niedervolk ausgelegt werden. Also sind gerade heute, dank der kommunistischen Sprachregelung, die Ausdrücke für Volksdemokratie und Nationaldemokratie in den slawischen Sprachen identisch.[13] Der Ausdruck ‚Volk' kann also eine Kampfbereitschaft gegen Monarchie, Adel und Klerus ausdrücken, die bei uns nicht einen nationalen, sondern einen übernationalen Charakter hatten. Anders natürlich als in Japan oder im alten China.[14] Im Jahre 1910 waren von den souveränen europäischen Dynastien nur jene von Montenegro (Petrović–Njegoš) und Serbien (Karađorđević) echt einheimisch.[15] Der Duke of Edinburgh, Prinzgemahl der jetzigen britischen Königin, war ursprünglich ein „griechischer" Prinz, aber ohne einen Tropfen griechischen Bluts, denn sein Vater, Prinz Andreas von Griechenland, stammte aus dem dänischen, in Wirklichkeit aber deutschen Haus Sonderburg–Glücksburg–Augustenburg.[16] Mit dem Hochadel stand es oft wie mit den Dynastien; viele Familien stammten aus dem Ausland, und Heiraten mit Ausländerinnen waren häufig. So hatte zum Beispiel Churchill eine amerikanische Mutter, teilweise indianischer Abstammung,[17] die großen französischen Liberalen de Tocqueville und Montalembert waren englisch verschwägert; im deutschen und österreichischen Adel, wie auch im preußischen Offizierskorps waren sehr viele Familien französischer, italienischer oder slawischer Abstammung.[18]

Die nationaldemokratischen Bewegungen, die nun allenthalben ins Kraut schossen, waren deshalb nicht nur egalitär, sondern auch xenophob. „Herrschaft" hieß oft Fremdherrschaft, die für „das Volk" schwer erträglich war. Man erinnere sich hier auch daran, daß fast alle republikanischen Bewegungen mit einer Haßkampagne vielleicht psychoanalytischer Natur gegen die „Ausländerin", die „fremde" Frau des Monarchen begannen. (Kollektiveifersucht der Frauen? Verdacht, daß der Monarch vielleicht unter dem Pantoffel der „Zugereisten" stand?) Denken wir da nur an Henrietta-Maria, die katholische Gemahlin Karls I. von England, an Marie-Antoinette (l'*Autrichienne*), Gemahlin Ludwigs XVI., Kaiserin Alexandra von Russland (aus dem Hause Hessen), Kaiserin Zita von Österreich (Bourbon–Parma), Königin Ena von Spanien (Battenberg). In diese Kategorie gehört auch die Animosität gegen die Princesse de Réthy, Gemahlin Leopolds III., die als Flämin den Wallonen und als Bürgerliche den Kommunisten nicht zu Gesicht stand.[19] (Ob die „Fremdheit" des Herrschers oder Herrscherhauses negativ zu werten ist? Keineswegs. Hier ist größere Objektivität durch Distanz zu erwarten.)[20]

Schon zwei Jahre nach der Beendigung des Wiener Kongresses fand auf der Wartburg das Burschenschaftsfest anläßlich des dreihundertsten Jahrestages der Reformation und des vierten Jahrestages der Völkerschlacht (bezeichnender Ausdruck) von Leipzig statt. Dieses Fest hatte einen deutlich nationaldemokratischen

Charakter. Die alte schwarz-goldene Reichsfahne wurde mit dem Rot der Revolution bereichert und zu guter Letzt eine Bücherverbrennung veranstaltet, bei der auch die Werke von Kotzebue und von C. L. v. Haller den Flammen übergeben wurden. (Davon lernten dann die Nationalsozialisten!) In Berlin, Wien und Petersburg schlug man Alarm. Und nicht viel später wurde der Staatsrat und Lustspieldichter Kotzebue von einem nationaldemokratischen Terroristen, einem Studenten, erdolcht. Demokratie und Nationalismus arbeiteten in perfekter Gleichschaltung wie später dann Nationalismus und Sozialismus. Der echte Patriotismus mit der vaterländischen Freude an der Vielfalt wich dem Nationalismus, der in seiner Unduldsamkeit alles über einen Leisten schlagen wollte. Wir begegneten auch damals der Gestalt des „Turnvaters Jahn", eines nationaldemokratisch gesinnten Priegnitzers, der die Massengymnastik erfunden und mit eigener Wortschöpfung „Turnen" genannt hatte. Dieser brave Mann kam mit den siegreichen Alliierten nach Paris, wo er in einem alt-deutschen Phantasiekostüm herumspazierte, mit verschränkten Armen und bösem Blick auf dem Gehsteig Passanten anrempelte und schließlich geschickt wie ein Affe auf den Arc de Triomphe hinaufkletterte, um dem Engel die Tuba aus der Hand zu schlagen, was ihm aber nicht gelang.[22] Ihm verdanken wir auch den herrlichen Ausspruch, er sähe es lieber, daß seine Tochter eine öffentliche Dirne würde, als daß sie die französische Sprache erlernte. Unter der „reaktionären" Regierung Friedrich Wilhelms III. wurde dieser schrullige, aber viel bewunderte und ideengeschichtlich nicht ungefährliche Kauz eingesperrt. Ein Vorläufer des National-sozialismus? Zweifellos.[23]

Die „Reaktion" war natürlich da, aber reine Reaktionen werden leider selten von der Klugheit geleitet. Die geistig-politische Entwicklung Europas ging, wenn wir von der konservativen Romantik absehen, in die linke Richtung, weil in Europa ein gewaltiges Vakuum eingetreten war, in das die linken Ideen weiter einströmen konnten. Geben wir aber zuerst einmal ruhig zu, daß das *Ancien Régime* (wie seine besten Vertreter sehr gut wußten) nicht nur reformbedürftig gewesen war, sondern auch einfach nicht dort fortgesetzt werden konnte, wo es aufgehört hatte. Hier muß man sich noch einmal vor Augen halten, daß der königliche Absolutismus eine Degenerationserscheinung der traditionellen europäischen Staatsform gewesen war, und daß die Existenz einer beratenden und in manchen Domänen auch sogar entscheidenden Volksvertretung keineswegs einen Bruch, sondern einen Anschluß an die Vergangenheit bedeutete. Wäre die Revolution mit dem Jahr 1790, mit dem nationalen Verbrüderungsfest auf dem Champ de Mars, beendet worden, hätte auch die Geschichte Europas eine andere Wendung genommen. Vergessen wir nicht, daß der aufgeklärte Absolutismus in einer liberalen Richtung höchst reform-freudig gewesen war und die ständischen Vertretungen in anderen Ländern nur eine gewisse „Modernisierung" notwendig gehabt hätten. Doch die Mischung von verfahrener Philosophie, religiöser Krise und aufgewühlten Leidenschaften brach-te den zu schnell fahrenden Zug zum Entgleisen. Ohne Französische Revolution wäre der Regierungskurs Franz II. (Franz I.) auch ein ganz anderer geworden.[24] (Ohne KPI hätte es auch keinen italienischen Faschismus und ohne KPD keinen Nationalsozialismus gegeben.)

Sehr schmerzlich fehlte eine Ideologie, die ebenso dynamisch, aber innerlich ganz anders als damals die Französische Revolution, hoch und niedrig ergriffen und begeistert hätte, eine Ideologie, die gleichzeitig zum Herzen, zum Verstand und zu den Sinnen sprechen sollte. Das aber muß man gestehen, ist ein Problem, das das restliche, freie Europa bis auf den heutigen Tag noch immer nicht gelöst hat.

Was sich also im „Vormärz" wiederum ankündigte, war Ortegas „Rebellion der Massen",[25] die mit dem Bürgertum-Kleinbürgertum schon eine große Schlacht gewonnen hatte, dann die Hefe des Volkes mobilisierte und erst später auf das rasch entstehende industrielle Proletariat übergriff. Die Metastasen entwickelten sich im Laufe des 19. Jahrhunderts in richtige Krebsgeschwüre. Die Militärinterventionen der Heiligen Allianz, die Miguelitenkriege und Karlistenkriege in Portugal und Spanien, die Erhebung der Griechen, die belgische, die polnische und vor allem die Juli-Revolution in Frankreich waren unheilverkündende Wetterleuchten. Die Juli-Revolution rief den Bürgerkönig Louis Philippe auf den Thron; er war aber nicht mehr König von Frankreich, sondern König der Franzosen, also nicht mehr Vater des Vaterlandes, sondern eine Art Anführer der Nation. Er war bezeichnenderweise ein Sohn des infamen Philippe Égalité, des verkommenen Königsmörders aus der Revolutionszeit, Chef des Orléans-Zweiges des Hauses Bourbon. Er und sein reformierter, liberaler Kabinettschef Guizot „langweilten" jedoch die Franzosen, und beide mußten 1848 nach der Errichtung einer Zweiten Republik nach England flüchten.[26]

Schon 1840 war es zu einer gefährlichen Spannung zwischen der liberalen Monarchie und den deutschen Ländern gekommen. Damals wurde die *Wacht am Rhein* von Schneckenburger gedichtet, die allerdings erst im Kriege 1870–71 dank ihrer Vertonung durch K. Wilhelm größte Popularität erlangte und auch im Ersten Weltkrieg neben dem Lied „Ich hatt' einen Kameraden" die beliebteste Kampfmelodie wurde. Mit der napoleonischen Herrschaft war das deutsche Nationalgefühl zusätzlich aufgerüttelt worden.[27] Gerade die Krise von 1840, die auch in Frankreich die nationale Begeisterung anfachte, zeigte deutlich, daß die Kriege von nun an wirkliche Volkskriege zu werden drohten. In den Revolutionen des Jahres 1848, sowohl in Frankreich als auch in Österreich, Ungarn und Italien war es offenbar geworden, daß der Aufbruch, der damals stattfand, zugleich politisch, national und nicht zuletzt auch „sozial" war. Es regten sich alle kollektiven Kräfte. Diese Revolutionen und Rebellionen waren alle linksdrallig und nährten sich offensichtlich von den Ideen der Französischen Revolution.

Was ist aber im Gegensatz zu ‚rechts' nun wirklich ‚links'? Hier müssen wir zuerst einmal ein wenig Etymologie betreiben. Erinnern wir uns daran, daß in fast allen Sprachen der Begriff ‚links' eine pejorative und ‚rechts' eine positive Bedeutung hat. Im Deutschen ist ‚rechts' mit dem Recht, rechtlich, gerecht, richtig und redlich verwandt, während linkisch so viel wie ungeschickt bedeutet. Ähnlich ist es im Englischen und in den romanischen Sprachen. Im Italienischen ist sogar *il sinistro* (der Unglücksfall) dem Wort *sinistro* (links) entnommen. (Das französische *gauche* kommt vielleicht aus dem deutschen ‚wanken'.) In den slawischen Sprachen ist *prav* nicht nur die Wurzel von ‚rechts' und dem Recht, sondern auch von ‚Wahrheit', im Ungarischen ist *jobb* ‚besser' sowohl auch als ‚rechts', *balsors* hingegen ist das ‚linke Schicksal', also das Unglück. Im Japanischen ist *hidarimae,* das ‚vor dem Linken Seiende', das Ungemach, und im Sanskrit haben ‚rechts' und ‚links' jeweilig einen positiven und negativen Sinn.[28] Auch die Bibel spricht dieselbe Sprache. So sagt uns Ecclesiastes 10,2 gegen alle Anatomie, daß das Herz des Weisen auf der rechten, das des Narren aber auf der linken Seite schlägt. Beim Jüngsten Gericht sind die Geretteten auf der rechten, die Verdammten aber auf der linken Seite des Herrn. Es ist also völlig legitim, diese beiden Begriffe *wertend* zu verwenden, und zwar links für den animalisch-kollektivistischen, rechts für den human-personalistischen Aspekt der menschlichen Psyche. Im parlamentarischen Leben gab es jedoch andere Regeln: So saßen die Vertreter der Regierung oft rechts und jene der Opposition links, oder auch waren die ‚Konservativen' rechts und die ‚Progressisten' links. Es war sicherlich ein verhängnisvoller Fehler in den Tagen der Weimarer Republik, die Nationalsozialisten auf die äußerste Rechte des Reichstags zu setzen. Als Nationalisten und Sozialisten gehörten sie auf die extreme Linke![29]

Was ist aber nun praktisch und politisch links? Die linke Vision, die linke Utopie ist eine monolithisch-kollektivistische – das Reich mit *einer* Partei, *einem* Führer, *einer* Ideologie, *einer* zentralistischen Regierung, *einer* Sprache, *einer* Rasse, *einer* Klasse, *einer* Einkommensstufe, *einem* Schultyp, *einer* Flagge, *einer* religiösen oder atheistischen Konfession (die auch Staatsreligion ist), *einer* Behandlung für beide Geschlechter, *einem* Gesetz für alle und eben nicht Ulpians Prinzip des *suum cuique:* „Jedermann das Seine." Die rechte und daher auch richtige Stellungnahme ist jener der linken entgegengesetzt: sie steht für die Vielfalt und die Person und nicht für die Einfalt und Kollektivität. Sie erinnert an die Botschaft des Heiligen Stefan, König von Ungarn, an seinen Erben, den Heiligen Emmerich: „Mein Sohn, ein Land von nur einer Sprache und einer Sitte ist ein schwaches und dummes Ding."[30] Für den Menschen von heute, der in seiner Mehrheit linksdrallig ist, muß diese Feststellung völlig unverständlich sein. Er steht unbedingt (auch in liberalen Demokratien) für die Uniformität, die Gleichschaltung aller ursprünglichen Verschiedenheiten, und zwar schon deswegen, weil er in ihr nicht nur eine Garantie der Stärke, sondern auch eine Forderung der Gerechtigkeit sieht. (Auch ist die Uniformität der Bürger für die Verwaltung geldsparend!) Nun wird man vielleicht einwenden, daß zumindestens die Gleichheit vor dem Gesetz gerecht sei, aber auch das ist eine *fausse idée claire,* eine klare, aber falsche Idee. Denn der Volljährige und der Minderjährige, der Gebildete und der Ungebildete, der Betrunkene und der seiner Sinne Mächtige, der Hungernde, der seine Familie nicht ernähren kann,[31] und der Playboy, der stiehlt, um Spielschulden zu begleichen, können natürlich nicht mit den gleichen Maßstäben gemessen werden..., ebensowenig wie der Totschläger und der raffiniert planende Mörder.

Es ist also natürlich, daß der Linke ein Nationalist oder ein Rassist, der Rechte aber ein Patriot ist. Der Linke ist ein Materialist und Determinist, der im Menschen ein immanentes Wesen sieht, für den Mann der Rechten ist der Mensch transzendent, sein eigener Schwerpunkt ist anderswo. Für ihn ist die Beziehung „hinauf" zu Gott etwas Primäres, Staat und Gesellschaft gehört er keineswegs unmittelbar an; die

Familie – Ahnen, Frau, Eltern, die Verwandten seiner Frau, Geschwister, Kinder und Enkel – hat den Vortritt. Für den Linken ist das ganze Dasein voller Zwänge, sodaß der Raum des freien Willens kaum vorhanden ist – weder ideell, noch faktisch. Wie wir später sehen werden, ist der Mann der Rechten ein *Liberaler,* denn die Persönlichkeit braucht Freiheit für ihr Wachstum und ihre Vollendung.[32] Der Mann der Rechten neigt dazu, in der Einzahl zu sprechen – ich, du, er und sie zu sagen. Der Mann der Linken ist ein Mann der Plurale, aber beileibe kein Pluralist: seine Rede – zumindestens im Politischen – ist stets in Pluralen. Wir, ihr und sie sind seine Schlüsselworte. *Wir* – die Proletarier, die Deutschen, die Arier, die Aufgeklärten, die Frauen, die Anhänger der Regierungspartei oder *ihr,* die Bourgeois, die Romanen, die Unterdrücker, die Männer der Oppositionspartei.[33] Da allerdings darf man nicht vergessen, daß das moderne politische Leben ohne diese Plurale kaum denkbar ist, zumindestens aber nicht das parlamentarische Parteienleben, dessen Essenz die Auseinandersetzung nicht so sehr zwischen den Parteiführern wie zwischen den Wählermassen ist, die wiederum völkisch, klassenmässig, religiös, sozial umrissen sein können. Geleitet von Einzelpersönlichkeiten besteht das Parlamentgetriebe aus Gruppenkämpfen, die dann besonders fanatisch geführt werden, wenn weltliche Religionen, also Weltanschauungen und Ideologien, das treibende Element sind. Deren Existenz ist allerdings unausweichlich. Das Übel besteht eben darin, daß sie – ein so explosives Material! – politisch gegeneinander ausgespielt werden.

Der Zenit des Übels wird erreicht, wenn dann fanatische Mehrheiten sich der *Regierung* bemächtigen. Dazu haben sie im parlamentarischen Rahmen eine prachtvolle Gelegenheit, nicht aber noch in der konstitutionellen im Unterschied zur parlamentarischen Monarchie oder zur demokratischen Republik. „Teddy" Roosevelt kam nach seiner Amtszeit auf einer Weltreise nach Wien und besuchte Kaiser Franz Joseph. Damals konnte Roosevelt noch nicht die bodenlose Dummheit und Niedertracht unseres so herrlichen Jahrhunderts voraussehen und stellte Franz Joseph die Frage: „Was, Majestät, glauben Sie, ist in diesem so fortschrittlichen Zeitalter noch die Rolle eines Monarchen?" „Mr. Roosevelt," war die Antwort, „ich halte es für meine Aufgabe, meine Völker vor ihren Regierungen zu schützen." Heute sind aber nichteinmal mehr die Kinder im Mutterleib vor ihrer Legislative mit ihren verehrten Politikern sicher.

5. DIE INDUSTRIELLE REVOLUTION UND DIE ROMANTISCHEN SOZIALISTEN

In der ersten Hälfte des 19. Jahrhunderts traten neue Faktoren in das politisch-gesellschaftliche Getriebe Europas ein, drei Faktoren, die nicht zufällig gemeinsame Sache machten: der Materialismus, der Sozialismus-Kommunismus, das Entstehen eines industriellen Proletariats. Diese neue Klasse, manchmal nicht sehr genau als Vierter Stand bezeichnet, war der Arbeiterstand, der sich größtenteils aus Bauernsöhnen ohne Land, aus brotlosen Handwerkern, Bettlern oder verarmten Kleinbürgern zusammensetzte. Man soll aber ja nicht glauben, daß diese Entwicklung einer Verarmunsgswelle gleichkam. Es ist vielmehr richtig, daß im Mittelalter,[1] selbst im 16. und zuweilen auch im 17. Jahrhundert, der Lebensstandard der untersten Schichten keineswegs sehr niedrig war, doch senkte er sich danach, sodaß schon im 18. und selbst am Anfang des 19. Jahrhunderts das Bettlerwesen auch im Herzen Europas bedrohlich zugenommen hatte. Entgegen einer verbreiteten Meinung brachte die Industrialisierung einen geringen, wenn auch keineswegs zufriedenstellenden Wohlstand.[2] „Familienlöhne" gab es allerdings keineswegs, die Frauen, die Jugendlichen und in manchen Fällen selbst die Kinder mußten in das Erwerbsleben einbezogen werden. Die Gewinne aus den industriellen Unternehmen waren anfänglich auch ziemlich hoch, doch lebte die neue Unternehmerklasse nach heutigen Begriffen recht bescheiden. Aktiengesellschaften waren die Ausnahme, nicht die Regel: Wir haben es hier zumeist mit Familienbetrieben zu tun. Der Fabrikant hatte in der Regel Köchin, Stubenmädchen und Kutscher (was kein Luxus, sondern eine Berufsnotwendigkeit war). Er praßte in keinem Luxushotel, sein Sohn durfte oft gar nicht studieren und mußte nach seiner Sekundarausbildung nur zu oft als Stift hinter einem Schreibpult *stehen*. In Deutschland war dieser neue Unternehmerstand ganz vorwiegend evangelisch und sehr oft – wie die reichen Engels im Wuppertal – reformiert. Das war eine asketische Rasse, die ihre Gewinne in der Regel gleich wieder in den Betrieb steckte. Ihr Spar- und Unternehmergeist erreichte es, daß man bei uns die lange Durststrecke heil überqueren konnte, um dann nach der Mitte des 20. Jahrhunderts trotz zweier verlorener Kriege für die Arbeiterschaft einen beispiellosen Lebensstandard zu erreichen. Doch jede industrielle Gesellschaft muß eine lange Vorbereitungsperiode, ein Fegefeuer durchleiden, bis sie nach den Investitionen mit stets teurer werdenden Maschinen endlich das Hochplateau erreicht, auf dem echte Familienlöhne gezahlt werden können. Das sind sehr langwierige, für alle Betroffenen oft auch schmerzliche Phasen.[3] Wir sprachen schon eingangs vom Lebensstandard eines Ludwigs XIV., der im großen und ganzen niedriger war als der eines deutschen Arbeiters. (Die „Lebensqualität" ist allerdings etwas anderes als der rein materielle Lebensstandard, der in Pfennig und Mark ausgedrückt werden kann.) Man muß sich aber überdies vor Augen halten, daß nach neuesten Forschungen die Menschheit anderthalb Millionen Jahre alt ist und – falls wir diese 1,500.000 Jahre mit zwölf Stunden gleichsetzen – erst zwei Minuten vor zwölf (also in den letzten 5000 Jahren) an einigen ganz wenigen Plätzen der Erde einige ganz wenige Menschen ein Leben führen konnten, das wir nach heutigen Maßstäben als „menschenwürdig" bezeichnen dürfen. Man stelle sich nur vor, welch „unmenschliche" Existenz die Menschen führen mußten: als *animalia insecura,*[4] also als recht instinktlose, primär auf Verstand und Vernunft angewiesene Wesen, viel schutzloser als die Tiere. In Höhlen oder unter Bäumen lebend, von Insekten zerbissen, von wilden Bestien bedroht, oft hungernd, frierend, die Säuglinge in Massen sterbend, von Kannibalen angefallen, durch schwere Geburten hinweggerafft – welch entsetzliches Dasein! So wissen wir heute, daß im Neolithikum Mitteleuropas von den Menschen, die das Säuglingsalter überlebt hatten, die Männer im Durchschnitt mit 28 und die Frauen mit 22 Jahren starben.[5] Nun aber war die Neusteinzeit schon eine relativ ortgeschrittene Epoche und keineswegs die niedrigste Stufe der Menschheit! Neuzeitliches Elend und auch das Elend der sogenannten Dritten Welt muß man in diesen Perspektiven sehen und den Ausdruck ‚menschenunwürdig' sehr, sehr vorsichtig gebrauchen. Umgekehrt müssen wir uns aber auch fragen, ob Charakteristiken, Gebräuche, Verhaltensweisen aus diesen anderthalb Millionen Jahren, die in unserer ‚hohen' Kultur und Zivilisation wirklich „gegenstandslos" geworden sind, vielleicht auch heute noch psychologisch kaum mehr erkannte Forderungen und Hinweise stellen. Der Krieg, nur um ein Beispiel zu nennen (und damit gewissermaßen auch die ihm verwandte Jagd), kam stets dem Agressionstrieb der Männer entgegen. In diesem konnten sie ihn stillen. Man muß sich da fragen, ob zwischen den Terrorbewegungen und den Jugendrevolten einerseits und dem Frieden des atomaren Gleichgewichts andererseits nicht etwa ein keineswegs so geheimnisvoller Zusammenhang besteht.[6]

Doch kehren wir nun zum nicht wegzuleugnenden Elend der Arbeiterklasse am Anfang des industriellen Zeitalters zurück. Es ist keineswegs sicher, daß es zu einer echten Arbeiterbewegung (abgesehen von den Maschinenstürmern) und zur Geburt des Sozialismus auch ohne die Leitung und Anleitung von Intellektuellen gekommen wäre. Als Schlüsselfigur in dieser Bewegung muß man primär den britischen Fabrikanten Robert Owen erwähnen (der auch das Wort *Communism* erfunden hatte),[7] weiters den französischen Kaufmann Fourier, den Grafen Saint-Simon, den deutsch-jüdischen Advokatensohn Dr. Karl Marx und den reichen Fabrikanten Engels aus Barmen. In ihren Ansichten, ihren Plänen, Ideologien und Utopien waren sie keineswegs aus einem Holz geschnitzt. Robert Owen war zweifellos ein rechter Idealist, aber kein systematischer Denker kontinentaler Prägung,[8] Saint-Simon ein verarmter Aristokrat und Träumer, Fourier ein ausgesprochener Phantast, Marx ein reiner Theoretiker, dessen dogmatische Überzeugungen alle längst von der Wirklichkeit widerlegt worden sind, was man auch von Engels sagen kann, obwohl er im Leben ein „Praktiker" war. Zu erwähnen wären auch freiheitliche, dem Anarchischen zuneigende Syndikalisten wie Pierre-Joseph Proudhon, ein Schriftsteller, Korrektor und Autodidakt, der russische Aristokrat Bakúnin, der in eine ähnliche Kerbe schlug, und der deutsch-jüdische Arbeiterorganisator Ferdinand Lassalle, der in seiner Ideologie auch rechtsdrallige Aspekte hatte und gar nicht unlogisch den Sozialismus mit der preußischen Monarchie verbinden wollte.[9]

Wir dürfen aber hier nicht vergessen, daß diese Sozialisten ideologisch-utopische Vorläufer hatten wie Tomaso Campanella (1560–1939), einen verschrobenen Dominikaner, der monastisch beeinflußt, den „Sonnenstaat" entwarf, und noch früher Joachim von Floris (1143–1202), einen nicht minder verrückten Zisterzienser. Beide waren adeliger Abstammung und beide kamen aus Kalabrien. Die Ideen des Joachim von Floris beeinflußten die Spirituellen Franziskaner und stifteten ganz große Verwirrungen an. Die Visionen der beiden Männer hatten überdies einen geradezu apokalyptischen Charakter. Die Analogien zwischen den Plänen und Schaubilder zwischen diesen beiden Utopisten waren aber nicht zufällig, denn ihr Sozialismus war eine Erscheinungsform des „Monastizismus", der (gewaltsamen) Anwendung klösterlicher Ideale auf unschuldige Laien, die (späterhin in der Geschichte) das Pech hatten – wie in der Sowjetunion –, in einem atheistischen Zwangskloster leben zu müssen.

Joachim von Floris teilte, wie dann auch später Fourier, die Weltgeschichte in große Epochen ein. Zuerst kam das Zeitalter des Vaters, dann das des Sohnes (in dem Joachim lebte und predigte), das letzte aber war rein klösterlich, in dem es nur mehr Mönche und Nonnen gab, die das Jüngste Gericht erwarteten. Diese „gnostischen" Ideen Joachims beeinflußten später Wyclif wie auch Roger Bacon.

Während aber Joachim von Floris in seinem Leben dank der schützenden Hand Friedrichs II., des *stupor mundi*, keine Schwierigkeiten hatte, stand es anders um Campanella, der jahrelang in Gefängnissen schmachtete. In seinem „Sonnenstaat" gab es einen Monarchen mit einer elitären Führergruppe, aber weder Privatbesitz noch die Dauerehe. Unfruchtbare Frauen wurden automatisch öffentliche Dirnen, Schwangere konnten Geschlechtsverkehr mit jedermann haben, der Inzest war erlaubt, außer zwischen Müttern und Söhnen, doch Frauen, die sich schminkten, Schuhe mit hohen Stöckeln oder lange Röcke trugen, um ihre häßlichen Beine zu verbergen, wurden als „Lügnerinnen" hingerichtet. Campanella entkam aber aus dem Gefängnis in Neapel, floh nach Paris, wurde von Richelieu als *esprit fort* geschützt und starb recht symbolisch im Kloster St. Jakob in Paris, von dem die Jakobiner später ihren Namen ableiteten. Doch der „Monastizismus" mußte früher oder später seinen religiösen Charakter ablegen, um im echten Sozialismus zu entarten. Auch der jüngere William Morris (1834–1896) mußte mit seinen klösterlichen Tendenzen brechen, um seinen romantischen Sozialismus völlig entwickeln zu können.

Völlig irreligiös war Morelly, von dem wir persönlich so gut wie nichts wissen. Er war sicherlich ein Franzose und veröffentlichte seinen *Code de la Nature* 1755 in Amsterdam. Dieser wurde immer wieder neu aufgelegt, in unserer Zeit erst wieder von einem kommunistischen Verlag in Paris.[10] Der Einfluß dieses Mannes auf den Kommunismus-Sozialismus kann nicht hoch genug eingeschätzt werden. (Auch Alexis de Tocqueville beschäftigte sich mit diesem Buch in seinem *L'Ancien Régime*.[11])

Ursprünglich dachte man, daß Diderot der wahre Autor dieser Schrift sei, aber diese Annahme erwies sich schon 1820 als falsch. 1846 erschien das Buch in einer deutschen Übersetzung in Berlin. V. P. Wolgin, ein sowjetischer Politologe, nannte im Vorwort der Pariser Ausgabe im Jahre 1953 Morelly einen „reinen Interpreten des Sozialismus". Dieses Urteil kann man ohne Zaudern unterschreiben.

Der wichtigste Teil dieses kleinen Werkes ist der vierte, in dem für den idealen Staat ein „Modell der Gesetzgebung im Einklang mit der Natur" beschrieben wird. Das Gesetz No. I,2 besagt, daß „jeder Bürger auf öffentliche Kosten ernährt, behaust und angestellt wird". Keine Waren dürften getauscht, gekauft oder verkauft werden (II, 6). Es sollte kleine Gefängnisse und größere Zuchthäuser geben. In letzteren, inmitten von Friedhöfen, sollten hinter dicken Mauern und eisernen Gittern all jene Schwerverbrecher lebenslänglich eingesperrt werden, die das heilige Gesetz der Besitzlosigkeit zu durchbrechen suchten. Sie sollten „den bürgerlichen Tod sterben" (III, 2). Die Größe der Städte und der Häuser sollte überall ungefähr die gleiche sein (IV, 2 und 3). Jederman sollte zwei Uniformen besitzen: eine für die Arbeit und die andere für die Feiertage. Eitelkeit müsse unterdrückt werden. Die Gesetze dürften nicht geändert werden. Alle Kinder müßten *dieselbe* Schulung bekommen. (Einheitsschule; Gesamtschule!) Die schwersten Strafen aber erwarteten alle jene, die metaphysische Lehren vortrugen oder der Gottheit menschliche Charakteristiken geben wollten (X, 3). Die Lehrfreiheit dürfe es nur für die Naturwissenschaften geben, nicht aber für die Geisteswissenschaften (XI, 5). Der Privatbesitz wird restlos abgeschafft, die Ehe obligatorisch, aber der Ehebruch strengstens bestraft (XII, 3). Die Kinder würden den Eltern im 5. Lebensjahr weggenommen, aber gelegentliche Kontakte in der Schulzeit würden großzügig erlaubt (X, 4). So also sah die „Natur" im Kopf des Monsieur Morelly aus, doch was die Kinder betrifft, so war diese Planung identisch mit jener des Marquis de Sade („die Kinder gehören alleinig dem Vaterland"), mit jener Chruschtschjóws und im Grunde auch der Nationalsozialisten. Die politische Struktur dieses netten Idealstaates beruhte auf Räten, also auf „Sowjets".

Es besteht kein Zweifel, daß Babeuf das Werk Morellys kannte, aber auch Henri de Saint-Simon schöpfte aus dieser Quelle. Saint-Simon (aus dem Haus der Herzöge von Saint-Simon), unglücklich verheiratet, geschieden, plötzlich verarmt und dann von seinen ehemaligen Kammerdiener behaust und ernährt, wandte sich als erster der neuen Arbeiterklasse zu. Die Güte seines Dieners überzeugte ihn davon, daß die Unterschichten ein besseres Herz hätten als die Bourgeois oder die Aristokraten. Er veröffentlichte recht naiv eine Zeitschrift, die an Industrielle adressiert war, und wandte sich auch an Ludwig XVIII. Zweifellos war dieser Mann, der eine kurze Zeit hindurch Auguste Comte, den Schöpfer des Positivismus als Sekretär angestellt hatte, ein waschechter Idealist. In seinem *Nouveau Christianisme* schlug er die Schaffung einer sozialromantischen Religion mit einer weltumspannenden Hierarchie vor, die ein Evangelium der brüderlichen Liebe verkünden sollte.

Einer seiner Jünger, Barthélémy Prosper Enfantin, war zusammen mit Armand Bazard ein Begründer des „reformierten Saint-Simonismus". Später ernannte er sich selbst zum *Père*, zum Vater der „Saint-Simonistischen Kirche von morgen". Schließlich predigte er auch die „totale Emanzipation des Fleisches", mit anderen Worten: die volle Promiskuität. Da aber trennte sich Bazard von ihm. Enfantin, der wahrhaftig ein Infantilist war, errichtete dann in Menilmontant (Paris) ein „Kloster" mit einem eigenartigen Habit, Weibergemeinschaft und gemeinsamer Arbeit, doch da mischte sich die Polizei ein, und die „Familie", wie sie sich nannte, wurde zerschlagen.

Man muß aber auch andere Vorläufer des Sozialismus und Kommunismus erwähnen, und zwar noch aus dem 18. Jahrhundert, so zum Beispiel Jacques Pierre Brissot de Warville, einen Girondisten aus der Französischen Revolution, der überzeugt war, daß alle Leute ein gleiches Einkommen haben sollten, das nur die einfachsten Ausgaben deckt. Er ist einer der typischesten Vertreter des „demokratischen Sozialismus". Auch der Abbé de Mably (1709–1785), mit wirklichem Namen Gabriel de Bonnot, der ein Bruder des Philosophen Étienne Bonnot de Condillac war, gehört hierher. Dieser Abbé wurde 1771 mit Rousseau nach Polen eingeladen, um dem Land eine neue Verfassung zu geben. In vielen Werken propagierte er eine „Sozialdemokratie". Zwar war er nur ein Salonabbé ohne wahre Berufung, doch war er auch ein typischer Vorläufer unserer „Linkskatholiken", die dem Edenismus huldigen, also dem Drang, ein irdisches Paradies zu entwerfen, in dem aber die Menschen Heilige oder Engel sein müßten. Hier sollte man sich an die warnenden Worte Pascals erinnern, daß der Mensch weder ein Engel noch eine Bestie sei, wer aber die Rolle des Engels zu spielen gedenkt, unausweichlich zur Bestie wird.[12]

Der interessanteste dieser Träumer am Anfang des vorigen Jahrhunderts, der uns eine ebenso präzise wie auch restlos unverwirklichbare Utopie schenkte und somit den Irrealismus und Wahnsinn so richtig in den neueren Sozialismus einführte, war aber wohl François Charles Marie Fourier. Die Gesellschaft sollte nach seinem Plan in Phalanster eingeteilt werden, in denen sich viel Sex, wenig Arbeit und wenig Schlaf mit kolossal viel Romantik und spielerischer Zerstreuung abwechselten. Die Phalanster, klosterähnliche Gebäude, beherbergten an die 1600 Menschen, was an Morellys „Stämme" erinnert. Alle Phalanster sollten wirtschaftlich unabhängig sein, jeder mit seinen Feldern und Arbeitsstätten. Doch in der Vision Fouriers feierte der paranoide Utopismus wahre Orgien. Da der Wahnsinn eine Synthese von eiskaltem Verstand und einer von aller Wirklichkeit losgelösten Phantasie ist, stehen wir bei Fourier dem Irrsinn in einer sehr reinen Form gegenüber. Überraschenderweise (oder eigentlich gar nicht so überraschend) war die Reaktion auf Fouriers Ideen doch recht beeindruckend und auch nachhaltig. Immer wieder wurden Anstrengungen gemacht, den Traum dieses *Commis Voyageur* zu verwirklichen. Russen passionierten sich dafür nicht weniger als Amerikaner.

Fourier ist wirklich ein interessanter Fall, denn wir begegnen hier einem wahrhaft geistig Kranken, *so* Kranken, daß seine Exegese der Vergangenheit und seine Pläne für die Zukunft auch einen neurotischen Intellektuellen wie Marx begeistern mußten. Fourier „nahm an", daß die Erde einmal einen zweiten Satelliten hatte, der Phoebe hieß und dann auf die Erde herabstürzte. Die Zerstörungen und Verwirrungen infolge dieser Naturkatastrophe bewirkten das Entstehen von 150 neuen Schlangenarten und 43 Rassen von Wanzen. Fourier bestand auch darauf, daß die Bewohner der Planeten und die *solariens,* die um die Sonne herum lebten, ein Körperorgan hatten, das die Menschen hier auf Erden nicht besaßen. Dieses Glied hatte die folgenden Eigenschaften: Schutz gegen das Umfallen, kraftvolle Verteidigung, herrlicher Schmuck, gigantische Kraft, beachtenswerte Geschicklichkeit und Hilfe bei allen anderen Bewegungen des Leibes. Seiner Beschreibung nach mußte dieses Organ ein Rüssel oder ein Schweif sein, und man kann sich vorstellen, welch wunderbare Karikaturen der *solariens* damals den Weg in die Zeitungen und Zeitschriften fanden.

Die Geschichte aber wurde in die folgen Phasen eingeteilt:

A) Die Vorgeschichte.
    1) Menschenlos.
    2) Paradiesisch.
    3) Tatenlos.
B) Geteilte Betätigung.
    4) Patriarchalismus oder Kleinfabrikation.
    5) Barbarismus oder mittelindustriell.
    6) Großindustriell („Zivilisation").
C) Vereinte Industrie.
    7) Garantismus oder Halbvereinigung.
    8) Soziantismus oder einfache Vereinigung.
    9) Harmonie oder Vollvereinigung.

In der „Harmonie" (das Endziel) wird die Erde in 60 Reiche von ungefähr gleicher Größe aufgeteilt. Sie haben keine Armeen und führen nur wirtschaftliche und technische Aufgaben durch. Das Geschlechtsleben kennt keine Begrenzungen oder Bindungen. Täglich und nächtlich gibt es neue Partnerschaften.

Die wahre Einheit ist der Phalanster, in dem das intensivste Gesellschaftsleben stattfindet. Man schläft von zehn Uhr nachts bis drei Uhr früh, bis vier Uhr wäscht, kleidet und putzt man sich, um für die Morgenversammlung richtig vorbereitet zu sein. Dort wird dann die Nachtchronik vorgelesen, die einem berichtet, wer mit wem geschlafen hat. Damit wird auch die gesunde Neugier befriedigt. Eine halbe Stunde später wird die *délite*, das erste Frühstück, eingenommen, dem die Industrieparade nachfolgt. Um fünf Uhr früh geht man dann auf die Jagd und um sieben Uhr geht man fischen. Von acht bis neun wird erst richtig gefrühstückt, während um neun Uhr die Zeitungen verteilt und gelesen werden. Um zehn Uhr ist ein Gottesdienst angesetzt. Bis elf Uhr kann man den Fasanen zuschauen, während die Zeit nach elf Uhr für die Bibliothek und ein wenig Arbeit eingeräumt wird. Die Hauptmahlzeit ist um ein Uhr, worauf man sich zu den Glashäusern, den exotischen Pflanzen und den Fischteichen begibt. Wieder wird ein bißchen gearbeitet, aber nur ein bißchen, denn um sechs Uhr fängt ein Champagnergelage an, gefolgt von einem Besuch bei den Merino-Schafen. Um acht Uhr ist Börsenzeit, Abendessen um neun und dann tanzt man bis zehn. Dann, nach diesem erschöpfenden Tageswerk geht's marsch ins Bett!

Kurioserweise war Fourier auf seine Art und Weise „gläubig". Der gute Mann war überzeugt, daß der liebe Gott den Menschen mit Leidenschaften, aber nicht mit viel Vernunft ausgestattet hatte. Diese war zudem nur rein-menschlich. Daher sollte man den Leidenschaften nicht widerstehen, sondern sie lediglich klug ins Spiel bringen. Zum Unterschied von den späteren Sozialisten-Kommunisten war jedoch Fourier ein Epikuräer und kein Asket. Als guter Franzose legte er in seiner Utopie großen Wert auf eine erlesene Küche, die von „Gastrosophen" geleitet werden sollte.

Natürlich sollte es in „Harmonie" eine Einheitsschule (Gesamtschule) geben und außerdem für die Kinder zwei Verbände: die „Kleinen Banden" zu zwei Dritteln aus kleinen Mädchen und zu einem Drittel aus sanften Buben und daneben die „Kleinen Horden" in umgekehrter Ratio. Letztere sollten „tatarische Kostüme" tragen, die so bunt wären, daß schließlich die „Kleinen Horden" wie Tulpenfelder aussähen. Die „Kleinen Horden" hatten eine sehr noble Aufgabe: über die richtige Aussprache und Orthographie der Erwachsenen zu wachen! Die „Kleinen Banden" aber sollten – da Kinder doch so gerne mit Schmutz spielen! – als Müllsammler figurieren. Die Adoleszenten hingegen, je nach dem Grad ihrer Geschlechtstriebe, sollten in Vestalinnen und Vestalen, in *Damoiselles* und *Damoseaux* eingeteilt werden.

Mit ihren Arbeitsarmeen (wiewohl sie nur an die zwei Stunden *per diem* im Einsatz waren) sollten gewaltige Projekte ausgeführt werden. Eine vordergründige Aufgabe war der Suez- und der Panama-Kanal, eine weitere die Fruchtbarmachung der Sahara. Außerdem sollte das nördliche Eismeer parfümiert werden. Durch Zuchtversuche sollte man die Schöpfung um einen „Antilöwen" bereichern, ein herrliches, zahmes und „elastisches Haustier", dreimal so groß wie die vorsozialistischen Löwen, auf dessen Rücken man von einer Ecke Frankreichs in die andere galoppieren konnte. „Wie herrlich, in einer Welt leben zu dürfen, in der es so wunderbare Dienstleistungen gibt", schrieb Fourier dazu. Wir wollen dem Leser das Resumé von hunderten von Seiten ersparen, in denen sich der gute Fourier in paradiesischen Schaubildern erging. Man wäre dabei nur zu leicht versucht einzuwenden, daß sich der „utopische" vom „wissenschaftlichen" Sozialismus scharf unterschied, daß zwischen beiden ein Abgrund gähne, doch wäre eine solche Annahme höchst irrig.

Friedrich Engels in seinem *Anti-Dühring* pries Fourier in den höchsten Tönen, besonders aber für seine Haltung den Frauen gegenüber wie auch für die Geschicklichkeit, mit der er die „Dialektik" handhabe. In dieser Beziehung verglich Engels Fourier mit Hegel, dessen Zeitgenossen. In den Revolutionsjahren 1848–1849 spielte Victor Considérant, Fouriers wichtigster Jünger, eine große Rolle als Helfer des Oberdemagogen Ledru-Rollin.[13] Considérant war früher ein Student der sehr elitären École Polytechnique gewesen und wurde Chefredakteur von *La Phalange* nach dem Tode Fouriers. Er überredete einen reichen Engländer, einen Phalanster in Condé-sur-Vêgre in Zentralfrankreich zu finanzieren. Dieses Unternehmen brach aber genau so wie die Zeitschrift zusammen. Diese aber wurde durch *La démocratie pacifique* ersetzt. Doch Considérant schrieb auch fast so phantastische Bücher wie Fourier und dennoch wurde er 1848 und wiederum 1849 in die *Assemblée Nationale* gewählt, war also genügend verrückt, um auch populär zu sein und Stimmen zu bekommen. Er floh dann über Belgien in die Vereinigten Staaten, um in Texas einen weiteren Phalanster einzurichten, der „Réunion" genannt wurde und sich bei San Antonio in Texas befand. Auch diesem Unternehmen war kein Erfolg beschieden. 1869 wurde ihm erlaubt, nach Frankreich zurückzukehren, wo er 1893 im Alter von 85 Jahren starb.

Doch erhielt der amerikanische Linksintellektualismus nicht aus Texas „fourieristische" Impulse, sondern durch die sogenannten *New England Transcendentalists*, die wie George Ripley antirationalistische Neigungen hatten und sich als „Intuitivisten" gebärdeten. Trotz ihrer ursprünglichen Mitgliedschaft in der unitarischen Kirche[14] unterlagen sie „monastizistischen" Idealen, und es ist deshalb gar nicht so paradox, daß aus dieser Bewegung der katholische Konvertit und spätere Pater Isaac Hecker hervorging, der zur Bekehrung Amerikas den Paulistenorden *(Paulist Fathers)* gründete. Auch er hatte in der Brook Farm bei Boston gearbeitet.

Im Jahre 1845 funktionierte George Ripley die Brook Farm in einen Phalanster um. Doch brannte dieser ab, und damit war das Ende dieser Experimente gekommen. Die Brook Farm spielte aber dennoch in der amerikanischen Geistesgeschichte eine äußerst wichtige Rolle und befruchtete geistig das linke Amerika bis auf unsere Tage. Emerson, Amos Bronson Alcott, Theodore Parker, William Henry Channing, Margaret Fuller und Elizabeth Palmer Peabody waren alle mit der Brook Farm in Verbindung gestanden. In einer früheren Periode auch Charles A. Dana, Russell Lowell und Horace Greeley. (Nicht zu vergessen sei Orestes A. Brownson, der aber in seiner Reaktion gegen den Geist der Brook Farm, genauso wie Hecker, „katholisierte".) Albert Brisbane, der auch an der Brook Farm beteiligt war, gründete die „North American Phalanx" in New Jersey – ebenso eine Niete wie ein nicht viel später gegründeter „Phalanster" in Wisconsin.

Nicht nur in den Vereinigten Staaten, sondern auch in Rußland hatte Fourier seine begeisterten Verehrer. Das sieht man schon bei der Lektüre von Dostojewskijs *Die Dämonen (Bjessy)*. Selbst Alexander I. hatte Fourier gelesen und Bjelinskij war von ihm zutiefst beeindruckt.[15] So auch Alexander Herzen, der sowohl in Saint-Simon als auch in Fourier Vorläufer des wissenschaftlichen Sozialismus sah. Im „Ungarischen Faust", dem dramatischen Schauspiel von Imre Madách, *Az Ember Tragédiája* („Die Tragödie des Menschen"), figurieren die Phalanster als Symbole des Sozialismus.[16]

Doch auch Nikolaj Gawrilowitsch Tschernyschewskij, der Sohn eines Priesters, war in seinem Denken von Fourier geprägt worden. Sein programmatischer Roman *Schto djélatj?* („Was tun?") steht geistesgeschichtlich am Anfang des russischen Bolschewismus.[17] Zwar findet man in diesem Buch nur einen schlau maskierten Hinweis auf Considérants *La destinée sociale,* aber der Fourierismus ist trotzdem überall bemerkbar. Lenin war ein großer Bewunderer Tschernyschewskijs und nannte die wichtigste seiner Kurzschriften ebenfalls *Schto djélatj?*[18] Ein anderer großer Fourierist war der Exilrusse und Edelmann Peter Lawrow, der in Frankreich lebte.

So sehen wir, wie schon am Anfang des Sozialismus der methodische Wahnsinn stand, wie ja jeder Egalitarismus, der wissentlich und willentlich die menschliche Ungleichheit ganz einfach nicht zur Kenntnis nimmt, psychopathische Züge trägt – was auch Sigmund Freud sehr klar sah.[19] Und man sage uns da nicht, daß der „wissenschaftliche" Sozialismus den Irrsinn des romantischen Sozialismus innerlich überwunden hatte! So kann man deutlich bei Engels lesen, daß der Mensch im Kommunismus alles wissen und alles tun wird. Aus Fähigkeiten wird eine Lust und keine Last.[20] Ein Einzelfall? Auch Trotzkij stieß in dasselbe Horn und prophezeite: „Der menschliche Durchschnitt wird sich bis zum Niveau eines Aristoteles, Goethe, Marx erheben. – Über diesen Berggrat werden sich neue Gipfel erheben."[21] Antonio Labriola, der italienische Sozialistenführer, redete nicht anders: „Die Talente werden an jeder Straßenecke stehen und die Platos, Brunos und Galileis in Scharen herumlaufen."[22] Ungeheuerlich – und doch auch nicht so außerordentlich überraschend, wenn man bedenkt, daß man in der Regierungsform, die uns die Französische Revolution beschert hatte und mit der wir immerhin in einem Fünftel der Welt belastet sind, weder Wissen, noch Charakter, noch Erfahrung, noch Moral eine Rolle spielten, sondern lediglich eine egalitäre Arithmetik und als neuester Faktor zusätzlich der telegene Aspekt der Kandidaten. Wollte man diese Verfahrungsweise in der Familie, den Banken, den Armeen, den Schulen, Kirchen, Spitälern, Fabriken, Gefängnissen oder Hotels einführen, würde man sofort auf seinen Geisteszustand untersucht werden. Warum also sollte dieses System sich auf der politischen Ebene viel besser bewähren?

6. PROUDHON, DER KONSERVATIVE SOZIALIST

Der französische Fourierismus kam dank der Schriften und Ideen eines Mannes zum Erlöschen, der unglücklicherweise von Marx verdrängt wurde – von Pierre Joseph Proudhon. Wie Fourier in Besançon geboren, entstammte er den Unterschichten. Sein Vater arbeitete als Faßbinder in einer Bierbrauerei, er aber zuerst am Feld, hatte dann das Glück in einem (katholischen) *collège* aufgenommen zu werden, wo er Lateinisch, Griechisch und Hebräisch lernte. Er verlor aber bald seinen Glauben und wurde Sozialist. Doch auch in seinem Atheismus, der sich gegen Ende seines Lebens verflüchtigte, hatte er zum Unterschied von Marx eine echt humanistische, wenn nicht metaphysische Weltschau. Auch war er ein „Personalist", ein „Distributist" eher denn ein Kollektivist und stand auch der Demokratie äußerst kritisch gegenüber. Zwar fürchtete er die Riesenunternehmen, aber auch nicht weniger den zentralistischen Staat, und zwar beide als Feinde der Freiheit. Ein Konservativer wird in den Schriften Proudhons erstaunlich viel Rüstzeug für seine Ideologie finden, und hätte sich Proudhon in Kreisen der Rechten bewegt, würde er vielleicht seine linken Überzeugungen bald verloren haben. Henri de Lubac SJ schrieb ein ausgezeichnetes Buch *Proudhon et le christianisme*.[1] Constantin Frantz, der große deutsche Konservative, konnte seine Bewunderung für Proudhon nicht verbergen und bedauerte, daß er einen „Französischen Radikalen" zitieren müsse, denn Deutschland, das klassische Land der Denker, sei unfruchtbar geworden.[2] Proudhon andererseits, war überzeugt, daß sein Frankreich ein „Land der Mittelmäßigkeit" war.

Wir möchten hier nur einige Stellen aus den Schriften Proudhons zitieren, um zu zeigen, wie seine Anschauungen mit den sozialistisch-kommunistischen Thesen, die diktatorisch, zentralistisch und demokratisch waren, in Konflikt geraten mußten. Also hören wir:

„Die Februarrevolution (1848) hat das Klassenwahlrecht abgeschafft, aber damit ist der demokratische Puritanismus noch immer nicht zufriedengestellt. Einige wollen das Wahlrecht auch den Frauen und Kindern geben. Andere protestieren gegen die Entziehung des Wahlrechts bei den Bankrotteuren, entlassenen Verbrechern und Zuchthäuslern. Man muß sich wundern, daß sie nicht Pferden und Eseln das Stimmrecht geben wollten."[3]

„Die Demokratie ist die Staatsform ohne Grenzen."[4]

„Geld, Geld und wieder Geld – das ist der Lebensnerv der Demokratie."[5]

„Die Demokratie ist teurer als die Monarchie, sie ist mit der Freiheit unvereinbar."[6]

„Die Demokratie ist nichts als die Tyrannis der Mehrheit: sie ist die allerabscheu-

50

lichste Tyrannei, denn sie ruht weder auf der Autorität eines Monarchen, noch auf dem Adel einer Rasse oder auf den Privilegien von Besitz oder Talent. Ihre Grundlage sind Zahlen und Ziffern und ihre Maske der Name des Volkes."[7]

„Die Demokratie ist die Aristokratie der Mittelmäßigkeit."[8]

„Die Autorität, die in der Monarchie das Prinzip des Regierens ist, wird in der Demokratie das Ziel der Regierung."[9]

„Das Volk wird dank seiner Minderwertigkeit und seines Elends stets die Stoßtruppe für Freiheit und Fortschritt sein – aber aufgrund seines Unwissens und der Primitivität seiner Instinkte, der Dringlichkeit seiner Bedürfnisse und der Ungeduld in seinen Wünschen wird es immer einfache Formen der Autorität suchen. Es kümmert sich keinesfalls um Rechtsgarantien, von denen es keine Ahnung hat..., es hat Vertrauen in einen Führer, dessen Ziele es zu kennen glaubt..., diesem Führer gibt es Autorität ohne Grenzen und eine unwiderstehliche Kraft... Das Volk glaubt nicht an Prinzipien, die allein es retten könnten: Es fehlt ihm völlig die Religion der Ideen."[10]

„Die Demokratie ist tatsächlich in ihrer Essenz militaristisch."[11]

„Jeder Staat hat dank seiner Natur die Tendenz, annexionistisch zu sein."[12]

„Wenn man sie allein läßt oder wenn sie nicht von einem Tribun geführt sind, werden die Massen nie etwas erreichen. Sie schauen immer in die Richtung der Vergangenheit. Sie haben keine Traditionen..., von der Politik verstehen sie nichts als die Intrigen, vom Regieren nur den Vergeud und die bloße Gewalt, von der Justiz nur die Anklagen, von der Freiheit lediglich die Schaffung von Idolen, die am nächsten Tag wieder gestürzt werden. Der Aufstieg der Demokratie stellt den Anfang einer Ära der Rückständigkeit dar, die Nation und Staat umbringen wird."[13]

„Nimm die Situation, in der du dich befindest, wie ein Mann an, und überzeuge dich ein für allemal, daß der der glücklichste Mensch ist, der am besten weiß, arm zu sein."[14]

„Meine Anschauungen über die Familie sind dieselben wie die des alten römischen Gesetzes. Der Familienvater ist für mich ein Souverän."[15]

„Wenn wir sagen: ,das Volk', dann verstehen wir darunter unweigerlich den am wenigsten fortschrittlichen Teil der Gesellschaft, den unwissendsten, den feigsten und den undankbarsten."[16]

„Wenn die Demokratie sich auf die Vernunft beruft, dann soll sie sich vor allem der Demopädie, der Erziehung des Volkes widmen."[17]

„Das zwanzigste Jahrhundert wird eine Periode der Föderationen einleiten oder die Menschheit wird ein tausendjähriges Fegefeuer erleiden müssen."[18]

Mit diesen und anderen Aussagen mußte Pierre Joseph Proudhon, der ein Autodidakt war, ein selbstloses Leben führte und von hohen Idealen, von der Liebe viel mehr als vom Haß bewegt wurde, mit einem anderen Denker in Konflikt geraten – mit Karl Marx. Beide waren Sozialisten, aber das Leitmotiv Proudhons (der nicht mit vollem Unrecht oft als Anarchist bezeichnet wurde) war eben doch ein christliches. Für seine Ideen brachte er die größten Opfer dar.

Sein Buch *Système de contradictions économiques ou Philosophie de la misère* (1846) war die Ursache seines Zusammenstoßes mit Marx. Der Bourgeois aus Trier attakkierte Proudhon in einem wüsten Pamphlet, *La misère de la philosophie*. Marx war ein rein intellektualistischer Revolutionär, der bereit war, über Leichen zu gehen, Proudhon ein sensitiver Revolutionär, dem die menschliche Persönlichkeit am Herzen lag. Wie Henri de Lubac hervorhob, kam er aus der Franche Comté, einem Teil Frankreichs, der lange unter spanischer Herrschaft stand und spezifisch spanischen Einflüssen ausgesetzt gewesen war. Dort blühte auch ganz besonders die Liebe zur persönlichen Freiheit. Marx hingegen kam aus einem ganz anderen gesellschaftlichen, politischen und religiösen Milieu.

7. KARL MARX

Wer aber war dieser Karl Marx nun wirklich, der seit mehr als drei Generationen so unendliches Elend über die Welt gebracht hat – durch seine Ideologie, deren Afterideologien und Gegenideologien? Man denke da nur an Kambodscha, wo unter marxistischen Vorzeichen ein Drittel der Bevölkerung ausgerottet wurde! Geboren wurde er 1818 in der Familie eines hochgebildeten, wohlhabenden jüdischen Advokaten in der alten Bischofsstadt Trier als Untertan des Preußenkönigs Friedrich Wilhelm III. Als er sechs Jahre alt war, nahm sein Vater den evangelischen Glauben an: die verschiedenen Familienmitglieder wurden in Abständen von einem preußischen Armeekaplan getauft, da es in der Stadt keine lutheranische Kirche gab. Der junge Karl studierte zuerst im sogenannten Jesuitengymnasium[1] und las mit seinem Vater die Werke von Voltaire. Die Familie lebte ganz und gar im Geiste der Aufklärung, nur die Mutter klammerte sich noch eine zeitlang an die Traditionen des Judentums.[2] Marx setzte dann seine Studien auf den Universitäten von Berlin und Bonn fort und schrieb eine Dissertation für die Universität von Jena über Epikur, der ein früher Materialist war. Schon in Berlin wurde Marx von Hegel beeinflußt, dessen Dialektik er später „umstülpte".

Von vielleicht größter Wichtigkeit für uns ist die seelische Entwicklung des Gründers des „wissenschaftlichen" Sozialismus. Sein Verhältnis zur Mutter blieb getrübt, dem Vater, der früh starb, blieb er tief verbunden. (Engels legte ihm das Bild seines Vaters ins Grab.) Der Vater jedoch durchschaute seinen Sohn und klagte, daß Karl zwar einen brillanten Verstand, aber kein Herz habe. Als Marx ihm einmal in einem Brief gestand, daß er ein „zerrissener Mensch" war, rügte ihn der Vater scharf und schrieb ihm, daß dies die Sprache von jungen Leuten wäre, die sich nicht damit abfinden könnten, kein Schloß, keine Equipagen und keine Million Thaler auf der Bank zu haben.[3] Tatsächlich aber bekam Marx als Student von seinem Vater einen großen Monatswechsel, und es wurde bis heute nicht erhellt, für welche Zwecke er dieses Geld verwendet hatte. Zweifellos gehörte der junge Marx der deutschen Romantik an, und Ernst Kux hat sehr recht, wenn er schreibt, daß Marx ein Mann war, der zuerst fühlte und dann seine Gefühle „wissenschaftlich" zu bestätigen suchte.

Der „junge Marx", der sich heute bei der ‚Neuen Linken' einer besonderen Beliebtheit erfreut, kannte tatsächlich Bettina von Arnim, war mit Arnold Ruge befreundet und war ein guter Bekannter von Heinrich Heine, der ihn bald unerträglich fand, einen *docteur en révolution* und einen „gottlosen Selbstgott" nannte. Der junge Marx war auch ein Künstler, beziehungsweise ein verhinderter Künstler, der einmal plante, eine Theaterzeitschrift herauszugeben. Er dichtete auch und seine nicht besonders gelungene Lyrik ist ein äußerst wichtiger Schlüssel zu seinem

Charakter. Als verhinderter Künstler wollte er aus Rache die Welt zerstören, die ihm nicht die gebührende Achtung entgegenbrachte. Kein Wunder, denn die Kunst ist Schöpfung, und ein Mann, dem man nicht erlaubt, schöpferisch zu wirken, ist restlos „frustriert". Daher auch sein antitheistisches Wüten:

> Hat ein Gott mir alles hingerissen,
> Fortgewälzt in Schicksalsfluch und Joch,
> Seine Welten – alles – alles missen!
> Eins blieb. Die Rache blieb mir doch![4]

Oder auch die Zeilen:

> An mir selber will ich stolz mich rächen
> An das Wesen, das da oben thront...[5]

Ferner:

> Einen Thron will ich mir auferbauen
> Kalt und riesig soll sein Gipfel sein.[6]

Ein herostratisch-selbstbezogenes Gedicht endete hingegen mit den Worten: „Und wir, die Affen eines kalten Gottes."

Sein Größenwahn drückte sich in seinen Versen über das Weltgericht aus:

> Götterähnlich darf ich wandeln
> Siegreich ziehn durch ihr Ruinenreich
> Jedes Wort ist Blut und Handeln
> Meine Brust dem Schöpferbusen gleich.[7]

Und wenn man die Worte des Äschylus im *Gefesselten Prometheus* liest, in dem der Heros seinen ohnmächtigen Haß gegen „Vater Zeus" ausdrückt, die von Marx in seiner Doktoratsthese als Zitat gebraucht wurden, dann sieht man vielleicht tiefer in seine gequälte Seele hinein.[8] Wie sehr er aber Künstler sein wollte und nur ein Amateur war, ersieht man aus seiner utopischen Vision einer sozialistischen Gesellschaft, in der jedermann heute das und morgen jenes tun kann, in der Früh auf die Jagd gehen, Mittag fischen, am Abend etwas Viehzucht treiben, daneben auch nach der Mahlzeit sich als Kritiker betätigen ohne aber wirklich ein Jäger, ein Fischer, ein Schäfer oder auch ein Kritiker zu sein.[9] Wie man deutlich sieht, ist Marx auch hier wieder von Fourier beeinflußt. Andererseits spielte er schon lange wie Nietzsche mit der Idee des Übermenschen, als der er sich fühlte. In dieser Beziehung steht er zugegebenermaßen der Neuen Linken näher als dem Leninismus. Doch seine künstlerischen Süchte und Sehnsüchte verließen ihn nie – wie auch Hitler, einen anderen „frustrierten" Künstler. Marx blieb immer auch ein Ästhetiker. Doch war er kein Ethiker, denn wie kann man – in strikter Logik – ein Moralist und ein Determinist sein? Wenn eiserne, geschichtliche Gesetze alles vorschreiben und vorbestimmen, kann man doch kaum mehr über einen Menschen „urteilen". Besonders im

Alter beschäftigte ihn dieses Problem: er kam zu dem einfachen, aber nicht überraschenden Schluß: „Die Kommunisten predigen keine Moral."[10] Jede Moralität führt zu einer Ideologie (wie er die bourgeoise Weltanschauung nannte), und eine Ideologie führt nicht zu einer Tragödie, sondern zu einer Komödie. Jeder Philosoph, der ein ethisches System verkündet, ist kindisch genug um zu glauben, daß ein anderes oder ein wenig geändertes Gewissen den Gang der Dinge beeinflussen kann. Wie aber könnte das sein, wenn die Geschichte vorausbestimmt und in ihren Gesetzen unwandelbar ist? Mit diesen Ansichten aber enden wir wieder beim biologisch-anatomischen Determinismus des Marquis de Sade.

Ursprünglich wollte Marx eine akademische Laufbahn ergreifen und strebte eine Professur in Bonn an. Seine Freunde rieten ihm jedoch davon ab, doch wurde er mit 24 Jahren Chefredakteur der *Rheinischen Zeitung* in Köln. Ein Jahr darauf wurde diese Tageszeitung auf Anordnung der preußischen Regierung verboten, was aber Marx nicht davon abhielt, Jenny von Westphalen, die Tochter eines preußischen Offiziers, zu heiraten. Mit ihrem Vollbruder Edgar verband ihn eine enge, immerwährende Freundschaft, nicht aber mit ihrem Halbbruder Ferdinand von Westphalen, der königlich preußischer Innenminister wurde. Adelige Damen schwärmen bekanntlich nur zu oft für führende Sozialisten und spielten eine nicht geringe Rolle in linken Bewegungen. Dafür gibt es verschiedene psychologische Erklärungen. Auf jeden Fall bildeten in Marxens Leben die verwandtschaftlichen Beziehungen eine große Rolle. Von ihm besonders verehrt wurde ein Onkel durch Heirat, der Niederländer Philips in Zaltbommel. Es ist dies der Großvater des hochkapitalistischen Gründers des weltweiten Philips-Konzerns.[11]

Es ist wahr, daß Marx seine Frau und Töchter liebte und dies, obwohl er ein fürchterliches Familienleben führte; es war aber nicht die Liebe, die sein Leben formte, sondern über alles bloße Kritisieren und Verhöhnen hinaus echter, glühender Haß. Arnold Ruge, mit dem er anfänglich in Paris zusammengearbeitet hatte, schrieb an Fröbel über Marx: „Der heuchlerische Egoismus und die geheime Genießsucht, das Christusspielen, das Rabbinertum, der Priester und die Menschenopfer (Guillotine) kommen sogleich wieder zum Vorschein... Zähne fletschend und grinsend würde Marx alle schlachten, die ihm, dem neuen Babeuf, den Weg vertreten. Er denkt sich dieses Fest, das er nicht feiern kann."[12]

Die beste Beschreibung von Marx kam jedoch von Carl Schurz, dem deutschen Achtundvierziger und späteren amerikanischen Senator, der Marx bei einem Kongreß des Demokratischen Vereins in Köln begegnete. Über Marx schrieb er in seinen *Lebenserinnerungen:*

„Er war damals dreißig Jahre alt und bereits das anerkannte Haupt einer sozialistischen Schule. Der untersetzte, kräftig gebaute Mann mit breiter Stirne, dem pechschwarzen Haar und Vollbart und den dunkeln, blitzenden Augen zog sofort die allgemeine Aufmerksamkeit an sich. Er besaß den Ruf eines in seinem Fache sehr bedeutenden Gelehrten, und da ich von seinen sozialökonomischen Entdeckungen und Theorien sonst wenig wußte, so war ich umso begieriger des berühmten Mannes Worte der Weisheit zu sammeln. Diese Erwartung wurde in einer eigentümlichen Weise enttäuscht. Was Marx sagte, war in der Tat gehaltsreich, logisch und klar. Aber niemals habe ich einen Menschen gesehen von so verletzender Arroganz des Auftretens. Keiner Meinung, die von ihm wesentlich abwich, gewährte er die Ehre einer einigermaßen respektvollen Erwägung. Jeden, der ihm widersprach, behandelte er mit kaum verhüllter Verachtung. Jedes ihm mißliebige Argument beantwortete er entweder mit beißendem Spott über die bemitleidenswerte Unwissenheit oder mit ehrenrührigen Verdächtigungen der Motive dessen, der es vorgebracht. Ich erinnere mich wohl des schneidend-höhnischen, ich möchte sagen des ausspukkenden Tones, mit welchem er das Wort ,Bourgeois' aussprach, und als ,Bourgeois', das heißt als ein unverkennbares Beispiel einer tiefen geistigen und sittlichen Versumpfung denunzierte er jeden, der seinen Meinungen zu widersprechen wagte. Es war nicht zu verwundern, daß die von Marx befürworteten Anträge in der Versammlung nicht durchdrangen."[13]

Marx war schon einmal, im Jahre 1843, nach Paris übersiedelt, wo er unter dem Régime Louis-Philippes größere Freiheit erwartete als im Rheinland, das 1814 von Preußen annektiert worden war. Mit Arnold Ruge veröffentlichte er damals die *Deutsch-Französischen Jahrbücher,* doch nach dem Erscheinen der ersten Nummer zerstritten sich die Herausgeber, und damit war das Ende dieser Zeitschrift gekommen. In Frankreich geschah es auch, daß Marx mit Hegel brach und lediglich die Hegelsche Dialektik der Geschichte weiter anerkannte. In Paris traf er auch mit Proudhon zusammen, erhielt er die ersten Briefe von Friedrich Engels und schrieb den ersten haßerfüllten Essay gegen die Juden, in denen er die Verkörperung des bourgeoisen Kapitalismus sah.[14] Doch hatte, wie wir sehen werden, der ,Antisemitismus'[15] bei Marx nicht nur einen soziologisch-ökonomischen, sondern auch einen echt ,rassistischen' Charakter. Zudem war er in dieser Beziehung auch von Bruno Bauer beeinflußt worden, einem evangelischen Theologen und Freund aus jungen Jahren, der bezeichnenderweise einer der Begründer der neueren Bibelkritik gewesen ist. Bauers Ansichten aufgrund seines Studiums waren ausgesprochen judenfeindlich.[16] Philosophisch ein Hegelianer, erntete er Marxens Haß nach dessen Bruch mit Hegel, und so schrieb Marx zusammen mit Engels eines seiner giftigsten Pamphlete: *Die heilige Familie gegen Bruno Bauer und Compagnie.*

Friedrich Engels war übrigens einer der ganz wenigen Leute, vielleicht sogar der einzige Mann, dessen Freundschaft Marx zu erhalten verstand. Dieser reiche Fabrikant aus dem Wuppertal hatte ein Vermögen, mit dem er den Gründer des internationalen Sozialismus und Kommunismus sein Leben lang unterstützen konnte. Also nur einer von Lenins „nützlichen Idioten"? Vielleicht doch nicht, denn Engels glaubte nicht nur ehrlich an die Theorien des „Mohren" (wie Marx von seinen Freunden genannt wurde), sondern war auch imstande, sie redaktionell zu verwerten und „praktisch" weiterzuentwickeln, sodaß einige Autoren meinen, man sollte in Wirklichkeit nicht vom Marxismus, sondern vom „Engelsismus" reden.

Briefe, in denen Marx Engels kritisierte, wurden jedoch von den Töchtern nach dem Tod des „Mohren" vernichtet.

Wie schwierig aber Marx in allen seinen menschlichen Beziehungen war, ersieht man auch aus den Aufzeichnungen eines preußischen Offiziers, Gustav Adolf Techow, der nach seiner Bekehrung zum Sozialismus Marx in London aufsuchte und von ihm schrieb: „Hätte er ebensoviel Herz wie Verstand, ebensoviel Liebe wie Haß, würde ich für ihn durchs Feuer gehen."[17] Dieser Techow erzählt uns auch, wie er einen feuchtfröhlichen Abend mit Marx verbrachte, bei dem sein Gastgeber frisch von der Leber her redete. Dem erschütterten Exoffizier gestand der „Mohr", daß er über die Narren lache, die seinen Proletarierkatechismus ernst nähmen, und daß er in Wirklichkeit nur für die Aristokraten Achtung aufbrächte. „Ich habe den Eindruck mitgenommen, „schrieb Techow einem Freund, „daß seine persönliche Herrschaft der Zweck all seines Treibens ist, und alle seine Socien sind weiter unter und hinter ihm, und wagen sie das einmal zu vergessen, so stuckst er sie in ihr Verhältnis zurück mit einer Unverschämtheit, die eines Napoleon würdig."[18]

Nicht nur auf Marx, sondern auch auf Engels machte der Materialismus von Ludwig Feuerbach einen tiefen und bleibenden Eindruck, und dies beschleunigte auch ihren Bruch mit dem deutschen Idealismus. Feuerbachs Kritik der Religion im allgemeinen und des Christentums im besonderen wurde von den beiden mit einem radikalen Materialismus kombiniert. „Der Mensch ist, was er ißt!"[19] Hier wurde die Grundlage für den unstillbaren Haß von Karl Marx für alle Formen des Glaubens gelegt. Feuerbachs Überzeugung, daß Kultur und Erziehung die Religion ersetzen sollten, hat einen romantischen und spezifisch deutschen Charakter, doch seine Forderung, daß die Bereitschaft zu glauben dem Entschluß zu wollen weichen muß, zeigte an, in welcher Richtung das Denken von Marx und Engels sich bewegen sollte. Feuerbachs Überzeugung, daß die Moral nicht durch die Religion, sondern lediglich durch bessere Lebensbedingungen gefördert wird, gehört allerdings primär zur Säkularreligion der amerikanischen Linken, wenn nicht zur amerikanischen Folklore. Schließlich ist es für naiv Ungläubige in diesem Tal der Tränen ein großer Trost, daß es einen (automatischen) Fortschritt gibt, daß die Kinder oder Kindeskinder es einst „durch den Fortschritt besser haben werden". Hier sehen wir die Erfüllung von Dostojewskijs Prophezeiung durch den Mund des Großinquisitors in seinen *Brüdern Karamazow*,[20] daß die Zeit kommen werde, in der die Wissenschaft die Existenz von Verbrechern in Abrede stellen wird, daß es keine Sünder mehr geben werde, sondern höchstens Hungernde (und die kann man bei gesteigerter Produktion füttern). Also erzeugt „sehr logisch" die Armut den Schrei nach dem Sozialismus oder den *communism of the stomach*. Aber so einfach ist das natürlich nicht. In Italien nistet der Kommunismus auch in Schlössern und Luxuswohnungen, in den Vereinigten Staaten in Hollywood und Park Avenue! Doch während Marx Feuerbach nur aus Büchern und Essays kannte, befreundete er sich in Paris mit Schülern von Saint-Simon und so auch mit dem früheren Sekretär des Roten Grafen, mit Auguste Comte, dem Schöpfer des Positivismus.[21] Comtes Versuch, die gesellschaftlichen Gesetze durch Naturgesetze zu erhellen, beeindruckte auch Marx.

Im Jahre 1845 verlangte die preußische Regierung von den französischen Behörden, Marx als gefährlichen Agitator auszuweisen, und die Franzosen gaben diesem Ersuchen statt. Marx ging dann nach Brüssel,[22] wo er 1847 sein Pamphlet gegen Proudhon herausgab. Im Jahre darauf veröffentlichte er in Zusammenarbeit mit Engels das *Kommunistische Manifest*. Einen Monat später befahl ihm die belgische Regierung, das Land zu verlassen, worauf er mit Engels nach Paris zurückfuhr, wo gerade nach dem Fall Louis-Philippes die Revolution ihren Höhepunkt erreicht hatte. Von Paris reiste er dann wieder nach Köln, wo Marx erneut ein Tagblatt, die *Neue Rheinische Zeitung* mit dem Untertitel „Demokratisches Organ", publizierte. Im November desselben Jahres forderte die Zeitung ihre Leser auf, keine Steuern mehr zu zahlen und der preußischen Regierung mit der Waffe in der Hand Widerstand zu leisten. Daraufhin wurde das Blatt konfisziert, Marx wurde verhaftet, vor Gericht gestellt, aber eine bürgerliche Jury sprach ihn frei. Es gab eben stets „bürgerliche" Elemente, die vor Marx einen Heidenrespekt hatten und vor ihm katzbuckelten. Geistig gibt es diese auch heute noch.

Um einer zweiten Verhaftung auszuweichen, ging Marx nocheinmal nach Frankreich zurück, doch war die Regierung dort nun weniger von linken Ideen begeistert und ließ ihm die Wahl, sich entweder außerhalb von Paris anzusiedeln oder das Land zu verlassen. Marx aber war ein echter Bücherwurm; ohne große Bibliotheken war sein Leben verfehlt und so ging er in ein Land, in dem schon eine fix- und fertige sozialistische Bewegung (wenn auch nicht nach seinem Geschmack) bestand – nach England, das immer, nach der Schweiz, der kontinentalen Linken ein rettender Hafen gewesen war. Marx fand eine Wohnung in London, wo er im Lesesaal des Britischen Museums ohne Unterlaß bis zu seinem Tod arbeitete. Sein Unterhalt wurde zu großem Teil von Engels bestritten, der in Manchester arbeitete und dessen Verwandte ihn „ausbezahlt" hatten; auch hatte Marx ein Nebeneinkommen von der *New York Tribune,* deren Europa-Korrespondent er Jahre hindurch war. (Doch wissen wir heute, daß er ein fauler Schreiber war und Engels immer wieder seine Artikel schreiben mußte.) Ohne die Thaler, Pfunde und Dollars des ‚Kapitalismus' hätte es vielleicht keine sozialistisch-kommunistische Bewegung gegeben...

Kehren wir aber zum *Kommunistischen Manifest* zurück, das alsbald in viele Sprachen übersetzt wurde, auch ins Dänische, aber vorläufig nicht ins Russische. (Marx war stets antirussisch gestimmt gewesen und hatte überhaupt für die Slawen und andere „niedere Völker" nichts als Verachtung übrig.)[23] In Brüssel hatte sich Marx dem „Bund der Kommunisten" angeschlossen, der früher einmal „Bund der Gerechten" geheißen hatte. (Auch heute herrscht in Jugoslawien nicht eine kommunistische Partei, sondern der *Savez komunista,* der „Bund der Kommunisten".) Das Manifest, eine Kurzschrift von ungefähr 12 000 Worten, gibt eine kompakte Übersicht von den politisch-wirtschaftlichen Überzeugungen der beiden Autoren. Der Stil dieses Pamphlets ist farbig, klar und herausfordernd, aber das Vokabular des deutschen Urtexts ist doch so, daß es vom durchschnittlichen Arbeiter kaum verstanden worden wäre. Meine eigene Ausgabe aus dem Jahre 1921,[24] als das allgemeine Bildungsniveau schon bedeutend höher war als im Jahre 1848, hat ein Glossar von zwölf eng bedruckten Seiten. Das allein schon bezeugt, daß der Sozialismus-Kommunismus eine Bewegung von Intellektuellen mit eigenartigen psychologischen Motivationen ist, die aber durch ihre populären (oder popularisierten) Schriften, ihre rednerischen Begabungen oder ihren persönlichen Magnetismus die Massen mobilisieren konnte. Der internationale Sozialismus-Kommunismus wurde nicht von

„Werktätigen"[25] in die Welt gesetzt. Noch wurde er (mit ganz wenigen Ausnahmen) von Männern erdacht und erfunden, die für die Armen und Bedrückten blutende Herzen hatten, sondern von giftgeschwollenen Hassern. Auch im Gemütsleben von Karl Marx, das wir außerordentlich gut kennen, findet man kaum Liebe, Mitleid oder Zärtlichkeit. War er vielleicht ein Satanist? Auch eine solche Theorie gibt es.[26]

Das *Kommunistische Manifest,* in Brüssel geschrieben, aber in London, der damaligen Hauptstadt des ‚Weltkapitalismus', zuerst veröffentlicht, beginnt mit den seitdem berühmten Worten: „Ein Gespenst geht um in Europa – das Gespenst des Kommunismus. Alle Mächte des alten Europa haben sich zu einer heiligen Hetzjagd gegen das Gespenst verbündet, der Papst und der Zar, Metternich und Guizot, französische Radikale und deutsche Polizisten." Nach dieser Präambel versucht das Manifest, die Weltgeschichte höchst einfach als Geschichte von Klassenkämpfen darzustellen, doch wird auch die Bemerkung eingeflochten, daß die prähistorischen Völker weder Klassen noch den Privatbesitz kannten. Mit anderen Worten: Die Autoren kopierten Rousseaus Theorie von einem paradiesischen Urzustand, einem Goldenen Zeitalter, einer säkularen Vision der biblischen Geschichte.

Das Manifest preist dann die Bourgeoisie für ihre Großtat: die Vernichtung des Feudalismus und seiner Kultur. Es klagt sie aber an, ein eisern-strenges Régime ihrerseits errichtet zu haben. Dann folgt eine vernichtende Kritik der Bourgeoisie und diese enthüllt den Hauptcharakterzug von Marx: Selbsthaß. Marx, ein typisches Produkt des Bürgerstandes, ist bürgerfeindlich. Marx, jüdischer Abkunft, ist ein Judenhasser. Marx, der seine Zelte im Herzen der ‚kapitalistischen' Welt aufgeschlagen hat, ist „Antikapitalist". Marx, der eine Aristokratin geheiratet hat, ist zwar von der Aristokratie beeindruckt und will bei seinem Ausflug nach Berlin in ihre Salons eindringen, bekämpft sie aber. Im dritten Teil seines Manifests ergeht er sich sogar in wüsten Ausfällen gegen einen „aristokratischen Sozialismus"[27]. Der Selbsthasser haßt natürlich auch andere; doch will er keine irgendwie gearteten Bundesgenossen in seinem Kampf, nicht solche zumindestens, die seiner Kontrolle entgehen könnten.

Doch Marx preist die Bourgeoisie, daß sie die Herrschaft der Stadt über das Land gefestigt, daß sie eine Massenabwanderung vom Land in die Stadt eingeleitet hat, um sie dem „Idiotismus des Landlebens" zu entreißen und somit zur Bildung eines städtischen Proletariats, *seines* Proletariats, beizutragen. Das ist die Stimme des wurzellosen Intellektuellen.

Auch lobt Marx die Bourgeoisie für ihren antifeudalen Kampf, weil sie dadurch für die Schaffung einheitlicher Staaten von *einer* Nation, *einer* Regierung, *eines* nationalen Klasseninteresses, *eines* einheitlichen Zollgebietes („Douanenlinie" nennt er sie) gekämpft hatte. Er freut sich über alle diese (typisch linken) „Errungenschaften", wie er auch dann später mit Engels ein Bewunderer Bismarcks wird, denn Marx ist eben auch ein früher ‚Nationalsozialist'. Dann aber versucht er zu beweisen, daß die Technik im krassen Gegensatz zu der gegenwärtigen Produktionsweise stünde. Die Bourgeoisie befindet sich in einer furchtbaren Krise: Kriege, Hungersnöte und wirtschaftliches Chaos bedrohen die bourgeoise Gesellschaft. Die Produktion ist zu hoch. Die einzige Lösung des Problems ist die Eroberung neuer oder die noch brutalere Ausbeutung alter Märkte. Um zu überleben, muß die Bourgeoisie neue Krisen gebären. Doch hat sie das Proletariat geschaffen, das die Bourgeoisie genau so vernichten möchte wie diese seinerzeit die Aristokratie.

Was aber nun folgt ist überraschend oder doch vielleicht nicht *so* überraschend, wenn man die deutsche Romantik kennt. Es ist dies eine wütige und doch *nicht völlig* ungerechte Kritik der modernen Industrie, des Maschinenzeitalters, der Knechtschaft, die dem Arbeiter durch die Vorläufer des Fließbandes aufgezwungen wird. Der Arbeiter, sagten Marx und Engels, ist durch die Maschine und durch die Vorarbeiter im Dienste einer ausbeutenden Bourgeoisie versklavt. Und schließlich kommen die beiden Autoren zum Grundübel: Der Arbeiter bekommt nur einen Teil seines ihm zustehenden, gerechten Lohns.

Doch da gibt es einen Trost in Form einer ausgleichenden, dialektischen Gerechtigkeit: Zwar zwingt die Bourgeoisie alle Menschen auf das proletarische Niveau hinunter, aber das Große, das Kolossale, die Masse wird überall siegen. Schon gibt es auch Kleinbürger, die, ob sie es nun wollen oder nicht, vom Proletariat verschlungen werden. Doch innerhalb des Proletariats gibt es bereits eine neue Kultur: Die Beziehungen des Proletariers zu Frau und Kind, zu Staat und Nation sind schon ganz andere als die des Bourgeois. Er hat kein Vaterland,[28] keine bourgeoise Moral, keine Religion. Und während in der Vergangenheit nur Minderheiten für ihre Interessen kämpften, ist die Bewegung der Proletarier eine unabhängige Bewegung, die der großen Mehrheit im Interesse der großen Mehrheit. Das klingt nicht nur, das *ist* tatsächlich höchst demokratisch – freilich auch nur so lange, als das Proletariat eine wirkliche Mehrheit bildet. (Was sie längst nicht mehr in den meisten industrialisierten Ländern tut.) Laut des Manifests ist jedoch sehr logisch der erste Schritt in der Revolution der Arbeiter der Kampf um die Verwirklichung der Demokratie, der Regierung der Mehrheit von Gleichen.

Alldies geschieht jedoch ‚automatisch‘, ist Teil eines wissenschaftlich erforschten historischen Gesetzes. Nur fragt man sich dann, wenn dem wirklich so ist, warum man dann revolutionäre Bewegungen organisieren soll? Revolutionen fordern Opfer – auf beiden Seiten!

Die bourgeoise Gesellschaft ist sowieso schon bankrott, lehrt uns das Manifest. Wenn man den Kommunisten vorwirft, sie wollen die bürgerliche Ehe abschaffen, so ist dies heuchlerisch, denn die allgemeine Promiskuität durch Ehebrüche am laufenden Band ist schon längst in der bürgerlichen Gesellschaft die Regel. Doch hatten Marx und Engels stets eine allmähliche, eine stufenweise Einführung des Kommunismus ins Auge gefaßt – über ein demokratisches Zwischenstadium. Durch dieses würde dann mit den Worten Carl Schmitts die „legale Weltrevolution" durch Wahlen inszeniert werden können.[29] Daher auch die Begeisterung von Engels für die demokratische Republik als Sprungbrett für den Kommunismus.[30] Daher auch die Begeisterung der sowjetischen Schriftgelehrten für diese Regierungsform westlich der Grenzen des „Sozialistischen Vaterlands".[31]

Und wie war nun das Programm für die Eroberung des Staates durch das Proletariat, ein Prozeß, der sehr wohl – falls das Proletariat eine riesige Mehrheit bildet – im parlamentarischen Rahmen durchgeführt werden kann? In Rußland kam es allerdings ganz anders, wie ja auch in China und in den Ländern, die von Roten Armeen militärisch erobert wurden.

Wir lesen: „Das Proletariat wird seine politische Herrschaft dazu benützen, der Bourgeoisie nach und nach alles Kapital zu entreißen, alle Produktionsinstrumente in die Hände des Staates, d. h. des als Herrschende Klasse organisierten Proletariats, zu zentralisieren und die Masse der Produktionskräfte möglichst rasch zu vermehren."

(Man beachte hier die Worte „Staat", „zentralisieren" und die nach dem Gesagten doch widersprüchliche Begeisterung für eine Produktionsvermehrung – doch auch nur durch die ‚Fabrikssklaverei'!)

Dann aber wird freimütig zugegeben, daß diese ‚Operationen' nicht nur „despotische Eingriffe" benötigen, sondern auch „ökonomisch unzureichend und unhaltbar" erscheinen werden, aber „zur Umwälzung der ganzen Produktionsweise unvermeidlich sind". Das wird Krisen hervorrufen, vielleicht sogar Hunger und Elend, ganz so wie Stalins Vernichtung des freien Bauernstandes. Diese hat das Leben von Millionen gekostet, aber schließlich hat ideologischer Machthunger stets den Vorrang.

Wie sieht aber nun bei Marx und Engels das sicherlich demokratische (mehrheitlich-egalitäre) Verfahren zur Festigung der Herrschaft des Proletariats und zur Verwirklichung des Kommunismus konkret aus?

1) Enteignung des Grundeigentums und Verwendung der Grundrente für Staatsausgaben.
2) Starke Progressivsteuer.
3) Abschaffung des Erbrechts.
4) Konfiskation des Eigentums aller Emigranten und Rebellen.
5) Zentralisierung des Kredits in den Händen des Staats durch eine Nationalbank mit ausschließlichem Monopol.
6) Zentralisierung des Transportwesens in den Händen des Staats.
7) Vermehrung der Nationalfabriken, Produktionsinstrumente, Urbarmachung und Verbesserung der Ländereien nach einem gemeinschaftlichen Plan.
8) Gleicher Arbeitszwang für alle. Errichtung industrieller Armeen, besonders für den Ackerbau. (Den „Idiotismus des Landlebens" revitalisierend?)
9) Vereinigung der Betriebe von Ackerbau und Industrie. Einwirkung auf die allmähliche Beseitigung des Unterschieds von Stadt und Land.
10) Öffentliche und unentgeltliche Erziehung der Kinder. Beseitigung der Fabriksarbeit der Kinder in ihrer heutigen Form. Vereinigung der Erziehung mit der materiellen Produktion usw.

Was dann folgt ist eine Denunzierung aller sozialistischen Parteien, Gruppen und Bewegungen, besonders aber solcher, die einen christlichen, bürgerlichen oder gar aristokratischen Charakter tragen. Doch wird der Bourgeoisie weitere Schützenhilfe in ihrem Kampf gegen Monarchie und Feudalherrschaft versprochen. Das Manifest endet mit den Worten: „Die Kommunisten arbeiten endlich überall an der Verbindung und Verständigung der demokratischen Parteien aller Länder. Die Kommunisten verschmähen es, ihre Ansichten und Absichten zu verheimlichen. Sie erklären es offen, daß ihre Zwecke nur erreicht werden können durch den gewaltsamen Umsturz aller bisherigen Gesellschaftsordnungen. Mögen die herrschenden Klassen vor einer kommunistischen Revolution zittern. Die Proletarier haben nichts in ihr zu verlieren als ihre Ketten. *Proletarier aller Länder vereinigt euch!"*

Eine aufmerksame Lektüre dieses Manifests ist nicht nur deswegen interessant, weil es die Mentalität der beiden Autoren grell beleuchtet, sondern auch weil es voller innerer Widersprüche und Kurzschlüsse ist. Das Hin und Her zwischen (parlamentarischer) Demokratie und Revolution, die Verdammung und Bekräftigung des Agrarsektors, die „Entfremdung" des Industriearbeiters, der doch keine andersgeartete Arbeitsmodalität in den USA und der UdSSR besitzt, der brutale Etatismus, der in und zwischen den Zeilen zu lesen ist, das alles spricht eine doch recht deutliche Sprache. Nachdenklich muß es auch stimmen, daß im Manifest nach der herzlich negativen Beschreibung der verschiedenen Formen des Sozialismus, Marx und Engels sich nicht ein einzigesmal für Sozialisten, sondern für die einzig echten und wahren Kommunisten halten.[33] Uns aber sollte das Manifest zu einer kuriosen Gewissenserforschung inspirieren: Wir sollten uns einmal ehrlich fragen, wieviel von diesem marxistischen Gedankengut die meisten unter uns längst schon aufgenommen haben und wie weitgehend die Marx–Engels'sche Programmatik in der immer noch Freien Welt schon verwirklicht wurde. Selbst in Großbritannien und in den Vereinigten Staaten haben die Kinder und Enkel der alten liberalen Tradition sich Ideen aus dem Kommunistischen Manifest angeeignet. Den schönen Satz unserer Autoren, daß die Reichen reicher und die Armen ärmer werden, finden wir selbst in einer päpstlichen Enzyklika.[34]

Punkt eins des Programms, die gewaltsame Agrarreform, ist schon vor dem Zweiten Weltkrieg massiv in der Tschechoslowakei, in Estland, Lettland Jugoslawien und Rumänien, in geringerem Ausmaß aber auch in Ungarn, Spanien und Polen, durchgeführt worden, wenn auch teils aus nationalpolitischen Gründen, teils auch um den Bauernstand zu fördern, nicht aber um den Staat zu bereichern.[35] Doch die radikalsten Agrarreformen vor dem Ersten Weltkrieg wurden in Rußland im Zuge der Befreiung der Leibeigenen (1861) und dann durch Stolypin nach 1906 durchgeführt.

Punkt zwei wird in der ganz überwältigenden Mehrheit der freien Länder ausgiebig praktiziert. Das *soaking the rich,* das „Auspressen der Reichen", bringt den Staaten wenig Geld, ist aber ein beliebter Wahlschlager und hilft den Neid der Massen zu besänftigen. (Der Hauptteil der Einkommenssteuer kommt in der Regel von der unteren Hälfte der mittleren Einkommen.) Auch liebt der Staat die „Allzureichen" ebensowenig wie früher die Monarchen die mächtigsten Edelleute. Die Angst vor unabhängigen (daher „unkontrollierbaren") Menschen ist in allen Ländern groß.

Punkt drei wird in manchen Ländern durch eine konfiskatorische Erbsteuer ersetzt, die in England angewandt wurde, um die finanzielle Stärke des Grundbesitzes zu zerstören. Der reiche Finanzmann, im Unterschied zum Grundbesitzer, hat hunderte Möglichkeiten, einer vernichtenden Erbsteuer auszuweichen. Der Multimillionär kann im Hotelzimmer oder im Spital mit zwei abgetragenen Anzügen im Schrank sterben, denn wir leben im Zeitalter des „Papiers". Der Grundbesitzer hingegen kann sein Vermögen nicht verstecken.

Punkt vier. Diesen praktizierten und praktizieren alle Staaten, die nicht strikt als Rechtsstaaten angesprochen werden können.

Punkt fünf: Dieser bedroht ganz Europa. In verschiedenen „westlichen" Ländern, wie zum Beispiel in Frankreich oder Österreich, wurden die Großbanken „nationalisiert", sodaß dann tatsächlich ein Bankenmonopol des immer mächtiger werdenden Staates vorliegt.

Punkt sechs: Die Zentralisierung und Verstaatlichung des Transportwesens ist im Freien Europa längst abgeschlossen. Nur in den Vereinigten Staaten und in einigen anderen Überseeländern gibt es noch private Eisenbahngesellschaften und auch Fluglinien ohne staatliche Beteiligung. Dasselbe gilt für den Telegramm- und Telefonverkehr[36] und sehr weitgehend auch für Rundfunk und Fernsehen. Niemandem fällt es mehr auf, daß wir es hier mit marxistischen Forderungen zu tun haben.

Punkt sieben: Die Nationalisierung eines sehr großen Sektors der Privatwirtschaft ist bei uns allenhalben eine vollendete Tatsache. Wir haben gesehen, wie auch „christliche" Parteien nach den Zweiten Weltkrieg in Parlamenten für die Erweiterung der Staatsallmacht aus „sozialen Gründen" und dank ihrer bodenlosen wirtschaftlichen Ignoranz gestimmt hatten. Damit haben wir auch im Westen so viele „volkseigene Betriebe". Das gilt nicht nur für Frankreich und Österreich, sondern auch für Italien und – gewissermaßen – auch für Spanien.

Punkt acht hat allerdings dem nationalen Sozialismus mit seinem Arbeitsdienst[37] besser gefallen als dem internationalen Sozialismus, denn der kommunistische Vollsozialismus ist schon an und für sich ein Arbeitszwangsystem für „Werktätige". Doch „Arbeitsheere" hatten wir auch in den Vereinigten Staaten während Roosevelts *New Deal.*

Punkt neun: Dieser muß im Lichte von Marxens Bauernhaß und seiner Phrase über den „Idiotismus des Landlebens" verstanden werden. Der Bauer mit eigenem Haus und Feld ist ein „unkontrollierbares" Wesen. In der Sowjetunion ist auch tatsächlich die „Agrarstadt" *(agrogorod)* entstanden. Die Sozialisierung des Agrarsektors durch „Zusammenlegungen" und Zwangskooperative begünstigt diese Entwicklung.

Punkt zehn: Bei uns finden wir schon allenthalben die Tendenz zur Ganztagsschule, denn die Mütter sollen für einen höheren Lebensstandard und für ihre weibliche „Selbstverwirklichung" einem Beruf nachgehen. Solche Tendenzen gibt es auch in „bürgerlichen"[38] Kreisen. Chruschtschjów hatte den Plan, ab 1980 neunzig Prozent der Sowjetkinder im Alter von sechs Jahren den Eltern wegzunehmen und sie staatlich erziehen zu lassen. (Schon wegen der niedrigen großrussischen Geburtenziffer ist dieser Plan längst fallengelassen worden, denn welches Elternpaar will schon für den Staat allein Kinder produzieren?) Wie man aber sieht, findet man hier im Manifest klassisch linke Pläne, die schon Morelly, Sade und Babeuf gepredigt hatten. Die Kinder gehören eben nicht den Eltern, sondern der Nation![39] Auch soll den Kindern weniger eine geistige und mehr eine praktische („für die materielle Produktion vorbereitende") Erziehung gegeben werden. Daher auch der Kampf für die Gesamtschule[40] und gegen das (klassische) Gymnasium!

Freilich gibt uns das Manifest keineswegs die ganze marxistische Theorie, aber es zeigt sehr deutlich die Mentalität nicht nur der marxistischen, sondern auch der angeblich „nichtmarxistischen" Linken. Tatsächlich ist das Hauptwerk des älteren Marx (und das zusätzliche von Engels) nicht viel anderes als eine Intellektualisierung und Rationalisierung des Manifests. Positivismus und Atheismus sind absolute Grundlagen seines Denkens, die auf Comte, Feuerbach und der Umkehrung der Philosophie Hegels beruhen. Als weitere Quellen müssen der französische Sozialismus einschließlich des verachteten Proudhon, der englische Sozialismus (Owen), gewisse Phasen von Ricardo und natürlich auch das ihm übermittelte Bild des Elends der britischen Arbeiterschaft erwähnt werden. Da aber das Vereinte Königreich das am meisten industrialisierte Land Europas war, nahm Marx an, daß alle anderen Länder durch genau denselben Prozeß durchgehen mußten. Das war aber nur sehr zum Teil der Fall. Ein Bücherwurm kann sich eben von der Realität herrlich weit entfernen. Stellen wir hier nur einmal fest, daß Karl Marx seinen Fuß *nie* in eine Fabrik gesetzt hatte. Von den Arbeitern sprach er stets mit der größten Verachtung, nannte sie „Knoten" und „Straubinger". Gerade hierin unterschied er sich, der oft ein Monokel[11] trug, radikal von Proudhon.

In seinen Büchern bekommen wir ein volleres Bild seiner Ideen. Nur der erste Band von *Das Kapital* wurde während seines Lebens veröffentlicht. Die anderen zwei (in manchen Ausgaben drei) wurden von Engels und Kautsky aus dem Material, das Marx hinterlassen hatte, ediert, redigiert und veröffentlicht. Aus den Seiten dieses kritisch-analytischen Werkes kann man eine weitere Konkretisierung der Utopie Marxens eigentlich nicht entnehmen. Das kritische Element war bei Marx weit mehr entwickelt als seine planenden Gaben, denn für das Schöpferische braucht man die Liebe als treibende Kraft, und die fehlte bei Marx. Von allen seinen Theorien über die Übel, Fallen und Gefahren des ‚Kapitalismus' (an und für sich ein verfehlter Ausdruck, der mit „freier Marktwirtschaft" ersetzt werden sollte) ist die Theorie der Konzentrierung und Monopolisierung die einzige, die heute noch ernst genommen werden muß – außer von den Altliberalen, die freilich immer einen Weltmarkt vor Augen haben. (Anders aber die Neuliberalen, die sich vor dem wirtschaftlichen „Kolossalismus" fürchten.[12]) Doch wie uns die Geschichte lehrt, ist die Konzentration ein Problem, das in einem freien Staat und in einer freien Gesellschaft mit Klugheit und nicht bloß mit Strafparagraphen unter Kontrolle gebracht werden kann. (*Dafür* ist Amerika nicht wirklich als Vorbild zu gebrauchen.) Die Konzentration, der Mammutismus und Kolossalismus sind jedoch wirtschaftliche Grundprinzipien des Sozialismus, der nichts anderes sein kann als ein Staatskapitalismus.[13]

Keine andere Prophezeiung Marxens hat sich jedoch bewahrheitet. Marx war wirtschaftsgeschichtlich zu früh geboren und ähnelte daher einem jungen Romanschriftsteller, der Romane über das „Leben" schreibt, obwohl er nur wieder andere junge Leute kennt. (Hier liegt ein literarisches Privileg des Alters vor: Der Greis mit guter Erinnerungsgabe kann über Kinder und junge Leute, junge Leute aber schwerlich über das hohe Alter schreiben. Sie können es lediglich zu „erraten" versuchen!) Später in seinem Leben war Marx von der Wichtigkeit der Technik überzeugt, und sie figurierte auch in seinen Berechnungen, aber dieses Element war zu neu, um in den Projektionen gültig verwendet zu werden. (Auch wir wissen herzlich wenig über die gesellschaftspolitischen und wirtschaftlichen Endwirkungen der Computer und der Automation.) Marx war derartig in seinen Theorien eingesponnen, daß er eine ganze Reihe neuer Faktoren übersah, die von der Niederschrift des Manifests bis zu seinem Tod im Jahre 1883 aufgetreten waren. Zwischen seiner brennenden Intellektualität und seinem hassenden Fanatismus eingekeilt, hatte er pseudoreligiöse Visionen. So dichtete er der Geschichte einen unschuldig-paradiesischen Anfang an, gefolgt von einem „Sündenfall". Dieser bestand in einer bösartigen, egoistischen Kristallisierung zu einer Klassengesellschaft mit Familie, Religion und Staat, belastet mit einem ausbeuterischen Produktionssystem, bis er, der wahre Prophet, mitsamt seinen Jüngern auf der geschichtlichen Bühne auftrat, um die neue Frohbotschaft der Erlösung mit neuen Heiligen Schriften zu predigen. Das Tausendjährige Reich, beginnend mit einer Diktatur des Proletariats, war nicht mehr weit und sollte uns in das verlorene Paradies der glücklichen Urzeit herrschaftsloser Horden in moderner Version zurückführen. Marx war jedoch zu schlau, um das Beispiel der Frühsozialisten nachzuahmen und uns ein präzises Bild dieser Herrlichkeit zu geben. Er verkündete bloß einen „wissenschaftlichen Sozialismus", und daher war auch Lenin nach der Machtübernahme etwas verloren und beklagte sich über das Fehlen einer weiteren, genaueren Marschroute.

Es ist nicht leicht zu sagen, wen Marx mehr haßte, die Abweichler im sozialistischen Lager, Männer wie Proudhon, Bakunin, Lassalle, oder den gesichtslosen, großen Feind, die „kapitalistische Bourgeoisie" mit „Schlössern, Equipagen und Millionen von Thalern". In seinem Kampf gegen beide Seiten wurde er durch seinen farbenreichen Stil unterstützt, dem wir im *Kapital* auch zahlreiche brillante Seiten und Passagen verdanken. Der wirkliche Marx wird jedoch nur in seinen Gedichten und Briefen echt lebendig, besonders dann, wenn er Gift und Galle gegen seine früheren Freunde, Mitarbeiter und Sympathisanten speit. Tatsächlich wetteiferte er mit Engels in seinen judenfeindlichen Ausfällen gegen Lassalle, wobei er vor allem die physischen Charakteristiken seines erfolgreichen Konkurrenten aufs Korn nahm. Marx verfiel dann in einen Stil, der sich durch nichts von dem Julius Streichers im *Stürmer* unterschied. Er war überzeugt, daß ein jüdischer Stamm aus Negern bestand und nannte Lassalle deshalb einen „jüdischen Nigger", doch auch Engels befleißigte sich nicht einer milderen Tonart.[11]

Das ist alles nicht so wunderlich, denn in Wirklichkeit und ganz im Gegensatz zu einer weit verbreiteten Meinung besteht zwischen der sozialistischen und jüdischen Mentalität ein innerer Gegensatz, der im Laufe der Zeit immer wieder zum Ausdruck kommt. Als kleine Minderheit innerhalb der christlichen Mehrheit (mit der die Juden heilsgeschichtlich-mystisch verbunden bleiben) haben sie selbstverständlich einen Hang zum einseitig Kritischen, wie er bei jeder religiösen Minderheit zu finden ist. Den Glauben der großen Mehrheit in Frage stellend, betonen diese Minderheiten die Verneinung, was sie natürlich äußerst unpopulär macht, denn nichts geht dem Spießer mehr auf die Nerven als die Kritik, die nicht mit dem bloßen „Raunzen" oder „Meckern" zu verwechseln ist. Der echte Kritiker wirkt für ihn „destruktiv". Wenn aber nun diese kritische Minderheit intellektuell und womöglich auch finanziell erfolgreich ist, wird der bisher schon innerlich unruhige Philister böse. Um das Unglück voll zu machen, kommt dazu die völlig natürliche persönliche Ambition der unter einem gesellschaftlichen Druck stehenden Minderheit.[15] Schon ist auch der große Neid der "Überflügelten" da. Diese Situation ist aber keineswegs einzigartig, denn wir haben so viele andere Parallelfälle: die reichen Reformierten in Frankreich, die Deutschen im alten Rußland, die Armenier und Griechen in der alten Türkei, die Christen im Nahen Osten, die Inder in Afrika, die Viets in Kambodscha und Laos, die Chinesen in Indonesien, die „Neuspanier" in Mexiko,[16] die Japaner und Turcos[17] in Brasilien und selbst die Katholiken in den nördlichen Niederlanden.

Wenn auch in der Vergangenheit sehr viele Juden sich von den *kritischen* Aspekten des Sozialismus angezogen fühlten und wichtige Rollen im frühen Sozialismus gespielt hatten – die Namen Trotzkij, Kamenew, Zinowjew, Radek, Kún, Bernstein, Eisner, Blum, Bauer, Viktor und Friedrich Adler bezeugen es, – so stehen die Juden doch dem sozialistischen Konformismus, Antipersonalismus, dem ständigen Moralisieren und den intellektuellen Kontrollen feindselig gegenüber. Freilich lehnte im alten Rußland, nicht aber in Österreich–Ungarn, der Jude das *Ancien Régime* ab, eine Haltung, die die neuere jüdische Einwanderung (aus Osteuropa) in das linke Lager drängte. Das aber war bei der alteingesessenen Judenschaft Amerikas nicht der Fall.[18] Bezeichnenderweise ist im amerikanischen Neukonservatismus der Anteil der Juden auffallend groß. Und es muß hier auch gesagt werden, daß im alten, konservativen Lager Europas getaufte Juden ideengeschichtlich eine große Rolle gespielt haben – man denke da an Disraëli und F. J. Stahl, den „Ideologen" des preußischen Konservatismus. Nicht vergessen darf man auch (ungetaufte) Juden in den Vereinigten Staaten, die während des Zweiten Weltkriegs nebst gewissen katholischen Kreisen die einzige Gruppe bildeten, die lautstark vor der allzu engen Allianz mit der Sowjetunion warnte.[19] Ganz davon abgesehen, hatte es in der sozialistischen Bewegung stets einen radikalen „Antisemitismus" gegeben. Darüber gibt es reichliches Material.[50]

Doch auch in Osteuropa, wo einst die Monarchie eine eher judenfeindliche Rechtsordnung vertrat, mußte es bald zu einem Bruch zwischen dem Marxismus und dem Judentum kommen. Die persönliche Feindschaft zwischen Trotzkij und Stalin hatte dafür den Boden bereitet. Als der Zweite Weltkrieg ausbrach, hatte Stalin viel mehr Juden umgebracht als Hitler.[51] Marx selbst hatte den Grund dafür gelegt, als er in einem der giftigsten antijüdischen Pamphlete aller Zeiten (auch Luther in dieser Beziehung übertreffend[52]) schrieb: „Welches ist der weltliche Grund des Judentums? Das praktische Bedürfnis des *Eigennutzes*. Welches ist der weltliche Kultus der Juden? Der *Schacher*. Welches ist sein weltlicher Gott? Das Geld... Eine Organisation der Gesellschaft, welche die Voraussetzungen des Schachers aufhöbe, hätte den Juden unmöglich gemacht. Sein religiöses Bewußtsein würde wie ein fader Dunst in der wirklichen Lebensluft der Gesellschaft sich auflösen."

Doch dieser Essay schließt nach langen Schimpftiraden gegen das Christentum, das jüdischen Ursprungs ist, und gegen das Judentum, das im Christentum nistet, mit den Worten: „Die gesellschaftliche Emanzipation des Juden ist *die Emanzipation der Gesellschaft vom Judentum.*"[53] Aber, wie soll das geschehen? Durch eine ‚Endlösung'? Im Lichte dieser Tatsachen ist es amüsant, sich daran zu erinnern, daß ein christlich-demokratischer Postminister einer Bonner Koalitionsregierung eine Sondermarke mit dem Bildnis von Karl Marx herausgab – von Karl Marx, der unerhörtes Elend über die Menschheit gebracht hat. Warum dann aber nicht von einem seiner Epigonen in der Judenhetze, Julius Streicher?[54]

8. DER MARXISMUS

Solange man Marx nur nennt, aber nicht liest, ist der Fortschritt des Sozialismus nicht aufzuhalten. (Herbert Eisenreich im *Wiener Journal*, März 1983.)

Der Marxismus ist aber nicht nur antijüdisch, er ist auch unproletarisch und höchst ‚bourgeois‘. Gerade deshalb appelliert er so stark an die im Grunde linke, kleinbürgerliche Mentalität kommerziellen Charakters. Waldemar Gurian hatte völlig recht als er schrieb, daß „der Bolschewismus die geheime und uneingestandene Philosophie der bürgerlichen Gesellschaft ausspricht, wenn er in Gesellschaft und Wirtschaft absolute Elemente sieht. Gerechtigkeit, Gleichheit und Freiheit war immer der Kriegsruf der Bourgeoisie. Die Entwicklung und der Sieg der bürgerlichen Gesellschaft haben zum Sieg dieser Ideen verholfen. Der Bolschewismus ist aber zugleich ein Produkt der bürgerlichen Gesellschaft und ihre Verurteilung. Er zeigt, wohin die geheime Lebensauffassung dieser Gesellschaft führt – und dies mit eiserner Logik.“[1] Und es war auch der amerikanische Romancier und Theaterschriftsteller Ben Hecht, der uns ermahnt hatte, nicht an das Klischeebild des Kommunisten als verdreckten, bluttriefenden Revoluzzer zu glauben. Für Hecht war der Kommunismus eine Bewegung, die völlig legitim aus der mittelständischen Demokratie kam. „Der Bolschewismus“, schrieb er, „ist die logische Folge der Demokratie, ein weiterer Schritt hinunter im Abstieg der Menschheit. Bis zum Erscheinen Lenins und Trotzkijs war die amerikanische Demokratie zweifelsohne die grauenhafteste Beleidigung, die auf die Intelligenz unserer Rasse durch die geistig Tieferstehenden geschleudert werden konnte. Doch der Bolschewismus ist noch einen Schritt weitergegangen. Sobald aber unsere niedrigsten Charaktere – die Mehrheit der Politiker, Intellektuellen und Schriftsteller – daraufkommen, daß der Bolschewismus nicht der Rote Terror ist mit der Bombe in der einen und dem Dolch in der anderen Hand, sondern eine gesellschaftliche Ordnung, die unsere noch an Schwäche und abnormaler Dummheit übertrifft, dann wird man jeden verhaften, der nicht ein Bolschewik ist.“[2] Harold Laski, der verstorbene Ideologe der Labour Party und Professor an der London School of Economics, drückte sich einfacher aus. Er sah ganz einfach den Sozialismus als weiteres unausweichliches Evolutionsstadium der Demokratie, eine Ansicht, die zweifellos *bei Freund und Feind* sehr verbreitet ist.[3]

Die Siege des Marxismus *als Doktrin* (wir denken jetzt nicht an die Siege der Roten Armee) haben zumeist nur unter den geistig Tieferstehenden, den Ungebildeten, Halb- und Dreiviertelgebildeten stattgefunden. Diese Dokrin ist eine *fausse idée claire*: Sie wirkt besonders in einem Land mit krassen Vermögensunterschieden, wo Millionen von Armen einer Handvoll sehr Reicher gegenüberstehen. Dann liegt es doch „auf der Hand", daß eine „Neuverteilung" die Armen reicher machen würde oder noch besser, daß man die Produktionsmittel der „Allgemeinheit" gibt. Das aber macht die Reichen nur arm, wirkt kulturzerstörend, vermindert zwar den Neid, gibt den Armen kaum ein Pflästerchen[1] und schafft einen allmächtigen Staat. „Gleichheit" gibt es nur in der Sklaverei und nicht in der Freiheit, und welch verschwindender Prozentsatz unserer Mitbürger hat eine auch nur blasse Ahnung von der Wirtschaft. Wer natürlich nichts von einer Wissenschaft versteht, kann darüber „leicht reden"!

Ein weiterer Faktor für diese erfolgreichen Vorstöße des Marxismus ist in der religiösen Krise unserer Zeit zu finden. E. F. W. Tomlinson sagte dazu: „Da die Menschen nicht ohne Philosophie leben können, und wenn sie die richtige von sich weisen, müssen sie sich eben mit dem Abschaum aller anderen begnügen. Der dialektische Materialismus ist ein Konvolut vom Abschaum der heruntergekommenen Metaphysik des 19. Jahrhunderts."[5] Wie wir aber schon andeuteten, besitzt der Marxismus auch pseudoreligiöse Aspekte aus dem Alten und dem Neuen Testament, die nicht nur Dogmen beinhalten, sondern auch an den Opfersinn des Menschen und an seine asketischen Neigungen Anforderungen stellen. Gerade dieser quasireligiöse und zum Teil auch eschatologische Charakter der marxistischen Orthodoxie verursacht bei den Sozialisten, die viel Wasser in ihren Wein gegossen haben, den „Sozialdemokraten", nur zu oft schwere Gewissensbisse. Dabei aber dürfen wir nie vergessen, daß bei einer Mischung von Wasser und Wein es der *Wein* ist, der dem Trunk den Geschmack verleiht – und nicht das Wasser.

In England hatte Marx, der sehr wenig mit Engländern verkehrte, sondern viel eher in der Emigraille zuhause war, gewisse Kontakte mit Robert Owen, dem Gründervater des britischen Sozialismus. Im Alter von zwanzig Jahren war dieser begabte Mann, Sohn eines kleinen Kaufmanns, Direktor einer Textilfabrik geworden. Er machte sich jedoch bald unabhängig und gründete in Schottland eine Fabrik, die aber eher ein soziales als ein sozialistisches Experiment war. Dann kaufte Owen von Georg Rapp, Leiter einer kommunistischen deutschen Sekte, eine Siedlung im südlichen Indiana. Die „Rappites" übersiedelten dann nach Pensylvanien, wo ein neues „New Harmony" unter der Kontrolle Owens eröffnet wurde, aber auch dieses Experiment war ein Mißerfolg. 1829 kehrte Owen nach England zurück, und er, der ein Reformist gewesen war, wurde nun ein radikaler Sozialist. Er verlor viel von seinem Einfluß, weil er das Christentum angriff, doch ging er in die Geschichte ein, als er 1833 die erste britische Gewerkschaft gründete und dies, wiewohl sein Interesse eher einer modernisierten Zunftbewegung galt. Dann legte er die Grundlagen für ein ethisches System, eine Pseudoreligion mit Zentren in halb England in der Form von *Halls of Science*. Die Basis seiner Lehre war eine Milieu-Theorie: Der Mensch sei das Produkt seiner Umgebung. Das beeinflußte Marx, und diese Lehre ist heute zweifellos ein Dogma der Halbgebildeten. Vor seinem Tod aber machte Owen eine neue Kehrtwendung und wandte sich dem Spiritismus zu.

Marx gründete sechs Jahre nach Owens Tod, 1864, die Internationale Arbeiter-vereinigung, die „Erste Internationale", deren Geschichte durch Marxens Kampf mit dem Anarchisten Bakunin zutiefst geprägt wurde. Bakunin, ehemaliger Offizier und Edelmann, war hingegen der Lehrer des großen Anarchisten, des Fürsten Kropotkin.[6] Marxens Haß auf die Russen geht auf diese Auseinandersetzung mit Bakunin zurück, der 1872 von der Ersten Internationale ausgeschlossen wurde..., kein Wunder, denn Bakunin sah sehr genau, daß der Marxismus stracks zum all-mächtigen, totalitären Staat führen würde.

Bakunin war ein abenteuerlicher Mann, und das war auch Ferdinand Lassalle. Dieser Sohn eines jüdischen Kaufmanns, Intellektueller ersten Ranges, Organisator der deutschen Arbeiter, öfters angeklagt wegen politischer Umtriebe, meistens freigesprochen, mutig, witzig, ein großer Liebhaber des schönen Geschlechts und Theaterschriftsteller, wurde von Marx als auch von Engels leidenschaftlich gehaßt und zweifellos auch beneidet. Lange einer Gräfin Hatzfeld verbunden, deren Ad-vokat er auch war, fiel er schließlich in einem Duell mit einem Rumänen in der Nähe von Genf. Das Herz und die Hand von Helene von Dönniges, Tochter eines bayri-schen Diplomaten, waren die Ursache dieses Zweikampfs gewesen.

Lassalle war vielleicht kein Genie, doch hatte er einen guten Kopf und ver-öffentlichte mehrere politische und gesellschaftskritische Essays, wie auch ein Buch über Heraklit, das im Geiste der Philosophie Hegels geschrieben war. Lassalles Haltung war national und sozialistisch zugleich; er lehnte auch die Monarchie keineswegs ab und appellierte an Wilhelm I. von Preußen, eine „soziale Monarchie" zu errichten. Bismarck, mit dem er einen engen Kontakt hatte, sagte in seiner Gedenkrede im preußischen Landtag, Lassalle sei durch und durch Monarchist gewesen, nur hätte er nicht gewußt, ob Preußen von der Dynastie Lassalle oder Hohenzollern hätte regiert werden sollen. Doch dieser brillante Mann war Marx ein Dorn im Auge. Hätte er länger gelebt (er starb im Alter von 39 Jahren), würde die deutsche Arbeiter-bewegung eine ganz andere Entwicklung genommen haben, zwar auch eine „na-tionalsozialistische", aber ganz und gar nicht im Sinne Hitlers. Als Lassalle 1864 im Zweikampf gefallen war, verlor Marx seinen stärksten Konkurrenten. Erst drei Jahre später wurde der erste Band von *Das Kapital* in seiner endgültigen Fassung veröffentlicht.

Der alternde Marx war eine tragische, zugleich aber eine alles andere als erbau-liche Figur. Das Fiasko der Pariser *Commune* erschütterte und verbitterte ihn. Freunde außer Engels hatte er keine. Er hatte eine tiefe Zuneigung zu seinen drei Töchtern, von denen zwei später durch Selbstmord endeten. Sein einziger legitimer Sohn, für den er aber nichts übrig hatte, starb mit acht Jahren, nicht zuletzt aus Geldmangel. Seine Frau, die ihn vergötterte, führte ein Höllendasein. Zudem verführte er die getreue Haushälterin, Lenchen Demuth, die ihm einen Sohn gebar, dessen Vater-schaft Engels übernahm, denn man konnte damals einer deutschen Arbeiterschaft nicht zumuten, einen Ehebrecher und Verführer von Hausangestellten als ihren Führer anzuerkennen.[7] (Erst auf dem Totenbett gestand Engels den völlig aus den Wolken gefallenen Töchtern, daß ein ihnen so bekannter junger Mann ihr Halbbru-der war.)[8] Das idealisierte Familienleben Marxens ist heute als häusliches Jammertal demaskiert worden; die arme Jenny Marx, *née baronne Westphalen* (wie es tatsächlich auf ihrer Visitkarte zu lesen war) lebte in einem wahren Inferno der Armut, denn der gute Karl konnte sich nicht dazu aufraffen, für seine Familie einen Lebensunterhalt zu verdienen. Dabei aber war dieser Proletarierführer ein Snob, der sich teure Anzüge bauen ließ. Neueste Forschungen geben uns das Bild eines im Grunde eitlen, widerlichen, haßerfüllten Menschen. Jean Paul sagt uns in seinem *Quintus Fixlein:* „Jedem Jahrhundert sendet der Unendliche einen bösen Genius zu, der es versucht." Ähnlich äußerte sich auch Goethe.[9] Zweifellos war Marx dieser Mann, dessen konkrete Prophezeiungen fast ausnahmslos nicht in Erfüllung gingen, der also logischerweise völlig diskreditiert sein müßte und nach dem kein Hahn mehr krähen sollte, der aber dennoch heute vielleicht lebendiger und „aktueller" ist als vor hundert Jahren. Das hat seine guten Gründe, als da sind: die Dummheit (die größte Weltmacht), das kurze Gedächtnis der Menschen und die Begeisterungsfähigkeit für „klare aber falsche Ideen". So glaubt auch heute noch der Mann auf der Straße, daß das „Sozialproblem" seine Analogie in einer Gefängniszelle mit vier Arrestanten besitzt, darunter einem bärenstarken brutalen Kerl. Dieser nimmt mit roher Gewalt die Hälfte der Portionen seinen Zellengenossen weg und frißt sie selbst auf. Aber nur ein Idiot wird dieses Exempel auf die freie Wirtschaft in einem freien Land übertragen, denn das ist ein mindestens so großer Unsinn wie das „Recht auf Arbeit". (Wie verwirklicht man das im Falle eines Schriftstellers, Schauspielers, Trapezkünstlers oder Augenarztes?) Doch der Marxismus kommt einem echten Bedürfnis nach: Er „erklärt" dem Einfältigen die ihm ansonsten sinnlos erscheinende Weltgeschichte und füllt überdies ein ideologisches Vakuum aus, das von echt aufbauenden Ideen erfüllt werden sollte. Doch darüber später mehr.

Die Wirtschaft spielt im Gedankengut Marxens noch vor der Philosophie und der Politik die Hauptrolle, aber sie ist überraschenderweise das schwächste Glied in dieser Kette. Daher auch die Armut in der Welt des Sozialismus, was ihn eigentlich diskreditieren sollte. Der Mensch jedoch ist eher ein fühlendes als ein denkendes Wesen und der Sozialismus kommt den neidigen Massen entgegen. Wie sagte doch Churchill? „Der Kapitalismus verbürgt die ungleiche Verteilung des Reichtums, der Sozialismus aber die gleiche Verteilung der Armut." Daher seine Stärke!

9. DIE NATIONALDEMOKRATIE

Der Vormärz Europas, die Periode vor dem Wiener Kongreß bis zum Revolutionsjahr 1848, erweckte, wie wir schon sagten, den Anschein einer Konsolidierung des *Ancien Régime* in einer erneuten Form, und dies obwohl bald da, bald dort ein Wetterleuchten zu sehen war. Das Bürgertum hatte sich mit der leicht veränderten Ordnung trotz der Romantik noch nicht abgefunden. Zwar sprach man allenthalben noch mit großem Abscheu über die gräßlichen ‚Auswüchse‘ der Französischen Revolution, aber die Gestalt Napoleons hatte doch überall (auch in den Ländern, die von ihm unterjocht worden waren) einen nachhaltigen Eindruck hinterlassen. In der Erinnerung lebte er nicht nur als militärischer Heros, sondern auch als Mediator der Französischen Revolution, in einer gemilderten Form auch als ‚Reformator‘. Was nun blieb, war der *Code Napoléon* im Rheinland (bis auf unsere Tage), die Zusammenlegung zahlreicher Herrschaften im Süden und Westen des Deutschen Bundes (aber nicht in seiner Mitte), es blieben die allgemeine Wehrpflicht und auch eine beginnende Verbürgerlichung des Offizierskorps und es kam, abgesehen von der industriellen Revolution, langsam ein Näherrücken der Staaten und Völker durch die Eisenbahn. Vor allem aber kam eine Steigerung des Nationalgefühls als kollektive Kraft nicht neben, sondern *mit* der Demokratie. Volksherrschaft und völkische Herrschaft sind verwandte Begriffe. Das Bürgertum war zusehends demokratisch *und* national gesinnt. Während aber nun in Frankreich die Revolution von 1848 einen vorwiegend demokratischen Charakter trug, hatten, die Revolutionen in Mitteleuropa einen ebenso demokratischen wie nationalen, im östlichen Mitteleuropa wie auch in Italien einen betont nationalen Charakter – wohl auch mit einer Spitze gegen die „fremde Dynastie“. Diese Revolutionen wurden alle niedergeschlagen, es folgten Jahre der „Reaktion“, doch die Sache der demokratisierten, also der konstitutionellen Monarchie (wenn auch noch nicht der Republik) machte nach diesem Rückschlag weitere Fortschritte. Außer in Frankreich war es allenthalben deutlich, daß diese „Erhebungen“ noch keinen echten Massencharakter hatten. In Frankreich allerdings gingen die Uhren anders: Dort war nicht nur die Erinnerung an die Französische Revolution noch lebendig; dort gab es in den großen Städten ein echtes Proletariat.[1] (Auch in England rührten sich die Chartisten im Jahre 1848 zum letztenmal.) Deshalb fand die achtundvierziger Revolution in Frankreich in zwei Wellen, einer bürgerlichen und einer proletarischen, statt. Die proletarische wurde zweimal (1848 und 1851) in großen Blutbädern niedergekämpft. Die Bitternis, die davon übrigblieb, führte 1871 zur Pariser Kommune. Mitteleuropa blieb von diesem neuen Phänomen verschont. Es sei aber auch hier vermerkt, daß die Monarchen stets mit überraschender Leichtigkeit abdizierten, während die bürgerlichen Kräfte ein viel stärkeres Stehvermögen zeigten.[2]

Nun aber war um die Jahrhundertmitte das Bürgertum ein starker und im weiteren Sinn des Wortes auch ein elitärer Stand, der sich in einer freien Wirtschaft durch eine hohe Selektion auszeichnete. Auch hatte das Bürgertum eine asketische Tradition, die im Adel nur bruchstückhaft vorhanden war. Dieses bürgerliche Selbstbewußtsein schwächte sich zwar im 19. Jahrhundert ab, als es sich – zum Teil erfolgreich – an den Adel zu assimilieren suchte, adelige Sitten, Gebräuche und Umgangsformen übernahm. Im alten Deutschen Reich gab es auch ein recht standesbewußtes Patriziat, das besonders in den früheren Reichsstädten beheimatet war. (Man sehe sich da einmal die monumentalen Grabmäler der Familie Bonhoeffer in Schwäbisch-Hall an!) Dazu kamen die Nobilitierungen, die besonders in Österreich und Bayern sehr häufig waren und bewußt zur Elitenbildung beitrugen. Davon zeugen zum Beispiel die Standbilder der berühmten Professoren vor der Wiener Technischen Universität. Von acht der dort vertretenen Männer waren sieben Adelige oder Geadelte.[3] Und von der Wiener Ökonomischen Schule waren oder sind fast alle Leuchten adeliger Herkunft.[4]

Es war nur zu natürlich, daß das zu Bildung und Vermögen gekommene Bürgertum einen Platz an der Sonne und an der Ausübung der politischen Gewalt ein Mitspracherecht haben wollte. Tatsächlich beendete die Revolution von 1848 alle adeligen Privilegien mit der Ausnahme der Fideikommisse, eine Einrichtung, die im Grunde jedem Engländer offenstand und bei uns nur dank unseres Erbrechts ein Privileg darstellte.[5]

Doch der Nationalismus, durch die napoleonischen Kriege auch im Herzen Europas wachgerufen, fand östlich des Rheins einen noch stärkeren Widerhall als die Demokratie, und zwar ganz besonders dort, wo es eine „Fremdherrschaft" gab. Je weiter östlich und südlich, desto stärker der „Nationalismus". Die Bindungen – und das war neu – waren nun nicht mehr vertikal, sondern horizontal. Staat und Volk wurden zunehmend gleichgesetzt, die Stände wichen den Klassen und man beschnüffelte sich nun nach der „Volkszugehörigkeit". Geschichtliche Grenzen bedeuteten weniger und weniger. Ein „vaterloses" Herdengefühl machte sich allenthalben bemerkbar. „Welche Sprache sprichst du? Welcher Sitte folgst du?" Das waren die Fragen, die nunmehr gestellt wurden und nicht vielleicht: „Welchem Herren dienst du?" Und da war auf einmal dem Mann aus Aussig der Dresdner „näher" als ein Tscheche aus Prag – obwohl der Aussiger und der Prager beide Böhmen waren. Der Serbe aus der Vojvodina sah nicht mehr nach Buda, sondern schielte nach Belgrad, dem Triestiner lag Rom oder Turin näher als Wien. Gottfried von Herder hatte schon früher die Slawen „entdeckt". Die Teilungen hatten den Patriotismus[6] der Polen zwar nicht aufgehoben, aber illusorisch gemacht. Es blieb ihnen nun als „Bindemittel" nur mehr der Nationalismus übrig, der sich mit der Zeit aber nur religiös oder sozialistisch ausrichten konnte. Die Gleichsetzung des Polentums mit der Kirche war in Hinsicht auf die russische und die preußische Teilungsmacht höchst natürlich, die sozialistische Tendenz in der Abwehr der Petersburger Spaltungstendenzen auch nicht überraschend, versuchte doch die russische Regierung, das Bauerntum gegen den Grundbesitz und die Städter aufzuhetzen. Es entwickelte sich daher ein polnischer „nationaler Sozialismus", der auch im Adel[7] und im Bürgertum Unterstützung fand. Der Widerstand sollte „kollektiv" werden. Zweifellos aber brachte der Nationalismus unsägliches Elend über Europa: Er war schon ein Faktor im Ersten Weltkrieg, wurde aber mit 1918 ein entscheidendes Element in der Großen Europäischen Dauerkrise.

Das nationale Problem berührte aber vor allem das seit 1804 bestehende „Kaiserthum Österreich". Franz II., Römischer Kaiser, nahm damals in Hinsicht auf die Tatsache, daß Napoleon auch die römische Kaiserwürde anstrebte[8] und daß auch alle deutschen Fürsten mit Ausnahme des preußischen Königs Vasallen Napoleons waren, den Titel eines Kaisers von Österreich an. Zwei Jahre später, nach der Gründung des Rheinbunds, entsagte er der römischen Kaiserwürde. Damit war das Ende des Ersten Reichs gekommen. 1815 wurde das Römisch-Deutsche Reich trotz Protestes des Nuntius nicht erneuert; das zentralistische Kaisertum Österreich, das Königreich Preußen und der Deutsche Bund nahmen seinen Platz ein. Der „Kaiser" residierte allerdings weiter in Wien, der Doppeladler, die Volkshymne und die Schwarzgoldenen Farben waren auf Österreich übergegangen, und der österreichische Delegierte war in Frankfurts Paulskirche *ex-officio* der Vorsitzende bei den Versammlungen des Deutschen Bundes. Doch nach der Bildung des neuen Kaisertums, das sicherlich historisch-organisch gewachsen war und sich von der Grenze Piemonts bis zur Ukraine erstreckte, war kein neuer, allgemein akzeptierter Patriotismus entstanden. Die innere Struktur dieses neu-alten Gebildes war nicht sorgfältig durchdacht und in so vieler Beziehung fragwürdig. Das einigende Band der gemeinsamen Dynastie, die weithin gemeinsame Religion und die Armee[9] genügten nicht, um schwersten Niederlagen und größtem Druck standzuhalten.

Man darf nicht vergessen, daß zum Beispiel ein Ungar einem Land angehörte, das 896 gegründet wurde und seit 1001 ein Königreich war, ein Land mit Grenzen, die Élisée Reclus, der große französische Geograph, für die idealsten Europas hielt. Die heilige Wenzelskrone, die Böhmen, Mähren und Schlesien verband, ging ins 10. Jahrhundert zurück. Kroatien mit Dalmatien und zum Teil mit Bosnien war einer der ältesten Staaten Europas. Auch das nunmehr geteilte Polen existierte schon im 10. Jahrhundert – von der Republik Ragusa ganz zu schweigen.[10] Im Vergleich zu diesen uralten Staatswesen war selbst das alpine Österreich ein historisches Flickwerk, recht neu, ein Land das erst im 14. Jahrhundert Tirol einverleibt hatte und Salzburg gar erst mehr als 400 Jahre nach dem friedlichen Anschluß von Triest. (Ohne Habsburg hätte Österreich zweifellos nicht über das Salzkammergut hinausgereicht!) Allerdings waren Triest, die Küstenlande und was heute Slowenien genannt wird *alte* habsburgische Erblande. Der böhmische König war Kurfürst des Römisch-Deutschen Reiches, der österreichische Erzherzog war es nicht. Zudem war der österreichische Erzherzogtitel auf dem gefälschten *Privilegium Maius* gegründet. Die „Erblande" waren Erbgut der schweizerischen, dann schweizerisch-lothringischen Habsburger, sicherlich das vornehmste und, sagen wir es ohne Zögern, das beste und humanste Herrschergeschlecht, das Europa je hervorgebracht hatte. Aber dennoch müssen wir hier die Frage stellen: Wie konnte man von einem Ungarn (gleichgültig ob er Magyare oder Nichtmagyare war), von einem Böhmen deutscher oder nichtdeutscher Zunge, von einem Dalmatiner kroatischer, italienischer oder serbischer Abstammung verlangen, sich als „Österreicher" zu fühlen? Das war nicht nur für „national", sondern auch für geschichtlich denkende Menschen nicht allzu leicht. Es war dies einfacher bei Soldaten oder bei Beamten, die einen Eid dem gemeinsamen Herrscher geleistet hatten und zu ihrem Monarchen in einer Art von Feudalverhältnis standen. Mit dem katholischen Klerus war das wieder anders: Dieser entstammte zumeist dem mittleren (zumal auch den unteren, bäuerlichen) Schichten, und da waren nationalistische Tendenzen nicht selten. Das war besonders dort der Fall, wo es keinen „nationalen" Adel gab, wie zum Beispiel in der Slowakei und in Slowenien,[11] und der Klerus somit als Erster und Zweiter Stand auch eine politische Führerrolle innehatte. Auch gab es in der Monarchie einen besonders starken Nationalismus der nichtkatholischen Gebiete, wie in den reformierten Komitaten Ungarns, der lutherischen Nordwest-Slowakei, den Überresten der Reformation in Böhmen und Mähren, denn die Dynastie hatte schließlich die Gegenreformation „am Gewissen".

Doch war die Lage innerhalb des Kaisertums Österreich insoweit noch komplizierter, als es ein flüchtiger Blick vermittelt, weil es innerhalb seiner historischen Kronländer ethnische Minderheiten gab, was sich gerade im Jahre 1848 explosiv auswirkte. Der Aufstand der „nationaldemokratischen" Tschechen in Prag fand keinen Widerhall bei den Deutschböhmen und Deutschmährern. Der ungarische Aufstand fand Slowaken, Siebenbürger Rumänen, südungarische Serben und Kroaten auf der Seite der Habsburger und der Wiener Regierung..., nicht aber die große Mehrheit der ungarländischen Deutschen.[12] Es muß auch vermerkt werden, daß bei den Aufständen der von Italienern besiedelten Provinzen Österreichs, der Lombardei und Venetiens, die Mehrzahl der Bauernschaft keine Begeisterung für das *Risorgimento* zeigte und wacker mit der kaiserlichen Armee kollaborierte.[13] Hinter dem *Risorgimento* standen Bürger, Intellektuelle und ein Teil des Adels. Nach dem Sturz der Bourbonenherrschaft im Königreich beider Sizilien war das einfache Volk ganz und gar nicht auf der Seite der „Befreier". Jahrelang hatte die neue italienische Regierung gegen höchst populäre Banden von Aufständischen (die allesamt als Briganten hingestellt wurden) zu kämpfen. In den früheren österreichischen Provinzen, wie auch in der Toskana, wo Habsburger regierten, verschlechterte sich nach dem *Risorgimento* die Verwaltung zusehends. Bis zum heutigen Tag ist die österreichische Herrschaft selbst in Friaul in bester Erinnerung geblieben.[11]

Da aber in der Geschichte, besonders in der neueren Geschichte, die Politik in der Städten gemacht wird, ist die Stimmung in den Städten und ganz besonders in den Großstädten von ausschlaggebender Bedeutung. Die Revolutionen im Mittelalter kamen größtenteils vom Land. Nicht der Handwerker oder der Großbürger, sondern der Bauer revoltierte, obwohl auch da natürlich Ausnahmen zu vermerken sind. Der städtische Charakter der Revolutionen zeigte sich im Jahre 1848 mit großer Deutlichkeit.

Sezessionistisch-nationalistische Bewegungen gab es jedoch in den deutschen

Landen nicht. Die „Nationale Frage" drehte sich dort um das Problem Großdeutsch-land-Kleindeutschland. Die Kleindeutsche Lösung, die 1871 verwirklicht wurde, war die Errichtung eines (Zweiten) Deutschen Reiches unter preußischer Führung. Echt konservative Elemente lehnten dies ab. Selbst ein preußischer König wie Friedrich Wilhelm IV., der „Romantiker auf dem Königsthron", der sich geweigert hatte, die Krone aus der Hand der Bundesversammlung, „aus der Gosse", anzuneh-men (wie zum Beispiel Louis-Philippe, der sich vom Parlament hatte wählen lassen), erklärte rundweg, daß er doch nicht deutscher Kaiser werden könnte, solange ein Kaiser in Wien residiere.[15] Und es war natürlich selbstverständlich, daß die gemäßig-te Linke nach Berlin blickte, wie es ja auch seinerzeit die Französischen Revolutionäre getan hatten, denn Berlin, so anders als Wien, war doch ein Hort des Fortschritts.[16] Die extreme Linke träumte natürlich von einem zentralistischen Deutschland, in dem die Fürstentümer den Weg allen Fleisches gegangen waren. Diese wären ohne Zweifel ein großes Hindernis auf dem Wege zu einer engmaschigen deutschen Ein-heit gewesen und hatten doch dauernd mit Reichsfeinden paktiert (die Preußen ganz obenauf!), aber was wäre Deutschland (auch heute) ohne diese separatistisch-föderale Entwicklung gewesen und geworden, und dasselbe kann man auch von Italien sagen. Heute gibt es in Frankreich kaum ein Geistes- oder Kulturleben von Bedeutung außerhalb von Paris, in England außerhalb von London.[17] Es versteht sich jedoch von selbst, daß die katholischen Länder des Deutschen Bundes ein Groß-deutschland anstrebten, in dem das katholische Element das Übergewicht gehabt hätte. Doch gab es auch konservative Elemente im evangelischen Deutschland, die für Wien und gegen Berlin waren; die gab es selbst in Preußen.[18]

Die Revolution in Böhmen wurde mit Leichtigkeit, die in Berlin unschwer, die in Wien schon schwerer, die in Italien mit Erfolg kriegerisch bekämpft, denn da gab es eine bewaffnete Intervention vom Königreich Sardinien.[19] Die größte Ge-fahr für das österreichische Kaisertum kam jedoch von Ungarn. Hier rächte sich der imperiale Austriazismus am meisten. Obwohl auch diese Revolution einen ge-mäßigt linken Charakter hatte, war dort der hohe und niedere Adel in seiner über-wiegenden Mehrheit auf der Seite der „Aufständischen". Die Ursache dieser Revo-lution war staatsrechtlichen Charakters. Der Wiener Zentralismus, der auf die Aufklärung und den überaus fortschrittlichen Joseph II.[20] zurückging, war stets bestrebt, die ungarische Autonomie zu beschneiden. Nun hatte Wien auf eine ultimative Aufforderung des ungarischen Reichstags hin beschlossen, dem Land eine weitgehende Selbstverwaltung zu geben. Der Kaiser und König Ferdinand hatte dazu Ja und Amen gesagt. Das aber wollten die im ungarischen Staatsverband leben-den Kroaten nicht und rebellierten unter der Führung ihres Banus Jellačić. Das gab dem Wiener Hof wieder den Mut, die Zusage rückgängig zu machen, was aber einem Wortbruch des Monarchen gleichkam. Um der strafferen, magyarischen Herr-schaft zu entkommen – die lateinische Amtssprache war 1844 durch die magyarische ersetzt worden –, fingen Ungarns Nationalitäten an, sich mit Wien gegen Pest zu verbünden. Die Einheit Ungarns war nun durch Wien bedroht, es folgten eine Unabhängigkeitserklärung und ein Sezessionskrieg, mit denen die österreichische Armee, die zugleich in Böhmen, Wien und Italien beschäftigt war (auch in Galizien gab es Unruhen), nicht fertig werden konnte. Prinz Alfred zu Windisch-Grätz[21] wurde nach etlichen Siegen und Niederlagen durch den Freiherrn von Welden, dieser wiederum nach dem Verlust von Ofen (Buda) durch Haynau ersetzt, ein natürlicher Sohn des Kurfürsten Wilhelm I. von Hessen. Haynau siegte im Westen Ungarns, die Russen fürchteten einen Parallelaufstand in Kongreßpolen und kamen deshalb Wien zu Hilfe, und ihnen ergab sich dann die ungarische Armee. Ungarn wurde dann fast 18 Jahre hindurch diktatorisch von Wien aus verwaltet – bis es 1867 zum „Ausgleich" kam. Damals also wurde die „Österreich–Ungarische Monarchie" geboren. Das einigende Band der beiden Länder wurden die Dynastie, die Armee, die gemeinsame Außenpolitik, die Zollunion, die Notenbank und (später) die gemeinsame Verwaltung von Bosnien und der Hercegovina.

Gerade in der unwahrscheinlich dummen und zudem auch brutalen Behandlung Ungarns nach der Revolution von 1848–49 zeigte sich die große politische Schwäche der Monarchie, die eben in Wirklichkeit konzeptlos war. Nach dem Schweizer Sonderbundskrieg von 1847 und – viel später – nach dem Sezessionskrieg in den Vereinigten Staaten wurde keiner der besiegten Generäle gehenkt. Anders im Falle Ungarns: Es wurden nicht nur der Ministerpräsident Graf Ludwig Batthyány sondern auch dreizehn Heerführer in Arad hingerichtet, von denen die Mehrzahl keinen magyarischen Namen hatte. Zwei von ihnen waren armenischer Abkunft, zwei andere konnten kaum ungarisch sprechen.[22] Das Trauma der *Aradi vértanúk* der „Arader Blutzeugen", die als „Verräter" zumeist am Galgen starben, brauchte hundert Jahre um überwunden zu werden.

Doch auch die ungarische Revolution war falsch angelegt gewesen, und zwar besonders durch die Abschaffung der Monarchie. Wir erwähnten schon die Ersetzung des Lateinischen durch das Ungarische als Amtssprache. Auf einmal wurden sich zahlreiche Ungarn bewußt, daß sie nicht Magyaren waren und nun eine äußerst schwierige nicht-indogermanische Staatssprache zu erlernen hatten, denn von den „Nationalitäten" wurde erwartet, daß sie sich mehr oder weniger „magyarisierten". Natürlich erweckte das heftige Reaktionen. Es führte schließlich zur Katastrophe des „Friedens" von Trianon, der das tausendjährige Ungarn in Stücke riß.

Hinter dieser Tragödie des Jahres 1920 steckte auch eine semantische Falle. Auch im Tschechischen gibt es nur *ein* Wort für „böhmisch" und „tschechisch" – český. Im Magyarischen gibt es ebenfalls keinen Unterschied zwischen den Worten „ungarisch" und „magyarisch" – nur das Wort *magyar*. Ein deutschsprechender Ungar bezeichnete sich nicht als Magyare, sondern als Ungar oder „Ungarländer". (Deutschrussen waren „Rußländer", der schwedischsprechende Bürger Finnlands nennt sich Finnländer.) Nach der Katastrophe von Trianon dachten kluge Magyaren daran, ihr Land nach einer Wiedervereinigung (lateinisch) *Hungaria* zu nennen.[23] In diesem *Hungaria* gäbe es dann ein Magyarország, Slovensko, Erdély-Ardealu-Siebenbürgen und so weiter. Eines aber ist in all diesen Spekulationen völlig sicher: Wie schon John Stuart Mill hervorgehoben hatte, ist der multinationale Staat auf einer demo-republikanischen Grundlage kaum denkbar.[24] (Dagegen spricht nur das Beispiel der Schweiz, die uns nur zu oft als Irrlicht gedient hat, denn sie kann nicht kopiert werden.)[25] Ist doch die parlamentarische Demokratie essentiell nie direkte oder indirekte Herrschaft des ganzen Volkes, sondern lediglich die Herrschaft einer Mehrheit über die Minderheit – mit dem Trost, daß die Minderheit von gestern die Mehrheit von morgen sein kann. Dieser Trost fehlt aber mehr oder weniger im multinationalen Staat, in dem die Parteien einen nationalen (ethnischen) Charakter angenommen haben. Hier tritt dann eine gewisse „Unverrückbarkeit" ein, ein Phänomen, das allerdings auch dort auftritt, wo die Parteien Klassenparteien geworden sind. In einem ganz überwiegend bäuerlichen Land werden dann nur zu wahrscheinlich Bauernparteien permanent regieren usw. Da aber Ungarn unter Kossuth eine Republik geworden war, wäre ein im Kampf gegen Wien siegreiches Ungarn zeitlich noch viel früher am Nationalitätenproblem gescheitert... analog dem alten Österreich.

Gerade vor dem Ausbruch der Revolution im Jahre 1848 fand das denkwürdige Duell zwischen zwei Führern statt – zwischen Ludwig Kossuth und dem Grafen Stephan Széchenyi. Beide waren in der Opposition gegen den Wiener Zentralismus, aber mit sehr verschiedenen Vorzeichen und Methoden. Kossuth war ein kleiner evangelischer Advokat slowakischer Abstammung,[26] Széchenyi hingegen ein Aristokrat mit Welterfahrung, der den Kampf Ungarns um Gleichberechtigung mit der besten und legitimsten Waffe ausfechten wollte: mit der *Wirtschaft*. Széchenyi war kulturell englisch orientiert. Sein frühes Hauptwerk war der Bau der Kettenbrücke, die Ofen (Buda) mit Pest verband, ein damals einzigartiges technisches und finanzielles Unternehmen, das auch ein adeliges Privileg durchbrach: *Alle*, auch Adelige, mußten zwei Kreuzer für die Benützung zahlen. Die Formel, daß der Adel dem Land mit seinem Blut, der Bürger aber mit dem Geld dient, war damit zusammengebrochen. Széchenyi wußte genau, daß ein wirtschaftlich starkes Ungarn von Wien nicht mehr restlos abhängig sein mußte. (Nach dem Verlust Venetiens und der Lombardei war Ungarn größer als Österreich, und Pest, nicht Wien, war der geographische Mittelpunkt der Gesamtmonarchie.) In diesem Zweikampf zwischen Kossuth und Széchenyi siegte natürlich der Demagoge, der auch der Mann war, der die Grundlage zu dem tödlichen Nationalitätenproblem geliefert hatte. Kossuth floh nach dem Zusammenbruch der Revolution mit der Königskrone,[27] die er am Eisernen Tor, in der damaligen Türkei, vergrub, den alten Verbündeten der ungarischen „Nationalisten" im Kampf gegen Habsburg. Diesen Kampf gegen Wien setzte dann Kossuth in seinem italienischen Exil fort. Széchenyi aber wurde geistig umnachtet: Das Unglück Ungarns, das er seherisch vorausgeahnt hatte, brachte ihn um seinen Verstand. Er starb in einer Irrenanstalt in Döbling. (Auch die Österreicher, besonders aber der Rheinländer Metternich, hatten ihn völlig verkannt.)

10. DEUTSCHES DRAMA: ERSTER AKT

Nach den Revolutionsjahren 1848–1849 spitzte sich jedoch die Lage im Herzen Europas weiter zu; große und kleine Kriege folgten: Frankreich und Sardinien gegen Österreich; die deutschen Staaten, geführt von Preußen und Österreich, gegen Dänemark; die deutschen Staaten, geführt von Österreich, gegen Preußen; die deutschen Staaten, geführt von Preußen, gegen Frankreich. Der deutsch-französische Krieg wurde durch den echt bonapartistischen Drang Napoleons III. ausgelöst, es seinem Onkel gleichzutun und kriegerische Lorbeeren zu ernten. (Freilich wollte auch Bismarck diesen Krieg, den er für unvermeidlich hielt.)[1] Schon im Krimkrieg, als Napoleon III. an der Spitze einer französisch–britisch–sardinisch–türkischen Koalition Rußland angriff – einer der unsinnigsten Kriege der Weltgeschichte, der eine Viertelmillion Menschenleben kostete –, zeigte der französische Kaiser seine Kampfeslust.[2]

Napoleon III., der als Bonaparte fast automatisch Europas linkem Lager angehörte, setzte sich auch für die Sache des Risorgimento[3] ein und erklärte 1859 Österreich den Krieg. Österreich verlor die Schlachten von Magenta und Solferino gegen die französisch-sardinische Allianz, doch gegen die Erwartungen der Italiener brach Napoleon nach der Schlacht von Solferino, die mit schwersten Verlusten auch für die Franzosen geendet hatte, den Krieg ab. Österreich verlor die Lombardei, die es schon seit 1713 besessen hatte,[4] behielt aber die Provinz Venedig. 1864 wandte sich der Deutsche Bund, von Österreich und Preußen geführt, gegen Dänemark, das sich anschickte, entgegen der gesetzlichen Erbfolge Schleswig und Holstein zu annektieren, auf das die Linie Augustenburg einen legitimen Anspruch hatte. Von einem rein menschlichen Standpunkt war der Krieg des Deutschen Bundes gegen Dänemark, das einer mehr als zehnmal größeren Machtanballung gegenüberstand, keineswegs anziehend. (Sogar die österreichische Flotte war von der Adria heraufgekommen, und in der Seeschlacht vom Helgoland siegte Tegetthoff über die Dänen; die Preußen hatten keine nennenswerte Flotte.) Somit ging dieser Krieg anders aus als am Ende die revolutionäre Erhebung der Schleswig-Holsteiner im Jahre 1848–1849, die durch die Einmischung der Großmächte zugunsten der dänischen Krone entschieden worden war. Die Armeen Österreichs und Preußens überrollten die Dänen, deren König nicht nur Holstein verlor, das stets dem Deutschen Bund angehörte, sondern auch Schleswig, das die „Eiderdänen"[5] ihrem Land zu erhalten gehofft hatten. Auch eine versprochene Volksabstimmung im nördlichsten Schleswig (mit dänischer Mehrheit) wurde nicht damals, sondern erst nach dem Ende des Ersten Weltkriegs abgehalten.

Doch gerade die Neuordnung in Schleswig-Holstein sollte zum schicksalshaften Zankapfel zwischen Österreich und Preußen werden. Die Österreicher hielten Holstein, die Preußen Schleswig besetzt. Heute noch kann man in Altona (das damals zu Holstein gehörte) im St. Pauli-Viertel neben der kleinen katholischen Kirche[6]) eine Erinnerungstafel für die dort im Spital verstorbenen österreichischen Krieger sehen. Österreich bestand darauf, daß nach dem Sieg die legitime Dynastie eingesetzt werde, aber Preußen warf zu diesem Zeitpunkt ein begehrliches Auge auch auf Holstein, denn die beiden „meerumschlungenen" Herzogtümer sollten dazu beitragen, Preußen einen Zugang zur Nordsee zu geben.[7])

Allerdings war der Konflikt zwischen Wien und Berlin über die Herzogtümer von nur sekundärer Bedeutung. Die Frage der Hegemonie innerhalb des Deutschen Bundes und der Führerrolle in der Schaffung eines neuen Reichs anstelle des Bundes wirkte sich viel verhängnisvoller aus. Für den Ausbruch des deutsch-preußischen Krieges war viel mehr noch die geheime und bald öffentliche Allianz zwischen Preußen und dem Königreich Italien ausschlaggebend. Sie verstieß gegen einen Hauptgrundsatz des Deutschen Bundes, demzufolge kein Mitgliedstaat einen Vertrag schließen durfte, der gegen ein anderes Mitglied gerichtet war. Im Falle eines Sieges über Österreich versprach Preußen den Italienern das gesamte Venetien.

Dieser Krieg von 1866 zwischen dem von Österreich geführten Deutschen Bund und Preußen war einer der folgenreichsten militärischen Auseinandersetzungen der Neuzeit. Preußen, der Rechtsbrecher, war siegreich und nicht zuletzt auch, weil es besser technisch ausgerüstet war. Das Zündnadelgewehr, als damals modernster Hinterlader, gab den Preußen eine derartig überlegene Feuerkraft, daß die süddeutsch-österreichische Phrase: „So schnell schießen die Preußen nicht!" sich bald allgemein eingebürgert hatte.[8]) Österreich mußte dann Venetien an Italien abtreten, obwohl es die italienische Armee und Flotte besiegt hatte – bei Custoza und bei Lissa;[9]) nun lag die italienische Grenze wenige Kilometer vom wichtigen Seehafen Triest entfernt, und im Ersten Weltkrieg mußten die Österreicher am Isonzo anstatt am Po und westlich der Etsch für den Bestand der Monarchie kämpfen.[10]) Diese Abtretungen waren auch aus höherer Sicht ein Schlag gegen das Deutschtum – genau so wie die Annexion Schlesiens durch Friedrich II., die den Ländern der Wenzelskrone – Böhmen, Mähren und Schlesien – ihre deutsche Mehrheit genommen hatte, was sich 1919 und mehr noch im Jahre 1945 fatal auswirkte.

Vom Ausgang des deutsch-preußischen Krieges sagte der Kardinal Antonelli mit Recht: *„Cascia il mondo! Die Welt bricht zusammen!"* Er bedeutete das Ende des Deutschen Bundes wie auch das Ende der großdeutschen Idee, also der Einigung der deutschen Länder einschließlich Österreichs unter der Führung des Hauses Habsburg. Er bedeutete auch die brutale Einverleibung einer Reihe von deutschen Fürstentümern, die in diesem Krieg auf Seiten des Bundes teilgenommen hatten – von Hannover, Kurhessen, Nassau und der Freien Reichsstadt Frankfurt, deren Bürgermeister beim Einmarsch der Preußen sich das Leben nahm. Durch diese Annexionen, die drei deutsche Fürsten zu Exulanten machten, hatte Bismarck einen wahren Bruch in der europäischen Geschichte herbeigeführt. Einverleibungen von Monarchien waren zur Zeit der napoleonischen Kriege im Schwang gewesen, doch war diese Notzeit nun vorbei. (Die Teilungen der polnischen *Rzeczpospolita* gehörte auf ein anderes Blatt. Ein Wahlkönigtum war durch keine Dynastie zwischenstaatlich gesichert.) Deutlich schrieb Engels im Jahre 1895, als man den deutschen Sozialdemokraten vorwarf, sie wären Umstürzler, die folgenden Zeilen:

„Diese Fanatiker des Anti-Umsturzes von heute, sind sie nicht selbst die Umstürzler von gestern? Haben wir etwa den Bürgerkrieg von 1866 heraufbeschworen? Haben wir den König von Hannover, den Kurfürsten von Hessen, den Herzog von Nassau aus ihren angestammten, legitimen Erblanden vertrieben und diese Erblande annektiert? Und diese Umstürzler des Deutschen Bundes und dreier Kronen von Gottes Gnaden beklagen sich über Umsturz? *Quis tulerit Gracchos de seditione quaerentes?* Wer könnte den Bismarckanbetern erlauben, auf Umsturz zu schimpfen?"[11]

Es sei aber hier vermerkt, daß Österreich nach dem Frieden von Prag im August 1866 in „Süddeutschland", also südlich der Mainlinie, seinen Einfluß behalten durfte, aber keinerlei Anstalten traf, zu den drei Ländern – Bayern, Württemberg und Baden – in eine nähere, vielleicht föderative Beziehung zu treten. Zu sehr war Österreich mit seiner inneren Neuordnung und seinem Verhältnis zu Ungarn beschäftigt um seinen Blick westwärts zu wenden. Der „Ausgleich" von 1867 stand vor der Tür.

11. BISMARCK UND DAS ZWEITE REICH

Was für ein Mann war aber nun dieser Otto von Bismarck? Er entstammte einer kleinen Junkerfamilie. Seine Mutter, eine Mencken, war bürgerlich. Als junger Mann war er patriotisch (also nicht nationalistisch) gesinnt und religiös. Wir haben von ihm ein Gedicht, in dem er seinen preußischen Patriotismus dem „Deutschnationalismus" entgegensetzte. Er war zweifellos äußerst begabt, betrieb das Studium der Jura in Göttingen, vertrat Preußen in der Paulskirche und war damals schon wütend, weil nur der Vorsitzende, also der österreichische Delegierte, rauchen durfte, was ihn als Nikotinsüchtigen tief ins Herz schnitt. Den Vertrag von Olmütz unterstützte er zwar noch, aber die konservativ-romantischen Auffassungen König Friedrich Wilhelms IV. konnte er ebensowenig teilen, wie später die leicht katholisierenden Neigungen der Königin (späteren Kaiserin) Augusta, die vor dem Ausbruch des deutsch – preußischen Krieges Berlin protestartig verlassen hatte. Dank seiner außerordentlichen Talente offerierte Kaiser Alexander II. ihm, dem preußischen Gesandten in St. Petersburg, eine große Karriere in Rußland, doch zog es ihn in die preußische Politik zurück.[1] Die Kriege von 1866 und 1870–1871 betrachtete er als unvermeidlich. Ursprünglich konservativ und von Konservativen unterstützt, glitt er langsam nach links ab – darum auch die Begeisterung von Marx und Engels für ihn.[2] Den „Kulturkampf" gegen die katholische Kirche im Zweiten Deutschen Reich hatte er vom Zaune gebrochen, was ihm die Unterstützung der Nationalliberalen einbrachte, einer gemäßigten Fortschrittspartei. Dieser Zweikampf mit Rom, der eher zugunsten der „Ultramontanen", zumindestens aber mit einem Patt endete,[3] erschütterte vielleicht auch seine religiösen Gefühle. Ein schweres Problem erwuchs ihm in der Sozialdemokratischen Partei. Anfänglich trat er für ein dynamisches Sozialprogramm ein, das Formen eines Etatismus annahm[4] und selbst zu einer Zusammenarbeit mit Ferdinand Lassalle führte.[5] Dann aber änderte er seine Taktik, proklamierte die repressiven Sozialistengesetze und näherte sich schließlich dem Unternehmertum, ein Schachzug, der auch zur Entfremdung zwischen ihm und dem „jungen Kaiser", Wilhelm II., beitrug, der Bismarck sozusagen „links überholte".[6]

Auch in seiner Außenpolitik ließ sich Bismarck nicht immer von festen ideologischen Prinzipien führen: er blieb immer Staatsman und Politiker zugleich, Ursprünglich auf eine Dreikaiserpolitik – Berlin, St. Petersburg, Wien – eingeschworen, sah er zu seiner Betrübnis später ein, daß er sich zwischen Wien und St. Petersburg zu entscheiden hatte. Als deutscher Nationalist fiel dann seine Wahl unausweichlich auf Österreich, wo ihm die „Deutschnationalen" aller Richtungen ungeteilte Sympathien entgegenbrachten. Ihm, der die Habsburger aus dem Neuen Reich verdrängt hatte, widmete man in Österreich allenthalben Bismarckstraßen und Bismarckplätze.[7] Die geradezu klassischen russophilen Gefühle unter den preußischen Konservativen wurden dabei von Bismarck ignoriert. Und demgemäß wurde die konservative *Kreuzzeitung,* für die Bismarck in jüngeren Jahren Beiträge geliefert hatte, ein ihm feindliches Blatt.[8] Doch von den breiten Schichten, besonders von den Liberalen, wurde seine Entlassung durch Wilhelm II. als eine Tat äußerster kaiserlicher Willkür angesehen.

Bismarcks wichtigstes Werk blieb aber die Reichsgründung 1871, die in einer Huldigungszeremonie vor Wilhelm I. im Spiegelsaal von Versailles am 18. Jänner 1871 feierlich stattfand. Es ist kaum zu bezweifeln, daß dieser Staatsakt in jener Form den „Erbfeind" bewußt erniedrigen wollte, der aus Gründen der „Sicherheit" und der Hegemonie am Festland den Nachbarn im Osten schwach und geteilt wissen wollte. Jahrhunderte hindurch waren die Bourbonen und Bonapartes die Feinde *der* deutschen Dynastie, der Habsburger, gewesen. Nicht nur hatten sie zeitweilig oder auf Dauer die habsburgischen Besitzungen von Belgien bis zur Schweiz und nach Katalonien hinunter besetzt oder annektiert, sie hatten auch stets die Reichsfeinde unterstützt: die Schweden, die norddeutschen Fürsten, die magyarischen Aufständischen, die italienischen Nationalisten und nicht zuletzt auch die Türken. Der allerchristlichste König machte ohne Gewissensbisse Allianzen mit Ketzern und Heiden gegen den Römischen Kaiser.[9] Noch im Ersten Testament Friedrichs II. von Preußen werden die Franzosen als die verläßlichsten Alliierten bezeichnet.[10] Auch trotz des *Renversement des Alliances* 1756, das das Königreich Preußen von einem Liebkind Frankreichs in ein Liebkind Englands verwandelte, blieben die französischen Sympathien, und zwar besonders jene der fortschrittlich aufgeklärten Kreise, auf Seiten Preußens. Die krisenreiche Freundschaft zwischen Voltaire und dem Preußenkönig blieb unvergessen, und die Führer der Französischen Revolution, die den alten Habsburgerhaß fortsetzten, appellierten laut an die preußischen Sympathien.[11]

Hier darf man auch nicht vergessen, daß die Aufhebung des Edikts von Nantes, wodurch den Hugenotten die früher zugestandene Religionsfreiheit genommen wurde, und das Edikt von Potsdam, das die hugenottischen Flüchtlinge nach Brandenburg-Preußen einlud, den Hohenzollern ein höchst wertvolles und lange Zeit hindurch auch kulturell höherstehendes Element brachten, das das feudale Kurfürstentum in einen modernen Staat umwandelte. Noch am Anfang des 18. Jahrhunderts war Berlin eine fast überwiegend französische Stadt, und auch Grillparzer sagte den Berlinern die Bildungsgrundlagen von Juden und Franzosen nach.[12] Das Französische Gymnasium Berlins bleibt bis in unsere Tage das beste in seiner Art.[13] Friedrich II. schätzte diese *Réfugiés* nicht nur ganz außerordentlich; kulturell war und blieb dieser Monarch, sehr zum Unterschied von Maria Theresia, ein Franzose, der die deutsche Sprache für Hunde, aber nicht für Menschen geeignet hielt.[14] (Mit der deutschen Rechtschreibung blieb der „Olle Fritz" stets auf Kriegsfuß.) Und das Berliner Außenamt verkehrte mit seinen eigenen Diplomaten bis 1863 in französischer Sprache, die übrigens auch Bismarck glänzend beherrschte.[15]

Doch diese Frankophilie hatte durch die napoleonischen Kriege einen ganz argen Schock erlitten. Der „Franzmann" war seit diesen nun ganz deutlich der „Erbfeind" geworden – sicher aber nicht persönlich für Bismarck, der eine kürzere Zeit hindurch sogar an eine echte Annäherung an Frankreich dachte und dem westlichen Nachbarn jede Gelegenheit gab, sein Kolonialreich zu vermehren. Auch in den Territorialansprüchen im Frieden von Frankfurt (1871) waren Bismarcks Forderungen bescheiden: nichteinmal das ganze Elsaß wurde annektiert (Belfort mit Umgebung blieb bei Frankreich) und nur der kleinere Teil Lothringens (das bis ins 18. Jahrhundert zur Gänze zum Reich gehört hatte) kam zum Deutschen Reich.

Unverantwortlich war, wie wir sagten, die Gründung des Zweiten Deutschen Reiches im Spiegelsaal von Versailles, ebenso unverantwortlich war das Friedensdiktat 48 Jahre später in derselben Lokalität. Anstatt im gerade besiegten Ausland hätte die Reichsgründung an einer von allen Deutschen verehrten Stätte gefeiert werden können, so zum Beispiel in Frankfurt (im Dom, am Römer, in der Paulskirche), in Aachen, in Augsburg, ja selbst in Berlin. (Ein theoretisches Äquivalent zu „Versailles"? Die Ausrufung der Tschechoslowakischen Republik in der Wiener Hofburg beziehungsweise in Schönbrunn, oder der wiedererstandenen Republik Polen in Sanssouci.) Man greift sich also wirklich an den Kopf, wie ein solcher Plan in den Hirnen von wohlgeborenen, kultivierten Menschen entstehen konnte![16] Das zwanzigste, das Jahrhundert der absoluten Barbarei war eben nicht mehr fern. Und Hitler? Von ihm sagte der Prälat Kaas mit Recht, er wäre nicht in Braunau, sondern in Versailles geboren.

Für Frankreich war diese Niederlage mit dem Verlust von fünf Milliarden Franken (nach heutiger Kaufkraft etwa 20–25 Milliarden Mark) und den Departments Oberrhein (ohne Belfort), Niederrhein und Mosel verbunden. Wie wir schon sagten, blieb der größere Teil Lothringens bei Frankreich, doch gaben von den Reichslothringern immerhin 30 Prozent Französisch als ihre Muttersprache an. Im Elsaß war der französisch-sprechende Teil der Bevölkerung sehr gering, doch war der überwiegende Teil der Bevölkerung damals französisch gesinnt.[17] Die psychologische Behandlung der Elsässer und Lothringer war durch eine größtenteils preußische Verwaltung der „Reichslande" auch denkbarst ungeschickt. (Dasselbe konnte man von Nordschleswig sagen, von den polnischen Gebieten ganz zu schweigen.) Erst sehr langsam gewöhnten sich die deutschen Elsässer an den neudeutschen Stil, der eben leider ein borussischer Stil war, und noch im Jahre 1913 kam es in Zabern zu richtigen Zusammenstößen zwischen Volk und Armee.[18] Doch berichtigend sollte auch gesagt werden, daß die Elsässer als typisches Grenzvolk nur zu oft eine „zweideutige" Haltung an den Tag legten, die aber wiederum nicht als Unaufrichtigkeit oder Unehrlichkeit gedeutet werden soll, sondern eines „Sowohl-als-auch", eines Sehens in zwei Richtungen. Man stelle sich aber vor, was geschehen wäre, wenn die Verwaltung des Elsaß nicht in preußische, sondern in österreichische Hände gelegt worden wäre, in Hände von alemannischen Vorarlbergern oder Freiburger Vorderösterreichern, und nicht von Männern, die von der Warthe, der Spree oder der Lausitz kamen.[19]

Die militärische Niederlage (die zweite im 19. Jahrhundert) und der Verlust der östlichsten Departments hatten auf Frankreich eine traumatische Wirkung – nicht nur als Folge des Deutschenhasses, den es in der Vergangenheit eigentlich nicht gegeben hatte, sondern auch aus „geopolitischen" Gründen. Der Rhein wurde als die „natürliche" Ostgrenze Frankreichs aufgefaßt, was er wohl trotz der stupiden Behauptung des deutschfeindlichen Friedrichs II. nie gewesen war.[20] (Hier nützt auch keine Berufung auf Cäsars *De Bello Gallico,* da die Römer bekanntlich nie recht zwischen Kelten und Germanen unterscheiden konnten.) Flüsse mögen für den Laien ideale oder „natürliche" Grenzen sein, doch für den Geographen sind sie es fast nie. In Europa haben wir einzig und allein die unterste Donau als Trennungslinie zwischen Bulgaren und Rumänen, doch gibt es auch bulgarische Siedlungen im südlichen Bessarabien. Flüsse sind *Verkehrswege:* sie verbinden, sie trennen nicht. In unserem Jahrhundert wurden sie zu Grenzen gemacht, denn für die Männer am grünen Tisch ersparen sie das Forschen und Denken.[21] Die ethnische Grenze zwischen Franzosen und Deutschen liegt demgemäß auf dem Kamm der Vogesen und nicht am Rhein. Der Rhein ist also tatsächlich „Deutschlands Strom, nicht Deutschlands Grenze". Und obwohl das Elsaß erst 1681 zu Frankreich kam,[22] wurde das Straßburg-Monument auf dem Place de la Concorde bis Ende 1918 mit einem schwarzen Flor verziert. Der „Revanchismus" ist wurzelhaft und historisch ein französisches Wort.

Welchen Charakter aber hatte nun dieses Zweite Deutsche Reich? Es war vor allem ein kleindeutsches, preußisches und überwiegend evangelisches Reich, das sehr eindeutig einen Bruch mit der deutschen Geschichte herstellte. Fast zwei Drittel der Bevölkerung, wie auch zwei Drittel der Oberfläche des Deutschen Reiches gehörten zu Preußen, das sich ununterbrochen vom Saargebiet bis Litauen erstreckte. Die Rheinländer, die Frankfurter, die Schleswiger und Hannoveraner, die Oberschlesier und die Bewohner von Hohenzollern waren nun alle „Preußen" und trugen somit den Namen eines ausgestorbenen baltischen Volksstammes, der mit den Letten verwandt war. Außerhalb dieses Großpreußens gab es dann nur mehr die süddeutschen Staaten, deren politischer und gesellschaftlicher Stil als „liberal" bezeichnet wurde, die Kleinstaaten in Thüringen, die drei Hansastädte, Oldenburg, die beiden Mecklenburg, Braunschweig, Anhalt und Sachsen. Interessanterweise hatte Preußen bei den Angelsachsen das größte moralische Prestige, denn es war „protestantisch" und „fortschrittlich". Dem Süden räumte man künstlerische, aber keine wissenschaftlichen, technischen oder auch ethischen Qualitäten ein. (Österreich natürlich auch nicht. Die Kaiserstadt Wien als geistiger Motor ersten Ranges wurde in Amerika erst in den letzten 15 Jahren „rückblickend" entdeckt.)

Freilich, die katholische Kirche war im Vergleich zu den verschiedenen evangelischen Landeskirchen besser organisiert. Das war auch politisch der Fall: es gab christliche (katholische) Gewerkschaften und überdies die Zentrumspartei, die in der Mitte des Reichstags eine strategische Position innehatte und keineswegs Befehle von Rom entgennahm. Doch hier dürfen wir nicht vergessen, daß Organisation immer ein Zeichen der Schwäche ist: Nur wer es nicht allein schaffen kann, organisiert sich, schließt sich bereitwilligst anderen an und versucht so durch die Masse zu wirken. Doch dieser katholischen parlamentarischen Kraft stand keine gesellschaftliche, materielle oder intellektuelle Macht zur Seite. Zwar hatten auch die evangelischen Kirchen Deutschlands keine spirituelle Macht, aber es hatte sich ein liberal-evangelisches, wenig gläubiges Amalgam herausgebildet, das alle möglichen Facetten besaß: es reichte in zahlreichen Schattierungen vom agnostischen Aufklärertum bis zum Pietismus hinüber und beherrschte die neue Szene. Max Weber konnte erfolgreich seine konfessionell – wirtschaftliche These vertreten, denn sie war im Zweiten Reich zur greifbaren Wirklichkeit geworden. Über den Armeen – es gab keine deutsche Armee, sondern nur eine preußische, bayrische usw. – dominierte der preußische Generalstab und in diesem konnte ein katholischer Christ keine große Karriere machen. Da ist das Beispiel des Generals Hutier, hugenottischer Abstammung aber dank einer Mischehe katholisch, der es nicht bis zur Spitze brachte, weil Wilhelm II. zu seinem eigenen Bedauern seinem Generalstab keinen Katholiken vor die Nase setzen konnte.[23] Anders stand es mit der Marine: es gab tatsächlich eine *kaiserliche* Marine und in dieser Erfolgslaufbahnen von Katholiken.[24] Und während der katholische Adel sich dem evangelischen mindestens als ebenbürtig empfand, sah das evangelische Bürgertum auf das katholische herab: Auf *diesem* Niveau bildete es das Herrenvolk.[25] Die Geschichte an den Universitäten wurde „kleindeutsch" gelehrt.

Trotz dieser ganz offenen preußischen Hegemonie – unvergleichlich größer als die österreichische Vorherrschaft in der Doppelmonarchie nach 1867 – war der Föderalismus nicht ganz ausgelöscht. Ja, es gab einen preußischen Gesandten in München, ein bayrischen in Dresden und so weiter. Es gab bayrische und württembergische Briefmarken. Th. Th. Heine, der Illustrator des *Simplizissimus*, konnte in München eine Karikatur des deutschen Kaisers veröffentlichen – es geschah ihm nichts. Doch auf einer Fahrt durch preußisches Gebiet wurde er erkannt, verhaftet und zu etlichen Monaten Festungshaft verurteilt. (Das war „ehrenhaftes Gefängnis", wie das „Staatsgefängnis" in Österreich, und eigentlich nur eine Art von Hausarrest.)[26] War dieses Deutschland ein Polizeistaat? Sicherlich, wenn man es nach modernen Maßstäben mißt, aber nicht mehr und nicht weniger als andere Kontinentalstaaten.[27] (England hingegen hatte keine Meldepflicht und Hausbesorger als inoffizielle Beobachter. Auch keine Militärdienstpflicht.) Pässe und Visa benötigte man nur für Reisen nach Rußland und in den Balkan – eine Zeitlang auch zwischen Deutschland und Frankreich. Zum Besuch der USA genügte die Visitkarte bis 1921.

Nun folgte im Deutschen Reich die Gründerzeit verbunden mit einem großen materiellen Aufschwung und einem geistig-künstlerischen Niedergang. Als Philosophen von Bedeutung haben wir nur Nietzsche, Rudolf Eucken und Eduard von Hartmann; in der Literatur Wildenbruch, Sudermann und (als Lichtblick) Fontane; in der Malerei regt sich noch nichts. Erst die Jahrhundertwende belebt die Szene. Die „Grabschrift für Bismarck", verfaßt von Oscar Levy, der sich als „ersten deutschen Emigranten" bezeichnete und in England eine zweite Heimat fand, drückt die damalige Lage sehr präzise aus:

> Hier liegt ein Mann von großem Ruf,
> Der einst die deutsche Einheit schuf,
> Der gründlich wie ein Deutscher nur,
> Bei dieser Einigung verfuhr;

Denn nicht dem deutschen Reich allein
Gab er Gestalt und Einheit, nein!
Ihr könnt im Reiche der Ideen
Auch seinen Einheits-Einfluß sehen:
In dem von ihm geschaffnen Reiche,
Schwatzt heute jedermann das Gleiche.[28]

Die Konstruktion des Zweiten Reichs war ähnlich mißlungen wie die der Bundesrepublik mit ihren Amputationen und fünf willkürlich konstituierten Teilstaaten. Auch fehlte schon im Zweiten Reich die österreichische Präsenz. Tatsächlich war bald das deutsch-österreichische Kulturleben mit dem beiden Zentren in Wien und Prag *relativ* intensiver als das des „Reichs". Erst am Anfang des 20. Jahrhunderts änderte sich allmählich das Gesamtbild.

Natürlich wurden die Schäden an diesem Neubau von klügeren Zeitgenossen entdeckt und kritisiert. Wir denken da vor allem an Constantin Frantz, der sich auch der „Polnischen Erbsünde" äußerst bewußt war.[30] Mit dem Polentum im Osten kämpfte auch Bismarck einen demographisch aussichtslosen Kampf.[31] Das städtische Deutschtum konnte mit der polnischen Geburtenfreudigkeit der ländlichen Bezirke nicht fertigwerden. Hier fehlte in Berlin jegliches Konzept, während Wien schon dank der gemeinsamen Konfession mit dem Polentum viel besser auskam. Ja, das Polentum war eine Säule der Monarchie. Und inzwischen, als Folge einer oszillierenden und zugleich kopflosen Politik, vollzog sich allmählich die Einkreisung der beiden deutschen Mächte; der französische Revanchismus und der Panslawismus rüsteten zu einem Schlag, der für *alle* Beteiligten tödlich werden mußte. Europa wurde der große Verlierer.

12. DIE DONAUMONARCHIE

Was aber war inzwischen in der Donaumonarchie geschehen? Wir sprachen schon über das österreichische Versäumnis nach 1866, mit dem deutschen Süden in ein engeres Verhältnis zu treten. Da hätte allerdings eine ganz neue Ordnung „ausgedacht" werden müssen – das Verhältnis zweier Königreiche und eines Großherzogtums zu Wien, und dort mangelte es (wie immer) an Phantasie. Dieses Unterfangen wäre keineswegs von Anfang an hoffnungslos gewesen, und zwar schon deswegen, weil sich im Norden kein außerordentlicher Enthusiasmus für den Einschluß weiterer katholischer Bevölkerungsmassen gezeigt hatte. Auch Bismarck machte Bemerkungen in dieser Richtung. Übrigens gab es auch nach der Reichsgründung zahlreiche Preußen, die sich weigerten, die neue deutsche Flagge, also die preußische mit dem roten Ansatz der Revolution, zu hissen.[1] Es wäre also, hätte Wien eine dynamische Politik betrieben, lediglich zum Norddeutschen Bund als Dauereinrichtung gekommen – und wenn überhaupt zu einem deutsch-französischen Krieg, dann wäre in einer Allianz Wien–Berlin mit der Annexion des Elsaß durch ein „Großösterreich" und Lothringens durch den Norddeutschen Bund zu rechnen gewesen. Die Geschichte Europas (und auch der Welt) wäre eine andere geworden.

Wir schilderten schon die Natur des Ausgleichs von 1867 zwischen Österreich und Ungarn: Nach außen bildeten beide Reichshälften einen Staat, nach innen waren sie weitgehend getrennt. Es gab zwei Staatsbürgerschaften, und die Gesetzgebungen gingen mehr und mehr ihre eigenen Wege: in mancher Beziehung war Ungarn „linker" als Österreich. Es führte die Zwangszivilhe ein, gestattete die Scheidung und Wiederverheiratung katholischer Christen und erlaubte die Freimaurerei, die in „Cisleithanien" (Österreich)[2] verboten blieb. Österreich führte allerdings 1907 das direkte, allgemeine und geheime Wahlrecht ein, das in Ungarn erst vor dem Zweiten Weltkrieg zur Verfassung gehörte. (In dieser Beziehung eilte Österreich auch den Vereinigten Staaten voraus.) Die k. u. k. Armee[3] war jedoch integrierter als die verschiedenen deutschen Armeen und hatte die deutsche Kommandosprache. (Es gab aber einen österreichischen „Landsturm" und eine ungarische *Honvéd*.)

Zwischen beiden „Reichshälften", der cisleithanischen und der transleithanischen, gab es jedoch auch noch andere tiefgehende Ungleichheiten. Österreich hatte eigentlich, wie die Vereinigten Staaten,[4] keinen offiziellen „Namen"; es hieß „amtlich" sehr bürokratisch und trocken: „Die im Reichrate vertretenen Königreiche und Länder". (Hingegen gab es „österreichisch" als Eigenschaftswort, das mit „k.k." ersetzt werden konnte, während „k.u.k." auf die Doppelmonarchie hinwies.) Österreich war der volkreichere Staat, dem Umfang nach aber der kleinere. Zudem lag das geographische Zentrum der Monarchie eher in Ofen-Pest als in Wien. (Budapest entstand erst 1872 durch die Zusammenlegung dieser beiden Städte.) Wien war vom architektonischen Standpunkt seiner östlichen Schwester überlegen (kein Wunder nach den Verwüstungen der Mongolen und der Türken, denen Europas herrlichste Bibliothek, die *Corvina*, zum Opfer gefallen war), Budapest hatte hingegen die unvergleichlich schönere Lage und war eine echte Donaustadt.[5] Budapest hatte zudem als ungarisches Zentrum, ähnlich wie Paris in Frankreich, einen wirklichen Primat, Wien als österreichische *und* deutsche Stadt mußte mit Prag, München und Berlin nebst anderen deutschen Städten das Erbe kulturell teilen. Die deutsch-österreichische Provinz zählte damals geistig oder künstlerisch so gut wie nicht. Wien war zwanzigmal größer als Graz oder Linz, fünfzigmal größer als Salzburg oder Innsbruck. (Heute ist das Verhältnis nur mehr eins zu sechs oder eins zu zwölf.) Doch hatte Wien das gemeinsame Kriegsministerium, ein gemeinsames k.u.k. Finanzministerium und vor allem das Außenministerium, daher hatte Budapest keine „diplomatische Welt"; die Konsularwelt, damals scharf getrennt, zählte gesellschaftlich nicht.[6] Der Kaiser-König residierte nur vorübergehend in der Burg von Ofen. Es gab natürlich Einrichtungen, die „k.k.", „k.u.k." oder bloß „königlich" waren. Ungarn hat nämlich, was dem Ausländer (einschließlich dem Österreicher) stets verborgen blieb, eine sehr alte politische Geschichte aristokratisch-republikanischen Charakters, zwar nicht so wie Venedig, aber doch ähnlich der Englands. Die *Magna Carta,* ein aristokratisches Dokument,[7] kommt aus dem Jahre 1215, die „Goldene Bulle" (*Arany Bulla*) des Königs Andreas II. ist nur um sieben Jahre jünger. Sie gab dem Adel das Insurrektionsrecht, d. h. das Recht, gegen ihren eigenen König zu revoltieren, ohne der Treulosigkeit bezichtigt zu werden.[8] Die Magnatentafel Ungarns nach 1867 hatte auch einen bedeutend aristokratischeren Charakter als das Herrenhaus in Wien. (Anders stand es mit dem Oberhaus nach 1919.)[9] Darüber hinaus hatte Ungarn, ähnlich wie Polen, mit dem es so zahlreiche Analogien besitzt, einen äußerst zahlreichen, sehr alten und oft auch sehr armen Kleinadel,[10] der die Gewohnheit hatte zu demonstrieren. Ungarn und Polen waren stets „revolutionäre" Länder.

Transleithanien war „politisch älter", geographisch – der Karpathenzirkus! – viel abgeschlossener als Österreich, das man vom Bodensee bis zur Ukraine, von der sächsischen Grenze bis Cattaro leicht als geschichtlich-geographischen „Flekkerlteppich" bezeichnen könnte. 55 Prozent der Ungarn waren Magyaren, aber nur ein Drittel der Bevölkerung Österreichs war deutsch, und das numerische Verhältnis verschob sich immer mehr zugunsten der Slawen, während in Ungarn bis 1918 die Magyarisierung dauernd Erfolge erzielte. Das Magyarentum übte zwar einen Druck auf die Nationalitäten aus, erwies sich aber als äußerst magnetisch. Auch das Judentum magyarisierte sich rasch. Doch am Nationalitätenproblem litten beide, Ungarn und Österreich, wenn auch in sehr verschiedener Weise. Abgesehen davon gab es ein spezifisch ungarisch-kroatisches Problem. Im Pester Parlament hatten die kroatischen Abgeordneten das Recht, kroatisch zu sprechen.[11] Es gab einige „Nationalitäten" (ungarisch: *nemzetiségek*), die fast restlos innerhalb der Donaumonarchie lebten: die Tschechen, Slowaken, Magyaren,[12] Slowenen, Ladiner, Kroaten, „Türken" (d. h. die islamisierten Kroaten Bosniens). Doch gab es Österreicher, die nach Kleindeutschland hinüberschielten; Italiener, die Irredentisten waren; Ukrainer, die sich als Russen fühlten; Rumänen, deren Loyalität der Regierung in Bukarest galt; Serben, die vom Anschluß an Serbien oder einem serbisch geführten „Südslawien" träumten, während die Polen nur solange Wien treu bleiben wollten, als es kein Polen gab. Also war die Donaumonarchie vom national-nationalistischen Standpunkt aus entweder zu groß oder auch zu klein. Es hätte zumindestens Polen, ganz Rumänien, Serbien und Montenegro, Friaul und vielleicht gar die Ukraine einschließen müssen. Zweifellos war die erste große Katastrophe in der neueren österreichischen Geschichte der Frieden von Belgrad (1739), als der Kaiser das nördlichste Bosnien, Nordserbien und die kleine Walachei an die Türkei zurückgeben mußte.[13] (Der unglücklich verlaufene Krieg, den später Joseph II. an der Seite Rußlands gegen die Türken führte, bestätigte wiederum nur die Donau-Save-Grenze.) Wäre aber der erstgenannte Krieg, den die Türken mit französischer Hilfe gegen die Kaiserlichen führten, gewonnen worden, hätte dann das Römische Reich unter den Habsburgern als der Befreier des christlichen Balkans auftreten können. Bei der nächsten „Gelegenheit" wären die österreichischen Erblande zur Donaumündung und in der Richtung von Albanien und Makedonien vorgestoßen...

Wie dem auch immer sei: Noch im Jahre 1914 lebte die Mehrheit der Serben innerhalb der Doppelmonarchie – in Ungarn und Kroatien, Bosnien, der Hercegovina und Dalmatien – und nur eine Minderheit im Königreich Serbien. Die meisten Serben waren der Monarchie treu ergeben; der Kaiser hatte den Titel eines Großwojwoden der Wojwodschaft Serbien; einer der besten Generäle der alten Monarchie General Svetozar Boroević von Bojna, der die elf Isonzoschlachten gegen die Italiener gewann,[14] war ein orthodoxer Serbe. Die Kroaten hingegen lebten sowohl im eigentlichen Ungarn wie auch in Kroatien, im (österreichischen) Dalmatien, im (österreichischen) Istrien wie auch in Bosnien, mit noch höherem Prozentsatz allerdings in der Hercegovina.[15] Sie waren sowohl um eine nationale Einigung bemüht wie auch um eine größere Autonomie von Budapest, doch war Ungarn (im Gegensatz zum rechtsdralligeren Österreich) sehr zentralistisch eingestellt. Auch versuchten nationalmagyarische Kreise ihre Sprache in Kroatien durchzudrücken, was bei diesem historischen Volk auf großen Widerstand stieß und sogar zeitweilig „illyrische", d. h. allsüdslawische Gefühle auslöste. Die Slowaken und Rumänen Ungarns (zum Unterschied von den Siebenbürger Sachsen) hatten nur eine sehr dünne Intelligenzschicht und keinen Adel. Soweit er existiert hatte, strebte er der Magyarisierung zu.

Die Doppelmonarchie hatte schwere Probleme. Sie war in das Zeitalter der Nationaldemokratie geraten, und so nagten an ihr nationalistische wie auch politisch-ideologische Kräfte. Der Umstand, daß die Donaumonarchie nur nach historischen und „vertikalen", nicht aber nach „horizontalen" und demokratisch-parlamentarischen Gesichtspunkten regiert oder reformiert werden konnte, leuchtete nur wenigen ein. In Ungarn war wenigstens das Wahlrecht derartig frisiert, daß man im

Parlament stets mit einer magyarischen Mehrheit irgendwie regieren konnte; doch auch da gab es Pannen! In Österreich war eine deutsche Mehrheit nie zu erwarten: Die Koalitionen, die von Nationalparteien verschiedenster Couleur gebildet wurden, fielen immer wieder auseinander. Im multinationalen Staat, in dem (ungleich der Schweiz) die unmittelbare Loyalität stärker war als die „Zentralloyalität", ist die Demokratie oder auch die parlamentarisch-konstitutionelle Monarchie ein Nonsens.

Hätte also die Monarchie neu organisiert werden müssen? Im Prinzip sicherlich, doch wäre die praktische Ausführung dieser eigentlich sehr notwendigen Reform äußerst riskant und nur durch einen Gewaltakt möglich gewesen – keinesfalls aber auf konstitutionellem oder auch auf plebiszitärem Weg. Der Mann, der dies tun wollte, war der Thronfolger, Erzherzog Franz Ferdinand, ein Mann von großer Intelligenz, Energie und Charakter, der sich in vielem radikal von seinem Onkel, dem Kaiser Franz Joseph, und noch mehr von seinem unglückseligen Vetter, dem Kronprinzen Rudolf unterschied. (*Beide,* Kaiser und Kronprinz, waren „Liberale", wenn auch von verschiedener Schattierung.) Vielleicht, so müssen wir uns sagen, wäre es besser gewesen, wenn der greise Kaiser im Jahre 1900 oder 1908 nach seinem diamantenen Regierungsjubiläum gestorben und sein Neffe ihm nachgefolgt wäre. Dieser hatte den Plan gefaßt, nach den Trauerfeierlichkeiten, die dem Tod des Kaisers gefolgt wären, eine kurzlebige Militärdiktatur auszurufen – und dies noch vor einer Krönung in Ofen,[16] denn bei dieser Gelegenheit hätte er einen Eid auf die ungarische Verfassung geben müssen. Der Plan Franz Ferdinands war es, die Donaumonarchie in einen Föderalstaat mit habsburgischer Spitze umzugestalten, doch ist es bis heute noch nicht klar geworden, *wie* das im Detail geschehen wäre. Wahrscheinlich hatte diese Neuordnung eher nach historischen denn nach ethnischen Prinzipien erfolgen müssen, denn die Sprachgrenzen in Mittel- und Osteuropa sind so verzahnt, daß sie auch innenpolitisch unbrauchbar gewesen wären. Dieser Raum ist national überhaupt nicht zu ordnen, denn nicht nur gibt es dort sprachliche Inseln und Halbinseln, sondern oft sind auch die Sozialschichten ethnisch bestimmt. So gab es zum Beispiel in Ostgalizien nur ein ganz ephemeres ukrainisches Bürgertum, Großbürgertum und Adel und in Triest nur ein slowenisches Proletariat und Kleinbürgertum. Oft gehörten die Städte der einen und die umliegenden Dörfer einer anderen Nationalität an. Auch veränderten sich die Verhältnisse dauernd. Am Anfang des 19. Jahrhunderts waren Prag und erst recht Brünn vorwiegend deutsche Städte, die erst mit der Zeit tschechisiert wurden.

Ungarn beziehungsweise die Länder der Heiligen Stephanskrone hätten in einer solchen Reorganisation der Doppelmonarchie ein besonders schwieriges Problem gebildet. Die Beziehungen zwischen Franz Ferdinand und Ungarn waren sehr delikater Natur, doch wäre es eine grobe Vereinfachung zu behaupten, daß sie ganz einfach schlecht waren. Der Thronfolger war ein tief gläubiger katholischer Christ, dem die magyarischen Nationalisten (die „Achtundvierziger"), die jüdisch-progressistische Presse, die antikirchlichen Liberalen und die reformierten Kreise, die habsburgfeindlich eingestellt waren, im Herzen zuwider gewesen sind. Doch sprach der Thronfolger ungarisch (eine Sprache, die ihm sein Lehrer, der Bischof Lányi von Großwardein, beigebracht hatte) und er hatte in seinem Kreis im „Belvedere" in Wien, wo er amtierte, auch eine Anzahl von Ungarn um sich. Einer dieser war der ungarische Innenminister Josef Kristóffy, der ihm in einem Buch ein wahres Denkmal gesetzt[17] und von der Anklage der Ungarnfeindlichkeit freigesprochen hatte. Unklar ist es allerdings, ob der Thronfolger das Verhältnis zwischen Ungarn und Kroatien gelokkert hätte, um dann aus Kroatien, Dalmatien und Bosnien einen Teilstaat der Monarchie zu machen – was die serbischen Nationalisten natürlich fürchteten und schließlich auch zu seiner Ermordung führte. Zweifellos hätte sich Franz Ferdinand in Prag zum König von Böhmen krönen lassen. (Die Familie seiner Frau, die Grafen Chotek, waren Tschechen.) Sicherlich war es von Seiten Franz Josephs ein schweres Versäumnis gewesen, sich nicht in Prag, auch einer alten Kaiserstadt, krönen zu lassen. Dagegen agierten vor allem die Deutschnationalen in ihrer großen Kurzsichtigkeit.

13. DAS ALTE RUSSLAND

Wie ging es nun in Rußland weiter, das sich nach den napoleonischen Kriegen mit „Kongreßpolen" vergrößert hatte. Finnland war allerdings schon 1809 als völlig autonomes Großfürstentum zu Rußland gekommen. Der Kaiser von Rußland[1] war somit auch der König eines sehr stark verkleinerten Polens und Großfürst (*Suurruhtinas*) von Finnland – womit Rußland wieder einmal weiter nach Westen vordrang. Alexander I., der 1825 in Taganrog „starb",[2] wurde durch Nikolaus I. abgelöst, der einer Verschwörung von Adeligen (geführt vom Fürsten Sergej Nikolajewitsch Trubetzkoj) und einer Reihe von Intellektuellen gegenüberstand. Diese „Dezembristen" *(Dekabristy)* wollten teilweise eine konstitutionelle Monarchie, zum Teil aber eine Republik in Rußland einführen. Viele von ihnen waren Freimaurer. Alexander I. war tief religiös, ein Träumer, Nikolaus I. eng konservativ und kirchlicher gesinnt als sein Vorgänger. Dieser Aufstand, der nur zu geringem Teil von der Armee unterstützt wurde, scheiterte völlig; einige von den Anführern wurden hingerichtet, viele nach Sibirien verbannt. Doch Nikolaus verstand sich als „strenger Vater": Einer der Verschworenen wurde ihm in Ketten im Winterpalast vorgeführt, sie beteten zusammen in einer Kapelle, dann umarmte und küßte der Kaiser den Verurteilten, gab ihm seinen Segen, wünschte ihm Einkehr und Reue und übergab ihn dann seinen Wächtern. Manche der Frauen begleiteten ihre Männer in die Verbannung.

1830 brach jedoch die Revolution in Kongreßpolen aus, die mit ziemlicher Mühe niedergeschlagen wurde. Das war die Zeit der „Polenlieder", die Deutschland begeisterten.[3] Dennoch ging die Fiktion eines vom russischen Kaiser regierten „Königreichs Polen" nicht verloren. Damals hatte die französische Juli-Revolution in Polen zündend gewirkt, 1848 aber wagte niemand gegen den Herrscher aufzutreten, der das Land mit eiserner Hand regierte, während es überall im Westen, selbst in England, Unruhen, Rebellionen und Revolutionen gab. Dann kam der Tod Nikolaus I. mitten im Krimkrieg und die Regierung Alexanders II., des „Befreier Zaren" *(Tsarj Oswoboditelj)*, der auf einen schleunigen Frieden drang, der Rußland territorial aber nur die Donaumündung in Südbessarabien kostete. Das große Ereignis in der russischen Geschichte war jedoch die Beendigung der Leibeigenschaft im Jahre 1861 durch kaiserlichen Ukáz.

Wir müssen uns aber vorstellen, daß die Leibeigenschaft in Rußland recht spät kam, erst mit dem Ende des 16. Jahrhunderts und primär von der Regierung als Steuereintreibungsmethode und nicht von den Grundbesitzern gefordert wurde. Es gab zwei Regelungen der Leibeigenschaft: die Abgabe des *Obrók* in Geld (pro männlichen Kopf) oder die *bárschtschina,* die Arbeitsleistung. Auf jeden Fall war der Gutsbesitzer der Mann, der die Steuer an den Staat ablieferte. Pro Bauernfamilie war ein Minimum von 12 bis 15 Hektar vorgesehen. Die Leibeigenschaft gab es jedoch nur im Zentrum und im Westen Rußlands, nicht aber im hohen Norden, fernen Osten oder tiefen Süden in den Kosakengebieten. Weder die deutschen Kolonisten noch die Russen Sibiriens kannten die Leibeigenschaft. Eine sowjetische Schätzung spricht von 55 Prozent der Bauernschaft, die hörig, und von 45 Prozent, die am Anfang des 19. Jahrhunderts frei waren.[4] Ursprünglich war das Verhältnis zwischen dem Gutsbesitzer und der Bauernschaft patriarchal, verschlechterte sich aber durch den Absentismus der Gutsbesitzer, die oft herzlose Verwalter anstellten. (Viele von diesen waren Deutsche, manche auch Polen.[5])

Man kann aber den Charakter und die Stellung der Bauernschaft nur dann verstehen, wenn man sich die soziale Gesamtstruktur des alten Rußlands vor Augen hält. Der Adel hatte dort seit dem Sturz des Bojarentums unter Iwan dem Dräuenden[6] nicht annähernd die Bedeutung, die er im Westen hatte. Er war sehr zahlreich. In der Beamtenschaft (dem *Tschin*) wie auch beim Militär erfolgte die Nobilitierung (die persönliche als auch die erbliche) automatisch. Bei dem großen adeligen Sektor der Bevölkerung (der Prozentsatz mag allerdings niedriger als in Polen gewesen sein) darf man sich auch nicht wundern, daß dann später bei den Bolschewiken zahlreiche Adelige auftauchten. Sie genossen an und für sich, wie schon Leroy-Beaulieu urteilte, kein besonderes Prestige. Oft waren hohe Adelige (auch Fürsten) bettelarm und unterschieden sich kaum von freien Bauern. Andere waren sehr reich, wie zum Beispiel die Scheremetjews. Noch viel zahlreicher aber war der Adel in Georgien, und nur der Eingeweihte (nicht aber der Ausländer) wußte „wer wer" war.[7]

Die Leibeigenen unterstanden zwar bei kleinen Vergehen der Gerichtsbarkeit des Gutsherren (mit dem sie sich oft duzten oder ihn mit dem Patronymikon anredeten), die Prügelstrafe war auch vorgesehen, aber wer einen Bauern erschlug, wurde mit dem Tode bestraft. (Manchmal erschlugen aber Bauern einen unangenehmen Gutsherren.)[8] Man vergesse hier nicht, daß die Leibeigenschaft in Rußland nur 13 Jahre nach der Bauernbefreiung im österreichischen Galizien, aber zwei Jahre *vor* der Aufhebung der Sklaverei in den Vereinigten Staaten stattfand – und die Sklaverei war unvergleichlich härter. Leibeigene waren zwar (im Prinzip) *glebae adscripti,* an die Scholle gebunden, durften aber abgesehen von ihrem eigenen Land auch anderswo eigenen Besitz und überdies eigene Leibeigene haben – und so weiter. Im 18. Jahrhundert gab es ganze Hierarchien von Leibeigenschaften. Manche dieser Leibeigenen (genau so wie die Plebejer im alten Rom) waren sehr reich, vermieden es aber, von ihrem Grundherrn die Freiheit zu erkaufen, denn anstatt einer Kopfsteuer von zweieinhalb oder drei Rubel im Jahr, die sie an ihren Herren abführen mußten, wären sie nun mit ihrem großen Vermögen dem Staat gegenüber steuerpflichtig geworden. So haben wir zum Beispiel den Fall eines Leibeigenen des Grafen Scheremetjew, der seine Freiheit nach langer Überlegung mit 135 000 Rubel kaufte.[9] (Auch er besaß wieder Leibeigene, *dushi*, d. h. Seelen.) Dieser Betrag war im *alten* Goldwert ungefähr 1 Million Mark, in heutigen D-Mark aber unvergleichlich mehr. Bei der Aufhebung der Leibeigenschaft im Jahre 1861 lebten auch längst Unmengen von Leibeigenen in den Städten, keineswegs immer als „Proletarier", sondern sehr oft in der Eigenschaft von Bankiers, Großkaufleuten, Intellektuellen usw.

Die russische Gesellschaft konnte eben mit der westlichen in keiner Art und Weise verglichen werden; unsere Klischees waren für den Osten unverwendbar. Nicht nur war der westliche Begriff einer *Plebs* in Rußland unbekannt,[10] die Gesellschaft war auch völlig „gemischt".[11] Man konnte ein Fürst, aber nicht beliebt sein, und so blieb man „draußen", oder noch als Leibeigener geboren, aber witzig, begabt und sympathisch und war deshalb „drinnen". Auch die Frauen spielten gesellschaftlich eine viel größere Rolle als in „demokratischen" Ländern.[12] Wie mobil die russische Gesellschaft war, ersieht man sehr deutlich, wenn man die Struktur der Schülerschaft in den Gymnasien betrachtet. Schon längst vor der Revolution war der Sektor der Bauernsöhne unvergleichlich höher als bei uns,[13] doch sollten diese Dinge unsere angeblich so Gebildeten schon aus der aufmerksamen Lektüre der großen russischen Romane und Theaterstücke wissen. Bei Dostojewskij finden wir eine völlig gemischte Gesellschaft und nicht minder so bei Tolstój oder Turgénjew. In der *Anna Karénina* sehen wir den kalten Snob Serpuchówskij, der von einer Reise zurückkehrend seinen Diener auf die Lippen küssen muß, dann sich aber schnell mit einem seidenen Taschentuch den Mund abwischt.[14] Die Gutsbesitzerin, die in Tschechows „Kirschgarten" aus Paris zurückkommt, küßt auch den alten Kammerdiener und nennt ihn „liebes Greischen" *(staritschók)*.[15] Mit den Bauern duzte man sich oft gegenseitig, und wenn man am Lande eingeladen war (und dort gerne Wurzeln schlug), küßte man zum Abschied auch die alte Köchin, die einen mit Vornamen und dem Patronymikon ansprach. Einem ungarischen Kommunisten sagte ein Russe, daß die alte Regierung brutal war, aber eines gab es nicht: Arroganz.[16] Die alte Gesellschaft war brüderlich, aber mit dem Bolschewismus wurde es anders, denn man war nicht mehr in Christus brüderlich vereint, zwar nicht mehr unbedingt reicher oder ärmer, sondern mächtiger oder ohnmächtiger, beziehungsreicher oder beziehungsärmer – durch die Partei und die bürokratische Hierarchie. Damit hörte sich dann jede Brüderlichkeit auf.

Auch der Arbeiterklasse ging es nicht halb so schlecht, wie man sich das bei uns vorstellt. Die russische Industrie war klein, aber nicht winzig; die Eisenindustrie war sogar beträchtlich. Dort wurde zur Zeit der Großen Katharina eine Woche hindurch am Tage zwölf Stunden, in der folgenden Woche in der Nacht zwölf Stunden, in der dritten Woche aber überhaupt nicht gearbeitet – was auf einen Achtstundentag herauskommt.[17] Soziale Gesetze für die Arbeiterschaft gab es in Rußland früher als im Westen. Schon unter der kurzen Herrschaft der Kaiserin Anna Leopoldowna im Jahre 1741[18] wurden strenge Schutzgesetze für die Fabriksarbeit aber auch für die Landwirtschaft erlassen.[19] Tatsache aber ist es, daß zahlreiche Reisende, die in der ersten Hälfte des 19. Jahrhunderts den Westen besuchten, vom niedrigen Lebensstandard der dortigen Arbeiter und Bauern entsetzt und erschüttert waren.[20] Freilich gab es Schwierigkeiten auch nach der Beendigung der Leibeigenschaft: selbst nicht faule und dem Alkohol abholde Bauern konnten als Folge der damit verbundenen Agrarreform die Ablöse für ihre Parzellen nicht pünktlich zahlen. Ein besonderes Übel war jedoch der *Mir*,[21] der Gemeinbesitz der Dörfer, der alljährlich neu verteilt wurde. Wer heute ein Stück Land bebaute, bekam im folgenden Jahr ein anderes. Dies wurde als „gerecht" befunden, endete aber damit, daß niemand mehr das Land *pflegte*. Hingegen gefiel den Sozialisten die Einrichtung des *Mir* als eine Basis des Sozialismus, und seine Abschaffung durch Stolypin wurde von ihnen als „kapitalistisch-individualistische" Herausforderung betrachtet.

Wenn wir in Rußland dennoch einem raschen Wachstum linker Ideen anarchischer oder sozialistischer Art begegnen, so hat dies mit einem rein ideologischen Wachstum zu tun. *Ideas have consequences*. Die Überzeugung, daß Ideen unbedingt einen geeigneten Nährboden haben müssen, um sich richtig ausbreiten zu können, fußt auf einem Ammenmärchen, dessen uneingestandener Zweck es meistens ist, in höheren Schulen Halbwüchsigen die Weltgeschichte auf eine recht primitive (aber sofort einleuchtende) Art verständlich machen zu können.

Die linken Ideen, die in Rußland zum erstenmal in der Aristokratie Wurzeln gefaßt hatten, ergriffen nun die neue *Intelligentsija* der Halb- und Dreiviertelgebildeten, von Idealisten, die sich für das „Volk" begeisterten und „ins Volk gingen". Darunter gab es zahlreiche Vertreter des Kleinadels, junge Männer und Frauen, denen auch die „Propaganda der Tat" zusagte.[22] Vergessen wir nicht, daß Bakunin und Kropotkin Edelleute waren, daß der ältere Bruder Lenins, Alexander Iljitsch Uljanow, der sich an einem Mordkomplott gegen den Kaiser beteiligt hatte, dem Erbadel angehörte, daß der große Inspirator der Linken, Graf Leo Tolstoj, nicht gerade ein Proletarier war, sondern den Typ des „reuigen Edelmanns" verkörperte, daß aber die Giganten der russischen Geisteswelt – Solowjów, Dostojewskij, Leóntjew, Chomjaków, Mereshkowskij – alle rechts standen.

Leroy-Beaulieu nannte nicht nur den Kleinadel als Klasse, die viele Revolutionäre hervorbrachte, sondern auch die Juden.[23] Diese waren rechtlich in vieler Beziehung behindert. So durften sie nur in den westlichen Gouvernements dauernd leben, im großen und ganzen in den Gebieten, die durch die polnischen Teilungen an Rußland gekommen waren. Eine Ausnahme bildeten die Akademiker (Maturanten)[24] und die Kaufleute erster Klasse. So gab es eine sehr emanzipierte jüdische Gesellschaft in Petersburg und in Moskau, die auch Kontakte zur russischen Gesellschaft hatte. Für das Universitätsstudium gab es einen *Numerus Clausus*, der aber mit zehn Prozent recht weitherzig war. Wer sich taufen ließ und orthodox wurde, hatte praktisch freie Bahn. Beispiele dafür sind die Karrieren der beiden Rubinsteins, berühmte Musiker, die in den höchsten Gesellschaftskreisen verkehrten: Antoni und Nikolaj. Nikolaj wurde Direktor des Moskauer Konservatoriums, Antoni heiratete eine Fürstin Tschekuanow.[25] Auch die Frau des Ministerpräsidenten Graf Witte war eine Jüdin. Juden konnten zwar nicht Grundbesitzer sein, doch dieses Gesetz wurde oft durchbrochen. So war Trotzkijs Vater ein reicher Großbauer (der nie Sozialist wurde), der 250 Joch besaß und noch 400 dazu pachtete.[26] Es war aber natürlich, daß Juden sich liberalen und sozialistischen Gedanken nicht verschlossen, wenn sie ihren Glauben verloren. Ihr Prozentsatz im städtischen Proletariat wie auch in der *Intelligentsija* war außerordentlich hoch. Das Christentum, die Monarchie, das ganze

„Establishment" des Russentums mußte ihnen als „der Feind" erscheinen. Die wütenden Volksaufstände gegen arme, zumal auch fromme Juden gerichtet, die „Räubereien" *(pogrómy)*, die von den staatlichen Behörden oft toleriert wurden, machte sie zu Revolutionären und ließ später viele in den Reihen der Russischen Sozialdemokratischen Arbeiterpartei (RSDAP) aufscheinen.

Ein anderes revolutionäres Element waren die Mädchen und Frauen, die sich auch gerne (wie in unseren Tagen hierzulande) an Terrorakten beteiligten. Besonders bei den SR, den Sozialrevolutionären, viel mehr als bei den Sozialisten, spielten sie eine große Rolle. Die Studentin Wjera Zassúlitsch versuchte den Petersburger Stadthauptmann Trjepow zu[27] erschießen, doch dank einer glänzenden Verteidigung wurde sie freigesprochen. (Rußland versuchte damals noch ein Rechtsstaat zu sein.) Hier aber muß man sich vor Augen halten, daß so viele Ausländer den Frauen in Rußland größere Energie zusprachen als den Männern.[28] (Auch in den russischen Romanen sind die Frauen sehr oft die stärkeren.)

Zu bemerken ist aber hier auch, daß die Russen im Gegensatz zu einer weit verbreiteten Ansicht ganz und gar keine geborenen Kollektivisten sind und daß schon deshalb die anarchistisch-nihilistischen Richtungen in Rußland sehr deutlich die Oberhand hatten. Anfänglich waren die *Narodnaja Wolja* und die Sozialrevolutionäre Bewegung führend. Diese Organisationen waren es auch, welche für die politischen Morde verantwortlich waren. Keineswegs waren es die unromantischen Mitglieder der RSDAP. Diese hatte auch bis 1917 keinen einzigen Märtyrer zu beklagen, denn echte Marxisten wollen „wissenschaftlich" sein, glauben an den unausweichlichen Triumph des Sozialismus und an kollektive Aktionen der Massen. Für individuelle Taten hatten sie nie etwas übrig.

Man muß sich in diesem Zusammenhang auch daran erinnern, daß unter Alexander II. die Todesstrafe im Prinzip abgeschafft war und nur auf jene Revolutionäre angewandt wurde, die nach dem Leben des Kaisers oder eines Mitglieds der kaiserlichen Familie trachteten.[29] Für den Mord, auch den mehrfachen, standen Gefängnis und Exil (in der Regel nach Sibirien), wo schließlich den früheren Kriminellen Land zugeteilt wurde. Sibirien war immer ein viel freiheitlicheres Land als das europäische Rußland, der Lebensstandard war höher, der exilierte Radischtschew fand dort viele neue Freunde und ein angenehmes Leben.[30] Man erinnere sich in diesem Zusammenhang auch an Dostojewskijs *Schuld und Sühne,* wo der Polizeikommissär dem Verbrecher, der zwei Frauen umgebracht hatte, zuspricht, er sei noch jung und könne doch nach seiner Strafe ein neues Leben beginnen. Da die Richter mit der Bestrafung an einen sehr festen Tarif gebunden waren, beschlossen die Geschworenen oft, einen sympathischen Mörder nur als Totschläger einzustufen. Das war alles im frühen 19. Jahrhundert in Großbritannien sehr anders, wo bis in die Zwanzigerjahre hinein der Dieb, der einen Gegenstand im Werte von mehr als zwei Pfund gestohlen hatte, erbarmungslos aufgeknüpft oder – was manche noch mehr fürchteten – nach Australien verschickt wurde.[31] Auch die Prügelstrafe lebte in England und in Amerika sehr lange.[32] Freilich, auch in Südeuropa dachte man immer sehr anders über das Verbrechen als im Norden: der Kirchenstaat war sogar berühmt für seine Milde.[33] Auch gab es im alten Rußland höchst kuriose

Betrafungen: Als zum Beispiel Alexander Herzen zum Exil *(Ssylka)* nach Perm in Nordostrußland verurteilt wurde, mußte er zur Strafverschärfung *Staatsbeamter* werden. (Er war unehelicher Geburt, gesellschaftlich wie Pierre in *Krieg und Frieden* völlig akzeptiert und dazu noch reich – aber er mußte nun täglich ins Büro!)[34]

Die Märchen, denen man auch bei unseren „Gebildeten" über das alte Rußland begegnet, werden nie aussterben. Selbst russische Liberale, wie zum Beispiel Wladimir Nabokow, waren stets entsetzt, welch blühender Unsinn bei uns auch in Universitäten verzapft wurde. Über den Triumph des Bolschewismus gab es eigentlich nur zwei Theorien: er wäre a) die natürliche Reaktion auf den „Zarismus" und b) er wäre nichts anderes als der „Zarismus" rot angestrichen. So einfach macht man sich das – auch heute noch!

14. FRANKREICH: ZWEITES KAISERTUM UND DRITTE REPUBLIK

Was geschah in Frankreich nach dem Sturz Louis-Philippes? Die Jahre 1848 bis 1852 waren eine Folge von Revolutionen und Umbrüchen. Die Erklärung, daß die erste, republikanische Revolution nur deswegen erfolgte, weil sich das Volk unter der Regierung des „Bürgerkönigs" und seines Ministerpräsidenten, des braven reformierten Guizot „langweilte", ist natürlich eine Übertreibung, doch nicht ohne ein Körnchen Wahrheit. Man vergesse in der Geschichte nie den Zauber eines „erfüllten Lebens", auch wenn dieses Opfer und Leiden einschließt. Gerade als Folge des „diversitären" Dranges des Menschen, der auch zutiefst ein „unzufriedenes Lebewesen" ist, kommt der Drang nach dem Neuen, nach dem „Erleben".

Der bürgerlichen Revolution von 1848 folgte wenige Monate später eine proletarische und eine weitere noch im Jahr darauf. Nun zeigte sich zum erstenmal das Proletariat auf der Straße als politischer Faktor. Der rote Sozialismus war da, und ein verschrecktes Bürgertum war nun bereit, den Prinzen Louis Napoléon, den Neffen des großen Napoleon und Sohn Ludwigs, des zeitweiligen Königs von Holland, zum „Prinzen-Präsidenten" der Republik zu wählen. 1851 machte sich dieser zum Präsidenten auf Lebenszeit, 1852 zum „Kaiser der Franzosen", ein Prozeß, der nicht ohne oppositionelle Regungen abging. Zweifellos aber standen weite Kreise der Bevölkerung dieser Erneuerung des bonapartistischen Cäsariats positiv gegenüber. Dieser Monarch, keineswegs ein unbegabter Mann, wollte sich in der Geschichte durch eine glänzende Regierung verewigen. Die gemäßigte Linke bewunderte ihn, die extreme Linke wandte sich gegen ihn. (Sein wichtigster literarischer Gegner war der Graf Victor-Marie Hugo.) Napoleon III. führte nicht nur einen erfolgreichen Krieg gegen Rußland und Österreich, sondern vergrößerte auch das französische Kolonialreich, heimste Nizza und Savoyen ein und modernisierte die Stadt Paris mit großem Aufwand. Seine städtebaulichen Neuerungen (durch den Baron Haussmann im Detail durchgeführt) prägen Paris bis auf den heutigen Tag. 1869 stellte er den Parlamentarismus weitgehend wieder her, doch auf der Suche nach einem neuen, spektakulären Abenteuer stieß er mit Preußen zusammen... und mit Preußen auch mit dem übrigen Deutschland.[1] Schon am Anfang des Krieges fand die Katastrophe von Sedan statt; Napoleon wurde gefangengenommen und in das prachtvolle Schloß Wilhelmshöhe gebracht, das erst vier Jahre vorher dem hessischen Kurfürsten von Preußen geraubt worden war. Immerhin ging es in dieser undemokratischen Zeit noch ganz zivilisiert zu.

„Sedantag" wurde hierauf der große Feiertag des Zweiten Deutschen Reichs, Frankreich erlebte aber zwei Tage später seine Dritte Republik, die zwar sehr bürgerlich, zugleich aber auch als Provisorium begann. Jahre hindurch war es fraglich, ob es zur Restauration kommen würde, doch die Monarchisten – die Legitimisten, die für den Grafen von Chambord, einen Enkel Karls X., eintraten, die Orléanisten, die für einen Sohn Louis-Philippes plädierten, und die Bonapartisten – waren sich keineswegs einig. Der Graf von Chambord, der in Österreich weilte und keinen Nachkommen hatte, weigerte sich jedoch als König von Frankreich die Trikolore – die blauweißrote Fahne der Revolution – anzuerkennen. Diese Fahne, unter der Napoleon fast ganz Europa erobert hatte und die den Franzosen teuer geworden war, kam für ihn unter keinen Umständen in Frage. Auch wollte er sich nicht auf die Verfassung festlegen. Dabei war „Heinrich V." keineswegs ein borniertieren oder ein ungebildeter Mann; er hatte sogar in sozialen und wirtschaftlichen Dingen höchst moderne Auffassungen, die denen Leos XIII. ähnelten,[2] doch war er eben, was man heute kaum noch versteht, ein Mann von eisernen Prinzipien. Könnte man sich vorstellen, daß ein Österreicher heute ein wohlbestalltes staatliches Amt ausschlägt, weil ihm das Staatswappen mit Hammer und Sichel so gar nicht zu Gesicht steht? Oder daß ein Schwede eine schöne Beamtenlaufbahn aufgibt, weil er nicht einem Staat dienen will, dessen sozialistische Regierung zuerst mit den Nazis flirtet, dann baltische Flüchtlinge den Sowjets ausliefert und schließlich den Massenmord an den Ungeborenen finanziert? Nein, das wäre kaum denkbar!

Frankreich wurde erst im Februar 1875 definitiv eine Republik. Diese Staatsform ist, mit der Unterbrechung des Pétain-Régimes und zwei weiteren Wandlungen, geblieben, denn die ideologisch-politische Entwicklung, durch die Französische Revolution begonnen, ist noch weit davon entfernt, ihren *circle de folie,* ihren Kreislauf des Wahnsinns, zu beenden. Die große Niederlage Frankreichs im deutsch-französischen Krieg von 1870–71 war durch einen Monarchen verursacht, aber von der Republik völlig sinnlos und katastrophal weitergeführt worden. Im Rückblick stand jedoch die Republik schließlich gefestigt da – und so sollte es bis 1940 bleiben, als sie vom *État Français* abgelöst wurde. Das „andere Frankreich" war nun in jeder Beziehung geteilt; die Kirche, die zum großen Teil Napoleon III. unterstützt hatte, war etwas diskreditiert – um so mehr, als der „protestantische" Nachbar gesiegt hatte. Wenn jetzt Frankreich „Figur machen" wollte, dann sicher nicht mehr als „die älteste Tochter der Kirche" (ein immer schon fragwürdiger Ehrentitel), sondern als die Erbin der Aufklärung, der Erhebung von 1789 und der napoleonischen Verwaltungsreformen.

Doch inzwischen hatte sich noch etwas anderes ereignet: die *Commune* von Paris, ein idealistischer, dabei aber völlig kopfloser Aufstand der Niederschichten dieser Weltstadt. Der Traum der Kommunarden war ein lokal verankerter Sozialismus, genährt von den Ideen der Französischen Revolution wie auch von den Sozialisten, beginnend mit Gracchus Babeuf bis zu Karl Marx. Dieser sympathisierte mit der *Commune,* die sich einen ähnlichen Aufstand in allen größeren Städten Frankreichs erhoffte – nur kam es nicht so. Die deutsche Besatzung betrachtete diese Entwicklung als innere französische Angelegenheit, und der neue französische Staat sah sich gezwungen, diese Sezession seiner Hauptstadt zu beenden. Die *Commune* riß das Land nicht mit sich, und die Regierung in Versailles liquidierte die Revolution in Paris. Die um ihren Verstand gebrachte Bevölkerung der Großstadt verteidigte sich mannhaft und verbissen, begann, wie die meisten linksgerichteten politischen Gebilde, wahllos Geiseln zu erschießen (darunter den Erzbischof Darboy von Paris) und setzte den Kampf auch fort, als der Hunger die entsetzlichsten Opfer forderte und man begonnen hatte, die Tiere im zoologischen Garten aufzuessen. In den Kämpfen kamen zwischen fünfzehn- und zwanzigtausend Menschen um; endlose Strafprozesse, Hinrichtungen und Deportierungen folgten. (Unter den *Communards* gab es übrigens einen Arzt, der nach Amerika floh, dort heiratete[3] und später eine unheilvolle Rolle spielte – Georges Clemenceau.) Diese Kommune, deren Fall von Marx aufrichtig beweint wurde, verursachte ein tiefes Trauma in den französischen Unterschichten, das bis heute nicht geheilt ist. Die russischen Kommunisten betrachteten die *Commune* als die erste sozialistisch-proletarische Revolution,[4] die sie aber nur zum Teil war, denn unter den Kommunarden gab es sowohl Sozialisten und Anarchisten als auch typische „Spätlinge" der Jakobiner.

Wie dem auch immer sei, Frankreich wurde nun nach der Schweiz Europas zweite Republik, wenn wir von Zwergstaaten absehen, eine Evolution, die in der Neuen Welt vorweggenommen war. Bolivien, Paraguay und Nicaragua waren in dieser Entwicklung Europa vorausgeeilt und gaben uns leuchtende Beispiele. Frankreich aber war und blieb die Wiege der modernen (im Gegensatz zur antiken) Demokratie,[5] und in Frankreich wurde trotz der bonapartistischen und bourbonischen Unterbrechungen „geradlinig" weitergekämpft. Es war aber nicht nur die Französische Revolution, sondern auch die erste Aufklärung unter dem Zeichen der Göttin der Vernunft, die der kulturellen und politischen Landschaft Frankreichs zunehmend ihren Charakter gab. Zwar blieb die Sozialgesetzgebung in Frankreich weit hinter jener Preußens und Deutschlands zurück, denn schließlich herrschte die Bourgeoisie im engeren Sinne des Wortes, aber die Zielscheibe der Attacke blieben weiterhin Monarchie und Kirche, also „Thron und Altar". Neben jansenistischen Erinnerungen und reformierter Kränkung wirkte sich hier auch die (übrigens sehr gespaltene) Freimaurerei aus.[6] Bei Ausbruch des Ersten Weltkriegs war es kaum mehr möglich, Volksschullehrer zu werden ohne einer der *frères* zu sein. Mit anderen Worten: Es bildeten sich zwei Frankreichs heraus – die Kirche und die Tradition des Thrones auf der einen und die Freimaurerei, die radikalsozialistische[7] und sozialistische Partei auf der anderen Seite. Und dann gab es noch „die Bank", die nicht mit Unrecht lange Zeit hindurch als „jüdisch und protestantisch" betrachtet wurde.[8]

Da walteten zum Teil uralte *lokale* Traditionen, die sich in der einen oder in der anderen Richtung auswirkten. Wenn man die ländliche religiöse Soziogeographie Frankreichs studiert, wird man sehen, daß ein- und dieselbe Gemeinde oder *Canton* im Mittelalter albigensisch war, dann im 16. Jahrhundert sich dem Calvinismus zuwandte, im 17.–18. Jahrhundert in jansenistischen Farben schillerte, dann mit Enthusiasmus bei der Französischen Revolution mitmachte, um schließlich in unseren Tagen so weit als möglich links zu wählen, auch kommunistisch, obwohl es dort keinen Großgrundbesitz gibt, und die Bauern[9] in einem kommunistischen Staat rettungslos enteignet werden würden, was diesen Individualisten wohl nicht behagen könnte. Interessant ist es auch zu sehen, wie zum Beispiel in *einem*

Dorf der Kirchenbesuch maximale Ziffern aufweist während nur sieben Kilometer weiter weg bestenfalls die Frauen in die Kirche gehen.[10] Wenn wir aber generalisieren wollen, dann müssen wir feststellen, daß der nördliche Westen, der Norden, der Nordosten und ganz spezifische Gegenden im Süden „eher rechts", Zentralfrankreich und spezifische Gegenden im Süden „links" stehen und natürlich auch „glaubensschwach" sind.[11] („Linkskatholizismus" ist eine Krankheit der Intellektuellen, nicht des Volks.) Es gibt in Frankreich völlig entchristlichte Gebiete, die (um einen Buchtitel zu zitieren) wahrhaftig *Pays de Mission* sind.

Allmählich wurden gegen Ende des 19. Jahrhunderts die Schulen säkularisiert, obwohl der Kulminationspunkt dieses Prozesses erst unter Émile Combes und der Vertreibung der Orden im Jahre 1905 zu finden ist. Doch um ein wenig den Geist des öffentlichen Frankreichs zu verstehen, muß man sich an die Worte erinnern, die der Sozialist Jean Jaurès über Gott aussprach: Würde Er sich manifestieren, müßte man mit Ihm wie ein Gleicher zu einem Gleichen sprechen und mit Ihm debattieren.[12] Gambetta, sich an die Rechte in der Kammer wendend, erklärte ihnen: „Wir wollen den Positivismus in das öffentliche Leben einführen. Wir glauben an den Sieg des Guten über das Böse, an die Demokratie, Sie aber, meine Herren, glauben nicht daran!" Und der Präsident Jules Ferry von Jaurès gefragt, wohin er die Menschheit führen wolle, antwortete schlagfertig: „Zu einer Menschlichkeit ohne Gott und König."[13] Wie weit aber der Verfall Frankreichs gegangen war zeigte sich darin, daß es bald auch eine agnostisch-atheistische Rechte gab, die zwar an die Kombination von Thron und Altar glaubte, im Altar aber eine reine Fiktion sah, ein „nützliches" sozio-politisches Bindemittel. Diese Haltung charakterisierte viele Enthusiasten der *Action Française* von Charles Maurras und auch anderer rechtsgerichteter Organisationen.[14]

Die dauernden Siege der Linken wurden zweifellos auch durch unglaubliche Dummheiten der Rechten gefördert. Da war, um nur ein Beispiel zu nennen, die Kette der Dreyfus-Prozesse. Der „Fall" ist weltbekannt. Eine Putzfrau fand im Papierkorb des deutschen Militärattachés von Schwarzkoppen einen Zettel mit Informationen (das *bordereau*), den man fälschlich dem Hauptmann Dreyfus zuschrieb, einem Reformierten jüdischer Abstammung. Er wurde zweimal unter gerade zu ungeheuerlichen Verfahrensumständen wegen Hochverrats verurteilt. Dann wurde eine Komödie der „Begnadigung" gespielt. Die ganze französische Rechte, einschließlich republikanischer Erznationalisten, bestand auf der Schuld dieses Mannes. Es nutzte auch nichts, daß bei allen halbwegs intelligenten Leuten auf der Rechten der Verdacht auftauchte, daß Dreyfus unschuldig war, doch – so argumentierten sie – dürfe man die Armee nicht spalten, es also besser sei, daß ein Unschuldiger leide, als daß die psychisch-moralische Einheit der Armee Schaden litte. Immer wieder wurde Goethes Spruch, eine Ungerechtigkeit sei besser als Unordnung *(plutôt l'injustice que le désordre)*, zitiert – ein zutiefst unmoralischer Grundsatz. Das sittliche Empfinden des französischen Volkes aber war damals noch so stark, daß diese Haltung der Rechten üble politische Folgen hatte. Das wirklich Schreckliche daran war aber auch der Umstand, daß die Kirche durch viele ihrer Führer und Köpfe in diesem fanatisch durchfochtenen Fall Dreyfus schwer kompromittiert[15] war. Bis zum heutigen Tage gibt es „*Antidreyfusards*", die unerschütterlich an eine „Konspirationsthese" glauben, die aber bei näherer Betrachtung völlig sinnlos ist. Erst vor 15 Jahren traf ich einen katholisch-monarchistischen Verfechter dieses Aberglaubens, dem ich die Frage stellte, ob er denn wirklich überzeugt sei, daß dieser „Internationale Jude" für den gut christlichen deutschen Kaiser gegen die französische Freimaurerrepublik gearbeitet hätte.[16] Ihm blieb der Mund offen...

Doch in Frankreich begegnete man damals auch der widersinnigen Synthese von „Konservatismus" und Nationalismus, eine Irrung und Verwirrung, die sich später auch in Deutschland bemerkbar machte. Dieser Unsinn wurde durch den „Internationalismus" von Marx und den „Antisemitismus", dieser Kinderkrankheit der Konservativen, gefördert. Denn die christliche Monarchie, wie wir früher schon sagten, ist grundsätzlich eine übernationale Einrichtung, die stets über die Grenzen eheliche Verbindungen suchte. Übernational war sie sogar schon im frühen Mittelalter, wo von einem Ende Europas zum anderen geheiratet wurde, und selbst konfessionelle Hindernisse (zwischen der Ost- und der Westkirche) überwunden wurden. Nun aber war der linke Internationalismus da, und diesem „mußte" ein nationalistischer Kollektivismus entgegengesetzt werden. Reine „Reaktionen" sind immer psychisch infantil. Als der Sozialist Jean Jaurès vor Ausbruch des Ersten Weltkriegs den Frieden erhalten wollte, erschoß ihn ein Mitglied der *Action Française* – und dies obwohl dieser Krieg zu einem Triumph der Linken führte und führen *mußte*.

Die Dritte Republik Frankreichs war jedoch kulturell eine fruchtbare Zeit: Malerei, Dichtung, Philosophie, Theologie blühten. Aber rein demographisch geriet Frankreich ins Hintertreffen und die *malaise*, die Frankreich bis auf den heutigen Tag begleitet, setzte schon damals in der *Belle Époque* ein. Der Revanchismus blieb stark: Der Verlust des deutschsprachigen Elsaß konnte nicht verwunden werden. Doch muß hier gesagt werden, daß es in Frankreich neben einem Deutschenhaß immer auch eine Bewunderung der Deutschen gab, die selbst den Zweiten Weltkrieg überlebte. Dies konnte besonders unter Intellektuellen beobachtet werden, denn auf der geistigen Ebene sind sich Franzosen und Deutsche sehr ähnlich. (Anders steht es im ‚folklorischen' Bereich.) Frankreich gehört zum „absolutistischen Rückgrat" Europas, das sich von Gibraltar über Frankreich, Deutschland und Polen nach Rußland zieht. Hier gibt es die *pèlerins de l'absolu*. Auf internationalen Kongressen, die sich mit den Geisteswissenschaften beschäftigen, merkt man stets, wie sich Franzosen und Deutsche verstehen, Engländer und Amerikaner mit ihren sensualistisch-relativistischen Auffassungen jedoch abseits bleiben. Nicht umsonst trägt Frankreich den Namen eines germanischen Volksstammes, nicht umsonst haben Frankreich und das Deutsche Reich auch eine gemeinsame geschichtliche Wurzel im karolingischen Reich, und findet man in der französischen Sprache zahllose Worte germanischen Ursprungs, deren deutscher Charakter allerdings durch Lautverschiebungen oft stark entstellt ist.[17] Über die Geschichte der Germanophilie in Frankreich ist schon viel geschrieben worden, ohne Zweifel mehr als über die Frankophilie in deutschen Landen.[18]

15. DAS GROSSE BRITANNIEN

England und seine „Nebenländer" – Schottland, Wales, Irland – gingen durch eine ganz andere Phase als Frankreich. Noch unter der Regierung Georgs IV. war England ein freidenkerisch-ausgelassenes Land aristokratischen Charakters mit heidnischen Untertönen. Die „Adelsrepublik" von 1688, diese Schöpfung der *Glorious Revolution*, dauerte an. Das ist das England von Coleridge, Shelley, Wordsworth und Byron, einer späten Romantik und eines gesteigerten Reichtums. Von Wilhelm IV. konnte die *Times* in ihrem Nachruf noch sagen, daß er ein wenig begabter Mann war, wenn auch sittlich einwandfreier als sein Vorgänger. Ein derartiges Urteil wäre heute selbst in einer kommunistischen Zeitung Englands undenkbar, denn der Monarch ist inzwischen eine *sacred cow* geworden, recht machtlos aber ein wahrhaft geheiligtes Symbol!

Diese Entwicklung von der Monarchie zur Aristokratie im Sinne der Adelsherrschaft (von Plato, Aristoteles und Polybius als naturgemäß erkannt) hat seine Wurzeln in der *Magna Carta* von 1215, die in unseren Schulbüchern fälschlicherweise als „Beginn der Demokratie" angesehen wird. Das aber war sie ganz und gar nicht, denn sie gab Privilegien der Kirche und dem Adel und einige kleinere Rechte den *freemen,* den Freisassen. Sie beschnitt die Geldprivilegien der Juden (Artikel X und XI) und minderte recht radikal die juridische Stellung der Frau (LIV). Die *Magna Carta* (nicht „Charta"!) war also *gewissermaßen* ein liberales Dokument, das die Freiheitlichkeit förderte, nicht aber die Demokratie, die sich für die Gleichheit und die Mehrheitsherrschaft einsetzt.

So viel über das englische Mittelalter. Kommen wir aber zum 19. Jahrhundert zurück.

Nun folgte 1837 das Régime der Königin Viktoria, eigentlich einer deutschen Prinzessin aus dem Hause Hannover, die wiederum einen Deutschen, Prinz Albert von Sachsen-Coburg-Gotha, heiratete, und mit diesem fraulichem Régime kehrte allmählich die alte puritanische Sittenstrenge in England heim. Das hatte aber auch seine tieferen Beweggründe. *Victorianism* bedeutete auch eine weitere Industrialisierung, eine rapide Vermehrung der Arbeiterklasse und den Aufstieg eines Unternehmertums, das sittenstreng, asketisch und vom Lebensernst erfüllt war. Diese *homines novi* kamen jedoch nur in den seltensten Fällen aus den Kreisen der Gentry, ja sehr oft auch nicht aus dem anglikanischen Bürgertum: Es waren Kleinbürger, *chapel people*, „Nichtkonformisten", die dem Glauben nach Baptisten, Methodisten, Kongregationalisten, Quäker oder auch Mitglieder der sehr evangelisch (und antikatholisch) ausgerichteten *Low Church* waren. Frivolität lag ihnen fern. Und mit diesem Aufstieg wurde nun auch die Staatskirche ernster, was zu einer sehr allgemeinen religiösen Renaissance führte, von der schließlich auch die katholische Kirche profitierte. Die Vierzigerjahre waren durch die (alte) Oxford-Bewegung charakterisiert, aus der Newman hervorgegangen war und die eine nicht geringe Anzahl von Anglikanern ins katholische Lager brachte. Selbst in der Aristokratie begann man den Glauben ernster zu nehmen.

Diese neue, gesellschaftlich kaum respektierte Fabrikanten- und Händlergeneration, die sich aber planmäßig an die alten Führungsschichten anglich[1] und auch in sie hineinheiratete, gab auch der liberalen Partei einen besonderen Auftrieb. (So manche Konservative versuchten hingegen im Sinne der *Tory Democracy* sich mit wechselndem Erfolg der Arbeiterklasse anzunehmen.) Man muß sich hier vor Augen halten, daß in den Dreißigerjahren mit ihren radikalen parlamentarischen Reformen die alten Tories sich zu „Konservativen", die Whigs aber zu „Liberalen"[2] gemausert hatten. Dabei aber hatten sich letztere mehr gewandelt als die ersteren. In der Volkssprache sind die Konservativen heute immer noch die Tories, die Liberalen aber längst nicht mehr die Whigs – und dies mit gutem Grund. Die Whigs waren die Partei des wirklich unabhängig denkenden und fühlenden Adels (und Bürgertums), die Tories hingegen die Vertreter des höfisch gesinnten Adels. Deshalb waren allerdings die typischeren Aristokraten die Whigs. Doch die Liberalen wurden langsam, sehr langsam eine vorsichtig linksdrallige Partei – allerdings in so langsamem Tempo, daß sie mit der Zeit von einer neuen, sozialistischen Partei links überholt wurden, der *Labour Party*, der „Arbeitspartei". Die Konservativen produzierten im 19. Jahrhundert einige bedeutende Premierminister wie Robert Peel, Disraëli und Rosebery, die Liberalen hingegen Staatsmänner wie Palmerston und Gladstone. Doch erst während des Ersten Weltkriegs mit seiner Ideologisierung wurden die Liberalen eine echte Linkspartei: mit der Ersetzung Asquiths durch Lloyd George.

Nun aber muß man, um die neuere politische Landschaft Großbritanniens besser zu verstehen, sich die großen Klassenunterschiede und die damit verbundenen sozialen Spannungen Englands (eher denn Schottlands) vor Augen halten. Diese Unterschiede sind geschichtlich-rassisch bedingt. Die Urbevölkerung der britischen Inseln, von denen wir sprachlich nichts wissen und nur kulturell eine Ahnung haben, war ein verhältnismäßig kleines, dunkles, wahrscheinlich auch gar nicht indogermanisches Volk. Stonehenge, dieses rätselhafte, monumentale Gebilde in Hampshire, ist in aller Wahrscheinlichkeit ihr Werk, das nicht nur auf hochentwickelte technische, sondern auch auf astronomische Kenntnisse schließen läßt.[3] Diese Urbevölkerung siedelte wahrscheinlich auch in Schottland, Wales und Irland. Dann erst kamen die Kelten, die von den Römern innerhalb Englands und Südschottlands unterworfen wurden. Erst in der Mitte des fünften Jahrhunderts kamen aus der Nordwestecke des heutigen Deutschlands größere Einfälle der Angeln und Sachsen, die das 410 von der letzten römischen Legion geräumte Land nicht nur ausraubten, sondern auch besetzten. Kleine Königreiche entwickelten sich, die sich aber wiederum mit Wikingern und Dänen auseinandersetzen mußten. Knut der Große beherrschte nicht nur Skandinavien, sondern auch England.[4] Kaum aber war die dänische Herrschaft vorbei, als das schicksalhafteste Ereignis für England eintraf: die Eroberung durch die Normannen, die französisierte Norweger und in der Normandie seßhaft waren. Sie siegten in der Schlacht von Hastings 1066 und wurden dadurch die Herren Englands. Diese großen, blonden Skandinavier aus Frankreich, deren Sprache bis ins 13. Jahrhundert französisch blieb, gaben nun England die „oberste Oberschichte", die auch heute oft noch äußerlich erkenntlich ist. Erst historisch spät entstand die englische Sprache, eine Synthese aus dem Altsächsisch-Niederdeutschen und dem Französischen, in der die einfacheren und grundlegenden Worte germanisch, die Kulturausdrücke aber romanisch sind und auch heute die Mehrheit bilden.

Man kann sich leicht vorstellen, daß diese fortwährenden Einbrüche und Überlagerungen dazu führten, daß in einer gewissen Beziehung rassische Unterschiede mit Klassengegensätzen verbunden sind, wobei freilich auch geographische Differenzen eine gewisse Rolle spielten. So ist natürlich der Anteil von „nordischen" Typen in Ost-England viel höher als im Westen und (besonders) in Wales, wo sich bis auf den heutigen Tag die keltische (walisische) Sprache sehr wohl erhalten hat und von einer dreiviertel Million gesprochen[5] wird. Und gerade in Wales fällt die eher klein geratene, schwarzhaarige und dunkeläugige Urrasse stark auf. Die englischen Standesunterschiede sind allerdings nicht nur visuell (wobei es überraschende Ausnahmen gibt), sondern vor allem auch sprachlich und selbstverständlich in Bildung und Manieren.[6] Gerade deswegen, weil die Adelstitel so spärlich gesät sind – sie gehen bei den nachgeborenen Söhnen und bei der Mehrzahl der Enkel wieder verloren –, werden die spezifischen Manierismen der Oberschichte „subtil betont" und schaffen gesellschaftliche Abgründe, die natürlich im sozialen Aufstieg wieder überbrückt werden.[7] Hier aber muß auch bemerkt werden, daß das „Aufschauen" der Unterschichten zu den gesellschaftlich Hoch- und Höchstgestellten mit der Zeit geringer und geringer, der Neid und die Animosität aber (besonders von der Arbeiterschaft zu den Managern und Unternehmern) größer und größer wurden. Heute kann man in England von einem Klassenkampf reden, in dem aber der Adel nur mehr Zuschauer ist.

Im 19. Jahrhundert spielte auch das *Empire* („Weltreich") eine große psychologische eher denn wirtschaftliche Rolle. Über die Kolonien und den „Kolonialismus" werden wir später reden müssen. Es genüge aber hier zu sagen, daß die Möglichkeit, im sehr fernen Ausland interessante Aufgaben und einen erweiterten Horizont zubekommen, für Engländer von größter Wichtigkeit war. Doch war das britische Kolonialsystem sehr anders als das alte spanische, das portugiesische oder auch das französische – allerdings nicht ganz unähnlich dem niederländischen. Der Brite in den Kolonien war manchmal beliebt, zumeist aber respektiert. So korrupt die englische Gesellschaft im 18. Jahrhundert auch gewesen sein mag,[8] so unbestechlich und rechtlich denkend war sie im 19. und beginnenden 20. Jahrhundert. Doch zu einer echten Synthese zwischen dem britischen Wesen und den Nieder- oder auch Hochkulturen der Übersee kam es so gut wie nie. Die Parade der indischen Armee und die Haltung der Offiziere am „Tag der Republik" (26. Jänner) in Delhi erinnern zwar sehr lebhaft an britische Vorbilder; da glaubt man Sahibs aus Sandhurst mit bräunlicher Hautfarbe vor sich zu sehen, und natürlich hat die englische Sprache im jetzigen „Commonwealth" sich einen Platz gesichert, den unmoderne oder primitive

Idiome ihr nicht streitig machen können, aber man vergesse da nicht die britische „Kälte" (die oft nichts als Gehemmtheit ist), wie auch das Gefühl einer *kollektiven* Überlegenheit. Die englische Religion ist eben die anglikanische, und die ist nun einmal auf die Länder der englischen Zunge zugeschnitten. Sie ist nicht universell; sie hat keine Weltreligion produziert. Von einem Mahratten oder Masai zu erwarten, er solle sich dem Idearium von Heinrich VIII., John Knox, Cranmer, Jakob I. und John Locke verschreiben, ist zu viel verlangt. Der katholische Glaube konnte hingegen alle möglichen und unmöglichen Synthesen mit heimischen Kulturen eingehen. Ein Bewohner der Elfenbeinküste mag sich als Franzose fühlen und in Paris sich als Gleicher unter Gleichen bewegen, als *copin*, aber ein Ibo oder ein Yoruba wird nie auch nur annähernd ein englischer Gentleman werden. Doch waren die Kolonien und auch die Dominions[9] für die Engländer ein großer „Atemraum". Dabei aber erlosch das kleine Engländertum der *Little Englander* nie ganz. Eine typische Britin der gehobenen Schichten, die in Indien schwanger wurde, fuhr nach England zurück, um dort niederzukommen, denn einesteils fühlte sie doch den Einfluß des *ius soli*, andernteils[10] war es für ihr Kind „peinlich", später im Leben bei allen möglichen amtlichen oder gesellschaftlichen Anlässen eingestehen zu müssen, nicht in York, in Devonshire oder in Camden House, sondern in Seconderabad, Bangalore oder in Mahabalipuram auf die Welt gekommen zu sein.

Doch das weltweite britische Lebensgefühl zeigte gerade durch diese Beschränkungen, daß man sich dem Kontinent gegenüber stets sehr unsicher fühlte. Am Kontinent gab es zwar die Anglomanie mit allen ihren Facetten; da gab es eine aristokratische, sozialistische, bürgerliche, „protestantische" Anglomanie, aber auch eine Anglomanie der Katholiken, Juden, Herrenmodeverkäufer, Techniker, Feministinnen, Homosexuellen, Seeleute, Pferdezüchter, Sportler aller Art und der Globetrotter, eine Besessenheit, die heute weitgehend verblaßt ist, doch einst ungeheuer stark war.[11] Es gab auch in England einige wenige Schwärmer für den Kontinent – vor allem die großen Nonkonformisten, die von der Gesellschaft angewidert, entfremdet oder abgelehnt am Kontinent lebten (und starben), Männer, und Frauen wie Byron, Shelley, Keats, Kemble, Wilde, D. H. Lawrence, Nancy Mitford, W. H. Auden u.a. mehr. Doch das waren immer Ausnahmen. Es gibt auch heute Engländer, die prinzipiell nicht den Kontinent besuchen, denn *dark men begin at Calais,* „dunkelhäutige Menschen beginnen in Calais", was einfach bedeutet, daß Afro-Asien gleich auf der anderen Seite des Kanals seinen Anfang nimmt. Das aber wiederum beleuchtet einen weiteren Aspekt des britisch-kontinentalen Verhältnisses: Wenn der Kontinent „afro-asiatisch" ist, dann sind die Briten die einzig wirklich weißen Leute, die einzigen wirklichen Europäer. Und das läßt sich wieder umkehren: Europa ist der „farbige" Kontinent und die Briten sind dann etwas ganz Besonderes. So sagt der durchschnittliche Engländer, daß er im Sommer den Kontinent besuchen würde, doch gibt es eine Minderheit, die umschweifelos erklärt: „*This summer we're going to Europe.*"[12] Und tatsächlich bildet England zusammen mit den Vereinigten Staaten und Kanada einen ganz besonderen und gesonderten Teil der westlichen Welt, des „Abendlands".[13]

Somit betritt der Brite den Kontinent mit buchstäblich ,gemischten' Gefühlen.

Er ist dann ‚ganz wo anders'.[14] Er fühlt sich dann nur zu oft moralisch überlegen aber intellektuell unterlegen. Er ist in Wirklichkeit weder das eine noch das andere, doch muß man einräumen, daß die oberen Mittelschichten bei uns eine viel bessere Allgemeinbildung genossen haben,[15] und der Südeuropäer zwar nicht besser, aber schneller denkt, was tatsächlich rassisch-biologisch-nervlich bedingt ist. (Er ist auch der schnellere und gewandtere Autofahrer.)[16] Doch fühlt sich der Engländer bei uns unsicher, weil er die Reaktionen des Kontinentaleuropäers nicht voraussehen kann, und diese Voraussicht allein schafft Vertrauen.[17] Sprachlich ist er auch deswegen gefesselt, weil es ihm seine Hemmungen oft nicht erlauben, sich in einer Sprache auszudrücken, von der er weiß, daß er sie nicht gut beherrscht und er sich lächerlich machen könnte. (Abgesehen davon lernt er fremde Sprachen nicht gern, denn schon ein altes englisches Sprichwort sagt: *He who speaks two languages is a rascal.*) In diesem Überlegenheits-Unterlegenheitsdilemma liegt eine große politische, besser gesagt, außenpolitische Schwäche, die wir auch *mutatis mutandis* beim Amerikaner finden, der auf der nordamerikanischen, von drei Ozeanen und zwei großen Meeren umspülten, Großinsel lebt.

Doch in einem gewissen Moment „abdiziert" auch der sich sehr anderen Völkern überlegen fühlende Brite, und er sagt sich dann streng und nüchtern, daß er von seinem Piedestal herabsteigen muß. Der Ausländer, *the alien*,[18] kann in Wirklichkeit nicht wirklich minderwertig sein; er ist im Grunde ein genau so edler, kluger und anständiger Mensch wie der Brite und sollte als solcher behandelt werden, sollte auch für dieselben gesellschaftlichen und politischen Einrichtungen „reif" sein. Das ist natürlich so formuliert ein Unsinn. Der *alien* ist aus einer Reihe von Ursachen nun einmal wirklich ein anderer Mensch, und in der britischen Außenpolitik hat dieser Dualismus, dieses jähe Umkippen von einem Unsinn zum anderen, schwere Enttäuschungen und Niederlagen hervorgerufen. Doch aus zerstörten Illusionen lernen manchmal Einzelne, *Völker aber nie*.

Je niedriger die soziale Schichte, desto stärker sind – nicht nur in England – die Vorurteile. Lloyd George, ein „kleiner Mann", Methodist-Baptist, Waliser ohne *public school* Erziehung, sah in den Ausländern *queer devils*,[19] aber auch Stanley Baldwin, ein anderer Premier, war nicht viel besser: Nachdem er seinen Abschied genommen hatte, gestand er Douglas Woodruff in 10 Downing Street, wo er schon die Koffer gepackt hatte, daß er der glücklichste Mann auf dem Erdboden sei. Warum? „Weil ich nie mehr in meinem Leben etwas mit einem Ausländer zu tun haben werde!"[20] Und dieser Mann hatte in einer der kritischesten Zeiten eine führende Stellung in einem Weltreich. Die Insularität – gar keine so *„splendid isolation"!* – Englands hat wahrlich keine Grenzen.

Das sind alles Dinge, die man sich vor Augen halten muß, um die britische Außenpolitik der Vergangenheit richtig zu verstehen. Dem Insularismus mit dem Wunsch sich abzusondern und zurückzuziehen steht allerdings auch ein Messianismus gegenüber, der zwar schwächer als der amerikanische oder russische, sicherlich auch weniger aggressiv als der deutsche ist („Am deutschen Wesen soll die Welt genesen!"), aber immer stark genug war, um allen Ortes Unheil auszulösen, denn dank der universalen Anglomanie wurde dem britischen Druck nur geringer Widerstand entgegengesetzt. Dieser britische Messianismus hat sich vielleicht am konkretesten in der *British-Israel-Society* geäußert, die uns glauben machen will, daß die Briten der verlorene zwölfte Stamm Israels und deshalb zur Weltherrschaft berufen wären. Doch auch der Wunsch, die Hoffnung, daß man alle Völker der Welt in britisch-politischem Sinn sanft und artig umerziehen könnte, ist offen oder versteckt, bewußt oder unbewußt immer da gewesen. Dabei aber hat (trotz allem *Cant*) der Engländer einen echt moralistischen Zug, der auch in der Außenpolitik immer wieder (zumal auch fatal) zum Ausdruck kommt; dem Unterdrückten, dem *underdog*, sollte immer und überall geholfen werden. Keine Beschwerde auf dem weiten Erdenrund fiel deshalb in England auf taube Ohren, und es wäre verfehlt zu glauben, daß nicht auch Anklagen gegen die britische Herrschaft in England ihre Anwälte fanden. Es haben Briten gegen die Unterdrückung der Iren genau so wie gegen die Verwaltung in Indien protestiert. Freilich, manchmal fanden auch unwürdige Anliegen irregeleitete Verteidiger, was nicht zu vermeiden war; Engländer haben oft für gute, aber auch manchmal für schlechte Sachen als Freiwillige ihre Haut zu Markt getragen.[21] Man muß anerkennen, daß während des Zweiten Weltkriegs in England Stimmen gegen den unbeschränkten Vernichtungskrieg aus der Luft sehr laut geworden waren.[22] Neben dem *Cant* gab es immer auch große Ehrlichkeit und größten Bekennermut. So ist auf den britischen Inseln nicht wie in Skandinavien oder Norddeutschland die katholische Kirche sang- und klanglos untergegangen: Die Agonie der Kirche dauerte dort fast 180 Jahre und einzelne Gruppen „überwinterten" trotz größter Unterdrückung, Einschränkung und Verfolgung bis zum Ende des 18. Jahrhunderts als die ersten Erleichterungen kamen.[23]

Die unterschwelige Angst vor dem Kontinent, von dem immer eine Invasion drohen konnte – die letzte fand 1066 statt –, vor einer neuen Armada, beherrschte einen guten Teil der Außenpolitik bis auf unsere Tage. Daher auch das in der Außenpolitik so beliebte Konzept des *balance of power*, des Gleichgewichts der Mächte am Kontinent. Dieses Prinzip des *Divide et Impera* hat aber auch jedwede Einigung Europas auf friedlicher oder kriegerischer Basis vereitelt, schaffte aber wiederum innerhalb Englands einen Antieuropäismus, der heute zwar zurückgedrängt, aber lange noch nicht abgestorben ist. Man findet ihn sowohl auf der äußersten Rechten als auf der äußersten Linken mit den verschiedensten Vorzeichen, aber doch gemeinsamer Wurzel.

Die Schotten fühlen sich sehr anders als die Engländer; sie glauben zwar, nicht geographisch, aber kulturell am Kontinent zu sein. Die vorherrschende Konfession Schottlands ist nicht die episkopale *Church in Scotland,* sondern die *Church of Scotland,* die presbyterianisch ist und deshalb als echte Schwesterkirche der reformierten Glaubensgemeinschaften der Niederlanden, Frankreichs, der Schweiz und Ungarns betrachtet wird. Auch der Prozentsatz der Katholiken in Schottland ist höher als in England; nicht nur haben wir dort eine relativ größere irische Einwanderung, sondern auch rein katholische Dörfer (manche mit gälischer Sprache) auf den Hebriden und in den Highlands, kein einziges aber in England. Der Geist des Relativismus und des Kompromisses, den Engländern so teuer, ist in Schottland viel weniger vorhanden. [24]

Alldies gilt noch viel mehr für Irland, das einst den halben Kontinent missioniert hatte; die irischen Mönche hatten nicht nur große Teile der deutschen Länder bekehrt,[25] sondern hatten auch in Rom ihren Einfluß spirituell und theologisch geltend gemacht.[26] Nach den Siegen Cromwells und Wilhelms III. (durch Schomberg in der Schlacht am Boyne-Fluß, 1690) sind zahlreiche irische Adelige in das katholische Europa geflohen, wo sie im Militär und in der Politik wichtige Rollen spielten. Man denke da nur an Generäle wie Butler, Browne, *McNevin-O'Kelly*, Nugent, MacDonald, MacMahon, Politiker wie O'Donnell und Taaffe oder Kirchenfürsten wie O'Rourke. Doch gerade wegen der konfessionellen Intoleranz der Engländer (und auch der Schotten) war die Integrierung Irlands in das „Vereinigte Königreich" stets problematisch geblieben und führte schon vor der erschwindelten Vereinigung des irischen mit dem britischen Parlament (1801) zu Rebellionen und schließlich zu Aufständen großen Stils. Unbereinigt und eine offene Wunde am Vereinigten Königreich ist das Problem Nordirlands oder, um genauer zu sein, Nordostirlands, denn der nördlichste Punkt Irlands liegt am Rande der Republik.[27]

Die größere Kontinentalnähe Irlands merkte man vor allem bei dem Referendum über den Beitritt des Landes zur Europäischen Gemeinschaft. 83 Prozent sprachen sich hier dafür aus. (Bei den Wahlen zum Europäischen Parlament gingen in England-Schottland beim vorletzten Mal hingegen nur 37 Prozent zu den Urnen.)

16. DAS PULVERFASS: DER ALTE BALKAN

Wie entwickelte sich der Balkan in der Zeit vor dem Ersten Weltkrieg? Zu Beginn des vorigen Jahrhunderts war noch die ganze Balkanhalbinsel mit der Ausnahme Dalmatiens und der Ionischen Inseln in türkischen Händen, doch wurde die eigentliche Herrschaft in den „Schwarzen Bergen" („Montenegro", *Crna Gora*) von Bischöfen der Familie Petrović-Njegoš, den Wladykas, ausgeübt. Die Erbfolge ging von Onkeln auf Neffen über. Nach den napoleonischen Kriegen errangen die Serben der Šumadija, des Waldlandes südlich der Donau und Save, eine Autonomie. Geführt wurden sie vom „Schwarzen Georg", dem Kara Đorđe, der eine moralische und materielle Hilfe von den österreichischen, genauer gesagt, von den ungarischen Serben genoß. Wie wir schon sagten, lebten zahlreiche Serben in Kroatien-Slawonien und in Südungarn, wohin sie aus der Großtürkei geflohen waren. Deren kirchliches Zentrum war Karlowitz (Sremski Karlovci) im östlichen Slawonien, deren kultureller Mittelpunkt aber Wien. Vuk Stefanović Karadžić, der die serbische Zyrilliza durch weitere Buchstaben ergänzte und eine serbische Schriftsprache zu schaffen bestrebt war, hatte hauptsächlich in Wien gewirkt, wo er auch gestorben ist.

Im tiefen Süden der Balkanhalbinsel rührten sich alsbald die Griechen, die sich mit viel Sympathie aus allen Kreisen Europas, nicht aber der Stockkonservativen, die Freiheit erkämpften. Sie errangen sie aber nur für den Peloponnes, Attika, Böotien und die anliegenden Teile. (Auch die Unabhängigkeit Belgiens wurde von den Konservativen[1] keineswegs begrüßt.) Man fürchtete „Veränderungen" und wollte an dem *Status Quo* nicht rütteln. Freilich war dieses noch sehr kleine, freie Griechenland von der Verwirklichung der *Megale Idea*, der Wiedererrichtung des byzantinischen Reiches mit Konstantinopel als Hauptstadt, noch sehr weit entfernt. Eine verrückte Idee? Nicht ganz. Damals waren die Griechen immer noch die größte ethnische Gruppe in der „Kaiserstadt", und auch die Ostküste der Ägäis war überwiegend von Griechen besiedelt. Smyrna war selbstverständlich eine überwiegend griechische Stadt.

Hier muß man sich auch vor Augen halten, daß sich das alte „kaiserliche" Osmanenreich zwar durch große Brutalitäten auszeichnete, daß die Sultane immer wieder scheußlichen Palastintrigen zum Opfer fielen,[2] sich immer wieder sadistische Revolutionen und Verschwörungen ereigneten, im Staat aber dennoch eine nationale und politische Toleranz eigener Prägung herrschte. So wurden die Massaker der Armenier erst wirklich bestialisch, als die Türkei sich demokratisierte und die Jungtürken mit ihrem Schlagwort „Einigkeit und Freiheit" die Regierung übernahmen. Diese waren allerdings noch nicht so ‚fortschrittlich' wie die „Kemalisten", die nach dem Ersten

Weltkrieg die Monarchie abschafften und durch eine laizistische Republik ersetzten.

In der alten Monarchie konnten die christlichen Minderheiten trotz ganz bestimmter gesetzlicher Beschränkungen bei nur einiger Geschicklichkeit reich werden oder auch in der Verwaltung Karriere machen. So waren die Gouverneure der Donaufürstentümer (Walachei und Moldau), die „Hospodare", fast immer Griechen aus dem Phanar, einem Stadtteil Konstantinopels. Die Finanzen, ja, das Kapital, lagen zum allergrößten Teil in den Händen von Griechen, sephardischen Juden, Levantinern,[3] Armeniern und Europäern. Auch in der Diplomatie spielten die Nichttürken eine große Rolle. So war der letzte kaiserliche Botschafter in Washington, Blacque-Bey, schottischer Abstammung. Er trug einen Fez, war aber dem Glauben nach Katholik.[4]

Lange konnten am Balkan die Christen, die dort die Mehrheit bildeten und den gelegentlichen Ausschreitungen der türkischen Soldateska, der Janitscharen und später der Baschi-Bosuks ausgeliefert waren, niedergehalten werden. Die Christen hatten keine tragenden Oberschichten, denn diese waren von den Türken entweder ausgerottet oder auch zum Islam bekehrt worden. Daher auch die häufigen slawischen, albanischen oder griechischen Namen der Paschas. In Bosnien war die kroatische Oberschichte, die dem Bogomilismus gehuldigt hatte, weitgehend islamisiert worden. Bosnien hatte gegen die Türken, durch eine überaus friedliche Ketzerei geschwächt, kaum nennenswerten Widerstand geleistet. „I pade Bosna bez uzdaha – und Bosnien fiel ohne einen Seufzer", wie es in einem Lied hieß. Diese islamisierten Kroaten behandelten ihre christlichen Konationalen einschließlich der Serben als Rayah, als Herde, als Kmeten („Knechte"). Ähnliches geschah in Zentralalbanien, während in Bulgarien ganze Gebiete (ohne sich sprachlich zu verändern) islamisierten. Diese mohammedanischen Bulgaren wurden Pomaken genannt. Wir müssen uns also den Balkan vor 1878 als ein Gebiet vorstellen, in dem es eine ganze Reihe von teilweise türkisierten und islamisierten Enklaven gab. Der Islamisierung widerstanden also Unterschichten, die nördlich des Griechentums fast rein bäuerlichen Charakters waren; sie wurden natürlich moralisch, aber auch „national" vom Klerus unterstützt. Das lockere Benehmen der Balkanvölker in der Kirche kommt von dem Umstand her, daß man sich nur in der Kirche vor den Türken sicher wußte: Da war man ganz „unter sich".

Doch die ganz große Verzahnung der nichttürkischen Balkanvölker bildete schon recht früh ein Hindernis zu ihrer Befreiung. Zwar war der gemeinsame Haß gegen den asiatischen Zwingherrn da, aber auch zugleich sich überschneidende nationale Aspirationen, was sich besonders im letzten Viertel des 19. Jahrhunderts bemerkbar machte. Rußland (und nicht mehr Österreich) erschien aus kulturellen und konfessionellen Gründen der Protektor der Balkanchristen. Die österreichische Präsenz machte sich nur noch bei den Serben fühlbar. Bemerkenswerterweise war die erste Dynastie der serbischen Fürsten die Familie Karađorđević, Abkommen des Schwarzen Georg. Sie war im Geruch, eher pro-österreichisch als russophil zu sein. Das kostete ihr auch den Thron. Nun kam die Familie Obrenović mit russischem Etikett auf den Thron, doch wurde sie mit der Zeit austrophil. Die furchtbaren türkischen Massaker unter den Bulgaren in den Siebzigerjahren führten die russische Intervention herbei, die mit der Niederlage der Türken endete; es war aber dies, da die Türken gute Soldaten sind, ein bitterer Krieg und kein leichtes Abenteuer. Die Russen diktierten dann den Frieden von San Stefano (einem Vorort von Konstantinopel), der praktisch das Ende der türkischen Herrschaft am Balkan bedeutete. Ein Großbulgarien, in dem alle Bulgaren vereint waren, sollte entstehen.

Das aber brachte die Großmächte auf den Plan. Bismarck trat im Kongreß von Berlin (1878) als „ehrlicher Makler" auf, und Rußland, das in Europa lediglich Südbessarabien zurückgewann, durfte zwei türkisch-armenische Kreise, Kars und Ardahan, annektieren. Doch da man in Berlin den Traum eines ethnisch-historischen Bulgariens zerbrach – und zwar nur deswegen, weil man in dem wiedererstandenen Bulgarien eine russische Satrapie vermutete –, steuerte man die neueste Geschichte des Balkans in eine falsche Richtung. Die Serben wurden ausdrücklich ermuntert sich in der Richtung von Saloniki auszudehnen und damit das vorwiegend bulgarische Makedonien einzuheimsen. Serbien erhielt 1878 nicht nur Nisch mit einer gemischten serbisch-bulgarischen Bevölkerung, sondern auch Pirot, das rein bulgarisch war: schon dadurch wurde Serbien auf eine südliche Bahn gelenkt. Doch auch die Donaumonarchie tendierte ein wenig demselben Ziel zu: sie wurde ermächtigt, Bosnien und die Hercegovina mit dem „Sandshak" Novipazar (zwischen dem erweiterten Serbien und Montenegro) militärisch und auch zivil zu verwalten. Doch die Besetzung dieser drei Gebiete der Türkei mit ihrer großen islamischen Minderheit erwies sich als kein militärischer Spaziergang: Die Moslems wehrten sich bitter, und die christliche Bevölkerung wagte es kaum, den Österreichern zu Hilfe zu kommen. In seinen Memoiren erzählt ein k.u.k. Offizier, wie er an der Spitze der vorrückenden Truppen einen alten Moslem Beg, der zurückgeblieben war, fragte, ob die Bosniaken sich denn nicht vor der österreichischen Armee fürchten. Nein, keineswegs. „Vor wem fürchtet ihr euch denn?" „Nur von den Montenegrinern."[5]

Der Türkei verblieb auf europäischem Boden ein immerhin 169 000 Quadratkilometer großes Territorium, das unmittelbar der Hohen Pforte unterstand. In Bosnien und der Hercegovina wie auch im Fürstentum Bulgarien zwischen dem Balkan und der Donau war die Souveränität des Sultans nur mehr auf dem Papier. Auch die Landschaft südlich des Balkan-Gebirges mit dem fragwürdigen Etikett „Ost-Rumelien", erst 1908 vom Königreich Bulgarien formell annektiert, war nominell unter türkischer Oberhoheit. Thessalien wurde erst in den Achtzigerjahren von der Türkei an Griechenland abgetreten. Doch gerade dieses weiterhin noch türkische Gebiet mit einer türkischen Minderheit sollte später zum Zankapfel der wiedererstandenen christlichen Staaten werden, vor allem aber das makedonische Kernstück. Dort fand 1903 ein (hauptsächlich von Bulgaren getragener) Aufstand statt, der aber von den Türken niedergeschlagen werden konnte. Die I. M. R. O., die „Innere Makedonische Revolutionäre Organisation", wollte hier eine „Schweiz des Balkans" aus Bulgaren, Griechen, Kutzo-Wlachen, Albanern und Türken errichten, aber die Türkei behielt vorläufig noch die Oberhand. Nur eine Allianz der christlichen Balkan-Nationen konnte die Türkei auf ein Mindestmaß in Europa reduzieren...

Aus einer Reihe von Gründen spielte der Balkan als Bedrohung des europäischen Friedens eine so folgenschwere Rolle. Da war erstens einmal die Rivalität zwischen Österreich-Ungarn und Rußland – und hinter der Habsburgermonarchie stand das Deutsche Reich. Der Bau einer Bahn nach Konstantinopel (über den sich der berühmte „Orient-Express" bewegte) und dann von der anderen Seite des Bosporus in das damals noch türkische Mesopotamien, die sogenannte „Bagdadbahn", erregte vor allem englische Gemüter. Der deutsche Einfluß in der Nähe Südpersiens und damit auch Indiens machte London nervös. Ein weiterer Faktor der Unruhe war das Problem der Meerengen, die von der Türkei kontrolliert wurden. Doch Rußland, stets bestrebt aus seiner Verschachtelung im Schwarzen Meer auszubrechen, trachtete, eisfreie Häfen in gesicherten Lagen zu bekommen,[6] wiewohl England über eine russische Präsenz im Mittelmeer keineswegs entzückt gewesen wäre. Ein dritter Faktor war interner Natur: die große Leidenschaftlichkeit, Wildheit und auch Grausamkeit dieser aus jahrhundertelanger Sklaverei erwachten Völker, verbunden mit ganz spezifischen Gebietsansprüchen. So hätten zum Beispiel die Großmächte in unserem Zeitalter nie die skandinavischen Staaten gegeneinander ausspielen können. Anders aber war dies am Balkan, wo es keine klaren historischen, ethnischen oder religiösen Grenzen gibt. Ja, man kann sogar sagen, daß es keine einzige eindeutige Grenze am Balkan gibt, mit der einzigen Ausnahme der historisch-ethnischen bulgarisch-rumänischen Grenze an der unteren Donau, wobei allerdings die letzte Strecke in der Dobrudscha wieder strittig ist. Das äußerst harte Leben unter der türkischen Herrschaft, die Kargheit der Böden, das mancherorts grausame kontinentale Klima, das Fehlen der humanistischen Tradition, vielleicht auch die physisch-nervliche Erregbarkeit der Balkanrassen haben hier ein wahres Pulverfaß geschaffen.

Oft stellten die Großmächte in ihrem Spiel um die Vorherrschaft am Balkan auch falsche Spekulationen an. So wurde im sehr verkleinerten Fürstentum Bulgarien unter dem von Rußland geförderten Fürsten Alexander von Battenberg[7] der russische Einfluß keineswegs vorherrschend. Dieser Fürst beschloß ganz einfach (so wie einst Louis Bonaparte in den Niederlanden), das Land ganz im Interesse seiner Einwohner zu regieren, was ihm den Unwillen Kaiser Alexanders III. zuzog, der alle Hebel in Bewegung setzte, um ihn zu stürzen. Um nach der äußerlichen Vereinigung des Fürstentums mit Ost-Rumelien die Unabhängigkeit seines Staates nicht zu gefährden, dankte Fürst Alexander ab. Sein Nachfolger, der Fürst und spätere „Zar der Bulgaren", Ferdinand I. aus dem Hause Sachsen-Coburg-Koháry, war den Russen anfänglich auch nicht genehm, doch als Mitglied des Hauses Sachsen–Coburg genoß er die Sympathien der westlichen Mächte,[8] und Nikolaus II., der Alexander III. nachgefolgt war, gab seinen Widerstand gegen ihn auf.

Nach der Schwächung der Türkei durch den italienisch-türkischen Krieg von 1911–1912 entschlossen sich die christlichen Balkanstaaten zu einem konzentrischen Angriff gegen die Türkei. Dabei fiel Bulgarien die Hauptrolle zu, und das bulgarische Heer erlitt auch die größten Verluste. Schließlich waren es größtenteils bulgarische Einheiten, die an der Çadalca–Linie vor Konstantinopel lagen. Die Serben waren entlang der Morawa und des Wardar–Tales vorgestoßen, die Montenegriner hatten sich auf Nordalbanien geworfen, die Griechen rückten auf Saloniki vor. Nach einem Waffenstillstand, der aber abgebrochen wurde, da die Türken konzessionsunwillig waren, ging der Kampf weiter. Schließlich mußte die Türkei Ostthrakien bis zur Linie Enos–Midia den Verbündeten überlassen. Dadurch blieben die Meerengen und das Marmara-Meer weiter bei der Türkei.

Als aber dann die Serben und Griechen das vorwiegend bulgarische Makedonien unter sich teilen wollten, kam es zu einem Krieg aller Verbündeten, zu denen noch die Rumänen und die Türken stießen, gegen Bulgarien. (Auch das ferne Montenegro griff in diesen ungleichen Kampf ein.) Gegen eine Allianz von fünf Staaten konnte Bulgarien nicht aufkommen. Zwar bekam es schließlich einen Zugang zur Ägäis, aber von Makedonien nur einen Zipfel, und zudem verlor es die südliche Dobrudsha an Rumänien, das am Balkan auch nicht leer ausgehen wollte. Diese große Tragödie trieb Bulgarien ganz automatisch in zwei Weltkriegen auf die Seite Deutschlands: Es war jetzt auf allen Seiten von Feinden umgeben.[9]

Serbien kontrollierte nun Gebiete, die kaum serbisch waren: Die Makedonier Bulgariens wurden zu „Südserben" erklärt, alle ihre Familiennamen wurden mit der Endung „ić" versehen, bulgarische Bücher und Zeitungen wurden verboten. Der Umstand, daß Dušan der Große einmal über Makedonien und Nordgriechenland geherrscht hatte, wurde als historisches Alibi bei dieser Annexion verwendet. Die Unterdrückung der Makedonier war aber noch milde im Vergleich zur Verfolgung der größtenteils islamischen (und nur zu kleinem Teil katholischen) Albaner im Kosovo–Gebiet. Dort wurden sie zu Tausenden abgeschlachtet. (Letzte Massaker unter ihnen fanden unter Titos Régime in den Fünfzigerjahren statt.) Serbiens Drang nach dem Meer über albanisches Gebiet stieß jedoch auf den Protest der Großmächte. Ein Staat Albanien mit islamischer Mehrheit, katholischen und ostkirchlichen Minderheiten, sollte geschaffen und die Montenegriner aus dem eroberten Skutari (Shkodra) zum Abzug gezwungen werden. Hier wirkte sich die konkrete Zusammenarbeit des Dreierbundes zum ersten- und zum letztenmal aus.

Mit der Eroberung des überwiegend albanischen Kosovo-Gebietes war auch das Schlachtfeld in die Hände der Serben gefallen, auf dem die Unabhängigkeit des alten Serbiens in einer bitteren Niederlage ihr Ende gefunden hatte. Sultan Murad besiegte damals den König Lazar Hrebeljanović, wurde aber darauf in seinem Zelt von einem Serben (Obilić oder Kobilić) erdolcht. Dieser Tag, der Veitstag *(Vidovdan)*, der 28. Juni 1389, spielt in der serbischen epischen Dichtung und in Liedern eine große Rolle. Im Osten Europas sind es oft nicht die Siege, nicht die Triumphe, die das Herz bewegen oder auch geistige Zäsuren hinterlassen, sondern Niederlagen und Katastrophen. Die polnischen und ungarischen Nationalhymnen drücken dies sehr deutlich aus.[10] Das tragische Lebensgefühl des Ostens reagiert eben anders als das unsere. Und darum war auch die Eroberung des Amselfeldes durch die Serben die Erringung einer nationalen Gedenkstätte, die nun nationalistisch umgestaltet werden sollte.[11]

Das alles aber gab dem serbischen Nationalgefühl einen gewaltigen Auftrieb – fünf Jahre nach der bosnischen Annexionskrise.[12] Doch hatte jetzt das Königreich in seiner Bevölkerung mindestens ein Drittel Nichtserben. Nun richteten sich die Blicke der Nationalisten auch nordwärts und westwärts, so zum Beispiel nach Südungarn, das in Wellen von flüchtigen Serben zuerst mit ungarischer, dann aber auch mit österreichischer Hilfe besiedelt worden war. (Durch die Verwüstungen der Türken war ein Großteil der Magyaren in der Bácska und im Banat ermordet, verschleppt oder vertrieben worden.) Zu einer weiteren Expansion Serbiens ermunterten aber auch die „Pan"-Ideen: nicht so sehr der Panslawismus, sondern der „Jugoslawismus", dem sich allerdings die „artfremden" Bulgaren nie anschlossen.[13] Es wurde die These vertreten, daß Serben, Kroaten und Slowenen eigentlich eine Nation bildeten, wobei allerdings die Serben die zahlreichsten waren. Zwar kamen die Serben und Kroaten aus benachbarten Gebieten im Norden des Slawentums,[14] aber sie machten geschichtlich verschiedene Entwicklungen durch, was auch ihren Charakter sehr anders prägte. Die Mehrzahl der Kroaten hatten nie als Kmeten unter dem türkischen Joch gelebt. In Agram hatte man nie eine Moschee gebaut (wie zum Beispiel in Belgrad, Erlau oder Fünfkirchen). Die Kroaten waren katholisch, die Serben gehörten der Ostkirche an. Die Kroaten sind ein mitteleuropäisches Volk von Seefahrern, die Serben orthodoxe Inlandbewohner der Balkanhalbinsel. (Die Montenegriner sind Serben mit eigener Geschichte.) Auch scheint selbst ein gewisser Rassenunterschied zu bestehen: Manche Männer und Frauen sind zweifellos visuell Serben *oder* Kroaten. Die Slowenen sind kulturell Österreicher. Vergessen wir nicht, daß das Slawentum slowenischer Prägung einmal bis ins Salzkammergut[15] und nach Osttirol hereinreichte. Bayrische (manchmal aber auch fränkische oder alemannische) Siedler hatten Rumpfösterreich germanisiert. (Graz hieß – im Unterschied zu Windischgraz – „Bairisch-Graetz"!) Die Slowenen, die sich ähnlich kleiden wie die Alpenbewohner und auch eine sehr ähnliche Musik haben, sind die einzigen nichtgermanisierten Österreicher. Zwischen einem Slowenen aus der Südsteiermark, aus Südkärnten oder der Oberkrain und einem Montenegriner aus Andrijevica oder einem Moslem aus Sarajevo besteht ein himmelweiter Unterschied, genau so zwischen einem Isländer und einem Südtiroler oder einem Elsässer und einem Ostpreußen.

Doch nicht nur der territoriale Appetit der Serben wurde durch die Annexion von Fremdvölkern vermehrt, sondern auch jener der Rumänen. Die südliche Dobrudscha war von Bulgaren und Tataren bewohnt. Der Überfall Rumäniens auf Bulgarien war ein besonders häßlicher Akt, der sich allerdings im Jahre 1916 mit dem Überfall auf Siebenbürgen wiederholen sollte. Das östliche Ungarn hatte auch weder zur Moldau noch zur Walachei gehört. Auch hier konnten nur rein ethnische Ansprüche erhoben werden, wobei noch zu bemerken ist, daß ein Land, das „Rumänien" heißt, seinen Namen nur einer Sprachschöpfung aus der Mitte des vorigen Jahrhunderts verdankt.[16] Doch dieser Dolchstoß Rumäniens sollte sich in unserem Jahrhundert noch etliche Male wiederholen.

Rumänien gehört geschichtlich, aber nicht (wenn man von der Dobrudscha absieht) geographisch zum Balkan. Und sagen wir es hier gleich auch deutlich: Man darf keineswegs hochnäsig auf den Balkan herabblicken, der schließlich die Wiege unserer Kultur und Zivilisation ist. Zwar gibt es dort viel Korruption, Grausamkeit, schlechte Organisation, Unehrlichkeit und Tücke, doch daneben auch viel Tapferkeit, Opfermut, männliche Entschiedenheit, Intelligenz, Ritterlichkeit und künstlerische Begabung. Ein Montenegriner wie Milovan Đilas, der immer wieder gegen die Belgrader Machthaber protestierte, immer wieder die schweren Gefängnisstrafen auf sich nahm, seine früheren Irrtümer offen bekannte und nie klein beigab, wäre bei uns in Westeuropa nur äußerst selten zu finden.

17. DAS PROBLEM ITALIEN

Was geschah in Italien im vorigen Jahrhundert? Dort sehen wir bald die nationaldemokratische Idee des *Risorgimento* mit betontem Linksdrall entstehen, doch fehlte in Italien anders als in Deutschland die Reichsidee. Die Vertreter des Risorgimento träumten nicht von einem italienischen Staatenbund (nach dem Muster des Deutschen Bundes), sondern von einer zentralistischen italienischen Gesamtmonarchie – wenn nicht von einer demokratischen Republik. Diese Sehnsucht nach einem liberal-progressiv-laizistischen Einheitsstaat, von der Französischen Revolution und der Freimaurerei inspiriert, war in den verschiedenen Teilen des Landes und den Klassen unterschiedlich vertreten. Zwei der reichsten und wirtschaftlich entwickeltsten Regionen, die Lombardei mit Mailand und Venetien, gehörten zu Österreich und wurden vorzüglich verwaltet.[1] Das nicht minder fortschrittliche Königreich Sardinien, aus Savoyen, Piemont, der früheren Republik Genua und Sardinien bestehend, war einer französischen Dynastie untertan, von der sich aber die gemäßigten Elemente des *Risorgimento* die Einigung Italiens erwarteten. Zwischen Österreich, Sardinien und dem Kirchenstaat gab es eine Reihe von kleinen Fürstentümern, von denen das Großherzogtum Toskana (mit der Hauptstadt Florenz), von einer Nebenlinie des Hauses Habsburg-Lothringen regiert, das größte war. Auch hier war die Verwaltung ausgezeichnet und seit den Tagen Leopolds II., des späteren Kaisers, höchst „progressiv".[2] Weniger erfolgreich war die Verwaltung des Kirchenstaats, der sich in einer schwachen S–Kurve vom Po bis zum Tyrrhenischen Meer herunterzog. Das tägliche Leben in diesem Land war für die meisten Bewohner keineswegs schlecht; es hatte sogar einige ausgezeichnete Institutionen, wie zum Beispiel die Spitäler,[3] und das Justizwesen war ausgesprochen mild. Zerfahren und zerrüttelt war eher das Königreich der Beiden Sizilien mit der Hauptstadt Neapel, damals die größte Stadt Italiens (Rom stand bis 1900 an dritter Stelle). Eine große Agrarreform hatte unter Joachim Murat, König von Neapel und Schwager Napoleons, stattgefunden, aber die reichen Grundbesitzer kauften die Parzellen fauler Bauern fleißig wieder auf. Erst nach dem Zweiten Weltkrieg kam eine eher radikale Agrarreform. Doch schon damals rührte sich die Mafia in Sizilien und die Camorra am Festland.[4] Dazu gab es noch eine Reihe von politischen Geheimbünden, wie zum Beispiel die *Carbonari*, die sich über ganz Italien ausbreiteten.

Es muß aber gesagt werden, daß diese lokalen Regierungen bei der Masse der Bevölkerung nicht unbeliebt waren. Die von der Idee des *Risorgimento* Begeisterten gehörten eher den gehobeneren Schichten an, dem großen und dem kleineren Bürgertum, wie auch einem Teil des Adels und nicht zuletzt des Klerus. Der Welschtiroler Graf Antonio Rosmini-Serbati, Gründer des Rosminianer-Ordens, war ein glühender italienischer ‚Patriot‘ und das war auch der sehr katholische Manzoni. Deshalb war es nicht völlig überraschend, als sich 1846 die Hoffnungen der Liberalen auf den neuen Papst, Pius IX., konzentrierten, der schließlich in Rom, im Herzen Italiens, residierte und durch seine durchgreifenden Reformen im Kirchenstaat unter den Anhängern des *Risorgimento* sich zahlreiche Freunde geschaffen hatte. Ja, ein päpstliches Korps, verstärkt durch Freiwillige, war 1848 nach Norditalien gezogen, um gegen die Österreicher zu kämpfen, aber die Niederlage der Sardinier führte auch zu dessen Rückberufung. Doch Pius IX. fühlte sich dann durch die Ermordung seines Ministers Rossi (ein Opfer der Radikalen) so tief getroffen, daß er den Liberalen jeden Zuspruch verweigerte. Dies führte zu einem Aufstand in Rom, worauf der Papst in die Festung von Gaeta flüchtete. Französische Truppen befreiten ihn aus diesem Exil erst zwei Jahre später. (Auch glaubte Louis Napoleon, damals noch Präsident, durch diese Aktion einen Stein im Brett der Kirche zu bekommen.) Es war aber somit auch offenbar, daß die päpstliche Herrschaft nur mehr durch ausländische Intervention gehalten werden konnte.

Es war erst die Intervention Napoleons III. auf der Seite Sardiniens und des *Risorgimento*, die 1859–1860 zur Gründung des Königreichs Italien und zur Aussöhnung des sardinischen Königs mit dem Revolutionär Garibaldi und seinen Rothemden führte: Dadurch erhielt die gemäßigte den Vorrang über die extreme Linke. Nur mehr Venedig und der stark verkleinerte Kirchenstaat blieben noch außerhalb des geeinten Italiens. Das siegreiche Preußen legte Venetien 1866 den Italienern zu Füßen, und nach dem Abzug der französischen Truppen bekam Italien dann auch 1870 die Ewige Stadt. Dieser Abzug war das Resultat des deutschen Sieges in Frankreich. 1939 wollte Hitler diese deutschen Geschenke an Italien noch mit dem Südtirol–Abkommen krönen: Die Deutschen Tirols, durch Italiener ersetzt, sollten schließlich in die Krim verpflanzt werden. Freilich gab es nach 1870 immer noch im Sinne der Nationaldemokratie ein „Unerlöstes Italien“, eine *Italia Irredenta*: Welschtirol und Triest mit Teilen des Küstenlands und das westliche Istrien, wie auch Korsika, Nizza (die Geburtsstadt Garibaldis) und aus historischen Gründen Savoyen, das französischsprachige Stammland der Dynastie. Auch schmerzte es die Italiener, daß die Franzosen Tunis annektiert hatten, denn das war das italienische „Gegenufer“ mit zahlreichen italienischen Immigranten und ländlichen Siedlern.

Doch muß man sich fragen, ob die Einigung Italiens ein Erfolg war. Genau so wie in deutschen Landen vor der Errichtung des Zweiten Reichs, gab es in Italien eine Reihe von Staaten mit eigenen Hauptstädten, Höfen und einer Vielfalt von Gesellschaften mit verschiedenen Sitten und Gebräuchen. Oft wurde selbst in den höchsten Kreisen (wie zum Beispiel in Venedig) der lokale Dialekt gesprochen. Die Kultur Piemonts war weitgehend französisch. Mailand hatte ein ganz anderes Lebensgefühl als Neapel. Rom und Florenz waren Welten für sich. Nun aber sollte Italien in einen Einheitsbrei verwandelt werden, was glücklicherweise trotz aller Anstrengungen nicht völlig gelingen sollte. Auch noch im Ersten Weltkrieg hatten Sizilianer nicht das geringste Interesse an einer „Erlösung“ von Triest oder Trient. Man denke da einmal an die Höhlenbewohner der *Sassi* von Matera in der Basilicata, die aber auf ihre Art mit ihrem Los keineswegs unzufrieden waren.[5]

Doch in Bologna, in Udine und in Turin verlief das Leben in ähnlichen Bahnen wie weiter im Norden. Zweifellos waren hier die ethnisch-kulturellen Unterschiede bedeutend mehr markiert als im Deutschen Reich. Cavour, der eigentliche Gründer des italienischen Einheitsstaates, hatte nicht umsonst einen französischen Namen und eine hugenottische Mutter; auch liebte er die Stadt Genf über alle Maßen. Er war ein „Nordeuropäer", ein liberaler und fortschrittlicher Graf, der ein mediterranes Land bedachtsam zusammengeklebt hatte...

Doch das Verhältnis dieses neuen, im Vergleich zum Zweiten Deutschen Reich unhistorischen Landes zur Kirche war schwer getrübt. Die Könige Italiens waren von 1870 bis Anfang 1929 als Usurpatoren Roms automatisch exkommuniziert, also von den Sakramenten ausgeschlossen und wurden immer wieder nur auf dem Toten-bett in die Kirche aufgenommen. Katholiken wurden anfänglich von der Kirche aufgefordert, am politischen Leben überhaupt nicht teilzunehmen (taten es aber natürlich doch); ein führender jüdischer Freimaurer und Kirchenfeind, Signor Nathan, wurde Bürgermeister Roms; man baute ein riesiges Finanzministerium in der Nähe des Vatikans, um diesen in den Schatten zu stellen und errichtete ein Denkmal für Giordano Bruno: Der Abgrund zwischen Staat und Kirche war durch die Beset-zung des Kirchenstaates total. Natürlich wurde den Italienern auch die Zwangs-zivilehe aufoktroyiert, die Bismarck im Zweiten Reich und das Dritte Reich in Österreich noch viel später dauernd(!) eingeführt hatten. Der Papst betrachtete sich als Gefangener im Vatikan, und als Italien schließlich im Ersten Weltkrieg sich auf die Seite der Westmächte stellte, mußten die Alliierten in den Londoner Protokollen die Zusicherung geben, daß der Vatikan zu Friedensverhandlungen nicht eingeladen werden durfte.

Das geeinte Italien war also in jeglicher Beziehung – territorial, psychologisch, weltanschaulich – nicht wirklich geeint, und das einfache Volk trauerte eine zeitlang den entschwundenen Lokaldynastien nach. Italien wurde von gemäßigt linken Kräf-ten regiert, während auf der äußersten Linken der Sozialismus steigend Anhänger gewann. Auch der Anarchismus als zugespitzter, staatsfeindlicher Individualismus, der italienischen Volksseele sehr gut angepaßt, entfaltete sich recht bedenklich. (Es fragt sich, wie viele kommunistische Wähler Italiens heute in Wirklichkeit Anar-chisten sind, die sich in die PCI oder auch in die *Brigate Rosse* verirrt haben!) Der Antiklerikalismus, sowohl mit dem Sozialismus und Nationalismus als auch mit dem Liberalismus innigst verbunden, färbte die politische und kulturelle Szene. Das technisch, materiell-organisatorisch-disziplinär „zurückgebliebene" Land wollte mit seinen Führern um jeden Preis „fortschrittlich" sein und mit der Mitte und dem Norden Europas erfolgreich konkurrieren. Die Kirche zu beschuldigen, am „Rück-stand" die Hauptschuld zu tragen, war ein beliebtes Alibi für viele Schwächen, ein naheliegender Kampfschrei. War man doch im angebeteten Norden davon über-zeugt, daß die Kirche den Analphabetismus fördere, das Obskurantentum anfeuere und den „Konservatismus" auf ihre Fahnen geschrieben hatte.[6]

Unter allen diesen Umständen war es sehr natürlich, daß das Verhältnis Italiens zum Dreierbund (Österreich-Ungarn, Deutsches Reich, Italien), der eigentlich nur dank der Verstimmung Italiens durch die französische Annexion von Tunesien entstanden war, nicht sehr haltbar sein konnte. Deutschland wurde zwar bewundert, aber nicht geliebt, denn als Tourist war der *milord anglais* bedeutend freigebiger, wenn nicht auch manierlicher. Österreich–Ungarn hingegen war national der Erbfeind und historisch der Hort des katholischen Glaubens. Dazu kam das magische Bild der *Italia Irredenta* von Trient bis zur Bocche di Cattaro! Doch gab es in Italien auch Kreise, die in der Minderheit waren, aber am Dreierbund festhielten. Ich kannte italienische Offiziere, die im Sommer 1914 von einer Mobilisierung gegen Frankreich träumten und auch später den italienischen Kriegseintritt nicht nur als Verrat, sondern auch als politischen Unsinn allerersten Ranges betrachteten – was er auch tatsächlich war.

Das savoyische Königtum war nicht stark, und Italien war eine eher parlamentarische als konstitutionelle Monarchie. Die Politik wurde nicht vom König, sondern fast ausschließlich von Politikern gemacht. Die republikanischen Traditionen in Italien waren stark, stärker als anderswo in Europa mit Ausnahme der Schweiz und Frankreichs: Da waren das Beispiel der antiken römischen Republik, die verschiedenen Versuche einer römischen Republik in neuerer Zeit (die letzte mit der Beteiligung Garibaldis 1848–1849), die venezianische und die genuesische Republik, die republikanischen Perioden von Florenz. Und schließlich war der Kirchenstaat nur eine Wahlmonarchie. Auch vergesse man nicht, daß gerade weil Italien eine republikanische Tradition hatte, es dort auch eine solche der Diktatur mit antiken Wurzeln gab, ist doch die Diktatur eine republikanische Institution. Und die Tradition einer Duarchie? Auch eine solche hatte es im alten Rom mit den beiden Konsuln gegeben. (Und in Notzeiten den *Dictator.*)

Mit all diesen Problemen beschwert trat Italien in den Ersten Weltkrieg ein, nachdem die Versuche, von der mit Rußland auf Leben und Tod kämpfenden Donaumonarchie Gebietsabtretungen zu erpressen, gescheitert waren.

18. UNRUHIGES IBERIEN

Spanien und Portugal waren im 19. Jahrhundert noch viel einschneidenderen Krisen ausgesetzt als Italien. Nach 1813 kämpften keine ausländischen Truppen mehr auf der iberischen Halbinsel, dafür aber blühten die Bürgerkriege. Das Régime Joseph Bonapartes, wie auch der Einbruch der Ideen der Französischen Revolution ließen hier tiefe Spuren. Man spricht gerne über die „Romanen" oder den „lateinischen Charakter", aber die Portugiesen sind von den Spaniern grundverschieden, die Kastilier unterscheiden sich von den Katalanen, und die Basken sind natürlich ein Sonderfall.[1] Alle diese Völker sind härter und stolzer als die Italiener: „una piccola combinazione" gefällt den Iberern nicht. Kompromisse werden scharf abgelehnt.[2]

Die Spanier – das sind die Kastilier, Katalanen, Galizier und gewissermaßen auch die Basken – hatten am Anfang des 18. Jahrhunderts das Pech, daß dank des Patt im Spanischen Erbfolgekrieg die Habsburger durch die Bourbonen ersetzt wurden. Mit Ausnahme von Karl III. (der schon früher König in Neapel war) hat diese Dynastie in Spanien keinen hervorragenden Monarchen hervorgebracht. Die Habsburger, wie vor ihnen Ferdinand und Isabella, *los reyes católicos,* waren die Glorie Spaniens gewesen – bis allerdings auf den Zweiten Karl, *el rey hechizado,* der verrückt war und kinderlos starb. Karl IV. aus dem Hause Bourbon wurde ein Gefangener Napoleons, der seinen Bruder Joseph als König einsetzte. Das aber war den Spaniern zu viel: Das Volk erhob sich in einer grimmigen Revolte, die von England aus militärisch unterstützt wurde. Ein „modernes" Volk erträgt eine Fremdherrschaft, ein urwüchsiges tut dies nicht. Die spanische Erhebung zehrte an den Armeen Napoleons bis zum bitteren Ende und inspirierte sicherlich auch die Erhebung eines anderen „rückständigen" Volkes, das Rückgrat hatte, der Tiroler. Doch der Tiroler Aufstand war von einem Mann von hoher Qualität geleitet, der spanische Aufstand hingegen war spontan und kopflos. Im Gegensatz zu den Südamerikanern kennen die Spanier den Personenkult eigentlich nicht. Auch Franco war nie allgemein beliebt.

Doch war Spanien immer auch der Empfänger ausländischer Ideen. Im Jahre 1812, als schon der Süden befreit war, traten in Cádiz die Cortes zusammen, nicht als „ständische" Vertretung,[3] sondern als Parlament modernen Stils, und gaben dem Land eine Verfassung – die einer konstitutionellen Monarchie. Die Befürworter dieser Verfassung waren die „Freiheitlichen", *los liberales.*[4] Diese Verfassung wurde nach dem Abzug der Franzosen und der Rückkehr der Bourbonen von Ferdinand VII., dem Sohn Karls IV. anerkannt, dann aber wieder abgelehnt. Ein neuer Aufstand brachte die Intervention der Heiligen Allianz, doch schließlich wandte sich der wankelmütige Ferdinand wieder den Liberalen zu. Seine Witwe (die vierte Frau!) schloß sich fest an das liberale Lager an und wurde die Regentin ihrer Tochter, der Königin Isabel II. Diese „altkastilische" Erbfolge war jedoch dem inzwischen von Spanien übernommenen salischen Erbrecht, das der männlichen Thronfolge den absoluten Vorrang gibt, entgegengesetzt. Karl, der Bruder Ferdinands, beanspruchte den Thron. Ihn unterstützten die katholisch-konservativen *Apostólicos*, und dieser Erbfolgestreit, der bis auf unsere Tage angedauert hat, leitete die Serie der Karlistenkriege ein, in denen das konservative und katholische Spanien der *Carlistas* und das liberale Spanien der *Isabelinos* sich mörderische Schlachten lieferten. Nach dem Tode Ferdinands erhoben sich die Karlisten im Norden des Landes und wurden erst 1838 besiegt. Ein karlistischer Putsch mißlang im Jahre 1860. Doch die Kriege flammten wieder in voller Stärke im Jahre 1872 auf, als Amadeus von Savoyen auf die spanische Krone verzichtete und das Land herrenlos war. Sie dauerten bis 1876.[5] Sind das bloß historische Reminiszenzen? Keine Spur. Ohne die Hilfe der Karlisten, die am tapfersten kämpften, wäre die Militärrevolution, die im Juli 1936 ausbrach, nie gewonnen worden.

Die ganze Geschichte Spaniens von 1808 an ist blutig; mit dem Gift der Französischen Revolution in seinen Eingeweiden sollte das Land nie zur Ruhe kommen: eine Revolution, eine Krise, eine Rebellion, ein Bürgerkrieg, ein Umsturz folgte nach dem anderen. General Franco gab im Mai 1946 in den Cortes einen Abriß der spanischen Geschichte seit jenen Tagen bis zum Juli 1936 als der große Bürgerkrieg ausbrach, in dem es nur der Zufall wollte, daß Franco eine so gewichtige Rolle spielte. Ferdinand VII., sagte er, kehrte nach einem grauenhaften Krieg und Bürgerkrieg, der mit der Niederlage der Franzosen endete, im März 1814 nach Spanien zurück. 19 Jahre hindurch dauerte der Kampf zwischen Absolutismus und Liberalismus – sechs Jahre des Absolutismus mit der Unterdrückung der Liberalen, drei Jahre liberaler Herrschaft mit blutiger Verfolgung der Absolutisten, zehn Jahre eines milden Absolutismus bis zur Herrschaft von Isabel II., mit fortwährenden Revolten und Aufständen, einem Bürgerkrieg, der zu einer ausländischen Intervention führte, dem fast totalen Verlust des Kolonialreichs und der steigenden Gefahr der Karlistenkriege. Vom Tode Ferdinands VII. bis zum Sturz der Königin Isabel, vom September 1833 bis zum September 1868, sah Spanien 41 Regierungen und zwei Bürgerkriege, von denen der erste sechs Jahre dauerte. Es gab zwei Regentschaften und den Sturz der Monarchie, drei neue Verfassungen, 15 Militärrevolten, zahlreiche lokale Unruhen, häufige Priestermorde, Brandlegungen, Verhaftungen, Meutereien, einen Attentatsversuch auf die Königin und zwei Aufstände in Kuba.

Vom Fall der Monarchie im Jahre 1868 bis zur Regierung Alfons XIII., etwas weniger als 34 Jahre, gab es 27 Regierungen, einen ausländischen König (Amadeus von Savoyen), der nur zwei Jahre regierte, eine Republik, die vier Präsidenten in elf Monaten hatte, einen Bürgerkrieg, der sieben Jahre dauerte, verschiedene republikanische Aufstände und fast dauernde Rebellionen; dazu kam ein Krieg mit den Vereinigten Staaten, der dem Land beinahe den Rest der Kolonien kostete. Zwei Präsidenten der Republik wurden umgebracht, und es gab zwei neue Verfassungen.

Von der Thronbesteigung Alfons XIII. bis zum 4. April 1931, als die zweite Republik ausgerufen wurde, gab es in den ersten 28 Jahren 29 Regierungen. Drei Attentate richteten sich gegen das Leben des Königs. Es gab verschiedene revolutionäre Bewegungen, militärische Revolten und die Errichtung einer Diktatur. Diese dauerte sieben Jahre, das einzige Zwischenspiel, das Frieden, Ordnung und Fortschritt brachte. Das Jahr darauf sah zwei verschiedene Regierungen und den Fall der Monarchie. Die Republik, die vom April 1931 bis zum Juli 1936 bestand, war eine Synthese aller Unruhen, Revolutionen und Rebellionen der spanischen Vergangenheit. In etwas mehr als fünf Jahren gab es zwei Präsidenten, 22 Regierungswechsel, eine Verfassung die fortwährend aufgehoben werden mußte, zahllorse Einäscherungen von Klöstern und Kirchen sowie religiöse Verfolgungen. Es gab sieben schwere Unruhen, eine kommunistisch-anarchistische Revolution (in Asturien), Sezessionsbewegungen in zwei Gebieten und die Ermordung von Oppositionsführern, die von Regierungskräften durchgeführt wurde.[6]

Die Richtigkeit dieser Behauptungen kann nicht angezweifelt werden. Sie ist feststellbar. Nur fragt man sich unwillkürlich, ob diese eher doch betrübliche ‚Leistung‘ rein aus dem spanischen Charakter heraus erklärt werden kann oder ob da auch andere Gründe mitspielen. Sicherlich ist der Absolutismus des Denkens, die Verachtung für den Kompromiß, die Begeisterung für alles Extreme sehr spanisch. Man erinnere sich da an das spanische Revolutionslied der *Exaltados* aus dem Jahre 1821:

> Muera quien quiere moderación
> A viva siempre, y siempre viva
> Y viva siempre la exaltación.[7]

Auch wäre es verfehlt, in den Spaniern ein Volk von Neurotikern und Hysterikern zu sehen. Es gibt neben dem Extremismus auch eine spanische Nüchternheit und Klarheit, ja selbst eine spanische Selbstdisziplin, 1968 hatte Spanien die niedrigste Mord- und Totschlagsziffer der Welt.[8] Die Schilderungen des spanischen Charakters, die wir von George A. Ticknor, dem „Bostoner Brahmanen“,[9] bekamen, der das Land im Jahre 1817 bereiste, berichten von Spanien als von einem für das Reisen sehr beschwerlichen Land, das aber zugleich das „freiheitlichste Land der Welt“ für diesen Amerikaner war. Ticknor war von den Spaniern begeistert: „Hier ist größere Kraft ohne Barbarei, Zivilisation ohne Korruption als irgendwo anders. Kannst du das glauben?“ fragt er seinen Vater Elisha Ticknor in einem Brief. Und später sagt er: „Ein stilleres, anständigeres, die Gesetze befolgendes und loyaleres Volk habe ich nirgends in Europa gesehen.“ Doch mußte er auch erwähnen, daß die Regierung sehr schwach war, und die königlichen Gesetze ganz einfach ignoriert wurden.[10] Von der Inquisition aber berichtete Ticknor, daß man sie allgemein verachte und sie nur noch Priester und Lehrer manchmal beeindrucke. Als sie nicht viel später ganz abgeschafft und durch die Polizei ersetzt wurde, gab es wütende Demonstranten, die in den Ruf ausbrachen: „Viva la Inquisición! Muera la policia!“[11] Das katholische, anarchische Lebensgefühl war in diesem Volk immer präsent: Vergessen wir da auch nicht, daß weder die Spanier noch die Portugiesen je die Leibeigenschaft gekannt hatten!

Der einzige Faktor, der das historische Spanien einte, war der Glaube, denn politisch, sprachlich, regional, sozial sind die Spanier zutiefst gespalten, aber der gemeinsame Glaube hält sie noch irgendwie zusammen. Nun aber wurde durch die Aufklärung der Glaube unterhöhlt, und der Spanier wandte sich in seinem kompromißlosen Absolutismus nur zu oft anderen „Glaubensformen" zu. Die Worte Dostojewskijs: „Wenn es Gott nicht gibt, dann ist alles erlaubt!" fielen auch beim Spanier auf einen fruchtbaren Boden. Wenn es Gott nicht gibt, dann ist die Kirche nicht vielleicht (wie das ein nordeuropäischer Agnostiker gerne formulieren würde) eine Einrichtung von „volkspädagogischem Wert", sondern ein ganz ungeheurer Schwindel. Dann aber gehören Priester wie Schweine abgestochen, Nonnen öffentlich geschändet und Klöster kurzerhand eingeäschert. Man erinnere sich an den Wahlspruch der Heiligen Therese von Avila: „*Dios o nada* – Gott oder Nichts!" Man bedenke da wieder, daß die Völker der alten Kirche, also der katholischen und der östlichen, revolutionär, die des verweltlichten „Nachprotestantismus" aber evolutionär sind. Nicht so ganz zufällig war Charles Darwin ein Engländer, und dem Engländer ist *heute* jeder Bruch mit der Vergangenheit, jeder Absolutismus, jeder Extremismus, jede Kompromißlosigkeit ganz und gar zuwider. Man erinnere sich an die Worte Herzens, die er in einem Brief an einen englischen Adressaten schrieb: „Rußland wird nie *juste milieu*, Rußland wird nie protestantisch werden!"[12]

Diese Erschütterung der *ganzen* spanischen Gesellschaft (die doch ähnlich der russischen einen sehr demotischen Charakter trägt) darf nicht unterschätzt werden. Dazu kam allerdings noch ein Element, das auch in Italien und Portugal eine nicht geringe Rolle spielte: das Gefühl dem Norden an ‚Modernität' und Fortschrittlichkeit unterlegen zu sein. Dort hatte die technische Zivilisation im Rahmen einer ‚Leistungsgesellschaft' eine große Disziplin und Konformität produziert, dadurch auch Reichtum gebracht, der auf den Süden beschämend wirkte. Das Resultat war ein Minderwertigkeitskomplex, der durch die Anwesenheit von Touristen (die natürlicherweise[13] von Norden nach Süden zogen) noch virulenter gestaltet wurde. Dazu versagte der Parlamentarismus völlig; wenn man es dem Norden – und besonders den Engländern – gleichtun wollte, war das Resultat zugleich tragisch und lächerlich.

Sicherlich funktionierte im Süden die demokratische Republik ebensowenig wie die konstitutionelle Monarchie, denn die Parteien waren und sind auch heute noch im Süden streng ideologisch ausgerichtet und nicht gerade *ins and outs* wie zum Beispiel in England und in den Vereinigten Staaten. Mit ideologischen Parteien und dem fanatischen *Party Spirit* konnte zwar eine absolute Monarchie, nicht aber eine Republik und schon gar nicht eine demokratische Republik bestehen. Soviel ahnten auch die Amerikaner, wie ja selbst George Washington in seiner *Farewell Address*[14] dies sehr genau feststellte, denn ein starker Monarch genügt als einigendes Band. Die Ideologisierung im katholischen Bereich kommt aber wiederum vom katholischen Intellektualismus, den schon Luther mit seinem starken Fideismus und seiner Abneigung gegen die Scholastik angeprangert hatte. Deshalb hat im ‚protestantischen' Raum die Intellektualität (wie auch die Kunst) nicht den Stellenwert wie in der Welt der alten Kirche. Der britische oder gar der amerikanische Professor hat nicht denselben Status wie sein Kollege in Frankreich, in Mitteleuropa, Südeuropa oder im Osten, wobei hier bemerkt werden muß, daß die deutschen Lande phänotypisch viel eher zum *Orbis Catholicus* als zum *Mundus Reformatus* gehören.[15]

Portugal war zu dieser Zeit auch nicht viel besser daran als Spanien, denn was die Karlistenkriege für Spanien, waren die Miguelistenkriege für Portugal; auch dort war ein männlicher Erbe, der gegen eine liberale Königin und ihren Anhang Krieg führte – Dom Miguel gegen Maria da Glória. Auch in Portugal unterlag der konservative Prätendent, und bis zum Ende des Königreichs (1910) regierte dort nicht das Haus Bragança (obwohl es sich so nannte), sondern wie in England, Belgien und Bulgarien das Haus Sachsen-Coburg. Die Nachfolger Dom Miguels lebten zumeist in Österreich,[16] doch inzwischen sind die portugiesischen Sachsen-Coburgs ausgestorben, sodaß der jetzige Prätendent von Dom Miguel abstammt.[17]

Portugal war trotz seines immerhin noch ausgedehnten Kolonialreichs – Angola, Moçambique, Guinea, São Tomé, Macau, die Kapverdischen Inseln und das halbe Timor – wirtschaftlich und politisch so schwach, daß es praktisch eine Kolonie seines „ältesten Verbündeten", also Großbritanniens, wurde. Die gewaltige finanzielle und militärische Überlegenheit des Nordens lastete auch auf Portugal schwer. In Spanien kam es nach der Niederlage durch die Amerikaner im Jahre 1898 zu einem intellektuell-literarischen Erwachen: Die „Generation von 98'" umfaßte Leute wie Unamuno, Pio Baroja, die beiden Brüder José und Eduardo Ortega y Gasset. Man empfand dort sein Land als „problematisch" – *España como problema;* José Ortega schrieb nicht viel später auch sein *España invertebrada.* Doch Ähnliches ereignete sich auch in Portugal. Dort hatte ein britisches Ultimatum, als Folge des kolonialen Vorstoßes eines portugiesischen Forschungsreisenden in Afrika (Serpa Pinto), einen psychologischen nationalen Notstand hervorgerufen. Auf die Spitze getrieben wurde diese Krise durch eine britische Flottendemonstration an der Tejo-Mündung. Man darf da nicht vergessen, daß Portugal im 16. Jahrhundert das größte Kolonialreich der Welt von Brasilien bis Macau besessen und praktisch alle Ozeane regiert hatte, während England zu dieser Zeit noch ein rechter Seeräuberstaat war.[18] Der große portugiesische Dichter Tarquinio Anthero de Quental verübte bald daraufhin Selbstmord und schrieb zum Abschied:

> „Ein englischer Staatsmann des letzten Jahrhunderts, der zweifellos auch ein kluger Beobachter und Philosoph gewesen war, Horace Walpole, hatte gesagt, daß für jene, die fühlen, das Leben eine Tragödie, für die aber, die denken, eine Komödie ist. Gut, wenn wir Portugiesen, die fühlen, tragisch zugrunde gehen müssen, so ist das ein edles Schicksal verglichen mit dem, das in vielleicht nicht allzu ferner Zukunft England beschieden sein wird, das elend und komödienhaft untergehen wird."[19]

Man muß allerdings bezweifeln, daß die Engländer berechnende Intellektualisten sind, aber Anthero de Quental hatte da etwas gesagt, was im Süden Europas sehr allgemein empfunden wurde.

Die Geschichte Portugals bis zum Sturz der Monarchie ist eine Spanien ähnliche:

Revolten und Revolutionen, politische Morde, schwerste Finanzkrisen, alles getragen von der portugiesischen *saudade*, einer Mischung von Traurigkeit und unerklärlichem Heimweh. Portugal ist allerdings auch ein Land wuchtigster Schicksalsschläge, wie die spanische Herrschaft von 1580 bis 1640, die die Holländer weidlich ausnützten,[20] das fürchterliche Erdbeben von 1755, dem nicht nur das alte Lissabon zum Opfer fiel, sondern das auch eine tiefe Glaubenskrise hervorrief und das Régime des kirchenfeindlichen Marquis Pombal psychologisch erst möglich machte. Er war der große „aufgeklärte" Verfolger der Jesuiten, die er einsperren ließ und die in nassen Gefängnissen elend zugrunde gingen. Auch die Zerstörung der jesuitischen *Reducciones* in Paraguay (von Brasilien aus) war sein Werk. Am Anfang des 19. Jahrhunderts kamen die Kriege zwischen den Briten unter Wellington und den Franzosen dazu, die von Spanien unter Napoleons Bruder Joseph ins Land eingedrungen waren. Wie auch anderswo zeichneten sich die französischen Truppen als tüchtige Plünderer aus. Auch Gotteshäuser verschonten sie nicht. Dann kamen die Kriege zwischen den Miguelisten und den Liberalen, schließlich die große Stagnation, die zu einer völligen Vernachlässigung der Kolonien führte. 1908 kam der Doppelmord an König und Kronprinz in der besten demo-linken Tradition, worauf der zweite Sohn des Königs, Manoel, ein halbes Kind, bis 1910 regierte. Es war dies die erste Gründung einer Republik am ganzen Erdball seit 1870. Doch wie überall folgte dem Ende der Monarchie eine endlose Kette von Pronunciamentos, Staatsbankrotten, Aufständen in einem nun vollends chaotischen Land. Die „europäischen" Ideen wirkten sich in diesem einfachen, fleißigen, etwas melancholischen und skeptischen Volk ebenso fatal aus wie in Spanien.

19. DER „FORTSCHRITTLICHE" NORDEN

Der Norden Europas, dem phänotypisch auch die Niederlande, wenn nicht gar Belgien zuzuzählen sind, ging indessen durch eine Periode relativen Wohlstands und einer gewissen Blüte. Zwar waren die skandinavischen Länder nicht annähernd so reich wie nach dem Ersten oder gar nach dem Zweiten Weltkrieg. Die Niederlande zehrten einigermaßen von ihrem Kolonialreich, wenn auch keineswegs in dem Ausmaß, wie es der Laie annimmt. Und wer die Ziffern über den belgischen Kongo kennt – die Einnahmen, die Ausgaben, die Investitionen, die Dividenden – wird sehen, daß dieser afrikanische Besitz für Belgien viel eher eine Belastung als eine Quelle von Profiten war. Doch über den „Kolonialismus" wollen wir noch später reden.

Während Dänemark in den Jahren 1814 bis 1940 durch zwei Kriege um Schleswig–Holstein erschüttert wurde, hatte Norwegen nur eine kleine Revolte (gegen das Haus Bernadotte und die Personalunion mit Schweden), und Schweden selbst keinen einzigen Krieg bis auf den heutigen Tag. Doch wenn auch das rein geistige Leben im hohen Norden keine sonderlichen Blüten trieb und weder überragende Philosophen noch Theologen hervorbrachte, so hatten doch die Dänen den höchst genialen Søren Kierkegaard, der in seinem eigenen Land kaum einen Widerhall fand und tatsächlich nur im Ausland, vorwiegend von katholischen Interpreten, gründlich studiert wurde.[1] Skandinavien produzierte einen großen Komponisten, Grieg, und das benachbarte Finnland einen anderen – Sibelius. Norwegen dazu einen großen Maler: Munch. Anders aber war es um die Literatur bestellt, denn da haben wir eine ganze Reihe von Männern und Frauen, die sich im goldenen Buch der Dichtung verewigt haben: Bjørnson, Ibsen, Lie, Hamsun, Strindberg, Lagerlöf, Jacobsen, Jørgensen, Undset, Stolpe, Stenius.[2] Im Vergleich zur Literatur in der italienischen Sprache (man bedenke, daß Norwegen, Dänemark und Schweden zusammen nur an die 16 Millionen Einwohner zählen) war das eine beachtenswerte Leistung. Umsomehr gab man sich aber dem materiellen Fortschritt hin: Die Demokratie, der Liberalismus und moderne Sozialideen florierten im hohen Norden wie auch in den Niederlanden. Dort hatte der Komfort im Rahmen einer hochbürgerlichen Kultur (mit sehr starkem Konfessions-und Klassenempfinden) eine wahre Spitze erreicht. In Belgien zeigten sich allerdings schon beträchtliche Spannungen zwischen dem französischen und dem flämischen Element.

Als sich Belgien 1830 von den Niederlanden losriß, war ein „Diktat" des Wiener Kongresses zerbrochen. Seit der Reformation und der Teilung der Niederlande in eine überwiegend kalvinische Republik und in spanische, später österreichische Niederlande hatten sich der Norden und der Süden auseinandergelebt. Bei den

„Generalstaaten" blieben aber noch sehr viele Katholiken, die gewohnt waren als Niedervolk unter kalvinischer Herrschaft, als Bürger dritter Klasse, im Schatten zu leben.[3] Das konnte nach 1815 den Flamen und Wallonen nicht zugemutet werden, die schon vor der französischen Invasion gegen die kirchenreformatorischen Verfügungen Josephs II. heftig reagiert hatten. Was nun die Flamen und Wallonen im Aufstand von 1830 einte, war natürlicherweise der katholische Glauben – und selbstverständlich gab ihnen auch der Umstand, daß sie im „Vereinten Königreich" damals als Katholiken die große Mehrheit bildeten – an die 70 Prozent der Bevölkerung – zusätzlichen Mut. Zudem war im 19. Jahrhundert „Belgien" volkreicher als der ‚Norden'.

Doch sprach auch die Oberschichte der Flamen französisch viel eher denn niederländisch. Es muß aber auch im gleichen Atem zugegeben werden, daß das Französische im Norden sehr verbreitet war und noch vor hundert Jahren die Gesellschaft in Limburg und Nord-Brabant häufig unter sich französisch konversierte.[4] Nun aber entstand in dem neuen Staat, der auf dem Boden der alten habsburgischen Niederlande stand und „Belgien" (nach einem alten keltischen Volksstamm) genannt wurde und über den ein zum katholischen Glauben übergetretener König regierte, allmählich eine Spannung zwischen den beiden Volksgruppen – eine Spannung, die sowohl einen nationalen wie auch einen soziologischen Hintergrund hatte. Die Flamen wollten zunehmend, ihre Sprache nicht als „Niedersprache", sondern dem Französischen ebenbürtig behandelt sehen. In der flämischen Gesellschaft wurde diese Forderung anfänglich nicht ernst genommen: Erst allmählich änderte sich auch in den Oberschichten diese Haltung.[5] Die Emanzipationsbewegung der Flamen hatte zum Teil aber auch einen religiösen Charakter. Am Papier waren die Flamen genau so katholische Christen wie die Wallonen, aber letztere (nicht zuletzt dank des Einflusses des benachbarten Frankreichs) standen im Schnitt weiter links als die Flamen, waren viel öfter liberal oder gar sozialistisch. Auch der Einfluß der Freimaurerei war bei ihnen größer. So kam es auch dazu, daß fast alle Betriebe in Belgien (und nicht auch zuletzt im belgischen Kongo) entweder „katholisch" waren oder den *frères*, den „Brüdern", gehörten. Freilich war *diese* Zweiteilung der sprachlichen nicht analog: So war zwar die Universität von Brüssel eine Institution der Freimaurer, während die Löwens rein katholisch war – aber doch sehr lange ausgesprochen französisch, dann „gemischt" und schließlich sprachlich radikal geteilt. Da die flämische Geburtenziffer (als die „katholischere") auch größer als die französische war, kamen die Flamen langsam aus ihrem „Minderheitsstadium" und deshalb auch aus ihren Minderwertigkeitsgefühlen heraus und konnten es sich somit gestatten, recht aggressiv zu werden. Nur war dies ein sehr langsamer Prozeß, der bei Ausbruch des Ersten Weltkriegs keineswegs abgeschlossen war. Oft sahen schon damals viele Flamen eher in den Deutschen Eroberern als in den Wallonen ihre Brüder. Die Loyalitäten zerrissen oft die Familien.[6] Das Zeitalter der Ziffern, der Wahlen, der Volksvertretungen und des Nationalismus hatte überall seine fatale Wirkung.

In den Niederlanden sah man etwas nicht ganz Unähnliches. Die große Mehrheit bekannte sich als Niederländer (manche von ihnen auch als Holländer)[7], doch gab es stets eine sehr kleine Minderheit, die sich *Dietsche*, also „Deutsche" nannte, denn vor dem Ausscheiden der Generalstaaten aus dem Heiligen Römischen Reich waren die Niederländer unzweifelhaft ‚Deutsche'. Darum heißen auch die Niederländer auf Englisch *Dutch*, und im amerikanischen Slang werden auch heute noch die Deutschen als *the Dutch* bezeichnet.[8] Ein Erasmus von Rotterdam oder ein Papst Hadrian VI. aus Utrecht wurden überall als Deutsche betrachtet. Diese Ursprünge und Gefühle wurden von der deutschen Besatzung in den beiden Weltkriegen weidlich ausgenützt, doch wer mit ihr kollaborierte, hatte oft bitter zu büßen. Tatsächlich bekamen aber durch die deutschen Okkupanten die Flamen (in Ghent) ihre erste Universität, die ihnen nach dem Ersten Weltkrieg zunächst wieder einmal weggenommen wurde.

Zwar waren katholische Parteien in beiden „Niederlanden" gut organisiert und sehr aktiv, späterhin sogar an einer Mehrzahl von Regierungskoalitionen beteiligt, aber ein eher engherziger Liberalismus beherrschte lange die Szene. Im „Königreich der Niederlande" gab es sogar zwei kalvinische Parteien.[9] Die konfessionellen wie auch die konfessionell-säkularen Gegensätze waren hier viel schärfer als im Deutschen Reich, nicht zuletzt weil auch die ‚niederdeutschen' Katholiken besonders kämpferisch sind, und ihre Gegner entweder in einem sektiererischen Liberalismus oder im Kalvinismus (also nicht im Luthertum) zu suchen waren. Die Niederlande sind bis auf den heutigen Tag voll verbissener Gegensätze und dies, obwohl gerade in dieser Region die katholische Kirche in eine (wohl zu erwartende) Krise geriet, und eine enge Zusammenarbeit aller christlicher Konfessionen auf politischem Gebiet jetzt eher die Regel denn die Ausnahme ist.

Außenpolitisch versuchten die beiden Länder, sich aus den großen Spannungen, wenn auch vergeblich, herauszuhalten. Die belgischen Neutralitätskompakte (1831 und 1839), von den Großmächten – Rußland, Frankreich, Großbritannien, Österreich und Preußen – unterschrieben, schützten Belgien nicht vor einer Invasion. (Vor dem Zweiten Weltkrieg hatte Belgien seine Neutralität aus eigenem Antrieb aufgegeben.) Die inneren Wunden, die der Erste Weltkrieg in Belgien schlug, waren in der Zwischenkriegszeit kaum verharscht, als der Zweite Weltkrieg sie wieder aufriß.

Kulturell war die Leistung der beiden Niederlande im 19. und 20. Jahrhundert nicht überragend. Literarisch waren die Flamen vielleicht aktiver als ihre nördlichen Nachbarn. In der Malerei brachte zwar Belgien Ensor hervor,[10] die nördlichen Niederländer aber van Gogh. Der französischen Malerei, der russischen oder nordischen Literatur hatten diese Länder, *einst wahrhaft führend*, nun nichts mehr gleichzusetzen. Dieser Vulkan scheint – zumindestens zeitweilig – ausgebrannt zu sein. (Ähnliches läßt sich schließlich auch von Italien sagen.) Nur einige wenige Namen kommen da einem in Erinnerung: Multatuli, Timmermans, Huizinga, Guido und Caesar Gezelle, wobei wir allerdings hier keine französisch schreibenden Flamen noch Wallonen erwähnt haben.

20. CHRISTENTUM VOR DEM ERSTEN WELTKRIEG

Die katholische Kirche ging in den Jahren 1789 bis 1914 durch eine Reihe von Phasen. Es war dies ein Auf und Ab, das aber im Endeffekt dennoch keineswegs als eine längere Periode des Abstiegs gewertet werden darf. Die Französische Revolution, so müssen wir gleich eingangs bemerken, traf die Kirche keineswegs in Frankreich oder anderswo in einem Zustand des völligen Zerfalls oder der inneren Auflösung, außer allerdings in einem richtunggebenden Sektor der Intelligenz, der gesellschaftlichen Spitzen, und des intellektualisierten Klerus. Es ist natürlich richtig, daß es in Frankreich ungeschriebene Adelsprivilegien innerhalb der Hierarchie[1] gab, daß Salonabbés herumschwärmten, die nicht an die grundlegenden Dogmen der Kirche glaubten, doch lebte die große Mehrheit der französischen Geistlichkeit, wie zahlreiche Beobachter aus der vorrevolutionären Zeit hervorhoben, brav, anständig, fromm und fleißig: Die Pfarrer und Bischöfe sorgten sich in so mannigfaltiger Weise um das Wohl und Wehe des einfachen Volkes und beschränkten sich nicht auf die Seelsorge.[2] Man muß aber zugeben, daß die Kirche in Frankreich damals immer noch am „inneren Schisma" des Jansenismus litt, einer puritanisch-prädestinatären (in gewissem Sinn „kalvinistischen") Strömung in der Kirche, deren allerletzte Ausläufer bis zum Ersten Weltkrieg und auch darüber hinaus gingen.[3] Der Jansenismus wurde durch eine Zusammenarbeit von Staat und römischer Kirchenleitung gewaltsam unterdrückt, und deshalb darf man sich nicht wundern, daß Jansenisten und auch Reformierte sich am Königtum zu rächen suchten und republikanisch zu fühlen begannen. Das zeigte sich dann auch im Spiegelbild anticalvinischer Ausschreitungen von Royalisten nach dem Sturz Napoleons.

Doch gab es, um einen Ausdruck Spenglers zu gebrauchen, während der Französischen Revolution auch einen Priesterpöbel, der nicht nur kompromißhaft kollaborierte und den vom Papst verbotenen Eid auf die Verfassung ablegte, sondern auch auf dem äußerst linken Flügel der Revolution eine nicht ganz unbeträchtliche und zumal höchst widerlich-widernatürliche Rolle spielte. Selbst Ordensleute waren darunter.

Doch hatte die Erste Aufklärung auch anderswo, und nicht nur in Frankreich, ihre Opfer gefordert. Durch den Josephinismus–Febronianismus war nicht nur allenthalben im Herzen Europas die Kirche enger an den Staat gebunden, sondern auch der Volksfrömmigkeit an den Leib gerückt worden. Diese Welle des „Antiklerikalismus" überdauerte selbst die Französische Revolution und reichte bis in die Romantik hinein, die doch eine Reaktion auf die „Linke Welle" gewesen war. (Man denke nur daran, daß lediglich empörte Bauern die Zerstörung der weltberühmten Wies–Kirche in Bayern durch eine „aufgeklärte" Regierung verhinderten!)

Freilich war der Josephinismus nicht ohne Widerstand über die Bretter gegangen: In den österreichischen Niederlanden, wie wir schon erwähnten, hatte er eine wahre Revolte hervorgerufen.

In der Romantik aber hatte die Kirche tatsächlich einen gewissen Auftrieb erlitten, der aber eher sentimentale als rationale Ursachen hatte. Die Greuel der französischen Demokraten und die napoleonischen Kriege, die den Fortschritt mit Feuer und Schwert über fast ganz Europa verbreiteten, hatten bei denkenden, viel mehr aber noch bei feinfühligen Menschen einen wahren Widerwillen gegen das „Neue" erregt. Die katholische Kirche verzeichnete damals eine überraschende Anzahl von Konvertiten, die in der Mehrzahl aus dem Lager lauer oder innerlich abgefallener evangelischer Christen kamen. (Die Frommen wandten sich eher dem Pietismus zu.) Die Überzeugung war damals stark, daß die Monarchie mit dem katholischen Glauben innerlich verbunden war, während dem ‚Protestantismus' eine demokratisch-republikanische Tendenz innewohne – wohl ebenfalls eine *fausse idée claire,* die aber umso zugkräftiger war.

Auch heute nimmt man in kleinen katholisch-konservativen Kreisen nur zu gerne an, daß der Humanismus Luther, Luther aber die Französische Revolution, überdies Luther den Liberalismus und den ‚Kapitalismus' hervorgebracht haben, der ‚Kapitalismus' aber zwangsläufig zum Sozialismus führe. Nun war aber Luther in Wirklichkeit ein Antihumanist[4] und allen demotischen Vorstellungen[5] sowie wirklichen Neuerungen gegenüber spinnefeind gesinnt. (Demotisch-demokratische Tendenzen finden wir hingegen beim Jesuiten Suárez und anderen Spätscholastikern.) Der ‚Kapitalismus' hingegen wurde in der katholischen Lombardei[6] und in Spanien[7] geboren. Er bekam allerdings durch den Calvinismus einen späten, wenn auch gewaltigen Antrieb, wobei aber nicht so sehr die freie Wirtschaft (die man so gerne mit dem unsachlichen Terminus „Kapitalismus" belegt), sondern der erhöhte, wenn nicht der überhöhte Arbeitsethos den Reichtum des Nordens in der Vergangenheit begründete. Zweifelhaft ist es allerdings, ob sich diese bewährte Arbeitsmoral im Versorgungsstaat noch lange halten wird.

Materiell ist die katholische von der reformatorischen Welt erst von der zweiten Hälfte des 18. Jahrhunderts an überholt worden. Der Abstieg Spaniens begann keineswegs mit dem wetterbedingten Untergang der Armada. Frankreich und Österreich waren noch bis zum Anfang des 18. Jahrhunderts die Großmächte Europas. Noch 1763 vergrößerte sich das spanische Imperium gewaltig. Der amerikanische Mittlere Westen vom Mississippi zu den Rocky Mountains und bis nach Kanada hinauf wurde damals spanisch. Orte wie St. Louis und das Stadtgebiet des heutigen Minneapolis kamen unter die Herrschaft Madrids; Spanier und Russen begegneten sich nördlich von San Francisco.[8] Zwar konnten die Niederländer mehr als die Hälfte des portugiesischen Weltreichs während der spanischen Besetzung Portugals blutlos annektieren, doch den Brasilianern gelang es nach einiger Zeit, die Niederländer wieder hinauszuwerfen.[9]

Alldies ändert nichts an der Tatsache, daß die Zeit der zweiten Hälfte des 18. Jahrhunderts (trotz des Verlustes der dreizehn Kolonien in Nordamerika durch französische Intervention) eine Zeit der absoluten britischen (und auch preußischen)

Aszendenz ist, während die Bedeutung Schwedens und der Niederlande – beides Großmächte vor nicht allzulanger Zeit – sich ihrem Ende nähert. Doch selbst nach 1815 ist Frankreichs Stellung als Großmacht praktisch unbestritten.

Der Primat des *Mundus Reformatus* ist aber nicht so sehr auf den „neuen Glauben", sondern viel eher auf seine rapide Säkularisierung zurückzuführen. Mit Recht hatte Hegel behauptet, daß nicht im katholischen Raum, sondern in den Ländern der Reformationskirchen die Französische Revolution ihre eigentlichen Triumphe gefeiert hatte.[10] Dasselbe kann man auch von der Aufklärung sagen. Diese Verweltlichung drückte sich schon in der reformatorischen Negierung einer kirchlich-religiösen Kultur an. Alexander Rüstow hat uns in einem wohldokumentierten Essay den Abbruch der deutschen Malerei durch die Reformation vor Augen geführt,[11] und A. Müller–Armack verdanken wir, nur um *ein* Beispiel zu nennen, den Hinweis, daß in Leipzig die erste evangelische Kirche seit der Reformation erst 1870 gebaut wurde.[12] Der Geist und die Energien des *Mundus Reformatus* konnten sich in weltlich-verweltlichtem Enthusiasmus auf die irdischen Güter konzentrieren. Die These Max Webers ist zumindestens halbwahr. Auch nicht so zufällig entwickelte sich die Technik im Norden Europas schneller und durchdrang dort das tägliche Leben auch intensiver als im Süden und *vor allem* im Osten Europas, da sich dort noch gewisse manichäische Residuen einer solchen Entwicklung gegenüberstellten. Doch diese Evolution im Norden verband sich auch mit einem starken Sinn für Disziplin, Ordnung und Pünktlichkeit, wie man es früher nur im monastischen Rahmen mit der strengen Arbeits- und Zeiteinteilung gewohnt war. Das anarchische Lebensgefühl der katholischen und der ostkirchlichen Welt, verbunden mit Trägheit, Schlamperei, *joie de vivre* und *dolce vita*, eignete sich für eine rapide Industrialisierung herzlich wenig.[13] Der Militarismus Preußens und der „Marinismus" Englands gaben dem „südlicheren Norden" auch eine große politische Machtfülle. Die katholischen Völker gerieten ins Hintertreffen; auch die schulische Bildung und selbst die Geburtenziffern in den katholischen Ländern hielten keine Vergleiche aus. Erst nach dem Ersten Weltkrieg holten die katholischen Bevölkerungsteile und Länder wieder auf.[14]

Um die Mitte des 19. Jahrhunderts hatte die Krise in der katholischen Kirche und im *Orbis Catholicus* einen wahren Zenit erreicht, wobei sie einer Phalanx von Gegnern gegenüberstand: Vulgärprotestantismus,[15] Freimaurerei, Nationalismus, Demokratie, Liberalismus, Antiklerikalismus, Sozialismus, Gallikanismus und Staatskirchentum, Materialismus, Anarchismus und einer ganzen Reihe von ideologischen und philosophischen Strömungen. Wie wenig man damals als „gebildeter Mensch" der Kirche noch anhängen konnte, zeigt der Ausruf Leos XIII., der einen fromm-katholischen Arzt in Privataudienz empfing: *„Medicus catholicus, res miranda!"* Ein sogenannter Rationalismus hatte den Glauben bei der immer größer werdenden Masse der Halbgebildeten (vor allem im Bürgertum) unterhöhlt, sodaß er nur mehr in der stets schrumpfenden Bauernschaft, im kleinsten Kleinbürgertum, in manchen Fragmenten der Arbeiterschaft, bei einigen wenigen Traditionalisten (vornehmlich im Adel) und auch bei total emanzipierten Intellektuellen und Künstlern, die bewußt gegen den Strom schwammen, vertreten war. Zu letzterer Gruppe gehörten in der Periode 1848–1914 Männer wie Newman, Donoso Cortés, Montalembert, Bloy, Péguy, Huysmans, Manzoni, Solowjów,[16] Wilfred Ward, Hügel, Jarcke, Klopp, Pastor, Phillips – eine kurze Liste, und in dieser findet man bezeichnenderweise wenige Deutsche. Das sollte sich allerdings im 20. Jahrhundert überraschenderweise ändern. (Große evangelische Denker und Künstler, die aus ihrem Glauben heraus gewirkt haben? Außer Schleiermacher, Kuyper, Stahl, Gladstone und Troeltsch auch wieder fast niemand!)

Doch findet 1870 in der katholischen Kirche ein sehr bedeutendes Ereignis statt: Mitten in einer Zeit der „verlängerten Aufklärung", des „bürgerlichen Freisinns", des Materialismus und Rationalismus wurde das Dogma der päpstlichen Unfehlbarkeit verkündet, in der Tat also nur die Verbindlichkeitserklärung einer alten, sehr allgemeinen Überzeugung, die aber gerade zu diesem Zeitpunkt als Kampfansage gegen die „Welt" gewertet werden mußte. Ohne ein absolutes Magisterium wäre die katholische Kirche auf die Dauer allerdings nicht ausgekommen. Das Ende des Kirchenstaates, das mit einer neuen Bekräftigung der rein geistigen Führungsrolle des Papsttums zusammenfiel, hatte wahrhaft symbolische Bedeutung. Die „moderne Welt" des „Fortschritts" zeigte sich wütend, beleidigt und empört. Der *Syllabus* hatte sie allerdings schon auf diese Dogmatisierung vorbereitet. Der Artikel 80 (es ist dies der letzte) verdammte ausdrücklich die These, daß sich der Papst mit dem Fortschritt, dem (sektiererischen) Liberalismus und der modernen Gesellschaft aussöhnen sollte.[17]

Europas Linke, die in dieser „frechen" Dogmatisierung den Beginn der Agonie der Kirche sah – das *Écrasez l'Infame!* Voltaires wurde allenthalben wieder laut –, sollte sich jedoch enttäuscht sehen. Zwar war die katholische Kirche nun noch deutlicher die Verkörperung des „Rückschritts", das so offensichtliche Hindernis am Wege des bejubelten Fortschritts, der den Himmel auf Erden verwirklichen sollte, aber schon die Gründung einer „altkatholischen" Kirche, von der man dachte, daß sie alsbald die Mehrheit der katholischen Christen von Rom weglocken würde, kam fast einer Totgeburt gleich.[18] Bismarck erhoffte sich für diesen Splitter einen großen Erfolg, und in manchen Schweizer Kantonen wurden im Zeichen des „bürgerlichen Freisinns" die „Christkatholischen" (im Unterschied zu den „Römischen") finanziell unterstützt. Doch schon in der Zentrumspartei konnte die Kirche sich im Deutschen Reich ein gewisses Machtinstrument beschaffen, das im „Kulturkampf" recht erfolgreich verwendet werden konnte. (Einen ‚Kulturkampf' nannte der aufgeklärte Anatom R. Virchow, der als Abgeordneter der Liberalen im Reichstag saß, diesen Kampf Bismarcks gegen die „fortschrittsfeindliche" Kirche.) Doch gerade im Zentrum zeigte es sich, daß die katholische Kirche noch lange nicht wehrlos war, denn hier trat eine Partei auf den Plan, die tatsächlich alle Volksschichten auf der Basis des Glaubens umfaßte und auch Nichtkatholiken, wie zum Beispiel Ludwig von Gerlach, anzog.[19] Und diese Partei, wie die auch mit ihr verwandte Bayrische Volkspartei,[20] war keineswegs der politische Arm des Vatikans, sondern verfolgte eine eigene Politik.[21]

An reinem Prestige in der „Welt", besonders in der elitären Welt der Geister, blieb die katholische Kirche jedoch bis zum Ende des Ersten Weltkriegs relativ arm.

134

Von manchen Regierungen gestützt und bevorzugt (besonders in finanzieller Hinsicht), wurde sie von anderen benachteiligt, wenn nicht verfolgt. Man denke da nur an die Austreibung der religiösen Orden aus Frankreich und Portugal, an die antijesuitische Gesetzgebung im Zweiten Deutschen Reich, die erst 1917 dank des Eingreifens des Kaisers aufgehoben wurde, an die zahlreichen Verordnungen gegen die katholischen Christen in Norwegen und Schweden,[22] in Rußland (vor 1905–1906), in der Schweiz und in Griechenland. Die Lage in England hatte sich nach 1829 sehr zu ihren Gunsten verändert, wo ihr Ansehen um 1900 im Vergleich zu anderen Ländern vielleicht am größten war. Freilich, es gab in Europa auch Gesetze, die evangelische Christen benachteiligten – so in Spanien und ferner in gewissen lateinamerikanischen Ländern, doch diese waren die Ausnahmen eher denn die Regel; sie entstammten eher einem nationalistischen Gefühl als einer Philosophie, Theologie oder Ideologie.[23]

Das alles will natürlich nicht heißen, daß der ‚Protestantismus‘ ein echtes Ansehen hatte. Er galt lediglich als die mildere, aufgeklärtere, fortschrittlichere, liberalere, demokratischere, rationalere, gereinigtere, weniger korrupte Form einer hoffnungslosen Beschränktheit, d.h. des Christentums. Dieses schiefe Urteil war aber nur möglich, weil doch ein recht beträchtlicher Teil der Masse der evangelischen Christen mit oder ohne Zustimmung der Kirchenführung sich vom Gedankengut der Reformation entfernt hatte. Entgegen einem beliebten Klischee war eben Luther keineswegs ein „Frühliberaler“, ein Vorläufer der Demokratie, ein Verfechter des Relativismus und der Toleranz oder gar ein Humanist gewesen. Er reagierte *gegen* den Geist der Renaissance und jegliche Anthropolatrie. Die Reformation wurde nicht 1521, auch nicht im Jahre 1517, sondern im Winter 1510–1511 geboren, als der mittelalterliche, „gotische“ Mönch, der Augustiner-Eremit Martin Luther, von der neuen Universität Wittenberg[24] nach Rom kam und dort mit Entsetzen wahrzunehmen glaubte, daß das Papsttum ein Neuheidentum finanzierte, favorisierte und protegierte. Dieser Verrat am innersten Wesen des Christentums mußte rückgängig gemacht werden! *Soli Deo Gloria!* Ehre für Gott allein! Der Glaube mußte verinnerlicht und entintellektualisiert werden! Luther also war ein Erzkonservativer, der sich gegen die damalige Modernität gewandt hatte. Kein Wunder also, daß die meisten Humanisten, die anfänglich mit ihm sympathisierten, sich nun von ihm abwandten – nicht nur Erasmus (ein frommer Mann),[25] sondern selbst der sehr antiklerikale Reuchlin. Es waren auch gerade die Universitäten und die Universitätsstädte, die anfänglich der fideistischen, ja mystischen Lehre Luthers den größten Widerstand entgegensetzten.[26] Bei uns aber lebt das Märchen von Luther als einem Produkt der Renaissance, der auf dem Kamm der höchsten Welle des Humanismus seinen Triumph feierte, immer noch weiter. Doch der Wandel im Lutherbild vom Wahren (oder wenigstens teilweise Wahren) zu Fiktionen war schon im frühen 19. Jahrhundert abgeschlossen.[27] Mit dem Ende des 18. Jahrhunderts war das Bild des donnernden, kompromißlosen, drohenden Theologen, der mit dem Teufel auf der Wartburg gekämpft hatte, allwöchentlich zur Beichte ging, den Tropfen des vergossenen Meßweins vom Boden ableckte, die Juden und die Bauern unflätig beschimpfte[28] und die absolute Herrschaft des Staates über den aufmuckenden Herrn

Omnes predigte, längst verschwunden. Die Ohrenbeichte fiel der Vergessenheit anheim, Beichtstühle wurden keine mehr gebaut oder bestehende entfernt.[29] Die Aufklärung bemächtigte sich in Europa ganz vorzüglich des ‚Protestantismus'.[30]

Zwar gab es noch hie und da evangelische Denker, die der katholischen Vor-vergangenheit und der reformatorischen Vergangenheit geistig verbunden blieben, Männer wie Stahl, Vilmar, Leo, Frantz,[31] aber sie waren die Ausnahme eher denn die Regel. In den Vereinigten Staaten war es allerdings anders: Da lebte neben einem modernistischen *Protestantism* (der im katholischen Glauben ein mittelalterlich-feudal-monarchistisches Relikt sah) auch ein harter, puritanischer Fundamentalismus weiter. Für diesen waren katholische Christen zwar rückständige, aber dennoch frivole, heidnische Epikuräer. Diese Haltung lebt auch noch heute weiter und hat sich selbstverständlich gegen die „Welt" als widerstandsfähiger erwiesen als sein „aufgeklärtes" ganz und gar nicht im Geiste der Reformatoren weiter vegetierendes Gegenstück... oder auch eine betont „nachkonziliäre" katholische Kirche. Man sehe sich nur einmal das berühmte Bild Grant Woods, betitelt *American Gothic*, im „Art Institute" Chicagos an. Dann versteht man nicht nur den (ungebrochenen) Geist der amerikanischen Evangelikalen, sondern auch das Grundmotiv der so mittelalterlichen Reformatoren. Welches Gemälde würde aber wohl das Gegenteil von Woods *American Gothic* ausdrücken? Wohl Botticellis *Geburt der Venus*, einer wahrlich getauften Venus voller Lieblichkeit und Güte.[32] (Und Botticelli war wahrhaftig ein frommer Mann.)

Eine echte Schwäche des Reformationschristentums bestand aber in seiner sehr gründlichen Verkennung der menschlichen Natur. Zuerst verwarf es die visuellen (eher denn die akustischen) Ausdrucksformen und Hilfsmittel.[33] Luther und das Luthertum tolerierten zwar die großen Kulturwerte, forderten sie aber nicht aus-drücklich, während der Calvinismus eine alttestamentarische Wut auf „Fetische" und „Idole" entwickelte: Er war im Grunde gegen eine kirchliche Kunst und die Verwüstungen, die Calvinisten in Frankreich, den beiden Niederlanden und in England-Schottland angerichtet haben, entsetzen noch heute fromme oder auch unfromme Besucher der Kirchen und Kathedralen in diesen Ländern.[34] Mit ge-schlossenen Augen sollte der Christ seinen Herrn anbeten und nicht *worship stocks and stones*,[35] um mit Milton zu reden. Das aber ist für den Durchschnittsmenschen aus Fleisch und Blut oft zu viel verlangt. Das Christentum braucht, ja verlangt eine christliche Kultur mit Architektur, Skulpturen, Malerei, Musik, Prosa und Poesie.[36] Die braucht der Mystiker wahrscheinlich nicht, doch die große Mehrheit der Christen sind eben keine Mystiker. Luther, der auch von Ekkehard kam, war es vielleicht. Es gibt zwar einen „Kulturkatholizismus" (der natürlich seine Schwächen und ver-wundbaren Stellen hat), aber nicht *wirklich* einen „Kulturprotestantismus" – außer in einer völlig zivilen, säkularen Form, die selbstverständlich mit der Aufklärung im *Mundus Reformatus* eine viel radikalere Säkularisierung hervorgerufen hat als im *Orbis Catholicus*. Der durchschnittliche Skandinavier oder Brite kommt zumeist nur als Tourist (oder als Konsument einer schöngeistigen Literatur) mit einer spezifisch christlichen Kultur in Kontakt. Doch muß im selben Atem zugegeben werden, daß der wirklich fromme evangelische Christ in der atheistischen Tyrannis existentiell und phänotypisch es leichter hat. Er kommt mit der Dünndruckbibel in der Rock-tasche ganz gut aus.[37]

Es war nun natürlich, daß im 19. Jahrhundert und auch bis zum Ersten Welt-krieg das Christentum in der Defensive war: Die katholische Kirche, weil sie geistig schlecht gerüstet auf einen totalen Krieg gegen sie durch das *Aion* („Welt" und "Zeit") elend vorbereitet war, die evangelischen Landeskirchen nicht nur weil sie zu weit-gehend vom Staat abhingen, sondern auch deswegen, weil sie sich der Welt und dem Zeitgeist freudig oder auch demütig ergaben – obwohl Christus und vor allem die Apostel sie vor beiden stets gewarnt hatten.[38] Die Ostkirche hingegen, autokephal und ohne wirkliche Magistratur, war – in Rußland seit Peter dem Großen – völlig am Gängelband des Staates. Dort war zudem auch der Klerus ganz ohne Ansehen. Der Priester („Pope")[39] und insbesonders seine Frau waren in so vielen Volkserzählungen und Märchen die Zielscheibe der Scherze und der Verachtung...

Allerdings sind die Worte des Heiligen Augustinus immer wahr gewesen: *et paupera et inops est ecclesia,* die Kirche ist arm und hilflos. Auch an die zweite Ge-schichte in Boccaccios *Dekameron* muß in diesem Zusammenhang erinnert werden.[40] Doch hatte vor dem Ersten Weltkrieg die Kirche zwar keineswegs moralisch, wohl aber geistig, wie auch vom Standpunkt der Autorität einen bedauerlichen Tiefstand erreicht – *wieder einmal* erreicht. Sie hatte auch zweifellos stets nur eine sehr geringe *Macht.* Die „Macht" der katholischen Kirche ist ein beliebtes Ammenmärchen, dem sowohl Gläubige als auch Ungläubige immer wieder verfallen. Auch in dem so oft gepriesenen, verteufelten und fast immer mißverstandenen Mittelalter war die Kirche keineswegs „mächtig". Die Inquisition war eine staatliche Einrichtung, die durch einen königlichen Federstrich ins Leben gerufen oder auch abgeschafft werden konnte. Sie war im Grunde nie etwas anderes als eine geistliche Expertise im staat-lichen Dienst. Der starrsinnige oder rückfällige Ketzer wurde der weltlichen Macht mit dem Wunsch übergeben, daß sie nicht sein Blut vergießen sollte.[41] (Freilich war auch diese Hilfeleistung der Kirche dem Staat gegenüber das Resultat einer entsetz-lichen kirchlichen Fehlentscheidung, ein fataler Unsinn, der aber kam und ging.) Gerne zitiert man Canossa als Symbol der Macht der mittelalterlichen Kirche, aber gerade die Geschichte Papst Gregors VII. zeigt die Schwäche des Papsttums, denn er starb in der Fremde. „Ich liebte die Gerechtigkeit und haßte die Ungerechtigkeit, deshalb sterbe ich im Exil", waren seine letzten Worte.[42] Die Wahrheit ist sehr einfach: Die ‚Macht' der Kirche war immer nur ein Mondlicht. Sie reflektierte fast immer nur das Sonnenlicht des Staates oder auch zuweilen den kollektiven Willen (und deshalb auch die Treue)[43] eines Volkes.

Zweifellos war das weltweite Prestige des Papsttums im 20. Jahrhundert größer als im Mittelalter, das überhaupt nicht als ausgereift christliches Zeitalter betrachtet werden darf.[44] Es kann auch mit Fug und Recht gefragt werden, ob es je ein „christ-liches Zeitalter" gegeben hat oder ein solches überhaupt möglich sei – außer als eschatologische Erscheinung. Ich selbst wüßte keine Antwort darauf. Sicher ist es nur, daß der Christ nicht resignierend seine Hände in den Schoß legen darf und – was immer seine „reale" Hoffnung – in dieser Richtung arbeiten muß.

Schon gegen Ende des 19. Jahrhunderts kündete sich innerhalb der katholischen

Kirche eine theologische Krise an: der Modernismus. Der *echte*, also häretische Modernismus, versuchte den katholischen Glauben in Symbolen „weltlich" aufzulösen. Leider wurde diese für den Glauben höchst gefährliche Tendenz von der Kirchenführung oft mit den „reformkatholischen" Bestrebungen verwechselt.[45] Es gibt in der katholischen Kirche und Lehre Adiaphora, aber daneben auch Einrichtungen, Gesetze und Meinungen, die nicht nur veränderbar sind, sondern auch aus verschiedenen Gründen verändert werden sollten. Nun aber erzeugte der Modernismus eine Erregung und Gespanntheit mit zahlreichen Verdächtigungen, die zu Anzeigen bei Bischöfen und auch in Rom selbst führten. Wie der Fall des „Amerikanismus" schon unter Leo XIII. zeigte, blühte bald ein häßliches Angebertum.[46] Das Spitzelwesen erreichte durch die Organisation des *Sodalitium Pianum* einen wahren Höhepunkt.[47] So war es zum Beispiel bezeichnend, daß die sehr fromme Baronin Enrica Handel–Mazetti in Rom als „Modernistin" angezeigt wurde, weil sie in ihrem Roman *Jesse und Maria*, der zur Zeit der Reformation spielt, *auch* böse katholische und gute evangelische Christen figurieren ließ. Hier muß man dennoch im Rückblick das harte, oft vielleicht auch sehr lieblose Durchgreifen des Vatikans unter dem heiligmäßigen Papst Pius X. positiv[48] werten, denn damals wurde eine Wirrnis unter den Gläubigen verhindert, ein Chaos, wie es fünfzig-sechzig Jahre später unter schwachen Päpsten eintrat.

Beim Ausbruch des Ersten Weltkriegs war die katholische Kirche in der europäischen Szene weder ein politischer noch ein bedeutender moralisch-spiritueller Faktor – und die evangelischen wie auch die Kirchen des Ostens noch viel weniger. Dasselbe gilt auch für die Neue Welt. Es wurde den Kirchen sogar vorgeworfen, daß sie die „Waffen segneten", eine Behauptung, die zum eisernen Arsenal des aufgeklärten Spießers gehört.[49] Selbstverständlich betete man aber auf beiden Seiten für den Sieg, wie doch jeder gläubige Christ für den Sieg einer Sache beten darf, die er für gerecht oder richtig hält.

Noch eines sei hier erwähnt: natürlich nannte sich vor 1914 keine katholische Partei „demokratisch", denn schon der reformierte Schweizer Theologe und Literarhistoriker Alexandre Vinet hatte uns gewarnt, daß bei einer „christlichen Demokratie" das Hauptwort unweigerlich das Eigenschaftswort auffressen würde.[50] In Rom dachte man auch nicht anders. Leo XIII. verbot ausdrücklich in der Enzyklika *Graves de communi* den politischen Gebrauch des Wortpaars „christliche Demokratie".[51] Das wissen die Analphabeten in der Christenheit ebensowenig wie ihre Feinde. Letztere haben die schöne Gelegenheit, mit diesem Papstwort ‚ehrliche Entrüstung' zu zeigen und aus der ‚Rückständigkeit' der reaktionären Kirche somit Kapital zu schlagen, gründlich verpaßt. Die Historie ist überhaupt eine Geschichte der verpaßten Gelegenheiten, doch wollen wir im nächsten Kapitel uns nicht an die Zeitläufe, sondern an die Thematik halten, und daher die Entwicklung der Kirchen nach dem Ersten Weltkrieg gleich anschließend behandeln.

21. DIE KIRCHEN SEIT DEM ERSTEN WELTKRIEG

Wie wirkte sich der Erste Weltkrieg für die Kirchen aus? Die große Leidtragende in diesem Drama war zweifellos die Ostkirche, die zwar am neuen Großbalkan ihre Stellung etwas ausbauen konnte, aber im Heiligen Rußland ganz furchtbar unter die Räder kam und dies, obwohl im ersten Stadium der Russischen Revolution höchst einfältige Priester und Laien dachten, daß eine christliche Synthese mit dem Bolschewismus möglich sei. ‚Brückenbauer' dachten durch ‚Begegnungen' und ‚Diskussionen' die Kirche, den ‚Kosmos bekleidet mit Christus' wie Berdjajew formulierte, mit dem *Kontslager* und dem Genickschuß auf einen gemeinsamen Nenner bringen zu können. So wurde auch zeitweilig eine „Lebendige Kirche" mit kompletter Hierarchie gegründet, die im Dienste des „Neuen" stand, von den Kommunisten begünstigt und unterstützt, aber schließlich als nutzloser Ballast voll Verachtung abgeworfen wurde. Das allerdings war immer wieder das Schicksal jener Gruppen und Grüppchen, die in einer skurrilen Mischung von Feigheit, Naivität, Kurzsichtigkeit, liebevoller Kompromißbereitschaft, Angleichungsfreudigkeit, Scham über vergangene Fehler, der Angst, die Kirche könnte den „Anschluß an die Zeit versäumen", und inbrünstiger Dummheit sich den brutalen Machthabern in geradezu weiblicher Koketterie an den sehnigen Hals geworfen haben. Sie werden stets von den neuen Zwingherrn nach einiger Zeit als lästige Parasiten ohne Charakter und Existenzberechtigung abgehalftert. Während die wahrhaft Gläubigen als Märtyrer alles verlieren außer ihrer Ehre, retten die Kollaboranten schließlich nicht einmal ihre Ehre. Wer vergießt noch heute eine Träne über die „konstitutionellen" Priester der Französischen Revolution à la Abbé Grégoire? Oder über die willfährigen Hierarchen Heinrichs VIII.? Wer erinnert sich heute noch mit Stolz an Hitlers „Reibi" Ludwig Müller? Man erinnert sich viel eher der geköpften Karmelitinnen, des Heiligen Thomas Morus oder Pastor Bonhoeffers! Das kleine Geferkel aller Zeiten vergißt man lieber...

Die Schwäche der russischen Kirche war allerdings bedeutend gewesen. Man kann die Frömmigkeit des Volkes wie auch eines ganz großen Teils des Klerus nicht in Frage stellen, denn wo wären andernfalls die Tausende und Abertausende von Märtyrern von einfachen Bauern und Mönchen bis zu Bischöfen hinauf hergekommen? Über 120 Bischöfe haben den Märtyrertod erlitten.[1] Doch die *geistige* Bildung des Klerus war denkbar niedrig; die Theologieprofessoren (wie größtenteils auch heute in Griechenland) waren ganz vorwiegend Laien, schon weil man den Klerikern eine höhere Intellektualität gar nicht zutraute. Unter den Intellektuellen Rußlands waren sehr viele Agnostiker und manche selbst leidenschaftliche Atheisten und Antitheisten, andere wieder wandten sich pseudomystischen und östlichen Kulten zu, wiederum andere wurden katholisch, und nach 1905 war die Anzahl der Konvertiten zur „römischen Kirche" (des lateinischen und des byzantinischen Ritus) unter Intellektuellen und im Hochadel sehr bedeutend.[2] In der Bauernschaft und im Kleinbürgertum blühte allerdings auch das Sektenwesen, besonders die "Altgläubigen *(Starowjertsy)*" in ihren beiden Formen, der priesterlichen und der priesterlosen.[3]

Wie dem auch immer sei, nur wenige Jahre vor dem Ersten Weltkrieg begegnen wir in Europa einer kirchlichen Erneuerung – am wenigsten jedoch im *Mundus Reformatus*. Wir müssen allerdings dabei von den Niederlanden absehen, wo die kalvinische Orthoxie stets einen gewissen Platz behauptete. Ein Auftrieb der Religiosität erfolgte eigentlich erst durch den Ersten Weltkrieg mit seinen sinnlosen Blutbädern. Ja, selbst die Schwächung der katholischen Glaubensgemeinschaft im Deutschen Reich durch den Verlust überwiegend katholischer Gebiete (Elsaß-Lothringen, Oberschlesien, Posen, große Teile Westpreußens) wie auch die Zerreißung der Donaumonarchie änderten daran nichts. Ohne Habsburg und trotz der methodischen Benachteiligung der katholischen Kirche in Neurumänien, Jugoslawien, der Tschechoslowakei und selbst in Ungarn[1] lernten die katholischen Christen, in ihrem Glauben wie auch rein organisatorisch auf ihren eigenen Füßen zu stehen. Das Papsttum stand als Friedensmacht da, das umsonst den wahnwitzigen Schlächtereien Einhalt zu bieten versucht hatte. Polen, ja auch Litauen waren wiedererstanden. Selbst in Lettland hatte der katholische Glaube Gewicht erhalten.[5] In England steuerte die Kirche auf eine große Blüte zu, und in Irland hatte sie eine freiere Entfaltung. In Italien wurde 1919 die Partei der Popolari gegründet, einer katholischen Volkspartei, die nicht unwesentliche Erfolge errang und durch ihre Gründung dem Boykott der italienischen Glaubenskatholiken dem italienischen Staat gegenüber ein sichtbares Ende setzte. Erst der Faschismus vernichtete diese Partei. Doch war es Mussolini, der 1929 die Lateranverträge mit Pius XI. schloß und damit Staat und Kirche weitgehend, wiewohl allerdings bei weitem nicht restlos, aussöhnte.[6] Doch wenn wir von dem sehr genialen Giovanni Papini absehen, begegnen wir keiner katholischen geistig-künstlerischen Erneuerung in Italien, wie zum Beispiel in Frankreich, einem Land, in dem die Kirche zwar nicht unter den Massen, wohl aber auf hohem geistigen Niveau sehr große Fortschritte machte.

Als dann der Zweite Weltkrieg ausbrach, waren die Christen (die als Kinder des Lichtes weniger klug sind als die Kinder der Finsternis) weder für den Krieg noch für die Tyrannis gerüstet. Die großen Mächte verfuhren mit ihnen nach Willkür. Oft wußten sie nicht einmal, wo sie wirklich standen oder stehen sollten. Im Herzen Europas befanden sie sich seit 1941 zwischen zwei riesigen Übeln. Vom Schicksal der Juden hatten sie keine genauen Kenntnisse; die Vernichtungslager waren ihnen (und nicht nur ihnen, sondern auch dem Vatikan, dem Weltkirchenrat, den Westalliierten und den Kommunisten bis zum Vorstoß der Roten Armee in Polen) fast unbekannt.[7] Man wußte nur von den sadistischen Rohheiten in den Konzentrationslagern, in denen es Christen, Marxisten, Juden, Monarchisten aller Art, doch kaum liberale Demokraten gab. Die Austrottung der Geisteskranken, den Bischöfen kein Geheimnis, denn sie wurde im eigenen Land betrieben, erregte ihren lautstarken

Protest. Dank der *Unconditional Surrender* Formel Roosevelts, zwischen Berchtesgaden und dem Kreml eingeklemmt, waren sie, wie die Engländer sagen, *between the Devil and the Deep.*

Doch was den Vatikan betrifft, so wird heute von ernsten Historikern seine Schuld, zu den Ungeheuerlichkeiten des Dritten Reiches geschwiegen zu haben, in Abrede gestellt. Wir werden aber noch darauf zurückkommen. Das Konkordat? Es beinhaltete nicht die geringste moralische Anerkennung des braunen Régimes. Es war lediglich ein zwischenstaatlicher *Modus Vivendi*, nicht mehr und nicht weniger als die Regelung der zwischenstaatlichen Beziehungen von Ländern wie den Vereinigten Staaten, Frankreich oder die deutsche Bundesrepublik mit Verbrechergebilden – wahre Augustinische *Latrocinia*[8] – wie Äquatorial-Guinea unter Macias Nguema, Äthiopien unter Haile Mengistu Mariam, Uganda unter Idi Amin Dada oder Albanien unter Enver Hoxha. Würde vielleicht der Vatikan mit der UdSSR ein Konkordat unterzeichnen? Natürlich jederzeit, wenn dieser „Staat" der Kirche die Gelegenheit gäbe, zu lehren und die Sakramente zu spenden, denn *dafür* ist ja die Kirche primär da, und um dies tun zu können, muß sie sich oft selbst erniedrigen und in die Knie gehen.[9] Christus hat auch Judas die Füße gewaschen!

Die zweite große Krise der Kirche in den letzten hundert Jahren setzte mit der Verfälschung der Beschlüsse und des Geistes des Zweiten Vatikanischen Konzils ein.

Nach der Wahl Roncallis zum Papst begann zuerst einmal für eine geraume Zeit eine reaktionäre Periode in der Geschichte der Kirche, die heute im allgemeinen Bewußtsein völlig vergessen ist. Vor allem darf man sich nicht Pius XII. als einen stockkonservativen Papst vorstellen. Er war sehr ökumenisch gesinnt, segnete die nach 1945 in Schwung geratene Annäherung der beiden Konfessionen in Deutschland und erleichterte das eucharistische Fasten. Eine anscheinend so rigoristische Enzyklika wie *Humani Generis* ist zum Teil auf Intrigen (wiederum zumeist französischen Ursprungs) zurückzuführen.[10] Viel eher als Pius XII. war Johannes XXIII. in seinem persönlichen Glauben und in seiner Haltung ein ‚Konservativer': Er betete täglich den Rosenkranz, hielt Kinderreichtum für den größten Segen, unterhielt sich täglich eine Stunde lang in lateinischer Sprache, und die erste Enzyklika, die er unterschrieb *(Veterum Sapientia)*, bekräftigte den Gebrauch des Lateinischen im Studium der Theologie. Aber Angelo Roncalli war selbst kein Theologe, sondern Diplomat, wie ja auch die meisten seiner Vorgänger seit *Pio Nono*. Als einst ein anglikanischer Bischof ihn besuchte, fragte er diesen, ob er Theologe sei, und als dessen Antwort verneinend war, meinte er: „Ah, das ist gut – ich bin's glücklicherweise auch nicht!"

Doch gerade seine Heiligkeit und theologische Unbekümmertheit – Dinge, die oft Hand in Hand gehen – erleichterten es im Vatikan einer Gruppe von reaktionären Nationalitalienern, eine wahre Hexenjagd gegen (sagen wir) aufgeschlossene Ausländer, vor allem aber gegen deutsche Jesuiten, zu beginnen, die nach dem Tode des tüchtigen Jesuitengenerals P. Włodzimierz Ledóchowski[11] keinen Führer von Format hatten. Einer der deutschen Jesuiten, ein völlig orthodoxer Denker, damals wie heute von weltweitem Ruf, bekam ein Publikationsverbot[12] und eine Gruppe deutscher Laien bereitete schon eine massive Intervention im Vatikan vor, um diesen bedeutenden Theologen vor Angriffen zu schützen, eine Aktion, die nur auf Bitten des Betreffenden nicht in Szene gesetzt wurde.[13] Der äußerst heiligmäßige, hochspirituelle, aber nicht überintellektualisierte Papst ließ lange Zeit seine Umgebung gewähren. Doch auf einmal, ganz unerwartet, kam die Wende. Sei es, weil *Papa Roncalli*[14] die Papiere Pius XII., der sich schon einmal mit dem Gedanken eines allgemeinen Konzils beschäftigte, gefunden hatte, sei es, weil ihn der Heilige Geist erleuchtete, er machte sich diesen Plan seines Vorgängers zueigen. So wurde durch das Zweite Vatikanum eine Wende in der kirchlichen Szene herbeigeführt.

Dieses Konzil, das dann jahrelang dauerte, brachte eine ganze Reihe von Dekreten und Entschließungen hervor, die dem *rein* pastoralen Charakter des Konzils entsprechend weder ein neues Dogma enthielten, noch besonders originell waren. Eine „totale Wende" sollte gar nicht herbeigeführt werden. Das wäre auch gar nicht im Sinne Johannes XXIII. gewesen. Die Dekrete waren gemäßigt, ja konservativ, zum Teil enthielten sie Gemeinplätze und ihre Lektüre ist keineswegs aufregend. Woher aber dann die Krise, die alsbald einsetzte?

Diese kam dann von den *Periti*, den Theologen, die von den Bischöfen zum Konzil als Berater mitgenommen worden waren und deren oft sehr weltlich-progressivistisch-relativistischen Ideen nicht angenommen wurden, was für sie recht enttäuschend war und sie zum Teil auch sehr verbitterte. Stimmen hatten sie im Konzil natürlich keine. Sie und eine ganze Reihe von Theologen, die man gar nicht eingeladen hatte, betrachteten sich dann als die Exegeten und Sachwalter des Konzils, wie des konziliären Gedankenguts, das sie ganz auf ihre eigene Art und Weise interpretierten. Dabei hatten sie die katholischen und nichtkatholischen Massenmedien, denen Sensationen immer gelegen waren, fast lückenlos auf ihrer Seite. Gefragt, wo denn diese oder jene der von ihnen verfochtenen Thesen in den Dekreten zu finden sei, antworteten sie in der Regel, daß diese zwar nicht den Buchstaben, wohl aber dem Geist des Zweiten Vatikanums entsprächen. Diese *Periti* (und *Imperiti*) verursachten nach den Worten eines konservativen Kritikers[16] eine wahre „Peritonitis" in der Kirche, wobei ihnen natürlich nicht nur Gläubige und einfache Priester, sondern auch Bischöfe auf den Leim gingen. Wir wollen aus diesem Dschungel der Wirrnisse nur ein einfaches Detail herausnehmen: So steht im Artikel 54 des Liturgie-Dekrets, daß die Bischöfe das Recht haben, aus guten Gründen *auch* die Volkssprache in der Liturgie und bei heiligen Riten zu verwenden. Im gleichen Artikel und im gleichen Atem wird auch hinzugesetzt, daß aber die Herren Bischöfe darauf achten müssen, das Lateinische als Sprache der Kirche zu erhalten. Wie wenige der Exzellenzen aber halten sich daran? Trotz der Mahnungen, auch Johann Pauls II., in den Vereinigten Staaten fast keiner!

Was diese Periti zumeist verführte, war die Lockung der „Welt" und der „Zeit", also des *Aion*. Es warnte uns schon Kierkegaard, daß jener, der sich mit dem Zeitgeist vermählt, bald ein Witwer sein wird. Die Kirche ist schließlich *in* der Welt, aber nicht *von* der Welt.

Der Nachfolger Johannes XXIII., eines humorvollen Bauernsohnes, war Paul VI., der väterlicherseits dem Großbürgertum, mütterlicherseits aber dem Adel entstammte und das Pech gehabt hatte, von Jacques Maritain, dem theologisch konservativen aber politisch linken Philosophen beeinflußt worden zu sein. Eines seiner Werke hatte Paul VI. noch als Monsignor Montini ins Italienische übersetzt. Paul VI., dessen frühere Laufbahn durch das Staatssekretariat, also das vatikanische Außenamt, und dann in die erzbischöfliche Residenz von Mailand führte,[17] war ein äußerst unglücklicher Vikar Christi, der während seines Pontifikats von der Rechten wie auch von der Linken dauernd kritisiert, wenn nicht gar beschimpft wurde. Einem ausländischen Kardinal gestand der Papst, daß wenn er abends schlafen ging, er das Gefühl hätte, sein Haupt auf eine Dornenkrone zu legen. Zweifellos war er ein edler, gütiger, gewissenhafter und vielleicht auch heiligmäßiger Mann, der in seinen Anschauungen seinem Mentor (der übrigens lange auch französischer Botschafter am Vatikan gewesen war, während Montini im Staatssekretariat arbeitete) in so mancher Beziehung nachgeraten war. Viel strenger „Rechtsabweichlern" als linken Häretikern gegenüber, verfolgte er eine katastrophale Ostpolitik, die sich freilich auch in Enzykliken ideologisch widerspiegelte. Schon unter Johannes XXIII. war die Enzyklika *Mater et Magistra* „ökosoziologisch" deutlich links gefärbt[18] gewesen, und diese Richtung sah man deutlicher in der von Paul VI. signierten Enzyklika *Populorum Progressio*, die unzweifelhafte marxistische Einflüsse zeigte. Paul VI. wollte um jeden Preis nicht die Ostkirchen irritieren,[19] doch war die Urwurzel seiner „Ostpolitik" leider eine andere: Sie war nicht primitiv-machiavellistisch, also auf der Überzeugung beruhend, daß eines unschönen Tages die Kirche im roten Machtbereich leben müsse, sondern von dem starken Verdacht geleitet, daß der Marxismus selbst „irgendwie" christlich inspiriert sei. Ursprünglich hätte schon die Enzyklika *Mater et Magistra* vom deutschen Jesuiten Gustav Gundlach verfaßt werden sollen und nur dank der italienischen Reaktion in Rom wurden ihm seine Vorarbeiten aus der Hand genommen und die Arbeit anderen übertragen. Es waren dann in der Hauptsache französische Dominikaner, die bei *Mater et Magistra* mitmischten und schließlich bei *Populorum Progressio* unter der Führung des Dominikaners Lebret praktisch die Feder führten. Dieser Mönch war es auch, der Seminaristen in São Paulo sehr deutlich sagte: „Wenn ihr mich fragt, ob Gott auf der Seite der Kapitalisten oder der Kommunisten steht, so muß ich gestehen, daß ich glaube, er steht auf der Seite der Kommunisten. Und wenn ihr mich nun fragt, ob ich darüber unglücklich bin, so muß ich darauf mit einem klaren Nein antworten". Der langen Rede kurzer Sinn ist natürlich der, daß der Christ, vor die Wahl zwischen ‚Kapitalismus' und Kommunismus gestellt, sich eher für den Kommunismus entscheiden sollte. Und solche Herren hatten eine führende Rolle in der Abfassung von Enzykliken (die allerdings, was der einfache katholische Christ nicht immer weiß, an und für sich keinen dogmatischen Charakter haben)!

Scharfe Kritiken des Sozialismus–Kommunismus in Theorie und Praxis nahm Paul VI. nur äußerst widerwillig (wenn überhaupt) zur Kenntnis. „Und nicht sein kann, was nicht sein darf!", müßte eigentlich sein Leitsatz gewesen sein. Man muß den Verdacht hegen, daß seine Sympathien im Vietnam-Krieg auf der falschen Seite lagen.[20] Sein ost-diplomatischer Bote war der Bischof, später Erzbischof und Kardinal Casaroli, der oft unter Umgehung der Bischöfe mit den Regierungen verhandelte und manchmal recht eigenartige Aussagen machte,[21] doch wie man erwarten konnte, dabei blutwenig erreichte. Nur in Jugoslawien und gewissermaßen auch in Polen konnten zeitweilig Erfolge erzielt werden.

Doch auch theologisch zog Paul VI. ganz einfach nicht durch; den theologischen Wildwuchs, ja das oft unverschämte Wirken der theologischen Halbwelt auf den Universitäten und in den Seminaren so mancher Länder, wagte er gar nicht einzudämmen. Seine einzige theologische Großtat war die Enzyklika *Humanae Vitae,* die größtenteils vom Schweizer Kardinal Journet verfaßt worden war, die er aber redigierte und sogar abschwächte. Dieses Thema – das der künstlichen Empfängnisverhütung – wurde in der Enzyklika ohne theologische oder philosophische Begründung behandelt; die Entscheidung des Papstes stützte sich auf die *Minderheitentscheidung* einer Kommission; sie hat, wie dies Bischof Lambruschini den Journalisten mitteilte, keinen Unfehlbarkeitscharakter, doch vertiefte sie den Graben zwischen dem Papst und den Liberalen. Auf der anderen Seite wagte es Paul VI. nicht, den sehr eigenwilligen und etwas humorlosen Erzbischof Lefebvre zu suspendieren, und dies wiewohl die Drohungen des Vatikans in diesem Fall viel deutlicher waren als die gelegentlichen Ermahnungen gegen die theologische Demimonde. Man erinnere sich da, wie äußerst streng ein Kardinal Billot von Pius XI. angefaßt worden war, nur weil er über die Anathemisierung der *Action Française* nicht glücklich schien, wie relativ streng noch ein Paläontologe wie der Jesuit Teilhard de Chardin von Pius XII. behandelt wurde, weil er in seinem Werk die Erbsünde und die Erlösung durch den Heiland ganz einfach übergangen hatte – und wie man dann das wirkliche Übel eines rasanten Neomodernismus nicht anzupacken wagte.

Erst die Wahl des polnischen Erzbischof-Kardinals Wojtyła (nach einmonatigem Pontifikat Johannes Paul I.) änderte die Lage. Das italienische Régime in der Kirche kam zu Ende – ein Régime, das aber wahrscheinlich doch im Sinne der Vorsehung gewesen war, denn in dieser Periode waren die *Nongesta Dei per Italianos* doch vielleicht günstiger als spanische, französische oder deutsche Aktivismen.[22] Die Perspektiven der Kirche sind jetzt andere, doch das vordergründige Problem der Kirche ist die Wiederherstellung der wahren Lehre, und das bedeutet zuerst einmal eine Reorganisation der *Ecclesia docens,* der „lehrenden Kirche" auf dem mittleren Niveau, sowie eine langsame, wenn auch methodische Erneuerung des Episkopats, ein Vorhaben, das bis zu zwanzig Jahre in Anspruch nehmen mag. Tod und Pensionierungen müssen für diesen Austausch die Grundlagen schaffen, bis eben die Marxisten, Relativisten, Modernisten und Säkularisten in der Versenkung verschwunden sind, die die Kirche in eine libertinistische, leicht linksdrallige gesellschaftspolitische und sozialpädagogische Organisation „umfunktionieren" wollten. Möge Gott Johannes Paul II. ein langes Leben verleihen!

Die Versuchung der Verweltlichung teilt die katholische Kirche mit den Reformationskirchen, viel weniger aber mit den Ostkirchen, denn die letzteren sind zwar größtenteils von der roten Tyrannis versklavt und von dieser öfters auch als Sprachrohr oder als Vorspann benützt worden, aber sie sind nicht aus sich heraus für die Verweltlichung eingetreten. Die Reformationskirchen haben heute in den Vereinigten Staaten einen größeren Rückhalt als in Europa, haben dort drüben die religiöse Krise der Sechziger- und Siebzigerjahre besser überstanden als die katholische Kirche, denn der Puritanismus ist – zum Teil – Widerstand gegen die Weltlichkeit. Und gegen die „Weltlichkeit" der katholischen Kirche „protestierten" schon die Reformatoren! Doch als kultureller und weltgestaltender Faktor ist die Bedeutung der Reformationskirchen global sehr zurückgegangen: ihr übereifriger politischer Einsatz – fast immer auf der Seite der Linken – kann für sie nur verhängnisvolle Folgen haben. Und mit den sehr hochgesteckten Ansprüchen der Reformationsorthodoxie an den gläubigen Menschen hat sie es auch heute äußerst schwer. Hingegen hat der liberale, linksdrallige Flügel dieser Kirchen überhaupt keine Zukunft, denn er löst sich im ganzen einfach im Schleim der Moderne auf. Der „liberale Protestantismus" (um einen doppelt üblen Ausdruck zu gebrauchen), macht dieselbe Fehlberechnung wie der katholische Modernismus, i.e. zu glauben, daß man dem „alten Adam" entgegenkommen muß. Vordergründig begrüßt dies der *homme moyen sensuel*, aber im Grunde seines Herzens – und darauf kommt es auf lange Sicht stets an! – will auch er in seiner Kirche einen Felsen sehen und keinen synthetischen Gummischwamm. Der Mensch hat eben *zwei* Triebe: einen in der Richtung des Genusses und der Bequemlichkeit und einen entgegengesetzten, der ihn für die Entsagung und das Opfer bereit macht. Dies zu verkennen ist der Untergang jeglicher Religion.[23]

Zudem leiden auch die Reformationskirchen an dem Mangel einer Lehrautorität, was schon Karl Barth erkannt hat.[24] Der Glaube, daß man jedem Laien die Bibel in die Hand drückt, und dieser dann mit eigenem Verstand und Wissen ihr die Wahrheit entnehmen kann, ist irrealistisch. Es wäre völlig verfehlt zu glauben, daß Luther oder Calvin einem solchen „Inspirationalismus" das Wort geredet hätten. „Wer meine Lehre nicht annimmt, kann nicht gerettet werden" und „Nichteinmal die Engel haben das Recht, meine Lehre zu beurteilen" sind Lutherworte.[25] Die Reformatoren glaubten an die Absolutheit der Wahrheit und waren keine Subjektivisten. Man muß sich da vor Augen halten, daß die größten Theologen auch innerhalb der katholischen Kirche über die Auslegung der Schrift unter sich stets uneins waren, daß bestimmte Glaubenssätze oft jahrhundertelang Streitpunkte blieben, wie zum Beispiel das Verhältnis von Gnade und freiem Willen. Und da soll der einfache Laie imstande sein, ohne die Kenntnis toter Sprachen, ohne riesige Nachschlagewerke und langjährige Studien die schwierigsten theologischen Probleme zu klären? Man vergesse da allerdings auch nicht, daß selbst in der katholischen Kirche es für jedes Dogma hunderte von ungelösten Fragen gibt.

Heute aber ist die Gleichsetzung von „Protestantismus" mit subjektivistisch-relativistischer Religiosität in der „breiten Öffentlichkeit" schon sehr weit fortgeschritten. Katholische Christen projizieren dann nur zu oft das lokale Bild, das sie von einzelnen evangelischen Mitchristen und Pastoren haben, auf die Reformation und die Reformatoren zurück und ignorieren dann auch das gelegentliche Überleben des alten Reformationsglaubens.[26] Diese irrigen Auffassungen gehen dann so weit, daß katholische Konservative die Neuerungen beziehungsweise Erneuerungen in der Kirche durch das und nach dem Zweiten Vatikanum für „protestantisch" halten, so zum Beispiel den Laienkelch, die Handkommunion, den „Volksaltar"[27] und dergleichen mehr – alles nur Rückgriffe auf ältere Formen in der Kirche.

Das sind allerdings nur harmlose Mißverständnisse. Weniger harmlos und dem ökumenischen Gedanken abträglich sind jedoch die Aufweichungserscheinungen in der katholischen Kirche, die, nachdem man sie als „protestantisch" abgestempelt hat, einem rechten Schwindelökumenismus dienten – ein „Zusammenrücken der Konfessionen", die dann nicht mehr den von einer Jungfrau geborenen Erlöser, sondern den *Aion* zum gemeinsamen Nenner haben. Die Wiedervereinigung im Glauben ist aber nicht auf dem Boden modischer „Weltlichkeit", nicht durch das Abtragen von zwei Bergen, sondern nur durch den anstrengenden Bau einer Brücke zu erreichen, die den Abgrund zwischen den Bergen überwindet. Sind die Berge abgetragen, kann man wohl gemächlich von der einen Seite zur anderen hinüberspazieren, damit ist aber dann das *Depositum Fidei*, unser Glaubensschatz, verlorengegangen. Und somit triumphiert die ‚Welt'. Wer aber der „Fürst dieser Welt" ist, hat die Heilige Schrift zur Genüge betont.

Eine „Ausweichstelle" des liberal-progressiven ‚Protestantismus' ist unzweifelhaft der Weltkirchenrat, der sich durch den Einschluß einiger autokephaler Ostkirchen erweitert hat. *Natürlich* gehört die offizielle Kirche des Moskauer Patriarchats dieser Organisation an, denn dieser „Rat" ist ganz offen linksdrallig und hat mit einer wahren Wollust die diabolischen Terrororganisationen in Afrika wiederholt unterstützt. Es ist jammerschade, daß schon drei Päpste dieser Gruppe in ihrem Genfer Sitz ihre Aufwartung gemacht haben! Da kann man nur das Lutherwort *a papa malo informato ad papam melius informandum* wiederholen. Diese unschöne Wendung zu schwarzen Mordbuben hat freilich bei einer nicht geringen Anzahl evangelischer Kirchen tiefe Entrüstung hervorgerufen, besonders in den Vereinigten Staaten, während in Deutschland nur die Kirche von Schaumburg–Lippe den Mut gefunden hat, Zahlungen an diese sadistischen Geldgeber zu verweigern. In einem Zeitalter des Terrorismus ist die Haltung des Weltkirchenrates besonders unverzeihlich. Und es muß hier zur Ehre evangelischer Deutscher gesagt werden, daß die „Notgemeinschaft evangelischer Deutscher e. V." für die Opfer der von Genf aus finanzierten Folterknechte Geld gesammelt hat, um für kosmetische Operationen an diesen Ärmsten der Armen (ganz überwiegend Bantus!) aufzukommen.[28] Diese Tatsachen allein zeigen und beweisen, daß wir in einem Zeitalter tobenden Irrsinns leben: Eine Gruppe evangelischer Christen läßt sich für die Hintermänner des Terrors gründlich besteuern, während andere – wahrhaft christliche – für die Opfer aufkommen. Auch hier bewahrheitet sich wieder ein Lutherwort: die Charakterisierung dieser Welt als „des Teufels Wirtshaus".

22. DAS JUDENTUM

Die europäische Geschichte, ja die Weltgeschichte, kann nicht geschrieben werden, ohne die Rolle der Juden in das große Geschehen einzubeziehen. Nun muß man sich vor allem daran erinnern, daß die Juden, also die Bewohner Judäas und Mitglieder des Stammes Juda, nur *einen* der zwölf Stämme der Israeliten vertraten. So war zum Beispiel Christus als „Sohn Davids" ein Jude,[1] nicht aber Petrus, der zwar als Galiläer und Israelit, nicht aber als Jude galt. (Als Galiläer machte er sich schon durch seinen Akzent kenntlich.)[2] Zudem muß auch die politisch-historisch nicht unwichtige Frage angeschnitten werden, wie groß der Anteil des israelitischen Blutes unter den heutigen Juden ist. Wer heute Israel besucht, wird Männern und Frauen begegnen, die „typisch jüdisch" aussehen, anderen, die „Juden sein könnten", und schließlich solchen, „die ganz unmöglich Juden sind", sich aber dennoch als Juden bekennen. Der Israeli muß sehr viel nichtjüdisches, also nichtsemitisches Blut haben, was einem besonders im Vergleich zu Arabern auffällt, die aber auch nur wieder im Inneren Arabiens rassisch „rein" sind. Schon zur Zeit Christi gab es eine sehr große Anzahl zum Judentum konvertierter Nichtjuden, die sogenannten „Proselyten", die zu hohen Festen scharenweise nach Jerusalem kamen. Wir haben keine Ahnung, wie hoch deren Anteil am „Judentum" war. Fraglich ist es auch, ob die kaukasischen Bergjuden[3] oder die Falaschas von Äthiopien echte Israeliten sind, und derselbe Zweifel wurde über die Juden Indiens und die (ausgestorbenen) Juden Chinas geäußert. Die Samariter hingegen wurden von den Juden wegen ihrer gemischtrassigen Abkunft verachtet.[4] Das größte Problem aber bilden die Khazaren, ein turktatarischer Stamm, der zu großem Teil im Frühmittelalter zum Judentum übertrat, wobei ihre Khane den Platz der Priester (Kohanim) einnahmen. Die karaitischen Juden[5] sind höchstwahrscheinlich deren Nachkommen, und es fragt sich, wie viele der polnisch-litauisch-ukrainischen Juden sprachlich germanisierte[6] Khazarenstämmlinge sind. Arthur Koestler hat in einem wohl dokumentierten Buch die These vertreten, daß das Ostjudentum überwiegend khazarisch sei.[7] Wir haben also in der Zeit Kasimiers des Großen in Polen eine deutsch-jüdische Einwanderung vom Westen und eine jüdisch-khazarische vom Osten kommend. Wie groß ist das genetische Erbe der beiden Gruppen? Das werden wir wahrscheinlich nie wissen.

Die Juden Westeuropas genossen tatsächlich eine große Reihe von Privilegien, und wer zum Christentum übertrat, mußte diesen Privilegien feierlich entsagen. Eines davon war das Anrecht auf Selbstverwaltung: das Ghetto oder Judenviertel, in Polen der *Kahal*. Ursprünglich waren die Juden auch bewaffnet: ein jüdisches Bataillon nahm an den Kriegshandlungen der Städte teil. Während der Kreuzzüge kam es oft zu gezielten Angriffen auf die Judenviertel, doch eine wirkliche Minderung der Stellung der Juden kam erst mit ihrer „Entwaffnung".[8] Tatsächlich wurden sie überprotegiert, was aber immer zu einem Niedergang und Verfall eines Standes oder einer Klasse führt – später in der Geschichte auch des Adels. So war das Wergeld für die Tötung eines Juden so hoch wie das Wergeld für einen Ritter oder einen Priester.[9] Mit dem Ende des Mittelalters und dem Beginn der Neuzeit erlebt die westeuropäische Judenschaft einen Nadir in ihrer Entwicklung. Schon 1290 wurden sie aus England, 1492 aus Spanien und 1496 aus Portugal vertrieben, bekamen aber ein Asyl in den Niederlanden und in der islamischen Welt – zu kleinem Teil allerdings auch in Frankreich und Italien. (Welcher Prozentsatz der Juden auf der iberischen Halbinsel aus Überzeugung oder zum Schein konvertierte, um das Land nicht verlassen zu müssen, wissen wir nicht. Dieser Anteil war aber sicher nicht klein.)

Der Calvinismus war den Juden relativ wohlgesinnt, viel weniger aber das Luthertum, da Luther ein fanatischer Judenhasser war.[10] Seine judenfeindlichen Schriften wurden während des Nationalsozialismus neu herausgebracht. In den skandinavischen Ländern durften Juden überhaupt nicht leben: In Schweden wurden sie erst im letzten Viertel des vorigen Jahrhunderts zugelassen. Die einzigen Judenviertel, die niemals vom Mob gestürmt wurden, waren die beiden päpstlichen Ghettos – von Rom und Avignon. Die Mauern des römischen Ghettos wurden von dem sehr konservativen Pio Nono abgerissen. Traditionell galt das Papsttum als judenfreundlich![11]

Die Emanzipation der Juden begann mit der Ersten Aufklärung. Es wäre aber verfehlt zu glauben, daß die Französische Revolution, ein „linker" Populismus, judenfreundlich gewesen wäre. Sie war es ganz und gar nicht.[12] Doch muß hier gleich ein tragischer Umstand festgehalten werden: Die Emanzipation der Juden kam gleichzeitig mit dem beginnenden Glaubensschwund in der westlichen Welt, und das emanzipierte Judentum verbündete sich nur zu oft mit einem mehr oder weniger antiklerikalen „Liberalismus", wie auch mit anderen Gegnern der Kirche. Die judenfeindlichen Gefühle in der Christenheit hatten ursprünglich (aufgrund einer irrigen Bibelexegese) einen *religiösen* Charakter, da aber die konservativen Kreise Europas an den religiösen Überlieferungen festhielten, entstand automatisch eine Feindschaft zwischen dem emanzipierten Judentum, das seine Ablehnung Christi als Gottessohn aus dem Ghetto in die große Freiheit hinübernehmen konnte, und dem traditionellen, vergangenheitsbewußten Europa. Das hatte alles mit Rasse nichts zu tun, denn jene Juden, die das Christentum annahmen, konnten sehr konservativ sein. Der ideologische Begründer des preußischen Konservatismus, Julius Friedrich Stahl, und der des britischen Konservatismus, Benjamin Disraëli (Lord Beaconsfield) waren getaufte Juden. Auch Heine, kein sehr bewußter Christ, ist keineswegs der Linken zuzuzählen: Er verachtete Marx, bezog eine Pension vom französischen König und war in seinen Ansichten höchst elitär. Auch im amerikanischen Konservatismus sind heute einige der führenden Köpfe Juden. Jüdische Denker und Schriftsteller, ungetaufte, getaufte oder auch nur dem Christentum zugewandte – es genügen hier Namen wie Franz Rosenzweig, Franz Werfel, Josef Roth, René Schwob, Stanisław Lec, Alphons Rosenberg, Leon Schestow, Simone Weil, Hermann Borchardt, William S. Schlamm –, standen alle im konservativen Lager. Doch gab es und gibt es auch unreligiöse Juden, wie zum Beispiel Ludwig von Mises oder Raymond Aron, die dennoch der Rechten zuzuzählen sind. Dazu kommen noch so manche aus der sowjetischen Emigration.

Doch fiel es auf, daß Juden immer wieder „destruktiv" wirkten und an der Untergrabung der alten Ordnung mittaten und mitwirkten. *Zum Teil* ist dies eine optische Täuschung: Da der Jude in unserer Mitte nicht „ein Mensch wie alle anderen ist", wird er hervorstechen, und seine Worte wie auch seine Taten werden nur zu oft auf seinen Ursprung zurückgeführt. Ist zum Beispiel ein durchschnittlicher, unbedeutender Mensch arrogant, so wird seine Persönlichkeit dafür verantwortlich gemacht – bei einem Adeligen, wird jedoch sein Stand als Quelle seiner Überheblichkeit erwähnt. Ist aber ein Jude kritisch und lehnt er die gegenwärtige Ordnung ab, ist er betrügerisch, frech oder – ganz im Gegenteil – sehr unterwürfig, so ist sein Judentum daran schuld. So wird bei wenig Gebildeten ein ganzer Haufen historisch unbeliebter Personen dem Judentum zugerechnet; als Beispiele könnten Lenin, Karl Renner oder gar Engels dienen. Wer zu einer Minderheit gehört, muß seine Worte auf die Goldwaage legen.

Nun darf man allerdings nicht vergessen, daß der Geist der jüdischen Diaspora, ganz im Gegensatz zu dem des alttestamentarischen Judentums, aus zwei Gründen kritisch ist: erstens einmal durch die Zwangsintellektualisierung des Judentums in vielen Ländern dank des Umstandes, daß man ihnen handwerkliche oder bäuerliche Betätigungen verwehrte oder zumindestens erschwerte. Intellektualisierung aber bedeutet zugleich Steigerung der kritischen Fakultäten. Der zweite Faktor ist die unausweichliche Kritik der verschiedenen Elemente des Kulturkreises, in dem sie lebten und auch heute noch leben. Wir müssen hier wieder zur Person Jesu kommen: Der Heiland ist entweder ein Magier und Schwindler, ein Größenwahnsinniger (also ein Psychopath) oder tatsächlich der Sohn Gottes. (Als vierte Möglichkeit könnte man einwenden, daß der Bericht des Neuen Testaments phantasievoll erfunden sei.)[13] Da aber für den Juden die Göttlichkeit Jesu eine polytheistische Blasphemie ist,[14] nach der Heiligen Schrift ein *Skandalon*, fußt für den gläubigen Juden die ganze Kultur und Zivilisation der christlichen Umwelt auf einer wenig anziehenden Illusion. Es gilt also, diese Illusion, die ihm in der Vergangenheit doch auch viel Leid gebracht hat, zu zerstören. Daher haben leider nur zu oft Juden am Zerstörungswerk der „Arier" als interessierte Mitarbeiter teilgenommen. Das konnten sich aber in Wirklichkeit Juden als Juden nicht „leisten".

Nun haben Juden den Talmud auch in Übersetzungen herausgebracht. Im *Toledoth Jeschu* wird die Gottesmutter als leichtsinniges Frauenzimmer dargestellt, die vom römischen Legionär Panthera ein uneheliches Kind auf die Welt gebracht hatte.[15] Diese völlig unwahre Geschichte wurde dann selbstverständlich von den Nationalsozialisten in ihrer antichristlichen Propaganda benützt. Juden zogen zusammen mit Nichtjuden über die Grundwerte der christlichen Kultur her, aber die

„Arier" vergaß man und die Juden merkte man sich. Das hat ihnen ganz natürlich den Haß der Konservativen und des Klerus zugezogen. Dann kritisierten sie auch national-bodenständige Werte und forderten damit weitere Kreise heraus. Oft waren die Ziele ihrer Kritik völlig berechtigt; sie verstanden es oft ausgezeichnet, der Heuchelei die Maske vom Gesicht zu reißen, das aber wieder ärgerte den Spießbürger, und Spießbürger gibt es viele, allzuviele. Juden sind oft grundgescheit, im Schnitt sicherlich den „Ariern" überlegen,[16] aber sie sind nicht immer klug. Sie sind in der Regel brillante Taktiker, aber nicht immer gute Strategen, wobei dies gar nicht im militärischen Sinn gemeint ist, denn heute sind die Deutschen die Bankiers der Welt geworden, die Juden aber die großen Soldaten, was wiederum beweist, wie plastisch die Völker sein können.

Sicherlich sind die Juden ein Volk für sich, aber wahrscheinlich nicht irgendein Volk oder irgendeine Religionsgemeinschaft „wie jede andere", sicherlich ein Einzelfall, der nicht rational erklärt werden kann sondern nur heilsgeschichtlich, wobei man sich aber notgedrungen auf den Boden der theologischen Spekulation begibt. Vielleicht stimmt auch die alte kirchliche Tradition, wonach die Bekehrung der Juden das Ende der Welt ankündigt.[17] Mit anderen Worten: Hier stehen wir vor einem Rätsel, dessen Lösung wir nicht wissen, sondern bestenfalls nur ahnen können. Judenhaß hat es schon im alten Rom gegeben und dort schon in vorchristlichen Tagen, denn die Juden betrachteten sich stets als besonderes, als „auserwähltes Volk" und das sind sie auch in der Tat.

„Gute Taktiker aber schlechte Strategen!" So ist die ganze jüdische Geschichte vor und nach Christus eine Geschichte mit gewaltigen Aufstiegen und noch tragischeren Niederlagen. Die einzige wirkliche Erfolgsgeschichte der Juden ist das Christentum, das die größte und tiefste, reichste und beste Kultur hervorgebracht hat, die die Geschichte kennt, aber freilich in dem Augenblick Riesenkatastrophen unterliegt, wenn sich die Christen von ihrem Glauben trennen. Doch darüber später mehr. Und an diese Kultur mit Wurzeln in ihrer eigenen Überlieferung hätten sich die Juden vollinhaltlich anschließen und mit ihr treu zusammenarbeiten müssen – auch ohne Konversion, auch ohne die Taufe zu empfangen: Denken wir da an Bergson, an Werfel, an Simone Weil. Vielleicht aber war es auch die Schuld überzeugter Christen, daß man ihnen nicht gleich die offene Hand hingehalten hat. Nur die lauen oder abgefallenen Christen haben es getan! Doch war es auch der Fehler der emanzipierten Juden, in der Kirche nicht die Tochter der Synagoge zu sehen,[18] wie es Christen selbst getan hatten. Das Christentum ist num einmal eine israelitische Religion; Pius XI. hatte rundweg gesagt, daß wir als Christen spirituell ‚Semiten' sind. Kurioserweise richtet sich der Protest der Juden gegen die christliche Behauptung, daß Gott–im–Fleische ein Jude sei. (Wer ist dann wirklich der „Antisemit"?)

Was wären heute die Juden ohne das Christentum? Doch nur eine isolierte vorderasiatische Nationalsekte. Gibt es nicht mehr Christen, die das Alte Testament lesen, als Juden? Tragen nicht Christen jüdische Namen wie Maria, Joseph, Johannes, Adam, Gabriel, Michael, Raphael, Emmanuel, Mathias, Joachim, Zacharias,

Elisabeth, Esther, Ruth, Anna und Eva?[19] Werden in christlichen Kirchen nicht die Psalmen und viele Stellen des Alten Testamentes vorgelesen oder auch gesungen? Studieren nicht unsere Geistlichen die hebräische und zumal auch die aramäische (syrische) Sprache? Freilich, die Christen wollen das „Neue Israel", das „Neue Zion" sein, aber sind nicht die Juden immer wieder dorthin gezogen, wo es Christen gab und das Kreuz aufgerichtet wurde – nach den Mittelmeerländern, nach Nordeuropa, auf die britischen Inseln, nach Rußland und Osteuropa, nach Nord- und Südamerika, Australien, Neuseeland und Südafrika? Auch dort, wo man sie vertrieb, sind sie wieder hingewandert: nach Spanien, Portugal, England. Wie wenige gingen nach China, Indien, Japan! Und man glaube ja nicht an das Märchen, daß die Juden, solange die Christen wahre Christen blieben, in der islamischen Welt immer besser daran waren.[20]

Nun aber gibt es tatsächlich Juden, die sich von der christlichen Kultur und Zivilisation angezogen fühlen und in ihr aufgehen wollen, die als Minderheit in keinem anderen Kulturkreis zu leben wünschen und sich auch in einem rein jüdischen Land gar nicht wohl fühlen würden. Obwohl auch gläubige Juden vom Christentum um sich herum viele kulturelle Werte übernahmen und gerade das Chassidentum zweifellos ostkirchlich beeinflußt ist,[21] haben viele Juden große psychische Hindernisse, dem Christentum positive Seiten abzugewinnen. Doch gab es auch immer sehr bewußte Juden, die dem Christentum gegenüber aufgeschlossen waren, wie zum Beispiel Schalom Asch, und dann auch solche, wie die vorhin erwähnten Bergson, Werfel und Simone Weil, die nur deswegen nicht zum Taufbecken traten, weil sie sich durch einen solchen Schritt in einem Augenblick bitterster Verfolgung von ihrem Volk nicht trennen wollten. (Der Oberrabbiner von Rom, Eugenio Zolli, wartete mit diesem Schritt erst das Ende des Krieges ab.) Doch obwohl die Einladung zur Taufe von christlicher Seite aus immer aufrechterhalten werden muß, soll auch die Einladung zur positiven wie auch kritischen Mitarbeit offen ausgesprochen werden. Das ist nach Jahrhunderten unserer *sklerokardia,* unserer Hartherzigkeit und Lieblosigkeit den Juden gegenüber, bitter notwendig. Denn sie sind ja geistig unsere Vorfahren, unsere verlorenen Eltern. Dabei sollen unsere Fehler in der Vergangenheit weder verkleinert noch vergrößert werden.[22] Vergessen wir auch nicht, daß es katholische Christen unter evangelischer Herrschaft und evangelische Christen unter einem katholischen Régime oft viel schwerer hatten als Juden unter Christen. Es gab die Bartholomäusnacht und die Gemetzel von Drogheda und Wexford. Alles muß im Rahmen seiner geschichtlichen Periode gesehen werden. Die Greuel des neuheidnischen Nationalsozialismus wie auch jene des Marxismus-Leninismus gehören allerdings keinem christlichen Buch der Geschichte mehr an.

Die Tragik des emanzipierten Judentums war es, daß einzelne Juden in der Regel zusammen mit Nichtjuden an der Démontage unserer *im Grunde* christlichen Kultur und Zivilisation, wie auch an der Schwächung der alten politischen Traditionen tätig waren. Ihnen schwebte das Bild einer egalitären, radikal verweltlichten, „wissenschaftlichen", liberalen oder auch sozialistischen Gesellschaftsordnung vor, in der sie nicht als Juden unter Christen, sondern als Glaubenslose unter Glaubenslosen anonym und unerkannt leben würden. (Ein Unsinn, denn Juden sind eben außer-gewöhnliche Menschen.)[23] Das Christentum, das an ihrem Ungemach in der Vergangenheit oft schuldig war, sollte verschwinden. Die Demokratie erschien vielen für diese Zwecke ideal. Doch das war eine höchst fatale Fehlberechnung. Wie schon Winfried Martini festgestellt hatte, ist die Demokratie eine politische Form, die sich gerade für Minderheiten katastrophal auswirken kann, und man muß sich wundern, warum gerade so viele Juden sich für die „Volksherrschaft" erwärmten.[24] Tatsächlich waren es immer westliche und kirchliche Herrscher gewesen, die das Judentum gegen das liebe Volk geschützt hatten.[25]

In Wirklichkeit aber hatte das liberale-antiklerikale und später auch oft sozialistische Judentum den vielleicht oft unbequemen Ast abgesägt, auf dem das Judentum gesessen war, i.e. das Christentum. Das Christentum wurde durch die „Wissenschaft" ersetzt, die Evolutionslehre „erledigte" die Bibel[26] und nun entstand dem Judentum im Rassismus die größte Gefahr, der es je begegnet war. Dem christlichen „Antijudaismus" waren immer bestimmte Grenzen gesetzt, ein biologischer Materialismus, der den Menschen als Phänomen des Tierreiches betrachtet, ist hingegen an kein christliches Ethos mehr gebunden. Und ein im Gewissen verpflichtendes Ethos (unserem fast immer irgendwie ähnlich) gibt es nur aufgrund religiöser Überzeugungen. Es gibt dieses Ethos nicht aus der Naturbeobachtung, nicht aus „edlen Gefühlen" oder gar aus der Vernunft,[27] sondern eben nur aus der Offenbarung. Ein die Welt kennender Ethnologe kann sich kaum mit dem von so manchem katholischen Theologen hochgehaltenen „natürlichen Sittengesetz" befreunden.[28] Der Jude, der im 19. Jahrhundert die Theorien von Darwin[29] oder Haeckel[30] in der naiven Annahme bejubelte, daß diese nun den „trennenden Religionen" den Todesstoß versetzt hatten, wußte nicht, wem er da Vorschub leistete. Hier wurden mit einer biologistischen Ideologie die Grundlagen geschaffen, die sehr geradlinig nach Auschwitz, Majdanek, Treblinka und anderen Schinderhütten und Menschenschlachthäusern führten. Das alles sind eigentlich Binsenwahrheiten, die aber allgemein nicht erkannt und durchschaut werden, weder von Christen noch von Juden.[31] Intelligente Christen aber wußten gleich, daß die Angriffe der Nationalsozialisten gegen das Judentum unweigerlich in einen Generalangriff auf das Christentum enden mußten, denn nicht ohne schwere Folgen verteufelt man das Volk unseres Herrn, seiner Apostel und seiner Jünger.[32] Das Christentum ist eben genetisch eine „jüdische Weltreligion", aber keine jüdische Stammesreligion. Es muß aber auch gesagt werden, daß manche Juden das Christentum die unbewußte „Heidenmission" Israels genannt haben.[33]

Juden sollten sich dieses jüdischen Ursprungs des Christentums bewußt sein. Sie sollten auf das Christentum stolz sein. Warum denn auch nicht? Gleichgiltig, ob sie nun Christus anerkennen, erkennen, verstehen, mißverstehen, ablehnen oder kopfschüttelnd betrachten, sollen sie das Gefühl haben, daß die christliche Kultur auch die ihre ist. In den großen Kathedralen, den Klöstern und Kapellen, den Wallfahrtsorten und anderen heiligen Stätten des Christentums, der christlichen

Frömmigkeit, Gelehrtheit und karitativen Tätigkeit sollen sie sich zu Hause fühlen, sollen sie heimisch sein, sollen sie auch an den Alten Bund erinnert werden. Ein Jude, der Christ wird, kann beides zugleich sein. Er hat *seinen* Messias gefunden.[34] Diese überbrückende Schau ist in der Vergangenheit manchen Juden gelungen... und sie sind darüber glücklich geworden. Noch mehr aber haben erkannt, daß, wenn das Kreuz durch die Swastika oder Hammer und Sichel ersetzt wird, sie einer grundfeindlichen Welt begegnen, die ihren restlosen Untergang haben will – geistig, seelisch oder fleischlich. Ihre Zahl sollte noch größer sein.[35]

23. DIE „ISMEN"

Von den großen Parteien, die im 19. und frühen 20. Jahrhundert die politische Szene Europas beherrschten, nahmen ursprünglich die Liberalen eine besondere Stellung ein, die aber bei Ausbruch des Ersten Weltkriegs weitgehend abgebröckelt war: die Hauptursache dafür war die Demokratisierung der Wählermassen. Immer mehr und mehr Männern[1] wurde das Wahlrecht gegeben, sodaß schließlich in vielen Ländern das allgemeine, direkte und geheime Wahlrecht die Regel war. Es gab dieses im Deutschen Reich schon im 19. Jahrhundert, in Preußen aber nicht bis zum Oktober 1918, in Österreich hingegen schon seit 1907, und zwar auf Betreiben der Dynastie.[2] England folgte Österreich in dieser Beziehung erst im Jahre 1918! Die liberalen Prinzipien appellierten an das Bürgertum, an das Großbürgertum (die *haute bourgeoisie*) eher als an das Kleinbürgertum, nicht aber an die „Massen" und natürlich auch nicht an den Klerus. Anders war es mit dem Adel, der im Herzen zwar oft liberal gesinnt war, sich aber den liberalen *Parteien* selten anschloß. Der bayrische Adel zum Beispiel verachtete klerikale Parteien, doch dies änderte sich mit 1919, mit dem Erlebnis einer bayrischen Räterepublik.[3] Der Liberalismus hat manchmal für starke, selbstsichere Menschen eine gewisse Anziehungskraft, aber auch recht paradoxal für weiche oder verzweifelte Geister, die nicht an absolute Werte glauben können, also für *Esprits Forts*, Prinzipienlose oder eben Nihilisten.

Wie aber war nun der Liberalismus? Was stellte er vor? Während die Demokratie lediglich die Antwort auf die Frage gibt, *wer* regieren soll, und darauf besteht, daß die *Mehrheit* der politisch *gleichberechtigen* Bürger ein Herrschaftsanrecht hat, beantwortet der Liberalismus eine ganz andere Frage, und zwar die *wie* man regieren darf. Die Antwort? „Jedermann soll sich der größtmöglichen, mit dem Gemeinwohl nicht im Widerspruch stehenden Freiheit erfreuen." Während also für die Demokratie Gleichheit und Mehrheitsherrschaft die Grundprinzipien sind, besteht der Liberalismus lediglich auf der Freiheit. Der Umstand, daß Freiheit und Gleichheit entgegengesetzte Prinzipien sind, gehört auf ein anderes Blatt. Merken wir uns hier lediglich, daß die liberale Demokratie, in der wir hier im Westen leben, an einem inneren Gegensatz leidet, der in seinen unvermeidlichen Konsequenzen zu tragischen Brüchen geführt hat und zu noch größeren führen wird. Notieren wir auch, daß die Demokratie und der doktrinäre Demokratismus von einem *System* sprechen, der Liberalismus von einem *Zustand*. Demokratie und Liberalismus gehören völlig verschiedenen Kategorien an, so wie ‚weiß' und ‚rund'. Eine Billardkugel ist weiß und rund, aber weiß kann auch ein Hemd sein und rund ein Fußball. Demokratie und Liberalismus können sich ebenso mit verschiedenen Einrichtungen verbinden, wobei es aber auch Ausschließlichkeiten gibt: Eine Kugel kann nicht viereckig sein, der Ruß nicht weiß. So kann es zum Beispiel einen liberalen absoluten Monarchen oder Diktator geben, nicht aber einen demokratischen (wohl aber einen demophilen) absoluten Monarchen. Ein Diktator kann liberal regieren, er kann es aber auch auf totalitäre Weise tun, und der Totalitarismus ist das Gegenteil des Liberalismus. Eine totalitäre Demokratie ist sehr wohl denkbar: Erinnern wir uns da nur an die Französische Revolution oder an den Nationalsozialismus, der in seinen „besten Jahren" die Mehrheit des Landes hinter sich hatte. Ein Ludwig XIV., der weder eine Einkommensteuer einhob noch Männer zwangsrekrutierte oder ein Alkoholverbot zu erlassen wagte, regierte liberaler (aber gewiß nicht demokratischer) als der amerikanische Kongreß. Allerdings, sehr absolut regierten auch die absolutesten Monarchen nie, denn sie mußten immer die *corps intermédiaires*[4] berücksichtigen.

Nun aber gab es einen Liberalismus noch bevor dieses Wort in Spanien geprägt wurde. (Siehe Seite 122.) Wir sehen in Großbritannien schon im 18. Jahrhundert eine liberale Doktrin auftreten, die vom Schotten Adam Smith im Bereich der Wirtschaft verfochten wurde. Dieser Wirtschaftsliberalismus (der das Wort *liberal* im politischen Sinn noch gar nicht kennt) ist tatsächlich ein *Vorliberalismus*. Die ganze Ideologie der freien Marktwirtschaft fußt bis zum heutigen Tag auf Adam Smith, der auch als geistiger Großvater des Manchester–Liberalismus[5] betrachtet werden kann.

Doch entstand im 19. Jahrhundert ein *Frühliberalismus,* der auf dem Kontinent größtenteils von Aristokraten und Patriziern zumeist katholischer Herkunft verfochten wurde: Alexis de Tocqueville, Montalembert, Jacob Burckhardt und Lord Acton[6] waren die markantesten Vertreter dieses Frühliberalismus, dessen Hauptinteresse allerdings nicht der Wirtschaft, sondern viel eher der Politik, der Geschichte, den Sozialwissenschaften, der Theologie und Philosophie galt. Diese Frühliberalen, deren Aktivitäten sich über drei Generationen erstreckten (Acton starb erst 1902), erlebten auch die Geburt des *Altliberalismus,* der seinen Einfluß bis auf unsere Tage ausübt. In England sah man nach 1832 die Entstehung einer Liberalen Partei, die aus den Whigs hervorgegangen war, während die Konservativen das Erbe der Tories antraten. Die Begriffe „links" und „rechts" konnten damals diesen Parteien nicht ohne weiteres zugewiesen werden. Bei den britischen Liberalen machte sich eine echte Wandlung zur (gemäßigten) Linken erst in unserem Jahrhundert bemerkbar.

Die Frühliberalen standen der Demokratie skeptisch gegenüber, weniger allerdings die Altliberalen, die daran litten, daß sie zwischen der Toleranz und der Indifferenz nur selten unterscheiden konnten. Darum betrachteten sie Personen, Parteien oder Glaubensformen mit festen Begriffen (Dogmen) als Feinde der Freiheit – Sozialisten wie auch Christen, besonders katholische, lehnten sie stets ab. Es war ihnen nicht bewußt, daß nur *der* tolerant („duldsam") sein *kann* (aber nicht muß), der eine feste Überzeugung besitzt und andere Meinungen leidend „erträgt".[7] Wer andererseits nur dem *polite doubt*, dem „höflichen Zweifel", zuneigt, hat logischerweise keine Möglichkeit, unduldsam („intolerant") oder duldsam („tolerant") zu sein, denn ihm ist eine „Meinung" ebenso gut wie jede andere. Doch hatte der Altliberalismus nur zu oft recht irrational die Tendenz, sich zum *sectarian liberalism*[8] auszuwachsen, seine politischen, kulturellen und geistigen Machtpositionen ausbauend alle jene inquisitorisch zu verfolgen, die anders dachten und anderen Idealen anhingen. Diese Magistratur und Inquisition übte er besonders an den Universitäten, in der Presse, dem Theater, im Literaturbetrieb und selbst im Schulwesen aus.[9] Die zuweilen republikanischen Neigungen der Altliberalen hinderten sie nicht, zu den Monarchen gute Beziehungen zu haben. So war Kaiser Franz Joseph eigentlich ein Altliberaler, der mit besonderer Vorliebe das liberale *Fremdenblatt* las. In England waren die Liberalen genau so gute Royalisten wie die Konservativen. Der italienische Liberalismus war dem Haus Savoyen stets ergeben. Es war selbstverständlich, daß der Liberalismus im Getriebe der Parteien bei Wahlen zunehmend unterlag, doch lebt er als Tendenz und Teil einer Weltanschauung bis auf unsere Tage weiter.

Es war der Altliberalismus, der seinerzeit von der ihm so verhaßten katholischen Kirche (aber auch von der evangelischen Orthodoxie) aufs Korn genommen wurde – und nicht der Frühliberalismus oder später der Neoliberalismus, der als eigenständige Partei nie auftrat, sondern nur da und dort sein Gedankengut an den Mann brachte. Rein wirtschaftlich hatte der Neoliberalismus vom Altliberalismus viel gelernt, lehnte sich aber geistesgeschichtlich eher an den Frühliberalismus an. Von ihm werden wir noch später sprechen.

Von der Mitte des 19. Jahrhunderts an sehen wir in Europa das Wachstum sozialistischer Parteien und anarchistischer Gruppen. Letztere waren außerhalb des Gesetzes. Wie zu erwarten, war der Anarchismus nur in den Ländern der „Alten Kirchen" einigermaßen stark – der katholischen Kirche und der Ostkirche, deren theologische Anthropologie eine derartige Entwicklung psychologisch möglich machte. Frankreich, Spanien, Portugal, Italien und Rußland hatten ihre Anarchisten – England, Preußen oder Schweden natürlich nicht. (In den Vereinigten Staaten waren fast alle Anarchisten romanischen, slawischen oder irischen Ursprungs.)[10]

Die sozialistische Bewegung wuchs rapid in Ländern wie Frankreich, Italien, Deutschland, Belgien, Skandinavien oder auch Großbritannien (ohne marxistische Ideologie) und Rußland, wo die RSDAP, die Russische Sozialdemokratische Arbeiterpartei, erst mit der Entstehung der konstitutionellen Monarchie legal wurde und in der Duma vertreten war. (Die anarchistischen S.R., die Sozialrevolutionäre, blieben weiterhin illegal.) Im Vereinigten Königreich nannte sich die sozialistische Partei „Partei der Arbeit" *(Labour Party)* und nicht etwa Arbeiterpartei, in den Ländern deutscher Zunge sprechen wir zumeist von „Sozialdemokraten", als ob sie ganz einfach Demokraten wären, die sozial fühlten, und dieselbe Nomenklatur herrschte in den slawischen Ländern vor, aber nicht in den Vereinigten Staaten, wo die Sozialisten als *Socialists* auftraten.

Dank der verschiedenen Erweiterungen des Wahlrechts hatten die sozialistischen Parteien einen stets größeren Zuspruch und konnten daher hoffen, innerhalb des demokratisch-parlamentarischen Rahmens den Staat höchst legal zu erobern. Doch der ursprüngliche Radikalismus dieser Parteien wurde durch revisionistische Änderungen der Parteiprogramme oft verwässert, worauf dann besonders radikale (man könnte sagen: ‚konservative') Gruppen wieder absprangen. Manchmal aber waren es die ‚konservativen' Radikalen, die in diesen Auseinandersetzungen die

Oberhand gewannen. Das geschah zum Beispiel im Falle der RSDAP bei ihrem Kongreß in London 1903, der vom millionenschweren Joseph Fels finanziert und in der Kirche einer evangelischen Sekte abgehalten wurde. Damals errangen die Radikalen eine Mehrheit, und diese „Mehrheitler" hießen russisch *Boljschewiki,* während die, die in der Minderheit blieben, *Menjschewiki* genannt wurden. Ob dieser Kongreß zahlenmäßig die Verhältnisse in Rußland getreu widerspiegelte, ist allerdings eine Frage. In *fast* allen Ländern waren jedoch Sozialdemokraten und Sozialisten in der Opposition: regierungsbildend wurden sie erst richtig nach dem Ersten Weltkrieg.

Es gab auch nationale und nationalistische Parteien und dies besonders in Ländern, die ethnisch uneinheitlich waren. In einem Staat wie Österreich führte dies auch zu einer hoffnungslosen parlamentarischen Situation und auch in Belgien zu einer ganz großen Instabilität. Die Problematik des multinationalen, parlamentarisch regierten Staates war unlösbar, außer in Ländern, in denen ein „übernationaler" Monarch das einigende Band bildete oder in der Schweiz, da eben die Schweizer *primär* schweizerisch und nicht deutsch, französisch, italienisch oder rhätoromanisch fühlen. Das wußte auch John Stuart Mill nur zu gut. (Siehe Seite 77.) Hier also gab es dank der Wählerei einen Explosivstoff, der sich mit der Zeit verheerend auswirken mußte. Und dies sowohl vor als nach dem Ersten Weltkrieg.

Die konservativen Parteien auf dem Kontinent waren klein und ohne großen Einfluß. Es gab natürlich ein konservatives Lebensgefühl, aber das Programm, bloß zu bewahren und dem Übel, das von der Linken kam, zu widerstehen, genügte nicht, um in breiteren Volksschichten einen echten Enthusiasmus zu erregen. Ja, es gab die (sicherlich richtige) Überzeugung, daß eine konservative *Partei* ein Unding sei, und zwar sowohl aus moralischen als auch aus weltanschaulichen Gründen. Gab es doch einen Konservatismus *sive* Konservativismus bloß als Antwort und Verteidigungsstellung gegen *la Révolution,* die Französische Revolution, und die ihr vorhergegangene Erste Aufklärung. Der Intellektualismus (wenn auch ein ganz falscher), der in der Linken steckte, konnte mit „edlen Gefühlen" (die sehr oft auch richtige Gefühle waren) nicht aufgewogen werden. Zudem waren Konservative zumeist Leute, die für den *Status Quo* oft nur deswegen eintraten, weil sie zu den „glücklich Besitzenden" gezählt werden mußten. Die Linke aber versprach zumindestens, die Reichen ärmer und die Armen reicher zu machen. Da aber die Demokratie Herrschaft der Mehrheit ist, und die untere „Hälfte" der Einkommenspyramide bedeutend breiter und voluminöser ist als die obere „Hälfte", hatte die Linke bei Wahlen im Grunde stets eine bessere Chance als die Rechte. Genau dasselbe Handikap hatten auch die Liberalen solange sie echte Liberale blieben; sie glaubten keineswegs an die Gleichheit oder an das nebulöse Gebilde, das man „soziale Gerechtigkeit" nennt, sondern an den Aufstieg der Tüchtigen, der Intelligenten und Fleißigen, an eine – man verzeihe uns diesen sprachlich fürchterlichen Ausdruck – „Meritokratie".

Die Mobilisierung des Neides, dieses Alpha und Omega der politischen Weisheit der Linken, konnte also sowohl gegen Liberale als auch Konservative ausgespielt werden. Eine derartige, zumeist höchst demagogische Hetze brachte eine besonders reiche Ernte, wenn die Beneideten sich auch rassisch, ethnisch oder religiös von der großen Mehrheit unterschieden. Das brauchen nicht überall und immer die Juden zu sein: auch Aristokraten (die anders aussehen und anders reden), die Inder in Schwarz-Afrika, die Chinesen in Südost-Asien, Katholiken in den nördlichen Niederlanden, die Schweden in Finnland oder die *Anglais* in der Provinz Québec können für ein Feindbild herhalten. Immer wieder gibt es Minderheiten, die entweder begabter, fleißiger oder lediglich geschäftstüchtiger sind als die große Mehrheit, und ihnen werden dann krankhafte Ambitionen, Unehrlichkeit, neurotische Arbeitswut, raffinierte Schlauheit und niedrigere Moral, besonders Geschlechtsmoral, vorgeworfen. Dabei wird geflissentlich die Möglichkeit übersehen, daß manche Völker Talente haben, die anderen wieder fehlen.[12] Wer eine solche Behauptung wagt, ist ein „Rassist".[13]

In der Regel standen die konservativen Parteien nicht nur der Monarchie, sondern auch der Religion sehr positiv gegenüber. Weniger so der Wirtschaft, denn in den konservativen Parteien (außerhalb der Schweiz und Großbritanniens) waren oft Großgrundbesitzer oder Professoren in der Führung. Erstere sahen in den Wirtschaftsführern nur zu oft Parvenus, die für das Wohl und Wehe ihrer Arbeiter nicht dieselbe väterliche Obsorge ausübten, wie man es am Land gewohnt ist. (Arbeiter aber kann man im hohen Alter, im „Ausgedinge", in der Industrie nicht ernähren und behausen. Da hat man andere Mittel und Wege zu finden.) Und die Intellektuellen im konservativen Lager, die man trotz der Pflege edler Gefühle doch nicht ganz entbehren konnte, verachteten die Wirtschaftsgrößen als geistlose Materialisten. Im konservativen (und auch klerikalen) Nichtwissen um die äußerst komplexen und geschmeidigen Gesetze und Theorien der Wirtschaft steckte – und steckt heute immer noch – eine ganz große Schwäche. Zweifellos lebt der Mensch nicht vom Brot allein, aber ohne Brot gibt es keine Menschen...

Es sei hier auch vermerkt, daß es heute in Europa in keinem überwiegend katholischen Land eine Partei gibt, die sich „konservativ" nennt. Das aber ist kein Zufall. Wir erklärten schon, daß die Reformation im Grunde eine „konservative Revolution" war und, umgekehrt, sind die meisten, die sich in katholischen Ländern als „konservativ" bezeichnen, Menschen, die die bestehende Ordnung keineswegs konservieren wollen. Es sind dies die *wahren* Revolutionäre. All dies sollte nicht überraschend sein, denn die katholische Kirche ist ihrem Wesen und ihrer Entwicklung nach nicht konservativ. Sie ist viel eher wie eine mittelalterliche Kathedrale, die immer auf demselben Grundriß bleibt, aber in die Höhe wächst. Sie kommt immer wieder mit neuen Lehrsätzen. Dieses Wachstum wollte die Reformation („Neuerungen" feindlich gesinnt) einfrieren. Freilich sind manche Details dieses ewigen Baues, falls sie nicht dogmatischer Natur sind, richtig oder falsch. (Sind sie falsch, gehören sie wie ein falscher Zusatz wieder abgetragen. So wurde es auch im Kathedralenbau gemacht.) Eines aber ist sicher: eine weltweite Bedeutung hat der „Konservatismus" nicht und wird er auch nie haben. Das ist ein nordeuropäisch-amerikanischer Traum, der sich nie erfüllen wird.

Einer der ernstesten Konkurrenten der Konservativen wurden später die „christlichen" Parteien, die vor allem katholische Parteien waren. (In den Niederlanden allein gab es größere reformierte Parteien.) Von diesen katholischen Parteien war das Deutsche Zentrum eine der wichtigsten. Diese Partei hatte (wie schon ihr Name anzeigt) eine Schlüsselstellung und gab dadurch auch der katholischen Kirche in Deutschland *politisches* Gewicht. In Österreich verschluckte alsbald die „Christlichsoziale Partei" die Konservativen. In Italien gab es nach dem Ersten Weltkrieg die *Popolari*, geleitet von einem Priester, Don Luigi Sturzo. Katholische, in manchen Fällen auch wirklich *klerikale* Parteien,[14] gab es in Böhmen, in der Slowakei, in Slowenien, in Spanien, in Belgien. Es gab auch konservativ-christliche Mischparteien, konservativ-klerikal-nationale mit ideologischen Ansätzen. Sie hatten Zulauf von allen möglichen Sozialschichten, selbst aus der Arbeiterschaft. Und da wir von weltanschaulichen Synthesen sprechen, dürfen wir nicht den Nationalliberalismus vergessen wie auch die Nationaldemokratie und vor allem nicht den Nationalsozialismus, der zum erstenmal unter den Tschechen aufscheint.

Der Nationalismus (mit oder ohne rassisch-biologischem Charakter) war die eine große kollektive Strömung, der Sozialismus, der aus der Demokratie der Französischen Revolution sehr logisch gewachsen war, die andere.[15] Es war nur eine Frage der Zeit, bis sich diese beiden Strömungen in einer Synthese zusammenfanden.[16] Die Nationaldemokratie hatte diese Verschmelzung vorbereitet. Bezeichnend war es aber auch, daß in Kongreßpolen die Sozialistische Partei einen ausgesprochen nationalen Charakter hatte. In ihr fand man nicht nur viele Intellektuelle und Bürger, sondern auch eine Anzahl von Adeligen, wie zum Beispiel Józef Piłsudski aus einem litauischen Geschlecht.[17] Man muß da aber auch wissen, daß die russische Polenpolitik das einfache Volk, besonders die (unpolitische) Bauernschaft, vom kompromißlosen Bürgertum und dem Adel trennen wollte. Die Polnische Sozialistische Partei versuchte durch ihren sozialistischen (aber nicht-marxistischen) Charakter, also durch einen doppelten Kollektivismus, diesen Spaltungsbestrebungen entgegenzuwirken. (Dasselbe Phänomen wiederholte sich aber weder in Galizien noch in Posen, Oberschlesien oder Westpreußen.) Als dann der „Sozialist" Piłsudski als Marschall zur diktatorischen Macht kam, brach er mit dem nun überflüssig gewordenen Sozialismus. Die Nationaldemokratie Mitteleuropas hingegen wandte sich gegen die elitären, „antinationalen" Kräfte – Monarchie, Adel, Klerus und Juden. So besonders in Böhmen-Mähren.

Sicher ist es, daß der Parlamentarismus im echt-kontinentalen Europa – Europa ohne die Inseln und Halbinseln des reformierten Nordens, – durch den mehr oder weniger ideologischen Charakter der Parteien zu Chaos, Diktaturen, Bürgerkriegen, Revolutionen und staatlichem Zerfall führte, was man aber weder in England noch in den Vereinigten Staaten je begreifen konnte. Harold Laski hatte jedoch sehr richtig festgestellt,[18] daß der parlamentarisch regierte Staat (gleichgiltig ob Scheinmonarchie oder Republik) nur dann Bestand hat, wenn er zwei Bedingungen erfüllt: 1) ein Zweiparteiensystem, in dem bloß *ins and outs* sind, und 2) diese Parteien eine gemeinsame „Sprache" reden, eine gemeinsame *Public Philosophy*[19] beziehungsweise Ideologie besitzen. Diese Situation ist aber im echtkontinentalen Europa sehr selten und wenn vorhanden, dann wiederum nur das zeitweilige Resultat eines großen Wohlstands. Wir haben schon am Beispiel Spaniens gezeigt (Siehe S. 122), daß unter Umständen der parlamentarische Prozeß höchst logisch in einem Volk, das

Kompromisse verachtet[20]) und „absolut" denkt, sich in einen echten Bürgerkrieg[21]) verwandelt. Solange die Welt der Reformation noch an das Absolute glaubte, waren auch dort Bürgerkrieg, Revolution und Rebellion möglich. Das zeigt uns die Geschichte Englands, der Niederlande und Skandinaviens im 17. Jahrhundert. Doch dann kommen Aufklärung und Relativismus und in der „nachprotestantischen" Geschichte dieser Länder werden Revolutionen „undenkbar".

Diese zwei Forderungen Laskis sind in Kontinentaleuropa nie zusammen erfüllt worden. Besonders in Zeiten wirtschaftlicher Schwierigkeiten, wenn die materiellen Freuden beschränkt sind, mehr Zeit zum Denken und Nachdenken da ist, und die Leidenschaften auch größer werden, kommt es zu gefährlichen Zerreißproben. Dann gibt auch die Demokratie als reines Rahmenwerk einer totalitär-tyrannischen Partei (oder „Bewegung") die Chance, höchst legal die absolute Macht zu erobern. Es kommt dann zu Wahlsiegen, die das Ende aller Wahlen bedeuten. Unter solchen Umständen verschwinden schon vorher die liberaldemokratischen Parteien bis auf einige kümmerliche Reste. Die Partei, die mit größter Leidenschaftlichkeit „Sicherheit" (Brot und vielleicht auch Spiele)[22]) eher denn persönliche Freiheit verspricht, hat dann die besten Aussichten – wie ja überhaupt die Partei, die glaubhaft Zuwendungen aus dem Staatssäckel unter dem Motto Benthams *The Greatest Happiness for the Greatest Number* zusagt, auch in „normalen Zeiten" auf Erfolge rechnen kann. (Freiheit des Wortes und der Schrift? Das bewegt nur kleinste Minderheiten.) Den Massen und ihren Politikern ist es gleichgiltig, wie es ihren Kindern und Kindeskindern gehen wird, welche Schulden diese abzutragen haben: Für die Politiker ist das Gewinnen der nächsten Wahlen das Nahziel, den Massen hingegen die Genüsse in der Gegenwart und unmittelbarsten Zukunft. Eine Partei, die Askese, die Minderung der Sozialleistungen, Rüstungen, Kriegsvorbereitungen (um den Frieden zu erhalten) und eine strikte Moralgesetzgebung auf ihre Fahnen schreibt, hätte nur sehr geringe Chancen. Winston Churchill konnte *Blood, Sweat and Tears* nur mitten in einem Krieg, in dem es ums Überleben ging, verkünden, doch kaum war der Frieden da, warf ihn das liebe Volk in weitem Bogen hinaus.

Eduard von Hartmann sagte am Ende des vorigen Jahrhunderts: „Daß die Freiheit des Volkes in der parlamentarischen Regierungsform gewährleistet sei, glaubt man schon lange nicht mehr... alle Welt ist parlamentsüberdrüssig, aber niemand weiß etwas Besseres vorzuschlagen, und das Bewußtsein, diese mißachtete Einrichtung als notwendiges Übel ins neue Jahrhundert mit hinüberschleppen zu müssen, lastet drückend auf den Gemütern der Besten."[23])

Das europäische Land, in dem sich die Herrschaft der Ideologie jedoch am deutlichsten entwickelte und eine falsche Ideologie die fürchterlichsten Folgen zeitigte, war jedoch Rußland. Der Bolschewismus war weder ein „roter Zarismus" noch auch der „Pendelschlag in die entgegengesetzte Richtung", sondern eine ideologische Eroberung durch einen wahren Zufall. Einen „angeborenen Kollektivismus" der Russen gab es natürlich niemals: diesen Mythos hat vor allem Edward Crankshaw in einem brillanten Essay schon vor vielen Jahren zerzaust.[24] Der Russe habe eine innere Freiheit und Unabhängigkeit, sagte er uns, wie man sie im Westen höchstens in gewissen Künstlerkreisen antrifft.

Aber was geschah denn da wirklich in diesem Unglücksjahr 1917? Stellen wir uns da einen jungen Mann vor – gebildet, gut aussehend, beliebt, reich, doch an einem Abend trinkt er ein Glas zuviel, wird von Scheinwerfern auf dem Wege nach Hause geblendet, fährt an einen Baum und ist querschnittgelähmt. Ein Unfall! Ein Zufall! Aber solche Zufälle gibt es nicht nur im Leben der Menschen, sondern auch der Völker. Der radikale Flügel der „Russischen Sozialdemokratischen Groß- grundbezitz Arbeiterpartei" machte im November 1917 einen zweiten Aufstand gegen die demokratische Republik Kérenskijs, der um jeden Preis den Krieg fortführen und wie sein Bewunderer Wilson „die Welt der Demokratie sichern" wollte. (Ich kannte diesen überaus einfältigen Politiker.) Die große Mehrheit des russischen Volkes, vor allem die Bauern, schon seit einem halben Jahr ihre ‚Vaterbildes‘ beraubt, hun- gernd, völlig kriegsmüde und erpicht, mehr Land, ja alles Land an sich zu reißen, ließ die Radikalen der RSDAP gewähren. Auch im Bürgerkrieg setzten sich die Bauern für die Roten ein. Die entsetzliche Strafe für die naiven Bauern blieb nicht aus. (1917 betrug der Anteil des Großgrundbesitzes am Acker- und Weideland 23 Prozent, in Großbritannien 55 Prozent, aber der „Múshik" ist eben kein „Farmer". Im Jahre 1930 hätte der Großgrundbesitz gar nur, aufgrund der Planung Stolypins, über 11 Prozent des Bodens verfügt.)

Michael Florenskij schrieb in den Schlußsätzen seines *Russia*, daß Kérenskij, um dieses Unglück für die ganze Welt abzuwenden, unbedingt zwei Dinge hätte tun müssen: *sofort* Frieden schließen und das Land *restlos* (!) verteilen.[25] Er tat aber weder das eine noch das andere. Georgij Katkow sagte ergänzend in seinem *Russia in 1917,* daß die Liberaldemokraten die größte Schuld trifft, denn sie hatten die Monarchie einer militärischen Niederlage wegen gestürzt, ohne je entfernt in der Lage gewesen zu sein, ihr eigenes Régime gegen die extremen Sozialdemokraten unter Lenin und Trotskij halten zu können.[26] ‚Goldene Mittelwege‘ gibt es für den Osten und Süden Europas nun einmal nicht. Freilich, die sozialdemokratischen Boljschewikí verfügten über eine marodierende Armee und Flotte. Das waren zwei wichtige Trumpfkarten.

Sie verfügten aber auch über eine geschlossene Ideologie mit Heiligen Schriften und Schriftgelehrten, darüber hinaus aber auch über äußerst redebegabte Intellek- tuelle. Das Régime, das sie aber dann aufrichteten, war genau so, wie man es sich logisch hätte erwarten müssen, besteht doch die Geschichte sowohl aus logischen Entwicklungen als auch aus unerwarteten Konstellationen und Zufällen. Die Greuel der *Kontslagery* waren allen, die nicht bewußt die Augen verschlossen, immer wohl- bekannt. (Welchen Grund hatten wohl Harold Laski und Ernst Bloch, Stalins Schauprozesse für „echt" zu halten?) Die Schrecken wurden in den Hirnen aus vieler- lei Gründen nicht ‚registriert‘. Unbewußt sträubte man sich dagegen. Erst Solsheni- tsyn gelang der weltweite Durchbruch, denn er veröffentlichte die Tatsachen im *Kairós,* einer „geeigneten Zeit", und in der richtigen Form. Erst von da an konnte die Allgemeinheit nicht mehr schamlos leugnen. Man hatte sich früher damit getröstet, daß das Exil, die Lager und der Tod nur frivole Mitglieder der obersten Schichten bedroht hatten, doch waren wie in der Französischen Revolution (nur 8 Prozent der damals Hingerichteten waren adelig) die meisten Opfer des „Arbeiter- und Bauernstaates" wiederum nur Bauern.

Die Errichtung eines marxistischen eurasiatischen Staates von großer Ausdehnung und enormem Industriepotential beunruhigte jedoch viele Europäer nicht, die darin einfach eine „Reasiatisierung" Rußlands sahen. „Europa, der sechste Teil des Planeten Erde ist abgestürzt und Europa macht es sich am Rande des Abgrunds bequem", klagte Mereshkowskij.[27] Die Folgen waren aber sowohl praktisch als auch ideologisch: das „sozialistische Vaterland" war geschaffen und die marxistisch-leninistischen Grundsätze konnten nun verwirklicht werden – zumindestens in der Theorie. In der Praxis sah dies allerdings anders aus, denn neue, gewaltige Klassenunterschiede, der allmächtige Staat, Polizeiherrschaft und Unfreiheit, kulturelle Unfruchtbarkeit und Militarismus kennzeichneten das „Land der Werktätigen", das neue Gebiete eroberte und weitere noch, im fast leeren Rahmen der liberalen Demokratie, missionieren konnte. Rußland, das doch seit dem 19. Jahrhundert immer freiheitlicher verwaltet wurde – man konnte selbst die völlig demagogische *Prawda* ab 1912 an der Straßenecke kaufen – wurde nun „rückläufig" und sollte damit ein lebender Beweis für den völligen Mißerfolg der roten Ideologie sein. Das aber tat der Ausbreitung der Ideen von Marx, Engels und Lenin keinen Abbruch. Es scheint, daß Ideologien, besonders wenn sie einen Religionsersatz darstellen, sich in der Wirklichkeit nicht zu bewähren brauchen. *Sie werden geglaubt und nicht geprüft.* Rózanow schrieb 1919: „Der tiefere Grund des Geschehens ist der, daß durch die Schrumpfung des Christentums im europäischen Teil der Menschheit kolossale Hohlräume entstanden sind, und in diese stürzt nun alles hinein."[28]

Das aber wiederum darf kein Urteil über den Bestand von Ideologien sein. Sie sind, wie die Religion, ein menschliches Bedürfnis. Das Unabwendbare in der menschlichen Seele ist nicht zu unterdrücken; man darf es nicht ins Böse abgleiten lassen, sondern muß es positiv gestalten und fruchtbar machen. So wie die Dinge aber jetzt stehen, muß man jedoch an die klagenden Zeilen von W. B. Yeats denken:

> Things fall apart; the centre cannot hold
> Mere anarchy is loosed upon the world.
> The blood-dimned tide is loosed, and everywhere
> The ceremony of innocence is drowned;
> The best lack all conviction, while the worst
> Are full of passionate intensity.

24. DER WEG IN DEN ERSTEN WELTKRIEG

Wie kam es zum Ersten Weltkrieg, in den die Regierungen Europas buchstäblich hineingeschlittert waren? Und warum ist dieser schreckliche, unsinnige und irrsinnige Krieg nicht frühzeitig abgebrochen worden?

Beantworten wir die erste Frage und beginnen wir mit der Feststellung, daß in der Geschichte nichts absolut unvermeidlich ist. Es gab sicherlich Spannungen in Europa, doch auch die Aufzählung aller Konfliktstoffe reicht immer noch nicht aus, um auch diesen Krieg zu einer unvermeidlichen Fatalität zu erklären.

Der Erste Weltkrieg, der im Prinzip noch als europäischer oder euroamerikanischer Krieg bezeichnet werden muß, war *ein Krieg um Österreich–Ungarn.* (Sir) Denis W. Brogan nannte ihn sehr richtig den Zweiten Österreichischen Erbfolgekrieg,[1] wie man ja auch den Zweiten Weltkrieg den Dritten Österreichischen Erbfolgekrieg nennen sollte. Das unmittelbar greifbare Resultat dieses Krieges war die Aufteilung, die „Balkanisierung", der Donaumonarchie.[2]

Weder das Deutsche Reich noch die Monarchie der Habsburger hatten Gebietsansprüche auf Länder der Nachbarn. Weder plante das Deutsche Reich vor dem Krieg Belgien oder das französische Lothringen (das Département Meurthe-et-Moselle) zu annektieren, noch auch hatte das Reich (oder Preußen) Gelüste auf Russisch–Polen, denn die Polen Preußens bildeten schon an und für sich ein unlösbares Problem. Sie konnten nur selten assimiliert werden, und dank ihrer höheren Geburtenziffer wuchsen sie in den preußischen Ostgebieten dauernd – absolut und proportional. Österreich hatte nicht die geringste Sehnsucht, über Bosnien hinaus weitere nichtdeutsche Gebiete einzuheimsen.[3] Die parlamentarische Szene in Wien vertrug das nicht. Hingegen hatten die Nachbarn der beiden Zentralmächte laut verkündete Ansprüche: die Franzosen auf Elsaß und Deutsch-Lothringen, die Russen (als „Slawen") auf den deutschen Osten, Galizien[1] und vielleicht auch die Karpatho-Ukraine (d.h. Nordost-Ungarn), die Rumänen auf die Bukowina, Siebenbürgen, Teile des Alföld mitsamt dem östlichen Banat, die Serben und „Jugoslawisten" auf Bosnien, Kroatien, Slawonien, Dalmatien, die Krain, die Südsteiermark, Südkärnten und Teile Südungarns und Istriens, die mit den Zentralmächten einst „verbündeten" Italiener auf das welsche (und deutsche) Südtirol, Triest, Istrien und auch Dalmatien. Montenegro spekulierte auf die Hercegovina. Erst im Laufe des Krieges, nach eindrucksvollen Siegen, sprach man in verschiedenen deutschen Kreisen (nie aber offiziell die Regierung) von Annexionen. Selbst im Frieden von Brest-Litowsk erhielt keine der beiden Mittelmächte einen Quadratzentimeter ethnisch russischen Territoriums. Es wurde lediglich russischen Annexionsgebieten eine mehr oder weniger unabhängige Eigenregierung gewährt. Auch in den Friedensverträgen von Cotroceni und Buftea mußte Rumänien nur in kleine Grenz-korrekturen einwilligen. (Über das Schicksal der Dobrudsha wurde nicht endgültig entschieden, und nach der Annexion Bessarabiens ging Rumänien *noch vor* Kriegs-ende deutlich vergrößert hervor.)

Aber weder die deutsch–englische Flottenrivalität, noch die deutsch–englische Handelskonkurrenz, noch die verschiedenen Irredentismen hätten einen großen alleuropäischen Krieg entfachen müssen. Ganz besonders vor der ökonomischen Erklärung der Weltgeschichte muß man sich hüten! In einem der besten Bücher über den Ausbruch des Ersten Weltkriegs, *The Origins of the Great War,* von Sidney Fay, Professor an der Harvard Universität, betont dieser Autor, daß er während seiner jahrelangen archivalischen Arbeiten wirtschaftlichen Kriegsgründen nie begegnet war.[5] Man frage sich, inwieweit ein Wilhelm II., ein Franz Joseph I., ein Nikolaus II., ein Sir Edward Grey, ein Asquith, Clemenceau oder Poincaré, ein Berchtold oder Tisza in ihrer Politik „wirtschaftlich" dachten. Hätten sie durch einen siegreichen Krieg mehr zum Frühstück serviert bekommen? Oder waren sie Aktien-besitzer mit Interessen in der Rüstungsindustrie? In einem Zeitalter der allgemeinen Wehrpflicht und – mehr noch – in einem Zeitalter des totalen Kriegs sind da ganz andere Passionen am Werk. Auch der Großindustrielle und der Mann der *Haute Finance,* die alle sicherlich nicht darbten, konnten nicht *noch* luxuriöser leben und hatten doch Söhne und Enkel, die alle im Krieg fallen konnten – ganz abgesehen von den Fabriken, die Bomben ausgesetzt waren. Die wirtschaftliche Erklärung ist deswegen so populär, weil man durch sie das geschichtliche Geschehen jedem Gymnasiasten oder Gemischtwarenhändler „verständlich" machen kann. Welcher deutsche, welcher britische Großindustrielle oder Bankier hätte den Ersten (oder auch den Zweiten) Weltkrieg „anzetteln" können? Der britische Sozialist J. A. Hobson, dessen Thesen Lenin papageienhaft wiederholt hatte, schrieb mit geradezu rührenden Naivität: „Könnte man sich vorstellen, daß ein großer Krieg von irgend-einem Staat begonnen oder auch eine große Staatsanleihe aufgelegt werden könnte, wenn das Haus Rothschild und seine Verbündeten es verbieten würden?"[6] Lenin war davon ebenso überzeugt wie auch (wiewohl in anderer Form und aus anderen Be-weggründen) sein Kollege Adolf Hitler. Dem ungebildeten Spießer, der die *fausses idées claires* liebt und der ungemein gern an Verschwörungstheorien glaubt, ist das sicherlich „einleuchtend", und zwar nicht zuletzt, weil in seinen Augen die reichen Leute böse sind und den kleinen Mann um jeden Preis ausnützen und ausbluten wollen. Also blutet ganz Europa lediglich für das Haus Rothschild! Oder war Hitler etwa die Kreatur der (zum Teil jüdischen) Großindustriellen und Bankiers? Also werden auch Kriege nur zu Nutz' und Frommen der „Kanonenkönige" geführt, während brave patriotische Hausfrauen, führende Politiker mit Herz und hilflose Journalisten zuschauen! So einfach macht man sich das! (Doch von den fünf Söhnen Gustav Krupps starben zwei für den Braunauer, einer wurde eingesperrt, einer schwer verwundet, ein weiterer kam sehr spät aus der sowjetischen Gefangenschaft zurück, nachdem er drei Jahre in Einzelhaft war.)

Eine Wurzel des Krieges ist viel eher im männlichen Aggressionstrieb zu sehen und in der Langeweile der modernen industriellen Zivilisation. Viele Männer lieben die Gefahr, überraschend viele Männer fürchten den Tod nicht, nehmen gerne ein Risiko auf sich und gieren nach aufregenden Abenteuern. In Vietnam fragte ich immer wieder die amerikanischen Soldaten, was sie empfänden. Sie waren größtenteils, aber nicht ausschließlich „unglücklich" und „haßten" den Krieg. Doch so manche bejahten ihn trotz der Strapazen und der Unbequemlichkeiten. Wenn ich aber mit der Frage kam, ob sie glücklich wären, wenn ich mit einer magischen Schere das Kriegsjahr[7] aus ihrer Erinnerung für immer herausschnitte, protestierten sie laut. Der Krieg war eben doch das große Erlebnis, von dem sie bis an ihr Lebensende zehren würden. Es war ihr „Kapital"!

Darum sah man auch die ganz große Begeisterung beim Ausbruch des Ersten Weltkriegs besonders bei den Mittelmächten, deren Bevölkerung überzeugt war, sie hätte sich gegen eine Welt von Feinden zu verteidigen, die den Mördern des Thronfolgers und seiner Frau höchst unritterlich zu Hilfe gekommen waren. Dieses Gefühl, im Recht zu sein und für die höheren Werte einzutreten, für die wahre Kultur und gegen die russische Barbarei mit ihrer Herrschaft der Knute, gegen die französische Dekadenz, Sittenlosigkeit und Gottlosigkeit, gegen den englischen Krämergeist und balkanisches Verbrechertum, beseligte die Massen und nicht nur die Massen. Man war zwar etwas blind und herzlich einseitig, aber man hatte ein reines Gewissen. Die deutschen Studenten, die bei Langemark im englischen Maschinengewehrfeuer zusammenbrachen, rezitierten laut die Ilias...

Doch, wie fing dieser Krieg nun wirklich an? Am Anfang steht das Attentat einer Gruppe von serbischen[8] Verschwörern, die am Tag des Heiligen Veit, dem *Vidovdan*, am 28. Juni 1914, den österreichischen Thronfolger und seine Gattin ermordeten. Die Spuren führten sogleich nach Belgrad. Die Waffen entstammten dem königlichserbischen Arsenal, und die Mörder wurden von einem höheren Beamten der serbischen Gegenspionage, dem Major Tankosić, engstem Mitarbeiter des Obersten Dimitrijević (genannt „Apis"), führendem Mitglied der Geheimgesellschaft „Schwarze Hand" *(Crna Ruka)*, in der Benützung der Feuerwaffen unterrichtet und gedrillt. Diese Organisation wiederum unterstand der Leitung des Kronprinzen Aleksandar, doch ob dieser der wirkliche Drahtzieher dieses Mordes war, konnte nicht eindeutig bewiesen werden. Tatsache aber ist es, daß er später an der makedonischen Front, wo Serben kämpften, die Organisation der „Schwarzen Hand" zerschlug und diese durch eine andere Verschwörerbande, die „Weiße Hand" *(Bela Ruka)*, ersetzte. *Oberst Dimitrijević und alle Mitwisser an dem Attentat von Sarajevo wurden hingerichtet.*[9] Für diesen Akt in Saloniki könnten zwei verschiedene Gründe angegeben werden: entweder wollte sich der Kronprinz, der damals schon Regent war, aller Mitwisser entledigen oder auch nur reinen Tisch machen, um mit den Österreichern heimliche Friedensgespräche führen zu können, wie es der ebenfalls im Exil sich befindliche montenegrinische Kronprinz Danilo tat.[10]

Diese Mitwisserschaft der Behörden in Belgrad war Wien schnell bekannt. Die Verhöre der verschiedenen Verschworenen brachten so viel Material zutage, daß schließlich am 23. Juli (also 25 Tage nach dem Mord) Belgrad ein in mehreren Punkten mit 48 Stunden befristetes Ultimatum überstellt wurde, das von Serbien bis auf einen Punkt angenommen wurde, doch dieser war von größter Bedeutung:

Die Zulassung österreichischer Beamter (Detektive), um ihre Recherchen *zusammen mit den serbischen Behörden* nach den Urhebern des Attentats fortzuführen.

Diese Forderung Österreichs aber war keine außerordentliche oder erniedrigende, denn wenn heute in Rochester im Staate New York ein Mord geschieht, der von Kanada aus organisiert wurde, dann werden die kanadischen Behörden (die – nehmen wir an – ein reines Gewissen haben) der Mitarbeit amerikanischer Beamter bei den Untersuchungen keine Schwierigkeiten in den Weg legen. Die österreichisch-ungarische Regierung hatte auch keineswegs verlangt, an der Aburteilung schuldiger Serben durch serbische Gerichte teilzunehmen, sondern lediglich in die Ermittlung eingeschaltet zu werden. Freilich war man in Wien auch davon überzeugt, daß man in Belgrad Vertuschungsmanöver einleiten würde und mußte.

In welchem Lichte aber sah man die Attentäter nach dem Ersten Weltkrieg im serbisch beherrschten „Königreich S. H. S."? Selbstverständlich nach orientalischer Manier als ganz große Helden! Gavrilo Princip,[11] der Hauptattentäter, der nur 20 Jahre schweren Kerker bekam, da er nach österreichischem Gesetz noch minderjährig war, erhielt in Sarajevo eine Gedenkstätte. Auch eine Brücke *(Principov Most)* wurde nach ihm benannt, und im Gehsteig der Doppelmordstelle seine Fußspuren eingelassen. In solchen Dingen waren sich Aleksandar II. und Josip Broz einig. Doch wurde auch der Saloniki-Prozeß gegen Dimitrijević-Apis vom kommunistischen Jugoslawien wieder aufgerollt und die ganze Mordbande der „Schwarzen Hand" posthum von einer Beteiligung an einer Verschwörung gegen den damaligen Regenten freigesprochen. Also hatte Aleksander einen Justizmord begangen, während sein Vater, Petar I. Karađorđević, wiederum der Beteiligung am Mord an Aleksandar I. Obrenović mehr als „höchst verdächtig" gewesen war. Der politische Mord hatte in Serbien stets Tradition. Umso größer war die Begeisterung des fortschrittlich-liberal-demokratischen Westens für *heroic little Servia*.[12]

Warum aber hatten gerade die Mörder den Thronfolger am Vidovdan, dem Tag der Ermordung des Sultans Murad I., aufs Korn genommen? Franz Ferdinand war ein Freund der Slawen: Seine morganatische Frau, die Herzogin von Hohenberg, war eine Tschechin. Er war weder „deutschnational" noch besonders magyarophil. Doch seine Pläne zur Reorganisierung der Habsburgermonarchie waren bekannt, und die serbischen Nationalisten, besonders jedoch das Haus Karađorđević, fürchteten, daß im Rahmen der Donaumonarchie ein südslawischer Teilstaat entstehen könnte, der dann als Magnet für das kleine Königreich Serbien, in dem nur eine Minderheit aller Serben lebte, wirken könnte. Im Prozeß gegen die Verschworenen sagte Princip, daß er gedacht habe, der Thronfolger würde nach seinem Regierungsantritt den Slawen Schaden zufügen. Wie denn? fragte der Richter. Er hätte „Reformen" durchgeführt. Und das war sicherlich eine aufrichtige Antwort.[13]

Der Ton des Ultimatums war scharf, aber selbst Sazonow, der russische Außenminister, riet Serbien zur Annahme. Auch die Londoner *Times* und andere namhafte Briten ermahnten Serbien zur Mäßigung. (Hierin war der Sozialist G. B. Shaw eine Ausnahme.)[14] Der ehemalige russische Ministerpräsident Graf Witte, der auch in der russischen Beteiligung am Weltkrieg einen Wahnsinn sah, war ganz offen dafür, daß Serbien nun endlich einmal gezüchtigt werde.[15] Und höchstwahrscheinlich wäre aus der militärischen Aktion Österreichs kein Weltkrieg geworden, wenn nicht der Unverstand und die Verantwortungslosigkeit zweier Männer ihn vom Zaune gebrochen hätten. Und das geschah folgendermaßen: Da Österreich–Ungarn gegen Serbien mobilisierte, hatte Rußland nach internationaler Gepflogenheit das Recht, an den Grenzen seines aufgerüsteten Nachbarn auch seine Truppen zu mobilisieren. Das tat man aber nicht nur an den Grenzen der Donaumonarchie, sondern auch in den am Deutschen Reich anliegenden Bezirken. Darauf telegraphierte Wilhelm II. seinem Freund „Nicki", daß er dies als einen äußerst unfreundlichen Akt betrachte. Der russische Kaiser ließ daraufhin seinen Kriegsminister Suchomlinow und den Chef des Generalstabs Januschkjewitsch rufen, die ihm diese Anschuldigung des deutschen Kaisers bestätigten. „Wir haben nur Pläne für eine totale Mobilmachung im ganzen Westen, da doch das Deutsche Reich mit Österreich verbündet ist!" Nikolaus war baß erstaunt, wenn nicht entrüstet, befahl sofort, an den deutschen Grenzen zu demobilisieren und benachrichtigte darüber seinen „Vetter Willy". Doch dieser erfuhr sehr bald, daß die Mobilisierung an seiner Ostgrenze weiterging, und dies teilte er in einem weiteren Telegramm dem russischen Kaiser mit. Dieser rief wieder Suchomlinow und Januschkjewitsch zu sich, und die beiden bestanden darauf – lügend! –, daß die Aktion an der deutschen Grenze abgebrochen war. Nikolaus telegraphierte nun Wilhelm, daß seine Informationen falsch sein müssen, denn die Demobilisierung sei durchgeführt worden. Neuerliche Meldungen aus dem Osten bestätigten jedoch den russischen Aufmarsch: Wilhelm war nun überzeugt, daß ihn sein Vetter anlog, und um einem massiven russischen Angriff zuvorzukommen, erklärte er nun Rußland den Krieg.

Der Erste Weltkrieg begann also mit einer Kriegserklärung Österreich–Ungarns an Serbien, gefolgt von einer deutschen Kriegserklärung an Rußland. Rußland aber wäre keineswegs bereit gewesen, Serbien unter allen Umständen zu Hilfe zu kommen. Die Ermordung des Mitglieds einer Herrscherfamilie gefiel auch Nikolaus ganz und gar nicht. Suchomlinow und Januschkjewitsch wurden nach dem bolschewikischen Umsturz von den Sowjets 1918 verhaftet und vor ein Gericht gestellt. Damals gab es noch keine „wohl vorbereiteten" Schauprozesse nach stalinistischem Vorbild. Die beiden gaben freimütig zu, ihren Kaiser getäuscht zu haben, verteidigten sich aber mit patriotischen Motiven. Vielleicht aber – was sie nicht gestanden – befürchteten sie auch eine zweite russische Revolution und dachten, daß ein „patriotischer Krieg" die Energien der Nation in eine andere Richtung lenken würde. Die Erinnerung an die erste russische Revolution, die durch den Russisch–Japanischen Krieg ausgebrochen war, hätte ihnen eigentlich zu denken geben sollen, aber bekanntlich lernt der Mensch nur selten und Völker *nie* aus der Geschichte.

Rußland war mit Frankreich verbündet und die Reichsregierung wandte sich durch ihre Botschaft an die französische Regierung mit der Frage, was nun, da ein *Casus Foederis* gegeben war, die Französische Regierung zu tun gedenke. Die Antwort, die der Botschaft zuteil wurde, war, daß Frankreich das tun würde, was in seinem eigenen Interesse läge. Es langten aber beunruhigende Nachrichten und zum Teil auch falsche Informationen ein: Ein französisches Flugzeug wurde bei Nürnberg gesichtet und warf Bomben ab (was natürlich nicht stimmte), französische Soldaten waren in Lothringen über die Grenze gekommen und hatten das Feuer eröffnet. Darauf bekam die Deutsche Botschaft in Paris ein chiffriertes Telegramm aus Berlin, das die Kriegserklärung enthielt.[16] Zweifellos wäre sonst die französische Kriegserklärung an das Deutsche Reich erfolgt. Der Sozialistenführer Jean Jaurès, der verzweifelt den Frieden erhalten wollte, wurde von Nationalisten am 31. Juli ermordet. Und der Mob von Paris plünderte dann gleich fleißig deutsche und österreichische Geschäfte.

Nun aber beging das Deutsche Reich zwei ganz schwere Fehler: Der eine war die Invasion Belgiens, nur um einen militärischen Plan, den sogennanten Schlieffen-Plan, gegen Frankreich ausführen zu können. Es kann freilich argumentiert werden, daß in der zweiten und definitiven belgischen Neutralitätserklärung der Großmächte (1839) Belgien zwar neutralisiert war, aber lediglich Belgien, nicht jedoch die Großmächte selbst zur Respektierung der Neutralität verpflichtet waren. (In der ersten Neutralitätserklärung des Jahres 1831 mit denselben Signatarmächten – Großbritannien, Frankreich, Preußen, Rußland und Österreich – war dies allerdings anders gewesen.)[17] Dennoch aber stand das Reich unausweichlich vor der Weltöffentlichkeit als Brecher der belgischen Neutralität da. Auch die Tatsache, daß es zwischen Belgien und den französisch-englischen Generalstäben militärische Absprachen gegeben hatte, fiel psychologisch-propagandistisch nichts ins Gewicht. Unglücklicherweise hatte Belgien nur eine völlig fragmentarische Armee, und nur zu viele Belgier griffen als *franc-tireurs* „privat" zu den Waffen. Doch damals wurde eine bewaffnete Résistance als Ungeheuerlichkeit, ja als Rückfall in die Barbarei betrachtet. Die Deutschen übten daraufhin Repressalien aus, worauf die alliierte Propaganda mit dem Märchen von den abgeschnittenen Händen von Säuglingen kam. Es wurde im hochkultivierten Westen so unerhört viel darauf losgelogen, daß man dann im Zweiten Weltkrieg weder im Ausland noch im Inland irgendetwas mehr richtig glauben konnte.

Großbritannien fühlte sich nun verpflichtet, zum Schutz von Belgien eingreifen zu müssen. Doch das war keineswegs die alleinige Ursache der britischen Intervention, denn es gab ein geheimes franko-britisches Flottenabkommen, demzufolge die britische Flotte im Kriegsfall der französischen zu Hilfe kommen sollte. Es war allerdings undenkbar, daß im Falle einer militärischen Kooperation auf hoher See die Landstreitkräfte sich passiv verhalten konnten. Als dann im Unterhaus in der Debatte über die Intervention in Belgien das geheime Flottenabkommen aufs Tapet gebracht wurde, dankten zwei Minister aus Protest ab, denn dieser Vertrag war weder allen Kabinettsmitgliedern noch dem Parlament bekannt gemacht worden.

Um das Übel noch zu vergrößern, hatte der deutsche Reichskanzler Bethmann-Hollweg die belgische Neutralitätserklärung in Verkenntnis der wahren Tatsachen einen „Fetzen Papier" genannt. Sicher aber ist es, daß das Deutsche Reich und Österreich–Ungarn einen Weltkrieg nie entfesseln wollten und auch, daß es den berüchtigten Kronrat in Potsdam am 29. Juli 1914, in dem ein solcher Krieg beschlossen wurde, nie gegeben hat. Dafür aber scheint er als „Beweis" für die deutsche Kriegsschuld im Versailler Vertrag auf. Nach dem Ersten Weltkrieg beauftragte die deutsche Sozialdemokratische Partei den Abgeordneten und Historiker Arthur Rosenberg, die Kriegsschuld Wilhelms II. dokumentarisch festzulegen, doch hatte dieser die Fairness, eine solche Schuld glatt abzuleugnen – und dies trotz äußerst unglücklich formulierter Aussagen, Reden und Handlungen des Kaisers in der Vergangenheit.

Er schrieb: „Es kann gar keine Rede davon sein, daß Wilhelm II. oder Bethmann-Hollweg auf den Weltkrieg hingearbeitet haben. Hätte Wilhelm II. einen Krieg gewollt, um die Herrschaft in Europa zu gewinnen, so hätte er während des russisch-japanischen Krieges oder während der ersten russischen Revolution Frankreich angegriffen. Damals war Rußland militärisch ohnmächtig und Deutschland hätte wahrscheinlich über das isolierte Frankreich gesiegt. Die friedfertige Haltung der deutschen Regierung um 1905 genügt eigentlich, um die Kriegsschuldfrage eindeutig zu beantworten.

Wilhelm II. war, von allen anderen Argumenten abgesehen, viel zu nervös und innerlich zu unsicher, um sich die grauenhafte Last eines von ihm militärisch und politisch zu leistenden Weltkrieges zu wünschen. Ebensowenig war der stets von Sorgen und Verantwortungen gequälte Bethmann-Hollweg der Mann, um einen Krieg heraufzubeschwören. Der im Juli 1914 amtierende Staatssekretär des Auswärtigen von Jagow hatte vom ersten Tage des Krieges an den Wunsch, ihn so schnell wie möglich zu beenden. Auch eine kriegslustige Militärpartei ist am Hofe Wilhelms II. nicht nachzuweisen. Der Generalstabschef von Moltke war körperlich schwer krank und fühlte sich der Armeeführung nicht gewachsen. Wie sollte er zum Krieg getrieben haben? Der Kriegsminister von Falkenhaym war ein Militär, der in den Grenzen eines Ressorts blieb, ohne den Ehrgeiz, sich in politischen Fragen einzumengen. Der Staatssekretär der Marine von Tirpitz war in den entscheidenden Juliwochen 1914 von Berlin abwesend und hat die Art der Kriegseröffnung scharf mißbilligt. Endlich waren die beim Kaiser einflußreichen Chefs der Militär-, Zivil- und Marinekabinette von Lyncker, von Valentini und von Müller, sämtlich als ‚Flaumacher‘ verrufen. Sie sind deshalb im Laufe des Krieges von der Obersten Heeresleitung, von den Anhängern des unbeschränkten U-Boot-Krieges und vom Kronprinzen heftig bekämpft worden.“[18]

Es war nur zu natürlich, daß die großen Siege der Mittelmächte den deutschen Appetit auf Annexionen da und dort recht vage anregten ohne je konkrete Forderungen zu stellen, doch echte Initiativen zu einem Frieden kamen immer wieder von den Mittelmächten (sicherlich nicht von den Alliierten) und selbstverständlich auch vom Vatikan, also mit anderen Worten vom „konservativen“ Europa. Auch in Rußland waren es „Konservative“[19] und nicht Nationalisten oder Demokraten, die um den Frieden bemüht waren, nicht zuletzt das Kaiserhaus, das deswegen nach seiner Absetzung nicht nach England fliehen durfte; dort lehnte man diese ‚Verräter‘ kaltherzig ab und überließ sie ihrem harten Schicksal.

Auch die Sozialisten (zum Unterschied von den dumm-fanatischen Liberaldemokraten) arbeiteten auf den Frieden hin. Während sich Aristokraten der beiden Lager in der Schweiz und Arbeitervertreter in Stockholm trafen, betrieben die Kräfte des ‚Fortschritts‘ und der ‚Freiheit‘ den Krieg *à outrance* – ein Trauerspiel, das sich am Ende des Zweiten Weltkriegs wiederholen sollte. Die britische Labour-Party durfte niemanden nach Stockholm schicken, und die amerikanischen Soziali-sten, die ebenfalls für den Frieden eintraten, wurden rücksichtslos bekämpft, ja einge-sperrt.[20] Bezeichnenderweise war der Kriegseintritt Amerikas zu gutem Teil durch die Wiederwahl des fanatischen Demokraten Woodrow Wilson möglich gemacht wor-den. Wenn sein Gegenkandidat, der Republikaner Charles Evans Hughes die Wahl gewonnen hätte, wäre die Weltgeschichte wahrscheinlich anders gelaufen. Die Kriegserklärung Woodrow Wilsons an das Deutsche Reich und später auch an Österreich–Ungarn und die Türkei[21] entschied den Ausgang des Ersten Weltkriegs und leitete damit eine Entwicklung ein, die unweigerlich zu einem Zweiten führen mußte. Daher ist es jetzt notwendig, einiges über den Charakter der Vereinigten Staaten zu sagen.

25. WOHER KOMMEN DIE VEREINIGTEN STAATEN?

Die dreizehn Kolonien Englands am Ostufer Nordamerikas hatten ihre Existenz größtenteils konfessionell bedingten Verfolgungen und Auswanderungen zu verdanken. Die Puritaner,[1] wahrlich keine Frühliberalen, sondern eher totalitäre Enthusiasten, gründeten den Staat *(Commonwealth)* Massachusetts; die Kolonie Rhode Island wie auch Connecticut wurden hingegen von Männern und Frauen besiedelt, die dem strengen Régime der Puritaner entkommen und ein freireligiöses Leben führen wollten. New York *(Nieuw Amsterdam)* war eine holländisch-calvinische, Delaware eine schwedisch-lutheranische, Pennsylvania eine quäkerische, Maryland eine katholische Gründung. Virginien und die Carolinas hatten einen anglikanischen Charakter, aber Georgia war ursprünglich eine Strafkolonie.[2] Die Unzufriedenheit vieler Siedler dieser Gebiete wurde aus zwei Quellen gespeist: Sie waren nicht im Parlament von Westminster vertreten, und die britische Regierung versuchte nach dem Siebenjährigen Krieg, der im Interesse der amerikanischen Kolonien geführt worden war,[3] in den Kolonien Steuern zu erheben. Diese Steuern waren gering; sie wurden lediglich auf importierten Tee und „Gesuchspapier" *(stamp paper)* erhoben, verstießen aber gegen das Prinzip *No-Taxation Without Representation,* „keine Besteuerung ohne Volksvertretung". Da aber schon aus rein geographisch-technischen Gründen eine Vertretung der „Amerikaner" im Londoner Parlament unmöglich war, wollten viele Kolonisten eine sehr weitgehende Autonomie, die ihnen London nicht gewähren wollte. Es kam zu lokalen Aufständen und schließlich zu einem regelrechten Unabhängigkeitskrieg und dies, obwohl nach vorsichtigen Schätzungen ursprünglich ein Drittel der Bevölkerung treu zur Krone hielt und vielleicht nur ein Drittel die völlige Unabhängigkeit bewußt anstrebte. Ob dieser Krieg ohne französische Intervention wie auch spanische und holländische Hilfe, zuerst mit Freiwilligen aus Europa, dann aber mit massivem Einsatz von Armee und Flotte, gewonnen worden wäre, ist fraglich. Ludwig XVI. und Marie Antoinette,[4] Karl III. von Spanien und Wilhelm V., Statthalter der Niederlande, waren eigentlich die Paten der jungen amerikanischen „Republik".

Nun aber waren die „Vereinigten Staaten von Amerika" weder laut der Unabhängigkeitserklärung vom 4. Juli 1776 noch auch nach der Verfassung von 1787 offiziell eine Republik, geschweige denn eine Demokratie. *Diese beiden Termini kommen in diesen Dokumenten nicht vor.* Lediglich in der Verfassung wird verlangt, daß die *Teilstaaten* der Union eine republikanische Verfassung haben sollten. In der Unabhängigkeitserklärung, die der unter den Gründervätern vielleicht ‚linkeste' Vertreter, Thomas Jefferson, verfaßt hatte, findet man keinen ‚Antimonarchismus'.

Die Attacke ist nur gegen den König Georg III. gerichtet, der periodisch geistig umnachtet war, und auch gegen das britische Parlament. Von Georg III. wird gesagt, er wäre ein „Fürst, der nicht die Qualitäten habe, Herrscher eines freien Volkes zu sein - *a prince not fit to be the ruler of a free people*." Ja, noch im Frühjahr 1787, also knapp vor der Annahme der endgültigen Verfassung, versuchten Nathan Gorham, *President of the Congress* nach der alten Verfassung, und General von Steuben, den Bruder Friedrichs II., den Prinzen Heinrich von Preußen, zu bewegen, nach Amerika zu kommen, um dort Erbstatthalter des neuen Staates zu werden. Deutlich schwebte also die niederländische Verfassung den beiden ‚Verschwörern‘ vor. Doch der Prinz winkte ab. Die Sache erschien ihm zu riskant.[5]

Naive Amerikaner und Europäer sprechen gerne von einer ‚Amerikanischen Revolution‘[6] und berufen sich dabei auf die Präambel der Unabhängigkeitserklärung, wo wir lesen, es sei „*self evident that human beings are created equal* – es sei offensichtlich, daß die Menschen als Gleiche erschaffen worden sind". Diese Feststellung befindet sich in einer Unabhängigkeitserklärung, also in einer Begründung, warum sich eine Region von einem größeren Staatsgebilde loslöst, in dem ein Teil der Bevölkerung politisch vertreten wird und der andere nicht. Dieser Passus hat mit einer „Individualgleichheit" nichts zu tun; es soll hiemit lediglich bekräftigt werden, daß Amerikaner und Briten im Prinzip gleich sind und erstere den letzteren nicht politisch untergeordnet werden sollten. Eine Individualgleichheit hätten die Gründerväter, von denen mindestens die Hälfte (einschließlich Jeffersons) Sklavenbesitzer waren, keinesfalls unterschrieben. Selbst Jefferson sprach einmal von den „schweinischen Massen" und das Wort „demokratisch" kommt in seinen Gesammelten Werken nur einmal vor: in einem Brief an Dupont de Nemours[7]. Man ersieht aus seinem Briefwechsel mit John Adams, daß er an die Magistratur der „natural *aristoi*‘, glaubte, die das Land führen sollten, während Adams eher von den Vorzügen der Geburt beeindruckt war.[8]

Tatsächlich war es so, daß dem jungen Staat nicht brave Bürger Europas zur Hilfe eilen wollten, sondern die tapfersten und abenteuerlustigsten Adeligen, die zwar nicht an die Gleichheit, wohl aber an die Freiheit glaubten. Vor dem Weißen Haus in Washington ist der Jackson Square, in dessen Mitte das Reiterstandbild Andrew Jacksons steht, des ersten Präsidenten der Vereinigten Staaten der es wagte, sich einen Demokraten zu nennen. Er wurde 1828 gewählt. Doch in den vier Ecken sieht man die Statuen der Männer, die viel früher nach Amerika gekommen waren, um für die Freiheit zu kämpfen und notfalls zu sterben. Hier wurden der General von Steuben, Tadeusz Kościuszko aus ostpolnischer Szlachta, der Graf von Rochambeau und der Marquis de Lafayette verewigt. Das Reiterstandbild des ebenfalls ostpolnischen Grafen Pułaski, des einzigen Generals der amerikanischen Armee der im Krieg fiel, steht in Savannah, doch der tapferste und interessanteste all dieser Offiziere wurde nirgends verewigt: Es ist dies der schon erwähnte Charles-Armand Tuffin, Marquis de la Rouërie, ein Mitglied des Ordens der Cincinnatti, ein Freund Washingtons und Organisator der Chouannerie in der Bretagne. Er starb während des Aufstands im Schloß La Guyomarais an Meningitis, doch die Jakobiner, die seiner nicht lebend habhaft werden konnten, gruben seinen Leichnam aus und schnitten ihm den Kopf ab. Die Familie, die ihm Unterschlupf gewährt hatte, wurde guillotiniert.[9] Er kämpfte in der Neuen Welt für die Freiheit und in seiner Heimat gegen die Gleichheit.

Von den Gründervätern sagten Charles und Mary Beard, wie wir schon erwähnten, daß sie die Demokratie mehr haßten als die Erbsünde, und in der Tat waren George Washington, John Adams (der zweite Präsident), James Madison (der vierte), der geniale Alexander Hamilton (der auch *ghostwriter* Washingtons war), Fisher Ames und Gouverneur Morris glühende Antidemokraten. Gouverneur Morris, der Gesandter in Paris war, feierte 1815 das Ende das jakobinisch-napoleonischen Zwischenspiels mit den Worten: „Europa ist wieder frei. Die Bourbonen sind wieder auf dem Thron!" Das sind Worte, die für den durchschnittlichen Amerikaner heute ebenso unverständlich sind, wie die Annahme, daß ein freies Volk von einem Herrscher regiert werden kann, oder der Ausruf Hamiltons Washington gegenüber: „Das Volk, Sir, Ihr Volk, ist eine große Bestie."

Doch dieser frühe, heroische und zugleich auch sehr elitäre Abschnitt der amerikanischen Geschichte wurde mit der Wahl Andrew Jacksons beendet. Dieser gut aussehende, aber fast analphabetische (wenn auch begabte) Mann importierte eine fremde, eine französische Ideologie: die Demokratie. Er demokratisierte auch sofort die Verwaltung, denn er betrachtete alles Fachwissen als elitär und führte das *Spoils-System* ein, das bis zum heutigen Tage nur wenig beschnitten weiterexistiert. So werden zum Beispiel durch einen neuen Präsidenten alle Postmeister neu ernannt. Um Postmeister, selbst in einer Großstadt, zu werden, genügt also das Parteibuch, der Status eines „registered voters". In seiner ersten Präsidialbotschaft (1829) erklärte Jackson, daß die Regierungsgeschäfte so einfach seien, daß jeder intelligente Mann, der *compos mentis* ist, diese auch besorgen könne. Dieser Amateurismus, der höchst demokratisch und antielitär ist, hat sich bis zum heutigen Tag erhalten, sowohl bei der amerikanischen Rechten als auch bei der Linken, wenn auch mit anderen Vorzeichen. Das achte Kapitel des ersten Bandes von James Bryce *The American Commonwealth*[10] hat den schönen Titel „warum kein großer Mann zum Präsidenten der Vereinigten Staaten gewählt werden kann", aber dieses bezieht sich natürlich auf die Sachlage nach 1828, denn damals begann das demokratische Zeitalter Amerikas. Alexis de Tocqueville, der die Vereinigten Staaten 1830–1831 besuchte, schrieb alsbald sein berühmtes *De la démocratie en Amérique,* das sich aber seinen Angaben nach primär mit der Demokratie und nicht mit Amerika beschäftigte. Viele seiner prophetischen Aussagen haben sich erst in unserer Zeit als erschreckend wahr bewiesen.[11]

Doch von einem Tag auf den anderen ist auch das vordemokratische Amerika nicht abgestorben. Ein Amerikaner österreichischer Abstammung, Francis Joseph Grund, veröffentliche 1839 in London ein Buch *Aristocracy in America,*[12] in dem er anhand zahlreicher Konversationen bewies, daß Amerika trotz allem demokratischen Gleichheitsgeschwätz ein essentiell klassen- und standesbewußtes Land sei. Ja, im Vergleich zum vormärzlichen (!) Österreich höre man in den Vereinigten Staaten bedeutend mehr von Geburt, Stand, Stammbäumen, Wappen, Familientraditionen. Und tatsächlich ist auch heute Amerika zweifellos standesbewußter als jedes europäische Land, mit Ausnahme der Schweiz und vielleicht auch Englands.[13]

In den Sechzigerjahren wurden die Vereinigten Staaten jedoch von einer zweiten Katastrophe ereilt, dem „Krieg zwischen den Staaten", dem Sezessionskrieg. Abraham Lincoln kann schon deswegen nicht als „großer Präsident" gewertet werden,[14] weil er den Ausbruch des bis 1861 blutigsten Krieges aller Zeiten nicht verhindert, ja eigentlich vom Zaune gebrochen hatte. Genau so wie der Schweizer Sonderbundskrieg (1847) und der deutsch-preußische Krieg von 1866 war dies ein Krieg zwischen Norden und Süden, zwischen dem wirtschaftlich und industriell stärkeren und dem mehr agrarischen Landesteil, zwischen dem Zentralismus und dem Föderalismus. Hier drehte es sich vor allem um das letztere Problem und gar nicht um die Sklavenbefreiung, die erst im dritten Kriegsjahr von der Union beschlossen wurde. Lincoln war keineswegs ein „Freund der Neger" oder gar „farbenblind". Einer Delegation von amerikanischen Mulatten,[15] die nicht nach Mittelamerika auswandern wollten, sagte er aufrichtig, daß dies dennoch ein guter Plan sei, denn „wir tun euch weh und ihr tut uns weh".[16] Hier also stehen wir wieder einer der unendlich vielen heiß geliebten Geschichtslügen gegenüber.

Nach der Niederlage wurde der Süden tüchtig ausgeplündert. Die Spannung zwischen den Rassen nahm dort nun erst recht zu (den „freien" Farbigen ging es nun bedeutend schlechter), und das Trauma dieser Katastrophe ist im Süden erst in unseren Tagen geheilt worden. Doch ist heute dort die Lage der Farbigen keineswegs schlechter als im Norden und deswegen gibt es jetzt „Schwarze", die vom Norden wieder in den Süden zurückwandern, denn sie haben das Gefühl, daß man sie im Norden zwar respektiert, aber nicht leiden mag, während dies im Süden viel eher umgekehrt ist. Gerade in so aristokratischen Staaten wie Virginia und South Carolina ist die Emanzipation der *Blacks* sang- und klanglos vor sich gegangen:[17] Richtige *race-riots* großen Stils gab es eigentlich nur im Norden, zumeist in Industriestädten, wie zum Beispiel in Detroit.

Während der Krieg gegen Mexiko 1846–1847 einen gewissen „kulturellen" Aspekt hatte – blonde, fortschrittliche ‚Protestanten' gegen dunkle, rückständige Mestizen katholischen Glaubens –, wiederholte sich dieses Phänomen mit einer gewissen Analogie im Krieg gegen Spanien, wobei der spezifisch antispanische Affekt (Monarchie, Papismus, Inquisition, Armada) von der amerikanischen Presse stark herausgekehrt wurde. Dieser Krieg endete mit der „Befreiung" Kubas, der Annexion von Puerto Rico und der amerikanischen Kolonialisierung der Philippinen.[18] Das waren für die Vereinigten Staaten eigentlich nur Belastungen, denn die Kubaner dankten ihnen die Eigenstaatlichkeit ganz und gar nicht – und wurden schließlich der ‚Flugzeugträger' der UdSSR vor der Nase der Union. Die Puertorikaner mit ihrer riesigen Geburtenziffer ergossen eine farbige Bevölkerungsflut in den amerikanischen Nordosten, das dortige Rassenproblem nur noch vermehrend, und die Philippinen, nie sehr zufrieden mit der amerikanischen Herrschaft, wurden zum Grab zahlreicher Amerikaner im Zweiten Weltkrieg.

Als dann der Erste Weltkrieg ausbrach, war die öffentliche Meinung in Amerika geteilt, doch schon von Anfang an waren die Sympathien für die Alliierten, besonders für England, größer. Blut ist eben dicker denn Wasser. Der Umstand, daß im amerikanischen Geschichtsunterricht die Engländer als Erzfeinde im Unabhängigkeitskrieg dargestellt wurden (und immer noch werden), daß man eine Aristokratie mit Titeln als Ungeheuerlichkeit empfand und die Monarchie als eine Art von Herausforderung, wurde durch die gemeinsame Sprache ausgeglichen, die gemeinsamen institutionellen Traditionen, die gemeinsamen Religionen und die ältere, gemeinsame Literatur. Shakespeare wird auf beiden Seiten des Atlantiks verehrt, doch die größte Sammlung von Shakespeariana befindet sich nicht in England, sondern in Washington. In deutschen Landen wiegte man sich in der eitlen Hoffnung, daß die Deutschamerikaner, mehr oder weniger 25 Millionen, ein Eintreten Amerikas auf der Seite der Entente unmöglich machen würden. Auch viele *Austro–Hungarians* sollten doch eigentlich in derselben Richtung wirken, aber das waren alles Illusionen, denn die *Anglo–Saxons* waren gesellschaftlich, intellektuell und wirtschaftlich bedeutend wichtiger. Der Deutsche steht den gegenwärtig Herrschenden in der Regel loyal gegenüber. Das tat er auch stets in Rußland, Brasilien oder Kanada. Als dann Wilson tatsächlich mit dem Kongreß dem Deutschen Reich den Krieg erklärte, wurden die Deutschamerikaner mäuschenstill und sehr häufig Opfer der häßlichsten Diskriminierungen, was im Zweiten Weltkrieg sehr selten geschah, denn dieser Krieg wurde dann von den USA *rein* ideologisch geführt. Dem Ersten Weltkrieg haftete von Seiten Amerikas noch *teilweise* der Charakter eines Nationalkriegs an.

Wie ideologisch die guten Amerikaner vom Schlage eines Wilson und seiner Kumpane sein können, zeigt die geradezu klassisch zu nennende Unterredung zwischen Walter H. Page, dem amerikanischen Botschafter in London, und Sir Edward Grey über die Auseinandersetzung zwischen den Vereinigten Staaten und Mexiko im Februar 1914. Über diesen außerordentlichen Dialog berichtete uns Page:

Grey: Und wenn Sie dort wirklich eingreifen wollen – was dann?
Page: Dann werden wir sie zwingen, Wahlen abzuhalten und gemäß dem Ausgang dieser Wahlen zu leben.
Grey: Aber was geschieht, wenn sie sich nicht danach halten?
Page: Dann marschieren wir ein und zwingen sie nocheinmal zu wählen.
Grey: Und so 200 Jahre lang verfahren?
Page: Ja, die Vereinigten Staaten werden noch in 200 Jahren hier sein und werden die Möglichkeit haben, in dieser kurzen Zeit Leute zu erschießen, bis sie gelernt haben, zu wählen und sich selbst zu regieren.[19]

Ein Amerikaner kommentierte dieses nette Zwiegespräch mit dem Hinweis auf den General Lefebvre, der den Tirolern gesagt hatte: „Wir sind gekommen, um euch Freiheit, Gleichheit und Brüderlichkeit zu bringen, gleichgültig, ob ihr dies wollt oder nicht." Das ist natürlich auch wieder nur das alte Lied von der Zwangsgier der Linken, die Welt auf ihre Art zu beglücken, in die zwar manchmal auch „Konservative" verfielen, die Linke aber unter allen Umständen.

26. AMERIKA KOMMT NACH EUROPA

In Woodrow Wilson entstand ein Mitstreiter, der von den Geschichtsschreibern zwar nie ganz übersehen, aber doch viel zu wenig gewürdigt wurde, ein Mann, dessen Anschauungen und Laufbahn die gemäßigte linke Szenerie Amerikas zur Zeit des Ersten Weltkriegs grell beleuchten und der deshalb eine etwas detailliertere Schilderung verdient. Dieser Mann war George D. Herron, der seit dem Anfang des Völkerringens in Italien lebte und sich alsbald anschickte, in die Schweiz zu übersiedeln. Herron[1] war im Jahre 1869 in Montezuma, Indiana, geboren und, ohne durch ein College[1] gegangen zu sein, wurde er ‚Doktor der Theologie' und später auch Professor der Theologie in Grinnell College in Iowa. Er gehörte der kongregationalistischen Kirche an, doch war er ein glühender Sozialist und Pazifist, der behauptete, daß der Kapitalismus „die Bestie in uns ist". Der gute, krankhaft idealistische Mann schrieb auch hochtrabende Gedichte, trug Bart und Zwicker, war ordinierter Pastor und politisch eher denn religiös aktiv. Diese Typen gibt es in den Kirchen auch heute. Er nahm dann ehebrecherische Beziehungen zu einer Tochter der reichen Mrs. Rand auf, die in New York eine sozialistische Volksbildungsschule organisiert und finanziert hatte, die *Rand School of Economics*. Er wurde von seiner ersten Frau geschieden, die zur Entschädigung von der guten Mrs. Rand 50 000 Dollar bekam, eine damals sehr namhafte Summe. Hierauf heiratete er die Tochter, die an Tuberkulose litt, wurde nach diesem Skandal von seiner Kirche des Amtes verlustig erklärt und übersiedelte nach einer zivilen Trauung nach Italien.[2] Als aber der Erste Weltkrieg ausbrach und gar erst als Italien nach mißlungenen Erpressungsversuchen sich den Alliierten anschloß, wurde er nach völligem Bruch mit den amerikanischen Sozialisten Anhänger der amerikanischen Intervention, also einer politischen Richtung, die ganz gegen die Prinzipien der Monroe-Doktrin verstieß.[3] Auch muß man sich hier vor Augen halten, daß Amerika – auf der Flucht von Europa geboren – im Grunde seines Herzens immer isolationistisch gestimmt war und es auch immer sein wird (was wir in Europa nie vergessen dürfen).

Nun aber kamen seit 1916 die Friedensversuche und Friedensangebote der Mittelmächte. Das aber ging dem Ex-Pazifisten völlig wider den Strich, denn dieser Krieg war ja in seinen Augen kein gewöhnlicher Krieg, sondern ein heiliger Krieg, ein Krieg des Fortschritts, der Demokratie, der Freiheit gegen die unheilige Allianz des Vatikans, der Kaiser in Wien und Berlin, der preußischen Junker, der Kapitalisten und Ruhrmagnaten. Da hatte doch Amerika keine Wahl! Da mußte Amerika eingreifen! Was aber würde geschehen, wenn gerade jetzt – noch vor einer Kriegserklärung der Vereinigten Staaten – es zu einem schmachvollen Kompromißfrieden käme? Hurtig schrieb Herron ein Buch, das in London verlegt wurde: *The Menace of Peace*,[4]

„Die Bedrohung durch den Frieden". Und dort liest man die groteske Behauptung, daß ein Kompromißfriede „Gottes Herz brechen würde" (ein Stück privater Offenbarung?). Ein solcher würde viel ärger sein als ein „preußischer Sieg", denn in diesem Falle würden „nach einer langen, bangen Nacht die Völker der Erde dennoch zu kosmischer Intimität und grenzenloser Erkenntnis gelangen". Und diesen sentimentalen Unsinn von der *cosmic intimacy and infinite knowledge* schluckte Wilson, Sohn eines presbyterianischen Pastors, mit Begeisterung und gratulierte Herron mit bewegten Worten. Der glückselige Autor aber übersiedelte nun in die Schweiz, lebte teils am Genfer See, teils in der Nähe von Bern und wurde durch die amerikanische Gesandtschaft (in der Allan Dulles[5] ein junger Attaché war) der Berater Wilsons in Sachen der Außenpolitik und spielte dabei eine Rolle, die kaum geringer war als die des Obersten House. Zugleich aber informierte er auch das Londoner Foreign Office, wobei es keineswegs klar ist, ob die Amerikaner wußten, daß er seine Berichte auch nach England weitergab.

Das Jahr 1917 hatte drei wichtige Ereignisse gebracht: den Sturz der Monarchie in Rußland, den schrankenlosen U-Boot-Krieg und die gesteigerten Friedensversuche des Vatikans, Österreich–Ungarns und auch Deutschlands. Die Friedensversuche kamen Herron in die Quere, der Fall der russischen Monarchie und auch der U-Boot-Krieg[6] begünstigten seine Aktionen. Die russische Republik, an deren Spitze Alexander Kérenskij stand, wurde von Wilson stürmisch begrüßt; der Präsident erklärte, daß Rußland jetzt ein würdiges Mitglied in einer *League of Honor* war. Für Wilson war nun „die Lage geklärt". Der Weltkrieg war nun nicht mehr ein ganz gewöhnlicher und ordinärer Krieg zwischen Staaten und Völkern, sondern eine blutige ideologische Auseinandersetzung, bei der es um die heiligsten Güter des ‚Fortschritts' ging. Frankreich, England, das antiklerikale Italien und nunmehr auch Rußland (sicherlich auch Rumänien, Serbien und das progressive Japan) waren nun Demokratien, und es war doch Wilsons Traum *to make the World safe for democracy,* also die Welt für eine unamerikanische, aus Frankreich importierte Ideologie, zu sichern. Was ihn aber in diesem überaus edlen Plan störte, war die steigende Kriegsmüdigkeit in Europa, an die auch die Friedensversuche der Mittelmächte appellierten, die aber schon 1916 begonnen hatten. Der grauenhafte Stellungskrieg, der besonders in Flandern und um Verdun unvorstellbare Opfer gefordert hatte, stärkte offen oder versteckt den Friedenswillen in allen Lagern. In England erschien 1917 im *Daily Telegraph*[7] der offene Brief des konservativen Lord Lansdowne, in dem dieser vorschlug, endlich einmal an den Frieden zu denken, und in Frankreich gab es an der Front Meutereien, die dazu führten, daß ganze Bataillone (buchstäblich) dezimiert wurden. Die Möglichkeit des Friedens war real vorhanden.

Diese Entwicklung ging sowohl Wilson als auch Herron ganz wider den Strich. Was in Herron vorging, wird ersichtlich, wenn man die *Herron-Papers* studiert; sie befanden sich ursprünglich in nicht weniger als 13 großen Pappschachteln, die heute im *Hoover Institute* (Stanford, Kalifornien) in Maschinschrift und gebunden gelesen werden können. In Herrons Kopf steckten die gesamten politischen Kurzschlüsse der amerikanischen Folklore und spiegelten sich auch alle Geschichts- und Sozialbegriffe wider, denen man auch in den Schulbüchern Amerikas begegnet.

Doch war Herron kein Blümlein, das im Verborgenen blühte. Im gesamten Mittel-europa flüsterte man sich zu, daß in der Schweiz der geheimnisvolle „Professor Herron" hause, der das Auge und Ohr des Präsidenten sei. Und bald pilgerten Deutsche und Österreicher, ja selbst Bulgaren und Türken, nach Vevey, Montreux und Bern, um mit diesem einflußreichen Mann zu sprechen – was sie alle sehr offen-herzig taten.

Inzwischen aber hatte Wilson mit dem Kongreß[8] an Deutschland den Krieg er-klärt und damit seine große Sehnsucht erfüllt. Gleich beim Ausbruch des Krieges im Jahre 1914 hatte er die amerikanische Botschaft in London unter Walter H. Page mit Telegrammen bombardiert, man möge der britischen Regierung mitteilen, daß der Präsident Amerikas zu jeder Hilfeleistung für die Alliierten bereit sei. Nur eine offene Kriegserklärung sei noch unmöglich, da dafür das amerikanische Volk noch nicht „reif" sei.[9] Man war allerdings auch nach der Versenkung der *Lusitania* noch nicht „so weit".[10] Andere deutsche Dummheiten sorgten dafür.[11]

Dieser Krieg „um" Österreich-Ungarn war jedoch für die Donaumonarchie viel mehr als für das Deutsche Reich ein Krieg auf Leben und Tod. Zudem war Österreich-Ungarn ohne Habsburg überhaupt nicht denkbar, während im Reich auch andere Dynastien oder selbst eine andere Staatsform die Existenz des Landes hätten garantieren können. Es war deshalb natürlich, daß Österreich-Ungarn von sich aus Vorstöße unternahm, um einen baldigen Frieden herbeizuführen und dem sinnlosen Morden ein Ende zu setzen. Der junge, friedliebende und als gläubiger Christ so human denkende Kaiser Karl versuchte durch seinen Schwager, den Prin-zen Sixtus von Bourbon-Parma,[12] eine Verbindung mit Frankreich herzustellen, von der allerdings auch Wilhelm II. unterrichtet war.[13] Dieser Versuch – durch die „Sixtus Briefe" – scheiterte aus einer Reihe von Gründen, teilweise wegen der ideolo-gischen Haltung Clemenceaus und Ribots,[14] aber nicht zuletzt auch dank der Un-geschicklichkeit und Zwiespältigkeit des Außenministers, des Grafen Ottokar Czernin.[15] Noch während die Sixtus-Affäre im Gange war, versuchte man von Wien aus, mit Woodrow Wilson ins Gespräch zu kommen. Also mußte der Weg zum „Professor Herron" angetreten werden.

Eine geheime Delegation, geführt von Universitätsprofessor Heinrich Lam-masch, traf sich mit Herron auf dem Landgut des deutschen landesflüchtigen In-dustriellen Mühlon. Lammasch (der einmal auch Präsident des Internationalen Schiedsgerichtshofs in Den Haag gewesen war)[16] erklärte dem ideologiebesessenen, defraudierten Pastor die Pläne Kaiser Karls, die mehr oder weniger dieselben waren, wie die Franz Ferdinands: die Umgestaltung der Donaumonarchie in ein föderales Gebilde, in dem allerdings primär die Dynastie das einigende Band bilden würde. Anders konnte man sich diese Neuordnung wohl nicht vorstellen. Wie wir aber nun aus einer Darstellung seines slowakisch–amerikanischen Adlatus, des späteren Gesandten Stefan Osuský, wissen, rang während der folgenden Nacht Herron mit der Versuchung, Wilson von dieser Lösung des Österreichproblems zu überzeugen, wie Jakob mit dem Engel.[17] Die Versuchung, zu diesen Plänen und Vorstellungen ‚ja' zu sagen und mit Österreich-Ungarn einen Frieden zu schließen, war überaus groß, aber – sie sicherte das politische Überleben der Habsburger-Dynastie und gerade das durfte nicht sein. Darum trat Herron nach dieser unruhigen Nacht mannhaft vor seine Gäste und sagte ihnen, nicht ohne innere Erschütterung, daß er dem Präsidenten einen negativen Bericht übermitteln werde. Wenn die Habsburger als Herrschergeschlecht überlebten, wäre dieser Krieg umsonst geführt worden. Wahrscheinlich hatte Herron eine Vision von Kaiser Karl als „typischen Habsburger", als eine Art zweiten Philipp II., von jesuitischen Beichtvätern, Großinquisitoren und Scheiterhaufen mit geschmorten Leichen liberaler Protestanten umgeben.[18] Lammasch war gebrochen und kehrte unverrichteter Dinge heim. Man stelle sich die fürchterliche Frage, wie viele Männer, junge und alte, zwischen Februar und November 1918 für die verbrecherische Beschränktheit dieses ‚Idealisten' in einem völlig entmenschten Krieg für den Triumph der Demokratie (und den Aufstieg Hitlers) ihr Leben lassen mußten.

Der Eintritt Amerikas auf der Seite der Alliierten in den Krieg entschied in aller Wahrscheinlichkeit den Ausgang dieses Ringens. Auch wenn die zweite Marneschlacht (Juli–August 1918) von den Deutschen gewonnen worden und die Österreicher an der Piave durchgebrochen wären, hätten Amerika und England diesen Krieg mit unerhörter Verbissenheit fortgeführt. *Les démocraties n'aiment pas la guerre, mais ils font terriblement la guerre!*[19] Die Amerikaner dieser Zeit hätten eine Niederlage ihres Landes nun und nimmer eingesteckt. Auch war die britische Flotte unbesiegt.[20] Die Meeresstraßen wären von England und Amerika weiter kontrolliert worden. Auch Japan wäre dann enger in den Krieg hineingezogen worden. Der schrankenlose Unterseebootkrieg (den Österreich abgelehnt hatte) war kein Erfolg gewesen: kein einziges amerikanisches Truppenschiff wurde torpediert.

Diese Intervention Amerikas wirkte sich fatal in einem fatalen Krieg aus. Er war schicksalshaft, denn alle Fäden unserer heutigen katastrophalen Lage führen zum Ersten Weltkrieg zurück. Wäre er von uns gewonnen worden, dann wäre uns der Zweite Weltkrieg mit allen seinen immer noch unübersehbaren Folgen erspart geblieben. Doch auch die Vereinigten Staaten waren durch ihre Toten, die für England, Frankreich und die Weltheilslehre der Demokratie gestorben waren, psychologisch weitgehend an weitere Opfer für die große, wenn auch in ferner Sicht völlig aussichtslose Sache, gebunden. Auch wenn die Vereinigten Staaten schließlich nicht dem Völkerbund beitraten, so ist doch Wilson zusammen mit Clemenceau und Lloyd George einer der wichtigsten Gründer der „Neuen Ordnung". Die Warnungen der Gründerväter, sich nicht in europäische Angelegenheiten einzumischen (von Monroe wiederholt), waren von diesem bald, von der Krankheit gezeichneten Menschen in den Wind geschlagen worden. Wie dieses amerikanische Drama weiterging, werden wir in späteren Kapiteln erfahren.

27. LA GUERRE À OUTRANCE

Der Fanatismus der Massen, der Literaten und „Denker" wirkte sich in den verschiedenen Ländern jeweilig anders aus. Der Mob von St. Petersburg brannte die Deutsche Botschaft nieder, und das war sicherlich derselbe Mob, der drei Jahre später mit den Bolschewiken gemeinsame Sache machte. Das Hosanna und Crucifige der Massen ist ein permanentes Phänomen in der Geschichte. Wir sahen das genau so im alten Athen und Jerusalem wie in Wien, Madrid und Teheran in unserem Jahrhundert. Auch wir hatten zweifellos deutsche „Dichter" wie Ernst Lissauer, der Haßgesänge auf die Alliierten schrieb und das „Gott strafe England!" erfand, aber deutsche und österreichische Kriegsgefangene, die gute Handwerker waren, wurden manchmal in Rußland freigelassen, wo sie sehr schön verdienten. Der Russe ist nun einmal freigebig.[1] Alle nichtkombattanten Männer der Mittelmächte wurden in Frankreich, Großbritannien und Italien in Internierungslager gebracht, und Deutschland verfuhr genau so mit den Männern aus Feindstaaten – nicht aber die Donaumonarchie: hier liefen sie frei herum, denn hier war man rückständig.[2] Die Gräfin Nora Kinsky vom österreichischen Roten Kreuz, 26 Jahre alt, durchreiste Rußland in den Jahren 1916–1918, um die Lage der Kriegsgefangenen aus der Monarchie zu studieren. Sie wurde auch von der russischen Kaiserin, der unglückseligen Alexandra, empfangen, die (obwohl deutscher Abstammung) erklärte, die Deutschen zu hassen. Als Nora Kinsky darauf nichts sagte, fragte sie die junge Böhmin: „Haben Sie sie denn gerne, liebes Kind?" Diese antwortete darauf: „Sie sind unsere Verbündeten, Majestät!" worauf sich die Kaiserin entschuldigte.[3]

Nun kann man sich kaum vorstellen, daß ähnliches im Westen hätte stattfinden können, denn in der kriegsführenden Demokratie mit der allgemeinen Wehrpflicht muß ein kollektiver Nationalhaß eingeführt werden, der umso leichter zu organisieren ist, als der Nationalstaat auf der Bühne der Weltgeschichte erschienen war. In England tötete man Dachshunde (die als „deutsch" galten), verbrannte selbstlos deutsche Klaviere, nannte deutsche Schäferhunde *Alsatians,* während in Amerika „Sauerkraut" in *Liberty Cabbage* umgetauft wurde. Der britische Zweig des Hauses Sachsen–Coburg–Gotha nannte sich 1916 das *House of Windsor* und dies, obwohl es bis zur Regierung Georgs VI. eine der „deutschstämmigsten" Dynastien der Welt war.[4] Wilhelm II. meinte darauf lachend, man würde das nächste Mal in der Oper „Die lustigen Weiber von Sachsen–Coburg–Gotha" bewundern können. (Ein Wunder nur, daß die rumänischen Hohenzollern diesem edlen Beispiel folgend sich nicht Quadrupescu nannten.) Die Greuelmärchen von den Untaten der deutschen Truppen in Belgien und Frankreich wurden auch zu großem Teil in England fabriziert – nicht nur das Abhacken von Babyhänden, sondern auch andere furchterregende Einzelheiten. In der prachtvollen und teuren Kunstmappe des niederländischen Radierers Raemakers (aber in England veröffentlicht) konnte man das Bild eines gekreuzigten nackten Mädchens bei Suippes (Frankreich) bewundern. Darum auch glaubte man in den Vereinigten Staaten die Scheußlichkeiten und Barbareien des nationalsozialistischen Régimes lange Zeit nicht – auch manchmal bis heute nicht. Die Kerle hatten damals so viel zusammengelogen, so lange und eindringlich „Wolf!" geschrien, daß man schließlich allgemein die Achseln zuckte.

Besonders arg ging es damals in Frankreich zu, doch der französische Haß ist zumeist ein Strohfeuer. Fürchterlich ist aber das Bild der Haß- und Propagandawellen, die damals über Frankreich hereinschlugen und die uns Georges Bernanos übermittelte. In seinem *La grande peur des bien-pensants* zitiert er eine Reihe von Glanzstücken aus der französischen Presse während des Ersten Weltkriegs, in denen zum Teil auch (echte? falsche?) Briefe von der Front gebracht werden. So schreibt ein Soldat, daß die Deutschen so Angst haben sich zu schlagen *(se battre)*, daß man sie laut beschimpfen muß, damit sie sich überhaupt rühren;[5] ein anderer schreibt, daß 80 Prozent der deutschen Artilleriegeschoße überhaupt nicht explodierten.[6] Die Kosaken spießen auf ihren Lanzen jedesmal so viele Ungarn auf als die Lanzen lang sind; dann werfen sie die ganze aufgespießte Menge weg.[7] „Höchstens fünf Minuten im Monat gäbe es an der Front kleine Gefahren; ich weiß nicht, wie ich aus diesem Dasein noch ins Zivlleben zurückkehren kann", schrieb einer.[8] „Verdun wird das Tor zu einer riesig glücklichen Zukunft sein", kann man darin auch lesen. Und was noch? „Wenn es überhaupt eine Bewegung in Rußland gibt, dann nur die, diesen Krieg bis zum Äußersten zu führen" oder „Unsere Truppen machen sich über das Maschinengewehr lustig: sie beachten es gar nicht mehr".[9] Eine patriotische Dame aus Lothringen teilte mit, daß die Kadaver der Deutschen viel mehr riechen als die der Franzosen.[10] Bernanos schrieb in diesem Buch über den „berühmten, erbarmungslosen Krieg der friedliebenden und humanitären Demokratie, den angeblich eine Handvoll Junker aus Pommern gegen die tugendhaften angelsächsischen Völker angestiftet hatte."[11] Leider gab es auch katholische Geistliche in Frankreich, die sich wütend gegen die päpstlichen Friedensversuche wandten, wie zum Beispiel der Dominikanerpater Sertillanges in einer Predigt in der Madeleine.[12] Nicht viel besser war die katholische englische Wochenschrift *The Tablet,* die kurioserweise aber sehr aufrichtig sagte, daß Benedikt XV. seinen Friedensversuch nur deswegen gemacht habe, weil er über die Siegeschancen der Alliierten nicht genügend informiert wäre. Also sei dieser abzulehnen.[13] Das Papsttum kam immer ins Kreuzfeuer: Von Pius X. sagte Clemenceau nicht ganz einleuchtend, daß dieser Mann lieber starb als anzuerkennen, wer die wirklichen Angreifer in diesem Krieg waren.[14]

Im Ersten Weltkrieg spielten eben nicht nur rein-ideologische, sondern auch die mit diesen verwandten konfessionellen Rankünen und Animositäten eine bedeutende Rolle, die den Journalisten, dem kleinen Mann und auch vielen Historikern entgingen. So schrieb ich im Frühjahr 1936 dem ‚Right Honourable' David Lloyd George einen Brief, in dem ich ihn fragte, ob es wahr sei, er habe gesagt, man müsse nicht Deutschland, wohl aber die Donaumonarchie aufteilen, weil ersteres ein fortschrittlichevangelisches, letzteres aber ein rückschrittlich-katholisches Land sei. Ich erhielt eine höfliche Antwort von seiner Sekretärin, die er später heiratete. In diesem Schreiben teilte sie mir mit, daß der frühere Premier mit seiner Arbeit so überlastet sei, daß er meinen Brief unmöglich beantworten könne. Überlastet? Als Führer einer kleinen, bedeutungslosen Oppositionspartei? Hätte er mir nicht durch die Sekretärin ein kurzes Dementi geben können? Für mich ließ diese Antwort keinen Zweifel übrig. Aber auch Wilson war keineswegs frei von antikatholischen Komplexen, die er aus dem elterlichen Pfarrhaus ins Leben mitgenommen hatte. Er gab zu, daß man den restlichen Österreichern eigentlich erlauben sollte, sich an Deutschland anzuschließen, aber dies würde damit zur Bildung einer großen, überwiegend katholischen Nation in Mitteleuropa führen, was auch den Italienern nicht gefallen würde.[15] (Unwillkürlich fragt man sich da, ob im Falle eines ‚Anschlusses‘ im Jahre 1919 es nicht andere Wahlresultate gegeben hätte und damit auch vielleicht die Machtübernahme Hitlers verhindert worden wäre.)[16]

Doch kam bei den Alliierten zu den Vorurteilen immer noch die gewaltige Ignoranz hinzu. Henri Pozzi, ein Franzose, schrieb: „Die großen Schiedsrichter des Friedens – mit der Ausnahme André Tardieus, Lord Balfours und Nittis – hatten keine blasse Ahnung von der Geographie, der Geschichte, der Ethnographie der Völker, deren Schicksal sie besiegelten. Wilson zum Beispiel verwechselte ständig die Slowaken mit den Slowenen und traute seinen Ohren nicht, als Orlando ihm erzählte, daß ein polnischer König ungarische und kroatische Heere gegen die Türken anführte, und daß Venedig Jahrhunderte hindurch die Küsten des Balkans an der Adria beherrscht hatte. Lloyd George wußte auch nicht mehr. Clemenceau wußte außer der romantisierten Geschichte Frankreichs überhaupt nichts."[17] Freilich war auch Briand nicht gebildeter, denn er sprach vom Konzil der Dreißig (30-Trente, Trient), orakelte über das Plebiszit in Teschen, nicht wissend wo sich dieses Gebiet befand, und rief aus: „Wir werden nicht nach Canova gehen!"[18]

Zwar scheiterte die päpstliche Friedensoffensive hauptsächlich am Widerstand der Alliierten, deren Führer eher antikatholisch als nichtkatholisch gesinnt waren, doch gab es auch einen gewissen deutschen Widerstand. Der sehr evangelische Kanzler Michaelis erwies sich als sperrig, und Graf Albrecht zu Stolberg–Wernigerode fand es eine ungeheuerliche Zumutung, daß der Papst im Jubiläumsjahr der Reformation (1517–1917) mit diesem Friedensvorschlag kam.[19] So stand dann gegen Benedikt XV. und seine Friedensinitiativen alles, was sich nur irgendwie gegen die Kirche wenden wollte und konnte: Nationalismus, der Geist der Reformation, der Demoliberalismus, der Fortschrittsglaube, die Freimaurerei, der Linksdrall. Eine ironisch-arrogante Antwort ließ Woodrow Wilson durch seinen Staatssekretär Lansing an den Papst richten, in welcher der *Secretary of State* den Papst belehrte, daß es sich in diesem Krieg doch um eine *moralische* Frage handle, die man durch rein kirchlich-religiöse Gefühle oder Vernunftgründe nicht wegeskamotieren könne.[20] (Einen analogen Rüffel erteilte F. D. Roosevelt Papst Pius XII.) Wilson hoffte ja messianisch auf eine bessere Welt, in der ein Völkerbund in Genf alle Nationen in Frieden und Freiheit vereinen würde. Und warum gerade in Genf? Auch diesen Gedanken hatte ihm George D. Herron eingeflößt: Es war dies doch die Stadt Calvins und Rousseaus, der Reformation und der Demokratie! Also, das Neue Jerusalem! Lansing hingegen war nicht weniger naiv, denn er war überzeugt, daß die Allerweltsdemokratie den totalen Frieden bringen würde. Die Mehrheiten wollen keine Kriege, und in den Demokratien regieren die Mehrheiten. Ergo gibt es in der demokratischen Welt keine Kriege![21] Doch während die Politiker der Reihe nach versagten, sich an ihre Popularität oder an ihre falschen Ideologien klammerten, starben, bluteten oder verhungerten die Völker.

Das sahen auch Männer in Frankreich, Frontkämpfer wie auch Literaten – nicht nur Georges Bernanos, Katholik, Monarchist, Soldat, sondern auch der agnostische und eher linke Anatole France, ein Mann von unbestechlichem Charakter. „Jetzt haben wir den amerikanischen Krieg", schrieb er. „Und dabei fahren Frankreich und Deutschland, die beiden klügsten Völker der Erde, fort, ihre besten Söhne zum Vorteil solcher Wilder abschlachten zu lassen. Und zweifelt nicht daran: das sind die Sieger und sie werden der Welt beim Friedensschluß die auf der Schreibmaschine getippten biblischen und kantianischen Träumereien Wilsons aufzwingen. In der einen Hand die Bibel, in der anderen ein Muster Baumwolle." So berichtete uns René Schickelé in seinem Buch *Die Grenzen*. Dann setzte er fort: „Als Clemenceau an die Macht kam, ließ er France sagen, daß er zwar bei sich zu Hause reden könne, wie er wolle, – wenn er aber eine Zeile drucken lasse, würde er ihn einsperren. Der Sommer kam, mit ihm die Gewißheit des Sieges. An der deutschen Front zeigten sich Risse, sie vergrößerten sich bei jeder Offensive der Alliierten. Da sagte France: „Ja, ja, wir werden Deutschland besiegen. Aber dazu werden wir die ganze Welt gebraucht haben. Selbst geschlagen wird Deutschland stolz sein, der Welt widerstanden zu haben, und nie wird ein Volk derartig von einer Niederlage berauscht worden sein. Wenn der Friede nicht die Vereinigten Staaten von Europa verwirklicht, wird er nur ein Waffenstillstand sein, und alles fängt von vorn an."[22]

Gegen Ende des Krieges sagte Anatole France über die gescheiterten österreich-französischen Friedensverhandlungen: „Niemand wird mich überreden, daß dieser Krieg nicht längst hätte beendet werden können. Kaiser Karl hat den Frieden angeboten. Er war der einzige anständige Mann, der während des Krieges eine wichtige Stelle innehatte, aber man hörte ihm nicht zu. Meiner Meinung nach hätte man sein Angebot annehmen sollen. Kaiser Karl hatte einen ehrlichen Friedenswillen und darum haßt ihn jedermann. Ribot ist ein alter Schurke, eine solche Gelegenheit versäumt zu haben. Ein König von Frankreich, ja, ein König, hätte sich der armen Menschen erbarmt, weißgeblutet, am Ende ihrer Kräfte, aber die Demokratie ist herzlos und ohne Eingeweide. Eine Sklavin des Geldes ist sie, erbarmungslos und unmenschlich."[23]

28. DAS ENDE MIT SCHRECKEN

Die Großstrategie der Mittelmächte war allerdings äußerst unklug. Da ohne eine Invasion von Belgien *(und auch der Niederlande)* der Schlieffenplan nicht durchgeführt werden konnte und somit der Eintritt Englands geradezu erzwungen wurde, war ein echter Zweifrontenkrieg unvermeidlich. (Daraus zog man zum Teil die Lehre 1940.) Am Kamm der Vogesen und in Lothringen hätte man sehr gut eine reine Verteidigungsstellung einnehmen und die ganze Wucht der beiden Armeen gegen Rußland verwenden können. (Auch Serbien hätte man fast ignorieren können.) Nach einem Sieg über Rußland und der Befreiung Polens wäre es Zeit gewesen, mit dem isolierten Frankreich zu verhandeln und mit dem treulosen Italien abzurechnen. So aber beging man nicht nur militärische, sondern auch diplomatische Fehler, einen nach dem anderen.

Trotz des Zusammenbruches Rußlands (erst 1917) und der darauffolgenden teilweisen Liquidierung der Ostfront waren die Mittelmächte im Sommer schwer erschöpft. Italien war seinen Verbündeten zu Pfingsten 1915 in den Rücken gefallen, und nun mußte auch Österreich einen zwei-drei-Frontenkrieg führen. Das italienische Ultimatum, durch die starke „linke Mitte" (also nicht durch die neutralistischen Sozialisten) politisch erzwungen, verlangte sofortige Zessionen, wobei Österreich doch die moralische Schwäche hatte, die erpresserischen Forderungen des früheren Allianzpartners nicht rundweg und restlos abzulehnen. Wien erklärte sich bedauerlicherweise zu einer Abtretung Welschtirols und zu einem Kompromiß im Gebiet von Triest und dem Küstenland *nach* dem Krieg bereit. Daraufhin sagte ein loyaler Abgeordneter aus dem Trentino, er würde von nun an seine Haltung ändern: Wenn Österreich seine Heimat an Italien verkaufe, dann würde er eben ein guter Italiener werden; hier stünde nur eine Treulosigkeit gegen eine andere. Dieser Mann war Alcide de Gasperi.[1]

Doch gab es in Italien auch einen Mann und eine kleinere Gruppe innerhalb der Sozialistischen Partei, die nicht nur sozialistisch, sondern auch nationalistisch fühlten und damit zwei kollektivistische, linke Tendenzen vertraten. Der Mann, den wir da im Auge haben, mußte während eines mehrjährigen Aufenthaltes in Trient nicht nur Kontakte mit tschechischen Nationalsozialisten aufgenommen,[2] sondern auch einen respektvollen Haß für die Donaumonarchie entwickelt haben. Er war ein persönlicher Freund Cesare Battistis, eines nationalistisch-sozialistisch-antiklerikalen Trentiners, gewesen, der ihn auch sehr beeinflußt hatte. Die Idee des reichsitalienischen Journalisten, einen Roman „Die Geliebte des Kardinals" zu schreiben, stammte eindeutig von Battisti.[3] Nach Italien zurückgekehrt, schrieb dieser Journalist ein Buch über das Trentino, in dem er seinen Landsleuten verriet, daß dort nur eine kleine Minderheit von Italien schwärme und die meisten Leute *austriacanti*, also österreichisch, gesinnt wären. Auch schrieb er ein Buch über Johann Hus, das freilich viel eher politisch denn theologisch war. Dieser gute Mann war überdies auf den (spanischen und nicht italienischen) Namen eines Politikers getauft worden, der einen Habsburger hatte umbringen lassen – Benito Juárez. Der Leser wird erraten haben, daß es sich hier um Benito Mussolini handelt.[4] Er war es auch, der die italienischen Sozialisten spaltete und einen interventionistischen Flügel anführte. Von den Franzosen bekam der „Professore Mussolini" reichlichste Geldmengen für seine Pressekampagnen, die den Eintritt Italiens in die Große Allianz befürworteten. Hier also haben wir neben G. D. Herron einen weiteren kriegslüsternen Sozialisten, der auch die *Legione infernale* des Gracchus Babeuf dichterisch besungen hatte.[5]

Die Italiener verhandelten mit den Alliierten nicht in Paris, sondern in London. Sir Edward Grey war von diesen Unterhändlern (geführt von Marchese Imperiali) so angewidert, daß er sich aufs Land zurückzog. Die Italiener beklagten sich, daß sie wie elende Erpresser behandelt würden, worauf die Briten zustimmend nickten.[6] Damals verloren wir Südtirol zum erstenmal. Doch müßte von alliierter Seite zugegeben werden, daß dieser Verrat Italiens an seinen Verbündeten ihnen ebenso zum Sieg verhalf wie die vielen Kämpfe, Schlachten und Niederlagen Rußlands. Letzteres hatte auch Lord Grey bestätigt.[7] Hätte Italien loyal im Krieg an der Seite der Mittelmächte teilgenommen, hätte auch ein Teil der französischen Armee nach dem Süden abgezogen werden müssen – und ohne den Russeneinfall in Ostpreußen hätten die Deutschen in aller Wahrscheinlichkeit die Marneschlacht gewonnen. (Erst später gab es auch Österreicher an der Westfront, und die belgischen Festungen im Jahre 1914 wurden durch die österreichische Artillerie geknackt.)[8] Ist Italien nach dem Krieg von den Alliierten also schäbig behandelt worden? Das kann man nicht sagen: Die Londoner Protokolle wurden mehr oder weniger eingehalten und Italien bekam weite Gebiete, die nicht von Italienern besiedelt waren.[9]

Bezwungen aber wurden die Mittelmächte nicht nur durch die amerikanische Intervention, sondern auch durch die sehr geschickte Propaganda und schließlich durch den Hunger.[10] „Im Felde unbesiegt" ist eine Formel von Friedrich Ebert, die *zum Teil* auch stimmt. Die Dolchstoßlegende ist nicht völlig falsch. Die Feindpropaganda hatte im deutschen Reich einiges, in Österreich–Ungarn viel erreicht. Das bestätigt selbst ein Mann, der lange Zeit während des Ersten Weltkriegs in einem deutschen Kriegsgefangenenlager verbrachte und dann über die Wirkung der Feindpropaganda ein recht zügiges Buch schrieb: „Die Zwietracht beim Feind." Er führte (obwohl selbst ein eingefleischter Militär) die Niederlage der Mittelmächte zu einem großen Teil auf die Propaganda zurück. Auch dieser Mann verdient es, hier besonders festgehalten zu werden – es war Charles de Gaulle.[11] Die Mittelmächte hatten dieser Propaganda nichts annähernd Gleichwertiges zur Seite zu stellen, ganz davon abgesehen, daß es ihren Traditionen und ihrem Ethos nicht recht zu Gesicht stand, daß man Angehörige anderer Staaten (von Berufsspionen abgesehen) zum Widerstand und zum Verrat gegen ihre Obrigkeit verleitete. Alle Menschen sollten brave und loyale Staatsbürger sein. Als Sir Roger Casement, irischer Patriot und ehemaliger britischer Konsul, sich in Deutschland abgesetzt hatte und um Hilfe an das Außenamt in der Wilhelmstraße wandte, wies man ihn ab: Irland sei ein internes Problem Großbritanniens und da dürfe man sich nicht einmischen; das verstieße gegen die guten zwischenstaatlichen Sitten.[12] So wurden schließlich die Mittelmächte von einer ungeheuren Übermacht erdrückt. Es gab kaum Staaten, die ihnen nicht den Krieg erklärt hatten. Auch materiell waren sie völlig unterlegen; die Vereinigten Staaten hatten auch längst vor der Kriegserklärung einseitig für die Alliierten produziert.

Im Sommer 1918 kündigte sich der Anfang vom Ende an. Die Deutschen konnten weder an der Marne durchbrechen noch auch auf Amiens bei Villers-Bretonneux vorstoßen, und die Armee der Donaumonarchie hatte noch das Pech, daß die Piave so anschwoll, daß die über den Fluß vorrückenden Truppen vom Hinterland abgeschnitten wurden. Unvergeßlich ist mir, wie ich als neunjähriges Kind meine Mutter mit dem Chef des Generalstabs Arz von Straußenburg in diesen schweren Tagen sprechen hörte und sie dabei den Ausdruck „unsere heldenhaften Soldaten" gebrauchte. „Gnädige Frau", unterbrach er sie, „das sind keine heldenhaften Soldaten, sondern verhungerte, in Fetzen gehüllte Tiere!"

Der Zusammenbruch an der italienischen Front wurde nicht nur durch den Einsatz französischer, britischer und amerikanischer Einheiten, sondern auch durch die Abberufung der ungarischen Regimenter durch die Regierung des Grafen Michael Károlyi beschleunigt. Die zurückflutenden restlichen österreichischen Truppen wurden in Vittorio Veneto von den Italienern angegriffen und „besiegt", was in Italien als großer Triumph gefeiert wurde. Doch im großen und ganzen hatte sich das Heer der Donaumonarchie vier Jahre hindurch ausgezeichnet geschlagen: zur Verwunderung des Auslands, des Feindes, aber auch so mancher Österreicher, denen der Pessimismus immer in den Knochen saß.[13]

Die Prophezeiung von Anatole France über den deutschen Stolz auf die Leistung im Krieg bewahrheitete sich völlig. Das Gefühl moralisch gesiegt zu haben, war bei den meisten Deutschen überaus groß und hatte auch gute Gründe. Militär und Marine hatten die außerordentlichsten Taten vollbracht: man denke da an die *Emden*, die Kaperfahrten der *Möve*, den Krieg in Ostafrika, geführt von Lettow-Vorbeck bis zum Waffenstillstand, aber auch von Seiten Österreichs an die Verteidigung der Südtiroler Berge 1915. Auch der Feind mußte vor uns Achtung haben. Nicht zuletzt Winston Churchill, dessen Schlußparagraph seines ersten großen Werkes *The World Crisis 1911–1918* ein Meisterwerk der Bewunderung und der Anerkennung ist. Es endet mit den Worten: *Surely, Germans, for history it is enough!*

29. DIE KATASTROPHE

Der Erste Weltkrieg endete im November 1918 mit dem Ende des habsburgischen und des hohenzollerischen Kaiserreiches, nachdem das russische Kaisertum schon anderthalb Jahre früher zugrunde gegangen war. Die „kaiserlose, die schreckliche Zeit!" war angebrochen und diese dauert bis auf unsere Tage. Auch alle deutschen Fürstenhäuser dankten ab. Dieser Völkerkrieg, der ideologisch geworden war, endete mit einem gewaltigen Scheinsieg der liberalen Demokratie, ein Phänomen, das sich auch nach dem Zweiten Weltkrieg wiederholen sollte. Die Alliierten bemühten sich nun, in Friedensdiktaten eine „Ordnung" in Europa herzustellen, die ganz geradlinig auf die nationalsozialistische und sozialistische Tyrannis und damit auch auf einen Zweiten Weltkrieg zustrebte.

Diese Katastrophe wurde durch drei Faktoren bedingt, und zwar durch staatspolitische, geopolitische und wirtschaftliche. Durch die Bolschewisierung Rußlands, die Demokratisierung Mitteleuropas und die absinkende Macht der Krone in Italien und Spanien wurde eine Lage geschaffen, in der kollektivistisch-totalitäre Parteien völlig legal zur Macht kommen konnten. Die liberale Demokratie ist nicht mehr, wie die totalitäre Demokratie der Französischen Revolution, eine kompakte Ideologie, sondern heute nur mehr ein Rahmen, in den durch Wahlen spezifische Bilder eingefügt werden können, die aber dann unter Umständen den Rahmen sprengen. Schon Engels hatte darauf hingewiesen, daß die demokratische Republik der geeignete Rahmen für die Herrschaft beziehungsweise die Diktatur des Proletariats sei. Besonders Parteien, die in Krisenzeiten wirtschaftlicher oder anderer Natur vor allem ‚materielle Sicherheit' eher denn persönliche oder gar geistige Freiheit versprechen, haben in den Demokratien eine ausgezeichnete Chance, durch Wahlen ‚alle Macht' zu erringen. Mussolini hatte nur deswegen eine gute Gelegenheit an die Regierung zu kommen, weil Italien eher eine parlamentarische als eine konstitutionelle Monarchie war, und vielen Italienern die Herrschaft des Hauses Savoyen immer noch eine sardinisch-piemontesische Fremdherrschaft war. In Deutschland und Österreich wäre Adolf Hitler unter den Hohenzollern und Habsburgern nicht sehr weit gekommen. Das Beispiel des Schicksals der russischen demokratischen Republik unter dem Krypto-Anarchisten Kérenskij,[1] der den radikalen Flügel der Russischen Sozialdemokratischen Arbeiterpartei gegenüber völlig hilflos war, hätte die Alliierten ein wenig nachdenklich stimmen müssen, aber in ihren Ländern regierten nun einmal popularitätssüchtige Politiker und keine Staatsmänner. Der Leser sei hier auch daran erinnert, daß im „Roten Oktober" (am 7. November 1917) nicht nur der böse „Zarismus" unterging ‚sondern auch eine demokratische Republik, und daß *diese nicht von „Kommunisten" gestürzt wurde, sondern von Sozialdemokraten,* die sich erst ein Jahr später Kommunisten nannten, also einen Terminus wieder zu Ehren brachten, der schon von Marx und Engels gebraucht wurde. Doch bis 1917 figurierten diese Sozialdemokraten bei den Wahlen in die Duma ganz öffentlich als „Russische Sozialdemokratische Arbeiterpartei" mit einem „b" in der Klammer nach ihrem Namen. Dieses „b" stand für „Mehrheitler" (auf russisch *bolschewiki*). Es sei hier auch vermerkt, daß die Führung dieser Partei vor und nach dem Roten Oktober keineswegs proletarisch war: Kalinin, ein Bauer und Arbeiter, war die Ausnahme von der Regel. Da gab es Ex-Seminaristen wie Stalin und Mikoyan, jüdische Bourgeois am Anfang sogar in Mengen, vor allem aber Adelige mit kurzen oder langen Stammbäumen wie Lenin, seinen Mentor Plechanow, Tschitscherin, Dzierżyński, der „Hofdichter" Majakowskij …

Wie aber Churchill einmal bemerkte, kam in der ersten Nachkriegszeit allerlei Ungeziefer aus den Kloaken ans Tageslicht gekrochen. Politiker sind zumeist Leute, die aus anderen Berufssparten kommen, die nicht nur ungebildeter sind als Staatsmänner, sondern auch publikumsabhängiger: ihre Entscheidungen müssen populär sein – oder man wird sie nicht wiederwählen. Sie müssen stets an den nächsten Urnengang denken, Staatsmänner an ihre Enkel. Selten sind Politiker viel gereist, noch seltener sind sie der Fremdsprachen kundig. Bei den Pariser Friedensverhandlungen kam man allerdings noch *fast* ohne Dolmetscher aus, doch Wilson konnte sich nicht mehr direkt mit Salandra unterhalten. Beim Wiener Kongreß hatten Dolmetscher nichts zu suchen. Nach dem Zweiten Weltkrieg war alles aus: Die *homines novi* unserer Epoche könnten ohne Interpreten nicht mehr miteinander reden.

Die Unbildung dieser teils überidealistischen, teils haßerfüllten Vertreter bei der Pariser Konferenz war, wie wir früher andeuteten, geradezu sagenhaft: Die Italiener konnten Wilson eine Landkarte vorlegen, auf der die Dreiherrnspitze an der Salzburger Grenze als *Vetta d'Italia* eingetragen war und die dann den Präsidenten, den großen Vorkämpfer des Selbstbestimmungsrechts, bewog, Südtirol den Italienern zu überlassen. (Man hatte es ihnen allerdings auch schon bei den Geheimverhandlungen in London versprochen.) Wilson konnte schließlich auch nicht Schlesien (Silesia) und Kilikien (Cilicia) auseinanderhalten.[2] Auch Lloyd George war von einer geradezu rührenden Unbildung, und so ziemlich alle diese Politiker waren von Ressentiments erfüllt: Der ehemalige Kommunarde und antiklerikale Clemenceau hegte einen besonderen Haß auf die Donaumonarchie[3] und hatte schon seinerzeit in der Sixtus-Affäre die Friedenspläne Kaiser Karls zunichte gemacht. Tatsächlich war auch die Zerstückelung der Donaumonarchie (einschließlich der Befreiung des Großbaltikums) das geopolitisch und somit auch historisch wichtigste Resultat dieses Krieges – und Ursache seiner Fortsetzung 21 Jahre später.

Nun aber muß man wissen, daß die Westeuropäer wie auch die Amerikaner in diesem Krieg primär einen Kreuzzug gegen das Deutsche Reich gesehen hatten. Preußen waren weniger beliebt als Österreicher. Wien erinnerte an Walzerklänge und Preußen an marschierende Soldaten, aber höchsten Ortes wußte man, wer und was wirklich getroffen werden sollte. Schon im September 1918 war der Wiener Universitätsprofessor Thomas Garrigue Masaryk, eine Weltautorität für das Selbstmordproblem,[1]) bei Wilson gewesen und hatte den armen Kollegen überzeugt, daß der Hauptschuldige am Weltkrieg Österreich-Ungarn war.[5]) Das war ihm unter den Umständen leicht gelungen. Zwar wurde in einem der „Vierzehn Punkte" Wilsons behauptet, man wolle den Völkern Österreich-Ungarns eine „autonome Entwicklung" gewähren, nun aber wurde dieser Passus dahin ausgelegt, daß das Wort „autonom" für „unabhängig" stehen sollte.[6]) Da aber eine Aufteilung der Donaumonarchie nach streng ethnischen Gesichtspunkten, also auf Grund von Plebisziten, unmöglich war, stellte man multinationale Gebilde her, in denen zwar nicht einzelne Völker, sondern willkürlich zusammengewürfelte Völkergruppen eine Mehrheit hatten: lauter kleine, unhistorische Karikaturen der alten Donaumonarchie. Österreich und Ungarn aber überlebten getrennt als verstümmelte Rümpfe. Diese chaotische Ordnung trug natürlicherweise den Todeskeim in sich.

Das unwahrscheinlichste dieser Gebilde war die „Tschechoslowakei". In diesem neuen Staat bildeten die Tschechen eine Minderheit von 45 Prozent, doch hatten sie mit den so ganz anders gearteten Slowaken eine Mehrheit. Majoritäten waren aber wichtig, denn für den echten Demokraten bildet die Majorität stets einen politischen Rechtsanspruch, verleiht „Legitimität" (wie zum Beispiel heute die „protestantische" Mehrheit in Nordirland), während der Minderheit eine Gehorsamsverpflichtung auferlegt wird. So durfte dann bei den Volkszählungen in der Tschechoslowakei ebensowenig zwischen Tschechen und Slowaken, wie im Königreich S.H.S. zwischen kulturell so radikal verschiedenen Stämmen wie den Serben, Kroaten und Slowenen, unterschieden werden. Doch die Tschechen hatten im Heiligen Römischen Reich und dann in Österreich, die Slowaken aber in Ungarn gelebt. Um aber dieser „Slowakei"[7]) überhaupt einen geographisch-verkehrstechnischen Zusammenhang zu geben, mußte man tief ins magyarische Gebiet hineinschneiden und ihr sogar die alte ungarische Haupt- und Krönungsstadt Preßburg geben, die man schnell in „Bratislava" umtaufte. (Vor der Teilung Ungarns hieß diese Stadt auf slowakisch Prešporok, und von ihrer Einwohnerschaft war 1910 knapp ein Achtel slowakisch.) Die Wünsche der dreieinhalb Millionen Deutschböhmen, Deutsch-Mährer und Schlesier wurden ganz einfach ignoriert. Ohne alle diese Ungerechtigkeiten und schweren Verletzungen des Wilson'schen Selbstbestimmungsrechtes hätte aber die „Tschechoslowakei", wie André Tardieu später zugab, überhaupt nicht geschaffen werden können,[8]) was aber wahrlich kein stichhaltiges Argument ist. Ebensogut könnte ein Mann sagen: „Ohne diese Räubereien und Diebstähle hätte ich nie mein eigenes Unternehmen gründen können."[9])

Nicht anders stand es um „Jugoslawien", wo Völker mit noch größerem Widerwillen zusammengeschweißt wurden. Im Dezember 1918 gab es in Agram Tote. Ein ganzes Volk, die Bulgaren Makedoniens, wurde „verschummelt" und zu ‚Südserben' erklärt.[10]) Überwiegend deutsche und magyarische Städte wurden diesem Staat einverleibt, der aber ebensowenig auf eine geschichtliche Vergangenheit zurückblicken konnte wie die ‚Tschechoslowakei', also ein rein „konstruktivistisches" Unternehmen war und so auch bis auf den heutigen Tag blieb. Im Endeffekt war diese Kreation nur ein Großserbien unter der Dynastie Karađorđević. Die Südsteiermark und der größere Teil der Krain, die seit dem 13. und 14. Jahrhundert zu

Österreich gehört hatten, waren nun zum Balkan geschlagen worden, zu einem Land, das Mördern Denkmäler errichtete. Für einen wirklichen Kampf, für einen Krieg auf nationaler Grundlage, wäre dieses Land ebensowenig wie die Tschechoslowakei fähig gewesen.

Der dritte, auch nicht alte Staat war Rumänien, das sich 1916 heimtückisch an die Alliierten angeschlossen hatte,[11] dann aber seinen Vertrag mit den Alliierten brach und im Frühjahr 1918 mit den Mittelmächten Frieden schloß, um aber einige Tage vor deren Zusammenbruch wieder in ihr Gebiet einzufallen. Nun, ein „Rumänien" hatte schon seit 1861 existiert und eine rumänische Sprache war im Laufe der Zeit herausgefiltert und literarisiert worden.[12] Nun aber besetzte Rumänien, das von den Mittelmächten Bessarabien erhalten hatte,[13] die Bukowina, ganz Siebenbürgen, das Marmarosch-Gebiet, die Krischana und den größeren Teil des Banats. *Von Ungarn allein bekam es ein größeres Areal als das übriggebliebene Rumpfungarn.* Hier hatte die Balkanisierung auch den Charakter einer Niveauverminderung; besonders die Korruption nahm ungeahnte Ausmaße an.

Nur Polen konnte einigermaßen in seinem alten Bestand wiedererstehen, von Litauen aber nur ein ethnisch recht geschlossenes Fragment. Neu waren Lettland und Estland, die kulturell deutlich zum Westen und nicht zum Osten Europas gehörten. Finnland war ein neuer Staat in seiner völligen Unabhängigkeit: es hatte früher zu Schweden gehört und war nach 1809 unter russischer Oberhoheit gestanden. Doch dieser ganze baltische Raum konnte seine Unabhängigkeit nur nach schweren Kämpfen mit roten Armeen erringen. Der britische Historiker Temperley hat den Mut und die Tatkraft dieser kleinen Völker als außerordentliche Großtat in dieser so schweren Zeit gepriesen. Die Namen der Generäle wie Laidoner (für Estland), Balodis (für Lettland), Mannerheim (für Finnland) werden für immer glanzvoll in der Geschichte strahlen. Doch zu Polen kommen wir erst später.

30. DIE ERSTE DEUTSCHE REPUBLIK

Geopolitisch weniger wichtig, aber für die Weltgeschichte von ausschlaggebender Bedeutung war die Behandlung des Deutschen Reichs in Versailles. Der schlechte Geschmack von Deutschen, die Reichsgründung des Jahres 1871 im Spiegelsaal von Versailles vorzunehmen, bekam nun ein Gegenstück: das Diktat in derselben Örtlichkeit. Immerhin hofften manche Deutsche auf eine glimpfliche Behandlung, denn die Vertreter aus dem geschlagenen Reich kamen als „Demokraten zu Demokraten". Doch darin hatten sie sich schwer getäuscht. Ihr erster Unterhändler, Graf Brockdorff–Rantzau, verließ den Spiegelsaal nach einem Eklat und wurde bei seiner Abreise aus Paris durch einen Mob beschimpft. Man war nun in einem modernen, demokratischen, fortschrittlichen Zeitalter und keineswegs mehr beim Wiener Kongreß oder bei den Festlichkeiten in Münster und Osnabrück, wo man schließlich bei Tanz, Kartenspiel und Flirt den äußerst blutigen Dreißigjährigen Krieg begrub. Hier befand man sich unter giftigen und vom Wissen unbeleckten Spießern, die einen neuen Weltkrieg heraufbeschworen. Hier war man eben nicht mehr unter Herren der alten Schule, und es gab auch keinen deutschen Talleyrand. Da war vor allem Lloyd George, der seine Wahlkampagne im November 1918 unter dem Motto gewonnen hatte, daß man den deutschen Kaiser aufknüpfen und die Deutschen zahlen machen sollte, *that the pips squeak*, daß also die Kerne (in den Zitronen) noch aufquietschen würden! Natürlich gewannen die Liberalen eine solche feine Wahl auch haushoch. Da waren der racheschnaubende Clemenceau und der völlig verlorene Wilson. Die Deutschen aber *mußten* unterschreiben, sie mußten auch unterschreiben, daß sie allein (mit Österreich) an dem Krieg schuldig waren, denn im völlig imaginären Kronrat von Potsdam war es so beschlossen worden, und sie mußten das wirklich tun, denn die Hungerblockade wurde weiter aufrecht erhalten. Hier bewahrheitete sich dann unbarmherzig das Diktum Fénelons, der den Dauphin ermahnt hatte:

> Friedensverträge sind sinnlos, wenn Sie der Stärkere sind und Ihren Nachbarn zwingen, einen Vertrag zu unterschreiben, nur um ein noch größeres Übel zu vermeiden; dann unterschreibt er wie ein Privatmann, der seine Börse einem Räuber gibt, weil dieser seine Pistole ihm vor die Kehle hält.[1]

Da aber der amerikanische Kongreß sich weigerte, diesen Schandvertrag zu ratifizieren oder auch Wilsons ersehntem Völkerbund beizutreten, konnten die Amerikaner den Hungernden Deutschlands und Österreichs Hilfe bringen. Eine großzügige Lebensmittelaktion wurde von Herbert Hoover, dem späteren Präsidenten, ins Leben gerufen. (Er hatte allerdings schon während des Krieges den Belgiern außerordentlich geholfen.) Dieser Mann, ein Quäker, der das beste Amerikanertum verkörperte, später aber das Pech hatte, Präsident während einer schweren Wirtschaftskrise zu sein, stieß bei seiner neuerlichen Aktion auf größten britischen Widerstand. Der Flottenadmiral Sir Rosslyn Wemyss sagte ihm grob: „Junger Mann, ich kann nicht verstehen, warum ihr Amerikaner diese Deutschen füttern wollt!" „Alter Mann", antwortete Hoover, „ich kann nicht verstehen, warum ihr Briten Frauen und Kinder verhungern lassen wollt, nachdem ihr sie besiegt habt."[2]

Wie ungerecht war aber das Friedensdiktat von Versailles nun wirklich? Zuerst einmal war der Verlust von Elsaß-Lothringen kein Akt der Gerechtigkeit, denn es ist sehr fraglich, ob damals im Jahre 1918–1919 die Mehrheit dieser Reichslande überwiegend sich Frankreich anschließen wollte. Eine Volksabstimmung war hier prinzipiell nicht vorgesehen, und auch in England gab es so manche Stimme, die den Anschlußwillen der Elsaß-Lothringer bezweifelte.[3] Die Behandlung der Elsässer im Reich war allerdings keineswegs klug gewesen, doch während des Krieges drückten beide Kammern des Reichslands ihre Loyalität zum Deutschen Reich aus. Sowohl vor als auch nach dem „Vertrag" siedelten sich zahlreiche Elsässer und Lothringer im Weimarer Staat an. Zweifellos gab es auch solche, die zu keiner der beiden Nationen ein Treuegefühl hatten: sie waren Elsässer und sonst nichts. Daß die einziehenden französischen Truppen mit Blumen begrüßt wurden, beweist noch gar nichts. Auch Hitler wurde so in Prag „geehrt".

Das Plebiszit in Nordschleswig war sogar im Friedensvertrag mit Dänemark im Jahre 1864 vorgesehen. Diese Region wurde in zwei Zonen geteilt. Die nördliche entschied sich für Dänemark: Die Mehrheit der Bevölkerung war dort tatsächlich dänisch, und eine dänische Minderheit blieb bei Deutschland. Viel weniger durchsichtig war die Abstimmung in Eupen-Malmédy, da sich dort eine große deutsche Mehrheit befand.

Was nun die deutsche Ostgrenze betrifft, so war dort das Unrecht keineswegs so groß wie es dem deutschen Volk von der Propaganda eingetrichtert wurde. Wenn wir von Oberschlesien absehen, so waren die anderen Gebiete (Posen und Westpreußen) nur durch das wirkliche Unrecht der Polnischen Teilungen an Preußen gekommen. Hier hatte ein Raub an einem ohnmächtigen Land stattgefunden. Dabei kamen weder Danzig noch das Ermeland, noch auch das westlichste Westpreußen und Posen an Polen zurück. Städte wie Schneidemühl, Elbling, Allenstein, Marienwerder hatten seit dem Spätmittelalter unter polnischer Souveränität und selbst Ostpreußen jahrzehntelang unter polnischer Oberhoheit gelebt.[4] Auch rein ethnisch hatten die abgetretenen Gebiete eine polnische Mehrheit. Daß durch die Rückerstattung von Gebieten der ersten und zweiten Teilung Ostpreußen nunmehr territorial vom restlichen Deutschland abgetrennt war, konnte man natürlich bedauern, doch auch der Amerikaner muß über kanadisches Gebiet nach Alaska fahren (falls er nicht den Seeweg wählt). Ein Volk von über dreißig Millionen wird, wenn es wirklich ein legitimes ethnisches und historisches Anrecht auf einen Zugang zum Meer hat, diesen beanspruchen und nicht aufgeben. Wahrscheinlich wäre es sogar besser gewesen, wenn man den ganzen preußischen Anteil der zwei polnischen Teilungen Polen zurückgegeben hätte, wodurch die deutsche Minderheit in Polen zwar vergrößert, aber auch gewichtiger geworden wäre. Zwei Abstimmungsgebiete im Norden – das Masurenplateau und die Gegend von Marienwerder – erklärten sich fast geschlossen für Deutschland. Es waren überwiegend evangelische Gebiete, die nie zu Polen gehört hatten, doch anders stand es mit Oberschlesien.

Schlesien hatte nur im Frühmittelalter zu Polen gehört, dann kam es unter die heilige Wenzelskrone, die habsburgisch wurde, wobei dann die habsburgische Domäne bis zu 55 Kilometer an Berlin heranreichte. (Die Niederlausitz!) Auch hier hatte eine preußische Annexion stattgefunden, doch gerade in Oberschlesien blieb ein sehr starkes polnisches Element zurück. Nur waren diese Polen im Unterschied zu den Masuren Süd-Ostpreußens katholisch, und die Abstimmung wurde *nach* dem „Wunder an der Weichsel" durchgeführt. Es muß aber auch vermerkt werden, daß Polen damals eine Militärdienstpflicht hatte, die Weimarer Republik aber nicht, auch hatte das kaum befreite Kongreßpolen (Russisch-Polen) einen viel niedrigeren Lebensstandard als das hochindustrialisierte Deutsche Reich. Kein Wunder, daß manche polnisch sprechende Oberschlesier (verächtlich ‚Wasserpolacken' genannt) von gesellschaftlichen Aufstiegsmöglichkeiten bewogen deutsch eher als polnisch fühlten. Doch ein kurzer Blick auf die ethnische Karte von Schlesien im 17. Band des Meyerschen *Konversationslexikons* (6. Aufl. 1907) zeigt uns ein überwiegend polnisch sprechendes Oberschlesien. Nun, die Abstimmung fiel nur zu 40,5 Prozent zugunsten Polens aus: Dank der darauf erfolgten Grenzziehung bekam Polen nur ein Drittel des Abstimmungsgebiets mit 45 Prozent der Bevölkerung. Natürlich war die neue Grenze ein Unsinn, denn sie zerschnitt auf die denkbar dümmste Weise ein eng zusammenhängendes, integriertes Industriegebiet. Sie wurde von einer Kommission unter dem Vorsitz des Chinesen Wellington Koo gezogen.[5] Auch hatten die Polen unter der Führung Wojciech Korfantys versucht, mit Gewalt ganz Oberschlesien an sich zu reißen, was einen großen deutschen Widerstand hervorrief und zum Teil auch zur Gründung der sogenannten „Schwarzen Reichswehr" führte. Was hätte man da aber wirklich tun sollen? Sicherlich Oberschlesien ungeteilt unter einem gemeinsamen deutsch-polnischen Kondominium lassen.

Die Teilung Oberschlesiens war ein tragischer Irrtum, aber die Tatsache selbst in Hinsicht auf das Resultat der Abstimmung keine himmelschreiende Ungerechtigkeit. Für Polen war der Besitz von Mineralvorkommen fast eine Frage auf Leben und Tod, da eine große Nation heute kaum mehr rein agrarisch sein und bleiben kann. Im restlichen, beim Deutschen Reich verbliebenen Oberschlesien sprachen laut einer Statistik des Jahres 1925 noch immer 38.3 Prozent polnisch oder deutsch und polnisch.

(Größes Pech hatten die Polen mit dem Zaolza-Gebiet Österreichisch-Schlesiens dank eines Schiedsspruchs der Alliierten, durch den überwiegend polnische Gebiete an die Tschechoslowakei abgegeben werden mußten, und dies zu einem Zeitpunkt, da die Rote Armee vor den Toren Warschaus stand und die Polen sich nicht wehren konnten.)[6]

Die Verluste des Deutschen Reiches im Osten waren somit groß, aber in Hinsicht auf ihre Legitimität nicht unberechtigt. In Westpreußen und Posen bekam Polen nicht einmal alle seine Gebiete zurück, die es bei den Teilungen verloren hatte. Das deutsche Anrecht auf Elsaß-Lothringen war unvergleichlich größer als auf

Westpreußen und Posen und doch wurde darüber viel weniger Lärm geschlagen. Im Falle der Tschechoslowakei, eines völlig unhistorischen, aus der Retorte gezogenen Landes, wurden kerndeutsche Gebiete nach bewaffnetem Widerstand – die Toten von Kaaden! – ihm zugesprochen, einem politischen Gebilde, das ein tschechischer Nationalstaat zu werden versprach.[7] Er war eben viel besser angeschrieben als das katholisch-reaktionäre Polen. Thomas Garrigue Masaryk war ein humanistischer Anhänger der Brüdergemeinde, Eduard Beneš ein Freimaurer und wütender Antiklerikaler. Die heilige Jungfrau war die *Patrona Poloniae*, doch der Schutzheilige der Tschechoslowakei war bestenfalls der Mistř Jan Hus z Husince. Auch der Haß von Lloyd George auf Polen war einzigartig.[8]

Doch für so manche Deutsche war der Gedanke, unter polnische Kontrolle gestellt zu werden, einfach unerträglich. Da sollten evangelische Germanen von slawischen Untermenschen verwaltet werden? Das war rückschrittlich! So fühlten natürlich nicht souverän denkende Menschen, sondern nur Spießer. In den Memoiren des Generals von Gersdorff können wir nachlesen, wie man nach 1919 von Schlesien nach Polen hinüber mit seinen Verwandten, Freunden und Bekannten harmonisch weiterverkehrte.[9] Doch in weniger erlauchten Kreisen wollte man sich nicht kennen. Auch die Erinnerung an die Bismarckschen Germanisierungsversuche im Osten und an die Hakatisten-Politik war noch wach.[10] Und dazu kam noch der Fall Danzig!

Wenn nun auch die Verluste im Osten, im Norden durch eine Volksabstimmung und im Südwesten nicht katastrophal waren, so gab es doch im Diktat[11] von Versailles zwei Punkte, die den Anfang allen Unheils bildeten: der Paragraph 231, der einseitig die deutsche Kriegsschuld „feststellte", und dann die Reparationen. Wie wir schon bemerkten, wurde der Besiegte gezwungen, eine gegen ihn gerichtete Lüge mit der eigenen Unterschrift zu bekräftigen. Diese Infamie hat dann psychologisch wesentlich zum Aufstieg des Nationalsozialismus beigetragen. Um diesen Zwang noch grotesker zu gestalten, wurde der 28. Juni zum Tag des Vertragsabschlusses gewählt, also der fünfte Jahrestag des Mordes in Sarajewo, der in Belgrad festlich begangen wurde. Bei einer Parallelfeier in Prag erschienen am selben Tag im Kreise jugoslawischer Studenten auch der große humane, aufgeklärte, fortschrittliche, liberale und demokratische Masaryk, der Führer der Nationalsozialisten Klofáč und der Ministerpräsident Štránský, der in einem Telegramm an den jugoslawischen Ministerpräsidenten Protić diesem zur Mordtat gratulierte und der Hoffnung Ausdruck gab, daß sich die Jugoslawen noch zu „weiteren ruhmvollen Taten" aufraffen werden.[12]

Zwischen diesen beiden Untaten – der erzwungenen Unterschrift unter eine Geschichtsfälschung (der Kronrat in Potsdam war *expressis verbis* in dem Schanddokument angeführt) und den wahnwitzigen Reparationen – bestand jedoch ein fester, ursächlicher Zusammenhang, denn nur die „Kriegsschuld" konnte eine moralisch-juridische Grundlage für endlose Zahlungen bilden. Das wußte der alte Schurke Lloyd George sehr genau, der sich auch späterhin immer wieder darauf berief, daß man die Kriegsschuld des Deutschen Reiches nicht in Frage stellen dürfe, um nicht die Reparationen zu gefährden.[13] Und es waren auch wiederum diese Reparationen, die auf alle mögliche Art und Weise zu den Wahlsiegen Hitlers führten.

194

Hätte man anständig und ohne viel Lügen erklärt, daß man alle Ursachen dieses nutzlosen Krieges nicht mehr ermitteln und beurteilen kann, und daß daher der Besiegte eher als der Sieger für einen Teil der Schulden aufkommen müsse, wäre das Unglück nicht halb so arg gewesen. Eine solche herrenhafte Haltung war aber von diesen scheinheiligen Moralisten nicht zu erwarten. Dieses Friedensdiktat war ohne geschichtliche Präzedenz – genau wie dann später die Nürnberger Prozesse. Doch die Deutschen wurden nun zur Unterschrift *gezwungen*. Diese war deswegen auch moralisch ungültig.

John Maynard Keynes, der spätere Lord Keynes, der sich auch als Wirtschaftstheoretiker einen Namen gemacht und als Sekretär von Lloyd George an den „Friedensverhandlungen" teilgenommen hatte, konnte über diesen kriegsvorbereitenden Frieden später schreiben:

„Der Zweck meines Buches ist zu zeigen, daß dieser karthagische Friede weder praktikabel noch möglich ist. Obwohl die Leute, die ihn erdacht haben, den wirtschaftlichen Faktor kennen, übersehen sie dennoch die tieferen ökonomischen Wirklichkeiten, die für die Zukunft bestimmend sind. Die Uhr kann nicht zurückgestellt werden. Man kann nicht Mitteleuropa in die Zeit vor 1870 zurückversetzen ohne solche Spannungen in der Struktur Europas zu verursachen und solche menschliche und geistige Kräfte loszulassen, die alle Völker und Grenzen überschreitend, nicht nur euch und eure Garantien überwältigen werden, sondern auch eure Einrichtungen und die jetzige gesellschaftliche Ordnung."[14]

Und in späteren Jahren setzte er, nachdem er die Charaktere der Hauptfiguren analysiert hatte, noch hinzu: „Aus ihren Unterschiedlichkeiten und Schwächen wurde der Vertrag geboren, das Kind der am wenigsten wertvollen Eigenschaften seiner Eltern – ohne Edelmut, ohne Moral, ohne Vernunft."[15] Tatsächlich hat ein Sieger nur eine logische Wahl: seinem Gegner ritterlich die Hand zu reichen oder ihn völlig umzubringen. Es gibt da keinen goldenen Mittelweg. Frankreich, das Europa durch die Kriege der Revolution und Napoleons in Blut ersäuft hatte, war 1814 besiegt worden. In Wien reichte man sich die Hand; Frankreich dachte an keinen Revanchekrieg. Dergleichen war nicht bei den Pariser Vorortefrieden geschehen. Von Wilson in Paris sagte der Amerikaner Ben Hecht in seinem Roman *Erik Dorn:* „Er sah aus wie eine Jungfrau mit langem Gesicht, die sich in ein Freudenhaus verirrt hat und dort mit herrisch schneidender Stimme ein Glas Limonade bestellt."

Setzen wir zu den Diktaten von Versailles, St. Germain-en-Laye, Trianon, Neuilly und Sèvres, die so sorgfältig, methodisch und liebevoll den Zweiten Weltkrieg vorbereitet hatten, noch eine Bemerkung hinzu. Der portugiesische Delegierte Batalha Reis, der dem Lager der Siegermächte angehörte, protestierte dagegen, daß man in Abweichung von allen anderen, früheren feierlichen Verträgen den Namen der Heiligen Dreifaltigkeit nicht an erster Stelle erwähnt hatte. Solche Verträge sollten mit Gottes Hilfe einen verbindlichen und bleibenden Charakter haben. (Angeblich protestierten die heidnischen Japaner, eine weitere Siegermacht, dagegen.)[16] Sicher allerdings ist es, daß Lord Hugh Cecil (sogar als frommer Mann bekannt!) diesem wackeren Lusitanier lächelnd erklärte, daß man diesmal ein Risiko auf sich nehmen wolle: dieser Vertrag werde halten! Wir wissen, wie die Sache ausging.[17]

31. EIN GEOPOLITISCHER SIEG

Man muß zugeben, daß in diesem Krieg auch die Deutschen die Klugheit nicht gepachtet hatten. Man wußte doch, daß die großen russischen Rüstungen erst 1916 ihren Höhepunkt erreicht hätten, aber wahrscheinlich war man von dem Gedanken fasziniert, es dem Erbfeind, dem „Franzmann" heimzuzahlen. Der große Plan des Aufmarsches gegen Frankreich, der Schlieffen-Plan, konnte aber eigentlich ohne einen Überfall auch auf die Niederlande nicht recht durchgeführt werden. Der rechte Flügel war eben doch zu schwach. Dann verblutete man sich in den Knochenmühlen Flanderns und Verduns...

Nun aber war das Deutsche Reich im Osten schwer angeschlagen, vom Raum der Vogesen bis an den Rhein zurückgeworfen, der monarchischen Spitze beraubt, dem Parteienhader ausgesetzt, ideologisch zerrissen, von lokalen Bürgerkriegen erschüttert, von einer ungeheuren Reparationslast fast erdrückt. Der Bolschewismus drohte. Diese Gefahr war nicht unverdient, denn Erich Ludendorff hatte Lenin und seine sozialistischen Spießgesellen durch Deutschland und Schweden nach Rußland verfrachtet, um einer kämpferischen demokratischen Republik den Garaus zu machen – was ihm auch gelang. Dieser üble, christushassende Mann, der 1918 mit blauen Brillen als „Herr Lindström" nach Schweden geflohen war und früher schon jedem Verständigungsfrieden entgegengearbeitet hatte,[1] wühlte weiter in der deutschen Innenpolitik.[2]

Doch das deutsche Volk blieb im Herzen Europas staatlich ungeteilt weiter eine Realität. Dank der geradezu grenzenlosen Ignoranz seiner Feinde war es dennoch der geopolitische Sieger in diesem Ringen. Der Rektor der Breslauer Universität, Professor Ernst Kornemann, sagte in seiner Rektoratsrede am 11. Oktober 1926, nachdem er über das Ende der österreich-ungarischen und der russischen Monarchie in der unmittelbaren Nachbarschaft des Deutschen Reiches gesprochen hatte:

„Trotz allem, was wir durch und nach dem Fluch von Versailles an Unrecht und Leid von falschen Siegern erlitten haben, trotzdem das Schlagwort vom Selbstbestimmungsrecht der Völker allein auf uns, das höchststehende Volk Europas, nicht zur Anwendung gekommen ist, müssen wir uns über *eines* freuen, daß wir trotz aller Beraubung und Verstümmelung unseres Reiches unter den nach der neuen Idee mit geschlossenem Volkstum gebildeten Staaten das zahlenmäßig stärkste Reichsgebilde Mitteleuropas geblieben sind. Nützen wir diese Situation, die die von unseren Gegnern gewollte Balkanisierung und politische Atomisierung Europas für uns geschaffen hat, tüchtig aus!"[3]

„Tüchtig aus!" Schon der französische Nationalist und Maurras-Anhänger Jacques Bainville sah voraus, daß eine Republikanisierung Deutschlands zu den entsetzlichsten Folgen führen würde. Bezugnehmend auf eine Aussage Karl Lieb-knechts, daß eine deutsche Republik national – nationalistisch sein müßte, protestierte er gegen einen solchen Plan. Damit trat Bainville dem Wunsch mancher seiner Landsleute entgegen, die meinten, daß man das Deutsche Reich durch Demokra-tisierung und Republikanisierung „zahm" machen könnte.[4]

„Ganz im Gegenteil", schrieb er, „eine deutsche Republik, wie das aufrichtige Wort Liebknechts hinweist, würde notwendigerweise von einer großen na-tionalistischen Welle begleitet sein. Das wäre der Peitschenhieb, den man dem Ungeheuer geben würde. Die deutschen Revolutionäre der Zukunft würden fanatische und angriffswütige Patrioten sein, wie unsere Jakobiner, denn die erste ihrer Aufgaben wäre, im Widerstand gegen das Ausland das ‚einige und unteilbare' Deutschland zu verteidigen."[5]

Auch die Aufteilung der Donaumonarchie sah Bainville im richtigen Licht. So schrieb er am 14. Februar 1918:

„Man muß sich da vor Augen halten, daß das Verschwinden Österreich–Un-garns Europa keine Besserung bringen würde, denn dieses würde lediglich den Kampf der Nationalitäten auf eine neue Ebene bringen. Im Namen dessel-ben Prinzips, das ihm schon früher erlaubt hatte, seine (staatliche) Einigkeit zu verwirklichen und an das anderer Völker appellieren, würde dann das deutsche Volk dazu verleitet, sich zu beklagen, verfolgt zu werden und mit Forderungen kommen. Das wäre dann ganz einfach der Beginn von Konflikten, die kein Ende nehmen würden."[6]

Tatsächlich war nun das Deutsche Reich, das früher am Festland an drei Groß-mächte gegrenzt hatte, nur mehr der Nachbar einer einzigen Großmacht: Frankreich, doch dieses Land war tödlich erschöpft. *Áres ouk agathon pheídetai allá kakôn* – der Krieg verschont nicht die Guten, sondern die Schlechten. Mehr noch als England hatte Frankreich geblutet – und sich verblutet. Im Osten aber grenzte das Deutsche Reich an „Zwischeneuropa", das der geradezu monumentale Unverstand der französischen gemäßigten Linken mit „angelsächsischer" Unterstützung strukturiert, aufgebaut und begünstigt hatte. Millionen wurden für die Rüstungen dieser Staaten vom französischen Steuerzahler aufgebracht. Diese neuen Staaten sollten sowohl dem deutschen „Drang nach dem Osten" als auch der sowjetischen Expansion einen Riegel vorschieben und zudem auch die Doppelmonarchie „erset-zen", aber – AEIOU, „Allen Ernstes ist Österreich unersetzlich". Die *Raison d'Etre* dieses Zwischeneuropa, das Herz und Rückgrat dieser Gruppierung waren die Staa-ten, die mit Frankreich eine Allianz geschlossen hatten. Das waren Polen, die Tsche-choslowakei, Rumänien und das Königreich S. H. S. („Jugoslawien"). Von diesen Staaten konnte Polen allein als historischer Staat gewertet werden, alle anderen waren synthetische Staaten mit gewaltigen Minderheiten. Auch ein „Rumänien" gab es, wie wir bereits sagten, erst seit 1861.

Die drei echten „Sukzessionsstaaten" formierten sich unter französischer Ägis als „Kleine Entente", die keineswegs den Kampf gegen den Bolschewismus als ihr Hauptziel betrachtete, auch gar nicht wirklich daran dachte, dem Deutschen Reich die Stirne zu bieten, sondern ihre Hauptaufgabe in der Vereitlung einer habsburgischen

Restauration in Wien und Budapest sah, vor allem aber dem kleinen österreichischen und dem viel dynamischeren ungarischen Revisionismus entgegenzuarbeiten. (An diesen beiden Zielsetzungen hatte das geduldig zahlende Frankreich allerdings kein wirkliches, außer vielleicht ein rein ideologisches Interesse.)

Zwei dieser Länder – Rumänien und Jugoslawien – waren mit Griechenland und der Türkei Mitglieder des „Balkanbunds", dessen vornehmliche Aufgabe es war, den bulgarischen wie auch den albanischen Revisionismus zu bekämpfen. Die kleine Entente, wie auch der Balkanbund, glich also auf der Landkarte einer S-förmigen Riesenschleife, die Ungarn und Bulgarien, zum Teil aber auch Österreich umklammerte: Es waren dies eben zwei sich zum Teil überlagernde Vereinigungen von saturierten, recht korrupten Räuberstaaten, die mit schlechtem Gewissen beladen um ihre Beute zitterten. Innerhalb ihrer Grenzen lebten gewaltige Minoritäten, aber auch „annektierte Völker", auf die es keinen Verlaß gab, wie zum Beispiel die Slowaken und Kroaten.

Der französische Steuerzahler wie auch der brave Sparer hatte vor 1914 enorme Geldmassen in Rußland investiert – und restlos verloren. Nun aber wurde er zum zweitenmal völlig vergeblich geschröpft. Es war nur eine Frage der Zeit – das hatte Seine Magnifizenz, der Rektor der Universität Breslau, richtig geahnt – bis sich Deutschland dieser Gebiete bemächtigen würde. Den russischen Anwärter hatte er allerdings dabei nicht einkalkuliert.

32. POLEN

Der Fall Polens lag freilich anders und hier begegnen wir mehr als einem deutschen Versäumnis – hier war eine deutsche Schuld. Ein wirklicher Staatsmann – der gute Stresemann, der sich stets geweigert hatte, ein östliches Locarno zu konzedieren, war es eben auch nicht – hätte sich sofort nach 1919 oder 1920 mit Polen restlos ausgesöhnt, ja eine Art Allianz, wenn nicht gar eine Wirtschaftsunion geschlossen. Eine ehrlich gereichte Hand hätten die Polen sofort ergriffen und Frankreich den Rücken gekehrt. Das wäre eine höchst logische Politik gewesen, die schöne Erfolge, menschliche wie auch wirtschaftliche, gezeitigt hätte, aber dagegen stand eine Reihe von Faktoren – in Deutschland, nicht in Polen. Vor allem war da das Hindernis der nordisch-preußischen Verachtung für ein Volk, dem man zwar unmittelbar benachbart war, aber von dem man eigentlich geschichtlich oder kulturell nichts wußte. Man ahnte nur, daß diese katholischen Slawen fürchterliche Individualisten waren und für Zucht oder Ordnung nichts übrig hatten: „polnische Wirtschaft!" Daß die Polen unter der Führung Piłsudskis das „Wunder an der Weichsel" bewerkstelligt hatten, konnte man ganz einfach nicht glauben: da kämpften sicherlich Franzosen, und der französische Generalstab mußte die Strategie geplant haben![1] Diese Vorurteile gab es links, rechts und in der Mitte und sie hatten ganz ähnliche Wurzeln wie der Polenhaß der Briten von Lloyd George bis Churchill. Zwar gab es Ausnahmen, wie zum Beispiel eine Gruppe junger Konservativer in Königsberg, die an einer preußisch-polnischen Union in den Zwischenkriegsjahren dachten. Doch das waren Ausnahmen und nicht die Regel. Dieser antipolnische Komplex rührte sich auch während des Ersten Weltkriegs, als man zwar in Wien, nicht aber in Berlin an eine polnische Restauration dachte. Ein Bursche wie Ludendorff wollte einem lediglich aus dem russischen Generalgouvernement Warschau und Galizien bestehenden Polen noch weitere Gebiete für Preußen abzwicken – besonders in dem Oberschlesien benachbarten Grenzbezirk um Sosnowiec. Selbst Conrad von Hötzendorf schwanten Grenzen vor, wie sie nach der dritten Teilung Polens bestanden hatten,[2] und im Frieden von Brest-Litowsk dachte man daran, von Kongreßpolen noch das Gebiet von Chełm an die Ukraine zu verschachern in der naiven Hoffnung, daß man von diesem kaum noch existierenden Staat Nahrungsmittel in großer Menge bekommen könnte. Aber dafür waren die tapferen polnischen Legionäre nicht gestorben.[3]

In Preußen gab es immer noch die alte Rußlandbegeisterung, die sich an dem Gedanken einer neuen Teilung Polens berauschte.[4] Der Geist von Rapallo war deutlich antipolnisch, und der Chef der Reichswehr, Otto von Seeckt, trug das

Poloniam esse delendam tief in seinem Herzen.[5] Diese Leute dachten „neupreußisch" und nicht deutsch und schon gar nicht europäisch.

Es wäre natürlich ein eminent deutsches Anliegen gewesen, zwischen sich und der UdSSR ein eng verbündetes, großes Land zu wissen, auf das man in jeglicher Hinsicht rechnen konnte. Aber so weit – geographisch und zeitlich – dachte man damals in Deutschland nicht. Und es war besonders dieser hartnäckige deutsche Revisionismus, der den polnischen Nationalchauvinismus anheizte, der sich dann wiederum so ungünstig auf die polnische Innenpolitik auswirkte.

Hier muß man wissen, daß Polen ursprünglich ein echter Vielvölkerstaat gewesen war, und der Litauer Piłsudski plante in der frühen Phase seines Ostfeldzuges die alte *Rzeczpospolita* mit Balten, Weißruthenen und Ukrainern wiedererstehen zu lassen. Der Vorstoß bis Kiew erfolgte auf den Hilferuf Petljuras. Dieser Traum Piłsudskis wurde aber nur sehr teilweise erfüllt – weder Minsk, noch Kowno, noch Kiew wurden polnisch. Vom Westen her aber kamen die heftigsten Proteste, und zwar nicht nur wegen der „Zerreißung" Preußens, sondern auch der deutschen Minderheiten wegen – in den Pomerellen („Westpreußen"),[6] in Posen und in Ost-Oberschlesien. Da war dann auf einmal der Deutsche (neben Moskau) *der* Feind, und Berlin wurde der Sammelplatz der antipolnischen Kräfte und Kreise Osteuropas. Es wurde eben damals sehr allgemein in nationalen und nationalistischen Kategorien gedacht. Die Deutschen Polens arbeiteten am neuen Land, am neuen Staat nicht mit. Anders als in der Vergangenheit traten diese Menschen, deren Ahnen zum Teil von Kasimir dem Großen nach Polen gerufen worden waren, in den passiven Widerstand. Man erinnere sich da an Danzig, das als königlich polnische Freistadt im Jahre 1793 sich verzweifelt gegen die preußische Besetzung gewehrt hatte. Damals emigrierte so manche Danziger Familie, die unter dem Preußenadler nicht leben wollte, wie zum Beispiel die Schopenhauers.[7] Sicherlich sprachen sie nicht polnisch (wie vielleicht auch der Danziger Chodowiecki), aber ihre Loyalität galt dem polnischen König – den es nach 1795 nicht mehr gab. Nun aber war eine wahre Vergiftung der bürgerlichen Atmosphäre eingetreten. Unzweifelhaft war im alten, vorbismarckischen feudalen Preußen das innere deutsch-polnische Verhältnis anders gewesen – als E. T. A. Hoffmann noch als dichtender Beamter in Warschau lebte. Selbst Wilhelm II. konnte noch sagen, daß seine polnischen Untertanen die treuesten waren.[8] Und zweifellos hatten die preußischen Soldaten polnischer Volkszugehörigkeit zu den Siegen des Franzosenkriegs und des Ersten Weltkriegs weitgehend beigetragen!

Doch gerade in der Errichtung der neuen „Freien Stadt Danzig" zeigte sich die gefährliche Halbheit der „Lösungen", die das Versailler Diktat mit sich brachte. Auch hier wieder ein schlau angebrachter Zündstoff für kommende Konflikte! Hier wurde aus der Stadt Danzig und anderen kleineren Städten ein unabhängiges Territorium geschaffen, dessen Grenzen so gezogen waren, daß es sich mit Milch frei versorgen konnte. Wirtschaftlich wurde dieser Freistaat an Polen angeschlossen, aber die böse Erfahrung mit dem Streik der Danziger Werftarbeiter im Jahre 1920, als sich diese weigerten, Waffen und Munition für das mit den Sowjets um sein Leben ringende Polen zu verladen,[9] bestimmte Polen, einen zweiten Hafen auf polnischem Gebiet neben Danzig aufzubauen. Das wurde von den Danzigern (und der großen Mehrheit der Deutschen) wieder als großer polnischer Bosheitsakt aufgefaßt – wie ja auch der Bau einer eigenen Bahn von Oberschlesien nach Gdingen (Gdynia).[10] Bald war Danzig mit Polen in eine Reihe von kleinlichen Schikanen verwickelt, wobei ein befestigtes polnisches Munitionsdepot auf der Danziger Westerplatte und polnische Briefkästein in der Stadt eine bedauerliche Rolle spielten. Manche Danziger wollten zwei Dinge: die größte wirtschaftliche Förderung durch Polen und zugleich absolute Unabhängigkeit. Zwar schwoll Gdingen mit geradezu amerikanischer Geschwindigkeit an und wurde fast eine Großstadt, aber *nicht* auf Kosten Danzigs, das seinen Handel ebenfalls dauernd vergrößerte. In den Jahren 1928, 1937 und 1938 landeten in Gdingen 1108, 5766 und 6498 Schiffe, in Danzig 2983, 5935 und 6601. In reinen Bruttoregistertonnen überflügelte Gdingen aber schließlich Danzig, denn für sehr große Schiffe waren die modernen Anlagen Gdingens günstiger.[11] Ohne Danziger Resistenz wäre Gdingen wahrscheinlich nie ausgebaut worden – und daran waren ,nationale' Unternehmer wie auch die rötlichen Hafenarbeiter schuld. Am klügsten wäre es gewesen, das nationale Element zu ignorieren und Danzig auf geschichtlicher Grundlage gleich den Polen zu geben. Je größer die deutsche Minderheit, desto mehr hätte sie ins Kalkül gezogen werden müssen. Der ethnische Nationalismus, der mit zahlenmäßigen, statistischen Argumenten arbeitet und schon daher ein enger Verwandter der ebenfalls „populistischen" Demokratie ist und sich als Nationaldemokratie mit ihr harmonisch verbindet, war das Krebsübel Europas seit der Mitte des 19. Jahrhunderts.[12] Es führte dann höchst logisch zu den Massenaustreibungen, denn nur durch diese konnten gewisse „nationale Zielsetzungen" erreicht und „erwünschte" parlamentarische Verhältnisse bewerkstelligt werden.

33. DER „WEIMARER STAAT" UNTERWEGS

Wie aber war es nun um dieses neue republikanische Deutsche Reich bestellt, das die schwarz-rot-goldenen Farben der bücherverbrennenden, nationaldemokratischen Studenten auf der Wartburg adoptiert hatte? In dieser Farbensymbolik lag schon das ganze Programm: Zwar war noch mit Schwarz und Gold das Heilige Römische Reich vertreten, aber dazu glänzte auch das Rot der Revolution, das milde gestimmte Geister als das Rot der Flaggenstange oder das Rot der Füße des alten Doppeladlers interpretiert wissen wollten. (In Österreich hingegen galten die Farben Schwarz-Rot-Gold als das Symbol des Alldeutschtums und sie prangten daher auch im Wappen des Schulvereins „Südmark".) Auch wurde der einköpfige Adler des Zweiten Deutschen Reiches all seines Schmuckes beraubt und eher unvornehm als „Pleitegeier" verhöhnt.

Nun blieb zwar das territorial immer noch ungemein aufgeblasene Preußen, das von der luxemburgisch-lothringischen Ecke mit einer Unterbrechung bis zur Memel reichte, kaum verkleinert, aber es gab Revolten gegen das, was man mit Recht oder Unrecht den ‚preußischen Geist', den ‚Geist von Potsdam' oder den ‚preußischen Militarismus' nannte.[1] Die neue gesetzgebende Versammlung der Republik wurde auch daher in Weimar zusammenberufen, wobei man kurioserweise die Manen Goethes anrief, vergessend oder nicht wissend, daß der Dichterfürst, Liebling gekrönter Häupter, keineswegs ein Republikaner oder gar ein Demokrat gewesen war. Dazu war er viel zu gescheit.[2] (Doch auch Luther, den man zum 300. Geburtstag der Reformation auf der Wartburg orgiastisch gefeiert hatte, könnte man weder als Demokrat, noch als Liberalen einstufen.) Glühende Ignoranz hatte immer die politischen Drahtzieher der Linken beseelt.

Die ersten deutschen Wahlen brachten einen gewaltigen Linksruck, verbunden mit einem verheißungsvollen, wenn auch täuschenden Sieg der Mitte. Der Westen hatte in diesem Krieg triumphiert, also richtete man sich nach ihm aus. Die Weimarer Nationalversammlung hatte auch die traurige Aufgabe, über den Vertrag von Versailles abzustimmen, der am 400. Jahrestag der Wahl Karls V. für die römisch-deutsche Kaiserwürde und, wie wir schon sagten, am 5. Jahrestag der Ermordung des Thronfolger-Ehepaars unterzeichnet wurde. In reiner Delikatesse hat die Linke immer den Vogel abgeschossen.

Um die gewaltigen, ja ungeheuerlichen Reparationen einzutreiben, wurde das Rheinland in breiten Streifen von französischen, britischen, belgischen und amerikanischen Truppen besetzt. (Die Amerikaner zogen jedoch bald vergrault ab.) Man kann sich nun lebhaft vorstellen, wie ein Volk auf all das reagierte, das von einem langen Krieg menschlich und wirtschaftlich schwer erschöpft war und sehr bald darüber völlig uneins wurde, ob man diese grauenhafte Last von 229 Milliarden Goldmark zahlen sollte und konnte oder nicht. (Tatsächlich wurden bis zum Ausbruch des Zweiten Weltkriegs 67 Milliarden gezahlt, nach heutigen Kaufwert etwa 700 Milliarden D-Mark.) Im Vergleich dazu zahlten die Franzosen nach dem Krieg von 1870–71 lediglich fünf Milliarden Goldfranken oder vier Milliarden Goldmark. Das unmittelbare Resultat dieser Forderungen und der Gewaltversuche, diese Riesensummen einzutreiben, waren die verhängnisvollen Traumata der Ruhrbesetzung und der Inflation, die den deutschen Mittelstand fast vernichteten. Die Alliierten förderten das Wachstum des Nationalsozialismus tatsächlich aus Leibeskräften.

Inzwischen aber gab es in der jungen Republik auch schwere kommunistische Unruhen, vor allem in Berlin (der Spartakus-Aufstand), der Aufstand im Vogtland unter Max Hölz und auch der Kapp-Putsch, der aber durch die Gewerkschaften blockiert wurde. In München kam es zur Errichtung einer ursprünglich operettenhaften Räterepublik, die aber durch Morden an Geiseln folgenschwere Reaktionen hervorrief. Schon vorher hatte Graf Anton Arco-Valley den Sozialistenführer Kurt Eisner erschossen, der den Alliierten gefälschte Unterlagen für die deutsche Kriegsschuld geliefert hatte. Doch dank der Haltung der Alliierten, dem oktroyierten ‚Vertrag‘, der aus dem Westen kommenden Demokratisierung und Republikanisierung, der vom Westen geförderten Propaganda gegen alte Traditionen und Formen, die durch nichts Neues ersetzt wurden, und dem Bestreben der Linken, die alte, immerhin sehr ruhmvolle Armee zu entehren, war diese Republik moralisch totgeboren. Allerdings erwies sich ein großen Teil der Deutschen als gelehrige Kollaboranten und Schüler, und wie nach 1945 sah man in deutschen Landen wahre Wunder der Dressur. Für die anderen aber, die sich im ‚Felde unbesiegt‘ betrachteten und irregeführt fühlten,[3] waren diese Mitläufer des Westens ‚vaterlandslose Gesellen‘, denen man, wenn die Zeit gekommen war, das Handwerk legen mußte. Ihrer Meinung nach gehörten die „Erfüllungspolitiker" an den Galgen. Patrioten und Nationalisten standen „Überläufern" und „Internationalisten" gegenüber. Auch der biologische „Antisemitismus" schaltete sich ein und, wie immer nach Niederlagen, suchte man nach Sündenböcken.[4] Der friedlich gesinnte, wenn auch etwas defätistische Zentrumsabgeordnete Mathias Erzberger wurde von zwei ehemaligen Offizieren ermordet, und dasselbe Schicksal ereilte auch den jüdischen Industriellen und Politiker Walther Rathenau, der zwar ein „politischer Realist", nicht aber ein wirklicher Demokrat, Liberaler oder gar Republikaner war. Gegen Ende des Krieges war er sogar für ein *levée en masse* eingetreten. Sein Buch *Der Kaiser* (1919)[5] ist zwar kritisch, aber keineswegs lieblos geschrieben, und bald zweifelte er an den Überlebenschancen der Weimarer Republik und dachte an eine Restauration. Er konnte aber die Reichswehr für einen Putsch nicht gewinnen.[6] Er wurde – zum völlig unschuldigen – Opfer nationalistischer Idioten.

Die beiden Prämissen Harold Laskis – Zweiparteiensystem und gemeinsame Weltanschauung (siehe S. 159.) – konnten im Deutschen Reich nicht erfüllt werden, weder im Kaiserreich noch in der Republik. Das Zünglein an der Waage bildete nach wie vor die katholische Zentrumspartei, die schön in der Mitte saß und auf die

die Haßwellen von rechts und links einschlugen, die natürlich auch der katholischen Kirche galten. Das Fehlen eines gemeinsamen ideologischen Nenners im Parteiengetriebe machte sich im Reichstag nach 1919 ganz besonders bemerkbar. Ist doch ein Parlament ideell ein Ort, in dem konstruktiv verhandelt, debattiert und Kompromisse geschlossen werden, während Monologe, Brandreden, persönliche Verdächtigungen und globale Verurteilungen ausgeschlossen sein sollten. Nun aber hatte man im Reichstag der Weimarer Republik Parteien, die die Menschen nach biologischen, andere, die sie nach ethnischen, wieder andere, die sie nach soziologischen oder auch nach konfessionellen Gesichtspunkten beurteilten, die marxistisch oder ,klerikal' waren. Von diesen wiederum gab es ,Parteiungen' und ,Schattierungen', die sich gegenseitig nicht als gewöhnliche Feinde, sondern als Verräter und ,Aufweichler' betrachteten. Diese Haltung charakterisierte auch das Verhältnis zwischen den Kommunisten und den Sozialdemokraten, also den deutschen Bolschewiken und Menschewiken.

Wenn zum Beispiel ein brauner Rassist über die Reform des Spitalswesens sprach, konnte ein Zentrumsabgeordneter mit seinem sozialdemokratischen Kollegen Arm in Arm zum Büffet hinausspazieren, um dort Bier zu trinken und Würstel zu essen. Wenn dann die Glocke zur Abstimmung läutete, kamen sie wieder in den Sitzungssaal zurück und stimmten den Antrag der Nationalsozialisten nieder. Sie wußten ja – jeder aus seiner eigenen Gesichtswarte –, daß alle Prämissen der Nationalsozialisten und daher auch deren Schlußfolgerungen falsch waren. Wozu also dann ihnen zuhören und mit ihnen debattieren?

Diese Abgründe zwischen den verschiedenen Ideologien wirkten sich schließlich nicht nur im Reichstag (wie ja auch in anderen europäischen Parlamenten) aus, sondern auch in den öffentlichen Veranstaltungen der Parteien, in denen es bei der Anwesenheit von Gegnern nicht zu echten geistigen Auseinandersetzungen, sondern zu Handgreiflichkeiten und ganzen Saalschlachten kam. Ein echter Dialog ist nur bei gemeinsamer ,Sprache' und gleichem Intelligenzniveau möglich: Die Alternative dazu ist das Niederschreien, das Brüllen von Invektiven und die Verhinderung einer geordneten Auseinandersetzung. Dagegen kann sich der Veranstalter nur durch die Polizei oder durch ,Ordner' wehren, die die Ruhestörer mit Gewalt zum Schweigen bringen. Das waren die Anfänge von „Rotfront", „Antifa" und den „Schutzstaffeln", der „SS".

Bei totaler Unmöglichkeit des Dialogs wird dann in einer völlig natürlichen Analogie zum bekannten Clausewitz-Wort der Bürgerkrieg zur Fortsetzung des Parlamentarismus mit anderen Mitteln. Für eine solche Entwicklung ist aber ein gewisses Temperament notwendig, das jedoch in der nachprotestantischen Kultur fehlt. Der britische Bürgerkrieg im 17. Jahrhundert war noch im 18. Jahrhundert in einer schottischen Version möglich, doch finden wir nichts dergleichen in England oder Skandinavien im 19. oder 20. Jahrhundert. (Wie wir schon sagten, war der amerikanische Sezessionskrieg kein Bürgerkrieg.) Trotz Spartakus, Max Hölz und dem Kapp-Putsch war eine solche Entwicklung nicht mehr recht denkbar, wohl aber im deutschen Süden (wo auch 1848 gekämpft wurde) und natürlich auch in Österreich, das ebenfalls – wie alle Länder der ,Alten Kirche' – revolutionär und nicht evolutionär eingestellt ist. Hitler versuchte bezeichnenderweise in München zu putschen, erlitt aber eine Niederlage und konnte dann in der „legalen Revolution" (C. Schmitt) durch den Stimmzettel siegen. Doch seien wir vorsichtig: Die deutschen Länder gehören phänotypisch eher dem *Orbis catholicus* als dem *Mundus Reformatus* an, worauf wir schon einmal hingewiesen haben.[7] Diese Situation bezog sich *mutatis mutandis* auf den größeren Teil Europas, und zwar ganz besonders auf das kleine Österreich und die anderen Sukzessionsstaaten, die nichteinmal eine konstitutionelle Monarchie vertragen konnten. Und dasselbe galt und gilt auch immer noch für Italien, Spanien, Portugal, den Balkan, Polen, Rußland, ja selbst für die baltischen Republiken, von denen allerdings nur Estland eine überwältigende evangelische Mehrheit hatte.

Der Krieg *to make the world safe for democracy* endete zwar mit dem augenblicklichen Sieg der ‚Demokratien', aber eben doch – was in nur wenigen Jahren deutlich wurde – mit einer echten Niederlage für die Sache der Freiheit. Und wo die Demokratie augenscheinlich siegte, war dies eben nur ein Scheinsieg. Selbst dort, wo die Demokratie am Kontinent – also außerhalb der Inseln und Halbinseln des Nordens – schon auf eine gewisse geschichtliche Entwicklung zurückblicken konnte, wie zum Beispiel in Frankreich, war sie keineswegs gesichert. Es gab (und gibt gewissermaßen immer noch) mehrere Frankreichs – das monarchische, das bürgerlich-liberale, das sozialistische, das extrem-marxistische. Das zeigten sehr deutlich die Ereignisse in den Jahren 1940–1945, aber auch die Ereignisse während der Existenz der Dritten, Vierten und Fünften Republik.

34. AUSTRIA INFELIX

Die Niederlage im Jahre 1918 war für das „Deutschösterreichertum"[1] besonders fatal, denn es brachte den Verlust von über vier Millionen „Deutschösterreich-
ern" im Norden und Süden der jungen Republik. Historisch war diese völlig wur-
zellos, auch wurde der offizielle Name „Deutschösterreich" von den Alliierten gleich
verboten, weil man in ihm eine Einladung zum ‚Anschluß' sah, wie auch (ganz im
Gegenteil) die nicht minder arge Möglichkeit eines Anspruches auf ein anderes,
also nichtdeutsches Österreich. Der restliche Torso wurde in jeder Beziehung als
der rechtliche Erbe des (zisleithanischen) Österreichs, genau so wie das ebenfalls
verstümmelte Ungarn als der „Transleithaniens" gesehen.[2] Die Wandlung jedoch von
einer Monarchie zu einer demokratischen Republik war mit ungeheurer Schnelligkeit, Leichtigkeit und allseitiger Überraschung vor sich gegangen. Die Welt staunte,
und die Österreicher staunten auch über ihre bewunderswerte Flexibilität. Das Wunder geschah innerhalb von wenigen Tagen. Die ganz prachtvoll uniformierte
Arcierenleibgarde des Kaisers löste sich innerhalb von wenigen Stunden in nichts
auf. Der Herr Karl[3] mußte ehrenwerte Ahnen gehabt haben und diese lagen zum Teil
jenseits der Grenzen in der alten Monarchie. Man denke da nur an den braven Soldaten Švejk (mit einem tschechisierten deutschen Namen), der vom tschechischen
Dichter Jaroslav Durych als ein Stück ganz grauenhafter nationaler Selbstbespeiung
in Grund und Boden verdammt wurde.

Nun, diese „Republik Deutschösterreich" wurde als integraler Bestandteil des
Deutschen (republikanischen) Reiches konstituiert. Die Republik wurde nicht
nur von den Vertretern der Sozialdemokratischen, der Deutschradikalen (also alldeutschen), sondern auch der Christlichsozialen Partei ausgerufen, wobei die letztere
nicht den Mut gehabt hatte, ihre eigentlichen Überzeugungen kundzutun. Im Herzen
war sie größtenteils monarchistisch, aber ihr Herz lag im dazu geeigneten Kleidungs-
stück, d. h. in der Hose. Im April 1919 wurden dann nicht nur die Adelstitel abgeschafft und verboten, mit dem Hinweis, daß zwar die preußischen Junker, nicht
aber die Adeligen Österreichs etwas für den Staat geleistet hatten,[4] sondern es
wurde auch das Haus Österreich aller seiner Besitztümer und aller seiner Rechte
verlustig erklärt. Das war der Dank des Volkes Österreich an eine Dynastie, ohne
die der Staat über die Bahnhofsrestauration von Attnang-Puchheim nie hinausgereicht
hätte.

Doch die Überlebenschancen dieses kümmerlichen Restes der alten Monarchie
schienen und waren auch gering. In St. Germain-en-Laye wurde ein Friedensdiktat
unterzeichnet, das Österreich wichtigster Gebiete beraubte. Von den späteren Bundesländern Österreichs blieben nur drei von Amputationen bewahrt – Vorarlberg,

Salzburg, Oberösterreich. Wien wurde erst später ein Bundesland und dazu kam „Deutsch-Westungarn", für das man hurtig den Namen „Burgenland" erfand. Es war primär als Zankapfel zwischen Österreich und Ungarn gedacht. Ehrenvoll war Österreichs Forderung auf dieses Gebiet keineswegs, aber je nachdem machte man in Paris Forderungen aus nationalen oder historischen Gründen. Was eben gerade besser paßte – und Ungarn war im Herbst 1919 bei den Westalliierten „unten durch".[5] Man ergriff also die Gelegenheit beim Schopf. Der Führer der österreichischen Delegation, Dr. Karl Renner, einer der „wendigsten" Politiker, die Österreich je hervorgebracht hatte, versuchte sich bei den Alliierten Liebkind zu machen, indem er die alte Monarchie einen Völkerkerker nannte.[6] Es nützte ihm aber wenig. Verloren wurden die ganze Untersteiermark, zwei Drittel von Tirol, die Krain, die Küstenlande und Triest (damit der Zugang zum Meer), Gebiete also, die zum Teil seit dem 13., zum Teil seit dem 14. Jahrhundert, also ein Halbjahrtausend, zu den österreichischen Erblanden gehört hatten – während Salzburg erst im 19. Jahrhundert zu Österreich gekommen war. Als man bei diesen netten Verhandlungen Clemenceau fragte, was denn nunmehr Österreich sei, antwortete er mit einer lässigen Handbewegung: *L'Autriche c'est ça qui reste.* (Über den letzten Kaiser, dessen Friedensbestrebungen er vernichtet hatte, meinte der edle Kommunarde: „Wir haben ihm seine Hosen gelassen, sonst nichts...") Dieser österreichische „Rest eines Torsos" war beim damaligen Stand der technischen und agrarischen Produktion materiell nicht lebensfähig. Eine grausame Inflation zerstörte den finanziellen Besitz des Mittelstands, der dadurch proletarisiert wurde. Man erhoffte sich sehr allgemein eine Lösung dieser Probleme durch einen „Anschluß" an das Deutsche Reich, das aber durch einen solchen Zusammenschluß (eher denn Anschluß) aus dem Krieg dann sehr deutlich nicht als Verlierer hervorgegangen wäre. Das großmäulige, demokratische Selbstbestimmungsgeschwätz der Alliierten erledigte sich dadurch von selbst.

Dieser Zusammenschluß wurde in St. German-en-Laye ausdrücklich verboten. Tatsächlich aber wollten ihn damals – 1919 und auch späterhin – über neunzig Prozent der Österreicher, die sich als Deutsche fühlten. In Salzburg und in Tirol wurden Volksbefragungen von privater Seite durchgeführt (und auch mit Sondermarken bedacht), die diese Einstellung der Österreicher deutlich machten. Nur im alemannischen Vorarlberg liefen die Uhren anders: dort wollte man sich mit der Schweiz vereinigen.[7] Man muß aber auch bedenken, daß diese Zusammenschlußfreudigkeit der Österreicher keineswegs nur wirtschaftlich bedingt war: es kam das national-nationalistische Moment dazu. Außerdem war im Heiligen Römisch-Deutschen Reich Wien die Residenz des Kaisers gewesen, und das alte Reich war fast 350 Jahre ununterbrochen vom Hause Österreich regiert worden... und erstmalig schon vor fast 650 Jahren! Vorsitzender des Deutschen Bundes war der kaiserliche, also der österreichische Delegierte. Das Zweite Reich der Hohenzollern war eine nur sehr zeitweilige, revolutionäre Neuerung gewesen.

In Österreich gab es nach 1919 vier Parteien: die Christlichsoziale Partei, die Sozialdemokratische Partei, eine deutschnationale Partei, die sich später „großdeutsch" nannte, und den „Landbund", eine freisinnige, agrarische Partei, besonders im Südosten Österreichs beheimatet. Die Christlichsoziale Partei, viele Jahre hindurch vom asketischen Prälaten Ignaz Seipel geführt, war *vielleicht* in ihrer Mehrheit austriazistisch gesinnt, doch gegen Ende seines Lebens machte auch Seipel großdeutsche Äußerungen – wobei das Wort „großdeutsch" in seinem historischen, eher denn nationalistischen Sinn verstanden werden muß. Die Sozialdemokraten waren in ihrer Führung – Seitz, Renner, Bauer – alldeutsch eingestellt und so waren natürlich auch die Großdeutsche Partei und der Landbund, beide weltanschaulich im nationalliberalen Lager.[8]

35. UNGARN NACH DEM VERTRAG VON TRIANON

An eine Wiedererrichtung der Donaumonarchie war im Augenblick nicht zu denken, da die Bauernparteien in den Nachfolgestaaten sehr wenig Einfluß hatten, Klerus und Adel einfach nicht zählten und die bürgerlichen Parteien der National-demokratie anhingen. Es war wiedereinmal ein „Neues Zeitalter" angebrochen, und dieser so herzerquickende Mythus lähmte jeden Gedanken an eine Restauration. Zwei Rückkehrversuche des Kaiser-Königs Karl nach Ungarn waren erfolglos gewesen, obwohl Ungarn das einzige Stück (geographisch sogar das Herzstück) der alten Doppelmonarchie war, in dem die Erinnerung an die Vergangenheit noch bewußt gepflegt wurde. Das blutige Experiment einer Räterepublik und das brutalste aller Friedensdiktate hatten anscheinend für eine Rückkehr zur Monarchie eine günstige Atmosphäre geschaffen. Am Papier war Ungarn sogar eine Monarchie geblieben. Doch die Macht in Ungarn lag in den Händen des Reichsverwesers, Admiral Nikolaus von Horthy, der ein Calvinist war. Auch sein Ministerpräsident, Graf Bethlen, war Calvinist, während der sehr aktive Führer der radikalen National-isten, Julius Gömbös, evangelischen Glaubens war. Horthy weigerte sich angeblich aus patriotischen Gründen, seinem König (den er als Marineoffizier in Treue ver-bunden war) die Macht zu übergeben. So endete der erste Rückkehrversuch.[1]
Der zweite Versuch des Monarchen, begleitet von der Königin Zita, wurde im Herbst 1921 durch einen Flug von der Schweiz nach Westungarn gemacht. Mit einer kleinen Schar von Getreuen marschierte der Herrscher auf Budapest zu, aber in Budaörs, unweit der Hauptstadt, stellte sich ihm Gömbös mit nationalistischen Studenten entgegen, denen eingeredet worden war, der König käme von tschechi-schen Soldaten unterstützt und das Vaterland sei in Gefahr. Der König verbat, auf die bunt zusammengewürfelten Einheiten zu schießen, denn schließlich kann ein Vater nicht leicht auf seine Söhne schießen lassen. Gefangengenommen und inter-niert, wurde der letzte gekrönte Habsburger auf britischen Schiffen über die Donau und das Schwarze Meer nach Madeira gebracht, wo er im Jahr darauf an einer Lun-genentzündung, in Wirklichkeit aber vielleicht an einem gebrochenen Herzen starb.
Tatsächlich waren die Argumente Horthys und seiner Freunde, die die anti-katholisch-antideutsche („kurutzische") Tradition des Magyarentums verkörperten, unbegründet[2]. Natürlich war Ungarn von der „Kleinen Entente" umzingelt, aber diese neugebackenen Staaten mit ‚Minderheiten', die in zwei dieser Länder Mehr-heiten darstellten, hätten gegen das ungarische Volk, das auch innerhalb ihrer Grenzgebiete lebte, nicht gewinnen können. Welcher Sudetendeutsche hätte seine Haut für die Tschechen, welcher Kroate für die Serben, welcher Székler für die Rumänen zu Markt getragen? Die Tschechen mobilisierten gegen Ungarn, aber

nur 28 Prozent aller Einberufenen folgten dem Ruf – also nicht einmal die Hälfte der Tschechen! Eduard Beneš hatte im Zweiten Weltkrieg sehr richtig geschrieben, daß „in Mitteleuropa die Regierungen, die dort 1919 eingesetzt wurden, noch nicht Zeit genug gehabt hätten, einen endgültigen und gefestigten Charakter zu haben". Das schrieb dieser verhängnisvolle Mann im Jahre 1942.[3] Wie wahr war dies für die Lage erst im Jahre 1921! Dabei hatte sich Beneš noch sehr milde und maßvoll ausgedrückt.

Zur Zeit der Restaurationsversuche des Königs litt Ungarn sozial noch von der Reaktion auf das kommunistische Zwischenspiel,[4] und die Arbeiterschaft wie auch die liberalen Kräfte (und beileibe nicht nur die Konservativen) hofften auf eine Restauration. Doch diese wurde von den geistigen Erben des kurutzischen Widerstands und Ludwig Kossuths vereitelt und damit auch die letzte Chance für eine so notwendige Zusammenfassung der Völker Zwischeneuropas verspielt. Im Laufe der nächsten Jahre wurde eine Restauration, ja vor allem politische Strukturen, die auch nur im Entfernstesten an die alte Donaumonarchie erinnerten, systematisch und methodisch, voll Haß und Eifer von der Kleinen Entente und ihrem Wortführer, Dr. Eduard Beneš, bekämpft und erfolgreich hintertrieben. Davon profitierten zuerst die deutschen Nationalsozialisten und dann die Mehrheitssozialisten: Beneš hat später mit Braun und Rot fleißig kollaboriert.

Anders als die Österreicher hatten die Ungarn den Gedanken an die Rückgewinnung der verlorenen Gebiete, die sie seit 896 mit der Unterbrechung des Türkeneinbruches besessen hatten, nie aufgegeben. In ihrem Wappen (von der Republik abgeschafft) prangten doch symbolisch die vier Flüsse – Donau, Theiß, Save und Drau – und die drei Berge – Tatra, Matra und Fatra – unter dem apostolischen Doppelkreuz. Im Friedensdiktat von Trianon wurde das „reaktionäre" Ungarn von den Kräften des „Fortschritts" bitter bestraft: es behielt nur 28.6 Prozent seiner Fläche und 36.5 Prozent seiner Einwohner. Allein der an Rumänien abgetretene Teil war größer als das verbliebene Rumpfungarn. Genau so wie die großen Talente Polens aus den gemischtsprachigen Gebieten des verlorenen Ostens kamen, war Analoges in Verbindung mit Ungarn festzustellen: Ich besitze eine Karte (mühsam hergestellt), die eindeutig beweist, daß in ihrer großen Mehrheit die hochbegabten Magyaren im Norden, Osten und Süden geboren waren. Der Fall Béla Bartók illustriert das sehr wohl. Geboren wurde dieser geniale Komponist im heutigen Rumänien, seinen ersten Auftritt hatte er in der heutigen Sowjet-Ukraine, er studierte in der heutigen Tschechoslowakei und er starb im amerikanischen Exil.

Kein Wunder, daß die ungarische Reaktion auf dieses Diktat ein dreifaches Nein war: *Nem, nem, soha* – nein, nein, niemals (Tria- Non!). Auf allen öffentlichen Plätzen, in allen Amtsräumen, ja selbst in den Verkehrsmitteln konnte man die ersten Strophen eines Gedichts von Cäcilie Tormay lesen: „Ich glaube an Gott, ich glaube an eine Heimat, ich glaube an eine göttliche Gerechtigkeit, ich glaube an die Auferstehung Ungarns!" Alle Energien des Landes waren auf dieses Ziel gerichtet, während man in Restösterreich lediglich Südtirol nachtrauerte, und zwar hauptsächlich deswegen, weil dort nach der faschistischen Machtergreifung ein brutaler, wenn auch relativ erfolgloser Prozeß der Italienisierung eingeleitet worden war. Doch wer weinte in Österreich der Bukowina, Dalmatien oder selbst dem Goldenen Prag nach? Österreich war eben anders als Ungarn ein langsam gewachsenes historisches Mosaik gewesen. Ungarn hingegen war in wenigen Jahren entstanden, hatte seine Grenzen bis 1920 kaum verändert und konnte sich damit brüsten, geographisch der idealste Kontinentalstaat Europas zu sein. Mit freiem Auge konnte Ungarn auf der physischen Landkarte erkannt werden.[5]

Rein politisch war Rumpfungarn *(Csonkamagyarország)* ein quasi-parlamentarischer, in Wirklichkeit aber ein oligarchischer Staat geworden, der von einer ‚protestantischen' Minderheit autoritär (aber nicht totalitär) regiert wurde. Daher auch die etwas paradoxale Anrufung des nationaldemokratischen Ludwig Kossuth als Schutzpatron dieses schrecklich verstümmelten Landes. Fast völlig seiner Nationalitäten beraubt, war dieses ‚Magyarien' nun ein reiner Nationalstaat. Das Etikett ‚faschistisch' aber paßte keineswegs auf Ungarn. Lange Zeit waren die Wahlen (bei denen aber nicht geschwindelt wurde) am Lande nicht geheim: Man mußte den Mut zu seiner Gesinnung haben, wie ja auch in den Schweizer Urkantonen in ihren *Landsgemeinden*. In den Städten wurde geheim abgestimmt, und tatsächlich gab es im Parlament auch eine Opposition: Legitimisten, Liberaldemokraten und Sozialdemokraten. Im angeblich „faschistischen" Ungarn gab es am 1. Mai keine Zeitungen, denn da feierten die sozialdemokratischen Drucker. In keinem Lande des „kontinentalen Kontinents" außerhalb der Schweiz hielten sich die Sozialdemokraten länger als in Ungarn. (Bis zur sowjetischen Besetzung des Landes kooperierten sie auch mit den Legitimisten, befleißigten sich also einer „labanzischen" und keiner „kurutzischen" Politik.)[6]

36. DIE TSCHECHOSLOWAKEI

Die Tschechoslowakei war eine der kuriosesten Staatsgründungen in der ersten Hälfte unseres Jahrhunderts. Ihr deutscher Name (der aber auch für das sprachlich buntgemische Land „amtlich" war) drückte ihren exotischen Charakter aus. Denn auf „ei" endeten doch keine „gesitteten" Länder, sondern nur nahöstliche und asiatische Gebilde wie die Walachei, die Türkei, die Dsungarei, Mongolei, Mandschurei...

Die Tschechoslowakei war von den Tschechen und den Siegermächten als Demokratie gedacht. Man spielte ihre Rolle so gut man konnte. Die Tschechen und eine Gruppe slowakischer Kollaboranten konnten sich nur durch eine strikte Wahlgeometrie im Sattel halten. Man formierte die Wahlkreise, indem man Minderheiten Kreise gab, in denen sie die ganz große Mehrheit bildeten, sie im übrigen aber in solche Wahlkreise verstaute, wo sie gerade unter der 50 Prozent Grenze lagen und dadurch dann (ohne Reststimmenverteilung) dort unrepräsentiert blieben. Die deutschen (magyarischen, nationalslowakischen, polnischen) Parteien waren meist in der Opposition,[1] denn ihre Wähler waren gegen ihren Willen diesem Staat einverleibt worden. Österreich war ein Vielvölkerstaat gewesen, der nur aus Minderheiten bestand, aber in der Tschechoslowakei waren die Tschechen die Herren: Erst in der Endphase der ČSR begegnen wir Slowaken in führender Stellung. Das Gros der Slowaken lehnte den Pittsburgher Vertrag ab, den einige Exilslowaken (zumeist amerikanische Staatsbürger) mit tschechischen Emissären *auf zehn Jahre* geschlossen hatten. Als dann 1928 der slowakische Politiker Professor Vojtěch Tuka einen Artikel unter dem Titel „Vacuum Juris" veröffentlichte und seine Landsleute darauf aufmerksam machte, daß die Slowaken von nun an rechtlich nicht mehr als Bürger der Republik betrachtet werden könnten, wurde er angeklagt und eingesperrt. Während der langen Haft verlor er fast sein Augenlicht.

Dennoch waren die „Tschechoslowaken" (am Papier) das Herrenvolk in einem Vielvölkerstaat. Die Statistiken weigerten sich, zwischen Tschechen und Slowaken zu unterscheiden. Der Unterschied zwischen den beiden Sprachen ist gering, umso größer ist jedoch der kulturelle Unterschied, denn die Slowaken hatten mit den Magyaren, die Tschechen mit den Deutschen tausend Jahre zusammengelebt. Die Slowaken sind ein praktisch „unhistorisches" Volk – außer wir sehen in ihnen einen wichtigen Stamm im großmährischen Reich des Svatopluk (in dem sie sicher eine Rolle gespielt hatten). Ihre Führerschichte war magyarisiert worden; zahlreiche adelige und hochadelige ungarische Familien waren slowakischen Ursprungs. Doch entgegen einer von Tschechen gerne verbreiteten Legende hatte sich die tschechische

Führerschichte keineswegs germanisiert. Nur zu oft wird uns berichtet, wie in der Schlacht am Weißen Berg der tschechische Adel geschlagen und dann physisch vernichtet wurde, doch dem war keineswegs so. Der „Winterkönig", Friedrich von der Pfalz aus dem Hause Wittelsbach, wurde sowohl von tschechischen als auch von deutschen Adeligen unterstützt. Der große Anführer des lutherischen Adels von Böhmen war ja bekanntlich Mathias Thurn, alles andere als ein Tscheche. Mit 27 Hinrichtungen in Prag war dies wohl keine „Ausrottung" des tschechischen Adels, die dann ein Land ohne gesellschaftliche Führerschichte hinterlassen hätte. Man brauche sich da nur (um beim höheren Adel zu bleiben) an Namen wie Kinský, Kolowrat, Mittrowsky, Woracziczky, Wratislaw, Hruby, Bukuwky, Dobrženský, Mladota, Kottulinsky, Chotek, Dačický, Žierotin, Bubna, Bořek-Dohalský, Wrbna, Lobkowicz, Dubský, Skrbenský zu erinnern. Und wie viele adelige Familien mit deutschen Namen sprachen zu Hause in der Regel wieder nur tschechisch. Ja, die Erneuerung der tschechischen Sprache am Anfang des 19. Jahrhunderts, als sie in einen Mischdialekt auszuarten drohte, wurde teilweise durch reiche Familien des deutschsprechenden Hochadels finanziert. (Auch in Ungarn *mutatis mutandis* gab es nichtmagyarische Adelsfamilien, in denen fast ausschließlich ungarisch gesprochen wurde.) Also das Märchen, daß das tschechisch-mährische Volk[2] durch und durch nivelliert war, ist zu Propagandazwecken erfunden worden.[3]

Von allen Sukzessionsstaaten konnte die Tschechoslowakei am längsten eine Scheindemokratie aufrechterhalten, zerbrach aber schließlich am inneren Widerspruch eines nationalmonopolistischen Vielvölkerstaates. Es war selbstverständlich, daß bei den Agrarreformen Deutsche und Magyaren die Hauptverlierer waren und daß Deutsche und Magyaren in der Armee, der Verwaltung und dergleichen mehr schwer benachteiligt wurden – mit Recht und mit Unrecht, denn an ihrer Loyalität diesem künstlichen Staat gegenüber, dem sie gewaltsam einverleibt wurden, konnte gezweifelt werden. Doch auch katholische Slowaken waren verdächtig; nur die Evangelischen sahen dort nach Prag.[4] Einer ihrer Führer, Vavro Šrobár, erklärte, daß die drei geschworenen Feinde der Tschechoslowakei Moskau, das vatikanische Rom und Budapest seien – Moskau damals noch, weil die tschechischen Legionen in Sibirien gegen die Kommunisten gekämpft hatten und der Mythus dieser Legionen – *Česká anabasis* – sehr hochgehalten wurde. Mit einer Mischung von Schlauheit, Mut und Grausamkeit hatten diese Deserteure der kaiser- und königlichen Armee sich von Rußland bis zum Pazifik durchgekämpft, eine sehr eindrucksvolle Geschichte, die in der ČSSR natürlich nicht mehr aufs Tapet gebracht werden darf.[5] Doch nicht nur mit den Kommunisten stand Prag auf Kriegsfuß, sondern auch mit der ‚Reaktion' (Budapest!) und der katholischen Kirche. Die offizielle Tschechoslowakei wollte irgendwie an das Husitentum, aber auch an die viel friedlicheren böhmischen und mährischen Brüder *(bratři)*, an die moderne Skepsis, an Liberalismus und Demokratie anknüpfen und eine Art von goldenen Mittelweg gehen, was aber wegen ihrer Fehlkonstruktion in aller Ehrlichkeit nicht möglich war. Mit dem Vatikan gab es kein Konkordat, sondern nur einen *Modus Vivendi,* mit Budapest nur eine ganz offene Feindschaft. Nirgends in Europa (vielleicht mit der Ausnahme der Niederlande) gab es so viele Leute, die aus der Kirche ausgetreten waren. Dazu hatte die Tschechoslowakei die proportionell größte kommunistische Stimmenanzahl in der Freien Welt. (Die größte Partei bei den Wahlen von 1935 war die Sudetendeutsche Partei Konrad Henleins.) Der neue Staat war von Anfang an auf den Untergang ausgerichtet, der von innen oder außen kommen mußte.

37. JUGOSLAWIEN

Dasselbe konnte man auch von Jugoslawien sagen, das zuerst als „Königreich der Serben, Kroaten und Slowenen" konstituiert worden war und aus den heterogensten Landschaften und Kulturen bestand, die nur durch die Ähnlichkeit der Sprachen geeint wurden. Schließlich sind auch Isländer, Südtiroler und Ostpreußen Germanen, die Sizilianer ,Wallonen, Rumänen und Uruguayaner Romanen, die Montenegriner, Tschechen und Großrussen Slawen, doch leben sie alle in sehr verschiedenen Kulturkreisen. Von den ,Südslawen' sind die Slowenen katholisch und lebten im Verband Österreichs seit dem Hochmittelalter, die Kroaten waren fast tausend Jahre mit den Ungarn verbunden, die Serben, die ganz überwiegend der Ostkirche angehören,[1] waren fast ein halbes Jahrtausend (wenn sie nicht geflüchtet waren) Sklaven – *Rajah*, Herde – der Türken, während die bosnischen Mohammedaner als konvertierte bogumilische Kroaten anzusehen sind. Die Makedonier wurden zu ,Südserben' erklärt (sind aber Bulgaren), dazu kamen aber auch noch die Minderheiten – Magyaren, Albaner, Deutsche, Rumänen. Und wieder gab es da ein Herrenvolk – die Serben, deren Kultur und Zivilisation von den völlig westlichen Slowenen und Kroaten, wie auch von den Deutschen und Magyaren abgelehnt wurden. Sie waren eben doch ein „Balkanvolk" und keine Mitteleuropäer.

Kein Wunder, daß es dann zu schweren Spannungen, vor allem zwischen den Kroaten, die nie unter dem türkischen Joch geseufzt hatten, und den Serben kam, zu einer richtigen Widerstandsbewegung in der Form der *Ustaša* („Aufstand"). Diese wurde aber erst nach der Umwandlung des Landes in einen völlig zentralisierten Staat gegründet, der nunmehr *Jugoslavija* hieß und dessen innere Einteilung in Banate *(Banovine)* nach rein willkürlichen geographischen Gesichtspunkten 1929 erfolgte. Die beiden Führer der kroatischen Bauernpartei, der aber auch sehr viele Städter angehörten,[2] Stjepan Radić und sein Neffe Pavel, wurden in der Belgrader Skupština durch einen fanatischen Serben aus Montenegro, Puniša Račić, ungehindert ermordet.[3] Dies brachte die Wut auf die Serben unter den Kroaten zu einem Siedepunkt. Die Folge war einige Monate später die Umwandlung des Staates in eine absolute Monarchie. Die demokratische Maske war somit heruntergefallen. Kroaten und Slowenen, die bis zum Weltkrieg in Parlamenten vertreten waren, lebten nun dank Wilson und Genossen in einer Diktatur. Und dasselbe galt nun auch bald für andere Teile der früheren Donaumonarchie.

Die Diktatur arbeitete mit äußerster Brutalität. Wie lustig es da in den Gefängnissen für die politischen Gefangenen zuging, kann man einem englischen Buch entnehmen. Da lesen wir: „Eine meiner Freundinnen, die angeklagt war, eine Kommunistin zu sein, wurde eingesperrt. Ihre Anschauungen waren ähnlich jener der etwas linken Konservativen, wie etwa jene von Vivian Adams oder Victor Cazalet. Sie wurde freigelassen, nachdem einflußreiche Ausländer auf die Regierung Druck ausgeübt hatten. Auf ihren Schenkeln waren immer noch tiefe Narben zu sehen. Dank ihrer enormen Kraft und Vitalität waren Ärzte imstande, diese vereiterten Wunden zu heilen. Sie erzählte mir, daß sie um Watte bat als sie menstruierte. Die Wärter lachten und sagten ihr, sie würden schon zusehen, daß sie diesen Luxus nicht brauchen werde. Nun banden sie ihre Hände hinter dem Rücken zusammen und vergewaltigten sie eine Nacht nach der anderen, auch dann, als sie merkten, daß sie schwanger war. Glücklicherweise durch Angst, Mängel in der Ernährung und Erschöpfung hatte sie, nachdem man sie mit Gummiknütteln wiederholt geprügelt hatte, eine Fehlgeburt."[4] Was sich aber Polizisten und Gendarmen in Kroatien (und auch in Makedonien) leisteten, spottet jeder Beschreibung. Unbequeme Politiker, Journalisten, kroatische Nationalisten aller Klassen wurden verhaftet, höllisch gemartert, kastriert, ihre Füße mit Nägeln beschlagen, Fingernägel herausgezogen. Besonders beliebt war das „defenestrieren", was dann ganz einfach als Selbstmord hingestellt wurde. Die Kroaten schlugen dann manchmal zurück, was zu fürchterlichen Reaktionen der serbischen Okkupanten, zur kroatischen Vergeltung in den Kriegsjahren und schließlich zur völligen Verwilderung dieser Völker führte. Wer mehr darüber wissen möchte, soll dies in meinem „zeitgenössischen" Roman über die Nachkriegsjahre (1920–1935) nachlesen. Dort stehen die Namen der Verbrecher und ihrer Opfer schwarz auf weiß.[5]

Es muß der Wahrheit halber gesagt werden, daß es in der Vergangenheit, durch den grassierenden National- und Sprachkollektivismus, auch unter den Kroaten „Panslawisten" und „Panjugoslawisten" gegeben hatte. Doch dieser Menschenschlag starb rapid aus, nachdem man die lieben slawischen Brüder als Herren kennengelernt hatte. (Man fragt sich, wieviele Panslawisten und Rußlandbewunderer es heute noch in der ČSSR gibt. In Polen hatte natürlich dank lokaler Erfahrungen diese Manie kaum je Wurzeln gefaßt.) Aber die Diktatur unter Aleksandar II. Karađorđević dauerte nur fünf Jahre, denn dann wurde der König in Marseilles ermordet – und zwar nicht von den Kroaten (was auch heute noch weitgehend geglaubt wird), sondern von der IMRO, der „Internen Makedonischen Revolutionären Organisation". Der Killer war Wladko Georgijew Tschernozemski, der den König tötete, den französischen Außenminister Barthou aber so schwer verwundete, daß dieser bald darauf verschied. Hätte der Bulgare allerdings versagt, wäre der König in Versailles von der *Ustaša* umgebracht worden.

Das makedonische Problem war das andere brennende Problem im großserbischen Jugoslawien, das man in Belgrad durch einen Trick aus der Welt schaffen wollte. Wie wir schon früher sagten (s. S. 115.), sind die Makedonier Bulgaren, die nun zu „Südserben" deklariert wurden. Selbst ihre Familiennamen mußten geändert werden. Da sich aber die IMRO (die schon früher gegen die Türken gekämpft hatte) dagegen wehrte, griffen die Serben gegen die Bevölkerung zu ungeheuren Repressalien, wie sie das früher schon im Kosovo-Gebiet gegen die Albaner getan hatten.[6] (Diese Albanerschlächtereien erreichten sogar nach der ‚Liberalisierung' des roten Jugoslawiens am Anfang der Fünfzigerjahre einen neuen Höhepunkt.)

Doch während die viehischen Grausamkeiten der serbischen Behörden in Makedonien eine balkanische Angelegenheit blieben, reagierten die Kroaten in einer sehr unerwarteten Weise. Sie entwickelten, wie wir schon andeuteten, einen Gegenterror, ermordeten kroatische Überläufer zur serbischen Sache und stellten schließlich uniformierte Kampftruppen auf, die im kroatisch-bosnischen Karst einen Guerillakrieg gegen die Serben eröffneten. Es war fast selbstverständlich, daß der *Ustaša* von den Ungarn moralisch-materiell geholfen wurde und späterhin auch die Italiener sie unterstützten. Diese Freundschaft der Italiener für die Kroaten war aber schon deswegen nicht echt, weil sie sich bereits 1919 kroatische Gebiete einverleibt hatten und auf die Annexion weiterer kroatischer Gebilde spekulierten. Der Zusammenbruch Jugoslawiens im Jahre 1941 gab ihnen auch tatsächlich dafür eine Gelegenheit. Kroatien bekam damals einen König aus Italien, Aimone, Herzog von Spoleto, der aber nie wagte, nach Agram zu kommen oder sich gar in Kroatien krönen zu lassen. Nach dem Absprung Italiens wurde diese Königswürde irrelevant und die Kroaten der *Nezavisna Hrvatska Država,* des „Unabhängigen Kroatischen Staates", verjagten die Italiener aus allen Gebieten, die ihnen von den Deutschen zugesprochen worden waren.

Der Versuch der Serben, knapp vor dem Zweiten Weltkrieg mit den Kroaten „ins Gespräch zu kommen" und einen ‚Ausgleich', den *Sporazum,* mit dem Bauernführer Maček zu machen, gelang nur am Papier. Die aufgerissenen Wunden waren zu groß und heilten nicht. Als die deutschen Truppen in Agram einmarschierten, wurden sie stürmisch als Befreier begrüßt.

Die Slowenen paktierten nach dem Grundsatz „Der Nachbar meines Nachbarn ist mein Freund" mit den Serben, litten still unter der Balkanisierung, wurden aber von Belgrad begünstigt und stärkten ihr Nationalgefühl durch ihre irredentistischen Bestrebungen in Österreich, wo sie die Abstimmung in Kärnten verloren hatten. Auch beklagten sie ihre Verluste im Westen: einer von sechs Slowenen lebte in Italien.

38. RUMÄNIEN UND DIE „KLEINE ENTENTE"

Rumänien war im Jahre 1920 national viel geschlossener als die Tschechoslowakei oder Jugoslawien. Aus der Vereinigung der Walachei mit der Moldau 1861 entstanden, breitete es sich schon 1878 auf nichtrumänische Gebiete aus. Die Dobrudsha, die Rumänien damals bekam, war hauptsächlich von Bulgaren, Tataren und Türken besiedelt, 1913 kamen weitere bulgarische Gebiete dazu. Durch den Ersten Weltkrieg wurde Rumänien der größte Kriegsgewinner und verdoppelte fast seinen Umfang. Nun hatte Rumänien auch eine große ungarische, eine deutsche (sächsische und schwäbische), ukrainische und (wie schon früher) eine jüdische Minderheit, die dank der Intervention der Mittelmächte im Frieden von Buftea-Cotroceni eine bürgerliche Gleichberechtigung bekommen hatte. Manche dieser Minderheiten florierten, denn sie waren fleißiger und auch geschickter als die Rumänen, die sich auch leicht bestechen ließen.[1] Die Korruption kannte keine Grenzen.

Die rumänische Außenpolitik war etwas weniger habsburgerfeindlich als die Jugoslawiens und der Tschechoslowakei, die alle beide restaurative Tendenzen und Pläne als *Casus Belli* betrachteten. Daher kooperierten die ČSR und Jugoslawien immer wieder mit dem Dritten Reich. In Prag rechnete man damit, daß die Slowaken, in Belgrad, daß die Kroaten im Falle einer Restauration in Wien und Budapest nicht an der Stange zu halten wären. Beneš berief sich immer wieder auf den nationalsozialistischen Widerstand gegen die Rückkehr der Habsburger und spann Fäden nach Berlin, die auch territorialen Charakter trugen: Man schlug Grenzberichtigungen vor, um den Anteil der ‚Sudetendeutschen' zu vermindern.[2] Die Kooperation zwischen Belgrad und Berlin war noch viel intimer; nach dem nationalsozialistischen Aufstand im Juli 1934 zogen die braunen Horden sich an die jugoslawische Grenze in Ostkärnten (Lavamünd) zurück, wo man sie im Nachbarland als politische Flüchtlinge liebevoll aufnahm und dann ins Dritte Reich verschiffte. Beneš benützte ganz ungeniert die Formel: „Lieber Hitler als die Habsburger in Wien!"[3] Kein Wunder, Beneš und Hitler waren beide waschechte Nationalsozialisten. Der jugoslawische Außenminister Božidar (Boško) Jeftić gab Schuschnigg deutlich zu verstehen, daß eine Restauration in Österreich (oder auch in Ungarn) mit Waffengewalt verhindert werden und man viel eher den ‚Anschluß' tolerieren würde.[4] Das waren Töne, die man schließlich in Paris ungern hörte und die den französischen Geldgebern große Seelenpein verursachten, denn schon 1921 hatte man begonnen, die Unsinne von St. Germain und Trianon zu bereuen. (Damals hatte Briand der kaiserlichen Familie versichert, daß Frankreich ihren ungarischen Restaurationsplänen keinen Widerstand entgegensetzen würde.)[5] Gerade mit dem Aufstieg des Nationalsozialismus zeigte es sich, daß die französische Politik und Planung von 1919–1920 auf völlig falschen Voraussetzungen basierten und ideologischen Vorurteilen zum Opfer gefallen waren. Der antikatholisch-antihabsburgische Komplex hatte damals gesiegt, und dieser Komplex dominierte allerdings auch in Prag, Belgrad und selbst in Bukarest. Lediglich das Dritte Reich profitierte davon. Polen? Polen hatte Paris und London 1933 den Vorschlag gemacht, gleich einen Präventivkrieg gegen das Dritte Reich zu führen, was damals sinnvoll gewesen wäre, doch lehnte der Westen ab, worauf Piłsudski mit Hitler einen Nichtangriffspakt schloß. Die polnische Diktatur war sofort handlungsfähig, die westlichen Demokratien waren und sind es nicht: sie können weder einen Angriffskrieg vorbereiten, noch einen dauernden Frieden schließen. Die Herrschaft der „öffentlichen Meinung" läßt weder das eine noch das andere zu.

39. RESTÖSTERREICH IN DER DAUERKRISE

Inzwischen zeigte es sich auch, daß Restösterreich an einer Dauerkrise litt, die nur zum Teil wirtschaftlich war. Die „Sanierung" des Landes wurde vom Prälaten Seipel durch Völkerbundsanleihen durchgeführt. Im Deutschen Reich wurde aus einer Billion alter Mark 1923 eine neue Mark, die Rentenmark, in Österreich 1924 aus 10 000 Kronen ein ‚Schilling'. (Nur die Tschechoslowakei blieb bis zum heutigen Tag bei der Krone.) Doch war Österreich auch durch eine Riesenkatastrophe gegangen, die innere Spannungen und Schäden verursacht hatte, deren sich der durchschnittliche Österreicher nie genügend bewußt worden war; manche allerdings standen in ihrer Gefühlswelt vor dem Nichts. Gestern noch waren sie Bürger von Europas zweitgrößtem Land, heute gehörten sie einer kleinen Alpenrepublik an, deren Wappen,[1] deren Hymne,[2] deren Fahne, deren importierte Ideologie ihnen völlig ungewohnt waren. Einer von drei Neuösterreichern war ein Wiener.

Die Forderung nach dem ‚Anschluß' war nur ein Teil dieser Betäubung, dieses Verlorenseins des Österreichers, dessen alte Welt teils zerbrochen, teils auch zerrissen war.[3] Langsam sammelten sich jedoch die konservativeren Elemente, beunruhigt über die paramilitärischen Funktionen der Linken, wie zum Beispiel des „Republikanischen Schutzbunds", den ein früherer hoher k. u. k. Offizier aufbaute.[4] Wie in Deutschland war es auch hier wieder die Linke, die ihre bewaffneten Kampfformationen organisierte, worauf später dann auch die Rechte reagierte. Das geschah aber nicht nur im paramilitärischen (auf den Bürgerkrieg zugespitzten) Bereich, sondern auch im geistigen: Die Linke mit ihren ‚Denkern', Dichtern, Journalisten, Malern, Karikaturisten produzierte ganze Ladungen ätzender Lauge, die über das *Ancien Régime* ausgegossen wurde. An diesem ließ man kein gutes Haar. Besonders die alte Armee war das Ziel solcher Angriffe, die oft an Gemeinheit nichts zu wünschen übrig ließen. Nun gab es aber immerhin noch Männer, die jahrelang für ihr Vaterland gekämpft und geblutet hatten, Frauen, die ihre Liebsten in fremder Erde begraben wußten, und diese Angriffe schmerzten – sie schmerzten, weil sie *clever*, weil sie raffiniert waren und weil sie selbstverständlich auch ein Körnchen Wahrheit enthielten. Die Frage, die sich da erhebt, ist eine ganz andere: ob diese Attacken weise waren. Sie waren es natürlich nicht. Der Mensch ist nun einmal ein dialektisches Wesen, eine Tatsache, die gerade die marxistische Linke wissen und beherzigen sollte, und es dauerte auch gar nicht so lange, bis die künstlich angefachte, provozierte Reaktion einsetzte, die dann vom konservativen Feind und der nationalsozialistischen Konkurrenz gründlich ausgenützt wurde.

Während in Österreich der Frontkämpferverband noch eine Vereinigung der Verunglimpften und der Beleidigten war, die die Erinnerung an eine glorreiche

Armee nicht in den Schmutz gezerrt haben wollte (ähnlich dem *Stahlhelm* im Deutschen Reich), hatte die *Heimwehr* (oder der *Heimatschutz*) schon einen anderen Charakter. Mit dem italienischen Faschismus hatte dieser Verband allerdings nichts zu tun. Es ist Mode auf der Linken, das Etikett dieser vom Sozialisten Mussolini gegründeten Organisation auf alle Bewegungen zu verwenden, die sich gegen den Sozialismus oder auch gegen die Demokratie richten. Die Heimwehr war im Grunde auch nicht national, sondern (wie schon ihr Name besagte) eine patriotische Bewegung, deren Uniformen (anders wie die des *Republikanischen Schutzbunds,* dessen Mannen wie bewaffnete Briefträger aussahen) einen österreichisch-alpinen Charakter trugen.

Auch hier wieder sah man deutlich die Wahrheit der Prämissen Laskis. (Siehe Seite 159.) Die Sozialdemokraten waren so orthodox marxistisch, daß die Kommunisten neben ihnen keinen einzigen Abgeordneten ins Parlament wählen konnten; die österreichischen Sozialdemokraten, die „Austromarxisten", hatten auch die rote Fahne zu ihrem Symbol erwählt, und wenn ihre Delegationen bei Festlichkeiten der deutschen Schwesterpartei erschienen, flehten die deutschen Genossen sie an, diese grauenhaften Tücher zu verstecken, da sie an die Bolschewiken erinnerten. (Die Bruderorganisation des österreichischen *Schutzbunds* hieß im Reich *Reichsbanner Schwarz-Rot-Gold,* ebenfalls im Jahre 1924 gegründet.)

Polarisierung und Radikalismus hatten sich in der kleinösterreichischen Szene böse bemerkbar gemacht. Ein Attentat auf den Bundeskanzler Prälat Seipel im Jahre 1924 durch einen sozialdemokratischen Schlawiner mußte als Gefahrensignal gewertet werden.[5)] 1927 kam es jedoch zu einer Schießerei zwischen Heimwehrleuten und Schutzbündlern im Burgenland, in deren Verlauf zwei „Rote" getötet wurden. Im darauffolgenden Prozeß wurden die „Hahnenschwanzler" freigesprochen, was in Wien zu einem Volksaufstand führte. Dabei wurden etliche Polizisten auf die gemeinste Weise umgebracht, es fielen aber auch Zivilisten und der Justizpalast wurde in Brand gesteckt. In Bruck an der Mur wurde die Sowjetrepublik ausgerufen. Der Bundeskanzler mit dem Steckschuß in der Lunge, der ihm schließlich sein Leben kostete, forderte „Keine Milde!", eine Aussage, die diesem frommen Mann allerdings bis an sein Lebensende verfolgte. Die Sozialdemokraten betrieben daraufhin Jahre hindurch eine recht erfolgreiche Kirchenaustrittspropaganda, in der sich der *Proletarische Freidenkerbund* besonders hervortat. Der Führer dieser reizvollen Bewegung war ein Hofrat Franzl. Der gute Mann, unbeschwert von historischen und theologischem Wissen, hielt seine Brandreden in der Wiener Mundart, was auch darauf hinweist, daß in Österreich die Lächerlichkeit nie tödlich wirkt.

Man sah also in Österreich die Vorbereitung auf den Bürgerkrieg, der doch, wie wir schon früher sagten, im demokratischen Rahmen die Fortsetzung des Parlamentarismus mit anderen Mitteln ist. Die Sozialdemokraten, allmächtig nur im ‚Wasserkopf' Wien, versuchten, eine totalitäre Herrschaft und damit verbundene Lebensformen aufzubauen. Alles ‚Bürgerliche' wurde von sehr bürgerlichen Marxisten verdammt. Die *Arbeiterzeitung,* das sozialdemokratische Organ, berichtete vom „Arbeitersport", gesondert vom „bürgerlichen Sport". In den festungsartigen, von der Stadt Wien gebauten Wohnblocks wurde ein totalitäres Überwachungssystem eingeführt. Jede Berufssparte bekam ihre eigene Organisation und so auch jede Form der Muße. (Residuen davon gibt es auch heute noch in Österreich.)[6] Die *Kinderfreunde* nahmen sich der Kinder, die *Rotfalken* der Adoleszenten, die *Naturfreunde* der Touristen an. Die Kleinen sangen: „Ich bin kein Jud, ich bin kein Christ, ich bin ein kleiner Sozialist!" und die „Naturfreunde" grüßten sich mit „Berg frei!", während die Leute des Deutsch-Österreichischen Alpenvereins sich „Berg Heil!" zuriefen. Die sozialdemokratischen Frauen lasen *Die Unzufriedene,* aber auch Tierfreunde, Feuerbestattungsanhänger, Sportler, Ärzte, Eisenbahner und Straßenbahner, Lehrer und Studenten hatten ihre eigenen Organisationen und Zeitschriften. Sehr richtig schrieb Wilhelm Röpke über die Sozialdemokraten im Herzen Europas: „Sie waren die ersten, die in Europa die Vermassung der Massenparteien betrieben haben. Ihre ‚Embrigadierung' mit Maiumzügen, Hierarchie, Parteimythus, Blockwarten der Massenansiedlungen wurde später von Kommunisten, Faschisten und Nationalsozialisten kopiert." In Österreich wurden dann in der Zwischenkriegszeit die Aufmärsche der kombattanten Organisationen zumeist in ein- und derselben Stadt abgehalten, wobei die Polizei und die Gendarmerie die größte Mühe hatten, die feindlichen Kolonnen schön säuberlich auseinanderzuhalten. Und schließlich gesellte sich zu diesen beiden bewaffneten Lagern ein drittes hinzu: die Nationalsozialisten mit ihren ebenfalls roten Fahnen. Sie stimmten das Horst-Wessel-Lied an, in dem über die Kameraden, die „Rotfront und Reaktion" erschossen hatten, herzhaft gesungen wurde.

Mit der Zeit wurde es deutlich, daß die nationalen und die internationalen Sozialisten nicht Feinde, sondern Konkurrenten waren und im Wetteifer versuchten, einem wiedererwachenden Österreich, das erst langsam aus seiner Betäubung erwachte, den Garaus zu machen. Die Frage war schließlich nur die: Wer in dieser so überaus fortschrittlichen Zeit würden die Erben sein?

40. DIE NATIONALSOZIALISTEN

Und wer waren nun diese Nationalsozialisten? Wir haben schon früher (s. S. 185) von Benito Mussolini gesprochen, der in Trient mit tschechischen Nationalsozialisten zusammengekommen sein mußte und von ihnen oder auch vielleicht vom Reichsratsabgeordneten Cesare Battisti von einer neuen, fast revolutionären politischen Einsicht gehört hatte: Es gab Leute, die überzeugt waren, daß der Sozialismus nicht oder noch nicht auf internationaler Grundlage verwirklicht werden konnte. Man mußte ihn also national gestalten. Apostaten der tschechischen Sozialdemokratischen Partei hatten sich von den nationalen und sozialistischen Ideen der husitischen Taboriten inspirieren lassen. Das leuchtete auch Mussolini ein: daher auch Mussolinis husitische Studien und sein politisches viel eher denn religiöses Buch über Jan Hus – *Giovanni Hus, il Veridico* (Rom 1913).

Diese „Nationalsozialistische Tschechische Partei" *(Národně socialistická strana česká)* wurde von Karel Hoch in seinem Werk *Die politischen Parteien der Tschechoslowakei* kurz folgendermaßen charakterisiert:

Stufenweise Kollektivierung; Überwindung des Klassenkampfes durch nationale Disziplin; moralische Wiedergeburt und Demokratie als Bedingungen für Sozialismus; mächtiges Volksheer etc.[1]

Wenn wir in tschechischen Enzyklopädien nachschlagen, finden wir zusätzliche Züge wie zum Beispiel „keine religiösen Vorurteile, aber Kampf gegen klerikale Einflüsse, Synthese des Nationalismus mit dem Sozialismus, Widerstand gegen die Adelsherrschaft, Kampf dem Klassenkampf (da dieser die Nation zersplittert)". Was zum deutschen Nationalsozialismus noch fehlt, ist die Judenfeindlichkeit, der „Antisemitismus", der allerdings bei den Tschechen Böhmens ebenso verbreitet war wie bei den Deutschen. Im Jahre 1897, also ein Jahr nach der Gründung der NSSČ, gab es in Prag antijüdische Krawalle, bei denen es Verletzte und sogar Tote gab.[2] Masaryk wie auch sein getreuer Mitkämpfer Wickham Steed beschwerten sich gerne über die judenfreundliche Haltung der Habsburger.[3]

Diese nationalsozialistische Wende bei den Tschechen war es auch, die schließlich im böhmisch-mährischen Deutschtum eine sehr ähnliche Strömung hervorrief. Der Spießer, der stets für das „gesunde Mittelmaß" eintritt, haßt den außerordentlichen Menschen, besonders aber dann, wenn er in irgendeiner Form für überlegen gilt, doch gibt es auch Fälle, in denen der Haß in Verachtung übergeht oder mit ihm gepaart wird – wie zum Beispiel in der Haltung gegenüber Negern, Mulatten, Mestizen, Zigeunern usw. Hier dürfen wir auch nicht vergessen, daß die Demokratie, wie es das Beispiel der Französischen Revolution zeigt, in engster Nachbarschaft und Verwandtschaft mit dem Nationalismus geboren wurde: beide sind Bewegungen von

„Gleichen" und auch „Identischen". Daher bekamen wir nicht nur die nationaldemokratische, sondern auch die nationalsozialistische Synthese. Kein Wunder auch, daß zum Beispiel eine tschechische Enzyklopädie, wie der *Masarykův Ottův Naučný*[4] unter dem Titel „Národně Sociální Strana", beide Parteien, zuerst die tschechische und dann die deutsche anführt. Man kann sich leicht vorstellen, daß die Spaltung der tschechischen Sozialdemokraten einerseits, und andererseits die Bewegung Georg v. Schönerers, die nicht nur alldeutsch, sondern auch antisemitisch und antiklerikal war, die Deutschen der Länder der heiligen Wenzelskrone sehr beeindruckte. Nur war Schönerers „deutschnationale" Partei,[5] die sehr deutlich von der Bourgeoisie getragen wurde, den unteren deutschen Schichten im Norden der Monarchie zu „bürgerlich". (Es sei hier übrigens auch vermerkt, daß zahlreiche jüdische Sozialdemokraten, wie zum Beispiel Viktor Adler, ursprünglich ,Deutschnationale' waren.) Doch da war schon ein gewisser Franko Stein mit einem kleinen Zirkular, *Der Hammer,* 1897 von Wien nach Eger übersiedelt und dieser Mann gehörte einem „Deutschnationalen Arbeiterbund" an. Ein Jahr darauf wurde in Eger ein „Deutschvölkischer Arbeitertag" abgehalten. In Mähren bildete sich ein „Mährisch-Trübauer Verband", dessen Geschäftsführer 1901 Hans Knirsch war. Ein Ingenieur Rudolf Jung und Hans Krebs spielten in diesem Verband auch eine Rolle; wir finden sie als führende Nationalsozialisten 1933 wieder. Im April 1902 sehen wir in Saaz eine Zusammenkunft der „Reichsorganisation der Nationalen Arbeiterschaft" und im Dezember eine Massenkundgebung in Reichenberg. Im Jahre 1903 wird in Aussig eine politische Partei gegründet, die *Deutsche Arbeiterpartei* (DAP), die eindeutige Vorläuferin der NSDAP. Im folgenden Jahr kommt die DAP mit einem scharf umrissenen Programm: „Wir sind eine freiheitliche, nationale Partei, welche mit aller Schärfe die reaktionären Bestrebungen, die feudalen, klerikalen und kapitalistischen Vorrechte sowie jeden fremdvölkischen Einfluß bekämpft."[6]

Wenn man vom nationalliberalen Element absieht, könnte dieses Programm von jeder sozialdemokratisch-sozialistischen Partei unterschrieben werden. Von „Konservatismus" oder traditionalistischen Tendenzen war darin wohl keine Spur vorhanden. Und schon im Jahre 1905 wurden drei Abgeordnete der Deutschen Arbeiterpartei nach Wien in den Reichsrat geschickt.

1909 wurde in Prag eine Reichskonferenz der DAP abgehalten, in der die mährischen Ortsgruppen zum zweitenmal versuchten – wieder einmal vergeblich –, das Wort „nationalsozialistisch" dem Namen der Partei einzuverleiben. (Schon 1907 war Hans Knirsch mit diesem Vorschlag gekommen.) Nun gab es in dieser Bewegung auch bürgerliche Elemente. 1913 waren schon vier Vertreter dieser Partei im mährischen Landtag. Dann kam der Erste Weltkrieg. 1916 schlug das DAP-Organ *Freie Stimmen* wieder die Bezeichnung „nationalsozialistisch" vor. Doch erst im Wiener Parteikongreß im Mai 1918 wurde die DAP in die „Deutsche Nationalsozialistische Arbeiterpartei" umgewandelt.[7] Sehen wir uns nun das Programm etwas genauer an, wobei wir allerdings nur Hauptschlagworte zitieren wollen. (In der Kursivschrift Programmpunkte, die von der DAP übernommen wurden.)

Die DNSAP ist eine:

1) *freiheitliche,* streng *völkische* Partei; sie ist *gegen rückschrittliche Bestrebungen*

gerichtet, gegen *kirchliche, adelige* und *kapitalistische Vorrechte* und gegen *fremdvölkische* (jüdische) Einflüsse.

2) Sie fordert die Zusammenfassung des gesamten deutschen Siedlungsgebietes in Europa zum demokratischen, sozialen Deutschen Reich.

3) *Volksabstimmungen* über alle wichtigen Gesetze.

4) Schaffung nationaler Volksbanken unter demokratischer Kontrolle.

5) Eine Reihe von *sozialen Verordnungen, die hauptsächlich die Arbeiterschaft betreffen* – insbesonders Schutz der Arbeiterinnen.

6) Staatliche Kontrolle des Grundbesitzes.

Wie man sieht, war dieses Programm antimonarchisch, antiösterreichisch, antiaristokratisch, antikapitalistisch, xenophob und antikirchlich. Man konnte sich kein „linkeres" Programm vorstellen.

Es versteht sich von selbst, daß die DNSAP damals ihre Hauptstärke in Böhmen-Mähren-Schlesien, aber auch in Innerösterreich, besonders in Wien hatte. In den ersten Wahlen der Tschechoslowakei bekam die DNSAP immerhin 42 000 Stimmen. Man wird in Betracht ziehen müssen, daß Jugendliche damals nicht wahlberechtigt waren. Sicherlich war die DNSAP eine kleine, aber nicht winzige Partei. Wir dürfen hier nicht vergessen, daß Hitler zur Zeit der Taufe der DNSAP noch an der Westfront kämpfte, das Programm der DNSAP aber dem ersten Programm der NSDAP äußerst ähnlich, ja in groben Zügen dasselbe war. Hier liegt eine echte Filiation vor, und wir kennen auch den Mann, der hier als Vermittler gedient hatte. Es war der Wiener Ingenieur Rudolf Jung aus Floridsdorf, der von der Staatsbahn nach Böhmen versetzt worden war, als „Nichtschechoslowake" aber ausgewiesen wurde, nach München ging und die gesamte Literatur der DNSAP Hitler überbrachte: Bücher, Plakate, Zeitungen und Zeitschriften.[8] Auch das Hakenkreuz prangte auf ihnen. Hitler wollte „seine" neue Partei (die auch DAP hieß!) „Sozialrevolutionär" nennen, Jung aber überredete ihn, lieber beim Etikett „Nationalsozialistisch" zu bleiben.

Die DNSAP hatte natürlich (durch neue Grenzen getrennt) nun auch einen österreichischen Ableger, der Dr. Walter Riehl unterstand. Es gab aber auch (mit dem Zentrum in Bielitz) eine „polnische" Sektion. Diese vier Gruppen, die reichsdeutsche eingeschlossen, hielten alljährlich gemeinsame Führertagungen in Salzburg ab, doch in den ersten Jahren war die „tschechoslowakische" Gruppe die größte. Rudolf Jung, wie auch Hans Krebs und Hans Knirsch spielten später, nach 1933 und selbst auch nach 1938, in der NSDAP nur sehr bescheidene Rollen. Man wollte von Berlin aus den böhmisch-mährischen Ursprung der Bewegung nicht allzu publik machen: Hitler mußte um jeden Preis als Gründer der NSDAP gelten. (Nur Drexler wurde häufig erwähnt.) Von der tschechischen Nationalsozialistischen Partei, deren Führer ein anderer Sargnagel Europas, Dr. Beneš, wurde, schwieg man natürlich vollends.

Die spätere Geschichte des Nationalsozialismus in Deutschland ist zu bekannt um sie hier in den Einzelheiten zu wiederholen, doch sind auch hier einige Korrekturen notwendig. Hitler war sicherlich kein preußischer, sondern viel eher ein österreichischer Typ, ein Produkt des Kleinbürgertums, geistig verludert, keineswegs völlig ungebildet, sondern ein Prachtexemplar der Halbbildung, der gerade dadurch

225

den Ungebildeten sehr imponieren konnte. Er war künstlerisch sicherlich nicht unbegabt und kein Frauenfeind. Sozial wie auch intellektuell war er ein „Mann der Mitte", mit dem sich Millionen identifizieren konnten. Darin lag auch seine große Stärke. Geboren war er in Braunau, einer ursprünglich bayrischen Stadt, doch nur einige Meter von der reichsdeutschen Grenze entfernt, wo sein Vater (*né* Schicklgruber) als Zollbeamter bedienstet war, und wo Napoleon hatte Palm erschießen lassen.[9] Diesen Vater haßte er und sein tiefwurzelnder Haß auf Österreich, den Vielvölkerstaat, und auf die Habsburger mochte wohl mit seinem Haß auf den unromantischen, etwas groben Vater zusammenhängen. Hitlers väterlichen Großvater kennen wir nicht, Hitler aber hegte den Verdacht, daß dieser ein Jude gewesen sei und daher versuchte er, alle Spuren zu verwischen, die zur Identität dieses Großvaters hätte führen können. Das Dorf Strones, den Geburtsort seines Vaters, ließ er sofort nach dem ‚Anschluß' vernichten, um an dessen Stelle den sogenannten Allensteiger Truppenübungsplatz einzurichten. Kirche und Kirchenbücher verschwanden. Von seinem Halbneffen Patrick Hitler, einem amerikanischen Bürger, wurde er seiner Abstammung wegen erpreßt. Leute, die zuviel von seinen Ahnen wußten, wurden in der ‚Reichsmordwoche' umgebracht.[10] Unwichtig ist es, wer Hitlers Großvater war; wichtig aber ist es, daß Hitler stets fürchtete, sein Vater sei kein „reiner Arier" gewesen.[11]

Braunau, wo Hitler geboren wurde, war übrigens auch der Name der Stadt in Böhmen, die ursächlich mit dem Ausbruch des Dreißigjährigen Krieges zusammenhing. Hitler wählte die braune Farbe (der roten benachbart) für seine Partei, die Symbolfarbe des Niedervolkes im Mittelalter:[12] braune Hemden, braune Uniformen, das Braune Haus. Hitler wurde Reichsdeutscher durch die Erwerbung der braunschweigischen Staatsangehörigkeit[13] und angesichts des Todes heiratete er seine Geliebte, Eva Braun. Der Aberglaube spielte bei ihm eine gewaltige Rolle. Wie so mancher Halbgebildeter hielt er viel, allzuviel von seinen Eingebungen, seiner „traumwandlerischen Sicherheit", ein Zug, den er auch mit Woodrow Wilson und Eduard Beneš teilte.[14]

Hitler war ein Mann des Hasses. Der erste kollektive Haß in seinem Leben galt den Wohlgeborenen und sozial Höherstehenden. Immer wieder verwendete er für sich den Terminus „Proletarier", der er nicht war. Wohl aber war er ein Prolet, d. h. ein zutiefst ordinärer Mensch ohne Herzensbildung und Geschmack. (Auch ein Prinz könnte ein Prolet sein!) Von seinem Jugendfreund Kubizek wissen wir, daß er im spätpubertären Alter, als ein von ihm angebetetes Mädchen mit einem Offizier spazierenging, vor lauter ‚Klassenhaß' von kaum beherrschter Wut erfaßt wurde. Die Eltern dieses Mädchens, die das Paar begleiteten, so meinte er, würden diesen Laffen ihm als Schwiegersohn vorziehen; in ihren Augen wäre er doch nur ein „Proletarier".[15] Und als Carl Burckhardt ihn im August 1939 fragte, ob es Krieg geben würde, deutete Hitler darauf hin, daß er sicher einen Krieg vom Zaune brechen würde, denn manche französische Journalisten machten sich über ihn lustig und da er ein Proletarier wäre, könne er den Spott nicht vertragen.[16] Diese Aristophobie Hitlers wurde jedoch nicht durch seinen Judenhaß ersetzt, den er erst in Wien entwickelte, sondern blieb bis zu seinem Lebensende eine Konstante. Sie richtete sich zuerst gegen seine Generäle und dann wieder, nach dem 20. Juli 1944, mit aller Wucht gegen den Adel.[17)]

Hitlers NSDAP reichsdeutscher Prägung erhielt im Krisenjahr 1923 so viel Zulauf – Frankreichs irrsinnige Ruhrpolitik und die galoppierende Inflation trugen dazu bei –, daß er im November dieses Jahres, gestützt von Ludendorff, in München putschte und dabei Schiffbruch erlitt. Polizei und Reichswehr schossen in die Reihen der braunen Putschisten, Hitler wurde gefangengenommen und zur Abbüßung seiner Untat mit einer Festungshaft bestraft. Das war eine leichte und ehrenvolle Haft. Mit der Hilfe von Rudolf Heß schrieb er in Landsberg *Mein Kampf*, das man als ‚Summa‘ aller „gängigen" Überzeugungen des national fühlenden, unbewußt links eingestellten deutschen Philisters betrachten kann. Unrichtig aber ist es zu sagen, daß dieser Band einem durchschnittlichen Leser ein konkretes Bild der Schrecken des Dritten Reiches geben konnte. Aus dem roten Lager gab es auch andere, beunruhigende Lektüren.

Neue Chancen erhielt der Nationalsozialismus erst Anfang der Dreißigerjahre im Gefolge der großen Wirtschaftskrise, die sich aber diesmal nicht durch eine Inflation ausdrückte. Die Inflation der Zwanzigerjahre hatte den alten Mittelstand, einen großen Sektor des Besitzbürgertums, fast vernichtet. Nun aber regte sich eher das Kleinbürgertum und mit ihm benachbarte Schichten: ein Teil der Arbeiterschaft, und ein sehr gewichtiger Teil des rassisch so hofierten norddeutschen Bauerntums.

Wenn man nun aber die deutschen Wahlen von 1919 bis 1933 genauer studiert, besonders aber die Periode 1930–1932, dann macht man nicht unwichtige Entdeckungen:

In den letzten Jahren steigt die Zahl der Abgeordneten konstant, denn für je 60 000 Stimmen gab (und gibt) es einen Abgeordneten und die Zahl der Stimmen vermehrt sich dauernd. Der „nichtpolitische" Bürger, der „Privatmann", der *idiotes,* wird zunehmend mobilisiert. Er hat endlich eine Partei gefunden, für die es wert ist, sich zum Wahllokal zu bemühen. Es ist dies die NSDAP.

Die weltanschaulich-ideologisch fester gefügten Parteien behalten bis zum Schluß ungefähr ihren Vertretungsstand: dazu gehören die Deutschnationalen und die Volks-Konservativen, das Zentrum und die Bayrische Volkspartei, die Sozialdemokraten und die Kommunisten.

Die liberaldemokratischen und die evangelischen Parteien verschwinden fast gänzlich: so die Staatspartei, die Wirtschaftspartei, der Christlichsoziale Volksdienst und die Deutschvölkischen, die Stresemannpartei, die Erben der Nationalliberalen. Sie haben keine echte Substanz. Sie werden höchstwahrscheinlich Nationalsozialisten.

In diesem Zusammenhang muß man gleich sagen, daß der eigentliche Widerstand im Dritten Reich nur aus zwei Lagern kam: aus dem konservativ-christlichen und aus dem marxistischen. Ganz deutlich hat die Mitte versagt. Aus den Reihen der Mitte kamen keine Märtyrer. (Wer nicht ideologisch, sondern rassisch verfolgt war, gehört nicht in diese Kategorie.) Und im christlichen Lager gab es mehr Opfer unter den Katholiken als unter den Evangelischen. Kein Wunder, denn die NSDAP hatte auch proportional viel mehr evangelische als katholische Wähler.[18)]

41. DAS ERFOLGSGEHEIMNIS DER NSDAP

Man kann sich vorstellen, daß schon die Erscheinung des italienischen Faschismus unter fortschritts- und zukunftsbesessenen marxistischen Schriftgelehrten eine Mischung von Entrüstung, Nervosität, Ratlosigkeit und Verwirrung hervorgerufen hatte. Auch der Nationalsozialismus paßte in ihr ideologisches Weltbild und Menschenverständnis nicht hinein. Man wollte zuerst einmal gar nicht zugeben, daß es sich hier um eine Volksbewegung handelte – diese Neuerscheinung in der politischen Arena wurde deshalb als feudal-reaktionär-kapitalistischer Auswuchs betrachtet. Ja, auch die Vorläufer der Marxisten, die Demokraten, waren unangenehm berührt, denn man konnte doch nicht leugnen, daß viele, sehr viele Menschen sich für „das Neue" ereiferten. Als Renzo de Felice in seiner großen Mussolini-Biographie erklärte, daß um 1935–1936 sicherlich die Mehrheit der Italiener Mussolini ergeben war,[1] kam von der Linken ein Sturm der Entrüstung, denn diese glaubte ja ausnahmslos an das Dogma der Unfehlbarkeit des lieben Volkes, der *vox populi*, die stets mit der Mehrheit gleichgesetzt wird. Auch kann nicht bezweifelt werden, daß die Nationalsozialisten, die 1932 die relative Mehrheit der Stimmen bekamen, nach der Machtübernahme – man denke da an die Jahre 1935 bis 1940 – sich auf eine absolute Mehrheit stützen konnten. Der Mann aus Braunau siegte eben anfänglich ohne einen Schuß abzugeben und konnte sich schließlich einen Machtbereich von den Pyrenäen bis zu den Ostkarpathen ohne große Blutopfer zimmern.

Für die guten Demokraten in England und vor allem in Amerika, wo Rousseau Calvin längst verdrängt hatte, konnte dies nicht mit richtigen Dingen zugehen. Der Nationalsozialismus? Das war das Resultat einer ‚Verschwörung' nur weniger, aber grundböser Menschen. Der Nürnberger Prozeß wurde daher auch sehr logisch als Gerichtsverfahren gegen die *Nazi Conspirators* geführt. Man durfte der Sowjets wegen nicht *National Socialists* sagen, denn gemäß der Moskauer Sprachregelung waren die Nationalsozialisten nur „Faschisten" oder „Hitlerianer" *(gitlerowtsy)*, eine Diktion, an der von der Linken bis auf unsere Tage mit fanatischem Ingrimm festgehalten wird.

Die „wissenschaftliche" Erklärung der Linken, sowohl der reinmarxistischen als auch der ‚revisionistischen', über die Ursache und die Entstehung des ‚Faschismus' ist höchst einfach: er ist nichts anderes als die letzte, verzweifelte Rückzugsbewegung des sterbenden Großkapitalismus. Aber wieso konnte dann ein so esoterisches Phänomen so populär sein, daß sich Millionen dafür begeisterten? (Unter uns: viel mehr Menschen als je für den Kommunismus im Osten.) Die Antwort, die wir von diesen Weisen bekommen, beruht auf einer Prämisse und einem darauf basierenden Schluß: Erstens einmal ist der Wähler ein unselbstständig denkender Vollidiot,

der durch eine geschickte Propaganda bald in diese, bald in jene Richtung komman-
diert werden kann. Und Propaganda, das versteht sich von selbst, wird durch die
Massenmedien, durch Radio, Fernsehen, Filme, Bücher, Zeitungen, Plakate, Massen-
versammlungen, Demonstrationen, Aufmärsche, Fahnen und Uniformen, Musikka-
pellen und Sportveranstaltungen betrieben. Das aber kostet *Geld*. Wieviel? Das
könnte ein Computer feststellen, der uns dann sagt, wieviel, genau berechnet, eine
Stimme kosten würde. Es bleibt also nur die Frage zu lösen, woher das viele Geld
für die „faschistische" (nicht aber für die sozialistische und kommunistische) Propaganda kommt, und das sei „höchst einfach".

Diese Argumentation, die natürlich nicht völlig gegenstandslos ist, wirkt vom
demokratischen Standpunkt aus gesehen sehr amüsant, denn hier können wir
einmal aus ganzem Herzen mit Proudhon ausrufen: „Geld, Geld, immer wieder
Geld, das ist der Lebensnerv der Demokratie!"[2] Die These vom propagandatrun-
kenen Stimmvieh ist natürlich denkbar undemokratisch. Bevor wir aber das spezifische Problem der Finanzierung der NSDAP aufwerfen, sollten wir jedoch eine
andere, damit aber verwandte Frage beantworten: Warum den Wähler auf komplizierte Art berauschen? Wäre es nicht einfacher ihn gleich einfach zu *kaufen*? Würde
aber nicht in den meisten Ländern ein Mann, der in der Nähe des Wahllokals mit
einem Bündel von Banknoten steht und den braven, ihm ihre Stimme versprechenden
Leuten einen Hunderter oder Tausender in die Hand drückt, einer Strafverfolgung
gewiß sein? Das darf er sicher nicht tun! Er kann aber in Wahlversammlungen ganzen Schichten und Gruppen auf Kosten der Steuerzahler geradezu ungeheuerliche
Zusicherungen machen. Das darf er! Er könnte zum Beispiel allen Bürgern mit der
Erreichung des 70. Lebensjahres eine riesige Rente oder allen Blauäugigen mit
schwarzen Haaren oder allen Schwerhörigen eine Monatspension bestimmten Ausmaßes versprechen. Er muß nur imstande sein, den Eindruck zu erwecken, daß seine
Partei im Falle eines Wahlsieges diese schönen Versprechen auch wirklich halten
wird. Dieser Stimmenkauf ist also höchst ‚demokratisch'. Demokratie ist somit der
systematisierte Versuch zur Korruption: Der Wähler sieht sich hedonistischen
Versprechungen gegenüber, und die Frage bleibt nur die, *wer* ihm die größeren
Freuden verspricht und auch *wer* sie realisieren kann und will. (Besonders auf
der Linken sind die St. Nikolaus-Parteien beheimatet, während auf der Rechten eher
die Parteien zu finden sind, die vorschlagen, den Gürtel enger zu schnallen, was im
Wahlkampf *ein ganz großer Nachteil* ist.) Es versteht sich von selbst, daß diese hedonistischen Versprechungen auch oft im Aufheben von Tabus bestehen, die manchmal
gesellschaftlicher, manchmal aber auch leiblicher und moralischer Art sind. Dabei
hat der Politiker stets auf die Zahl der möglichen Benefizienten und Genießer zu
sehen, denn *Ziffern* sind es ja, die den Ausschlag geben. Jeremy Benthams edles
Prinzip der *Greatest happiness for the greatest number*, des „größten Glückes der größten
Zahl", ist hier der Schlüssel zum Erfolg, wenn man ihn geschickt im Auge behält.
Das Geheimnis des Erfolges der Nationalsozialisten war sehr einfach: Die Mobilisierung von großen Mehrheiten gegen verhaßte, beneidete oder verachtete Minderheiten.

„Das größte Glück der größten Zahl!" Der Nationalsozialismus verhieß dem

Judenhasser größte Glückseligkeit: Die NSDAP versprach ihm, die Macht Judas zu brechen, aus dem Juden (zumindestens) einen Staatsbürger dritter Klasse zu machen oder ihn auszuweisen. Der bloße Gedanke an die Demütigung und Erniedrigung, wenn nicht an das physische Leiden der Juden, erfreut selbstverständlich das sadistische Herz des „Antisemiten". Juden, die er kannte, angefangen vom Vorzugsschüler im Gymnasium bis zum reichen Juden mit Pelzmantel, der im Mercedes an ihm vorbeifuhr, würden nun von ihrem Piedestal heruntergeholt werden. Welche Freude! Welch inniges Vergnügen![3]

Das alles sollte in Verbindung mit den Wahlerfolgen der NSDAP zur Frage ihrer Finanzierung eine gewisse Aufhellung bringen. Woher kamen nun wirklich die Gelder? Wer hatte ein Interesse an der Finanzierung der NSDAP? Die Marxisten hatten darauf eine höchst einfache Antwort: die Reichen, die Industriellen, die Bankiers. (Doch kurioserweise war es stets das Argument der ‚Antisemiten', daß alles Geld den Juden gehöre. Keineswegs bestand die deutsche Judenschaft aus Bettlern.) Mit anderen Worten: die Marxisten mit ihren Beschränkungen und Scheuklappen sahen, wie wir schon sagten, den Aufstieg des „Faschismus" als das letzte Defensivmanöver eines sterbenden ‚Kapitalismus'. Die Stinkreichen organisierten das Kleinbürgertum, um die bösen Gewerkschaften zu zerschlagen. (Die Kirche, der Adel, die Grundbesitzer, die analphabetischen Bauern taten da ‚natürlich' mit!) Daß ein großer Teil des ‚Proletariats' sich auf die Seite der Nationalsozialisten geschlagen hatte, wollte man einfach nicht wahrhaben, denn „nicht sein kann, was nicht sein darf". Im Jahre 1920 hatte die Arbeiterschaft den Kapp-Putsch durch den Generalstreik zunichte gemacht; im Jahre 1933 kam ähnliches nicht im Entferntesten mehr in Frage. Hitler hatte auch versprochen, die Arbeitslosigkeit zu besiegen, und dieses Versprechen wurde schließlich gehalten. Der Nationalsozialismus war übrigens ein echter Sozialismus, wenn auch nicht marxistischer Prägung. Man muß sich da vor Augen halten, daß in einer totalitären Tyrannis, die kein Rechtsstaat ist, es ein echtes Privateigentum nicht mehr gibt. Tatsächlich hatten die Unternehmer im Dritten Reich denselben Status wie die „patriotischen Kapitalisten" im China Maos: sie waren reine Befehlsempfänger und lediglich Verwalter ihrer Besitztümer geworden.

Entsprach nun aber die Finanzierung Hitlers durch die *Haute Finance* einer geschichtlichen Tatsache? Wir haben darüber zahlreiche Materialien. Wahr ist es, daß manche Großunternehmen größere Summen der NSDAP gegeben haben, aber relativ nicht mehr und nicht weniger als sie anderen Parteien gaben – mit Ausnahme der Kommunisten. (Die größten Zuwendungen bekamen die Deutschvölkischen, die Stresemann-Partei, aber auch die SPD ging keineswegs leer aus.) Diese Kontributionen waren gang und gäbe. Und man muß auch zugeben, daß im Endstadium der Weimarer Republik, in ihrem Koma, die Entscheidungsmöglichkeit der deutschen Unternehmer eine sehr einfache war. Ludwig von Mises hat sie so formuliert: „Die Unternehmer zogen es vor, durch die Nazis verführt und auf den Status von Verwaltern ihrer Fabriken reduziert, als durch die Kommunisten auf russische Art und Weise liquidiert zu werden. Damals gab es keine Alternative."[4]

Es gab allerdings *einen* Unternehmer, der wirklich große Summen den Nationalsozialisten gegeben hatte, dieser aber war kein Deutscher, sondern Henry Ford, der dafür dann im Oktober 1938 von Hitler hoch dekoriert wurde. Es gibt ein schönes Photo, wie ihm der deutsche Generalkonsul in Detroit diese Auszeichnung an die Brust heftet.[5] Nur ganz wenige der deutschen Unternehmer waren nationalsozialistisch gesinnt. Ihre Lieblingspartei war auch nicht die „Deutschnationale", sondern die obenerwähnte „nationalliberale" Deutschvölkische. Viele der Unternehmer waren dem Nationalsozialismus spinnefeind und halfen dem Widerstand so gut sie konnten, ganz besonders auch während des Krieges. Besonders tat sich da die (gut verdienende) Firma Bosch hervor.[6] Überraschend viele Mitglieder der reichsten Familien Deutschlands – Arier – gab es in der Emigration!

Wer aber steuerte nun wirklich die großen Summen bei? Darüber gibt es heute eine reichliche Literatur. Das letzte Buch, das sich mit dieser Frage beschäftigte, war der Band *Who Financed Hitler?* von James und Suzanne Pool, Bruder und Schwester, verfaßt also von zwei amerikanischen Privatgelehrten.[7] Freilich hatte schon Gustav Stolper darauf hingewiesen, daß die Reichsmark-Millionen in den Kassen der Nationalsozialisten von den begeisterten Mitgliedern und Anhängern der Partei kamen – oft vom Mund abgespart.[8] Der Nationalsozialismus war eben eine echte Volksbewegung, und auch heute noch gibt es „Ex-Nazis", die alle ihre Illusionen über den ‚Größten Führer aller Zeiten' und seine Partei verloren haben, aber dennoch mit Nostalgie an die Zeit zurückdenken, in der sie sich für eine Sache restlos begeistern und Opfer bringen konnten. Der Mensch hat eben in sich zwei Grundtendenzen: einen Lusttrieb, aber auch einen asketischen Trieb, eine Bereitschaft zur Selbstentäußerung, ja, sein Leben für jemand anderen oder für eine Sache einzusetzen. „Deutschland muß leben und wenn wir sterben müssen", wie es im Gedicht des Arbeiterdichters Heinrich Lersch hieß. Und würde nicht auch ein Mann, der eine Frau liebt, die sich in furchtbarer Gefahr befindet, den Tod auf sich nehmen, wenn er sie dadurch retten kann?

Abschließend wollen wir noch einmal die Frage stellen, wieso denn der Nationalsozialismus nicht als „extrem rechts" hingestellt werden darf. Wahre „Konservative" stehen doch zweifellos rechts – also sollte der Nationalsozialismus ein „übertriebener Konservatismus" sein? Nun, de Maistre, Bernanos, Haller, Frantz, Burckhardt, Gentz, Stahl, Edgar Jung, Vázquez de Mella, Cortés, Leontjew, Belloc, Burke, Sumner, Kirk, Molnár sind oder waren doch typische „Konservative". Kann man sich zwischen ihnen und den Nationalsozialisten irgendeinen Zusammenhang vorstellen? Den Nationalsozialismus als „rechtsradikal" zu etikettieren bleibt das traurige Privileg der Dümmsten unter den Dummen in den Reihen der Meinungsbildner. Der arme, kleine Informationsempfänger, der ja im Grunde wehrlos ist, sei auch in diesem Fall entschuldigt.

42. UNAUSWEICHLICHKEIT DER IDEOLOGIEN

Hier kommen wir zu einem weiteren Punkt: in den Jahren 1931–1932 haben ungefähr 60 Prozent der Deutschen totalitäre Parteien gewählt, die ihnen eine abgerundete Weltanschauung, eine Ideologie, gaben, die sie wahrhaft ausfüllte. Zweifellos war dies auch eine Folge des Schwundes der christlichen Überzeugungen, der ein gefährliches Vakuum hinterließ, und dazu kamen auch Arbeitslosigkeit, Hunger und Kälte. Das Sprichwort sagt: *plenus venter non studet libenter,* und mit vollem Magen ist man nicht nur zum Studium, sondern auch zum Denken wenig aufgelegt. Wenn man nun durch einen Mangel an Beschäftigung viel ungewollte Muße hat, dann haben die Ideologien ein leichtes Spiel. Doch darf man auch nicht vergessen, daß der Mensch im Grunde ein ideologisches Wesen ist. Er ist prometheisch im etymologischen Sinn. *Promethein* heißt „voraus denken"; Prometheus war der Vorausdenkende, der vor dem Handeln dachte, während sein Bruder Epimetheus der im Nachhinein Denkende war, der sich mit Pandora vermählte – und Pandora war die Dame mit der verhängnisvollen Büchse. (Das Kind aus dieser Verbindung war Pyrrha, die Mutter des Menschengeschlechts.) Zum planenden Handeln braucht man eben einen Plan und für einen Plan ein zusammenhängendes, sinnvolles Verständnis der Welt, in der man nun einmal zu leben gezwungen ist.

Die Angelsachsen sind ideologiefeindlich und nicht nur sie, sondern auch viele unserer ‚Konservativen'. Sie lieben die *Method of Trial and Error,* was schwer zu übersetzen ist. Wörtlich heißt dies die Methode des Versuchs und Irrtums, aber am besten wäre es von der Methode des Herumprobierens zu sprechen. Diese Methode ist es auch, die in Versuchslaboratorien für Tierpsychologie ihre Triumphe feiert. Der Schimpanse, der die hoch oben hängende Banane erreichen will und eine Reihe von Kisten zur Verfügung hat, wird so lange herumprobieren und dabei auch öfters herunterfallen, bis es ihm endlich gelingt, die ersehnte Frucht zu erreichen und zu fressen. Er ist (um einen Ausdruck Karl Mannheims zu gebrauchen) keineswegs „ideologieverdächtig". Nun aber ist der „Antiideologismus" schon deswegen falsch, weil jeder Mensch seiner Natur nach ideologiebedürftig ist, also stets eine Ideologie besitzt, die aber in der Regel verwaschen, undeutlich, profillos, unsystematisch, wenn nicht voll innerer Widersprüche ist und einer zündenden Symbolik entbehrt. Man kann jeden beliebigen Menschen, Mann oder Frau, hernehmen und nach einem methodischen Kreuzverhör den ungefähren Charakter dieser rein persönlichen Ideologie feststellen. Der Unterschied zwischen diesen isolierten und nebulösen Ideologien und den großen, weltbewegenden Ideologien liegt also lediglich in der Systematik und der inneren Widerspruchslosigkeit. Wenn nun aber eine durchdachte Ideologie (mit oder ohne falsche Prämissen) zu einem geeigneten

Zeitpunkt, einem *Kairós*, auftritt, dann ersetzt sie nur zu leicht die als ungenügend betrachteten unsystematischen Personalideologien. Dem Kurzsichtigen ist damit eine Brille aufgesetzt worden. Jetzt sieht er richtig – oder auch klar *und* falsch. In letzterem Fall hat eine *fausse idée claire* von ihm Besitz genommen.

Das heißt aber mit anderen Worten, daß es richtige und falsche, positive und negative Ideologien gibt. Sie sind aber nicht notwendigerweise freiheitsfeindliche Zwangsjacken, da in manchen davon – freilich nicht in materialistischen – die Forderung nach persönlicher Freiheit eingebaut werden kann. Die Angst unserer ‚Konservativen‘ vor dem Wort „Ideologie" kommt *zum Teil* vom sowjetischen Usus. Ursprünglich war *idéologie* die „sensorische" Philosophie des Grafen Destutt de Tracy, dessen Hauptwerk von Thomas Jefferson ins Englische übersetzt wurde. Napoleon, der ein Pragmatiker war, sagte einmal verärgert, als man ihm mit abstrakten Ideen kam: „Meine Herren, Sie sind Ideologen!" Für bloße Ideen hatte er, der nacheinander Jakobiner, Monarchist, aber immer auch Pragmatiker gewesen war, nichts übrig. Marx verwendete den Terminus „Ideologie" völlig negativ als Sammelsurium von unwissenschaftlichen und irrigen „bürgerlichen" Ideen, die sich von seinem angeblich so streng wissenschaftlichen System radikal unterschieden. Die Ideologie war also in seinen Augen eine Systemisierung des Irrtums. Lenin hingegen betrachtete alle geschlossenen Weltanschauungen als Ideologien und nahm diese Bezeichnung auch für den Kommunismus in Anspruch. Der Kampf zwischen dem marxistischen und den verschiedenen „bürgerlichen" Ideologien war eben ein ideologischer Kampf, eine *ideologitscheskaja borjbá*.

Nun möchten einige unter uns einen Unterschied zwischen Weltanschauung und Ideologie finden oder erfinden. Einen solchen gibt es aber in Wirklichkeit nicht. Die Nationalsozialisten sprachen stets von ihrer nordischen, rassisch bedingten und zugleich streng wissenschaftlichen Weltanschauung. Das Wort „Weltanschauung" wurde vor dem Zweiten Weltkrieg in den westlichen Sprachen sehr allgemein benützt. Man druckte es dann immer in Kursivlettern, um damit anzudeuten, daß man es einem fremden Idiom, also dem Deutschen, entlehnt hatte. In den Sprachen Mittel- und Osteuropas übersetzt man das Wort: So sprachen die Russen von einer *mirowozzrenije* oder *mirowosozertsanije*, die Ungarn von einer *világnézet*. Heute ist das durch *ideologija* im Russischen ersetzt worden – und auch im Ungarischen. Bei uns ist es auch nicht viel anders. Das Wort „Weltanschauung" riecht eben so sehr nach den herrlichen Zeiten des Dritten Reichs, daß es ebenfalls von „Ideologie" verdrängt wurde. Und viele Autoren, die keineswegs der Linken zuzuzählen sind, verwenden diesen Ausdruck auch im positiven Sinn, ja setzen sich mit seiner Unumgänglichkeit und Unersetzlichkeit klug auseinander.[1]

43. DIE BRAUNE WELLE IN ÖSTERREICH

Die österreichische Verfassung des Jahres 1929 stammte vom Rechtspositivisten Hans Kelsen. Sie war demokratisch, doch übersah sie bei all ihrer Gründlichkeit eine Möglichkeit: Was würde geschehen, wenn bei einer Abstimmung im Parlament Regierung und Opposition die gleiche Stimmenzahl hätten? Dank der ungeraden Zahl der Abgeordneten schien dies bei vollzähliger Anwesenheit der Volksvertreter unmöglich zu sein, aber es *schien* nur so, denn der Vorsitzende, der von der größten Partei bestellt werden mußte, durfte nicht mitstimmen. Als sich ein derartiger Fall im Jahre 1933 ereignete, wurde es möglich, das Parlament zu suspendieren. Das tat die christlichsoziale Regierung Dollfuß, die dann wie im Deutschen Reich durch Notverordnungen (aus der Kriegszeit) autoritär weiterregierte. Die Parteien aber wurden nicht aufgelöst; der liberale Staat lebte am Papier noch weiter.

Im März 1983 wurde der 50. Jahrestag der Selbstausschaltung des Parlaments in Österreich geradezu ,gefeiert' beziehungsweise den Bürgern als schreckliche Tragik und fürchterliche Schande in Erinnerung gebracht. Dabei aber zerbrach sich niemand den Kopf, wie eine liberaldemokratische, parlamentarische Republik den Kampf gegen den Nationalsozialismus hätte führen können. Lokalwahlen hatten gezeigt, daß die braunen Stimmen sprunghaft anschwollen. Bei Parlamentswahlen hätte die NSDAP zwar sicherlich keine Mehrheit gewonnen, aber doch wohl ein Drittel der Stimmen und diese wären für eine im Grunde antiparlamentarische, zu jeder Art von Terrorismus bereite Partei im Dienste einer benachbarten und mit Restösterreich historisch–völkisch engst verflochtenen Großmacht abgegeben worden. In einzelnen Ländern, Städten und Dörfern hätte es auch braune Mehrheiten geben können! Das Element des Selbstmords, in jede Demokratie liebevoll eingebaut, hätte sich wieder einmal furchtbar bewährt. Oder glaubt vielleicht jemand, daß eine liberale Demokratie Anhaltelager *wie* Wöllersdorf hätte errichten können? Hier konnte eben nur ein ,autoritärer' Staat wenigstens zeitweise wirksam sein, der nicht gegen ein Häuflein von Terroristen à la Baader-Meinhof-Bande, sondern gegen eine richtige Volksbewegung hätte Krieg führen müssen.

Nun aber regten sich in Österreich die Nationalsozialisten, die im benachbarten Land zur Macht gekommen waren, mit aller Gewalt und scheuten auch vor Einschüchterungsaktionen nicht zurück. Lokalwahlen hatten gezeigt, daß sie im Ansteigen waren, doch Wahlen auf Bundesebene kamen nun nicht mehr in Betracht. Bald befand sich die autoritäre Bundesregierung in einem Kampf auf Leben und Tod mit dem Nationalsozialismus, und die liberalen Kräfte im Lande (sie waren gering) kollaborierten nun eifrig mit den ,Klerikalen' der Dollfuß-Regierung, denn mit Unterstützung aus dem Reich wuchs die Gefahr täglich. Die Freimaurer stellten offiziell ihre Arbeit ein. Auch die jüdische Presse stellte sich ganz auf die Seite der Regierung. Nur bei den Sozialdemokraten gab es viele Uneinsichtige, die die Zeichen der Zeit nicht verstanden hatten und nicht einsahen, daß Österreich nur im Verein mit anderen Staaten seine Unabhängigkeit bewahren konnte. Da war Italien, das das Deutsche Reich nicht als unmittelbaren Nachbarn haben wollte, und das mit Italien verbündete Ungarn. Es galt nun, Österreich nicht nur militärisch, sondern auch ideologisch-politisch gegen den deutschen Nationalsozialismus abzusichern, was gar nicht leicht war, denn die braune Bewegung war schließlich böhmisch-österreichischen Ursprungs, und die hohen jüdischen Prozentsätze in den mittleren und oberen Schichten förderten einen starken „Antisemitismus".[1] Der ‚Antiklerikalismus' (nun gegen die Regierung gerichtet) nistete stets im ‚aufgeklärten' Bürgertum, vor allem aber litt Österreich an einer ganz bösen Arbeitslosigkeit, während sie im Deutschen Reich rapid sank. Ungeheure Geldmittel flossen der österreichischen NSDAP aus dem Deutschen Reich zu, und eine „Tausend-Mark-Sperre" drosselte den Touristenstrom in das hart bedrängte Land. Es galt nun, in Österreich einen katholisch gefärbten Patriotismus aufzubauen, wobei allerdings auch die Bejahung des Deutschtums nicht zu kurz kam.

Eine Zeitlang schien es, als ob der revolutionäre Sozialismus vom Erdboden verschwunden wäre. Aber die Parteilokale waren alle offen geblieben, Wien hatte weiter seinen ‚roten' Bürgermeister, der Republikanische Schutzbund hielt weiter seine Waffen versteckt. (So natürlich auch die Heimwehr und die illegale SA.)

Und da geschah das Unerwartete. Als am 12. Februar 1934 eine Gruppe von Polizisten in *Linz* ein geheimes Waffenlager des Schutzbundes ausheben wollte, wurden sie mit Schüssen empfangen. Daraus entwickelte sich ein Feuergefecht und dieses wiederum führte zur Ausrufung des Generalstreiks in ganz Österreich. Damit war die Sozialdemokratische Partei Österreichs der Regierung, die verzweifelt um die Unabhängigkeit des Landes kämpfte, in den Rücken gefallen. Diese mußte jetzt einen Zweifrontenkrieg gegen den nationalen und den internationalen Sozialismus ganz offen führen. Der Terror kam von beiden Seiten.

Der Generalstreik wurde jedoch glücklicherweise nicht allgemein befolgt. Die Bahn machte nur teilweise mit, die Post (die doch ahnte, was in der weiten Welt vorging) überhaupt nicht. In den Bundesländern kam es nur zu vereinzelten Scharmützeln, so zum Beispiel in Bruck an der Mur, wo der sozialdemokratische Anführer, der Burgenländer Koloman Wallisch verhaftet und hingerichtet wurde. Zu wirklich heftigen Kämpfen kam es nur in Wien, wo die Stadtverwaltung Jahre hindurch einen ganzen Gürtel riesiger Wohnhäuser innerhalb der Stadtgrenzen aufgebaut hatte, um im Falle eine Bürgerkrieges Wien gegen das „reaktionäre Land" verteidigen zu können. Hier wurde auch Artillerie gegen die wohlbewaffneten Schutzbündler eingesetzt. Einige der Gefangenen wurden hingerichtet – der alte idiotische österreichische Kurzschluß: man erinnere sich nur an Arad und Cesare Battisti.

War es nun eine Absicht der Dollfuß-Regierung gewesen, die österreichische Sozialdemokratie zu „vernichten"? Sicherlich dachte man in Regierungskreisen daran, das „Rote Wien" einmal in den Griff zu bekommen und den marxistischen Fremdkörper irgendwie auszuschalten (wie man ja auch nicht nur mit den „Sozis", sondern auch mit den „Nazis" fertigwerden wollte). Doch war der blutige Fasching keineswegs das Resultat eines Geheimabkommens zwischen Dollfuß und Mussolini, um so schließlich dem *Duce* als Geschenk den Kopf des Austromarxismus zu Füßen zu legen, noch war diese Tragödie eine Verbeugung vor der „magyarischen Reaktion", wie dies ein österreichischer Historiker zu beweisen versucht hatte. Ohne Aufstand und Generalstreik würde man die sozialdemokratischen Elemente schon irgendwie in den neuen Staat eingebaut haben. Auch muß man hinzusetzen, daß keineswegs alle Sozialdemokraten versucht hatten, eine Regierung zu stürzen, die sich in einem Kampf auf Leben und Tod gegen einen unerbittlichen Gegner befand.

Heute noch, wird jedoch „offiziell" den Österreichern (wie auch Nichtösterreichern) eingeredet, daß die Durchsuchung eines sozialdemokratischen Waffenverstecks ein böswilliger Akt einer klerikofaschistischen Regierung war. Tatsächlich aber führte Dollfuß einen Zweifrontenkrieg gegen zwei Sozialismen um die Unabhängigkeit Österreichs, wobei durch den Schießbefehl des Landeskommandanten des oberösterreichischen Republikanischen Schutzbunds, Richard Bernaschek, und die darauf folgende Ausrufung des Generalstreiks ein Dolchstoß gegen Österreichs Freiheit geführt wurde. Der rote Aufstand wurde natürlich im Dritten Reich von der Presse stürmisch begrüßt, die „Kleriko-Faschisten" als Arbeitermörder beschimpft und damit auch in den Chor der internationalen Sozialisten von London bis Moskau miteingestimmt. Es fragt sich da nur, ob es in diesem „Arbeiteraufstand" gegen den „Faschismus" nicht auch echte braun-rote Querverbindungen gegeben hat. Das ist mehr als ein bloßer Verdacht, denn der verhaftete Bernaschek wurde aus seinem Linzer Gefängnis wenige Zeit später von Nationalsozialisten befreit und ins Reich gebracht. Zwei seiner engsten Mitarbeiter, Franz Sichelrader und Franz Schrangl, bekleideten Parteiposten nach dem ‚Anschluß'.

Bernaschek kehrte nach Österreich zurück, doch war er ein gefährlicher „Zeuge". Darum wurde er später verhaftet, nach Mauthausen gebracht und wenige Tage vor der Befreiung regelrecht ermordet.[2]

Man muß sich da vor Augen halten, daß das kleine Österreich an zwei Großmächte grenzte: an das Deutsche Reich und an Italien. Die Freiheit Österreichs konnte nur garantiert werden, wenn der eine starke Nachbar eine Annexion durch den anderen Nachbarn nicht zulassen wollte. Die Anlehnung an Italien wurde durch die Mißhandlung der Südtiroler für die Regierung in Wien sehr schwer gemacht. Durch die totale ideologische Zerreißung des Landes in drei bis vier Lager war ein demoliberales Regieren völlig unmöglich geworden. Der Gefahr von innen stand die Gefahr von außen gegenüber: die Möglichkeit einer deutsch–italienischen Allianz. In diesen Falle hätte der größte Staatsmann Österreich nicht retten können. Dieses Bündnis aber wurde schließlich von einem wahrhaft genialen britischen Politiker wirklich zustande gebracht. In diesem Augenblick war alles verloren. Da hätte auch eine „innere Befriedigung", eine *Entente,* d. h. Verständigung, zwischen Regierung und der klandestinen Sozialdemokratischen Partei – auch eine Anschlußpartei, selbst im Exil! – nichts mehr genützt. Es war ganz einfach keine tragende Mehrheit mehr vorhanden, und vielleicht erinnerte man sich auch Schillers Worte in seinem *Demetrius:*

Was ist die Mehrheit? Mehrheit ist der Unsinn,
Verstand ist stets bei wen'gen nur gewesen.
....
Man muß die Stimmen wägen und nicht zählen;
Der Staat muß untergehn, früh oder spät,
Wo Mehrheit siegt und Unverstand entscheidet.

Die neue Verfassung (Mai 1934) versuchte, einen Ständestaat aufzubauen, der aber in seiner Planung (wie auch der Portugiesische Ständestaat) stecken blieb. Die Inspiration hierzu war katholisch und traditionalistisch; man hatte da einiges aus der Enzyklika *Quadragesimo Anno* herausgelesen; ob diese Lesart legitim oder nicht legitim war, darüber wird bis auf den heutigen Tag debattiert. Die Grundidee war keineswegs schlecht und sie war auch keineswegs eine Nachahmung des italienischen Korporativstaates, hatte aber die üble Folge, daß man späterhin die Idee des Ständestaates völlig mit dem „Faschismus" verquickte. (Das Haupthindernis? Der nur schwach überlebende Begriff des „Standes" anstelle von „Klasse".) Tatsächlich aber war die Idee des Ständestaates von dem Bestreben angeregt, dem ideologisch zerrissenen, katastrophenreichen Parteienstaat zu entkommen, der angelsächsische Vorlagen nachahmend bei uns dank ganz anderer Voraussetzungen gescheitert war. Zugleich aber wollte man durch zahlreiche Maßnahmen die altösterreichische Symbolik erneuern und fördern: Der Doppeladler tauchte wieder auf (ohne Kronen, aber mit Heiligenschein), die alten Uniformen der Monarchie wurden der Vergessenheit entrissen, die Melodie, aber nicht der Text, der Volkshymne wurde wiederbelebt und in der *Vaterländischen Front* eine Organisation geschaffen, die auch die Reste der Christlichsozialen Partei, der Heimwehr und der Ostmärkischen Sturmscharen in sich aufnahm.

Doch gerade der Name dieser letztgenannten, paramilitärischen Organisation, die dem Nachfolger des ermordeten Bundeskanzlers Dollfuß, Kurt von Schuschnigg, unterstand, zeigte an, daß Österreich bei allem Nachdruck auf den Patriotismus seinen deutschen Charakter nicht aufgeben und auch eine deutsche Rolle spielen wollte. Österreich war eben der „andere deutsche Staat" und schon daher eine dauernde Provokation für die Nationalsozialisten und dies umsomehr, als dieser „andere deutsche Staat" noch dazu ein christlicher Staat war.[3] Der Ex-Österreicher in Berlin konnte keine deutsche Alternative zum Nationalsozialismus ertragen: Diesem fanatischen Hasser seiner Heimat war ein anderer deutscher und christlicher Staat eine unerträgliche Herausforderung.

Am 25. Juli 1934 schlugen dann die Nationalsozialisten endlich zu: Die SS-Standarte 89 ermordete den Bundeskanzler Dollfuß im Bundeskanzleramt am Ballhausplatz. (Ein Priester wurde zum Sterbenden nicht zugelassen!) Auch die Rundfunkstation in Wien wurde von den braunen Terroristen erstürmt. In den Bundesländern brach da und dort ein Aufstand aus und bezeichnenderweise in jenen Gebieten mit relativ großer evangelischer Minderheit: in der Obersteiermark, in Kärnten und in einigen Regionen Oberösterreichs und Salzburgs.[4] Mit Mühe wurden nach einigen Tagen durch die Heimwehr und die Armee diese Widerstandsgebiete liquidiert. Die Dollfußmörder, denen man (in Unkenntnis ihrer Missetat) freien Abzug versprochen hatte, wurden gehenkt – auch wieder ein schwerer psychologischer Fehler, denn Märtyrer schaffen Konvertiten. Man hätte sie in einem Luxuszug mit der Aufschrift „Mörderexpreß", mit viel Champagner versehen ins Dritte Reich expedieren sollen. Doch Phantasie war in Österreich immer ein Reservat der Dichter, Schriftsteller und Maler, nie aber (aus unerklärlichen Gründen) der Regierenden. Nach dem ‚Anschluß', wie zu erwarten, benützten die Braunen diese unseligen Burschen für einen Mythus.[5]

Doch bleibt immerhin für die ‚autoritäre' Regierung der Jahre 1933–1938 der Verdienst, einen gewissen österreichischen Patriotismus gefördert, wenn nicht sogar neugegründet zu haben. Die Sozialdemokratische Partei klammerte sich, wie vorauszusehen war, noch jahrelang im Exil an das alldeutsche, d. h. egalitär-identitäre Programm.

44. DAS DRITTE REICH

Wie kam es zur Machtübernahme im Deutschen Reich? Dr. Heinrich Brüning, den ich persönlich kannte und der fast zwei Jahre hindurch deutscher Reichskanzler war, aber keine Mehrheitsunterstützung im Reichstag hatte, regierte gestützt vom Präsidenten Hindenburg mit der Hilfe von Notverordnungen. Das war nichts Neues, denn Parlamente waren bei uns am Kontinent immer wieder handlungsunfähig. Brüning war ein Junggeselle, ein hochdekorierter Offizier im Ersten Weltkrieg, ein geradezu unglaublich gebildeter Mann, fromm, tapfer, klug, aber ohne Charisma, wie es bei hervorragenden Menschen oft der Fall ist. Auch in dieser Beziehung war er Prälat Seipel oder Salazar ähnlich. Seine Beziehungen zu Hindenburg waren schwierig, denn Brüning war katholisch[1] und Hindenburg war schließlich so alt, daß er eigentlich nur mehr am Vormittag richtig ansprechbar war, am Nachmittag war er somnolent. Außerdem war Hindenburg doch nicht der „große Charakter", als der er immer dargestellt wurde, sondern, wie John Wheeler-Bennett ganz richtig gesehen hatte, ein „Hölzerner Titan".

Brüning war seiner Natur nach weder Monarchist noch auch Legitimist, doch sah er in der Restauration der Monarchie die einzige Möglichkeit für die Abwendung der nationalsozialistischen Gefahr. Als Westfale (aber nicht wie alle Westfalen) war er eher hohenzollerisch gesinnt, hatte Beziehungen zum Kronprinzen Wilhelm, dachte jedoch für eine Thronfolge nicht an ihn, sondern an dessen zweiten Sohn,[2] den Prinzen Louis Ferdinand. Durch diesen Schachzug suchte er auch die Harzburger Front zu sprengen, die deutschnational-nationalsozialistische Allianz, die der von Herzen dumme Zeitungsbesitzer Hugenberg zustande gebracht hatte. (Echte Konservative verließen dann die Deutschnationale Volkspartei und schlossen sich der von Gottfried Treviranus und dem Grafen Westarp gebildeten Volkskonservativen Partei an, die auch Brüning im Reichstag unterstützte.)

Als aber dann Brüning an Hindenburg mit seinen restaurativen Plänen herantrat, winkte der alte Herr ab. Brüning hatte die Rückkehr zur Monarchie mit einem Plebiszit verbinden wollen (wodurch er irregeführte Nationalsozialisten Hitler abspenstig gemacht hätte), doch Hindenburg lehnte eine Monarchie mit Referendum ab. Ein noch triftigerer Grund des Marschalls aber war der, daß er der Republik die Treue geschworen hatte. Diesen Schwur wollte er nicht brechen. Hier war ein Hagen von Tronje in Neuauflage, der seinem Herrn – neu oder alt – durch dick und dünn folgte. Er sagte auch Brüning, daß man seinen baldigen Tod abwarten sollte – dann war der Weg zur Restauration frei, doch überlebte Hindenburg Brünings Fall mehr als zwei Jahre. Die Entlassung Brünings auf Knall und Fall kam durch eine Reihe von Intrigen zustande; sie erfolgte aber nicht aufgrund des Osthilfeskandals: sie war zum Teil das Werk Franz von Papens. Keineswegs war sie als Etappe zur nationalsozialistischen Herrschaft gedacht, doch Papen wurde Reichskanzler.

Am 31. Juli 1932 erhielten die Nationalsozialisten 230 Sitze im Reichstag und die Kommunisten fast ein Fünftel aller Stimmen: das Verhältnis zwischen Nationalsozialisten und Kommunisten im November war sogar zwei zu eins. Brüning hatte die größten wirtschaftlichen Schwierigkeiten gehabt, denen er mit einer klassischen Wirtschaftstheorie begegnete; auch hatte Brüning kein Glück mit den Alliierten. Zwar erreichte er die Räumung des Rheinlands, aber in der Frage der Reparationen war ihre Haltung dem wirtschaftlich schwerst geprüften Deutschen Reich mit riesiger Arbeitslosenziffer gegenüber unveränderlich hart. Erst Hitler konnte mit seinen Drohungen den Westen zum Nachgeben zwingen. Hätte der Westen Brüning gegenüber Verständnis gezeigt, hätte auch der Nationalsozialismus weniger Auftrieb bekommen. Von ihrem Sieg im Jahre 1918 an haben die Westmächte mit Fleiß und geradezu genialer Methodik stets direkt oder indirekt am Aufstieg des Nationalsozialismus gearbeitet....

Papen hielt sich jedoch nur kurze Zeit. Der nächste Reichskanzler war ein Mann der Wehrmacht – General Kurt von Schleicher, ein kluger Mann. Er begegnete denselben Schwierigkeiten wie Brüning: ein sklerotischer Reichspräsident und die geradezu antiparlamentarische Regierungsform durch Notverordnungen. Er regierte rein ziffernmäßig „gegen das Volk".

Schleicher versuchte das eigentlich einzig mögliche Rezept: eine autoritäre, vorübergehend nichtparlamentarische Regierung der Reichswehr mit der offenen Unterstützung der Gewerkschaft. Das war die Zauberformel Miguel Primo de Riveras: Armee und Arbeiterschaft, zwei Elemente der Disziplin. Das wurde von vielen Deutschen realisiert, denn man bedachte den General mit dem Spitznamen „Primo de Schleicheros". Es gab aber nur zwei Gewerkschaften mit Gewicht im Reich und das waren die sozialdemokratische und die (viel kleinere) christliche. Doch der Versuch, die sozialdemokratische Gewerkschaft zu gewinnen, scheiterte, denn die SPD, die um jeden Preis die „Demokratie" retten wollte, verbat ihren Gewerkschaften die Allianz mit den „Militaristen". Man müsse sich auf freie Wahlen verlassen, das Prinzip der Mehrheitsherrschaft müsse hochgehalten werden, das „Volk" und nicht eine Clique sollte regieren. So wurde der schlichte Mann aus Braunau dem uniformierten Junker vorgezogen.[3] (Schleicher und seine Frau wurden in der Reichsmordnacht umgebracht.)

Bei den Novemberwahlen 1932 zeigten die nationalsozialistischen Stimmen zum erstenmal einen gewissen Rückgang, dafür aber gab es noch mehr Kommunisten: Die Armen, die Verzweifelten wie auch die Dummen wechselten von der einen roten Fahne zur anderen hinüber.[4] Eine Rückkehr zum Parlamentarismus ohne Beteiligung der NSDAP war daher unmöglich, und da Schleicher nunmehr in seinen Bemühungen um eine breitere Basis gescheitert war, verloren auch die konseravtiven Kreise ihre Nerven. Papens Plan war nun eine Koalition mit den Nationalsozialisten in einer Art und Weise, die – seiner höchst unmaßgeblichen Meinung nach – jede braune Machtübernahme verhindern sollte. Für jeden Ministerposten, den ein Nationalsozialist bekam, sollte ein Konservativer als Gegengewicht dienen.[5] In der Folgezeit sollten sich nach diesem unweisen Plan die Nationalsozialisten „abnützen", sich vor allem an den wirtschaftlichen Problemen die Zähne ausbeißen. So also würde mit dieser Koalition, die in Parlament eine Mehrheit hinter sich hatte, dem demokratischen Prinzip der Mehrheitsherrschaft Genüge geleistet werden. Doch diese Rechnung ging selbstverständlich nicht auf. Gegen die hochpopuläre Dynamik des Nationalsozialismus versagten die konservativ-religiösen Kreise. Die Braunen aber betrachteten die Konservativen genau so als ihre Feinde wie die Sozialisten, Kommunisten und Zentristen. Man erinnere sich da nur an das Horst-Wessel-Lied, in dem von den Opfern der Reaktion gesungen wurde. *Die Roten waren die Konkurrenz, die Konservativen der Feind.*

Immer wieder ist von der Linken der Versuch gemacht worden, die Macht-übernahme als bewußte „Intrige" der Konservativen, des Kapitals, der katholischen Kirche, der Monarchisten darzustellen, deren Wunschtraum ein braunes Régime gewesen sei. Das ist natürlich Unsinn, und zwar ein so großer Unsinn, daß er natürlich weltweit geglaubt wurde. Es war das liebe Volk, das dies wollte. Golo Mann hat in einem Essayband die Machtübernahme sehr klug analysiert:

> Es ging letzthin mit rechten Dingen zu, wenn Hitler an die Macht kam, weil er praktisch der Stärkste war und die vehementeste Volksbewegung gemacht hatte. Ist eine solche Bewegung einmal da, dann ist ihr Sieg allemal wahrschein-lich, nach den Spielregeln der Demokratie und nach den Regeln der Geschichte. Es kommt dann auf die einzelnen Szenen des letzten Aktes nicht mehr an.[6]

Der Reichstagsbrand half natürlich den Nationalsozialisten, aber auch ohne dieses dramatische Zwischenspiel wäre es nicht mehr anders gekommen. Zweifellos war die Angst vieler Wähler von den Moskowitern nicht unbeträchtlich und auch nicht ganz unbegründet. Manche Kommunisten hatten bei den Wahlen im März 1933 ihren Weg zur NSDAP zurückgefunden – wenn auch zweifellos der Prozent-satz der Kommunisten zu der Zeit im Deutschen Reich höher war als damals oder auch heute in der Sowjetunion.[7] Eines ist allerdings ganz sicher: *ohne kommunistische Bedrohung hätte es weder den italienischen Faschismus noch den deutschen Nationalsozialismus gegeben.*

Sehr schnell zeigte der Nationalsozialismus sein wahres Antlitz. Der wirtschaft-liche Aufschwung war teils durch die nachgiebige Haltung der Westmächte, teils aber auch durch die Aufrüstung und das Genie Schachts bedingt.[8] Hitler wollte persönlich, wollte leidenschaftlich den Krieg, was den Westmächten nicht klar war, wohl aber Piłsudski (siehe Seite 219). Im Inneren wurde die „Gleichschaltung" mit großem Eifer betrieben: Die Fahnen der einzelnen Länder wurden verboten, die Juden systematisch aus dem ganzen Kulturleben ausgeschlossen und der Druck auf die „Nichtarier" im Geschäftsleben verstärkt. Es gab auch noch viele andere Anzei-chen der stufenweisen Totalisierung des Reichs. Parteien wurden verboten, Vereine aufgelöst, die Kirchen mehr und mehr in ihren Aktivitäten eingeschränkt, Presse und Verlagswesen zensuriert. Daneben aber wurde ‚sozial' viel geschaffen, wie es einer sozialistischen Partei geziemt. Durch die „Winterhilfe", durch den weiteren Ausbau der Sozialversicherung, ja selbst durch die Gestaltung der Freizeit wurde ins Privatleben eingegriffen: da gab es die KdF-Organisation („Kraft durch Freude"), nationalsozialistische Sport- und Kraftfahrervereinigungen, nationalsozialistische Kindergärten, Entbindungsheime (Lebensborn!) und dergleichen mehr. Jugendliche, Frauen, Mädchen, Greise – alle wurden organisatorisch ‚erfaßt'. Dazu kamen der Arbeitsdienst, das Ende der Pfadfinderbewegung, die Kontrollfunktion der Reichsschrifttumskammer,[9] gewaltige öffentliche Arbeiten und Unternehmungen, die mittelbar oder unmittelbar die Begeisterung für das braune Régime steigern sollten, die Autobahnen, die Herstellung der Volkswägen und Volksempfänger. Das Wort „Volk" wurde ganz groß geschrieben: später hatte man noch Volksgerichte und Volksstürme. Ein Vokabular kam auf, das dann später von den Volksdemokratien[10] und den Terrorbewegungen unserer Zeit („Volksgefängnisse"!) fleißigst benützt wird. Mit Ausnahme der „Nichtarier" waren alle Volksgenossen, und die NSDAP-Mitglieder waren auch Genossen, „Parteigenossen". Der ‚Klassenstaat' sollte beseitigt und den Resten feudalen Denkens ein Ende gesetzt werden. Rolf Dahrendorf hatte völlig recht als er schrieb:

„Der Nationalsozialismus hat für Deutschland die in den Verwerfungen des kaiserlichen Deutschlands verlorenengegangene, durch die Wirrnisse der Weimarer Republik aufgehaltene soziale Revolution vollzogen. Der Inhalt dieser Revolution ist die Modernität."[11]

Diese Modernität aber war rein geistig nichts Neues, denn zweifellos hatte der Nationalsozialismus seine Ideen lediglich aus alten, aus ausländischen Quellen bezogen. Da war vor allem die Französische Revolution mit ihrer Demokratie und der Guillotine (die man nun als „Fallbeil" fleißig benützte). Goebbels bestand darauf, daß die deutsche die Parallele zur Französischen Revolution bildete. Hitler sprach auch wiederholt von der „deutschen Demokratie", die er verwirklichen wollte und *de facto* auch verwirklichte.[12] Da war der Sozialismus, dem Hitler in seiner marxistischen, aber von talmudischen Kram gereinigten Form zum Siege verhelfen wollte[13] – und dies im Zeichen des dem Osten entliehenen, aber verkehrt kopierten Hakenkreuzes.[14] Was aber Hitler am stärksten beseelte, war ein geradezu semitischer Rassismus, dem wir schon im Alten Testament begegnen, was jedoch Hitler nicht davon abhielt, sich für Mohammed zu begeistern, den er hoch über Christus stellte.[15]

Dazu kam noch ein wahrer Köhlerglaube an die „Wissenschaft", ein Szientismus, der in der Übernahme der Darwinischen Evolutionstheorie durch seinen deutschen Apostel Haeckel eine furchtbar praktische Auswirkung hatte.[16] Es war hier viel weniger ein „Sozialdarwinismus" Spencerscher Prägung als vielmehr ein kollektiver Rassendarwinismus, den Hitler in seinen letzten Tagen angesichts des Todes noch einmal fanatisch bestätigte.

Gerade hierin zeigte sich dann wieder, daß hinter Hitlers Brutalität und Schlauheit eine geradezu unverwüstliche, grenzenlose und wilde Dummheit stand: die Gerissenheit des Taktikers verbunden mit der Blödheit des strategisch Unbegabten, des Halbgebildeten, des Ungereisten, des scheuklappenbewehrten Flachkopfs, der von der großen, weiten Welt und der Tiefe der Geschichte keine Ahnung hat, des kleinen, redewütigen deutsch-österreichischen Spießers. (Allerdings schöpfte er gerade aus diesem Spießertum seine enorme Popularität.) Freilich, seinen Gegnern im Westen war er immer noch turmhoch überlegen, denn der Halbgebildete triumphiert leicht über die Ungebildeten. Und mit seinem bescheidenen Wissen beeindruckte er leider auch seine unmittelbare Umgebung. Was wäre wohl geschehen, wenn Hitler seinen infernalischen Judenhaß gebändigt und die Juden Mitteleuropas für seine politisch-wirtschaftlich-militärischen Zielsetzungen gewonnen hätte? Ein anderer verhängnisvoller Übeltäter, Erich Ludendorff, rief die Juden Polens mit jiddisch geschriebenen Plakaten auf, der deutschen Armee zu helfen. Der hatte keine Hemmungen gehabt. Hitler war „ehrlicher", aber noch viel dümmer. Doch auch ihn durchschauten so manche Juden nicht, und am Anfang der NS-Herrschaft bildete sich ein jüdisch-nationalsozialistischer Verband, der dann von der Regierung kurzerhand aufgelöst wurde. Sicherlich waren tausende von Juden am Anfang des Régimes überzeugt, daß der „Antisemitismus" des Braunauers lediglich die Kinderkrankheit einer jugendlichen Bewegung war,[17] die sich rasch überleben würde. Die Zionisten waren unter den deutschen Juden nur eine kleine Minderheit. Die meisten Juden fühlten ‚treudeutsch', und selbst im Jahre 1940 feierte noch eine Gruppe deutscher jüdischer Emigranten in Havanna den Fall von Paris. Hitler war eben in Wirklichkeit ein ‚kleiner Mann', der mit Mißerfolgen anfing, dann aber Erfolge hatte, die die Welt überraschten und ihm (da er eben doch nur ein kleiner Mann war) völlig den Kopf verdrehten. Von seinen Siegen berauscht, dünkte er sich unfehlbar und hörte auf keine Ratschläge. So stürzte er sich und den halben Erdball in den Untergang.

45. TRAGISCHES IBERIEN

Was war inzwischen mit Spanien und Portugal geschehen? Fangen wir mit Portugal an, das 1910 den Zug unserer Welt zur Republik fortsetzte. 1870 war Frankreich wieder einmal eine Republik geworden, die große Mehrheit der Republiken war jedoch in Lateinamerika zu finden; Staaten wie Honduras, Nicaragua und Bolivien waren also auf der schönen Straße zum Fortschritt, in ihrer politischen Entwicklung „vor" Dänemark, Schweden und Norwegen. 1910 war in Portugal die Monarchie gefallen, und die Wahlen in diesem Jahr brachten bei diesem zu großem Teil sehr kultivierten, aber analphabetischen Volk[1] eine Verdoppelung der republikanischen Stimmen und damit auch eine republikanische Revolte. Der junge König floh nach England, Portugal wurde eine Republik und damit begann dann eine nicht abreißenwollende Kette von Revolutionen, Rebellionen, bürgerkriegsähnlichen Zuständen, Finanzkrisen, politischen Morden und Attentaten. Zwischen 1911 und 1926 hatte Portugal 44 Regierungen unter acht Präsidenten. Im Jahre 1916 zwangen die so philanthropisch veranlagten Alliierten das praktisch wehrlose Portugal, am Krieg gegen die Mittelmächte teilzunehmen, aber die portugiesischen Truppen, die sehr wohl kämpfen können, wenn sie richtig motiviert sind,[2] liefen in der zweiten Marneschlacht einfach davon. Warum sollten sie auch für die Demokratisierung Mecklenburgs und Lippe-Detmolds ihre Haut zu Markt tragen? Was die Demokratie in ihrem eigenen Land angerichtet hatte, wußten sie nur zu wohl. Als „Siegerstaat" bekam dann Portugal einige Quadratkilometer nördlich der Rovuma–Mündung in Deutsch-Ostafrika.

1926 wurde in Portugal eine Militärdiktatur errichtet, die auch die finanzielle Lage Portugals stabilisieren wollte. Eine Inflation und der Verfall der neuen Währung, des Escudo, wirkten sich verheerend aus. Man berief zu diesem Zweck einen gutkatholischen Finanzprofessor von der Universität Coimbra, Antonio Oliveira Salazar, der nach wenigen Monaten erklärte, er könne die Wirtschaft nicht sanieren ohne auch die anderen Ressorts der Regierung zu kontrollieren. Diese Forderung lehnte man ab, worauf Salazar wieder zu seinem Lehrstuhl zurückkehrte. Fast zwei Jahre später, nachdem die wirtschaftlichen Verhältnisse vom Regen in die Traufe geraten waren, mußte man ihn wieder zurückrufen und seinen Bedingungen nachkommen. Er wurde schließlich Ministerpräsident, gründete eine Einparteienbewegung und faßte den Plan, Portugal in einen Ständestaat mit Korporationen umzugestalten. Der Plan war löblich, doch mit der Ausführung ging es nur sehr schleppend vorwärts. Salazar, der unverheiratet und äußerst kontaktarm war, verstand es nie, populär zu werden. Er meditierte in düsteren Zimmern und trat nur wenige Male im Jahr vor das Volk. Die so äußerst wichtigen Kolonien oder das Ausland besuchte er nie. 1946 war der portugiesische Escudo neben dem belgischen Franken die einzige harte Währung in Europa, die große Armut der fleißigen Bevölkerung blieb, doch der Lebenstandard in den Kolonien machte Fortschritte. Diese, so konnte man hoffen, würden eines Tages zum Schwanz werden, der mit dem Hund wedelt. Während des spanischen Bürgerkriegs blieben die Sympathien der portugiesischen Regierung selbstverständlich auf der Seite der „Nationalen Bewegung".

Die Regierung? Sie war in Wirklichkeit die der Militärjunta und so blieb es *bis auf den heutigen Tag*. Salazar war also tatsächlich kein „Machthaber", wohl aber wiederum doch mehr als eine bloße Gallionsfigur oder Aushängeschild; er war der „Denkapparat" der Militärs, ihr „oberster Berater".

In Spanien kam es anders. Die Monarchie fiel, nachdem zwei vom König gestützte Militärdiktaturen versagt hatten. Die erste Diktatur, bald nach dem Krieg, war das Régime von Miguel Primo de Rivera, Marqués de Estella, eines Andalusiers, der sich nicht nur auf die Armee, sondern auch auf die Gewerkschaften stützte, die ihn aber durch die Verweigerung ihrer weiteren Hilfe zu Fall brachten. Nach dem Sturz von Primo kam kurz General Berenguer. Auch er mußte von Alfons XIII. fallengelassen werden. Es kam zu freien Gemeinderatswahlen, die in den *Städten* (aber nicht am Lande) zu einer republikanischen Mehrheit führten und obwohl damals die Landbevölkerung die größere war, wurde die Monarchie schwer erschüttert. Die ‚Intellektuellen' wandten sich gegen die Monarchie, und der weltbekannte Arzt, Historiker und Schriftsteller Gregorio Marañón überreichte dem König eine Aufforderung zum Abdanken. Die ganze „Generation von 1898", eine wohlorganisierte Gruppe von Intellektuellen, der nicht nur Marañón, sondern auch die Brüder Ortega y Gasset, wie auch Miguel de Unamuno und Salvador de Madariaga angehörten, verlangte die Ausrufung der Republik. Ein großer Teil der Armee, Generäle wie Sanjurjo und Queipo de Llano waren auf ihrer Seite. Die Luftwaffe stand äußerst links, so auch der berühmte Flieger, Ramón Franco y Bahamonde, der als erster den Südatlantik überflogen und antimonarchische Flugzettel von seiner Militärmaschine über Madrid abgeworfen hatte. Seine Brüder waren Nicola und Francisco, und die Familie galt als republikanisch und jüdischen Ursprungs.[3]

Denken wir nur wieder einmal an die zwei Prämissen Laskis (s. S. 159). Diese wurden hier noch weniger als im Deutschen Reich erfüllt. In den fünf Jahren der spanischen Republik vor dem Bürgerkrieg waren in den Madrider Cortes nicht weniger als 28 Parteien vertreten, und diese wiederum waren nicht nur ideologisch, sondern auch ethnisch und regional gespalten. Es gab anarchistische, trotzkistische, stalinistische, sozialistische, liberale, bürgerlich-demokratische, zwei monarchistische, ‚faschistische', klerikale, katalanisch-autonomistische, baskisch-separatistische und noch viele andere Parteien. Daher war schon die Gründung einer spanischen Republik auf parlamentarisch-parteipolitischer Grundlage ein blühender Unsinn. Wenn man noch den spanischen Radikalismus, die Liebe zum Extremen und die Ablehnung des Kompromisses mitsamt dem anarchischen Lebensgefühl der iberischen Völker hinzunimmt, dann war jegliche rationale Hoffnung auf eine ruhige Entwicklung des Landes völlig eitel. Das sind freilich Probleme, die auch heute die wiedererstandene spanische Monarchie mit ihren Cortes berühren.

Im Jahre 1934, unter einer gemäßigten Regierung, in der die katholische, von Gil Robles geführte CEDA eine führende Rolle spielte, brach in Asturien ein Aufstand aus, der nur mit der größten Mühe von General Francisco Franco und seinem *Tercio* (der Fremdenlegion) niedergekämpft wurde. Damals schon versuchte Gil Robles den General zu überreden, eine Militärdiktatur zu errichten, da das Land auf demokratischer Grundlage nicht zu regieren war. Der Aufstand in Asturien war allerdings nicht das erste Warnungssignal. Schon 1931 hatte man gleich nach der Errichtung der Republik in lokalen Volksaufständen zahllose Kirchen und Klöster eingeäschert. Ironisch schrieb dann Marcel N. Schweitzer im spanischen *Guide Bleu* (1935) „Málaga ist eine Stadt mit sehr fortschrittlichen Ideen. Am 12. und 13. Mai 1931 wurden hier nicht weniger als 43 Kirchen und Klöster niedergebrannt."[4] Man stelle sich nur vor, was da für Kunstwerke der Aufklärung, dem Fortschritt und der Demokratie zum Opfer fielen!

In der Bergwerkprovinz Asturien war es noch viel wilder zugegangen. Ermordete Priester wurden in Stücke gehackt und ihre Leichenteile mit der Aufschrift: „Hier ist Schweinefleisch zu haben!" in die Auslagen der Metzgereien gelegt. Man kann sich kaum vorstellen, was dort für Blutorgien stattfanden.

Zu diesen Ereignissen, zu diesen Heldentaten einer „kochenden Volksseele", wird nun der einfältige Bildungsbürger in unserer Mitte bemerken, daß wo Rauch ist, auch ein Feuer sein muß: Während das Volk darbte, ist der Klerus sicherlich entweder stinkreich gewesen oder auch war er im königlichen Spanien über alle Maßen mächtig und arrogant. Keine der beiden Annahmen trifft zu. In der Geschichte, genau so wie im Alltag, gibt es oft eine kolossale Rauchentwicklung mit wenig Feuer – oder umgekehrt. Der spanische Klerus war bettelarm. Monatliche Einkommen des Klerus bewegten sich vor 1931 zwischen 8 und 24 Dollar im Monat, wobei freilich noch kleine Stolagebühren dazukamen. Die Bischöfe bezogen 1500 Dollar im Jahr, der Primas von Spanien allerdings 4500 Dollar. Es ist bezeichnend, daß vor 1931 nur drei Bischöfe in Spanien ein Automobil besaßen.

Die Wahlen von 1936 (Februar) zeigten einen deutlichen Linksruck und damit steigerte sich die Anarchie ins Ungemessene. Zu dieser Zeit war die kommunistische Partei noch sehr klein. Die Falangisten des José Antonio Primo de Rivera, Sohn des früheren Militärdiktators, stellten keinen einzigen Abgeordneten, aber die Anarchisten und selbst die Kommunisten machten sich unerhört bemerkbar. Die Autorität der Republik – wie zu erwarten – war am Zusammenbrechen. Anscheinend war niemand da, der diesem Treiben ein Ende bereiten konnte, auch die Armee nicht, die unter dem einst so republikanischen General Sanjurjo schon einmal zu putschen versucht hatte, worauf dann Sanjurjo ins portugiesische Exil gegangen war. Der Tropfen zum Überlaufen war jedoch die Ermordung des monarchistischen Abgeordneten Calvo Sotelo, die die sozialistische Abgeordnete *La Pasionaria* (Dolores Ibárruri) in den Cortes laut angekündigt hatte. Er wurde von der neuen Sturmpolizei in seinem Haus arretiert, verschleppt und umgebracht. Daraufhin beschloß Sanjurjo von seinem Exil aus, zum zweitenmal loszuschlagen, doch als das Flugzeug startete, zerschellte es, und die Militärrevolte begann ohne ihren Führer in den meisten großen Städten des Landes, in Madrid, Barcelona, Burgos, Valladolid, Salamanca, Toledo, am 16.

Juli 1936, ja selbst in Sevilla, obwohl der Stadtkommandant Queipo de Llano, der als ein Mann der Linken galt, nicht zu den Verschwörern gehörte. Sein Mittun war eine Überraschung.

Dennoch schien in den ersten Stunden dieser rein militärischen Erhebung, bei der ein Viertel oder sogar ein Drittel der Armee nicht mittat, die Revolte ein fürchterlicher Fehlschlag zu sein, denn in Madrid, Barcelona und Valencia, den drei größten Städten, wurde sie niedergeschlagen. Generäle und viele Offiziere wurden sofort hingerichtet, die Arbeiterschaft bewaffnet und am 19. Juli die Gegenrevolution ausgerufen, womit der 19. Juli in Rotspanien zum Tag der Revolution erklärt wurde.[5]

Auf die Nachrichten aus den drei größten Städten wollte auch General Mola, der in Burgos geputscht hatte, die Waffen niederlegen, doch hinderte ihn daran eine riesige Menge von Männern, die sich in der Stadtmitte versammelt hatte: es waren die *Requetés*, die bewaffneten Karlisten, von denen manche als Jünglinge oder Knaben den letzten Karlistenkrieg noch miterlebt hatten. Es erschollen die Rufe *Dios, Patria, Rey* und *Ahora o nunca* „Jetzt oder nie!" Für diese Männer, die nach der von ihnen verachteten liberalen Monarchie nun auch die Greuel einer linksdralligen Republik zu kosten bekommen hatten, war nun die große Gelegenheit da: den ganzen Mist, den man über hundert Jahre miterlebt oder miterlitten hatte, ein- für allemal los zu werden. Jetzt oder Nie! Mola mußte wohl oder übel weitertun.

Der Aufstand der Militärs hatte nun in den agrarisch ärmsten und am wenigsten industrialisierten Teilen Spaniens gesiegt. Ob da der Groß- oder der Kleingrundbesitz überwog, war nicht ausschlaggebend. Die *Huerta* um Valencia herum, die nie den Großgrundbesitz gekannt hatte und die fruchtbarsten Felder und Gärten Spaniens besaß, war rot. In ihrer Hand hatten die Militärs lediglich das westliche Andalusien, Altkastilien, das westliche Aragonien, einen Teil Leóns und Galicien. Zwischen dem Norden und dem Süden mußten sie sich erst eine Verbindung schaffen. Das Baskenland, hochkatholisch, aber republiktreu in zwei Provinzen, sowie Asturien und Kantabrien waren „rot". Von Port Bou an der französischen Grenze bis Málaga und von Irún bis Galicien war der bevölkertere Teil Spaniens bei der Republik geblieben. Die Aussichten des Militärs durchzudringen, waren nicht allzu groß. Außer den Karlisten (besonders stark in Navarra und im südlichen Baskenland) hatten sie keine militanten Zivilisten auf ihrer Seite. Die Falangisten und die „Offensivgruppen der Nationalsyndikalisten" waren bestenfalls Splittergruppen. Doch bekam die Armee Zuzug aus den Kanarischen Inseln und aus Spanisch-Marokko.

Francisco Franco, der Sieger im asturischen Revolutionskrieg, war von der linken Regierung auf die kanarischen Inseln „verbannt" worden. Dieser Offizier der Fremdenlegion, persönlich ein äußerst tapferer Mann,[6] gehörte zu jenen Republikanern, die von der Republik und der Demokratie schwer enttäuscht waren. Er eilte daher mit der Hilfe seines Freundes, des Halbengländers Luis Bolin,[7] der ein Flugzeug besaß, nach Marokko, um den *Tercio* gegen die „Revolution des 19. Juli" zu mobilisieren. Durch den *Tercio* (die Fremdenlegion) und durch eine große Anzahl von freiwilligen Marokkanern aus der spanischen Protektoratszone[8] wurde dann ein schlagkräftiges Heer nach Spanien gebracht, was die rassenbewußte amerikanische Linke in Harnisch brachte.[9] *Moors*, „Mohren" im Dienst der Reaktion!

Nun ist es richtig, daß die ersten Tage des Militäraufstandes ganz gewaltige Erschießungsorgien auf der einen und fürchterliche Greueltaten auf der anderen Seite zur Folge hatten. Es gibt leider gar keinen Zweifel, daß viele Unschuldige von den aufständischen Truppen ganz wahllos aufgrund dummer oder auch böswilliger Anzeigen an die Wand gestellt und hingerichtet wurden. Eine wahre Panik hatte eingesetzt. So starb auch (unter immer noch nicht ganz geklärten Umständen) der Dichter Federico Garcia Lorca von den Kugeln der Guardia Civil, was Franco sehr bedauerte.[10] Leute starben, weil sie als Kirchenfeinde bekannt waren,[11] in Rotspanien genügte aber oft eine Marienmedaille oder ein Kreuz an der Kette. Doch während die Rechte in Spanien die Hinrichtungen ihrer Generäle in Madrid, Barcelona, Valencia und anderswo blutig rächte, ergingen sich die Roten in ganz sadistischen Orgien: Menschen wurden zerfleischt, kastriert, Frauen und Mädchen geschändet, Nonnen nackt ausgezogen, genotzüchtigt und lebendig verbrannt. Leichen in Friedhöfen in verschiedenen Stadien der Verwesung aus den Gräbern gerissen, mumifizierte Leichen nackt ausgestellt, Frauen von Handgranaten in den Geschlechtsteilen zerrissen, Kinder zerstückelt. Typisch war der Fall der Stadt Huesca, die von den Roten fast zwei Jahre hindurch vergeblich belagert wurde, während der Friedhof im Osten in roten Händen blieb. Da die Anarcho-Kommunisten die Stadt nicht einnehmen konnten, kühlten sie ihr Mütchen an dem Friedhof, den ich nach der Rückeroberung (April 1938) besichtigt habe. Das Ganze war ein Buñuelscher Alptraum, der an die Französische Revolution erinnerte.

Solche Dinge hatten die „Nationalisten" nicht angestellt, und zwar aus dem einfachen Grund, weil in einer Militärrevolte Offiziere und nicht Genossen aus der Hefe des Volkes oder gar ‚Intellektuelle' befehligen. Offiziere hätten die rein sadistischen Methoden nicht geduldet. Auch die Erschießungen kamen nach der ersten Panik auf der nationalen Seite sehr bald zum Stillstand. Im anderen Lager waren nicht nur die Arbeiterschaft und die Phalanx der Halbgebildeten, sondern vor allem das Lumpenproletariat und ein Sektor der Landarbeiterschaft stark vertreten, was freilich manchem naiven, braven ‚Republikaner' schlaflose Nächte kostete. Schließlich mußte er wissen, was da vorging. So beschloß man zum Beispiel inmitten des Bürgerkriegs auf der roten Seite, die Prostituierten in Massen abzuschlachten, weil sie die Frontkämpfer während ihres Urlaubs infizierten. (Ähnliches tat man im Zweiten Weltkrieg in den Etappen der Ostfront.)

Auf beiden Seiten kämpften höchst heterogene Elemente. Die Nationalisten brauchten, um deutsche und italienische Hilfe zu bekommen, ein ‚faschistisches' Aushängeschild. Dafür diente die *Falange* José Antonio Primos, der sich beim Ausbruch der Militärrevolte im roten Sektor befand, dort gefangen und nach einer Weile auch erschossen wurde – wie auch der rechtsgerichtete, brillante Denker und Essayist Ramiro de Maeztu. (Dies waren keine ungeklärten Untaten untergeordneter Chargen wie im Falle García Lorcas, sondern höchst ‚legale' Morde an Männern, die keinen Anteil am Militärputsch hatten und von ihm auch nichts wußten.)

Nun war der Falangismus keine wirklich totalitäre Doktrin, die den Menschen dem Staat völlig untergeordnet: eine derartige Weltanschauung wäre restlos unspanisch gewesen. Am Höhepunkt der militärischen Triumphe des Dritten Reichs schrieb einer der drei Mitbegründer der Falange, Alfonso García Valdecasas, in der offiziellen Zeitschrift *Revista de Estudios Políticos* im Jänner 1942 unter dem Titel: „Die totalitären Staaten und der spanische Staat."

„Spanien ist der einzige große Staat des europäischen Festlands, der dieser Entwicklung, Selbstzweck zu sein, nicht folgt. Die spanische Monarchie betrachtete sich immer unveränderlichen sittlichen Gesetzen und Rechtstraditionen unterworfen, die von den Ahnen geerbt wurden."

Und dann, nach einem Hinweis auf die demokratischen und plebiszitären Wurzeln des totalitären Staates, setzte er fort:

„Die Integrität unseres Vaterlandes ist nicht nur physisch, territorial oder geographisch, sondern auch moralisch: es ist die Integrität seines Lebens und seines Geistes; dazu gehört der Kult der spanischen Werte, die Spanien seine spirituelle Rolle in der Welt gaben, und denen unser Land geweiht bleiben muß. Der Staat muß im Dienste dieser heiligen Werte stehen. Solche sind für uns zum Beispiel die Freiheit, die Integrität und die Würde des Menschen, und es bleibt die strenge Pflicht des Staates, diese zu respektieren und den Respekt für sie zu erzwingen."[12]

Eine weitere, noch kleinere autoritäre und ‚populistischere‘ Bewegung waren die *Juntas de Ofensiva Nacional Sindicalista* von Ledesma geführt, die aber einen eher linken Charakter hatten. Diese beiden Bewegungen wurden dann auf obrigkeitlichen Befehl mit den ganz anders gearteten Traditionalisten (Karlisten) zu einer synthetischen politischen Organisation zusammengeschmiedet, was zu endlosen Reibereien führte und sicherlich ein Fehlgriff war, doch die Militärs glaubten aus einer Reihe von Gründen ‚politisch‘ werden zu müssen.

Auf der republikanischen Seite kämpften zuerst Linksdemokraten, Sozialisten, Trotzkisten, Stalinisten und Anarchisten Schulter an Schulter gegen die „Nationalisten". Keineswegs zu Unrecht wurden die Republikaner „die Roten" *(los rojos)* genannt, denn die rote Fahne wurde bestenfalls von Linksdemokraten abgelehnt, die aber nur sehr spärlich vertreten waren. Die Anarchisten benützten nicht die schwarze, sondern die schwarz-rote Fahne, und zweifellos waren sie neben den Karlisten die „spanischesten" Kämpfer in diesem Bürgerkrieg. Außerhalb Spaniens sympathisierte niemand mit ihnen. Von allen diesen Gruppen konnte man sagen: „Pack schlägt sich, Pack verträgt sich", aber mit der Zeit wurde das Schlagen viel intensiver als das Sich-Vertragen. Was sie einte, war lediglich der gemeinsame Haß gegen die spanische Vergangenheit und Tradition, der Haß auf die Kirche, der Haß auf das patriarchale Prinzip, der Haß auf die Reichen und Wohlgeborenen. Es war bedauerlicherweise symptomatisch, daß die (ganz wenigen) Evangelischen mit ihnen sympathisierten, die noch kleinere jüdische Gemeinde jedoch mit den „Nationalisten", übrigens ein recht irreführender Ausdruck, denn die Karlisten oder auch die katholische Kirche waren nicht „nationalistisch" gesinnt.

Eine ganze Reihe großbürgerlicher oder hochintellektueller Spanier schlug sich auf die Seite der „Nationalisten" (so zum Beispiel Miguel de Unamuno),[13] andere wieder – so Gregorio Marañón, José Ortega y Gasset – gingen ins Ausland, um nicht in den Streit der Parteien hereingerissen zu werden. Marañón und Ortega kehrten später nach Spanien zurück. Picasso hielt zu den Roten, Salvador Dalí zu den „Nationalisten", Salvador de Maderiaga wollte mit beiden Lagern nichts zu tun haben.

Francisco Franco, der wohl in die Verschwörung der (in der Mehrheit republikanischen) Offiziere verwickelt war, galt keineswegs von Anfang an als der leitende Kopf, sondern der verunglückte Sanjurjo. Dieser wurde durch den ebenfalls republikanischen General Cabanellas ersetzt. Nur dank seiner großen militärischen Erfolge ersetzte Franco Cabanellas im *November* 1936. Es sei hier vermerkt, daß Franco, von Marokko kommend, die Unterstützung der Mellah (Judenviertel) von Tetuán hatte. Er beging einen großen strategischen Fehler, der aber menschlich begreiflich ist: anstatt auf Madrid zu marschieren, richtete er den Hauptstoß der „Nationalisten" auf Toledo, wo im Alcázar eine Gruppe von Soldaten, Kadetten und Guardia–Civil–Männern einer großen Übermacht von Roten gegenüberstand. Im Falle einer Übergabe wären alle niedergemacht worden.[14] Die Entsetzung Toledos kostete Franco die Hauptstadt. Dort lagen schließlich die Schützengräben inmitten der Universitätsstadt, der *Ciudad Universitaria* im Norden, aber die Stadt selbst wurde erst im Februar 1939 eingenommen.

Die Unterstützung Francos durch das Dritte Reich beschränkte sich größtenteils auf zwei Sektoren: die Luftwaffe und das Nachrichtenwesen. Die Italiener schickten ‚Freiwillige‘, die sich aber wenig bewährten und in der Schlacht von Guadalajara eine große Niederlage einstecken mußten (was die „Nationalisten" heimlich befriedigte). Die Luftwaffe war Franco äußerst willkommen, denn die spanische Luftwaffe war in ihrer großen Mehrheit rot, und in den ersten zwei Monaten des Bürgerkriegs beherrschten die „Roten" den Luftraum, was sie weidlich ausnützten. Angriffe auf zivile Objekte waren keinesfalls selten und der Opfer gab es viele.

Sicherlich ging die deutsche Luftwaffe nicht zimperlich vor, doch der „Fall Guernica", der sehr hochgespielt wurde, war nur zu geringem Teil ihr Verbrechen, und da es sich hier um einen „heiligen Ort" der Basken handelte, keineswegs nach dem Geschmack der Regierung in Burgos. Der Bombenangriff auf das Städtchen hatte einen nur sehr begrenzten Charakter: Die meisten Schäden wurden von roten Basken verursacht, die auf dem Rückzug die Brände gelegt hatten.[15] Und natürlich wurde der historische Teil der Stadt mit dem heiligen Baum von Guernica, der *Guernikako Arbola,* die Kathedrale, das Rathaus *nicht* beschädigt: Die deutschen Flieger wollten es nicht, und selbst die roten Basken waren im Endeffekt wiederum zu patriotisch. Picassos berühmtes Bild über die Zerstörung von Guernica durch ‚faschistische‘ Barbaren war für die Verewigung der Legende von sinnloser deutscher Barbarei ausschlaggebend.

Der Kampf um Spanien wurde zum Fanal für die ganze Linke, von Feuerland bis Boston und von London bis Wladiwostok. Sehr bald sah die Sowjetunion ihren Weizen in Spanien blühen und schickte sowohl „Berater" als auch NKWD-Einheiten hin, die sich aber eher der Trotzkisten und der Anarchisten als der „Faschisten" annahmen. Es wurde da in den Tscheka-Kellern von Madrid und besonders von[16] Barcelona lustig drauflos gemordet. Echte Analogien dazu fanden im „nationalen" Spanien nicht statt: Militärs, Falangisten, Konservative und Karlisten brachten sich nicht gegenseitig um. Die Gestapo und die Ovra konnten dort an niemanden Hand anlegen. Mit der bourgeois-proletarischen Begeisterung für Rotspanien kamen nun tausende von Freiwilligen, um für die „legale, aus freien Wahlen hervorgegangene Regierung" zu kämpfen. Die Kommunisten kann man gut verstehen, die Sozialisten, soweit sie brave Sozialdemokraten waren, nur bedauern, die Jünglinge und Männer der „bürgerlichen Mitte" aber, die als Spanienvolontäre für das rote Spanien ihre Haut zu Markte trugen, geistig nur verachten. Was für ein Bild von Spanien hatten sich diese Dümmsten der Dummen eigentlich gemacht? Wer die richtigen Informationen haben wollte, konnte sie doch bei einiger Anstrengung erhalten!

Allerdings bekommt man die Wahrheit nicht, indem man auf den Fernsehschirm starrt und nichts anderes als das Leibblatt liest: um die Wahrheit muß man sich *bemühen*. Selbst in Amerika während des Zweiten Weltkriegs konnte man sich gut informieren, wenn man nicht einfach alles schluckte, was einem die Radiokommentatoren und die Tageszeitungen vorserviertern. (Das stimmte selbst von England.) Natürlich war man dann auf einer anderen Wellenlänge als die guten Leutchen ringsum und wurde von ihnen scheel angesehen, aber die Wahrheit bleibt eben die Wahrheit. Doch wenn man sich in New York, Vancouver, London oder Paris für die Abraham-Lincoln-Legion, die MacKenzie–Papineau-Legion oder andere Formationen der Internationalen Brigaden meldete, um freiwillig sein eigenes Leben einzusetzen, da sollte man sich einmal die Sache, für die man vielleicht sein Leben lassen würde, etwas genauer ansehen. Allerdings, viele dieser Enthusiasten wurden nicht das Opfer „faschistischer" Kugeln, sondern der Hinrichtungskommandos von Tscheka-Häuptlingen hinter der Front. Sterben mußte, wem einmal verspätet die Augen aufgegangen waren.

Auf der Franco-Seite gab es schließlich Disziplin, die auf der anderen Seite weitgehend fehlte.[17] Auch hielt die Begeisterung (besonders nach dem Abzug der Italiener) bis zum Ende an. In Rotspanien hingegen schwanden die Illusionen, zuerst natürlich in den Reihen der „bürgerlichen" Elemente, dann unter den einfacheren und anständigen Sozialisten, die bald sehen mußten, daß sie nur Kanonenfutter für die moskowitische Orthodoxie waren.

Das erste wichtige Ziel der „Nationalisten" war der Norden, das Baskenland und dann das hochrote Asturien. Málaga fiel im Frühjahr 1937. Im Frühjahr 1938 durchbrachen die Truppen Francos die Front von Süd-Aragonien und stießen bis zum Meer vor. Dadurch wurde Katalonien vom Rest Rotspaniens abgeschnitten, und das Ende des Krieges war in Sicht. Als im Herbst 1938 die Sudetenkrise Europa erschütterte, versprach Franco, die spanischen Truppen von der französischen Grenze abzuziehen. In den höchsten spanischen Regierungkreisen hatte man nie Illusionen über den antichristlichen Charakter des Dritten Reichs, doch die Masse der Spanier wußte nichts von den Ansätzen zu einer richtigen Christenverfolgung.[18]

Im Februar 1939 kam das Ende des Bürgerkrieges und damit auch eine Massenflucht von Rotspaniern. Zuerst fiel Barcelona, dann Madrid. Die Truppen der „Nationalisten" wurden überall jubelnd empfangen; einer der schrecklichsten Alpträume war vorbei. Es folgte allerdings eine lange Periode der Armut und des Hungerns in einem Land, das über eine Million Tote zu[19] beklagen hatte, dessen Städte zum Teil in Schutt und Asche lagen, wo die Brücken gesprengt, die Eisenbahnlinien unterbrochen, die Straßen verfallen waren. Der Goldschatz der alten Regierung war zu größerem Teil in Moskau, zu kleinerem in Mexiko in Verwahrung gebracht.[20]

Während des Zweiten Weltkriegs hatte Franco in der Rettung von Juden große Verdienste erworben. Franco hat mehr Juden gerettet als die West-Alliierten.[21] Im Sinne des Gesetzes des Militärdiktators Primo de Rivera und des Königs Alfons XIII. vom Jahre 1924 (eine wahrhaftige „Umkehrung" von 1492!) konnte jeder sephardische Jude, dessen Ahnen 1492 Spanien verlassen mußten, seine spanische Staatsbürgerschaft zurückverlangen. Zwischen vierzig- und sechzigtausend Pässe wurden von den spanischen Konsulaten und Gesandtschaften in Süd-, Mittel- und Westeuropa ausgestellt. Aber auch kein aschkenasischer Jude wurde[22] an Hitler ausgeliefert; tausende von ihnen waren über Frankreich, Spanien und Portugal nach Amerika geflüchtet. In den letzten Kriegsjahren gelang es Franco, sephardische Juden aus den Konzentrationslagern zu holen. Diese Männer, Frauen und Kinder kamen in Sonderzügen an, und als es sich herausstellte, daß man ihnen alle Wertsachen abgenommen hatte, forderte Franco diese sofort an und drohte im Falle der Nichterfüllung dieses Befehls, alle wirtschaftlichen Beziehungen zum Dritten Reich abzubrechen. Hitler gab nach.

Hitler und Franco konnten sich vom ersten Augenblick ihrer Begegnung an nicht leiden. Wahrscheinlich hatte Franco auf Hitler einen „rassisch ungünstigen Eindruck" gemacht,[23] aber auch weltanschaulich standen sich der General des *Tercio* und der neurotische Aquarellist mit dem Chaplin–Schnurrbart[24] diametral gegenüber. Hitlers geistiger Adlatus, Rosenberg, hatte den spanischen Bürgerkrieg als eine Antwort auf die reaktionären Greuel der Inquisition gesehen,[25] und Hitler kam dann im Zweiten Weltkrieg darauf, daß die Rotspanier (auf die man in Frankreich stieß) ganz prächtige Kerle waren: Der ‚Führer' bedauerte damals heftig, seine Hilfe stockkatholischen, aristokratischen Reaktionären gegeben zu haben. Er hatte „das falsche Schwein geschlachtet".[26] Die Affinität zwischen den roten und braunen Kollektivisten zeigte sich auch hier wieder. Weitere Versuche Hitlers, Franco durch den Chef des Abwehrdienstes, Admiral Canaris, der im Ersten Weltkrieg der Chef der deutschen Spionage in Spanien gewesen war, zu gewinnen, scheiterten ebenfalls. Und dies nicht nur dank der Abneigung Francos für den Nationalsozialismus, sondern schon auch deswegen, weil Canaris von Franco in Audienz empfangen, den Raum zuerst einmal nach Mikrophonen untersuchte und dann Franco erklärte, es wäre Wahnsinn, das Dritte Reich militärisch zu unterstützen, denn der Krieg wäre längst verloren.

Nach der Landung in Nordafrika versuchten die Alliierten einen engen Kontakt mit Franco herzustellen (es liegt da ein besonders freundlicher Brief von Roosevelt vor),[27] aber kaum war Deutschland besiegt, als die Alliierten mit ihrer gewohnten Noblesse über das Franco-Régime herfielen und auf Wunsch Stalins, dem man wie ein wohldressierter Hund in einem Zirkusakt folgte, einen Boykott über Spanien verhängten, um dieses Land der kommunistischen Demokratie zu ‚öffnen'. Die Kommunisten waren damals die einzige organisierte Kraft in Spanien. Sie allein hätten damals eine Chance gehabt, die Macht nach den Militärs zu übernehmen. Glücklicherweise gab die Regierung nicht nach, und die Spanier mit ihrem althergebrachten Stolz weigerten sich, sich dem Diktat von so zwielichtigen Gestalten wie Stalin, Truman und Attlee zu beugen. Auf einmal scharte man sich um Franco, der kein Charisma besaß und während seiner Regierungszeit auch keineswegs populär war. Er lebte zurückgezogen, hatte keine Abenteuer, galt als Puritaner und nicht als *macho*, hielt selten Reden und war wie Salazar kontaktarm. Er war kein politisches Genie, hatte aber eine feine Nase, spielte die einzelnen Interessensgruppen gegeneinander aus. Er war wirklich fromm, betete und meditierte. Schließlich kam er zur Überzeugung, daß Spanien zur Monarchie zurückkehren mußte. Don Juan, den Grafen von Barcelona, lehnte er jedoch als Nachfolger ab, da er ihn geistig nicht schätzte und den (richtigen) Verdacht hatte, daß dieser, von britischen Vorbildern bewogen, aus Spanien eine parlamentarische und keine konstitutionelle Monarchie machen würde. Spanien aber braucht immer eine starke Hand. Es sei aber hier gleich vermerkt, daß die Monarchie unter dem jetzigen König Juan Carlos, dem Enkel Alfons XIII. sicherlich den Vorstellungen Francos auch nicht entspricht.

Die größte Schwierigkeit, der Franco nach dem Krieg begegnete, war das Geschrei nach der Demokratisierung des Landes in der westlichen Welt. Doch der Boykott Spaniens, der aus rein ideologischen Gründen *(to make Spain safe for democracy)* dem spanischen Volk, und gerade den ärmsten Schichten, unerhörte Lasten aufbürdete, wurde infolge der steigenden West–Ost-Spannungen langsam abgebaut, der Grenzverkehr zwischen Frankreich und Spanien wiederaufgenommen und dem Drängen des Pentagons nachgegeben: Spanien war „militärgeographisch" ein zu wichtiges Land. Durch den republikanischen Wahlsieg in den Vereinigten Staaten (November 1952) änderte sich die spanische Notlage vollends. Aber die Wunden, durch Bürgerkrieg, Weltkrieg und Boykott geschlagen, hatten ihre Nachwirkungen. Und äußerst schlecht für Spanien war der wirtschaftliche Dirigismus, gekoppelt mit dem verzweifelten Bestreben, aus dem Land eine soziale Versorgungsanstalt zu machen: dazu fehlten ganz einfach die Mittel. Hier zeigte sich die Schwäche Francos, der bei aller Schlauheit schließlich doch nur ein Soldat war, der von der Volkswirtschaft wirklich nichts verstand und dem dazu noch eine Kommandowirtschaft psychisch nicht fremd war. Das Regierungssystem Spaniens unter Franco war keineswegs rein rechtsdrallig. Da gab es linke Komponenten, wie zum Beispiel den wirtschaftlichen Etatismus und den verwaltungstechnischen Zentralismus (von der Zensur ganz abgesehen).[28] Die echt-linke Militärdiktatur ist keineswegs selten: siehe das Beispiel Perus unter Velasco und Morales oder Ägyptens unter Nasser. Schließlich ist der kommunistische Staat halb Kaserne und halb atheistisches Kloster, in dem nur zu gerne Marschälle das Heft in der Hand halten.

Glücklicherweise war jedoch das Franco-Régime nicht totalitär, sondern zeigte eine beträchtliche Vielfalt gesellschaftlicher, intellektueller und spiritueller Kräfte, die sich unter dem wachsamen Auge Francos oft im Konflikt befanden. Da gab es eine religiöse Organisation, das *Opus Dei*, damals eine „Vereinigung von Gläubigen", [29] deren Mitglieder in den oberen Rängen sich zum Zölibat verpflichteten, während alle zehn Prozent ihres Einkommens dem ‚weltlichen Orden' zur Verfügung stellten. Die treibende Idee des *Opus* aber war etwas recht Unspanisches: die Heiligung des Berufs. Die Arbeit – welche Arbeit immer – sollte als heiligender Dienst für die Sache Gottes verstanden werden. Spanien würde nicht Spanien sein, wenn das *Opus Dei* – von Feinden *Octopus Dei* genannt – nicht heftigster Kritik begegnet wäre. Es wurde eine machtgierige, katholische Freimaurerei genannt. Die einzige gültige Anklage gegen das *Opus* ist aber wohl die, daß sich die Mitglieder gegenseitig begünstigen, doch das ist eine Schwäche, die alle enthusiastischen Organisationen charakterisiert. Tatsächlich aber hatte das *Opus*, das sich in der Folgezeit nicht nur auf Spanien beschränkte und peripher auch Theisten anderer Konfessionen in seinen Bann zog, konstruktiv sehr viel Gutes getan und sich besonders bemüht, Lehrlingsschulen und andere Unterrichtsanstalten aufzubauen, die aber fast nie den Namen des *Opus* tragen. Das *Opus* hat auch keine Symbole, keine Abzeichen; die Mitglieder sollen ein christliches, aber keineswegs ein puritanisches Leben führen. (Heute hat das *Opus* eine Sonderstellung in der Kirche.)

Nun war es ein reiner Zufall, daß einige *Opus*-Mitglieder in der „Sommeruniversität" von Santander den wirtschaftlichen Vorträgen des Neoliberalen [30] Wilhelm Röpke beiwohnten, sich reichlich Notizen machten und seine Werke lasen. Röpke war ja auch durch seine Freunde Ludwig Erhard und Müller–Armack [31] der Vater des deutschen Wiederaufbaus. Inzwischen ging die spanische Wirtschaft von einer Krise in die andere. Während in Westeuropa, das sich glücklicherweise seiner teuren Kolonien entledigt hatte, ein merklicher wirtschaftlicher Aufschwung stattfand, stagnierte Spanien in der gefährlichsten Weise. Es boten 1958 dann einige *Opus*-Männer Franco den Plan an, erstens einmal die Peseta abzuwerten und zweitens eine freie, staatlich ungebundene Wirtschaft nach deutschem Muster einzuführen. Franco mißfiel der Plan und dies umso mehr, als die *Opus*-Leute ein besonders hartes erstes Jahr versprachen, doch stand er wirtschaftlich mit dem Rücken gegen die Wand und sagte schließlich zu. „Meine Herren", warnte er sie, „in Ihrem Interesse will ich da keine Mißerfolge erleben!" Nun, das erste Jahr war gar nicht so hart und dann ging es mit der Wirtschaft rapid bergauf. Und da half auch der Tourismus, von Luis Bolin organisiert, der damit Spanien zum zweitenmal rettete.

Im Spanien Francos war man weder frei noch unfrei. Niemand hütete seine Zunge, [32] es gab eine Zensur für die Presse und Bücher, doch konnte man Exilautoren „unter der Theke" kaufen. Schließlich tauchten sie unter Franco noch ganz offiziell auf. Exilspanier kamen *en masse* zurück. Gerade weil die Militärdiktatur nicht ‚faschistisch', nicht eindeutig ideologisch war und daher auch nicht totalitär sein konnte, war jeder nur halbwegs intelligente Mensch imstande, sein eigenes Leben so einzurichten wie er wollte – genau so wie in den Vereinigten Staaten oder in Frankreich. Das berühmte, bei mikrozephalen Linken so beliebte Klischeebild eines Spaniens, das sich rein auf Militär, Kirche und Großgrundbesitz stützte, war zu zwei Drittel falsch. Die Kirche hatte keine Macht (in Spanien nie Macht besessen!)³³⁾ und der Großgrundbesitz war geduldet, doch großen politischen Einfluß hatte er keinen. (Die Offiziere kamen keineswegs von den Latifundien des Südens her.) Der Hochadel hatte hier genau so ausgespielt wie anderswo. Der Staat war eben militärisch und bürokratisch, doch durch den rasanten spanischen Individualismus war das System weitgehend relativiert. Man muß sich vorstellen, daß man es hier mit einem völlig respektlosen, antiautoritären Volk zu tun hat, das die Leibeigenschaft nie gekannt hatte. Die Militärdiktatur stand und fiel letztendig mit Franco, dem die Bevölkerung immerhin ein höchst eindrucksvolles Begräbnis gab – er hatte schließlich nicht nur die Deutschen düpiert und die Alliierten gezähmt, sondern auch die Roten in offener Feldschlacht besiegt. Das konnte ihm niemand nachmachen.

46. DER „ANSCHLUSS"

Inzwischen aber hatte das Dritte Reich zwei blutlose Eroberungen gemacht. Zuerst einmal kam der Anschluß Österreichs, und zwar nicht deswegen, weil das Gros der Sozialdemokraten aus Haß gegen den Konservativklerikalismus (genannt „Austrofaschismus") zu den Nationalsozialisten überging, sondern ganz einfach, weil die Großmächte Österreich aufgegeben hatten, ja zum Teil auch Hitler aufforderten, sein Imperium nicht in westlicher, sondern „lieber" in östlicher Richtung auszubreiten. Nichteinmal der brillanteste Bundeskanzler, unterstützt und beraten von politischen Genies, hätte Österreich retten können. Noch 1935 war die Stresa-Front zustandegekommen: Großbritannien, Frankreich und Italien beschlossen, die österreichische Unabhängigkeit aufrechtzuerhalten. Italien war schon im März 1934 aufgrund der Römischen Protokolle eine Art Allianz mit Österreich und Ungarn eingegangen und hatte im Juli 1934 beim Putschversuch der Nationalsozialisten eine Division zum Brenner geschickt, bereit einzugreifen, wenn die braune „österreichische Legion" vom Norden her einmarschiert wäre.

Doch bei dieser Konferenz in Stresa ließ Mussolini die Bemerkung fallen, daß er sich darauf vorbereite, einen Feldzug zur Eroberung Äthiopiens zu führen. Das wurde kurz registriert, und Mussolini setzte seine Vorbereitungen fort. Doch da kamen den Engländern plötzlich Bedenken, und auf einmal wurde Mussolini nicht nur von den Briten, sondern auch vom Völkerbund ein Veto entgegengeschleudert. Es kam fast zu einem Krieg zwischen dem an Kolonien so überreichen Britischen Weltreich und dem so kolonialarmen Italien. Im Vereinigten Königreich fand eine private Abstimmung statt, das *Peace Ballot,* das sich mit ganz großer Mehrheit gegen das eroberungslüsterne, faschistische Italien wandte und der britischen Regierung moralisch die Hände band. Auch der britisch-französische Versuch einer „friedlichen Regelung" mit dem Kompromiß einer Teilung Äthiopens in ein echt amharisches Stammland und Gebiete, die erst am Ende des 19. Jahrhunderts vom Negus Negesti erobert worden waren und daher mit besserem Gewissen den Italienern zugebilligt werden konnten, scheiterte am *Peace Ballot.* Am darauffolgenden italienisch-äthiopischen Krieg[1] entzündete sich auch die dauernde, tiefe, bittere Feindschaft zwischen Eden und Mussolini, ein Haß, der wahrscheinlich primär in der Verschiedenheit der beiden Personen ihren Ursprung hatte – der englische, gut angezogene, eingebildete und geschniegelte Aristokrat von gewaltiger Dummheit und der schlaue, italienische, halbintellektuelle, nicht minder eingebildete Prolet. Sie konnten einander nicht riechen. Eden war zweifellos zusammen mit Kérenskij, Wilson, Beneš, Franz von Papen und Spinola einer der sechs fatal dümmsten Männer in der Geschichte unseres Jahrhunderts. (Es gab freilich nicht weniger dumme, wie zum Beispiel Eisenhower,[2] aber sie wirkten sich geschichtlich weniger katastrophal aus.)

Mussolinis Beliebtheit erreichte in Italien ihren Zenit mit dem abessinischen Krieg. Doch dieser Krieg, in Verbindung mit Edens Sanktionen, entfremdete ihn den Stresa-Mächten, und da Hitler ihn unterstützte,[3] näherte er sich dem Konzept der „Achse". Eden hatte diesen Mann, der ideologisch kein Feind, wohl aber ein Konkurrent Hitlers war (doch von Hitler tatsächlich verehrt wurde), in die Arme des Braunauers getrieben. *Und damit war Österreich rettungslos verloren.*[4]

Österreich war verloren, weil Italien die einzige Großmacht war, die außer Deutschland an Österreich grenzte, und auch weil die Westmächte kein Interesse mehr daran hatten, das Dritte Reich von seiner östlichen Expansion abzuhalten. Solange Deutschland nicht an den Niederlanden und an Frankreichs Ostgrenzen rüttelte, war ihnen *in ihrer damaligen Verfassung* eine deutsche Aggression im Osten gleichgiltig. Und was war schon dieses kleine Österreich, wenn nicht eine „klerikofaschistische" Diktatur, die sich sehr offensichtlich dem Willen einer „Mehrheit" entgegenstellte, und die Wünsche der Mehrheiten sind bekanntlich einem echten Demokraten ebenso sakrosankt wie das Prinzip der Gleichheit. Aus moralischen Gründen war Österreichs Rettung also keineswegs geboten, und „geopolitisch" dachten diese Vögel natürlich auch nicht. Dafür müßte man irgendwie-irgendwo-irgendeinmal Geographie studiert haben. Man erinnere sich da nur an den späteren Ausruf Neville Chamberlains in der Sudetenkrise: „Czechoslovakia – a *country of which we know so little.*" Das war kein *pluralis maiestaticus,* sondern eine ehrliche Feststellung, die sich auf das englische Volk und sein Schulsystem bezog. Seit den Tagen Shakespeares, der Prag ans Meer verlegt hatte, waren die Dinge eben nicht besser geworden.

Die Ereignisse, die unmittelbar zum Anschluß führten, sind bekannt. Die Zuspitzung des braunen Druckes, die Handlungsunwilligkeit Mussolinis, die deutlichen Ermunterungen, die England dem Dritten Reich direkt und indirekt gab, sich Österreichs zu bemächtigen, der schlecht verhehlte Haß der westlichen Linken Österreich gegenüber. Die „Systemregierung" – so sahen sie es – hatte durch die *peasant-Heimwehren*[5] die *working class* niedergeworfen und versklavt; das Land wurde durch reiche Großgrundbesitzer, inquisitorische *Roman Catholic bishops* und *big bankers,* brutal regiert und zahlreiche Österreicher nationalsozialistischer und internationalsozialistischer Gesinnung in gemeinsamen (!) Anhaltelagern, richtigen *concentration camps,* festgehalten.[6] Dazu kam noch in Österreich die ‚Gefahr' einer Restauration der Habsburger – und Habsburg erweckte die Erinnerung an Philipp II. und seine Armada!

Die Verhandlungen Schuschniggs in Berchtesgaden, die nur Hinhaltungsmanöver von Hitler waren, mußten als das Zeichen höchster Gefahr gewertet werden. (Schuschnigg, ein hochanständiger und tapferer Mann, war ein Raucher und durfte in Hitlers Gegenwart seine Zigarette nicht anzünden, was ihn ungeheuer hemmte!)[7] Doch die Würfel waren gefallen und für einen Augenblick atmete auch die „Kleine Entente" auf: Hitlers Einmarsch verhütete das „größere Übel", die Restauration der Habsburger.

Als letzte, verzweifelte Geste versuchte Schuschnigg durch eine Volksabstimmung sich ein moralisches Mandat zu geben. Hätte er diese Abstimmung noch durchführen können, würde er trotz der Arbeitslosigkeit und dem Abseitsstehen so vieler Arbeiter eine Mehrheit für sein „christliches und deutsches Österreich" bekommen haben, aber gerade das hätte Hitler nicht zulassen können. „Zwei deutsche Staaten, ein christlicher und ein nichtchristlicher?" Da mußte Hitler eingreifen, und er tat es auch. Ohne Plebiszit hätte Österreich sicherlich noch einige Monate weiterexistiert. Doch anders als die allermeisten Oberhäupter und Staatsmänner der übrigen von Hitler annektierten oder okkupierten Länder floh Schuschnigg nicht. Er war kein Genie: er war *mehr* – ein christlicher Ehrenmann. Wie auch Leopold III. von Belgien, der bei seiner Armee blieb. Darum war ihnen auch der Undank ihrer Völker gewiß. Tragisch wird die Lage eines entwurzelten und verstümmelten Landes beleuchtet, wenn man daran denkt, daß nach Schuschniggs letzter großer Rede im Parlament auf der Straße vor dem „Hohen Haus" die Haydn-Hymne angestimmt wurde – doch die Worte gingen völlig durcheinander: für die einen war dies die Volkshymne, für die anderen der Kernstock-Text, für die dritten das Deutschlandslied...

Woher aber die tosende Begeisterung der Massen, besonders in Wien, einer Stadt, die allerdings immer in allen Farben geschillert hatte? Schon Enea Silvio Piccolomini, der spätere Papst Pius II., war über den Charakter der Wiener nicht sonderlich erbaut.[8] „Schwarz" vor dem Ersten Weltkrieg, wurde Wien über Nacht „rot". „S'gibt nur a Kaiserstadt, s'gibt nur a Wean!" Wien blieb „rot" bis 1934, arrangierte sich dann mit der „Systemregierung" und schillerte braun im März 1938. Von der Großen Welt verkauft und verraten, beschlossen zahlreiche Wiener an der neuen Ordnung ihren Spaß zu haben; das Ganze war halt wiederum „a Hetz". „Wann's wollen, daß ich's Pratzerl heb', dann tu' ich's halt!" Ob da ein wirklicher Sinneswandel stattgefunden hat, ist höchst fraglich. Der Wiener verkauft sich nicht mit Haut und Haar. Er vermietet sich nur. Und natürlich gab es auch in Wien eine Charakterelite, die nicht mittat, aber die ging visuell in der Masse unter.[9]

Dann kam die Abstimmung Hitlers, bei der weniger als ein Prozent in Österreich gegen den Anschluß stimmte. Wäre dieses Resultat nun wirklich echt gewesen, müßte man Dollfuß und Schuschnigg als die größten Politiker aller Zeiten bezeichnen, denn sie stützten sich auf sieben Promille der Bevölkerung. Es braucht nicht darauf hingewiesen zu werden, daß die Resultate dieser Wahl oft gefälscht waren (besonders in Tirol), manchmal leicht und manchmal gröblich.[10] Doch ist wiederum die Annahme nicht ganz unberechtigt, daß die Mehrheit nicht nur bei der geplanten Vaterländischen Wahl mit „Ja" gestimmt hätte, aber nun war der „Anschluß" eine unabänderliche Tatsache und warum sollte man sich da der Gefahr aussetzen als „Volksfeind" hingestellt zu werden, wenn man durch eine Nein-Stimme dem Unheil sowieso nicht mehr steuern konnte. Der *Common Man* will ja immer bei den Siegern sein.

Zweifellos war das rote Wien zu großem Teil gebräunt worden. Und warum auch nicht? Rot und Braun hatten unter dem Druck von Schwarz und Grün, von ‚Klerikalen' und Heimatschützern, ihre Gemeinsamkeiten entdeckt: beide waren sie ‚antiklerikal', antirestaurativ, antihabsburgisch, antielitär, totalitär, kollektivistisch, sozial-sozialistisch und ‚volksnahe'. In Anhaltelagern und Gefängnissen hatten sie unter roten Fahnen wahre Agapen gefeiert.

Als gute Demokraten hatten die Nationalsozialisten es auf Mehrheiten abgesehen. Die ehemaligen Sozialdemokraten kooperierten *en masse,* und ihr großer Anführer, „Mr. Austria", Dr. Karl Renner, verkündete vor der Wahl, daß er für den ‚Anschluß' stimmen würde.[11] Den Sozialdemokraten wurde von den Nationalsozialisten gleich eine brüderliche Hand entgegengestreckt und der neue, braune Bürgermeister, Ingenieur Neubacher, bekräftigte diese neue Verbundenheit in seinen Ansprachen.[12] Es kamen zwar einige Sozialdemokraten nach Dachau, vor allem aber büßten die „Reaktionäre", die, wie es hieß, „legitimistischen Drahtzieher". Die Theresianische Akademie in Wien, als schwarzgelbe Brutstätte, wurde aufgehoben. Natürlich hatten es die jüdischen Führer der linken Konkurrenz besonders schwer. Kleinere Apparatschiks waren 1934 nach dem Februar-Aufstand ins Ausland geflohen, einige von ihnen nach Moskau, wo es ihnen miserabel ging. Die Flüchtlinge von 1938 traf es oft fürchterlich. Dr. Danneberg wurde an der tschechischen Grenze auf deutsches Gebiet zurückgeschleppt, denn Dr. Beneš wollte sich immer noch bei Hitler Liebkind machen, und der arme Mann wurde dann von den Nazis umgebracht. Besonders herzzerreißend war die Tragödie Wiener Juden auf einer Donauinsel, die von der großen tschechischen Demokratie nicht ans Land gelassen wurden und elend umkamen.

Der Kirche wurden große Vorwürfe gemacht, daß sie sich feig und unwürdig verhalten hatte. Der Aufruf Kardinal Innitzers, den ‚Anschluß' zu bejahen, rief im Kirchenvolk eine große Entrüstung hervor und dies umsommehr, als er seine Worte mit „Heil Hitler!" unterzeichnete. Mit der Schlußfloskel „Heil Hitler!" hatte man allerdings den Kardinal, dem es hauptsächlich um das Überleben der Kirche zu tun war und der auch fürchtete, im Falle eines völligen Schweigens einfache Priester und führende Laien brutaler Verfolgung auszusetzen, raffiniert hineingelegt. Man sagte ihm treuherzig, daß alle deutschen Bischöfe immer und überall den „deutschen Gruß" benützten, worauf er dann die fatalen Schlußworte setzte. Keineswegs hatte der Kardinal den Nationalsozialismus empfohlen, sondern lediglich den Zusammenschluß als geschichtliches Ereignis bejaht, als restauratives Geschehen, gegen das die Kirche im Prinzip keinen Einwand machen konnte. In seiner Erwartung, daß der Braunauer sein Wort halten würde, sah er sich bald bitter enttäuscht, doch nahm Innitzer dann selbst tapfer den Fehdehandschuh auf und protestierte vor der katholischen Jugend im Stephansdom – was ihm fast das Leben kostete.[14] Der „schwarze" Bundespräsident Miklas verweigerte hingegen jede Kollaboration.

Der Haß Hitlers auf Österreich, sein ‚Vater-Land', ging auch nach dem ‚Anschluß' weiter. Es war dies die Fortsetzung seines Hasses auf den Vater. Österreich wurde zuerst das „Land Österreich", dann aber wurde es in „Ostmark" umgetauft. Dabei blieb es aber nicht. Es wurde in die Alpen- und Donaugaue zerschlagen, die (wie seinerzeit Elsaß-Lothringen) unmittelbare Reichslande wurden, mit Gauleitern, die dem ‚Führer' direkt unterstellt und verantwortlich waren. Auch das Wort „Ostmark" war dann verpönt, weil darunter eine Einheit verstanden werden konnte.

Auch wurde das Burgenland aufgeteilt, das Ausseer Gebiet zu Oberösterreich geschlagen, Vorarlberg mit Nordtirol, Osttirol mit Kärnten vereint, sodaß zum Schluß nur Salzburg seine ursprünglichen Grenzen behielt. Die Fahnen der alten Bundesländer-Kronländer wurden samt und sonders verboten. Die Erinnerung an das alte Österreich sollte restlos vernichtet werden – wobei Hitler noch viel radikaler vorging als seine sozialdemokratischen Vorgänger.[15] Hoffnungen konservativer, aber nationalbewußter Österreicher, die den historischen Reichsgedanken pflegten, wurden völlig zunichte gemacht.

Mit dem ‚Anschluß' kam nun das gesamte „Neumitteleuropa" der Franzosen völlig ins Wanken. Hier wurde eine „Dominotheorie" zur erschreckenden Wirklichkeit. Durch den Fall Österreichs war der Kopf und der Oberkörper der Tschechoslowakei wie mit einer Zange umfaßt, durch den Fall der Tschechoslowakei war Polen umzingelt – eine Katastrophe bedingte die nächste. Hitler hatte Schläue mit einigem Wissen und größter Gewissenlosigkeit verbunden. Den Österreichern hatte er zwar nicht öffentlich, wohl aber durch seine Flüsterpropaganda vorgegaukelt, er würde Südtirol von seinem guten Freund Mussolini zurückbekommen; an Südtirol hing jedoch das Herz aller Österreicher,[16] und die Hilfe Mussolinis war die schwerste innere Belastung für die Dollfuß–Schuschnigg-Regierung gewesen. Diese beiden tapferen Männer standen im Geruch des Volksverrats.

Hitler tat jedoch das Gegenteil seiner Propaganda: Er beschloß mit Mussolini die völkische Vernichtung Südtirols und versetzte damit dem Deutschtum in diesem schönsten Flecken Europas einen Schlag, von dem es sich bis zum heutigen Tag nicht erholt hat.[17] Es dauerte aber noch eine kleine Weile, bis sich das Bild eines ehelosen und frauenlosen Hitler, der nur eine wahre Liebe kannte – das deutsche Volk – als Ammenmärchen erwies. Die Südtiroler als Nachbarn der Tataren auf der Krim? Es sollte jedoch noch ärger kommen. Niemand hat dem deutschen Volk größeres Leid zugefügt als dieser Schwätzer aus einer geistigen Kloake, dem Millionen von Herzen entgegenflogen. *Vox populi, vox Dei* – welch übler Scherz!

47. DER ZWEITE DOMINOSTEIN

Mit dem ‚Anschluß‘ war nun das Schicksal der Tschechoslowakei besiegelt. Diese Binsenwahrheit fiel allen auf außer Eduard Beneš, der nun glaubte, daß ihm Hitler für seine habsburgfeindliche Haltung ehrerbietigst Dank erweisen würde. Der Mann war so herzensdumm, daß man ihn im Westen für ein Genie hielt. Wer in der Presse und in der öffentlichen Meinung hoch angesehen wird, ist oft wirklich nur ein infamer, aber schlauer Schurke. Freilich ist das nicht nur im Westen der Fall; nur ist dies dort so auffällig, weil im Westen die Massenmedien frei sind und die von ihnen fabrizierte Meinung eine so dominante Rolle spielt. Man denke da nicht nur an Beneš, sondern auch an Wilson, Masaryk, Lloyd George, Clemenceau, Eden, Nehru, Baldwin – ja auch an die zeitweilige Begeisterung für Stalin, Tito, Mao, Chruschtschjów, Massenmörder ersten Ranges.[1]

Als bald nach dem ‚Anschluß‘ ein amerikanischer Journalist Beneš fragte, ob er denn nicht jetzt die größten Sorgen für sein Land hege, antwortete ihm dieser Führer der tschechischen Nationalsozialisten, daß ihn der Anschluß nicht im geringsten aufrege. Eine momentane Sinnesverwirrung Beneš’? Keine Spur. Sein Außerminister jubelte über den Anschluß.[2] Es zeigte sich aber, daß Hitler zuerst einmal nur alle von Deutschen bewohnten Gebiete – und schließlich auch den Rest dieses synthetischen Staates seinem Reich einverleiben wollte. Beides erreichte er innerhalb von zwölf Monaten nach dem ‚Anschluß‘; kannte doch Hitler das Bismarckwort, daß, wer Böhmen besitze, Herr über Europa sei.

Mit der Anheizung der Sudetenkrise wurden nun auf einmal auch die Engländer und die Franzosen nervös. Sie konnten zwar keinen Augenblick daran zweifeln, daß die Sudetendeutschen es satt hatten, von den Tschechen regiert zu werden, doch war es nicht leicht, gegen das Prinzip der Selbstbestimmung Protest zu erheben. In ihrer Propaganda in Amerika behaupteten die Deutschen, daß es 1776, dem Jahre der amerikanischen Unabhängigkeit, dreieinhalb Millionen Amerikaner gab, die die Freiheit verlangten, und nun dreieinhalb Millionen deutsche Böhmen, Mährer und Schlesier dasselbe wollten. Für die Tschechoslowakei bedeutete dies natürlich den möglichen Verlust natürlicher Grenzen, die man auch leichter verteidigen konnte, wie auch von Gebieten mit dem höchsten Lebensstandard und den größten Steuerbeiträgen. Das Ende der Tschechoslowakei schien gekommen, da auch die Slowaken in ihrer Opposition gegen Prag eine schärfere Gangart einschlugen.

Laval, der schließlich ein Kontinentaleuropäer war, wußte jedoch sehr genau, daß mit dem ‚Anschluß‘ die Würfel längst gefallen waren,[3] und damit die Tragödie Mitteleuropas unaufhaltsam geworden war. Natürlich schmerzte es in britischen und französischen Linkskreisen, daß gerade die tschechische „Musterdemokratie" im Schußfeld Hitlers lag, und man machte, *anders als im Falle Österreichs,* außergewöhnliche diplomatische Anstrengungen, um das Land zu retten. Auch muß man in Betracht ziehen, daß Hitler diesmal wirklich nicht bluffte und tatsächlich einen Krieg wollte. Er betrachtete den September–Oktober 1938 als den günstigsten Zeitpunkt, um loszuschlagen. Die Aufrüstung Englands war so gut wie Null. Es gab im ganzen britischen Weltreich zwölf Luftabwehrkanonen. Und nur wenige Jahre früher hatten die Oxforder Studenten eine Resolution eingebracht, für „König und Land *(King and Country)*" nicht kämpfen zu wollen. Die intellektuelle Szene Englands wurde von der Linken dominiert. Gewisse, völlig verdummte „konservative" Kreise sympathisierten mit Hitler aus wohlverstandenen beziehungsweise total mißverstandenen Gründen. Alle Wahrscheinlichkeit spricht dafür, daß Hitler sich von Mussolini, den er so sehr bewunderte, von seinem Plan abbringen ließ und nachgab. (Er bereute es später.) Warum aber auch nicht? Er bekam doch alles, was er haben wollte.

Wenn man die militärische Ohnmacht Großbritanniens und auch die psychologischen Schwierigkeiten in einem Krieg zur Vereitlung der Selbstbestimmung in Betracht zieht, dann muß man für Neville Chamberlain ein besseres Verständnis haben als es zu seiner Zeit üblich war. *The man with the umbrella?* In London geht jeder Gentleman mit einem Regenschirm spazieren! Chamberlain war Gefangener des demokratischen Prinzips, und Hitler nützte hier zum zweitenmal die Demokratie zu seinen Gunsten gründlich aus. Der „Frieden für unsere Zeit", den Chamberlain von München nach Hause zu bringen glaubte, wurde von Millionen bejubelt – auch die Franzosen jubelten Daladier zu, als er im Flugzeug vor Paris landete. Sie wollten nicht *mourir pour Dantzic!* Roosevelt war ebenfalls über das Münchner Abkommen beglückt, und es sei hier auch erwähnt, daß Großbritannien, Frankreich, die USA und fast alle anderen Demokratien (Brasilien war eine Ausnahme) den ‚Anschluß' Österreichs an das Deutsche Reich in Windeseile anerkannt hatten. Ihre Gesandtschaften in Wien wurden in Generalkonsulate aufgrund des Berliner Exequaturs umgewandelt. (Im Nachhinein wurde zwar so manches lügnerisch bestritten oder verniedlicht.)

Allerdings, das Münchner Abkommen hätte in Wirklichkeit nicht sein *müssen,* denn die deutsche Armeeopposition hatte zu einem Gegenschlag gerüstet. Nur im Falle einer allgemeinen Mobilmachung wäre die Wehrmacht größer als die vereinte SA und SS gewesen und hätte daher auch die Gelegenheit gehabt, einen Schlag gegen die Partei zu führen. (Man vergesse hier auch nicht: während des Militärdienstes mußte die Mitgliedschaft in der NSDAP ruhen! Und Offiziere mußten einem christlichen Bekenntnis angehören.) Es kam also zur Beck-Halder–Verschwörung, die darauf hinarbeitete, im Kriegsfall den Mann, der dieses Unheil verursacht hatte, festzunehmen, in ein Gefängnis oder auch in ein Spital zu schicken, um ihn dort ärztlich behandeln zu lassen.

Generaloberst Ludwig Beck war bis zum August 1938 Chef des Generalstabs gewesen. Sein Nachfolger war Franz Halder. Hitler, und das darf man nicht vergessen, hatte zum Jubel der Deutschen (und sehr vieler Österreicher) die Grenzen des Reiches bis zum Brenner und zum Neusiedlersee vorgeschoben. Das war ein unblutiger Sieg ersten Ranges gewesen. Die Armee hatte sich zwar gefürchtet, daß dieses Abenteuer in einem Krieg enden könnte: Der Gedanke, auf Österreicher schießen zu müssen, wäre der Wehrmacht unerträglich gewesen. Doch schon durch die Absetzung von Werner Freiherr von Fritsch als Oberbefehlshaber der Wehrmacht im Februar 1938 durch eine ganz häßliche Intrige war der Weg zu einer halben Gewaltlösung des ‚Anschlußproblems‘ möglich gemacht worden. (Fritsch hatte die Eroberungspläne Hitlers glatt abgelehnt.) Nun aber beschlossen Beck und Halder den Sturz Hitlers im Kriegsfall, denn nur dann würde es offenbar werden, daß er einen Weltkrieg vom Zaune brach, der nicht gewonnen werden konnte. Es war unmöglich zu wissen, wie sich die Sowjetunion auf lange Sicht verhalten würde.

Von dieser Verschwörung wurde die britische Regierung (Sir Horace Wilson und Lord Halifax) durch den deutschen Botschaftsrat Theodor Kordt (Bruder Erichs, eines Mitverschworenen) unterrichtet und davor gewarnt, mit Hitler zu verhandeln. Man solle es zum Krieg kommen lassen. Bei seiner Durchfahrt durch Thüringen sollte Hitler verhaftet und unschädlich gemacht werden.[4] Halifax verschwieg aber Kordt, daß man schon zum Nachgeben bereit war und einen Emissär nach Berchtesgaden geschickt hatte. Man kann sich aber plastisch vorstellen, wie diese Eröffnungen Kordts auf die beiden Briten tatsächlich gewirkt haben mußten. Sie müssen sich nach seinem Abgang mit großen Augen erstaunt, wenn nicht entrüstet angestarrt haben, bis der eine oder der andere loslegte: „Das ist ja eine Phillips–Oppenheim Kriminalgeschichte! Völlig unglaubwürdig! Eine Falle von Militaristen! Könntest du dir vorstellen, daß es jemand wagen würde, den Premierminister Seiner Majestät zu verhaften? Oder gar den König?“ Tatsächlich läßt sich die Halder–Beck–Verschwörung nicht auf britische Verhältnisse übertragen.

Als dann Chamberlain nach Godesberg flog, waren die Generäle verzweifelt. Doch als es dort nicht klappte, stiegen wieder ihre Hoffnungen. Es kommt zum Krieg, sagten sie sich, der gemeingefährliche Narr wird von der Bühne verschwinden! Dann aber folgte der Münchner Vertrag, Hitler kam nicht zu seinem Krieg und die Verschwörer nicht zu ihrer Verhaftung.

Hier aber dürfen wir freilich auch nicht vergessen, daß Hitler in England eigentlich gar keine so schlechte Presse hatte Der Bösewicht war vielmehr Mussolini, der das friedliebende, demokratische Äthiopien überfallen und sich in der Zwischenzeit auch in Spanien einen ganz schlechten Namen gemacht hatte. (Denn was war Franco, wenn nicht ein ‚Faschist‘, ganz im italienischen Sinn?) Hitler trat wenigstens dem rückständigen deutschen katholischen Klerus auf die Zehen, Mussolini, Franco und Salazar wurden als reaktionäre *Roman Catholics* angesehen. Auch Winston Churchill, der angeblich Hitler immer durchschaut hatte, schrieb 1935 (also nach der Reichsmordwoche!) sehr lobend und hoffnungsvoll über den Braunauer,[5] und noch 1937 stellte er fest, daß England sich gratulieren könnte, wenn es nach einer schweren Niederlage einen Führer besäße, der es so aufrichten würde, wie eben der Herr Adolf Hitler.[6] Churchill war in dieser Haltung nicht allein. Der Außenminister Lord Halifax, der Botschafter in Berlin, Henderson, das Cliveden-Set um Nancy Astor, aber auch linke Pazifisten, die dauernd jede Aufrüstung aus ideologischen Gründen verhindert hatten – sie alle waren *appeasers*. Seien wir verständnisvoll für

Chamberlain, der (anders als Churchill) ein grundanständiger Mann war. Die Erbschaft, die er von Stanley Baldwin, einem wohlgeborenen, aber hoffnungslosen Spießer übernommen hatte, konnte ihm keine Möglichkeit geben, Hitler Widerstand zu leisten. Baldwin gestand im November 1936, auf die Wahlen Bezug nehmend, die seiner Partei die Mehrheit gegeben hatten:

> Ich will dem Hohen Haus meine Überzeugungen in vollster Aufrichtigkeit darlegen. Man stelle sich vor, ich hätte dem Land gesagt, daß Deutschland wieder aufrüstet und daß auch wir gerüstet sein müssen. Glaubt da irgendjemand, daß unsere friedliebende Demokratie sich diesem Ruf angeschlossen hätte? Ich kann mir nicht vorstellen, was unsere Niederlage sicherer gemacht hätte.[7]

Sir Henry Channon hingegen berichtete uns von den Worten Lord (Charles) Londonderrys, der sehr logisch gesagt hatte, daß sein Land sich entweder mit den Deutschen verbünden oder aufrüsten hätte sollen. Man tat aber weder das eine noch das andere. *Hinc illae lacrymae.*

Das illustriert übrigens auf die netteste Art und Weise das Kapitel „Demokratie, Parteigeist und Landesverteidigung" im Buch der Weltgeschichte. Es beleuchtet aber auch das ganze Problem des britisch-kontinentalen Verhältnisses und die Verständnislosigkeit der Engländer (aber auch der Amerikaner) für die Mentalität, den Geist, die Süchte und Sehnsüchte des Kontinents.

Freilich, der Spießer in unseren Ländern denkt und fühlt oft sehr ähnlich. Man denke da nur an Hitlers Anglomanie und an die Wahnsinnstat des bedauernswerten Rudolf Hess, der zum Duke of Hamilton flog, einem entfernten Verwandten Georgs VI., von dem er daher annahm, er könnte Frieden zwischen dem Dritten Reich und Großbritannien stiften. Hier mischten sich Wunschdenken, Ignoranz und Romantik zu einem unheilvollen Bräu.

48. VORSPIEL ZUM ZWEITEN WELTKRIEG

Nach der Besetzung der deutschsprachigen Gebiete war die Tschechoslowakei in keiner Beziehung mehr ein unabhängiger Staat, sondern ein Land, das seine reichsten Bezirke verloren hatte und überdies seiner natürlichen Grenzen im Westen entbehrte. Im Süden der Slowakei mußte dieser Staat nun auch die von Magyaren bewohnten Distrikte an Ungarn abtreten, was die Slowaken ärgerte und die Ungarn natürlich nicht befriedigte, denn sie wollten selbstverständlich ihre tausendjährigen Grenzen. Vor allem bekamen sie Preßburg nicht zurück, ihre alte Haupt- und Krönungsstadt während der türkischen Besetzung der Landesmitte; doch die deutsche Regierung wollte die Slowaken nicht vor dem Kopf stoßen, wußte sie doch, daß diese nicht den Stolz der Magyaren hatten und sich der deutschen Kontrolle eher fügen würden. Auch Neutra hofften die Ungarn zurückzuerhalten, doch daraus wurde ebenfalls nichts. Im Wiener Schiedsgericht bekamen die Ungarn in der sogenannten Karpathoukraine nur die von Magyaren bewohnten Regionen der Tiefebene, also Städte wie Ungvár und Munkács, aber kein Bergland, das in größter Armut übrigblieb. Die Narretei der rein ethnischen Grenzen wurde hier offenbar. Doch im nächsten Jahr besetzten die Ungarn eigenmächtig auch das Bergland, was wütende Reaktionen in Berlin hervorrief. „Die Ungarn sind uns aus der Reihe getanzt!" war der Kommentar.[1] Hitler, der für die Rumänen schwärmte, haßte die Ungarn, was durch viele verläßliche Quellen bezeugt wird.

Die Tschechoslowakei wurde nun vorübergehend eine Tschecho-Slowakei. (Der Trennungsstrich war früher ausdrücklich verboten.) Doch im März 1939 erklärte die Slowakei auf Drängen Hitlers ihre Eigenständigkeit, und Hitler zwang die tschechische Regierung, mit dem Rest Böhmens und Mährens den Status eines innerdeutschen Protektorats anzunehmen. Dieses Gebiet hätte man die „Tschechei" nennen können, aber das scheiterte am Ausdruck Čechy, der ‚Böhmen' heißt. Außerdem gibt es geschichtliche wie auch dialektische Unterschiede zwischen den Slawen Böhmens und Mährens. So also kam es zum „Protektorat Böhmen und Mähren".

Wenn man das Schicksal der Tschechen mit dem der Polen vergleicht, die sich durch die ganze Kriegszeit hindurch gegen die deutsche Herrschaft mit der Waffe in der Hand gewehrt hatten, so muß man bemerken, daß die Tschechen die bedeutend klügere, die Polen aber die viel ehrenvollere Antwort auf die Eroberungswut des Dritten Reichs gefunden hatten. Während des Kriegs bekamen die Tschechen die deutschen Rationen, hatten also die Privilegien der Deutschen, aber nicht die Nachteile der reichsdeutschen Bevölkerung: ihre Städte wurden nicht bombardiert (mit der Ausnahme von Pilsen ganz am Ende des Kriegs) und sie mußten auch nicht Kriegsdienste leisten. Das war Heydrichs schlaue Politik. Mit anderen Worten:

sie kollaborierten sehr brav, was der Exilsregierung unter Dr. Beneš die schwersten Sorgen bereitete.

Auch die Slowakei war deutsches Protektorat, aber außerhalb der Grenzen des Reichs und mit viel mehr Selbstverwaltung. Doch während man in England und Frankreich unmittelbar nach München in eine Euphorie verfallen war und an den „Frieden in unserer Zeit" glaubte, erzeugte Hitlers weiterer Vorstoß nach Osten ein ganz böses Erwachen. Bis jetzt hatte Hitler im Rahmen der demokratischen Prinzipien, des Selbstbestimmungsrechts, seine Expansion betrieben. Nun aber hatte er ein weites Gebiet gegen den ganz offensichtlichen Willen der lokalen Bevölkerung annektiert – und das war ‚undemokratisch'. Er hatte auch gelogen, als er früher behauptet hatte, er beanspruche nur von Deutschen besiedelte Gebiete. Vielleicht war sein ‚Drang nach dem Osten' doch nicht ganz so harmlos. Was würde wohl geschehen, wenn Hitler ganz Zwischeneuropa von Reval bis vor die Tore Konstantinopels in seiner Kontrolle hätte, ein Reich von 160 Millionen, dem schließlich auch Großbritannien und Frankreich nicht mehr gewachsen wären?

Einige Tage nach der Annexion Böhmens und Mährens verlangte Hitler von Litauen die Rückgabe des Memel-Gebiets, das von diesem kleinen Volk fast ‚anstandslos' dem Dritten Reich überlassen wurde. Dies war wenigstens ein Teil Altpreußens, wenn auch mit einer überwiegend litauischen Bevölkerung, die aber vielleicht (weil evangelischen Glaubens) deutsch eingestellt war. Mit der Ausnahme des kleinen Dorfes Polangen (Palanga) war nun Litauen vom Meer abgeschnitten und Memel seines Hinterlandes beraubt.

Es war das „Prager Trauma", das Neville Chamberlain, der sich jetzt betrogen fühlte, bewog, mit Polen eine Allianz zu schließen, da sich der deutsche Druck auf Polen rapid mehrte, und dieses Land nun zweifellos das nächste Angriffsziel Hitlers war. Auf der anderen Seite versuchten England und Frankreich auch mit der UdSSR „ins Gespräch" zu kommen. Polen war in Großbritannien keineswegs ‚populär', und auch der nunmehr wirklich hitlerfeindliche Winston Churchill nicht minder polenfeindlich als sein früherer Chef David Lloyd George.[2] Was man in England nicht begriffen und schwer verurteilt hatte, war die polnische Annexion eines Teiles des Teschner-Gebietes, das, obwohl mehrheitlich von Polen bewohnt, die Botschafterkonferenz am 28. Juli 1920, als die Rote Armee vor den Toren Warschaus stand, ungerechterweise der Tschechoslowakei zugesprochen hatte. Polen aber wollte dieses ihm zustehende, wirtschaftlich wertvolle Gebiet erlangen und es nicht etwa in die Hände des Dritten Reiches fallen lassen. Was aber der Westen über Polens Aktion dachte, kann man sehr deutlich vom Kommentar Churchills in seinem Memoirenwerk nachlesen, wo er Ungarn und Polen als *beasts of prey* anprangert, die über die wehrlose Tschechoslowakei herfielen.[3] Anstatt daß sich Polen bei den Alliierten dafür bedankte, daß man seine Eigenstaatlichkeit nach dem Ersten Weltkrieg wiederhergestellt hatte, beleidigte es seine guten Freunde in Frankreich, England und Amerika! (Die Tatsache, daß Rußland, der Großtyrann Polens im Ersten Weltkrieg, mit England und Frankreich verbündet war und die, wenn auch bescheidenen Grundlagen für den wiedererstandenen Staat von den Zentralmächten gelegt worden waren, vergaß jedoch der Premier!) Noch deutlicher aber war der berühmte britische Kommentator Stephen King-Hall, der auf den polnischen Einmarsch ins Zaolza Gebiet noch netter schrieb: „Wenn Hitler jetzt gegen Polen loszieht, dann rufe ich ‚Sieg Heil'!"[4] Anscheinend war der Westen davon überzeugt, daß man eine Handvoll von Jubelgreisen, mit Scheren versehen, die Karte von Europa willkürlich zerschneiden lassen soll, worauf dann sakrosankte Gebilde entstehen, an die die rechtmäßigen Besitzer keine Ansprüche mehr stellen dürfen. Nun erst zeigte sich der „Pariser Frieden" in seinem ganzen Unsinn und auch in seiner Brüchigkeit…, ein Grund mehr, diesen nach dem Zweiten Weltkrieg in territorialer Beziehung zu gutem Teil wieder aufleben zu lassen. Der Zündstoff sollte uns nur schön erhalten bleiben!

49. DER ABGRUND

Im Zusammenhang mit dem Ersten Weltkrieg können wir die berechtigte Frage stellen, wieso es damals zu einem Krieg kam, der auf der halben Welt blutig und brutal ausgefochten wurde. Im Jahre 1914 gab es doch außer Frankreich, Portugal und der Schweiz in Europa lediglich Monarchien, und die Monarchen (mit sehr verschiedentlicher Macht) waren doch verwandtschaftlich miteinander verbunden. Auch die sozialistisch-sozialdemokratischen Parteien, zahlreich in den Parlamenten vertreten, wenn auch oft in der Opposition, bildeten ein internationales Element. Dazu kam noch die übernationale katholische Kirche. Die Phrase vom ‚Hineinschlittern‘ in diesen fürchterlichen Krieg ist also keineswegs unberechtigt. Manche der Staatsoberhäupter, verantwortlich für den Ausbruch dieses sinnlosen Ringens, wollten es nicht recht, und so manche der Regierenden waren Männer des Friedens. Nach der Überreichung der Kriegserklärung in St. Petersburg lagen der deutsche Botschafter Pourtalès und der russische Außenminister sich weinend in den Armen. Der Botschafter der Donaumonarchie wankte noch tagelang in der russischen Hauptstadt verloren wie ein Gespenst umher. So berichtet Paléologue. Aber das liebe Volk war überall wild begeistert – nicht nur in Wien, Berlin, Budapest, Paris und London, sondern auch in Prag, Krakau, Agram und Triest. Der Enthusiasmus schien anfänglich grenzenlos.

Doch im August–September 1939 war die Stimmung eine ganz andere. Hitler war fast ein Jahr vorher um seinen so heiß ersehnten Krieg gekommen. Tatsächlich wäre auch damals die Lage für ihn günstiger gewesen. Die Tschechoslowakei mit einer Armee, die zu 55 Prozent aus unwilligen Nationalitäten bestand, hätte dem deutschen Ansturm keine 48 Stunden widerstehen können, England war *restlos* unvorbereitet, Frankreich in den Klauen einer linksdralligen Regierung, Polen hingegen durch den Pakt von 1934 praktisch ‚neutralisiert‘. Nun aber war Hitler entschlossen, Polen seines historischen Zugangs zum Meer zu berauben, die Grenzen von 1815 anzustreben und den Rest Polens zu einem machtlosen Vasallenstaat umzugestalten.

Dieses Spiel gelang jedoch nicht so leicht, denn nicht nur zeigten sich die Polen den hohen Wünschen des Braunauers gegenüber unnachgiebig, sondern hatten auch mit Großbritannien einen Pakt der *gegenseitigen* Hilfe geschlossen. (Polen mußte also auch dem Vereinigten Königreich zu Hilfe kommen, was die polnische Exilsarmee während des Krieges auch reichlich tat – da die Westalliierten im September 1939 untätig blieben, waren es also *lediglich* die Polen, die den Briten und Franzosen halfen!) Hitlers Gegenschachzug war die Allianz mit der Sowjetunion. Von diesem Bund war er überzeugt, daß er erstens einmal die Polen restlos einschüchtern und auch die Briten überzeugen würde, daß der Moment gekommen war, wieder einmal wortbrüchig zu werden und die Garantie auf Polens Integrität elegant zu ignorieren, also zum zweitenmal nach ‚München‘ zu kommen. Das war sehr ‚logisch‘ gedacht, aber wenn einmal die Ehre ins Spiel gebracht wird, verfängt oft die Logik und das Eigeninteresse nicht mehr. Die Polen waren eher bereit zu sterben als nachzugeben, und die Engländer lösten tatsächlich ihr Wort ein. Wohl oder übel mußte es auch die Dritte Republik, die auch auf die Unbezwinglichkeit der Maginotlinie baute. (Sie war vielleicht auch wirklich unbezwinglich, aber im Westsektor nie fertiggebaut.)

Hitler war froh, seine Armee, deren Generäle er wenig mochte,[1] in sein Kriegsspiel einzusetzen und die sechste Teilung Polens[2] herbeizuführen. Doch als ganz großer Anglomane[3] glaubte er keineswegs an den Eintritt Englands in den Krieg, während er das von ihm so leidenschaftlich gehaßte Frankreich gerne demütigen wollte. Obwohl er doch im Ersten Weltkrieg die Gelegenheit gehabt hatte, Frankreich und die Franzosen einigermaßen kennen zu lernen, hatte er lediglich von ihnen das von unseren Banausen gepflegte Klischeebild.[4] Seine tiefsitzende Anglomanie, die ihm noch zum Verhängnis werden sollte, kam jedoch größtenteils von englischen Nobeltouristen, wie auch von den dumm-naiven Vertretern der oberen und obersten Schichten, die ganz kindlich in diesem nationalen Sozialisten den edelsten Vorkämpfer gegen die rote Flut sahen. Diese hochgewachsenen, größtenteils blonden, anscheinend so leidenschaftslosen und selbstsicheren Menschen mußten auf diesen Schlawiner,der sich selbst als Proletarier empfand,[5] einen unauslöschlichen Eindruck gemacht haben. Es war in aller Wahrscheinlichkeit nicht der jovial-aufgeregte Walliser Lloyd George, der Hitler so fasziniert hatte, sondern viel eher die Honourable Unity Mitford und ihre Standesgenossen. Deutliche Spuren von diesen Eindrücken findet man in seinen Konversationen.

Für Hitler war es einfach unfaßbar, daß das überaus edle, urnordische,[6] britische Volk ihm bei seinen Raubzügen im Bereich der östlichen Untermenschen in den Rücken fallen könnte. Halifax hatte ihm doch deutlich erklärt, daß England nur auf Eroberungen im Westen feindlich reagieren würde. Sollte das britische Weltreich wirklich seine Existenz der Polen wegen aufs Spiel setzen? Der ganze Erdkreis wußte doch, daß die Polen kulturlose Slawen wären, daß ihr Prozentsatz von Telefonanschlüssen, Badewannen, asphaltierten Straßen, Seifenfabriken und Dampfwäschereien niedriger, dafür aber der Anteil an Analphabeten und Juden höher wäre als im Westen. Diese elenden Polacken wären doch, in der Abwandlung eines Bismarckwortes, nicht die Knochen eines schottischen Highlanders wert! Somit war der frischfröhliche Krieg gegen Polen risikolos! Germanen konnten doch nicht gegen Germanen kämpfen! Doch kam es eben ganz anders.[7] Selbst Hitlers „Friedensangebot" nach dem Polenfeldzug blieb trotz der Intervention des Liberalen Lloyd George unbeantwortet.

Freilich kam es auch anders, als es sich die Polen erwartet hatten. Die ganze Wucht der Wehrmacht war gegen Polen gerichtet, und die westlichen Alliierten wagten dennoch nicht, das Reich anzugreifen. Der Westwall war in diesem Stadium eine leere Attrappe. So wurde eine einzigartige Gelegenheit wieder einmal vom Westen versäumt, und auch die Polen mußten wieder einsehen, daß der Westen wie in der

Vergangenheit sie im Stiche lassen würde. Und nicht nur das: Der Verbündete des Dritten Reichs, die UdSSR, attackierte im Osten Polens und vereinte sich mit der Wehrmacht östlich der Weichsel. Proleten und Proletarier siegten über die „feudale" *Rzecz pospolita*.[8] Die beiden sozialistischen Länder hatten nun eine gemeinsame Grenze! Da im ursprünglichen Bündnisplan die Demarkationslinie an der Weichsel liegen sollte, die Armeen sich aber weiter östlich trafen, wurde Litauen gnadenweise von der deutschen in die sowjetische Okkupationszone „überschrieben".

War die deutsch-sowjetische Allianz bloß eine machiavellistische Notgemeinschaft? Sie war es nur zum Teil. Sie diente als Abschreckung für die Westmächte und als Druckmittel auf die Polen, die sich aber wie üblich nicht einschüchtern ließen. Sie diente aber auch der Gewinnung der UdSSR als Lieferant wichtigster Rohstoffe für fast zwei Jahre in diesem bestialischen Krieg. Die naiven Briten, die ab 1942 in geradezu hysterischen Dithyramben die Sowjetunion feierten, hatten vorher das zweifelhafte Vergnügen, von der mit sowjetischem Treibstoff versehenen Luftwaffe erschlagen, verbrannt und verstümmelt zu werden. Bekanntlich aber ist das Erinnerungsvermögen der Völker gleich Null.[9]

Doch zwischen dem Nationalsozialismus und dem Internationalsozialismus gab es zahllose Analogien, die wir schon erwähnt haben. Diese sehr tiefe und alte Verwandtschaft wirkte sich nun sehr dynamisch in der gegenseitigen realpolitischen Annäherung dieser beiden verbrecherischen Regierungen aus, eine Annäherung, die allerdings auch eine Vorgeschichte hat, die bis zur Weimar-Republik zurückführt und – überflüssig zu erwähnen – im Friedensdiktat von Versailles ihren psychologischen und geopolitischen Ursprung hatte. Darüber gibt es eine reichliche Literatur.[10] Doch ist es bezeichnend, daß durch die Reichskanzlerschaft Hitlers diese zum Teil offenen, zum Teil heimlichen und verheimlichten Beziehungen einen Rückschlag erlitten, dann aber doch wieder in Gang kamen. Im Sommer 1939 wurden diese Bestrebungen auf beiden Seiten von Erfolg gekrönt. Während die Emissäre des Westens mit der UdSSR emsig verhandelten, saßen die Vertreter des Dritten Reichs längst im Kreml und pokulierten mit den verspäteten Jüngern ihres Landsmannes Karl Marx. Apologeten der UdSSR behaupten allerdings, daß die UdSSR immer noch über das Münchner Abkommen „verstimmt" war, und daß diese „Kränkung" über die einseitige Entscheidung der westlichen Großmächte zur „Realpolitik" Stalins geführt hätte. „Damals" hätte die Sowjetunion die Tschechoslowakei mannhaft verteidigt! Doch die UdSSR grenzte im Jahre 1938 in keiner Art und Weise an die Tschechoslowakei. Polen war 1938 wie auch 1939 keinesfalls geneigt, die Rote Armee „zum Durchzug" einzuladen: der helfende ‚Besucher' wäre doch nie wieder hinausgegangen! Zweifellos hätte er wie nach 1941 methodisch „herumgemordet". Dieses unerfreuliche Thema wollen wir uns jedoch für später aufsparen!

Anfangs 1939 wäre nur eine winzige Minderheit der Polen geneigt gewesen, seine Westprovinzen gegen eine nationalsozialistische Garantie des Überlebens ihres Landes einzutauschen, während die ganz große Mehrheit wußte, daß das fünftgrößte Volk Europas westlich der Sowjetunion ohne Kohle, Eisen und einen freien Zugang zum Meer kaum lebensfähig sei. Doch im August 1939 mit dem Pakt zwischen Stalin und Hitler wußten alle Polen, daß für sie nur mehr eine Aufgabe bevorstand: ehrenvoll unterzugehen. Und das tat auch das alte Polen!

Wie dem auch immer sei, Joachim von Ribbentrop, früher einmal Commis Voyageur für eine Sektfirma, fand sich in Moskau in höchst kongenialer Gesellschaft unter Männern „mit starken Gesichtern", die ihn lebhaft an seine Parteigenossen erinnerten.[11] Und das war sicherlich keine Illusion. Stalin war seit jeher von Hitler begeistert und vertraute ihm blindlings bis fast zum 22. Juni 1941. Sir Stafford Cripps, der ihn vor einem deutschen Überfall warnte, lachte er ganz einfach aus.[12] Die Mitteilungen des deutschen, in Japan arbeitenden Meisterspions Richard Sorge wanderten in den Papierkorb.[13] Doch mit dem Stalin–Hitler Pakt hörte auch jede antikommunistische Propaganda im Dritten Reich auf. Um das Vertrauen des Führers restlos zu erlangen, lieferte der *Woshdj* auch deutsche Kommunisten an das Reich aus und nur durch und durch stalinistische Bolschewiken, die auch unter Umständen ihre Kollegen denunzierten, konnten damals ihre Haut retten.[14]

Aufmerksame Beobachter hatten diese Entwicklung kommen gesehen. Ein amerikanischer Journalist, Walter Duranty, berichtete schon am 10. Oktober 1938, daß ein Pakt zwischen Hitler und Stalin im Bereich der Möglichkeit läge, hatte doch Stalin in den letzten zwei Jahren mehr Juden umgebracht als der Führer des Dritten Reichs. (Die *New York Times* druckte dies am 11. Oktober, ließ aber den Passus über die Judenmorde aus.)[15]

Im August 1939 mehrten sich jedoch die Anzeichen einer solchen „Entente". Daraufhin veröffentlichte eine ansehnliche Gruppe linksdralliger Amerikaner ein Protestschreiben gegen so „unverantwortliche und verleumderische Gerüchte", das eine ganze (bezahlte) Seite in der *New York Times* am 14. August mit nicht weniger als 400 Unterschriften beanspruchte. Darin wurden diese Gerüchteverbreiter (die auch wie das „Committee for Cultural Freedom" Parallelen zwischen dem Dritten Reich und der UdSSR zogen) „Faschisten" und „Freunde von Faschisten" genannt. Neun Tage später, am 23. August, platzte die Bombe: die nationalen hatten sich mit den internationalen Sozialisten geeint!

Es war diese Einigung, die im Osten und Nordosten Europas eine ganze Flutwelle von Tragödien in Bewegung setzte. Da war zuerst einmal die polnische Katastrophe mit zwei Besatzungsmächten, die in einen edlen Wettstreit miteinander gerieten, wer brutaler und mörderischer gegen die Polen antreten konnte. Die jüdische Bevölkerung in der braunen Zone hatte natürlich mehr zu leiden als die in der roten, die Polen im Osten (als „ethnische Oberschichte") mehr als die im deutschen Besatzungsgebiet. Soziologische Köpfung durch Ausrottung, im besten Fall durch Verschleppung, war die allgemeine Methode. Auch die Sowjets betätigten sich als echte Nationalsozialisten und sorgten für die Entpolonisierung ihres Gebietes durch Massenvertreibungen, wobei die Opfer in ganz großer Zahl – zumeist in Sibirien – umkamen. *Nicht nur in Katyn,*[16] sondern auch in anderen Lagern wurden tausende und abertausende polnische Offiziere umgebracht, die zu großem Teil Reserveoffiziere waren – also Ärzte, Advokaten, Ingenieure, Manager und Intelligenzler aller Arten und Berufssparten. Diese Massenmorde wurden dann den Deutschen (die ihrerseits auch schon viele Moritaten vollbracht hatten) in die Schuhe geschoben.[17]

Im Westen des geteilten Landes wurden die Polen erniedrigt, beleidigt, versklavt, eingesperrt, zum Teil aber auch ermordet. Das moralische Alibi für diese Untaten war ein Volksaufstand in Bromberg, bei dem, als der Krieg ausbrach, eine Anzahl von Polen, größtenteils ehemalige preußische Staatsbürger, sogenannte Volksdeutsche, umgebracht hatten, die wiederum teilweise als Nationalsozialisten bekannt waren.[18] Nichts dergleichen war in anderen Gebieten geschehen – weder in Oberschlesien, noch im Teschner Gebiet.

Die drei baltischen Republiken – Litauen, Lettland und Estland –, die seit ihrer Entstehung (oder Wiedererstehung) so erfolgreich gewesen waren, wurden nun durch die geheimen Abmachungen zwischen den beiden sozialistischen Tyranneien in ihrer Existenz gefährdet. Die Sowjetunion (mit Hitler als ihrem Kumpan und Mitwisser) trat nun als Protektor und Verteidiger dieser „bedrohten" Staaten auf. Bedroht von wem? Offensichtlich vom westlichen ‚Imperialismus', von Großbritannien und Frankreich, die doch in weiter Ferne lagen. Eine sowjetische Besatzung nahm zuerst militärische Schlüsselstellungen ein, dann wurden die Regierungen überrumpelt und schließlich die Annexionen durch „Volksabstimmungen" bestätigt. Wie hatte doch der sowjetische Außenminister so schön, so klar und aufrichtig im Z.E.K. am 31. Oktober 1939 erklärt? „Wir stehen für eine ehrliche und haargenaue Einhaltung aller Verträge auf Grund einer völligen Gegenseitigkeit ein und erklären, daß das unsinnige Gerede über die Sowjetisierung der baltischen Staaten nur dem Interesse unserer gemeinsamen Feinde und aller antisowjetischen Provokateure dient."[19] Selten wurde so dreist, unverschämt und tölpelhaft gelogen, wie im Falle der brutalen Annexion der drei baltischen Länder.

Nach dieser Missetat wurde gleich mit den Deportationen ganz großen Stils begonnen und die Russifizierung dieses Gebiets wieder aufgenommen. Hitler, der schlauerweise seine „Volksgenossen" aus diesem Gebiet beizeiten abgezogen hatte, sah diesem Treiben unbewegt zu. Für ihn war dies alles nur ein Katz- und Maus-Spiel zwischen Untermenschen. Was baltische Adelige fühlten, die man nun in verlassene polnische Schlösser einquartiert hatte, wo sie Bestecke und Tücher mit fremden Wappen und Monogrammen zu benützen gezwungen wurden, ging den „möblierten Herrn aus der Bahrerstraße"[20] wahrlich nichts an.

Nicht weniger tragisch war der Winterkrieg 1939–1940 zwischen Finnland und der UdSSR. Die Sowjets behaupteten, daß ihre zweitgrößte Stadt, Leningrad, „unmöglich" in der unmittelbaren Nähe der finnischen Grenze liegen dürfe. Sie verlangten eine radikale Grenzberichtigung, die für Finnland schwere militärgeographische Folgen gehabt hätte: Durch eine Abtretung eines Großteils des karelischen Isthmus wären sie der Sowjetunion gegenüber wehrlos geworden. Als das Ultimatum der Sowjets abgelaufen war, griffen sie an, bombardierten Helsingfors und versuchten den Isthmus zu stürmen. Dieser Krieg in Eis und Schnee, der den so nordisch gesinnten Hitler nicht aus seiner Gemütsruhe brachte – schließlich waren die Finnen kulturell Skandinavier, und fast zehn Prozent der Bürger waren Schweden –, dauerte bis in den März. Dann mußten die Finnen, verlassen von aller Welt, aufgeben, und Westkarelien fiel an die UdSSR. Ohne Verbündete liegt das Land seitdem zu Füßen des Roten Imperiums.

50. KRIEG IM NORDEN UND WESTEN

Doch die übelste Überraschung für Hitler war und blieb die Kriegserklärung Englands. Ribbentrop hatte diesen Anglomanen überzeugt, daß die Engländer trotz ihres Paktes die Polen im Stich lassen würden.Trotzdem zerstörte auch die britisch–französische Kriegserklärung seine Anglomanie nicht völlig. Eines Tages, so dachte er, würden sich die Engländer eines Besseren besinnen und schon darum gab der „Größte Führer aller Zeiten" seinen Generälen den Befehl, die Briten im Dünkirchner Kessel nicht zu vernichten. Noch während des „komischen Krieges" (*funny war, drôle de guerre*) und nach der Eroberung West-Polens, versuchte Hitler, die Westmächte zu einem Kompromiß zu bewegen. Lloyd George, der Stockliberale, Pfaffenfresser und Hitler-Bewunderer, hielt am 31. Oktober 1939 nach dem Fall Polens, im Unterhaus eine ausgedehnte Rede, in der er das Ende des nichtswürdigen, feudalen und rückständigen Polens feierte, eine Rede, in der er die Argumente seines Freundes Hitler aus dessen Reichstagsrede, die der ‚Führer' erst vor einigen Tagen gehalten hatte, getreulich wiederholte.[1] Molotow, der Bundesgenosse der Führers, erklärte, daß ein Schlag von der Wehrmacht und ein anderer von der Roten Armee diesem „häßlichen Entlein des Versailler Vertrags" den Garaus gemacht hatte. Polen war wieder einmal von der Landkarte verschwunden, also hatten Großbritannien und Frankreich keinen Grund mehr, den „Sitzkrieg" fortzusetzen. So einfach war das!

Doch so einfach war das nun einmal nicht. Der neurotische Aquarellist hatte sich schwer geirrt: die Annexionen, die blutigen und die unblutigen, waren mehr als die Weltmeinung vertragen konnte. Die Regierungen in London und Paris konnten nun nicht mehr nachgeben. Ja, bei den Alliierten dachte man sogar ernstlich darüber nach, wie man den Finnen zu Hilfe kommen konnte. Freiwillige aus Portugal, Spanien und auch in England hatten sich bereit gefunden, ihr Leben für das tapfere Volk Finnlands aufs Spiel zu setzen.[2] Auch die Italiener, ausnahmsweise mit größerem Ehrgefühl als gewisse Deutsche, begannen zu murren und zu protestieren. Und der Vatikan nahm diplomatische Beziehungen zu Finnland auf, in dem nur 2200 Katholiken lebten.

So wurde dann schließlich in England der vage Plan gefaßt, den Finnen zu Hilfe zu eilen. Das wäre allerdings nicht über die Ostsee möglich gewesen, sondern lediglich über das nördliche Norwegen, das immer noch neutral war, aber von den Westmächten scheel angesehen wurde, denn im Winter kam das schwedische Eisenerz in rauhen Mengen über Narvik die norwegische Küste herunter nach Deutschland. In dieser Jahreszeit ist der Bottnische Meerbusen fest zugefroren. Das Dritte Reich brauchte das hochgrädige Erz, und das sozialistische Schweden war nicht nur auf die deutschen Zahlungen erpicht, sondern wollte sich auch das Wohlwollen des braunen Nachbarn sichern.

Die Neutralität Norwegens wog in den Augen Englands nicht allzu schwer: Die belgische Neutralität war zwar 1914 für Großbritannien der Vorwand gewesen, in den Ersten Weltkrieg einzutreten, aber schon 1807 hatten die Briten mitten im Frieden die dänische Flotte vor Kopenhagen überfallen und versenkt (wobei zahllose Einwohner der Stadt umkamen), 1916 wurde das wehrlose Griechenland überfallen, 1940 das noch wehrlosere Island und im selben Jahr mußte auch die französische Kriegsflotte vor Mars-al-Kabir in Algerien an die „Eigenwilligkeit" der Briten glauben. Ein Blitzkrieg gegen Norwegen, beginnend mit der Verminung der norwegischen Küste, wurde nun methodisch geplant und ein Datum festgesetzt.[3] Doch die Deutschen waren einen Tag früher dort und nahmen damit das Odium des „Aggressorentums" auf sich. In Nürnberg wurde allerdings diese spezifische Anklage fallen gelassen.

Die Warnung von Schlieffen: „Macht mir den rechten Flügel stark!" (die er angeblich noch auf seinem Totenbett wiederholt hatte) wurde diesmal an der Westfront gründlich beherzigt. Die Wehrmacht sollte sich nicht durch das enge belgisch-luxemburgische Gebiet zwängen müssen (so beschränkt durch den Maastrichter Zipfel), sondern in voller Breite durch den ganzen Benelux-Komplex auf den unvollendeten Sektor der Maginot-Linie losziehen. Zwar wurden die Niederlande durch den deutschen General Oster vom unmittelbaren Angriff unterrichtet,[4] aber die Warnung wurde in den Wind geschlagen. Verletzungen der Neutralität? Am „guten Ruf" des Dritten Reichs hatten die Nationalsozialisten wirklich nichts mehr zu verlieren. Dieser war hoffnungslos dahin!

Wie aber reagierte das deutsche Volk auf den neuen Weltkrieg, der nun bitterer Ernst wurde? Im Jahre 1914 bejubelte man den Kriegsbeginn, denn es gab tatsächlich in der ganzen „zivilisierten" Welt eine Friedensmüdigkeit.[5] Im Jahre 1914 schlug sich der Westen auf die Seite der Mörder von Sarajewo und der „russischen Dampfwalze", die sich ohne das Zutun von Nikolaus II. in Bewegung gesetzt hatte. (Siehe S. 167.)

Nun aber war die Sachlage völlig anders und trotz der furchtbaren Traumata von Versailles und St. Germain sahen die meisten Deutschen sehr klar, daß der „böhmische Gefreite"[6] eine entsetzliche Schuld auf sich geladen hatte; auch hatte man über den Charakter moderner Kriege keine Illusionen. Eine echte, vom Herzen kommende Kriegsbegeisterung – sieht man vom sadistischen Blutrausch plebejischer Hausfrauen ab – ergreift in der Regel nur eine Minderheit, die den Beruf des Kriegers liebt. (Auch zum Priester, Arzt oder Künstler ist nicht jedermann „berufen".) Und wer das Kriegshandwerk als solches liebt, respektiert auch den Gegner im Kampf. Er braucht keineswegs aufgehetzt oder „indoktriniert"[7] zu werden. Dieser Kollektivhaß ganzer Bevölkerungen ist das schrecklichste Übel der allgemeinen Wehrpflicht, der *levée en masse*, die von der Französischen Revolution eingeführt wurde. Nun aber gab es im September 1939 auch im Dritten Reich lediglich ein Volk in Tränen.[8] Nur ein Narr erwartete einen „frisch-fröhlichen Krieg". Auch in England und Frankreich war es nicht anders gewesen.

Doch in Deutschland wirkte sich als kriegsverlängerndes Element der Begriff der Pflicht und des Eides verhängnisvoll aus. Während der Romane nur bei genügender Motivierung und Überzeugung gut, ja sogar glänzend kämpft, ansonsten aber streikt oder gar davonläuft,[9] sind nördliche Völker, besonders aber die Deutschen, hilflose Opfer ihrer „dienstlichen" Bindungen und ihrer Eide, die aber (was sie selten wissen oder einsehen) ungültig sind, wenn sie unter Druck abgelegt wurden.[10] Ein unvoreingenommener und naiver Beobachter mußte aber im Herbst 1939 glauben, daß das Dritte Reich bald besiegt werden mußte. Doch dazu kam im Zweiten Weltkrieg allerdings noch etwas: der leichtfertige Optimismus durch frühe und relativ leichte Siege im Anfangsstadium.

Zwar fochten die Polen heroisch – die Geschichte von Ulanen, die die deutschen Tanks mit ihren Lanzen angriffen, ist wirklich nicht erfunden[11] –, und auch die Franzosen ergriffen keineswegs das Hasenpanier,[12] aber die deutsche Strategie erwies sich als weit überlegen. Hier muß man sich auch die Frage stellen, was geschehen wäre, hätten die Franzosen die Maginot-Linie, wie ursprünglich vorgesehen, bis zur Nordsee fertiggestellt. Dieses großartige Verteidigungswerk wurde weder überrannt, noch vernichtet, sondern ganz einfach umgangen, da die Deutschen nicht frontal angriffen, sondern weit ausholend über das mittlere und westliche Belgien (und die Niederlande) hereinbrachen. Die Wehrmacht war in Dieppe und Rouen lange bevor Straßburg gefallen war. Freilich ist auch die These Charles de Gaulles und Giulio Douhets[13] vom Blitzkrieg, die die deutschen Generäle bereitwilligst übernommen hatten, völlig stichhältig: Man muß sich allerdings für die eine oder die andere Taktik entscheiden oder sehr klug kombinieren – was aber nicht geschah. Der bitterlich enttäuschte de Gaulle aber floh ins Ausland und gründete dort die Bewegung des „Freien Frankreichs".

51. DER LUFTKRIEG

In der ersten Phase der bewaffneten Auseinandersetzung spielte der Luftkrieg keine *selbständige* Rolle. Noch im Jahre 1935 hatte das Dritte Reich den Briten den Vorschlag gemacht, eine Konvention abzuschließen, derzufolge die Luftwaffe nur zur Unterstützung der Kampfhandlungen auf dem Boden oder auf den Meeren eingesetzt werden sollte. Dieser Vorschlag wurde vom Staatssekretär in der Luftfahrt, Thomson, einem Mitglied der Arbeitspartei, mit der Begründung abgelehnt, daß dadurch der Krieg humanisiert werden würde. Doch gerade das sollte vermieden werden. Nur in seiner ganzen Schrecklichkeit wirke der Krieg abstoßend und damit auch friedensfördernd. Kein Zweifel – für gewöhnliche Sterbliche bieten gewisse sozialistische Gedankengänge erhebliche Schwierigkeiten.[1]

Als dann der Zweite Weltkrieg ausbrach, befolgte das Dritte Reich den eigenen Vorschlag ganz, als ob ihn die andere Seite angenommen hätte. Die Bomber verrichteten ihre furchtbare Arbeit nur als „Wegbereiter" der vorrückenden Armeen. So handelte Görings Luftwaffe im Falle Warschaus; so wollte sie auch im Falle Rotterdams vorgehen, das *nach* dem Abschluß des niederländischen Waffenstillstands irrtümlich angegriffen wurde.[2] Die Briten hingegen bombardierten deutsche Städte weit hinter den Linien – Osnabrück, Hannover, Minden (wo sie vielleicht Truppenkonzentrationen vermuteten). Der schrankenlose Luftkrieg wurde jedoch später wiederum von den Briten ausgelöst, die damit rechneten, daß die deutschen Länder sich immer unter ihrer Nase befinden würden, während sie selbst eine gewaltige Luftflotte jenseits des Atlantik aufbauen konnten – in Kanada, in Australien, aber auch in den Vereinigten Staaten. Dieser Sachverhalt ist den meisten Deutschen, aber auch einer Mehrzahl der Briten, unbekannt geblieben, was eigentlich überraschend ist, denn ihre Führung *brüstete* sich damit, den totalen Luftkrieg ausgelöst zu haben.[3] Der totale Luftkrieg ist allerdings höchst demokratisch, denn er ist ja so eigentlich die demokratisch-egalitäre Erweiterung und Überhöhung der allgemeinen Wehr- und Sterbepflicht. Nicht nur der rekrutierte Wehrpflichtige (der „Präsenzdiener") soll auf dem Felde der Ehre fallen, sondern auch die liebende Gattin vor dem heimischen Herd, die herzigen Kindlein in der Schule, die fiebernden Kranken im Hospital, die greisen, kartenspielenden Eltern im Altersheim, die Nönnlein im Kloster und die Priester vor dem Altar sollen die Freuden des Krieges fern von der Front zu spüren bekommen: mit „Vitaleliten" und Überlebensprivilegien ist es dann völlig aus.

Der Luftkrieg, der noch im Ersten Weltkrieg den Charakter einer ritterlichen Auseinandersetzung trug, kostete nun nicht nur Millionen von Menschenleben, sondern vernichtete auch unschätzbare Kulturgüter. Eine größere Anzahl von

Franzosen starb durch die Bombenabwürfe der Alliierten als durch die Kugeln der Deutschen. Das Massaker von Belgrad durch die Alliierten an einem sonnigen Ostertag wurde noch durch die Vernichtung eines Großteils von Le Havre nach den Landungen im Jahre 1944 übertroffen. Die deutschen Truppen hatten schon die Stadt verlassen, als die alliierten Luftstreitkräfte über Le Havre erschienen und eine Hölle losbrechen ließen. Fast 4000 Franzosen kamen in diesem flammenden Inferno um.[3] Als dann de Gaulle, Chef der französischen Exilregierung in London, den heftigsten Protest erhob, wurde ihm schlicht erklärt, daß man *gedacht* hätte, die Deutschen wären immer noch in der Stadt. „Und wäre dies wirklich der Fall gewesen, wer oder was hätte euch das Recht gegeben, viertausend meiner Mitbürger umzubringen?" brüllte er zurück. Man zuckte nur die Schultern. Im volldemokratisierten Krieg müssen eben alle daran glauben: Jung und Alt, Frauen und Kinder, Freunde und Feinde. Es wird auf keine Art und Weise „diskriminiert" und das ist eben höchst demokratisch.

52. FRANKREICH UNTER DEM HAKENKREUZ

Nach dem Fall von Frankreich blieb von den Alliierten nur mehr Großbritannien auf weiter Flur übrig – zum Teil dank der Anglomanie Hitlers, der den Feind bei Dünkirchen schonte. Und immer noch schwebte dem Verführer eine Allianz mit den Engländern gegen die UdSSR vor. (In ferner Zukunft sollte Deutschland, seinen Wunschträumen nach, mit britischer Hilfe die USA, das Land, in dem eine vernegerte Bevölkerung von Juden regiert wurde, besiegen und vernichten.) Tatsächlich aber zeigte das britische Volk in diesen dunklen, schicksalsschweren Tagen einen bewundernswerten Mut und eine Zähigkeit, die schließlich auch durch die Rhetorik und das Draufgängertum Winston Churchills, eines halbamerikanischen Amoralisten, einen besonderen Auftrieb erhielt.[1]

Was aber war wirklich in Frankreich geschehen? Dort wurde durch das Parlament dem greisen Marschall Pétain und seiner Regierung eine absolute Vollmacht erteilt, und da Paris wie auch der Nordosten, der Norden und die ganze atlantische Küste bis nach Spanien hinunter deutsches Okkupationsgebiet waren, hatte die neue Regierung, die in Vichy residierte, nur das halbe Land wirklich unter seiner Kontrolle. De Gaulle, der nun in London war, konnte für seine Exilregierung nur allmählich eine offizielle Anerkennung bekommen.

Wer unterstützte nun die Regierung in Vichy, den *État Français,* der nicht mehr das Schlagwort von *Liberté, Égalité, Fraternité* der Französischen Revolution benützte, sondern *Patrie, Famille, Travail?* Am lautstärksten waren es wohl die Leute der *Action Française,* geführt von dem großen Deutschenhasser, Nationalmonarchisten und Agnostiker Charles Maurras, der endlich das Ende der *gueuse,* der Bettlerin, der Republik erlebt hatte.[2] Zahlreiche Konservative waren unmittelbar oder auch über Spanien, Portugal oder Algerien nach England (und Amerika) geflohen.[3] Die Kollaborateure hingegen kamen oft auch aus anderen „gemäßigten" Parteien, erwartet oder höchst unerwartet: So zum Beispiel der frühere Sozialist Pierre Laval, der sich schon unter Briand um eine Aussöhnung mit Deutschland bemüht hatte. Linke Zeitungen und Zeitschriften setzten sich für das Pétain-Régime ein wie zum Beispiel *L'Oeuvre,* während der konservative *Figaro* eingestellt wurde, Déat und Doriot, zwei wichtige Stützen der Vichy-Régierung, kamen von der äußersten Linken, während de Gaulle selbst ein alter Monarchist[4] war, wie zum Beispiel auch der große Schriftsteller Georges Bernanos, der nach Brasilien ins Exil ging.[5] Und es braucht auch gar nicht betont werden, daß die französischen Kommunisten nicht die geringste Neigung zeigten, das Pétain-Régime bis zum 22. Juni 1941 zu sabotieren. Für sie war dieser Krieg eine Auseinandersetzung zwischen dem nationalsozialistischen Deutschland und den Ländern des Großkapitalismus. (Und

278

hatte nicht auch Mussolini vom „proletarischen Italien", einer Nation von Habe-
nichtsen gesprochen?)[6] Die Schilderungen Ilya Ehrenburgs vom Leben in der
sowjetischen Botschaft in der Rue Grenelle entbehren wohl nicht einer unter-
schwelligen Komik,[7] wie ja überhaupt im ideologischen Bereich der anscheinend so
allgemein beliebte Begriff eines Krieges zwischen Reich und Arm stets schwer unter-
zubringen ist, denn Bazillen kennen keine Klassenschranken. Zweifellos bekam die
Résistance einen richtigen Aufschwung erst, als die rotbraune Allianz auseinander-
fiel. Hier mußte man das Schlagwort umdrehen: „Pack verträgt sich, Pack schlägt
sich."

Wie man sieht, war es eine höchst gemischte, zum Teil auf persönliche
Erfolge erpichte, zum Teil irregeleitete, zum Teil auch höchst naive Gesellschaft,
die zur Stützung der Vichy-Regierung beitrug. Sie irrte sich ganz besonders in der
Person des Marschalls, der keineswegs der „fromme Katholik" war (de Gaulle war
es viel eher!), sondern ein sehr realistischer, eher konservativer Hedonist, für den es
nach eigener Aussage nur zwei echte Vergnügen gab – *le con et la gueule*.[8] Eine ausgesprochen prokommunistische amerikanische Zeitschrift, *The Protestant,* nannte
Pétain and Franco (und nicht vielleicht Hitler und Mussolini) die größten Gefahren
für die Freie Welt.[9] Beide waren (wie Oliveira Salazar später und der ermordete
Ngo-Dinh-Diem) für die Linke „katholische Diktatoren".

Nun aber war Henri Philippe Pétain, der Taufpate von de Gaulles Sohn Philippe,
keineswegs ein echter *collaborateur,* sondern ein sehr patriotischer *attentiste*.[10] Er
dachte nicht im Schlafe daran (trotz des Montoire Abkommens), sein Land auf
Gnade und Ungnade den Deutschen dauernd auszuliefern. Die militärische Niederlage mußte erkannt, anerkannt, eingesteckt, aber nicht verewigt werden. Darum trat
Pétain bald nach der Niederlage in Geheimverhandlungen mit London und schloß
ein Abkommen in mehreren Punkten, die auch alle oder fast alle pünktlich eingehalten wurden. (So zum Beispiel die Versenkung der Reste der französischen Flotte,
falls die Deutschen sich ihrer zu bemächtigen trachteten, was auch im November
1942 vor Toulon geschah.) Der Geheimagent Pétains war der konservative Philo-
sophieprofessor Louis Rougier.[11] Als aber Frankreich befreit und schließlich Pétain
nach seiner Rückkehr aus Sigmaringen vor Gericht gestellt wurde, leugnete die
britische Regierung (die inzwischen auch mit de Gaulle paktiert hatte) jede Zusammenarbeit mit Pétain und weigerte sich nobel, den Angeklagten zu entlasten.
Rougier veröffentlichte in Kanada das Verhandlungsmaterial in Faksimile,[12] das
von Whitehall als Fälschung erklärt wurde und dies obwohl es handschriftliche
Bemerkungen von Churchill enthielt. Pétain, zu Tode verurteilt und zu lebensläng-
licher Haft „begnadigt", starb über 95 Jahre alt auf der Insel Yeu. Erst 1979 „gestand" man in Whitehall das Doppelspiel mit Pétain und de Gaulle wie auch das
Geheimabkommen mit ersterem. De Gaulle hatte natürlich alldies seit längerer
Zeit gewußt und seine Abneigung gegen die Briten (und „daher" auch gegen die
Amerikaner) wurde so noch verstärkt.

53. DIE RÉSISTANCE

Die französische *Résistance* hatte verschiedene Vorläufer. Da gab es in Polen die *Armia Krajowa*, aber die französische *FLN (Front de Libération Nationale)* arbeitete unter ganz anderen Umständen. Die Polen wehrten sich nicht nach einer militärischen Niederlage gegen eine rein militärische Okkupation, sondern gegen einen nationalen Ausrottungsprozeß. Die *Résistance* war zwar nicht ausschließlich kommunistisch,[1] sondern nur zu großem Teil kommunistisch geführt, was allerdings auch natürlich war; als Maulwürfe in der Freien Welt hatten die Kommunisten nicht nur eine Theorie, sondern auch eine Praxis der „Untergrundarbeit" – der Spionage, der Revolution, der Intrige, der Sabotage, der Propaganda, des organisierten Streiks und der Verbrechen. Ergänzend muß hier aber auch bemerkt werden, daß die Franzosen (als individualistisch-anarchisches Volk) eine Tradition des Franc-Tireurtums hatten, was sich schon im Deutsch–Französischen Krieg der Jahre 1870–71 sehr deutlich zeigte.[2] Auch in Belgien im Jahre 1914.[3] Diese „Freischützen" waren ein schweres juridisch-moralisches Problem für die Okkupanten, ein Problem, das nicht leicht zu lösen war. Früher wurden Franc-Tireurs, wenn man sie gefangen nahm, sofort aufgeknüpft, denn sie brachen die Spielregeln eines gesitteten Krieges, in dem sich nur Männer als Soldaten uniformiert gegenseitig bekämpften. Der Franc-Tireur schoß als Zivilist auf ahnungslose Soldaten, erstach sie im Dunkel, ja vergiftete sie bei der Mahlzeit. Eine Bestrafung der Schuldigen war oft unmöglich, die Rache in der Regel fürchterlich. So wurde Löwen im August 1914 zum Teil eingeäschert. Im Zweiten Weltkrieg mit seinen ‚Fortschrittlichkeiten' machte man ganze Ortschaften für die Taten der Franc-Tireure verantwortlich, vertrieb die Einwohner, zerstörte ihre Häuser oder stellte die männliche Bevölkerung an die Wand. Das schrecklichste Beispiel in Frankreich war die Vernichtung von Oradour-sur-Glane durch die Waffen-SS im Juni 1944 – alles ein „Irrtum", denn ein ganz anderes Oradour hatte Franc-Tireurs beherbergt.

Während des Zweiten Weltkriegs wurde die *Résistance* in den Ländern der Alliierten – in England, Kanada, den USA – bejubelt. Angenehm gegruselt sah man in Kriegsfilmen, wie deutsche Soldaten im Mondschein wie Schweine abgestochen, Offiziere im Bett erdolcht oder Matrosen im Hafen wie Katzen ersäuft wurden. Aber gerade dieses international kriegsrechtlich streng verurteilte Franc-Tireurtum steigerte die Wut der Kriegsführung, die Greueltaten der Okkupanten, die verzweifelten, unvermeidlich sadistisch werdenden Anstrengungen der Besatzungsmacht, dieser heimtückischen, rein kriegstechnisch wertlosen „Widerständler" Herr zu werden. Ihr Beitrag zum Sieg der Alliierten (zum Unterschied von der Spionage) war fast Null, doch war er rein politisch von einer gewissen Bedeutung.

Den Kommunisten in der Résistance paßte es wunderbar in den Kram, daß Geiseln ausgehoben, eingesperrt, gefoltert und womöglich am Ende hingerichtet wurden. Schreckenstaten wie die Zerstörung von Oradour-sur-Glane, Lidice, Putten und die Massenhinrichtungen in den Fosse Ardeatine bei Rom waren für die Kommunisten Wasser auf die Mühlen gewesen, denn sie trugen zu einem gegenseitigen Völkerhaß bei, der vor allem das nichtkommunistische Europa dauernd entzweien sollte – und das war im Interesse der UdSSR.

Anders aber muß der Fall Polens bewertet werden, denn da war ein Volk, das man völlig vernichten wollte. Hier kämpften Menschen nicht bloß gegen eine Besetzung, wie die Franzosen, Belgier, Holländer, Norditaliener oder Dänen[1], sondern gegen Henker, die sich anschickten, eine ganze Nation auszurotten. Deshalb ist zwischen der *Armia Krajowa* und der *Résistance* streng zu unterscheiden.

Man vergesse nicht, daß knapp vor der Besetzung des Deutschen Reichs im Jahre 1945 die Stäbe der Alliierten noch darüber berieten, was sie im Falle eines deutschen Widerstands tun sollten, zum Beispiel gegen die sogenannten „Werwölfe". Hier verkannten die Nationalsozialisten wie auch die Alliierten völlig den deutschen Charakter.[5] Doch wurde von den Alliierten der Beschluß gefaßt, im Notfall nach deutschem Muster ebenfalls Geiseln auszuheben und diese ratenweise zu erschießen. Ein Feldherr hat nun einmal zwei primäre Pflichten: a) zu siegen und b) seine eigenen Soldaten so weit als möglich zu schonen. (Der ideale, christliche Feldherr ist allerdings ein Mann, der versucht, seinen Gegner so unblutig als möglich wehrlos zu machen, „auszumanövrieren".) Was aber kann ein General schon tun, wenn gegen alle Kriegsregeln seinen Soldaten von Barbieren die Kehlen durchschnitten, wenn sie von Wirtinnen vergiftet, von Bankangestellten hinterrücks erschossen, von Zimmerkellnern im Schlaf erdolcht oder von Briefträgern erwürgt werden? Gegen diese Gangsterromantik ist er menschlich wehrlos – oder nur unmenschlich wirksam.

54. DER KRIEG IM SÜDOSTEN

Nach den Siegen im Westen, die mit dem dänisch–norwegischen Feldzug begonnen hatten, kam eine Atempause. Diese wurde erst durch Mussolinis irrsinnigen Angriff auf Griechenland unterbrochen. Actons Feststellung, daß Macht die Tendenz hat zu korrumpieren, und absolute Macht sich absolut verderblich auswirkt, schien sich hier zu bestätigen. Doch die Antwort auf die These Actons ist die, daß ein guter Mann auch durch Macht nicht verdorben wird und ein minderer Mensch durch absolute Machtlosigkeit charakterlich herunterkommen kann. Mussolini, gebildeter und begabter, auch menschlicher als Hitler, war jedoch ein sehr eitler und bei genauem Hinsehen doch wiederum recht kleinkarierter Mann, dem die politischen und militärischen Erfolge im Abessinienkrieg zu Kopf gestiegen waren. Für einen „kleinen Mann" sind Popularität und überdies noch das „Glück bei Frauen", die beide mit geistiger oder moralischer Größe nichts zu tun haben, höchst verderblich und gefährlich. Abgesehen von der Unterdrückung der Minderheiten im Nordosten das Landes war seine erste Schandtat die Annexion Albaniens im Frühjahr 1938, also eines mit ihm verbündeten Staates, was sehr wohl an die brutale Vergewaltigung Montenegros durch das großserbische Jugoslawien im Jahre 1918 erinnert. Der Überfall erfolgte am Karfreitag, und die Königin, die gerade den Kronprinzen geboren hatte, mußte in einer Ambulanz fliehen. Ein geschmackvolleres Datum hätte *il professore Mussolini*[1] sich nicht aussuchen können. In diesem Zusammenhang fällt einem der traurige Ausruf ein: „Gott beschütze mich vor meinen Freunden, denn vor meinen Feinden schütze ich mich selbst." Im Besitz Albaniens stürzte sich der Duce im Oktober 1940 auf das zum Kampf unvorbereitete Griechenland, erlitt jedoch von dem Hellenen eine beschämende Niederlage nach der anderen, was dem zweifelhaften Prestige des italienischen Kriegers nur noch weiteren Einbruch tat. „Italien ist ein Land der Feigen", sagte man schon im 19. Jahrhundert.

Diese Bemerkung ist jedoch höchst ungerecht. Der Italiener kann sehr gut kämpfen, wenn er nur will. Wenn im Ersten Weltkrieg die Italiener wirklich so schlechte Soldaten gewesen wären, wie manche Österreicher es behaupteten, hätten die Truppen der Donaumonarchie Ende 1917 längst in Neapel sein müssen. Das war aber leider nicht der Fall. Und als Mussolini Griechenland angriff, war kaum ein italienischer Soldat überzeugt, daß diese Attacke aus dem Hinterhalt für das Wohlergehen des eigenen Vaterlandes notwendig wäre. Also kämpfte man schlecht und zog sich sogar weit auf albanischen Boden zurück.

Das war zweifellos ein gewaltiger Gesichtsverlust für die „Achse" und dies umsomehr, als Griechenland unter dem Diktator Metaxas automatisch ein Verbündeter Großbritanniens wurde. Man hätte nun auch deutsche Regimenter nach Albanien schicken können, aber der direkte Weg in den sonnigen Süden des Balkans führte über Jugoslawien, wo sich augenblicklich eine Regierung befand, die für eine Zusammenarbeit mit dem Dritten Reich bereit war, aber ganz unerwartet gestürzt wurde. Das bewog Hitler, gegen das nunmehr unfreundlich gesinnte Jugoslawien und Griechenland Krieg zu führen. Dafür aber brauchte er auch die Hilfe Ungarns – zumindestens aber den freien Durchzug für seine Truppen, um das Reich des jungen Königs Petar II. von der Tiefebene und nicht durch das slowenische Berg- und Hügelland anzugreifen. Die Ungarn aber waren keineswegs bereit, ihren erst kürzlich geschlossenen Freundschaftsvertrag mit Jugoslawien aufzukündigen. Da wurde der ungarische Ministerpräsident Paul Graf Teleki, ein international bekannter Gelehrter, vor die Alternative gestellt, entweder der deutschen Forderung nachzugeben oder alle Gebiete zu verlieren, die durch die beiden Wiener Schiedssprüche im Norden und Osten dem tausendjährigen Reich innerhalb seiner historischen Grenzen zurückgegeben worden waren. Angesichts dieses furchtbaren Dilemmas erschoß sich Paul Teleki.[2] Sein tragischer Tod verstärkte den Haß der enttäuschten Ungarn auf das Dritte Reich.

Der Umweg über Ungarn wäre jedoch für die deutsche Armee kaum notwendig gewesen, denn die jugoslawische Armee, aus einander feindlich gesinnten Völkern rekrutiert, zerfiel gleich beim ersten Anprall. Hätte diese Armee wirklich ein Gefühl der Zusammengehörigkeit gehabt, so hätte sie dank großer geographischer Vorteile der Wehrmacht lange Widerstand leisten können. Im Gebirge braucht der Verteidiger keine hochmoderne Rüstung. Doch kroatische und bulgaro–makedonische, deutsche, albanische und magyarische Soldaten liefen ihren serbischen Offizieren davon, wenn sie diese nicht gleich umbrachten. Die Niederlage war demnach auch total. Nur acht Tage hatte dieser Krieg gedauert. Die deutschen Truppen wurden in Agram jubelnd empfangen, die italienischen Wehrverbände in Laibach und in Teilen Dalmatiens allerdings viel weniger.[3] Den deutsche Truppen konnten die Griechen allerdings keinen sehr großen Widerstand leisten. Schließlich fiel auch Kreta dank der heillosen Unordnung in den britischen Stäben.[4] Doch hatte dieser Balkanfeldzug, den Mussolini provoziert und erzwungen hatte, eine weltgeschichtlich entscheidende Folge. Hitler hatte seinen Rußlandfeldzug im Frühjahr geplant, um noch vor Einbruch des Winters in Moskau zu sein – und der Winter im Jahre 1941 kam sehr früh. Da aber Hitler erst am 22. Juni loslegte und außerdem im Rußlandfeldzug unverzeihliche Fehler beging, wurde der Sowjetstaat gerettet, der gegen alle *irdische* Gerechtigkeit zur Strafe für den Stalin–Hitler–Pakt hätte untergehen müssen. Aber eine irdische Gerechtigkeit kennt die Geschichte nicht.

55. DER RUSSLANDFELDZUG

Stalin hatte ein richtiges Faible für seinen netten Kollegen in Berlin.[1] Er steigerte die Judenhatz in der UdSSR und Wagner wurde in der Oper fleißigst aufgeführt.[2] Doch schließlich kam der Schlag, der von der Sowjetunion erst kurz vor der Stunde Null erkannt wurde. Bezeichnend dafür war der eine ganze Seite füllende Aufsatz „Freiheit und Zwang" in der *Prawda*, in dem den Lesern freundlich mitgeteilt wurde, daß der Begriff des Freien Willens der bürgerlichen Romantik entspränge und daß die Dinge so geschähen, wie sie eben geschehen müssen. Und was geschieht, muß ganz einfach ertragen werden.[3]

Nicht weil die Rote Armee für den Angriff so unvorbereitet war, sondern weil die Masse der Rotarmisten gar nicht kämpfen wollte, konnte die deutsche Wehrmacht einen Sieg nach dem anderen erringen. Solange kein Schnee fiel, konnte sie ihren „Marsch" auf Fahrrädern fortsetzen. In den ersten Monaten wurden viereinhalb Millionen Gefangene gemacht, und das wäre ausgeschlossen gewesen, hätte das Sowjetvolk im allgemeinen den Willen zum echten Widerstand besessen. Sogar jüdische Soldaten ergaben sich freiwillig und erklärten, daß sie der roten Propaganda über die Judenfeindlichkeit der Deutschen nie geglaubt hätten, wußten doch alle Juden, daß die Deutschen ein herrliches Kulturvolk wären und daß Juden in Deutschland jede erdenkliche Freiheit genossen. Wie entsetzlich muß ihr Aufwachen gewesen sein! Tatsächlich wurden die Soldaten der Wehrmacht in den Dörfern nur zu oft mit Jubel empfangen, Brot und Salz wurden ihnen zum Gruß angeboten, Bauernfrauen küßten die Stiefel berittener Offiziere und wo es noch Kirchenglocken gab, wurden diese geläutet.

Doch dieser Jubel erlosch, als dann hinter der Wehrmacht die SS aufkreuzte und es Ukrainern, Weißruthenen und Großrussen bewußt wurde, daß sie lediglich eine Tyrannis gegen eine andere ausgetauscht hatten. Als die Menschen dann sahen, wie mit den Juden verfahren wurde, fragten sie sich, wie es ihnen selbst in der Zukunft ergehen könnte. Das Resultat? Der Widerstand der Roten Armee und das Aufscheinen von Partisanen.

Zwei ganz schwere Fehler wurden hier begangen. Zuerst einmal der verspätete Kriegsanfang mit einer Offensive, die vor Moskau dank des frühen Winters im Schnee stecken blieb, und dann das menschlich noch viel fürchterlichere Versäumnis, diesen Feldzug nicht als Befreiungskrieg geführt zu haben. Dieser Vorsatz war allerdings undenkbar, denn Hitler wollte weite Teile von Rußland und wahrscheinlich auch die ganze Ukraine „Großdeutschland" einverleiben. Er plante sogar dort eine bewegliche Grenze zu haben, wo sich junge Deutsche von Zeit zu Zeit in

„Helotenjagden" ergehen sollten, um sich „im Kampf zu stählen". Die Opfer waren ja doch nur slawische Untermenschen!

Diese Arroganz sollte sich übel bezahlt machen. Wie geradezu verbrecherisch dumm man den Einwohnern der Sowjetunion gegenüber vorging, zeigt besonders kraß der Fall der Ukrainer. Man muß wissen, daß in Berlin seit dem Jahre 1923 ein ukrainisches Nationalkomitee seinen Sitz hatte. Mit dem Ende des Jahres 1941, als der größte Teil der Ukraine von der Wehrmacht erobert war, wandte sich das Komitee an das Außenamt mit der Bitte, eine mit dem Deutschen Reich eng zusammenarbeitende Nationalregierung bilden zu dürfen. Das Außenamt konnte aber hierüber keine Entscheidung treffen: diese mußte von der Reichskanzlei kommen. Vergeblich versuchte das Außenamt, das Feuer und Flamme für diesen Plan war, die Reichskanzlei dazu zu bewegen. Über ein Jahr lang schrieb und telephonierte man, bis endlich die Antwort eintraf. Einer meiner Bekannten, der damals im Außenamt arbeitete, war der persönliche Empfänger dieser Fehlentscheidung, die über den Draht kam. Eine schnarrende Stimme sagte ihm, daß es mit dem Plan dieses Nationalkomitees „mal nischt" sei, denn auf seiner letzten Rundreise durch die Ukraine war der Führer „von diesen Leutchen rassisch unjünstisch beeindruckt!" *Quos Deus perdere vult, dementat prius.*

Die niederträchtige Behandlung dieser „Ostvölker" fiel besonders den Österreichern auf, die von der alten Monarchie her über sie eine ganz andere Meinung hatten und auch besser wußten, wie sie zu behandeln wären. Einer, der sudetendeutsche Schriftsteller Bruno von Brehm, der einmal den Nationalsozialisten sehr nahe gestanden war, verfaßte eine äußerst mutige Schrift, *Der Reichsstil,* die von der Heeresleitung in der Ukraine herausgegeben wurde und in der eine radikal andere Politik für die ‚Besetzten', und zwar im habsburgischen Stil empfohlen wurde. Doch ihm folgte man natürlich nicht.[4]

Man kann sich vorstellen, welche Verzweiflung anständige deutsche Wehrmachtsoffiziere erfüllte, die ja genau wußten, was hinter ihren Linien geschah. Ernst Jünger berichtete uns da von einem hohen Offizier, der, von ihm auf die „Mordhöhlen" angesprochen und gefragt, wie er denn dieses System mit der Waffe in der Hand verteidigen und dazu noch Orden tragen könne, zur Antwort gab: „Das trägt vielleicht einmal meine jüngste Tochter in einem Negerbordell ab."[5]

Tatsächlich hätte dieser verbrecherische Clown aus Braunau Rußland am Präsentierbrett haben und Millionen von Kriegsgefangenen in eine Befreiungsarmee umwandeln können, doch gehörten der Wlassow-Armee nur Tausende an (darunter auch Kosaken, Tataren, Turkmenen), die dann 1945 von den Briten und Amerikanern an die Sowjetunion ausgeliefert wurden. Da aber Hitler keine Befreiung Rußlands im Sinne hatte, wollte man auch kein größeres russisches Heer ausrüsten, das dann vielleicht auch russischen Interessen hätte dienen können. Man sieht hier deutlich, wie eine falsche wirtschaftliche Theorie (der Hunger nach „Lebensraum")[6] mitsamt einer falschen biologischen Doktrin eine falsche Politik und damit den Untergang bewirken kann. Es hat sich ja später deutlich gezeigt, daß für eine industrialisierte Gesellschaft mit modernster Landwirtschaft der „Lebensraum" von untergeordneter Bedeutung ist. Man denke da an das lebendige Beispiel Japans, der Bundesrepublik Deutschland, Belgiens, der Schweiz, Taiwans und Singapurs.[7]

Ende 1942 fiel ganz Nordafrika in die Hände der Alliierten, die damit die ganze Südküste des Mittelmeers von Marokko bis zur türkischen Grenze kontrollierten. Hitlers „Festung Europa" war nun umzingelt. Das Ende war nicht mehr allzuferne. Man kann sagen, daß in diesem fünfeinhalbjährigen Krieg nur die ersten 27 Monate Zeiten des deutschen Territorialzuwachses waren, durch 41 Monate aber eine fast rein defensive Stellung eingenommen werden mußte. Elf Monate nach dem Halt vor Leningrad und Moskau war der Sieg unwahrscheinlich geworden und in den letzten 14 Monaten war er ausgeschlossen – gleichgiltig, ob da eine Wunderwaffe entwickelt werden konnte oder nicht. Doch das Vok blutete geduldig und vergeblich weiter. Hätte aber der Krieg noch über den Mai bis in den August 1945 gedauert, wäre die Atombombe auch über das Herz Europas abgeworfen worden. Ein Mann wie Harry S Truman, der als Mitglied der Verbrecherwelt Amerikas seine politischen Sporen verdient hatte, würde davor keineswegs zurückgeschreckt sein. Dresden hätte ihm ganz einfach als Vorlage gedient…

56. HITLER ERKLÄRT DEN KRIEG AN AMERIKA

Die eigentliche Wende hatte der Dezember 1941 gebracht, den damals blieb nicht nur die Wehrmacht vor Moshajsk stecken, sondern Hitler verübte in diesem Monat auch seine größte Wahnsinnstat: seine Kriegserklärung an die Vereinigten Staaten. Lange hatte Roosevelt fleißig daran gearbeitet, um ihn zu dieser selbstmörderischen Dummheit zu verleiten. Man muß sich da vor Augen halten, daß die ganz überwältigende Mehrheit der Amerikaner eine Einmischung in die ihnen unerklärlichen, sie anwidernden Streitigkeiten Europas radikal ablehnte; ein Referendum in den Vereinigten Staaten noch am 6. Dezember 1941 über die Intervention oder Nichtintervention in Europa oder Asien hätte eine Mehrheit von 80 bis 85 Prozent gegen einen solchen Schritt gebracht. Mit Entrüstung hätte man ein Eingreifen Amerikas von sich gewiesen. Selbst die amerikanischen Juden waren nicht alle für eine Intervention gewesen. In der *America First* Bewegung spielte ein Jude, der Richter Jerome Frank, sogar eine führende Rolle. Nicht nur er, sondern auch andere amerikanischen Juden fürchteten, daß der Krieg in diesem recht „antisemitischen" Land von der Bevölkerung als ein Kreuzzug im Interesse der Juden Europas angesehen, und dann die Toten und Verkrüppelten der amerikanischen Armee als Opfer des „Internationalen Judentums" hingestellt würden. Was aber Roosevelt plante, war ein Krieg gegen Japan, das von Amerika oder vielmehr noch von Japan selbst zum Krieg gezwungen, an die Waffenbrüderschaft der Achse und des Antikominternpakts appellieren würde. Das geht auch aus den Tagebüchern seines Innenministers Harold L. Ickes deutlich hervor, in denen schwarz auf weiß steht, die Vereinigten Staaten müßten in den Weltkrieg „durch die japanische Hintertüre" einsteigen.[1]

Zu diesem Behuf verfolgte Roosevelt eine antijapanische Politik und nahm die Rolle eines friedliebenden Schirmherrn Chinas und Indochinas an. Nun waren die Japaner seit 1937 im Kriegszustand mit China und hatten einen beträchtlichen Teil Chinas mit großen Opfern erobert.[2]

1941 forderte nun Roosevelt die Japaner ultimativ auf, ihre Truppen aus China (und Indochina) zurückzuziehen, widrigenfalls die Amerikaner ihre Wirtschaft stillegen würden; man drohte, die Lieferungen von Abfalleisen *(scrap iron)* und Erdöl einzustellen, was einem tödlichen Schlag gleichgekommen wäre. Auch das besetzte China konnte Japan keinen Ersatz für diese Rohstoffe liefern. Verzweifelt versuchten konservative Kreise in Japan, denen die Militärdiktatur keineswegs sympathisch war, diese Gefahr zu steuern. Es zeigte sich aber kein Ausweg, da die Früchte eines vierjährigen Krieges unmöglich geopfert werden konnten, und auch der Gesichtsverlust durch einen Rückzug für Ostasiaten unannehmbar war. Ein bekannter amerikanischer Essayist konnte sagen, daß das letzte drohende Ultimatum des amerikanischen State Department, das man knapp vor dem Überfall auf Pearl Harbor den Japanern überreicht hatte, selbst Staaten wie das Fürstentum Monaco oder das Großherzogtum Luxemburg zu einer Kriegserklärung herausgefordert hätte.[3] Immerhin sollte man in amerikanischen Regierungskreisen so einiges über die Kriegsgepflogenheiten der Japaner in der Vergangenheit gewußt haben. Während zwei ahnungslose japanische Diplomaten, der Admiral Nomura und der Unterhändler Kurusu, in Washington verzweifelt konferierten, erfolgte der Überfall auf Pearl Harbor – unvermutet und plötzlich wie seinerzeit 1904 der Überraschungsangriff auf das russische Port Arthur.

Es wird uns glaubwürdig berichtet, daß Roosevelt über diese Katastrophe „sehr erleichtert" war.[4] Den Überfall hatte er erwartet, wenn auch sicherlich nicht in dieser Wucht und mit so schrecklichen Opfern, daß er aber „ein Pearl Harbor" wollte, kann nicht bezweifelt werden. Man kam in den Krieg durch die „japanische Hintertüre" – wiewohl noch nicht ganz. Es gibt (entgegen einer weitverbreiteten Meinung in Amerika) auch keinen Hinweis, daß Roosevelt absichtlich das Gros der Pazifik-Flotte auf engstem Raum zusammengezogen hatte, sodaß der japanische Schlag äußerst verlustreich war. Man brauchte in den Hafen nur hineinzupfeffern: U-Boote und Flugzeuge hatten ein wunderbares Ziel. Zweifellos hätte auch die Versenkung eines einzigen Schiffes, ja eine einzige Bombe auf ein Kriegsschiff für eine Kriegserklärung an Japan genügt!

Die Vernichtung eines so großen Teiles der amerikanischen Flotte war durch Sorglosigkeit und unglaubliche Schlamperei verursacht worden. Man hatte in Washington Informationen über japanische Vorbereitungen, so unfaßlich es klingt, nie an die Flotte und an die Armee weitergegeben. Ja, man hatte sogar in Hawaii eine konkrete Meldung über „nicht identifizierbare Flugzeuge", die sich Pearl Harbor näherten, einfach liegen gelassen. Solche Dinge könnten sich auch in der Zukunft wiederholen!

Nun ist der amerikanischen Verfassung nach eine Kriegserklärung durch den Präsidenten (der immerhin Staats- und Regierungschef ist) allein nicht möglich. Ein solcher Akt kann nur durch die beiden Häuser des Kongresses in gemeinsamer Sitzung durchgeführt werden – daher auch die absolute Unmöglichkeit einer früheren Kriegserklärung gegen das Dritte Reich (oder auch in den Sechzigerjahren gegen die „Demokratische Republik Vietnam").

Wurde nun Hitler von einer Nibelungentreue den Japanern gegenüber geplagt? Von einem eingefleischten Rassisten – obwohl er die Japaner zu Ehrenariern erklärt hatte – kaum anzunehmen: er war sogar unglücklich darüber, daß nun die Japaner Singapur erobern könnten. Wäre er ein Staatsmann und kein im Klischeedenken befangener, kleiner Spießer gewesen, hätte er sich zu einer ebenso schlauen wie großzügigen Geste hinreißen lassen können und dem versammelten Reichstag[5] erklärt, daß das größtenteils arische Brudervolk der Amerikaner nun von gelbhäutigen Asiaten überfallen worden war, und Deutschland als Zeichen seiner rassischen Verbundenheit den Vereinigten Staaten einen alten Zerstörer schenke. Doch Hitler tat nichts dergleichen. Er hätte eigentlich enttäuscht sein sollen, daß Japan, Mitglied des Antikominternpaktes, nicht eher die Sowjetunion angriff. Die Reaktion in Amerika auf eine Sympathiekundgebung Hitlers wäre zweifellos die gewesen, daß man nun einen bösen Krieg im Pazifik zu bewältigen habe und daher unmöglich England zu Hilfe eilen könne – und dies obwohl Churchill in aller Schnelligkeit Japan den Krieg erklären ließ. Churchill wollte mit seiner Erklärung selbst die Amerikaner überrunden. Doch der Aquarellist und Amateurarchitekt wollte den Amerikanern „zuvorkommen". So erklärte dieser eitle Fant, obwohl von deutschen Diplomaten gewarnt,[6] Amerika am 11. Dezember 1941 den Krieg. George N. Shuster, Präsident des Hunter College, der nach dem Krieg amerikanischer Zivilgouverneur von Bayern wurde, suchte Göring in seiner Zelle in Nürnberg auf und fragte ihn nach den Motiven Hitlers. „Sie hätten ja sowieso uns den Krieg erklärt", meinte Göring. „Keine Spur", erwiderte Shuster. „Das hätte der Kongreß nie und nimmer getan!" „Großer Gott!" rief Göring verzweifelt aus und schlug die Hände zusammen.[7] Als der Kongreß am Tag nach dem Überfall (8. 12. 1941) zusammengetreten war, konnte auch lediglich Japan der Krieg erklärt werden. Doch schon am 7. Dezember abends waren die Abzeichen mit der Inschrift *America First* und *No Foreign Wars* verschwunden. Mit kollektiver Wucht stürzte sich das amerikanische Volk in den Krieg. Roosevelts Manöver ist den Amerikanern erst nach dem Krieg zum Bewußtsein gekommen, doch jetzt fühlten sie sich vom feudalen Japan und überfeudalen Dritten Reich angegriffen. Die Nationalsozialisten? Lauter preußische Junker mit Monokeln und Reitpeitschen. So konnte dieser Krieg psychologisch als Fortsetzung des Ersten Weltkriegs geführt werden. Der Prolet aus Braunau erschien nun dem Mann auf der Straße als Urpreuße. Die Akzente waren alle falsch gesetzt, aber das heizte die Begeisterung nur noch mehr an. Zu den Argumenten der Demokratie kamen jetzt noch marxistische Interpretationen. Die Junker wurden nun mit Fabrikanten und Bankiers ergänzt. Hitler war nur deren Gallionsfigur – *he was a stooge,* aber zugleich ein *Kaiser redivivus.*

Die Erinnerung an den sowjetisch-finnischen Krieg wurde nun rapid ausgelöscht. Eine Riesenpropaganda, von der Regierung finanziert und von der Linken unterstützt, veranstaltete eine Gehirnwäsche der Massen mit durchschlagendem Erfolg. Man darf dabei auch nicht vergessen, daß die Regierung an und für sich schon *left of center* war und nun von einer gewissen Emigraille ideologisch unterstützt wurde. Der anglikanische Kanonikus Bernard Iddings Bell erzählte uns, daß er nach Pearl Harbor mit dem Direktor eines wichtigen Pressedienstes zusammentraf, und als er diesem sagte, das Publikum würde doch am alten Bild der Sowjetunion kleben bleiben, beruhigte ihn der Direktor sogleich. „Wir wissen, was wir zu tun haben", erwiderte er. „Wir von der Presse werden die Ansichten des einfachen Mannes über die Russen um 180 Grad herumdrehen. Und das werden wir in drei Wochen erledigt haben." Und so geschah es auch.[8]

Die Kriegserklärung Hitlers besiegelte das Schicksal des Dritten Reichs. Der deutsche Geschäftsträger in Washington hatte immer schon Berlin daran erinnert, daß man aus dem rostenden Metall der amerikanischen Autofriedhöfe zehn deutsche Flotten bauen könnte, doch waren seine Warnungen vergeblich. Ohne Weltkenntnisse, ohne intensive und extensive Reisen, ohne außenpolitische Erfahrung, mit einem Wort, unwissend wie auch die meisten anderen Politiker seines Zeitalters, bewies Hitler, daß ein fürwitziger kleiner Mann an Dummheiten selbst die trottelhaftesten Kabinette und Kanzleien vergangener Zeiten übertreffen konnte. Schon das Jahr 1942 zeigte, daß das Ende des militärischen Abenteuers im Sturm des Zweifrontenkrieges erschreckend sichtbar geworden war. Zwar stieß die Wehrmacht noch in den nördlichen Kaukasus vor, konnte aber weder die Sowjetunion von der Schwarz-Meer-Küste abschneiden, noch auch die wirklich ergiebigen Ölquellen von Baku erreichen. (Das nordkaukasische Ölgebiet war vernichtet worden.) Weder Leningrad noch Moskau waren gefallen, ja nicht einmal die Eisenbahnverbindung mit Murmansk konnte durchschnitten werden.[9] Kriegsmaterialien kamen auch – von den Japanern nicht behindert – über Wladiwostok. Da kam dem ‚Führer‘ der verhängnisvolle Gedanke, um jeden Preis die Wolga zu erreichen und diese exponierte Front auch unter allen Umständen halten zu wollen. Die schwere Niederlage um Stalingrad war das Resultat.

Die italienische Armee war für die Kämpfe in Osteuropa ungeeignet, die anderen Verbündeten – Ungarn, Rumänen, Slowaken, Kroaten, bosnische „Türken" – kämpften ebenfalls halbherzig, denn sie waren in dieser Allianz die Erniedrigten und Beleidigten. Die Ungarn hatten weder die alte Krönungs- und Hauptstadt Preßburg noch einen Quadratzentimeter vom Banat zurückbekommen, die Rumänen hatten das nördliche Siebenbürgen und ein Stück der Krischana, die Slowaken die fruchtbare, von Magyaren besiedelte Ebene verloren, die Kroaten hatten böse Konzessionen an die Italiener machen müssen. Eigentlich war es die höchste Zeit für das Dritte Reich, einen Frieden fast um jeden Preis anzustreben – und nicht wehrlose Juden umzubringen, russische Gefangene verhungern zu lassen und Polen auszurotten. Das Hoffen auf die „Wunderwaffen" war nur ein Teil der romantischen Vorstellungen des frustrierten Landschaftsmalers. Neuartige, allzu neuartige Vernichtungswerkzeuge bekamen hingegen die Amerikaner dank der deutschen, zumeist „nichtarischen" Emigranten, die schließlich auch die Atombombe herstellten. Hitlers Hoffnung, die Briten mit der V–1 oder V–2 in die Knie zu zwingen, war völlig kindisch. So war der Krieg bereits im dritten Jahr gründlichst verloren.

57. DER CHINESISCHE KRIEG

Schlecht erging es den Alliierten 1942 in Asien, wo der Angriff der Japaner im Pazifik den Sowjets die Verlegung ihrer Truppen von Ostsibirien an die europäische Front ermöglichte. Pearl Harbor wäre auf jeden Fall ein Schlag *gegen* Hitler gewesen. Immerhin, mit dem Ende des Jahres 1942 waren nicht nur weite Teile von China unter der Kontrolle der Japaner, sondern auch die Philippinen, die Insel Wake, ganz Indochina und Indonesien, Malaya, Thailand, Birma und selbst Teile von Neuguinea. Nur das chinesisch-tibetanische Herzland konnte ihnen Einhalt gebieten. Tschiang-Kai-Schek, der sich in Tschung-King verschanzt hatte, wurde von den Amerikanern gezwungen, sich mit den Kommunisten zu „vertragen", in denen doch weite Kreise amerikanischer Intellektueller, die in Washington unter Roosevelt das große Wort führten, das „wirklich fortschrittliche Element" in China sahen. Das Régime Tschiangs wurde als „korrupt" bezeichnet.[1]

Hier muß man wissen, daß die chinesisch–amerikanischen Beziehungen, besonders im wirtschaftlichen, missionarischen und intellektuellen Bereich, immer sehr enge waren. Die „China Clippers", gewaltige Segelschiffe der großen Bostoner Kaufleute, hatten zwischen dem Osten der Alten und der Neuen Welt eine bewegliche Brücke geschlagen. Viele *Old China Hands* waren auch nicht Briten, sondern Amerikaner – und die Vereinigten Staaten trugen schließlich auch nicht das Stigma des sogenannten Opiumkriegs.[2] Später kam noch ein großer Zuzug amerikanischer Missionare.[3] Diese vielen Beziehungen nahmen mit der Zeit auch einen intellektuell-ideologischen Charakter an. 1919 hielt John Dewey, der Philosoph des pragmatischen Instrumentalismus, Vorlesungen an der Universität in Peking und diese machten auf die sehr pragmatisch denkenden Chinesen einen tiefen Eindruck.[4] Man muß sich da auch vor Augen halten, daß die Oberschichten Chinas philosophisch orientiert sind, die breiten Massen aber oft dem krassesten Aberglauben huldigen. Dazwischen ist wenig Raum für das, was wir (oder auch die Inder) Religion nennen. Der Konfuzianismus ist gesammelte, methodische Lebensweisheit, aber nicht Religion, und der chinesische Buddhismus gehört der Mahayana-Richtung an, dem „Großen Fahrzeug", das mit Leichtigkeit populäre und abstrakte Elemente verbindet. Ob der „reine" Buddhismus aber wirklich eine Religion sei, wird von mancher Seite bestritten.

Der Pragmatismus, der Szientismus und deshalb auch der Marxismus haben deshalb für den Chinesen eine gewisse Anziehungskraft und konnten also auch mit dem so stark ausgebildeten Nationalgefühl der Chinesen eine Synthese eingehen. Man unterschätze nie den Nationalismus–Rassismus Chinas, der mit einem Gefühl großer kultureller und sittlicher Überlegenheit Hand in Hand geht.[5] Die Worte

„national" (wie „patriotisch") gehören integral der Welt des chinesischen Kommunismus an, der sich auch deshalb, sogar noch unter Mao, ohne sich selbst zu verleugnen gegen das „sozialistische Vaterland", gegen die Sowjetunion, wenden konnte. Und für diesen chinesischen Kommunismus (der ja auch das Land „modernisieren" wollte) hatten sich schon seit den Zwanzigerjahren „fortschrittliche", das heißt rötliche und rote Amerikaner interesssiert – vor allem Edgar Snow, Owen Lattimore, Freda Utley, Agnes Smedley und noch viele andere. Die *Amerasia Society*, etwas später organisiert, förderte diese Tendenzen. Zweifellos waren es auch amerikanische Missionare, die mitgeholfen hatten, den Grundstock zum chinesischen Kommunismus zu legen. Die YMCA war eine Brutstätte des Marxismus gewesen. Kein Wunder, denn der Kommunismus hat auch den Aspekt einer „christlichen Häresie" und zugleich ist er ein Monastizismus.[6]

Die Schuld einzelner Amerikaner, auch Militärs, an der Bolschewisierung Chinas war nach dem Kriegsende der Gegenstand erregter Debatten. Sicherlich war das offizielle Amerika an der Entwicklung in China nicht schuldlos, nicht zu übersehen ist jedoch die Tatsache, daß rein ideologisch in unserer Jahrhundertmitte dem Kommunismus Chinas keine größeren Kräfte entgegengesetzt werden konnten. Mao gelang es, wie auch den Bolschewiken Rußlands, die „landhungrigen" Bauern auf ihre Seite zu ziehen, und dies obwohl in China ein Besitzer von 40 Hektar als schwerreich galt. (Um dieser Gefahr der Demagogen vorzubeugen, wurde in Taiwan eine erfolgreiche Agrarreform durchgeführt. Dort beträgt der Maximalbesitz heute 7.5 Hektar!)[7] Erinnern wir uns auch daran, daß gemäß der chinesischen Tradition der Gelehrte den höchsten Rang einnimmt, den zweithöchsten aber der Bauer und Grundbesitzer – den niedrigsten der Soldat, den zweitniedrigsten der Händler! Eine adelig – feudale Gesellschaft kannte aber China in den letzten 2000 Jahren nicht.

58. DER KRIEG IM PAZIFIK

Die Japaner wurden von den Amerikanern (und Briten) erst im Jahre 1943 allmählich zurückgedrängt. Zum Losschlagen gezwungen, glaubten sie gegen ein furchtbares Unrecht anzukämpfen, zogen aber gegen die hochindustrialisierten Vereinigten Staaten den kürzeren. Was sie aber – eher zufällig als geplant – erreichten, war das Ende des kolonialen Zeitalters im südostasiatischen Raum. Weder die französische noch die niederländische oder die britische Herrschaft konnte nach der Niederlage und dem Abzug der Japaner auf die Dauer wiederhergestellt werden. Dazu kam aber freilich noch der Umstand, daß die Vereinigten Staaten, die dank einer Fehlinterpretation ihrer eigenen Geschichte auf den „Antikolonialismus" eingeschworen waren, die Rückführung der früheren Kolonien unter ihre alte Herrschaft mit allen möglichen Mitteln[1] zu verhindern suchten und selbst mit „gutem Beispiel" vorangingen: 1946 endete die amerikanische Herrschaft auf den Philippinen. Doch mit dem Ende des „Kolonialismus" vergrößerte sich auch die kommunistische Gefahr – und nicht zuletzt auf den Philippinen.[2]

Während sich die Japaner noch eine gute Weile in Südostasien halten konnten, entrissen ihnen die Amerikaner mit ihrer maritimen Überlegenheit eine Insel nach der anderen in der Südsee, und daher steigerte sich mit den stets geringer werdenden Anflugzeiten die Zerstörung der japanischen Städte, die, zu größtem Teil aus Holz gebaut, wie Zunder brannten. Noch bevor die Atombomben auf Hiroshima und Nagasaki abgeworfen wurden, war Tōkyō nur mehr ein Trümmerhaufen mit mehr Toten als eine der beiden „atomisierten" Städte. Im April 1945 ersuchten die Japaner durch den Vatikan um einen Waffenstillstand, doch die Antwort Washingtons war das stupid-brutale: *Unconditional Surrender*. Man kann sich leicht vorstellen, daß die Japaner damals darauf nicht eingehen *konnten*, und was diese verbrecherische Formel für Europa bedeutete, werden wir noch durchleuchten.

Der Fall der ersten Inseln im Ryu-Kyu Archipel war der Anfang vom Ende. Bei der Eroberung der Bonin-Inseln, von Iwo-Jima, besonders aber von Okinawa, begingen zahlreiche Japaner Selbstmord. Hier zeigte sich wieder, daß theistische, insbesonders aber christliche Völker einen Krieg anders auffassen und führen als heidnische. Für einen Japaner ist in Gefangenschaft zu geraten – anders als zu sterben oder zu siegen – äußerst schimpflich. Er hat damit völlig sein Gesicht verloren und behandelt deshalb auch seine Gefangenen mit grausamer Verachtung. Wären sie wirkliche Männer gewesen, hätten sie bis zum Äußersten gekämpft – oder hätten sich entleibt, um der Schmach der Gefangenschaft zu entgehen. Daher auch die selbstmörderischen Kamikazes, die mit Todesverachtung, aber dennoch recht erfolglos operierten, und die unbarmherzig-sadistische Haltung den Gefangenen gegenüber, was nach dem Krieg zu einer Reihe von Kriegsverbrecherprozessen führte.

„Unconditional Surrender" war in den Augen der Japaner gleichbedeutend mit dem Ende der Monarchie, und tatsächlich arbeiteten Linkskreise in Amerika auch auf die Abschaffung des Kaisertums hin. (Der frühere Botschafter Joseph C. Grew bemühte sich jedoch in der entgegengesetzten Richtung.) Die amerikanische Öffentlichkeit hatte allerdings sehr wenig Verständnis für die Stellung des Kaisers in Staat und Gesellschaft und konnte kaum glauben, daß dieser stille Biologe von Rang[3] am Krieg unschuldig war. Es war jedoch in der japanischen Geschichte immer wieder so gewesen, daß der Tennō eine so erhabene Person war, daß er sich kaum in die Regierungsgeschäfte einmischte. Ja, er war eine so geheiligte Person, daß er, noch in Kyōtō residierend, sich schlafend stellen mußte, damit der Barbier seine Haare schneiden konnte, denn freiwilig konnte er keinen Teil seines Körpers hergeben. (Der Friseur wurde dann für seinen „Diebstahl" symbolisch gezüchtigt.)

Vom 16. Jahrhundert an regierte das Shōgunat mit absoluter Gewalt. Der Shōgun (eigentlich: oberster Kriegsherr) weilte in Yedo (später Tōkyō genannt),[4] und sein Régime bezeichnete man als *bakufu*, wörtlich „Herrschaft des Zeltes", also als ‚Militärregime'. Es herrschten die Daimyōs, die Lokalfürsten, loyal dem Shōgun und gestützt auf die Samurais, die kriegerischen Kleinadeligen. Eine der Hauptursachen dieser Herrschaft, die von den unteren Schichten, besonders der Bauernschaft, unerhörte Steuern erpreßte, war die „nationale Angst" vor einer Invasion der Europäer, die auch eine Christenverfolgung größten Stils auslöste. Der Anstoß dazu kam von einer häßlichen niederländischen Intrige.

Es muß am Ende des 16. und anfangs des 17. Jahrhunderts in Japan mehrere hunderttausend katholische Christen gegeben haben. Die Geschichte ihres Märtyrertums und ihres Widerstandes füllt wahrscheinlich die glorreichsten Seiten der Geschichte des Christentums, die Antike miteingeschlossen. Die grausamsten Foltern, die sich die menschliche Phantasie ausmalen kann, wandte man gegen die Christen[5] an. (So wurden zum Beispiel bei Unzen die Christen im heißen Schlamm lebend gesotten.) Das Zentrum dieser Christen war Nagasaki, denn eine Mehrheit von ihnen lebte in Kyūshū; ihr letzter Widerstand wurde in Shimabara gebrochen.[6] Die Mauern dieser befestigten Stadt konnten jedoch nur mit Hilfe der schweren holländischen Geschütze gebrochen werden, die Kapitän Koekenbaker dem Shōgun geliehen hatte. Dann lebt noch durch 230 Jahre ein geheimer katholischer Glaube im ‚Untergrund' weiter, dessen Mittelpunkt die Vorort Urakami von Nagasaki war. Es dürften in dieser Gegend an die 40 000 Menschen gewesen sein, die mit Geheimsprache, Geheimgebräuchen und Geheimzeichen, aber nur mit zwei Sakramenten (Taufe und Ehe) in einem priesterlosen Zweig der Gesamtkirche durchhielten.[7] Erst im Jahre 1865, als Priester der Pariser Missionsgesellschaft in Oura, einem anderen Vorort von Nagasaki, in einem neuerrichteten Kirchlein die Messe feierten und dann von Einheimischen sorgfältig ausgefragt wurden, gaben sich diese als Christen zu erkennen.

Die Niederländer wurden dann im 17. Jahrhundert für ihre tätige Hilfe und ihre Informationen mit dem Handelsprivileg (wenn auch unter sehr entwürdigenden Umständen) belohnt.[8] Die Verwestlichung Japans begann erst 1853 mit dem Erscheinen des Commodore Perry vor Shimoda, der mit seinen amerikanischen Kriegsschiffen die Öffnung einiger Häfen erzwang. Der so lange gefürchtete Feind war also schließlich nicht von Europa, sondern von den Vereinigten Staaten gekommen, ein ‚Feind‘, der 1945 eine zweite Welle der Verwestlichung auslöste.

Das Shōgunat war eine brutal-totalitäre Regierungsart, die in jeden Lebensbezirk eingriff. So wurde für alle Klassen die Größe der Häuser bestimmt (durch die Anzahl der *tatami*, der geflochtenen Strohmatten), auch die Bevölkerungszahl wurde scharf umrissen. Die Einwohnerzahl am Anfang des 17. Jahrhunderts war ungefähr 30 Millionen, eine für die damaligen Zeiten enorme Bevölkerung, die aber das Shōgunat stationär halten wollte. Abtreibungen (die jedoch lebensgefährlich waren) und auch Homosexualität waren ungenügende Methoden; so griff man zum *mabiki*, zum „Ausdünnen": das dritte und jedes weitere Bauernkind wurden nach der Geburt erstickt.

Das Shōgunat aber wurde in den Sechzigerjahren des vorigen Jahrhunderts durch das Großbürgertum gestürzt, das den Kaiser Mutsuhito (nach seinem Tod *Meiji*) auf die Schulter hob. Sein Nachfolger war der gemütskranke Yoshihito *(Taisho)*, der vom jetzigen Kaiser Hirohito abgelöst wurde. Doch wurde dieser Kaiser wieder, um einen englischen Ausdruck zu gebrauchen, eine *sacred cow,* und die wirkliche Herrschaft glitt in die Hände einer hochnationalistischen Offizierskaste, die aber neuen Sozialschichten entstammte und keineswegs dem alten Feudaladel oder gar der industriell-finanziellen Bourgeoisie entsproß. Dem Volk wurde eingeredet, der Kaiser sei so göttlich, daß man ihn bei seinen Reisen und Besuchen nicht anschauen dürfe, da man dadurch blind werden könnte. So wurde schlau ein Keil zwischen Volk und Herrscher getrieben.

Der Krieg endete plötzlich durch die Atombomben auf Hiroshima und Nagasaki. Man hätte sie ebensogut auf unbewohnte Inseln, von denen es um Japan hunderte gibt, abwerfen können. Die Japaner waren ein physikalisch-technisch genügend gebildetes Volk, um zu wissen, daß mit der Atombombe in den Händen der Amerikaner ein weiterer Widerstand völlig aussichtslos wäre. Doch die amerikanische Regierung, nach dem Tode Roosevelts nunmehr unter *Harry the Haberdasher,* war unerbittlich – auch natürlich gegen das eigene Volk, denn alle Amerikaner, die im Kriege gegen Japan seit dem April 1945 fielen, waren völlig umsonst gestorben ... genau so wie die Alliierten Soldaten vom Februar 1918 bis zum November 1918 nach Ablehnung des österreichischen Friedensvorschlags durch Herron und Wilson. Nur wegen einer sowohl dummen als auch unmoralischen Formel wurden jetzt die *boys* verheizt. Die schon im Ersten Weltkrieg von Anatole France so bitter beklagte Herzlosigkeit der Demokratien zeigte sich auch hier wieder.

Es ist inzwischen in den Vereinigten Staaten ein wenig Mode geworden (besonders unter dem Eindruck der völlig kopflosen Carter-Regierung), ‚Harry‘ wieder aufzuwerten. Wenn wir aber nun auch von seinen Beziehungen zur Verbrecherwelt in Kansas City[9] und den Untaten mit den Atombomben absehen, so muß man sich doch auch die Frage stellen, warum der Präsident in Potsdam, wo er Klavier spielte und (wie uns ein nettes Bild im *Life Magazine* zeigte) die schönen

Beine von Laureen Bacall studierte, die auf dem Musikinstrument saß, die „Mithilfe" der Sowjets für das Niederringen Japans erkaufte.[10] Da bleibt einem wirklich der Verstand stehen. Schon am Anfang der Potsdamer Konferenz wurde die Atombombe im „White Sands National Monument" von New Mexico erfolgreich gezündet, sodaß Truman genau wußte, welche Trumpfkarte er in der Hand hielt. Vielleicht aber registrierte dies sein leicht alkoholisiertes Vogelhirn nicht.[11] Die Russen fielen nach dem Atombombenabwurf aber sogleich in die Mandschurei ein, die japanische Armee ergab sich dort, hunderttausende von japanischen Kriegsgefangenen wurden nach Sibirien verschleppt, die Sowjetarmeen demontierten die gesamte riesige japanische Industrie in der Mandschurei und besetzten auch Nordkorea. Am 38. Breitengrad wurde eine Demarkationslinie errichtet und somit erreichte die Teilerei, die immer wieder nur neue Kriege hervorgerufen hatte, wieder einmal einen Höhepunkt.

Nun könnte man argumentieren, daß die Bombardierungen Tōkyōs und Dresdens mehr Todesopfer gefordert haben als jene von Hiroshima und Nagasaki. Warum aber gleich die Totalvernichtung von *zwei* japanischen Städten kurz nacheinander? Hätte nicht vielleicht auch eine genügt? Die ‚Atomisierung' Nagasakis war gerade deswegen so tragisch, weil die Bombe ausgerechnet im Vorort Urakami niederging. Keine 200 Meter von der größten katholischen, vollgepackten Kathedrale Ostasiens. So wurde mit einem einzigen Abwurf ein Zehntel *aller* katholischen Christen Japans in der Wiege ihres Glaubens umgebracht. Wenn man bedenkt, unter welch unsäglichen Opfern diese Menschen durch acht Generationen ihren Glauben erhalten hatten, um dann zur größeren Glorie der Demokratie, der Aufklärung und des Fortschritts grausamst ermordet zu werden!

Es sei aber zur Ehre des amerikanischen Volkes gesagt, daß die Reaktion der ganz überwiegenden Mehrheit sich in Ekel, Entrüstung und Entsetzen äußerte. Es haben dann später einige Flachköpfe argumentiert, daß die Atombombe tausende von Menschenleben durch den „baldigen Frieden" erspart hatte. Da aber die Friedensfühler schon Monate vorher kamen und dichtestbesiedelte Städte zu einem wahren *Holocaust,* einem „Brandopfer" ausersehen worden waren,[12] ist solches Gerede völlig gegenstandslos. Durch mehrere Wochen brachte die *New York Times* Leserbriefe, in denen sich die Empörung und die Scham so vieler Amerikaner widerspiegelten.[13]

59. „BEDINGUNGSLOSE ÜBERGABE"

Die europäische Tragödie war eine andere. Aber auch dort gab es überflüssige, nur aus der bodenlosen Ignoranz, den sadistischen Trieben, der Feigheit und Kleinlichkeit, der Irrationalität und der ganz tiefsitzenden Unmoral der Hauptakteure erklärbare Dramen.

Da hatten wir mitten im Krieg den Ausrottungsprozeß der Nationalsozialisten gegen die Juden, und es ist für den Moralisten recht gleichgiltig, ob es „nur" anderthalb, drei oder gar sechs Millionen Juden waren, die in Gaskammern oder vor Erschießungskommandos umkamen. Das Ziel war nun einmal die physische Ausrottung eines Volkes. Unter den Millionen, die umkamen, gab es nicht nur Glaubensjuden, glaubenslose Juden oder Christen jüdischer Abstammung (die selten erwähnt werden, aber zahlenmäßig keineswegs so gering waren)[1], sondern auch Polen, Russen, Ukrainer – und schließlich und endlich auch Deutsche und Österreicher. Sie waren die ersten Opfer in den Jahren 1933 bis 1939 und sie waren auch die letzten. Im April 1945 brachten die braunen Schergen noch die Reste des rechtsgerichteten deutschen Widerstands um.[2] In diesen edlen Aktivitäten konnten die Nationalsozialisten auf hehre Vorbilder zurückblicken: auf die französischen Demokraten unter Robespierre, auf die Briten mit ihren *Concentration Camps* im sogenannten Burenkrieg, auf die Russen mit ihren *Kontslagery* und Massenerschießungen, die der ‚Wirtschaftlichkeit' wegen mit gut gezielten Genickschüssen – ein Mann eine Kugel – demokratisiert wurden. Nachdem die Sowjets ihre eigenen Kulaken hatten umbringen oder elend zugrunde gehen lassen, bot sich ihnen eine schöne Gelegenheit, sich im Genozid so richtig einzuüben: die Abschlachtung der polnischen Offiziere und Reserveoffiziere. In Katyn allein starben durch Genickschüsse[3] zwischen sechs- und zehntausend Offiziere, während die Zahl der Gemordeten in anderen Lagern nur sehr schwer zu bestimmen ist.[4]

Nicht weniger groß waren die Vergehen und Dummheiten der Alliierten in Verbindung mit der schon vorhin erwähnten Formel der „Bedingungslosen Übergabe". Sie wurde von Franklin D. Roosevelt erfunden, als schlauer Einfall betrachtet und im Gegensatz zu einem weitverbreiteten Märchen keineswegs von Winston Churchill abgelehnt.[5] Der Bericht Roosevelts, wie er in Casablanca sich zu diesem gigantischen und zugleich auch mörderischen Blödsinn entscheiden konnte, wirkt erschütternd: „Und da war auf einmal diese Pressekonferenz in Casablanca angesetzt; weder ich noch Winston hatten Zeit gehabt, uns darauf vorzubereiten, da kam mir auf einmal der Gedanke, daß man Grant ‚*Unconditional Surrender*' nannte, und da geschah es auf einmal, daß ich es ausgesprochen habe."[6] Das also war Roosevelt einfach ‚passiert‘; er hatte à la Wilson, Beneš und Hitler[7] nicht überlegt, sondern war ganz einfach einer ‚Eingebung‘ gefolgt.[8] Wie viele Millionen Menschenleben das wieder einmal kosten konnte, darüber hatte der alte Knabe nicht nachgedacht. Selbst Stalin hatte gegen diese idiotische Formel Einspruch erhoben.[9]

Mit dieser horrenden Eselei wurde die Sache des deutschen Widerstandes schwer belastet. Diese Männer waren Patrioten, die sowohl den Sturz Hitlers herbeiführen als auch eine verheerende sowjetische Besetzung ihrer Heimat vereiteln wollten. Zu diesem Behuf mußten sie eine direkte Verbindung mit den Westalliierten aufnehmen. Wir schilderten schon, wie die Versuche der Halder-Beck-Gruppe, die Alliierten von ihrem Plan zu überzeugen, mißlangen. Auch während des Kriegs begenete man in London und Washington einer völlig abweisenden Haltung, die auf fünf Ursachen zurückzuführen war: 1) ein totales Nichtwissen über das innere Gefüge des Deutschen Reichs, 2) eine ebenso große Ignoranz über die Psychologie der Deutschen, 3) ein echter Deutschenhaß,[10] 4) ein ideologisches Vorurteil gegen Konservative und 5) eine Todesangst, daß der liebe bolschewikische Verbündete im Osten Verdacht schöpfen könnte. Die frühere Mission von Adam Trott zu Solz in Washington war schon deswegen ein Mißerfolg, weil Roosevelt es als ‚peinlich‘ empfand, mit ihm zu reden.[11] Eden, einer der fünf ganz großen Dummköpfe unseres Jahrhunderts, lehnte es strikt ab, mit dem deutschen Widerstand in Verbindung zu treten, und wenn man die amerikanischen Blätter, besonders die *New York Times* und die *Herald Tribune,* nach dem Mißlingen der Verschwörung vom 20. Juli nachliest, kann man über so viel Unverstand, Haß, Dummheit, Kleinlichkeit, Schäbigkeit nur verzweifeln.[12] Auch Churchill war da um kein Haar besser. Er erklärte am 2. August im Unterhaus, daß die Ereignisse am 20. Juli für England nur insoweit von Interesse wären, als man – vielleicht in aller Gemütsruhe? – zuschauen konnte, wie die Machthaber des Dritten Reichs sich gegenseitig die Hälse durchschnitten.[13] Churchill hatte zwar ein Memorandum über die Verschwörung bekommen, doch der alte Alkoholiker hatte sie zu anderen Papieren beiseite gelegt.[14] Freilich, wie konnte man von Engländern erwarten, sich „Verbündete“ mitten im Herzen des Feindeslandes vorzustellen – oder gar Generäle, die zu ihnen hielten? Oder gar am Ende den Chef der Spionageabwehr, einen Mann wie Admiral Canaris, der sich nichts sehnlicher wünschte als das Ende des „Führerstaates“?[15] (Doch, seien wir ehrlich: Was wußte der tragische Rudolf Heß, der in Nacht und Nebel nach Schottland flog, von Staat, Gesellschaft und Mentalität des Inselreichs?)

Das alles will natürlich nicht heißen, daß es nicht auch Briten gab, deren Herz am rechten Fleck lag – und nicht nur das Herz, sondern auch das Hirn. Da waren der als „Faschist“ verdächtige Generalmajor J. F. Fuller, der Militärexperte Sir Basil Lidell Hart,[16] die schon erwähnte tapfere Schriftstellerin Vera Brittain, Dr. George K. A. Bell, der anglikanische Bischof von Chichester, der sich vergeblich bemühte, zwischen dem deutschen Widerstand und der britischen Regierung eine Verbindung herzustellen, und dann auch nach dem Krieg der englische Jude Victor Gollancz, der als erster den Deutschen eine Freundeshand anbot. Die Guten und Klugen gab es schon, wie überall aber waren sie in der Minderheit, und mit der Regierung hatten sie nichts zu tun; in den Vereinigten Staaten war es ähnlich.

Der frohlockende amerikanische Ausruf: „*We'll outnumber and outproduce them!*"
bewies seherische Richtigkeit. Die Küste Nordafrikas kontrollierend, landeten die
Alliierten im Frühjahr 1943 in Sizilien und Süditalien. Im Juli wurde Mussolini durch
eine gemeinsame Aktion vom König und dem Großen Faschistischen Rat abgesetzt,
in eine Ambulanz verpackt und auf dem Gran Sasso d'Italia verbannt, wo ihn aber
sehr bald ein deutsches Kommando unter der Führung von Otto Skorzeny befreite.
Nach einem Besuch bei Hitler wurde der *Duce* nach Norditalien gebracht, wo er
die *Repúbblica Sociale Italiana* gründete, die Erste Italienische Republik, womit er
auch zu seinen ursprünglichen politischen Idealen zurückkehrte. Nun waren die
konservativen Kräfte mit Hilfe der Alliierten zeitweilig im Süden an der Macht,
während sich im Norden der nationale Sozialismus von Saló aus in der *Repubblichetta*,
der „kleinen Republik", austobte. Jetzt wurde auch der Faschismus wirklich gewalt-
tätig: Mussolini ließ seinen neuadeligen Schwiegersohn als Verräter und Verschwörer hinrichten.

Nach dem Zusammenbruch bei Stalingrad war die Eröffnung einer zweiten
Front nicht mehr sehr weit. Im Juli–August 1943 wurde Hamburg intensiv bomba-
diert, und auf einmal entwickelte sich dort ein sogenannter Feuersturm, dem die
Löscharbeiter machtlos gegenüberstanden. Dies war der erste künstliche Feuersturm
in der Geschichte, der aber auch die Phantasie der RAF und der RCAF mächtig
anheizte. Dieses entsetzliche Schauspiel sollte auch später noch einmal wiederholt
werden. Der Zweck dieser Übung war die Ausrottung des deutschen Arbeiterstandes,
wobei allerdings auch nicht vergessen werden darf, daß die Luftwaffe sich ebenfalls
gerne der Arbeiterviertel „annahm". Dazu gab es die von den Alliierten so geschätz-
ten „*Baedecker Raids*", deren Ziel es war, die historischen Altstädte zu zerstören.
Zeitungskommentatoren in den Vereinigten Staaten meinten, daß dies den Stolz
der Nazis auf „*their German Kultur*" ein für allemal abbauen würde. Ein amerikanischer
Artillerieoffizier von einem Reporter in Süditalien (Benevent) darauf aufmerksam
gemacht, daß man doch auf Kulturgüter achten wollte, erwiderte gelassen, daß
immer noch viel übrigbliebe, denn „*this country is lousy with clerical monuments*". Die
Zerstörung von Monte Cassino, von deutschen Truppen geräumt, hatte auch
andere Faktoren.[17]

Das Dritte Reich verlor diesen Krieg seit dem Dezember 1941, wie man sieht,
und dies aus einer Reihe von Gründen. Einen ganz gewichtigen haben wir noch
nicht genannt: die Tatsache, daß die Alliierten eine geniale, von Polen konstruierte
Maschine besaßen, mit der sie den deutschen Code brechen konnten. Sie waren also
kaum Überraschungen ausgesetzt.[18] Die beiden Kaiserreiche hatten im November
1918 den Krieg aufgegeben, als ihre Armeen noch tief im Feindesland standen.
Italien aber hatte 1943 einen König, der den geistig und moralisch heruntergekommenen Mussolini „absiervieren" konnte.[19] Im Deutschen Reich war allerdings
niemand da, der Hitler hätte in eine Ambulanz stecken können – daher der aus-
sichtlose und verbrecherisch überflüssige Kampf des „republikanischen Führerstaats"
bis zur letzten Patrone.

Die Verschwörer, die am 20. Juli losschlugen, waren in ihrer überwiegenden
Mehrheit „Konservative",[20] doch gab es in ihrer Gruppe auch gemäßigte Sozial-

demokraten und natürlich auch viele Männer, die in den Attentatsplan gegen Hitler nicht eingeweiht waren, aber dennoch mit ihrem Leben für ihre Anschauungen zahlen mußten. Ihr früher Tod war es, der eine ganz gewaltige menschliche (und daher auch politische) Lücke in deutschen Landen hinterlassen hat. Das alte griechische Wort, daß Mars nicht die Guten verschont, sondern die Schlechten, kann auch auf die Tyrannis und ihr Wüten angewandt werden. Natürlich wollten die Verschworenen das kommende Reich nicht als demokratische Republik wiedererstehen lassen, das Rad der Geschichte nicht auf 1919 zurückdrehen, nicht noch einmal einer totalitären Partei im demokratischen Rahmenwerk eine Gelegenheit zur Errichtung einer Tyrannis geben. Doch die Alliierten wollten aus einer Reihe von Gründen Deutschland „demokratisieren". Dies wollten die Amerikaner (mit den Briten in Schlepptau) nicht nur, weil sie nicht imstande waren, von der Geschichte sich belehren zu lassen, sondern weil sie, wie schon immer, andere Völker nach ihrer Façon selig machen wollten. Die Franzosen hatten denselben Plan, weil sie schon aus ihrer eigenen Erfahrung heraus die Demokratie als eine schwache, unsichere und ziellose Regierungsform kannten,[21] und die Sowjets, weil ihnen die Demokratie in der Regel die Aufstellung und damit auch die interne Wirkung kommunistischer Parteien bis zu ihrem Endsieg ermöglicht. Daher auch die Begeisterung von Engels für die demokratische Republik. Dank der deutschen Willigkeit zu lernen, nachzuahmen und konform zu wirken, konnten die Besetzer, vor allem aber die Amerikaner, bestimmte geistige und ideologische Grundlagen schaffen, die sich dann aber oft dialektisch auswirkten und somit der Zweiten Deutschen Republik mit der Zeit große Schwierigkeiten bereiteten. Die berühmte Charakterwäsche[22] wirkt sich heute erst voll aus. Man darf hier nicht vergessen, daß eine so dynamische Ideologie wie der Nationalsozialismus, die Synthese von drei Kollektivismen, nach ihrem Scheitern ein gefährliches Vakuum hinterließ, das unmittelbar nach der Katastrophe in seiner ganzen Breite und Tiefe nicht richtig erkannt wurde. Reiner Zynismus oder praktischer Materialismus allein können diese Leere nicht restlos ausfüllen.

60. DAS ENDE DES DRITTEN REICHES

Die Agonie des Dritten Reiches war zum Schluß in der Tat entsetzlich gewesen. Das Schlagwort: „Erfreuen wir uns des Krieges, denn der Friede wird ganz furchtbar sein!" bewahrheitete sich nur für allzu viele.

Vor den sowjetischen Armeen flohen die Deutschen in hellen Scharen, nicht zuletzt weil sie von den Untaten der SS wußten; sie fürchteten aber auch die Polen, weil man diese als Untermenschen behandelt hatte, und das war auch im Westen keineswegs unbekannt geblieben. Doch nicht alle flohen oder konnten fliehen und ihrer harrte – besonders der Frauen und Mädchen – ein besonders grausames Schicksal. Oft konnten sie von Glück reden, wenn sie nur geschändet wurden.[1] Und nicht viel besser ging es den Deutschen in Böhmen und Mähren. Dort fand eines der schrecklichsten Massaker auf der Elbebrücke in Aussig statt.[2] Man darf da nicht vergessen, daß die Tschechen, die alle Privilegien der Deutschen und keine ihrer Lasten zu tragen hatten, also deutsche Lebensmittelzuweisungen bekamen, jedoch nicht im Heer dienen mußten und von den alliierten Bomben verschont blieben,[3] brav kollaborierten. Das wiederum beunruhigte die Exilsregierung über alle Maßen. Der „Protektor" von Böhmen–Mähren, Heydrich, war der Planer dieser sehr schlauen, von der Haltung den Polen gegenüber sehr abweichenden Politik.[4] Die Reaktion der Tschechen in London war seine Ermordung durch eingeschleuste Emissäre und darauf folgte die blutige Rache in Lidice. (Wie immer waren die Nationalsozialisten in die für sie wohlbereitete psychologische Falle gegangen, wie ja die Dummheit sie in ihrer ganzen Geschichte wie ein böser Schatten begleitete. „Selig sind die Armen im Geiste, denn ihrer ist das Dritte Reich!") Jetzt aber, da das Reich Hitlers zugrunde gegangen war, wollten die Tschechen demonstrativ durch grauenhafte Untaten ihre Liebe und Treue zu Demokratie, Freiheit, Fortschritt und Marxismus vor aller Welt beweisen. Die Polen rächten sich ganz einfach, die Tschechen versuchten, sich durch die widerlichsten Greueltaten weißzuwaschen.

Die entsetzliche Wunde, die Europa durch die „Verschiebung" Polens um 250 Kilometer nach Westen, durch die Vertreibung der Deutschen aus fast ganz Osteuropa,[5] vor allem aber durch den Vormarsch der Bolschewiken bis zur Werra, zum Böhmerwald, Preßburg und bis vor die Tore von Triest und Saloniki zugefügt wurde und zudem auch Menschen von unterbesiedelten Gebieten in überbesiedelte trieb, war das gemeinsame Werk von Roosevelt, Churchill und Stalin in Teheran (1944), wo der Präsident dem Marschall Ostpolen versprochen hatte, was er aber alsbald vergaß, denn er war ein mythomaner Narr,[6] der nicht viel später den polnischen Premier Mikołajczyk nach Moskau schickte, um dort auf den Tisch zu hauen. „Sagen Sie Stalin und Molotow", schärfte er Mikołajczyk ein," daß hinter Ihnen das amerikanische Volk und sein Präsident stehen. Geben Sie nicht nach! Liefern Sie Lemberg und Wilna nicht an die Russen aus!" Das tat dann auch Mikołajczyk, doch konnte ihm Molotow in der Gegenwart von Churchill, Eden und Averill Harriman höhnisch, aber bestimmt erklären, daß Roosevelt Ostpolen längst den Sowjets überlassen hatte. Der polnische Premier mußte verstummen.[7] Später bedrohte Churchill Mikołajczyk, den er anbrüllte: Er müsse Stalin nachgeben oder sein Land werde vernichtet werden.[8]

In Jalta fand der vorletzte Akt des Dramas statt, als ein sehr kranker Roosevelt, zum vierten Mal zum Präsidenten gewählt, schon völlig wirr war. Hinter ihm stand jedoch ein amerikanischer Sowjet-Agent, Alger Hiss,[9] der seinen Chef während der Konferenz in sowjetischem Sinn bearbeitete. Churchill waren damals schon längst Bedenken gegen seinen edlen Bundesgenossen im Westen aufgestiegen und er wollte den Russen durch die Totalvernichtung einer größeren deutschen Stadt imponieren. Sein Augenmerk fiel da auf Dresden, das „deutsche Florenz", in dem Abertausende von Flüchtlingen aus dem Osten gedrängt hausten. Sein Luftmarschall war gegen diese Heldentat, nur nützte dessen Protest nichts. Dieses unbeschreibliche Massaker, durch Schlechtwetter verschoben, fand allerdings erst an dem Tag statt, als Churchill in Jalta schon seine Koffer packte. Die bemitleidenswerten amerikanischen Flieger, die nach dem neuerlichen Feuersturm, durch RAF und RCAF entfacht, über das Flammenmeer flogen, konnten an Baulichkeiten nichts mehr vernichten, sondern mußten sich damit begnügen, die Flüchtenden auf den Landstraßen niederzuschießen.[10] Man fragt sich da nicht nur, wieviel Deutsche in diesem „Brandopfer" lebendig verkohlten oder erstickten, wie viele glühende Feinde des Nationalsozialismus sich unter diesen befanden, sondern auch wie viele Polen, Ukrainer, Franzosen, Serben, Tschechen, Slowaken, mit einem Wort „Alliierte", elend umkamen. Wenn nun einmal die Mordlust so richtig flackert, dann gibt es für den sadistischen Killer keine Bedenken mehr. Selbst die Inquisitoren waren nie so ungehemmt vorgegangen. Ihre Scheiterhaufen (oder besser gesagt die der staatlichen Behörden) hatten Jahrhunderte hindurch weniger, ja vielleicht nicht einmal fünf Prozent der Opfer gefordert als der Holocaust der westlichen Demokratien in zweieinhalb Stunden!

61. DER MANN MIT DEM KARLSPREIS

Die „Verschiebung" Polens war nicht einmal die brillante Idee des grusinischen Banditen, sondern des Right Honourable Winston S. Churchill, der sich in seinen Memoiren noch damit brüstete, wie er Stalin mit der Hilfe von Streichhölzern den grandiosen Plan der Verlagerung Polens klar gemacht hatte – auf den der Erzverbrecher aus dem Kreml freudig einging.[1] Ostpolen beanspruchte der gute grusinische Demokrat aufgrund der „Mehrheit" von Nichtrussen, also von Weißruthenen und Ukrainern, und das war ein Argument, grotesk genug, daß es auch in Amerika verfing. Ob in einer freien Abstimmung Ukrainer und Weißruthenen sich für ein Minderheitsdasein in den UdSSR anstatt in einem freien Polen mehrheitlich entschieden hätten, ist eine ganz andere Frage. Man kann das keinesfalls annehmen. Wer hätte auch für die UdSSR sein Votum abgegeben? Nicht die Bauern, nicht der Klerus, nicht die Intelligenz, nicht die Juden, nicht das Handwerk – und nur ein sehr geringer Teil der kleinen industriellen Arbeiterschaft. Man lebte zu nahe an der UdSSR, um Illusionen zu haben.[2]

Daß aber die Dummheit nicht allein von Briten und Amerikanern gepachtet ist, zeigte sich erst einige Jahre nach dem Krieg, als Churchill als „Großer Europäer" in Aachen mit dem Karlspreis ausgezeichnet wurde. Dabei fühlte sich Churchill nie wirklich als Europäer, sondern lediglich als Brite.[3] Churchill hatte noch im Februar 1945 Stalin in einer Unterhausrede als „that great and good man" im Brustton der Überzeugung verteidigt. Seine antisowjetischen Reden in Fulton (Missouri) und in Zürich, in denen er die „Resteuropäer" zum Widerstand gegen den Kommunismus aufrief, kamen eben viel zu spät. Dieser zwiespältige Mann war eben immer schlecht synchronisiert (wie er ja auch Hitler sehr lange nicht durchschaute). Zweimal wechselte er in seinem Leben die Parteizugehörigkeit, doch Sir Charles Dilke warnte ihn vor seinem ersten Übertritt (von den Konservativen zu den Liberalen): „Winston, die Ratten können sich nicht zweimal von einem sinkenden Schiff retten."[4] Churchill war allerdings sehr wendig. Als er für die Liberale Partei nach Abfall von den Konservativen (die er *the stupid party* nannte) eine Rede hielt, fragte ihn ein *heckler,* eine seiner alten Flugschriften in den Händen haltend, ob er denn nicht mehr an seinen alten Überzeugungen festhalte. „Geben Sie mir dieses Zeug her!" befahl Churchill, und der Mann überreichte ihm das Heft. Ohne mit der Wimper zu zucken zerriß es der zukünftige Premier.[5] Churchill brüstete sich damit, ein Realist zu sein – und war in Wirklichkeit nur ein Zyniker. Fitzroy Maclean, der Tito in seinem bosnischen Versteck besucht hatte, wollte Churchill überzeugen, daß Tito ein ausgemachter Kommunist sei. Hier ist sein Bericht:

‚Die Antwort des Premiers zerstreute meine Bedenken.'

‚Wollen Sie vielleicht‘, fragte er ‚sich nach dem Krieg in Jugoslawien niederlassen?‘

‚Ich nicht‘, antwortete ich ihm.

‚Und ich auch nicht‘, sagte er. ‚Und da dies so ist, je weniger Sie sich oder ich mir den Kopf darüber zerbrechen, was für eine Staatsform die sich dort aussuchen, umso besser.‘[6]

So kann man sich auch leicht vorstellen, daß Churchill, der so wie viele Briten den Absolutismus des polnischen Denkens nicht begreifen konnte, das Schicksal Polens ebenfalls völlig gleichgiltig war. Doch auch sonst war Churchill nicht der brillante Mann, als den man sich ihn oft vorstellte. Die verunglückte alliierte Dardanelleninvasion 1915 war sein Werk gewesen, und auch sein Plan, den Russen zuvorzukommen, indem man den *soft underbelly,* den ‚weichen Bauch Europas‘, vom Süden her, besonders aber vom Balkan attackierte, war problematisch. Der unteritalienische Feldzug (an dem sich die Polen verbluteten) war auch kein Spaziergang, und wer glaubt, daß der Balkan so viel bequemer gewesen wäre, irrt sich. Roosevelt (und mit ihm seine Generäle) waren gegen den Balkan-Plan, weil Roosevelt die Sowjets nicht als das große Übel ansah. Zehn verfügbare Divisionen wurden in Südfrankreich statt (von Italien aus) in Dalmatien eingesetzt, was politisch ein bedeutungsvoller Schachzug gewesen wäre. Churchill weinte Tränen der Wut. Aber Roosevelt schätzte „Uncle Joe“ mehr als Churchill. Der Präsident war ausgesprochen anti-britisch, freute sich kindisch über die Zerstörung des Empire und hatte auch für den Rest von Europa nichts übrig. Er wollte es mehr oder weniger den Sowjets überlassen, denen in seinen Augen „die Zukunft gehörte“; er war eben ein Mann der „Zweiten Aufklärung“.[7] Allerdings beschäftigte sich Roosevelt auch mit utopisch-geopolitischen Dummheiten geradezu unerhörten Ausmaßes: So meinte er eines Tages, daß er noch nicht darüber nachgedacht habe, was er „mit Tunesien machen sollte“.[8] Und ein anderes Mal faßte er den geradezu ruritanischen[9] Plan, aus Südbelgien, Luxemburg, Elsaß-Lothringen und Teilen des Rheinlands einen neuen Staat hervorzuzaubern, den er Wallonia nennen wollte.[10] Und warum auch nicht? Wir hatten ja auch 1919 solche unhistorische Fatalitäten wie die Tschechoslowakei und Jugoslawien bekommen? Und gehörten nicht auch Mali, Tschad, Bangladesh, Panama und Indonesien[11] in diese Kategorie? Wie aber hätten die „Angelsachsen“[12] reagiert, wenn man ihre unfaßliche Frivolität Ost- und Westeuropäern gegenüber auch auf sie angewendet hätte? Wenn zum Beispiel ein siegreiches Deutschland die Grafschaften Kent und Sussex den Franzosen gegeben, die einheimische Bevölkerung „umgesiedelt“ und den Südosten Englands mit (sagen wir) Provençalen und Gascognern besiedelt hätte? Doch die Kontinentaleuropäer und insbesonders die Osteuropäer waren eben doch nur, um Kipling zu zitieren, *the lesser breeds without the law.*

62. DAS ZWEITE GROSS-SERBIEN

Im Herbst 1945 war der „bolschewikischeste" Staat Europas außerhalb der UdSSR zweifellos Jugoslawien, wo auch die großen Massaker, die dort schon während des Krieges stattgefunden hatten, harmonisch weitergeführt wurden. (Albanien folgte sogleich.) In der Tschechoslowakei, in Rumänien, Polen, Ungarn und in der sowjetischen Besatzungszone Deutschlands waren zwar die kommunistischen Parteien obenauf, aber die Würfel schienen noch nicht endgültig gefallen. Bei den halbwegs freien Wahlen waren sie noch in der Minderheit, aber hinter ihnen stand die Rote Armee, die Geheimpolizei und bewaffnete „Milizen". Ende 1948 gab es dann nur mehr „Volksdemokratien", ein Ausdruck, der die gewaltige Ignoranz der neuen Machthaber widerspiegelte.[1] Im selben Jahr erfolgte auch der Bruch Titos mit Stalin.

Bei diesem darf man nicht vergessen, daß Tito, halber Kroate und halber Slowene,[2] ehemaliger Unteroffizier in der k. u. k. Armee, ausgezeichnet mit der Silbernen Tapferkeitsmedaille,[3] sich nicht wie ein Churchill oder ein Roosevelt von einem alten Straßenräuber aus dem Kaukasus herumkommandieren lassen wollte. Die Geographie begünstigte ihn, denn Jugoslawien grenzte an die britischen Besatzungszonen Österreichs und Nordost-Italiens, und auch die Adria gab ihm einen Anschluß an den Westen. Die „Dissidenz" dieses kapitalen Mörders, dem es weder an Schlauheit noch an Brutalität mangelte, hatte zum Teil personale, zum Teil aber auch ideologische Gründe: Er betrachtete die Kollektivierung der Bauernschaft als äußerst verfrüht und schaffte die schnell errichteten Kolchosen wieder ab, worauf sich die Versorgungslage des Landes rasch besserte.

Die kommunistischen *Partizani* (nach russischem Vorbild so genannt) hatten ihren Aufstieg jedoch dem Umstand zu verdanken, daß die von den Deutschen eingesetzte serbische Regierung Nedić als Werkzeug von Ausländern galt, die Luftangriffe der Alliierten auf Belgrad grauenhafte Opfer forderten,[4] und die pro-westlichen *Četnici* unter der Führung des Obersten (später Generals) Draža Mihajlović eine rein serbische Widerstandsbewegung waren, die in fast jedem Kroaten einen „Verräter" sahen. Von einem jugoslawischen, d.h. großserbischen Standpunkt aus konnte dies auch gar nicht anders sein. Die Slowenen waren völlig ins deutsch-italienische Kreuzfeuer geraten: die Mittelkrain mit Laibach war italienisch geworden, der äußerste Osten wieder ungarisch, der große Rest zwischen Kärnten und der Steiermark aufgeteilt und zu Germanisierungszwecken ausersehen. Auch dort war der organisierte Widerstand eines doch recht kleinen Volkes nur von „außen her" möglich, und da schaltete sich wieder die UdSSR ein. Sie lieferte den Partisanen Waffen, was aber nicht heißen will, daß diese nicht auch von den Briten reichlich mit *hard-*

ware bedacht wurden. (Churchill und Eden hatten Mihajlović alsbald fallen gelassen. Die BBC hatte schon längst diesen „Umschwung" eingeleitet.)[5]

Was aber konnte schon ein Kroate tun, dem das den Deutschen sehr ergebene Ustaša-Régime Ante Pavelićs höchst unsympathisch war. Vielen Kroaten war die endlich erlangte Unabhängigkeit, der „Unabhängige kroatische Staat" *(Nezavisna Hrvatska Država)*, sehr erwünscht, aber die deutsche Kontrolle, die Territorialverluste kroatischen Landes an die Italiener und der grausame „Antiserbismus" verhaßt. Freilich waren diese antiserbischen Brutalitäten die Antwort auf die oft viehische Unterdrückung der Kroaten unter Alexander Karađorđević, aber die Rache in diesem Ausmaß war unverantwortlich.[6] Wohin also konnte sich ein desillusionierter Kroate wenden, wenn er gegen das Ustaša-Régime war? Doch nicht etwa an die antikroatischen Četnici Mihajlovićs, die auch ihrerseits ihre Hände mit kroatischem Blut befleckt hatten, sondern eher an die *Partizani*, die am unteren Echelon ihren rein-kommunistischen Charakter erfolgreich zu tarnen versuchten und in der schönsten türkisch-byzantinischen Tradition[7] die entsetzlichsten Dinge trieben. Dazu kamen die Radiosendungen aus dem Westen, die jedermann überzeugen sollten, daß die Partisanen eine rein-patriotische, höchst demokratische Bewegung darstellten. Das stimmte harmonisch mit dem neuen Rußland-Bild überein, wobei bekräftigt wurde, daß die Sowjetunion eine liberale Demokratie mit freier Religionsausübung plus Epauletten auf den Offiziersschultern „wie zur Zarenzeit" geworden sei. Gab es doch keinen Blödsinn, den die Massenmedien im Westen nicht verbreiteten und der von den ignoranten Massen nicht gierig geschluckt wurde. Für viele dieser Partisanen kam dann ein böses Erwachen. Sie wurden genau so hineingelegt wie die Briten und Amerikaner.

Es muß hier bemerkt werden, daß südlich von Polen die höchst bourgeoisen Verträge von St. Germain-en-Laye, Trianon und Neuilly nach 1945 wieder einmal honoriert wurden, und sowohl die edlen Verbrecherpaare Beneš und Gottwald in der Tschechoslowakei, Groza und Pauker in Rumänien, als auch Josip Broz-Tito aus einer ebenso fatalen wie unsinnigen Ordnung ihren Profit zogen und dann im Namen einer „Nationalen Einheit" Morde und Vertreibungen ganz großen Stils unternahmen. Das konnte man auch gut verantworten, denn Demokratie ist Mehrheitsherrschaft, und wenn die Mehrheit beschließt, daß die Minderheit abziehen muß, ist das zwar nicht liberal, aber ganz demokratisch. Die Deutschen wurden daher nicht nur aus der Tschechoslowakei, sondern[8] auch aus Jugoslawien vertrieben. Die Albaner wurden allerdings nicht vertrieben, sondern wieder einmal „reduziert" – und zwar durch Massenmord.[9] Nichts gefällt dem antipluralistischen Menschen so sehr wie die Uniformität – Wahlen zu 99 Prozent gewonnen, nationale Mehrheiten von 99 Prozent und so weiter. (Das restliche eine Prozent ist das Demokratie-Alibi.)

Ein Land wie Jugoslawien kann nur durch eine Diktatur oder durch eine Tyrannis am Leben erhalten werden und ähnliches gilt gewissermaßen auch für die Tschechoslowakei. So ist der *Savez Komunista*, der „Bund der Kommunisten", die einzige Klammer, die Jugoslawien zusammenhält – und sonst nichts. Durch den Bruch mit dem „Sozialistischen Vaterland" und eine gewisse begrenzte Öffnung nach Westen, wie auch durch die Einführung eines Produktionssystems, das weder staatlich noch privat, sondern genossenschaftlich sein möchte, ist dieses synthetische Land in eine ganze Reihe von Widersprüchlichkeiten geraten, die auch durch die im Vergleich zu anderen „Volksdemokratien" etwas größere Freiheit der beiden Kirchen unterstrichen wird. „Gedankenfreiheit" wird auch hier nicht gewährt, und im Hintergrund stehen die starken „innerslawischen" Gegensätze: die serbisch-kroatische Spannung, der makedonische Schwindel und dazu noch die Kosovo-Frage, die seit 1980 zu Explosionen und Repressionen führte. (Zwar ist das Kosovo-Gebiet historisch serbisches Kernland, das aber in der Türkenzeit von Albanern besiedelt wurde und daher genauso einen Gebietsanspruch Albaniens darstellt wie der auf die Vojvodina – einmal ganz magyarisch, dann aber von serbischen Flüchtlingen überflutet – einen Serbiens.)

Wahrscheinlich aber ist das wirtschaftliche Problem Jugoslawiens noch vordringlicher als das nationale, denn ein vollsozialistisches Land mit echtem Staatskapitalismus läuft auf kurzen, ein freiwirtschaftliches auf langen Beinen, ein ‚genossenschaftliches' aber humpelt mit einem langen und einem kurzen Bein – und fällt daher früher oder später auf die Nase. Hier ergibt sich ein ähnliches Problem wie beim Staatskapitalismus, der in der Regel defizitäre Betriebe aus öffentlichen Geldern weiter ernährt und betreibt, den die St. Nikolaus-Parteien[10] können schon aus „sozialen Gründen" bankrotte Staatsunternehmen nicht auflassen. Kann aber eine Fabrik, die den Arbeitern ‚gehört', ihre Selbstauflösung beantragen und so Selbstmord verüben? Ohne Finanzhilfe aus dem Westen, der dauernd beschimpft und geschickt erpreßt wird, wäre Jugoslawien wirtschaftlich längst zusammengebrochen.

Diese Unterstützung kommt, denn der Westen hat ein strategisch-politisches Interesse daran, daß die Mißgeburt der Verträge von St. Germain und Trianon weiterlebt. Eine sehr natürliche Liquidierung in ebenso natürliche Teilstaaten ist deswegen im Westen nicht erwünscht, weil ein solcher Auseinanderfall nicht friedlich sein kann. Es gibt zwischen Kroaten und Slowenen gewisse Animositäten, doch bestimmte historische (nicht aber sprachliche) Grenzen zwischen Kroaten und Serben, aber nur sehr zweifelhafte geschichtliche Demarkierungen, die ethnischen fehlen jedoch auf der Landkarte völlig. Bosnien, historisch ein Staat von Serben, „Türken" und Kroaten, gehörte öfters Kroatien, doch serbische Minderheiten gibt es auch in Kroatien und Dalmatien. Das schönste Kroatisch wird in Mostar, in der Hercegovina, gesprochen und nicht etwa in Agram. Die „Türken" Bosniens fühlen sich mehr zu den Kroaten hingezogen, aber Serben bilden die Mehrheit im östlichen Kroatien-Slawonien, wo sich auch Karlowitz (Sremski Karlovci), ihr großes geistliches Zentrum, befindet. (Das andere, ältere ist in Peć, im Kosovo-Gebiet.) In der Bácska, der ehemaligen Großwojwodschaft Serbien,[11] von flüchtigen Serben aus dem Türkenreich im 17. und 18. Jahrhundert teilweise besiedelt, gibt es nur ganz wenige Kroaten. Wo also sollte man Grenzen ziehen? Nun ist während des Zweiten Weltkriegs so entsetzlich viel Böses zwischen den beiden Volksgruppen vorgefallen, und dieser Teil Europas hat ein so schreckliches Potential an Haß und Rachegefühlen, daß ein friedliches Auseinandergehen, wie, sagen wir, zwischen Norwegen und Schweden im Jahre 1905, gar nicht vorstellbar ist. Zweifellos ist heute ein Stillhalten der ‚Nationalitäten' nicht nur durch den Würgegriff des *Savez Komunista*, sondern auch durch die Angst einer sowjetischen Invasion bedingt: Man weiß im

Herzen, man fühlt, daß bei einem Auseinanderbrechen des zusammengekleisterten Staates sich die Völker – S.H.S.: Sie Hassen Sich! – sofort an die Gurgel fahren würden, und dann käme der Große Bruder mit ‚brüderlicher Hilfe', um da einmal Frieden zu schaffen, allerdings auch nur den Frieden des Friedhofs. Und vielleicht würde da wieder ein amerikanischer Botschafter die Bemerkung fallen lassen, daß rote Soldaten dort ein „stabilisierender Faktor" wären! (Ein übler Scherz? Andrew Young, US-Botschafter bei den Vereinten Nationen, nannte die Kubaner in Angola *a stabilizing factor*. Das war schließlich auch die Rote Armee anno 68 in Prag.)

Der Nationalitätenhader hat allerdings auch wirtschaftliche Aspekte, denn die reicheren, die „fortschrittlicheren" Teilstaaten müssen dauernd für die industriell zurückgebliebeneren aufkommen. Tatsächlich arbeiten die Slowenen, die einzigen nichtgermanisierten Österreicher,[12] für Montenegriner, Serben und Makedonier. Auch die Kroaten müssen herhalten. Auch sie tun es ungern, denn die Hauptstadt des Staates liegt in Serbien, die Polizisten, Gendarmen, Finanzbeamten, großen Parteibonzen sind immer wieder Serben und dasselbe gilt auch proportionell von den Mitgliedern des *Savez Komunista*: so sind 42 Prozent der Bevölkerung Serben, im S.K. sind es aber 51.2 Prozent; 23.1 Prozent der Bevölkerung sind Kroaten, aber nur 18.6 Prozent der S.K.-Mitglieder. Die Montenegriner sind nur 2.8 Prozent, sie sind aber im S.K. mit 6.3 Prozent vertreten. Auch die Slowenen sind es unterdurchschnittlich (8.6 zu 7.1 Prozent), während die Magyaren sogar weit hintanstehend (2.7 zu 1.2 Prozent) Kommunisten sind. Die Mitgliedschaft beim S.K. dürfte 12 bis 15 Prozent der Gesamtbevölkerung betragen.[13] Auch etwas anderes ist sicher: Der Anteil der „Jugoslawisten" ist unter den Serben unvergleichlich höher als unter den Kroaten, und dies, obwohl es immer auch Serben gab, die den Jugoslawismus ablehnten, ja sogar als Bedrohung ihres eigenen Volkes betrachteten. So gab es vor 1941 Nationalserben, die an eine *Amputacija* dachten, d.h. die Ausgliederung Stammkroatiens und des nördlichen Dalmatiens, was dann allerdings eine beträchtliche kroatische Minderheit in einem Großserbien belassen hätte. Dann hätte dieses Großserbien ohne Kroatien (und Slowenien) als richtiger, kulturell östlicher Balkanstaat übrig bleiben können. Doch das war die Überzeugung einer Minderheit. Ob sie heute noch im Lande weiterlebt, ist schwer zu sagen. Man findet sie allerdings unter Emigranten.

63. DAUERKRISE AM APENNIN

In Italien fand ein ganz anderer Prozeß statt. Das besiegte Land verlor zwar von Italienern bewohnte Distrikte an der Westküste von Istrien, es gelang aber Italien, das deutschsprachige Südtirol und auch Welschtirol zu behalten, obwohl auch dort Tiroler italienischer Sprache gerne wieder Österreicher geworden wären. (Dasselbe kann von Triest und Teilen „Julisch-Venetiens" gesagt werden.) Über die Haltung der Südtiroler gab es keinen Zweifel. Doch die Wilsonschen Vierzehn Punkte und die ebenfalls mit Fanfaren verkündete *Atlantic Charter* waren zwei programmatische Manifeste, die sich, kaum proklamiert, als rechte Lügengewebe herausstellten. Unter den West-Alliierten wog das Gefühl vor, daß man Italien nach einem zum Teil ungerechten Gebietsverlust im Nordosten (Triest war noch damals eine „Freie Stadt" und versprach ein zweites Danzig zu werden!) nicht noch einen weiteren chirurgischen Eingriff zumuten konnte. Den Südtirolern aber muteten so ziemlich alle alles zu.

Im Jahre 1947, als das Gruber-Degasperi Abkommen über den politischen *Status Quo* abgeschlossen wurde, herrschte in Großbritannien eine Labour-Regierung unter Mr. Bevin, den wir schon aus seiner antipolnischen und prosowjetischen Streikaktion des Jahres 1920 sattsam kennen. Eine Rückgliederung Südtirols an Österreich hätte wahltechnisch eine Stärkung der als katholisch-konservativ verschrieenen Österreichischen Volkspartei bewirkt, denn die große Mehrheit der Südtiroler hätte keineswegs ‚rot' gewählt. Das aber paßte der Labour-Party, Schwesterpartei der Sozialistischen Partei Österreichs, natürlich nicht in den Kram. Auch der große Humanist Josef Stalin war gegen das Prinzip der Selbstbestimmung, nicht zuletzt, um die Kommunisten Italiens nicht als „antinational" erscheinen zu lassen.[1] Die Kommunistische Partei Österreichs hingegen, dank der allzu intimen sexualdemokratischen Kontakte der österreichischen Bevölkerung mit der Roten Armee ohne Zukunftshoffnungen, verdiente keine Berücksichtigung. Die alten faschistischen Methoden der Italienisierung wurden durch das Gruber-Degasperi-Abkommen ausgesetzt, dafür aber wurden demokratischere Methoden angewandt: Eine massive Einwanderung, die dem „Hochetsch" schließlich eine italienische Mehrheit bringen sollte. Wurde diese erreicht, dann war der Verbleib Südtirols bei Italien auch im majoritär-demokratischen Sinn völlig legitim. Der Pakt zwischen den beiden Tirolern Gruber und Degasperi[2] blieb zu gutem Teil ein toter Buchstabe. Zur Zeit der Niederschrift dieses Buches war die deutsche Sprache der italienischen bei den Gerichten immer noch nicht gleichgestellt. Kein Wunder, denn die Beamtenschaft ist immer noch weitgehend italienisch, und für die italienischen Beamten ist es viel schwieriger, die deutsche Sprache zu erlernen als für Deutschsprachige Italienisch. (Das ist kein Intelligenzproblem: Italienisch ist tatsächlich bedeutend leichter.)

Für Italien selbst ist seit 1945 die politische Weiterentwicklung immer kritischer verlaufen. Dank der Zusammenarbeit der Kommunisten und Sozialisten mit dem „fortschrittlicheren" Flügel der *Democristiani* wurde die Monarchie durch die Republik ersetzt. So entschied mit knapper Mehrheit eine Volksbefragung im Jahre 1946, was auch vom rötlichen London und Washington begrüßt wurde. In den *English-Speaking Nations* war man eben immer „*progressive*" und die Umwandlungen von Monarchien in Republiken wurden immer bejubelt: Mit grenzenloser Naivität freute man sich über den Fall der Monarchie in Rußland, Deutschland, Österreich-Ungarn, Portugal, Spanien, Italien, Jugoslawien, Rumänien, Bulgarien, Albanien, China, Annam, Iran, Irak, Äthiopien, Libyen – wobei dann jedesmal entweder das Chaos oder die Tyrannis folgte und viel Wehgeschrei, selbst in London und Washington.

Mit der Einführung der republikanischen Staatsform, dem Ideal aller radikalen Demokraten und Marxisten, schwand die Hoffnung, daß die Krone zu einem Schwerpunkt in der italienischen Politik werden könnte. Das wäre freilich nicht mehr als eine Chance gewesen, denn die populistischen Kräfte waren unter dem Hause Savoyen fast immer die stärkeren gewesen. Und wahrscheinlich wäre Umberto II., zwar ein halber Montenegriner, auch kein sehr starker Mann gewesen. Nun aber war im Quirinal kein „Vater" mehr anwesend. Die Vaterrolle übernahm der Papst, und es gab ironische Beobachter, die davon sprachen, daß mit dem anfänglichen Erfolgen der *Democristiani* der Kirchenstaat sich nunmehr bis zu den Alpen ausdehne.

64. ITALIENS KIRCHE IM UMBRUCH

Doch war dieser Triumph verfrüht: Der Sturz der Monarchie schwächte das patriarchale Prinzip über alle Maßen, und der Papst konnte es nie völlig repräsentieren,[1]
schon weil Italien eines der klassischen Länder des Antiklerikalismus ist, den es
dort nicht nur auf der Linken, sondern auch auf der Rechten gibt. Wir haben eben
südlich der Alpen nicht nur den Antiklerikalismus der Marxisten, der Kommunisten,
Sozialisten und auch der Anarchisten, sondern vor allem den des liberalen Großbür-
gertums und der kleinbürgerlichen Radikalen, die beide – weltanschaulich national
verbrämt – ihre Wurzeln im *Risorgimento* haben. Die Einigung Italiens (vielleicht
gar keine so gute Idee, zumindestens kulturell nicht)[2] wurde *gegen* die Kirche und
gegen die doch recht katholisch ausgerichtete Habsburger-Monarchie erreicht. Die
Democristiani profitierten von der nicht zu unterschätzenden Volksfrömmigkeit, die
zeitweilig auch mit dem Antiklerikalismus Hand in Hand gehen kann,[3] und auch
von der Religionswelle, die nach dem Zweiten Weltkrieg über ganz Europa brauste.
Doch dann kamen die Rückschläge: zuerst durch den ungewohnten Wohlstand der
Fünfziger- und frühen Sechzigerjahre und dann durch die große Verwirrung in der
Kirche, die durch Theologen nach dem Zweiten Vatikanum angerichtet wurde.
Dazu kam noch etwas später die sehr problematische Ostpolitik Pauls VI., die viele
Gemüter auf beiden Seiten des Eisernen Vorhangs in große Unruhe versetzte.

Diese verdient einige Bemerkungen. Der treibende Motor in ihr war („leider"
muß der Zyniker sagen) keine machiavellistische Strategie, ja nicht einmal die nur
allzumenschliche Angst, daß die große rote Welle über Europa schlagen wird, und
der Papst sich darum sorgen muß, das Überleben der Kirche in einer kommenden
babylonischen Gefangenschaft irgendwie zu sichern. Bernanos hatte uns ja schon
vor einiger Zeit gesagt, daß die Ehre von den Laien hochgehalten werden muß,
der Klerus aber jede Demütigung auf sich zu nehmen hat, um seiner heiligen Verpflichtung nachzukommen: die Wahrheit zu lehren und die Sakramente zu spenden.[4]
Die Ostpolitik Montinis aber war von der falschen Vermutung geleitet, daß auch
im Marxismus eine echt christliche Substanz stecke und man ihm deswegen die
Hand der Freundschaft entgegenstrecken sollte. Er war eine „christliche Häresie",
er stellte sich auf die Seite der Armen und strebte „soziale Gerechtigkeit" an, also
konnte man ihn auch taufen. Aber so ist die Sachlage nun einmal nicht. Der
Marxismus ist nicht falsch, weil er gottlos ist: er ist gottlos, weil er im Grunde falsch
ist. Es gibt bei uns allenthalben naiv-zarte Seelchen, die meinen, man könne den
Kommunismus mit dem Glauben oder gar mit der katholischen Kirche auf einen
gemeinsamen Nenner bringen. Wer Kirche, Glauben, Marxismus und Kommunismus wirklich kennt, muß das glatt verneinen[5] und daran änderten auch die christ-

lich-marxistischen „Begegnungen" nichts, in denen die christlichen Vertreter sich masochistisch an die Brust schlugen und die Marxisten höhnisch grinsten.[6] Wir müssen uns daran erinnern, daß der kommunistische Staat dem reizvollen Prinzip Mussolinis: „Alles für den Staat, alles durch den Staat, nichts gegen den Staat" huldigt, was uns entfernt an Lincolns ebenfalls totalitäre Forderung nach einer Regierung „des Volkes, durch das Volk und für das Volk" gemahnt. Der Christ duldet weder eine Staatsvergötzung noch eine Volksvergötzung. Dem Kommunismus bleibt auch das (richtige) Programm Cavours fremd: „Die freie Kirche im freien Staat." Eine Kirche, die auch nur halbwegs frei wäre, ist in einem totalitären Staat ein Nonsens. Eine vom marxistischen Staat mehr oder weniger unabhängige Organisation kann nur als eine zeitweilige Konzession an die menschliche Schwäche, als eine immer noch anhaltende Bindung an ein „Überbleibsel des Kapitalismus" betrachtet werden, die im Sozialismus vielleicht noch geduldet, im Vollkommunismus aber nicht toleriert werden könnte.

Oder glaubt vielleicht wirklich jemand, daß eine echte Synthese zwischen Kollektivismus und Personalismus politisch-gesellschaftlich-existentiell möglich wäre? Eine katholische KGB, die einen um vier Uhr früh verhaftet, weil man schon seit einem Vierteljahr nicht beichten war? Einer der ‚Urgründe' der linkskatholischen Verirrung ist das Phänomen, das wir den „Monastizismus" nannten, die Faszination des oberflächlich denkenden katholischen oder auch ostkirchlichen Christen durch das klösterliche Ideal. Tatsächlich ist die Sowjetunion heute schon ein atheistisches Zwangskloster, in dem ein gottloser Abt unglückseligen, zu allergrößtem Teil schon hinter Mauern geborenen Männern und Frauen mit Gewalt die drei klösterlichen Gelübde auferlegt: Armut, Gehorsam und zwar nicht unbedingt Keuschheit, wohl aber eine puritanische Lebensweise. Der Mönch entsagt *freiwillig* gottgegebenen Rechten: dem Recht auf Besitz, dem Recht auf Freiheit, dem Recht auf ein Sinnenleben. Hier aber liegt im Roten Zwangskloster eine wahre *Corruptio Optimi*, eine Pervertierung des Guten, vor, die nach Thomas von Aquin immer das erdenklich Schlechteste darstellt.[7]

Die Grundursache der Ostpolitik Paulus VI., die nicht machiavellistisch, sondern – *horribile dictu* – tatsächlich sehr ehrlich war, lag eben in der Verkennung des Marxismus mit seiner sozialistisch-kommunistischen Frucht. Teils, wie gesagt war dies auch dem Einfluß von Jacques Maritain zuzuschreiben, mit dem Montini in Freundschaft verbunden war, ein Mann, der philosophisch-theologisch eher konservativ, aber politisch deutlich links orientiert war.[8] Genau so stand es auch um Paul VI. Theologisch mit der Tradition nicht brechend,[9] liturgisch schwankend, halsstarrig, zutiefst unglücklich, von beiden Seiten angegriffen, litt dieser Papst an einem akuten Linksdrall. Dieser drückte sich – da die linken Einbrüche im Vatikan schon früher stattgefunden hatten – auch in gewissen Rundschreiben aus, die *Papa Giovanni* unterschrieben hatte. Vide die Enzyklika *Mater et Magistra* dieses sehr konservativen, untheologischen Stellvertreters Christi.[10] Diese Linie wurde in *Populorum Progressio* fortgesetzt. Die marxistische Überzeugung, daß a) die Arbeiterklasse und b) die „Dritte Welt" vom „Kapitalismus" ausgebeutet werden und eine „gerechtere Verteilung" des Besitzes, der Einnahmen und der „Profite" eine größere

„soziale Gerechtigkeit" (und eine Minderung der Armut oder des Elends der „Massen") mit sich bringen würde, findet auch in diesen Enzykliken ihren prägnanten Ausdruck. Wer aber die modernen Wirtschaftslehren wirklich studiert hat, weiß genau, daß diese marxistischen Thesen ganz einfach nicht stimmen. Armut und Elend können nur gemindert werden, wenn ein größerer Kuchen gebacken werden und zur Verteilung kommen kann. Die Neuverteilung eines zu kleinen Kuchens führt zu nichts. Das sagte ich einem weltberühmten katholischen Theologen, der an sozialromantischen[11] Vorstellungen litt.

„Das weiß auch ich", antwortete er. „Der völlig aufgeteilte Reichtum der Reichen unter die Ärmeren würde ihr Los kaum lindern, am allerwenigsten in der Dritten Welt, aber sie sind neidisch auf die Reichen. Der Neid ist eine Sünde. Als Priester muß ich gegen die Sünde sein, also bin ich für eine Neuverteilung."

„Hören Sie zu", entgegnete ich ihm. „Da gibt es zwei Schwestern: Isabel und Héloise. Isabel ist wunderschön und hat zahlreiche Verehrer, Héloise ist ein häßliches Entlein und weint jede Nacht in ihre Kissen. Soll ich nun ein Messer nehmen und Isabels Gesicht zerkratzen, damit Héloise nicht mehr von Neid und Eifersucht verzehrt wird?"

Der Theologe sagte nichts und hob nur hilflos seine Arme. Er erinnerte mich an den bereits erwähnten Priester, der mir das Problem der „sozialen Gerechtigkeit" in einer Analogie aus dem Gefängnisleben anschaulich machen wollte: da leben in einer Zelle vier Gefangene, einer aber ist ein brutaler und bärenstarker Egoist, der die anderen Insassen zwingt, die Hälfte ihrer Portionen ihm zu überlassen. Er wird stärker und stärker, die anderen schwächer. Das wäre der „Kapitalismus"! Jeder Volkswirtschafter von einiger Bildung und Intelligenz weiß jedoch, daß diese Situation für eine freie Wirtschaft mit verantwortungsvollen und freien Gewerkschaften in einem freien Land keinen Parallelfall bilden kann.

Beim kirchlichen „Antikapitalismus" sind alle möglichen Affekte im Spiel. Da ist das alte Mißtrauen der Kirche den Liberalen, Finanzleuten, Händlern und Fabrikanten gegenüber, wohl vertreten bei Thomas von Aquin,[12] wozu noch der Umstand kommt, daß nur Händler und Geldwechsler von unserem Herrn körperlich gezüchtigt wurden. Hier aber ist der „Antiliberalismus" der noch verständlichste Komplex, da die Altliberalen mit ihrer relativistischen Philosophie von Natur aus dogmenfeindlich und daher auch kirchenfeindlich eingestellt waren, wozu noch die altliberale Allianz mit Freimaurern und der jüdischen Emanzipation das Ihre beitrug. So verfiel man dann der ungeheuer populären, dafür aber umso unwissenschaftlicheren, heißgeliebten These, daß das Elend der Arbeiterschaft aus dem ‚Kapitalismus' (ein anderer unwissenschaftlicher Ausdruck!) komme, und Marx die „natürliche Reaktion" auf Adam Smith sei. Das mag zwar ‚dialektisch' stimmen, wie es auch richtig ist, daß Luther dialektisch das Kind von Thomas von Aquin und von Bramante ist. (Schön – soll aber deshalb der brave katholische Christ die Scholastik und die Renaissance verdammen?) Nun aber gibt es, wenn wir schon den Terminus ‚Kapitalismus' adoptieren zwischen dem (sozialistischen) Staatskapitalismus und dem (liberalen) Privatkapitalismus keinen echten, dritten Weg[13] – und empirisch wissen wir, daß es den Arbeitern in der Schweiz besser geht als in den UdSSR, in Japan besser als in China, in den USA besser als in Kuba.

Diese großen Verwirrungen kommen aber weitgehend von dem Umstand, daß in der ganzen katholischen Welt aus Laien und Klerikern die Volkswirtschafts- lehre ein geistiges Stiefkind stets war und auch heute noch ist. Augenblicklich weiß ich keinen weltweit bekannten Wirtschafts- oder Finanztheoretiker, der ein gläubiger katholischer Christ wäre.[14] Ich habe große Angst vor Theologen, die etwas von der Soziologie verstehen, aber nichts von der Psychologie der Völker: noch mehr aber fürchte ich moralisierende Soziologen und Volkspsychologen, die nichts von der Volkswirtschaft wissen. Der Wissenschafter ohne Moral ist ein Schwein, der Moralist ohne Wissenschaft hingegen ein Esel.

Während aber der Marxismus durch die freie Wirtschaft empirisch widerlegt wurde, stieg die Sowjetmacht, und dank der Absenz anderer zugkräftiger Ideen, Weltanschauungen und Ideologien machte der Marxismus auch Fortschritte unter den „Intellektuellen". Aus der uralten Angst, den „Anschluß an die Welt zu versäu- men", begann daher ein Teil der Kirche bis in die höchsten Spitzen hinauf sich nach links zu wenden... ganz gegen die Warnungen Christi,[15] aber auch des Apostels Paulus: *„Me syschematizesthe to aioni touto* – Gleicht euch nicht dieser Welt an!"[16] Doch durch diese Wendung zur ‚Moderne' wurde bei einfacheren Geistern (und nicht nur bei ihnen) die christlich-sozialistische Synthese legitimiert.

Das alles endete in Italien damit, daß erstens einmal die kommunistische Partei bis zu den Pforten der Achtzigerjahre stets an Stimmen und Einfluß gewann, die Stärke der *Democristiani* aber zurückging. Das hatte freilich auch noch ganz andere Ursachen als die Linkswendung eines nicht unbeträchtlichen Teiles der Kirche. Einer der Gründe war der Umstand, daß man auch einem ganz einfachen Mann den Sozialismus in zehn bis zwölf Minuten – als *fausse idée claire* – erklären kann, während man zu diesem Behuf für die freie Wirtschaft ein zwei Wochen langes Seminar brauchen würde. Ein anderer Faktor in der politischen Entwicklung in Italien war auch die Tatsache, daß der mediterrane Mensch (und darüber überhaupt hinaus die katholischen Massen) staatsfeindlich und anarchisch-anarchistisch gesinnt ist. Da der katholische Christ aber ein ‚Familist' ist, akzeptiert er die Monarchie, die ihm ein Vater- und Mutterbild gibt, doch die Republik, die gerne ein *government of laws, but not of men* sein möchte, also die Verbindung von Verfassungen mit Gesetzen und Paragraphen, behagt ihm nicht. Den Staat als reine Maschine haßt er aus ganzem Herzen.

Man muß sich da vor Augen halten, daß die katholische Kirche zwar trotz Synoden und ‚Kollegialität' im Wesen eine absolute Monarchie ist, daß sie autoritär regiert wird, daß aber dennoch die Anthropologie innerhalb der katholischen Theologie im Vergleich zu jener der Reformatoren eine ausgesprochen freiheitliche ist: der Mensch ist also trotz der Erbsünde nicht ein ‚Sündenkrüppel', dessen Ver- gehen und Verbrechen nur durch das Blut des Lammes abgewaschen werden kön- nen, er ist lediglich der „außerordentlichen Gaben beraubt und in seiner Natur verwundet."[17] Er hat einen freien Willen, sein höchstes Forum ist sein Gewissen,[18] er ist „König und Priester"[19] und er kann zur Ehre der Altäre erhoben werden.

(Das Gegenstück dazu ist die *Theosis* in der Theologie der Ostkirche und ganz und gar nicht das *Soli Deo Gloria* der Reformation.) Diese zwei verschiedenen Theologien haben deshalb auch verschiedene Menschentypen hervorgebracht. Die Ursachen dafür sind eindeutig konfessionell und nicht klimatisch oder rassisch.[20] Und entgegen einer weitverbreiteten Meinung sind nicht die Völker der Reformationskirchen, sondern die katholischen Völker die „Individualisten", manchmal sogar in gefährlich extremen Formen. Dasselbe gilt auch für die Völker der Ostkirche, obwohl diese nicht wie die ‚lateinischen' Katholiken durch das befreiende Element der Renaissance gegangen sind.[21] Es sind die evangelischen Völker, die diszipliniert konformistisch und gemeinschaftlich sind. Wer ist nun wirklich individualistischer, besser gesagt, personalistischer:[22] der Ire oder der Engländer? Der Litauer oder der Lette? Der Österreicher oder der Preuße? Der Spanier oder der Skandinavier? Der Mexikaner oder der Neu-Engländer? Die Antworten liegen auf der Hand.

Das erklärt auch, warum der Anarchismus eine politische Verirrung der Völker der nichtreformierten Kirchen ist. Tatsächlich steht der Symbolik des Vatikans, der Tiara über den gekreuzten Schlüsseln auf gold-silbernem Grund, der Totenschädel über den gekreuzten Knochen auf der schwarzen Fahne der Piraten und Anarchisten gegenüber. „Die Schwarzen" – das können ebensogut die ‚Klerikalen' als die Anarchisten sein, denn Schwarz ist die Farbe des Todes und damit auch die Farbe der Freiheit. Nur wer mit Überzeugung „ja" zum Tod sagt, wie schon Montaigne hervorgehoben hat, ist auch wahrhaft frei.[23] Und E. Laboulaye sagte uns, daß der Vatikan, der den Palast der Cäsaren ersetzt hat, die Sprache der Macht redet, doch unter diesem Prachtbau sind die Katakomben, und diese reden die Sprache der Freiheit.[24]

Es ist nun einmal so, daß sowohl die altkirchliche wie auch die „frühevangelische" Welt, von einem Hang zum Absoluten ausgezeichnet, revolutionär eher denn evolutionär ist. Da gibt es nicht nur Revolutionen im Süden und im Osten Europas, von den spanischen *Comuneros* bis zu Stenka Razin, sondern auch Bürgerkriege in England, Schottland, in den Niederlanden und selbst in Schweden. Doch dann kommt die erste Aufklärung und damit das Ende der revolutionären Ader im *Mundus Reformatus*: sie wird durch *Polite Doubt* ersetzt.[25] Selbst die Studentenrevolte der Sechzigerjahre hat keinen Widerhall im Norden. Es ist auch bezeichnend, daß es im Norden keine Anarchisten gibt, weder als Parteien noch als Einzelgänger. Auch in den Vereinigten Staaten lebten nur Anarchisten süd- oder osteuropäischer, freilich auch irischer Abstammung. In den politischen *Cartoons* erschienen die meisten als Männer mit schwarzen Haaren, schwarzen Augen und rauchenden Bomben: ihre Namen waren italienisch oder slawisch.[26] *Il n'y a de supportable que les choses extrêmes* wurde von Anatole France gesagt und nicht von einem Engländer, der in Eton oder Harrow erzogen worden war. Doch in den deutschen Ländern, selbst an der Weser, Elbe und Spree, hatte man die katholische Vergangenheit nie ‚bewältigt'. Auch in ihnen lebte und lebt auch heute noch der Durst nach dem Absoluten weiter.[27]

Dieser lange religionspsychologische Exkurs war notwendig, um die Entwicklung in Italien zu erklären. Bei den kommunistischen Parteimitgliedern wie auch bei den Wählern handelt es sich nur zu oft um „unbewußte Anarchisten", die ganz einfach gegen die bestehende Ordnung sind und sie zerstören wollen; ihr Wunschtraum gilt nicht den Kolchosen. Neben diesen Kommunisten gibt es noch eine ganz aufrichtige Terrorszene und damit auch ein steigendes ziviles Verbrechen. Alldies ist aus dem Zusammenbruch *aller* Autoritäten, der kirchlichen, der moralischen, der gesellschaftlichen und der staatlichen, zu erklären. Die *Democristiani*[28] als die etwas korrupten Platzhalter der Kirche sind deshalb im Rückzug und in der Defensive, die Parteien des Umbruchs oder des Umsturzes vermehren sich. Und dazu kommt noch ein Umstand: Die Kommunisten als totalitäre Partei sind auch die Nutznießer der faschistischen Periode, die den Menschen wenigstens eine gewisse Sicherheit für Leib und Besitz gab. Die Mafia wurde zwar von Mussolini nicht ausgerottet, wohl aber im Zaume gehalten. Entführungen und Erpressungen gab es selten. Nun aber bieten sich die Kommunisten gegen ‚Rechtsradikale', Anarchisten und Kriminelle als ‚Ordnungsmacht' an. Da sie totalitär, wohlorganisiert und auch relativ diszipliniert sind, wirken ihre Versprechungen ganz glaubhaft. Wie aber die *innere* italienische Krise mit ewigen Streiks von hoch und niedrig, von Professoren und Chefärzten bis hinunter zu den Straßenkehrern enden wird, wissen nur die Götter.

Was den zum Teil immer noch herrschenden *Democristiani* abgeht, ist natürlich eine Leitfigur wie Alcide Degasperi es war. Kulturell war dieser Mann aus dem Trentino eigentlich ein Österreicher und wenn er sich mit Adenauer und Robert Schuman (einem Lothringer), den beiden anderen „Großen Europäern", traf, sprachen die drei natürlich deutsch – wie ja auch jahrelang die Mitglieder des Warschauer Paktes oft miteinander deutsch konversierten. Doch litt auch anfänglich Degasperi an der großen politischen Naivität so mancher guter katholischer Christen, die im Kommunismus eine ‚christliche Häresie' sehen, die man vielleicht auch taufen könnte. So sagte Degasperi verzückt im *Teatro Brancaccio* am 23. Juli 1944, daß der sowjetische Kommunismus im Grunde universalistisch, christlich, ja ‚katholisch' sei.[29] Aus solchen Aussagen kann man ersehen, wie tief die Verwirrung selbst in den Hirnen gläubiger Menschen sein kann und daß die Ostpolitik des Vatikans unter Paul VI. sich nicht so zufällig ergeben hatte.

316

65. DIE FRANZÖSISCHE MALAISE

Nicht ganz unähnlich der italienischen ist die französische Dauerkrise, da auch dort dank der mangelnden Bekanntschaft der Franzosen mit der Roten Armee kommunistische Neigungen sehr stark sind, und sie außerdem in der Französischen Revolution, den Aufständen von 1848 und der Commune mit ihren gewaltigen Blutopfern eine ideologisch-psychologische Ahnenreihe besitzen. Die Franzosen sind für jeden Radikalismus anfällig, denn auch sie sind schließlich *Pèlerins de l'Absolu.*

Wie aber ging es in Frankreich nach der Befreiung weiter? Wir sprachen schon von den Morden ganz großen Stils, die sich die Linke erlaubte,[1] vom Prozeß gegen Pétain und der ersten Regierung de Gaulles. Was für ein Mann war aber nun dieser Charles de Gaulle? Auch er gehörte wie Degasperi, Adenauer, Churchill, Tito, Franco, Salazar, Stalin einer Vorkriegsgeneration ohne ebenbürtige Nachfolger an. Er entstammte einer alten, adeligen Familie mit etwas unsicherem Stammbaum bis ins 15. Jahrhundert. Als junger Offizier nahm er am Ersten Weltkrieg teil, wurde deutscher Kriegsgefangener, versuchte öfters zu fliehen, wurde aber dank seiner Körpergröße immer wieder erkannt, zurückgebracht und bestraft – aber nicht unmenschlich. 1920 sehen wir ihn bei General Weygands Mission in Warschau.

De Gaulle war ein Mann der Rechten, anders als Pétain ein gläubiger katholischer Christ, dem ewigen Leben entgegensehend[2], Jahre hindurch ein Anhänger der *Action Française.* Früh schon hatte er sich entschieden, *un Chef* zu werden, eine führende Rolle auch in der Politik zu spielen. Dieser Gedanke ist in seinem Buch *Le fil de l'epée,* das bei Berger–Levrault in Paris 1932 erschien, deutlich niedergelegt. „Faschistische" Ideen im landläufigen Sinn wird man dort allerdings nicht finden. Militärisch – wie wir schon schrieben – hielt er wenig von der Maginotlinie und glaubte, daß der Angriff die beste Verteidigung sei, und war einer der frühesten Theoretiker des Blitzkriegs. Das aber bedingte sehr teure Waffengattungen, für die Léon Blum, der sozialistische Ministerpräsident kein Geld hatte. Er wäre derselben Meinung, aber „politisch", bedeutete ihm Blum, wären diese Auslagen nicht „tragbar" gewesen: darin würde ihm seine Partei nicht folgen. (Wir hörten dieselben Reaktion aber auch schon vom konservativen Stanley Baldwin!) Zudem wollte de Gaulle *une armée de métier,* eine echte, breite aber qualitativ hochstehende, von Berufssoldaten aus Freiwilligen gebildete Armee, aber auch diesen Plan lehnte Blum ab: eine militärische Elite könnte der demokratischen Republik gefährlich werden.[3]

Nach der Niederlage floh de Gaulle nach London, wo er seine französische Regierung im Exil aufstellte, die erst mit der Zeit von den Alliierten als solche anerkannt wurde, denn im Geheimen, wie wir schon erwähnten, verhandelte man hinter seinem Rücken mit Pétain. Aber nicht nur mit seinen britischen und amerikanischen Alliierten, sondern auch mit seinen eigenen Landsleuten hatte dieser intelligente und sehr gebildete, aber selbstgefällige und arrogante Mann ebenfalls seine Schwierigkeiten. Seine erste größere militärische Aktion, der Angriff auf Dakar, war ein Mißerfolg, doch gelang es ihm, allmählich in Übersee ein französisches Imperium aufzubauen, dessen letzter Baustein Nordafrika war. Der Widerstand, der ihm da und dort begegnete, hatte einen anglophoben Charakter, denn die Tragödie von Mars-al-Kabir wurde nicht so bald vergessen, und er residierte in London unter lauter Engländern. In seinem Londoner Kabinett gab es alle möglichen und unmöglichen Leute, von der konservativen Rechten (zu der er zählte) bis zur starren Linken. (Die Kommunisten hingegen kollaborierten bis zum Juni 1941 mit Pétain!)

Nach seiner Rückkehr aus dem Exil im Sommer 1944 wurde er Chef der Regierung, tat aber erschreckend wenig, um die Ausschreitungen der extremen Linken zu zügeln. In dem der Befreiung nachfolgenden Blutbad wurden rund 100 000 Menschen, viele in der viehischesten Weise, abgeschlachtet, denn die Kommunisten in den Reihen der Résistance mußten jede Erinnerung an ihre Allianz mit den deutschen Nationalsozialisten und mit Pétain während der ersten zwei Kriegsjahre auslöschen.[4] Doch verfolgte de Gaulle im großen und ganzen die Taktik, die er in seinem *Le fil de l'épée* sich selbst vorgeschrieben hatte. Als er sah, daß er sich nicht – noch nicht! – durchsetzen konnte, zog er sich ganz programmäßig zurück, völlig überzeugt, daß seine Stunde noch schlagen und das Land ohne ihn ins Chaos stürzen würde. Und so geschah es auch.

An dieser Stelle muß erwähnt werden, daß die Überseepolitik Frankreichs durch eine Allianz schwer bedroht wurde, durch das Gleichtreten zweier nunmehr verfeindeter Großmächte: in der kolonialen Frage gab es eben eine Achse Washington–Moskau. Die USA und die UdSSR waren beide erklärte Feinde des ‚Kolonialismus‘, ein künstliches Wort, das wir in keinem älteren Lexikon finden, denn die Tendenz, sich über die Meere auszubreiten, ist nun einmal kein „Ismus“. Die Sowjets glaubten fromm an die von Lenin übernommene These Hobsons vom kolonialistisch-imperialistischen Trieb des „Kapitalismus“,[5] und die Amerikaner hören schon in der Elementarschule vom bösen Kolonialismus der Briten. Doch die Dreizehn Kolonien an der amerikanischen Ostküste waren Kolonien in einem ganz anderen Sinn als es zum Beispiel Indien oder sagen wir Nordrhodesien waren. Der Amerikanische Unabhängigkeitskrieg kam von der Weigerung Londons, „Amerikaner“ ins Westminster Parlament zu berufen, gekoppelt mit der Forderung, dennoch Steuern zu zahlen. *No taxation without representation* ist ein altes englisches Prinzip, und über die Steuerfrage (außerparlamentarisch behandelt) ist übrigens auch Karl I. gefallen. (Nach heutiger Auffassung war diese „Steuerlast“ allerdings mikroskopisch und diente zur Deckung der Schulden aus dem französisch-britischen Krieg, der „Britisch-Nordamerika“ aus der französisch-kanadischen Umklammerung befreit hatte.) Es gab allerdings noch einen anderen Grund für das Auflodern der antibritischen Gefühle: die Erlaubnis für die Franko-Kanadier, ihren papistischen Glauben frei ausüben zu dürfen, der von Georg III. erlassene *Quebec-Act*. (1763).[6] Das jedoch wird in amerikanischen Schulen aus Gründen interkonfessioneller *délicatesse* fast nie erwähnt.

Roosevelt war ein fanatischer „Antikolonialist" und stimmte in dieser Beziehung mit den Sowjets überein, die immer wieder darauf bestanden, daß ihr eigenes Land nie Kolonien besessen hatte. Sibirien, Turkestan oder der Kaukasus figurierten eben nicht als solche.[7] Kolonien – und darin waren sich Stalin, Roosevelt, Truman und später auch Kennedy einig – wären „undemokratisch" (was sie sicherlich auch sind) und daher unsittlich und verdammenswert (was noch lange kein *sequitur* darstellt). Und alsbald entwickelte sich, wenn auch aus sehr verschiedenen Motiven, ein edler Wettstreit zwischen Washington und Moskau darüber, wer von beiden im antikolonialen Affekt einen neuen Rekord aufstellen könnte. Amerika „opferte" die Philippinen und später auch die Ryu-Kyu-Inseln; anders stand es allerdings um Puerto Rico und um Hawaii, das sogar ein Bundesstaat wurde.

Die Sowjetunion war immer ein großer Anwalt der Demokratie – den Bolschewismus nannte Lenin eine „Demokratie aufs Neue", *demokratija po nowomu*, – und die verschiedenen „Befreiungsbewegungen" in den Kolonien der Alliierten im Zweiten Weltkrieg (Großbritannien, Frankreich, Niederlande, Belgien) wie auch anderer Länder (Portugal, Italien, Spanien) bezeichneten sich alle als „demokratisch", oft aber auch „sozialistisch".[8] Es gab und gibt da alle möglichen Übergangsphasen. Die Vereinigten Staaten unterstützten diese Befreiungsbewegungen nicht finanziell, wohl aber moralisch, und eine ganze Reihe von amerikanischen zivilen Gruppen, Vereinigungen, Instituten und Stiftungen, ja auch Kirchen gab den farbigen Terroristen oft sehr reichliche Geldmittel. Der ‚Befreiungskampf' der Angolaner wurde durch eine höchst mörderische Organisation, die UPA, unter der Führung von Holden Roberto eröffnet. Sie hatte ihren Hauptsitz in Kinshasa (Léopoldville) und bekam ihren Dollarsegen aus den USA. Die ersten Anstöße zu dieser Bewegung deren militärischer Arm sich nach bewährtem Muster FNL nannte,[9] kamen von amerikanischen Missionaren im Norden des Landes.

Die Kräfte, die sich nach 1945 in Übersee gegen Frankreich wandten, hatten ausnahmlos eine ausgesprochen linke Einstellung – wenn sie nicht gleich aufrichtig kommunistisch waren. Das war besonders in Indochina, wie auch in Nordafrika, Westafrika und Madagaskar der Fall. Der Versuch, Frankreich und seine Überseebesitzungen in eine *Union Française* umzugestalten, mißlang. Besonders schmerzlich war der Verlust Indochinas und Algeriens. Der Fall des befestigten Dien-Bien-Phu an der Grenze von Tonkin und Laos führte zum Beschluß einer linken Regierung Frankreichs Indochina völlig aufzugeben. Noch klammerten sich verschiedene Regierungen Frankreichs an Algerien, da dort anderthalb Millionen Franzosen und französisierte Spanier und Juden lebten, und dieses Land, anders als Marokko oder Tunesien, Frankreichs Gegenküste bildete. Der Verlust dieser Kolonien, muß man sich vor Augen halten, war kein schwerer wirtschaftlicher Schlag, da die Handelsbeziehungen auf jeden Fall weiterblieben und die Investitionen eigentlich gering waren[10] – wenn auch einzelne Siedler sehr schwer getroffen wurden. Der Krieg in Algerien gegen die FNL war hingegen sehr teuer, sodaß man seine ‚Wirtschaftlichkeit' in Frage stellen mußte. Das Land ist äußerst arid, die Armut sehr groß, und der einzige wirkliche Reichtum waren und sind die Ölquellen und das Erdgas in der Sahara. Das Land kann eigentlich seine Bevölkerung nicht ernähren; fast eine Million Algerier arbeiten in Frankreich; ohne ihre Geldüberweisungen könnte das Land eigentlich kaum existieren. Auch heute nicht.

Es war dieser Algerienkrieg, der in Frankreich eine große, neuerliche Krise auslöste und 1958 zur zweiten Regierung de Gaulles führte. Schon einige Jahre vorher hatte ein Generalstreik das Land an den Rand des Abgrunds geführt; hätte diese Arbeitsniederlegung einige Tage länger gedauert, würde in aller Wahrscheinlichkeit Marschall Juin eine Militätdiktatur errichtet haben. Frankreich war völlig gelähmt gewesen, und die Vorbereitungen zum „Machtwechsel" waren schon in vollem Gang. Anders war es auf der Höhe der Algerienkrise. Da wurde de Gaulle förmlich angefleht, die Konkursmasse der Vierten Republik zu übernehmen, und sehr säuerlich und hoheitsvoll sagte er schließlich zu. Doch eine seiner Bedingungen war eine neue Verfassung, denn als Präsident wollte er weitgehende Vollmachten haben. Auch das Kabinett sollte vom Parlament nicht restlos abhängig sein. Ein wenig stand die Verfassung der Vereinigten Staaten bei dem neuen Entwurf Pate, doch behielt Frankreich seinen Dualismus von Staatsoberhaupt und Regierungschef, während in Amerika der Präsident beide Funktionen in sich vereinigt.[11]

Es ist bezeichnend, daß diese schweren Krisen der modernen Demokratie in ihrer Wiege, in Frankreich, ausgebrochen waren. (Die Schweiz ist eine militärische Demokratie ohne präsidialen Charakter.)[12] Schon im Jahre 1952 konnte man im Pariser *Métro* ein sehr witziges Plakat, entworfen vom Karikaturisten Sennep, bewundern, das für die Farben der Firma Soudé warb. Es stellte vier große Mariannen vor, die wacker fürbaß einherschritten, während eine kleine fünfte schon kokett hinter einer Ecke hervorlugte. „Die Republiken kommen und gehen", sagte der Text, „aber die Farben der Firma Soudé bleiben für immer."[13]

De Gaulle wußte sehr genau, daß in Frankreich die Republik immer zutiefst instabil sein würde, und deshalb dachte er eine zeitlang daran, die Monarchie zu restaurieren.[14] Hier sehen wir eine Parallele zu Brünings Plan zur Wiedereinführung der Monarchie in Deutschland, wobei man allerdings nicht vergessen darf, das nichts auf Erden, auch keine Staatsform *absolute* Sicherheit verspricht.

Heftig umstritten und von der äußersten Rechten wütend bekämpft war de Gaulles Entscheidung, den Krieg in Algerien abzubrechen und das Land den Arabern und Berbern zu überlassen. Die Reaktion der *Pieds Noirs* war heftig: fast alle packten ihre Koffer und verließen das Land. So manchem Franzosen war die Aufgabe Algeriens Verrat, ja Hochverrat. Mehrere Versuche wurden gemacht, de Gaulle zu ermorden, doch mißlangen sie jedesmal.

Diese Lösung des „algerischen Problems" fußte für de Gaulle auf einer reinen Kalkulation. Zweifellos wollte nur eine Minderheit der Algerier – eine fest entschlossene, sehr kleine Minderheit, vermehrt um eine größere Zahl von bloßen Sympathisanten – die Unabhängigkeit von Frankreich unter allen Umständen. Sie wurden vom „fortschrittlichen" Senator John F. Kennedy in mehreren Reden unterstützt. De Gaulle aber war überzeugt, daß die fanatische Minderheit, die FLN (die „Fellaghas"), den Bandenkrieg endlos fortsetzen würde. Ihre Bekämpfung würde

Frankreich viel mehr Geld kosten, als es das arme Land je einbringen würde.[15] Auch der Viet-Cong hatte in Vietnam die Unterstützung lediglich einer kleinen Minderheit. Doch die Weltgeschichte ist in ihrem Grundwesen nicht demo-majoritär ausgerichtet. Fanatisierte Minderheiten können „außerparlamentarisch" mit der Waffe in der Hand fürchterliche Schrecken verbreitend über eine müde Mehrheit siegen.[16] Diese Erkenntnis beseelt und bewegt auch unseren zeitgenössischen Terrorismus.

Die Hauptsorge de Gaulles galt aber der Stellung Frankreichs in Europa. Er wollte für Frankreich eine Führungsrolle und suchte einen *Junior Partner,* den er schließlich in der Deutschen Bundesrepublik fand. Das war keine zufällige Wahl, denn das deutsche Volk war vielleicht das einzige, das von de Gaulle respektiert wurde – und dem er vielleicht sogar traute. Sicher liebte de Gaulle die Franzosen, ob er ihnen aber traute, ist eine ganz andere Frage. Zweifellos war die Parade der französischen und deutschen Truppen, die er in der alten Krönungsstadt Reims mit Adenauer abnahm, einer der Höhenpunkte in seinem Leben. Auch wollte de Gaulle militärisch keineswegs von den Vereinigten Staaten oder gar von Großbritannien abhängig sein und bereitete mit seiner *Force de Frappe* die atomare Verteidigung nicht nur Frankreichs, sondern auch des europäischen Westens vor: Die Entscheidung, ob der nächste Weltkrieg atomar gegen eine östliche Übermacht geführt werden sollte, lag damit nicht mehr allein in den Händen der „Angelsachsen" (oder auch der Russen). Seine Abneigung gegen *the English speaking Nations,* die seine Exilregirung erst im November 1944 anerkannten und lieber den General Giraud an seiner Stelle gesehen hätten, ließ nie nach.[17]

Zehn Jahre nach seiner Machtübernahme, 1968, kam es zum großen Studentenaufstand in Paris, die Revolte einer sehr kleinen, aber mit sinnlosen Schlagworten betrunkenen Minderheit, die fast wieder eine Militärdiktatur auf den Plan rief: Es war dies zum dritten Mal, daß in Frankreich seit 1945 die „Herrschaft des Stiefels" drohte. Um den Geist dieser anarcho-sozial-existentialistischen Rebellion zu verstehen, zitieren wir einen Aufruf, der damals an den Hausmauern von Paris die Passanten zu animieren suchte: „Seien wir Realisten und verlangen wir das Unmögliche." Durch diese Sprache konnte jedoch die Arbeiterschaft nicht gewonnen werden!

Nicht die Studenten stürzten de Gaulle, sondern ein Referendum, das er als Vertrauensvotum ansah – ein Plebiszit, das ein wichtiges Stück der Französischen Revolution hätte liquidieren sollen. Die völlig unhistorischen Départements, die rein geographische Namen trugen, hätten durch mehr oder weniger geschichtliche Regionen (Provinzen) ersetzt werden sollen. Sicherlich verlor er diese Abstimmung, nicht vielleicht weil den Franzosen diese konservative Neuerung wider den Strich ging, sondern weil eine Mehrheit de Gaulle nicht (oder nicht mehr) leiden konnte. Die Franzosen sind große Neider, und der General war ihnen zu selbstherrlich. Auch die alte gallische *novarum rerum cupiditas*[18] spielte hier eine Rolle. De Gaulle zog sich sodann auf sein Landgut zurück, wo er an seinen „Erinnerungen" weiterarbeitete, ein (unvollendetes) Werk, das den Franzosen sehr teuer ist, denn viele von ihnen sehen in de Gaulle einen brillanten Stilisten, und das bedeutet in Frankreich überaus viel.

De Gaulle ließ hinter sich ein Land, das an parteilichen und ideologischen Spannungen mindestens ebenso leidet wie die meisten anderen echtkontinentalen Länder Europas. Die Tendenz der französischen Massen „so weit als möglich links zu stehen" ist da ein gewichtiger Faktor. Man kann eine Vergangenheit nie ganz ungeschehen machen. Robespierre, ja selbst Morelly und Babeuf, waren nie ganz tot. Der egalitäre Enthusiasmus so vieler Franzosen dringt selbst in die unwahrscheinlichsten Domänen des französischen Lebens ein, erweckt aber zuweilen auch heftigste Reaktionen – man denke da nur an de Maistre, Gobineau, die *Action Française* und andere echt rechtsradikale wie auch pseudorechtsradikale Erscheinungen, die aber selten von den Massen, die stets einfache Schlagworte vorziehen, sondern nur von *Esprits Forts* getragen werden.

Die jetzige sozialistische, auch von Kommunisten tolerierte Regierung ringt mit schweren Problemen, vor allem wirtschaftlicher Natur. Da muß man sich manchmal fragen (und das nicht nur in Frankreich), was wohl geschähe, wenn ein Versorgungsstaat (alias Wohlfahrtsstaat) *restlos* bankrott ist. Da könnte es zum Kannibalismus kommen! Doch in Frankreich könnte 1986 auch die Verfassung der Fünften Republik ernstlich in Frage gestellt werden. Was würde man sehen, wenn beide Kammern eine rechtsdrallige Mehrheit bekämen, der „rote" Präsident aber weiter im Amt bliebe? Oder wird sich Mitterand als Papamäleon, als moderner Mensch, noch einmal häuten? Das wäre in seinem Leben nicht zum erstenmal, denn ursprünglich war er ein Mann der *Action Française* (wie de Gaulle, aber auch Maritain). Gerade in Frankreich kann man sich auf alles gefaßt machen.

66. DAS ÖSTERREICHISCHE WUNDER

Noch problematischer als die Aussichten Frankreichs sind jedoch die der deutschen Länder, wobei der Fall Österreich von geringerer Bedeutung, aber vielleicht komplexer ist.

Zuerst einmal wurde nach der Niederlage des „Großdeutschen Reiches" – überflüssig zu sagen, ein völlig falsches Etikett, das nur historische Ignoranten erfunden haben konnten[1] – Österreich in vier, genauer gesagt aber in neun Besatzungszonen eingeteilt. Es gab zwei russische, zwei britische, zwei amerikanische und zwei französische Zonen (in Wien und am Land) und außerdem eine gemischte: Wiens Innenstadt. Österreich wurde mit einem Klosett verglichen, einem stillen Örtchen, das entweder besetzt oder frei ist, während Österreich beides war: besetzt *und* frei.

Auch die Besatzungszonen waren nicht nach Bundesländern geordnet. So wurde Oberösterreich zwischen den Amerikanern und Russen, Tirol zwischen Franzosen und Briten geteilt. Doch schon während des Krieges war Österreich ein Spielball von Machtinteressen geworden, wobei sich die sowjetische Schlauheit und die westliche Naivität so ziemlich die Waage hielten. Der Mann, der sich der Sache Österreichs unermüdlich annahm, war der ehemalige Kronprinz, der nach dem deutschen Überfall auf Belgien vom Schloß Steenokkerzeel bei Brüssel nach Amerika geflohen war, um dort für seine undankbare Heimat zu werben. Leider hatte er es mit dem Mythomanen Roosevelt zu tun, der ihn (wie auch andere Leute) konstant anlog, Versprechungen machte und im Stich ließ. Auch mit der Emigration, besser gesagt mit der Emigraille, hatte er es nicht immer leicht, da diese zu gutem Teil aus manigfaltigen Linkselementen bestand, aber gerade ihm verdankten sie es alle, daß sie nicht als feindliche Ausländer eingestuft[2] und in ihrer Bewegungsfreiheit kaum eingeengt wurden. Doch der Dank nicht des Hauses, sondern des Volkes Österreich war nunmehr schon weltberühmt. Ein österreichisches Batallion, das schon versprochen und im Aufbau begriffen war, wurde unter dem Druck der von Kommunisten durchsetzten Linksmafia Amerikas wieder aufgelöst.

Der ärgste Schlag aber war für Österreich die „Moskauer Deklaration" im November 1942, derzufolge Österreich die „Schuld hatte, an der Seite Deutschlands" an einem Angriffskrieg teilgenommen zu haben. Daher – so stand es schwarz auf weiß – könne Österreich seine Unabhängigkeit nur dann wiedererlangen, wenn es selbst Anstrengungen machte, diese wiederzugewinnen. Hier mischte sich Niedertracht harmonisch mit wirklicher Dummheit. Nun, einen österreichischen Staat, der im November 1942 ein Verbündeter des Deutschen Reichs gewesen wäre, gab es natürlich nicht, sondern nur ein unter dem Druck einer Großmacht besetztes und von aller Welt verkauftes Land, das auch durch eine amerikanische Sondermarke als solches in der Serie der *Occupied Nations* geehrt wurde – zusammen mit den Niederlanden, Belgien, Norwegen, Polen und so weiter, und so weiter. Die Schizophrenie, das Spaltbewußtsein, ist bekanntlich eine gefährliche Geisteskrankheit.

Andererseits hatten die Länder des Westens im Jahre 1938 den ‚Anschluß‘ voll anerkannt: Das Exequatur für die Generalkonsulate und Konsulate in der (vorläufig so genannten) ‚Ostmark‘ wurde ihnen, wie wir schon schrieben, vom Außenamt in Berlin erteilt.[3] Wenn man aber die Formel der *Moscow Declaration* genau durchliest, muß man sich fragen, was wohl in den alliierten Hohlköpfen für eine Lösung des ‚Österreichproblems‘, im Falle fehlender ‚Anstrengungen‘ dieses zu Okkasionspreisen verkauften Volkes, ins Auge gefaßt wurde? Erhoben sich die Österreicher nicht, dann bliebe es also beim ‚Anschluß‘ – oder nicht? Oder sollte vielleicht das Land zwischen der Tschechoslowakei, Jugoslawien und etwa der Schweiz aufgeteilt werden?

Tatsächlich waren Eden und Harriman bei Molotow wegen einer Österreich-Erklärung mit einem einfachen Text vorstellig geworden, worauf Molotow, *recte* Skrjabin, meinte, daß man aus einer solchen Kapital schlagen sollte. Die Österreicher müßten für ihre Freiheit „einen Beitrag leisten". Ob die Endformel aber wirklich auf dem Mist des ‚Hammermannes‘ gewachsen war, ist schwer zu wissen. *Eines* aber ist sicher; Dr. Beneš war einige Tage vorher in Moskau angekommen. Dieser nationalsozialistische Vorkämpfer für die Sozialisierung Europas hatte in aller Wahrscheinlichkeit dem Treffen dieser drei Außenminister für den zukünftigen Status Österreichs ‚vorgearbeitet‘.[4]

Das verkaufte Land hat sich dann in seinem Haß und seiner Enttäuschung gegen die Verkäufer gewandt![5] (Wir kennen ja die Haltung des Foreign Office zu Hitlers Vorbereitungen für den Einmarsch.)[6] Man tat in Österreich natürlich nun einiges, es gab einen tapferen österreichischen Widerstand,[7] es wurden während der bösen Jahre fast 2000 Österreicher aus politischen Gründen geköpft, aber einen Massenaufstand inszenierten die Österreicher natürlich nicht. Das ärgerte manche der vielen Österreichfeinde in der Neuen Welt, vor allem aber den *Secretary of State,* Cordell Hull, einen kleinen Nichtsnutz, der in einer verschwundenen Universität angeblich Jura studiert hatte.[8] Dieser erklärte im September 1944, die Moskauer Formel zitierend, daß er „sagen wolle, daß die Zeit, in der Österreich seinen Beitrag (zur eigenen Befreiung) machen sollte, nun praktisch abgelaufen sei".[9] Dies aber störte Eisenhower, der darin eine Einmischung in seine Pläne sah, über alle Maßen, und so forderte er die Österreicher auf, sich ruhig zu verhalten, Listen der Freunde und Feinde anzulegen und Lebensmittel zu sammeln, um nicht auf einmal zu verhungern.[10] Zweifellos hatte der amerikanische Historiker Arthur Schlesinger jr. recht, als er schrieb, daß Cordell Hull die Außenpolitik lediglich als einen Nebenzweig der Rhetorik betrachtete.[11] Von George Creel, dem ehemaligen, sehr alten Propagandaexperten Woodrow Wilsons, über seine österreichfeindlichen Aussagen zur Rede gestellt, gab Hull zur Antwort, daß er die Österreicher ganz einfach nicht ausstehen konnte. Darauf nannte ihn Creel einen *evil old man,* kehrte um und warf die Türe hinter sich zu.[12]

Zweifelsohne gab es vor dem Zweiten Weltkrieg in Österreich zwei Gruppen von Bürgern, die ‚grundsätzlich' den ‚Anschluß' an Deutschland bejahten: Nationalsozialisten, ‚Großdeutsche', Landbündler, Sozialdemokraten und so manche Christlichsoziale, aber schließlich auch „römisch-deutsche", katholische Konservative, die „großdeutsch" im Sinne des früheren 19. Jahrhunderts waren. Sie waren von historischen und nicht von „nationalen" Motiven bewegt. Auf jeden Fall aber gab es sehr viele Österreicher, wahrscheinlich sogar eine Mehrheit, die im Prinzip für den ‚Anschluß' waren, aber gegen eine Annexion durch das ‚Dritte Reich'.[13]

Ein sozialdemokratischer Annexionist war allerdings der „Doktor Karl" der österreichischen Politik unseres Jahrhunderts, ein wahrer „Herr Karl" mit Universitätsbildung, der Doktor Karl Renner. Dieser Sozialist hatte noch während des Ersten Weltkriegs die französische Bourgeoisie verlacht, die die republikanische Staatsform im Herzen Europas verwirklichen wollte;[14] er hatte den schrecklichen Vertrag von St. German-en-Laye unterzeichnet; er hatte im April 1945 Huldigungsbriefe an den „Genossen Stalin" geschrieben[15] – aber sieben Jahre vorher seine Kompatrioten aufgefordert, für den ‚Anschluß' an das Dritte Reich zu stimmen. Dieses Chamäleon figurierte nach 1945 auf nicht weniger als 17 Sondermarken der Republik Österreich.

Doch auch Prälat Ignaz Seipel hatte in einem Brief wenige Jahre vor seinem Tod[16] den Zusammenschluß mit den anderen deutschen Ländern als eine Existenzmöglichkeit Österreichs ins Auge gefaßt: Ein Kleinösterreich als zweites Belgien oder zweite Schweiz empfand er als „undeutsch" und „unösterreichisch", als eine viel eher „französische" oder „tschechische" Idee.[17] Einzig und allein die Kommunistische Partei Österreichs vertrat unter den Parteien geschlossen den austriazistischen Unabhängigkeitsgedanken, und die anderen Parteien folgten ihr nach 1945 in dieser Beziehung.[18] Die ‚Umstellung', wie wir sie erlebt haben, ist kein reines Wunder und nicht unbedingt ein Zeichen größter Charakterlosigkeit, sondern teils der Wunsch, an der deutschen Schande keinen Anteil zu haben und womöglich noch dafür ‚zahlen' zu müssen, teils aber auch eine seelische Reaktion aus Enttäuschung und Ekel geboren. Der Alliierte Kontrollrat beschloß, in Österreich nicht nur die Demokratie, sondern auch den Austriazismus zu fördern und zu fordern, und so zogen dann alle Parteien am demokratischen und austro-nationalen Strang. Vergessen wir da nicht, daß nach dem blutigen Februar 1934, ja selbst nach dem ‚Anschluß', die Sozialdemokratische Partei Österreichs im Exil den Anschlußgedanken weiter vertrat,[19] bis erst gegen Ende des Krieges der Plan einer österreichischen Unabhängigkeit die Oberhand gewann. „Die Österreicher sind urschlaue Leute", hieß es dann nach 1945 jenseits der rot-weiß-roten Grenzpfähle, „sie haben aus Beethoven einen Österreicher und aus Hitler einen Deutschen gemacht."[20]

Die österreichische Besetzungs-Befreiung fing recht lustig an. Als Sir Harold Alexander an der Spitze britischer Truppen in Österreich einmarschierte, verkündete er auf zweisprachigen Plakaten: „*We are comming as conquerors and not as liberators.*" Die englische Sprache ist nicht übermäßig präzis, und das Wort *conqueror* kann man sowohl mit „Eroberer" als auch mit „Sieger" übersetzen. Die Verwirrung war natürlich beträchtlich. Zudem wurde ein Erlaß herausgegeben, der den britischen Soldaten alle ‚Fraternisierungen', wie auch *common courtesies* verbot, was man mit „allgemeinen Höflichkeitsbezeugungen" übersetzen kann. Also durften einquartierte Briten weder „Guten Morgen!", „Gute Nacht!" oder „Danke!" sagen. Auch machte sich die Kriegspropaganda, die das gutgläubige britische Volk widerstandslos geschluckt hatte, verhängnisvoll bemerkbar. Stalin hatte seinerzeit Hitler flüchtige Kommunisten ausgeliefert (siehe S. 271.), die Briten und auch die Amerikaner lieferten nun, die Flüchtlinge feige belügend, kroatische und slowenische *Domobranci* an Tito aus. Dieser bekam auch kroatische Patrioten ins Haus geliefert, während die roten Ungarn bürgerliche Politiker, mit denen die Briten noch am Tage vorher geluncht und diniert hatten, zur Abschlachtung serviert bekamen. Auch in Deutschland ereignete sich Ähnliches: Besonders kraß war der Fall eines deutschen Diplomaten, Gustav Struve, der von den Briten den Polen ausgeliefert wurde – an Stelle eines SS-Wüstlings namens Gustav Struwe. Ersterer wurde von den Polen erschlagen. Er hatte laut protestiert, daß er zwar vor dem Krieg Diplomat in Warschau gewesen war, aber mit der Okkupation nichts zu tun gehabt hatte, doch wie überzeugt man schon Leute mit Vogelhirnen? Sein Fall wurde, nachdem er schon umgebracht worden war, im Unterhaus zur Sprache gebracht, was allerdings seiner jungen Witwe kaum zum Trost gereichte.

Die ärgste Missetat war allerdings die Auslieferung tausender und abertausender braver Russen an die UdSSR. Darüber liegt eine erschöpfende Literatur vor. Wir haben die Bücher von Nicholas Bethell, Nikolai Tolstoi und dem Sohn des Generals Krasnow.[21] (Weniger aufgearbeitet ist das Material über die Slowenen und Kroaten.[22]) Die Russen wurden von den Briten in Osttirol zusammengeprügelt und zusammengeknüppelt, aber auch die Amerikaner wollten hier nicht zurückstehen. Amerikanische Korrespondenten berichteten, wie man *Wlassowtsy* aus Dachau in das sowjetische Vaterland abtransportierte, aber sich die Männer die Pulsadern durchbissen, um nicht ins Rote Paradies verfrachtet zu werden.[23]

Das waren die Schrecken der unmittelbaren Nachkriegszeit. Großbritannien hatte eine Labour-Regierung, die kopflos herumlavierte, und es zeigte sich auch hier wieder, daß Demokratien nicht nur völlig unvorbereitet in Kriege hineinstolpern, sondern auch keinen bleibenden Frieden vorbereiten können, denn vollpolitisierte und durch Massenmedien totalitär bearbeitete Nationen können manchmal nicht wie ein kleiner Kahn herumgeworfen werden. Man muß sie eher mit Ozeandampfern vergleichen, die schon Kilometer vor der Ankunft im Hafen ihre Geschwindigkeit vermindern und schließlich in Rückgang gebracht werden sollten. Doch die Briten waren im Taumel der Sowjetbegeisterung; das Bild eines demoliberalreligiösen, wieder mit dem Kapitalismus liebäugelnden Rußland wurde von den Massen ebenso angenommen wie von der Führerschaft, die schließlich den von ihnen selbst gelieferten Lügen zu glauben begann. Da war die Lage in Amerika schon ein klein wenig besser. Als dann die großen Reden Churchills in Fulton und Zürich erschollen, wurden auch die Okkupationspraktiken geändert. Fraternisierung wurde ebenso erlaubt wie – man staune! – gute Manieren. Die roten Flitterwochen waren nun endgültig vorbei. Der Traum war ausgeträumt. Angeblich hatte Churchill gesagt: „Wir haben das falsche Schwein geschlachtet!" doch in der Wirklichkeit handelte es sich eben um *zwei* Schweine. Auch der Totalsieg Hitlers wäre für die Christenheit eine ganz große Katastrophe gewesen; darüber sollte man sich keinen Illusionen hingeben.

Wie aber sollten die Sowjets aus Österreich wieder hinausgebracht werden? Die Grenzen des UdSSR lagen nun weiter westlich als die des alten Kaiserreiches, und die Rote Armee hatte Stellungen an der Werra und der Enns eingenommen. Berlin und Wien lagen im ‚Roten Meer'. In Österreich beanspruchten die Sowjets auch alles „deutsche Eigentum" innerhalb ihrer Besatzungszone, und als deutsches Eigentum wurden nicht nur Villen und Fabriken betrachtet, sondern auch Gärten, Wälder und Fluren, nicht zuletzt auch Truppenübungsplätze (wie der von Allentsteig, auf dem einst der Geburtsort von Hitlers Vater gelegen war) und die Ölfelder von Zistersdorf. Diese mußten alle von Österreich „abgelöst" werden. Der Umstand, daß es sich hier zum Großteil um altes österreichisches, erst nach dem ‚Anschluß' konfisziertes Eigentum handelte, änderte nichts an den sowjetischen Forderungen. Nur durch ein Wunder konnte das kleine Österreich wiedererstehen.[21] Es ist (wenn man auf den Begriff „Mitteleuropa" verzichtet) das südlichste Land von Europas Norden und das östlichste des Westens.

67. DIE NEUE ZEIT AN DONAU UND RHEIN

Die Lage Österreichs und des besetzten (und geteilten) Deutschen Reiches war jedoch in mancher Beziehung nicht dieselbe. Die Russen erbeuteten auch deutsche Maschinen im Westen, die dann irgendwo am halben Wege oder auch in der Sowjetunion unter freiem Himmel verrosteten. Das ließen auch die „Westalliierten" anfangs zu, denn schließlich wurde der Morgenthau-Plan, aus Deutschland eine Ziegenweide zu machen, nicht sofort aufgegeben. (Auch viel Böseres wurde vorgeschlagen!)[1] Österreich aber hatte für das ganze Land eine Gesamtregierung und bildete schon daher ein einheitliches Wirtschaftsgebiet. Das war in Deutschland keineswegs der Fall. Mit dem Jahre 1949 zeichneten sich dann sehr deutlich die Umrisse zweier deutscher Staaten ab – mit zwei Gesellschafts- und Wirtschaftssystemen. Der wirtschaftliche Aufschwung, das Wirtschaftswunder, fand nur im Westen und nicht im Osten, in ,Mitteldeutschland' statt. Die Einführung einer freien Marktwirtschaft war im Westen möglich, weil dort noch kein Parlament fungierte, und ein amerikanischer General Verständnis für die radikalen, eigentlich sogar revolutionären Maßnahmen des neoliberalen Ludwig Erhard hatte.[2]

In Österreich kam es zum jähen wirtschaftlichen Aufschwung im ganzen Land, also auch (mit sehr geringen Unterschieden) in der sowjetischen Besatzungszone. Man kann sich vorstellen, welchen Eindruck dies auf die Besetzer aus dem Osten machte. Als sie kamen und mit allen möglichen und unmöglichen Motiven in Arbeiterwohnungen einbrachen und von den Frauen angefleht wurden, sich nicht an ihnen zu vergreifen, wurden diese als *Burshujs* ausgelacht. In solchem Luxus lebten keine Proletarier! Nun aber nahmen die Soldaten der Roten Armee wahr, daß der Vorkriegsstandard der unteren und untersten Schichten weit über dem Sowjetniveau lag. Das war vom sowjetischen Standpunkt aus sehr gefährlich....

Ein Ziel der sowjetischen Westpolitik war die Schaffung eines guten Eindrucks vom „sowjetischen Vaterland" und dafür mußten auch (wenn nicht immer erfolgreich) größere Opfer gebracht werden. So wurden zum Beispiel die Kriegsgefangenen in der UdSSR oft besser verpflegt als die eigene Bevölkerung. Auf dem Heimtransport wurden die Kriegsgefangenen manchmal von halbverhungerten Russen und Ukrainern angebettelt. Nun gab es freilich bei uns auch Heimkehrer, die am Hungerödem litten, aber wie viele Sowjetbürger Hungerödeme hatten, darüber haben wir keine Statistik. Die *plennye* bekamen oft Brot, sogar hie und da Zucker, während die Einheimischen keinen Zucker erhielten und sich mit *Kascha,* einem Brei, begnügen mußten. Auch auf die Kulturförderung in den besetzten Gebieten wurde Bedacht genommen, was die Briten und Amerikaner (wie zu erwarten) weniger taten. (Einiges allerdings die Franzosen.) Zwar hatten die Amerikaner ihre *Ameri-*

kaḫäuser, in denen aber oft mehr über den hohen Lebensstandard in den USA Ausstellungen und Vorträge gehalten wurden. ,Demokratiepropaganda' wurde auf beiden Seiten gemacht; die Russen waren in dieser Beziehung nicht faul, denn der Parlamentarismus sicherte ihnen westlich ihres Machtbereichs die Legitimität der kommunistischen Parteien; sie bekamen die Chance, im demokratischen Rahmen friedlich durch Wahlen die totale Macht zu erringen. Autoritäre oder monarchische Restaurationen waren ihnen „unlieb".[3] Die Chancen des Kommunismus waren natürlich besonders groß, wo man die Humanität der Roten Armee nicht kannte. In Deutschland und Österreich hatte man darüber keine Illusionen.[4]

Wie naiv aber waren die Amerikaner mit ihren Besetzungsmethoden nun wirklich? Erwähnen wir hier eingangs, daß das Militär und der zivile Sektor der Okkupation verschiedene Auffassungen hatten. Ein Mann wie General Patton hätte am liebsten den Feldzug gleich weiter gegen die UdSSR geführt, was sich mit viel zu viel Logik auch zahlreiche Deutsche erwarteten. Doch Verstand, Vernunft und Logik spielen in Geschichte und Politik nur sehr bescheidene Rollen. Das gilt besonders für das Zeitalter des demokratischen Sentimentalismus und der ideologischen Beschränktheiten. Die zivile Okkupation der Amerikaner, die sich wirtschaftlich sehr günstig auswirkte, stiftete politisch, kulturell und weltanschaulich in der Folgezeit großes Unheil. Innerhalb der Zivilbesatzung gab es einen nicht unbeträchtlichen Prozentsatz von zurückgekehrten Emigranten, und die Geschichte lehrt uns, daß diese teils aus Rachsucht, teils aber deswegen, weil sie die Erlebnisse der alten Heimatbevölkerung nur sehr fragmentarisch mitbekommen haben, schwere Fehler und Fehleinschätzungen machen. Nur zu oft – wie die Bourbonen nach 1815 – haben sie nichts dazugelernt und nichts vergessen. Ja, die meisten „lizensierten" Zeitungen wurden nach 1945 gezwungen, auch Kommunisten in ihre Redaktionen aufzunehmen, bedeutet doch die Demokratie die Vertretung jeglicher Meinung und Weltanschauung – ausschließlichlich der nationalsozialistischen: Workutá ja, aber Auschwitz nein!

Da aber der Zweite Weltkrieg von Amerika als Fortsetzung des Ersten Weltkriegs geführt wurde, und man im Nationalsozialismus die Verlängerung, nein, die Überhöhung des bismarckischen Wilhelminismus, gestützt auf preußische Junker, Großindustrielle und Großgrundbesitzer sah, tobte man gegen alles und alle, die einen irgendwie an „Autorität", Patriarchalität oder konservative Lebenshaltung richtiger – oder fälschlicherweise erinnerten. Es war aber nicht nur das demoliberale,[5] sondern auch das zu gutem Teil von Emigranten geführte, marxistische Amerika, das hier Triumphe feiern wollte und sollte. Oft wurden von den Besatzungsbehörden Bürgermeister oder Landräte abgesetzt, weil sie einen Adelstitel trugen. (Ich habe da eine ganze Liste von Antinazi-Filmen *Made in USA,* in denen regelmäßig adelige Obernazis auftauchten.)[6]

Weil man auch überzeugt war, daß der Nationalsozialismus primär eine Verschwörung der Reichen gegen die Armen war, ein Komplott der Industrie gegen die Gewerkschaften, wurden nach den Kriegsverbrecherprozessen – ebenfalls in Nürnberg – Gerichtsverhandlungen gegen die Wirtschaftsgrößen inszeniert. Dabei ging man schamlos von den primitivsten Rechtsbegriffen unserer juridischen Tradition ab. So wurde der Sohn des schwerkranken Gustav Krupp, Alfried Krupp, zu mehreren Jahren Gefängnis „an Stelle" seines Vaters verurteilt. Einer der Angeklagten, der Herr von Schnitzler von I. G. Farben,[7] war Jahre hindurch in Untersuchungshaft bevor er freigesprochen wurde. „Madame", sagte der Staatsanwalt seiner Frau, „Ihr Mann ist ein absoluter Gentleman." „Das wußten wir ja schon lange bevor sie ihn verhaftet hatten", antwortete sie. Auch Hjalmar Schacht wurde zum großen Ärger der amerikanischen Marxisten im Nürnberger Prozeß freigesprochen. (Man hatte ihn tatsächlich aus einem braunen Konzentrationslager befreit und dann auf neo-marxistischen Wunsch eingesperrt.)[8]

Eine der drolligsten amerikanischen Aktionen in Hinsicht auf die ‚Charakterwäsche' und *reeducation*[9] war aber die Reise einer Gruppe amerikanischer Lehrer und Erzieher nach Deutschland, die nach ihrer Rückkehr den *Zook-Report* veröffentlichten.[10] Die guten Leute, hilflose Provinzler, aber mit festen Vorurteilen, wollten im Jahre 1946 „herausbekommen", welche die Ursachen dieses schrecklichen braunen Phänomens nun eigentlich gewesen waren. Man hält es nicht für möglich, aber das Leitmotiv dieses possierlichen Reports war tatsächlich wie folgt: Die deutsche Gesellschaft war zutiefst patriarchal, die Herrschaft des Vaters über die Frau und die Kinder total, und aufgrund dieser ‚monarchischen' Mentalität konnte Hitler als Vaterfigur seine Tyrannis errichten – gegen den Willen einer fortschrittlichen, freiheitsgierigen jungen Generation. Besonders bös war die Dominanz des klassischen Gymnasiums; also waren es „konservative" Kräfte, die den „Nazismus" heraufbeschworen hatten: Familie, Adel, Industrie, Kirche, Professorat, Armee – also genau genommen gerade jene Kreise, die mit dem Nationalsozialismus im Kampf gelegen waren, denn dieser war eine antielitäre Jugendbewegung gegen die „morschen Knochen" gewesen, eine fraternale Bewegung gegen den Patriarchalismus. Hitler war doch ganz und gar keine Vaterfigur, sondern eben *Big Brother*. Dennoch müßten, so wetterte der *Zook-Report*, die Erziehung und Bildung liberalisiert werden. In den Sozialdemokraten (in denen man Demokraten mit sozialer Gesinnung und nicht Enkel des „Roten Preußen" wähnte) sah man die besten Bundesgenossen für diese Aufgabe.

Es wäre aber naiv zu glauben, daß die Briten klüger regiert, gedacht oder gehandelt hätten: Neuer Oberbürgermeister von Köln nach dem Fall des Dritten Reichs wurde das frühere Stadtoberhaupt, Dr. Konrad Adenauer, ursprünglich ein Mann des Zentrums, der allerdings schon in der Besatzungszeit nach dem Ersten Weltkrieg mit den Briten so manches Hühnchen rupfen mußte. Dieser *Roman Catholic* und Vertreter der „Reaktion" war der neuen Labour-Regierung höchst verdächtig und wurde deshalb auch prompt abgesetzt. In einem Brief wurde ihm mitgeteilt, daß er ganz einfach „nicht die Qualitäten habe, die ihn befähigen, eine so große Stadt wie Köln zu verwalten". Diesen Brief hob sich Adenauer genüßlich auf und zeigte ihn Freunden, nachdem er Bundeskanzler geworden war. Doch nur dank dieser britischen Intervention wurde „der Alte" politisch auf die Bundesebene gedrängt, wo er so erfolgreich war.

Durch die britische Besetzung wurden Bundesdeutsche und auch Österreicher mit ganz anderen Vertretern des Inselreiches bekannt, als dem *Milord Anglais* oder dem Gentleman der Alten Schule aus vergangener Zeit. Allerdings waren auch die Besitzer englischer Schlösser oder Landhäuser höchst überrascht, als sie das großstädtische Proletariat bei sich einquartiert bekamen, das in diesen schönen, zum Teil auch ehrwürdigen Gebäuden wie die Wilden hauste.[11] Dazu kam in Deutschland (auch in der amerikanischen Zone) eine unglaubliche Bürokratisierung mit Vorschriften, die sich manchmal bis ins Unsinnigste steigerten. So zum Beispiel war es Bibliotheken in der britischen Besatzungszone Österreichs verboten, Bücher über den Ersten Weltkrieg auszuleihen, denn dies stärke den ‚Militarismus'. In der US-Besatzungszone Deutschlands hingegen durften Briefmarkenhändler keine Wertzeichen mit dem Konterfei Hitlers verkaufen, und in den Katalogen erschienen solche Marken mit der Beschreibung: „Bild eines Mannes". Nur die Franzosen, die sich in der ersten Phase schlecht aufgeführt hatten, taten da nicht recht mit und machten allerlei Experimente, die teils gut, teils schlecht ausgingen. So setzten sie, anders als die Amerikaner, nur selten ganze Familien aufs Pflaster und quartierten Franzosen in deutsche Haushalte ein, um echte Kontakte herzustellen. Oft schaffte dies Verständigungen, manchmal auch wirkliche Freundschaften. Um kulturelle Programme sorgten sie sich ganz außerordentlich, und durch die Franzosen konnte man Dinge erreichen, die die „angelsächsische" Bürokratie zu vereiteln suchte. So konnte ein Salzburger, der unbedingt nach München fahren wollte, in Innsbruck von den französischen Behörden einen Passierschein nach dem deutschen Südwesten bekommen und dann über Bregenz und Lindau, wenn auch mit ungeheuerlichem Umweg, die bayrische Hauptstadt erreichen. Auch konnten die französischen Soldaten nicht mit ihren Finanzen prahlen, denn der Sold des *Poilu* war sehr karg bemessen. Er mußte also schön bescheiden sein! Und zum Erstaunen der Briten und Amerikaner erklärten sich die Franzosen schon Ende 1945 bereit, 150.000 deutsche Flüchtlinge anzusiedeln. Auch (schlecht behandelten und elend versorgten) deutschen Kriegsgefangenen bot man gutbezahlte Arbeit und die französische Staatsbürgerschaft an. (Nicht nur „Angelsachsen", sondern auch Niederländer und Norweger reagierten da ganz anders.)

Doch die Amerikaner (mehr als die Briten) legten durch ihre Lizenzen den Grundstein zu dem eher linksdralligen deutschen Blätter- und Zeitschriftenbetrieb. Die Deutschen, als „gelehriges" Volk, nahmen wissentlich oder unbewußt doch viele Gedankenrichtungen der „Angelsachsen" an. Die Bestimmungen des alliierten Kontrollrats, in Deutschland und Österreich die Demokratie einzuführen und zu sichern, hatten einen nachhaltigeren Effekt als die Entscheidung der Siegermächte im Jahre 1814–1815, die Herrschaft der Bourbonen zu unterstützen. Hier also haben wir es mit Staatsformen zu tun, die mit den Bayonetten erfolgreicher „Koalitionen" eingesetzt wurden. Es sei aber hier überdies mit Nachdruck vermerkt, daß die Ordnung, die 1945 und 1949 im Westen (oder gar im Osten) des früheren Deutschen Reiches installiert wurde, keineswegs den Anschauungen der Helden des deutschen Widerstandes entsprach. Eine „demoliberale" Résistance hatte es weder in Deutschland noch auch in Österreich gegeben: Die Widerstandskämpfer gehörten ja entweder (als Konkurrenten) dem halb- oder vollmarxistischen oder (als Feinde) dem rechten, zu gutem Teil auch kirchlichen Lager an, dieselbe Situation wie in

Rußland, wo die Bolschewiken 1918–1921 gegen Anarchisten und Monarchisten kämpften. Die sogenannte „Mitte" hatte keine Märtyrer, weder dort noch bei uns – falls sie nicht im Dritten Reich aus rein *rassischen* Gründen verfolgt und umgebracht wurden. Aus der „Mitte", aus puren Halbheiten, erwachsen nun einmal keine Blutzeugen.

Was also jetzt ins Herz Europas eingepflanzt wurde, war ein *fremdes* Gewächs, das späterhin tropische Entartungen zeigte. An kuriosen Zwischenfällen mangelte es nicht. Wir wissen, wie die Legitimisten in Österreich von den Nationalsozialisten verfolgt wurden und nun wurde dies von den Alliierten brav kopiert: Anhänger des monarchischen Gedankens wurden vorübergehend eingesperrt. Auf den früheren Kronprinzen wurde nun zur Abwechslung von den Demokraten Jagd gemacht, was aber wiederum beweist, daß die braunen und die rot-demokratischen Zielsetzungen voller Analogien sind.[12] Die Rückkehr der Habsburger wurde demgemäß auch im Staatsvertrag ausdrücklich verboten und noch andere possierliche Kleinigkeiten eingeschaltet. So zum Beispiel darf Österreich keine Unterseeboote besitzen. (Im Neusiedlersee bei einer Höchsttiefe von 3 bis 4 Metern würden da schon auch technische Hindernisse vorliegen – aber schließlich wurde im Vertrag von Saint-Germain Österreich auch der Besitz von Gasmasken nicht gestattet.)[13] Von seltener Niedertracht war auch die Behandlung jener Männer, die in den Jahren 1933–1938 das Aufgehen Österreichs im Dritten Reich verhindert hatten: Der amerikanische Staatsbürger Kurt Schuschnigg durfte nach Österreich nicht einreisen.[14] Sein und Dollfuß' Namen wurden von der großen Anschlußpartei, der SPÖ, als „faschistisch" mit einem Bannfluch belegt – doch auch die Volkspartei zeigte sich nicht mutiger. Und doch war es die „reaktionäre Systemregierung" gewesen, die vom italienischen „Freund" verraten, von den großen Demokratien im Stich gelassen, von den slawischen Nachbarn im Verein mit dem Dritten Reich tödlich bedroht, von den Sozialisten hinterrücks angegriffen, allein auf weiter Flur das Land fünf Jahre lang heldenmütig gegen die braune Flut verteidigt hatte. Dafür erlitten ihre Führer Tod, Folter, Kerker und Verbannung. Die anderen aber hatten sich zu größtem Teil nur das Maul vollgenommen.

Schließlich gaben die Sowjets Österreich frei. Warum taten sie das? Der Gläubige wird auf den Rosenkranzfeldzug hinweisen, der zum Staatsvertrag und dem Abzug der roten Armee führte. Der Skeptiker wird drei Gründe aufzählen: die Demoralisierung der roten Truppen durch den steil ansteigenden Lebensstandard, die Hoffnung, daß eine Neutralisierung Österreichs die Deutschen zu einer ähnlichen Neuordnung der Dinge verleiten könnte, und schließlich (durch die Neutralisierung) die Zerreißung der alliierten ‚Front' im Alpensektor: ein Panzer, der von Passau nach Triest verfrachtet werden mußte, hatte den langen Umweg über Frankreich zu nehmen. Alle Argumente sind überzeugend, man kann aber annehmen, daß das erste das stärkste war, denn die Fälle von Selbstmorden, die durch die Versetzung von Soldaten in die rote Heimat verursacht wurden, häuften sich bedenklich. Dennoch war diese Entwicklung ein Wunder, das sich nirgends mehr wiederholen sollte.

68. DIE VEREINIGTEN STAATEN NACH DEM KRIEG

In Europa gab es so etwas wie eine christliche Erneuerung, die eine Reaktion sowohl auf die nunmehr beendete nationalsozialistische Kirchenverfolgung als auch auf die sowjetische Bedrohung war. Zwar dauerte es, bis diese neue Gefahr in England und in Amerika wirklich wahrgenommen wurde. Bekanntlich war die Frau des Präsidenten Roosevelt noch ein gutes Stück linker als ihr Mann, und wenn man ihr Tagebuch, die „Column" *My Day* der Jahre 1948–49 liest,[1] kann man sie nur entweder als Kommunistin oder als Opfer eines kommunistischen Beraters betrachten. Ihre rote Propaganda war sehr geschickt organisiert und formuliert. Man nehme da den Fall Mindszenty: Da erzählt die hohe Dame, wie sie auf einer Cocktail-Party einen überaus gescheiten und unglaublich informierten Mann traf, der ihr die Affäre um diesen legitimistisch-reaktionären Kardinal „erklärte". Die katholische Kirche in Ungarn, so sagte der Informant, war unermeßlich reich, und der Kardinal sträubte sich dagegen, daß man diese Latifundien unter die Armen verteile. Das war die Ursache des Konflikts zwischen ihm und der neuen, tatkräftigen ungarischen Demokratie. Man merke wohl: Das ist nicht notwendigerweise die Ansicht der Eleanor Roosevelt, sondern – da sie schließlich doch nur ein ‚Tagebuch' veröffentlichte – lediglich die getreue Aufzeichnung eines Gesprächs, das sie zufällig im Rahmen eines gesellschaftlichen Ereignisses geführt hatte. (19. Januar 1949)

Nun, im Jahre 1949 hatte die öffentliche Meinung in den Vereinigten Staaten schon eine gewisse Schwenkung gemacht, die in der Folgezeit viel deutlicher wurde. Der Mann, der nun an der Spitze des mächtigsten Landes der Erde stand, Harry S Truman,[2] war zwar kein Linker, hatte aber doch sehr bedenkliche menschliche Schwächen. Von seiner kriminellen Vergangenheit wurde schon gesprochen (S. 295.). Auch seine Kandidatur für den Posten eines Senators verdankte *Harry the Haberdasher,* „Harry, der Herrenmodenhändler", der ‚Maschine' des Verbrechers Tom Pendergast und dessen Spießgesellen. Roosevelt nahm Truman an Stelle von Henry Wallace als ‚Mitbewerber' *(running mate)* für die Vizepräsidentschaft bei den Wahlen des Jahres 1944. Wallace war zu weit links gestanden,[3] und da war ein Mann aus dem Mittleren Westen mit einem so treuherzigen Namen, biederen Aussehen und keineswegs aristokratischen Vorfahren bei den Wahlen ein ‚Zugpferd'. Auch seine Manieren ließen allerlei zu wünschen übrig, was auf einen gewissen Teil der Wählerschaft günstig wirken mußte. Durch den Tod Roosevelts zog er als Vizepräsident automatisch in das Weiße Haus ein, siegte aber für alle Journalisten höchst unerwartet bei den Wahlen im Jahre 1948.[4] Sein Gegenkandidat war Tom Dewey, der sich als Verfolger des organisierten Verbrechens einer ziemlichen

Volkstümlichkeit erfreute, ihm aber doch unterlag. Als Hauptgründe konnte man Deweys kleine Statur wie auch den Umstand annehmen, daß er einen Schnurrbart trug, was damals als eine anglo-aristokratische Snobberei angesehen werden konnte. Diese beging allerdings Trumans ‚Außenminister' *(Secretary of State)*, der Advokat Dean Acheson, der besonders dem ‚bodenständigen' Amerikanertum ein Dorn im Auge war: Er trug nicht nur einen leicht graumelierten Schnurrbart, sondern auch einen Halbzylinder (in Amerika auch *Anthony–Eden-hat* genannt), gestreifte Hosen, dunkle Jacken, sprach mit einem Harvard-Akzent und seine Eltern waren obendrein in Kanada, einem britischen Dominium, geboren. Er hatte es keineswegs leicht und gestand im Dezember 1952[5] dem früheren Kronprinzen Österreich–Ungarns, daß es seine besondere Tragik gewesen war, die Außenpolitik der USA steuern zu müssen, also einer Weltmacht, die im Atomzeitalter immer noch die Verfassung einer kleinen Bauernrepublik aus dem Ende des 18. Jahrhunderts hatte.[6] Und nicht nur das, müssen wir hinzufügen, er hatte dauernd mit Trumans Eigensinn, den Eitelkeiten und unvermuteten Temperamentsausbrüchen eines Spießers zu kämpfen. Da kann man wirklich nur das beliebte amerikanische Klischee wiederholen: *„God takes care of drunkards, fools, children and the foreign policy of the United States."*[7]

Doch Harry S Truman – das muß man ihm lassen – gelang es, die Sowjets aus dem persischen Aserbeidschan hinauszukomplimentieren, und er zeigte eine gewisse Geistesgegenwart im Korea-Konflikt. Nachdem ein schwachsinniger Senator öffentlich erklärt hatte, daß die Vereinigten Staaten Südkorea keineswegs als innerhalb der amerikanischen Interessenssphäre betrachteten, legten die Nordkoreaner los und überrollten die korrupte südkoreanische Neo-Demokratie. Da aber schaltete sich Truman ein und riß selbst die Organisation der Vereinten Nationen mit sich, die damals noch nicht ein Massenforum der Erniedrigten und Beleidigten war, und nicht aus zahllosen, manchmal auch höchst wendigen „Unterentwickelten" bestand.

Es kam eine echt antikommunistische Front zustande: Nicht nur Amerikaner, sondern auch Briten, Türken, Franzosen kämpften in Korea, und allmählich kamen die Amerikaner darauf, daß die Koreaner, richtig trainiert, ganz ausgezeichnete Soldaten abgaben. Der General, der diese heterogene, aber gut zusammenarbeitende Armee befehligte, war der nun fast schon legendäre, alternde Douglas MacArthur. Er war es auch, der die Nordkoreaner nicht nur bis zum 38. Breitegrad, sondern fast bis zur mandschurischen Grenze zurückschlug. Da kam die chinesische Intervention. Die ‚Freiwilligen', die plötzlich auftauchten, waren die Elite der Roten Armee, die unter riesigen Verlusten die überraschten Alliierten zurückdrängten, bis schließlich knapp nördlich des 38. Breitegrads eine neue Demarkationslinie festgelegt wurde, die zu einem (immer noch andauernden) Waffenstillstand führte.

Doch auf der Höhe des Koreakriegs kam es zwischen Truman und MacArthur zum offenen Bruch. Als der General den Krieg nicht mit einem Kompromiß, sondern mit einem wirklichen Sieg beenden wollte, erschien dies Truman zu riskant. Da er überdies den Verdacht hegte, daß der General nicht nur eine Strategie, sondern auch eine Politik auf eigene Faust zu führen gedachte, wurde MacArthur auf Knall und Fall entlassen. Noch während des Krieges in die Vereinigten Staaten zurückgekehrt, wurde ihm von der Bevölkerung ein triumphaler Empfang bereitet, *so* triumphal, daß der unvoreingenommene Beobachter den Eindruck empfangen mußte, daß hier ein Mann auf dem Plan erschienen war, der jederzeit die Macht an sich reißen konnte.[8] Auch sein Erscheinen vor dem Kongreß hatte einen „cäsarischen" Charakter. Hier zeigte es sich, wie sehr Republiken stets dem Bonapartismus ausgesetzt sind!

Harry S Trumans Nachfolger war ein General, der große Feldherr des Zweiten Weltkriegs, „Ike" Eisenhower, der sich – ein Nichtintellektueller reinsten Wassers – als Präsident der Columbia Universität eine Übergangsstellung geschaffen hatte. Eine kurze Zeit hindurch von der demokratischen Partei als Kandidat für das Weiße Haus ins Auge gefaßt, wurde er schließlich nicht allzu überraschend von den Republikanern als Wahlschlager aufgestellt. Er galt jedoch (im Gegensatz zu Patton oder zu MacArthur) als „linker General", und die Rechte verübelte es ihm, daß er nicht – entgegen dem Befehl Roosevelts und Trumans – nach Berlin vorgedrungen war. Er hatte Berlin nach eigenen Worten als „strategisch unwichtig" betrachtet; politisch dachte dieser Mann, der in zahllosen Witzen als Inkarnation der Unbildung figurierte, überhaupt nicht. Eisenhower ,liquidierte' den koreanischen Krieg mit einem Kompromiß, der nicht „hält", ja, bei dem ideologischen Fanatismus der Koreaner nicht halten kann. Es war allerdings immer der Stolz der Republikaner, die Kriege, die *ausnahmslos* in diesem Jahrhundert von den Demokraten eingeleitet wurden, aus eigenem Ermessen zu beenden.[9]

Vor dem Vietnam-Krieg gab es jedoch in den Vereinigten Staaten noch eine innere Krise, die zwar sehr „amerikanisch" war, aber dennoch der Epoche, die wir in diesem Buch behandeln, ihr Signum aufdrückte – der sogenannte ‚McCarthysmus'. Was aber war das für ein Phänomen?

Der Senator Joseph McCarthy aus Wisconsin war überzeugt, daß die Vereinigten Staaten von einer kommunistischen Verschwörung bedroht wurden, und diesen Verdacht hegte nicht er allein, sondern auch viele andere, denn sie war schließlich eine Tatsache. In Jalta stand hinter dem Präsidenten Roosevelt als höherer Angestellter des *State Department* der relativ junge Alger Hiss, der dem schon todkranken, freilich auch total unvorbereiteten Präsidenten die Direktiven gab. Hiss war auch Vorsitzender der Carnegie-Friedensstiftung und erfreute sich in Washington eines großen Prestiges, das von seiner Zugehörigkeit zu einer alteingesessenen Familie untermauert wurde. Abgesehen davon hatte er auch die ,richtigen' Schulen besucht.

Da erklärte eines schönen Tages ein gewisser Whittaker Chambers, führender Redakteur von Henry Luces *Life-Time-Fortune* Unternehmen, daß sein Gewissen ihn zwinge, Hiss der Mitgliedschaft der Kommunistischen Partei und der Kollaboration mit den Sowjets zu bezichtigen. Diese Denunziation stieß auf allgemeinen Unglauben, entfachte eine echte Entrüstung, rief die rötliche Eleanor Roosevelt zur Verteidigung von Hiss auf den Plan: Eine solche Reaktion war verständlich, weil Hiss ganz wie ein „gerader, junger Mann", wie ein *regular guy,* aussah und Chambers, etwas klein und fett geraten, mit viel zu sanfter Stimme und vollen Backen als *shady character* eingestuft werden konnte. Chambers gab seine frühere Mitgliedschaft in der *Communist Party of America* offen zu, beteuerte, daß er eine christliche Erwekkung erfahren hatte, war aber auch zweifellos (was man aus seinen Büchern, Bekenntnisschriften und Briefen ersehen kann) ein grundgescheiter Mann. „Einnehmend" war er allerdings nicht.[10]

Es kam zu einem Prozeß gegen Hiss, deren erste Runden von ihm durch sein gewinnendes Äußeres und seine Schlagfertigkeit gewonnen wurden, doch langsam zog sich die Schlinge um seinen Hals zusammen. Die verräterischen Memoranda waren auf einer Schreibmaschine geschrieben, die ganz zweifellos seinem Besitz entstammte und schließlich auch gefunden wurde. Das harte Urteil – eine mehrjährige Kerkerstrafe – bekam er jedoch nicht als Spion oder Verräter, sondern für falsche eidesstattliche Aussagen; der Meineid brachte ihn zu Fall. Der Mann war offensichtlich im Grunde eben doch auch dumm. Er hätte sich ganz einfach einer – vorübergenenden – kommunistischen Überzeugung bezichtigen und offenherzig erklären können, geglaubt zu haben, der Kommunismus stelle eine „Welle der Zukunft" dar,[11] daß es also die Pflicht eines aufrichtigen und edlen Menschen gewesen war, den Kommunismus als Garant für die ‚Befreiung' der Menscheit, des Friedens und der ‚sozialen Gerechtigkeit' mit allen Mitteln zu unterstützen. In der Erkenntnis und Überzeugung dieser Sachlage hätte er guten Glaubens als ‚echter Patriot' gehandelt. Auf einem kommunistisch regierten Erdball würden dann auch die Vereinigten Staaten glücklich und zufrieden existieren können. Nicht nur er hätte so gedacht, sondern auch zahlreiche Amerikaner (und Europäer).[12] Eine solche Weltschau war auch gar nicht außergewöhnlich, sondern wenn man nun einmal die Prämissen von 1789 annimmt, *höchst logisch*. Harold Laski hatte absolut recht, wenn er darauf bestand, daß der Sozialismus eine rationale Schlußfolgerung aus der Demokratie sei.[13] Und der Kommunismus ist lediglich vollendeter Sozialismus.

Aus Gründen, die jedoch nicht ganz ersichtlich sind, hatte Hiss diesen Sachverhalt nicht zugegeben, was ihm zwar den Verlust seiner verschiedenen Stellungen eingebracht, aber den Aufenthalt im Zuchthaus erspart hätte. Es war aber unglaublich zu sehen, wie er, trotz des Meineids und anderer Lügen eindeutig überführt, als Märtyrer ‚liberaler' Ideen und Opfer ‚reaktionärer' Verschwörungen verehrt und gefeiert wurde. Nach seiner Entlassung aus dem Zuchthaus wurde er von ‚progressiven' Universitäten und Vereinigungen als hochbezahlter *lecturer* wiederholt eingeladen. In den Siebzigerjahren versuchte Allen Weinstein ihn weißzuwaschen und schrieb ein Buch von 674 Seiten mit brillanter Dokumentation, das uns ein ausgezeichnetes, zusammenhängendes Bild von der ideologischen Szene der Vereinigten Staaten zu jener Zeit gibt und vor allem den Charakter der CPA sehr scharf und deutlich umreißt.[14] Weinstein war von der Unschuld des Alger Hiss felsenfest überzeugt, doch seine jahrelange Arbeit zwang ihn, seine These aufzugeben und die Schuld des Alger Hiss klar anzuerkennen.

Der Fall Hiss brachte die amerikanische Gesellschaft in einen wirklichen Aufruhr, wobei sich das hochkonservative Amerikanertum selbstverständlich auf die Seite ‚Chambers' schlug, doch wäre es weit verfehlt, hier einen eindeutigen soziologisch-politischen Zwiespalt zu argwöhnen. Ein Autor sah in der Verteidigung von Hiss eine Parteinahme der altamerikanischen Gesellschaft für einen ihrer Söhne, den sie unter allen Umständen unschuldig wissen wollte.[15] Man muß sich hier vor Augen halten, daß konservative Anschauungen in Amerika sich von ‚oben‘ nach ‚unten‘ vermehren. Die *Liberals* (die man keineswegs als Liberale, sondern ganz im Gegenteil als mehr oder weniger gemäßigte Linke einstufen muß) nehmen mit der ‚Bildung‘ und dem Einkommen zu.[16] Ja, die Kommunistische Partei Amerikas bekam ihre moralische und finanzielle Schützenhilfe stets aus den höchsten Kreisen der amerikanischen Gesellschaft. Hingegen ist die Grundhaltung der amerikanischen Arbeiterschaft ausgesprochen konservativ – auch wenn sie in der Regel für die Demokratische Partei stimmte. Sozialismus und Kommunismus sind „konstruktivistische" Ideen, die gewisse intellektuelle Hintergründe und Fundamente brauchen. Diese Ideen nisten gerne in Salons, auf Universitäten, in Zeitungsredaktionen und Fernsehstationen. Sie kommen keineswegs von den *grassroots*. Auch der wohlgeborene Amerikaner, der sich als *Democrat* und nicht als *Republican* bekennt, weil er gesellschaftlich so hoch steht, daß er dies parteipolitisch nicht zur Geltung zu bringen braucht, ist keineswegs eine Seltenheit. (Das Ehepaar Roosevelt, Adlai Stephenson oder „Steinreiche" wie die Kennedys, Marschall Field, Cyrus Eaton, Averill Harriman bezeugen dies sehr eindeutig.)[17] Um wirklich ‚rechts‘ zu stehen, muß man intellektuell weit unten oder weit oben sein, man muß von gesunden Intuitionen oder einem ‚vollen‘ Wissen geleitet werden.

Nun aber kommen wir zu „Joe" McCarthy, einem *shanty Irish,*[18] einem eher brutalen und rüpelhaften Mann, der überzeugt war, daß Amerika von roten Kollaborateuren und *fellow travellers* auf die schiefe Bahn gebracht wurde und in dieser Annahme hatte er leider recht. In der Auswahl seiner Beschuldigungen legte er sich zugegebenermaßen keine Zügel an, und bald widerhallten die Vereinigten Staaten von Protestschreien von einer Küste zur anderen. Auch in Hollywood hatte damals der Blitz eingeschlagen, denn der Anteil an Kommunisten wie auch an roten Sympathisanten war unter diesen Schwer- und Schwerstverdienern besonders groß.[19] Eine Reihe von Leuten, von den Anschuldigungen Joe McCarthys getroffen, brachte sich um.[20]

Man muß sich aber fragen, ob der Selbstmord ein besonders überzeugendes Zeichen eines guten Gewissens oder gar der Unschuld ist. Er ist in der Regel immer eine Flucht. Den „McCarthysmus" kann man nur verstehen, wenn man ihn aus der Vogelschau betrachtet. Für den Schreiber dieser Zeilen, der dieses Phänomen miterlebt hatte, der aber auch zugleich in der politischen Entwicklung des Westens von 1789 an eine gerade Linie sieht, hatte McCarthy recht und unrecht zugleich. Recht hatte er, weil er Kommunisten und ihre Sympathisanten fast überall witterte, unrecht hatte er aber, weil er sich darüber entrüstete, denn als Mann, der doch recht offensichtlich an die Demokratie „glaubte", hätte er eigentlich wissen müssen, daß es auf der Linken keine genauen Demarkationslinien zwischen der gemäßigten Linken, also der Demokratie, der radikalen Demokratie, dem gemäßigten, demokratischen Sozialismus und dem echten Marxismus gibt.[21] Die Kommunisten betrachten sich als gute Demokraten (was sie *gewissermaßen* auch dürfen); ihre ideologische Schule in New York war die Jefferson School. Und wenn man im Jahre 1940 jene Teilnehmergruppen des New Yorker Telefonbuchs perlustrierte, die sich „*Democratic*" nannten, begegnete ̄man fast nur sehr linken Organisationen, deren Mehrzahl *Communist fronts*, also „maskierte" kommunistische Vereinigungen, waren. Das Schlagwort *„Communism is Twentieth Century Americanism"* kam damals auf. Wer A sagt, muß auch B sagen, aber so vielen Briten und Amerikanern geht es nicht ein, daß, wer gewisse Grundprinzipien annimmt, dann auch deren logische Schluß-folgerungen annehmen kann, darf, soll. Wer an die Gleichheit und Mehrheitsherr-schaft glaubt, wer sich für das Prinzip der „verpolitisierten" Gesellschaft einsetzt, wer für die Totaleinheit von Staat, Gesellschaft und Wirtschaft eintritt und die Traditionen der Französischen Revolution und der Guillotineure fromm anruft, der darf sich auch nicht beschweren, wenn der Trend zu Marx und Lenin geht, die höchst legitime Erben von Robespierre, Marat, Danton, St. Just und anderen bluttriefenden Ungeheuern waren. Die amerikanischen Kommunisten, vom über-zeugten Demokraten Joe McCarthy verfolgt, waren entrüstet. Unter Umständen kann man auch diese Entrüstung teilen. „Joe" war in seiner Entwicklung stehenge-blieben. Die Kommunisten und ihre *fellow travellers* hatten sich brav weiterentwickelt, waren konsequent gewesen. Sie kamen sich wie Männer vor, die Bärte trugen und von einem Knaben beschimpft wurden, dem noch ein schütterer Flaum die Wangen zierte.

Ein junger Jurist hatte sich bei der Verurteilung von Alger Hiss besondere Verdienste erworben. Er hieß Richard Nixon. Er sollte dafür später bitter büßen, denn die linke Mafia wollte sich an ihm rächen und sie konnte es sehr leicht tun, weil auch er in den Fehler von Hiss verfallen war: Er versuchte sich beim Water-gate-Skandal herauszulügen. Es wäre für ihn viel besser gewesen, seine Mitwisser-schaft an der Abhorchaffäre einzugestehen; auch hätte er die belastenden Ton-bänder stillschweigend vernichten können. Doch brillante Leute werden in den Vereinigten Staaten seit 1828 selten Präsidenten. Das wußte schon Lord Bryce vor fast hundert Jahren.[22]

69. JOHN FITZGERALD KENNEDY

Dem Régime Eisenhowers folgte die kurze Präsidentschaft John Fitzgerald Kennedys, dem ehrgeizigen Sohn eines noch ehrgeizigeren Vaters.[1] „J. F. K." war ein guter Redner und kam aus einer neureichen Familie, deren Vermögen in nicht ganz durchsichtiger Weise innerhalb einer Generation gewachsen war. Der eigentliche ‚Kronprinz' der Familie, Joseph, war im Zweiten Weltkrieg gefallen. Die Kronprinzenwürde der Dynastie Kennedy fiel nun auf John. Auch seine beiden Brüder, Robert („Bobby") und Edward („Ted"), schlugen politische Laufbahnen im Rahmen der Demokratischen Partei ein – in den Vereinigten Staaten eine „irische" Tradition. Eine seiner Schwestern war mit dem Marquess of Hartington, dem ältesten Sohn des Herzogs von Devonshire verheiratet[2], eine Schwägerin mit einem Prinzen Radziwiłł. Auch John Fitzgerald war im Krieg aktiv und verwundet gewesen; verheiratet war er mit der rassigen Jackie aus einer franko-amerikanischen Familie. Sein Gegner in der Präsidentschaftswahl war Richard Nixon, der ihm nur sehr knapp (mit 160 000 Stimmen) unterlag. In der Debatte war ihm Kennedy wenig überlegen, aber Jackie war bedeutend attraktiver als Pat Nixon, und die Wahlen heute im Zeitalter des Fernsehens fußen weitgehend auf dem „flüchtigen Eros", um einen Ausdruck Ernst Jüngers zu gebrauchen.[3]

Das Charisma Kennedys beruhte auf dem Umstand, daß dem gut aussehenden, verhältnismäßig jungen Mann nicht nur eine anziehende Frau zur Seite stand, sondern auch – im Hintergrund – ein Vermögen, das in einige hundert Million Dollars ging. Und das imponiert den neidlosen Amerikanern, die auch überzeugt sind, daß ein reicher Mann das Volksvermögen besser zu verwalten versteht als ein armer. (Auch belastet ein reicher Kandidat den Parteisäckel bedeutend weniger.) Dazu kamen noch „historisch" zwei Dinge: „J. F. K." durchbrach das Tabu, das einem katholischen Christen den Einzug ins Weiße Haus verwehrte, und er wurde schließlich ermordet. Letzteres gab ihm einen Heiligenschein, dessen sich auch Abraham Lincoln in der geschichtlichen Rückschau erfreut.[4] Im Falle Kennedys bestand seine doch vielleicht weltweite Glorie darin, daß sie mit dem dramatischen Tod des reichen, jungen Mannes verflochten ist, aber mit nicht viel mehr. „J. F. K." war weder sehr heilig noch sehr fromm, noch auch sehr klug, geschickt oder auch nur gebildet. Auch war er nicht sonderlich erfolgreich – wenn man von seinem gelungenen Ultimatum an die UdSSR, die in Kuba Raketen aufgestellt hatte, absieht. Die mangelnde Unterstützung der kubanischen Freiheitskämpfer in der Schweinebucht wird als schwere Kalamität in die Geschichte eingehen. Von einer „Lösung" der Rassenfrage in den Vereinigten Staaten konnte natürlich auch keine Rede sein. (Eine allgemeine Entspannung fand allerdings im zunehmenden Maße laufend statt.)

Die Entsendung von „Beratern" nach Südvietnam wird ihm allerdings nur von der Linken vorgeworfen, die aber den sich daraus entwickelten Vietnam-Krieg am liebsten als „konservative" Missetat darstellen möchte und trotz fortgesetzem Kennedy-Kult diese Initialzündung geflissentlich übersieht. Viel tüchtiger als J. F. K. war allerdings sein Bruder Robert („Bobby"), der den Kugeln eines (wahrscheinlich doch geistesgestörten) Arabers zum Opfer fiel. Er hatte auch ein gerütteltes Maß an Brutalität, bekriegte erfolgreich die *Teamsters' Union* und wäre der Mann gewesen, den Übergang Amerikas in das Cäsariat zu beschleunigen. Edward („Teddy") hingegen war und ist ein später Schwächling, der auch viel häusliches Pech hatte.[5] Trotz einer nie aufgeklärten, peinlichen Episode in seinem Leben, zehrt er dennoch von der Anhänglichkeit von Millionen Amerikanern zur „Dynastie", denn schließlich sind alle Völker monarchisch gesinnt: die einen realisieren es, die anderen suchen ihre Gefühle zu verstecken oder zu verdrängen. Man stelle sich vor, daß J. F. K. zwei volle Amtsperioden durchgestanden hätte – gefolgt von seinem Bruder Bobby mit weiteren acht Jahren. Dann wäre es um die republikanische Staatsform Amerikas geschehen gewesen! (Wie hätte man die Herrscher Amerikas genannt? Natürlich immer weiter *„Mr President"!*)[6] Man erinnere sich nur daran, wie viele Jahrhunderte es gedauert hatte, bis die Römer sich bewußt wurden, daß ihre Republik den Weg allen Fleisches gegangen war!

Wenn sich tatsächlich im Leben Ted Kennedys der böse Zwischenfall in Chappaquiddick[7] nicht ereignet hätte, ist es höchst fraglich, ob Ronald Reagan gegen ihn als Präsidentschaftskandidat aufgekommen wäre, denn er wäre schon an Carters Stelle vier Jahre früher gestanden. Vergessen wir da auch nicht, daß schon zwei Adams, zwei Harrisons und zwei Roosevelts im Weißen Haus residierten. Es gibt überdies außer der Schweiz keine Republik, die schließlich nicht eine Monarchie geworden wäre. Das sieht man in der Entwicklung von Griechenland und Rom über Großbritannien, die beiden ersten französischen Republiken, die Niederlande und Spanien, das auch schon zwei Republiken hinter sich hat. (Von den Republiken, die Monokratien wurden, wollen wir ganz schweigen.) Die Überzeugung, daß die Republik die ‚moderne‘ und die Monarchie eine ‚veraltete‘ Staatsform sei, ist völlig kindisch und zeugt von primitivstem Geschichtsverstehen. Gerade die Elektronik kann den Monarchen in jedem Haushalt fast dauernd anwesend machen: Es bleibt also nicht mehr beim Farbdruck des königlichen Paares über dem Bett. Allerdings muß man zugeben, daß Radio und Fernsehen nicht nur die Präsenz von Monarchen, sondern auch von ‚Führern‘ im trauten Heim ermöglichen, wobei dann das Vater- und Elternbild durch den ‚Bruder‘ ersetzt wird, und dieser alles verkörpernde Bruder *Big Brother* wird!

70. DER VIETNAMKRIEG

Der von uns schon erwähnte Krieg in Vietnam hatte weltweite Bedeutung, weil er von der ‚aufgeklärten' Linken im Vereine mit den Kommunisten sehr schlau zum Skandal des Jahrhunderts umfunktioniert wurde. Interessanterweise war dies beim Korea-Krieg, wo es um dasselbe Problem, das der kommunistischen Expansion, ging, unterblieben. Der „Fall Vietnam" war – wenn man ihn nur halbwegs kennt – eigentlich recht einfach. Beim Krieg gegen die französischen „Kolonialisten" geriet die Führerschaft der „Kolonisierten" in die Hände einer sozialistisch-kommunistischen Gruppe, ein ganz natürlicher Prozeß, denn nicht nur sind Nationalismus und Sozialismus psychologisch verwandte, kollektivistisch-identitäre Massenbewegungen, sondern es kam hier auch der Umstand dazu, daß die führenden Köpfe des *Lao Dong*, der Arbeiterpartei Indochinas, als junge Männer in Frankreich von dortigen Linkskreisen freudig aufgenommen und indoktriniert wurden. Sogenannte „Konservative" haben heute (nicht aber vor 150 Jahren!) auf der ganzen Welt nur zu oft die Tendenz, ihren Nabel zu beschauen und jeden Kontakt mit Ausländern, besonders aber mit exotischen Ausländern, sorgfältig zu vermeiden. Marx war ein Internationalist, also sehen gewisse ‚Konservative' im Internationalismus etwas Böses. Das Resultat dieser Haltung sollte uns deshalb nicht überraschen: Asiaten, Afrikaner und selbst Lateinamreikaner, die in Europa oder in den Vereinigten Staaten studierten, wurden liebevoll „verlinkst". Man nenne da nur wenige Namen: Ferhat Abbas, Sékou Touré, Frantz Fanon, Ho-Chi-Minh, Tschu-En-Lai und Pol Pot.

Nach einer Niederlage im befestigten Ort Dien-Bien-Phu, strategisch wenig wichtig, weil nahe der gebirgigen Grenze von Laos und weitab von den großen städtischen Ballungsgebieten, beschloß die linke Regierung Frankreichs, geführt von Mendès–France, den Kampf abzublasen. Der Krieg kostete zuviel, und Kolonien sind bekanntlich in der Regel ein teures Vergnügen. Durch das Genfer Indochina-Abkommen (1954) wurde das Land geteilt, wobei der Norden den Kommunisten überlassen und „freie Wahlen" für Nord und Süd beschlossen wurden. Dieses unsinnige Abkommen wurde von den Vereinigten Staaten nicht unterzeichnet. „Freie Wahlen" sind, wie jedes Kind weiß, im kommunistischen System völlig undenkbar. Im Süden wurden sie schließlich durchgeführt, ohne viel Bedeutung bei einer Bevölkerung, deren überwältigende Mehrheit aus Analphabeten besteht und denen unsere politischen Begriffe unbekannt und zum Teil auch unerklärlich sind.

Vier Dinge aber sollen vor allem hier vermerkt werden: Erstens einmal fand die Teilung am 17. Breitengrad statt, wodurch das historische Kaiserreich Annam zweigeteilt wurde. Im Norden blieben somit Nord-Annam und Tonking mit größeren Naturschätzen und deutlichen Jahreszeiten, im Süden Süd-Annam (mit der Hauptstadt Annams, Hué) und Kotschintschina, das zum Teil erst unter der französischen Herrschaft von Viets besiedelt worden war: die neuen Bewässerungsanlagen des Mekong-Deltas machten dies möglich. Zweitens ist zweifelsohne der Viet aus dem Norden der härtere und arbeitsamere Typ, der südliche aber der intelligentere.[1] Drittens: Da die große Mehrheit der Katholiken, vielleicht 15 Prozent der Gesamtbevölkerung, im Norden lebte und zu großem Teil nach Südvietnam floh, bekam der Süden zum Widerstand gegen den Kommunismus entschlossenere, echt motivierte und ideologisch ausgereiftere Elemente, ohne die der Kampf gegen den Kommunismus undenkbar gewesen wäre. Und viertens muß man sich stets vor Augen halten, daß die Viets, außer im Rot-Fluß-Delta und im Mekong-Delta nur auf einem dünnen, manchmal durchbrochenen Saum siedelten, während des Hinterland von „braunen", also nicht „gelben", Stämmen bewohnt wird.[2] Die „Braunen" sind die Ureinwohner, während die Viets, mit den Laoten, den Thais und den Birmanen verwandt, erst in geschichtlich später Zeit als erobernde Oberschicht aus dem Inneren Südchinas einwanderten. Lange unter chinesischer Herrschaft (die sie wiederholt abschüttelten), haben sie weitgehend chinesische Kultur und Zivilisation angenommen. Sie schrieben auch mit chinesischen Ideogrammen bis ins 17. Jahrhundert, als der französische Jesuit Alexandre de Rhodes ihnen eine an das Französische angelehnte Transkription in Lateinbuchstaben beibrachte.[3] Der Fleiß der Vietnamesen ist konfuzianisch-chinesisch. Von ihnen völlig verschieden sind die ethnisch nicht eingeordneten „paläoasiatischen" Kambodschaner, die zuerst dem hinduistischen, später aber dem buddhistischen Glauben nach lebten, und zwar in der Hinayana (Teravada) Version, während die Viets größtenteils dem Mahayana-Glauben, dem „Großen Fahrzeug", anhangen. Doch gibt es in Vietnam zahlreiche Sekten, von denen Cao-Dai, die wichtigste ist und einen typisch asiatischen Synkretismus darstellt. Cao-Dai verehrt Christus, Mohammed, Buddha und den Grafen Victor Hugo, weil er sich einmal für den Spiritismus ausgesprochen hatte. Ihr Zentrum ist in Dalaat.

Aus dem Gesagten geht hervor, daß die Führerschicht unter den Südvietnamesen zu großem Teil aus Christen, also aus Katholiken, bestehen mußte (schon weil sie selten Analphabeten waren) und dies unter den Buddhisten selbstverständlich zu Haß- und Neidgefühlen führte. Da der annamitische Kaiser Bao-Dai, ein Buddhist mit katholischer Frau, politisch versagte, nahm seinen Platz der aus Hué stammende Ngo-Dinh-Diem ein, ein hervorragender Katholik und Bruder eines Erzbischofs. „Psychotypisch" gehörte er zu den zölibatären, ganz in ihrem Beruf und in ihrer Berufung aufgehenden katholischen Staatsmännern und erinnerte in dieser Beziehung deutlich an Heinrich Brüning, Alcide Degasperi und Salazar.

Es war von allem Anfang an offensichtlich, daß die Kommunisten nie daran dachten, auf Südvietnam zu verzichten. (Die Nordkoreaner werden auch nie und nimmer auf den „verlorenen Süden" verzichten!) Die Kampforganisation Hanois hieß *Viêt Minh* („Volk von Vietnam"), nur von seinen Feinden Viêt-Cong („Vietnamesische Kommunisten") genannt wurde. Der Viêt-Minh beteuerte, lediglich eine Vereinigung aller „fortschrittlicher Kräfte" zu sein und moderne, aufgeklärte

Demokraten, echte Liberale, „Sozialdemokraten", „national Eingestellte" und nur so nebenher auch einige Kommunisten in seinen Reihen zu haben. Doch wenn man sie fragte, wieso sie denn als Feldzeichen eine rote Fahne mit fünfzackigem Stern verwendeten, lächelten sie verlegen und doch wieder vielsagend. Nach dem endgültigen Triumph wurde dann die Maske völlig fallengelassen und sie gebrauchten dann selbst den Ausdruck „Việt-Cong".

Gegen diesen zweiten Krieg gegen den Kommunismus bezog dann die amerikanische Linke, wütend gemacht über den McCarthysmus, eine feindselige Stellung. Die Amerikaner intervenierten unter Kennedy mit Beratern, Spezialisten und Waffen, dann etwas später unter Johnson mit massiven Einsätzen. Die Regierung der Vereinigten Staaten vermied es jedoch geflissentlich, den Kriegszustand zu erklären, und deshalb kamen weder die „Antikriegspropaganda" noch die offene Zusammenarbeit mit dem roten Feind unter die Hochverratsgesetze... und so blühte auch der Hochverrat. Hingegen gab es einen Wehrdienst und es war selbstverständlich, daß junge Amerikaner nicht begeistert waren, im „schmutzigen Krieg", im „Dschungelkrieg", gegen den Kommunismus zu fallen. Die Linke versuchte diesen Krieg, der doch gegen heimliche Freunde geführt wurde, als den Interessen der ‚Wall Street' und der auf Öl spekulierenden ‚Multinationalen' dienend hinzustellen. „Wir kämpfen mit den grausamsten Mitteln gegen das Volk von Vietnam!" verkündete die Linke. „Mit nackten Händen widerstehen sie uns heroisch. Es ist eine wahre Schande für Amerika." Dazu gab es auch noch eine andere Version: „Wir sind selbstverständlich gegen den Kommunismus. Der Kommunismus wäre für uns undenkbar und wäre für Amerika eine Katastrophe. Aber die ‚einfachen' Völker Asiens brauchen ihn eben, denn der Kommunismus gibt ihnen wissenschaftliche Aufklärung, Schulen, Disziplin, Medikamente, Straßen, Fernsehen, wirtschaftlichen Aufbau, Hygiene, bekämpft den Aberglauben und die Versklavung der Frau. Für diese Leute ist er eben nun einmal der ‚Fortschritt' und ‚Fortschritt' muß sein!" Das wurde sehr geschickt mit antikatholischer Propaganda vermischt, die am Anfang vorsichtig, später aber unverschämt wurde. „Wir unterstützen dort die Kräfte der Reaktion: Dieser Ngo-Dinh-Diem, sein Bruder Nhu und dessen Frau, das ist ein katholisches Klüngel!" konnte man hören. „Diem[4] ist ein katholischer Diktator – genau so wie Franco, Dollfuß, Pétain, Salazar und die Generäle in Südamerika!" (Manchmal erschienen Hitler und Stalin als Jesuitenzöglinge in dieser bunten Liste, in der heute auch Pinochet figurieren würde.)[5] „Und dazu noch die Korruption! Alles ist dort bestechlich!" Da aber muß man die Mentalität Asiens kennen, wo die ‚Korruption' in unserem Sinne immer blühen wird, denn das ganze gesellschaftliche und daher auch politische und wirtschaftliche Leben fußt auf Geschenken. Das ist auch in Japan der Fall, wo es sehr schwierig ist, eine genaue Trennungslinie zwischen Bestechung und Beschenkung zu ziehen. In Rotchina ist dies ebenfalls nicht anders.[6]

Die katholische Bindung war die Trumpfkarte Ngo-Dinh-Diems, die ihm aber auch zum Verhängnis werden sollte. Die Tatsache, daß der katholische Prozentsatz seiner Generäle relativ hoch war (35% anstatt 14.5%), ärgerte zwar nicht die Bevölkerung, wohl aber die buddhistischen Mönche der Mahayana-Richtung, die (sehr im Gegensatz zu den safrangelben Teravada-Mönchen) äußerst ‚diesseitig' ausgerichtet sind. Es nützte Ngo-Dinh-Diem wenig, daß er den Mahayana-Mönchen Geld gegeben hatte, um die hochmoderne Xa-Loi-Pagode aufzubauen, wo bald buddhistische Aktivistengrupen gedrillt wurden. Man hat bei einer auch nur rudimentären Kenntnis Buddhas wohl die größte Schwierigkeit, sich einen buddhistischen Aktivismus mit pfadfinderähnlichen Uniformen vorzustellen – aber das gab es damals eben. Später noch, unter Nguyen-Van-Thieu, wurden zur ‚Beruhigung‘ der so leicht erniedrigten und beleidigten Buddhisten buddhistische „Militärkaplane" angestellt, die tatsächlich die Soldaten an die Front begleiteten! Wenn man den pazifistischen Charakter des echten Buddhismus kennt, kann man darüber nur den Kopf schütteln.

Die große Krise und mit ihr der Sturz Ngo-Dinh-Diems kamen durch die tätige Mitwirkung der amerikanischen Linksjournaille, die man in Vietnam gesehen haben muß, um zu wissen, was da wirklich gespielt wurde. Ein „brauner" Mönch mit dem kolossalen, ostasiatischen Potential des Beleidigtwerdens übergoß sich mit Benzin und verbrannte sich dann öffentlich – nicht ohne amerikanische Presseleute, darunter Mr. David Halberstam, mit Tonbändern und Filmapparaten zu diesem spektakulären Selbstmord eingeladen zu haben. Mit großem Gusto wurde diese Szene photographiert und nicht der geringste Versuch gemacht, diese Untat zu verhindern. War dies doch ein *Scoop*, eine journalistische Sensation ersten Ranges, die den entrüstet-gegruselten Spießer in Kalamazoo, Nogent-sur-Marne und Immendingen auf die Beine bringen würde! Und dazu war dies auch ein Schlag gegen den „katholischen Diktator", der nun als Bösewicht dastand, dem es anscheinend ein Vergnügen machte, das arme buddhistische, nach kommunistischer Befreiung gierende Volk in solche Verzweiflungstaten zu treiben. Es verbrannten sich nach diesem publizistischen Bombenerfolg noch zwei weitere Männer, die aber in aller Wahrscheinlichkeit betäubt, übergossen und dann angezündet wurden. (Beleidigungen in Ostasien? Es genügte oft eine verächtliche Bemerkung des Shōguns, daß sich ein japanischer Höfling zum Selbstmord durch *seppuku* hinreißen ließ.)[7]

Mr. Halberstam schrieb für die *New York Times*, die für den leicht linksdralligen John F. Kennedy eine Bibel war. Selbst keineswegs an übermäßiger Frömmigkeit leidend, hatte er immer wieder seine Distanz zu katholischen Interessen markiert, um den Amerikanern zu beweisen, daß man von ihm keine katholische Parteinahme zu erwarten habe.[8] Einer Sympathie für den „katholischen Diktator" beschuldigt zu werden, war wohl das Ärgste, was diesen Verehrer Marilyn Monroes treffen konnte! Ja, auch „Madame Nhu", die Schwägerin des ‚Diktators‘, auf einer Vortragsreise in den Vereinigten Staaten, durfte die Schwelle des Weißen Hauses nicht überqueren! Also bemühte sich der Präsident, mit Hilfe von ehrgeizigen vietnamesischen Generälen Ngo-Dinh-Diem zu stürzen. Und das gelang ihnen mit dem Resultat, daß Ngo-Dinh-Diem und Ngo-Dinh-Nhu nicht nur gestürzt, sondern auch regelrecht abgeschlachtet wurden. Das stellte sich bald als die amerikanische Erbsünde in Vietnam heraus.

Was nach diesem Sturz Ngo-Dinh-Diems folgte, war eine ganze Reihe politisch völlig ungeschulter, moralisch zweifelhafter, ambitionierter, aber auch lächerlicher Offiziere, die die Macht auszuüben versuchten. Kurz nach der Ermordung Ngos wurde auch Kennedy umgebracht – von einem Mann der äußersten Linken[9] und nicht etwa von Ölmillionären aus Texas; somit fiel die Verantwortung für die Politik der Vereinigten Staaten auf einen äußerst primitiven Mann aus dem tiefen Süden, der als Rancher angefangen hatte, aber auf dem Höhepunkt seiner Macht über 24 Millionen Dollar verfügte. Wahrscheinlich war er der korrupteste Präsident der Vereinigten Staaten in ihrer zweihundertjährigen Geschichte: In seinem Arbeitszimmer war ein Sack, in den man Umschläge mit Dollarnoten und nicht etwa mit Schecks, wohl aber mit Namen versehen, dezent hineinlegte.[10] Das Ende der politischen Entwicklung in Vietnam vor dem Abzug der amerikanischen Truppen erfolgte unter der Präsidentschaft Nguyen-Van-Thieus, also wiederum eines Katholiken – als Buddhist geboren, aber durch seine Frau konvertiert. Ohne das katholische Element – wie wir schon sagten – wäre ein regelrechter Widerstand von Seiten Südvietnams undenkbar gewesen, denn der Việt-Cong hatte eine Ideologie, ein Ziel, eine utopische Vision, während der Republik Vietnam von den Amerikanern der demokratische Parlamentarismus vorgeschrieben wurde. Diese sinnlose Tragikomödie mußte für das amerikanische Publikum gespielt werden. Es gab zum Schluß an die dreißig Parteien, von denen über ein Dutzend im Parlament vertreten war. Die Formel Laskis – ein Zweiparteiensystem mit gemeinsamer *Philosophia Publica* – konnte in Südvietnam unmöglich angewandt werden. „Demokratisch" nannte sich aber – nach nordkoreanischem und mitteldeutschem Muster – der rote Staat Nordvietnam.

Wie stark aber waren die Kräfte, die irgendwie hinter den antikommunistischen Regierungen Südvietnams standen? Und wie stark war nun wirklich der Việt-Cong? Die Antworten können nur auf Schätzungen beruhen. Der Schreiber dieser Zeilen war zwischen 1958 und 1972 fünfmal in Vietnam; seine Muttersprache ist französisch, er hatte fast das ganze Land bereist und hatte somit viele Kontakte mit zahlreichen Schichten der Bevölkerung.[11]

Vor allem muß man sich darüber klar sein, daß der politisch bewußte Teil der Bevölkerung in einem vorwiegend des Lesens und Schreibens unkundigen Volk eben nur eine Minderheit darstellte. Von dieser war eine Mehrheit mit verschiedener Intensität *für* die Regierung. Die Anhänger des Việt-Cong bildeten eine kleine Minderheit, zu der man auch einige Sympathisanten zählen konnte, vielleicht *im ganzen* nicht mehr als acht bis zehn Prozent. Das sah man höchst deutlich bei der Tết-Offensive am Anfang des Jahres 1968, der nicht nur militärisch, sondern auch moralisch größten Niederlage des Việt-Cong. Während dieser Offensive gelang es dem „V. C.", das ganze Land außer wichtigen strategischen Punkten in seine Gewalt zu bekommen. In Saigon drangen die Roten sogar in die amerikanische Botschaft ein, wo die Angestellten auf sie schossen – aber das Volk gab ihnen keine irgendwie geartete Unterstützung. Hingegen gab die Offensive dem V. C. die Gelegenheit, in kürzester Zeit wieder Massenabschlachtungen vorzunehmen – besonders in der Gegend von Hué.[12] Da dieser glänzend organisierte, plötzliche Vorstoß zum Gelingen mit einer totalen Volkserhebung gegen den amerikanischen Imperialismus, die Multinationalen und die bourgeoise Unterdrückung gerechnet hatte, mußte er abgebrochen und zum Rückzug geblasen werden. Es war aber bezeichnend, daß ein Großteil der amerikanischen und damit auch (in ihrem Schlepptau) der europäischen

Presse die Têt-Offensive (nach dem Viet-Kalender so benannt) als gigantischen Sieg der Kräfte des ‚Fortschritts' geradezu ‚feierte'. Sie war genau das Gegenteil. Wieso aber auch das Versagen der europäischen Massenmedien? Sie schrieben größtenteils von den Amerikanern und Franzosen ab, da ihnen der Unterhalt von sprachkundigen (und mutigen!)[13] Korrespondenten in einem „zivilen Kriegsgebiet" zu teuer kam. Die Franzosen waren in Erinnerung an ihre eigene Niederlage den Amerikanern nicht grün, gönnten ihnen keine Siege, und die amerikanischen Zeitungs- und Fernsehleute waren (wie so oft!) in einem so fremden Land sprachlich, aber auch bildungsmäßig völlig verloren. Sie verfielen auch dort in ihren tragischen Fehler, die Einwohner ganz einfach als leicht gefärbte Amerikaner zu betrachten, die ganz zufälligerweise in einem unverständlichen Idiom redeten – und nicht als Menschen einer radikal anderen Denk- und Reaktionsweise.

Worin bestand nun wirklich die Stärke des Viêt-Cong? Im Terror, das Wort im etymologischen Sinn verstanden. *Metus*, im Lateinischen, ist blasse Angst, *Timor* ist Furcht, aber *Terror* ist lähmender Schrecken – und diesen verbreitete der Viêt-Cong. Dabei halfen ihm nicht nur die entsetzliche Grausamkeit südostasiatischer Prägung, sondern auch der gottlose Materialismus des Kommunismus. (Die Geschichte des Christentums in Vietnam berichtet von so bestialischen Martern, daß im Vergleich zu ihnen die schlimmsten Einzelheiten der römischen und sogar der japanischen Christenverfolgungen geradezu Ausdrücke höchster Humanität waren.) Die 252 menschlichen Braten von Dak-To (mit Opfern aus den Reihen der „braunen" Ureinwohner), die Todesqual der von der Regierung eingesetzten Bürgermeister in ungeschützten Dörfern, die sterbend zusehen mußten, wie ihre Kinder geköpft wurden und die Schweine ihre aus den aufgeschnittenen Bäuchen hervorquellenden Gedärme auffraßen, die über 5000 lebendig eingegrabenen „Reaktionäre" von Hué und dergleichen mehr illustrieren den Linksdrall in ungehemmter Aktion. Das Photomaterial über diese Schrecken, das man im JUSPAO-Büro der Amerikaner sehen konnte, war so entsetzlich in seiner Obszönität, daß es keine gesittete Zeitung oder Zeitschrift bringen konnte.

Doch auch Europäer bekamen den roten Terror zu spüren. So flohen während der Têt-Offensive drei französische Benediktiner des Klosters Ti-An unweit von Hué. Da der Pater Guy de Compiègne eine steife Hüfte hatte, konnte er nicht rennen, die anderen beiden Patres aber wollten ihn nicht verlassen. Der Viêt-Cong holte sie ein: Sie mußten sich das Grab selber schaufeln, um lebendig eingescharrt zu werden. Da aber Pater Guy wegen seiner Verkrüppelung nicht hocken konnte, grub man ihn bis zum Hals ein und sah höhnisch zu, wie ihn die Ameisen aufzuessen begannen. Nur zu guter Letzt wurde ein humaner Akt gesetzt: man schlug ihm seinen Schädel ein.[14] Mein guter Bekannter, der deutsche Geschäftsträger, Freiherr Rüdt von Collenberg, wurde während der Têt-Offensive gefangengenommen, gefesselt und dann zu Tode geprügelt. (Jedes Kind im Osten – oder auch anderswo in der Dritten Welt – weiß ja nur zu genau, daß die Bundesrepublik Deutschland ein Hort des ‚Faschismus' ist!)[15] Von einer größeren Anzahl junger deutscher Männer und Mädchen im Hospitaldienst der Malteser-Ritter, die nicht weit von Da-Nang dem Viêt-Cong in die Hände fielen, überlebten nur zwei – alle anderen gingen elend zugrunde. Am übelsten wurde einer Gruppe von drei deutschen Ärzten und einer Ärztin mitgespielt, die in deutschen Blättern stets gegen die ‚Korruption‘, die Indolenz und Intoleranz der Regierung in Saigon protestiert hatten. Sie arbeiteten in Hué, und als der Việt-Cong die alte Kaiserstadt überrannte, stellten sich diese Ärzte ihm gleich zur Verfügung. Sie arbeiteten fleißig in deren Spital, doch knapp bevor Hué wiedererobert wurde und die roten Sadisten nach unzähligen Mordtaten abziehen mußten, schlachtete man ‚sicherheitshalber‘ die „deutschen Freunde“ ausnahmslos ab. Ein fünfter in dieser Runde, der sich augenblicklich in Deutschland befand und für den Việt-Cong kostenlos Propaganda betrieb, verfiel dann in regelrechtes Schweigen. Vielleicht verstand er wie Meister Anton „die Welt nicht meh.“. Auch brave Katholiken befanden sich in totaler Vernebelung. Da gab es nicht nur „politische Nachtgebete“! Die katholische Nachrichtenagentur (KNA) berichtete zum Beispiel über die ökumenische Karfreitagsdemonstration am Rudolfsplatz in Köln am 16. April 1968: „Auch die Vietcongfahne fehlte nicht; doch der sie trug, provozierte nicht, man empfand sie auf dieser von tiefem Ernst und hoher Verantwortung getragenen Veranstaltung durchaus am Platz.“ Man denke da ein wenig über den Ausdruck „hohe Verantwortung“ nach: Man weiß wirklich nicht, was größer ist – die Niedertracht oder die Dummheit!

Natürlich hätten die Amerikaner leicht siegen können, aber das wurde der amerikanischen Armee ganz einfach nicht erlaubt. (Auch das Trauma der Abberufung McArthurs vom koreanischen Kriegsschauplatz wirkte da mit.) Man muß sich vorstellen, daß der Việt-Cong langsam aufgerieben wurde, und in der roten Armee der Prozentsatz an Nordvietnamesen dauernd wuchs. Diese kamen über den sogenannten Ho-Chi-Minh-Pfad, ein verästeltes, breitangelegtes System von primitiven Straßen durch den Dschungel des südlichen Laos und des nordöstlichen Kambodscha. Von der Luft aus war dieser „Zuweg“ nicht zu kontrollieren, da bei der Annäherung eines Flugzeugs Männer und Vehikel sich sofort unter die schützenden Blätter begeben konnten. Was man hätte tun sollen war, Süd-Laos zu besetzen und dann eine hermetisch schließende, zum Teil elektronische Verteidigungslinie entlang des 17. Breitegrads vom Golf von Tonking bis zur Grenze von Thailand zu errichten. Das Hinterland hätte man dann in aller Ruhe säubern können. Es wäre dann auch nicht notwendig gewesen, in Kambodscha einzumarschieren.[16] Doch die Laoten, die in voller Ohnmacht die Nachschübe Nord-Vietnams durchließen, erklärten feierlich, daß jede amerikanische Besetzung ihres Landes als Verletzung ihrer „Neutralität“ betrachtet werden müßte[17] – und die amerikanische Regierung ging darauf ein. (Ein chinesischer Einmarsch nach koreanischer Vorlage wäre hier ganz und gar nicht zu erwarten gewesen, denn das Zerwürfnis Peking–Moskau war schon in vollem Schwung; Hanoi erhielt Hilfe von der Sowjetunion und nicht von Maos China!)

Die Amerikaner kämpften zwar in der Luft über südvietnamesischem Territorium, aber ihre Infanterie und Artillerie führten nach der Besetzung strategisch wichtiger Punkte einen *reinen Defensivkrieg*. Sie errichteten festungsartige Lager (die aber den Angriffen von Minenwerfern ausgesetzt waren) und verhinderten so lediglich die Machtübernahme des Việt-Cong. Nur so ist es verständlich, daß sie in einem

Krieg, der über sechs Jahre gedauert hatte, weniger als 56 000 Tote verloren – was einer bösen Woche in Verdun während des Ersten Weltkrieges gleichkam oder einem Toten an der Front für acht auf den Landstraßen. Denn die amerikanischen Generäle waren nicht nur einem unfaßlich primitiven Präsidenten und einem äußerst linksdralligen *Department of State*, sondern auch einem höchst nervösen Kongreß untertan, dem man unmöglich hohe Verlustlisten präsentieren konnte. Alle diese guten Leute wollten ja in zwei oder sechs Jahren wiedergewählt werden. Da war es paradoxerweise politisch schon viel „tragbarer" (geschichtlich und menschlich aber völlig unverantwortlich), für nichts und wiedernichts 56 000 größtenteils junge Männer zu verheizen. Eine wirkliche Niederlage mit vergeblichen Opfern? Das ist tragisch, aber natürlich, das ist die Folge einer großen Operation auf Leben und Tod, die man verantworten kann, im Gegensatz zu einem kleinen Eingriff, von dem man fast im voraus weiß, daß er völlig sinnlos ist. Im Vergleich zu den Amerikanern verloren aber die Südvietnamesen über 300 000 Mann und die Roten noch viel mehr. Wie aber dieser Krieg wirklich geführt wurde, konnte man in den befestigten Zentren sehen, deren vorangetriebene Einmannstellungen von Wachposten betreut wurden, die keinen einzigen Schuß abfeuern durften, ohne telefonisch dafür um Erlaubnis gebeten zu haben.

Es wurde intensiv bombardiert, ganze Urwälder entlaubt, doch der Bombenkrieg auf Nord-Vietnam wurde mit der größten Sorgfalt geführt: tatsächlich wurden nur Installationen von strategischem Wert mit Bomben belegt. Hätte man Städte, wie zum Beispiel Hanoi oder Haiphong, wie deutsche Städte im Zweiten Weltkrieg behandelt, wären sie – zu großem Teil aus Holz bestehend – restlos ausradiert worden. Die Internationale Kontrollkommission, die jeden Monat ihren Standort von Saigon nach Hanoi und zurück verlegte und aus Kanadiern, Indern und Polen bestand, wäre nie in die „Demokratische Republik Vietnam" gefahren, wenn ihr Leben dort ernstlich bedroht gewesen wäre. Dort aßen sie allerdings schlecht, froren im Winter ein wenig,[18] hatten keine Zivilkontakte, hausten in miserablen Hotels, brauchten aber nicht um ihr Leben zu bangen.

Die amerikanische Intervention wurde dann schließlich ganz einfach aus innenpolitischen Gründen abgebrochen. Die öffentliche (vielleicht auch nur die veröffentlichte) Meinung der Amerikaner und *damit* auch die manipulierte „Weltmeinung" waren gegen diesen Krieg, wiewohl selbst brave Antikommunisten auf beiden Seiten des Atlantiks, um die Gründe ihrer Haltung präzise befragt, keine stichhaltigen Argumente vorbringen konnten. Die Welt sprach von den bösen Amerikanern, und die Amerikaner, von den Massenmedien bearbeitet, ließen voll Scham ihre Köpfe hängen. Man war jenseits von Vernunft und Verstand.

Richard Nixon, der Nachfolger Johnsons, wollte ähnliche Lorbeeren wie Ike Eisenhower einheimsen, der den von den Demokraten eingeleiteten Korea-Krieg liquidiert hatte. Selbst führende katholische Hierarchen schrien um Frieden. Die ungeheure Ignoranz der Massen, die den ganzen, von den linksdralligen Massenmedien ihnen vorgeworfenen Mist geschluckt hatten, verhinderte das Verständnis dieses Krieges wie auch der vorhergehenden Konflikte. Filmschauspielerinnen (wie Jane Fonda) führten die Antikriegspropaganda. Wie weit die Dummheit (die in ihrem Hochstadium stets aggressiv wirkt) gehen kann, konnte man sehen, als nach der Okkupation einiger Dörfer Kambodschas durch südvietnamesische Truppen die „Vietniks"[19] in den USA riesige Studentendemonstrationen gegen die „Ausweitung des Krieges" organisierten. In der Staatsuniversität in Kent (Ohio) wurde die herbeigeeilte Nationalgarde so brutal angegriffen, daß sie zu ihrer Verteidigung zuerst Schüsse in die Luft abgab, aber als dies nichts nützte, auf die mit Stöcken, Messern und Flaschen bewaffneten Studenten feuerte. Von diesen wurden vier getötet. Das Bild eines toten Studenten, über den sich ein Mädchen weinend beugte, nahm seinen Weg durch die gesamte Presse. (Einige Jahre später wurde das nunmehr berühmte Fräulein als Prostituierte aufgegriffen.) Wenn man nun bedenkt, daß diese vier jungen Männer ihr Leben für die Roten Khmer, das scheußlichste Mordpack auf Gottes Erdboden, hingegeben hatten, greift man sich an den Kopf.

Auch die Weltkirche, ganz im Gegensatz zum Evangelium so erpicht, „populär" zu sein, tat eifrigst mit. Der Bischof von Rom war da nicht besser als seine Kollegen in den Vereinigten Staaten. Der Vatikan schickte Nord-Vietnam anderthalb Millionen Dollar für medizinische Hilfe, wofür aber weder Dank geerntet, noch auch genaue Angaben gemacht wurden, wie man nun wirklich dieses Geld verwendet hatte. Der Bruder Ngo-Dinh-Diems, der Erzbischof von Hué, der sich in Rom ansiedelte, fand sich auch bald isoliert.[20] Tatsächlich aber war der Abzug der amerikanischen Truppen kein Vorspiel zu einem ‚Frieden', denn der ‚Friede', der in Paris ausgehandelt wurde, war ein wahrer Schwindel. Nordvietnam dachte nie im entferntesten daran, die Bedingungen einzuhalten und seine Truppen zurückzuziehen. Der Unterhändler der „Demokratischen Republik", Le-Duc-To, weigerte sich ehrlich und mannhaft, den Friedensnobelpreis für diese schmutzige Komödie anzunehmen. Nach dem Abzug der amerikanischen Armee nahmen die Kommunisten alsbald den Krieg wieder auf und ohne amerikanische Hilfe brach die „junge Demokratie" – auch Nguyen-Van-Thieu hatte abgedankt – plötzlich zusammen. Was ihr vor allem fehlte war *Einheit*, während diese dem Viêt-Cong und Nordvietnam in einer monolithischen Tyrannis reichlich zur Verfügung stand. Die liberale parlamentarische Demokratie beruht nicht auf Einheit, sondern auf Vielfalt, Diskussion, Meinungsverschiedenheit, Überzeugungswechsel, Überredung und dergleichen mehr, alles ganz praktikable Dinge im Frieden, aber nicht im Krieg. Hier gelten die Worte Mereshkowskijs über die Kommunisten: „Sie wollen alle das eine, ihr aber wollt jeder etwas anderes."[21]

Wenden wir uns nun wieder der amerikanischen Szene zu: Vor allem müssen wir uns einmal darüber im klaren sein, daß die Regierung den eigenen Landsleuten den Vietnamkrieg nicht erklären konnte, ja vielleicht nicht einmal recht erklären wollte.[22] Sicherlich kann der Mensch heute die großen politischen, weltanschaulichen und wirtschaftspolitischen Probleme seiner Zeit nicht mehr verstehen. Erinnern wir uns wieder daran, daß einer der Väter der modernen Demokratie, Rousseau, dieses politische System nur für kleinste politische Einheiten als ideal betrachtete.[23] Er dachte dabei an „Landsgemeinden", die es in seiner Schweizer Heimat gab und heute noch gibt: in Uri, in Glarus, in Nidwalden. Probleme von Kantonen mit 25 000 bis 38 000 Einwohnern sind noch für den einfachen Menschen „überschaubar". Nun hätten die amerikanischen Regierungen von John F. Kennedy bis Richard Nixon den ehrlichen Versuch machen können, mit geeigneten Schlagworten den amerikanischen Bürgern wirklich stichhaltige Argumente zu liefern, was aber nicht geschah. Sie konnten die Mitarbeit der (linksdralligen) Medien keineswegs gewinnen. Die Universitäten mit ihren ebenfalls sehr linken Professoren[24] arbeiteten auch gegen den „schmutzigen Krieg". (Wo gibt es „reine Kriege"?) Ich hielt Vorträge über den Vietnamkrieg auf amerikanischen Universitäten, wo ich stürmischen Applaus erntete, und mir dann einzelne, etwas ältere Studenten die Hand drückten: Das waren Veteranen des Vietnam-Kriegs, die jetzt erst verstanden, wofür sie überhaupt gekämpft hatten. Es war eine gute Armee, die aber von der „Heimatfront" demoralisiert wurde. Heimkehrer wurden oft als viehische Schlächter beschimpft und gemieden. Der Soldat aber, der von den ‚Lieben' in der Heimat geächtet und verlassen wird, verliert bald sein seelisches Gleichgewicht. Der Tropenkoller von My-Lai war ein typisches Beispiel.[25] Dann kamen die Drogen, zu Hause hingegen die „ausgesuchtesten" Bilder im Fernsehen, wobei wieder bemerkt werden muß, daß ungeschminkte Bilder von den Việt-Cong-Greueln gar nicht gezeigt werden konnten. (Siehe S. 346.) Doch in den Vereinigten Staaten erhob sich das (wohl organisierte) Geheul: „Da sterben unsere *boys*, und diese Regierung in Saigon ist nichteinmal echt demokratisch. Sie zensuriert sogar die Zeitungen. Die Wahlen sind nicht sauber!"

Kein Zweifel: Der Abzug der amerikanischen Truppen war ein „Sieg der Demokratie", zwar keineswegs der Freiheit (die an und für sich mit der Demokratie nichts zu tun hat), sondern der Demokratie als Prinzip der Gleichheit und Mehrheitsherrschaft. In seinem einzigartigen Buch *The Irony of Vietnam. The System Worked*[26] vertrat der Autor, Leslie Gelb, ein netter Mann, der nicht nur im State Department und im Pentagon gearbeitet, sondern als *Presidential Advisor* eine Rolle gespielt hatte, die zweifellos richtige Ansicht, daß sich im Vietnamkrieg die Demokratie bewährt hat. Das „System" arbeitete wirklich erfolgreich, denn es gelang dem „Volk", den unpopulären Krieg gegen die „Militärs" und die Politiker abzubrechen. Niederlage der Militaristen, Sieg der Demokratie! Natürlich werden wir Europäer uns kindisch darüber freuen, daß die Siege der Demokratie Triumphe des Bolschewismus sind. Aber – so war es eben wirklich. Der jubelnde Mr. Gelb hatte recht. Der Demokratist mag da vielleicht einwerfen, daß das „Volk" (was immer diese Abstraktion bedeuten soll) getäuscht, falsch informiert und hinters Licht geführt worden war, also sich keine „echte Meinung" bilden konnte, doch da gelten die harten Worte Sebastian Francks: Die Welt, die will betrogen syn.[27]

Natürlich ließ sich dort das Volk gerne belügen, denn die Botschaft, die von der Linken kam, war Musik in seinen Ohren: Die Domino-Theorie sei ein glatter Unsinn, Kambodscha, Laos oder gar Thailand schweben in keiner Gefahr, niemand brauche für Vietnam zu sterben, die 48 000 Toten seien für die Wall Street geopfert worden und der Kommunismus ist genau das, was diese kleinen, gelben Knirpse in Wirklichkeit brauchen. Doch dann kam unweigerlich der große Katzenjammer, genau so wie nach 1945 als man entdeckte, das „falsche Schwein geschlachtet zu haben". Schon die Fernsehaufnahmen vom Einmarsch des Việt-Cong und der Armee der „Demokratischen Republik" in Saigon, wo eine stumme Menge bange die harten Gesichter der Nordvietnamesen auf den Tanks und Lastwagen sah, hätten einige sensitive Gemüter beunruhigen sollen. Doch die große Enttäuschung für die Naiven kam zuerst einmal nach der Bestätigung der Domino-Theorie, primär nach dem Fall von Kambodscha durch den Sieg der Roten Khmer, die unter Pol Pot die grauenhaftesten Untaten verübten. Für diesen grausamsten aller Mordbuden hatten die vertrottelten Studenten Amerikas demonstriert, die geglaubt hatten, sie marschierten für Demokratie, Freiheit, Fortschritt, Menschenrechte, soziale Gerechtigkeit und so weiter. Pol Pot hatte nicht nur die Großstädte entleert und Kranke aus den Spitälern gezerrt, um sie dann am Straßenrand sterben zu lassen, und den in Dörfer verschleppten Ärzten verboten, ihren Beruf auszuüben, sondern auch – so nebenbei – alle Silberschmiede und deren Familien umgebracht, weil ihre Arbeit nicht ‚kollektiviert' werden konnte. Man schätzt, daß durch dieses noble Experiment mindestens ein Drittel der Bevölkerung Kambodschas umgekommen war.[28]

Doch nicht nur Kambodscha fiel, sondern auch Laos. Und nach der Besetzung von Kambodscha durch die verhaßten Viets wurde schließlich auch Thailand bedroht.

Dann aber kam als weitere Katastrophe der Massenexodus der Viets aus dem Paradies der demokratischen vereinigten Großrepublik, die verzweifelten Fluchtversuche überland durch das rote Kambodscha, vor allem aber auf seeuntüchtigen Booten über das Meer, weil das Leben unter der totalitären Regierung der „Demokratischen Republik" nicht mehr auszuhalten war. Einige der großen Protestler gegen den Vietnamkrieg verhüllten nun ihr Haupt oder schlugen sich an die Brust, wie zum Beispiel die Sängerin Joan Baez, nicht aber die große Trumpfkarte der Vietniks, die sehr hübsche Filmschauspielerin Jane Fonda, die bis auf den heutigen Tag auf ihren Sieg („über die Menschlichkeit" müßte man hinzusetzen) äußerst stolz ist. Sie war in Hanoi gewesen, wo sie ihre Heimat denunzierte und dann den Kampf für den Viêt-Cong und gegen die Soldaten ihres Landes ebenso siegreich wie der reizende Leslie Gelb weitergeführt hatte. Von ihrem Vater ist sie enterbt worden.

Wie zu Ende des Zweiten Weltkriegs und knapp danach war der Hochverrat in Amerika die große Mode. (Etwas später noch malten sich die „Hippies" die amerikanischen Farben voll Verachtung auf ihren Hosenboden.) Unvergeßlich bleibt mir eine Debatte im Fernsehen (*Kup-Show*, Chicago), in der ich einer Handvoll Universitätsprofessoren und anderen ‚Intellektuellen'[29] sagen mußte, daß ich, obwohl ein *alien*, in dieser edlen Runde der einzige war, „*who is loyal to YOUR country*". Das ärgerte das Pack über alle Maßen.[30] Erst in unseren Tagen wird, dank des konservativen Aufbruchs in Amerika, dem Vietnam–Kämpfer das Stigma des sadistischen Verbrechers und Drogenhändlers allmählich wieder genommen. Unwillkürlich aber fragt man sich, ob nicht in der nahen Zukunft wieder ein ‚Joe' McCarthy aufstehen könnte, der diesen unleugbaren Dolchstoß gegen die amerikanische Armee hochnotpeinlich untersuchen wird. Man sollte sich darüber nicht wundern.[31]

71. INDIEN UND CHINA

Was aber geschah in der weiten Welt, besonders in Vorderasien, Südasien und Afrika in der Zwischenzeit? In Südasien (das wäre genau genommen der „Mittlere Osten")[1] gab es Kriege zwischen Indien und China, zwischen Indien und Gesamt-Pakistan, zwischen West- und Ost-Pakistan (Bangla Desh) und einen indischen Überfall auf Ost-Pakistan. Aus dem indischen Kaiserreich unter britischer Vormundschaft war also zuerst durch den hindu-islamischen Gegensatz eine von den Briten akzeptierte Teilung in ein indisches Dominion und Pakistan vorgenommen worden. Dann kam die Teilung Pakistans. Also hatte man drei Reiche an Stelle eines einzigen, wobei noch bemerkt werden muß, daß es in Indien auch heute noch ebensoviele Moslems gibt wie entweder in Pakistan-West oder Pakistan-Ost, das sich nunmehr Bangla Desh nennt. (Auch ein Abfall des tamilisch-drawidischen Südens[2] wie auch Assams oder des Pundschabs von Indien ist nicht undenkbar.) Der islamische Druck auf die Briten war zwar nicht unerheblich, aber sie neigten immer dazu, wenn sie einer unklaren Situation gegenüberstanden, *Teilungen* anzuordnen. Das betrachten sie als gut und billig: schließlich hat auch die Anglikanische Kirche in einer Scheidung ihren Ursprung. Leider aber ist dies *in politicis* nur zu oft eine *fausse idée claire*, eine klare, aber falsche Idee. „Geteilt" wurden auch Österreich, Ungarn, Tirol, Irland, Vietnam, Korea, Deutschland, Palästina – und jedesmal mit katastrophalen Folgen.

Doch bei den Teilungen Indiens ging die erste Phase unter ganz fürchterlichen Abschlachtungen vor sich. Als die Flüchtlinge aus beiden Richtungen sich im Pundschab an der Demarkationslinie trafen, fielen sie sich gegenseitig wie die wildesten der wilden Tiere an. Hier fand das ärgste, wirklich ganz spontane, keineswegs organisierte Massaker der Weltgeschichte statt. Die edle „Volksseele" kochte über. Bei den Moslems war das gar nicht so überraschend, doch im Falle der Inder entpuppte sich das Ideal der *ahimsa,* der „Gewaltlosigkeit" als reines Märchen. Man vergewaltigte die Frauen, kastrierte Männer, stach aufeinander ein, biß sich die Gurgeln durch, erwürgte und zerkrallte sich gegenseitig. Man wird nie wissen, wie viele Menschen – wie viele Millionen – diesen scheußlichen Leidenschaften zum Opfer fielen. Gandhi versuchte durch Fasten *(Satyagraha)* diesem Wüten Einhalt zu gebieten, aber es war alles umsonst. Das Morden ging bis zur Erschöpfung weiter.

Das Morden zwischen den Pakistanis hatte einen anderen Charakter. Nach Ostpakistan (Bangla Desh) kamen viele Flüchtlinge aus Indien, besonders Moslems aus dem Staate Bihar, die sogenannten *Biharis,* äußerst geschäftstüchtige Leute, die der Zentralregierung in Westpakistan treu ergeben waren. Wegen dieser Loyalität und ihres (sehr relativen) Reichtums waren sie äußerst unbeliebt und so wurden sie das Ziel mörderischer Anschläge. Der Neid hatte in der Geschichte immer wieder

„Pogrome" unter erfolgreichen Minderheiten herbeigeführt, denn von allen Lastern des Menschen sitzt keines so tief und läßt sich politisch leichter ausnützen wie gerade der Neid. Nicht umsonst sah Bertrand Russell im Neid die größte Triebkraft der Demokratie.[3] Die Chinesen in Indonesien, die Juden in vielen Teilen Europas, die Inder in Schwarzafrika, die Syrer und Libanesen in Guinea und Brasilien,[4] die Armenier und Griechen im alten osmanischen Reich, die „Gringos" in Lateinamerika haben dies immer wieder zu spüren bekommen. In Bangla Desh war es nicht anders. Nach der Abschlachtung von Biharis kam das Massaker der Ost-Pakistanis durch die westpakistanischen Soldaten und dann der Einbruch der Inder, die sich aber auch nicht im Geist der „Gewaltlosigkeit" aufführten.

Der chinesisch-indische Krieg endete, wie zu erwarten war, mit dem Triumph der Chinesen, die inzwischen Tibet „gleichgeschaltet" hatten und dort fleißig herummordeten. Tibetanische Flüchtlinge ergossen sich über Nepal und Indien; einige Tibeter kamen auch nach Europa, wo sie besonders in der Schweiz gastlich aufgenommen wurden. Erst später fand in China die „Kulturelle Revolution" statt, die im besten marxistischen Geist von der Armee angezettelt wurde und die grauenhaftesten Blutopfer verlangte.[5] Edelste Kulturwerte gingen in Flammen auf. Professoren wurden in erschreckender Anzahl von ihren Studenten umgebracht und oft auch qualvoll zu Tode gefoltert. In dieser Beziehung ist das ostasiatische Hirn sehr einfallsreich.

Man glaube aber ja nicht, daß Mao und noch mehr seine liebliche Ehegattin, das Haupt der „Viererbande", an den Scheußlichkeiten der Kulturrevolution unschuldig waren. Die Initialzündung kam von den beiden. Und während diese sadistische Orgie über die Bühne rollte, demonstrierten unsere ‚fortschrittlichen' Studenten mit dem roten Büchlein Maos in den Straßen. Wenn man einerseits die Banalitäten dieses Bändchens und andererseits die Ungeheuerlichkeiten von Maos sozio-politischen Aktionen kennt, muß man am Verstand dieser enthusiastischen Jugend restlos verzweifeln.

Das Ende der Kulturrevolution unter Mao fiel auch mit gesteigerten Angriffen gegen die Sowjetunion zusammen, die aber eher territorialen als ideologischen Motiven entsprangen. Immerhin wurden die Todesopfer der Kulturrevolution allein auf drei bis fünfzehn Millionen veranschlagt. (Vorher waren schon zehn bis 25 Millionen zugrundegegangen.) Mit der anwachsenden Spannung zwischen China und der Sowjetunion fand auch eine Annäherung zwischen China und den Vereinigten Staaten statt, wobei aber eher Amerika als das Rote Reich der Mitte die Initiative ergriff. Henry Kissinger, *Secretary of State,* der in diesem diplomatischen Schachzug eine nicht unbedeutende Rolle spielte, äußerte sich einem Freund gegenüber, daß dies nicht seine, sondern die Idee des Präsidenten, also Richard Nixons, gewesen wäre. Auf die Frage, ob er persönlich sich für eine solche Politik einsetze, antwortete er, daß die Amerikaner derartig demoralisiert seien und auf den Kongreß so wenig Verlaß wäre, daß sein Land wo immer und wann immer Versuche machen müsse, Alliierte oder zumindestens Freunde zu finden. Daher setze er sich auch für eine Annäherung an China ein.

72. NORD- UND SCHWARZAFRIKA

Wenden wir uns nun vom asiatischen Kontinent weg, auf dem der Marxismus in den Jahren 1945–1982 – wenn man an China, Sibirien, Vietnam, Laos und Kambodscha denkt – ungezählte Opfer forderte. Betrachten wir jetzt Afrika, wo das Ungemach nicht nur marxistische Wurzeln hat, sondern auch durch die Machenschaften der Vereinten Nationen, die „Entkolonialisierung" und die stets damit verbundene linke Hetze in Europa und Amerika verursacht wurde.

In Algerien gelang es einer eisern entschlossenen Minderheit (mit allerdings vielen Sympathisanten), das Land von der Herrschaft Frankreichs zu befreien. Tunesien und Marokko hatten schon früher ihre völlige Unabhängigkeit erlangt. Der Plan einer lebendigen, im Endeffekt von Frankreich geführten *Union Française* war im Laufe weniger Jahre verblaßt und abgebröckelt. Guinea unter der Führung des Häuptlingssohnes Sékou Touré war die erste Ex-Kolonie, die sich weigerte, mitzutun. Dennoch aber blieb der französische Einfluß, vor allem kultureller Natur, im „frankophonen" Afrika bis auf unsere Tage erhalten.

Besonders katastrophal hatte sich die Lage im Kongo entwickelt. Dort hatten die Belgier, die das Land nach viel Mißwirtschaft als echte Kolonie erst 1908 erbten, große zivilisatorische und wirtschaftliche Arbeit geleistet, die allerdings von vielen ausländischen Journalisten nicht anerkannt und gewürdigt wurde. Besonders die Bildungspolitik der Belgier wurde gerügt, da erst ein Jahr nach der *libération* die ersten Doktoren der Medizin, der Philosophie und der Jurisprudenz an den beiden Universitäten promovierten. Ungleich den Franzosen hatten die Belgier das Land zuerst mit einem Netz von Volksschulen und dann erst von Gymnasien überzogen. Schließlich folgten die Universitäten. Die Belgier wollten nämlich kein akademisches Proletariat heranzüchten, noch eine kleine, entwurzelte schwarze Elite, die in dem für tropengewöhnte Afrikaner gesundheitlich höchst ungünstigen Belgien hätte studieren müssen. Die Franzosen hatten versucht, ohne den Analphabetismus energisch abzubauen, schnell eine Gruppe von Intellektuellen durch ihre Universitäten im Mutterland zu produzieren, Belgien aber baute seine Universitäten im Kongo, der eine dritte in Usumbura folgen sollte, in größtem Stil. Das katholische Lovanium war sieben Kilometer lang, hatte Raum für mehr als 15 000 Studenten beider Rassen und brüstete sich damit, einen Atomreaktor zu besitzen, als man in der Wiener Technischen Universität davon noch kaum zu träumen wagte.

Die Belgier planten, dem Kongo im Jahre 1975 Autonomie zu gewähren, aber am 6. Jänner 1956 gab es die *événements regréttables*. Nach einem Fußballspiel begann das Publikum zu randalieren und überfiel im kombinierten Rausch des Sieges und der Niederlage die Läden im Léopoldville, worauf die Händler, gar nicht faul, die

Angreifer energisch abwehrten. Es kam zu einem völligen Chaos, wobei der belgische Gouverneur den Kopf verlor, und der Militärbefehlshaber die Sache der Ordnung eigenmächtig in die Hand nahm. Mit diesem irregulären Trauma begann die verfrühte Unabhängigkeitsbewegung. Das Datum der Autonomie beziehungsweise der Unabhängigkeit wurde auf den 1. Juli 1960 vorverlegt. In Belgien bedauerte man den raschen Wechsel, aber das amerikanische State Department übte einen starken Druck auf Brüssel aus, während das Pentagon, ganz im Gegenteil, die Belgier beschwor, im Interesse des Westens weiter in Afrika zu bleiben. Brüssel aber hatte keine rechte Lust, die Rolle des Kolonialherrn weiterzuspielen, denn Kolonien sind für das Mutterland nur selten ertragreich.[1] Der Kongo zeigte vor 1940 und nach 1954 stets rote Ziffern. 1954 war übrigens auch das Jahr, in dem im Kongo die letzten Rassenschranken fielen, was zur Folge hatte, daß Weiß und Schwarz dieselben Löhne und Gehälter zu bekommen hatten. Da aber der weiße Arbeiter der wesentlich fleißigere ist (denn er gehört einer erwerbsüchtigen Gesellschaft an), wurden belgische Handwerker und auch ungeschulte Arbeiter aus dem Mutterland importiert. Für diese und deren Familien mußten dann Unterkünfte, Notspitäler, Schulen, Kirchen usw. gebaut werden. Das aber zahlte sich aus, denn – um nur ein Beispiel zu nennen – ein schwarzer Maurer legt zwischen sieben- und neunhundert Ziegel im Tag, ein belgischer aber mehr als 2400.

Die meisten Beobachter erwarteten sich nach der *Indépendance* ein gewisses Absinken des Lebensstandards, etwas mehr Korruption, ein Nachlassen der schulischen Qualität und dergleichen mehr, nicht aber die ganz entsetzlichen Wirren. Man muß sich vorstellen, daß der belgische Kongo ein sehr spät kolonisiertes Land und bis zum Ende des 19. Jahrhunderts die dunkle, fast unerforschte Mitte des afrikanischen Kontinents war – ein koloniales Restgebiet mit dem am wenigsten zivilisierten Sektor des Afrikanertums, also nicht zu vergleichen mit Nigerien oder dem Senegal. Dazu kam noch ein Umstand, der für alle afrikanischen Kolonien charakteristisch ist: Der Kongo (jetzt Zaïre genannt) ist ein ohne Rücksicht auf Stammesgebiete herausgeschnittenes Stück Afrikas, dessen obere Schichte aber ein durch die ehemaligen Kolonialherren geprägtes, ephemeres Zusammengehörigkeitsgefühl besitzt. Doch gerade dieses Gefühl, das zum Beispiel an der Elfenbeinküste noch relativ stark ist, war im Kongo dank der kurzen Kolonialzeit eher schwach entwickelt. Nicht vergessen darf man da, daß im Kongo größtenteils „französisiert", zu geringerem Teil aber auch „flamisiert" wurde. Was das Land psychologisch zusammenhielt, war die Krone, mit anderen Worten König Baudouin, der *bwana kitoko,* der „junge Herr". Doch zwischen einer Provinz wie dem Katanga, der im Schnitt 1700 Meter hoch liegt, und dem hochtropischen unteren Kongogebiet (oder selbst der Region von Stanleyville) gibt es einen gewaltigen Unterschied, und zwar nicht nur klimatisch, sondern auch ethnisch, kulturell und soziologisch. Im Katanga-Gebiet gab es Schwarze, die schon in der dritten Generation industriell tätig waren und damit auch ein technisches, also rationales Denken mitbekommen hatten. Außerdem war dort der Prozentsatz an Europäern relativ hoch. Die Katanga-Provinz hatte wenig Lust, sich einer Zentralregierung im fernen Léopoldville unterzuordnen.

Bei den Wahlen traten mehrere Parteien auf. Von den Frauen, die alle mitwählen konnten, waren mindestens 90 Prozent Analphabeten.[2] Sicherlich waren manche Wähler auch Kannibalen, dennoch aber wurde nun Demokratie praktiziert und der Radikalismus trieb seine Blüten. Politisch tat sich ganz besonders ein gewisser Patrice Lumumba aus dem Nordosten, ein wegen Diebstahls vorbestrafter Postbeamter, hervor, der dann als Ministerpräsident am 30. Juni 1960 in einer ursprünglich auf Würdigkeit angelegten Zeremonie den jungen König beflegelte. Die *Force Publique* sollte nun die Armee der Republik Kongo werden, doch wenige Tage später meuterten die Soldaten, und das Chaos brach mit aller Gewalt los.

Alles begann damit, daß die Bilder des *Bwana Kitoko* aus den Kasernen entfernt und durch die Bilder Joseph Kasavubus, des neuen Staatsoberhauptes, ersetzt wurden. Als die Soldaten entdeckten, daß sie nun einem Schwarzen die Treue halten sollten („der doch nicht besser als wir alle ist!"), ja, daß selbst die zurückgebliebenen weißen Offiziere diesen Mann zweifelhaften Charakters als ihren Herrn betrachteten, kam es zum Aufstand, der ganz einfach die Folge eines totalen Autoritätsschwundes war. (Ähnliches, wenn auch nicht Identisches, haben wir auch in Europa gesehen.)[3] Es wurde geplündert, gemordet, verstümmelt, vor allem aber geschändet, primär natürlich weiße Frauen inklusive Nonnen, mit einem Wort Sexualdemokratie betrieben.

Wenn nun schon die Verhältnisse in und um Léopoldville ganz fürchterlich waren, so waren sie im Nordosten noch bedeutend ärger. Nicht nur in Ruanda und Urundi (ehemals Teile Deutsch-Ostafrikas, aber seit 1919 dem Kongo äußerlich angeschlossen) fanden Massenabschlachtungen zwischen Watussis und Bahutus statt, sondern auch in Stanleyville brachen schwere Unruhen aus, die durch die *"Simbas"* („Löwen") hervorgerufen wurden. Es wurden nach Herzenslust Menschen umgebracht, obskuren Fetischen geopfert, geschändet, verstümmelt, verschleppt.[4] Man bekam hier eine kongolesische Version der *Zenanyana* Dahomeys vorgesetzt, freilich ohne die lieblichen Amazonen, die während der drei „Bösen Nächte" abgrundtiefe Greueltaten trieben. Der Gléglé Stanleyvilles war jedoch der Anführer Mulele, dem allerdings Guineas Sékou Touré, der „Volksfeste" mit Massenerhängungen in Conakry veranstaltete, nicht ganz gleichkam. Hingegen übertraf ihn das Scheusal Macias Nguema im ehemaligen spanischen Äquatorialafrika, der ein Schreckensregime sondergleichen einführte und Christen systematisch kreuzigte.[5] Doch auch der Kongo zeigte hübsche Rückfälle in alte Praktiken. So wurden italienische Rotkreuzmänner nicht nur ermordet, sondern auch als Zeichen gastronomischer Demokratie aufgefressen.[6] Mit der Pax Belgica war es also zuende! Wie man es selbstverständlich erwarten konnte, wandte sich ein Großteil unserer Massenmedien mit ihren Armeen analphabetischer Reporter und Redakteure gegen die Belgier als die "wahren Schuldigen", die es versäumt hatten, die primitivsten Stämme Afrikas in 60 Jahren zu raffinierten Europäern mit schwarzer Hautfarbe zu machen.[7] „Nicht der Mörder, der Ermordete ist schuldig!" um einen Romantitel Franz Werfels zu zitieren, doch auch die amerikanischen Medien taten da eifrigst mit. Es fiel ihnen gar nicht auf, daß trotz Millionen und Abermillionen, die man (dank eines schlechten Gewissens) für die Entschädigung, Finanzierung, Umerziehung und Intellektualisierung der dreiviertel Millionen Indianer aufgewendet hatte, sich keine geistige Führerschicht der Rothäute gebildet hatte. Randalierer – ja, aber Akademiker von auch nur geringer Bedeutung? Fast niemand.

Man sollte sich daher nicht wundern, daß der Katanga, mit einem viel höheren Niveau als der Rest, sich vom Kongo trennen wollte. Er war ein industrialisiertes Land, das nur durch die belgische Expansion in den Kongostaat und dann in die Kongo-Kolonie hineingeraten war und schon rein geographisch und verkehrstechnisch (die Benguela-Bahn!) zum immer noch britischen Zentralafrika tendierte. Auch war es beiden Rassen im Katanga-Gebiet klar, daß durch ihre harte Arbeit und daher durch ihre Steuern der tropische Kongo erhalten werden sollte. Es kam zu einer Sezession, die gleich von der großen Welt als bösartige, kapitalistische Machination der Union Minière du Haut-Katanga (U.M.H.K.) hingestellt wurde. Nun wurden die Vereinten Nationen eingeschaltet, und der Katanga in völliger (aber von uns so gewohnter) Mißachtung des Selbstbestimmungsrechtes nach blutigen Kämpfen erobert. Der Führer der Katangesen, Moyse Tschombé, war dann einige Zeit sogar Regierungschef des Kongo, gestürzt ging er nach Spanien ins Exil, wurde aber nach Algerien entführt, wo er in der Gefangenschaft starb (oder „gestorben wurde").

Im Fall „Katanga" und im Fall „Tschombé" sah man sehr deutlich die Kooperation der Linken,[8] im Fall „Lumumba" aber ein reines Stück wilden Afrikanismus. Lumumba, sehr bald uneinig mit seinen Spießgesellen in Léopoldville (nun nach einem Vorort Kinshasa genannt), wurde von ihnen halb tot geprügelt, in ein Flugzeug gesteckt und nach Elisabethville im Katanga verfrachtet, wo er entweder an seinen Wunden starb oder erschlagen wurde. Der afrikanischen Linken gilt dieser Gelegenheitsverbrecher als Opfer des „Imperialismus". In Moskau gibt es eine „Patrice Lumumba Friendship University" für Farbige aus der Dritten Welt, eine ausgesprochene Jim-Crow-Universität, die der kommunistischen Indoktrinierung dient und zugleich die Moskauer Lomonossow-Universität entlastet, auf der es etliche Demonstrationen gegen Afrikaner gab.[9]

Zweifellos aber ist das Bild Afrikas nach der Entkolonialisierung mit wenigen Ausnahmen einfach trostlos. In Algerien herrscht Arbeitslosigkeit in einem Ausmaß, das bei einer großen Wirtschaftskrise in Frankreich, die eine Ausweisung der algerischen Arbeiter mit sich bringen würde, die sozialistische *République Algérienne Démocratique et Populaire*[10] wirtschaftlich sofort zusammenbrechen ließe. Auch in Marokko, Tunesien, Libyen sind die Gefängnisse mehr als zur Kolonialzeit mit politischen Gefangenen gefüllt. Libyen ist zwar reich, sein politischer Führer Qadhafi sendet offiziell hochbezahlte Mordkommandos in die ganze Welt, um seine Widersacher und andere von ihm ungeliebte Persönlichkeiten umzubringen, in der ehemaligen spanischen West-Sahara toben dauernd Kämpfe, in Mauretanien häufen sich die Putsche ebenso wie in Dahomey („Benin")[11], Togo, Liberia, Ghana oder Nigerien, wo es einen ganz grauenhaften Krieg zwischen Yorubas und Ibos gab, der zur zeitweisen Gründung des Staates Biafra führte. Nicht weniger schrecklich waren die Auseinandersetzungen in Kamerun, in der Republik Kongo-Brazzaville, der Zentralafrikanischen Republik (zeitweise das Kaiserreich Bokassas) und – *last, but not least* – im Tschad. Lichtblicke sind der Senegal und die Elfenbeinküste. Im Sudan herrscht eine noch halbwegs menschliche Diktatur,[12] nicht aber im bolschewisierten Äthiopien, wo eine linke Militärdiktatur nicht nur das Volk von Eritrea brutal unterdrückt, sondern auch im „Altreich" neronisch regiert. (Nach einer Massenabschlachtung von Gymnasiasten wurden die Leichen an deren Eltern nur gegen ein „Kugelgeld" von 70 Mark ausgeliefert.) Nicht nur die Bewohner Eritreas wurden unterdrückt, sondern auch im Süden die Somalis nach einem Krieg verjagt. So herrscht das schauerlichste Elend im benachbarten Staat Somalia. (Wären doch nur die Italiener geblieben!) Die Kriege der Antikolonialisten, von Moskau und Peking, schließlich aber nur von Moskau, gegen die Portugiesen in Guinea, Angola und Moçambique unterstützt, ruinierten die herrlichsten Länder, in denen keine Rassenvorurteile herrschten und die mit Recht als „afrikanisches Brasilien" gewertet wurden. Besonders das reiche Angola war ein Paradies. Daraus aber wurde nichts. Heute herrscht dort die Hungersnot und das Hinterland wird von der (ursprünglich chinesisch inspirierten)[13] UNITA kontrolliert. Aber auch in Moçambique kämpfen allenthalben Freischärler. Zambia hat noch ein Modikum an Gleichgewicht,[14] doch die Zukunft Rhodesien-Zimbabwes ist in dunkle Wolken gehüllt. Bei so vielen dieser Staaten scheint alle Hoffnung verloren zu sein, und bei anderen hat man ein Gefühl wie bei jenem legendären Mann, der vom Empire State Building in New York herunterfällt und, am dritten Stock vorbeisausend, sagt: *„So far, so good!"*

Die afrikanische Tragödie sagte jeder echte Afrikakenner voraus. Hier haben wir es mit Adoptivkindern Europas zu tun, die am Anfang ihrer Pubertät den Eltern davonliefen und größenwahnsinnig, von den europäischen Subsidien abgeschnitten, nun (mit wenigen Ausnahmen) von Erpressungen an Washington und Moskau leben. Der Hochmut der Primitiven ist tragisch zu Fall gekommen. Europas Schuld ist die Entkolonialisierung. Man hat die undankbaren Kinder, völlig unverantwortlich, meist ganz einfach ziehen lassen. Ihre Unreife war evident, aber sie kosteten eben zuviel.[15] Um das Übel aber noch übler zu gestalten wählten die Entkolonialisierten die Staats- und Wirtschaftsformen, die ihnen naive, linke Europäer und Amerikaner als die „modernsten" hinstellten: Demokratie und Sozialismus. Ohne die personalistisch-individualistische Tradition des Westens wurden diese Staaten im Nu korrupte Tyranneien, und der anfängliche Applaus unserer „Progressisten" war bald nicht mehr zu hören. Auch die südafrikanische Apartheid ist zu gutem Teil auf das Konto unserer Demomanie zu schreiben, denn wenn man die Bantus der verschiedenen Stämme zu stimmberechtigten Bürgern gemacht hätte, wäre es durch die Ziffernorgien der Nasenzählerei zum Ende Südafrikas gekommen. Also mußte man den Bantus die Gleichberechtigung verweigern, wie wir es im nächsten Kapitel sehen werden.

73. SÜDAFRIKA

Und damit kommen wir zur Republik Südafrika, deren Problematik nur selten in Europa oder in Amerika verstanden wird. Ursprünglich von den Portugiesen entdeckt, wurde das Kapland zur Zeit der Annexion Portugals durch Spanien (1580–1640) niederländisch, doch während der napoleonischen Kriege, als die Niederlande zu einer französischen Dependenz degradiert wurden, nahmen die Briten davon Besitz. Zahlreiche Bauern *(boeren)*, denen das britische Régime nicht behagte, wanderten nordwärts und auf ihrer Wanderung *(trek)* stießen sie auf Bantu-Stämme, die von Norden nach Süden zogen. Beide waren auf eine Landnahme aus. Solche schwarzen Krieger hatten sie noch nie gesehen, denn das Kapland war ursprünglich von gelben Paläoafrikanern besiedelt, von Hottentotten und Buschmännern, die keine Neger sind. Mit diesen hatten sich so manche Niederländer vermischt und damit eine neue Rasse, die „Farbigen" *(coloured, kleurde)* geschaffen. Am Ende ihrer Kämpfe mit den Zulus und Xhosas außerhalb des britischen Herrschaftsbereiches errichteten die ausgewanderten *Boeren* („Buren", die sich aber selbst *Afrikaander*[1] nannten) zwei Staaten: Transvaal und den Oranje Vrijstaat. (Eine Zeitlang gab es auch einen dritten Burenstaat – die Republik Natal.) Da aber Transvaal große Bodenschätze hatte, versuchten die Briten auch diesen Staat zu annektieren und somit kam es 1899–1902 zum „Burenkrieg", der mit großer Erbitterung geführt wurde. Er wurde bald zum Guerillakrieg, und um den Buren ihre Versorgungsbasis zu nehmen, wurden die Frauen, Kinder und alten Männer von ihren Höfen und Farmen in *Concentration Camps* gebracht. Diese – wörtlich übersetzt: „Verdichtungslager" – machten alsbald in unserem so fortschrittlichen Jahrhundert große Schule. Die Sowjets errichteten *Konst-Lagery* (später *Gulagi* genannt) und Hitler, Stalins anglomaner Schüler, führte die Konzentrationslager, „Ka-Zetts", ein. Das größte und härteste der *Concentration Camps* war damals auf der Insel Sankt Helena, die einst Napoleon beherbergt hatte.[3]

Doch die Briten versprachen den besiegten Afrikanern ein geeintes Südafrika von Transvaal bis zum Kapland als fast selbständiges Dominium,[4] und tatsächlich wurde 1910 die Südafrikanische Union geschaffen, in der die Afrikaner innerhalb der weißen Bevölkerung eine Mehrheit bildeten und die 1960 eine unabhängige Republik wurde. Die Briten hatten auch Inder nach Südafrika gebracht, sodaß nun vier Rassengruppen[5] und nicht weniger als 20 Nationalitäten das Land bewohnten, letztere auch sprachlich und kulturell sehr verschieden. Die Sklaverei war von den Briten schon am Anfang des 19. Jahrhunderts (also *vor* den Vereinigten Staaten) abgeschafft worden, die Afrikaander in ihren Republiken hatten sie nie gekannt. Doch die Unterschiede zwischen den Rassen waren gewaltig – sie sahen anders aus, hatten andere Ideale, andere Sitten und Moralbegriffe, andere Religionen und Intelligenzquotienten. Ihre Unterschiede waren teils kulturell, teils auch genetisch bedingt.[6] Der liebe Gott ist nun einmal kein Demokrat und er hat verschiedenen Völkern (in ihrer Entwicklung) verschiedene Vor- und Nachteile gegeben: Es kann kein Europäer so schnell wie ein Watussi laufen, denn diese dunklen – eher hamitischen – Burschen sind viel größer als wir, die Japaner haben nicht unsere guten Augen, Indianer haben einen anderen Metabolismus und sind deshalb für den Alkoholismus anfälliger, die Mittelmeervölker haben schnellere nervliche Reflexe und sind deshalb innerhalb Europas die besseren Autofahrer. Auch die intellektuellen Begabungen sind dank verschiedener Hirnkapazitäten unterschiedlich verteilt.[7] Es ist natürlich möglich, daß die schwarze Rasse im Schnitt genau so intelligent ist wie wir, aber ihre Intelligenz auf eine moderne, rationale und technische Gesellschaft bezogen, ist anscheinend unserer unterlegen.

Spirituell macht dies nicht den geringsten Unterschied: Man wird nicht selig oder gar hier auf Erden glücklicher mit einem hohen Intelligenzquotienten (IQ). Und sicherlich ist jede Diskriminierung ungerecht, die sich bloß auf Statistiken stützt. Geschlechter, ethnische Gruppen, Rassen oder Klassen von Lehr- oder Studiengängen wie auch von den meisten Berufen[8] auszuschließen, ist *im Prinzip* ungerecht. Allerdings haben Neger bis jetzt nie einen großen Philosophen oder Mathematiker hervorgebracht, doch ist das kein Grund, einem individuellen Neger das Philosophie- oder Mathematikstudium zu verwehren. (Freilich: die Prüfungen hat auch er zu bestehen.)[9] Aber natürlich sind nicht alle ‚Diskriminierungen‘ völlig ungerecht, denn wir ‚diskriminieren‘ ja individuell fortwährend. Im Bedarfsfall rufe ich lieber einen guten als einen schlechten Arzt. Wenn ich Ännchen heirate und nicht Lieschen, dann diskriminiere ich Lieschen. Und wenn ich Fräulein Müller als Sekretärin anstelle und nicht Fräulein Mayer, obwohl Fräulein Mayer die besseren Zeugnisse hat, mir aber weniger sympathisch ist, so liegt da eine personale Präferenz vor. Ich glaube eben mit Fräulein Müller besser zusammenarbeiten zu können. Konfession ist noch ein viel delikateres Problem, ist es doch offensichtlich, daß ich auch eine sehr kluge Dame methodistischer Konfession nicht als Professorin der dogmatischen Theologie in einem katholischen Priesterseminar anstelle – und als Gesetzgeber auch nicht alle Religionen mit ihren Praktiken zulassen würde. Zum Beispiel nicht *People's Temple,* der in Guayana mit dem Mord-Selbstmord von fast 1000 Personen sein Ende fand,[10] und auch nicht die Religion der Thuggies Indiens, die Reisende raubten und mit einer Schlinge vor dem Standbild Kalis erdrosselten. Die Religion Hochpapuas mit dem Mord am Erstgeborenen und den darauffolgenden Scheußlichkeiten[11] würde ich ebensowenig zulassen wie den alten, orthodoxen Hinduismus, der die Witwen verbrannte. Leider sind wir aber immer versucht, nicht einzelne Menschen, sondern ganze Kategorien zu diskriminieren und *diese* Diskriminierung ist ungerecht. Und es sei hier auch gleich vermerkt, daß Faulheit und Fleiß in aller Wahrscheinlichkeit keine Rasseneigenschaften, sondern kulturell bedingt sind. Inder, in ihrer Heimat oft sehr faul, können im Ausland unerhört fleißig sein. Die Erklärung, daß nur die Fleißigsten auswandern, nehme ich nicht an.[12]

Die Rassendiskriminierung in Südafrika war immer da, doch erhielt sie erst mit der Erholung der Afrikaander von ihrer Niederlage die strengere Profilierung.

Die Initiative dazu ging von den ‚weißen' Gewerkschaften aus, und Mr. W. H. Andrews, der später im Leben zu den Kommunisten hinüberwechselte, spielte in dieser Entwicklung eine wichtige Rolle. Obwohl bedeutend fleißiger als die Bantus oder die Farbigen, fürchteten sich die weißen Arbeiter stets vor *cheap labor*, „billiger Arbeitskraft".[13] Nun kam die Formulierung der „Kleinen Apartheid" unter dem Schlagwort *equal but separate*. Die Trennung der vier wichtigsten Rassengruppen sollte total sein, aber zur Vereinfachung des Problems operierte man nur mit zwei Gruppen: „Weiße" *(Europeans, Whites, Blankes)* und „Nicht-Weiße" *(Non-Whites)*, wobei natürlich Bantus, Farbige und Inder in einen Topf geworfen wurden. Auch Löhne und Gehälter wurden in Kategorien geteilt. Bestimmte Arbeiten wurden für Weiße „reserviert". Dieses System hatte – lediglich was die Löhne betrifft – eine *gewisse* Berechtigung, denn der Schwarze arbeitet nun einmal viel weniger effektiv als der Weiße (oder der Afrika-Inder), aber individuell war und ist diese Ordnung ungerecht, denn es gab natürlich einzelne Schwarze, die fleißiger waren als manche Weiße.

Man kann sich daher vorstellen, daß der Rassismus der lieben Gewerkschaften den Kapitalisten Südafrikas völlig unsinnig, ja wirtschaftsfeindlich vorkommt. Der Unternehmer ist dort unten „farbenblind" (wie ja auch in den Vereinigten Staaten). Er will *gute* Arbeiter haben, die er auch gut bezahlt. Ihre Hautfarbe ist ihm völlig uninteressant. Einer der schärfsten Kritiker der Rassentrennung in Südafrika ist der wahrscheinlich reichste Mann, Sir Harry Oppenheimer. *Heute* sind allerdings (wenn auch erst seit vier Jahren) schwarze Gewerkschaften oder auch die Aufnahme Schwarzer in weiße Gewerkschaften zugelassen.

Nun gibt es keinen Zweifel, daß die sogenannte „kleine Apartheid", d. h. die sicherlich höchst überflüssige Rassentrennung im täglichen Leben, langsam aber sicher verschwindet. Sie ging so weit, daß Autobusse, Taxis, Schalter in der Post, Bänke und Parks, Strände, Eisenbahnwaggons (ja oft ganze Züge) für Weiße und Nichtweiße streng getrennt wurden. Auch die Wohnbezirke wurden auseinandergehalten und eine rigorose, an Schikanen reiche Paßverordnung eingeführt. Intimitäten werden immer noch als Vergehen geahndet. (Ehen aber sind möglich geworden.) Das ist zweifellos alles zu verurteilen und war auch dumm. In Kapland ist dieses System aber weitgehend zusammengebrochen. Doch muß man sich vor Augen halten, daß es aus der Vogelschau betrachtet gar nicht *so* beleidigend ist, wie es oberflächlich gesehen den Anschein hat. Wenn man allerdings von der Voraussetzung ausgeht, daß wir Euramerikaner einer höheren Gattung Mensch angehören und den Kontakt mit einer niederen Sorte der Menschheit meiden müssen, diese aber verzweifelt unsere Gesellschaft sucht, dann ist allerdings eine solche Ordnung wirklich beleidigend. Das aber wiederum trifft nur für eine kleine, höher gebildete Gruppe der Bantus zu, die von der Überlegenheit der europäischen Kultur und Zivilisation wirklich überzeugt ist. Sie *wollen* den Kontakt mit den „Weißen" und werden zurückgestoßen. Erst neuerdings gibt es da Lockerungen.[14]

Ganz anders verhält sich dies aber mit der Masse der Bantus, die auf die „Weißen" *hinunterschauen*. Sie haben weder Respekt, noch Verehrung für das Europäertum, sondern nur leise Verachtung oder Mitleid. Denn, so fragen sie sich, was ist dieser weiße Mann doch für ein armer Hund! Sexuell wurde er von Mutter Natur stiefmütterlich behandelt, er arbeitet sich zu Tod, hat nichts vom Leben, steckt im eisernen Korsett einer unmenschlichen Disziplin; er hat wirklich nichts außer seiner Technik, ohne die er ein armseliger Wicht ist. Strandet er mit seinem Auto nach einer Panne in der Kalahari, bricht er womöglich in Tränen aus und kann – wenn er es wirklich kann! – einen halben Tag bis zur nächsten Tankstelle marschieren. Und nichteinmal zaubern kann er! Die Bantus aber können das. Daher ist es den einfachen Schwarzen ganz gleichgiltig, daß er den Aufzug für "Weiße" nicht benützen darf. Das ist für ihn bloß eine „weiße Marotte": warum sollte er ihr nicht nachgeben? Der Weiße, der am Stadtrand im Regen stehend, sehnsüchtig auf einen Autobus wartet, mag, als dieser endlich kommt, ihn zu seiner Enttäuschung als für „Nicht-Weiße" bestimmt erkennen. Er darf ihn also nicht benützen. Doch, wie gesagt, dieses System geht seinem Ende entgegen. Dafür aber werden Bantu-Homelands gegründet – kleinere, mittlere, große, die nur von Schwarzen besiedelt und von Schwarzen und auch nur von Schwarzen verwaltet werden können. Jedes zweite bis dritte Jahr wird ein neues Homeland organisiert – viele davon nicht nur mit guten, sondern sogar mit besten Böden.

Nun könnte jemand mit dem Vorschlag kommen, dieses System restlos zu kassieren, die Bantu Homelands aufzulösen und nach schönstem Schweizer Muster die Demokratie einzuführen: Jedermann bekommt eine Stimme, die schwarze Mehrheit regiert, die Weißen sind den Schwarzen gleich und damit basta! Aber selbst die äußerst linke *Progressive Party* ist gegen eine solche Lösung. Sie wäre das Ende Südafrikas. Die ersten Leidtragenden wären die Inder, die überall in ganz Schwarzafrika bedeutend verhaßter sind als die Weißen. Und das unmittelbare Resultat wäre ein radikales Sinken des Lebensstandards aller, da in die Verwaltung durch politischen Druck völlig unkompetente Beamte und Techniker hineinströmen würden. (Die Entpolitisierung der Verwaltung ist allerdings ein weltweites Problem, Ost wie West.) In einer hochtechnisierten Gesellschaft – und das ist die südafrikanische – ist Unwissen und Unerfahrenheit verhängnisvoll, wenn nicht tödlich. Würde man aber nun gerecht sein und die wichtigeren und höheren Stellen, also die Schlüsselpositionen in Staat, Gesellschaft und Wirtschaft den Fleißigen, Tüchtigen, Erfahrenen geben, dann würde ohne jedwede Trennung eine zwar integrierte Gesellschaft entstehen, in der aber das oberste Viertel ganz überwiegend weiß und indisch wäre, die Mitte und der Fuß der Pyramide aber vorwiegend aus Farbigen und Schwarzen bestünde. Die Folge davon aber wäre die Einladung zu einem kombinierten Rassen- und Klassenkampf, der Südafrika restlos auseinanderreißen und vernichten würde. Das war die Analyse des Premiers Verwoerds, aber sie stimmt leider nun einmal. (Ein rassisches Proporzsystem *unabhängig* von Qualitäten? Auch das würde, wenn auch nicht so schnell, zum Abstieg führen.) Die weitgehendste Trennung mit einem Gastarbeiterstatus für die Bantus, die im weißen Südafrika arbeiten, muß man in diesem demokratischen Zeitalter für die einzige mögliche Lösung halten. Anders war es in Rhodesien: in der alten rhodesischen Verfassung gab es Wahlklassen aufgrund der schulischen Bildung ohne rassische Basis, wie wir sie ja auch im Herzen Europas noch am Anfang dieses Jahrhunderts hatten. Das aber war natürlich ‚undemokratisch'.

362

In Südafrika gibt es bis jetzt nur eine weiße wahlberechtigte Bevölkerung: Die beiden Großparteien, die dominieren, sind die Nationalpartei und die Unionspartei, die erste ganz vorwiegend afrikanisch, die andere vorwiegend britisch. Dazu kommen drei kleinere Parteien: die zwei „Echtnationalen" und die „Progressisten", die aber auch wieder weitgehend national verwurzelt sind. Da die Afrikaander zahlreicher sind als die Briten, hat die Unionspartei kaum Chancen. Käme es zur Demokratisierung und Integrierung der Südafrikanischen Republik, dann hätten die schwarzen (Bantu) Parteien eine Zweidrittelmehrheit, die sie nie verlieren könnten. Dann aber käme auch die Demokratie, die auf ewigem Wechsel beruht, zum Stillstand. Und hiemit kommen wir wieder zur These von John Stuart Mill, der erklärt hatte, daß in gemischtnationalen Staaten außerhalb der Schweiz die parlamentarische Demokratie nie wirlich möglich ist.[15] Doch Ende 1983 wurde durch ein Referendum unter den Weißen beschlossen, daß die Republik durch drei Parlamente (unter *einer* Regierung) betreut wird: die Mischlinge und die Inder bekommen weitere gewählte Vertretungen. Für diese beiden Gruppen sind ja bekanntlich keine Homelands mit eigener Verwaltung vorgesehen.

Es gibt ein brillantes, sehr kritisches Buch über Südafrika von dem bekannten amerikanischen Romanschriftsteller Allan Drury. Das ist ein fast 900 Seiten dicker Wälzer, die Frucht eines Aufenthaltes von dreiviertel Jahren in der Republik. Sein Titel ist *A Very Strange Society*,[16] und man kann sicher sein, daß ein solches Werk in deutscher Sprache nie erscheinen würde. Zweifellos gibt es viele Dinge in Südafrika, mit denen ein Westeuropäer oder ein Amerikaner sich nicht anfreunden kann. Auch Allan Drury nicht. Aber im Nachwort dieses Buches sagt er, daß auch er nicht wüßte, wie man anders als die Südafrikaner das politisch-soziale Problem des Landes lösen könnte.

Südafrika ist keineswegs „durchsichtig". Nach meinem ersten Aufenthalt (1960) kam ich mit einer kompletten Fehlanalyse nach Europa zurück. Zehn Jahre später fuhr ich wieder hin und änderte (in einem allerdings auch weiter entwickelten Land) radikal meine Ansicht. Ich war das erste Mal nicht lange genug dort gewesen und war auch zu unvorbereitet hingefahren. Auch hatte ich damals die *Bantu Homelands* für eine Finte gehalten und mußte erst später erkennen, daß sie ernst gemeint waren. Ihre Organisation bedingte enorme Ablösegelder für Weiße, aber auch für Inder. Kein einziger indischer Laden darf in den *Homelands* bleiben und auch kein einziger weißer Farmer.[17] Ich besuchte dann drei dieser „Heimatländer".

Jetzt geht es anscheinend um Südwestafrika („Namibia"), wo man wieder demokratische, das heißt majoritäre Maßstäbe anlegt und die Hereros höchst demokratisch den Ovambos unterordnen will. Auch in Rhodesien-Zimbabwe haben heute die Schonas alle Macht und ob die Matabele-Minderheit sich das auf die Dauer gefallen lassen wird, ist sehr fraglich. Man erinnere sich daran, daß Hereros, wie die unterdrückten Matabeles, viel kriegerischer sind als das Mehrheitsvolk!

Man muß in Südafrika auf eine friedliche Entwicklung hoffen und diese auch positiv fördern. Doch gibt es Leute in unserer Mitte, die um jeden Preis Blut fließen sehen und durch gezielte Maßnahmen dort die Menschen aller Rassen zur Verzweiflung bringen wollen. Man kann es nicht glauben, aber es ist nur zu bekannt, daß die ‚fortschrittlichen' Kräfte in Europa und Nordamerika schon im Falle Rhodesiens die Regierung Ian Smiths durch Boykotte, Quarantänen und andere Sanktionen in die Knie zwingen wollten. Leute, die lautstark ihre heiße Liebe zu den Schwarzen Rhodesiens bekundeten, wollten Rhodesien buchstäblich aushungern. Diese Gemeinheit (hinter die sich selbstverständlich auch die UNO stellte) war sinnlos, zwecklos und ein völliger Mißerfolg. Und wenn sie funktioniert hätte, würde nicht der Frühstückstisch Ian Smiths darunter gelitten haben, sondern ganz im Gegenteil, die tägliche Nahrung armer, schwarzer Männer, Frauen und Kinder.[18] Der von London, Washington, New York, Bonn, Moskau und Peking organisierte Hunger hätte die Schonas und die Ndebeles in ihrer Verzweiflung zum Aufstand treiben sollen. Und wenn sie unter den Kugeln der hauptsächlich aus Schwarzen bestehenden rhodesischen Armee gefallen wären, dann würde bei uns die Linke wieder einmal in ihrer sadistischen Blutgier triumphiert haben. Wie man sieht, ist unsere Linke in ihrer angeblichen Fernstenliebe nicht nur blitzdumm, sondern auch niederträchtig. Ian Smith wäre dann als Schlächter hingestellt worden, aber die Drahtzieher (darunter auch der famose Weltkirchenrat in Genf)[19] hätten sich in ihren äußerst komfortablen Büros in den Weltstädten die Hände gerieben. Doch dazu kam es, Gott sei Dank, nicht. Freilich, der Höhepunkt des Dramas in Rhodesien-Zimbabwe und Südafrika ist noch nicht erreicht.

Die „Verbrechen des Kolonialismus"? Ist er wirklich ein „Ismus" oder nur die Folge des Gesetzes, daß der Erdball kein politisches Machtvakuum verträgt? Als Bürger eines Landes, das nie Kolonien besaß, doch als Kenner aller Kontinente kann ich nur sagen, daß die Kolonisatoren im Rückblick sich nur wenig zu schämen brauchen.

Ausnahmen? Im Jahre 1919 feuerten indische Truppen unter dem Kommando General Dyers in Amritsar auf mordende Demonstranten; hunderte wurden getötet, doch dafür mußte sich Dyer verantworten und Westminster war in Aufruhr. „Amritsar!" wurde zum Kampfruf indischer Nationalisten, aber 1984 stürmten Indiras Soldaten, nicht im Namen des Kolonialismus, Imperialismus und Kapitalismus, sondern der Gewaltlosigkeit, der Gleichheit, des Sozialismus und des Fortschritts, den heiligen Tempel der Sikhs in Amritsar – und die Zahl der Opfer war eine vielfache. Heute haben Kiplings Worte von der „Bürde des Weißen Mannes" in der Tat keinen hohlen Klang mehr. Albert Schweitzer kennt man, aber von den tausenden Missionaren, Ärzten, Verwaltungsbeamten, Ingenieuren, die ihr Leben für die Menschen dort unten hergaben und oft an den grausamsten Krankheiten elend zugrunde gingen, spricht man nicht. Und haben wir Europäer uns den ‚Eingeborenen' gegenüber nicht viel christlicher benommen als untereinander? Und hatten Präsident Tubman von Liberien und Haile Selassieh nicht recht, als sie sich beklagten, daß ihre Länder leider nicht durch die Schule der kolonialen Phase gegangen waren?

74. WUNDES LATEINAMERIKA

Wenden wir unseren Blick von Afrika auf das schon vor 150 Jahren entkolonia·
lisierte Lateinamerika, dann sehen wir doch gewisse Gemeinsamkeiten, die diese
Landmasse mit der sogenannten „Dritten Welt" verbinden. Südamerika und Afrika
haben nicht nur eine ähnliche geographische Form (was zu allerlei sehr grauen geo-
logischen Theorien geführt hat), sondern auch andere Analogien, die von Staat zu
Staat allerdings stark abweichen. Haiti, französisch in der Sprache, kann man einen
echten afrikanischen Staat nennen und dorthin ist auch eine afrikanische Mischkultur
mit Wurzeln in Guinea verpflanzt worden.[1] Eine fast zweihundertjährige Unabhängigkeit hat diesem Land nicht sehr gut getan: Man denke da an die Schrecken des
Voudou mit seinen *bokors*[2] und auch an die Regierung des „Papa Doc", der immerhin sein medizinisches Doktorat in den Vereinigten Staaten erworben hatte. Der gute
Mann mit seiner Geheimpolizei, den *Tonton-Macoutes,* hatte haarsträubende Dinge
am Gewissen. Erwähnen wir (um nur einen Fall herauszugreifen) die Hinrichtung
eines Widersachers, dessen Leichnam mit einer Badehose bekleidet auf einem öffentlichen Platz der tropischen Verwesung überlassen wurde. Nur die wütenden Proteste
der Diplomaten setzten dieser barbarischen Unmenschlichkeit ein Ende.[3] Um Ähnliches zu finden, müßte man schon auf die spanischen ‚Republikaner' oder die „Wiege
der Demokratie", die Französische Revolution, zurückgreifen.

Es wird fast immer auf die „spanische Grausamkeit" als psychologischen Ur-
grund alles Bösen in Lateinamerika hingewiesen, doch da hat die *Leyenda Negra,*
in England entstanden, gründlich vorgearbeitet.[4] Der Staat der Inkas war eine kaiser-
lich-kommunistische Tyrannis sondergleichen, die nicht durch den Angriff einer
Handvoll Abenteurer[5] unter Pizarro zusammenbrechen konnte, ohne völlig morsch
gewesen zu sein, und auch Cortez hätte nie siegen können ohne daß die von Azteken
unterworfenen und geknechteten Völker in ihm einen Befreier gesehen und mit
ihm dann gemeinsame Sache gemacht hätten. Sicherlich hatten die Völker Zentral-
amerikas eine höhere Kultur (aber ohne *eigentliche* Schrift, ohne Rad und ohne Eisen),
aber man erinnere sich auch daran, daß am Teocalli manchmal in einer Woche zehn-
bis fünfzehntausend Männern von homosexuell-sadistischen Priestern das Herz mit
einem Steinmesser aus dem Leib geschnitten wurde.[6] Die Präsenz des Todes in der
spanischen Religiosität vermischte sich dann später mit der Todesbesessenheit der
mexikanischen Indianer und charakterisierte die mexikanische Kultur der Folgezeit bis auf unsere Tage.

Die „Entkolonialisierung" Lateinamerikas begann eigentlich mit dem Sklaven-
aufstand in Haiti, den später auch Napoleon nicht niederschlagen konnte. Dann
brodelte es in Mexiko, wo sich katholische Geistliche mit reichen, freimaurerischen

Gutsbesitzern verbanden. Die führenden Helden in diesem Kampf waren zwei später hingerichtete Priester, Miguel Hidalgo und José Morelos. Die ‚Befreiung‘ Südamerikas aber war das Werk von zwei Aristokraten, Simón Bolívar in Venezuela, und José San Martin, in Argentinien geboren. Der erstere befreite den Norden, der letztere den Süden der hispanischen Länder. Sie trafen sich im Jahre 1822 in Guayaquil (Ecuador), wobei der Argentinier dem Venezolaner den Vorschlag machte, ihn nach Europa zu schicken, um dort einen Fürstensprößling zu finden, der den Thron Spanisch–Amerikas besteigen könnte, denn – so argumentierte San Martin – die Lateinamerikaner seien für die demo-republikanische Staatsform restlos ungeeignet. Bolívar entgegnete ihm, daß er ihm diesen Auftrag nicht geben könne, denn als junger Mann hatte er auf Roms Monte Sacro, dem ‚Fluchtberg‘ der Plebejer, einen Eid abgelegt, er würde Spanisch–Amerika befreien und dort die demokratisch-republikanische Staatsform einführen.[7] San Martin erwiderte ihm, daß dies den Untergang Lateinamerikas bedeuten würde, kehrte gebrochen nach Argentinien zurück, packte alsbald seine Koffer und ging freiwillig nach Frankreich ins Exil. Er lebte in Boulogne-sur-mer und starb dort 1850 bettelarm. Seine Heimat wurde Opfer eines brutalen Bürgerkriegs, aus dem Rosas, der Caligula Südamerikas, zeitweilig als Sieger hervorging.[8]

Doch neun Jahre nach dieser Zusammenkunft in Guayaquil starb auch Bolívar, der sich anscheinend auf der Flucht in die Karibik befand. Schon vorher hatte dieser hamletartige, melancholische Don Quijote all seinen Mut und sein Vertrauen verloren und sich der tiefsten Verzweiflung hingegeben. So schrieb er damals: „(Latein) Amerika kann nicht regiert werden. Jene, die der Revolution gedient haben, pflügten das Meer. Das einzige, was man hier tun kann, ist auszuwandern. Diese Länder werden unvermeidlich in die Hände unkontrollierbarer Massen fallen, um schließlich von kleinen Tyrannen aller Farben und Rassen beherrscht zu werden. Von allen Verbrechen und durch ihre Wildheit geschwächt, werden sie von den Europäern nichteinmal einer Eroberung wert gehalten und wenn es möglich wäre, daß ein Teil der Welt in ein Urchaos zurückfiele, dann wäre dies die letzte Phase für Amerika." Und später noch, bei einer anderen Gelegenheit, kurz vor seinem Tode schrieb er: „Es gibt in (Latein) Amerika weder Treu noch Glauben, weder in einzelnen Menschen noch in Völkern. Die Verfassungen sind nichts als Bücher, die Verträge (Fetzen) Papier, die Wahlen Schlachten, die Freiheit Anarchie und das Leben eine Qual."[10]

Es ist allerdings richtig, daß von den neuen Staaten Spanisch-Amerikas jeder für sich eine andere Problematik hat. Das gilt selbst für kleine, benachbarte Staaten, die nach Madariaga die „Entzweiten Staaten Amerikas" sind, *los Estados Disunidos de América*. Costarica ist ein ganz anderes Land als Panamá, El Salvador ist völlig von Honduras verschieden, zwischen Uruguay und Mexiko liegen natürlich Welten! Wichtig, aber nicht immer entscheidend ist der Anteil der Indianer und auch der Mestizen. Oft aber fällt es auf, daß besonders in den vorwiegend indianischen Kulturen die aristotelisch-cartesianische Logik fehlt. So sieht man (um nur ein einziges Beispiel zu nennen) am Südosteingang des Dorfes Cantel bei Quetzaltenango in Guatemala ein Denkmal für den blutigen und größenwahnsinnigen Tyrannen Rufino

Barrios, der am Ende des vorigen Jahrhunderts in seinem Land das Christentum ausrotten wollte.[11] Dieser stalinistisch–hitlerianische Zwitter wütete auch gegen die Indios, die ihrem katholischen Glauben treu blieben. Elf, die für ihren Glauben starben, wurden bei Cantel hingerichtet. Aber nicht nur Rufino Barrios wurde hier verewigt, auch die Indios bekamen (ein zugegebenermaßen schöneres) Denkmal am Nordwestausgang. Eine Analogie dazu wäre ein deutsches Dorf oder Städtchen mit Denkmälern für Himmler und ermordete Juden. Verrückt? Eigenartig? Man gehe da nach La Paz und sehe sich die versilberte Straßenlampe an, vor der stets zwei Soldaten stramm Wache stehen. Von dieser baumelte der arme Villaroel, den ein aufgebrachter Volkshaufen *irrtümlich* aufgehängt hatte…

Brasilien hatte seine eigene Entwicklung: Hier errichtete ein portugiesischer König, der der napoleonischen Besetzung entflohen war, ein unabhängiges Kaiserreich. Trotz einiger Revolten dauerte dieses bis zum Jahre 1889. Dann wurde Brasilien eine Republik, denn der Kaiser hatte einen Akt brutaler Selbstherrlichkeit getan: er hatte die Sklaven befreit. Das konnte eine progressistisch verseuchte Armee, die dem Positivismus Comtes huldigte, sich nicht gefallen lassen – und die zahlreichen Sklavenbesitzer natürlich auch nicht.[12] Mit dieser Verfassungsänderung glich sich nun Brasilien Spanisch-Amerika an: eine Revolution, ein Bürgerkrieg nach dem anderen und eine Reihe von Kriegen mit Nachbarstaaten bildeten nun auch dort eine nie endenwollende Kette von Katastrophen, Verfolgungen, Zusammenbrüchen, Intrigen, Finanzskandalen, Verschwörungen. Doch hatte Brasilien, ungleich den hispanischen Ländern, eine ungehinderte Entwicklung durch zwei ganze Generationen gehabt. Anders als in den Republiken Europas wirkt die monarchische Vergangenheit Brasiliens bei den Brasilianern im Rückblick als Goldenes Zeitalter, und die verschiedenen Mitglieder der kaiserlichen Familie Bragança[13] sind im Lande nicht nur durch zahlreiche Monumente, sondern auch auf den Banknoten vertreten. Die Errichtung einer Militärdiktatur im Jahre 1964 kam für die Massen als eine Erlösung. Sie war allerdings ausgelöst worden durch Protestmärsche der Hausfrauen, die dank des totalen Zerfalls der ganzen Wirtschaft ihre Familien in diesem von der Natur begünstigten Land nicht mehr ernähren konnten. Auch drohte der Kommunismus.

Zum erstenmal seit Generationen wurde trotz „systemisierter Inflation" eine gewisse Stabilität erreicht, um die Brasilien von anderen Staaten beneidet werden kann. Doch ist eine Militärdiktatur nicht eine „kontinuierliche" Regierungsform. Die Armee in einer Republik hat keine ‚Mitte', keinen Schwerpunkt der Loyalität und hat die Neigung, in Cliquen zu zerfallen, die sich dann gegenseitig bekämpfen. Doch ist die Militärdiktatur in Lateinamerika stets ein vorläufiger Schlußpunkt nach einem demokratischen Experiment – wobei dieser freilich rechts- oder auch (wie zum Beispiel in Peru) linksdrallig sein kann. Das Irrlicht für das demokratische Zwischenspiel wie auch für das demokratische Urbild ist vor allem der äußere wie auch innere Erfolg der Vereinigten Staaten, eine ganz verhängnisvolle Fata Morgana. Vergessen wir nicht, die Verfassung der Vereinigten Staaten von Nordamerika ist überall südlich des Rio Grande kopiert und rapid pervertiert worden. Allerdings haben am Anfang des vorigen Jahrhunderts der Druck und die Propaganda der hispanophoben Briten, die das spanische Handelsmonopol durchbrechen wollten, wie auch der Einfluß der Freimaurerei viel zur Revolution beigetragen. Irrlicht Amerika! Irrlicht Großbritannien! Irrlicht Schweiz! Irrlicht Schweden! Die Geschichte des Westens besteht ja fast nur aus dem Effekt von Irrlichtern!

Nur waren und bleiben die Voraussetzungen für die Existenz und das Überleben demokratischer Republiken in Lateinamerika unvergleichlich kleiner als in Europa. Eines der Resultate dieser steten Bankrotte der Demokratie (erinnern wir uns hier wieder an die eisernen Gesetze Laskis!) ist die seltene Verwicklung der lateinamerikanischen Armeen in Bruderkriege. Der Chaco-Krieg war der letzte: ihre Hauptaufgabe ist innenpolitisch geworden. Freilich fehlt den Armeen Lateinamerikas sehr oft die politische, die verwaltungstechnische und die wirtschaftliche Erfahrung, und wenn sie dann völlig scheitern, werfen sie den Ball wieder an zwar aufgelöste, aber stets reaktivierbare Parlamente zurück. Nichts ist einfacher als Wahlen abzuhalten, doch Korruption und chaotische Zustände zwingen die Armeen bald wieder einzugreifen. Zu alledem kommt als neuer Faktor der Terrorismus beider Spielarten – die Land- und die Stadtguerilla. Diese aber werden keineswegs von verhungerten Bauern oder verzweifelten Arbeitern, sondern von den Söhnen und Töchtern der „gehobene Stände", ja von den Sprößlingen der ‚Oligarchen' unterhalten, als Aufstand nicht so sehr gegen das politische System, sondern als Rebellion gegen die Eltern und deren ganze Generation.

Diese Entwicklung, die schon vor dem Ersten Weltkrieg enorme Opfer gefordert hatte – man denke da an die ungeheuer blutigen Bürgerkriege zwischen „Konservativen" und „Liberalen" in Kolumbien[14] –, entartete dann völlig nach dem Zweiten Weltkrieg. Freilich, es gab immer Kriege zwischen den einzelnen lateinamerikanischen Ländern, von denen der Krieg Paraguays gegen fast alle seine Nachbarn in den Jahren 1865–1870 besondere Erwähnung verdient. Unter der Führung des halbverrückten Präsidenten Francisco López führte Paraguay Krieg gegen eine Koalition von Brasilien, Uruguay und Argentinien. Das Resultat war der Tod von über 80 Prozent aller Männer in ihrem besten Alter und die *de facto* Einführung der Polygamie.[15] Nicht unerwähnt bleiben darf auch der frühere Unabhängigkeitskrieg Uruguays gegen Brasilien, an dem auch Garibaldi teilgenommen hatte, der Krieg zwischen Chile auf der einen und Bolivien mit Peru auf der anderen Seite (der in einen Triumph Chiles und für Bolivien mit dem Verlust seines Zugangs zum Meer endete), der Krieg zwischen Peru und Ecuador, die Sezession von Panamá und, als letzter Krieg dieser Art, der „Chaco-Krieg" zwischen Paraguay und Bolivien, der wiederum mit einer Niederlage Boliviens endete. Doch auch diese Kriege werfen ein magisches Licht auf die uns doch herzlich fremde Mentalität dieser Region. Im Jänner 1961 sah ich den Brief einer ecuadorianischen Mutter in einer Tageszeitung Quitos, die erklärte, drei Söhne zu haben, auf die sie stolz wäre, würden sie in einem Krieg gegen Peru fallen. (Glücklicherweise kam es nicht zu diesem Krieg.) Und Bolivien, seiner Küste seit über 100 Jahren beraubt, besteht darauf, daß bei ihm akkreditierte lateinamerikanische Botschaften mit Marine-Attachés bestückt sein müssen: Man besteht manisch darauf, immer noch ein maritimer Staat zu sein.

Doch die Kriege sind nichts im Vergleich zu den ewigen Revolutionen. Wir erwähnten schon die grauenhaften argentinischen Bürgerkriege und die *Violencia*

Kolumbiens.[16] Nicht weniger ungemütlich waren die mexikanischen Revolutionen, die unzähligen Revolutionen Mittelamerikas und schießlich die scheußlichen Revolutionen Perus, die manchmal kannibalistische Aspekte boten.[17] All das aber eskalierte nach dem Zweiten Weltkrieg, da nun auch die Jugend der Universitäten eingeschaltet wurde. Die Grundzündung für die universitären Unruhen in unserem Jahrhundert fand am 11. November 1918 (!) statt, als in Córdoba (Argentinien) von den Studenten die *cogobernación* (Mitbestimmung) erzwungen wurde. Die revolutionäre Strömung blieb anfänglich im Erdbebengebiet des Pazifik und zog sich alsbald nordwärts nach Bolivien und Perú. Dort wurden in San Marcos (Lima), der ältesten Universität der Neuen Welt,[18] dank der Agitation und des Terrors des Studentenführers Raúl Haya de la Torre die Mitbestimmung 1927 eingeführt, was zu einem rapiden geistigen Abstieg nicht nur dieser Universität, sondern ganz Perús führte. (Haya de la Torre wurde später der Führer der linksterroristischen APRA-Bewegung, ein glühender Bewunderer Hitlers, Lenins, Mussolinis und Stalins, die er zum Teil auch persönlich besuchte.)[19] Von den seismisch so sensitiven Anden sprang dann der Funke nach dem Zweiten Weltkrieg nach Japan über (der *Zengakuren!*), von dort nach Kalifornien, verließ aber dann das Erdbebengebiet des Pazifik und überquerte die Vereinigten Staaten. In Europa fand die Erstinfektion in der von Amerikanern gegründeten und finanzierten „Freien Universität" von West-Berlin statt. Erst von Berlin verbreitete sich die Krankheit in eine südliche und westliche, nicht aber nördliche Richtung. Der reformatorische Raum ist nicht mehr revolutionär: in Großbritannien und Skandinavien blieb es still.

Was aber geschah seit 1945 in Lateinamerika? Um das zu verstehen, müssen wir uns auch vor Augen halten, daß es dort eine enorme Geburtenziffer gibt, angeregt hauptsächlich durch die männliche Sexual- und Reproduktionseitelkeit, in – aber hauptsächlich außerhalb der Ehe. In der Dominikanischen Republik – um nur *ein* Beispiel zu nennen – sind zwischen 80 und 90 Prozent der Geburten unehelich, wobei Frauen oft zehn bis zwölf Kinder von zehn bis zwölf verschiedenen Männern auf die Welt bringen, für ihre Brut oft bis zur Erschöpfung arbeiten und die Betreuung dieser Kinderschar der Großmutter überlassen. Diese aber hat die größte Schwierigkeit, diese Kinder anzuhalten, in die Schule zu gehen oder gar sich im zarten Alter an die Arbeit zu gewöhnen. Auch darf man hier zwei Dinge nicht vergessen: Der Kult harter und systematischer Arbeit ist ein reformiert-evangelisches viel eher denn ein katholisches oder ostkirchliches Laster.[20] *La gana de trabajar,* die Lust zur Arbeit, ist keine der großen spanischen Tugenden. Nun aber muß man sich dazu noch vor Augen halten, daß die indianische Rasse entweder kaum oder nur unter sehr großem Druck zu arbeiten gewöhnt ist. Es gab Indianerstämme, die lieber verhungerten als emsig zu arbeiten. Die Wirtschaften der indianischen Hochkulturen waren Zwangswirtschaften in einer politischen Tyrannis. Daher kamen die Spanier und die Portugiesen auf den Gedanken, schwarze Sklaven aus Afrika einzuführen, weil man diese wenigstens mit Gewalt zur Arbeit zwingen konnte.[21] Auch waren die Neger oft humorvoller, intelligenter und „imitativer". Und um die Lage noch ärger zu gestalten, kamen bei den Indianern noch zwei Schwächen dazu: Drogen und Alkohol mit ihren verheerenden Wirkungen, beide natürlich längst vor der Ankunft der Europäer weit verbreitet.[22]

Da es aber in Lateinamerika kleine Minderheiten gibt, denen es gut geht und die einen hohen Lebensstandard haben, weil sie entweder ererbtes oder erworbenes Vermögen besitzen, sehen wir dort eine große soziale Unzufriedenheit. Diese wohlhabenden oder reichen Minoritäten sind zu gutem Teil (aber nicht allein) ausländischen Ursprungs. Denn bei einer allgemeinen Arbeitsunlust haben es hart arbeitende, planende, berechnende, puritanisch lebende Minderheiten recht leicht, schnell reich zu werden: sie stehen konkurrenzlos da. Man braucht nur zum Beispiel das Telefonbuch von Lima in die Hand zu nehmen und beim Buchstaben „K" nachschlagen, den es im spanischen Alphabet nicht gibt. Man findet da einige wenige deutsche, englische oder skandinavische Namen, doch in der großen Mehrzahl Japaner. Sie, ihre Eltern oder höchstens ihre Großeltern kamen ohne einen Centavo, ohne Kenntnis der Landessprache nach Perú, wo sie die schmutzigste und härteste Arbeit verrichteten, dann einen Hektar Ackerland kauften, später einen zweiten und dritten, Gemüse anpflanzten und verkauften, ein Haus, einen alten Wagen und schließlich sogar einen sündhaft teuren Telefonanschluß erwarben. Ihre Kinder schickten sie in gute Schulen. Aber natürlich, wie mir einst der Sekretär der christlich-demokratischen Partei noch vor der Errichtung der linken Militärdiktatur in Perú erklärte, „würde unser edles peruanisches Volk sich nicht solcher zermürbenden Arbeit unterziehen, wie diese elenden Japsen". Ich gratulierte ihm zu dieser Bemerkung, doch übersah er völlig die Ironie.[23] Die Militärdiktatur führte eine radikale Landreform durch[24] (wie später Eduardo Frei in Chile), aber diese war ein rechter Mißerfolg, denn so mancher Bauer fand es eine Zumutung, daß er nun auf zugeteiltem Areal (z. T. unter staatlicher Aufsicht) zusätzliche Arbeit verrichten mußte. Die staatlichen Kontrollore waren humorloser als die alten *padrones*, denen die linken Diktatoren am Ende ihrer Herrschaft Teile ihrer Güter wieder zum Rückkauf anboten[25]...

Man darf sich über den Charakter der lateinamerikanischen Sozialpyramiden eben nicht wundern. Sie haben eine sehr breite Basis, die sich dann in Ermangelung eines größeren Mittelstandes schnell verjüngt und schließlich in der Form einer langen, hohen Nadel endet, während bei uns die Sozialpyramiden eher den Querschnitt eines gleichschenkeligen Dreiecks zeigen. Nun hängt der Reichtum eines Landes tatsächlich vom Besitz und Einkommen der breiten Massen ab: Wenn man aber die hohen Nadeln Lateinamerikas abbrechen und ihren Inhalt der breiten Basis einverleibte, wäre deren Gewinn fast Null. Das Elend der Vielen würde sich durch eine Neuverteilung von Besitz und Einkommen nicht lindern lassen. Darüber gibt es hüben und drüben verläßliche Statistiken, die unsere Sozialromantiker keineswegs entzücken.[26] Doch die Nadel erregt ungeheuren Neid, und linke Parteien versuchen die Menge zu überzeugen, daß ihr Elend durch reiche Ausbeuter erzeugt wird. Diese These wird aber nicht nur innerhalb der Völker der Dritten Welt, sondern auch auf internationaler Grundlage verfochten. So wird dann behauptet, daß die Amerikaner und Europäer (hauptsächlich durch ihre multinationalen Gesellschaften) die Völker der Dritten Welt um die Früchte ihrer harten Arbeit bringen.

Auf solch grundsätzlichen Irrtümern beruht zu großem Teil der berühmte „Nord-Süd Gegensatz".

Durch diese falschen Vorstellungen wird der Ruf nach Konfiskationen laut, der von (im etymologischen Sinne) „national-sozialistischen" Parteien allenthalben in Lateinamerika erhoben wird. Dieser Schrei nach der ,Nationalisierung' oder ,Sozialisierung' aller möglichen Besitztümer von In- und Ausländern zeitigt prächtige Resultate: Die Ausländer investieren entweder gar nicht mehr oder versuchen in der kürzesten Zeit so große Gewinne als möglich zu machen, denn das Damoklesschwert des ,legalen Raubes' schwebt dauernd über ihren Köpfen; die bedrohten Inländer hingegen beschließen, der Sicherheit halber ihre Gewinne ins Ausland zu verschieben. Kommt es aber zur „nationalsozialistischen Revolution" dann werden sie entweder als Reiche umgebracht oder sie fliehen ins Ausland, wodurch in beiden Fällen das Land seine tüchtigsten Leute verliert, welche durch eine Schichte von Politikern ersetzt werden, die dann dank ihrer Machtposition wie das Fettauge auf auf der Suppe schwimmen. So geschah es in Kuba. So ungefähr geschah es auch in Nikaragua.

In dieser Atmosphäre wirkt selbstverständlich die revolutionäre Geburt der „Veruneinigten Staaten Lateinamerikas" psychologisch weiter als historischer Anreiz mit: Wir haben dort den idiotischen *Kult* der Revolution, das echte endemisch-epidemische Revoluzzertum. Selbst die Machtübernahme der konservativen Militärs Brasiliens im Jahre 1964 wurde nachher mit großem Stolz *A Revolução* genannt. Dafür haben wir in Mexiko seit den Zwanzigerjahren die Herrschaft der PRI, der „Partei der Institutionalisierten Revolution". Höher geht der Unsinn wahrlich nimmer!

Der andere Aspekt dieses revolutionären Klimas heute ist der Aufstand der begüterten Jugend gegen ihre Eltern und deren Generation – und dies ohne Widerhall in den unteren Schichten. Das sehen wir besonders deutlich im Falle der Tupamaros in Uruguay. Diese linksrevolutionäre Bewegung bezog ihren Namen von Tupac Amaru, dem Führer der peruanischen Ketschuas in ihrem Aufstand gegen die Spanier im 18. Jahrhundert. Nun aber muß man wissen, daß es in Uruguay, 2000 Kilometer von Perú entfernt, überhaupt keine Indianer gibt und auch keine lebendige indianische Tradition. (Eine Analogie dazu wäre eine syrische Bergarbeiterbewegung, die sich Andreas-Hofer-Bund nennen würde. Doch in Lateinamerika ist man oft jenseits jeder Vernunft.) In Uruguay sahen wir die Entwicklung der Stadt-Guerillas. Da aber die reichen und wohlgeborenen Eltern die Liebe ihrer verwöhnten, verwirrten und verblödeten Kinder nicht aufs Spiel setzen wollten, gaben sie ihnen Geld, Waffen und auch ihre Villen, die dann in ,Volksgefängnisse', ,Volksnotspitäler', ,Volksgerichtsgebäude', ,Volkshochschulen', ,Volksarmeekasernen', ,Volksfestungen', ,Volksuniversitäten' und dergleichen mehr umfunktioniert wurden. Der Terror war so groß, daß das Land, das noch nie eine Militärdiktatur erlebt hatte, an den Rand des totalen Zerfalls und Zusammenbruchs geriet. Erwähnt muß aber auch werden, daß das geistig-gesellschaftliche Klima diesem Verfall äußerst günstig war, denn Uruguay war der ,fortschrittlichste' Staat Lateinamerikas, das Alibi für die Möglichkeit einer demokratischen Ordnung selbst in Lateinamerika. („Eine

Demokratie in Lateinamerika unmöglich? Uruguay – das ist doch der Gegenbeweis!") Uruguay war aber nicht nur eine Patentdemokratie, sondern auch der Beweis der These de Tocquevilles, daß die Demokratie zwei Entwicklungsmöglichkeiten besitzt: entweder zerfällt sie in Chaos und Anarchie oder sie wird der tyrannische Versorgungsstaat, in dem dann die Menschen schließlich nichts als furchtsame Tierchen sind.[27] Uruguay ging durch alle beide Phasen. Man konnte dort vor dreißig Jahren sich schon mit 45 Jahren zur Ruhe setzen, Kirche und Staat wurden radikal getrennt, ja, die Zeitungen nannten Weihnachten das Baumfest, den 8. Dezember das Strandfest, die Karwoche die Touristenwoche und der Name Gottes – *dios* – wurde kleingeschrieben. Diese Entwicklung hatte komischerweise englische Parallelen, denn der Vatikan hatte sich knapp vor dem Ersten Weltkrieg geweigert, die Ehe eines Präsidenten von Uruguay zu annullieren, und die Trennung war dann seine Rache. Also ging man in Uruguay daran, ein irdisches Paradies einzurichten, zuerst mit gesteigerter Schulerei, dann durch den Versorgungsstaat, was natürlich zum Staatsbankrott führte. Diese paradiesischen Zustände voll fürchterlicher Langeweile hatten dann auch psychologisch zur Jugendrevolte geführt, zu den lustig mordenden Stadtguerilleros – was wiederum die Jugend Europas außer Rand und Band brachte. Ein führender deutscher Verlag, der hier leckere Profitmöglichkeiten sah, brachte schleunigst das uruguayanische Handbuch für die Stadtguerilla deutsch heraus, das sich als billiger *Paperback* kolossaler Beliebtheit erfreute und die deutsche Mordszene mit vielen, netten Ideen bereicherte.

Zum Schluß wagte überhaupt kein Richter mehr, Tupamaros zu verurteilen. Gefängnisdirektoren brachten nicht den Mut auf, Tupamaros als Pensionäre zu behalten. Polizisten weigerten sich, Tupamaros zu verhaften. Der britische Botschafter (Diplomaten werden von Terroristen in totaler Umkehrung aller westlichen Traditionen besonders gerne ermordet, verschleppt oder eingekerkert) schmachtete ein dreiviertel Jahr in einem ‚Volksgefängnis‘.[28] Selbstverständlich wollte hier auch der Priesterpöbel („Soziale Gerechtigkeit!") nicht zurückbleiben und ein Geistlicher mit dem Namen de Silva wollte zeigen, daß er ein wahrer Jünger Christi war, indem er einen Polizisten umbrachte. Vielleicht waren auch Guerillapriester aus dem Norden ihm ein leuchtendes Vorbild. Eine Militärdiktatur in Uruguay? Das war allen völlig undenkbar, aber dennoch geschah das Undenkbare: eingekeilt zwischen den fortschrittlichsten Staaten Lateinamerikas – Brasilien, Argentinien und Chile, alle drei Militärdiktaturen – folgte auch Uruguay den ABC-Staaten und die kleine Armee von nur 8000 Mann putschte, übernahm die Regierung und räumte mit den Tupamaros im Nu auf. Sicherlich wurden auch ‚außerordentliche Mittel‘ dabei angewandt. Gefängnistore schlossen sich nun hermetisch und mit der anarchischen Freiheit war es aus.

Das zeigt aber auch die alte, wenn oft unausgesprochene Weisheit, daß der Staat stärker sein muß als die Verbrecherwelt, was dann unvermeidlich zu einer Eskalation der Gewalt führt. Das ganze Programm der Humanisierung des Strafvollzugs, eingeleitet von dem k. k. Hofrat Marchese Beccaria aus dem damals österreichischen Mailand, Verfasser des aufsehenerregenden Buches *Delle delitti e delle pene*, wurde durch den Terrorismus in Gefahr gebracht. Dieses Buch bewegte die aufgeklärt-absolutistischen Höfe Europas zutiefst. Als erstes Land wurde in der habsburgischen Toskana die Todesstrafe abgeschafft und bald folgte auch Katharina II. diesem Beispiel.[30] Doch ist eine Auseinandersetzung zwischen mörderischen Terroristen und einer nur mit menschenwürdigen Gefängnissen kämpfenden Staatsgewalt ein sehr ungleicher Kampf. Daher ist die Sachlage die, daß ein schrankenloser Terrorismus, der nichteinmal vor Botschaften und Gesandtschaften Halt macht, vielleicht nicht unbedingt den Staat vernichtet, wohl aber den humanen Strafvollzug. Das ist ein so wichtiger Aspekt des Terrorismus, daß er praktisch nie erwähnt wird. In unserer „kurzatmigen" politischen Ordnung gibt es keine Vogelschau, keine weitausholenden Perspektiven. Die einzige brennende Frage ist die: Wie wirkt sich das bei den nächsten Wahlen aus? Ich aber möchte hier eine Prophezeiung wagen: Bleibt der Terrorismus eine Dauererscheinung, wird die Folter in die Gesetzbücher des nahenden nächsten Jahrhunderts ihren Eingang finden.[31] Auf den Seiten 9–10 der chilenischen Monatsschrift *Portada* aus dem November 1970, also der gemütlichsten Allende-Zeit, kann man einen unsignierten, etwas ironisch gehaltenen Artikel lesen. In diesem wird verlangt, endlich einmal weniger heuchlerisch zu sein und die stufenweise Folter, bei den letzten Graden sogar in der Präsenz eines Priesters, zu legalisieren...

In Brasilien drohte, unter völlig machtlosen Präsidenten wie dem Clown Jânio Quadros und ausgesprochenen Pro-Kommunisten wie João Goulart, das Land völlig auseinanderzufallen und die Wirtschaft zu einem kompletten Stillstand zu kommen. Arbeiter und Angestellte blieben schließlich zuhause. Die Vorhut der Gegenrevolution waren allerdings die Frauen von São Paulo, zumeist Hausfrauen, die vor leeren Speisekammern standen und betend durch die Straßen der Riesenstadt zogen. Nun erst griff das Militär ein, das sich aber dann für eine dauernde Herrschaft einrichtete. Die Kriegshochschule *(Escolha Superior da Guerra)* wurde in eine Art Universität verwandelt, in der auch Verwaltungsrecht, Philosophie und Volkswirtschaft gelehrt werden. Es gibt in Brasilien heute auch ein Schattenparlament, aber die Armee denkt nicht wirklich daran abzutreten.

Nicht ganz unähnlich war und ist die Lage in Chile, wo die sozialistische, kommunistisch unterstützte Allende-Regierung einen Reformkurs fortgesetzt, übersteigert und einen Verfallsprozeß eingeleitet hatte. Salvador Allende, ein Arzt aus alter und nicht unbegüterter Familie, war der Führer der Sozialisten, ein Marxist, der mit winzigem Vorsprung und nur relativer Mehrheit aus freien Wahlen hervorging. Er bekam lediglich 1.8 Prozent mehr Stimmen als sein Hauptgegner, der liberalkonservative alte Staatsmann Alessandri. Die Wahl oblag deshalb dem Parlament: Dort gaben die gemäßigten (und natürlich auch die radikalen) Linkskatholiken unter Eduardo Frei,[32] die die unter ihrer Regierung schon einschneidende Reformen gemacht hatten,[33] ihre Stimmen Allende und nicht Alessandri. Weitere Verstaatlichungen und andere ‚soziale' Gesetzgebungen kennzeichneten seine Regierung: schwere Versorgungsschwierigkeiten, Streiks und wilde Inflationen waren die Folgen. (Ähnliches war schon in Argentinien seinerzeit unter Perón geschehen.)[34] Unterstützung bekam er auch weiterhin von der radikalen katholischen Linken und von den Kommunisten, die ihn allerdings – die Lage besser durchschauend als er – zu bremsen versuchten. Durch Allende geriet das ganze Land in ein marxistisches Fieber, das die irrationalsten Blüten hispano–amerikanischer Art trieb.

Es wäre völlig falsch anzunehmen, daß Allende das ‚Proletariat‘ und die ‚armen, ausgebeuteten Peone‘ begeisterte, jedoch die entmachteten ‚Oligarchen‘ und die ‚Bourgeoisie‘ zu Feinden hatte. Die Fronten in dieser Epidemie gingen quer durch die Klassen- und Interessensgruppen. Es gab sogar Offiziere und Generäle, die auf Seiten der linken Regierung standen; es gab reiche Männer, die Frauen und Kinder verließen, zu einem Flintenweib übersiedelten und gemeinsame Sache mit der „Revolution" machten; es gab Damen, die Mann und Kind im Stich ließen und ins Bett eines bärtigen Bewunderers von Fidel Castro krochen. Der wirklich Leidtragende aber war der kleine Mittelstand, auf dessen Rücken das herrliche sozialistische ‚Experiment‘ ausgetragen wurde. Und wieder waren es hier, wie in Brasilien, die Frauen, die den ersten Vorstoß wagten,[35] während sich dann erst die Militärs von den Frauen nicht beschämen lassen wollten und durch ihren Putsch das Land vor dem völligen Zusammenbruch bewahrten. Auch hier fehlte es natürlich nicht an Brutalitäten, wobei aber die chilenische Armee (von der auch niemand einen Gegenschlag erwartet hatte) sicher zahmer vorging als die Uruguayanische.

Warum aber wurden diese beiden Gegenrevolutionen von der Welt so verschieden beurteilt? Die Antwort ist sehr einfach: Die Tupamaros haben keine „Lobby", keine Interessenvertretung in London, Paris, Moskau oder Stockholm, die Kommunisten, Sozialisten und Linkskatholiken Chiles haben hingegen eine enge Verbindung mit den beiden marxistischen „Internationalen" – der sozialistischen und der kommunistischen. Allende war zudem einigen Leuten aus dem kuriosen Grund sakrosankt, weil er „demokratisch" gewählt worden war: Er hatte bei Wahlen die relative Mehrheit – genau so wie Hitler. Er war also der Repräsentant der „legalen Revolution".[36] Bei seinem Untergang war der Aufschrei besonders bitter, denn er war der „erste demokratisch gewählte marxistische Präsident", war also Symbol der ersehnten Synthese von Demokratie und Marxismus. (Doch gerade in seinem Falle stehen wir der sehr delikaten, problematischen und komplexen Frage gegenüber, was nun wohl eigentlich der Unterschied zwischen „sozialdemokratisch" und „sozialistisch", „sozialistisch" und „kommunistisch" sei.)

Sein Régime war jedenfalls durch eine ideologische Neurose charakterisiert, die alle ernstliche Arbeit, ja die ganze Wirtschaft lähmte. Selbst der Unterricht ging stellenweise nicht mehr weiter. Um ein viertel Laib Brot mußte man sich Stunden anstellen, der „gerecht verteilte" landwirtschaftliche Besitz wurde nicht ordentlich bebaut, Demonstrationen mit rhetorischen Explosionen fanden Tag und Nacht statt. Dazu gab es dauernd persönliche Übergriffe von Revoluzzern, Morde an Bourgeois und Oligarchen, einen strengen Importstop, und schließlich sah sich das Land vor dem totalen finanziell-wirtschaftlichen Bankrott: Die Lebensmittel (wie Allende zugab) reichten im September 1973 nur mehr für zwei bis drei Wochen. Dann schlug die Armee endlich zu. Zwar glaubten die meisten Chilenen (wie auch die Bevölkerung Uruguays), daß man von der Armee keine Hilfe erwarten konnte, denn diese war nach bester deutscher Tradition, die in Chile immer sehr stark war, völlig unpolitisch, aber am Ende siegte der Patriotismus der Armee über ihren „Konstitutionalismus". Hingegen wird es immer historisch der Reichswehr bös angekreidet werden müssen, daß sie 1932 oder 1933 *nicht* putschte, daß sie nicht die Macht übernahm, um das fürchterliche braune Experiment zu verhindern und, wie Schleicher sich äußerte, nicht der „braunen Kanaille in die Fresse schlug".

Die Diktatur, die nun in Chile errichtet wurde, war gar nicht unpopulär. Bei einer Verfassungsabstimmung im Jahre 1980 bekam sie 67 Prozent aller Stimmen.[38] Das weltweite Gezeter der Linken über den ‚Umsturz‘ war aber deshalb so grotesk, weil dabei das Hauptgewicht nicht auf die harte Verfolgung der Sozialisten und der mit ihnen verbündeten Kommunisten gelegt wurde, sondern – vielleicht auch nur um das ‚bürgerliche‘ Lager zu erreichen – auf die „Verletzung der Verfassung". Auf einmal war Verfassung hoch und heilig, doch darf man dabei nicht vergessen, daß in der Geschichte der Linken die Verfassungen nie sakrosankt waren, sondern immer nur als bourgeoise Konstruktionen zum Schutz von Klasseninteressen hingestellt wurden. Als Kérenskij und seine Mannen die monarchisch-parlamentarische Verfassung (Kaiser, Duma und Zemstwo) zerstörten, als die Bolschewiken die demokratische Republik revolutionär abschafften, als der Mob Verfassungen in westeuropäischen Ländern brach, da rührte sich niemand in der ‚Welt des Fortschritts‘. Da waren die Verfassungen und staatlichen Traditionen nur ‚konservatives Gerümpel‘ – aber über Allende vergoß man zusätzliche, bittere Tränen, weil er mit einem Tropfen demo-parlamentarischen Öls gesalbt worden war.

Viel bitterer war es in Kuba und in Kolumbien zugegangen. Castros Machtübernahme wurde von der ganzen ‚fortschrittlichen‘ Presse der Vereinigten Staaten als ein ganz großer Sieg der Demokratie und der Freiheit zelebriert. Auch das U. S. Department of State schien begeistert und nicht zuletzt auch die amerikanische Diözesanpresse. Lediglich die *National Review* (New York) stellte ihn als waschechten Bolschewiken hin, doch wie ernst nahm man damals die *National Review?*[39] Castro war – selbstverständlich – ein Sohn aus gutem Haus und hatte seine Erziehung bei den Jesuiten genossen. Als er in Havanna siegreich einzog, hing ein Rosenkranz um seinen Hals. ‚Soziale Gerechtigkeit‘ – war denn das nicht auch ein Anliegen der Kirche? Ja, überhaupt das Kernanliegen der Kirche in der modernen Welt? Mystik, die Anbetung Gottes, die Sakramente, die natürlichen Tugenden – das konnte man alles vergessen, wenn es nur mehr keinen Unterschied zwischen reich und arm gab, denn Gleichheit und Gerechtigkeit waren beide doch ein- und dasselbe..., denn schließlich war der Reichtum nur möglich, wenn man den Armen etwas wegnahm.[40] Oder nicht?

Vielleicht noch virulenter war es in Kolumbien zugegangen. Von den beiden großen ‚bürgerlichen‘ Parteien, die ein Monopol besaßen, hatten die Liberalen einen ‚progressiven‘ Flügel, beherrscht von Jorge Gaitán. Dieser wurde im April 1848 während des Panamerikanischen Kongresses in Bogotá von bis heute unbekannten Tätern ermordet. Darauf erhob sich ‚das Volk‘ (nachdem der Moskauer Rundfunk dieses geglückte Attentat schon zwei Stunden vorher bekanntgegeben hatte). Dieser Aufruhr, der organisiert war, hielt tagelang die Stadt im Schach. Vor allem wurde regellos geplündert, und die ‚Wut des Volkes‘ richtete sich vornehmlich gegen die Warenhäuser und Modegeschäfte. Pelzmäntel wurden massenhaft gestohlen, doch auch alle anderen Gebrauchsgegenstände und nicht zuletzt auch Schmuck und Delikatessen.[41] Das Heer mußte eingreifen und es gab Hunderte von Toten. Die Luft war vom Geruch verbrannter Pelze mit Gestank erfüllt, denn die Armee machte mit den Räubern kurzen Prozeß. Da durfte man kein *Corpus Delicti* finden!

Viele dieser ‚Aufständischen‘ flohen dann in die Berge, bildeten Guerilla-Banden, die zeitweilig größere Landstriche beherrschten. (Manchmal wurden dort auch Priester zugelassen, um Ehen einzusegnen und Kinder zu taufen.) In den „besetzten Gebieten“ wurden eigene Verwaltungen eingerichtet und nun ging das politisch bedingte Morden – *la violencia* – erst recht los. Doch erst später kollaborierte dann ein exaltierter Priester aus bester Familie, die mehrere Präsidenten produziert hatte, mit diesen *Guerrilleros* im Namen der ‚Sozialen Gerechtigkeit‘. Der Mann hieß Camilo Torres Restrepo und sein Programm, das in Bogotá zirkulierte, war rein marxistisch. Von einem niederländischen Priester gestellt, meinte er, daß man um jeden Preis mit den Kommunisten zusammenarbeiten müsse und dafür sollte jedes erdenkliche ideologische Kompromiß gemacht werden. Im Vergleich zum Programm von Marx und Engels im *Kommunistischen Manifest* war dieses viel radikaler und enthielt auch Punkte, die reiner Unsinn waren.[42] Es versteht sich aber von selbst, daß katholische Verlage in deutschen Landen das Thema der Guerillapriester gierig aufgriffen und mit der Person eines Priesters, der lieber Witwen und Waisen schafft und auch eher seine Maschinenpistole ölt als die Liebe Christi zu predigen und Siechen die Krankenölung zu bringen, gute Geschäfte machten.[43]

Weder in Mexiko noch in Guatemala oder gar in Bolivien – von El Salvador und Nikaragua ganz zu schweigen – herrscht eitel Frieden. In Guatemala gärt es fortwährend. Im Jahre 1970 verschleppten ‚sozialbewußte‘ Revolutionäre den deutschen Botschafter, Karl Graf Spreti. Es wurde ein Lösegeld von vielen Millionen Mark und die Freilassung einer ganzen Reihe von Politverbrechern verlangt. So mancher von diesen war längst tot oder geflohen. Die Verhandlungen zogen sich dahin und Spreti wurde ermordet – wie schon früher einmal ein amerikanischer Botschafter. Warum aber hatte man sich gerade den deutschen Botschafter ausgesucht? Ganz einfach deswegen, weil der deutsche Linksterrorismus immer die These vertreten hatte, die deutsche Bundesrepublik, damals von rot-blauer Koalition regiert, sei ein Hort von Nazis, Militaristen, Imperialisten, Kapitalisten, Konservativen, Multinationalen, Revisionisten, Revanchisten, Faschisten und ähnlichem Gelichter. Ein intensives Propagandabild wie dieses wird in unserem Jahrhundert der Dummheit weltweit ernst genommen.

In Mexiko hatten wir den Bluthund Plutarco Elias Calles, einen der grausamsten Christenverfolger des frühen 20. Jahrhunderts,[44] doch die mexikanische Regierung der PRI, die eine der radikalsten Trennungen von Kirche und Staat durchgeführt hatte,[45] scheute sich auch nicht, Gewalt anzuwenden, als sie von äußerst links angegriffen wurde. So schossen im Jahre 1968, kurze Zeit vor den olympischen Spielen in Mexiko, Polizei und Militär auf demonstrierende Studenten im Stadtteil Tlatelolco. Nach Angaben der Regierung wurden nur etwas über 100 Studenten getötet, nach Angaben der Regimekritiker waren es über 1000 Tote. In Nikaragua haben wir nach dem Sturz des Diktators Somoza dank kubanischer Intervention ein Régime, das sich gerne (wenn auch nicht immer) „marxistisch-leninistisch"[46] nennt, und in El Salvador haben wir einen sozial gesehen völlig sinnlosen Bürgerkrieg. (Die berühmten Vierzehn Familien sind längst enteignet!)

In Bolivien sehen wir Umsturz auf Umsturz, in Venezuela und Ekuador abwechselnd „Demokratie" und Militärdiktaturen, in Paraguay eine wohl funktionierende Diktatur in Permanenz, in Perú immer wieder sporadische demokratische Experimente, in Argentinien eine besonders traurige Situation. In diesem so überaus reichen Lande herrschte nicht nur die Plage einer nie enden wollenden Inflation (es wurden schon Ein-Million-Noten gedruckt), sondern auch eine durch Cliquen in stetem Wechsel befindliche Militärdiktatur eher rechter Natur, die sich in ein stupides Kriegsabenteuer stürzte. Perón hingegen war ein linker, zum Totalitarismus neigender Diktator, der vom Militär kam, aber bald die Unterstützung des Militärs verlor. Er war ein ausgesprochener Populist, dessen Nimbus – wie auch der seiner Frau – im Herzen der Massen höchst irrational immer noch weiter lebt. Um das Unglück voll zu machen, gab es zwischen den drei Waffengattungen, die alle Unternehmen besaßen, auch wirtschaftliche Rivalitäten. Den Terrorismus im eigenen Land hatten sie mehr oder weniger besiegt. Es war dies eine fürchterliche Aufgabe! Fast kam es zu einer Erneuerung der schrecklichen Bürgerkriege des 19. Jahrhunderts.[7] Jetzt hat Argentinien wieder ein parlamentarisches Régime – aber wie lange? Auch die jetzige Demokratie kann über Nacht fallen, wenn es der Wirtschaft nicht besser geht, denn der moderne Mensch macht für sein materielles Wohlergehen, ohne zu überlegen, die Regierung verantwortlich, mag diese an seiner Not schuld sein oder nicht. So können in Lateinamerika wirtschaftlich bedrängte Massen in ihrer kopflosen Verwirrung Diktatoren oder auch ‚Demokratien' stürzen – in Argentinien, Chile und anderswo.

Blickt man zum Norden Südamerikas, dann muß man feststellen, daß die beiden früheren Kolonien Großbritanniens und der Niederlande, Guayana und Surinam, sich auch nicht erfreulicher entwickelt haben als die anderen Staaten. Dasselbe gilt auch von den meisten Inseln in der Karibik. Jamaika hat lange unter einem sehr linken Régime gelitten, das den Fremdenverkehr – eine Haupteinnahmsquelle der Insel – fast vernichtet hatte. Etwas besser geht es heute Grenada. Aber man irrt sich sehr, wenn man glaubt, daß das einfache Volk der Dominikanischen Republik mit dem brutalen Tyrannen Trujillo nicht zufrieden war. Auch heute noch trauern ihm viele Dominikaner nach, nicht soviele dem milderen Juan Bosch.[48]

Wenn man über Lateinamerika redet und schreibt, muß man sich mit bestimmten Tatsachen befreunden. Vor allem aber muß man sich stets vor Augen halten, was ganz besonders die meisten Jünger der Fernstenliebe nicht tun, daß die Menschen alle verschieden sind und auch die sozialen, ethnischen, religiösen oder rassischen Menschengruppen nicht aus einem Stück gemacht sind. Argumentationsansätze wie: „Wenn ich nun ein kolumbianischer Gutsbesitzer wäre..." oder „Wenn ich ein japanischer Arbeiter wäre..." sind völlig sinnlos und wertlos. Ein kolumbianischer *haciendado* fühlt und denkt nicht wie ein hessischer Studienrat, und ein japanischer Arbeiter empfindet und reagiert nicht wie der Wiener Schriftleiter einer Tageszeitung. Und natürlich gibt es auch den Hispano-Amerikaner nur als Abstraktion. Der Polizeibeamte aus Oaxaca und der Arzt in Santiago de Chile haben Sprache und Glauben gemeinsam, aber nicht sehr viel mehr.

Immerhin: sehen wir uns da einmal eine politische Statistik an, die sich lediglich auf die Revolutionen, Putsche und *pronunciamentos* der zehnjährigen Periode von 1945 bis 1955 bezieht.

Oktober 1945	Argentinien	Mai 1950	Paraguay
Jänner 1946	Venezuela	Juni 1950	Panamá
Juli 1946	Brasilien	Mai 1951	Haiti
Jänner 1947	Haiti	Mai 1951	Peru
Mai 1947	Bolivien	März 1952	Bolivien
August 1947	Paraguay	April 1952	Panamá
September 1947	Nicaragua	Dezember 1952	Kuba
März 1948	Ecuador	Juni 1953	Bolivien
Juni 1948	Ecuador	Mai 1954	Venezuela
Oktober 1948	Costa Rica	Juli 1954	Kolumbien
November 1948	Paraguay	August 1954	Guatemala
Dezember 1948	Peru	Dezember 1954	Guatemala
Jänner 1949	Venezuela	Jänner 1955	Brasilien
November 1949	El Salvador	September 1955	Honduras
		November 1955	Panamá[49]

Für diesen revolutionären Elan braucht man aber auch ein gewisses gewalttätiges Temperament. Nun fragt man sich, wie der europäische oder amerikanische Journalist, Reporter oder Rundfunkkommentator diese Menschen „sieht". Schon die Statistik zeigt, daß sie (vor allem in der gemischtrassigen Zone) nicht „Menschen wie du und ich" sind – und zwar ganz einfach deswegen, weil schon das „du" und das „ich" überall anders sind. Um zur Revolution reif zu sein, muß man auch zum Töten oder Morden bereit sein. Was aber sagt uns eine frühere Statistik – sie ist 16 Jahre alt – über die Verbreitung von Mord- und Totschlag auf 100 000 Einwohner per annum

Spanien	0,1	Vereinigte Staaten	5,5
Irland (Republik)	0,3	Mexiko	19,3
Großbritannien	0,7	Kolumbien	25,4
Österreich	1,0	Nicaragua	29,3
Deutschland (BRD)	1,2	El Salvador	31,9

Das heißt aber mit anderen Worten, daß das katholische und spanisch sprechende El Salvador fast die *dreihundertzwanzigfache* Mord- und Totschlagsrate des „frankistischen" Spaniens hatte.[50] Der Charakter der salvadorianischen Revolution muß im Lichte dieser Statistik verstanden werden. Und natürlich auch die Greueltaten der *Montoneros* und der Organisation *Tercero Mundo* in Argentinien. Auch in diesen Terror-Organisationen gab es (und gibt es wahrscheinlich noch) sehr naive Priester.[51] Österreichs Bundeskanzler Bruno Kreisky sagte 1982 seinen Kritikern, nach dem Staatsbesuch Oberst Qadhafis, dieses modernen ‚Assassinen', daß er eine Führerfigur in der Dritten Welt sei, und dieser könne man ganz unmöglich unsere Maßstäbe anlegen.[52] Das sind goldene Worte eines Sozialisten, also eines Vertreters jener

Weltanschauung, die ansonsten egalitären und identitären Ideen huldigt und somit nur ungern zwischen Völkern differenziert.

Lateinamerika wird sich auch verändern, genau so wie unsere Welt, die durch die verschiedensten Phasen gegangen ist. Denken wir nur an unsere Krise in der Literatur und nicht lediglich in der staatsmännischen Begabung. Original und fruchtbar sind heute nur die Literaturen des Ostens und der Lateinamerikaner. Wenn einmal die nordamerikanischen, britischen und moskowitischen Irrlichter erloschen sind und weitere geistige Gifte nicht mehr aus Europa kommen, dann wird auch für diese zu früh entkolonialisierte Landmasse[53] ein wahrhaft neuer Tag anbrechen, an dem sie ihre politischen Formen aus ewigen Werten schöpfen kann. Die Leitgedanken dazu aber werden viel eher von San Martin als von Bolivar kommen müssen.

Hier denke ich besonders an einen verstorbenen, hervorragenden Denker, den Chilenen Jaime Eyzaguirre, der in seiner Zeitschrift *Finisterrae* die ganze Entwicklung in Spanisch-Amerika seit 1821 verurteilte, die *Hispanidad* bejahte und an ein System dachte, in dem „feudale" und „reaktionäre" (aber zugleich sehr christliche) Werte, wie Gewissen, Treue, Standhaftigkeit und Ehre wieder den Vorrang bekämen, den sie in der „modernen" Welt verloren haben. „Ein garstig Lied, pfui! ein politisch Lied" (um den „Faust" zu zitieren), das im Parteienrahmen ganz besonders häßlich wirkt und die Menschen nur trennt, sollte gerade in Lateinamerika nur mehr wenig hörbar werden.

75. ZWEI TRAGISCHE VÖLKER

Wie aber ging es den Satelliten der Sowjetunion nach 1945? Sie wurden nicht ‚befreit‘, sondern tauschten nur eine Tyrannis gegen eine andere aus. Ob diese leichter oder schwerer zu ertragen war, muß man von Land zu Land anders beantworten. So brachten für Rumänien, aber auch für Bulgarien die sowjetische Besetzung und die darauffolgende "Kommunisierung" sicherlich einen entsetzlichen Rückschritt und ähnliches kann man von Ungarn und der Tschechoslowakei sagen. Schwerer noch hatten es die drei „inkorporierten" baltischen Staaten, deren Sowjetisierung Mólotow seinerzeit als ein Stück westlicher, ‚bourgeoiser‘ Propaganda lächerlich zu machen versucht hatte.

In den drei baltischen Republiken wurden schon 1940 nach der ersten Annexion zahlreiche Bürger verhaftet, verschleppt und umgebracht. Derselbe Vorgang wiederholte sich nach der Wiedereroberung dieses Gebiets durch die Rote Armee – besonders schwere Schläge für die Esten und Letten mit ihrer niedrigen Geburtenziffer![1] Nach der Beendigung des Krieges beeilte sich die schwedische sozialdemokratische Regierung, die mit dem Dritten Reich so wacker zusammengearbeitet hatte, viele Balten, vor allem aber Esten, den Sowjets auszuliefern. Wahrscheinlich ließen diesen edlen Sozialisten in Stockholm die netten britischen und amerikanischen „Überstellungen" russischer Patrioten, die man in Osttirol und Bayern gefangennahm. keine Ruhe: Auch sie mußten ihre Quote an niedrigsten Schandtaten erfüllen.

Die polnische Tragödie hatte einen etwas anderen Charakter. Hier kündete sich der volle Charakter dieses Dramas durch den Massenmord in Katyn an. Da wurden tausende und abertausende von polnischen Offizieren und Reserveoffizieren durch Genickschuß umgebracht, und zwar als Teil eines *social engineering*: ein ganzer Sektor der polnischen Oberschichte sollte ausgerottet werden. (Man muß sich daran erinnern, daß diese Reserveoffiziere fast alle Akademiker waren – Ärzte, Advokaten, Gymnasial- und Hochschullehrer, Beamte, Ingenieure, Apotheker und dergleichen mehr.) Auch die deutschen Behörden verfolgten eine ähnliche Politik: man wollte das polnische Volk gesellschaftlich „köpfen".

In Ostpolen tobte vor der zweiten Eroberung dieses Gebietes durch die Sowjets ein *bellum omnium contra omnes:* Da gab es nicht nur die polnische Heimatarmee *(Armia Krajowa)*, sondern auch einige wenige Rotpolen, russische Partisanen, die eindrangen, ukrainische *Benderowtsy*, die deutsche Wehrmacht und die SS und, in den Wäldern versteckt, auch einzelne Juden.[2] Dem jüdischen Aufstand im Warschauer Ghetto 1943 sollte ein Jahr später der große Warschauer Aufstand der *Armia Krajowa* unter den Führung des Grafen Tadeusz Komorowski („Bor") folgen. Dieser war ausgebrochen, als die sowjetischen Armeen in den auf der anderen Seite der Weichsel gelegenen Vorort Praga eingedrungen waren. Dann aber blieben diese stehen, um absichtlich die Polen unter den Hammerschlägen der deutschen Wehrmacht und der SS verbluten zu lassen.[3] „Bor" hatte gehofft, diesen Kampf in drei bis vier Tagen zu erledigen, um dann mit der Roten Armee die Deutschen vertreiben zu können. Doch der „Staat der Arbeiter und Bauern", der schon in Katyn ein elitäres Genozid allerersten Ranges durchgeführt hatte, wollte auch hier wieder die Vernichtung der Mutigsten und Tüchtigsten. Dieser fürchterliche Kampf der Nationalpolen dauerte nicht drei bis vier, sondern 62 Tage und brachte für die Zivilbevölkerung die entsetzlichsten Leiden.[4] Nach der Niederschlagung dieses Aufstandes hätte man im ‚Führerhauptquartier' die schrecklichen Worte des französischen Außenministers Sébastiani im Jahre 1831 zitieren können: „L'ordre règne à Varsovie." Es scheint die Geschichte sich stets zu wiederholen!

Die „Verschiebung" Polens nach Westen – Warschau ist nun 135 Kilometer von der sowjetischen, Berlin 65 Kilometer von der polnischen Grenze entfernt – brachte unsägliches Leid den Deutschen, aber auch zahlreichen Polen, die von Ostpolen (wo sie das relativ stärkste Volkselement bildeten) in ein völlig fremdes Land verschickt wurden. Von einem strikt gesetzlichen Standpunkt aus gehört diese Region trotz gewisser Verzichterklärungen immer noch zu Deutschland. Zu einem formellen Friedensvertrag hat man sich bis heute nicht aufraffen und entscheiden können. Dies wiederum gibt den polnischen Siedlern ein Gefühl innerer Unsicherheit. Wie würden sich, so fragen sich so manche dieser „Umsiedler", die Großmächte, einschließlich der Bundesrepublik, im Falle eines Zusammenbruches der Sowjetunion verhalten? Natürlich würden Polen wieder versuchen, den verlorenen Osten an sich zu reißen, denn nichts ist verlockender als ein Vakuum. (Auch war der zweifelhafte Gewinn im Westen bei weitem nicht so groß wie der Verlust im Osten.) Und wie würde es um Wilna stehen, heute die litauische Hauptstadt, die aber vor 1939 eine relative polnische Mehrheit hatte?

Der Stalinismus traf die Polen ebenso hart wie die anderen ‚Hilfsvölker' der UdSSR. Der Widerstand gegen die Bolschewisierung machte sich schon 1953 in der sowjetischen Besatzungszone Deutschlands bemerkbar,[5] aber 1956 wurde auch Polen von schweren Unruhen betroffen, was in dem zwar nicht ethnisch, wohl aber soziopsychologisch so verwandten Ungarn einen überaus starken Widerhall hervorrief. Wie in Ungarn (nebst der Tschechoslowakei), waren es auch führende Kommunisten, die eingekerkert, gefoltert und manchmal auch hingerichtet wurden. Gomulka war der polnische Kádár, beziehungsweise Kádár der ungarische Gomulka: beide sind gefoltert worden. Doch kam es 1970 wieder zu lokalen Rebellionen in Polen. Polizei und Militär schossen auf streikende Arbeiter im Norden und Westen, und es gab Hunderte von Toten. Das führte wiederum zu ‚Liberalisierungen' unter Gomulkas Nachfolger Gierek, einem Oberschlesier, und als dieser vor allem wirtschaftlich versagte, zu den Ereignissen des Jahres 1980, zur Bildung der großen, nichtkommunistischen Gewerkschaft *Solidarność*.[6]

Der Sozialismus ist eben eine intellektuelle, „konstruktivistische"[7] Bewegung, die sich theoretisch für „Werktätige" einsetzt, in der Praxis aber arbeiter- und bauernfeindlich ist und nur dem Interesse von Apparatschiks, Bürokraten,

Hofideologen und ähnlichem Gelichter dient. Daher der niedrige Lebensstandard in den sozialistischen Ländern, die gerade in dieser Beziehung im Vergleich zu den hochkapitalistischen Ländern so schlecht abschneiden. Die miserable Bezahlung des Arbeiterstandes wirkt sich dann selbstverständlich auch auf den Bauernstand aus, dessen Produkte der Arbeiter nicht wertgerecht bezahlen kann. Daher der erschrekkende wirtschaftliche Tiefstand der immer noch freien polnischen Bauernschaft, die wiederum nicht das Geld hat, sich den technologischen Aspekt der modernen Landwirtschaft zu leisten: Maschinen, Düngemittel, Silos, hygienische Ställe. Hier liegt ein *circulus vitiosus* vor, der durch das Regierungsverbot einer Organisation der Bauernschaft auf die Höhe getrieben wurde. Dieses Versagen der landwirtschaftlichen Produktion, verbunden mit einem Zwangsexport hochwertiger Nahrungsmittel, ladet die kommunistische Regierung zum Versuch einer Zwangskollektivierung ein, doch weiß man auch in Warschau wahrscheinlich nur zu genau, daß eine derartige Zwangsmaßnahme zu „russischen Verhältnissen" führen würde. Es gibt keinen größeren Bankrott als den der sowjetischen Landwirtschaft! Man bedenke, daß sich die besten Böden der Welt in Südrußland und der Ukraine befinden – der *Tschernozjóm* – und daß vor dem Ersten Weltkrieg Rußland Getreide in großen Mengen exportierte. Bekannt ist ja der Scherz, demzufolge Castro Bréshnjew fragt, ob er denn wirklich die ganze Welt bolschewisieren wolle. „Ja, selbstverständlich!" antwortet der Generalsekretär der KPdSU, „das ist doch unser Programm." „Na, schön! Wo aber willst du dann das Getreide kaufen?"

Bezeichnend war es allerdings, daß die Rebellion in Polen nicht im hochindustrialisierten Oberschlesien, sondern im „hohen Norden" ausbrach, in Danzig und Stettin, wo das Gros der Arbeiter aus dem polnischen Osten kam und der Prozentsatz der Adeligen, der *szlachta,* besonders hoch war.[8] Der Stolz dieser Männer ist natürlicherweise außerordentlich groß, die Verachtung für Kompromisse sehr stark, die Liebe zur Freiheit höchst ausgeprägt. Diese adelige Haltung, die nicht auf „praktische Resultate" ausgerichtet und auch nicht sonderlich realistisch ist, wurde von F. W. v. Oertzen in seinem Buch *Alles oder nichts* (Breslau 1934), das sich mit der polnischen Geschichte beschäftigt, anschaulich beschrieben. Der Pole weiß, daß es besser ist, nobel zu scheitern als unedel zu triumphieren. Unter diesen Umständen ist es selbstverständlich, daß Polen und „Angelsachsen" sich nur sehr schwer verständigen können. Und natürlich ist dann auch die Einigkeit unter sich für die Polen stets problematisch. *„They are poles apart"* konnte man im Englischen sehr doppelsinnig sagen.

In Ungarn fand also ebenfalls eine bittere stalinistische Verfolgung in den Reihen der kommunistischen Partei statt. Die Inquisitoren waren Mátyás Rákosi und Ernő Gerő. Der Prozeß gegen László Rajk endete mit dessen Hinrichtung; dieser vom Standpunkt des Kommunismus völlig unschuldige Mann, wurde zur Selbstanklage gezwungen, ihm dafür die Amnestie versprochen, dann kam der Strick, darauf die Rehabilitierung, und schließlich wurden seine Überreste in ein Ehrengrab gelegt. Ähnliches war freilich auch anderswo, ja überall im kommunistischen Imperium geschehen. Wer war schuld daran? Marxistisch gesehen natürlich niemand, denn für den rechtgläubigen Materialisten gibt es keinen freien Willen, sondern nur einen unausweichlichen Ablauf der Geschichte – chemisch-physische Prozesse im Hirn, die unkontrollierbar sind. Doch die große Verfolgungswelle traf Kommunisten wie auch Nichtkommunisten, und am Anfang der Fünfzigerjahre wurden „bourgeoise" wie auch adelige Elemente von den größeren Städten in die Dörfer hinaus verbannt. Ursprünglich wurden auch die Sprößlinge der „gehobenen Stände" vom Studium ausgeschlossen.

Die ungarische Revolution war ja auch wie die polnischen Unruhen zu gutem Teil das Resultat des Zwanzigsten Parteikongresses der KPdSU, auf dem Chruschtschjów von Mikoján gezwungen worden war, den „Personenkult" Stalins rückblickend zu verurteilen.[9] Dieses Bekenntnis einer großen Schuld, für die schließlich die Partei verantwortlich gewesen war, hatte auch unter Parteileuten den Glauben an den Kommunismus stark erschüttert – aber nicht für immer zerstört. Auch heute ist es vielen „kritischen Marxisten" keineswegs klar, daß die Unmenschlichkeiten des Systems mit eiserner Logik aus dem Marxismus (und dem Marxismus–Leninismus) kommen. Jeder Determinismus ist eine Unmenschlichkeit und gegen alle Menschenwürde gerichtet.[10]

Der Zwanzigste Parteikongreß hatte im Februar 1956 stattgefunden, doch der unmittelbare Anlaß des Aufstands war – typisch für Ungarn wie überhaupt für Osteuropa – literarisch. In der „Petöfi-Gesellschaft" brodelte es schon seit langem, öffentliche Vorlesungen weckten eine nicht mehr zu stillende nationale und freiheitliche Begeisterung, und diese Lesungen und Vorträge endeten in einem echten, unvorbereiteten und massiven Volksaufstand.[11] Die Revolution *war siegreich* und konnte ähnlich wie im Jahre 1849 nur durch ausländische Intervention – wiederum eine russische! – niedergeschlagen werden. Wie man erwarten konnte und mußte, kam keine irgendwie geartete westliche Hilfe während der Revolution, und rein karitative Unterstützung erst nach ihrem unvermeidlichen Zusammenbruch. Auch in Moskau stand man vor einem Dilemma: zu intervenieren oder nicht zu intervenieren. „Geopolitisch" war Ungarn keineswegs von höchster Wichtigkeit für die UdSSR, da Jugoslawien damals schon vom Sowjetblock abgefallen war. (Mit Polen steht es natürlich ganz anders: Das ist für die Sowjetunion die Pforte zur nordeuropäischen Tiefebene, die sich über Deutschland und die Niederlande bis nach Nordfrankreich hinüberzieht.) Doch da war der ideologische Primat und die (keineswegs unberechtigte) Furcht, daß Ungarn Schule machen könnte. Kardinal Mindszenthy war frei, und womöglich drohte dann noch eine monarchische Restauration, vor der man sich in Hinsicht auf die Nachfolgestaaten in Moskau – und nicht nur in Moskau! – stets außerordentlich fürchtete. Das war auch der Grund, warum ein Passus im Österreichischen Staatsvertrag die Rückkehr der Habsburger ausdrücklich mit einem Verbot belegte.[12] Man erinnere sich an die Rückkehr der ungarischen Königskrone, der in Budapest ein geradezu triumphaler Empfang bereitet wurde. Für eine demokratische Republik ist in Ungarn sicherlich keine reale Grundlage da – und wird es auch nie geben. Dafür ist das Volk zu idealistisch und individualistisch. Aber auch für eine Monokratie nicht – dafür ist das ungarische Volk zu aristokratisch.

Es war in Moskau diesmal wieder Mikoján, der zur Mäßigung mahnte, doch der angeblich so liberale Chruschtschjów (der „Geist von Camp David" schwebte doch angeblich über ihm!) war es, der die bewaffnete Intervention forderte. Nun war Chruschtschjów unter Stalin einer seinen getreuesten Paladine, der in die Geschichte als der Großschlächter der Ukraine eingehen wird, mörderische Intrigen innerhalb der Partei angezettelt hatte, sich in den Sitzungen der UNO wie ein Gorilla benahm[13] und nur von völlig geistlosen Zeitgenossen als „weitherziger Liberaler" angesehen werden konnte.

Der Optimismus der Anglo-Amerikaner sieht so gerne im ärgsten Wüterich einen im Grunde guten und klugen Menschen, der mit der Zeit die Wahrheit erkennt und das Licht des Tages sieht. Das aber ist keineswegs immer zu erwarten, denn es gibt nun einmal auch hartgesottene Bösewichte, und nicht aus jedem Saulus wird ein Paulus. Unheilbare Idioten werden nie und nimmer klug. Nun kann tatsächlich ein mächtiger Unhold vor dem Abtritt aus der Weltgeschichte oder auch am Totenbett seine Verbrechen und Blödsinne bereuen, doch in der Zwischenzeit hat er oft unendlich viel Unheil angerichtet. Hätte Hitler den Zweiten Weltkrieg gewonnen, könnte er auch in grauester Theorie als Kapuziner in Alt-Ötting seine Tage beschlossen haben, denn dem Heiligen Geist können nichteinmal die brillantesten Psychologen Vorschriften machen. Doch die Wunden, die er inzwischen Europa geschlagen hatte, wären noch längst nicht alle vernarbt gewesen. Von einer Reue oder einem Umdenken Napoleons, Lenins, Trotzkis, Cromwells, Friedrichs II. ist uns allerdings nichts bekannt. Unwillkürlich fallen einem da die Zeilen Margaretes von Österreich ein:

Le temps est trouble, le temps se esclarsira
Après la plue l'on atent le beau temps
Après noises et grans divers contens
Paix adviendra et maleur cessera
———————————————
Mais entre deulx que mal l'on souffrera![14]

Der traurigste Aspekt der ungarischen Revolution von einer internationalen Warte aus war der Eindruck, daß Großbritannien und Frankreich den Freiheitskampf der Ungarn für ihren unglückseligen Angriff auf den Suez-Kanal ausnützten. Waren die beiden Westmächte moralisch im Recht? Zweifellos. Nasser enteignete sie, und man hat das gute Recht, einen Diebstahl vereiteln zu wollen. Doch in diesem Falle hätten andere Überlegungen Vorrang nehmen müssen. Die Amerikaner waren in die Pläne nicht eingeweiht (auch die Königin nicht!) und sie waren entrüstet, daß die Briten und Franzosen die anscheinende Schwäche der Sowjets und die amerikanischen Präsidentschaftswahlen für ihre eigenen Zwecke ausnützen wollten.[15] Im Lichte der anglo-französischen Intervention schien nun die sowjetische Intervention in Ungarn gerechtfertigt. Das Zerwürfnis zwischen London und Washington war so groß, daß die Sowjets gegen England und Frankreich sehr effektiv die größten Kriegsdrohungen ausstoßen konnten. Es gab Amerikaner, die es als Amerikas größte Schande betrachteten, daß ihr Land den Ungarn nicht zur Hilfe gekommen war – Suez oder nicht Suez.[16] Dank Antony Edens letztem großen unverantwortlichen Unsinn war die Verwirrung komplett.

76. DIE HEIMAT ŠVEJKS

Auch in der Tschechoslowakei tobte sich der Stalinismus aus. Die absolute Herrschaft des Kommunismus begann allerdings erst mit dem Februar 1948. Die tschechoslowakische Regierung im Exil unter der Führung des Nationalsozialisten Dr. Eduard Beneš hatte sich schon von allem Anfang an eng an die UdSSR angeschlossen. Wenn man die früheren Schriften Beneš kennt, weiß man, wie er England verachtet hatte: der ‚Verrat‘ der Briten im September 1938 verstärkte diese Gefühle und Ressentiments nur noch mehr. Auch von Frankreich, das diesem kleinen Freimaurer[1] näher stand, fühlte er sich verkauft. Als Mann der Linken war ihm das Bündnis mit der UdSSR höchst natürlich. Der Plan einer demokratischen ‚Bereinigung‘ der Tschechoslowakei war ihm schon von den deutschen Nationalsozialisten nahegebracht worden:[2] Da ein Viertel der Bevölkerung der ČSR deutsch war und national-sozialistisch wählte, konnte er in der ČSR nur mit Elementen der ‚bürgerlichen‘ Parteien zusammen in einer Koalition regieren. Die zweitgrößte Partei der Tschechoslowakei, die Partei der Agrarier, stand etwas rechts von der Mitte und konnte als Partei der Kollaboration diffamiert werden. Sie wurde ganz einfach verboten. Anders stand es mit der (katholischen) Volkspartei. So faßte er den schönen Plan, die ganze deutschsprachige Bevölkerung, die Wähler der sudetendeutschen Partei, zu exilieren, vielleicht aber auch die Magyaren zu vertreiben. Die Westmächte, die sich wirklich ehrliche Mühe machten, an reiner Immoralität mit den Nationalsozialisten zu wetteifern, gaben ihm das grüne Licht. Die Karpatho-Ukraine[3] mit einer gemischt ukrainisch-ungarischen Bevölkerung trat Beneš protestlos an die UdSSR ab. So hatte nach diesen Operationen die ČSR, aus der nun eine ČSSR wurde, eine breite tschechische Mehrheit: aus dem Vielvölkerstaat sollte ein Zweivölkerstaat werden. Für den Plan der Massenvertreibung, dem schließlich nur die Deutschen zum Opfer fielen, gewann er nicht nur die Sozialdemokraten und Kommunisten, sondern auch die angeblich so katholische Volkspartei. (‚Christliche‘ Parteien haben sich im Sumpf der Politik bekanntlich moralisch immer sehr schwer getan!) Über die scheußlichen Umstände dieser Vertreibung haben wir schon geschrieben.

Beneš starb praktisch als Gefangener der Kommunisten nach ihrer Machtübernahme. Dann forderte auch innerhalb der Partei der Stalinismus seine Opfer. Während es in Ungarn manche Juden waren, die als Schergen Stalins dienten, hatten die politischen Prozesse in der ČSSR einen eher „antizionistischen“ (also „antisemitischen“) Charakter. Der tschechische Rajk war Rudolf Slánský, der hingerichtet und dann 1963 rehabilitiert wurde. Ein gewisser Liberalisierungsprozeß fand statt, der 1968 konkrete Formen unter der Führung des Slowaken Alexander Dubček annahm. Das Programm wurde nun die Schaffung eines „Marxismus mit menschlichem

Gesicht", worauf man natürlich die Frage stellen müßte, warum er bis dato eine tierische Fratze getragen hatte. Die Antwort darauf ist ganz einfach die, daß das zugleich überhebliche und verworfene Menschenbild von Karl Marx eben nicht humane, sondern bestialische Züge trägt. (Und das „kapitalistische"? Das gibt es überhaupt nicht, da die freie Marktwirtschaft keine Ideologie ist, sondern nur ein reines Wirtschaftsverfahren ohne philosophische oder theologische Grundlagen.)

Den Umstand, daß da Wasser in den marxistischen Wein gegossen wurde, hatte man in Moskau sehr bald wahrgenommen. Ein Loch im Eisernen Vorhang entlang der bayrisch-österreichischen Grenze konnte unmöglich geduldet werden. Zwar war man in Moskau überzeugt, daß das Land des braven Soldaten Švejk – eines Vetters des „Herrn Karl" – sich auf die Dauer gegen den Druck Moskaus nicht wehren würde, doch vergaß man dabei, daß schon seit geraumer Zeit nicht Tschechen, sondern härtere und dennoch wendigere Slowaken an der Spitze ihrer Satrapie standen. Als aber der Druck sich nach Verhandlungen nicht als zielführend herausstellte und auch ‚gütliches Zureden' nicht mehr half, kam man mit der ‚brüderlichen Hilfe' in der Form von Panzern, Kanonen und Maschinengewehren. Wer aber entfloh nun der Tschechoslowakei? Das waren zum Teil Antikommunisten, zum Teil aber auch Sozialisten und sehr viele prominente Kommunisten, die den Marxismus keineswegs ablehnen, sondern lediglich dessen ‚Humanisierung' wünschten, was aber, wie wir schon sagten, auf einem Irrtum beruht, ist er doch unweigerlich (trotz gegenteiliger Beteuerung) auf den allmächtigen Staat eingeschworen, dem „kältesten aller Ungeheuer" (Nietzsche). Denn wenn der Mensch nicht ein unsterbliches Wesen ist, das als Gottes Ebenbild geschaffen wurde, sondern nur als Vetter ersten Grades von Pavianen, zweiten Grades von Flattermakis und dritten Grades von Alligatoren, dessen Hirnfunktionen von Bauch und Brieftasche diktiert werden, dann wird jedes Gerede von Menschenwürde, Freiheit, Gewissen, Ehre, Persönlichkeit und Selbstbestimmung eitles Geschwätz. Die *echte* Abkehr vom Kommunismus ist aber für den tschechischen Marxisten schon deswegen schwer, weil seine Heimat auch eine radikal linke Tradition besitzt, die auf die Taboriten zurückgeht, die eben nicht nur von den Kommunisten, sondern auch von den Sozialisten und den Nationalsozialisten (Dr. Beneš!) als geistige Ahnen angerufen werden.[4] Die flüchtigen Kommunisten, die überall mit offenen Armen als wahre Märtyrer aufgenommen wurden, verdienen dieses Mitleid eigentlich nicht, denn sie waren gar nicht besonders reumütig. Sie waren ganz einfach liberal infizierte Abweichler, die sich über die rote Orthodoxie entrüsteten.

Die sowjetische Besetzung des Landes hatte nur eine einzige Lichtseite: sie bedeutete das Ende der „panslawistischen" Gefühle in der ČSSR! Nun wurde es auch dem dümmsten Tschechen klar, daß Sprachähnlichkeiten keine Denk- und Gefühlsanalogien oder kulturelle Affinitäten garantieren. Zwischen einem Tschechen und einem Sibirjaken, einem Montenegriner und einem Lausitzer Sorben, einem Kärntner Slowenen und einem Donkosaken gibt es ebensowenig eine natürliche Seelenverwandtschaft wie zwischen einem Texaner und einem Friesen. Gerade sie hätten jedoch das Sprichwort kennen sollen: „*Moskwa sljozam nje wjerit* – Moskau glaubt nicht an Tränen!"

77. DIE DEUTSCHE URDEMOKRATISCHE REPUBLIK

Anders wirkte sich die ‚Kommunisierung' in Mitteldeutschland aus, in der „Sowjetischen Besatzungszone", der SBZ. Hatten Böhmen und Mähren noch vor 1938 perzentuell eine der größten kommunistischen Wählermassen westlich der UdSRR (die KPČS war laut den Wahlen vom 20. Mai 1935 von 17 Parteien die viertgrößte),[1] so war der Anteil der Kommunisten im Deutschen Reich bei der letzten wirklich freien Wahl (November 1932) noch höher und betrug ein Fünftel aller Stimmen. Auf je zwei Nationalsozialisten kam ein Kommunist, was aber mit anderen Worten bedeutete, daß sich 60 Prozent aller Deutschen gegen den liberaldemokratischen Staat ausgesprochen hatten. Diese kommunistischen Stimmen aber waren keineswegs gleichmäßig verteilt. Auf einer Karte von Deutschland, die den Perzentsatz der kommunistischen Stimmen anzeigt (von tiefschwarz über grau bis weiß) sieht man auf den ersten Blick die Konturen der deutschen Sowjetkolonie. Das heißt aber auch, daß die Sowjets, wenn wir von gewissen Distrikten Ostpreußens und des Ruhrgebiets absehen, ihren Staat ganz einfach aufgrund dieser Karte[2] fein säuberlich herausschnitten und es besonders auf Thüringen, Sachsen und Mecklenburg abgesehen hatten. Die Westalliierten, unwissend und geistig beschränkt wie immer, hatten dies sicherlich nicht bemerkt. Es konnte also die Sowjetsatrapie gleich auf einem guten linksmarxistischen Grundstock errichtet werden. Und dann wurden selbstverständlich die revisionistischen Sozialdemokraten gezwungen, sich mit der marxistischen Orthodoxie zu vereinen und in den Mutterschoß zurückzukriechen. Dasselbe Rezept wurde auch in Polen, Ungarn und in der ČSSR angewendet. Es muß hier allerdings auch gesagt werden, daß dieser ‚Anschluß' bei weitem nicht allen mitteleuropäischen Sozialdemokraten behagte; sie waren durch den bürgerlichen Geist nur zu oft „verdorben" worden; viele flohen westwärts, um die Segnungen des liberalen Kapitalismus zu genießen. Mit dem linksradikalen Flügel der Russischen Sozialdemokratischen Arbeiterpartei, den *Bolschewiki,* wollten sie nichts zu tun haben.

Der neue Staat, der nun unter brüderlicher, sowjetischer Führung stand, wurde sehr richtig die „Deutsche Demokratische Republik" genannt – was aber gar nicht ironisch gemeint war. Es war eben eine ‚Volksdemokratie' mehr, und diese war in mancher Hinsicht näher der Tradition der Französischen Revolution als die anderen, westlichen Demokratien, die eine Synthese mit dem Liberalismus eingegangen waren. Dieser fünfte deutsche Staat[3] befleißigt sich aber heute noch (wie auch die anderen Volksdemokratien) gewisser äußerlicher, meist dekorativer Formen aus der Theatergarderobe des Parlamentarismus. So gibt es in der ‚DDR' natürlich keine sozialdemokratische Partei mehr, denn sie ist in der SED, der Sozialistischen Einheitspartei Deutschlands, aufgegangen, wohl aber eine Christlich–Demokratische Partei (Ost). Auch in der ČSSR, Polen und Ungarn gibt es (genau so wie in Mexiko) nichtsozialistische, aber unendlich loyale Zwergparteien, die das demokratische *Image* unterbauen sollen. Diese ‚Zutaten' sind völlig bedeutungslos, aber dennoch aus gewissen Gründen interessant. Sie zeigen das immer noch ganz große Prestige des Wortes ‚Demokratie', und erinnern uns an die Feststellung Guizots, der schon 1849 gesagt hatte, daß es heute keinen Staat und keine Partei mehr gäbe, die es noch wagen würden, das Wort ‚Demokratie' nicht auf ihre Fahne zu schreiben.[4] Der Parlamentarismus muß selbst auf der Bühne eines Staates gespielt werden, der trotz seiner marxistischen Programmatik davon Abstand nimmt, sich als Diktatur (selbst nicht als „Diktatur des Proletariats") auszugeben. (Auch ist man in Regierungskreisen östlich des Eisernen Vorhangs gar nicht mehr begeistert, als ‚Proletarier' angesprochen zu werden.)

Man muß also sagen, daß dieser deutsche Staat, der nur durch die Militärmacht Moskaus bestehen kann, dennoch von allen Anfang an sich auf eine beachtliche Minderheit stützen konnte. (So hatte zum Beispiel die *Falange* Primo de Riveras in den Córtes nach den Wahlen im Februar 1934 keinen einzigen Abgeordneten, die KPD aber im Reichstag deren ganze hundert.) Es gibt aber auch in diesen zu gutem Teil preußischen Ländereien eine im weiteren Sinn des Wortes „sozialistische" Haltung, die schon von Spengler in seinem *Preußentum und Sozialismus* (1920)[5] umrissen wurde. Hier liegt das seltene Ereignis vor, daß der Sozialismus–Kommunismus – Begriffe, die nur durch willkürliche Demarkationslinien getrennt werden können[6] – auf eine Art fruchtbaren Boden fallen konnte, was in Rußland oder gar am Balkan ganz und gar nicht der Fall gewesen war. „Ideal" für den Kommunismus wären viel eher Länder wie England oder Japan, deren Gesellschaften zwar nicht egalitär, wohl aber kommunitär sind. Die Geschichte ist aber nun einmal nicht ‚logisch'.

Diese These sollten wir aber nicht verabsolutieren. Der fruchtbare Boden allein macht es eben nicht und dies, obwohl in der Deutschen Urdemokratischen Republik der Prozentsatz an überzeugten Sozialisten–Kommunisten größer sein mag als anderswo im Ostblock. In der Sowjetunion schätze ich ihn auf Grund meiner Erfahrungen auf drei bis fünf Prozent.[7] Nicht wenige „Sowjetmenschen" sind auch in die Partei nur deswegen (mühevoll) eingetreten, um so besser abgeschirmt und maskiert zu sein. Es ist möglich, daß heute in der DDR die alten zwanzig Prozent *unter*schritten werden und dies trotz des „nördlichen" Glaubens an das Gedruckte und des Einflusses der Schule. „Er lügt wie gedruckt", ist eine süddeutsche Bemerkung.[8] Dazu käme allerdings auch der Respekt, den man dem Staat und der Obrigkeit zollt. Die tiefe Staatsfeindlichkeit der katholischen und der ostkirchlichen Völker – nur durch eine patriarchale Monarchie aufhebbar – ist im deutschen Nordosten nicht vorhanden. Hier darf man eben nicht vergessen, daß die DDR – abgesehen von zwei der baltischen Staaten, die in die UdSSR gewaltsam inkorporiert wurden – der einzige evangelische Staat im Ostblock ist.

Eine Mehrheit wird der Kommunismus auch dort nicht haben. Dagegen spricht nicht nur der 17. Juni 1953, sondern vor allem die ‚Friedensmauer', die selbstverständlich nur gebaut wurde, um imperialistisch-faschistisch-kapitalistisch-militari-

stisch-revanchistischen Agenten den Weg in das Vaterland der „Werktätigen" unmöglich zu machen, nicht aber vielleicht um Irregeführte daran zu hindern, dem
roten Paradies zu entkommen! Wie unerträglich aber das Leben dort drüben ist,
zeigt die Anzahl der Todesopfer bei lebensgefährlichen Versuchen über die Mauer
in die Freiheit zu gelangen.[9] Und dieses im Orwellschen Newspeak auf den Namen
„Friedensmauer" getaufte Gebilde muß man mit eigenen Augen gesehen haben.
Es ist vielleicht das böseste Wahrzeichen unseres erbarmungslosen Zeitalters.

Doch kann auch nicht daran gezweifelt werden, daß in den beiden Deutschlands,
die doch wieder einmal zu einem Reich zusammenwachsen sollten, zwei verschiedene
‚künstliche' Volkscharaktere sich entwickelt haben werden. Dabei stellt die DDR
weitaus das künstlichere Gebilde dar – eine käfigartige Tyrannis, die aus dem Herzstück des alten Preußens (minus Hinterpommern und Ostbrandenburg, plus Sachsen,
Thüringen und Mecklenburg) besteht, also aus sehr heterogenen Reichsgebieten.
Das wäre an und für sich kein Übel, aber sie wurden brutal-zentralistisch auf einen
gemeinsamen Nenner gebracht, wie es sich einem traditionslosen und ‚fortschrittlichen' Massenstaat geziemt. Doch in aller Aufrichtigkeit muß man hinzusetzen, daß
die deutsche Bundesrepublik, wenn wir von Bayern, den Hansestädten und Schleswig–Holstein absehen, ebenfalls aus völlig künstlichen geschichtslosen Fragmenten
besteht, die zum Teil das Produkt von Okkupationszonen sind. Hier hat man wie
üblich die Chance einer geschichtlichen Erneuerung verpaßt. Dank der rudimentären
historischen Kenntnisse der heutigen Jugend (unter 50 Jahren) ist allerdings eine
Erneuerung aus der Geschichte nur schwer zu erwarten, außer – was natürlich nicht
ganz ausgeschlossen ist – es käme zu einer geschichtlichen Rückbesinnungswelle.
Das hat es in der Vergangenheit manchmal gegeben.[10] Heute aber haben wir schon
Leute in der Bundesrepublik, denen Städtenamen wie Dresden, Leipzig, Meißen,
Erfurt, Magdeburg, Weimar, Meiningen, Jena, Halle, Wismar, Wittenberg, Eisenach
oder Naumburg so gut wie gar nichts bedeuten – außer einen hohlen Klang.

Wie aber die Dinge jetzt stehen, ist an eine Befreiung Mitteldeutschlands
nicht zu denken, und eine echte Neuordnung in Europa mit seinen unfaßlichen Grenzen ist nur vorstellbar im Falle eines Zusammenbruches des Regierungssystems in
der UdSSR, oder als Folge eines Krieges, dessen Grundlagen 1945 so liebevoll von
den hirnlosen Führern des Westens gelegt wurden – eine grimmige Wiederholung
von 1919. Kommt es aber zum Zusammenbruch des Kommunismus in der UdSSR –
fraglich ist nur der noch *völlig* ungewisse Zeitpunkt – dann wird die DDR der letzte
der Satellitenstaaten sein, der „umfällt". Das anarchische Lebensgefühl oder der
revolutionäre Elan ist am Kontinent nirgends so schwach entwickelt wie im deutschen Nordosten, wo allerdings die Stadt Berlin mit ihrer sehr gemischten Bevölkerung von jeher eine Ausnahme bildete. Das zeigt sich auch in West-Berlin, diesem
eigenartigen Fragment, das als Schaustück eines einzigartig tragischen Wahnsinns
den Köpfchen der alliierten Staatsmänner entsprang.[11] Nur wer (wie der Schreiber
dieser Zeilen) in den Vereinigten Staaten oder in England während des letzten Krieges
gelebt hat, kann sich über die Geschehnisse und die damit verbundenen Entscheidungen nicht wundern. (Im Ersten Weltkrieg wäre es selbstverständlich auch nicht anders gewesen.)

78. DER WESTBALKAN

In Jugoslawien hatten wir unmittelbar nach dem letzten Weltkrieg zuerst einmal die härteste kommunistische Diktatur, begleitet von den ärgsten Moritaten, die schon durch den Partisanenkrieg und dessen Methoden vorangekündigt war. Der unglückselige serbische Nationalist, Oberst-General Draža Mihajlović, den Churchill fallen gelassen hatte, wurde gefangen und hingerichtet, der Erzbischof (und spätere Kardinal) Alois Stepinac eingekerkert und dann zum Zwangsaufenthalt in einem Dorf verurteilt. Tito, ein stolzer Kroate, *bon vivant* und einem Luxusleben à la Göring ergeben,[1] brach mit Stalin, konnte aber sein Imperium nur durch die Diktatur seiner Partei zusammenhalten. Die ersten großen Schwierigkeiten dieses erneuerten Großserbiens kamen von den Kroaten und erst in den Achtzigerjahren von den Albanern in und außerhalb der Kosovo-Region. Die Makedonier machten weniger Schwierigkeiten, weil ihre Alternative, der Anschluß an das immer noch stalinistische Bulgarien, ihnen ganz und gar nicht verführerisch erscheint. Deutlich im Vordergrund steht die Wirtschaftskrise, die nur zum Teil eine Ausweitung der jetzigen Weltwirtschaftskrise ist: Die Wurzeln liegen tiefer, und zwar in der paradoxen „demokratisierten Kollektivwirtschaft", die noch an einem Hemmschuh regionaler Eifersüchte leidet. Der Mut zu einer richtigen Reprivatisierung ist schon aus ideologischen Gründen nicht vorhanden, wie ja überhaupt das ganze Land weltanschaulich immer noch weitgehend am roten Osten hängt, westlicher Hilfe bedarf und dabei verzweifelt sich an die Theorie der Blockfreiheit klammert, die allerdings erpresserisch gewisse finanzielle Vorteile einbringt. Das Ganze aber ist ein Seiltänzerakt, der in einer vorzeitigen Katastrophe enden kann.

Jugoslawien, wie jedermann weiß, wird wegen seiner traurigen Wirtschaftslage (durch den kooperativen Sozialismus verursacht) von staatlichen und privaten Geldquellen des Westens über Wasser gehalten. Das trifft allerdings nicht nur auf dieses Land zu, sondern auf den gesamten roten Osten und zu gutem Teil auch auf die „Dritte Welt", die nur dank dieser Hilfe von – um ein Leninwort zu gebrauchen – „nützlichen Idioten" überleben können. (Kamenew äußerte vor Unterzeichnung des britisch-sowjetischen Handelsvertrags im März 1921 dieselbe hohe Meinung über den „Kapitalismus", der sich selbst sein Grab schaufelt.) Die selbstmörderischen Motive des Westens sind allerdings recht verschieden: Gewinngier gemischt mit wirklicher Dummheit, leichtsinnige politische Kalkulation, schlau eingeredetes schlechtes Gewissen und das Resultat richtiger Erpressungen. Als ich 1961 in Bolivien weilte, hatte dieses Land gleichzeitig Handelsmissionen nach Washington und Moskau zu „Simultanverhandlungen" geschickt. Mit Jugoslawien steht es um Grunde sehr ähnlich.

Der Fall der Albaner in Jugoslawien weist deutlich auf die Fragwürdigkeit dieser Struktur aus den Jahren 1918–1919 hin. Obwohl die Serben in der Vergangenheit, und zwar schon im Jahre 1913, die Albaner des Kosovo-Gebietes in Massenabschlachtungen zu dezimieren versuchten, also methodischen Genozid ausübten, und sich dann wieder in den Fünfzigerjahren noch einmal in Kollektivmorden größten Stils ergingen, nahm die Zahl der Albaner so rapid wieder zu, daß heute über eine Million Shqipetaren im autonomen Gebiet Kosovo-Metohija leben, ein urserbisches Gebiet, wo sie in der Türkenzeit eingewandert sind. Diese Albaner, ein äußerst stolzes, äußerst schwieriges, extrem individualistisches Volk von großer Begabung, haben den unheilvollen Drang, unter allen Umständen zu studieren. Mehr als die Hälfte der „jugoslawischen" Albaner besuchen Hochschulen, was wiederum ein riesiges, höchst unruhiges akademisches Proletariat schafft, das konfessionell nicht ostkirchlich, sondern in seiner großen Mehrheit islamisch und in der Minderheit katholisch ist. Ihm entstammt auch Indiens „Mutter Theresa".

Diese revolutionäre Stimmung im Kosovo-Gebiet wird nicht nur von Albanien aus geschürt, sondern auch von nichtkommunistischen Emigranten. Albanien selbst ist im Geist ein stalinistischer Kommunistenstaat geblieben, wie übrigens auch die DDR, Bulgarien und Rumänien, doch ist es zweifellos noch stalinistischer als es die Sowjetunion zur Zeit Stalins war. Albanien brüstet sich damit, der einzige kommunistische Staat zu sein, der tatsächlich hundert Prozent atheistisch ist und die (öffentliche) Praxis der Religion restlos ausgemerzt hat.[2] Keine einzige Kirche, Moschee oder Synagoge ist dort noch im Betrieb. Taufen werden strengstens bestraft – bis zu fünf Jahren schwerer Kerker droht dort dem geheimen Priester oder Laien. Doch auch Albanien, das lange Zeit hindurch vom maoistischen China „betreut" wurde, kann ebenfalls wie sein nordöstlicher Nachbar nur durch eine rücksichtslose Tyrannis zusammengehalten werden, denn der albanische Individualismus und die Stammesloyalitäten[3] haben bisher jeden albanischen Staat vor eine Zerreißprobe gestellt. Eine parlamentarische Demokratie ist hier *auf die Dauer* noch undenkbarer als in den anderen Ländern des Mittelmeerraums oder Osteuropas; aber merken wir uns vorläufig den Namen der Hauptstadt dieses unglückseligen Landes: sie heißt auf albanisch Tiranë.

79. DER OSTBALKAN

Auch im entfernteren Südosten Europas sieht die Lage nicht rosiger aus. Da haben wir vor allem Rumänien mit einer kommunistischen Regierung stalinistischer Prägung, die (in Anlehnung an Stalin) die Religion der Mehrheit, der Ostkirche, *nicht mehr* verfolgt, aber dafür die Rumänisch-Unierte Kirche grausam unterdrückt und auch der ungarischen Minderheit eine Hölle, der deutschen Minorität aber nur ein Fegefeuer bereitet. Der total-totalitäre Drang kann sich hier voll ausleben. Der Widerstand gegen die sowjetische Dominanz hat aber für dieses wahrhaft „nationalsozialistische" Land nationale Gründe: die sowjetische Einverleibung der Nordbukowina und Bessarabiens, zweier Länder, die geschichtlich stets zur Moldau gehört hatten. (Erst die Vereinigung der Moldau mit der Walachei schuf „Rumänien", ein künstlicher Name wie der so mancher anderer europäischen Länder.) Auch ist Bessarabien mehrheitlich von Rumänen besiedelt, die sich jetzt den Namen „Moldawaner" gefallen lassen und Rumänisch mit zyrillischen Buchstaben schreiben müssen, also eine Schwindelnationalität wie die „Makedonier", die ganz einfach Bulgaren sind, darstellen.

In Bezug auf Nationen und „Nationalitäten" wurde seit dem Ende des 19. Jahrhunderts fest darauf losgeschwindelt. Das betrifft natürlich auch den Ursprung der Rumänen, die sich gerne als latinisierte Daker ausgeben, also als eine von Rom aus kultivierte Urbevölkerung, die stets dort lebte, wo sie auch heute zu finden ist, was aber keinesfalls zutrifft. Sie kamen als latinisiertes Hirtenvolk aus dem Herzen des Balkans, am halben Weg zwischen Westrom und Ostrom, und wanderten die Karpathenhöhen entlang nicht nur nach Siebenbürgen, sondern bis in die Slowakei und nach Mähren hinauf, und auf der anderen Seite auf den Karstgraten bis in die Nähe von Triest.[1] Von den Gebirgshöhen stiegen sie in die Ebenen hinunter und gelangten, den Dnjestr überquerend, bis in die Ukraine. Ihre Sprache ist in der Konstruktion ‚illyrisch' (wie z. T. auch das Bulgarische), der Wortschatz der Volkssprache überwiegend nicht etwa lateinisch, sondern slawisch, griechisch, türkisch, magyarisch. Die Rumänen stellen politisch eine nicht sehr stabile, kulturell aber sehr fruchtbare Rassenmischung dar, die Europa große Künstler, Dichter und Denker geschenkt hat.[2] Ihre Oberschichte war stark von Griechen durchsetzt. Politisch lavierten sie unter der älteren Linie der Hohenzollern lange zwischen Rußland und den Mittelmächten, und wurden von letzteren als echte Verbündete betrachtet.[3] Das aber hinderte Ferdinand I., den Nachfolger Carols I., nicht daran, die Donaumonarchie im Jahre 1916 zu überfallen, dann gegen alle Abmachungen mit den Alliierten einen Sonderfrieden zu schließen, kurz vor Kriegsschluß einen zweiten, äußerst lukrativen Dolchstoß zu wagen und auch das Geschenk der Mittelmächte, Bessarabien, zu bewahren.

(Die Sowjetunion wollte lange Zeit hindurch diese Rückgewinnung nicht anerkennen, denn ihr war der Zugang zur Donaumündung strategisch-politisch sehr wichtig.) Als dann die UdSSR ein Alliierter des Dritten Reiches wurde, bekam sie nicht nur Bessarabien, sondern auch die nördliche Bukowina, welche ihr allerdings dann wieder 1941 abgenommen wurde. (Hitler war ja äußerst freigebig im Verschenken von k. k. Ländern: Südtirol und Laibach an Italien, Ostgalizien und die halbe Bukowina an die UdSSR!) Rumänien produzierte in diesen Jahren auch die interessanteste „faschistische" Bewegung: die „Eiserne Garde", über die bei uns sehr wenig geschrieben wurde und von der man auch bei uns fast nichts weiß. Sie war nicht nur totalitär, judenfeindlich und radikal, übertrieben idealistisch, ja mythisch nationalistisch, sondern auch fanatisch religiös. Ihr Schutzpatron war der Heilige Michael. Sie geriet aber in einen Gegensatz nicht nur zur Dynastie, sondern später auch zur diktatorischen Regierung Antonescu.[4] Es wurde fleißig hin- und hergemordet und viele Männer der Eisernen Garde starben in deutsch-kontrollierten Konzentrationslagern. Die Friedhofsruhe kam nach Rumänien erst mit der Sowjetisierung. Es sei hier auch vermerkt, daß die bürgerliche Gleichstellung der Juden in Rumänien erst mit dem Bukarester Frieden[5] des Jahres 1918 kam: Diese Maßnahme wurde von den ‚reaktionären' Mittelmächten erzwungen.

Die Bulgaren sind ursprünglich nicht Slawen, sondern ein turktartarisches Reitervolk, das sich als Oberschichte über eine slawisch-illyrische Bevölkerung ausbreitete. Ihre Herrscher waren Khane, ihre erste Dynastie hatte einen turktartarischen Namen, doch die Christianisierung brachte auch eine Slawisierung und selbst eine gewisse Hellenisierung mit sich. Doch die Bulgaren den „Südslawen" beizuzählen, ist daher falsch. Wenn sie überhaupt Slawen sind, dann sind sie es *sui generis* – doch halten sie sich selbst in ihrer großen Mehrheit für Slawen.[6] Ihr Staat reichte einmal bis tief nach Serbien, ja nach Ungarn[7] und Rumänien hinein. Nach mörderischen Kriegen mit Byzanz, die mit unerhörter Grausamkeit geführt wurden, kamen dann die Türken, von deren Joch sie erst von den Russen befreit wurden. Der Kongreß von Berlin machte aber die Hoffnungen, die den Bulgaren der Vorfriede von San Stefano gegeben hatte, zunichte. (Siehe S. 113) Es blieb von dieser Befreiung in Bulgarien eine Begeisterung für Rußland übrig, die sich aber psychologisch in einen Pro-Kommunismus umwandeln konnte. Dem einfachen Bulgaren erschien dann bei aller Verehrung für Alexander II., dem „Befreier Zaren" mit dem großen Standbild in Sofia, der Kommunismus als „die" russische Ideologie (was natürlich nicht stimmt). Aus Irrtümern, Mißverständnissen und Fälschungen wird nur zu oft Politik gemacht und schließlich aus der Politik Geschichte. Bulgarien hat allerdings zwei führende Kommunisten hervorgebracht: Christian Rakowskij und Georgi Dimitrow, wobei allerdings der kultivierte Rakowskij den Stalinischen Mordorgien zum Opfer fiel.

Bulgarien war kurioserweise das einzige Land der „Mittelmächte" im Zweiten Weltkrieg, das seinen Besitzstand vermehren konnte. Die südliche Dobrudsha, die Rumänien in einem beispiellosen Gaunerakt im Jahre 1913 einem aus allen Wunden blutenden Bulgarien erpressen konnte (und die dann im Ersten Weltkrieg vorübergehend an Bulgarien zurückkam), konnte nun wieder Bulgarien einverleibt werden, während Verbündete der „Demokratien", wie zum Beispiel Polen und die Tschechoslowakei Einbußen erlitten. Doch Makedonien bleibt Bulgarien verloren und dieser Dauerverlust kettet unter den heutigen Umständen Bulgarien noch enger an die UdSSR; auch der Zugang zur Ägäis, 1919 an Griechenland abgetreten, bestärkt den antiwestlichen, aber auch zugleich „nationalen" Kurs der roten bulgarischen Regierung. Strategisch ist Bulgarien als Aufmarschgebiet in den Richtungen der Meerengen für die UdSSR äußerst wichtig. Auch auf diese Art und Weise wirken sich die geopolitischen Entscheidungen von 1919 genau so verhängnisvoll aus wie die Zerstückelung der Donaumonarchie und die kriminellen Teilungen Ungarns. Man soll nicht vergessen, daß das Dritte Reich während des Zweiten Weltkriegs nicht klüger gewesen ist als einst die westlichen Demokratien. Aus einer einmaligen Mischung von nacktem Selbstinteresse, schlecht maskierter Verachtung für andere Völker und einer heuchlerischen „Überparteilichkeit" hatte es Verteilungen gemacht und Grenzen gezogen, die aller historischen, ethnischen oder geographischen Grundlagen entbehrten. Kein Wunder, denn der Nationalsozialismus hatte als echte Linksbewegung für Traditionen und Geschichte nicht den geringsten Sinn. Man sehe sich nur einmal die Landkarte des gesamten Südostraums in den Jahren 1941 bis 1944 an. Die Grenzen Ungarns, Rumäniens, Serbiens hatten ungeheuerliche Formen angenommen. Natürlich kehrte man 1945 zu den Unsinnigkeiten von 1919 zurück, die, obwohl höchst „bourgeois", von den Sowjets unterschrieben wurden. Nirgends aber hatte daß Dritte Reich für sich Freunde, sondern über den Krieg hinaus auch dem deutschen Volk nur Feinde geschaffen. Es hatte in seiner kindischen Neordnung den Traum *keines einzigen Volkes* erfüllt und nur Erniedrigte und Beleidigte hinterlassen.

80. ITALIENS WEG INS CHAOS

Jeder, der nur annähernd etwas vom italienischen Volk versteht, konnte doch unmöglich glauben, daß Italien das Experiment einer demokratischen Republik verkraften könnte und dies, obwohl zugestanden werden muß, daß dort eine derartige Staatsform etwas größere Chancen hätte als in Spanien oder gar in Lateinamerika. In der Neuen Welt hatte allerdings ein *Criollo,* José San Martín, den Irrsinn eines solchen Versuches sofort eingesehen, doch Bolívar mußte zuerst bittere Erfahrungen sammeln. Natürlich verstehen in der Regel die ‚Einheimischen‘ fast nie ihr eigenes Volk, weil sie zu ihm keine Distanz haben. Man kann einen Brief nicht lesen, wenn man ihn an die Augen preßt. Bedeutende Werke über bestimmte Länder wurden immer von Ausländern geschrieben, so zum Beispiel die Bücher von Alexis de Tocqueville, Lord Bryce und Graf Hermann Keyserling über die Vereinigten Staaten oder von Anatole Leroy-Beaulieu über das alte Rußland. Bei den Italienern muß man sich anscheinend mit dem analytisch-psychologischen Buch von Luigi Barzini begnügen.[1]

Der Fall Italiens ist dank des uneinheitlichen ‚schillernden‘ Charakters des Landes zweifellos nicht einfach. Zu viele Italiener, nicht nur Marxisten, sondern auch ‚Nachkömmlinge‘ der alten mazzinisch-garibaldischen Tradition mit geistig-seelischen Wurzeln tief im 19. Jahrhundert, in der Aufklärung und der Französischen Revolution, „glaubten“ an die Republik. Dieser Köhlerglaube wurde (und wird) durch falsche historische Perspektiven nur noch verstärkt, denn die Republik ist, wie wir schon sagten, nicht „unitalienisch“. Nur die demokratische Republik ist es, denn sowohl die alte, römische als auch die späteren italienischen Republiken waren entweder aristokratisch oder zumindestens oligarchisch regiert.

Wir müssen hier – wie auch schon früher – die beiden Prämissen Laskis vielleicht zum Überdruß des Lesers erwähnen. Italien hatte nach dem Sturz des Faschismus und der Ausrufung der Republik weder ein Zweiparteiensystem noch auch ideologisch eine nur halbwegs einheitliche Landschaft. Natürlich bejahte jedermann die Demokratie – die Kommunisten nicht weniger als die Sozialisten, die Christdemokraten nicht weniger als die Sozialdemokraten, die Republikaner oder die proletarischen Sozialisten. Aber auch die Monarchisten und die „neofaschistische“ *Movimento Sociale Italiano* (MSI) taten dies, doch sollten wir uns hier zugleich daran erinnern, daß neben dem Zauberwort „Demokratie“ auch der magische Ausdruck „Sozial“ stets seine Anziehungskraft und seinen Alibicharakter beibehält.

Dieses allgemeine „Bekenntnis zur Demokratie“ darf unseren Blick nicht trüben: Die Kommunisten meinen mit diesem Wort sicherlich nicht ganz dasselbe wie die Sozialisten oder gar die Sozialdemokraten. Wenn wir weiter nach rechts blicken, bietet sich uns jeweilig ein sehr anderes Bild. Die *Repubblicani* sind Mazzinianer–Garibaldisten, die Liberalen schon in der Tradition des gutbürgerlich-freiwirtschaftlichen Lagers,[2] die *Democristiani* lesen aus den päpstlichen Enzykliken (und nicht nur aus den Werken von Marx und J. S. Mill) alldas heraus, was ihnen paßt, die *Missini* erinnern sich an Mussolini und seine *democrazia organizzata,* die Monarchisten richten sich nach einer sehr kurzlebigen Tradition. (Sie sind kurioserweise nicht in Piemont, sondern eher im bourbonischen Süden beheimatet.) Seriöse Historiker beginnen nun neuerdings, die Geschichte Italiens vor dem *Risorgimento* unter die Lupe zu nehmen und entdecken dabei viel Gutes und Erfreuliches.

Ein katholisches Mittelmeervolk zum (britischen) Parlamentarismus umzuerziehen, wird *nie* gelingen. Selbst für die Vereinigten Staaten sah de Tocqueville die Möglichkeit der Anarchie oder des totalitären Versorgungsstaates voraus. (Es könnte aber dort auch den anarchischen Versorgungsstaat in trauriger Synthese geben.) In Italien strebte man zwar auch den Versorgungsstaat an, endete aber eher in der Anarchie, von der vor allem die Kommunisten profitieren. Aus der Anarchie hatte Mussolini Italien 1922 herausgeführt, aber gerade als totalitär-diktatorische Partei können die Kommunisten in einem gar nicht so überraschenden Ausmaß mit Wahrscheinlichkeit glaubhaft machen, daß sie im Falle ihrer Machtübernahme Recht, Gesetz, Ordnung und Sicherheit verbürgen können. Wir wiesen schon früher (Seite 316) auf diesen wichtigen Umstand hin. Wenn man die Kriegsjahre ausnimmt, können doch viele, wenn nicht die meisten Italiener in der Retrospektive die Jahre des Faschismus recht positiv beurteilen. Es funktionierte – auf italienische Art – doch so ziemlich alles: Bahn, Autobus, Flugverkehr, Schiffahrt, Unterricht, Spitäler, ärztliche Betreung, Versorgung, die Sicherheit auf den Straßen. Der Lebensstandard war niedriger, das aber war überall der Fall, ist doch unser Wohlstand zu großem Teil ein Geschenk der Techniker und der Manager und nicht vielleicht einer größeren ‚sozialen Gerechtigkeit'.[3] Ein Streik von Krankenschwestern oder von Straßenreinigern wäre unter dem *Duce* unmöglich gewesen. Die Zensur ärgerte und berührte nur einen verschwindenden Teil der Bevölkerung. Die internationalen Beziehungen Italiens waren mit dem Westen und Osten ausgezeichnet, wenn auch mit England durch kurze Zeit hindurch während des Abessinienkrieges getrübt. Mit der UdSSR waren sie besonders gut: Das faschistische Italien war gar nicht so überraschend der zweite Staat, der die Sowjetunion diplomatisch voll anerkannte.[4] Maxim Gorkij genoß jahrelang, von wohlbestallten Bolschewiken besucht, ein Schlemmerleben auf Capri. Kein Wunder, denn Mussolini kam von der äußersten Linken her und sehnte sich auch stets dorthin zurück.[5]

Ist eine Loslösung der italienischen Kommunisten von Moskau nun nach dem Tod des „Marchese" Berlinguer noch möglich? Dagegen spricht hauptsächlich die finanzielle Abhängigkeit der CPI von Moskau, aber natürlich ist ein solcher Bruch nicht ganz ausgeschlossen, und dann käme Italien einem „roten Faschismus" näher. Der aber würde dann mit den anarchoiden *Brigate Rosse* und der *Prima Linea* in einer Art und Weise aufräumen, an der Lenin seine Freude gehabt hätte. Denn für einen Großteil Europas gibt es nur eine vierfache Auswahl: Patriarchalität,

Diktatur, beziehungsweise Tyrannis, oder Anarchie. Heute lebt Italien in der Anarchie, aber Kirche und Papsttum repräsentieren ein patriarchales Element, die Kommunisten bieten die Diktatur an, während die *Democristiani* selbst einen unprofilierten, diffusen Haufen unter dem Regenschirm päpstlicher Patriarchalität vertreten. Die Sozialisten könnten eines Tages wieder mit den Kommunisten gehen, während die anderen Parteien, mit Ausnahme der *Democristiani*, in einem wirklichen Kampf um die Macht heute kaum zählen. Auch eine Diktatur der Armee oder der *Carabinieri* ist augenblicklich nicht vorstellbar. Sie hat wahrscheinlich den richtigen Zeitpunkt verpaßt.

81. WANDEL IN SPANIEN

In Spanien kam es nach dem Tode Francos zur Wiederherstellung der Monarchie und des Parteienwesens, beziehungsweise des Parteienunwesens. Dazu kommen heute der separatistische Terrorismus der Basken[1] und die alten, zentrifugalen Kräfte in Galicien und in Katalonien, verbunden mit ähnlichen Tendenzen in Andalusien. Diese Entwicklung, besonders in Hinsicht auf die Charaktereigenschaften der iberischen Völker, ist zu bedauern, denn in so mancher Beziehung ist man in Spanien wieder dort, wo man vor 1931 war – nur die Erinnerung an den furchtbaren Bürgerkrieg ändert etwas an der Lage. Es wäre besser gewesen, wenn man nach dem Tod Francos die alte, repräsentative, aber parteilose Verfassung weiter liberal ausgebaut hätte.[2] Tatsächlich war diese ‚moderner‘ als die jetzige, die einem ‚restaurativen Konservatismus‘ entspringt und auch einem gewissen ‚europäischen‘ Konformismus. Ohne Zweifel steht dahinter die Überzeugung, daß der demokratische Parlamentarismus – global und statistisch gesehen eine Ausnahmeerscheinung – sich ins 21. Jahrhundert schön organisch fortsetzen wird. Die Liebe zu den Anachronismen ist allseitig groß.

Es sei hier vermerkt, daß der Übergang Spaniens zum jetzigen liberalisierten Zustand ohne monarchische Restauration unblutig ganz undenkbar gewesen wäre. Unwillkürlich kann *mutatis mutandis* wiederholt werden, was man 1875 über die Republik in Frankreich sagte: *qu'elle était belle sous l'Empire!* Da kommen in Spanien zuerst einmal die wirtschaftlichen Nöte (die freilich auch unter Franco aufgetreten wären), und dazu noch die rapide Abnahme der allgemeinen Sicherheit und schließlich der Terrorismus. Die letzte Phase der Militärdiktatur war schon so liberal gewesen, daß es nicht wenige Spanier gibt, die sich zur alten Diktatur wenigstens in der Theorie zurücksehnen. Diese schönen Tage von Aranjuez sind eben vergangen. Man lebt zwar heute etwas freier, aber weniger gut und viel unsicherer. Die Träume der Linken von Sozialismus, Kommunismus, Republik sind ebensowenig in Erfüllung gegangen wie die der Karlisten, der Erzkonservativen oder der radikalen Separatisten, also die Träume der Mehrheit. Was Spanien retten kann, ist nur eine starke Monarchie. Die Krone muß im Endeffekt stärker sein als das Parlament mit seiner explosiven, ideologischen Vielfalt und – so unspanisch das klingen mag – der praktische Materialismus muß stärker sein als der Idealismus. Der Umstand, daß Spanien heute eine sehr große Mittelklasse besitzt, die vor 1936 sicherlich viel kleiner war, gibt an und für sich keine Garantie für das Überleben des Parlamentarismus. Die *clase media* geht auch ganz gerne auf die Barrikaden und gibt sich dem mörderischen Terrorismus noch viel fanatischer hin als Bauern oder Arbeiter, die in der Terrorszene

Europas fast völlig fehlen. Auch in Rußland war es vor 1917 nicht anders! Wichtig ist das Verhältnis des Monarchen zur Armee, zur Gendarmerie *(Guardia Civil)* und zur Polizei. Er muß sie fest in der Hand haben, sonst könnte Spanien wie Griechenland über eine neuerliche Militärdiktatur in die Republik mit allen fatalen Folgen abgleiten.[3]

Sagen wir hir noch ein klärendes Wort über den Neuliberalismus, nicht nur weil dieser das Spanien Francos am Ende der Fünfzigerjahre von Dirigismus erlöste (siehe Seite 254), sondern auch weil der Liberalismus in Spanien geboren wurde. Während der Altliberalismus an den Vorliberalismus (Adam Smith) anknüpfte, lernte zwar der Neuliberalismus viel von seinem Vorgänger (besonders im wirtschaftlichen Gebiet), lehnte sich aber eher an den Frühliberalismus (de Tocqueville bis Acton) an. Die meisten Gedankengänge kamen von Deutschen (Röpke, Rüstow, Müller–Armack, Erhard, Böhm, Eucken, Neumeister, Briefs), wobei die christliche Inspiration bei vielen nicht zu kurz kam. Mit den Altliberalen ursprünglich in der Mont–Pèlerin–Gesellschaft verbunden, kam es 1961 zu einer Spaltung. Doch heute scheinen die Gegensätze soweit überbrückt, das man F. A. v. Hayek (und selbst Ludwig v. Mises) häufig, wenn auch irrig, zu den Neuliberalen zählt. Einem reinen Monetarismus waren sie immer abhold, ebenso dem wirtschaftlichen „Kolossalismus". Bedauerlicherweise hat der Tod große Lücken in ihren Reihen gerissen. Die größten Verdienste hatten sie nicht nur für das spanische, sondern vor allem für das deutsche Wirtschaftswunder. Vieles von ihrem Gedankengut, das weit über das Wirtschaftliche hinausreicht, hat bleibenden Wert und sollte im Westen eine größere Rolle spielen als es augenblicklich in diesen Zeiten totaler Verwirrung der Fall ist.

82. ISRAEL UND DIE ARABER

Werfen wir nur noch einen Blick in die islamische Welt, deren Bedeutung durch das Ölvorkommen einen unerwarteten Auftrieb erlitten hat. Rein geistig ist die islamische Welt, die nach Mohammeds Religionsgründung wie ein Meteor aufgestiegen war, nach dem 15. Jahrhundert in eine Stagnation geraten und dies, nachdem sie zahllose Generationen hindurch kulturell der christlichen Welt weit überlegen war. Sie hatte einst sogar das Erbe Griechenlands besser integriert als die romanischen und germanischen Völker. Erinnern wir uns daran, daß Thomas von Aquin die griechischen Philosophen aus lateinischen Texten kannte, die wiederum Übersetzungen aus dem Arabischen waren. Auch militärisch hatten die islamischen Völker den Vorrang über die christlichen: Die arabischen Heere wurden 732 nur eine Autostunde von Paris zwischen Tours und Poitiers entfernt geschlagen,[1] aber erst 1492 fiel Granada in die Hände der „katholischen Könige"; Wien wurde 1529 und 1683 von den Türken belagert.

Heute aber steckt die Türkei in einer ganz schweren, allumfassenden Krise. Der Plan Kemal Atatürks, sein Land im Rahmen einer Republik laizistisch als Nationaldemokratie zu europäisieren, ist fehlgeschlagen. Atatürk hatte den Geist Europas nichteinmal annähernd verstanden. Immer wieder muß hier genauso wie in Lateinamerika das Militär eingreifen, was natürlich da wie dort keine Dauerlösungen bringt. Reaktionäre islamische Ideen stehen im Kampf mit marxistischen, historisierenden und rassistischen Ideologien, die sich oft bis aufs Messer bekriegen.[2] Der Islam ist zwar in den Massen, aber nicht mehr in den Eliten tief verankert. So ist dieses übervölkerte, auf die Überweisungen ihrer Landeskinder aus fremden Ländern angewiesene, im engsten Sinne des Wortes „orientierungslose" Land auf der Suche nach sich selbst.[3]

Im Jahre 1919 gab es nur ganz wenige souveräne islamische Staaten: Die Türkei stand im Schatten der vorrückenden griechischen Armeen, dann gab es den Iran, Afghanistan und vielleicht sollte auch das haschemitische, aber von London aus unterstützte Königreich des Hedschas erwähnt werden. Heute gibt es nicht weniger als 23 unabhängige islamische Länder, die kleinen Emirate des persischen Golfs nicht miteingerechnet. Doch im Herzen der arabischen Welt, an einer Stelle, die den islamischen Bereich in zwei Hälften zerschneidet,[4] steht nun der Staat Israel, der von den Arabern mit Recht oder Unrecht als ein Stück westlichen Kolonialismus betrachtet wird, was aber nicht ganz grundlos ist, denn die Mentalität der Juden Israels ist „westlich" und dies aus zwei Gründen: das Judentum ist die Urwurzel des Christentums und fast die Hälfte der Juden Israels lebten durch fast zwei Jahrtausende in der christlichen Ökumene. Die *Führung* ist westlich.

Die Sehnsucht des jüdischen Volkes nach der Rückkehr in die ursprüngliche Heimat gibt es natürlich auch im orthodoxen Judentum. „Nächstes Jahr in Jerusalem (sehen wir uns wieder)!" ist ein alter jüdischer Wunschsegen und Gruß, der sich aber bei den rechtgläubigen Juden mit dem Kommen des Messias religiös verbindet. Theodor Herzl, ein gebürtiger Ungar, der sich in Österreich zuerst einmal den Deutschnationalen angeschlossen hatte, aber bei deren Wendung zum ‚Antisemitismus' einen anderen Nationalismus, also einen „israelitischen" wählte, wollte einen jüdischen Staat gründen; zuerst dachte er an Afrika, an Uganda und Madagaskar (zwei völlig verrückte Projekte), dann aber faßte er Britisch-Guayana ins Auge (was eine glänzende Idee gewesen wäre), doch schließlich fiel die Entscheidung auf Palästina, wo immer noch einige Juden hausten, wenn auch nur eine sehr kleine und fromme Minderheit. Das Land war deutlich unterbevölkert, und der Sultan in Konstantinopel stand dem Projekt einer größeren jüdischen Besiedlung freundlich gegenüber, denn er kannte den weltweiten Einfluß des Judentums und war froh, in den Juden ein Gegengewicht gegen die Araber zu haben, die langsam aber sicher national „erwachten". Reiche Juden unterstützten die verschiedenen Siedlungspläne (zumeist an der Küste). Die Siedler waren in der Mehrheit sehr arme Juden aus dem Osten Europas. Doch nach dem Ausbruch des Ersten Weltkriegs hatte die zionistische Bewegung einen starken Auftrieb und während des Kriegs, als sich die Mittelmächte nicht weniger als die Alliierten um die Sympathien des Weltjudentums bemühten, beschlossen die Westmächte, sowohl den Zionismus als auch den arabischen Nationalismus zu unterstützen. In der *Balfour Declaration* wurde den Juden versprochen, daß sie in Palästina *a national home* bekommen würden, also eine „nationale Heimstätte". Der romantische britische Agent T. E. Lawrence machte inzwischen den Arabern feste Zusagen, die aber nach bester westlicher Tradition auch nicht gehalten wurden. Es wurde also forsch drauf los versprochen und dann das Wort gebrochen. Allerdings muß man es den Alliierten lassen, daß ihre Erklärungen, wie ja auch die Vierzehn Punkte Wilsons, in einer sehr blumenreichen, dafür aber umso unpräziseren Sprache verfaßt wurden. „*A national home*", wurde den Juden später gesagt, bedeute noch lange nicht einen eigenen Staat. Das britische Palästina-Mandat wurde dann für die Briten eine einzigartige Gelegenheit zu zeigen, wie talentiert sie für einen Seiltänzerakt seien. Es gab damals aber auch noch eigene arabisch–britische Pannen: so wurde der Haschemit Faisal zuerst zum König von Syrien bestimmt, dann aber Syrien den Franzosen überlassen und Faisal mit dem Irak beschenkt: anfänglich regierten also die Haschemiten im Irak, in Transjordanien und im Hedschas, aber nach 1958 nur mehr in Jordanien.

Die Geschichte Israels kann man als bekannt voraussetzen: Nach dem Zweiten Weltkrieg gab es Unmassen von jüdischen Flüchtlingen aus Osteuropa in mitteleuropäischen „Auffanglagern" unter westalliierter Kontrolle. Diese unglücklichen Menschen waren keineswegs „Opfer der Nazis" (wie dies von der amerikanischen und britischen Presse stets hingestellt wurde), sondern Flüchtlinge vor der roten Flut. Bedeutend intelligenter als die ‚Staatsmänner' des Westens, wußten sie, daß sie nicht nur in der Sowjetunion, sondern auch im Baltikum, in Ungarn, Rumänien oder der Tschechoslowakei einer grimmigen Zukunft gegenüberstanden. Als ‚Individualisten', Händler, Künstler, Intellektuelle, Finanzexperten, meist freiberuflich tätig, kannten und fürchteten sie die marxistische Sklaverei. Der Gedanke, sich im übervölkerten Westeuropa niederzulassen, war ihnen fremd, und die Einwanderungsquoten in die USA waren beschränkt. Die zionistische Parole „Sturm auf das britische Mandatsgebiet" verfing bei ihnen. Dieses Mandat kostete den Engländern viel Geld und wurde von ihnen sehr zögernd, aber im Grunde des Herzens doch gerne aufgegeben. Es kam zwar vorher zu blutigen Auseinandersetzungen zwischen den Briten und den illegalen Einwanderern, die sich oft auch terroristischer Methoden bedienten (auch Herr Begin war von der Partie), doch Großbritannien gab schließlich nach. Nach einem verzweifelten Krieg gegen die Araber wurde 1948 der Staat Israel ausgerufen, der vom Mittelmeer bis zum Roten Meer und bis zum oberen Jordan reichte, aber die historische Altstadt Jerusalems nicht einschloß.

Die ersten zwei Staaten, die Israels Unabhängigkeit und Souveränität anerkannten, waren die Sowjetunion und die Vereinigten Staaten. Im Jahre 1948 war die UdSSR von den wirtschaftlichen Möglichkeiten so vieler arabischer Staaten noch nicht überzeugt, und in den Vereinigten Staaten sollten im November Präsidentschaftswahlen stattfinden. Die amerikanische Judenschaft, in ihrer großen Mehrheit beileibe nicht zur Einwanderung nach Vorderasien entschlossen, war jedoch weitgehend zionistisch eingestellt.[5] Daher mußte Harry S Truman um ihre Stimmen im Schlüsselstaat New York besorgt sein. Also waren die Vereinigten Staaten zur Anerkennung des Staates Israel bereit.

Die UNO hatte eine Vorstellung von der Ausdehnung des Staates Israel in ganz bestimmten Grenzen, die aber wahrlich das Überleben dieses Landes nicht über wenige Monate garantiert hätten. So wurden die Grenzen Israels eher weitergesteckt als es die UNO für richtig befand. Dennoch stellte die Schaffung dieses Staates ein schweres moralisches Problem dar, ein Problem, das allerdings schon einige wenige Jahre früher aufgetaucht war: die Vertreibung ganzer Volksgruppen, wie zum Beispiel die „Umsiedlung" (welch Gipfel der Verlogenheit steckte schon in diesem Wort!) von Millionen Deutscher aus dem deutschen Osten von Ostpreußen bis zu Gottschee. Nur handelte es sich hier nicht um Millionen, wohl aber um Tausende und Abertausende von Palästinensern. Sowohl in dem einen als auch in dem anderen Falle gab es keinen moralischen Rechtstitel. Schon Pius XII. hatte gegen diese Methoden von Hitler, Stalin, Churchill und Beneš protestiert..., nicht aber die UNO in ihrer Niedertracht. Der israelische Standpunkt wurde zwar historisch untermauert, doch muß man sich fragen, ob eine Besiedlung, die vor über 3000 Jahren stattgefunden hatte, aber vor 2000 Jahren aufgegeben worden war, einen sittlichen Anspruch begründen kann. Könnten die keltischen Iren zum Beispiel Tirol beanspruchen, weil Tirol vor 1700 Jahren keltisch war? Oder die Deutschen das einst visigothische Spanien oder die Slowenen den salzburgischen Lungau? Gewiß sind zahlreiche Deutsche aus den Ostgebieten nicht vertrieben worden: Sie flohen vor der sanften Milde der Roten Armee. Tausende von Palästinensern wurden auch nicht exiliert: sie rannten davon.

Im Falle des Staates Israel und seiner ethischen Legitimität kann man lediglich so argumentieren: Wir leben jetzt im zwanzigsten Jahrhundert und nach dem Ethos dieses verworfenen und moralisch heruntergekommenen, weil glaubenslosen Säkulums gelten wieder Normen wie die des Neolithikums oder der Völkerwanderung. Wenn die Gründer der UNO, das UK und die USA mitsamt ihrer famosen *Atlantic Charter* und die UdSSR die Verschleppungen ganzer Völkerschaften zum politischen Prinzip erhoben haben, dann handelt der Staat Israel eben nach dieser modern-fortschrittlichen Richtschnur. Schließlich haben auch die Bonner Regierung die Oder-Neisse-Linie „vorläufig", die Vereinigten Staaten die Hitler–Stalin-Linie in Ostpolen (ebenfalls mit einem „Transfer" verbunden) anerkannt, also warum regen sich dann die lieben Araber auf? Herr Brandt, Herr Churchill, die Herren Grotewohl und Pieck, Herr Stalin, Herr Hitler (der die Südtiroler in der Krim und viele Niederländer in Weiß-Ruthenien „ansiedeln" wollte), sie alle waren Vertreter des Neuen Stils. Wir leben ja schließlich nicht mehr in der Zeit der Habsburger, der Hohenzollern, der Welfen oder der Wittelsbacher, sondern der Massen, eines barbarischen Konformismus, der ganz entfernt uns bereits im 18. Jahrhundert durch die „Verpflanzung" der Akadier angekündigt wurde.[6] Allerdings ist diese Berufung auf die ‚Modernität' kein christliches Argument. Die Worte Pius XII. vom 20. Februar 1946 über die Massenaustreibung von ganzen Völkern vertreten den christlichen Standpunkt,[7] aber Pius XII. war – wie Herr Hochhut meint – kein „moderner Mensch", denn der moderne Mensch ist *voyou, voyeur, voyageur,* ein mobiler Nomade.

Nun, die Reaktion so mancher Palästinenser, die selbst (oder deren Eltern) Heimat und Besitz verloren hatten, war im Vergleich zu den Vertriebenen des deutschen Ostens eine ganz andere: Sie entsprang dem Geist des Korans und nicht des Neuen Testaments – manchmal allerdings auch dem Geiste der Heiligen Bücher des Marxismus. Wenn die deutschen Vertriebenen einen Yassir Arafat gehabt hätten, würde die Welt, wie wir sie kennen, nicht mehr bestehen. Doch ist es nun einmal so, daß die Völker aus psycho-kulturellen Gründen völlig verschieden sind.[8] Im Namen des Deutschen Volkes sind die entsetzlichsten Greuel *im Geheimen* begangen worden, also unter Ausschluß der Öffentlichkeit, doch die *Action directe* der Fedayin stieß auf einen sehr allgemeinen großen Jubel bei ihren Volksgenossen. Hier muß man laut sagen, daß eine Serie von Untaten auch nicht ein anderes Unrecht „aufwiegt" oder gar zunichte macht. Die Anzahl unschuldiger Opfer der palästinensischen Terroristen ist überaus groß. Die Irrationalität dieser „Freiheitskämpfer" ist erstaunlich; ihre Verbrechen haben ihrer Sache nur geschadet. Ein Europäer, der mit ihnen zu reden und zu verhandeln hat, bewegt sich in einem geistigen Raum, der weit von dem aristotelisch-cartesianischen entfernt ist.[9] Auch fragt man sich, was das letztendliche Ziel der Palästinensischen Befreiungsfront wohl sein mag. Doch die Vernichtung Israels! Oder nur die Errichtung eines palästinensischen Zwergstaats, innerhalb der Grenzen des jordanischen „Westgebiets" vor dem sogenannten Sechstagekrieg (1967)? Dieser Staat, ungefähr zweimal so groß wie Vorarlberg oder ein Achtel der Schweiz, eingekeilt zwischen Israel und Jordanien, müßte doch ein ganz eigenartiges Leben fristen. Da wäre vom palästinensischen Standpunkt aus die Vernichtung Israels schon bedeutend vernünftiger!

Um die wirkliche Lage Israels richtig zu verstehen, muß man das ungeheure Haßpotential des Nahen Ostens, des „Orients" kennen. Schon der alttestamentarische Glaube der Juden ist eher eine Gesetzes- als eine Liebesreligion, doch im Koran finden wir nur in der 59. Suɪate der 5. Sure einen Hinweis auf die Liebe, aber nicht auf die Liebe zum Nächsten, sondern auf die Liebe zwischen Allah und den Menschen. Die ganze islamische Geschichte ist von Haß durchzogen, was allerdings nicht sagen will, daß die Geschichte der christlichen Völker, auch wenn sie dem Christentum zugetan blieben, immer erbaulich ist. Im Sufismus kommen die Liebe und das Mitleid zum Vorschein (auch in der Haddith, der mündlichen Überlieferung), aber gerade im Sufismus sind wiederum christliche Einflüsse erkennbar.[10] Es kann kein Zweifel darüber bestehen, daß ein verlorener Krieg das Ende nicht nur des Staates Israel, sondern *aller* Israelis – Männer, Frauen und Kinder – bedeuten würde. Jeder Sieg der Israelis, jeder gewonnene Kɪieg steigert nur den Haß der islamischen, vornehmlich arabischen Welt, die zahlenmäßig der israelischen weit überlegen ist: das Verhältnis (nur auf die Araber bezogen) ist eines von 1 zu 20. Der Löwenmut der Israelis in allen ihren Kriegen – 1948, 1956, 1967, 1973, 1982[11] – ist sehr zu bewundern, doch ist das Überleben dieses Staates nur mit materieller Hilfe aus dem Ausland denkbar. In einer ganz schweren Krise des Westens wäre das Ende Israels vorauszusehen. Und die islamische Welt ist der israelischen nicht nur zahlenmäßig, sondern auch wirtschaftlich weit überlegen.

Die zahlenmäßige Überlegenheit verschiebt sich aber dauernd innerhalb und außerhalb der Grenzen des Landes zugunsten der Araber. Nach einer älteren Berechnung würde die Zahl der Araber innerhalb der Grenzen Israels von 1948–1967 im Jahre 2050 die der Juden übersteigen. Andererseits ist eine deutliche Zunahme der Juden innerhalb Israels nicht zu erwarten, außer es kämen über den Westen (vor allem aber über die Vereinigten Staaten) neue Wellen des ,Antisemitismus' oder die Sowjets würden sich für eine ganz großzügige jüdische Auswanderung entscheiden. Die Araber werden, mit anderen Worten, – so wie die Dinge heute stehen – die ,Schlacht der Wiegen' gewinnen, wie die Franzosen in der Provinz Québec oder die katholischen Christen in Nordirland.

,Historisch' betrachtet ist deshalb die Zukunft Israels alles andere als rosig. Wirtschaftlich könnte sich das Land halten, wenn es nicht gigantische Ausgaben für die Verteidigung zu leisten hätte. Israel wird tatsächlich von allen Seiten subventioniert, wobei die Abschlagszahlungen schuldbeladener Länder (wie die Bundesrepublik),[12] die Zuwendungen der Vereinigten Staaten militärisch-politischer Natur und vor allem die Spenden der Juden aus der ganzen Welt dem Land zugute kommen. Die Israelis sind nicht nur tapfer, sondern auch fleißig und intelligent, sodaß das Land, ohne dauernd einen Vernichtungskrieg fürchten zu müssen, sehr wohl auf eigenen Füßen stehen könnte. Das aber werden die ,Frontstaaten' und die PLO (auch gewaltig subventioniert!) in der nahen Zukunft kaum gestatten. Die einzig halbwegs friedliche Zukunft für den Staat Israel, die man sich vorstellen könnte, wäre Mitgliedschaft in einer arabischen („semitischen") Föderation, aber einen „Semitismus" gibt es heute nicht. Auch muß man sich daran erinnern, daß die Juden es in der islamischen Welt auch nicht immer leicht gehabt haben. Das glückliche Dasein der Juden unter dem Halbmond ist ein beliebtes Ammenmärchen. Es hat auch im islamischen Spanien Judenverfolgungen gegeben.[13] Es ist lediglich wahr, daß die Juden im Maghreb („Fernen Westen") gerade noch toleriert wurden – die Christen aber nicht.[14] Durch den Zionismus ist jedoch das Leben der Juden in so manchem islamischen Land unerträglich geworden. Aus einigen Ländern sind sie restlos ausgewandert.

Ein besonderes Problem bilden für den Staat Israel die Heiligen Stätten, doch viel weniger aus der christlichen als aus der islamischen Perspektive: Die christliche Welt hat die Kreuzfahrerträume aufgegeben, aber für die Moslems ist Jerusalem – Al-Kuds – nach Mekka und Medina die heiligste Stadt. Der päpstliche Plan einer Internationalisierung der Jerusalemer Altstadt ist daher gar nicht von der Hand zu weisen. Die einzige solide jüdische Erinnerungsstätte in diesem Stadtteil ist das Felsengebilde, auf dem der Tempel stand und an das sich auch die Klagemauer anlehnt, aber gerade auf dieser Stelle wurden zwei Moscheen errichtet, deren Heiligkeit nur mit der Ka'aba wetteifern kann. Von hier, so glauben die Moslems, fuhr Mohammed in den Himmel auf. Und hier würde auch das Jüngste Gericht stattfinden. Doch dazu muß noch erwähnt werden, daß Israel von seiner Verfassung her ein weltlicher Staat ist, also ein Produkt der Nationaldemokratie, und daher wieder in einem schicksalshaften Gegensatz zu seiner tiefreligiösen Minderheit steht, mit der dieser Staat eine ganze Reihe von ungelösten Problemen teilt.[15] Hier begegnen wir auch dem paradoxen Gesetz, daß jeder Jude, ob gläubig oder gottlos, nach Ankunft in Israel dessen Staatsbürgerschaft auf Wunsch automatisch bekommt, nicht aber ein Jude, der zum Christentum übergetreten ist. Ein Christ aber glaubt an Gott-Jahwe ein atheistischer Jude jedoch leugnet ihn. Das also weist viel eher auf einen nationalistischen als theologischen Charakter des Verfassungsgeistes hin.[16]

83. DIE ISLAMISCHEN FEINDSCHAFTEN

Diese islamische Welt ringsum ist aber augenblicklich zum Glück Israels in eine gegenseitige Feindschaft verstrickt, die ohne die Schaffung des *Medinat Israel* noch bedeutend größer sein würde; der „gemeinsame Gegner" wirkt noch ganz ephemär als quasi-einigendes Band. Ein Palästinenserstaat? Der würde nur noch weitere Probleme bringen![1] Es gibt selten zwei islamische Nachbarstaaten, die miteinander harmonisch in Frieden leben. Böse Spannungen, kriegsähnliche Zustände, ‚Konfrontationen' und brutale Angriffskriege gab es und gibt es zwischen Iran und Irak, Irak und Kuweit, Syrien und Irak, Syrien und dem Libanon, Syrien und Jordanien, Ägypten und Libyen, Libyen und Tunis, Algerien und Marokko, Marokko und Mauretanien, Libyen und dem Sudan, Nord- und Süd-Yemen, Nordyemen und Saudi-Arabien, Süd-Yemen und Oman, Afghanistan und Pakistan, Pakistan und Bangla-Desh, der Türkei und Syrien, Ägypten und Syrien, Saudi-Arabien und Iran und so weiter. Im Libanon allein haben wir eine tiefgehende Verfeindung zwischen Arabern, mögen diese nun Christen, sunnitische Moslems, schiitische Moslems, Drusen oder Alauiten sein. Dazu kommen noch verzweifelte Minderheiten in islamischen Staaten, die um ihre Rechte kämpfen, wie zum Beispiel die Kurden in der Türkei, im Iran, im Irak, die Aserbeidschanis, Beludschen, Turkmenen und Araber in Persien, die Berber in Algerien, die Beludschen in Pakistan, die Polisario-Anhänger in Marokko wie auch zahlreiche nicht-islamische Völker und Volkssplitter in islamischen Ländern.

Immer wieder kommt es zu islamischen oder arabischen „Gipfelkonferenzen", bei denen sich die Teilnehmer umarmen und küssen, aber zugleich von Haßgefühlen beseelt sind. Nicht umsont kommt in den romanischen Sprachen und im Englischen das Wort für „Mord" und „morden", *assassinate, assassin, asesino, assassinare* von der ismaelitischen Sekte der „Assassinen" her.[2] Mord auf alle erdenklichen Arten und Weisen hat in der islamischen Geschichte stets eine unheimliche Rolle gespielt, was natürlich eine gelegentliche große Heiligkeit bei manchen Persönlichkeiten dieser Welt nie ausschloß. Unsere frühmittelalterliche und spätere Geschichte ist auch nicht immer harmonisch gewesen, aber bis ins 19. Jahrhundert und bis auf unsere Tage ist die islamische Geschichte gerade an der Staatsspitze eine nie-enden-wollende Kette von Morden, Intrigen, Vergiftungen, Verrat, Lügnereien, Wortbrüchen, Folter, Beraubungen und dergleichen mehr.[3]

Der Sturz des Kolonialismus wie auch der Sturz der Monarchien, also einer „fluchwürdigen Vergangenheit", haben keineswegs zu einer Verbesserung des Loses des einfachen Volkes in dieser Region beigetragen. Das Kolonialregime hatte wenigstens einen lokalen Frieden gesichert – da gab es eine *Pax Gallica,* eine *Pax Britannica,* eine *Pax Italica,* unabhängige Gerichte und ungestörtes wirtschaftliches Leben und Treiben. Wer würde behaupten, daß das Leben in Libyen, Syrien, dem Irak, Somalien, Algerien, dem Niger, Mali, Zanzibar, Bangla-Desh oder Pakistan nun freier sei als vor dem Ende der europäischen Herrschaft oder der lokalen Monarchie? (Dasselbe gilt auch von Zypern vor und nach der britischen Herrschaft.)[1] Die Abschaffung der Monarchie im Iran, in Afghanistan, in Äthiopien und im Irak hat diesen Ländern – einzelnen Schichten oder auch den Massen – ungeheure Leiden gebracht. Äthiopien und der Iran sind ganz besonders tragische Fälle, viel weniger Ägypten, das bei dieser ,Umstellung' noch relativ Glück gehabt hat. Sicherlich aber ist im Iran eine freiheitliche demokratische Republik undenkbar. Der Schah hatte zwar für das Land unerhört viel geleistet, aber mit sanfter Hand war es nun einmal keinesfalls zu regieren. Zweifellos war der Schah für den Iran zu ,fortschrittlich', zu westlich, zu ,aufgeklärt' und wahrscheinlich auch, trotz brutaler Geheimpolizei, zu milde. Meine vielen Gespräche mit Iraniern, besonders der jüngeren Generation, haben mich überzeugt, daß hier westliche Maßstäbe ganz einfach nicht anzulegen sind. Es gibt freilich kein einziges Land, dem die Abschaffung der Monarchie Stabilität, Wohlstand, Gerechtigkeit, Lebensfreude oder wahre Freiheit gebracht hätte. *Auch bei uns nicht.*

Bei so manchen islamischen Ländern muß man sich jedoch auch fragen, wie es um sie bestellt sein wird, wenn einmal die Ölquellen erschöpft sind oder die großen Länder der Welt sich anderen Ernergiequellen zuwenden, zum Beispiel dem Wasserstoff, der mit Hilfe der Kernenergie eines Tages relativ billig hergestellt werden könnte. Es wird dann vielleicht eben nur mehr der Glaube sein, der die islamische Welt moralisch halten wird. Dieser Glaube hat einen viel weniger intellektuellen und ästhetischen Charakter als das Christentum und sitzt gerade deswegen sehr tief und fest. Dem Islam hat das Sowjetsystem recht wenig anhaben können. Nur sehr selten gibt ein Moslem seinen Glauben auf!

Die Schwäche des Christentums ist es, daß es nur in den geistig höchsten und niedrigsten Schichten, also in Synthese mit hohem Intellekt oder als ganz einfacher, kindlicher Glaube überlebensfähig ist. Gerade den Halbgebildeten, den breitesten Schichten der modernen Welt, ist es un-glaub-würdig. Man setze sich an einem Stammtisch im nächsten Gasthaus und fange an über die Auferstehung, die Jungfrauengeburt, diabolische Besessenheit, die Wunder von Lourdes, die Transsubstantion, den Erzengel Michael oder die Mystik des Heiligen Johannes vom Kreuz zu reden, und die guten Männer mit dicken Brillen, den vom Bier feuchten Schnauzbärten, goldenen Uhrketten und Schmerbäuchen würden genau so fassungslos und hilflos zuhören wie die jungen Leute mit halbem Ohr am Nebentisch mit ihren gekräuselten Mähnen, den Zottelbärten und dem Kostümschmuck. Hier liegt die Problematik der Kirchen, daß heute ein *smattering of ignorance* die Regel, Analphabetismus und hohe Bildung aber so selten geworden sind. Letzteren wird aber nicht mehr mit Respekt begegnet, denn der Wissende und der Unwissende sind heute ,Gleiche' und der Halbwissende ist sich seines Zustandes unbewußt. Es wäre undelikat ihn darauf aufmerksam zu machen. „Mündig?" Das sind gern alle.

Diese Situation gibt es im Islam eigentlich nicht. Er ist schon im Grunde „demotisch" und egalitär und kennt in Wirklichkeit auch keine Standesunterschiede. Einen „Klerikalismus" gibt es auch nur in der Schia mit ihren Mollahs, Ayatollahs und vor allem mit ihren hochautoritären Imamen. Dieser demotische Charakter des Islams hat es in der Geschichte auch möglich gemacht, daß ganz einfache Männer aus den untersten Schichten des Volkes Scheichs, Emire und Sultane wurden. Ein Adel in unserem Sinne war in der islamischen Welt immer unbekannt: Der Vater des letzten Schahs war der Sohn eines Unteroffiziers in der Leibgarde des kaiserlich russischen Botschafters gewesen, und Mohammed Rezah Pahlevi hatte seine Kindheit in den Baracken für Unteroffiziere verbracht, was aber sein Ansehen (oder dessen Mangel) weder gefördert noch vermindert hatte. Auch der Begründer der Dynastie der ägyptischen Khediven und Könige, Mohamed (Mehmed) Ali, hatte eine meteorhafte Laufbahn und war als Sohn eines albanischen Bauern in Makedonien geboren.[5] Dennoch (oder vielleicht gerade deswegen) ist ein islamischer Sozialismus viel weniger paradox als ein christlicher.[6] Das muß man sich stets vor Augen halten.

Der Islam aber ist, wie wir schon vorhin sagten, geistig und auch kulturell steril geworden, denn er ist nicht „personalistisch". Kulturell ist dieser große Vulkan von gestern ausgebrannt, und wahrscheinlich nicht zuletzt weil der Islam einen tief verwurzelten misogynen Zug hat. Das kann sich kein Kulturkreis auf die Dauer, sondern bestenfalls auf kurze Perioden leisten. Man kann eben nicht ungestraft die Hälfte der Menschheit abschreiben. Es ist allerdings richtig, daß Frauen, außer auf dem Gebiet des gesprochenen und geschriebenen Wortes, nicht sehr schöpferisch sind,[7] doch muß man ein noch nicht wirklich erforschtes und wahrscheinlich wissenschaftlich schwer faßbares Element hier auch in Betracht ziehen: das der weiblichen Intuition und vor allem der Inspiration, wobei letzteres einmal sehr klug von Georg Simmel behandelt wurde.[8] Die Araber sind an und für sich geistig hochbegabt, aber durch die Stellung der Frau bei ihnen verlieren sie dauernd ungenützte Schätze; es wäre aber auch zu bemerken, daß die Intuition ohne einen einigermaßen entwickelten Intellekt nicht zum Zug kommt. Mit anderen Worten: eine systematische Bildung der Frau darf schon vom Standpunkt der Gesamtheit nicht vernachlässigt werden. Es ist also zu befürchten, daß die islamische Welt in hundert Jahren, vielleicht ohne wirtschaftliche Trumpfkarten in der Hand, versuchen wird, nur aus dem Koran und anderen heiligen Schriften Kultur, Politik und Moral abzuleiten und sich dadurch weiter von christlich-euramerikanischen Vorbildern abheben wird.

Freilich gibt es auch Situationen, in denen sich Ost und West treffen: so zum Beispiel in der Rechtssprechung der „Islamischen Republik Pakistan". Dort wird dem Gewohnheitsdieb eine Hand amputiert, nicht einfach abgehackt, sondern durch Ärzte mit allen Hilfsmitteln der modernsten europäischen Medizin sorgfältigst entfernt. (Unter britischer Oberhoheit hätte diese prachtvolle Synthese nicht stattgefunden. Der Kolonialismus war lokalen Praktiken gegenüber oft höchst intolerant.)

Das wird aber kaum zu einer zweiten Glanzperiode des *Mundus Arabicus* führen, dessen geistige Produktion sich größtenteils in Kommentaren (und manchmal in Kommentaren von Kommentaren) erschöpft. Von den christlich-euramerikanischen Vorbildern aber kommt man nicht so leicht weg, denn wie überall anderswo hängt die islamische Welt von der (westlichen) Technik ab. Und die Technik, dem Genius eines spezifischen Teils des Erdballs entsprossen, formt auf die Dauer all jene, die sich ihrer wissentlich-unwissentlich bedienen. So verwestlicht sich auch der ganze Erdkreis, wobei zu unserem Leidwesen die „anderen" zwischen den positiven und den negativen Produkten unserer Kultur schwer unterscheiden können. Die negativen werden, weil sie meist die verführerischeren sind, schneller und unüberlegter angenommen: Maschinenpistolen, Promiskuität, Marxismus, Gottlosigkeit, Drogensucht und Mord an den Ungeborenen.

84. DIE VEREINTEN NATIONEN

In den „Vereinten Nationen" begegnen wir einem eigenartigen, wenn nicht phantastischen politischen Gebilde der Zweiten Nachkriegszeit, einem auch gar nicht würdigen Nachfolger des „Völkerbunds", der ja nur ein ‚Bund' war, eine Liga; hier aber wird uns Einheit und gegenseitige Hilfsbereitschaft durch das Wort „vereint" vorgegaukelt. Es waren – am Papier – die friedliebenden *(peace loving)* Nationen, die sich 1945 in San Francisco zusammengefunden hatten, also, wie früher im Falle des „Völkerbundes", die Sieger nach einem gewonnenen Krieg, die ihrer rechtmäßigen oder auch gar nicht so rechtmäßigen Beute nun eine Dauerlegitimierung geben wollten. Friedliebende Nationen? Gar etwa die UdSSR, die durch den Hitler-Stalin-Vertrag vom August 1939 das Signal zum Zweiten Weltkrieg geben und wenige Zeit später Finnland in einem blutigen Krieg seines Südostens beraubt hatte? Wer kann bei diesem Sprachmißbrauch geistig oder moralisch mittun?

Von den 167 Nationen, die entweder Mitglieder der UNO oder deren Hilfsorganisationen sind, können höchstens 39 als echte liberaldemokratische Staaten und elf als sehr zweifelhafte Kandidaten in dieser Kategorie gelten. Die überwiegende Mehrheit? Tyranneien, Bettler- oder Erpresserstaaten, Gaunerstaaten, Staaten, in denen alle möglichen Minderheiten (nicht nur soziologische, sondern auch ethnische und rassische) grausam unterdrückt, auf den Aussterbeetat gesetzt oder exiliert werden, Staaten, denen Menschenfresserei, Analphabetismus, Ritualmorde, selbstverschuldetes Elend, religiöse Verfolgungen ihr Siegel aufdrücken. Ein Ungeheuer, wie Idi Amin Dada (der übrigens auch von Papst Paul VI. empfangen worden ist), hatte seinen Vertreter am East River, auch Fernando Macias Nguema, der Nero Äquatorialguineas, Sékou Touré mit seinen Volksfesten, bei denen an die 100 Leute gehenkt wurden, ein Mao Zedong, bei dessen „Kulturrevolution" nicht nur unschätzbare Kunstwerke zugrunde gingen, sondern auch die entsetzlichsten Folterungen und Schlächtereien stattfanden, ein Pol Pot, der die grausigsten Unmenschlichkeiten begangen hatte, sie alle waren in diesem edlen Bunde vertreten. Wenn man aber den Vorschlag gemacht hätte, Rhodesien mit seiner anathemisierten ‚Minderheitsregierung' nach New York einzuladen, dann wären alle Demokratien von Stockholm bis Havana, von Sofia bis Tripolis und von Peking bis Damaskus ‚moralisch' entrüstet gewesen. In Rhodesien wurde ‚diskriminiert'! Im Ostblock wurde natürlich gegen niemanden diskriminiert! Sicherlich auch nicht in Indien, denn die Kasten waren ja alle ‚abgeschafft' (wenn man vom *Numerus Clausus* auf den Universitäten für Brahmanen absah). Auch in der DDR gab es keine Diskrimination: Gläubigen Christen mit konservativer Gesinnung wurden Professorenstellen auf dem Tablett angeboten. Niemals wurde einem parteifremden Klassenfeind je

410

ein Ausreisevisum verweigert. Ungerechtigkeiten gab es nur im südlichen Afrika und in lateinamerikanischen Oligarchenstaaten!

Sollte es also keine Weltorganisation geben, die den süßen Frieden erhält? Ist das Ideal einer solchen Vereinigung an und für sich falsch? Keineswegs. Es fragt sich nur, ob gerade *diese* Vereinten aber Veruneinigten Nationen, die in dem freudigen Haus am East River kollektiv tagen, auch die richtige Struktur und den richtigen Geist für ihre Aufgaben besitzen. Als dieses internationale Gebilde 1945 in San Francisco geboren wurde, sprachen Skeptiker schon damals von der „Konferenz von San Fiasco". Schon damals war es offensichtlich, daß die UdSSR, die gleich drei Sitze bekam,[1] sich als „proletarisches Vaterland" an die Spitze der Erniedrigten und Beleidigten stellen und den Zweck, für den die UNO doch geschaffen wurde, verfälschen würde. Alles, was die Länder der freien Welt in der UNO tun können ist, das Übel, das hier ausgekocht wird, teilweise zu bremsen.

Ursprünglich war die UdSSR *die* Veto-Macht, die dauernd mit ihrem *njet* fast alle positiven Aktionen und Beschlüsse vereitelte, heute ist es die belagerte freie Welt, geführt von den Amerikanern, der die Rolle der Opposition zukommt. Einst war die UNO (wie ja *ganz* ursprünglich auch der Völkerbund)[2] das ‚liebste Kind' der Vereinigten Staaten, aber das hat sich mit der Zeit sehr verändert.[3] Es gilt auch für die „Vereinten Nationen" Laskis wichtigstes Prinzip für alle vertretenden Körperschaften: ohne gemeinsame Grundüberzeugungen sind in ihnen echte Diskussionen nicht möglich, denn man redet ohne gemeinsamen Nenner nicht nur aneinander vorbei, sondern bekräftigt auch die Gegensätze und vertieft bestehende Gräben. Je mehr man spricht, desto sichtbarer wird das Trennende und schließlich wird es so groß, daß jedes Kompromiß mit der anderen Seite als moralisch unmöglich erscheint. Und so wie beim totalen Auseinanderklaffen der Weltanschauungen in den Parlamenten schließlich der Bürgerkrieg die letzte Konsequenz des Parteienkampfes ist, wird auch beim Versagen der UNO frei nach Clausewitz der Völkerkrieg nichts als die gewaltsame Fortsetzung der Debatten des UNO Plenums „mit anderen Mitteln" werden. Verglichen mit den „Vereinten Nationen" schien ideologisch der alte Völkerbund vor 1930 eine Körperschaft aus einem Guß zu sein.

Zumindestens war in ihm nicht Idi Amin Dada vertreten, der seinen Gesundheitsminister Henry Kyemba aufgefordert hatte, einmal auch Menschenfleisch zu essen, da dieses doch so einen angenehmen salzigen Geschmack habe.

85. ZUSAMMENFASSUNG

1. „Geschichte"

Wenn wir nun hier zum Schluß die letzten zweihundert Jahre unserer Geschichte – nicht ganz sieben Generationen – zusammenfassend überblicken, dann stehen wir einer Tragödie gegenüber. Zweifellos gibt es in diesem Trauerspiel einige Lichtblicke, und es kann gar nicht geleugnet werden, daß in einer Reihe von Bezirken unseres Lebens dank der Erfindungen und Entdeckungen der Ingenieure, Chemiker, Physiker, Biologen und medizinischer Forscher beachtliche Fortschritte gemacht wurden. Der Lebensstandard aller Klassen ist bei uns bedeutend höher als in der Vergangenheit, aber nicht als Folge einer größeren „verteilenden Gerechtigkeit" *(distributive justice)*, sondern als das Resultat von Arbeiten, die im weiteren Sinne des Wortes wissenschaftlich sind. Sie haben unsere Produktivität in fast allen Gebieten in wunderbarer Weise gehoben.

Aber nicht nur Europäer und Nordamerikaner, sondern denkende Menschen überall sind mutlos und freudlos geworden: Voll Angst und Schrecken schauen sie in die Zukunft. Dem wissenschaftlichen und organisatorischen Aufstieg, der vielfach unser Leben bequemer gemacht hat, steht ein krasser politischer und moralischer Abstieg gegenüber. Was hat schon der durchschnittliche New Yorker davon, daß einige seiner Landsleute fröhlich auf dem Mond herumsprangen (sicherlich eine ganz außerordentlich bewundernswerte, wissenschaftliche und technische Leistung!), er aber in später Stunde zitternd und benommen, hinter jeder Straßenecke einen Verbrecher vermutend, nach Hause schleicht? Was nützt es dem deutschen Arbeiter, dessen Vater schon kein ‚Proletarier' mehr war, sondern sich dem Mittelstand zugehörend fühlte,[1] daß er, einen Farbfernseher bedienend, ein Kino in seinem Heim besitzt? Er weiß ja nicht, ob nicht in einigen Wochen oder Monaten die stählernen Kolonnen sowjetischer Panzer in seine Stadt einbrechen werden. Selbst der erfolgreiche Mann der Wirtschaft, der am Abendtisch in seiner Villa über die Köpfe seiner Kinderschar blickt, weiß keineswegs, wer von ihnen im Atomzeitalter voll fürchterlicher Gefahren und schrecklichen Versuchungen, in einer Epoche entsetzlicher, atomarer Kriege, grausamster Revolutionen ganzer Völkerwanderungen, mörderischer Laster, steigenden Verbrechens und tödlicher Verkehrsmittel ein reifes Alter erreichen wird.

Selbst dort, wo man ursprünglich den Fortschritt wähnte, werden einem unerhörte Rechnungen präsentiert. Kein einziger Schritt nach vorne, der nicht bezahlt, oft bitter bezahlt werden mußte. Wie viele gibt es doch unter uns, die mehr Bekannte,

Freunde und Verwandte auf den Landstraßen verloren haben als in den Kämpfen und Luftangriffen des Zweiten Weltkriegs.[2] Von der Zerstörung einer ursprünglich heilen Umwelt wollen wir hier gar nicht erst reden, vom Triumph des Häßlichen und den unbarmherzigen Zwängen und Abhängigkeiten eines technologischen Zeitalters. Wer war wohl praktisch am unabhängigsten – der schreibende Mann mit dem Gänsekiel, mit der Füllfeder oder der elektrischen Schreibmaschine?

Doch das größere Elend, die größere Gefahr und Bedrohung stecken in der Geschichte. Karl Popper hat uns schon gesagt, daß der Begriff des „Gottes der Geschichte" ihm eine wahre Blasphemie sei.[3] Thomas Jefferson bemerkte, daß für ihn die Geschichte nichts anderes sei als eine Beschreibung des schlechten Regierens.[4] Romano Guardini schrieb über die „fürchterliche moralische Neutralität der Geschichte",[5] Hegel gestand freimütig: „Die Geschichte ist nicht der Boden für das Glück. Die Zeiten des Glücks sind die leeren Seiten."[6] Die Geschichte straft nicht einmal die Guten. Sie stellt keine Regeln auf, doch eines ist sicher: alle Sünden, wenn nicht bereits auf Erden bestraft, erfahren im Jenseits ihre Sühne, die Dummheit jedoch erbarmungslos schon in dieser Welt. Nur ganz zufällig ist die Weltgeschichte das Weltgericht, und wenn dies in einzelnen Fällen geschieht, ist man gerührt. Christlich gesehen ist das menschliche Drama nie kollektiv, sondern immer persönlich und dazu noch keineswegs im Diesseits abgeschlossen. Wir erleben einzeln hier nicht mehr als ein kurzes Vorspiel für die Ewigkeit – auch wenn es ein sehr entscheidendes ist. Yves Simon, ein christlicher Denker, glaubte dennoch an einen tieferen, göttlichen Sinn der Geschichte, der auch dann besteht, wenn er uns verborgen bleibt.[7] Alldies enthebt uns jedoch, dank unseres freien Willens, nicht der Verantwortung: Geschichte geschieht nicht von selbst. Sie wird gestaltet. Selbst die ärgste, die totalste Tyrannis im eigenen Lande gibt uns nicht das Recht, die Hände in den Schoß zu legen. Immer bleibt die Frage: Haben wir doch nicht etwa dem Entstehen der Tyrannis Vorschub geleistet? Haben wir es versäumt, Tod und Armut fürchtend, ihr zu widerstehen? Oder haben wir uns gar – bewußt oder unbewußt – von ihr kaufen lassen?

2. „Fortschritt"

Nun ist es so, daß die Geschichte im 18. Jahrhundert eine radikale Wendung genommen hat, die sich bis zum heutigen Tag unvermindert auswirkt. Damals wurden die Weichen für unsere Tage mit einer gewissen Endgültigkeit gestellt, und zwar falsch gestellt. Was seit damals folgte war zwar nie unabwendbar, wohl aber ‚logisch‘ und zu erwarten. Die Geschichte verlief seit jener Zeit zum Teil ganz im Sinne der Aufklärung und der Französischen Revolution, also völlig in Harmonie mit den Erwartungen und Hoffnungen des *homme moyen sensuel*, wenn auch stets gestört durch Pannen, Abweichungen und unerwartete Katastrophen, die ihn ganz fürchterlich aus seinen Träumen rissen. „*Something Went Wrong*" ist der bezeichnende Titel eines amerikanischen Buches, das von der Warte des ‚Fortschritts‘ aus das Geschehen unserer Zeit betrachtete. In der Tat, da war wirklich „etwas schiefgegangen". Ein anderes Buch, in den Dreißigerjahren, hieß, „*Germany is Putting the Clock Back"*. Zu unserem großen Leidwesen war aber gerade das Gegenteil der Fall.

Doch diese Unglücksfälle und Unfälle haben sich mit der Zeit gehäuft, ganz besonders in unserer Generation, sodaß man das Gefühl haben mag, hier fließe man auf dem Strom einem Wasserfall zu. Je mehr man sich ihm nähert, desto schneller und unentrinnbarer ginge es vorwärts – vorwärts dem Tod entgegen. Jetzt nütze verzweifeltes Rudern nicht mehr: nur wenn man das schützende Ufer erreicht, ist das Furchtbare abzuwenden.

Es gibt zwei Todfeinde des Menschen in der Geschichte, beziehungsweise für sein Geschichtsverständnis: die geschichtliche Ignoranz und die Verfälschung der Geschichte. Es ist selbstverständlich, daß die Rechte, also ‚Konservative', Traditionalisten, Personalisten, also alle, die die Erfahrungen ihrer Väter und Ahnen ehren und pflegen, auch geschichtliches Wissen im Unterricht und in der Erziehung fordern und fördern. Wir müssen uns da klar vor Augen halten, daß das Geschichtsbewußtsein (zusammen mit auch anderen Bewußtseins- und Erkenntnisgattungen) zu jenen Eigenschaften gehört, die den Menschen vom Tier unterscheiden, denn der Mensch, anders als das Tier, ist sowohl vergangenheits- als auch zukunftsbezogen. (Nicht zuletzt weil er im Sinne Peter Wusts ein *animal insecurum* ist.) Was vor ihm war und was nach ihm sein wird, das bewegt ihn. Stichelhaarige Zwergdackel, Paviane, Gimpel und Pantoffeltierchen haben kein Geschichtsbewußtsein und kein Geschichtsinteresse. Daher aber auch das häufige Phänomen einer linken „animalistischen" Geschichtsfeindlichkeit.[8] Schon Gerrard Winstanley, der große englische Führer der radikalen Linken, wollte im 17. Jahrhundert Schulen errichten, in denen Geschichte nicht gelehrt wurde.[9] Heute sehen wir allenthalben, in Amerika nicht weniger als in Europa, daß in ‚modernen, d. h. linksdralligen Schulen Geschichtskenntnisse wenig oder kaum vermittelt werden. Sie gehen oft in Kursen von *Social Studies* („Gesellschaftsstudien") wie Zucker im Kaffee auf. Interessant ist allerdings auch der Umstand, daß amerikanische klassische Erziehungsreformer, wie zum Beispiel Robert Coram, alle Fremdsprachen, tote oder lebendige, aus der Schule verbannen wollten, natürlich auch Religion,[10] ein Programm, das sich auch Frances Wright zueigen gemacht hatte. Sie forderte natürlich Internate für alle Kinder vom zweiten bis sechzehnten Lebensjahr mit Einheitskleidung und identischer Nahrung. Andererseits war sie nicht ganz engherzig, denn die Kinder durften hie und da sogar von ihren Eltern besucht werden.[11] Solche lokal-egalitäre Erziehungsprogramme ohne Geschichtsbewußtsein, Spiritualität und Universalität würden Generationen materialistischer Banausen hervorbringen. Sicherlich aber hatte de Gaulle recht, als er meinte, die Geschichte sei eine Angelegenheit, von der man nie Urlaub nehmen könnte.[12] Wie weit aber bei uns schon die Geschichtsfeindlichkeit und Geschichtsignoranz fortgeschritten ist, bezeugt uns Nikolaus Lobkowicz, der schildert, wie er 1969 einen Studenten im Marx-Seminar fragte, wann Marx geboren sei. Die Frage löste sofort eine gewaltige Entrüstung aus: Eine ‚Faktenfrage' in einem Universitätsseminar sei eine ‚Zumutung'! Natürlich wußte der Student das Jahr nicht, denn er war restlos ‚vergangenheitsabgewandt'.[13]

Die Alternative zum gewollten Ignorieren der Geschichte (als „unnützen Ballast", als „geistig-seelische Behinderung durch die Vergangenheit") war und bleibt die vielleicht noch häufigere Verfälschung der Geschichte. So hat Dr. Benjamin Rush, ein ebenso linker Vertreter der Gründerväter wie Thomas Jefferson, ein Studium der Geschichte ganz einseitig als unermüdlichen Kampf gegen die Tyrannei vorgeschrieben. Das ist auch die Auffassung der Mehrheit der heutigen Linken (die kurioserweise fast immer für den allmächtigen Staat eintritt). Sie fühlt aber manchmal, daß der Mensch trotz allem ein geschichtliches Wesen mit einem natürlichen Interesse an der Vergangenheit ist, und man ihm daher vorsichtshalber fürsorglich einen Geschichtsersatz servieren muß, und das ist verfälschte Geschichte, Geschichte als Lüge. Wenn man ihm die Geschichte restlos vorenthält, geht er ihr vielleicht allein nach – ohne „ideologische Führung", und das wäre gefährlich.

Nicht mit Unrecht hat Paul Thun-Hohenstein gesagt, daß das 19. Jahrhundert das Jahrhundert der Illusionen, das zwanzigste aber das der organisierten Lüge sei. Das aber ist ein sehr logischer Wandel: Nach dem Zusammenbruch von Illusionen, die man sich vorgaukeln ließ, mußte man, wenn man Mut besaß und ehrlich war, sich entweder auf die Suche nach der Wahrheit begeben oder, die Niederlage nicht eingestehen wollend, die tröstende Unwahrheit selbst fabrizieren. Und letzteres ist geschehen. Diese Lügen werden dann sowohl von ‚Fachmännern' an Universitäten, von den Verwaltern der Massenmedien oder auch von ‚führenden Politikern' in die Welt gesetzt. So zum Beispiel von Österreichs „Doktor Karl", der auf der Konferenz von St. Germain-en-Laye die alte Monarchie als „Völkerkerker" bezeichnete.[14] Karl Renner war zwar kein großes Kirchenlicht, aber er wußte sehr genau, daß diese Formel, die ganz nach dem Geschmack der Sieger war, der Wahrheit nicht im geringsten entsprach. Diese so schlau und witzig aussehende Formulierung (die von der Gegenseite so gerne und häufig wiederholt wurde) war eine ganz niederträchtige Lüge. Sie war natürlich völlig wirkungslos; eine Ehrlosigkeit, die keinen Profit einbringt, wirkt tragisch und komisch zugleich. Renner war wahrhaftig kein Brockdorff-Rantzau, der die Wegbereiter des Zweiten Weltkriegs in Versailles so behandelte, wie sie es verdienten und sich nichts vergab.[15]

Doch die Entstellung der Geschichte, zum Teil durch Verschweigen, Verbiegen, Verfälschungen von Einzelheiten, zum Teil durch eine verdrehte Zusammenfassung unwahrer Perspektiven, wurde und wird auch weiter mit Hochdruck betrieben.[16] Man braucht da nur einen Satz herauszunehmen: „Im Vietnamkrieg kämpften die Vereinigten Staaten gegen das Volk von Vietnam." Schon allein, wenn man den Ausdruck „das Volk" hört, sollte man *immer* lautstark protestieren, denn weder eine Minderheit noch eine Mehrheit sind je „das Volk", ein Ausdruck, der immer eine rein „konstruktivistische" Abstraktion bleibt. In einem Roman, der in vier Ländern, aber selbstverständlich nicht in deutscher Sprache erschien,[17] machte ich den Vorschlag, das moralisierende Sprechen im Plural völlig abzuschaffen. Man dürfe eben nur mehr „ich", „du", „er" und „sie" sagen und nicht mehr „wir", „ihr" und „sie", denn dann würde das ekelhafte politische Geschwätz, das die Menschheit vergiftet, endlich einmal aufhören. Bei diesem Verbot ginge dann in der Tat die Sprache der Parteien zuende.[18]

Die so häufig falschen Perspektiven einer europäischen Geschichtsschreibung haben auch die Außenpolitik der Vereinigten Staaten verhängnisvoll beeinflußt. Die *good guys* – um die Sprache der Wildwestfilme zu benützen – waren alle links von der Mitte, die *bad guys* rechts von der Mitte. Die europäische Geschichte war also ein Kampf der Kräfte des Lichts, der Freiheit, des Fortschritts, der sozialen Reformen, des ‚Individualismus‘, des ‚aufgeklärten Protestantismus‘, der Demokratie gegen die Kräfte von gestern: die der Reaktion, der Monarchie, der Adelsprivilegien, des ‚Militarismus‘, des ‚Katholizismus‘, des patriarchalen Antifeminismus, des künstlich gezüchteten und gewollten Analphabetentums, der Leibeigenschaft, der ‚Autokratie‘, der sozial-wirtschaftlichen Ausbeutung.[19] Dieses Schema wurde auch gerade bei den politischen Entscheidungen zum Schaden der Vereinigten Staaten und der ganzen Welt angewandt. Es stand in einer gewissen Harmonie mit der neueren amerikanischen Folklore, wurde aber für Amerika ein Bumerang und war als strategisches Konzept schon deswegen zum Scheitern verurteilt, weil dieses Schema an und für sich der Wirklichkeit nicht im entferntesten entsprach. Spanier sind im Durchschnitt viel individualistischer als die Engländer, die evangelischen Preußen in der Vergangenheit viel militaristischer als die Portugiesen,[20] das deutsche wilhelminische Kaiserreich war viel ‚sozialer‘ als die amerikanische Republik, die Frauen in Frankreich viel emanzipierter als die Frauen in *God's Own Country*,[21] das allgemeine Wahlrecht war in Österreich früher als in Großbritannien, das Frauenstimmrecht im Großfürstentum Finnland (unter Nikolaus II.) früher engeführt (1906) als in New York oder Chicago, Dienstboten waren an der Loire besser behandelt als an der Themse oder am Potomac[22] und so weiter. Das „zaristische“ Rußland wurde natürlich hoffnungslos verteufelt. Als dann der Bolschewismus kam, wurde er von zahlreichen Amerikanern als neue Morgenröte begrüßt, vielleicht nicht zuletzt, weil man den Marxismus, als reinen „Ökonomismus“ jedem Gemischtwarenhändler erklären konnte. (Mit Danilewskij oder Chomjakow kam man nicht weit!) Im Zweiten Weltkrieg konnte man sich über diese angeblich so liberale rote „Schwesterdemokratie“ nicht genug begeistern. Später dann wurde man sich gewahr, daß mit einer steigenden Anzahl von „Alphabeten“ höchst paradoxal die Freiheit nicht größer, sondern kleiner wurde – also behandelte man dann schließlich die UdSSR als „zaristisches Rußland rot angestrichen“. Der Umstand, daß das kaiserliche Rußland eine ganz große literarische, künstlerische und musikalische Kultur hervorgebracht hatte, war kaum zu glauben. Das paßte nicht ins Bild! Aber das Bild wurde, ohne mit der Wimper zu zucken, verfälscht. Ein rührender amerikanischer Journalist, Quentin Reynolds, brachte mitten im Zweiten Weltkrieg ein Buch heraus, in dem schwarz auf weiß zu lesen war, daß nur zehn Prozent der Russen Schuhe besaßen und nur *ein* Prozent (!) lesen und schreiben konnte.[23] Und der Klerus? Diese unverschämten Pfaffen wurden vom Staat bezahlt und sammelten obendrein noch milde Gaben ein. (Der gute Mr. Reynolds wußte nicht, daß dies in ganz Europa außerhalb Frankreichs der Fall war.)[24]

Doch wäre es unrichtig zu sagen, daß das geschichtliche Unwissen, das wiederholt durch Umfragen peinlichst festgestellt wurde,[25] die einzige Ursache unsrer traurigen Lage sei. Es gibt noch viele andere, mindestens ebenso gewichtige Gründe, aber ein zweiter, damit eng verwandter Faktor ist die Verachtung für Wissen und

Erfahrung, deren sich immer und überall nur kleine und kleinste Minderheiten brüsten können, die daher mit dem Schimpfwort „elitär" belegt werden. „Elite" und „elitär" sind Schandbegriffe geworden. Das geht heute so weit, daß man Auslesen oder überdurchschnittliche Bildung schon auf dem Niveau der mittleren Schulen bekämpfen will. Hier scheint Österreich, bekannt durch seine Schildbürgerstreiche, eine führende Stellung einzunehmen.[26]

Das geistige Elitenproblem in einem demokratischen Zeitalter ist umso brennender als alles Wissen immer relativ ist, aber doch mit den spezifischen Aufgaben des Einzelnen kommensurabel sein muß. Ein Gehirnchirurg braucht kein erstklassiger Jurist und ein Kunsttischler kein Elektrotechniker zu sein. Nun aber wird in einem demokratischen Zeitalter jedermann aufgerufen, sein kleines, wenn auch mikroskopisches Scherflein zur Schaffung einer Volksvertretung und daher letztendig auch zu einer Regierung beizutragen.[27] Man wählt Parteien (wie bei uns) oder spezifische Kandidaten (wie in Großbritannien), und diese wiederum sollten doch theoretisch ein noch konkreteres Wissen haben als ihr „Auftraggeber", das „souveräne Volk". Ein noch größeres Wissen setzt man allerdings bei der Regierung voraus. Freilich, für die „sublimsten Dogmen der demokratischen Religion", um mit Pareto zu reden,[28] sind Kriterien wie Wissen oder Erfahrung völlig fremd: Die blutjunge Friseuse und der alte Staatsrechtsprofessor haben beide nur je eine Stimme. Es müßte also *theoretisch* völlig gleichgiltig sein, ob der Wahlbürger, der Abgeordnete oder der Minister Sachkenntnisse hat oder nicht, doch in der Praxis, je höher man auf der Skala der Verantwortung hinaufgeht, sieht man, daß die Theorie ganz prachtvoll über die Ratio siegt.[29] Wie oft kommt es auch vor, daß ein Minister den einen und im nächsten Kabinett einen ganz anderen Posten bekommt. Heute ist er Gesundheitsminister, morgen Finanzminister, übermorgen Botschafter. Und warum nicht? Wir haben schon den amerikanischen Präsidenten Andrew Jackson zitiert, der jedes Spezialwissen für Regierungs- oder Staatsoberhäupter völlig überflüssig fand. (Siehe S. 173) Nun, ein Abgeordneter hält Reden, trifft Entscheidungen und stimmt (zumeist) öffentlich ab. Doch der Wahlbürger kann überhaupt nicht zur Verantwortung gezogen werden. Seine Stimme, die gezählt, aber nicht gewogen wird, bleibt völlig geheim. Im Urnengang kommen Unwissen, Anonymität und Verantwortungslosigkeit zu einer geradezu erschütternden Synthese.[30]

Nun aber ist es so, daß Rousseau, ebenso wie der Göttliche Marquis ein Vater der Französischen Revolution, die Demokratie nur für ganz kleine geographische Einheiten von Kantonsgröße geeignet hielt. Für größere politische Gebilde sah er die Aristokratie, für ganz große aber lediglich die Monarchie praktisch möglich.[31] Denn in kleinen geographischen Einheiten waren einmal die Probleme auch wirklich so klein, daß sie von Leuten einfacherer Bildung beurteilt werden konnten. Nun aber haben wir es heute nicht nur mit volkreicheren Staaten zu tun, sondern – was die Sache noch fataler macht – mit einem schrumpfenden Globus und einer stets komplexer werdenden technologischen Zivilisation.[32] Die Anliegen, über die der Wahlbürger, der Abgeordnete und das Regierungsmitglied bestimmen sollen, sind längst nicht mehr überschaubar und werden es morgen noch weniger sein. Der Abgrund zwischen den *Scita* und den *Scienda* wächst unaufhörlich mit unheimlicher Geschwindigkeit.[33] Auch wenn es wahr sein sollte – wir bezweifeln es –, daß die Bildung der Massen wie auch der gehobenen Schichten, der sogenannten ‚Bildungsbürger‘, in einer arithmetischen Progression ansteigt, so vermehren sich die Probleme mitsamt ihren Einzelheiten und Verwicklungen in einer geometrischen Progression. *Wir werden also alle dauernd ignoranter.* Heute mag der Bürger, der bei einer der Schweizer Landsgemeinden in Person erscheint,[34] noch über die einfachen Fragen seines Kantons halbwegs geistig informiert sein, der Schweizer aber, der für den Nationalrat stimmt, ist es aber längst nicht mehr. Das weiß er auch: daher ist die Wahlbeteiligung dann nur mehr 55 Prozent.[35] In den Vereinigten Staaten sieht dies noch windiger aus.[36] Das ist allerdings auch kein Wunder; hingegen gehen Briten, Deutsche und Österreicher, auch Franzosen, noch sehr fleißig zu den Urnen, doch von den weltbewegenden Problemen, an denen ihre Länder Anteil haben, verstehen sie in Wirklichkeit so gut wie nichts. Ihnen kann nur der einzelne Kandidat sympathisch oder unsympathisch, die verschiedenen Parteien mit ihren Wahlversprechen[37] „anziehend“ oder „abstoßend“ sein. Schließlich beruht alles auf Gefühlen und nicht mehr auf dem Verstand.

Erinnern wir uns da nur einmal an den Wiener Kongreß in den Jahren 1814–1815, ein Kongreß, der trotz schwerer Fehler (Nichterneuerung des Römisch-Deutschen Reichs und Polens) einen weiteren Weltkrieg für hundert Jahre zu vermeiden half. Damals aber war es für einen Staatsmann genügend, wenn er französisch sprach und von der Geschichte, der Geographie, dem Staatsrecht, der Genealogie und dem Kriegswesen gute Kenntnisse hatte. Heute aber wäre ein derartiges Wissen für Staatsmänner (die allerdings überall durch Politiker ersetzt wurden) völlig ungenügend; heute müßten sich diese zusätzlich in der Wirtschaft, der Finanz, der Völkerpsychologie, der Industrie, der Landwirtschaft, ja selbst in der Physik, dem Verkehrsproblem, dem Gesundheitswesen auf fast allen Kontinenten auskennen. Anstatt aber zehnmal mehr zu wissen als ihre Ahnen, wissen unsere politischen Epigonen vielleicht zehnmal weniger. Dieses Wuchern der Ignoranz in den Regierungen unserer Länder hatte schon seinerzeit Duff Cooper gegeißelt.[38]

In Amerika sahen wir, wie ein Präsidentschaftskandidat im Jahre 1964 auf seiner Wahlrundfahrt versprach, Österreich von der sowjetischen Besatzung zu befreien, und vor wenigen Jahren hatte der Präsident derselben Großmacht kühl behauptet, daß Polen nicht zum Ostblock gehöre und kein kommunistischer Staat sei. (Vielleicht glaubte er, daß der Warschau-Pakt in Warsaw, Illinois, am Mississippi geschlossen wurde.) Als man ihn darüber zu Rede stellte, entschuldigte er sich keineswegs mit momentaner Sinnesverwirrung, *Dementia Praecox* oder Volltrunkenheit, sondern suchte sich mit Argumenten wütend zu verteidigen. Neville Chamberlain nannte die Tschechoslowakei ein *country of which we know so little,* und ich würde es gar nicht wagen, unseren führenden Politikern im Westen geschichtlich-geographisch auf den Zahn zu fühlen. Doch auch Stalin hatte von der weiten Welt kaum eine Ahnung. Und wenn heute die führenden Leuchten der verschiedenen Nationen keine Dolmetscher zur Hand hätten, könnten sie sich bei ihren Begegnungen oft nur beschnüffeln oder anbellen. Wir wissen vom Außenminister eines großen Landes, der zu seinem Indienbesuch einen *englischen* Interpreten brauchte, und von Botschafter eines mitteleuropäischen Staates in Paris, der zwar englisch, aber nicht französisch sprechen konnte. Den Vogel schoß aber vielleicht ein päpstlicher Nuntius in Manila ab, der weder Tagalog, noch Englisch oder Spanisch konnte.[39]

Kein Wunder also, wenn Lincoln Steffens anno 1921 Lenin besuchte und dann nach einer faszinierenden Unterredung die Feststellung machen mußte, daß Lenin ein Pilot, Woodrow Wilson aber bestenfalls ein Matrose wäre.[40] In seiner unfaßlichen Naivität glaubt jedoch der Westen, daß die menschliche Intelligenz und das Wissen durch Wahlen, also durch eine Art von statistischer Ermittlung, „addiert" werden könnten und dadurch die Besten und Fähigsten an die Spitze des Staates kämen. Das aber ist ein grausamer Irrtum. Schon Grillparzer, der viel unter der Zensur der Reaktion gelitten hatte, gestand, daß drei Esel *in concreto* einen Esel *in abstracto* darstellten, und das sei ein furchtbares Tier.[41] Der große Liberale und hervorragende Repräsentant der ‚Österreichischen Schule‘, Ludwig von Mises, schrieb in seinen *Erinnerungen* über den grenzenlosen Optimismus der Liberalen im 19. Jahrhundert, die wahrhaftig glaubten, die Menschen seien vernünftig und darum müsse schließlich die richtige Meinung zum Sieg gelangen; die Bestrebungen der Finsterlinge, das Volk in Unwissenheit zu halten, um es leichter beherrschen zu können, würden jedoch den Fortschritt nicht mehr aufhalten können.

„Wir können diesen Optimismus nicht mehr teilen", sagte Mises. „Die Widersprüche der wirtschaftspolitischen Doktrinen stellen an die Urteilskraft weit schwierigere Anforderungen als die Probleme, die die Aufklärung im Auge hatte: Aberglaube und Naturwissenschaft, Tyrannei und Freiheit, Privileg und Gleichheit vor dem Gesetz."[42] Die Massen fand Mises „geistig nicht befähigt" und „nicht eines selbständigen Urteils fähig".[43] Carl Menger wie auch Jacob Burckhardt waren darüber gebrochen und von dunklem Pessimismus erfüllt. Auch das Leben Max Webers war von dieser Erkenntnis beschattet.[44] Maritain war hingegen der Meinung, daß die Dummheit ihr Gesamtvolumen durch die Jahrhunderte beibehalte, nur wechsle sie von einer Domäne in die andere.[45] Anscheinend hat sie jetzt im politischen und religiösen Bezirk ihr Hauptquartier aufgeschlagen.

Man muß sich daher wundern, daß die Demokratie in verschiedenen Formen dennoch Generationen hindurch existieren konnte, da doch Parlament und Regierung nicht aus Männern und Frauen von ausreichendem Verstand, Wissen und Erfahrung bestehen – von glücklichen Ausnahmen abgesehen. Die Antwort darauf ist sehr einfach: Man hat immer noch die teilweise doch elitären (oder zumindestens elitär geplanten) Verwaltungen belassen. (Leider werden sie zunehmend parteipolitisch rekrutiert, was sowohl ihrem Ansehen als auch ihrer Qualität schadet.) Mit ihrer Permanenz und ihrer Sachkenntnis haben sie rationale Elemente in das Regieren gebracht, aber mit der Kontrolle der Fachleute durch die gewählten Dilettanten hat unser System einen zuzüglichen, perversen Charakter bekommen: die Amateure befehligen die Experten, die Maurer die Architekten.

3. Mehrheitsherrschaft

Hierzu aber kommen noch vier weitere Unzulänglichkeiten, die ursächlich die fürchterliche Schwäche der westlichen Welt bewirken und die auch gegenseitig bedingt, verwoben und verfilzt sind.

Da ist zuerst einmal unser Prinzip des ewigen Wechsels. Fiele eine Wahl wie die andere aus, würde unser System völlig erstarren und aus der Mehrheitsherrschaft unweigerlich eine eiserne Tyrannis entstehen. Die „Wechselregierung" gehört zur Demokratie, und jede an der Macht befindliche Partei muß in ihrem eigenen Interesse – aber oft gegen das des Landes – alles daran setzen, auch die nächste Wahl zu gewinnen. Darin allein liegt schon ein innerer Widerspruch. Findet der ersehnte Wechsel aber statt, und damit auch die für so wichtig gehaltene „Wacheablösung", dann geht auch ein gut Stück Erfahrung verloren – und Erfahrung ist eine Wissensform. Die Minister, die sich endlich in ihrer Materie ein wenig auskennen, müssen wieder gehen und frischen Amateuren Platz machen. Die Amerikaner, getrieben vom Wunsch der ‚Demokratisierung' und – sehr verspätet – voll Entsetzen und Entrüstung über die dreimalige Wiederwahl des Friedensverbrechers Franklin D. Roosevelt, beschlossen 1951 ein Gesetz (das 22. *Amendment*), demzufolge der Präsident nur *einmal* wiedergewählt werden kann. Bis zur Präsidentschaft „F. D. R's" galt es als ungeschriebenes Gesetz, daß der Präsident höchstens während zwei Amtsperioden regieren soll. Dann aber habe er abzutreten, weil er sonst zu viel Macht gewänne – und die Macht ist bekanntlich böse. Roosevelt brach mit dieser Tradition. Während des Krieges wurde das Schlagwort der Pioniere des Westens gebraucht, daß man Pferde in der Mitte des Stromes nicht auswechseln soll. Doch das demokratische Denken ist, wie wir schon sagten, für den Wechsel, für die häufige Wählerei, die alle langfristigen Planungen, also eine Politik auf weite Sicht, ausschließt. Gewiß, sagt der brave Bürger, wenn man mit den Regierenden unzufrieden ist, dann haben sie versagt, dann haben sie ihr Mandat verwirkt und deshalb sollen sie auch abserviert werden. Können aber die Wähler das Versagen auch wirklich feststellen? Ist es bei uns im Westen nicht so, daß bei florierender Wirtschaft die Regierungspartei in der Regel wiedergewählt wird, bei wirtschaftlicher Krise, die heute zumeist nicht lokal, sondern weltweit ist, die Opposition die große Chance bekommt? Ist dann aber das Urteil der Wähler gerecht? Doch kaum. (Roosevelt? Genau so wie Hitler konnte er die Wirtschaftskrise nur durch die Rüstung „bewältigen", und das bewirkte schließlich auch seine Wiederwahl.)

Nun aber ist die Käuflichkeit der Massen so weit gediehen, daß Parteien heute mehr oder weniger in zwei Gruppen eingeteilt werden müssen: die Sankt-Nikolaus- und die Gürtel-enger-schnallen-Parteien. Die Sankt-Nikolaus-Parteien haben dauernd ihre Hände in den Taschen der einen und stecken dann Geschenke in die Taschen der anderen: Eine Minderheit muß stets etwas für die Mehrheit hergeben, denn nur durch Mehrheiten gewinnt man Wahlen. Da haben wir Jeremy Benthams *The greatest happiness for the greatest number*.[46] (So siegte schließlich auch der Nationalsozialismus: Unglück für die wenigen Juden, Glückseligkeit für die vielen Arier!)

Die Sankt-Nikolaus-Partei kann *normalerweise* in freien Wahlen nicht besiegt werden, denn sie verspricht Arbeitsplätze, ‚Soziale Gerechtigkeit‘, Geldzuwendungen, Abrüstung, Maßregelung unpopulärer Minderheiten, Freiheiten vom Nabel abwärts, während Gürtel-enger-Schnaller recht asketisch eher mit dem Gegenteil drohen. Wer die erbsündengeschwächte Natur des Menschen kennt, darf sich über die Chancen dieser beiden Gruppen nicht wundern. Es lebt sich auch besser im Grand Hotel als im Karthäuser-Kloster. Die einzige Möglichkeit eines Regierungswechsels liegt nicht wirklich in einem echten Sieg der ‚Asketen‘ über die ‚Genießer‘, sondern in einem *Selbstmord* der St. Nikolaus–Partei: Sie wird durch Korruptionsfälle erschüttert, sie stellt Kandidaten auf, die maßlos dumm und hilflos auch keinen erotischen Magnetismus ausüben oder läßt die Erfüllung ihrer Versprechungen als unwahrscheinlich erscheinen. Die Versprechungen brauchen ja keineswegs gehalten werden, aber sie müssen ‚glaubhaft‘ sein. So hatte zum Beispiel im Herbst 1980 die Demokratische Partei der Vereinigten Staaten Selbstmord verübt. Sie war keineswegs ‚besiegt‘ worden. Auf lange Sicht hält sie natürlich immer noch wirkungsvolle Trümpfe in der Hand.

Hier aber muß wiederholt werden, daß die Bestechungen der Wählerschaft legal oder illegal sein können. Der Kandidat, der sich am Wahltag zehn Meter vor dem Wahllokal aufstellt und jedem, der ihn zu wählen verspricht, hundert Mark in die Hand drückt, wird höchstwahrscheinlich verhaftet, abgeführt und bestraft werden. Doch darf er schon eine Woche vorher in einer Wählerversammlung den weniger Bemittelten eine radikale Steuererleichterung oder auch einer entscheidenden Minderheit eine bestimmte Geldzuwendung versprochen haben, so zum Beispiel allen Frauen mit schwarzen Haaren und blauen Augen eine monatliche Rente von 200 Mark. Das ist vollkommen legal. Und so wird es auch *im Prinzip* stets gemacht. Das nennt man dann in Österreich das „Wahlzuckerl“. Alldies ist natürlich im kalten Licht der Objektivität gesehen nichts als *Massenkorruption.*

Kommen wir jedoch noch einmal auf die Macht in der Politik zurück. In den Vereinigten Staaten – noch viel mehr als bei uns – besteht, wie wir schon sagten, die Angst vor der Macht. Die meisten, die mit geradezu religiöser Inbrunst an die Gleichheit der Menschen glauben, möchten am liebsten alle Macht ausschalten. Dazu kommt die Verwechslung von Freiheit und Gleichheit mitsamt der Angst, daß die Mächtigen unweigerlich die Freiheit beschneiden. (Man erinnere sich auch in Parenthese daran, daß die Gleichheit der Menschen nicht „natürlich“ ist, sondern nur durch Gewaltanstrengungen realisiert werden kann. Prokrustes ist der Schutzheilige der Egalitären!) Je mächtiger also die Mächtigen sind, desto unfreier werden die Beherrschten. *Das* aber ist eine *fausse idée claire,* die in der so oft wiederholten Behauptung Lord Actons gipfelte: „Power tends to corrupt, absolute power corrupts absolutely.“[47] Kaum daß jemand wagen würde, gegen diese Formulierung zu protestieren, aber tatsächlich waren Karl V., Leopold I., Maria Theresia und Leopold II. – um nur vier Habsburger zu nennen – trotz ihrer sehr weitgehenden Machtfülle nicht korrupt, während oft kleine italienische Beamte, amerikanische Bürgermeister, brasilianische Zöllner es waren, die die Korruption auf die Spitze trieben. Der Vatikan war am korruptesten, als er am wenigsten Macht hatte – im zehnten Jahrhundert. Es können auch große Armut (und nicht nur Reichtum), hilflose Machtlosigkeit und anderes Unglück korrumpieren. Die Antwort auf dieses Problem ist keineswegs schwierig: Macht erweitert das persönliche Potential, die Handlungsmöglichkeit. Also wird ein schlechter Mensch mit viel Macht sehr viel Böses, ein guter Mensch mit viel Macht sehr viel Gutes zu tun bestrebt sein. Ich habe auch reiche, heiligmäßige Leute und arme Bösewichte gekannt.[48] Verhängnisvoll aber ist es, wenn im Streit zwischen guten und bösen Ideologien, die im Staat verkörpert werden können, erstere sich keusch der nötigen Machtausübung enthalten und dadurch den Sieg des Bösen ermöglichen. Das Gute darf nicht nachgebend sein. Schon Bernanos sagte, daß der Christ dem Schurken nicht die Kehle zum tödlichen Schnitt hinhalten darf.[49] Hier darf man auch nicht vergessen, daß nur durch große zahlenmäßige Überlegenheit[50] und durch die Allianz mit einer anderen hochorganisierten, blutrünstigen Diktatur es dem „Freien Westen" gelungen ist, die Tyrannis des Dritten Reiches zu brechen.[51]

Halten wir uns da auch vor Augen, daß die Macht keineswegs „konzentriert" zu sein braucht. Sie kann – und das tut sie oft in Demokratien – höchst diffus erscheinen, auch horizontal (von der Gesellschaft) eher als vertikal (vom Staat her) wirken. *Eine* der Formen diffuser Macht ist der Versorgungsstaat, der sich mit demokratischem Vorzeichen besonders in Nordeuropa und Nordamerika in unheimlich totalitärer Form entwickelt hat.[52] Doch die Annahme, daß die Tyrannis wie in der Antike nur von einer bestimmten Person ausgeübt werden kann und die Alternative dazu die „Selbstregierung" des Volkes ist, die dann Freiheit bringt, haben schärfere Denker längst durchschaut. So sagte Voltaire vor über 200 Jahren, daß er lieber unter der Pranke eines Löwen als unter den „Zähnen von tausend Ratten, meiner Mitbürger" leben würde[53] und Herman Melville, der große amerikanische Seher, gestand vor hundert Jahren: „Besser ist es sicher unter einem König zu leben als unter der Gewalt von zwanzig Millionen Monarchen, auch wenn man ihnen zugezählt werden kann."[54] Allerdings ist es nicht immer die politische Macht, die bedrückend wirkt, sondern auch die gesellschaftliche, die aber wiederum besonders in den Altdemokratien sehr schwer auf dem Einzelnen lasten kann.[55]

4. Außenpolitik

Das alles bringt uns aber zu einer anderen, überaus großen Schwäche des „Freien Westens", der „Demokratien", und dies ist ihre Achillesferse: die Außenpolitik. Vor allem braucht die Außenpolitik einen Plan, und alle Pläne brauchen *Permanenz* für ihre Durchführung. (Das gilt eben nicht nur für die Planwirtschaft, die jeden echten „demokratischen Sozialismus" unmöglich macht.)[56] Der andere Aspekt desselben Problems ist das fehlende Vertrauen zwischen den „Demokratien", in denen manchmal die führenden Männer wie die Figuren eines Kasperltheaters auftauchen, um wieder zu verschwinden. Nun mag der Ministerpräsident der Republik A den Ministerpräsidenten der Republik B ehrlich vertrauen, ja, sie mögen sogar persönliche Freunde sein, aber sie können sich selbstverständlich gegenseitig nicht das Versprechen geben, in ein, zwei oder drei Jahren noch „am Ruder" zu sein.

Schon J. Holland Rose hatte uns vor 90 Jahren gesagt, daß die Außenpolitik im demokratischen Rahmen ein schwer zu lösendes Problem darstellt. Daher ist das Lager der Freien Welt in seinem Zusammenhalt viel fragwürdiger als das des Ostblocks, das ja auch ideologisch besser geeint ist. So wurde Andrej Gromyko 1948 stellvertretender sowjetischer Außenminister und 1957 Außenminister. Er hat ein ganzes Karussell westlicher Außenminister vorbeiziehen gesehen – lauter stets frisch eingeschulte Amateure! Die Frage des gegenseitigen Vertrauens in der Freien Welt ist heute mehr denn je problematisch, weil ja das verwandtschaftliche Verhältnis zwischen den Monarchen als Verfeindungshindernis keine Rolle mehr spielt, auch nicht, was noch wichtiger wäre, als Anreiz zu baldiger Wiederversöhnung. Man erinnere sich daran, wie empört Napoleon III. war, als ihn Nikolaus I. mit *cher cousin* titulierte, während Franz Joseph im Jahre 1859 und Wilhelm I. im Jahre 1870 den „ Kaiser der Franzosen" als *Monsieur, mon frère* anredeten.[57] Könnte man sich analoge Umgangsformen noch im 20. Jahrhundert vorstellen? Schon nach dem „Großen Völkerringen", dem Ersten Weltkrieg, war es damit aus.[58]

Aber nicht nur die Außenpolitik, sondern auch die Landesverteidigung ist in der Freien Welt höchst problematisch geworden. Denn beide, Diplomatie und Rüstung, können nicht zwischen Regierenden und Regierten offen durchgesprochen werden. Die Karten müssen stets gedeckt bleiben, weil der Feind mithört. Heute aber sind Diplomatie und Rüstung nicht mehr Nebenbeschäftigungen moderner Regierungen, sondern Angelegenheiten, die über Leben und Tod der Völker entscheiden. Für ein Land wie die Vereinigten Staaten, die so lange als „Großinsel" in einer beneidenswerten Isolation gelebt hatten, ist dieses Problem besonders brennend. Sie haben es in dieser Beziehung sehr schwer. Hier fehlt ihnen die Erfahrung. Ihre Außenpolitik muß notgedrungen von Gelehrten, von Ausländern oder Militärs geführt werden. Aber auch für die anderen „Demokratien" gilt wie wir sagten, daß sie weder Kriege vorbereiten noch einen dauernden Frieden planen können. Vorbereitungen für einen Krieg – *si vis pacem, para bellum!* – sind teuer, daher auch unpopulär: moderne Kriege, die totale Kriege sind, werden gefürchtet. Schon im September 1939 sind keine Männer in die Knie gesunken, um Gott zu danken, einen Krieg erleben zu dürfen..., wie unser Kompatriot aus Braunau anno 1914. Und wenn die „Volkskriege", von ungeheurer Haßpropaganda begleitet, zuende sind, will man dem Feind keinen Pardon geben und vergißt dabei natürlich, daß die Geschichte weitergeht und der Feind von gestern in der nahen Zukunft ein helfender Freund sein könnte. Wer unmittelbar nach dem Krieg Versöhnung predigt, wird von der öffentlichen Meinung abgelehnt. Daher auch (nur um *ein* Beispiel zu nennen) das *Hang-the-Kaiser* Schlagwort für die *Khaki Elections* in England, im November 1918, die den gewaltigen Triumph Lloyd Georges brachten. (Siehe S. 119) Man stelle sich „*Hang Louis XIV.*" als Wahlschlager der Whigs im Jahre 1712 vor! Nach dem Zweiten Weltkrieg sah man wenigstens ein, daß mit den verschiedenen Deutschlands ein ‚Frieden' überhaupt nicht unterzeichnet werden konnte.

5. „Wenn es Gott nicht gibt"

Doch Geschichtskenntnisse, wirkliches Wissen und große Erfahrung in den Regierungen würden uns noch lange nicht retten. Was noch unbedingt nottut sind ethische Bindungen, die aber wenn wirkungsvoll, *nur* religiöse Bindungen sein können, die also den Menschen im *Gewissen* verpflichten, wenn er *Gottes Wort* als Auftrag anerkennt. Als Weltreisender und Amateurethnologe sehe ich das „Naturrecht" in der Form, in der es von unseren Theologen gerne und häufig proklamiert und zitiert wird, sicherlich *nicht*. Ich würde lediglich zugeben, daß alle Völker mit wenigen *persönlichen* Ausnahmen das Wort Gottes anzunehmen imstande wären, wenn es ihnen klug mitgeteilt und ihnen auch die Gnade gegeben wird. Die von Gott mitgeteilte Ordnung und der dazugehörige Ethos entsprechen dem Besten des Einzelnen und auch der gesamten Menschheit.

Aber zu glauben, daß aus der menschlichen Natur heraus sich unsere Grundsätze automatisch entwickeln (und daher auch universal vertreten werden), entspricht nun einmal nicht der Wahrheit. Weder bei den Primitiven noch bei Hochkulturen. Heidnische Religionen haben haarsträubende, ekelhafte, grauenhafte Riten und Moralbegriffe hervorgebracht. Bei dem Auca-Indianern im östlichen Ecuador werden Säuglinge, die zu viel schreien, in ein Erdloch gesteckt und zertrampelt, Mädchen, die ihren Liebhaber sexuell nicht befriedigten, aufgespießt.[59] In Afrika werden Millionen von Frauen auch heute noch ihres zentralsten Geschlechtsorgans beraubt (sie sollen Kinder kriegen und arbeiten, sonst nichts) und der reizende, weise alte Jomo Kenyatta hatte diesen schönen Brauch auch verteidigt.[60] Im römischen Zirkus fanden Vorstellungen statt, die die „Nächte" des Marquis de Sade geradezu human erscheinen lassen. Wir empören uns vielleicht darüber, daß man in China von gestern (und nicht vielleicht auch von heute?), enttäuscht über die Geburt eines Mädchens, dies der Katze zu fressen gab. Und bei uns? Der staatlich subventionierte Mord an den Ungeborenen! Das ist das Ende des freiheitlichen Rechtsstaats, den wir doch angeblich alle wollen. „Mein Bauch gehört mir!" Sicher, aber wenn ich die Türe offen lasse und ein unschuldiger Fremder verirrt sich in meine Wohnung, habe ich vielleicht das Recht, ihn zu ermorden, zu zerstückeln und seine sterblichen Reste im nächsten Koloniakübel zu deponieren?

Wie schwer war es doch auch für uns, den latenten Sadismus, der tief in der Menschheit sitzt, „offiziell" zu überwinden! Auch das Christentum hat dazu 1800 Jahre gebraucht. In dem Augenblick, in dem wir unsere religiösen Grundlagen aufgeben, ist auch gleich „der Teufel los"! Erinnern wir uns nur an die Greueltaten des Internationalsozialismus und des Nationalsozialismus! Der gar nicht gläubige Jacob Burckhardt ahnte dies, als er den „blassen Schrecken des Todes" prophezeite, wenn die „Kultur einstweilen nur um eine Handbreit sinkt".[61] Das wußte auch in unseren Tagen der ebenfalls nicht gläubige Alexander Rüstow, einer der ganz großen Köpfe unserer Zeit, der alle Ungläubigen unter uns ermahnte, sich mit ihrer Kritik an den Kirchen streng zurückzuhalten, denn das Christentum wäre doch alles, was wir an moralischen und kulturellen Werten besäßen.[62] Das wußte auch Napoleon, sicherlich kein frommer Mann, der erklärte: „Man hat bis jetzt eine gute Erziehung lediglich in den kirchlichen Anstalten gesehen. Ich ziehe vor, Dorfkinder in der Obhut eines Lehrers zu sehen, der nichts weiß, außer seinen Katechismus und dessen Grundsätze ich kenne, als eines Viertelgelehrten, der keine Grundlage für seine Moral hat und keine festen Anschauungen. Die Religion ist der Impfstoff für die Phantasie, die sie vor allen gefährlichen und absurden Überzeugungen schützt. Es genügt, wenn ein Christlicher Schulbruder einem Mann aus dem Volk sagt: ‚Dieses Leben ist nur ein Übergang.' Wenn man aber dem Volk seinen Glauben nimmt, dann wird man schließlich nichts als Straßenräuber haben!"[63]

Nun aber ist der christliche Glaube in den letzten zweihundert Jahren in eine ganze Kette von Krisen geraten, sodaß nicht nur seine Spiritualität und seine übersinnlichen Perspektiven, sondern auch seine Gebote und Verbote nicht mehr genügend vermittelt und daher weniger und weniger beachtet werden. Zweifellos ist Religion viel mehr als Moral, und wahre Religiosität kann tatsächlich auch im Verbrecher stecken. Es gibt wirklich gläubige Gangster und *Mafiosi*. Doch ein unserem ähnlicher Ethos kann sich ohne religiöse Quellen auf die Dauer nie halten. Der „anonyme Christ", der „vorbildlich lebende" Atheist oder Agnostiker zehren, ob sie es nun wissen oder nicht, vom „Geruch einer leeren Flasche".[64] Unter einem gewissen Druck geben sie nach. Der Gottlose hat keinen wirklichen Grund, einem Ethos schmerzlich, duldend oder entbehrend nachzuleben, den ihm gläubige Ahnen hinterlassen haben, der aber in ihm nicht mehr lebendige Wurzeln hat. Wir wissen von zahlreichen Berichten, nicht nur aus den Konzentrationslagern, sondern auch von Kriegsgefangenen in Korea und Vietnam, die asiatischen Foltern ausgesetzt waren, daß bei ihnen die Gläubigen viel besser abschnitten als die Ungläubigen.[65] Die griechische *pistis* und das lateinische *fides* heißen zugleich „Glaube" und „Treue". Männer, wie der Heilige Maksymilian Kolbe[66] haben sich ihr Ethos nicht aus den Moralvorlesungen aus den Fakultäten der Philosophie geholt. Intellektuelle Schemata verpflichten zu nichts. Sie werden von ‚Privaten' für ‚Private' produziert und bleiben ‚Privatmeinungen'.

Dostojewskijs Diktum: „Wenn es Gott nicht gibt, dann ist alles erlaubt", kann nicht logisch widersprochen werden. Es bleibt dann nur mehr die Furcht vor dem Entdecktwerden, die Furcht vor dem Arm des Gesetzes und den Paragraphen. Was aber geschieht dann, wenn der Verbrecher durch eine Revolution oder durch „direkte und geheime Wahlen" an die Spitze des Staates kommt? Dann macht er selbst aus eigener Machtvollkommenheit die Gebote und Verbote. Dann steht er eben auf der ununterbrochene Linie von Robespierre und Saint-Just bis zu Hitler, Stalin, Mao und den vielen frommen Moslems) von Idi Amin Dada bis zu Khomeini und Qadhafi.

Wir wissen auch genau, daß der ungeheuren und zum Teil auch ungeheuerlichen Entwicklung der Technik und der Naturwissenschaften weder eine religiöse noch eine sittliche Erneuerung, Vertiefung oder Erstarkung gegenüberstehen.[67] Technik aber bedeutet die physische Vergrößerung und Erweiterung des Menschen. Der Mensch, wie uns Sophokles sagte, ist das fürchterlichste aller Lebewesen und die Technik hat seine Wirkungsmöglichkeiten unheimlich ausgeweitet. Das wäre absolut verhängnisvoll, wenn nicht auch seine moralischen Kräfte nur einigermaßen gesteigert würden. Wir haben aber den *gegenteiligen* Prozeß gesehen: sie sind vermindert worden. Wer von uns das nicht glaubt, soll die Kriminalstatistiken studieren. Wenn das jetzige Ansteigen des zivilen und politischen Verbrechertums anhält – es läuft parallel mit dem Rückgang der Religiosität – muß man im Jahre 2000, wenn keine Wiedergeburt des Glaubenslebens erfolgt, mit einem Anwachsen der Kriminalität rechnen, die uns das ganze Dasein verleiden könnte. (Für die religiöse Erneuerung gibt es keine echten Alternativen: Mit Moralsprüchlern baut man keine menschenwürdige Kultur und Zivilisation auf.) Auch hat der Abbau der Religion einen *politischen* Effekt, also eine unweigerliche Stärkung des politischen Faktors, auf den vor schon über 130 Jahren Domoso Cortés hingewiesen hatte.[68] Seine Theorie ist sehr ‚logisch‘, denn wenn die spirituellen Kräfte auf Ewigkeitswerte ausgerichtet sind, sinken das politische Interesse wie auch die politischen Leidenschaften. Gefährlich ist es allerdings, wenn weltliche Heilslehren als Religionsersatz den Fanatismus der Massen aufpeitschen oder auch sich politische mit konfessionell-religiösen Passionen verquicken!

Eine solche Gefahr bestand in Europa nach der Reformation, eine solche gibt es heute dort wieder, wo die Kirche in die politische Arena hinabsteigt, was sie leider in gewissen Ländern immer wieder tut, in denen die Allgemeinbildung und damit auch das historische wie auch ökonomische Wissen des Klerus sehr dürftig ist.[69] Was weiß schon der bigotte, Witwen und Waisen produzierende Guerilla-Priester vom Investiturstreit, von Thomas Münzer oder der österreichischen Schule der Volkswirtschaft? Ein außerchristliches Beispiel für extrem klerikale Ignoranz haben wir auch im Iran.

Eine Kirche aber, die eine seelische und nicht nur eine seelische, sondern auch eine sittliche Kraft darstellt, muß stark profiliert sein – ein Fels sein, wie wir sagten, und nicht ein synthetischer Gummischwamm. An diesem Wandel sind in allen Kirchen gewisse Theologen schuld. Diese haben, wie Günter Rohrmoser schrieb, „die Umwandung der Kirche in ein soziales Institut, in ein sozialkaritatives und psychotherapeutisches Leistungsgewerbe vorangetrieben.“ Damit wollen sie die Kirche „sozial nützlich machen“.[70] Eine solche Kirche wird aber weder seelisch noch sittlich wirksam sein. Eine Kirche die, ihre eigene Verweltlichung als Ergänzung zur Gefälligkeitsdemokratie den Menschen anbietend, „allen alles sein will“, ist keine Kirche. Wilhelm Stählin, evangelischer Altbischof von Oldenburg, sagte sehr richtig: „Eine Kirche, die keine Abstoßungskraft hat, hat auch keine Anziehungskraft.“[71] Eine Kirche, die zum Werkzeug der Monarchie wird (was in der Vergangenheit oft geschehen ist), degradiert sich, sie tut es aber genau so, wenn sie sich an Demokratie und Sozialismus anbiedert, wofür vielleicht, wie Louis Bouyer glaubt, Ordensleute aus ihrer Lebensweise heraus ganz besonders anfällig sind.[72] Auch ein fester Ethos tut not, gerade in unserem, sich zum Ende neigenden demokratischen Zeitalter, weil der Bürger als Wähler eine zwar im Effekt mikroskopische, aber personal gesehen schwere sittliche Verantwortung trägt, die früher nur die Monarchen und ‚herrschenden Klassen‘ getragen hatten.[73] Zu diesem festen Ethos ist aber auch – *horribile dictu!* – Autorität notwendig. Das Problem der Autorität ist nicht bei allen Kirchen gleich und sie kann durch einen Schwindelökumenismus noch weiter untergraben werden. Am Anfang dieses Autoritätsschwundes stehen jedoch die erste und die zweite Aufklärung. Theodor Fontane hat da sehr klug den Geist der Lessingschen Ringparabel als auflösenden Faktor durchschaut.[74]

Nun aber gibt es vielleicht gar keine *so* große Krise der Religiosität, des religiösen Lebensgefühls,[75] wohl aber eine Krise der Kirchen. Die Krise der Moral ist mit der Krise des Selbstverständnisses und des Selbstbewußtseins der Kirchen verbunden – und viel weniger mit bloßer ‚Religiosität‘. (Diese Neigung erfüllen auch die verschiedenen asiatischen Kulte.) Die verschiedenen Krisenformen der Kirchen sind überall zu beobachten: nicht nur in der Anbiederung der Kirchen an politische Parteien[76] und Ideologien, sondern auch im täglichen Leben und Gehaben. Priester, die herumlaufen, daß man glauben müßte, sie waren Commis Voyageurs, und Nonnen, die so aussehen wollen wie bekümmerte Angestellte von Leihbibliotheken, zeigen dies mit erschreckender Deutlichkeit. Eine „freischwebende Religiosität“ hat keine Bindekraft: Sie kann nach Belieben geformt und genormt, den Lüsten und Gelüsten geschickt angepaßt werden.[77]

Man vergesse nicht: Das griechische Wort *Krisis* bedeutet Urteil, Verurteilung, und die Kirche, die vom petrinischen Felsen heruntersteigt und eine Gesellschaft von *do-gooders* wird, verurteilt sich selbst. Sie muß Lehrerin und bei aller Barmherzigkeit auch Mahnerin sein. Sie soll aber nicht eingreifen, nicht strikte Aussagen machen, wenn sie ihr Urteil auf rein weltliche ‚Autoritäten‘ stützt, die heute dies und morgen jenes sagen, also auf „Naturrechtler“, Wirtschaftstheoretiker, Biologen, Soziologen, Psychologen und dergleichen mehr. Auf solch schwankendem Boden – anstatt auf die Worte Christi, die die Welt überdauern werden[78] – darf sie sich schon um ihrer Glaubwürdigkeit willen niemals stellen. Soll sie Hüterin der Sexualmoral sein? Ja, auch gerade dazu muß sie heute den Mut haben und dies besonders deswegen, weil sie eine Hüterin der echten Liebe ist und somit nicht zuletzt auch der Eros-Liebe zwischen den Geschlechtern. Zwischen dieser und einer von der Liebe losgelösten Sexualität besteht ein echter Gegensatz, eine wirkliche Feindschaft. Sigmund Freud warnte uns: „In Zeiten, in denen die Liebesbefriedigung keine Schwierigkeiten fand, wie etwa während des Niederganges der antiken Kulturen, wurde die Liebe wertlos, das Leben leer... In diesem Zusammenhang kann man behaupten, daß die asketische Strömung des Christentums für die Liebe psychische Wertungen geschaffen hat, die ihr das heidnische Altertum nie verschaffen konnte.“[79] In unserer Zeit der liberalisierten und gesteigerten Sexualität hat es der Eros schwer: in der Literatur, einst dominierend, ist er nur mehr spurenweise vorhanden, dafür aber blüht der *Haß*. Es ist sehr bezeichnend, daß die internationale Terrorszene durch eine fast totale Promiskuität und durch die Schreckenstaten ungeliebter Frauen und Mädchen charakterisiert wird.[80] Ohne den aktivierten Haß, verbunden mit der Freiheit vom Nabel abwärts, kann die heutige politische Szene überhaupt nicht verstanden werden – und mit dem Haß gehen die ‚flankierenden‘ unreinen Leidenschaften des Neids, der Eifersucht, der Habsucht, der Verachtung, der sadistischen Folterlust, der Mordgier, ja selbst des Diebstahls und der Pyromanie Hand in Hand. Diese finsteren Triebe dominieren auch das Parteiwesen. Die Parteien sollten doch vor allem das Wohl des Landes am Herzen haben, aber ihr primäres Ziel ist die eigene Macht zu vergrößern und das Ansehen ihrer Feinde im Lande zu verringern: jeder Fehler, jeder Irrtum, jede Schwäche, jede Blöße wird von den Parteifreunden bei den Parteifeinden beobachtet, notiert und kleinlich ausgenützt. Das *Bonum Rei Publicae* wird somit von sekundärer Bedeutung. Auch in der Geschichte des britischen Parlaments war das nicht viel besser.[81] Man fragt sich ehrlich, wie ein „Parteimann" der Opposition fühlt, wenn *seine* Regierung (ja, schließlich *seine* Regierung!) in ihrer lokalen oder internationalen Politik eine schwere Niederlage erlebt. Wird er sich darüber freuen oder eher betroffen sein? Jubelten nicht bei uns am Ende des Ersten Weltkriegs die Parteien der Linken, als die Mittelmächte den Krieg verloren?

6. „Demokratie"

Die Erde mag existentiell schrumpfen, aber dank der Technik, die den Menschen ‚vergrößert' und ‚verlängert' und damit seine Wirkungskraft gewaltig vermehrt und das Böse aber immer verführerischer ist als das Gute,[82] werden alle unsere Probleme immer deutlicher und deutlicher theologischer Natur. Ein Mann mit einer Maschinenpistole kann viel mehr Böses oder Gutes anrichten als ein Knirps mit schwachen Fäusten. Niemals befand sich diese Welt und die ganze Menschheit in größerer Gefahr. Der Appell an Vernunft und Verstand ist jedoch völlig ungenügend, weil – wie wir es in dieser Studie mehrmals andeuteten – unser Zeitalter von zwei dunklen Kräften fast restlos beherrscht wird: der Dummheit und der Niedertracht. Unwillkürlich erinnert man sich da an die Zusammenstellung der *klassischen* Salami-Wurst, die aus Esels- und Schweinefleisch hergestellt wurde. Vielleicht aber wird sich die Dummheit für unser Überleben noch gefährlicher auswirken als das Böse, denn die Gewichte dieser beiden Kräfte sind fatal verteilt: Die Kinder der Dunkelheit waren stets klüger als die Kinder des Lichts.

Wie wir schon oben sagten, ist mit dem Glaubensschwund eine Steigerung der politischen Leidenschaften verbunden, diese aber kreisen um den Staat eher als um die Gesellschaft. Die Ideologien, von denen die meisten dem Christentum gegenüber gleichgiltig, wenn nicht spinnefeind gesinnt sind, versuchen durch alle Mittel – demokratische im Sinne der „legalen Weltrevolution" wie auch oft gewalttätige – sich des Staates zu bemächtigen. Diese beiden Formen der Machtergreifung haben auf das Resultat wenig Bezug. Der britische und der schwedische Versorgungsstaat wie auch das Dritte Reich sind durch freie Wahlen hervorgegangen, der faschistische italienische Staat durch einen Putsch, die UdSSR und die spanische Militärherrschaft durch blutige Bürgerkriege. Doch wo immer wir hinblicken, sehen wir, daß alle modernen Staaten sich in der Richtung des Totalitarismus bewegen, wobei die Technik diese Entwicklung außerordentlich begünstigt.

Hier aber dürfen wir nicht vergessen, daß schon die Wiedergeburt der Demokratie in Europa im Schatten von *notre chère mère la guillotine* erfolgte. Sie ist natürlich nicht „Selbstregierung" – ein theologischer Nonsens[83] –, sondern die allerbreiteste Form der Regierung, Herrschaft der Mehrheit über die Minderheit, *happines of the greatest number,* zugleich aber im Ansatz totalitär, da eine „verpolitisierte" Gesellschaft gefordert wird. (Manche Staaten *strafen* ihre Bürger, die nicht wählen gehen.) Auch die moderne Tyrannis ist keine einfache Monokratie; sie ist plebiszitär und verzichtet nicht auf ein demokratische ‚Legitimierung'. Wir haben dort nicht nur den semantischen Unsinn der „Volksdemokratie" (wörtlich „Volksvolksherrschaft"), sondern auch den „Einparteienstaat": Partei heißt *Teilvertretung,* Partei setzt Pluralität voraus. In unserem Zeitalter sind jedoch auch die Sprachen verwirrt. Oder nicht? Wenn Kuba, der Führer der „blockfreien" Staaten, dabei aber auch der Flugzeugträger der UdSSR vor den Küsten der USA und Empfänger von alljährlich einer dreiviertel Milliarde Dollar aus dem Kreml ist, muß man sich doch unwillkürlich an den Kopf greifen.

Der Totalitarismus charakterisiert heute in verschiedenen Härtegraden die ganze politische Landschaft unseres Erdkreises, ausgenommen nur völlig unentwickelte Länder, denen es an technisch-bürokratischer Erfahrung mangelt, um die Totalisierung des Landes wenigstens stufenweise durchzuführen. Doch sind bei uns nicht nur staatliche, sondern auch gesellschaftliche Kräfte am Werk. Alles wird „sozialisiert", ein Wort, das ebensogut mit Verstaatlichung, Vergesellschaftung oder Nationalisierung übersetzt werden kann. Es wird immer schwieriger, ein Privatleben zu führen, wirklich freie Entscheidungen zu treffen, nicht konform zu sein. Schuld daran ist auch die Technik, denn die technische Entwicklung ist nicht nur im Dienste des totalitären Staates, sondern bedingt auch zahlreiche Gesetze, Regierungen, Vorschriften, Verordnungen und Kontrollen. Man denke einmal darüber nach, wievielen Paragraphen ein einzelnes Automobil vom Anfang seiner Herstellung bis zu seiner gesetzlichen Inbetriebnahme unterworfen wird – von der Konzession für das Werk und der Bauerlaubnis für die Fabrik bis zum Führerschein und der Bestätigung für die Zahlung der Kraftfahrzeugversicherung. Die Bürokratisierung des modernen Lebens kennt keine Grenzen, nur müssen wir hinzusetzen, daß dieser Prozeß in einem totalitären Staat noch viel dynamischer ist als in einer liberalen Demokratie. *Parkinsons's Law* über die Hypertrophie der Bürokratie gilt im Osten wie auch im Westen.[81]

Die riesigen Steuern, die für die Wohlfahrt und die Versorgung eines immer größeren Sektors der Bevölkerung notwendig sind, können nur durch ‚einschneidende', rigorose Maßnahmen bürokratisch eingetrieben werden. Das führt dann schließlich dazu, daß einerseits besonders begabte und einkommensstarke Verdiener das Land verlassen und sich im Ausland niederlassen, wodurch die Nation ihre besten Köpfe (und Hände) verliert. Andererseits aber fangen auch innerhalb der Landesgrenzen die Menschen an, in ihrer ganzen Lebensführung den Fiskus im Auge zu behalten. Vor fast jeder Ausgabe fragt man sich, ob man sie von den Steuern abziehen kann. Doch der allmächtige, immer totalitärer werdende Staat will seine Untertanen an sich fesseln und läßt sie absichtlich von der Hand in den Mund leben. Geld anzulegen wird sinnlos und man gibt prinzipiell alles aus: Im Westen droht dem Sparer womöglich noch die Vermögenssteuer wie ja natürlich auch, durch staatliche Manipulation als zusätzliche Form der Konfiskation, die Inflation des Papiergeldes; im Osten aber ist es nur zu oft verboten, anlagesichere Werte zu erwerben, wie zum Beispiel Gold, Devisen, Grund und Boden. Man steht und fällt mit dem Staat.

Und das gilt nicht nur im Osten, sondern auch im Westen, wobei das europäische Schulbeispiel des Versorgungsstaates Schweden ist, ein Land, das zeigt, wie totalitär auch ein demo-liberaler Staat sein kann, der aber auch libertinistische Züge trägt.[85] Schweden ist keineswegs sozialistisch im marxistischen Sinn, denn der „öffentliche Sektor" ist dort viel kleiner als in den meisten Staaten des Westens, aber das Versorgungs- und Steuersystem ist „total". Es gibt Fälle von schwedischen Bürgern, die ihr Einkommen mit 102 Prozent versteuern[86] müssen.

Doch der ‚kalte' Totalitarismus des Westens hat ja nicht nur den Zweck, die Bürger an die Leine zu legen und die Staatskassen zu füllen, sondern auch „mehr Gleichheit" herzustellen, wobei Gleichheit und Freiheit stets miteinander verwechselt werden. Die Wählerei und die Parlamente werden dann als Horte der Freiheit betrachtet, aber schon Samuel Johnson wußte, daß nicht die Gleichheit oder das parlamentarische System für ihn existentiell von Wichtigkeit seien, sondern die persönliche Freiheit: im Falle Englands der *Habeas Corpus Act*.[87] Wir müssen uns eben immer daran erinnern, daß nicht nur die offen für den Totalitarismus eintretenden Systeme, sondern auch die liberale Demokratie dank ihres egalitären Charakters „anti-individualistisch" ist, was zwei großen Liberalen auffiel: dem aristokratischen Alexis de Tocqueville und dem sehr bürgerlichen John Stuart Mill.[88] Dieses unlösbare Dilemma zwischen Freiheit und Gleichheit (auch Freiheit und Nämlichkeit) ist immer wieder übersehen worden. Diderot in seiner *Encyclopédie* leugnete sie, aber es sollte für jeden selbst ein wenig denkenden Menschen einleuchtend sein, daß die Natur (genau so wie ihr Schöpfer) nur Ungleichheiten kennt, und man nur durch Eingriffe, die oft Gewalteingriffe sind, Gleichheit (oder Nämlichkeit) schaffen kann. Hier sind sich Ost und West zwar nicht gleich, wohl aber nur graduell verschieden.[89] Selbst Karl Popper, der (kurios für einen so gescheiten Mann) immer darauf bestand, die Demokratie sei eine so ideale Staatsform,[90] weil sie „blutlos" Änderungen herbeiführen kann, gesteht ganz offen, daß es „höchste Zeit ist", die Frage, wer im Staat die Macht hat, geringer einzuschätzen als „die andere Frage: ‚Wieviel Macht darf ausgeübt werden?'"[91] (Übrigens: „blutlose Änderungen" hat auch Joseph II. durchgeführt und die „blutlosen Änderungen" vom 30. Jänner 1933 haben überaus blutige Ergebnisse gehabt!) Hier aber, in der Frage Sir Karl Poppers, kommt das alte Problem der scharfen, unbarmherzigen Unterscheidung zwischen dem egalitären und dem freiheitlichen, dem demokratischen und dem liberalen Prinzip deutlich zum Vorschein, ein Problem, das bei uns aus politisch-historischen Gründen kaum behandelt wird, während es im ferneren Westen, in den Vereinigten Staaten, bei intelligenten Geistern an der Tagesordnung ist.[92]

7. Der Terrorismus

Doch gerade aus der demokratischen „Frustration" entspringt der Terrorismus, denn wenn „Selbstregierung" das erklärte Ideal ist, dann wollen jene „Minderheiten", die nicht die geringste Hoffnung haben können, jemals zum Regieren zu kommen, ihre Ziele ohne parlamentarische Vertretung, im Sinne einer „außerparlamentarischen Opposition", einer APO, verwirklichen. Wenn die „Überredung",[93] die doch das legitime demokratische Prinzip der Machterlangung ist, keine Resultate zeitigt, dann bleibt dem ideologisch überzeugten Gegner in der Minderheit, um die Herrschaft der Mehrheit zu brechen, kein anderer Weg als der Terror: Mord, Totschlag, Folter, Verstümmelung, lähmende Angst. So führte auch der Viêt-Cong, von unserer Linken begeistert applaudiert, seinen Krieg.

Der Terrorismus ist allerdings ein vielschichtiges Phänomen: Wir dürfen da unsere Analyse nicht allzu vereinfachen. Er ist *zum Teil* auch das Resultat langer Friedensperioden, wenn die männliche (und neo-weibliche) Aggressivität in der nahen oder auch ferneren Zukunft keine Betätigungsmöglichkeit erhoffen kann. Edgar J. Jung schrieb sehr richtig: „Ein Volk, das zu keiner Gewaltäußerung mehr fähig ist, steht im Verdacht biologischen Niedergangs. Seinen Kulturstand allerdings beweist es durch die Ordnungskraft, mit der es Gewaltausbrüche abdämmt und hemmungslos bändigt."[94] Wir sagen nicht Böses, wenn wir behaupten, daß auch gute Menschen aus Kriegen positive Werte mitgenommen haben. So zum Beispiel Pierre Teilhard de Chardin oder Kardinal Tisserant.[95] Allerdings hatten diese noch nicht volldemokratisierte *guerres zoologiques,* sondern einen noch halbwegs menschlichen Krieg der alten Ordnung mitgemacht. Richtig urteilte der sowjetische General Korotajew, der Milovan Djilas gestand, die Weltkriege würden erst in einem kommunistischen Zeitalter ganz fürchterlich werden.[96] Dann, sollte man meinen, würde alle Menschlichkeit ein Ende nehmen.

Der Terrorismus in der Dritten Welt hat ähnliche Triebfedern wie bei uns: die Kriegsleidenschaft gekoppelt mit einem Gefühl der Ohnmacht, aber auch des Versagens in der Konfrontation mit der Moderne und der technischen Zivilisation, mit der man ganz einfach nicht fertig wird. Der deutliche Mißerfolg reizt zur Wut, was schon die militärischen Niederlagen durch den Staat Israel sehr deutlich zeigen. Dieser Terrorismus richtet sich gegen „Euramerika" oder zumindestens gegen die Schichten und Kreise, die in den Augen der ‚Eingeborenen' Euramerika vertreten oder verkörpern.

Anders steht es mit den materiellen Problemen der Dritten Welt, verursacht zu gutem Teil durch die Großmannsucht einzelner Staaten, die unbedingt „Nationale Fluglinien", neuzeitliche Armeen, kostspielige diplomatische Vertretungen und eine „junge Industrie" sich zulegen wollen, obwohl ihre Landwirtschaft noch völlig archaische Züge trägt. Zuerst muß der Mensch essen! Und zweitens einmal darf man nicht verantwortungslos Kinder in die Welt setzen. Glaubt man wirklich südlich des Äquators, daß man ruhig 10 bis 15 Kinder auf Kosten unserer arbeitenden Bevölkerung haben darf, die das dritte Kind schon kaum mehr verkraften kann, aber energisch aufgerufen wird, zur Entwicklung der Dritten Welt wacker beizusteuern? Wir nehmen hier China, Japan und Korea aus, die für sich sorgen können und auch nicht zur Dritten Welt gehören, denn in Ostasien blühte immer der Fleiß. Die Dritte Welt will unseren Lebensstandard haben, aber nicht so emsig arbeiten wie wir und die Ostasiaten. Sie besteht größtenteils aus unseren früheren Kolonien, die um jeden Preis selbständig sein wollten. Diese Länder können daher, wie gesagt, mit Kindern verglichen werden, die vorzeitig dem Elternhaus entwichen und behaupteten, für das unabhängige Leben reif zu sein. Das waren sie aber keineswegs, jedoch nehmen sie jetzt nur zu oft eine drohende Haltung ein und arbeiten heute mit Erpressungen. Die große koloniale Bereicherung Europas war immer ein Ammenmärchen. (Siehe S. 355) Bezeichnenderweise steuern die Länder des Ostblocks für die „Entwicklungsländer"[97] sehr wenig bei. Ihre ‚brüderliche Hilfe' bezieht sich hauptsächlich auf Waffen oder auf Indoktrinierung an ihren Universitäten. Einmal dort angelangt, werden die Studenten der Übersee bald steinunglücklich. Geistig verlangt man von ihnen zuviel und gesellschaftlich werden sie geschnitten. Wir in Europa und in Nordamerika bekamen von nirgendher „Entwicklungshilfe" und mußten uns selbst mit dem Schopf aus dem Wasser ziehen.

8. Die notwendige Ideologie

Der immer noch freien, westlichen Welt, die sich verschiedenen Barbareien gegenübersieht – der eigenen, der rot-östlichen und etlichen anderen –, fehlt es an Zusammenhang. Der christliche Kitt ist dank der Kirchenkrisen und Weltangleichungen brüchig geworden und zudem für einige Länder ohne christliche Substanz oder auch Vergangenheit bar jeder festen Grundlage. Was uns daher not täte, ist ein geistig-seelisches Band, das uns den Enthusiasmus gäbe, nicht nur in dieser belagerten Festung, in der wir uns heute befinden, auszuharren, sondern auch die unter Hammer und Sichel Versklavten zwar nicht unbedingt in einem neuen Weltkrieg zu befreien, sonden ihnen vielmehr ein gemeinsames Programm, eine „Fahne" zu geben. Wir haben es erlebt, daß jenseits des Eisernen Vorhangs lokale Revolten stattfanden, die nur einige Tage der Freiheit vermittelten, denn die Aufständischen waren ohne Alternativprogramm.[98] Im Osten gibt es keine Redefreiheit, keinen Gedankenaustausch, eine andere bessere Ordnung kann nicht Gegenstand öffentlicher Debatten sein, eine konstruktive Vision kann sich nicht herauskristallisieren. Sie müßte also aus der Noch-immer-freien-Welt kommen, aus unserer Mitte!

Was wir also brauchen, ist eine Ideologie und eine „utopische" Schau für uns und die anderen, das Bild einer Ordnung, die es noch nirgends gibt, die aber verwirklichbar ist. Worte wie „Ideologie" und „Utopie" sind für viele ‚Konservative' allerdings Anathema. Sie schanzen diese Begriffe einfach der Linken zu, sind aber immerhin bereit, den Terminus „Weltanschauung" gelten zu lassen. Wenn man sie aber fragt, wo die Grenzen zwischen Ideologie-Utopie und Weltanschauung genau liegen, hört man nur ein unsicheres Gestammel.

Es ist aber so, daß jeder Mensch im Gegensatz zum Tier ‚ideologieverdächtig' ist, also auf jeden Fall Ansätze zu einer Ideologie beziehungsweise zumindestens eine Ideologie in unprofilierter Form mit undeutlichen Umrissen besitzt. Je mehr er ein denkendes Wesen ist, desto systematischer wird sein Ideologie-Ansatz sein. Wir sind doch alle empört, wenn jemand Ansichten äußert, die an inneren Widersprüchen leiden. Nun aber besteht die große Stärke der Linken darin, daß ihr Ideologienbündel marxistischen Ursprungs in der westlichen Welt eine Monopolstellung besitzt. Auch schon daher die Klage Mereshkowskijs, daß die Bolschewiken alle das eine wollen, bei uns aber jedermann etwas anderes.[99] Wir wollen da selbstverständlich keinem tödlich langweiligen Konformismus das Wort reden, aber die große Stärke des Marxismus, einer sowohl wissenschaftlich, als auch philosophisch und vor allem wirtschaftlich auf empirische Weise widerlegten Theorie, besteht darin, daß dieser obsolete Unsinn in ein Vakuum vorstoßen kann. Er befriedigt den Ideologiehunger der Massen, einschließlich des Riesenheeres der Halbgebildeten. Ähnliches tat der Nationalsozialismus, der manchem seiner idealistischen Anhänger die „schönsten", weil „ausgefülltesten" Jahre seines Lebens gab. In der entsetzlichen Langeweile und Ziellosigkeit der Moderne hatten zahllose Männer und Frauen endlich eine „Idee", für die sie arbeiten, darben, hoffen, leiden, ja selbst ihr Leben aufopfern konnten. Der nicht restlos verdorbene Mensch ist eben kein reines Genußtier.

Der oft gehörte Schrei: „Europa braucht eine Idee!" bezieht sich in Wirklichkeit auf eine Ideologie, die sowohl brennende Enthusiasten, als auch nüchterne Anhänger und schließlich auch Sympathisanten haben mag. Eine solche Ideologie – für die in den Vereinigten Staaten deutliche Ansätze bestehen – müßte selbstverständlich im Sinne unserer Traditionen freiheitlich sein, den *freiheitlichen Rechtsstaat* anstreben. Es wäre auch völlig falsch anzunehmen, daß eine Ideologie der Personalität (der „Individualität") feindlich gegenübersteht. Eine Ideologie in unserem Sinn dürfte weder ein Regenschirm sein noch eine Zwangsjacke, sondern eine lose Kleidung. In ihrem Kernstück müßte sie, wie die amerikanische PORTLAND DECLARATION einen theistischen Bezug haben.[100] Die „Utopie",[101] d. h. die konkrete Vision von Staat, Gesellschaft und Wirtschaft müßte also personalistisch-pluralistisch sein. Die Ideologie[102] sollte darauf bestehen, daß vor allem gut regiert werden muß, aber gut hier, heißt wie wir schon sagten, sachkundig, freiheitlich, föderalistisch aufgrund des Subsidiaritätsprinzips. Dazu gehören auch zahlreiche *corps intermédiaires,* Körperschaften, die Staat und Gesellschaft verbinden. In den Worten Guido Zernattos ist es für den Staat sehr wichtig, daß „er den Leuten auch eine Freud' macht".[103] Doch was den theistischen Kern einer solchen Ideologie betrifft, so müssen wir uns auch an das Diktum eines gläubigen katholischen Freimaurers (die es damals zahlreich gab), an Joseph de Maistre, den Zeitgenossen Napoleons, erinnern, der geschrieben hat:

„Man kann im allgemeinen die These aufstellen, daß keine Herrschaft stark genug ist, um mehrere Millionen Menschen zu beherrschen, wenn sie sie sich nicht auf Religion oder Sklaverei oder auf beide stützt."[104]

Um eine politische Vision, die eben auch gesellschaftlich, wirtschaftlich, kulturell und religiös verankert ist, muß aber aus dem einfachen Grund schon jetzt gerungen werden, weil doch die kleine Minderheit vernünftiger (aber auf lange Sicht nicht einflußloser) Menschen sehr genau fühlt und weiß, daß die Demokratie nicht ewig währen wird..., auch wenn sie augenblicklich in einem Fünftel der Menschheit so fest verwurzelt *scheint.* Jeder denkende Mensch muß sich fragen, welche Staatsform, der Vergangenheit entnommen oder neu erdacht, die Nachfolge der Demokratie antreten sollte oder könnte. Auch die liebevollsten Kinder müssen sich mit dem Gedanken beschäftigen, was sie im Falle des Todes ihrer Eltern tun sollten. Da aber die Demokratie einen irrealistisch-religiösen Charakter und mythische Züge angenommen hat, empfindet es so mancher als „unfromm" und pietätslos, über die Problematik einer nachdemokratischen Zeit auch nur zaghaft nachzudenken.

Was aber geschieht, wenn die jetzige ‚Demokratieverdrossenheit' noch weiter steigt und die Demokratie (in der es sich angenehm, vielleicht sogar zu angenehm lebt) auf einmal in Schnellfäulnis übergeht, wenn sie schließlich zusammenbricht und niemand mit Alternativen für eine sachgerechte und freiheitliche Ordnung, die nicht nur für das Hirn, sondern auch für das Herz da ist, aufwarten kann? Was geschieht, wenn man dann aus einem Nichtwissen und einer völligen Ratlosigkeit heraus einem neuen Tyrannen nachläuft – zwar nicht einem neurotischen Aquarellisten mit Chaplinschnurrbart, sondern, sagen wir, einem Absolventen der Bremer Universität mit Magistertitel in Soziologie, einem marxistischen Grünschnabel mit Dauerwellen und Zottelbart, der seine Lehr- und Wanderjahre als musikalischer Clown in einem Wanderzirkus verbracht hatte? Ernstliche Gedanken, welche Regierungsformen man in deutschen Landen nach dem Zusammenbruch des Dritten Reichs einführen könnte, hatten die Männer des 20. Juli angestellt, und ihre Schau war so ganz anders als die Formen, die von der Alliierten Kontrollkommission vorgeschrieben wurden. Diese trugen in der Tat einen höchst restaurativen Charakter, aber nicht in der Richtung des Ersten Reichs, sondern eben doch der Weimarer Republik und der Leitartikler der *New York Times*. Auch in Österreich wurde man auf das Jahr 1919 zurückgeworfen. Eines ist sicher: Die Märtyrer des 20. Juli dachten keineswegs an den Rückgriff auf bankrotte Formen, sondern wollten etwas wesentlich Neues, damit sich die Weimarer Tragödie nicht wiederholen sollte[105]. Somit ist das, was wir in Europa bekamen, ein Prozeß, der völlig analog zu der Restauration der Bourbonen in Jahre 1814–1815 war: mit den Bayonetten einer siegreichen Koalition wurde das Rad der Zeit zurückgedreht. Man fragt sich also, ob sich am Ende die Geschichte wiederholen wird. Auch eine italienische Republik gab es 1946 nicht zum erstenmal!

Aus der Geschichte aber sollte gelernt werden. Der Kluge lernt aus dem Unglück. Das Unglück aber, das uns seit 200 Jahren in steigendem Maße verfolgt, war keineswegs ‚unverdient'. Es müßte wahrlich ein Wunder sein, wenn die Art und Weise, wie die Politik in den letzten zwei Jahrhunderten, ganz besonders aber in den letzten 70 Jahren, betrieben wurde, einen Erfolg hätte. In Abwandlung eines Rathenau-Wortes hätte die Geschichte ihren Sinn verloren,[106] die Logik Schiffbruch erlitten, wären wir jetzt nur halbwegs zufrieden und hoffnungsvoll. Wir aber müssen uns entscheiden. Dieser Geschichtsabschnitt geht steil und unerbittlich wie in einer griechischen Tragödie seinem Ende zu. In der Geschichte gibt es Perioden des Wahnsinns, die unaufhaltsam weitergehen, die wie ein Stein von einer Berghalde herunterrollen und die erst zum Stehen kommen, wenn die Talsohle erreicht ist. *À de certaines époques il faut parcourir tout le cercle des folies pour parvenir à la raison,* hat uns Benjamin Constant gesagt.[107] In einer gewissen Art und Weise war das, was Männer und Frauen meiner Generation erlebt haben, völlig logisch und sollte niemanden von uns überraschen. Die Geschichte hat die Übermütigen gepackt und sie wie kleine Hunde, die nicht stubenrein sind, mit der Nase in ihren eigenen Unrat gesteckt.

9. Der Religionsersatz

Nicht nur im Osten, sondern auch im Westen ist der Mensch Gefangener eines Religionsersatzes – im Osten ist er es physisch (denn kaum jemand glaubt dort an den offiziellen Unsinn), im Westen aber ist es komplizierter: da ist der „Fall" geistig. Sehr wohl haben zwei Amerikaner, auf die wir am Anfang dieses Buches hinwiesen, von der unweigerlichen Metamorphose der Demokratie in eine irrationale Religion gesprochen. Der eine, ein greiser, emeritierter Professor der Universität Yale, Ralph Henry Gabriel, schrieb klipp und klar:

„Das hartnäckige Weiterleben des demokratischen Glaubens in einem Zeitalter der Wissenschaft ist ein Ereignis von Bedeutung. Das innere Wesen dieser Formel ist Glaube. Nicht einer seiner Lehrsätze kann auf irgendeine wissenschaftliche Weise begründet werden."[108]

Noch deutlicher drückte sich Professor Crane Brinton von Harvard, ein bedeutender Gelehrter, aus. Brinton, der überzeugt war, daß die Demokratie zusammen mit dem Nationalismus, dem Sozialismus und dem Faschismus mit allen seinen Spielarten ein typisches Surrogat für einen transzendentalen Glauben sei, schrieb:[109]

„Um es kurz zu machen: Die Demokratie ist zum Teil ein System von Urteilen, die im Gegensatz zu den Überzeugungen eines Wissenschaftlers stehen. Diese Unvereinbarkeit würde keine Schwierigkeiten verursachen – oder würde wenigstens keine der Schwierigkeiten verursachen, die sie jetzt erzeugt –, wäre der Demokrat imstande zu sagen, daß sein Reich nicht von dieser Welt sei, wenn er sagen könnte, daß seine Wahrheit ganz und gar nicht in jene Kategorie gehört, die von der Wissenschaft überprüft werden kann, genau so wenig wie die katholische Lehre vom Altarsakrament durch die chemische Analyse von Brot und Wein bewiesen oder widerlegt werden kann. Nun würde aber eine solche Lösung des verstandesmäßigen Dilemmas der Demokraten nicht gerade eine glückliche sein, doch liegt sie im Bereich unserer Vorstellungsmöglichkeit: die Demokratie könnte also eine echt übersinnliche Religion werden, in der die Überzeugung nicht durch eine fehlende Übereinstimmung zwischen ihren Grundsätzen und den nackten Tatsachen unseres Erdenlebens geschwächt wird... Die Demokratie könnte ganz einfach den Himmel, den sie verspricht, aus dieser Welt ausklammern, in ein System von Riten stecken und sich aus transzendentalen Glaubenssätzen, die die menschlichen Sehnsüchte befriedigen, ein Ideal machen, das nicht allzusehr durch den Kontrast zwischen ihr und der schmutzigen Wirklichkeit befleckt wird."[110]

Nun haben wir solche Riten in den Wahlen, die sehr aufregend sein können und zwar besonders dann, wenn ein oder zwei oder vielleicht auch nur ein halbes Prozent der Stimmen den Unterschied zwischen einem Leben in Freiheit oder einem Sklavendasein in einer Tyrannis entscheiden können. Nicht umsonst hat das Zahlenspiel der Demokratie[111] eine besondere Anziehungskraft in Ländern, die als klassische Geburtsstätten des modernen Zuschauersports gelten, wobei die Begeisterung der Massen für diese Art der Unterhaltung heute auf dem Erdball eine sehr allgemeine geworden ist. Es wäre doch wert zu untersuchen, inwieweit eine Fußballarena mit heulenden, brüllenden, verfeindeten Massen politische Analogien besitzt, nicht zuletzt auch, wenn man an die Käuflichkeit und Kaufbarkeit der lieben Fußballer denkt. Die parlamentarische Demokratie ist eben auch „zirzensisch", doch muß man sich ernstlich fragen, ob eine zirzensische Regierungsform, auch wenn sie Unterhaltung bietet, als „sachgemäß" betrachtet werden kann.

Manchmal aber lassen selbst gute Demokraten die Katze aus dem Sack. Dann erscheint ihre Ideologie in geradezu magischer Beleuchtung. Im Juni 1982 meinte der Präsident der Republik Österreich, daß im Falle eines Volksbefragungsantrags von mehr als 20 Prozent der Bevölkerung ein Referendum abgehalten werden müßte, das dann nach der österreichischen Verfassung absolute Rechtskraft hätte – wie zum Beispiel das Atomsperrgesetz, das von 50,4 Prozent der Abstimmenden beschlossen, der Staatswirtschaft durch die Nichtinbetriebsetzung des fertigen Atomkraftwerks Zwentendorf einen ungeheuren Verlust brachte.

Gegen die Ausführungen des Bundespräsidenten protestierten jedoch der Bundeskanzler und andere sozialistische Politiker, die durch ein solches Gesetz (logischerweise) eine Ausschaltung des Parlaments befürchteten. Anscheinend will (und muß) das Parlament immer wieder die mehrheitliche Vox Populi ignorieren. Doch wo bleibt dann das geheiligte demokratische Prinzip, wenn die Parlamentsmehrheit eine, wenn auch zeitlich begrenzte, Oligarchie darstellt? Hätte da am Ende Robert Michels, der von der deutschen und italienischen Sozialdemokratie zum Faschismus hinüberwechselte, doch recht? Was würde wirklich geschehen, wenn in Österreich durch Plebiszite unpopuläre Einrichtungen wie das Wehrdienstgesetz oder die Steuern abgeschafft werden könnten? Dann gäbe es einen Schildbürgerstreich nach dem anderen. Oder könnte man am Ende wirklich auf die „Reife zur Demokratie" bauen? Das wäre kaum zu glauben.

10. Alles wurde längst geahnt

Man komme uns aber jetzt nicht mit der Bemerkung, daß eine Kritik in der Rückschau immer leicht sei. Das ist allerdings an und für sich richtig, doch in unserem Fall ist diese Anschuldigung unberechtigt, denn viele Denker, manche von ihnen sehr bedeutend, haben einzelne Etappen der Entwicklung oder auch ganze Dramen sehr genau vorausgesehen. In meinem nächsten Werk, *Gleichheit oder Freiheit?* (Tübingen–Zürich–Paris, 1985) widme ich an die 60 Seiten diesen düsteren Propheten, von denen ich hier nur einige aufzählen möchte: A. de Tocqueville, Henry Adams, Jacob Burckhardt, Carl Burckhardt, Abbé de Pradt, Max Weber, José Ortega y Gasset, Konstantin Leontjew, Vinet, Sir Henry Maine, Taine, Lecky, B. G. Niebuhr, Dostojewskij, Renan, Nietzsche, Constantin Frantz, Amiel, H. G. Wells, Herzen, E. v. Hartmann, R. Michels, Herron, Sorel, Pareto, Mosca. Und es sage uns niemand, daß ein kritischer Denker wie Max Horkheimer ein konservativer Reaktionär war,[112] als er im Jahre 1939 bemerkte: „Die Ordnung, die 1789 als fortschrittlich ihren Weg antrat, trug vom Beginn an die Tendenz zum Nationalsozialismus in sich."[113] Doch wenn wir uns die Propheten des Unheils einzeln ansehen, dann müssen wir wohl feststellen, daß sie in ihrer überwiegenden Mehrheit rechts standen. Und rechts standen auch die *echten* Liberalen. Allerdings haben wir in unserer Liste auch den einen oder anderen Mann der gemäßigten Linken, der sich im Alter (ohne sich wirklich bekehrt zu haben) der Resignation oder auch der wirklichen Verzweiflung hingab. Die Illusion des ‚Fortschritts‘ war für ihn zerbrochen. Ein typischer Vertreter dieser Gruppe war ein Sozialist und Mitglied der *Fabian Society*, H. G. Wells, der über unsere Welt nach dem großen Triumph der Demokratie und der „friedliebenden Mächte" schrieb:

„Inmitten ihrer Ausflüchte und Einfältigkeiten wird sie zugrundegehen. Sie ist ja wie ein in der Dunkelheit an einer fremden Küste gestrandetes Schiff, in dessen Navigationsraum Seeräuber untereinander streiten, während die Wilden schon von den Seiten an Bord klettern, um im Fahrzeug nach Herzenslust zu plündern und Böses zu tun." Eine Seite später setzte er hinzu:

„Schließlich hat dieser Schreiber keine zwingenden Beweggründe, um den Leser zu überzeugen, daß er nicht grausam, gemein oder feige sein sollte. Sein eigener Charakter enthält in vollem Maße diese Eigenschaften, aber dennoch haßt er sie und bekämpft er sie mit aller Kraft. Er würde es lieber sehen, wenn das Menschengeschlecht sein Dasein in Würde, Güte und Großzügigkeit beschließen würde und nicht wie betrunkene Feiglinge halb betäubt oder wie vergiftete Ratten in einem Sack. Das aber aber ist Geschmacksache und muß von jedem für sich selbst entschieden werden."[114]

Diese Worte sind allerdings der Verzweiflungschrei eines Ungläubigen. Der Christ hingegen, der auch wirklich ein denkender Mensch ist und den Satz Spenglers „Optimismus ist Feigheit" tapfer bejaht, darf dennoch nicht aufgeben. Auch Luther wußte von den fürchterlichen Gefahren seiner Zeit und blickte den Tatsachen ins Gesicht. „So sind wir Deutsche gute Gesellen", schrieb er, „saufen, fressen, schlagen den Leuten die Fenster ein, verspielen an einem Abend tausend Gulden – aber den Türken vergessen wir, der mit seinen Eilmärschen Wittenberg in drei Tagen einschließen kann."[115]

Es hat allerdings bei uns in den Massen schon eine gewisse Lethargie eingesetzt, die bei den breitesten Schichten zumindestens an der Oberfläche einen gemütlichen Optimismus zeitigt, denn schließlich sahen so viele, wie es im Westen während der letzten dreißig Jahre bergauf gegangen ist, während im „gehobenen Bürgertum", bei den Intellektuellen, die zwar nicht die Weisheit gepachtet haben, aber doch etwas weiter sehen, die Hoffnungslosigkeit die Oberhand gewinnt. So wird auch in den Erwartungen dieser beiden Schichten der Abstand immer größer.[116] Ein einfacher Fabriksarbeiter (sicherlich doch auch ein „mündiger Bürger"!) wird sich doch kaum über die Steigerung der Staatsschulden in astronomische Ziffern den Kopf zerbrechen, wenn er nur weiß, daß sein Arbeitsplatz (angeblich) gesichert ist und das Krügel Bier zu Hause oder auch in der Schenke am Abend auf ihn wartet. Solche Sorgen überläßt er dem Finanzminister, den Bankdirektoren oder Großsparern mit Kindern und Kindeskindern, die an die Schuldenlast denken, die künftige Generationen bedrücken wird. Wenn Bischöfe, die zwar keine Nachkommen haben, sich über einen solchen egoistischen Leichtsinn entsetzen,[117] wirft man ihnen, die „keinen

Grund haben, sich darüber aufzuregen" eine frevelhafte Einmischung in die Politik vor. Doch zu „politischen Nachtgebeten", eine possierliche Art unvermuteter Frömmigkeit, werden sie von der Linken herzlich eingeladen, und man erwartet von ihnen auch, daß sie sich für die Abrüstung, aber gegen Kernkraftwerke, Überseekriege, südamerikanische Generäle und neokolonialistische Greuel ereifern. Doch das Problem unserer überschuldeten Nachfahren bleibt weiter ein ungelöstes. Wie viele Nachfahren werden *wir* aber wirklich haben? Wahrscheinlich, wenn die Geburtenziffern Euramerikas so bleiben, wie sie es jetzt sind, sehr, sehr wenige, was aber dann die Last für die Einzelnen (die auch eine Mehrheit von Greisen ernähren müssen) umso drückender machen wird. In den Tropen, im Armenhaus der Dritten Welt, mag es dann da wohl ganz anders aussehen, aber bei uns endet die Hälfte der Leibesfrüchte in den Kanälen. Unsere Gesetzgeber sind tatsächlich neckische Witzbolde: Schwerverbrecher werden bei uns nicht hingerichtet, sondern leben in Zellen mit Farbfernsehern, und die Homosexuellen unter ihnen erfreuen sich zudem noch eines urgemütlichen Geschlechtslebens hinter Gittern, während die Ungeborenen reihenweise exekutiert werden.[118] So wird schließlich aus dem „demokratischen Rechtsstaat" ein ganz übler Scherz.[119]

Wenn man die Geschichte der christlichen Welt von der Renaissance bis auf unsere Tage aus der Vogelschau betrachtet, kann man die dunklen Seiten der ersten drei Jahrhunderte nach der Entdeckung Amerikas – dem Beginn der Neuzeit! – nicht einfach überschlagen. Regiert wurde *immer* mit „wenig Weisheit". Noch einmal wollen wir es hier wiederholen: Es gab Monarchen, Kirchenfürsten, Adelige und Patrizier, die alle Möglichkeiten des Sündenregisters ausgeschöpft haben – von Mord- und Totschlag über die Folter bis zu Lügen, Fälschungen, Ausbeutung und Bestechung. Es gab unter ihnen Säufer, Gemütskranke, Geisteskranke, Sodomiten, Sadisten, Intriganten, Verleumder und Hurenböcke. So ist nun einmal der Mensch nach dem ersten Sündenfall! Das alles muß man von der „Welt" erwarten!

Doch die Christenheit kam in den letzten zweihundert Jahren vom Regen in die Traufe. Die Schrecken steigerten sich in jeder Etappe des ‚Fortschritts' – von 1789 bis 1918 (mit der großen Illusion des 19. Jahrhunderts, der verborgenen Schwangerschaft nach der Empfängnis der Französischen Revolution), von 1918 bis 1945, von 1945 bis auf unsere Tage, und man fragt sich jetzt bange, wie das noch weitergehen wird. Befinden wir uns nicht alle in der Abteilung für kriminelle Narren in einem Inquisitenspital für verrückte Verbrecher, deren Untaten ebenso grausig wie inbrünstig dumm sind?

Aber wie haben doch die Apostel des ‚Fortschritts' fortwährend das Maul vollgenommen! Mit was für eitlen Versprechungen, grundlosen Hoffnungen und frechen Gaunertricks, blöden Aufschneidereien und Übertreibungen haben die Vertreter der roten Morgenröte, die nie einen Sonnenaufgang brachte, die Menschheit hingehalten! Da waren die Leute der alten Ordnung im Vergleich doch recht bescheiden. Maurras, den ich allerdings ungern zitiere, sagte da sehr schlicht von der Monarchie: *„Le moindre mal, la possibilité du bien* – das geringste Übel, die Möglichkeit von etwas Gutem." Freilich, mit solchen Worten kann man keine hysterische Massenbewegung entfachen! Es möge uns aber zum Trost gereichen, daß keiner der großen Denker der Antike und der Christenheit als ältere, reifere Menschen je die Ideale der drei Revolutionen und deren Vorläufer gehegt haben. Kann man sich vorstellen, daß Herder, Goethe, Schopenhauer, Grillparzer, Spengler, ja auch Nietzsche sich für den Nationalsozialismus, Dostojewskij, Solowjow, Leontjew, Unamuno, Ortega sich für den Sozialismus, Plato, Aristoteles, der Aquinate, Luther, Shakespeare oder Kierkegaard sich für die Demokratie erwärmt hätten? Allerdings muß man da reine Literaten ausnehmen, die zu allem und jeglichem fähig sind, wie zum Beispiel Thomas Mann, der zu Stalins Zeiten Lion Feuchtwanger schrieb, er fände den demokratischen Kommunismus, wie er in der Sowjetunion praktiziert würde, sehr richtig. Auch Philosophen à la Maritain haben sich da Unglaubliches geleistet.

Man muß aber leider zugeben, daß man die Beschränktheit oft unvermutet bei den erlauchtesten Vertretern unserer *Intelligentsija* findet. Da ist der sehr junge Universitätsprofessor, Jahrgang 1940, der steif und fest behauptet, daß von nun an die Demokratie in alle Ewigkeit fortdauern wird und man sich deshalb nicht den Kopf zu zerbrechen habe, was geschehen soll, um nach dem Ende der gegenwärtigen Ordnung den freiheitlichen Rechtsstaat in sehr anderer Form zu erneuern. Er wußte natürlich von der Verfügung des Alliierten Kontrollrats, daß die Demokratie nun Vorschrift sei, kannte aber nicht die Bemerkung eines Wiener Kaffeehausphilosophen: „Alles hat ein Ende, nur die Wurst hat zwei." Er zitierte Churchill, der gesagt haben soll, daß die Demokratie die schlechteste aller Staatsformen sei – mit Ausnahme aller anderen. Ungern nehme ich Churchill in Schutz, aber man muß den genauen Text im *Hansard* vom 11. November 1947 nachlesen: Da findet man einen deutlichen Bezug auf Experimente, die „von Zeit zu Zeit auftauchen".

Nicht anders steht es um den Mann auf der Straße. Kritisiert man vor ihm die Demokratie, fragt er verdutzt, wenn nicht gar empört, ob man denn am Ende die „Diktatur" haben wolle. So einfach sind die Gemüter! Das ist ungefähr so, wie wenn man mit jemandem von seiner Abneigung gegen die dunkelviolette Farbe spricht und dieser einen dann gleich der Vorliebe für Chromgelb verdächtigt. Es gibt doch noch viele andere Farben! Hier sieht man die hoffnungslose Phantasielosigkeit bei Hoch und Niedrig, bei „Gebildeten" und Opfern der Elektronik. Der geschichtlich-politische Horizont reicht bestenfalls bis 1919: der rein geistige ist womöglich noch begrenzter. Das Gegacker über ‚Alternativen' ist auch nur deswegen so geräuschvoll, weil der moderne Mensch, ein typischer Klischeedenker, nicht nur kein Wissen, sondern auch keine Vorstellungskraft besitzt. Man spricht ja am meisten über das, was man nicht hat!

11. Der rote Faden

Wir wollen nicht noch eine komplette Liste der Greuel geben, die uns die letzten zweihundert Jahre gebracht haben – von der scharmanten *notre chère mère la guillotine,* den *noyades,* den *colonnes infernales* bis zu Auschwitz, Workutá, Solowkí, Dresden, Hué und Pnom-Penh, einschließlich Chinas vielleicht 80 Millionen Toten. Unser

Zeitalter befindet sich im Zeichen des „G" – der Guillotinen, Gefängnisse, Galgen, Gaskammern, Genickschüsse, Gulags, Genozide und Geisteskrankenhäuser.

Ja, auch der Geisteskrankenhäuser, den sowjetischen *Psichuschki*, in denen man mit Elektroschocks zum fortschrittlichen Diamat bekehrt wird, Zeichen einer sinnesverwirrten Welt. Ende des 18. Jahrhunderts wurden die Weichen falsch gestellt und zweihundert Jahre fahren wir schon auf einem falschen Geleise – eine lange Zeit für uns, aber ein Bruchteil eines Augenblickes für Gott. Und durch diese Zeit zieht sich als roter Faden der bleckende Wahnsinn. Mit einem roten Band oder einem roten Faden, dezent um den Hals gelegt, hat die *Jeunesse Dorée* nach dem Fall Robespierres auf den rauschenden Bällen des Directoire dem Tod ihrer Eltern auf der Guillotine ein sichtbares Zeichen gesetzt, aber dieser in jeder Beziehung sehr rote Faden ist bis heute nicht abgerissen.

Tatsächlich sind durch die Französische Revolution die Weichen falsch gestellt worden. Natürlich gab es für diesen tragischen Irrtum eine ideologische Vorbereitung, doch der Sturm auf die Bastille, die Herrschaft der Jakobiner waren keineswegs „unausweichlich". Zeiten der Reformen, einschließlich der damaligen kurzen Rückkehr zum *Regimen Mixtum*, der politischen Tradition des Westens, bergen nun einmal psychologische Gefahren in sich. (Auch das Scheitern der drei Kaiserreiche 1917–1918 war nicht unabwendbar.) Es gibt Ideen, die kommen und gehen, aber die Freiheit des Willens wird durch sie nicht außer Kraft gesetzt.

Der Verfasser ist *kein* Konservativer im üblichen Sinne des Wortes, also auch ganz und gar kein Freund der heutigen Establishments, sondern ein doch eher revolutionärer Neuerer im Rahmen bleibender Wahrheiten, ein rechtsradikaler Stockliberaler, der entschlossen gegen den Strom der Zeit zu schwimmen versucht. Doch kann er sehr wohl einen Konservativen verstehen, der vor 150 Jahren mit grausamer Deutlichkeit sah, wohin wir steuerten: zum totalen Staat östlicher oder auch westlicher Prägung, zur Schaffung der Dritten Welt der vorzeitig Entkolonialisierten, zum religionslosen, also rein tierischen Nihilismus minus der *natürlichen* animalischen Instinkte, zur Vernichtung der Natur durch eine maßlose Technik, die überdies unter der Ägis von hirnlosen Ingenieuren, herzlosen Physikern und heillosen Politikern uns allen das Lebenslicht ausblasen kann. Das sind alles Dinge, die der lieben neuen Linken zum Gaudium altkonservativer Beobachter heute einen stets größer werdenden Schrecken einjagen. Manche "Grüne" fangen schon langsam an, wie verstaubte, elegische Hofräte aus dem Vormärz zu reden, die aber doch den schauerlichen Bankrott der Moderne mit viel deutlicherer Präzision voraussahen als die naiven Progressisten der Jahrhundertwende!

War alles falsch seit 1789? Nein, nicht alles war falsch, aber das Ganze war falsch, nicht die praktischen Ausführungen, wohl aber die Grundgedanken. Daher auch das Scheitern. Mit den Ideen von 1789 sind wir alle (selbst die ‚konservativsten' unserer Zeitgenossen) bewußt–unbewußt verbunden, aber wenn sie wirklich unsere Windeln waren, wie leicht könnten sie unsere Leichentücher werden, in denen wir ersticken und zugrundegehen. Um zu überdauern müssen wir uns ihrer entledigen. Das ist ein Gebot der Stunde.

Nun leben wir hier materiell, trotz drohender Bankrotte doch höchst annehmlich in einem noch unglaublich opulenten Wohlstand, den selbst der letzte Arbeitslose teilt – und stehen dennoch vor einem gewaltigen Scherbenhaufen. Dieser aber verdeckt gnädig unserem Blick einen gähnenden Abgrund, der gleich dahinter liegt. „Die Zukunft hat schon begonnen" heißt ein bekannter Buchtitel, dabei aber ist die Vergangenheit noch keineswegs bewältigt und tatsächlich leben wir seit 1945 (wenn nicht seit 1918) in einer permanenten Nachkriegszeit, zwischen dem traurigen Gestern und dem mehr als fragwürdigen Morgen... .

Doch, woher kommt diese alptraumhafte Dekadenz? Zu größtem Teil von einer glaubenslosen „Wertfreiheit", die sich weigert, zwischen Gut und Böse zu unterscheiden, aber auch von der ideologisch-politischen Gleichsetzung der Dummheit mit dem Wissen und der Erfahrung. Das Geheimrezept des Westens besteht anscheinend darin, daß in geheimen Wahlen die Stimme einer achtzehnjährigen Geheimprostituierten der Stimme eines achtzigjährigen Geheimrats gleichgestellt wird. So feiert die Abschaffung *aller* Werte ihre nihilistischen Triumphe. Kein Wunder auch, daß man anstatt minimaler Regierungen von höchster Qualität im Westen (und auf andere Art auch im Osten) maximale Regierungen von niedrigster Qualität bekommt. Marx sprach von einem Prozeß der Verelendung, wir aber sollten von einer Vereselung reden.[120] Man kommt nur mehr den Trieben der Massen entgegen indem man ihnen nachgibt oder ihre geheimsten und gemeinsten Begierden zur Erfüllung bringt. Doch die Massen fühlen sich auch schwach und werden daher vom großen Übel der Schwachen befallen: Haß und Grausamkeit, beides Zeichen der Ohnmacht.

Diese Ohnmacht wird durch zahllose Ängste überhöht, von denen die Atomangst nur eine ist. Augenblicklich sind wir 39 Jahre vom Zweiten Weltkrieg entfernt und dieser, die Folge des Ersten, ist immer noch gegenwärtig. Wir leben alle schier endlos in der „Nachkriegszeit". (Wer hätte im Jahre 1854 behauptet, man stünde noch in der napoleonischen Nachkriegszeit?) Frieden zu machen waren die großen Demokratien außerstande. Einen Krieg kann man mit roher Gewalt und Kniffen gewinnen: zum Frieden aber braucht man viel mehr – braucht man Charakter, Großmut, Wissen und Weisheit.

Hier aber stoßen wir an die alte Problematik des Wissens. Karl Steinbuch sagt uns deutlich: „Es ist auch ein Irrtum zu meinen, es brauche nur den guten Willen der Fachleute, um beliebig komplizierte Sachverhalte allen verständlich zu machen." Und später setzt er hinzu: „So muß jeder schließlich irgendwo das aufgeben, was man als ‚Rationalität' bezeichnet und sich etwas anvertrauen, was ‚nur' Glaube ist. Wir stehen heute vor dem Zwang, Unverstandenes glauben zu müssen, wir stehen an den Grenzen der Aufklärung."[121] Vertrauen? Der moderne Mensch im freien Westen hat aber weder Liebe für noch Vertrauen in sein Land, sein Volk oder in seine Regierung. Die „Loyalitäten" sind alle methodisch zerschlagen worden. Soldaten starben im Ersten Weltkrieg für „Gott, Kaiser und Vaterland", aber inzwischen wurde Gott „entmythologisiert", die Herrscher entkrönt, die Regierungen in einander verteufelnde Parteien aufgelöst und die Nationen in feindliche Klassen und Interessensgruppen aufgeteilt. Wer opfert, leidet und stirbt für Sozialversicherung,

Wahlzettel, Abtreibung und Pornofreiheit? Wer vertraut schon Politikern? Heute gilt es, uns der dritten Aufklärung zuzuwenden – die ‚Aufgeklärten‘ endlich einmal wirklich aufzuklären.

Eine Befragung durch die Institute Fessel und Ifes im März 1982 hat ergeben, daß nur mehr *einer* unter zehn Österreichern für die Politik Interesse hat, daß die große Mehrheit sich von den Parteien lediglich finanzielle Vorteile und Wohnungen erhofft, und fast alle Klage darüber führen, daß die politischen und wirtschaftlichen Fragen der Zeit nicht mehr „durchschaubar" sind. „Grenzen der Aufklärung!"

Es ist erschütternd, die Tagebucheintragungen Harold Nicolsons über seine Wahlwerbung zu lesen. Er kandidierte aus reinem Idealismus für die Labour-Party, doch waren die Dialoge mit den Wählern verheerend, und er bezeichnete sie als hoffnungslose Dummköpfe. „Sie haben kein Wissen und keine Interessen. Sie sind wie die Schafe." Einer Frau, die von einem „starken Mann geführt" werden wollte, schlug er ironisch Hitler vor. „Nein, der nicht, denn mir ist sein kleiner Schnurrbart zuwider!" Dazu bemerkte Nicolson: „Idiotisches Weib! Es sind Leute wie sie, die in den Wahlen den Ausschlag geben!"[122] Unwillkürlich erinnert man sich da an die Worte Platos in seinem *Staat*, daß es den Völkern nicht besser gehen wird, wenn nicht die Könige Philosophen und die Philosophen Könige sind, wobei Plato nicht unbedingt an gekrönte Häupter oder an *Doctores Philosophiae* dachte, sondern an einen hochgebildeten Magistrat.

Doch der Abstieg ist auch die Folge der Abwendung von Gottes Wort. Wie sagte doch ein chinesischer Europareisender schon im vorigen Jahrhundert? „Einst waren die Staatsmänner der europäischen Nationen imstande, in ihren eigenen Ländern Ordnung zu halten und den Frieden zu sichern, weil sie Gott fürchteten und ihn anbeteten. Heute aber ist es das Volk, das sie fürchten und anbeten."[123] Man müßte zum „Volk" allerdings auch die „veröffentlichte Meinung" der Halbgebildeten mit ihren gottfernen Ideologien hinzufügen. So ist der Götzendienst perfekt geworden. Man könnte annehmen, sagte uns Chesterton, daß der Mensch, der nicht an Gott glaubt, an gar nichts mehr glaubt. Das aber ist ein Irrtum. Er glaubt dann einfach an alles.

An alles! Da haben wir den Fall des durch seine Frau steinreichen USA-Botschafters in der UdSSR, Joseph E. Davies, der in seiner *Mission to Moscow* (1941, S. 155 ff.) schrieb, die Moskauer Schauprozesse beruhten alle auf echten Aussagen der Angeklagten, und Stalin sei ein so lieber, netter und gütiger Mann, daß Kinder auf seinem Schoß sitzen und Hunde sich an ihn anschmiegen wollten. Der idiotische Bestseller wurde auch noch verfilmt! Also nur ein dummer Amerikaner? Lion Feuchtwanger schrieb in *Moskau 1937*, daß bei den Schauprozessen nicht geschwindelt wurde, und diesen Band legte man dann dem restlos verzweifelten Bucharin in seine Todeszelle..., einer der vielen grausigen Fälle berühmter, politisch engagierter Literaten, die noch größeres Unheil anstellen als wirtschaftlich orakelnde Kleriker. Und wie viele Zeitgenossen begeistern sich immer noch an Marxismen mit Produktionsformen, die wirtschaftlich das inbrünstig Dümmste und Arbeiterfeindlichste sind, das ein Schrumpfhirn sich ausdenken kann. Doch sie sind „fortschrittlich", und der „Fortschritt" ist der tröstende Fetisch einer geistlosen und gottlosen Menschheit.

Was hätten wir, die heutige Lage betrachtend, bei all der Dummheit und Niedertracht in der Vergangenheit auch erwarten können? Den atomaren Krieg, der uns dank einer Mischung von höchstem technischen Können, bodenlosem politischen Unsinn und wirklicher Feigheit bedroht, kann man vielleicht doch nur mehr durch das Gebet abwenden. Friedensdemonstrationen wütig angstvoller Horden mit geballten Fäusten und Spruchbändern? Sie erinnern uns nur an die hilflose Geste des Kindes vor dem triebhaft-mordsüchtigen Stawrogin in den *Dämonen*. Lieber rot als tot? Das ist für Aufrechte keine Alternative, da der Tod uns immer gewiß bleibt, die Knechtschaft aber nicht unentrinnbares Schicksal ist.

Den verhängnisvollsten Folgen des Unwissens begegnen wir im Bereich der Volkswirtschaft, der Völkerpsychologie und der Soziologie, die den Hintergrund zur sogenannten „sozialen Frage" abgeben. Die Problematik der Dritten Welt ist eng damit verbunden, denn dort, wo es trotz mangelnder Rohstoffe ein konfuzianisches Arbeitsethos gibt (von Japan und Korea bis Singapur), gibt es auch keine „Dritte Welt", die, um das Übel noch ärger zu gestalten, gerne mit dem völlig unwirtschaftlichen Sozialismus liebäugelt. Das Schlagwort von der „sozialen Gerechtigkeit" hat uns in diesem Jahrhundert durch Revolutionen und ideologische Kriege weit über hundert Millionen Menschenleben gekostet, wobei die Opfer des „Rassismus" miteingerechnet werden müssen. Hand aufs Herz! Wer wäre bei uns „Antisemit" oder in Indonesien „Antisinist" geworden, wenn Juden und Chinesen dumm, faul und ehrgeizlos wären? Wohl niemand!

Bleibt uns da überhaupt noch Hoffnung? Sie ist heute vernunft- und verstandesmäßig kaum noch berechtigt – und schon gar nicht als „Prinzip Hoffnung" à la Ernst Bloch.[124] Als Christen haben wir nicht die Aufgabe, uns für dieses Erdendasein ‚optimistisch' zu gebärden, wohl aber müssen wir die Hoffnung als eine der drei „theologischen Tugenden" – Glaube, Hoffnung und Liebe – pflegen. Auch haben wir das Versprechen Christi: „Ich werde bei euch bleiben bis an das Ende der Tage." Und nur eingedenk dieser Zusicherung des Herrn können wir auch die Schlußworte der *Tragödie des Menschen* von Emmerich Madách, des „ungarischen Faust", mutig wiederholen:

„Mensch kämpfe und vertraue vertrauend!"

ENDE

ANHANG

EINE SPRACHREGULIERUNG. „Was ist ‚faschistisch‘?“

Der Leser wird sich vielleicht auch gewundert haben, warum wir nicht mehr auf den Kommunismus in- und außerhalb Rußlands eingegangen sind, der so viele pikante, auch makabre Aspekte besitzt, aber das hieße wohl Eulen nach Athen tragen. Auch mag es befremden, daß wir nicht ausführlicher über den Faschismus berichtet haben, diese auf eine totale Staatsautorität zielende italienische Bewegung, die ihren Namen von einer ursprünglich mittelitalienischen, linksdralligen Bauernbewegung des 19. Jahrhunderts bezog. Vor allem taten wir es deswegen, weil der Nationalsozialismus in der Weltgeschichte eine unvergleichlich größere Rolle spielte als der Faschismus. Auf ersteren legten wir das Schwergewicht. Doch auf Seite 223 berichteten wir, wie Mussolini in Trient (wahrscheinlich durch den später hingerichteten, sozialdemokratischen Reichsratsabgeordneten Cesare Battisti)[1] von der Ideologie der in Wien parlamentarisch vertretenen tschechischen Nationalsozialisten erfahren hatte: Diese Schilderung hatte ihn dann zur Niederschrift seines Buches über den Inspirator dieser Partei, Jan Hus, verleitet. Jedoch ist die Geschichte des Faschismus, einer sozial-sozialistischen republikanischen Partei, zu bekannt, als daß sie hier noch wiederholt werden müßte. Es sei aber vermerkt, daß die *fasces*, die Liktorenbündel, ein republikanisches Symbol sind, das auch im großen Wappen der Vereinigten Staaten und der Französischen Republik aufscheint. Die Wendung Mussolinis zur Monarchie kam sehr halbherzig erst im letzten Augenblick vor der Machtergreifung, also knapp vor dem legendären „Marsch auf Rom“.

Zweifellos hat also der Faschismus auch einen nationalsozialistischen Aspekt, doch ist der dem tschechischen nachfolgende deutsche Nationalsozialismus die *ältere* Bewegung. Kein Zweifel: die tschechische Wurzel ist eine gemeinsame, aber dennoch ist es völlig unzulässig, den Ausdruck „Faschismus“ für den deutschen Nationalsozialismus zu verwenden. Darauf hat schon Karl D. Bracher hingewiesen.[2] Dies aber dennoch zu tun folgt, wie wir schon einmal sagten, einer *sowjetischen* Sprachverordnung, und wer sich dieser beugt, sollte uns allen höchst verdächtig sein. Freilich, der haßerfüllte Ausdruck „Faschist“, der für alle möglichen und unmöglichen Opfer nur zu oft verwendet wird, sitzt mit seiner zischenden Lautqualität vielen Leuten nur zu leicht auf der Zunge.

Dennoch aber bleibt der Unterschied zwischen Faschismus und Nationalsozialismus fast so groß wie zwischen der SDP und den Roten Khmer, und dies obwohl beide ohne gemeinsame Vaterschaft von Karl Marx nicht denkbar sind. Helmut Schmidt würde sich jedoch bedanken, ein Bolschewik oder Pol Pot ein Sozialdemokrat genannt zu werden..., ungeachtet des Umstands, daß sich Lenin nur in seinen letzten sechs Lebensjahren nicht mehr als Sozialdemokraten bezeichnete. „Nationalsozialist“

ist ein bedeutend längeres Wort als „Faschist", daher unhandlicher, während das Wort „Nazi", ursprünglich die austrobawarische Abkürzung für „Ignaz", von den Nationalsozialisten selbst verwendet wurde.[3]

Die Auseinandersetzung des Weltkommunismus mit den totalitären Konkurrenzsystemen begann mit dem (italienischen) Faschismus, der zwar später als der Nationalsozialismus geboren wurde, jedoch schon früher zur Macht gekommen war, als man in Verkennung der geistigen Qualitäten des lieben Volkes den Nationalsozialismus noch für einen üblen Scherz hielt. Die ‚offizielle' kommunistische Definition das Faschismus aber lautete: „Der Faschismus ist die offene terroristische Diktatur der am meisten reaktionären, chauvinistischen und imperialistischen Elemente des Finanzkapitals." So das Plenum des Exekutivkomitees der Kommunistischen Internationale im Dezember 1933.[4] In der Zwangsjacke der marxistischen Primitivität mußte man dem neuen, sehr unangenehmen und unvorhergesehenen Phänomen eine materialistische Deutung geben. Sie war so falsch, daß sie fast augenblicklich einleuchtete und Erfolg hatte.[5]

Es sind natürlich zahlreiche Parallelen zwischen dem Faschismus und dem deutschen Nationalsozialismus vorhanden, wie zwischen *allen* linken Parteiungen und Ideologien (wie ja schließlich auch zwischen dem Nationalsozialismus und dem Internationalsozialismus). Da ist der Haß der beiden Diktatoren auf das ‚bourgeoise' Element[6] und auf den Adel.[7] Dieser beruhte allerdings auf Gegenseitigkeit. Da ist die Ablehnung der ‚Plutokratie', verbunden mit dem Proletarismus (deutlich im Text von Mussolinis Kriegserklärung von 1940),[8] die Betonung des ‚Sozialen', die selbst der Kommunistenführer Palmiro Togliatti gelobt hatte,[9] vor allem aber der linke Charakter der beiden Parteien, den besonders der Biograph des Duce, Renzo de Felice, zur Wut der heutigen italienischen Linken scharf herausgearbeitet hat.[10] Beide, Hitler und Mussolini, waren selbstverständlich auch Feinde der Monarchie, jeder auf seine Weise.[11] Doch war Hitler ein wirklicher Führer und Vollblutdemagoge. Mussolini hingegen ein typischer italienischer Politiker[12] und, anders als Hitler, ein echter Revoluzzer. Mussolini war wie Hitler ein Sozialist im weiteren Sinne des Wortes und eben nicht nur „sozial denkend". Als ihn die Partisanen bei Dongo faßten, schrien sie ihm, dem Gründer der *Repúbblica Sociale Italiana*, zu: „Warum hast du den Sozialismus verraten?"[14] Einem scharfen Beobachter fiel die Dyarchie von Krone und Liktorenbündel der Jahre 1922–1943 doch nur als Zwischenspiel im Leben Mussolinis auf.[15]

Auch Julius Evola, ein brillanter, wenn auch perverser Denker der heidnischen Rechten, betrachtete den Faschismus als eine Bewegung der Linken, die nichts mit der wahren Rechten zu tun hatte.[16] Schließlich bekräftigte Mussolini in seinem Artikel, den er eigens für die *Enciclopedia Italiana* geschrieben hatte, daß er für den Konservatismus nichts übrig habe. Seine Lehrmeister waren nach eigener Aussage Sorel, Péguy,[17] Lagardelle, Nietzsche, aber (mit Betonung) nicht de Maistre.[18] Im Zentrum seiner Ideologie befand sich jedoch nicht das Volk, nicht eine Rasse oder Klasse, sondern der *Staat*.[19] Darin unterschied sich der Faschismus radikal vom Nationalsozialismus. Und nicht Mussolini, sondern Hitler hatte ein fürchterliches Blatt in der Weltgeschichte umgeschlagen.

Schon daher fragt man sich, ob man sehr allgemein von einem faschistischen Phänomen „global" sprechen darf. Weder die rumänische „Eiserne Garde" noch die spanische *Falange*, die libanesische *Phalange* oder gar der Nationalsozialismus sind „Faschismen". Professor Gregor bezweifelt übrigens, daß der Faschismus wirklich definierbar sei. Gerade deshalb bestünde die Gefahr, daß er je nach Laune als Gummiwort verwendet wird.[20]

Renzo de Felice, der große, den italienischen Sozialdemokraten nahestehende Fachmann, sieht zwischen dem Faschismus und dem Nationalsozialismus radikale Unterschiede.[21] Auch Hannah Arendt war derselben Meinung.[22] Brüning bekräftigte Pius XI. gegenüber, daß die beiden Bewegungen völlig verschieden seien.[23] Sicherlich spielte dabei auch der Umstand eine Rolle, daß der Faschismus eben nicht deutsch, sondern italienisch geprägt war: Die italienische und katholische Humanitas dämpfte diesen totalitären Etatismus. Nicht unbeteiligt am Aufstieg des Faschismus war auch ein südliches Minderwertigkeitsgefühl dem Norden gegenüber: Militärisch, industriell, organisatorisch, finanziell und auch disziplinär empfindet sich der Süden in der Regel dem Norden unterlegen. Das gilt nicht nur für Europa, sondern auch für andere Erdteile, wobei in der südlichen Hemisphäre diese Sachlage umgekehrt ist. Dort betrachtet sich zum Beispiel der Chilene dem Peruaner, der Australier erst recht dem Javaner überlegen. De Felice sieht all dies genau so im Falle Italiens.[24]

Auch ein anderer Faktor muß erwähnt werden: die langanhaltende, innere Krise des italienischen Charakters.[25] Nun aber hat die italienische Mentalität „Schattenseiten", die Luigi Barzini sehr anschaulich (wenn auch ohne die Zustimmung vieler Italiener) beschrieben hat.[26] Doch diese Schattenseiten sind keineswegs so dunkel, wie man oft glaubt. Auschwitz wäre in Italien undenkbar gewesen. Als Italiens Eintritt in den Zweiten Weltkrieg drohte, schrieb der Liberale Francesco Nitti Mussolini scharfe Briefe aus dem Exil.[27] (Wer könnte sich auch vorstellen, daß sich im August 1939 Thomas Mann oder Bert Brecht schriftlich an Hitler gewandt hätten?)

Lange Zeit hindurch war der Faschismus in Europa keineswegs verfemt: Bis zum Kriegsausbruch wurde in Italien (wo die Todesstrafe praktisch abgeschafft war)[28] fast niemand hingerichtet. In den politischen Prozessen wurden immer wieder Freisprüche gefällt.[29] Und Mussolini? Ein politischer Condottiere, aber kein Ungeheuer. Seine Bindung zur Kirche hatte der einmal wild antiklerikale Mussolini nie ganz aufgegeben: Der Papst blieb für ihn der Papst,[30] und im Schatten des Todes betete er für die Seinen und bekräftigte in einem Brief an seine Frau seinen Glauben an das Ewige Leben. Man darf sich also gar nicht wundern, daß sowohl Liberale wie auch Sozialisten sich voll Bewunderung über den Faschismus aussprachen – Männer wie der liberale *Leader* David Lloyd George[31] (der allerdings auch Hitler anhimmelte), wie auch George Bernard Shaw, der daraufhin von Friedrich Adler wütend angegriffen wurde. Die Züge in Italien waren wieder pünktlich, die Mafia lebte im Untergrund nur recht prekär weiter, die faschistische Partei erwies sich als eine noch nie dagewesene Aufsteigeleiter für die unteren Volksschichten, die Frauen wurden emanzipiert, die „Modernität"[32] zog mit dem Faschismus in Italien ein.

Und heute ist es tatsächlich doch so, daß durch Terror und Kriminalität in Italien jährlich viel mehr Menschen zugrundegehen als in den Jahren 1922–1940. Die Korruption, nie sehr gering, ist ins Unermeßliche gestiegen. Manche vermissen einen König, der dereinst den Diktator in einer Ambulanz abserviert hatte. Die Krone? Sie wurde durch ein Plebiszit mit knapper Mehrheit abgeschafft: selbstverständlich mit der Stimme der Kommunisten und gegen die Stimmen der meisten Liberalen.

Doch in deutschen Landen, wie wir schon sagten, wird das Schimpfwort „Faschismus" in der Regel im Sinne einer sowjetischen Vorschrift gebraucht, die den Terminus „Nationalsozialismus" tabuisiert. Vor nicht allzulanger Zeit wollte eine deutsche Geschichtsforschungsstelle von mir wissen, was ich im Zweiten Weltkrieg gegen den „Faschismus" geschrieben oder getan habe. Ich schickte ihre Druckbögen mit dem Bemerken zurück, daß ich mich keineswegs auf die italienischen Verhältnisse spezialisiert hatte. Hier gilt die Warnung des Konfuzius, der gesagt hatte, daß Staat und Gesellschaft zugrundegehen, wenn der Sinn der Worte entstellt wird.[33]

ANMERKUNGEN

Ich bringe hier fast ausschließlich Zitierungen aus Originaltexten und nicht aus Übersetzungen, seitdem ich merkte, daß diese bei uns oft gekürzt oder verfälscht werden. So wurden zum Beispiel aus der *Krebsstation (Rakowyj Korpus)* Alexander Solshenitsyns in der deutschen Ausgabe alle anti-sowjetischen Bemerkungen gestrichen.

1. Einleitung

1) Siehe Seite 231.

2) Dies die Meinung de Gaulles.

3) In Tirol, aber auch in Belgien wird der Nichtwähler mit einer Verwaltungsstrafe belegt.

4) Die Phrase verdanke ich P. Alfred Focke S. J.

5) Diese Bemerkung wird fälschlich dem schwedischen Reichskanzler Oxenstierna zugeschrieben.

6) Vide seine *Episteln,* I, 2, 14.

7) Georg III. war nur zeitweilig *non compos mentis.* Hundert Jahre später wurde Ludwig II. von Bayern abgesetzt und auch Otto III. durch einen Prinzregenten ersetzt.

8) Castro benützt seine „Landeskinder" höchst fidel, um für Moskau „Stellvertreterkriege" in Angola und Athiopien zu führen. Die „Hessen", die in Amerika kämpften, waren echte Söldner, wie die Fremdenlegionäre und nicht „gehorsame Untertanen". Siehe Charles Ingrao, „Barbarians, Strangers", The *American Historical Review,* LXXXVI. 6 (Oktober 1982), S. 954–976.

9) Nicht unfehlbare Lehrentscheidungen, aber doch haarsträubende Verfügungen. Man lese da einmal Peter Browe S. J., „Beiträge zur Sexualethik des Mittelalters" in *Breslauer Beiträge zur historischen Theologie,* Band 23 (Breslau 1932).

10) Es sollte hier vermerkt werden, daß die Inquisition kirchliche Expertise im *staatlichen* Dienst war und nur auf staatlichen Wunsch von der Kirche „geliefert" wurde. Daher bestand sie auch in der Mehrzahl der christlichen Staaten *nicht.* Auch konnte sie keine Todesurteile fällen oder vollziehen; das tat der Staat.

11) Siehe Frank Thieß, *Das Reich der Dämonen* (Zsolnay: Wien 1941), S. 13.

12) Um genauer zu sein: die Französische Revolution fand in einer Zeit wirtschaftlicher Hochkonjunktur statt (trotz Staatsbankrotts), die russische und die deutsche Revolution in einer Depression am Ende einer Hochkonjunktur.

13) Die mythische Idee des „Fortschritts", die erst im 19. Jahrhundert *konkrete* Formen annahm (und im übrigen nicht nur mit der Ersten Aufklärung, sondern auch mit der Evolutionstheorie zusammenhängt), hatte ursprünglich nur zwei Aspekte: Freiheit und Reichtum. Ein dritter kam erst allmählich hinzu: die „Sicherheit". (Die Bequemlichkeit gehört sowohl der Sicherheit als auch dem Reichtum an, die moralische Ungebundenheit und Verantwortungslosigkeit der falsch verstandenen Freiheit.)

14) Edward Bellamy, ein amerikanischer Schriftsteller, der sich einen „Nationalsozialisten" nannte und eine nationalsozialistische Zwergpartei gegründet hatte, veröffentlichte 1888 den Zukunftsroman *„Looking Backward 2000–1887",* der ein Bestseller und in alle Weltsprachen übersetzt wurde.

15) Wenn ein Heilmittel nur annähernd dieselbe verkrüppelnde und mörderische Wirkung hätte wie das Automobil, würde es von jedem Kulturstaat sofort strengstens verboten werden. Doch das Automobil dient dem „Fortschritt", und dem werden Hekatomben geopfert.

16) Der Tolerante, im Gegensatz zum Indifferenten, ist duldsam: er duldet und erduldet die Überzeugungen anderer.

17) Über den wahren russischen Charakter siehe S. 60.

18) Auch zu einer friedlichen Nutzung des Atoms wäre es ohne den Zweiten Weltkrieg in aller Wahrscheinlichkeit nicht gekommen.

19) Siehe auch M. Luther, *Werke*, Erlanger Ausgabe, Band, S. 156–159, und Weimarer Ausgabe, Band VI, No. 6718.

20) Wir erinnern hier daran, daß der heilige Thomas von Aquin die geistigen vor die moralischen Tugenden stellte.

2. Die Französische Revolution

1) Man kann ohne Übertreibung sagen, daß *alle* Staaten, die das Wort „demokratisch" in ihrer offiziellen Bezeichnung, also in ihrem Namen, führen – von der „DDR" bis zur Demokratischen Republik Korea und der Demokratischen Republik Vietnam – blutige Diktaturen sind.

2) Das Wort Volk läßt sich mit *natio, populus* oder auch *plebs* übersetzen.

3) Cf. A. de Tocqueville, *De la démocratie en Amérique*, Bd. 2, Buch 4, Kap. 6.

4) Plato, *Politeia*, Ende Buch VIII, Anfang IX.

5) Siehe Seite 435.

6) Siehe (Lord) Bertrand Russell, *The Conquest of Happiness* (Liveright: New York 1930), S. 83–84.

7) Über den Gegensatz der identitären und diversitären Triebe des Menschen, die personalistische oder kollektivistische Auswirkungen haben, siehe mein *Freiheit oder Gleichheit?* (O. Müller: Salzburg 1953), S. 399–407 und mein *Leftism. From de Sade and Marx to Hitler and Marcuse* (Arlington House: New Rochelle 1974), S. 15–26.

8) Sie ist als Familie schon im Tierreich „vorgezeichnet", wobei man aber erwähnen soll, daß es eines der Unterscheidungsmerkmale des Menschen vom Tier ist, daß der Mensch seinen Großvater erkennen mag.

9) Der Mensch war in der Antike, wie dies Fustel de Coulanges in seinen *La cité antique* sehr deutlich dargestellt hat, der *polis* völlig einverleibt.

10) Siehe die Werke von W. A. Bonger, Christoph v. Fürer-Haimendorf, Gunnar Landtmann, Samuel K. Lothrop, P. Wilhelm Schmidt SVD, Sylvester A. Sieber SVD, Henri Frankfort, Franz H. Mueller u. a.

11) Genesis, 3, 16.

12) In der Theologie der Reformationskirchen ist oft tatsächlich die Existenz des Staates mit der Verderbtheit des Menschen in Zusammenhang gebracht worden. So bei Luther, so auch bei Gogarten.

13) Die Technik ist ein Versuch, den „Schweiß der Nasenlöcher" (be'ezet apäka) zu umgehen. Wer aber ein Stahlwerk besucht hat, hegt einige Zweifel.

14) Auch die Universität ist Sinnbild des gefallenen Menschen. Der perfekte Mensch braucht keine theologischen, medizinischen, philosophischen und juridischen Fakultäten.

15) Um Einstimmigkeit zu erzwingen, werden die Geschworenen in manchen Fällen in Hotels eingesperrt.

16) Über den wirklichen Charakter des Sokrates-Prozesses siehe vor allem die 11. Ausgabe der *Encyclopedia Britannica* („Socrates" von Prof. Henry Jackson); Werner Jaeger, *Paideia* (W. de Gruyter: Berlin 1954) Bd. 2, S. 76 sq. 124; A. E. Taylor, *Socrates* (Doubleday: Garden City 1953). S. 111; Heinrich Maier, *Sokrates* (Mohr: Tübingen 1913) S. 133, 417–419, 470; Tuttu Tarkiainen, *Die athenische Demokratie* (Artemis: Zürich 1966), S. 340.

17) Die Menschen in der Demokratie, sagte Aristoteles, werden nur nach ihrer Zahl und nicht nach ihrem Wert behandelt. Siehe *Politik,* VI, i. 6.

18) Wie Thomas von Aquin betrachtete St. Robert Bellarmin die aus monarchischen, aristokratischen und populistischen Elementen gemischte Regierungsform als die Beste – keineswegs aber

die Demokratie, da in jedem Volk die Dummen und Bösen zahlreicher sind als die Guten und Klugen. Siehe sein *De membris ecclesiae militantis* I. 7.

19) Siehe J. J. Rousseau, *Du Contrat Social,* III. 8. (Auch III. 4.)

20) Ein französischer General erklärte feierlich den Tirolern nach der Besetzung ihres Landes: „Ob Ihr sie nun wollt oder nicht: wir bringen euch die Freiheit!" Ganz im Sinne vom *Contrat Social,* I. 7.

21) Eine zivile aber polizeiähnliche Organisation. Das Zentrum der *Section de Piques* war die Place Vendôme. Über den Marquis de Sade siehe das magistrale Werk von Gilbert Lely, *Vie du Marquis de Sade* (Gallimard-NRF: Paris 1952 und 1957), 2 Bände; ferner Geoffrey Gorer, *The Revolutionary Ideas of the Marquis de Sade* (Wisehart: London 1934) und Guillaume Apollinaire (Hsg.), *L'Oeuvre du Marquis de Sade* (Bibliothèque des Curieux: Paris 1909).

22) Als ein Jahr früher die Repräsentanten des protestierenden bretonischen Adels dort eingesperrt waren, unterhielten sie sich glänzend. Die Rechnungen für ihre Ausgaben sind erhalten: man trank Champagner, Wein, Liköre und mietete Billardtische.

23) So unter anderem auch von Peter Weiss in seinem *Die Verfolgung und Ermordung Paul Marats, dargestellt durch die Schauspielergruppe des Hospizes zu Charenton unter Anleitung des Herrn de Sade.* (Ursprünglich 1964, letzte Fassung 1968, Verfilmung 1966.)

24) Siehe S. 172–177.

25) Das geht auch an die Adresse jener historischen Analphabeten, die 1976 das Zweihundertjahrfest der USA als „Bicentenary of the American Revolution" feierten.

26) Über „Colonel Armand" siehe mein *Leftism,* S. 435–443, vor allem aber G. Lenôtre, *Le Marquis de la Rouërie et la conjuration bretonne* (Perron: Paris 1899); ferner A. Botrel, *La conspiration de Tuffin de la Rouërie* (F. Guyon: St. Brieuc 1879); P. A. Delarue, *Une famille bretonne du douzième au dix-neuvième siècle: Charles-Armand, Marquis de la Rouërie, chef de la conspiration bretonne* (Pliton et Hervé: Rennes 1899).

27) Siehe Charles and Mary Beard, *America in Midpassage* (Macmillan: New York 1939), Bd. 3, S. 922.

28) Franklin wurde von der französischen Gesellschaft geradezu hysterisch gefeiert. Doch hatte sein Einfluß auf die Dauer einen Tiefgang, den vielleicht nur D. H. Lawrence literarisch-dichterisch analysieren konnte. Siehe sein Essay „Benjamin Franklin" in *Selected Essays* (Penguin: Harmondsworth, 1950) S. 231–242.

29) Siehe Pierre Gaxotte, *La Révolution Française* (A. Fayard: Paris 1947), S. 30 ff. Gaxotte ist auch sehr gut über den Einfluß Franklins und der Freimaurerei.

30) Vor dem Zweiten Weltkrieg gab ein Verlag eine Serie von Handbüchern heraus mit Anleitungen, wie man am besten kritisiert und stänkert. *Le roupeteur dans la campagne* zeigte, wie man Gendarmen irritieren kann. Doch schon Cäsar war über die Schwierigkeit des gallischen Charakters im klaren. Einigkeit gab es nirgends.

31) Siehe Thomas von Aquin, *Summa,* I. II. Qu. 105, Art. 1. Dieselbe Einstellung finden wir bei Plato in den *Gesetzen* und in der *Politik* des Aristoteles.

32) Siehe den Brief von Edmund Burke an M. Dupont in *Works of the Right Honourable Edmund Burke* (Little, Brown: Boston 1863–1867), Band 3, S. 102–121.

33) *Ibidem.*

34) Es gab keinen „Ersten" und „Zweiten Stand", sondern zwei Stände vom Anfang an. Erst mit dem Aufstieg des Bürgertums kam der „Dritte Stand" hinzu, der in Frankreich als solcher diese Bezeichnung trug. In Tirol gab es auch einen „Vierten Stand", den der Bauernschaft.

35) Wie zum Beispiel Johann Kalb, der bei Bayreuth geboren war, aber in der französischen Armee dienend sehr bald „Jean de Kalb" wurde.

36) Vom Freiherrn aufwärts ist der gesamte Adel Deutschlands und Österreichs (auch Ungarns vor 1867) in den führenden genealogischen Jahrbüchern („Gotha", „Starcke" etc.) enthalten. Analoges gilt vom britischen Adel, nicht aber vom Adel der romanischen Länder.

37) Es wird heute allerdings angenommen, daß jedermann Privilegien genießt. Wenn man

zu wenig Privilegien hat, also nicht etwa nicht-privilegiert, sondern „unterprivilegiert" ist, dann ist man hilfsbedürftig, arm und bedauernswert.

38) Siehe A. Cabanès und L. Nass. *La névrose révolutionnaire* (Albin Michel: Paris 1924), S. 88 ff. und G. Lely, *op. cit.*, Bd. 2, S. 405.

39) Siehe Gérard Walter, *La guerre de Vendée* (Plon: Paris 1953), S. 339 ff.

40) Siehe Pierre Gaxotte, *Op. cit.*, S. 380.

41) Siehe Louis Blanc und Jacques Crétineau Joly, *Les guerres de Vendée* (Hachette: Paris k. D.) S. 284–285.

42) *Ibidem.* S. 277.

43) *Ibidem.* S. 275. Wie man sieht, dachten schon damals die Demo-Totalitären an die *bouches inutiles,* die „überflüssigen Mäuler" – wie dann auch ihre nationalsozialistischen Epigonen, die aus denselben edlen Motiven zuerst einmal die Geisteskranken „vergasten". Siehe auch M. de Lescure, *Mémoires de la guerre de Vendée* (Firmin Didot: Paris 1877), S. 103.

44) Siehe Ernest Renan, *La réforme intellectuelle et morale* (Michel Léyv: Paris 1872), S. 199. Renan war ein armseliger biblischer Kritiker, aber ein hervorragender politischer Analyst und geschichtlicher Prophet.

45) Siehe Oswald Spengler, *Jahre der Entscheidung* (C. H. Beck: München 1933), S. 89–90. Neu ist allerdings das Phänomen des nicht-suspendierten und kirchlich „tolerierten" Priesters, der zum Priesterpöbel gehört.

46) „Die Toten sprechen!" sagte ein Zuschauer als er sah, wie ein Jansenist und ein Reformierter zusammen für die Zivilkonstitution des Französischen Klerus stimmten. Siehe D. W. Brogan, *French Personalities and Problems* (Hamish Hamilton: London 1946) S. 70. Tatsächlich kollaborierten auch viele Reformierte (aus Animosität gegen die Bourbonen) mit der Französischen Revolution – was übrigens auch bei den Altgläubigen Rußlands *mutatis mutandis* 1917–1918 der Fall war. Über die Reformierten Frankreichs zur Zeit der Revolution siehe Edmund Burke, *op. cit.*, Bd. 4, S. 452.

47) Siehe Gérard Walter, *Histoire des Jacobins* (Aimery Somogy: Paris 1946), S. 306.

48) Siehe die *Encyclopedia Britannica*, 11.–12. Ausgabe 1911, Bd. 17, S. 487. Eine besonders gute Biographie von Malesherbes schrieb Pierre Grosclaude: *Malesherbes, Témoin et Interprête de son temps* (Fischbacher: Paris 1961). Eine ergreifende Schilderung seines Sterbens finden wir dort auf Seite 747–748. Malesherbes starb als überzeugter Christ.

49) Siehe Pierre Gaxotte, *op. cit.*, S. 84.

50) Aber nicht alle Nachkommen Malesherbes' kamen um: sein Blut fließt in den Adern der Prinzen und Herzöge von Broglie (einer von ihnen Nobelpreisträger in Physik).

51) Ein echter Patriot freut sich über die Vielfalt der Rassen und Sprachen, die in seinem Land vertreten sind, ein Nationalist oder ein Rassist verlangt völlige Uniformität.

52) Ein Ein-Mark-Stück ist (abgesehen von der Jahreszahl) identisch und gleich mit allen anderen Ein-Mark-Stücken, zwei Fünfzig-Pfennig-Stücke sind gleich einer Mark, aber nicht identisch mit ihr! Alles, was identisch (nämlich) ist, ist gleich, aber nicht alles was gleich ist, ist identisch.

53) Das wurde in den Kirchen von Besse-en-Chandesse und von Ars (Kirche des Hl. Jean Vianney) durchgeführt. In Straßburg hatten die Stadtväter zur Abtragung des Turmes des Münsters schon alle Vorbereitungen getroffen!

54) Nur die Briten taten dies nicht. Auch im Ersten Weltkrieg wurde in Großbritannien die allgemeine Wehrpflicht erst 1915 eingeführt. Im Zweiten Weltkrieg wurde diese nicht auf Nordirland ausgedehnt, aber Freiwillige wurden sowohl aus Nordirland als aus dem Irischen Freistaat aufgenommen. Man wollte augenscheinlich die katholische Minderheit, die als „illoyal" galt, nicht zwangsverpflichten. Doch zum allgemeinen Erstaunen meldeten sich perzentuell viel mehr Freiwillige aus dem *Saórstat* als aus dem „britischen" Nordosten.

55) Siehe H. Taine, *Les origines de la France contemporaine,* 9, Band, (Le régime moderne), (Hachette: Paris 1947).

56) Siehe Hoffman Nickerson, *The Armed Horde 1793–1939* (Putnam: New York 1940), S. 86.

57) In Brasilien riefen diese von den USA importierten Filme die schrecklichsten Reaktionen hervor: Wo Deutsche nur in kleiner Minderheit lebten und nicht recht bekannt waren, wurden

Deutsche auf der Straße angegriffen, deutsche Geschäfte geplündert und dergleichen mehr. Es gab auch Tote.

58) Die einzige Neuerung von wirklich bleibendem Wert war die Einführung des metrischen Systems. Der *Code Napoléon* ist nur indirekt der Revolution zuzuzählen und sein Wert ist umstritten.

59) Siehe Clarence Crane Brinton, *The Jacobins* (Macmillan: New York 1930). Eine revidierte Ausgabe erschien nach dem 2. Weltkrieg als Paperback.

60) Siehe S. 436 und Anm. 85./113.

61) Siehe Crane Brinton, *The Jacobins,* S. 150.

3. Von Ersten zum Dritten Napoleon

1) Das Schlüsselwort war *rex*, das nicht gebraucht wurde, da es an die gestürzte Königsherrschaft erinnerte und auch eine alleinige Regierungsgewalt anzeigte. Am Papier regierte immer *Senatus Populusque Romanus,* abgekürzt SPQR.

2) Siehe Joseph de Maistre, „Lettre d'un royaliste savoisien" in *Oeuvres* (Lyon: 1884–1887), Bd. 7, S. 155–156. Hier finden wir die Worte: „Lernen Sie ein Monarchist zu sein; einmal war dies ein Gefühl, heute ist es eine Wissenschaft."

3) Genozid praktizierte er in Irland. So wurde nach der Eroberung von Drogheda die ganze katholische Bevölkerung – Männer, Frauen und Kinder – niedergemacht. Als Geste der Versöhnung zwischen den Konfessionen besuchte daher Papst Johannes Paul II. auch die Stadt Drogheda, nahe der nordirischen Grenze, wo er eine Messe las (1980).

4) Als einmal Napoleon, der wenig Selbstbeherrschung besaß, Talleyrand wüst beschimpfte, humpelte der prinzliche ex-Bischof ins Vorzimmer hinaus und sagte laut dem Lakaien, der ihm in den Mantel half: „Schade, daß unser Kaiser eine so schlechte Kinderstube genossen hatte."

5) *Damals* war die belgische Bevölkerung viel zahlreicher als die niederländisch-holländische, die aber wiederum zu mehr als einem Drittel katholisch war.

6) Arthur Young bemerkte auf seinen Reisen knapp vor der Revolution durch Frankreich und den Elsaß, daß die französische Sprache kaum von jemandem verstanden wurde. Siehe Arthur Young, *Travels in France 1787, 1788 and 1789,* Hsg. Constantia Maxwell (University Press: Cambridge, 1950), S. 180: „Not one in a hundred has a word of French."

7) Als er starb, mit der Kirche ausgesöhnt, hielt er dem Priester die Hände zur Krankenölung entgegen, aber zur Faust geballt und mit dem Rücken nach oben. „Vergessen Sie nicht, daß ich ein Bischof bin!" ermahnte er ihn. Gewöhnliche Sterbliche erhalten die Ölung in die offene Hand. Siehe Duff Cooper, *Talleyrand* (J. Cape: London 1938), S. 374. Der Abbé war der spätere berühmte Theologe Bischof Dupanloup, was Duff Cooper wahrscheinlich nicht realisierte.

8) Siehe Maurice Paléologue, *La Russie des Tsars pendant la Grande Guerre* (Plon-Nourrit; Paris 1921), Bd. 1, S. 82.

9) Der Nuntius protestierte beim Wiener Kongreß gegen die Unterlassung der Restauration des Römischen Reiches, dem man die Beiwörter „deutscher Nation" allerdings immer nur inoffiziell beigefügt hatte. Einen Staat „Deutschland" gibt es allerdings erst seit 1949.

10) Gouverneur Morris (dessen Vorname und nicht Titel, ‚Gouverneur' war) fungierte als amerikanischer Gesandter in Paris nach Jefferson (und Franklin). Er war ein reicher, konservativer Gutsbesitzer, Feind jeglicher Demokratie, der Lafayette in Paris gewarnt hatte: „Ich bin ein Feind Ihrer Demokratie, da ich für die Freiheit einstehe." Siehe *Diaries and Letters of Gouverneur Morris,* Hsg. Anne Cary Morris (Scribner: New York 1888), Bd. 1, S. 104. Die Rede von Gouverneur Morris anlässlich der Beendigung der napoleonischen Kriege findet man bei E. B. White, *American Opinion of France* (Knopf: New York 1932), S. 24.

4. Rechts und Links im 19. Jahrhundert

1) Im Grunde genommen war Großbritannien aus der Heiligen Allianz nicht seiner isolationistischen Gefühle wegen ausgetreten, sondern auch weil es ja mit den ursprünglichen Prinzipien der Französischen Revolution sympathisierte: anfänglich war ja England von dieser begeistert. Nur

452

die „logischen Schlußfolgerungen" lehnte man ab, die „Exzesse". Immer wieder haben Briten kontinentale Entwicklungen am Anfang begrüßt, aber dann als Feinde des Absoluten sich voll Grausen vor den *reductiones ad absurdum* abgewandt. *L'horreur de l'absolu* charakterisiert die englische Denkweise: man liebt Kompromisse und möchte immer in der Mitte des Weges stehenbleiben. Darum hat England immer wieder kontinentale Bewegungen unterstützt, die im Endeffekt England (und auch der „guten Sache") viel mehr geschadet als genützt haben. Auch dem Nationalsozialismus wurde von vielen am Anfang applaudiert.

2) So wie sich der Nationalismus auf den Rassismus, entwickelte sich die Demokratie „wissenschaftlich" und emotionell auf den Sozialismus zu.

3) Siehe Abel Bonnard, *Le drame du présent*. Bd. 1. „Les Modérés" (Grasset: Paris 1936), S. 95.

4) „Was wir brauchen," sagte Göring, „sind rechte Kerle." Siehe das Buch Erich Kühns, *Schafft anständige Kerle* (Weicher: Berlin 1939).

5) Siehe das erste Kapitel, „Der spielende Gott" in Hugo Rahner, *Der spielende Mensch* (Johannes Verlag: Einsiedeln 1952).

6) Als „Abwehr" entstanden damals die Unterhosen für Damen.

7) Siehe u. a. Louis Leger, *„Nouvelles Études Slaves,* 2. Serie, (Ernest Leroux: Paris 1886), S. 152–160; Pál Tóth-Szabó, *A cseh-huszita mozgalmak és uralom története Magyarországon"* (Hornyánszky: Budapest, 1917), S. 48–50. Die Taboriten verbrannten Männer und Frauen ganzer katholischer Gemeinden lebend und schonten nur die Utraquisten. Auch die Deutschen mußten daran glauben. Die furchtbarsten Massaker fanden in Prachatitz und Deutsch-Brod statt,

8) Siehe G. P. Gooch, *English Democratic Ideas in the Seventeenth Century* (Harper & Row: New York 1959), S. 302 über den Einfluß englischer Sekten auf die Französische Revolution.

9) Siehe seine *Opera*, Band 33, S. 240.

10) Siehe Granier de Cassagnac, *Histoire du Directoire*, Bd. 1. S. 107,

11) Über Babeuf siehe auch Filippo Buonarotti, *La Congiura di Babeuf*, (Einaudi: Turin 1946), Georges Lefebvre, *Pages Choisies de Babeuf* (Armand Colin: Paris 1935) und Thilo Ramm, *Die großen Sozialisten als Rechts- und Sozialphilosophen* (Gustav Fischer: Stuttgart 1955), Bd. 1, S. 147–162. Morelly, von dem wir eigentlich nichts wissen (nichteinmal seinen Taufnamen) veröffentlichte seinen *Code de la Nature* 1755. Das Buch wurde mit einem Vorwort von F. P. Wolgin, Mitglied der Sowjetischen Akademie der Wissenschaften, durch die Éditions Sociales, Paris 1953 neu aufgelegt. Hier finden wir eine schauerlich-erschütternde sozialistische Utopie.

12) Diese Systemisierung fand natürlich in England nicht statt. Der Einfluß der Schriften von Edmund Burke (übersetzt von Gentz) zeigte sich einer Ideologisierung von allem Anfang an auch am Kontinent hinderlich.

13) Hier haben wir es mit dem Wort *narodny* in allen seinen Abwandlungen zu tun. Im Ungarischen unterscheidet sich jedoch *népi* von *nemzeti*.

14) Es gab im alten China allerdings auch Dynastien mongolischen und mandschurischen Ursprungs.

15) Die Romanows waren tatsächlich im 18. Jahrhundert mit Peter III. ausgestorben: Nikolaus II. war ein Holstein–Gottorp. Die Hohenzollern sind auch nicht Preußen, sondern Schwaben. Übrigens stammen alle europäischen Dynastien heute von Mohammed ab. Hochinteressantes Material findet man bei Otto Forst de Battaglia, *Das Geheimnis des Blutes* (Reinhold: Wien 1932).

16) Die Mutter des Herzogs von Edinburgh entstammte dem Hause Battenberg (Mountbatten), das wiederum auf eine morganatische Ehe der großherzoglichen Familie Hessen zurückgeht. König Georg VI. dürfte kaum einen Tropfen englischen Blutes gehabt haben. Die jetzige Königin ist halb deutsch, halb schottisch.

17) Siehe Churchills Stammbaum im *Handbuch der Weltgeschichte* (Walter: Olten 1956), Bd. 2, Col. 2661. Auch: Ralph Martin, *Jennie* (Signet–New American Library: New York 1970), S. 16.

18) Im preußischen Offizierskorps und im Generalstab gab es auffällig viele Männer hugenottischer Abstammung *(réfugies)*. Siehe S. 83.

19) In der linken Propaganda gegen Leopold III. wurden schwarzgeränderte Plakate mit der Königin Astrid und der Aufschrift „Wir werden ‚Nein' stimmen!" verwendet. Man hetzte zugleich

gegen den König und die „Stiefmutter", was wiederum beweist, daß die Monarchie eine „familistische" Einrichtung ist.

20) Über die Objektivität des Fremden siehe auch Georg Simmel, *Soziologie* (Duncker und Humblot: Leipzig 1908), S. 687.

21) Die Schwarz-Rot-Goldenen Farben des Wartburgfestes waren vor 1918 die Farben des alldeutschen Nationalismus – besonders in Österreich.

22) Siehe Karl Euler, *Friedrich Ludwig Jahn. Sein Leben und sein Wirken* (Krabbel: Stuttgart 1881), S. 483–484.

23) Die turnerischen Veranstaltungen (später von den Slawen im *Sokol* und von den sozialistischen Arbeitersportvereinen nachgeahmt) paradierten Massen von gleichgekleideten Männern und Frauen, die streng synchronisierte rhythmische Bewegungen ausführten – „Masse Mensch" als Riesenmaschine! Konservative und Liberale fanden an diesen Vereinen und Monsterveranstaltungen natürlicherweise wenig Geschmack.

24) Die Jugend Franz II. (I.) ist von Walter Consuelo Langsam in seinem *Francis the Good. The Education of an Emperor* (Macmillan: New York 1949) ausgezeichnet beschrieben worden. Franz wurde zweifellos erst „urkonservativ" als er von den Schrecken der Französischen Revolution erfuhr.

25) Zweifellos ist aber José Ortega y Gassets *La rebelión de las masas* (Espasa–Calpe: Madrid 1937, Erstauflage 1929) von Gustave Le Bons *Psychologie des foules,* das schon 1895 erschien, beeinflußt worden.

26) England war nach den napoleonischen Kriegen der stete Zufluchtsort für Europas revolutionäre Linke. In London finden wir nicht nur das Grab von Karl Marx, sondern auch die Kirche der *Non-Conformists* in der, anläßlich eines Kongresses der RSDAP, der Bolschewismus seinen Ursprung nahm. Zudem gab es auch britische Freiwillige, die gegen die konservative Sache auf dem Kontinent kämpften – gegen die Karlisten, gegen die Miguelisten und nach 1936 gegen die „Frankisten".

27) Vor den napoleonischen Kriegen waren die deutschen Länder außerordentlich frankophil gewesen. Den deutschen „Nationalismus" machten jedoch die führendsten Köpfe des alten Reiches nicht mit; wohl der sehr linke Fichte, nicht aber Hegel und schon gar nicht Goethe.

28) In *Kurzgefaßtes etymologisches Wörterbuch des Altindischen* von Manfred Mayrhofer finden wir zahlreiche Beispiele der negativen Bedeutung von „links" und der positiven Bedeutung von „rechts".

29) Über die Symbolik und Symptomatik von rechts und links siehe z. B. Vilma Fritsch, *Links und Rechts in Wissenschaft und Leben* (Kohlhammer: Stuttgart 1964).

30) „Unius linguae uniusque moris regnum fragile et imbecille est." Vide Migne, *Patrologia Latina,* Bd. 151. col. 1240 ff, „Monita Stephani", 6. Kap.

31) Der Heilige Thomas von Aquin bestätigte das Recht des hoffnungslos Hungernden zu stehlen, und am Kontinent wird dieser Umstand oft als „unwiderstehlicher Zwang" berücksichtigt. Die Stelle bei Thomas ist *Summa,* II. II. Qu. 168. art. 3, ad 3. Als nach dem letzten Krieg Deutsche in ihrer Verzweiflung Kohle stahlen, beruhigte Kardinal Frings ihr Gewissen. Man sprach dann von „Kohle fringsen".

32) Wir sprechen aber nicht von Selbstverwirklichung *(self-realization)*: diese kann der Gläubige nicht anstreben; das hätte nur der Mensch vor dem Sündenfall tun können. Jetzt hat er den „alten Adam" abzulegen und soll durch *metánoia* (Umdenken und Buße) ein „anderer" werden.

33) Siehe S. 415 und Anmerkung 85./18.

5. Die industrielle Revolution und die romantischen Sozialisten

1) Im Mittelalter gab es zwar oft Hungersnöte, aber das Lebensniveau der Unterschichten war höher als am Anfang der Neuzeit. Darüber gibt es Statistiken, u. a. bei C. v. Vogelsang, *Gesammelte Aufsätze über sozialpolitische und verwandte Themata* (Huttler: Augsburg 1886), Bd. 1, „Die Schwarzen Sozialisten", S. 462–463. Hier finden wir österreichische Daten; englische Aufstellungen zeigen uns ungefähr dasselbe Bild.

2) Siehe F. A. v. Hayek (Hsg.), *Capitalism and the Historians* (University of Chicago Press, 1954).

3) Das sind Dinge, die von den Ländern der „Dritten Welt" nicht realisiert werden. Oft klagen sie, durch die Kolonialperiode in ihrer Entwicklung künstlich gehindert worden zu sein. Das ist ein so großer Unsinn, daß er von unseren Linksintellektuellen begeistert wiederholt wird. Demgemäß müßten Bhutan, Nepal, Afghanistan, der Iran, Aethiopien und Liberia viel weiter „entwikkelt" sein als sagen wir Algerien, Tunesien, Nigerien oder Südwestafrika.

4) Die Unterscheidung zwischen dem Menschen als *animal insecurum* und den Tieren als *animalia secura* hatte Peter Wust in seinem *Ungewißheit und Wagnis* (Anton Pustet: Salzburg 1937) ausgezeichnet beschrieben.

5) Siehe Dietrich Kahlke, *„Die Bestattungsriten des donauländischen Kulturkreises der jüngeren Steinzeit,* (Rütten und Loening: Berlin–Ost 1954), Teil I. S. 149.

6) Bezeichnend ist es, daß die Terroristen sich gerne als Armee bezeichnen *(Sekigunha, Prima Linea, Rote Armee Fraktion, Brigate Rosse, Irish Republican Army)* und immer wieder verlangen, nach dem Haager Kriegsrecht behandelt zu werden. Das sollte man ihnen zugestehen und sie daraufhin als nicht-uniformierte Franctireure sofort aufhängen.

7) Owen hatte den Ausdruck *Communism* 1827 geprägt. Siehe Fritz J. Raddatz, *Karl Marx, eine politische Biographie* (Hoffmann und Campe: Hamburg 1975), S. 92.

8) Burke hatte ganz besonders seine Abneigung gegen Abstraktionen bekräftigt. „Ich hasse", sagte er, „selbst den Laut der Worte, die sie ausdrücken." Siehe Émile Boutmy, *Essai d'une psychologie politique du peuple anglais au 19ᵉ siècle* (Armand Colin: Paris 1901), S. 27. Boutmy stellte ihm Royard–Collard gegenüber, der gesagt hatte: „Ich verachte eine Tatsache." Hier müßte man auch Hegel erwähnen, dem ein Student erwiderte, daß die Tatsachen seiner Theorie widersprächen. Hegel sah ihn streng über seine Brille an: „Umso schlimmer für die Tatsachen!"

9) Hier sei auch zu bemerken, daß die Arbeiterklasse nie einen bedeutenden Theoretiker des Sozialismus hervorgebracht hatte. Siehe auch meinen Aufsatz „El monasticismo" in der *Revista de Occidente,* November 1963, S. 178–201.

10) Siehe Anm. 4./11.

11) Siehe Alexis de Tocqueville, „L'Ancien Régime et la Révolution", in *Oeuvres Complètes* Hsg. J. P. Mayer, (Gallimard: Paris 1952), Bd. 2, S. 213–214.

12) Siehe Pascal, *Pensées,* Edit. Léon Brunschvicg, Chronologie Dominique Descotes (Garnier-Flammarion: Paris 1976), S. 151, No. 358–678.

13) Der linksradikale Politiker (1807–1874) Ledru–Rollin wurde berühmt für seinen Ausspruch: „Ich bin der Führer dieser Leute, also muß ich ihnen folgen!"

14) Die unitarische Kirche der Vereinigten Staaten unterscheidet sich in vielem von der unitarischen Kirche Siebenbürgens und Ungarns, die zwar antitrinitarisch aber theistisch ist. Der amerikanische Unitarismus ist hingegen nicht religiös, sondern lediglich eine agnostische Vereinigung.

15) Siehe Th. G. Masaryk, *Zur russischen Geschichte und Religionsphilosophie* (Diederichs: Düsseldorf–Köln 1965), Bd. 1. S. 215.

16) Von diesem Schauspiel gibt es eine deutsche Übersetzung, die im Wiener Burgtheater vor dem Zweiten Weltkrieg aufgeführt wurde.

17) Meine Ausgabe: Djetgiz: Moskau–Leningrad 1950. Vorwort von N. Bogoslowskij.

18) Meine Ausgabe: W. I. Lenin, *Schto djélatj* (Izdateljstwo polititscheskoj literatury: Moskau 1970). Originalausgabe März 1902 .

19) Siehe Sigmund Freud, *Gesammelte Werke* (London 1940), Band 13, S. 134 f.

20) Siehe Friedrich Engels, *Grundsätze des Kommunismus.* I. Abteilung, Bd. 6. S. 518.

21) Siehe sein *Literatur und Revolution* (Verlag für Literatur und Politik: Wien 1924), S. 179.

22) Siehe Antonio Labriola, *Discorrendo di Filosofia e di Società* 3. Aufl. Hsg. B. Croce (Laterza: Bari 1939), S. 103.

6. Proudhon, der konservative Sozialist

1) Siehe Henri de Lubac SJ. *Proudhon et le christianisme* (Seuil: Paris 1945). Man darf auch nicht vergessen, daß Proudhon „immer zu Gott vorstieß und die katholische Position gegen Feuerbach verteidigte". Siehe Daniel Halévy, *Proudhon d'après ses carnets inédits (1843–1847)* (Sequana: Paris 1944), S. 26–27.

2) Siehe Constantin Frantz, *Das neue Deutschland* (Rossberg: Leipzig 1871), S. 375.

3) Proudhon in einem Brief vom 2. April 1852.

4) Proudhon, „La solution du problème social", in *Oeuvres complètes* (Marpon et Flammarion: Paris k. D.), Bd. 6, S. 86.

5) *Ibidem.* S. 57.

6) *Ibidem.*

7) *Ibidem.* S. 56.

8) *Ibidem.* S. 59.

9) *Ibidem.* S. 64.

10) Siehe Proudhon, „Du principe fédératif", in *Oeuvres complètes* (Rivière: Paris 1959), S. 34–35.

11) *Ibidem.* S. 376.

12) *Ibidem.* S. 334.

13) *Ibidem.* S. 302–303.

14) Proudhon, zitiert von H. de Lubac. *Op. cit.* S. 58.

15) Proudhon, zitiert von H. de Lubac, *Op. cit.* S. 61 (Brief an Robin, 12. Okt. 1851).

16) Brief an A. Marc Dufraisse, zitiert von Emmanuel Mounier, *Liberté sous conditions* (Seuil: Paris 1946), S. 213.

17) *Ibidem.* S. 214.

18) „Du principe fédératif", S. 355–356.

7. Karl Marx

1) Das war natürlich ein staatliches Gymnasium, das den Jesuiten nach **ihrer** Auflösung im 18. Jahrhundert nicht mehr zurückgegeben wurde.

2) Der Vater mag ein Theist gewesen sein, glaubte aber sicher nicht an **die** Grunddogmen des Christentums.

3) Siehe Werner Blumenberg, *Karl Marx in Selbstzeugnissen und Bilddokumenten* (Rowohlts Monographien: Hamburg 1962), S. 29.

4) Siehe Karl Künzli, *Karl Marx. Eine Psychographie* (Europa-Verlag: Wien 1966), S. 507.

5) *Ibidem.* S. 508.

6) *Ibidem.* S. 158.

7) Siehe Ernst Kux, *Karl Marx. Die revolutionäre Konfession* (Erlenbach: Zürich 1967), S. 37.

8) Es war allerdings nicht der Vater, den er haßte, sondern die Mutter. Über die Doktorsthese Marxens siehe auch Henry A. F. Mins, „Marx' Doctoral Dissertation" in *Science and Society,* Sommer 1948.

9) Marx glaubte auch, daß in jedem Menschen ein Raffael stecke. Siehe *Marx–Engels-Gesamtausgabe,* Bd. 5, Seite 372.

10) Siehe Künzli, *Op. cit.* S. 556. Siehe auch *Marx–Engels-Gesamtausgabe,* Bd. 5, S. 227. „Die Kommunisten predigen überhaupt keine Moral."

11) Er wurde von Marx „der Bommel" genannt und war ein zum reformierten Glauben bekehrter Jude.

12) Siehe Arnold Ruge, *Briefwechsel und Tagebuchblätter,* Hsg. Paul Nerrlich (Weidmann: Berlin 1880), S. 381.

13) Siehe Carl Schurz, *Lebenserinnerungen bis zum Jahre 1852* (Georg Reimer: Berlin 1906), S. 142–143. Eugène Ionesco ahnt sehr richtig in seinem *Journal en miettes* (Mercure de France: Paris

1967), S. 60, daß Marx an einem inneren Trauma litt: sein Stolz war zutiefst verletzt worden. Das aber sei bei allen jenen, die eine Revolution wünschen, der Fall. „Es ist diese geheime Wunde, die er bewußt oder unbewußt verbirgt."

14) Siehe seinen Essay, „Zur Judenfrage" in *Karl Marx. Die Frühschriften,* Hsg. S. Landshut (Kröner: Stuttgart 1954), S. 171 ff.

15) Das Wort „Antisemitismus" ist ein selten dummer Ausdruck – auch in Hinblick auf die Araber. „Judäophobie" klingt ungewöhnlich, wäre aber sprachlich richtig.

16) Es versteht sich von selbst, daß jede extreme Judenfeindlichkeit zu einer Ablehnung des Christentums führen muß. (Psychologisch läßt sich diese Feststellung auch umkehren.) Die Kirche hatte auch immer Markion radikal abgelehnt. Die christliche Judäophobie kommt von einer Falschinterpretation der Heiligen Schrift. *Ioudaioi* ist mit „Leute" oder „Menschen" gleichzusetzen. Auch waren die *Ioudaioi* nur *ein* Stamm der Israeliten, nämlich die Judäer.

17) Siehe Künzli, *op. cit.* S. 298.

18) Siehe Fritz J. Raddatz, *op. cit.,* S. 107–108.

19) In einer Besprechung von Jakob Moleschotts *Lehre der Nahrungsmittel für das Volk* (1850) zitierte Feuerbach diesen Satz mit großer Zustimmung.

20) Siehe F. M. Dostojewskij, *Die Brüder Karamazow,* 2. Teil. 5. Kap. 5.

21) In Brasilien kam es zu einer religiösen Verehrung Comtes. Heute noch gibt es dort 2 Kirchen, in denen er gefeiert wird. Die Militärrevolte 1888, die den Sturz der Monarchie herbeiführte, stand völlig im Zeichen des „Comtismus" („Positivismus").

22) Marx richtete ein Bittgesuch an König Leopold I., in Belgien Aufenthalt nehmen zu dürfen. Er benützte die Schlußfloskel: „Euer Majestät sehr bescheidener und sehr gehorsamer Diener."

23) Marx bejubelte auch nach dem Krieg zwischen den Vereinigten Staaten und Mexiko die gewaltigen Abtretungen des lateinamerikanischen Staates. Er verlachte die moralischen Grundsätze und stellte die tüchtigen Amerikaner den faulen „rückständigen" Mexikanern gegenüber, die das weite Gebiet gar nicht verdienten.

24) Karl Marx. Friedrich Engels, *Manifest der kommunistischen Partei,* (Dietz Verlag: Berlin 1972).

25) Dieser relativ neue Ausdruck „Werktätige", der in der neokommunistischen Sprache gerne gebraucht wird, wurde gemünzt, um den nichtmanuellen Arbeiter heranzulocken. Er ist die deutsche Übersetzung des russischen Wortes *trudjaschtschießja.* Von Kindern, Kranken und Greisen abgesehen dürften aber doch wohl 99.99 Prozent der Bevölkerung „werktätig" sein.

26) Diese Theorie wird nicht ganz unglaubwürdig von Richard Wurmbrand in dem Büchlein *Marx a Satanist?* (Diane Books, USA 1976) vertreten.

27) Wenn wir von Saint-Simon absehen, gab es damals einen solchen nicht, doch waren zahlreiche Aristokraten im 19. Jahrhundert sehr „sozial" eingestellt – von Villeneuve–Bargemont und Vogelsang bis zu de Mun und Liechtenstein.

28) Später wurde Wilhelm II. heftig kritisiert, weil er die Sozialdemokraten „vaterlandslose Gesellen" genannt hatte. Ob er es zufällig tat oder vielleicht wirklich das „Kommunistische Manifest" gelesen hatte, bleibt ungewiß.

29) Siehe Carl Schmitt, „Die legale Weltrevolution (Politischer Mehrwert als Prämie auf juristische Legalität und Superlegalität)", in *Der Staat,* No. 3, 1979, S. 320–339.

30) Siehe Friedrich Engels, *Der Ursprung der Familie, des Privateigentums, des Staates* (Dietz: Stuttgart 1894), S. 181. Doch Engels hatte dabei nichts als Verachtung für die demokratische Prozedur, die „Wählerei". Siehe Marx–Engels, *Kritische Gesamtausgabe,* Bd. 1., S. 536.

31) Nicht nur für Polen, die Tschechoslowakei, Ungarn, Rumänien und Bulgarien befürwortete 1945–1947 der Kreml die Demokratie, sondern auch für Deutschland, Österreich, und Italien.

32) In Chile sahen wir hingegen, wie eine Volksfront, geführt von Allende, eine relative und minimalste (aber entscheidende) Mehrheit in freien Wahlen erlangte mit 36.3 gegen Alessandris 34.9%. In dieser marxistischen Front erwiesen sich die Sozialisten bedeutend radikaler als die erfahreneren Kommunistem.

33) Erst die russischen Mehrheitssozialdemokraten *(Boljschewiki)* greifen wieder auf die Bezeichnung „Kommunisten"" zurück.

34) In der Enzyklika *Populorum Progressio.*

35) Der Hauptgrund dieser Agrarreformen war es zumeist gewesen, unter dem Mäntelchen sozialen Mitgefühls „fremdstämmige" Großgrundbesitzer (Deutsche, Magyaren) zugunsten der nationalen Mehrheit zu enteignen. Diese Zielsetzung fehlte in Polen.

36) In den Vereinigten Staaten war bis nach dem Zweiten Weltkrieg die einzige staatliche Eisenbahnlinie die von Seward über Anchorage nach Fairbanks (Alaska) führende. (Dann ruinierten die Gewerkschaften die Privatbahnen, sodaß Verstaatlichungen erfolgen mußten.)

37) Der Arbeitsdienst (anstelle eines Militärdienstes) ist nach dem Ersten Weltkrieg eine bulgarische Neuerung gewesen.

38) Seit der Entproletarisierung des Arbeiterstandes ist die parteipolitische Bezeichnung „bürgerlich" völlig sinnlos geworden. Der sozialistische Millionär ist längst keine Einzelerscheinung.

39) „Es kann keine guten Republikaner geben, bis man in den Familien Kinder erzieht, die niemandem anderen gehören dürfen als der Republik", schrieb Sade. Siehe *L'oeuvre du Marquis de Sade,* Hsg. Guillaume Apollinaire (Bibliothèque de Curieux: Paris 1909), S. 228. Sade war übrigens auch ein Verwandter von Louis de Saint-Just, des engsten Mitarbeiters von Maximilien de Robespierre. (Alle drei gehörten dem Adel an!)

40) Kurioserweise hat dieser Kampf in England die Grammar-Schools vernichtet, die ausgezeichnete höhere Schulen des Mittelstandes waren, nicht aber die exklusiv-elitären *Public Schools.* Das Resultat? In Oxford (!) kann man in Romanistik doktorieren, ohne Latein zu beherrschen.

41) Siehe F. J. Raddatz, *Op. cit.* S. 353. Marx trug nicht nur ein Monokel, sondern ritt auch bei Parforcejagden.

42) Siehe Wilhelm Röpke, *Maß und Mitte* (Eugen Rentsch: Erlenbach 1950), „Maß und Mitte in der Produktion", S. 176 ff.

43) Und zwar solange es keinen globalen Staatskapitalismus gibt, haben wir lediglich „Nationalsozialismen".

44) Siehe die Briefe von Engels in *Marx–Engels, Kritische Gesamtausgabe.* 3. Serie, Bd. 2, S. 122, und Bd. 3, S. 192, die Briefe von Marx mit judenfeindlichen Phrasen in Bd. 2, S. 365, 366, 371, in Bd. 3, S. 82, 84, 90, 91.

45) Es wäre interessant zu untersuchen, inwieweit die gemeinsamen Schulen am „Antisemitismus" schuld waren: die jüdischen Vorzugsschüler waren genau so neidvoll verhaßt wie die Weißen mit guten Noten von den schwarzen Schülern in Amerikas gemischtrassigen Schulen. Die Überzeugung, daß „gemischte Schulen" Freundschaften für den Rest des Lebens begünstigen, ist reichlich naiv.

46) Sie werden in Mexiko *los zopilotes* „die Geier" genannt (wegen ihrer von den Mestizen abweichendem scharfen Gesichtszüge). Angeblich besitzen sie ein Viertel des Nationalvermögens. (In der Stadt Mexico haben sie, zum Beispiel, das ganze Brot- und Backwesen in ihren Händen.) Viele von ihnen sind „Rotspanier", die sich aber zum „Kapitalismus" rasch bekehrt hatten.

47) So sind zum Beispiel die Warenhäuser in den nördlichen, vorwiegend reformierten Niederlanden in katholischen Händen. In der Reederei sind aber Katholiken ebenso undenkbar wie Juden in der amerikanischen Stahlindustrie – oder im Bankenwesen mit Ausnahme der Anlage-Banken.

48) Der amerikanische „Antisemitismus" entwickelte sich erst mit der Invasion der Ostjuden. Im „Alten Süden" gehören auch Juden zur *High Society.*

49) Das war nicht nur die sozialistische Gruppe um die Wochenschrift *The New Leader,* sondern auch Männer wie Lyons, Wolfe, Nomad, Schwartz, Sokolsky und viele andere.

50) Siehe Edmund Silberner, *Western European Socialism and the Jewish Problem (1800–1918),* Jerusalem 1955 (Colloquium: Berlin 1962).

51) Siche Seite 370. In Rußland hatte inzwischen der alte Antijudaismus einem Antisemitismus Platz gemacht, der nicht mehr religiöse, sondern nationale wie auch rassische Züge trug. Juden wurden nicht nur als Zionisten, sondern auch als bourgeoise „Kosmopoliten" hingestellt.

52) Über Luthers fast krankhaften Judenhaß siehe mein *Freiheit oder Gleichheit?* (O. Müller: Salzburg 1953), S. 347–348.

53) Siehe Karl Marx, *Die Frühschriften,* S. 201. und 209. Hervorhebung von Marx!

54) Nicht viel später darauf wurde auch Rosa Luxemburg in derselben Weise geehrt. Nur fürchte ich, daß es noch sehr lange dauern wird, bis in der Deutschen Urdemokratischen Republik eine Sondermarke mit dem Konterfei Friedrich Wilhelms IV. erscheinen wird.

8. Der Marxismus

1) Siehe Waldemar Gurian, *Der Bolschewismus. Einführung und Lehre* (Herder: Freiburg i. Br. 1931), S. 187 ff.

2) Siehe Ben Hecht, *Erik Dorn* (Putnam: New York 1921), S. 381.

3) Siehe Harold Laski, *Reflections on the Revolution of Our Time* (Allen and Unwin: London 1943), S. 128 ff. Auch andere waren dieser Ansicht, so *Joseph Conrad, Life and Letters,* Hsg. G. J. Aubrey (London 1927), Bd. 1, S. 84 und Gonzague de Reynold, *La démocratie et la Suisse* (Chandelier: Bern 1929), S. 298.

4) Siehe Seite 370. Wahrhaftig reich sind eben nur Völker mit hohem Arbeitsethos (*ursprünglich* nur das reformierte Europa und das konfuzianische Ostasien), bei denen die Begüterten ihr Geld innerhalb des Landes ausgeben. Entgegen einer weitverbreiteten Meinung macht die Verschwendungssucht der Reichen die Armen nicht ärmer. Das Gegenteil ist der Fall. Gerade darum hieß es von den Bistümern des Reichs: „Unter dem Krummstab ist gut leben!"

5) Siehe E. F. W. Tomlinson im *Criterion* (London), No. 46.

6) Siehe Peter Kropotkin, *Memoirs of a Revolutionist* (Doubleday: Garden City 1962), Hsg. J. A. Rogers, Kropotkin kehrte schließlich nach Rußland aus dem Exil zurück und starb dort 1921 in tiefer Verzweiflung.

7) Für den Libertinismus hatte die frühe deutsche Sozialdemokratie nichts übrig. Auf dem Parteitag in Gotha (1896) wurde ein Beschluß gegen Schmutz und Schund gefaßt, der sich auch gegen die moderne Kunst richtete. Auch Wilhelm II. wetterte gegen die moderne Kunst!

8) Siehe Werner Blumenberg, *op. cit.* S. 115–117.

9) Siehe J. W. v. Goethe, *Dichtung und Wahrheit,* Buch 20. Berglandbuch Ausgabe, Bd. 1, S. 382.

9. Die Nationaldemokratie

1) Siehe Metternichs Brief an den Kaiser vom 28. März 1825 aus Paris, in dem die Verluderung der Pariser Unterschichten beschrieben wird. Ein Drittel der Bevölkerung war nicht einmal getauft. Im St. Geneviève-Viertel gab es nur *ein* richtig getrautes Ehepaar in je zwanzig Haushalten. „Hier können nur Missionen wie unter wilden Völkern von Wirkung sein." Siehe *Aus Metternichs nachgelassenen Papieren* (Braumüller: Wien 1881), Bd. 4, No. 749.

2) Der Monarch ist im Prinzip Vater-Landesvater. Es fällt nicht leicht, den Befehl zu geben, auf seine Kinder zu schießen. (Bei der großen Demonstration vor dem Winterpalast 1905 in St. Petersburg war Nikolaus II. abwesend. Er war in Tsárskoje Selo.)

3) Der einzige Nichtgeadelte in dieser Reihe ist Professor Simon Stampfer, den *Meyers Konversationslexikon* (1907) als geadelt führt. Er wurde allerdings 1849 mit dem Ritterkreuz des Leopoldordens ausgezeichnet, was ihm (bis 1884) gestattet hätte, um die Erhebung in den erblichen Ritterstand anzusuchen.

4) Sicherlich bis 1938: Menger, Wieser, Hayek, Mises, Haberler, Böhm v. Bawerk. (Die Ausnahme: Fritz Machlup.)

5) Ein Brite kann sein Vermögen testamentarisch entweder allen Kindern oder auch seinem ältesten Sohn vermachen.

6) Der Patriot freut sich über die Vielfalt in seiner Heimat, der Nationalist hängt sein Herz an die Volksgenossen, innerhalb und außerhalb seines Vaterlands – mit allen politischen Konsequenzen.

7) Von den führenden polnischen Sozialisten gehörten Piłsudski, Jodko-Narkiewicz, Daszyński, Limanowski, Niedzialkowski und noch viele andere der Szlachta an.

8) Das wurde deutlich als er später seinen Sohn „König von Rom" nannte. *Romanorum Rex* war traditionell der Titel des Kandidaten für die römische Kaiserwürde.

9) Vide das Gedicht Grillparzers an Radetzky gerichtet: „In deinem Lager ist Österreich!" Ansonsten war Österreich nur bruchstückweise vorhanden.

10) Als Kaiser Franz Joseph sich anschickte, Ragusa zu besuchen, machte sein Adjutant Vorbereitungen und suchte die alten Adelsgeschlechter auf. Diese waren anfänglich nur bereit, den Kaiser bei der Haustüre, nicht aber vor dem Gartentor zu empfangen. Man mußte sie überzeugen, daß sie, obwohl ihre Stammbäume weiter zurückreichten als die der Habsburger, ihrem Monarchen dennoch den gebührenden Respekt zu leisten hatten.

11) Dort waren – man denke an Hlinka, Tiso und Korošec – die Führer der Nationalparteien Kleriker. Trotz des großen Ansehens des Klerus in Irland, hielt sich dort der Klerus immer vom politischen Leben zurück.

12) Die revolutionären Aufrufe in Ungarn waren oft doppelsprachig – ungarisch und deutsch.

13) Italienische Soldaten bewährten sich im Kamf gegen die aufständischen Ungarn und attackierten erfolgreich unter dem Ruf: „Evviva l'Imperatore!" Siehe Hugo Freiherr von Weckbekker, *Von Maria Theresia zu Franz Joseph* (Verlag für Kulturpolitik: Berlin 1929), S. 239.

14) Dort gibt es das *Movimento Mitteleuropa,* das T-Shirts mit dem Konterfei des Kaisers Franz Joseph verkauft.

15) Friedrich Wilhelm IV. sagte im März zu Max Freiherr von Gagern: „Ich strebe nach keiner Krone, der goldene Reif soll nie meine Stirne schmücken. Soll diese Krone, Deutschlands Krone, erstehen, so muß sie Österreichs Herrscher zieren und mit Freuden will ich das silberne Waschbecken dem Kaiser bei seiner Krönung halten." Siehe L. v. Pastor, *Leben des Freiherrn Max von Gagern* (Kösel: Kempten 1912), S. 232.

16) Siehe Seite 83 und Anm. 11./10.

17) In Italien gibt es hingegen große Verlagshäuser von Turin bis Bari und in der Bundespublik Deutschland von Hamburg bis München und von Münster bis Freiburg.

18) Siehe auch Hans-Joachim Schoeps, *Preußen, Geschichte eines Staates* (Propyläen-Verlag: Berlin 1967), S. 190 ff.

19) Dieses Königreich Sardinien mit der Hauptstadt Turin war das alte Savoyen-Piemont mit Genua und der Insel Sardinien. Kulturell, aber auch sprachlich war der französiche Einfluß dort immer sehr stark. Savoyen und das Aosta-Tal sind sprachlich französisch; der Piemontesische Dialekt, der heute auch geschrieben wird, bildet einen Übergang vom Italienischen zum Französischen.

20) Joseph II. weigerte sich, in Ungarn sich krönen zu lassen. Dort war er deswegen (wie auch in Belgien) verhaßt und wurde *kalapos király,* der „König mit dem Hut" genannt.

21) Er gehörte aber später der ungarischen Magnatentafel an, erwarb auch ungarische Besitzungen usw. Seine Nachkommen wurden große ungarische, magyarisch sprechende Patrioten..., ein richtiges Beispiel ungarischer Liberalität, aber auch ungarischer Assimilationskraft.

22) Als Österreicher kann man nur mit größter Trauer die genaue Schilderung der Prozeßverfahren, der Hinrichtung, der Briefe und der Reaktionen der Zeitgenossen lesen. Hervorragend ist die Zusammenstellung von Tamás Katona, *Az Aradi vértanúk* (Szépirodalmi könyvkiadó: Budapest, 1979), 2 Bände.

23) Diese Idee wurde von einer Gruppe von politisch-historischen Denkern um die Zeitschrift *Magyar Szemle* gefördert, unter denen sich Ladislaus Ottlik, Julius Szekfű und Julius Kornis befanden.

24) Eines der „Geheimnisse" der Schweiz ist der Umstand, daß sie eine *militärische* Demokratie ist – ein eidgenössischer Männerbund, mit (nach Israel) höchstem Militärbudget. (Das erklärt auch das sehr verspätete Frauenwahlrecht.) Daher ist in den Ämtern nicht das Bild des oft übersehenen Präsidenten, sondern das des militärischen Oberkommandierenden zu finden.

25) Siehe J. S. Mill, *Utilitarianism. Liberty. Representative Government* (Dent: London 1910), S. 361. Kapitel „Nationality" in „Representative Government".

26) Der Name ist aber vielleicht slowenisch eher als slowakisch, auf keinen Fall aber magyarisch.

27) Nach der ungarischen Staatslehre und Verfassung (die wie die britische ungeschrieben war) wird das Land nicht von einem König, sondern von der Krone beherrscht. Wer sich rechtmäßig krönen lassen kann, ist *de jure* der Herrscher. Doch soll hier auch vermerkt werden, daß die offizielle Formel für staatliche Einrichtungen immer „ungarisch königlich" und nicht „königlich ungarisch" war, was auf eine „republikanische" Tendenz hinweist.

10. Deutsches Drama: Erster Akt

1) Daher auch Bismarcks Schuld am Kriegsausbruch, der durch seine Redigierung der „Emser Depesche" ausgelöst wurde. Diese erweckte den Eindruck, daß Wilhelm I. den französischen Botschafter Benedetti „brüskiert" hatte, was in Paris einen Entrüstungssturm auslöste. Heute, bei der enormen Verproletarisierung der diplomatischen Beziehungen, würde dieser „Zwischenfall" kaum durch eine kleine Zeitungsnotiz gewürdigt werden.

2) Im Krimkrieg rafften zum letztenmal die Seuchen mehr Soldaten hin als die Kugeln der Feinde. Der amerikanische Sezessionskrieg forderte zum erstenmal mehr Opfer durch militärische Aktionen; dieser war (1861–1865) mit 600 000 Toten der blutigste Krieg der Weltgeschichte bis zum Ende des zweiten Drittels des vorigen Jahrhunderts.

3) Napoleon III. setzte sich etwas irrealistisch für die Einigung Italiens, aber gegen die Einigung Deutschlands ein. Psychologisch hingen aber beide *Risorgimentos* zusammen, doch scheint Napoleon III. durch Carbonari–Schwüre (Mahnattentat von Orsini!) zur Einigung Italiens verpflichtet gewesen zu sein.

4) Somit wurde auch der Bau der Mailänder Scala zum Teil von Wien finanziert. Maria Theresia war an dieser Oper interessiert.

5) Die „Eiderdänen" waren bereit auf Holstein, nicht aber auf Schleswig zu verzichten – „Dänemark bis zur Eider"!

6) Da also Altona zum dänischen Holstein gehörte, konnte hier eine katholische Kirche für katholische Hamburger gebaut werden, nicht aber auf dem Boden der Hansastadt.

7) Zwar hatte Preußen von Oldenburg ein kleines Stück Land erworben, um darauf eine neue Stadt, Wilhelmshaven, zu bauen, aber die Ostsee, an der Preußen eine breite Küste hatte, war eben nur ein Binnenmeer.

8) Theodor Fontane berichtete in *Reisebriefe vom Kriegsschauplatz in Böhmen* (Ullstein: Frankfurt 1975), S. 25, von der Effizienz der Zündnadelgewehre, (Kommentar dazu auf S. 101). Dieses Gewehr wurde von den Preußen schon 1864 im Dänischen Krieg verwendet. Die Hauptschuld an der unmodernen Ausrüstung der österreichischen Armee hatte der Reichsrat, der nur ein völlig ungenügendes Heeresetat bewilligte. Man spart eben immer am unrechten Ort!

9) In der Seeschlacht bei Lissa hatten die Österreicher sieben, die Italiener 12 Panzerschiffe (die Zahl der Holzschiffe war gleich), aber die Österreicher, in der Ausrüstung schwer unterlegen, siegten dennoch.

10) Österreich hatte von Preußen 1852 für den Besitz Venetiens eine Garantie bekommen. Auch hier lag ein schwerer Wortbruch vor! Siehe H. J. Schoeps, *op. cit.* 254.

11) Siehe *Marx–Engels III. Studienausgabe* (Fischer–Bücherei: Frankfurt 1966), S. 238.

11. Bismarck und das Zweite Reich

1) Früher wurden ausländische Diplomaten (wie auch ausländische Generäle) gerne angeworben. So wurde auch der portugiesische Gesandte Joaquim Graf Oriola, in Berlin akkreditiert, preußischer wirklicher Geheimer Rat. Vasallen wechselten ihren Lehnsherren!

2) Jacob Burckhardt hatte nicht ganz unrecht, als er schrieb: „Bismarck hat nur in eigene Hand genommen, was mit der Zeit doch geschehen wäre, aber ohne ihn und gegen ihn. Er sah, daß die wachsende demokratisch-soziale Woge irgendwie einen unbedingten Gewaltzustand hervorrufen

würde, sei es durch die Demokraten selbst, sei es durch die Regierungen, und sprach *Ipse faciam,* und führte die drei Kriege 1864, 1866, 1870." (Brief an Preen vom 26. 4. 1872) in *Briefe Jacob Burck-hardts-Briefe an seinen Freund Friedrich von Preen* (Deutsche Verlags-Anstalt: Stuttgart–Berlin 1922), S. 51.

3) Bismarck sagte zu Marie von Günderode, er sei mit den Österreichern und Franzosen fertiggeworden, er hoffe es auch mit den Russen zu tun, aber „mit den Ultramontanen habe ich mich verrechnet, da habe ich mich ohne Landkarte in ein fremdes Land gewagt." Siehe Ludwig v. Pastor, *Tagebücher, Briefe, Erinnerungen* (F. H. Kerle: Heidelberg 1950), S. 214.

4) Dieser Aspekt wird gut behandelt in Joseph A. Schumpeter, *Capitalism, Socialism and Democracy* (Harper & Row: New York 1942), S. 341–343.

5) Über den Monarchismus Lasssalles siehe Ludwig Halmann, *Das sociale Königtum. Ein Ausspruch Lasssalle's und die sociale Praxis Kaiser Wilhelms.* Eine Schrift zu den Wahlen. Berlin 1884.

6) Siehe Otto Fürst Bismarck, *Gedanken und Erinnerungen* (Cotta: Stuttgart 1919), 3. Bd., S. 58.

7) Vielleicht ist es ein Hinweis, daß Leopold Ritter von Sacher-Masoch ein Österreicher gewesen war. Wer könnte sich in Berlin eine Laudon–Straße vorstellen?

8) Sehr richtig ist auch, was Constantin Frantz über Bismarck sagte: „Bei hoher Tatkraft und seltenem Talent der Macht bewegt er sich leider in einem beschränkten Ideenkreise. Der überstaatliche, übernationale und überkonfessionelle Beruf Deutschlands ist ihm gänzlich fremd." Siehe Hans-Joachim Schoeps, *Ungeflügelte Worte* (Haude & Spener: Berlin 1971), S. 154.

9) Gustav Adolf, schwedischer Reichsfeind, wurde von Frankreich finanziert, aber in deutschen Landen wurde zwar Gustav Adolf, nicht aber (unlogischerweise) Ludwig XIII. oder Richelieu hoch verehrt. Darüber Werner Hegemann, *Entlarvte Geschichte* (Soziologische Verlagsanstalt: Prag 1934), S. 63 ff.

10) So Friedrich II. in G. B. Volz, *Die politischen Testamente Friedrichs des Großen* (R. Hobbing: Berlin 1920), S. 44, (Testament aus dem Jahre 1752).

11) Schon Friedrich II. wußte, daß Preußen seine Modernisierung dem Edikt von Potsdam (23. Oktober 1685) verdankte. Die Zahl der Abkömmlinge der Hugenotten wird in ganz Deutschland auf 4,5 Millionen geschätzt. In Berlin kamen 1699 4000 Franzosen auf 11 000 Deutsche, Magdeburg war halb französisch. Siehe Helmut Erbe, *Die Hugenotten in Deutschland,* 1938; Erman et Réclam, *Mémoires pour servir à l'histoire des réfugiés français,* Berlin 1782–1799; Chambeau, Oberst a. D. *Die Auswirkung der Abwanderung der Hugenotten aus Frankreich auf Frankreich und auf Deutschland und die Deutschen* (Franz Dom: Berlin 1938). Der eigentliche Sieger von Tannenberg war weder Hindenburg noch Ludendorff, sondern der General François. Siehe Jan Kucharzewski, „Delusions of the West and First Warnings", in *Bulletin of the Polish Institute of Arts and Sciences in America,* Vol. 2, No. 4 (New York, Juli, 1944), S. 1014–1019.

12) Siehe *Grillparzers sämtliche Werke* (Cotta: Stuttgart, k. D.), Bd. 15, S. 169. Diese Bemerkung Grillparzers stammt aus dem Jahre 1815.

13) Das Französische Gymnasium ist heute in West-Berlin.

14) In ihren Briefen an Marie-Antoinette ermahnte Maria Theresia ihre Tochter, sich als „gute Deutsche" zu zeigen. Die große Kaiserin fühlte sich sowohl als Deutsche als auch als Österreicherin (und Ungarin).

15) Ein wirklich geschichtsbewußter Deutscher spricht oder versteht zumindestens auch französisch, das in Österreich als zweite Sprache erst um die Mitte des 18. Jahrhunderts Italienisch verdrängt hatte.

16) Es gibt dazu allerdings auch eine Parallele: die US-Amerikaner, die Mexiko zwangen, im Friedensdiktat von Guadelupe-Hidalgo die Hälfte ihres Landes an die Vereinigten Staaten abzutreten. Guadelupe aber ist das Nationalheiligtum der Mexikaner!

17) Über das Elsaß und seine Zwiespältigkeit sind drei Bücher sehr aufschlußreich: Agnes Gräfin Dohna–Spieser, *Tausend Brücken* (Selbstverlag: Lich, Hessen 1952); Émile Baas, *Situation de l'Alsace* (Éditions de l'Est: Straßburg 1946); Jean de Pange, *Les Meules de Dieu* (Alsatia: Paris 1951).

Der Comte de Pange, ein französischer Reichslothringer, bestätigt uns aber, daß selbst das alte deutsche Régime in Elsaß-Lothringen viel liberaler regierte als die Dritte Republik.

18) Einer der bedauerlichsten Zwischenfälle fand im Oktober 1913 in Zabern statt, was zu heftigen Debatten im Reichstag führte.

19) Man vergesse nicht, daß Vorderösterreich am Rhein an Elsaß grenzte. Friedrich II. rühmte sich in seiner *Geschichte meiner Zeit* (Berlin 1788, Bd. 2, S. 69 ff.), daß er den Zweiten Schlesischen Krieg auch deswegen unternommen hatte, um das Elsaß, von kaiserlichen Truppen erobert, Frankreich zurückgeben zu können! So sehen „deutsche Nationalhelden" aus!

20) Friedrich II. sprach vom Rhein, dessen Lauf „eigens gemacht worden zu sein scheint, Frankreich von den deutschen Ländern abzugrenzen". Ein Wunder, daß sich in Versailles Clemenceau nicht auf diesen „großen Deutschen" berief, um auch das ganze Rheinland anzufordern.

21) Deshalb bekamen wir im 19. und 20. Jahrhundert so irrsinnige Grenzen wie den Pruth, den Zbrucz, den Bug oder gar die Oder–Neiße–Linie.

22) Vor der Französischen Revolution war natürlich von einer „Französisierung" des Elsaß keine Rede gewesen. Die Straßburger Universität, die Goethe und auch Metternich besuchten, war eine deutsche Universität geblieben. Und am Kamm der Vogesen gab es (innerhalb Frankreichs) eine Zollgrenze.

23) Hutier wurde vom englischen Historiker C. R. M. F. Cruttwell (Oxford) als der fähigste deutsche General im Ersten Weltkrieg betrachtet. Siehe sein *A History of the Great War 1914–1918* (Clarendon: Oxford 1934). Die Bemerkung Wilhelms II. erhielt ich von einem Verwandten Hutiers mündlich mitgeteilt.

24) Wie z. B. des Admirals von Hipper, des Grafen Spee usw.

25) Das drückte sich besonders in der Wirtschaft aus. Selbst in Österreich hatte die kleine evangelische Minderheit in Wirtschaft und Finanz eine auffallende Stärke.

26) Die Post des in Festungshaft Befindlichen durfte nicht zensuriert werden, er durfte fast jederzeit Besuche empfangen und mußte mit dem vollen Titel angeredet werden. Hitler genoß diese Privilegien als politischer Gefangener in Landsberg.

27) Das Meldewesen wurde in Preußen scharf gehandhabt.

28) Siehe sein *Aus dem Exil* (Probsthain: London 1907). Levy, ein Konservativer und Nietzsche-Forscher, schrieb später nur mehr in englischer Sprache.

29) Eine kluge Kritik des Zweiten Reiches klingt immer wieder in den Tagebüchern Ludwigs Freiherrn von Pastors durch. Siehe Ludwig Frh. v. Pastor, *op. cit.* besonders S. 289.

30) Constantin Frantz sah eine moralische Verpflichtung Preußens, Polen von Rußland zu befreien und verurteilte zugleich den Unsinn, aus Polen „Deutsche" machen zu wollen. Siehe sein: *Deutschland und der Föderalismus*, Hsg. Dr. Eugen Stamm, (Deutsche Verlags-Anstalt: Stuttgart 1921, ursprünglich 1879), S. 114–115. Siehe auch *Das neue Deutschland* (Rossberg: Leipzig 1871), S. 310–311.

31) Hans Delbrück verlachte die ganze Hakatistenbewegung und die Bismarcksche Ostmarkenpolitik.

12. Die Donaumonarchie

1) Siehe H. J. Schoeps, *Preußen, Geschichte eines Staates,* S. 283.

2) Wiener, die in die Freimaurerei aufgenommen wurden, mußten zu diesem Zweck in das ungarische Preßburg fahren. Dort fand dann die feierliche Zeremonie statt.

3) „k. k." stand für kaiserlich-königlich und bezog sich auf rein österreichische Institutionen, „k. u. k." – kaiserlich und königlich auf Einrichtungen der Doppelmonarchie. Die Farben der k. u. k. Kriegsmarine waren rot-weiß-rot, die Handelsflagge rot-weiß-rot links und rot-weiß-grün rechts.

4) „Die Vereinigten Staaten von Amerika" bezeichnet nur die staatliche Struktur und die geographische Lage des Landes. Ein *Americano* in Spanien ist ein Lateinamerikaner usw.

5) Die Donau bei Wien fließt nur durch Vororte. Wie viele Fremde besuchen Wien, ohne die blaue Donau je gesehen zu haben!

6) Der Vater von Harold Nicolson, Sir Arthur Nicolson, war britischer Generalkonsul in Budapest gewesen. Die hohe Gesellschaft verkehrte aber nicht mit ihm und sein Ressentiment gegen Ungarn übertrug sich später auch auf seinen Sohn.

7) *Magna Carta* (nicht „Charta"!), vom Adel erzwungen, gab ihm Privilegien und beschnitt die Rechte der Frauen und Juden. Mit Demokratie hat dieses Dokument nichts zu tun.

8) Das Insurrektionsrecht der *Arany Bulla* (1222) berechtigte den Adel, auch Kriege gegen das Ausland zu führen. Die Bereitwilligkeitserklärung des ungarischen Adels vor Maria Theresia in der damaligen Hauptstadt Preßburg (*„Moriamur pro rege nostro, Maria Theresia!"*), die Königin gegen die Französisch–Preußische Allianz zu unterstützen, beruhte auf dem Insurrektionsrecht.

9) Im Oberhaus rein elitären Charakters hatte das älteste Mitglied den Vorsitz zu führen. Es war dies kurz der über neunzig Jahre alte Oberrabbiner der Orthodoxen Juden, Koppel Reich.

10) Titel wie Baron, Graf, Fürst wurden erst von den Habsburgern eingeführt und gab es im ungarischen Mittelalter nicht. Der Kleinadel führte adjektivische Ortsprädikate. Das Wörtchen „von" gibt es im Magyarischen nicht.

11) Dieses Recht nützten sie aber nur symbolisch aus, indem sie ihre Reden mit ein bis zwei kroatischen Sätzen begannen. Das Magyarische war da doch das einzige Verständigungsmittel für alle Völker Ungarns.

12) Zwischen ein- und zweihunderttausend Magyaren lebten in Altrumänien, die sogenannten Csangós. Ihre Herkunft ist nicht erhellt worden.

13) Bis dahin gehörte also Belgrad („Griechisch–Weißenburg", *Nándor-Fehérvár* auf ungarisch) zur Habsburgermonarchie.

14) In der 12. Isonzoschlacht kam der Durchbruch bei Tolmein, Flitsch und Karfreit, der die Heere der Zentralmächte bis zur Piave brachte.

15) Das beste und reinste Kroatisch wird nicht in Agram, sondern in der Hercegovina gesprochen; die Agramer Gegend wird zu sehr vom Slowenischen beeinflußt.

16) Die Krönung wäre im Sinne der ungarischen Staatslehre (Ungarn wird von der Krone und nicht vom König regiert) unumgänglich gewesen.

17) Das Buch ist *Magyarország kálváriája. Az Összeomlás útján* (Wodianer: Budapest 1928), 2 Bände.

13. Das alte Rußland

1) Es muß hier vermerkt werden, daß Peter der Große den Titel Tsar in Kaiser umgewandelt hatte *(Imperator)*. Der Kronprinz hieß dann auch nicht mehr Tsarewitsch, sondern Tsesarewitsch. Hingegen gab es bis zum Ende des Zweiten Weltkriegs einen „Tsaren der Bulgaren".

2) Ich halte die Argumente, daß Alexander I. nicht starb, sondern als der Starjetz Fjodor Kuzmitsch Rußland durchwanderte, für absolut zwingend. Siehe Leo Kobylinski-Ellis, „Zar und Staretz" in *Hochland*, Bd. 37, No. 2, (November 1939); Nikolai Sementowski-Kurilo, *Alexander I., Rausch und Einkehr einer Seele* (Scientia: Zürich 1939); Léon Lubimoff, „Le mystère d'un Tsar" in *Candide* (Paris), Mai–Juli 1939; Leonid Strakhovsky, *Alexander I of Russia* (Norton: New York 1947). Auch Metternich hielt die Todesnachricht lange Zeit für unwahr.

3) Knapp vor dem Ausbruch dieser Revolution floh Chopin sein Geburtsland Polen. Russische Soldaten warfen sein Klavier auf die Straße. Auch die Revolution von 1863 endete als tragischer Mißerfolg.

4) Dies ist auf einer großen Tafel vor dem früheren Scheremetjew–Schloß außerhalb von Moskau zu lesen. Die beiden Architekten waren Leibeigene, daher heißt das museale Schloß heute „Museum der Leibeigenen". Die Architekten wurden nach der Beendigung ihrer Arbeit Freie und der eine wurde Präsident der Kunstakademie.

5) Da sie auf Zucht und Ordnung sahen, waren sie in der Regel äußerst unbeliebt. Die Polen spielten im kaiserlichen Rußland auch eine große Rolle in der höheren Verwaltung der Eisenbahnen. Das blieb so bis in den Kommunismus hinein. Feliks Edmundowitsch Dzierzyński, Mitglied der

polnischen Schlachta, der die G. P. U. aus der Tscheka organisierte, war auch der große Organisator des Eisenbahnwesens.

6) Meist falsch mit „Iwan (IV.) der Schreckliche" übersetzt.

7) Vor 150 Jahren brannte das Adelsarchiv in Mzchet ab; wer zwei Zeugen brachte, die schworen, daß er adelig war, wurde in das Register des Adels eingetragen, Es gab aber *nur* Fürsten, denn als sich die Georgier den Russen Ende des 18. Jahrhunderts ergaben, machten sie die Anerkennung ihres Adels zur Bedingung. Andere Titel als die fürstlichen gab es aber in Georgien nicht.

8) So zum Beispiel den Vater F. M. Dostojewskijs, der ebenfalls ein Adeliger war.

9) Siehe Igor v. Glasenapp. *Staat, Gesellschaft und Opposition in Rußland im Zeitalter Katharinas der Großen.* Diss. Ludwig-Maxilimian Universität München 1964, S. 113.

10) Siehe I. S. Aksakow, in der Zeitung *Moskwa* vom 10. Februar 1867.

11) Siehe Anatole Leroy-Beaulieu, *L'Empire des Tsars et les Russes* (Hachette: Paris 1909), 1. Band, VI. 4.

12) Das alte Rußland war ein Pionier der universitären Bildung der Frauen, wobei allerdings „Universitätskurse für Frauen" eingeführt wurden. Doch schon in den achtziger Jahren gab es viele Studentinnen. Sie spielten sehr oft eine führende Rolle in verschiedenen Linksbewegungen.

13) Siehe P. N. Ignatiew und Dimitrij Odinetz, *Russian Schools and Universities in the World War* (Yale University Press: New Haven 1929), Statistiken auf S. 33, 35, 141. Im Jahre 1910 waren in den Gymnasien 37% der Schüler aus dem Adel und dem Beamtenstand, 38% aus dem Bürgertum, 18 Prozent aus dem Bauernstand, in den Realgymnasien waren diese Ziffern 25%, 42% und 28 Prozent. In den Universitäten studierte *die Mehrheit* mit Stipendien (Schulgeldbefreiung).

14) Siehe Lew Tolstoj, *Anna Karenina,* III. 21.

15) Siehe A. P. Tschechow, *Izbrannyje proizwedenija* (Chudoshestwenn. Literatura: Moskau 1976), 3. Band, „Kirschgarten", S. 416. Hier auch wieder der Neureiche aus armer Familie!

16) Siehe Erwin Sinkó, *Roman eines Romans, Moskauer Tagebuch* (Wissenschaft und Politik: Köln 1962. Sonderausgabe 1969), S. 122.

17) Siehe Igor v. Glasenapp, *Op. cit.* S. 170.

18) Siehe Manya Gordon, *Workers Before and After Lenin* (Dutton: New York 1941), S. 17.

19) Im Falle einer totalen Mißernte mußte der Grundherr seine Leibeigenen ernähren und mit Saatgut ausstatten.

20) Siehe I. v. Glasenapp, *Op. cit.* S. 95.

21) Das Wort *Mir* (nur in der *alten* Rechtschreibung mit einer Variante) hat drei Bedeutungen: a) Welt, b) Frieden und c) Dorfgemeinschaft.

22) Die Propaganda der Tat waren Mord und Totschlag. Die Großfürstin Elisabeth versuchte, den Mörder ihres Gatten, des Großfürsten Sergej, zur Reue zu bekehren. Der Mörder beschimpfte sie und spuckte sie an. Sie mußte aufgeben. Die Kommunisten prügelten diese heiligmäßige Frau, eine Schwester der Kaiserin, und warfen sie sterbend in den Schacht eines Kohlenbergwerks.

23) Siehe Leroy-Beaulieu, *Op. cit.* II. 4 und VI. 4.

24) Ilja E(h)renburg erzählte mir, wie sein Vater ihm drohte, daß er bei Nichtbestehen des Abiturs wieder in den Südwesten „rückwandern" müßte.

25) Siehe Catherine Drinker Bowen, *Free Artist. The Story of Anton and Nicholas Rubinstein* (Little, Brown: Boston 1939).

26) Siehe Bertram D. Wolfe, *Three Who Made a Revolution* (Penguin Books; Harmondsworth 1966), S. 199.

27) Er wurde von einer deutschen Familie als Findelkind unter einer Treppe gefunden und erhielt damit den Namen Trepow. Sein Sohn wurde Generalgouverneur. Dies nur als Fußnote zur russischen gesellschaftlichen Mobilität.

28) So ganz besonders Maurice Paléologue, der letzte französische Botschafter am kaiserlichen Hof, in seinen *La Russie des Tsars pendant le Grande Guerre* (Plon-Nourrit: Paris 1921), Bd. 1, S. 277–278, 297.

29) Zwischen 1855 und 1879 wurde nur einmal die Todesstrafe in Rußland angewandt (1866 im Fall Karakosow, der den Kaiser ermorden wollte). Siehe Leroy-Beaulieu, *Op. cit.* I. iv. 7. Auch

Katharina II. hatte unter dem Einfluß Beccarias die Todesstrafe abgeschafft, die aber Paul I. wieder aufleben ließ.

30) Siehe Igor v. Glasenapp, *Op. cit.* S. 31–32.

31) Die Überfahrt war eine fürchterliche Qual: viele starben. Manche bettelten um eine Hinrichtung.

32) Vom „Fußblock" in England gibt es photographische Aufnahmen. Geprügelt wird auch heute noch in den exklusiven Schulen. Im Staate Delaware (USA) war die Prügelstrafe noch im Zweiten Weltkrieg im Schwung und wurde m. W. nicht abgeschafft.

33) Hinrichtungen gab es im 18. Jahrhundert dort nur 3–4 im Jahr (in Großbritannien an die 8000!). Öfters wurde die „Galeerenstrafe" verhängt, aber der Kirchenstaat hatte keine Galeeren. Siehe Maurice Andrieux, *Daily Life in Papal Rome in the 18th Century* (Allen & Unwin: London 1968), S. 99–103. Das Gefängnisleben laut Andrieux war so angenehm, daß man es gar nicht als Strafe betrachten konnte.

34) Siehe A. I. Herzen (Gerzen), *Byloje i dumy* (Izdateljstwo Chudoshestwennoj Literatury „Dnipro": Kiew 1976), S. 208–209.

14. Frankreich: Zweites Kaisertum und Dritte Republik

1) Diese Katastrophe für Frankreich hatte er schon 1859 vorbereitet, als er Österreich so schwächte, daß dann die Führerschaft mit dem Jahre 1866 auf Preußen überging. Im Jahre 1870 war es jedoch schon nicht nur militärisch, sondern rein psychologisch undenkbar gewesen, daß Österreich *seinem* Erbfeind – Erbfeind nur mit der Unterbrechung des Siebenjährigen Krieges – gegen die ganz große Mehrheit des deutschen Volkes zu Hilfe gekommen wäre. Hingegen war Napoleon III. kein Deutschenfresser, ganz im Gegenteil: er sprach deutsch, sang deutsche Lieder und war „in Deutschland verliebt". Siehe Königin Viktoria, *Leaves from a Journal* (André Deutsch: London 1961), S. 96.

2) Siehe Adrien Dansette, *Histoire religieuse de la France contemporaine* (Flammarion: Paris 1951), Bd. 2, S. 186–187.

3) Amerikanische Frauen und Mütter spielten eine gewisse Rolle in der europäischen Geschichte: die Mutter von Churchill war eine Amerikanerin, die Frauen von Clemenceau, Th. G. Masaryk und Papandreou kamen aus Amerika.

4) Die ersten Großkampfschiffe der Sowjetunion hießen *Danton, Marat* und *Parishskaja Kommuna.*

5) Das üble Wort Demokratie scheint aber erst gegen Ende des zweiten Jahres der Revolution auf!

6) Wie gespalten die Freimaurerei wirklich ist, ersieht man aus dem kaum belegten, aber doch sehr aufschlußreichen „Roman" von Roger Peyrefitte, *Les fils de la lumière* (Flammarion: Paris 1961).

7) Die Radikalsozialisten, die heute nur mit Mühe als sehr kleine Partei überleben, sind „Radikale" mit sozialistischen Tendenzen und keine radikalen Sozialisten. Sie waren die große, antiklerikale regierungsträchtige Partei der „linken Mitte" durch Generationen hindurch.

8) Siehe Louis Salleron, *Le catholicisme et le capitalisme* (La Palatine: Paris 1951), *passim.*

9) Aber der Bauer in Frankreich ist nicht stolz, Bauer zu sein. Er will *propriétaire* und nicht *paysan* heißen. Die kommunistische Zeitung für Bauern *La Terre* ist ziemlich weit verbreitet.

10) Siehe Gabriel Le Bras, *Étude de Sociologie religieuse* (Presses Universitaires de France: Paris 1955), Bd. 1. *passim.*

11) Siehe die statistische Landkarte Frankreichs in Le Bras, *op. cit.* nach S. 324 aus F. Boulards *Problèmes missionaires de la France rurale* (Paris 1952). Es sei aber hier vermerkt, daß die „Praktik" des Glaubens in den gemischtkonfessionellen Gebieten (Elsaß, Languedoc) besser entwickelt ist als in den „rein-katholischen". Das sieht man auf dieser Karte sehr deutlich.

12) So Jean Jaurès in der Rede vor der Kammer am 11. Februar 1895, zitiert im *Dictionnaire apologétique de la Foi catholique*, Artikel „Laicisme" in Bd. 2. col. 1781–1782.

13) Adrien Dansette, *Op. cit.* Bd. 2, S. 61 und 62.

14) Unter Pius XI. wurde die *Action Française* auf den Index gesetzt, denn die Kirche läßt sich nicht gerne für politische Zwecke mißbrauchen, doch Pius XII. nahm die Indizierung zurück. Maurras kollaborierte mit den Nationalsozialisten, wurde eingesperrt, wurde jedoch einige Zeit vor seinem Tod wieder gläubig. Siehe Chanoine Aristide Cormier *Mes entretiens de prêtre avec Charles Maurras, Mars–Novembre 1952* (Plon: Paris 1953) und derselbe, *La vie intérieure de Charles Maurras* (Plon: Paris 1956).

15) Am ärgsten trieb es der „Antisemit" E. A. Drumont, am unabhängigsten zeigte sich jedoch der literarisch so bedeutende Katholik Charles Péguy. Die Judenschaft Frankreichs überstieg damals nicht 80.000 Seelen, was wiederum beweist, daß die Judenfeindlichkeit keine „statistischen" Grundlagen besitzt.

16) H. B. von Bülow, damals deutscher Geschäftsträger in Paris, schrieb am 12. September 1899 dem Reichskanzler Fürst Hohenlohe, daß Frankreich mit der Dreyfus-Affäre sich auf das Niveau der Barbarei begeben und sich somit aus der Familie der zivilisierten Nationen ausgeschlossen hätte. Siehe W. Herzog, *Der Kampf einer Republik* (Europa-Verlag: Zürich 1934). Ernst Jünger würdigte Dreyfus mit folgenden Worten: „Der Hauptmann Dreyfus, von der Teufelsinsel zurückgekehrt, verzichtete auf die Abrechnung mit seinen Feinden und tat seinen Dienst wie zuvor. Das hat mich noch stärker von seiner Unschuld überzeugt als die gewonnene Revision. Mit diesem Prozeß habe ich mich oft beschäftigt – er ist neben dem Untergang der Titanic ein Hauptschlüssel für unsere Zeit. Ich grüße den Kapitän." (Aus seiner Goethe-Preis Rede. *Frankfurter Allgemeine Zeitung,* 28. August 1982.) Dreyfus nahm am 1. Weltkrieg teil und starb als Oberstleutnant im Jahre 1935.

17) *Nord, Sud, Est, Ouest* sind deutlich, weniger so sind *auberge* aus Herberge, *meurtre* aus Mord, *sabre* aus Säbel, noch weniger *haïr* aus hassen, *guerre* aus Wehr, *cloche* aus Glocke, *bleu* aus blau, usw.

18) Zum Beispiel Jean-Marie Carré, *Les écrivains français et le mirage allemand 1800–1940* (Bovin: Paris 1947).

15. Das Große Britannien

1) Die *public school*, die ursprünglich für den „armen Adel", der sich keine Hauslehrer leisten konnte, gegründet wurde, erhielt dann dank des Einflusses von Dr. Arnold den Charakter einer „Umerziehungsanstalt" für Bourgeois-Söhne, wobei ihr aristokratischer Charakter psychisch zum Teil verlorenging. Siehe Robert Westerby, *Voice from England* (Duell, Sloane & Pierce: New York 1940), S. 33–34.

2) Das Wort „Liberal" ist spanischen Ursprungs: die Anhänger der Verfassung von Cádiz (1912) nannten sich *liberales* (und ihre Gegner *serviles*). Southey sprach 1816 von „*our British liberales*", Sir Walter Scott von *libéraux*. Politisch ist dieses Wort also nicht britischer Herkunft.

3) Die riesigen Steine wurden zum Teil von Wales herübergeschleppt: wie die Stonehenge-Leute diese technischen Probleme bewältigten, ist bis heute ein Rätsel geblieben.

4) Englische Ortsnamen, die auf „by" enden, erinnern an die dänische Herrschaft.

5) Das Walisische gehört zum Süd-Keltischen und ist mit dem Bretonischen verwandt. (Die Bretonen sind keltische Flüchtlinge aus „Groß-Bretonien", nicht gallische Ureinwohner!) Die Iren und die von ihnen abstammenden Schotten sprechen nordkeltische Sprachen.

6) G. B. Shaws *Pygmalion* beschäftigt sich mit dem peinlichen Problem der phonetischen Standesunterschiede.

7) Die Adelstitel werden *in der Regel* vom ältesten männlichen Erben nach dem Tod des Titelträgers geerbt. Zweite und weitere Söhne erben manchmal Ersatztitel, oft aber nur „Anredeformen". Die nächste Generation ist dann vollauf „bürgerlich". („Lord" und „Sir" sind Anredeformen, aber keine Titel!) Das System ist jedoch so personal und kompliziert, daß wir hier nur Andeutungen machen können.

8) Die Korruption zeigt sich in der Literatur und in der Kunst (so z. B. in den Stichen von Hogarth).

9) Das Wort „Dominion" drückt nicht einen kolonialen Status aus, keinen englischen Herrschaftsanspruch. Die franko-kanadische Übersetzung des Wortes ist „*puissance*".

10) Das *ius soli*, das die Staatsbürgerschaft oder die Untertanenschaft aufgrund des Geburtsortes verleiht, wird im ganzen britischen Commonwealth und auch in den Vereinigten Staaten angewandt.

11) Man erinnere sich da an Theodor Fontanes Gedicht *Fire, but don't hurt the Flag!* Er beschrieb einen englischen Konsul, der in Chile einem Matrosen das Leben rettet, indem er den Union Jack über ihn breitet und die warnenden Worte dem Peleton zuruft: Fire, but don't hurt the flag!

> Da senken die Gewehre sich still,
> Keiner, der es wagen will.
> Wann kommt auch für uns der goldne Tag
> Fire, but don't hurt the Flag!
>
> (Man höre den Stoßseufzer!)

12) So zum Beispiel Evelyn Waugh in *Brideshead Revisited* (Chapman & Hall: London 1945), S. 199.

13) Wir benützen ungern den Begriff „Abendland", da eine wirkliche Grenze zwischen dem christlichen Abendland und dem christlichen Morgenland kaum gezogen werden kann. Sind Petersburg und Lemberg vielleicht „morgenländische" Städte? Ist Siebenbürgen „morgenländisch"? Wir reden besser von der „Christenheit", auch wenn sich in ihrer Mitte „Vorchristen" (Juden) und „Nachchristen" (Neuheiden) befinden.

14) Dieses Gefühl hatte Keynes sehr deutlich, als er nach dem Ersten Weltkrieg nach Frankreich kam. Siehe sein J. M. Keynes, *The Economic Consequences of the Peace 1919* (Harcourt, Brace: New York 1920), S. 4–5.

15) Das bezieht sich besonders auf die Kenntnis der Weltgeschichte, der Geographie und der Fremdsprachen. (Dieser Bildungsunterschied ist bei den Frauen noch viel größer als bei den Männern.)

16) Nordeuropäer tun sehr wohl daran, nach ihrer Ankunft in Rom ihren Wagen *sofort* in einer Garage abzustellen.

17) Karl Deutsch meinte, daß das nationale Zusammengehörigkeitsgefühl von der Möglichkeit kommt, die Reaktion des Konationalen vorauszuahnen, was ein *family sense* hervorruft. Siehe sein *Nationalism and Communication* (Chapman and Hall: London 1953), S 86–87.

18) *Alien* ist der juridische Ausdruck für *foreigner*. („Outlandish" ist ein sehr pejorativer Ausdruck!) George Mikes hat in seinem äußerst witzigen Büchlein *How to be an Alien* (Wingate: London 1946) die Existenz des *alien* ausgezeichnet beschrieben.

19) Siehe *Lord Riddell's Intimate Diary of the Paris Peace Conference 1918–1923* (Reynal & Hitchcock: New York 1934), S. 198.

20) Siehe Douglas Woodruff in *The Tablet* (London), 20. Dezember 1947, S. 394. Woodruff bestätigte mir diese Aussage Baldwins mündlich.

21) So immer wieder beim „Erbfeind" Spanien. Freiwillige kämpften für die Isabelinos gegen die Karlisten und dann wieder mit den Kommunisten und Anarchisten gegen den Militäraufstand 1936–1939.

22) Nicht nur der Militärschriftsteller Basil Liddell Hart, sondern auch eine sehr tapfere Frau, Vera Brittain. Siehe ihren Artikel „Massacre by Bombing", in *Fellowship*, März 1944, S. 49–64.

23) 1791 nach den fürchterlichen Gordon Riots, mörderischen Pogromen, kamen die ersten Reformen, die Emanzipation aber erst 1829. Früher wurden die Katholiken doppelt besteuert, durften keine öffentlichen Ämter bekleiden und kein Pferd im Wert von über 5 Pfund besitzen. Erbberechtigt waren Katholiken nur dann, wenn es in der Verwandtschaft keine Anhänger der Staatskirche gab.

24) Siehe das Vorwort von Compton McKenzie zu Jane Lane, *King James the Last* (Dakers: London 1942), S. VII–VIII. Für den Engländer ist der Begriff des Kompromisses, wie McKenzie sagt, mit dem des *Fair Play* identisch.

25) Sie wurden meistens *Scoti* genannt. Das berühmte Schottengymnasium in Wien ist tatsächlich irischen Ursprungs.

26) Siehe Alfred Mirgeler, *Rückblick auf das abendländische Christentum* (Grünewald: Mainz 1951), S. 79 ff. Vor der Einflußnahme der irischen Mönche konnte in der Kirche nur drei Sündern die Kommunion verweigert werden: Mördern, Ehebrechern und Apostaten.

27) Es ist dies das Kap Málainn (Malin) in der Grafschaft Donegal (Ulster).

16. Das Pulverfaß: Der alte Balkan

1) So auch vom katholischen Metternich.

2) Auch die Harems der Sultane waren Schlangennester von Intrigen. Über die Harems siehe N. M. Penzer, *The Harem* (Spring Books: London 1965).

3) Die Levantiner waren eine „undefinierbare", aber christliche, zu großem Teil katholische und italienische Gruppe.

4) Die Geschichte der Familie Blacque beleuchtet die Geschichte Europas mit großer Deutlichkeit. Ursprünglich Black genannt, war diese schottische Familie katholisch und emigrierte mit den Stuarts nach Frankreich, wo sich die Rechtschreibung ihres Namens änderte. Es gibt heute noch in Frankreich Blacques. Von dieser Familie wanderte ein Zweig in die alte Türkei aus, wo die Blacques große Karriere machten. Der Chef der Familie, Blacque Bey, war letzter kaiserlicher Botschafter in Washington, ein Sohn osmanischer Gesandter in Wien, ein anderer Militärattaché mit einer Amerikanerin verheiratet. Dessen Sohn Valentine E. Blacque-Bey wurde im Theresianum erzogen, studierte aber in Harvard, wurde Amerikaner, diente als US-Major im Korea-Krieg, trat in die amerikanische Diplomatie ein und endete als Gutsbesitzer in Irland. Ein Sohn ist Bankfachmann in den USA.

5) Siehe Franz Freiherr von McNevin O'Kelly, *Vor fünfundzwanzig Jahren* (Leykam: Graz 1903), S. 38–39.

6) In der Ostsee hatte Rußland im 19. Jahrhundert nur einen einzigen guten eisfreien Hafen: Libau in Kurland, aber Hangö konnte mit Mühe eisfrei gehalten werden. Erst durch den Bau der Murmanskbahn im Ersten Weltkrieg hatte Rußland einen eisfreien Hafen am nördlichen Eismeer. In Ostasien waren im Winter alle Häfen vereist.

7) Die Battenbergs waren morganatische Hessen. Alexander von Battenberg heiratete schließlich (wieder morganatisch) eine Grazer Schauspielerin. Seine Nachkommen, die Grafen Hartenau, dienten in Österreich. Andere Battenbergs emigrierten nach England, wo sie in die britische Königsfamilie einheirateten und im Ersten Weltkrieg ihren Namen in „Mountbatten" änderten.

8) Bis 1910 regierten die Familien Sachsen–Coburg–Gotha in Coburg, in Großbritannien, Belgien und in Portugal, einschließlich Bulgariens, also in insgesamt fünf Ländern.

9) Diese vier Nachbarn formten dann, um bulgarischen Ansprüchen zu begegnen, den „Balkanbund" – ein Gegenstück zur „kleinen Entente" mit ähnlichen Zielsetzungen gegen Ungarn.

10) „Noch ist Polen nicht verloren" *(Jeszcze Polska nie zginęła)* und die ungarische Hymne, die davon spricht, daß „dieses Volk für alle vergangenen und kommenden Sünden gebüßt hat" *(Megbünhödte már e nép a multat s jövendőt)*.

11) Im Kosovo-Gebiet befindet sich auch Peć (Ipek auf türkisch), der historische Sitz des serbischen Patriarchats in der Mitte des alten „Raszien", das geschichtliche Zentrum des Serbentums. Das ethnisch-politische Problem dieses Gebiets ist bis heute nicht gelöst, da die islamischen Albaner eine ganz große Geburtenziffer haben. (Schwere Unruhen im Jahre 1981.)

12) Im Jahre 1908 wurde das k. u. k. Verwaltungsgebiet von Bosnien und der Hercegovina ein integraler Bestandteil der Donaumonarchie. Die Serben beanspruchten jedoch dieses Gebiet, in dem sie aber bloß eine große Minderheit bildeten. Eine absolute Mehrheit unter den drei Kulturgruppen (orthodox, islamisch, katholisch) gab es hier nicht.

13) Die Urbulgaren kamen aus Nordost–Rußland, aus der Gegend des Dorfes Bolgary. Sie waren Turktartaren. Ihre Führer waren Khane mit turktartarischen Familiennamen. Auch unterscheidet sich die bulgarische Grammatik radikal von allen anderen slawischen.

14) Die Lausitzer Slawen nennen sich Serben und die Kroaten kamen aus Krobatien (Chrobatien), der Gegend von Krakau und der nordwestlichen Slowakei.

15) Die Ortsnamen des südlichen (steirischen) Salzkammerguts sind oft slawisch (bis zum Pötschen-Paß), ebenso die des Lungaus und Osttirols (Pustertal!).

16) Auch trifft dies auf Belgien zu, das sich durch dieses Etikett nach 1830 von den (nördlichen) Niederlanden unterschied. (Früher: spanische Niederlande, österreichische Niederlande.)

17. Das Problem Italien

1) Die Erinnerung daran ist (durch mündliche Überlieferungen) auch heute noch in der Bauernschaft Venetiens lebendig.

2) Die habsburgische Toskana war der erste Staat, der unter dem Einfluß Beccarias die Todesstrafe abschaffte. Benjamin Rush, einer der Gründerväter der Vereinigten Staaten, schrieb, wie beschämt er sei, daß europäische Monarchen wie der Großherzog der Toskana mit ihrer humanitären Gesetzgebung den Vereinigten Staaten vorausgeeilt waren. Siehe *Letters of Benjamin Rush* (Princeton University Press: Princeton k. D.), Brief an Jeremy Belknap, 13, IX. 1789.

3) Über die hohe Qualität der römischen Spitäler im 18. Jahrhundert siehe u. a. auch Maurice Andrieux, *Op. cit.* S. 61–62. Luther kommentierte allerdings schon höchst positiv über die Florentiner Spitäler im 16. Jahrhundert. Siehe seine *Tischreden* (Böhlau: Weimar 1916), Bd. 4. S. 17–18. No. 3930.

4) Im mittleren und südlichen Italien gab es später auch linksdrallige Bauernbünde revolutionären Charakters. So die *Fascisti,* deren Etikett später der Sozialist Mussolini übernahm. Über die *Fasci Siciliani* siehe Eric J. Hobsbawn, *Sozialrebellen* (Luchterhand: Neuwied 1962), S. 122 ff.

5) Unzufrieden wurden sie erst als man sie in moderne Hochhäuser mit Badezimmern und in nicht minder moderne Dörfer verpflanzte, die sie als sehr ungemütlich, einsam und ‚kalt‘ empfanden.

6) Die Kirche hat den Analphabetismus nie gefördert, sondern sogar im Gegenteil in „rückständigen" Ländern das primitive staatliche Unterrichtssystem ergänzt. Auch ist die Kirche nicht „konservativ": ihre zweitausendjährige Geschichte ist die steter Neuerungen.

18. Unruhiges Iberien

1) Sie sind sprachlich keine Indogermanen; ihre Verwandtschaft mit den ebenfalls isolierten Georgiern ist trotz einiger Argumente – der alte Name Georgiens ist Iwria–Ibria – unbewiesen.

2) Die spanische Sprache hat kein Wort für ‚Kompromiß‘. *El compromiso* ist nicht das Kompromiß, sondern die Verabredung.

3) Die verschiedenen *alten* Cortes waren sehr unabhängig. Gefiel ihnen eine Verordnung des Königs nicht, so wurde ins Prokoll geschrieben: *La ley del rey se obedece pero no cumple.*

4) Siehe Anm. 15./2.

5) Die karlistischen Bourbonen siedelten sich in Österreich an. Der letzte seines Stammes starb in Wien bei einem Straßenunfall 1936. Österreich war stets das Asyl für konservative, England für linke Exulanten.

6) Dieses schöne Register findet man in *Thought,* Bd. 32, No. 84, März 1947, S. 26–27.

7) Siehe Melchor de Almagro San Martín in seinem Vorwort zu Mariano José de Lara, *Artículos completos* (Aguilar: Madrid, 1944), S. xxv.

8) Siehe *Statistisches Jahrbuch für die Bundesrepublik Deutschland,* (Kohlhammer: Stuttgart 1968), S. 43. Die deutsche Ziffer war damals 12 mal höher als die spanische, die us-amerikanische 15 mal höher. In der permissiven liberalen Monarchie dürfte sich dieses Verhältnis aber verschoben haben.

9) *A Boston Brahmin* wird in den Vereinigten Staaten ein hochgebildeter Bostoner Aristokrat genannt.

10) Siehe *Life, Letters and Journals of George Ticknor* (Osgood: Boston 1876), Bd. 1. S. 174 ff.

11) Siehe Rafael Gambra, *La Monarquía social y representativa* (Rialp: Madrid 1954), S. 133–134.

12) Siehe Alexander Herzen, *Sotschinenija* (H. Georg: Genf 1878), 5. Bd. Brief an I. Michelet, S. 209.

13) „Natürlicherweise", denn im Norden hat man mehr Geld und im Süden sind die größeren Kunstschätze (nebst besserem Klima und besserer Küche).

14) Diese wurde von George Washington unterschrieben und gehalten, der *ghostwriter* war jedoch Alexander Hamilton. Siehe S. K. Padover, *The Washington Papers* (Harper: New York 1956), S. 317, wo man diesen Passus findet.

15) Die Hälfte des deutschen Volkes ist katholisch und das Luthertum, Schöpfung eines katholischen Ordensmannes, steht dem katholischen Glauben theologisch näher als der Kalvinismus oder auch der Anglikanismus. Schließlich lebte das deutsche Volk bis 1806 im Heiligen Römischen Reich.

16) Die Mutter der Kaiserin Zita stammte von Dom Miguel ab.

17) Die brasilianischen Prätendenten sind eigentlich Bourbonen der Orléans-Linie (Haus Bourbon–Bragança).

18) Königin Elisabeth I. begünstigte und unterstützte die englischen Piraten, die besonders in der Karibik gegen die Spanier operierten.

19) M. de Unamuno, *El sentimiento trágico de la vida* (Austral: Buenos Aires 1945), S. 260. Ursprünglich No. 3 der portugiesischen Zeitschrift *A Aguía,* März 1912.

20) Sie nahmen den „besetzten" Portugiesen nicht nur Indonesien, Ceylon und Südafrika weg, sondern versuchten auch ganz Brasilien zu erobern. Im Nordosten waren sie sogar lange Zeit, doch die niederländischen Familien, die dort blieben, wurden mit der Zeit portugiesisch und katholisch.

19. Der „fortschrittliche" Norden

1) Im deutschen Sprachraum waren es vor allem Th. Haecker und E. Przywara SJ, im spanischen Unamuno, die Dänisch lernten. Der ganze christliche Existentialismus kommt von Kierkegaard her.

2) Die vier Letztgenannten sind katholische Christen, Stenius aber ist „Finnländer". Strindberg war nahe daran zu „katholisieren", der Isländer Halldór Laxness (Nobelpreisgewinner) war zeitweilig katholisch.

3) Ihre Kirchen mußten früher *schuilkerken,* d. h. „versteckte Kirchen", inmitten eines Blocks und von der Straße her unsichtbar sein. Man erreichte sie nur durch Privatwohnungen. Sie wurden nicht besteuert, doch am Jahresanfang mußte für sie eine *Geldstrafe* erlegt werden.

4) Das erhielt sich besonders lang in Maastricht, eine Stadt, die eher einen rheinländischen als „holländischen" Charakter hat. (Karneval!)

5) Die alte Formel war: „Nous sommes flamands, mais pas flamigands!" So schrieben z. B. Verhaeren und Ghelderode französisch.

6) Im Zweiten Weltkrieg kämpften nicht wenige Flamen in der Flämischen Waffen-SS an der Ostfront.

7) Holländer sind nur die Bewohner von zwei Provinzen: Nord- und Südholland, in denen sich den Haag, Amsterdam, Rotterdam, Leiden und Haarlem befinden.

8) Die „Pennsylvania Dutch" sind sogar Oberdeutsche, Einwanderer aus dem Alemannischen Sprachgebiet.

9) Die „Antirevolutionäre Partei" und die „Christlich–Historische Union".

10) Nicht uninteressant ist auch der Maler Antoine Wiertz, dem in Brüssel ein kleines Museum gewidmet ist. Wie Ensor ist er ein Maler des Schreckens.

20. Christentum vor dem Ersten Weltkrieg

1) Dadurch kamen nur zu oft völlig ungeeignete Männer ohne wahre Berufung zu hohen Würden, wie z. B. der Kardinal Rohan oder der Bischof Talleyrand.

2) Das war auch der Eindruck E. Burkes. Siehe Ann. 2./32.

3) Über den Jansenismus (von einem jansenistischen Standpunkt) siehe Augustin Gazier, *Histoire générale du mouvement janséniste* (Champion: Paris 1923) und E. v. Kuehnelt–Leddihn, *Zwischen Ghetto und Katakombe* (O. Müller: Salzburg 1960), S. 63–86.

4) Darüber auch H. W. Rüssel, *Gestalt eines christlichen Humanismus* (Pantheon: Amsterdam 1940), S. 142–147.

5) Man lese da zum Beispiel seine Kirchenpostille „Am Tage der Opferung Christi in dem Tempel", Erlanger Ausgabe der *Gesammelten Werke* Bd. 24, S. 309.

6) Daher sind auch so viele unserer Bankausdrücke italienisch. Die große Bankstraße in der Londoner City ist bis heute „Lombard Street".

7) Darüber schrieb besonders viel Marjorie Grice–Hutchinson, u. a. auch *Early Economic Thought in Spain 1177–1740* (Allen & Unwin: London 1978).

8) Vierzig Meilen nördlich von San Francisco steht auch heute noch (rekonstruiert) Fort Ross, das ursprünglich Fort Rossija hieß und von den Russen (von Alaska operierend) gebaut worden war.

9) So manche alte Familie in Bahia und Recife trägt auch heute noch einen leicht veränderten holländischen Namen. Auch der weltberühmte brasilianische Soziologe Gilberto Freyre ist holländischer Abstammung.

10) Siehe *G. W. F. Hegels Werke* (Duncker & Humblot: Berlin 1848), Bd. 9, „Vorlesungen über die Philosophie der Geschichte", S. 541–542.

11) Siehe Alexander Rüstow, „Lutherana Tragoedia Artis", Sonderabdruck aus *Schweizer Monatshefte,* Dezember 1939, S. 891–905.

12) Siehe Alfred Müller–Armack, *Genealogie der Wirtschaftsstile* (Kohlhammer: Stuttgart, 1941), S. 214, Anmerkung 66.

13) Technik und Industrie produzieren gewisse Freiheiten, aber noch viel mehr Zwänge.

14) So war z. B. der katholische Anteil der Bevölkerung in den Niederlanden 1830 39 Prozent, 1909 35.2 Prozent, 1930 36.6 Prozent, 1970 40.4 Prozent.

15) Der „Vulgärprotestantismus" wäre linksdrallig bis liberal, progressistisch und antikatholisch; er würde hauptsächlich auf der populären Fehlinterpretation der Reformation basieren. Freilich hat er im „Vulgärkatholizismus" ein würdiges Gegenstück.

16) Solowjów „konvertierte" nicht zum katholischen Glauben: er trat ihm bei.

17) Der „Liberalismus", der hier anvisiert wurde, war nicht der Frühliberalismus, sondern der *sectarian liberalism* kontinentaler Relativisten, also nicht die Linie de Tocqueville–Montalembert– Acton, sondern der intolerante „Liberalismus" der Grand Orient Freimaurerei.

18) Die „Altkatholiken" bekamen die apostolische Sukzession durch die jansenistische Kirche der Niederlande, die *Oude Roomsch-katholieke Clerisij.*

19) In der Zeit der Weimarer Republik stellte das Zentrum auch einen Juden als Reichstagskandidaten auf.

20) Der katholische bayrische Adel blieb bis 1919 größtenteils liberal. Erst die Räterepublik änderte dieses Verhältnis.

21) Als Bismarck versuchte, über den Vatikan das Zentrum in Sache des Militärbudgets zu beeinflussen, und sich Leo XIII. weich zeigte, reagierte die Zentrumsführung in einer geharnischten Note an den Vatikan. Siehe Josef Miller SJ, „*Trau, schau, wem.*" *Du und die Parteien* (Butze & Bercker: Kevelaer 1953), S. 25. Aber auch die preußischen Konservativen nahmen sich kein Blatt vor dem Mund, und als Wilhelm II. wieder einmal eine unbedachte Rede hielt, veröffentlichten sie ihr Protestschreiben an die Adresse des Königs und Kaisers.

22) Bis 1952 konnte ein katholischer Christ in Schweden weder Mitglied des Kabinetts noch auch Voksschullehrer werden und brauchte für seinen Paß ein Leumundszeugnis des „zuständigen" evangelischen Pastors. Jesuiten waren in Norwegen bis in die sechziger Jahre tabu. So auch in der Schweiz.

23) Während in Skandinavien (aber nicht in Finnland!) der katholische Christ als solcher unter Druck stand, wurde in Spanien (aber nicht in Portugal!) gegen andere Glaubensgemeinschaften als Organisationen diskriminiert. So durften früher evangelische Kirchen dort keine Kirchentürme mit Glockengeläute haben.

24) Wittenberg war eine ganz neue Universität im deutschen Grenzland. Von den Mauern konnte man die strohgedeckten slawischen (wendischen) Häuser der umliegenden Dörfer sehen, und

in der Stadt konnte niemand Mitglied einer Zunft werden, der einen slawischen Großelternteil hatte!

25) Über die Religiosität von Erasmus siehe Louis Bouyer, *Autour d'Érasme* (Paris: Cerf 1955). Man lese einmal die rührende *Pietas puerilis* des großen Humanisten.

26) Siehe Herbert Schöffler, *Die Reformation* (Klostermann: Frankfurt am Main 1936), S. 44 ff.

27) Darüber die Materialien in Ernst Walter Zeeden, *Martin Luther und die Reformation im Urteil des deutschen Luthertums* (Herder: Freiburg i. Br. 1950) im zweiten Band. Sie führen bis zur „Goethezeit".

28) Zitate findet man in meinem *Freiheit oder Gleichheit?* (O. Müller: Salzburg 1953), S. 342–348.

29) Man sieht sie zum Beispiel noch in der evangelischen Kirche auf der Insel Mainau. Auf den Frankfurter Kirchentag 1956 wurde die Beichtpraxis in der evangelisch-lutherischen Kirche Deutschlands erneuert.

30) Wir vermeiden diesen Ausdruck, da er von katholischer Seite als Ausdruck der Verachtung geprägt wurde. Er figuriert in Europa offiziell nur in der Bezeichnung der Kirche in der Pfalz und in der anglikanischen Krönungszeremonie. Die Auslegung des Terminus als *pro-testare*-Zeugnis geben ist eine Erfindung des 19. Jahrhunderts.

31) Die Werke dieser Männer mit prophetischer Sicht sollten heute wieder gelesen werden!

32) *American Gothic* zeigt ein überaus strenges amerikanisches Farmerehepaar, im Hintergrunde ein Holzhaus mit gotischem Zuschnitt. A. J. Nock hat den „protestantischen" Charakter dieses Bildes sofort erkannt. *Dieses* Amerika lebt auch heute noch.

33) Es wurde zur Zeit der Reformation gesagt, daß mehr Leute hinübergesungen als hinübergepredigt wurden.

34) Die „junge Demokratie" der Französischen Revolution verübte dann noch größere Schandtaten und vermehrte sie durch Grabschändungen.

35) Meistens zitiert als *sticks and stones*. Dieses Gedicht Miltons bezog sich auf katholische Greueltaten in Italien gegen Waldenser.

36) Diesen Gedanken hat auch H. U. von Balthasar ausgesprochen.

37) So drückte sich mir gegenüber Pastor Niemöller nach dem Krieg aus, als er gerade im Begriff stand, seine Linkswendung durchzuführen.

38) Die Worte Christi findet man in Johannes 17, 14–16, die stärkste Stelle bei Paulus ist Römer, 12, 2, doch wird diese Warnung vom Apostel in verschiedenen Formen öfters wiederholt.

39) ‚Pope' ist soviel wie das deutsche ‚Pfaffe', ein verächtlicher Ausdruck: *swjaschtschénnik* ist der richtige.

40) Es ist dies die Geschichte eines Pariser Juden, der sich taufen, aber diesen für ihn wichtigen Akt nur im Zentrum des Christentums, nur in Rom, durchführen lassen will. Er geht auf eine Geschäftsreise nach Rom, was seinen christlichen Freund traurig stimmt, der weiß, daß die römische Korruption den jüdischen Freund umstimmen wird. Doch ließ er sich taufen, denn eine Kirche, die so verlottert und unfähig ist, aber 1300 Jahre besteht, *muß* göttlichen Ursprungs sein.

41) Siehe auch die *Cambridge Mediaeval History,* Bd. 6. Kap. 20.

42) „*Dilexi iustitiam et odi iniquitatem, propterea morior in exilio.*"

43) Man erinnere sich daran, daß ‚Treue' und ‚Glauben' im Lateinischen *(fides)* und im Griechischen *(pístis)* dasselbe Wort sind.

44) Es gab eine ganze Reihe von katholischen Denkern, so zum Beispiel Giovanni Papini (in *La imitazione del padre*) oder auch Msgr. Ignaz Seipel, die nicht im Mittelalter, sondern in der Renaissance das wahre katholische Zeitalter sahen. E. I. Watson betrachtete den Barock und nicht die Gotik als *die* katholische Kunstform. Cf. sein *Catholic Art and Culture* (Hollis & Carter: London 1947).

45) Das ist auch eine der Thesen von Oskar Köhler in seinem *Bewußtseinstörungen im Katholizismus* (Knecht: Frankfurt am Main 1972).

46) Über die Amerikanismushetze siehe Abbé Félix Klein, *Une hérésie fantôme: L'Américanisme* (Plon: Paris 1949).

47) Ein „Ausführungsorgan" des *Sodalitium Pianum* war die „Abhorchorganisation" *La Sapinière,* deren Dokumente während des Ersten Weltkriegs von der deutschen Besatzungsmacht in Belgien entdeckt und beschlagnahmt wurden. Sie wurden von Émile Poulat veröffentlicht. Siehe sein *Intégrisme et catholicisme intégral* (Casterman: Paris 1969). Die Lektüre dieses 630 Seiten dicken Buches ist höchst unerfreulich.

48) Pius X., der noch als österreichischer Staatsbürger in Venetien geboren worden war, verdankte seine Wahl dem Einspruch Österreichs (als Erbe des römischen Kaiserreiches) gegen die (durchgesickerte) Wahl Kardinal Rampollas. Es ist sehr zweifelhaft, ob Rampolla je mit dem Modernismus fertig geworden wäre.

49) In der katholischen Messe, bei der Erhebung der Monstranz, hatten die Offiziere als Zeichen der Ehrerbietung ihre Säbel zu strecken. Eine Weihe der Säbel war aber dabei keineswegs beabsichtigt.

50) Siehe *Acta Sanctae Sedis,* Bd. 33 (Rom 1900/01), S. 387.

51) Siehe Alexandre Vinet, *Études sur la littérature française du XIXᵉ siècle* (Bridel: Lausanne, k. D.) Bd. 1, S. 437.

21. Die Kirchen seit dem Ersten Weltkrieg

1) Darunter auch katholische. Siehe die Statistik in Nikita Struve, *Die Christen in der UdSSR* (Matthias Grünewald: Mainz 1965), S. 502–507.

2) Nach der Meinung eines Russen würde die Abschaffung der Orthodoxie als Staatskirche eine Massenabwanderung der Intellektuellen zur katholischen Kirche und der Bauernschaft zum Altgläubigentum zur Folge gehabt haben. In Mereshkowskijs *Alexander I.* ist die Idealgestalt des Mannes, Lunin, bezeichnenderweise ein Konvertit zum katholischen Glauben.

3) Unter den Altgläubigen gab es nach 1917 viele Sympathisanten mit den Kommunismus. Da wirkte der Haß auf das alte Régime mit, das die Altgläubigen bis 1905 immer wieder verfolgt hatte.

4) Das Horthy-Régime war keineswegs katholisch. Horthy selbst war Kalvinist und seine Ministerpräsidenten in der Regel Kalvinisten oder Lutheraner. Im alten Ungarn war nur der Kalvinismus eine rein „magyarische" Religion und bezeichnete sich manchmal als solche, als *magyar vallás.*

5) Dank der hohen katholischen Geburtenziffer bekam das lettische Volk langsam aber sicher eine katholische Mehrheit. Siehe Roderich v. Ungern–Sternberg, in *Osteuropa,* Dezember 1936, mit statistischen Angaben aus dem *Ceturtā Tautas Skautišana Latvijā,* 1935.

6) Das problematische Verhältnis zwischen Staat und Kirche unter dem Faschismus in Italien wird ausgezeichnet und erschöpfend von D. A. Binchy in *Church and State in Fascist Italy* (Oxford University Press: London–New York 1941), geschildert. (Besonders S. 134.) Der Faschismus war seinem Wesen nach unzweifelhaft „antiklerikal".

7) Kurz vor seinem Tod sagte mir Kardinal Graf Preysing, daß er und Galen zwar von der „Vergasung" der Geisteskranken wußten und sogleich auch protestierten – aber nichts (außer vagesten Gerüchten) von den Vernichtungslagern. Letztere waren nur kurze Zeit im Betrieb – zwischen 1942 und 1944. Ab Mitte 1943 war der Vatikan von der braunen Machtsphäre völlig abgeschnitten, was aber weiter funktionierte, war das westalliierte Nachrichtensystem. Was verschwiegen die Alliierten? Darüber siehe Martin Gilbert, *Auschwitz And the Allies* (Michael Joseph: London 1981). Über Galen siehe M. Bierbaum, *Nicht Lob nicht Furcht* (Regensberg: Münster 1984).

8) Augustinus: *Ablata iustitia quid sunt regna nisi magna latrocinia?*

9) Dies wußte Georges Bernanos sehr genau. Er schrieb darüber in *Nous autres Français* (Gallimard: Paris 1939), S. 138. „Ehre" gilt nur für den Laien: die Kirche hat zu überleben, auch in Unehre.

10) Das aber sah Pius XII. bald ein und ließ es die in *Humani Generis* anvisierten Theologen später wissen. Diese hinwiederum litten schweigend und beriefen keine „Pressekonferenzen" ein, in denen sie sich beklagten, daß Rom ihre „Menschenrechte" angetastet hatte. Zwei von ihnen wurden sogar Kardinäle.

11) Er war ein Verwandter des Kardinals Grafen Mieczysław Ledóchowski, den Bismarck zwei Jahre lang eingesperrt hatte, und ein Bruder der heiliggesprochenen Gräfin Maria-Theresia Ledóchowska.

12) Auch der Jesuit Pierre Teilhard de Chardin bekam ein Veröffentlichungsverbot, doch waren seine Schriften hektographiert einigermaßen verbreitet.

13) Doch wurde er nicht wie der Hl. Johannes vom Kreuz oder der Hl. Ignatius von der Inquisition eingesperrt. Der römische Witz erzählte damals eine lustige Geschichte: die konservativen Kardinäle Ottaviani und Ruffini nahmen ein Taxi. Ottaviani sagt seinem sizilianischen Kollegen: „*Hic res me non placet.*" Beim nächsten roten Licht bleibt das Taxi stehen, der Fahrer dreht sich um und bemerkt: „Eminenz, das ist Küchenlatein. Es heißt richtig: ,*Haec res mihi non placet.*" Worauf Ottaviani erstaunt fragt: „Wieso können Sie denn Latein?" „Sehr einfach: vor 4 Wochen war ich noch Professor im Biblicum!"

14) Man fragte diesen Papst, warum er denn keinen seiner Verwandten nobilitiere, wie es doch Pius XII. getan hatte. „Ja, meine guten Freunde, habt Ihr euch diese Leute auch richtig angeschaut?" erwiderte der Papst zwinkernd.

15) Im vorigen Jahrhundert wurden zwei Dogmen definiert, in unserem nur eines. Fehlbare Lehrentscheidungen werden von Rom aus allerdings sehr viele erlassen.

16) Es war dies Eric de Saventhen.

17) Pius XII. wollte Montini nicht im Staatssekretariat haben, weil dieser damals in der vatikanischen Politik einen Linkskurs zu verfolgen schien. Pius XII. machte ihn deshalb auch nicht zum Kardinal.

18) Eine konservative amerikanische Zeitschrift formulierte: *Mater si, Magistra no.*

19) Das Vorgehen der russisch-orthodoxen und der rumänisch-orthodoxen Kirche, die gewaltsam die Katholiken des byzantinischen Ritus auf Geheiß ihrer Regierungen annektiert hatten, wurde kaum kritisiert, die eigenen Gläubigen praktisch ephemären Hoffnungen geopfert.

20) Diesen Eindruck hatte ich bei einer kurzen Aussprache mit Paul VI. Hanoi erhielt namhafte Geldspenden in harter Währung für medizinische Zwecke, doch die Verwendung dieser Gelder blieb völlig unkontrolliert!

21) So sagte er in Kuba, daß „auch wir Marx studiert und von ihm auch vieles gelernt haben"! Ja, *was* denn?

22) Das Rückgrat des „Absoluten" erstreckt sich in Europa von Spanien über Frankreich, Deutschland und Polen nach Rußland. Hier findet man die *pèlerins de l'absolu,* ein Ausdruck Léon Bloys. Nun aber haben wir tatsächlich einen polnischen Papst.

23) Dies erkannte auch Max Horkheimer. Siehe sein Interview im *Spiegel*, No. 1–2, 1970, S. 81.

24) Barth kritisierte auch die nachkonziliären Aufweichler in der katholischen Kirche. Siehe Dr. Briellmann in *Christ in der Gegenwart*, 2. März 1969, S. 71. „Erinnerungen seines katholischen Arztes".

25) Siehe Luther, *Sämtliche Werke* (Heyden: Erlangen 1850), Bd. 28. S. 144. „Wider den falschgenannten Stand des Papst und der Bischoffen", aus dem Jahre 1522.

26) „Umgekehrt" schrieb der evangelische Altbischof von Oldenburg, Wilhelm Stählin, dem Benediktinerpater Viktor Warnach, er sähe, daß jetzt die Katholiken die Kinderkrankheiten des evangelischen Glaubens nachholen wollen.

27) Das Wort erinnert an „Volksdemokratie", „Volksgerichte" und „Volkswagen", doch ist er tatsächlich frühmittelalterlich. Er hat jedoch auch Nachteile und wurde *keineswegs* vom Konzil vorgeschrieben.

28) Besonders beliebt bei den Terroristen Seiner Exzellenz, des gegenwärtigen Premierministers von Zimbabwe, war das Abschneiden der Nasen, der Ohren und besonders der Ober- und Unterlippen.

22. Das Judentum

1) Bethlehem liegt in Judäa, und sowohl Maria als auch Joseph waren davidischen Ursprungs, David aber war Judäer. In den Augen der Juden war Jesus nicht der „Sohn des armen Zimmermanns" (*tektón* kann auch Architekt oder Baumeister heißen), sondern ein Prinz königlichen Geblüts, der Schwierigkeiten hatte, den Juden klarzumachen, daß sein „Königreich nicht von dieser Welt" war.

2) Markus, XIV, 70.

3) Über die kaukasischen Bergjuden, die als Räuber und Angreifer gefürchtet waren, siehe W. I. Nemirowitsch-Dantschenko, *„Wojnstwujuschtij Izrail* (Rumsch: St. Petersburg 1880).

4) Die Ahnen der Samariter waren Israeliten, die nicht in die babylonische Gefangenschaft gerieten, und heidnische, wahrscheinlich assyrische Kolonisten. Nach der Rückkehr aus der babylonischen Gefangenschaft wurden diese „Mischlinge" nicht mehr in die Gemeinschaft aufgenommen.

5) Die Karaitischen Juden auf der Krim und in der Ukraine sprachen nicht jiddisch, hatten einen eigenen Ritus und wurden von der russischen Regierung den jüdischen Ausnahmegesetzen nicht unterworfen.

6) Jiddisch ist eine spätmittelalterliche deutsche Sprache mit einigen hebräischen und slawischen Fremdworten. Sie wird mit hebräischen Buchstaben geschrieben.

7) Siehe A. Koestler, *The Thirteenth Tribe* (Random House: New York 1976).

8) Siehe das ausgezeichnete Werk von Guido Kisch, *The Jews in Medieval Germany* (Chicago University Press: Chicago 1949), S. 89–90. Im Mittelalter war der Unbewaffnete eben kein rechter Mann mehr.

9) Siehe James Parkes, *The Jew in the Medieval Community* (Soncino Press: London 1938), S. 184.

10) Luther trat auch für die Verbrennung aller ihrer Bücher mit Ausnahme des Alten Testaments, die Einäscherung aller Synagogen und die Konzentrierung junger Juden und Jüdinnen in Lager ein, wo sie mit der Schaufel in der Hand im „Schweiß ihrer Nasen" arbeiten sollten. Die darauf bezüglichen Passagen findet man in meinem *Freiheit oder Gleichheit?*, Seite 346–348.

11) Siehe James Parkes, *Op. cit.* S. 103.

12) Von den hier genannten hatten Roth, Schwob, Rosenberg, Schestow, Borchardt formell konvertiert. William S. Schlamm bekannte sich zum Christentum und bekam ein katholisches Begräbnis. Rosenzweig war einmal nahe an der Konversion und nahm einen eigenen, schwer zu umreißenden Standpunkt ein. Wie Pinchas Lapide könnte man ihn „pro-christlich" nennen.

13) Als Romanschriftsteller kann ich nur sagen, daß es Berichte gibt, von denen man fühlt (obwohl sie *stranger than fiction* sind), daß sie unmöglich erfunden sein können.

14) Jedes „Aufrollen" eines „Prozesses Jesu" sollte man für völlig überflüssig halten. Jesus *mußte* in den Augen der Juden schuldig sein. Selbst Rosenzweig „unterschrieb" sozusagen die Schuld Christi und das Todesurteil (das aber auf römische Art vollstreckt wurde). Siehe seine *Briefe* (Schokken: Berlin 1935), S. 670–671. (Brief an E. Rosenstock-Huessy.)

15) Der Name Panthera wurde von *parthénos* (Jungfrau) beeinflußt.

16) In den großangelegten amerikanischen Intelligence-Tests sind die Juden und Chinesen an der Spitze, die sogenannten Neger, die in Wirklichkeit Mulatten sind, am Ende der Skala. Siehe auch Nathaniel Weyl und Stefan Possony, *The Geography of Intellect* (Regnery: Chicago 1963).

17) Es fragt sich, ob man das Wort *génos* mit „Volk" oder „Generation" übersetzen soll. Luther übersetzte es mit „Volk" und wird darin von der autoritativsten Quelle, von Kittel, unterstützt. Luther aber hoffte, durch eine Kurzschrift eine Massenkonversion der Juden herbeizuführen, um dadurch zu beweisen, daß der Antichrist und damit das Ende der Tage gekommen sei – der Antichrist aber wäre der Papst gewesen! Da aber die Juden darauf nicht reagierten, wurde er ein fanatischer Judenhasser.

18) In der Darstellung von Kirche und Synagoge hat die Synagoge eine Binde vor den Augen, aber sie ist eine genau so schöne Frau wie die Kirche.

19) Auch in der islamischen Welt gab es immer wieder Judenverfolgungen. So unter den Almohaden in Spanien, eine Verfolgungswelle, die den großen Philosophen Moses Maimonides zur

Flucht nach Ägypten zwang. Die Situation der Juden in der heutigen islamischen Welt ist ebenfalls ein trauriges Kapitel.

20) In der kalvinischen Welt sind die alttestamentarischen Namen noch viel häufer als in der katholischen und lutherischen. So z. B. heißen Amerikaner und Briten oft Abraham, David, Jeremias (Jeremy), Sarah, Rebecca, Jonathan, Samuel (Sam), Isaac und so weiter.

21) Siehe die Einleitung zu Jiři Langers *Devet bron (Chasidů tajemství)*.

22) So zum Beispiel glauben manche, daß die Inquisition die Juden verfolgte, die Inquisition hatte jedoch nur die Kontrolle über Getaufte. Ungetaufte Juden unterstanden nie der Inquisition, sondern nur Judenchristen, die aufrichtig (oder unaufrichtig) die Taufe angenommen hatten.

23) Jacques Maritain hat in seinem Essay „L'impossible antisémitisme" gesagt, daß es keine größere Gefahr für Juden gäbe als „so wie die anderen" werden zu wollen; der Jude, der „so wie die anderen" werden will, wird schlechter als die anderen. Siehe P. Claudel und C. Mayer, *Les Juifs* (Plon: Paris 1937), S. 63.

24) Siehe auch Winfried Martini, *Das Ende aller Sicherheit* (Deutsche Verlagsanstalt: Stuttgart 1954), S. 18.

25) Natürlich gab es da auch Ausnahmen, wie der Kardinal Cisneros, der Ferdinand und Isabella überredete, die Juden Spaniens vor die fürchterliche Wahl zu stellen, das Christentum anzunehmen oder auszuwandern.

26) Die katholische Kirche hat die Evolutionslehre nie verurteilt. Es fragt sich aber, ob gerade die darwinische (auch neodarwinische) Evolutionstheorie einer modernen Kritik standhält.

27) David Hume sagte uns in seiner *Treatise of Human Nature* daß „die Regeln der Moral nicht auf den Schlüssen unseres Denkens beruhen".

28) Man lese da einmal Rosmary Kingslands *A Saint Among Savages* (Collins: London 1980), das die Sitten, Gebräuche und Haltungen der Auca-Indianer im östlichen Ecuador beschreibt. Fast alle „westlichen" Moralbegriffe sind diesen Primitiven unbekannt.

29) Darwin glaubte an höhere und niedere Rassen. Siehe Stanley J. Jáki, *The Road of Science and the Way to God* (University of Chicago Press: Chicago 1978), S. 301.

30) Siehe Daniel Gasman, *The Scientific Origins of National Socialism: Social Darwinism in Ernst Haeckel and the German Monist League* (Macdonald: London 1971).

31) Und hier muß man sich auch gleich fragen, wieviele unserer lieben Mitbürger geflissentlich übersehen, daß die Freigabe des Mordes an den Ungeborenen psychologisch (und auch logisch) in der Zukunft wieder die Freigabe des Mordes an Geborenen anbahnt!

32) Die Predigten Kardinal von Faulhabers 1934 gingen in diese Richtung.

33) Zum Teile wurde diese Auffassung auch von Franz Rosenzweig vertreten.

34) Christos ist die Übersetzung von Messiah ins Griechische.

35) Dieser Wandel ist besonders in den Vereinigten Staaten vom Ende der Siebzigerjahre an zu beobachen.

23. Die „Ismen"

1) Das Großfürstentum Finnland führte das Frauenwahlrecht 1906 ein, die Schweiz erst im Jahre 1971, also 65 Jahre später.

2) Vor allem durch das Betreiben des Thronfolgers Erzherzog Franz Ferdinand.

3) Der „Kerenskij" dieser Räterepublik wurde von Graf Ferdinand Arco-Valley erschossen, 1934 wurde dieser zeitweilig vom NS-Regime unter dem nicht unbegründeten Verdacht festgenommen, daß er auch ein Attentat auf den „Führer" plane.

4) Diesen Ausdruck hatte Alexis de Tocqueville in seinem *L'Ancien Régime et la Révolution* geprägt. Unter diesen „verbindenden Körperschaften" muß man im alten Frankreich die lokalen Parlamente, die Kirchen, die Orden, die Bruderschaften, Zünfte und andere Vereinigungen, wie auch die Stadtverwaltungen zählen.

5) Der Manchester-Liberalismus ist allerdings schon „altliberal" und nicht frühliberal. Richard Cobden war sein typischster Vertreter.

6) Lord Acton war katholisch, in Neapel geboren und hatte eine Mutter (Dalberg) deutscher Abstammung.

7) Der Stamm *tol* – in *tollo* und *tuli*, Perfekt von *fero* – deutet auf „tragen". Wer „toleriert", „erträgt".

8) Dieser Ausdruck wurde vom amerikanischen Historiker C. H. J. Hayes geprägt.

9) Über diese „innere Inquisition" des sektiererischen Liberalismus hat sehr gut Friedrich Heer in seinen *Grundlagen der Demokratie der Neuzeit* (Frick: Wien 1953), S. 86, geschrieben.

10) So waren Will Durant und Tom Moore irischen, Sacco und Vanzetti italienischen Ursprungs.

11) Das sagte schon Friedrich Naumann in seinem *Demokratie und Kaisertum* (Buchverlag „Hilfe": Berlin–Schöneberg 1900), S. 82.

12) Wenn Gott (oder die „Natur") den Rassen verschiedene Körperlängen, Muskulaturen, Hautfarben, Augenschärfe und dergleichen mehr gegeben hat, warum dann nicht auch verschiedene Ausdauer oder Hirnkapazitäten?

13) Die Forschungsergebnisse, die Professor Arthur L. Jensen über die Intelligenzquotienten amerikanischer Mulatten veröffentlichte, erregten die wildesten Kontroversen in den Vereinigten Staaten. Siehe sein Essay „How Much Can we Boost IQ and Scholastic Achievement", in *Harvard Educational Review,* Winter 1969.

14) Der echte Klerikalismus entsteht nur dort, wo ein Adel fehlt und daher der Klerus die Funktionen des 1. *und* 2. Standes übernimmt. Diese Situation führte dazu, daß es Priester in der Führung der „Volksparteien" der Slowakei und Sloweniens gab, gerade für die Kirche ein sehr bedauerlicher Unfug, der nach dem Zweiten Weltkrieg vom Vatikan abgestellt wurde. Politische Priester (auch solche mit weltlich-staatlichen Ämtern und Würden) gab es früher auch in Österreich, Böhmen, Ungarn, Deutschland, Italien, Spanien. Die Dummheiten und politischen Fehler „Christlicher" Parteien fielen dann immer unweigerlich auf die Kirche zurück. Doch einen wirklichen Klerikalismus hat es weder in Spanien noch in Italien oder auch in Österreich je gegeben – wohl allerdings im Kirchenstaat.

15) Siehe Seite 68 und Anmerkung 6./3.

16) So schrieb der Nationalsozialist Josef Pfitzner in *Das Sudetendeutschtum* (Schaffstein: Köln 1938) von der „Deutschen Arbeiterpartei", sie habe „die beiden Jahrhundertkräfte, den nationalen und den sozialen Gedanken in ihrem Programm restlos (1904) vereint". Über die DAP siehe S. 224 ff.

17) Siehe Anmerkung 9./17. Es war die Aufgabe Graf Harry Kesslers, Piłsudski am Ende des Ersten Weltkriegs aus seinem Magdeburger Gefängnis zu entlassen. Piłsudski erzählte ihm damals, daß der ursprüngliche Name seiner Familie Ginet-Ginaitis war, litauisch aber sprach er nicht. Das Gut lag bei Wilna.

18) Siehe Harold Laski, *Parliamentary Government in England* (Viking: New York 1938), S. 8., 56–57, 72–73.

19) Dieser Ausdruck stammt von Walter Lippmann, der in seinem *The Public Philosophy* (Little, Brown: Boston 1955) die Notwendigkeit und den Charakter einer gemeinsamen Weltanschauung beschrieben hat.

20) Siehe Anmerkung 18./2.

21) Der sogenannte Amerikanische „Bürgerkrieg" 1861–1865 war kein Bürgerkrieg, sondern ein Sezessionskrieg, ein *War Between the States,* wie der offizielle Ausdruck im Süden lautet.

22) Es ist dies die alte römische Formel *Panem et Circenses,* wobei in der Kategorie der *Circenses* der Massensport und das Fernsehen zu verstehen ist.

23) Siehe Eduard von Hartmann, *Gedanken über Staat, Politik, Sozialismus* (Kröner: Leipzig k. D. Bd. 29 der Taschenausgabe), S. 7.

24) Siehe Edward Crankshaw, „Russia in Europe. The Conflict of Values." in *International Affairs,* Bd. 22, No. 4, Oktober 1945, S. 501 ff.

25) Siehe Michael Florensky, „*Russia. A History and an Interpretation*" (Macmillan: New York 1967), B. 2., S. 1475–1476.

26) Siehe George Katkov, *Russia 1918. The February Revolution* (Collins: London 1967), S. 557 ff.

27) Siehe Dmitrij Mereshkowskij, *Tsarstwo Antichrista* (Drei-Masken-Verlag: München 1919).

28) Siehe Wassilij Rózanow, in „Apokalipsis naschego wremeni" in *Wjorsty* (Paris) 1927, No. 2.

24. Der Weg in den Ersten Weltkrieg

1) Bosnien wurde nach 1908 vom gemeinsamen k. u. k. Finanzministerium verwaltet; die formelle Annexion hatte eine serbische Mobilisation und eine größere politische Krise hervorgerufen.

2) Der italienische Journalist Italo Zingarelli veröffentlichte in der Zwischenkriegszeit ein Buch *Der Großbalkan,* in welchem zu den eigentlichen Balkanländern auch Österreich, Ungarn, Rumänien und die Tschechoslowakei behandelt wurden.

3) Schon Bosnien und die Hercegovina waren weder im Wiener noch im Budapester Parlament vertreten. Und ohne die Loyalität der Polen hätte man in Österreich kaum noch parlamentarische Mehrheitsregierungen bilden können.

4) Auf Westgalizien aus „panslawistischen", auf Ostgalizien aus „nationalen" Motiven, denn Petersburg betrachtete die Ukrainer (Ruthenen) als Russen, die einen russischen Dialekt sprachen. Das Ukrainische wurde als eine von Österreich aus propagierte Kunstsprache behandelt, die auch keinen Platz in den Schulen hatte.

5) Siehe Sidney Fay, *Origins of the World War* (Macmillan: New York 1938), Bd. 1. S. 46.

6) Siehe J. A. Hobson, *Imperialism* (Allen and Unwin: London 1938), S. 57.

7) „Präsenzdiener" (anders als Berufssoldaten) dienten unfreiwillig nicht länger als 365 Tage.

8) Von der großen Verschwörergruppe war nur einer ein Kroate, ein weiterer ein „Türke" (islamischer Bosnier).

9) Ein ausgezeichnetes Buch über den Mord in Sarajevo schrieb Friedrich Würthle mit seinem *Die Spur führt nach Belgrad. Die Hintergründe des Dramas von Sarajevo 1914* (Molden: Wien 1975). Von der überaus reichen Dokumentation wurde nur ein Teil abgedruckt. Der Autor arbeitete Jahrzehnte an diesem Werk. Wichtig ist auch die Lektüre von Dr Miloš Bogičević *Die auswärtige Politik Serbiens* (Brücken–Verlag: Berlin 1928–1931) 2 Bände. Bogičević starb in Berlin unter mysteriösen Umständen, wahrscheinlich Mord. Aleksandar war der zweite Sohn König Petars I. Sein älterer Bruder Ðorđe mußte auf seine Nachfolgerechte aus undurchsichtigen Gründen verzichten. Angeblich hatte er einen seiner Diener erschossen. Petar I. bestieg den Thron nur durch den geradezu einzigartig bestialischen Mord an Aleksandar Obrenović und seiner Frau, worauf sich England jahrelang weigerte, in Belgrad sich durch einen Gesandten vertreten zu lassen. Siehe Andreas Graf Razumovsky, *Ein Kampf um Belgrad* (Ullstein: Berlin 1980), S. 94 ff.

10) Dieser aber hatte seine Rechnung nicht mit dem Haus Karađorđević gemacht; nach dem Ersten Weltkrieg wurde Montenegro vom Königreich S. H. S. eingeheimst und das Haus Petrović-Njegoš verblieb im Exil.

11) Der Name ist romanisch. Einmal waren lateinische Dialekte am ganzen Balkan als Folge der römischen Herrschaft verbreitet. Die letzten Reste dieser „Balkan-Rumänen" sind die Kutzo-Walachen und die Tschitschen. Doch Princips Name hat Symbolcharakter: „Anfang (vom Ende)". Der junge Mann, der an Knochentuberkulose litt, starb während des Krieges im Gefängnis.

12) Während des Krieges wurde der Name Servia in Serbia von den Engländern abgeändert. Die viehischen Bestialitäten von 1903 waren vergessen.

13) Siehe Albert Mousset, *L'attentat de Sarayevo* (Payot: Paris 1930), S. 131.

14) Dieser erwärmte sich aber dann für den italienischen Faschismus.

15) Witte warnte gegen den Krieg und protestierte gegen ihn. Siehe Maurice Paléologue, *Op. cit.* Bd. 1. S. 120–121.

16) Das Telegramm aus Berlin war von den Franzosen verstümmelt worden und die Botschaft hatte die größte Mühe es zu dechiffrieren und konnte daraus nur eine Kriegserklärung herauslesen – was zufällig stimmte. (Mündliche Mitteilung des Grafen Wilhelm Bray.) Frankreich aber beklagte mehr Tote als die ganze Bevölkerung von Elsaß-Lothringen. Es erholte sich nie mehr von diesem fürchterlichen Aderlaß.

17) Siehe Ernest Nys, *Le droit international. Les principes, les théories, les faits* (Moeurs frères et sœurs: Brüssel 1912), Bd. 1. S. 424.

18) Siehe Dr. Arthur Rosenberg, *Die Entstehung der deutschen Republik* (Rowohlt: Berlin 1930), S. 66–67. Siehe auch Leila von Meister, *Gathered Yesterday* (G. Bles: London 1963), S. 208–211 (Wilhelm II. stets schlecht unterrichtet!) und J. Daniel Chamier, *Fabulous Monster* (E. Arnold: London 1934), *passim*.

19) Siehe auch das Durnowo-Memorandum in F. A. Golder, *Documents of Russian History* (Stanford University Press 1927), wiederaufgelegt in Peter Smith-Verlag, Gloucester: Mass., 1964, S. 3–23. Hier findet man konservative Warnungen gegen die westliche Allianz.

20) Der Sozialist Eugene Debs, der öfters Kandidat für die Präsidentschaft war, wurde, weil er sich gegen den Krieg wandte, im September 1918 zu 10 Jahren Zuchthaus verurteilt, doch 1921 begnadigt.

21) Man „vergaß" in Washington auf Bulgarien, und die bulgarische Gesandtschaft machte sich „sehr klein", um nicht bemerkt zu werden.

25. Woher kommen die Vereinigten Staaten?

1) Diese Puritaner gehörten der kongregationalistischen Kirche an, also einem Zweig der anglikanischen Kirche. Heute gelten die Kongregationalisten als ausgesprochen liberal, aber im 17. Jahrhundert richteten sie die Quäker erbarmungslos hin.

2) Als dann durch den Unabhängigkeitskrieg Georgia verlorenging, wurde Australien die neue britische Strafkolonie.

3) Französisch Nordamerika erstreckte sich von der Mündung des St. Lorenzstroms über die Großen Seen und den Mittleren Westen bis nach Louisiana. Es umklammerte die dreizehn Kolonien.

4) Marie Antoinette war vom amerikanischen Unabhängigkeitskrieg besonders begeistert und empfing die Freiwilligen, die hinzogen, stets in Privataudienz.

5) Siehe Chester V. Easum, *Prince Henry of Prussia, Brother of Frederick the Great* (University of Wisconsin Press: Madison 1942), S. 339.

6) Eine Revolution bringt große politische, gesellschaftliche und wirtschaftliche Änderungen mit sich. Das geschah in Amerika keineswegs. Auch das britische *Common Law* wurde beibehalten. Die Amerikaner sprachen selbst zur Zeit des Unabhängigkeitskriegs nicht von einer Revolution.

7) Siehe P. L. Ford, *The Writings of Thomas Jefferson* (Knickerbocker Press: New York 1896), Bd. 7, S. 24 (Brief an Mann Page, 30. Aug. 1795) und Bd. 10, S. 22, (Brief an Dupont de Nemours, geschrieben 1816).

8) *Ibidem,* Bd. 9, S. 425 ff. Einfältige Gemüter nahmen immer an, daß Jeffersons Phrase von den Menschen, die als Gleiche geschaffen wurden (in der *Declaration of Independence,* „Präambel"), die heuchlerische Feststellung von Sklavenhaltern war. Was darin ausgedrückt werden sollte, war jedoch die kollektive Gleichheit von Amerikanern und Briten im Rahmen einer Unabhängigkeitserklärung. Darüber siehe auch M. E. Bradford, *A Better Guide Than Reason* (S. Sugden: La Salle 1979).

9) Über Tuffin de la Rouërie siehe Anmerkung 2./26.

10) Siehe (Lord) James Bryce, *The American Commonwealth* (Macmillan: New York 1911), Bd. 1. S. 77 ff.

11) So zum Beispiel auch im ersten Band (Buch IV. Kap. 8) die Konfrontation von den Vereinigten Staaten und Rußland, Die letzte Ausgabe von *Democracy in America* erschien im Jahre 1965 bei Arlington House (New Rochelle) mit meinem Vorwort.

12) Siehe die Neuauflage, ed. G. E. Probst (Harper Torchbook: New York 1959).

13) Die wirkliche Liebe für das Geld ist am Kontinent viel ausgeprägter als in den Vereinigten Staaten. Für den Amerikaner ist das Geld nur ein Mittel zum Zweck. Eine gesellschaftliche Karriere auf der Basis des Geldes ist bei uns (außerhalb der Schweiz) viel leichter als „drüben". Das „Schinkenbein" hat jenseits des Atlantik eine viel geringere Anziehungskraft als bei uns.

14) Auch als Charakter war Lincoln eine etwas fragwürdige Erscheinung. Siehe M. E. Bradford, „The Lincoln Legacy. A Long View" in *Modern Age* XXIV, 4 (Herbst 1980), S. 355–363.

15) Man schätzt, daß heute höchstens 5 Prozent der amerikanischen *Blacks* keinen europäischen Blutzuschuß haben. Wer ein halbwegs geübtes Auge hat, unterscheidet deutlich zwischen einem *Black American* und einem Afrikaner.

16) Siehe Carl Sandburg, *Abraham Lincoln* (Dell: New York 1959), Bd. 2, S. 203.

17) Die oberen und obersten Schichten im Süden litten stets weniger am Rassismus als die unteren und untersten. Siehe Gunnar Myrdal, *An American Dilemma* (Harper: New York 1944), Bd. 1, S. 69.

18) Die wirkte sich kulturell übel aus, denn nach einer Hispanisierung (die harmonischer verlief) kam eine Amerikanisierung, die sich mit der vorhergehenden Phase schlecht vertrug.

19) Siehe Burton J. Hendrick, *The Life and Letters of Walter H. Page* (Doubleday: Garden City 1925), Bd. 1. S. 188. Page hatte interessante Ansichten über Europa. Er schrieb einem Verleger am 29. Mai 1916 (F. Doubleday), daß „was die menschlichen Beziehungen angeht, wir allen Leuten hier 1000 Jahre voraus sind".

26. Amerika kommt nach Europa

1) Ein amerikanisches College ist eine Vorbereitungsschule für ein echtes Universitätsstudium. Es dauert in der Regel vier Jahre: Altersgruppe 18–22. Das Studium ist spezialisiert mit ausgewählten Gegenständen. Doch auch die *Highschool* (Altersgruppe 14–18) läßt eine Studienauswahl zu.

2) Wir besitzen eine Schilderung dieser Hochzeit mit einer Eheschließung im Rahmen der Ethischen Gesellschaft im Hotel Gotham. Die führenden Sozialisten waren alle anwesend.

3) Die vom Präsidenten Monroe erlassene Doktrin „verbot" jede europäische Einmischung in der westlichen Hemisphäre, aber auch jede amerikanische Einmischung in Europa.

4) Siehe sein *The Menace of Peace* (Allen & Unwin: London 1917).

5) Allen Dulles, der Bruder von John Foster Dulles, während des Zweiten Weltkriegs Leiter der amerikanischen Abwehr in der Schweiz, versuchte verzweifelt dem deutschen Widerstand in Washington Gehör zu schaffen.

6) Siehe Peter Broucek, *Ein General im Zwielicht. Die Erinnerungen Edmund Glaises von Horstenau* (Böhlau: Wien–Köln–Graz 1980), S. 395 und 413–414. Kaiser Karl war gegen den unbeschränkten U-Boot-Krieg, Ludendorff bedauerte ihn zu spät.

7) Dieser Brief wurde schon viel früher für die *Times* geschrieben, die ihn aber nicht zu veröffentlichen wagte. Die Massenmedien befleißigen sich anscheinend stets einer Mischung von Verlogenheit und Feigheit.

8) Eine Kriegserklärung kann der Präsident nur im Verein mit dem ganzen Kongreß, *House of Representatives* und *Senate,* machen.

9) Mündliche Mitteilung des damaligen Attachés an der Londoner Botschaft, Mr. Irving Laughlin. (November 1937 in Washington.)

10) Heute weiß man ganz genau, daß die *Lusitania* mit Kriegsmaterial vollgeladen, war. Durch das Torpedo des U-Boots explodierte die mitgeführte Munition. Die deutschen Vertretungen hatten in bezahlten Anzeigen die Amerikaner in den Zeitungen vor dieser Überfahrt gewarnt. Siehe Colin Simpson, *The Lusitania* (Little Brown; Boston 1972), besonders S. 104 ff.

11) So zum Beispiel nicht nur das Zimmermann-Telegramm, sondern auch die Sabotage-Akte, die teilweise von dem genialen Franz von Papen organisiert wurden, der aber dann die Unterlagen in der U-Bahn vergaß. Darüber siehe Rintelen, *The Dark Invader* (Penguin: Harmondsworth 1936).

12) Prinz Sixtus, Bruder der Kaiserin Zita, war Offizier in der belgischen Armee: in der französischen Armee durfte er als Bourbone nicht dienen.

13) Siehe Ludwig Freiherr von Pastor (1854–1928), *Tagebücher, Briefe Erinnerungen* (Kerle: Heidelberg 1950), S. 664, Erich Feigl, *Kaiserin Zita. Legende und Wirklichkeit* (Amalthea: Wien 1977), S. 266. Mündliche Bekräftigung der Richtigkeit dieser Auskunft von Prinz Wilhelm zu Thurn und Taxis.

14) Der amerikanische Staatssekretär Robert Lansing schrieb über Clemenceaus Niedertracht in Verbindung mit den Sixtus-Briefen: „Ein Stück ungeheuerlicher Dummheit, für das keine Entschuldigung gemacht werden kann…ein unverzeihlicher Irrtum…Clemencaus Wahnsinn." Siehe *The War Memoirs of Robert Lansing* (Bobbs–Merrill: Indianapolis 1935), S. 265.

15) Über Czernins Rolle siehe Ludwig v. Pastor, *op. cit.* S. 664, und Friedrich Funder, *Von Gestern ins Heute* (Herold: Wien 1953), S. 562–563.

16) Siehe M. Lammasch und H. Sperl, *Heinrich Lammasch. Seine Aufzeichnungen, sein Wirken und seine Politik* (Deuticke: Wien–Leipzig 1922). Hier finden wir Materialien zur Charakterisierung Lammaschs.

17) Siehe Dr. Štefan Osuský, *George D. Herron, Dôverník Wilsonov počas vojny* (Prúdov: Pressburg 1925), S. 52.

18) Es muß aber hier bemerkt werden, daß Herron für Calvin die größte Verehrung, aber für Luther nur Haß hatte. Wahrscheinlich blieb Luther für ihn stets ein katholischer Mönch.

19) Der Ausdruck stammt von Raymond Aron.

20) Nach der Schlacht vom Skagerrak, in der die britischen Verluste bedeutend größer waren als die deutschen, machte die deutsche Flotte keine Großangriffe mehr. Ihre „Unbeweglichkeit" trug auch zur großen Meuterei im November 1918 bei. Die Matrosen hatten nichts zu tun, waren „arbeitslos".

27. La Guerre à outrance

1) Ein Arzt im alten Rußland verlangte kein Honorar. Am Ende der Behandlung reichte man ihm ein Kuvert: Reiche zahlten sehr viel, Arme wenig oder fast nichts. Dieses System würde sich nicht überall bewährt haben.

2) Napoleon führte die Inhaftierung der „feindlichen Ausländer" ein. Die *Times* betrachtete dies als einen Rückfall in die Barbarei. Siehe auch Arnold J. Toynbee, *A Study of History* (Oxford University Press: London 1939), Bd. 4. S. 160–162. Die Russen ließen auch im Ersten Weltkrieg zahlreiche Kriegsgefangene frei – Bauern als auch Handwerker, die oft sehr schön verdienten und (die Österreicher zumindestens) gerne gesehen wurden. Siehe auch Lydia Fürstin Wassiltschikow, *Verschwundenes Rußland* (F. Molden: Wien–München 1980), S. 256.

3) Siehe Nora Gräfin Kinsky, *Russisches Tagebuch 1916–1918* (Seewald: Stuttgart 1976), S. 87.

4) Königin Elisabeth II. ist halbe Schottin, der Prince of Wales gehört genealogisch der Familie Sonderburg-Glücksburg–Augustenburg an.

5) Siehe Georges Bernanos, *La grande peur des bien-pensants* (Grasset: Paris 1949 urspr. 1931), S. 414–415 (zitierend *Echo de Paris*, 15. August 1914).

6) *Ibidem.* (*Le Matin*, 15. September 1914 und *Le Journal*, 19. Aug. 1914).

7) *Op. cit.* S. 415–416. (*Le Matin*, 5. Oktober 1914).

8) *Op. cit.* S. 416. (*Le Petit Parisien*, 22. Mai 1915).

9) *Op. cit.* S. 417–418. (*Le Petit Parisien*, 11. Oktober 1915).

10) *Op. cit.* S. 418. (*Le Matin*, 14. Juli 1915).

11) *Op. cit.* S. 437.

12) Siehe Adrien Dansette, op. cit., Bd. 2, S. 490–491. Damals aber gab es noch eine kirchliche Disziplin, und der kriegsbegeisterte Bettelmönch wurde von Benedikt XV. „in die Wüste geschickt".

13) Siehe *The Tablet* vom 18. August 1917.

14) Siehe Adam de Villiers, *Clemenceau parle* (Paris 1931), S. 39.

15) Siehe The *Letters of Franklin K. Lane,* ed. A. W. Lane und L. H. Hall (Houghton, Mifflin: Boston & New York 1922), S. 297.

16) Diese Ansicht vertrat auch Ferdinand A. Hermens in seinem *Democracy or Anarchy* (Notre Dame University Press: Notre Dame 1941).

17) Siehe Henri Pozzi, *Les coupables* (Éd. Européennes: Paris 1935).

18) Siehe Roger Peyrefitte, *Les ambassades* (Flammarion: Paris 1951), S. 127.

19) Siehe Friedrich Ritter von Lama, *Die Friedensvermittlung Papst Benedikt XV. und ihre Vereitlung durch Reichskanzler Michaelis* (Kösel und Pustet: München 1932), S. 122–123.

20) Über Benedikt XV. siehe Walter H. Peters, *The Life of Benedict XV.* (Bruce: Milwaukee 1959). Den Brief Lansings an Benedikt XV. findet man auf S. 149–151. Natürlich wollte Wilson auch Wilhelm II. von einem Gericht verurteilen lassen. Doch der *Osservatore Romano* von 2. Juni 1919 brachte die These eines Juristen von der Universität Bologna, „daß es in der Geschichte der Rechtssprechung unerhört wäre, wenn die Ankläger in einem Prozeß zugleich auch die Richter wären"!

21) Dies in einem Brief Robert Lansings an Colonel House in *The Intimate Papers of Colonel House,* ed. Charles Seymour (Houghton–Mifflin: Boston–New York 1928), Bd. 4, S. 13–14.

22) Siehe René Schickelé, *Die Grenze* (Rowohlt: Berlin 1932), S. 146.

23) Siehe Sir Charles Petrie, *Twenty Years Armistice and After* (Eyre & Spottiswoode: London 1940), S. 12.

28. Das Ende mit Schrecken

1) Siehe Friedrich Funder, *Op. cit.* S. 527–528. Als dieses Buch veröffentlicht wurde, lebte de Gasperi noch. Dr. Funder teilte mir seinen Namen mit; der von de Gasperi so Angeredete war Funder selbst.

2) Über diese tschechischen Nationalsozialisten (Parteigründung 1896) siehe Seite 223 f.

3) Cesare Battisti war sozialdemokratischer Reichsratsabgeordneter, lief im Krieg zu Italien über, kämpfte an der Front gegen Österreich, wurde gefangengenommen, abgeurteilt und gehenkt. Dem Gesetz gemäß war dies völlig in Ordnung, politisch ein ungeheurer Blödsinn (wie die Hinrichtung der 13 Generäle in Arad). Um das Maß noch voll zu machen, wurde der Gehängte mit grinsendem Scharfrichter photographiert und die Bilder wanderten in die weite Welt. Das Photo schmückt auch *Die letzten Tage der Menschheit* von Karl Kraus.

4) Die italienische Form von Benedikt ist Benedetto. Sein Bruder wurde Arnaldo nach Arnaldo di Brescia, einem mittelalterlichen Revolutionär, genannt. Die erwähnten Bücher sind: „Claudia Porticella, l'amante del cardinale", zuerst in *Il Popolo* in Fortsetzungen erschienen, später in *Opera Omnia di Benito Mussolini* (La Fenice: Florenz 1961), Bd. 33, S. 38 ff.; *Il Trentino veduto da un socialista* (Casa editrice italiana: Florenz 1911); *Giovanni Huss il Veridico* (Podrecca e Galantara: Rom 1913).

5) Das Gedicht erschien am 1. Mai 1913 im *Avvenire del Lavoratore* (Tessin).

6) Siehe Harold Nicolson, *Peacemaking* (Houghton, Mifflin: Boston 1933), S. 159–160.

7) Siehe Viscount Grey of Fallodon. *Twenty Five Years, 1892–1916* (Hodder & Stoughton: London 1928), Bd. 3, S. 138.

8) Und zwar durch die 30.5 cm Kanone. Die „Dicke Berta" (42 cm) der Deutschen von Krupp kam erst später in Produktion. (Die österreichischen 30.5 cm Stücke wurden bei Škoda in Pilsen hergestellt.)

9) Nicht nur das deutsch und ladinisch sprechende Südtirol, sondern auch jene Teile der Küstenlande und Istriens, wie auch die westliche Krain, in denen vorwiegend slowenisch und kroatisch gesprochen wurde.

10) Ergreifend beschrieb dies Karl Schönherr in seinem Drama „Hungerblockade" in *Gesammelte Werke* (Donau: Wien 1948), Bd. 2, S. 339 ff.

11) Siehe Le capitaine Charles de Gaulle, *La discorde chez l'ennemi* (Berger–Levrault: Paris 1924).

12) Die beste Lebensbeschreibung Sir Roger Casements ist Geoffrey C. Parmiter's *Roger Casement* (Barker: London 1936).

13) Siehe P. Broucek, *Op. cit.* S. 279. Glaise v. Horstenau, österreichischer Offizier, glaubte, daß die Vielvölkerarmee in drei Monaten auseinanderbrechen würde!

29. Die Katastrophe

1) Diesen total unbedeutenden Mann, der im geheimen Mitglied der S. R. war, kannte ich in den Vereinigten Staaten: ein im Herzen wirklich dummer Mensch.

2) Hier spielt auch der Fluch des fast völlig fehlenden Geographieunterrichts in amerikanischen (wie auch britischen) Schulen eine fatale Rolle. (Auch der Geschichtsunterricht ist kaum besser.)

3) Poincaré berichtet uns, daß in den ersten Augusttagen, während die deutschen Armeen auf Paris marschierten, Clemenceau sich bei den Kabinettssitzungen in Haßtiraden gegen Österreich erging. Siehe *Les mémoires de Raymond Poincaré* (Plon: Paris 1925), Bd. 3, S. 21.

4) Masaryk hatte so ziemlich über alles geschrieben, aber eines seiner bekanntesten Frühwerke war *Der Selbstmord als soziale Massenerscheinung der modernen Zivilisation* (Konegen: Wien 1881). Er war der uneheliche Halbbruder des berühmten österreichischen, sehr deutschnationalen Historikers Joseph Redlich. Siehe auch P. Broucek, *Op. cit.* S. 540.

5) Siehe Th. G. Masaryk, *The Making of a State* (Allen & Unwin: London 1927). S. 275. In diesem Werk würdigt Masaryk auch sehr die österreichfeindliche Haltung Herrons und Clemenceaus.

6) Der wirkliche Verfasser von Woodrow Wilsons „Vierzehn Punkte" war der damals „radikale" junge Harvard-Mann Walter Lippmann. Er sagte mir, daß die ursprüngliche Bedeutung „*autonomous development*" nicht auf „*separation*" zielte. Doch die Bedeutung des Wortes „*autonomous*" ist im englischen und besonders im amerikanischen Sprachgebrauch sehr elastisch.

7) Auch der Ausdruck „Slowakei" (analog zu Walachei, Mandschurei Türkei, Mongolei, Barbarei) war ein Neologismus wie auch das slowakische Wort *Slovensko*. Früher sprach man nur von Oberungarn *(Fölvidék)*. Hier liegt kein historisches Präzedens vor.

8) André Tardieu in *La Paix* (Payot: Paris 1921) hatte sehr einfach formuliert, daß man zwischen der Tschechoslowakei (als Projekt) und dem Volksabstimmungsprinzip zu wählen gehabt hatte. Aufgrund von Plebisziten wäre dieses Land gar nicht zu schaffen gewesen.

9) Als nicht viel später die gegen ihren Willen annektierten Völker protestierten, wartete man auf die günstige Gelegenheit eines neuen Weltkriegs, um sie dann „umsiedeln" zu können. Die *Atlantic Charter* war nach den „Vierzehn Punkten" Wilsons ein weiteres Stück einzigartiger demoliberaler Heuchelei. Sie wurde noch vor Kriegende von F. D. Roosevelt als „unverbindlich" erklärt.

10) Sie mußten sogar alle ihre bulgarischen Familiennamen serbisieren. 1945 erfand man aber ein neues Volk – die Makedonier. Ihre bulgarische Sprache wurde dann serbischen Schreibmaschinen angeglichen. Unsere Lexika sprechen sogar über eine makedonische Sprache und eine makedonische Literatur (die 1945 begann!).

11) Rumänien galt vor 1914 (unter Carol I.) als Verbündeter der Mittelmächte und hatte auch seit 1883 einen einen geheimen Bündnisvertrag. Im Verlauf der Brussilow-Offensive überfiel dann Rumänien die Donaumonarchie.

12) Die illyrisch beeinflußte Grammatik blieb unverändert, aber der literarische Wortschatz wurde durch die Latinisierung slawischer, magyarischer und griechischer Worte von der Volkssprache stark abgegrenzt.

13) Dort war tatsächlich die Mehrheit der Bevölkerung rumänisch. Bessarabien hatte geschichtlich stets zum Fürstentum Moldau gehört.

30. Die Erste Deutsche Republik

1) Siehe seine „Direction pour la conscience d'un Roi" in *Oeuvres,* (Paris 1787), Bd. 3, S. 489.

2) Siehe *The Memoirs of Herbert Hoover (Years of Adventure, 1874–1920)*. (Macmillan: New York 1931), S. 395.

3) Siehe R. C. V. Bodley, *Indiscretions of a Young Man* (Harold Shaylor: London 1931) S. 171. Noch während des Krieges sprachen sich Labour-Abgeordnete und Zeitschriften gegen eine einfache Übergabe von Elsaß-Lothringen an Frankreich aus. Siehe Grace M. Magee, *Alsace-Lorraine since 1918* (Stanford University Press 1926) S. 264. Als die Truppen Ludwig XIV. in Straßburg im tiefsten Frieden einrückten, weinten die Bürger!

4) Ostpreußen war ein polnisches Lehen zwischen 1525 und 1657. Der Großmeister des deutschen Ritterordens, Albrecht von Hohenzollern, wurde evangelisch, heiratete und nahm auf Luthers Rat nach seiner „Verweltlichung" die polnische Oberhoheit an.

5) Dabei wurden nichteinmal die konkreten Ergebnisse der Abstimmung berücksichtigt: Distrikte und Gemeinden, die für Deutschland gestimmt hatten, kamen unter polnische Herrschaft – und umgekehrt.

6) Die geplante Volksabstimmung wurde nie abgehalten, denn sie hätte zweifellos mit einem polnischen Sieg geendet. Gegen den alliierten Schiedsspruch protestierten die Polen durch Paderewski in einem offiziellen Brief an den Vorsitzenden des Obersten Rates (Millerand), in dem sie auch ihren Willen bekräftigten, ihren Anspruch auf das Zaolza-Gebiet (Teschen) *nie* aufzugeben. Siehe Carl J. Burckhardt, *Meine Danziger Mission, 1937–1938* (Deutscher Taschenbuch-Verlag: München 1962), S. 158/159. Auch hier wurde wieder ein salomonisches Urteil gefällt: die Stadt Teschen wurde auseinandergeschnitten. Kein Wunder, daß die Polen die nächste Gelegenheit wahrnahmen, das Gebiet zurückzugewinnen.

7) Die „Tschechoslowakei" hatte versprochen, eine „östliche Schweiz" zu werden, doch im ersten Memorandum an die Alliierten wurde der Vorschlag gemacht, einen Großfürsten aus der russischen Kaiserfamilie krönen zu lassen. Dieses „Memorandum" wurde im April 1915 von Th. G. Masaryk Sir Edward Grey überreicht. Siehe Karl Friedrich Nowak, *Chaos,* (Verlag für Kulturpolitik: München 1923), S. 313 ff.

8) Über die Polenfeindschaft von Lloyd George und seine Sympathien für die Sowjetunion zur Zeit des russisch-polnischen Krieges 1919–1920 siehe *Lord Riddell's Intimate Diary of the Paris Peace Conference 1918–1923* (Reynal & Hitchcock: New York 1934), S. 198, 221, 224, 227–228 und Graf Harry Kessler, *Tagebücher 1918–1937* (Insel-Berlag: Frankfurt a. M. 1961), S. 427.

9) Siehe Rudolf-Christoph Freiherr von Gersdorff, *Soldat im Untergang* (Ullstein: Berlin 1977), S. 19, 69.

10) Die Hakatisten wurden nach Hansemann, Kennemann und Tiedemann, den drei Gründern des Deutschen Ostmarkenvereins, so genannt. Der Ostmarkenverein bemühte sich – erfolglos – um die Germanisierung der bei den polnischen Teilungen zu Preußen gekommenen Provinzen. Eine Germanisierungspolitik setzte überhaupt erst nach der Gründung des Deutschen Reichs und nicht in „Altpreußen" ein.

11) Die Bezeichnung *Diktat* ist völlig legitim: es wurde nicht verhandelt und der Besiegte wurde gezwungen, die Bedingungen ohne Abstrich anzunehmen. Diese Bezeichnung ist auch für die anderen, einen neuen Krieg vorbereitenden „Friedensverträge" der Jahre 1919–1920 anwendbar.

12) Siehe die *Neue Freie Presse* (Wien), vom 30. Juni 1919, S. 3. (Meldung vom 28. Juni 1919).

13) Siehe Albert Jay Nock, *The Myth of a Guilty Nation* (Huebsch: New York 1922), S. 20–21.

14) Siehe J. M. Keynes, *Op. cit.* S. 36–37.

15) Siehe J. M. Keynes, *Essays and Sketches in Biography* (Meridian: New York 1956), S. 180.

16) Angeblich war dies ein *quid pro quo:* dafür verzichteten die Japaner auf eine Anti-Rassendiskriminierungsklausel im Friedensvertrag, die sich gegen den amerikanischen *Oriental Exclusion Act* (Einwanderung!) gerichtet hätte.

17) Siehe Stephen Bonsal, *Unfinished Business* (Doubleday: New York 1944), S. 45.

31. Ein geopolitischer Sieg

1) So auch nach Auskunft Arz' von Straußenburg. Nach 1916 war das Deutsche Reich und besonders seine Außenpolitik völlig in den Händen von Hindenburg und Ludendorff und nicht mehr des Kaisers.

2) Bekanntlich überwarf sich Ludendorff nach dem Krieg mit Hindenburg, schloß sich den Nationalsozialisten an, war am Novemberputsch 1923 beteiligt, zerstritt sich dann mit Hitler und gründete den Tannenbergbund, eine mystisch-rassistische, antichristliche und judenfeindliche Gesellschaft. (Organ: *Ludendorffs Volkswarte.*)

3) Siehe Ernst Kornemann, „Vom Antiken Staat", Rektoratsrede von 15. Oktober 1926, in *Breslauer Rektoratsreden* (F. Hirt: Breslau 1927), S. 35.

4) Die Überzeugung, daß die Umwandlung einer Monarchie in eine Republik eine Strafe sei und den betreffenden Staat auch weitgehend schwäche, war nicht nur bei den Siegermächten in unserem Jahrhundert in politischen Kreisen sehr allgemein, sondern auch im einfachen Volk stark

verbreitet. Als im Ersten Weltkrieg Poincaré bei einem Frontbesuch einen Soldaten fragte, was man wohl mit den Deutschen nach dem Krieg tun sollte, antwortete dieser treuherzig: „Nous pendrons leur empereur et nous les foutrons en République." Siehe Charles Maurras, *Mes idées politiques* (A. Fayard: Paris 1937), S. 156.

5) Siehe Jacques Bainville, in der *Action Française*, 29. September 1914.

6) Siehe Jacques Bainville, *Ibidem*, 14. Februar 1918.

32. Polen

1) Das ist ein beliebtes Ammenmärchen, gegen das nicht zuletzt auch gerade die Franzosen und auch General Weygand von der französischen Militärmission (auch Charles de Gaulle gehörte ihr an) protestiert haben. Siehe Ferdinand Lot, *Les invasions barbares et le peuplement de l'Europe* (Payot: Paris 1937), Ed. 2, S. 194; Le général Camoin, *La manoeuvre libératrice du maréchal Pilsudski contre les bolchéviks en août 1920* (keine Verlagsangabe: Paris 1929); Hans Roos, *Geschichte der polnischen Nation 1916–1960* (Kohlhammer: Stuttgart 1961), S. 88. Ein polnischer Autor, Jędrzej Giertych, in seinem *In Defence of My Country* (Dmowski Society: London 1981) nennt jedoch den General Rozwadowski als den eigentlichen Sieger in der Schlacht an der Weichsel. Siehe auch das von Giertych edierte Werk *Rozważnia o bitwiewarszawskiej 1920-goroku* (Dmowski-Society: London 1984).

2) F. Conrad von Hötzendorf wollte die Grenzen von 1795!

3) Im Gebiet von Chełm (russisch: Cholm) gab es einige ruthenische, ‚Uniaten‘, die während der russischen Herrschaft, um dem Druck der Orthodoxie zu entgehen, zum lateinischen Ritus übergetreten waren. Dieses Gebiet hatte aber immer zum „innersten Polen" gehört.

4) Solche „Kreise" gibt es selbst heute in der „Deutschen Urdemokratischen Republik".

5) Siehe darüber, H. Schwann, „F. W. Foerster zu seinem 90. Geburtstag" in *Orientierung*, 31. Mai 1959, S. 112; Gustav Hilger, *Wir und der Kreml* (Athenäum-Verlag: Frankfurt a. M. 1966), S. 96. Dieser Autor, ein deutscher Diplomat, bestätigt auch, daß in der Zwischenzeit eine neue Teilung Polens stets im Sinn von Berlin und Moskau gewesen war (S. 155).

6) „Ostpreußen" ist das wirkliche Preußen; der Ausdruck „Westpreußen" ist eine spätere Sprachschöpfung, wie z. B. Südpreußen oder Neu-Ostpreußen. So lag Warschau nach der 3. Teilung Polens in „Südpreußen".

7) Die Schopenhauers zogen dann in eine „überlebende" Hansastadt, nach Hamburg. Hier darf man nicht vergessen, daß die Städte „Westpreußens", vor allem Danzig, mit den Polen gegen die Ordensritter gekämpft hatten. Damals gab es den Nationalismus noch nicht.

8) Siehe L. v. Pastor, *Op. cit.* S. 259.

9) Nicht viel besser war der Führer der britischen Dockergewerkschaft, der spätere Außenminister Ernest Bevin, der es zu verhindern wußte, daß in diesen kritischen Monaten Munition für Polen verladen wurde. Hier galt die Solidarität der Marxisten.

10) Der deutsche Name Gdingen war den Nationalsozialisten nicht deutsch genug. Aus Gdingen-Gdýnia wurde 1939–1945 „Gotenhafen".

11) Die großen Ozeandampfer konnten in der Weichsel nicht anlegen.

12) Später ging der Nationalismus auch mit dem ebenfalls „populistischen" Sozialismus da und dort eine harmonische Ehe ein.

33. Der „Weimarer" Staat unterwegs

1) Die Vereinigten Staaten führten im Zeitabschnitt 1815–1914 genau so viele Kriege wie Preußen.

2) Zahllose seiner Epigramme haben einen ausgesprochen antidemokratischen oder ‚elitären‘ Charakter.

3) Irregeführt vor allem durch die Illusion der Vierzehn Punkte Wilsons.

4) Das waren primär die Juden (wie immer), aber auch andere „überstaatliche Kräfte", die den braven, einfältigen, treuherzigen, nie über seine Grenzenden blickenden Michel (mit Zipfelmütze) betrogen hatten.

5) Siehe Walther Rathenau, *Der Kaiser, Eine Betrachtung* (S. Fischer: Berlin 1919). Zitiert wird meistens der Passus auf der Seite 60, wo man lesen kann, daß die Geschichte ihren Sinn verloren hätte, wenn Wilhelm II. als Sieger in Paris eingezogen wäre. Das ist aber keineswegs der Tenor dieses Buches. Auch eine Lektüre von Ernst Schulins herausgegebenen *Gespräche mit Rathenau* (DTV: München 1980) zeigt uns einen Mann, der keineswegs der Linken angehört hatte. Man hüte sich vor „nationalen" Hirnvernebelungen!

6) Winfried Martini, *Das Ende aller Sicherheit* (Deutsche Verlagsanstalt: Stuttgart 1954), S. 301. Seeckt lehnte ab.

7) Siehe mein *Freiheit oder Gleichheit?*, S. 353–354.

34. Austria Infelix

1) Mein Vater meinte, daß diese Bezeichnung vom Umstand herkam, daß unser sozialdemokratischer Heeresminister Julius Deutsch hieß. Da die Alliierten auch den deutschen Charakter Österreichs ableugnen wollten, ergaben sich nicht nur damals, sondern auch 1945 die eigenartigsten Komplikationen. So siedelten dann offiziell bis Spielfeld in der Steiermark Österreicher, südlich von Spielfeld aber ‚Volksdeutsche'. („Volksösterreicher" gab es nicht.)

2) Die Leitha bildete die Grenze zwischen Österreich und Ungarn.

3) Der „Herr Karl" gab im österreichischen Fernsehen einen fast einstündigen Monolog über sein Vorleben von 1927 bis zur Nachkriegszeit von sich. Diese brillante Dichtung Helmut Qualtingers schloß leider die ersten Jahre nach dem Ersten Weltkrieg nicht ein. Das Wort „Österreich" (oder „Wien") fiel kein einziges Mal, doch entfesselte diese Darstellung einen Sturm von Protesten unter dem Motto: „Ja, so sind *wir* doch nicht!"

4) Das Lob für die Junker kam vom Munde des fanatischen Sozialdemokraten Karl Leuthner. Der österreichische Adel umfaßt ungefähr ein Viertel Prozent der Bevölkerung: von den Männern und Frauen, die in der 2. Republik mit Sondermarken geehrt wurden, sind 1945–1970 nicht weniger als 35 Prozent Erbadelige und Geadelte, von den acht Nobelpreisträgern ist es die Hälfte.

5) Ungarn reagierte auf die Räterepublik höchst rechtsdrallig. Das war ein schweres Vergehen in den Augen der Alliierten.

6) Siehe Ludwig Jedlicka, *Ende und Anfang. Österreich 1918–19* (Salzburger Nachrichten: Salzburg 1969), S. 107.

7) Zweifellos war die Mehrheit der Vorarlberger für diesen westlichen Anschluß, aber die Schweiz winkte ab, und zwar aus konfessionellen Gründen. Ein katholisches Komitee arbeitete in der Schweiz für die Einbeziehung Vorarlbergs, aber der Nationalrat fürchtete sich vor einem weiteren katholischen Kanton.

8) Wir müssen uns hier vor Augen halten, daß viele der späteren sozialdemokratischen Führer Altösterreichs in ihren jüngeren Jahren bei der deutschnationalen Partei Georg v. Schönerers waren. Als diese dann „antisemitisch" wurde, gingen sie vom nationalen zum sozialistischen Kollektivismus über. Sie waren und blieben „horizontal" und „identitär" – also links. In dieser Beziehung war der Fall Viktor Adlers sehr typisch.

35. Ungarn nach dem Vertrag von Trianon

1) Horthy versuchte zu „verhandeln" und kam mit den unverschämtesten Forderungen: er wollte auch „Herzog" werden! Siehe Erich Feigl, *Kaiserin Zita* (Amalthea: Wien 1977).

2) Tatsächlich waren die ‚protestantischen' Bewegungen in Ungarn und Böhmen auch deutschfeindlich, denn der römisch-deutsche Kaiser war katholisch. Die „Kurutzen" waren frankophil und kollaborierten mit den Türken gegen König, Kaiser und Reich.

3) Siehe *Foreign Affairs* (New York, Jänner 1942), S. 231.

4) Das war die ungarische Räterepublik *(Tanácsköztársság)*, die aber in der heutigen Volksdemokratie *(népi demokrácia)* nur selten und höchst ungern erwähnt wird. Ihr Führer, Béla Kún, wurde von Stalin umgebracht.

5) Élisée Reclus, der berühmte französische Geograph, hatte das tausendjährige Ungarn die perfekteste geographische Einheit genannt. Und John Stuart Mill warnte gegen eine „ethnographische" Aufteilung Ungarns.

6) Die Labanzen *(labancok)* waren als Parteigänger des deutsch-österreichischen Kurses die Gegner der Kurutzen *(kurucok)*.

36. Die Tschechoslowakei

1) Jan Masaryk erzählte am 2. Mai 1938, sein Vater habe die Deutschen nicht im neuen Staat haben wollen, aber Lloyd George habe sie ihm aufgezwungen! Das war der große Liberale mit dem Heil-Hitler-Gruß! Siehe *Documents on British Foreign Policy,* 3. I. S. 237.

2) Die Tschechen sind eigentlich nur die slawischen Bewohner Böhmens und nicht Mährens. Die Geschichte und der Charakter dieser beiden Länder zeigen deutliche, manchmal auch sprachliche Unterschiede.

3) Das Märchen der nivellierten tschechischen Nation war aber nicht nur eine Trumpfkarte der tschechischen Propaganda im Westen, sondern war zum Teil auch eine österreichische, genauer gesagt, eine Wiener Illusion, da von Böhmen und Mähren viel ,Niedervolk' nach Österreich zog und dort bescheidene Arbeiten übernahm.

4) Jan Kollár, evangelischer Pastor in Pest, ein Slowake, war der Vater der panslawischen Idee.

5) Die Geschichte der tschechischen Legion hat einen sehr dunklen Punkt: die Legionäre lieferten den konterrevolutionären Admiral Koltschák an die Roten aus, die ihn darauf hinrichteten. Das war ein schmutziges Geschäft, um den Rückzug aus Irkutsk zu sichern.

37. Jugoslawien

1) Es gibt auch katholische Serben in der Vojvodina und im Banat, die Bunjewatzen *(bunjevci)* und Schokatzen *(šokci)*, diese bilden aber nur kleine Minderheiten.

2) Radić redete seine Parteigänger stets mit den Worten an: „Bauern, Arbeiter und meine Herren Bürger!"

3) Unter den von der Rednertribüne aus erschossenen Abgeordneten der Bauernpartei gab es noch zwei Tote, im ganzen also vier.

4) Siehe Claire Hollingworth, *There's a German Just Behind me* (Secker & Warburg: London 1942), S. 254–257.

5) E. v. Kuehnelt-Leddihn, *Über dem Osten Nacht* (A. Pustet: Salzburg 1935).

6) Im Jahre 1981 kam es fast zu einem Volksaufstand im ,Autonomen' Kosovo-Gebiet, bei dem es zahlreiche Tote und Verletzte gab.

38. Rumänien und die „Kleine Entente"

1) Besonders die rumänischen Taschenfahrpläne für die Staatseisenbahnen hatten in der Zwischenkriegszeit für ein kaufkräftiges Publikum auffällig viele Anzeigen in ungarischer Sprache – unter dem heutigen nationalen Sozialismus undenkbar!

2) Dies blieb ein wohlgehütetes Geheimnis, bis der ehemalige Gesandte Dr Štefan Osuský es in der *New York Times* zu Tage brachte. Siehe *The New York Times* vom 20. Oktober 1958. Beneš offerierte (hinter dem Rücken der Westmächte) die Bezirke Rumburg, Friedland und Eger.

3) Siehe Louis Eisenmann, *Un grand Européen: Éduard Benès* (Hartmann: Paris 1934), S. 113–114.

4) Mündliche Mitteilung des Altbundeskanzlers Kurt v. Schuschnigg.

5) Siehe auch Gordon Brook-Shepherd, *The Last Habsburg* (Weybright & Talley: New York 1969), S. 256, 257 und *passim*.

39. Restösterreich in der Dauerkrise

1) Man muß sich da vor Augen halten, daß selbst Polen oder auch Böhmen ihre Wappen nicht verändert hatten. Das neue österreichische Wappen, das 1919 von einem besser ungenannt bleibenden Graphiker entworfen wurde, beinhaltet als besondere Peinlichkeit die Sowjetinsignien Hammer und Sichel, eine schwere Hypothek für so manche österreichische Auslandsvertretungen, die dann für Missionen von bolschewikischen Volksdemokratien gehalten wurden.

2) Zuerst wurde für die junge Republik von Kienzl eine Spezialhymne geschaffen, dann aber wieder die Volkshymne mit einem Text des deutschnationalen Priesters und Dichters Ottokar Kernstock gewählt. Da aber nach dem Zweiten Weltkrieg die deutsche Bundesrepublik das Deutschlandlied von Hoffmann von Fallersleben mit der Melodie von Haydn (also der Volkshymne für den römischen Kaiser Franz II.) übernahm, „einigte" man sich, darüber gekränkt, in Österreich auf die Freimaurerhymne des Deutschen W. A. Mozart mit dem Text von Paula von Preradović, der Enkelin des großen kroatischen Dichters Petar von Preradović. Um in Österreich die Klänge der Haydn-Hymne zu hören, muß man auf den offiziellen Besuch eines bundesdeutschen Ministers warten und um einen „aktiven" Doppeladler zu sehen, muß man die albanische Botschaft in Wien besuchen.

3) Ein wahres Symbol dieser Zerrissenheit war die „Hölle von Lundenburg" nach dem Krieg. Dies war die tschechoslowakische Grenzstation für den Verkehr zwischen Wien und Mähren, in der die Besucher aus Österreich von Zollbeamten und Gendarmen auf die unglaublichste Weise schikaniert wurden. Besonders arg wurde es mit ehemaligen Soldaten in k. u. k. Uniformen ohne Dienstabzeichen getrieben, die nicht das Geld hatten, sich Zivilkleider zu leisten. Der Österreicher war so proletarisiert, daß eine führende Wiener Zeitung, *Der Tag*, als Werbefigur auf ihren Plakaten einen alten, unrasierten Proletarier zeigte, der begeistert das Blatt las.

4) Das war der kaiserliche und königliche Oberst Theodor Körner, Edler von Siegringen, der spätere Bundespräsident, assistiert vom ehemaligen Oberleutnant Julius Deutsch.

5) Dieser Mann namens Jawurek wurde später wegen sexueller Belästigung von Minderjährigen aufgegriffen und psychiatrisch untersucht. Er figurierte allerdings im österreichischen Fernsehen als Mummelgreis im Jahre 1981. Ein anderer *aficionade* des politischen Mords, der in die Fußstapfen Friedrich Adlers treten wollte, war ein gewisser Dertil, ein nationaler Sozialist, der aber den Bundeskanzler Dollfuß nur leicht verwundete.

6) So zum Beispiel gibt es keinen allgemeinen Automobilklub. Die Sozialisten halten weiter an ihrer Organisation, dem ARBÖ, fest. Es gibt also in Österreich Autofahrer der „rechten" und der „linken" Reichshälfte. Auch die Naturfreunde und die Kinderfreunde existieren fröhlich weiter – von vielen anderen politischen Verbänden abgesehen.

40. Die Nationalsozialisten

1) Siehe Karel Hoch, *Czechoslovak Sources and Documents*, No. 9 (Orbis: Prag 1936), Tabulierung am Buchende. Keine Seitenzahl.

2) Es begann mit antideutschen Krawallen, die sich dann gegen die ebenfalls deutschsprechenden Juden richteten: es gab drei Tote und 38 Verwundete. Siehe H. Münch, „Panslawismus und Alldeutschtum" in *Neues Abendland,* Juli 1950, S. 278.

3) Siehe Th. G. Masaryk, *The Making of a State*, S. 439, und Wickham Steed, „A Programme for Peace", *The Edinburgh Review*, abgedruckt vom der „Bohemian National Alliance" in Pamphletform, Edinburgh 1916, S. 18.

4) Siehe *Masarykův ottův naučný* (Prag 1925), Bd. 1. S. 1129, oder auch *Slovník národnohospodářský, sociální a politický*, Prag 1933, Bd. 3, S. 515–516.

5) Über Georg Ritter von Schönerer (der entadelt wurde) siehe Andrew G. Whiteside, *The Socialism of Fools* (University of California Press: Berkeley 1975). In seiner ehemaligen Residenz, dem Schloss Rosenau in Niederösterreich, ist heute das Freimaurermuseum untergebracht.

6) Siehe A. Ciller, *Vorläufer der Nationalsozialismus* (Ertl: Wien, 1932), S. 135.

7) Das klingt allerdings wie die „Russische Sozialdemokratische Arbeiterpartei", die Mutterpartei der Bolschewiken!

8) Dieses Material findet man fast komplett im *Hoover Institute* in Stanford, Kalifornien.

9) Im Geburtshaus Hitlers befindet sich heute eine Volksbücherei. – Hitlers Vater, ein uneheliches Kind, wurde vom Mann seiner Mutter mit Namen Hitler (Hiedler) adoptiert. Hätte diese Adoption nicht stattgefunden, wäre auch Adolf Hitlers Karriere sehr problematisch gewesen. „Heil Schicklgruber!" hätte nicht sehr melodisch geklungen.

10) Mündliche Mitteilung Heinrich Brünings.

11) Siehe darüber auch Dr. Hans Frank, *Im Angesicht des Galgens* (Eigenverlag Brigitte Frank: Neuhaus 1955), S. 320–321.

12) Siehe Friedrich Heer, *Op. cit.* S. 90–91.

13) Es gab vor dem Dritten Reich keine deutsche Reichsbürgerschaft, außer für Kolonialbewohner vor 1918.

14) Wilson pochte nicht weniger als Beneš auf seine intuitiven Einsichten. Siehe Robert de Traz, „M. Masaryk et M. Benès" in *La Revue de Paris*, 1. März 1930, S. 55–56.

15) Siehe August Kubizek, *Adolf Hitler, mein Jugendfreund* (Stocker: Graz 1953).

16) Siehe Carl J. Burckhardt, *Meine Danziger Mission 1937–1938* (Deutscher Taschenbuch Verlag: München 1962), S. 264–265. Ergänzende Mitteilungen von Denis de Rougemont, dem Carl Burckhardt von diesem Gespräch erzählt hatte.

17) Das wird in zahlreichen Stellen und Zitaten bei Joachim C. Fest, *Hitler* (Ullstein: Frankfurt–Berlin 1973) höchst deutlich.

18) Das erkennt man mit erschreckender Klarheit von den statistischen Karten in meinem *Freiheit oder Gleichheit?* nach S. 336.

41. Das Erfolgsgeheimnis der NSDAP

1) Siehe Renzo de Felice, *Op. cit.* Bd. 4. Auch schrieb de Felice, daß die großen wirtschaftlichen Kräfte Italiens den Faschismus nicht gefördert hatten, was ebenfalls der Linken sehr mißfiel. Siehe Renzo de Felice, *Intervista sul Fascismo* (Mit Michael E. Ledeen) (Laterza: Bari 1975), S. 49.

2) Siehe Seite 50.

3) Es ist für die hohen Qualitäten des Menschen bezeichnend, daß ihn eine charakterliche Überlegenheit gleichgültig läßt, eine intellektuelle irritiert, eine materialle aber seinen ganzen Neid herausfordert.

4) Siehe Ludwig von Mises, *The Omnipotent Government* (Yale University Press: New Haven 1944), S. 210. Vgl. mit Ernst Nolte, *Der Faschismus in seiner Epoche* (Piper: München 1963), S. 413: „Es gäbe dennoch keinen größeren Irrtum als den, die Unterstützung durch Hugenberg und einige Industrielle für die *Ursache* des kometenhaften Aufstiegs der NSDAP zu halten." Die marxistische These bestand darauf, daß der Nationalsozialismus eine „arbeiterfeindliche" Bewegung der obersten Sozialschichten war. Tatsächlich aber war der Anteil der Arbeiter in der NSDAP von allem Anfang an bedeutend (34.5% schon im Jahre 1923). Nach der Machtübernahme steigerte sich der Enthusiasmus der deutschen Arbeiterklasse für die sehr „soziale" NSDAP, die schließlich auch die Arbeitslosigkeit beseitigt hatte. Siehe H. Kele, *The Nazis and the Workers* (University of North Carolina Press: Chapel Hill 1972).

5) Die heutige *Ford-Foundation* setzt diese Tradition fort, indem sie Unsummen linksgerichteten Organisationen überweist; konservative Vereinigungen oder Institute hätten bei ihr kein Glück.

6) Siehe Otto Kopp, *Widerstand und Erneuerung* (Seewald-Verlag: Stuttgart 1966), S. 28 ff.

7) Siehe James und Suzanne Pool, *Who Financed Hitler?* (The Dial Press: New York 1978).

8) *Ibidem*, S. 265. Dieselbe Feststellung hatten schon Peter F. Drucker in seinem *The End of Economic Man* (Heinemann: London 1939), S. 105 und Gustav Stolper, *This Age of Fable* (Reynal & Hitchcock: New York 1942), gemacht.

42. Die Unausweichlichkeit der Ideologien

1) Vor allem Eugen Lemberg und H. K. Kaltenbrunner. F. A. v. Hayek sagt, daß eine nicht-ideologische Gesellschaft einfach undenkbar sei, (*Law, Liberty and Legislation,* Bd. 2, S. 54), und Mises stellt in seinem *Human Action* (S. 860) fest, daß einfach „alles" davon abhinge, ob die Massen positive oder negative Ideologien wählten.

43. Die braune Welle in Österreich

1) Im Universitätsjahr 1887–1888 waren 61 Prozent aller Medizinstudenten Wiens Juden. Der Prozentsatz aller jüdischen Studenten lag bei 33.6% im Jahre 1890. Im Jahre 1924 waren 44 Prozent aller Gymnasiasten Wiens jüdisch (aber nur 16 Prozent aller Wiener waren Juden).

2) Über Richard Bernaschek und seine Mithelfer siehe Gerhard Jagschitz, *Der Putsch. Die Nationalsozialisten 1934 in Österreich* (Styria: Graz, 1976), S. 39. Hier wird uns auch berichtet, daß nach dem Aufstand Waffen des Schutzbundes an die SA weitergegeben wurden und die Kollaboration zwischen Rot und Braun mancherorts sehr weit ging. Die Schuld Bernascheks war überaus groß, und Charles A. Gulick in seinem *Austria from Habsburg to Hitler* (University of California Press: Berkeley 1948), Bd. 1, S. 1278–1279, zitiert Otto Bauer, der Bernaschek „dumm und verantwortungslos" nannte. Das war recht milde ausgedrückt. Noch detaillierter: Hans v. Hammerstein, *Am Anfang war der Mord* (Verlag für Geschichte und Politik: Wien 1981), S. 120, 128. Der braune Professor Viktor Bibl nannte in seinem *Österreich 1806–1938* (Amalthea: Wien 1939), S. 66, die Aufständischen des Februars sogar „Nationalsozialisten". Die Probleme Österreichs vor dem „Anschluß" behandelte ich ausführlicher in meinem *Austria Infelix oder die Republik der Neidgenossen* (Böhlau: Wien–Köln 1983).

3) Einen Austriazismus, wie wir ihn heute in Österreich haben, gab es damals nicht. Er hätte gegen die Braunen auch gar nicht ausgespielt werden können. Die Österreicher sind weder ein deutscher Stamm wie alle anderen, noch sind sie Nichtdeutsche.

4) Das hatte eine Reihe von Gründen, unter anderem den betont katholischen Charakter des Ständestaates und auch die Aussicht der Evangelischen, vom Status einer religiösen Minderheit durch den Anschluß zu dem einer Mehrheit zu kommen. Eine Karte Österreichs mit den evangelischen Pfarreien zeigt graphisch die Aufstandsgebiete. Der evangelische Österreicher fühlte sich dem „römischen" Katholiken gegenüber nur zu oft „deutschgläubig" (was er im statistischen Sinn auch teilweise war).

5) „Jesus", hieß es in der braunen Propaganda, „starb wimmernd am Kreuz. Otto Planetta starb mit den Worten ‚Heil Hitler'!"

44. Das Dritte Reich

1) Wie stark noch die Vorurteile gegen die katholische Kirche waren, sieht man in Heinrich Brünings *Memoiren 1918–1934* (Deutsche Verlags-Anstalt: Stuttgart 1970), S. 455–456.

2) Der älteste Sohn ‚morganatisch' mit einem Fräulein von Salviati verheiratet fiel im Zweiten Weltkrieg. Über mein Treffen mit Brüning in den Vereinigten Staaten siehe E. v. Kuehnelt-Leddihn, *Narrenschiff auf Linkskurs* (Styria: Graz 1977), S. 159–166.

3) Kurt von Schleicher und seine Frau wurden dann in der Reichsmordwoche von den Nationalsozialisten umgebracht. Über ihn das ausgezeichnete Buch von Friedrich Karl v. Plehwe *Reichskanzler Kurt von Schleicher* (Bechtle: Esslingen 1983), bes. S. 259 und 269, über das sozialdemokratische Ressentiment gegen den aristokratischen Offizier und die Vereitlung seines klugen Planes.

4) Wenn es dann nach der Machtübernahme regnete, sah man oft auf den nassen roten Fahnen, daß der weiße Spiegel mit dem Hakenkreuz aufgenäht worden war.

5) Diese Rollenverteilung sah schlau aus und wurde wirklich als Falle gedacht. Darüber auch Konrad Heiden in *Die Geburt des Dritten Reiches* und *Abrechnung mit Hitler* von Hjalmar Schacht. Hitler roch diese Falle, was man aus seinem aristophoben *Offenen Brief an Herrn von Papen* (voller Klas-

senressentiments) ersehen kann. (Als Flugschrift bei Jaworski, Berlin Charlottenburg 1932 gedruckt.)
Wie beschränkt aber Papen war, wurde mir von Brüning bezeugt; Papen wurde von seinen eigenen
Leuten als Familienidiot, „das Fränzchen", behandelt.

6) Siehe Golo Mann, *Deutsche Geschichte des 19. und 20. Jahrhunderts* (S. Fischer: Frankfurt am
Main 1969), S. 799–800.

7) Im Jahre 1963 lernte ich innerhalb von 6 Wochen in der Sowjetunion nur zwei überzeugte
männliche Kommunisten kennen.

8) Schacht wurde von den amerikanischen Marxisten nach Nürnberg gebracht, um dort als
Nazi-Kapitalist abgeurteilt zu werden. (Der Umstand, daß er bis Kriegsende im KZ war, beeindruckte
diese ideologischen Fanatiker wenig.) Der andere richtige Bösewicht für sie war der beschränkte
einzige Aristokrat in der Gruppe, Franz v. Papen. Ausgerechnet diese beiden nebst H. Fritzsche
mußten freigesprochen werden.

9) Der Vorsitzende dieser Kammer war schließlich Hanns Johst, der seinen literarischen
Ruhm durch das superdemokratische Drama *Thomas Paine* (1927) gemacht hatte.

10) In den slawischen Sprachen (anders als im Ungarischen) kann zwischen „Volksdemokratie"
und „Nationaldemokratie" nicht unterschieden werden. Abgesehen davon, daß hier ein komischer
Pleonasmus als sprachlicher Ignoranz vorliegt, muß man sich fragen, ob es wohl andere als Demokratien des Volkes gibt.

11) Siehe Ralf Dahrendorf, *Gesellschaft und Demokratie in Deutschland* (Deutscher Taschenbuch-
verlag: München 1971), S. 416.

12) Freilich keine *liberale* Demokratie. Jahrelang stand die Mehrheit des Volkes hinter ihm.

13) Siehe Hermann Rauschning, *Gespräche mit Hitler* (Europa-Verlag: Zürich 1940), S. 174.

14) Das Hakenkreuz war falsch kopiert: in der verkehrten Form stand es für Untergang, nicht
für Glück und Erfolg. Knapp vor dem ‚Anschluß' erklärte dies ein junger Baron Ketteler, Attaché
der Wiener Deutschen Gesandtschaft, in einer Gesellschaft. Nach dem Anschluß wurde sein Leichnam aus der Donau gefischt.

15) Siehe Werner Maser, *Adolf Hitler. Legende, Mythos, Wirklichkeit* (Bechtle: München und
Eßlingen 1971), S. 475.

16) Siehe Anmerkungen 22./31. und 22./32.

17) Vielleicht dachte man da an die Christlichsoziale Partei Österreichs unter Lueger, die auch
einmal sehr „antisemitisch" begonnen hatte.

45. Tragisches Iberien

1) Daß man kultiviert und analphabetisch zugleich sein kann, wußte auch Arnold J. Toynbee.
Siehe sein *A Study of History* (Oxford University Press: London, 1939) Bd. 4, S. 196–197.

2) General Millan Astray, der Gründer des *Tercio*, der spanischen Fremdenlegion, sagte mir, die
Portugiesen wären seine tapfersten Ausländer in der Legion. Man darf da auch nicht vergessen, daß
die Portugiesen sich 1640 ihre Unabhängigkeit von Spanien mit großem Mut erkämpft hatten.

3) Der jüdische Ursprung der Familie Franco darf kaum bezweifelt werden. Siehe Harry S.
May, *Francisco Franco: the Jewish Connection* (University Press of America: Washington 1977) und
George Hill, *Franco, the Man and his Nation* (Macmillan: New York 1967) beide auch zitiert in Natha-
niel Weyl, „Israel and Francisco Franco", in *Midstream*, Februar 1962, S. 11–16.

4) Siehe Marcel Schveitzer, *Guide Bleu: Espagne* (Hachette: Paris 1935), S. 562.

5) Ich besitze ein Plakat aus dem Bürgerkrieg (den ich zum Teil miterlebt habe), in dem dieser
Tag als „Tag der Revolution" gefeiert wird.

6) Seine Härte, Frömmigkeit und Tapferkeit werden (widerwillig) im Buche des spanischen
Sozialisten Arturo Barea *The Forging of a Rebel* (Reynal und Hitchcock: New York 1946), S. 365–
366 anerkannt.

7) Bolin sah aus wie Colonel Blimp. Er hatte die brillante Idee, daß nur der Fremdenverkehr
genügend Devisen bringen könnte, um einen Anfang mit Spaniens moderner Industrialisierung zu
machen, und wurde Francos Minister für Tourismus.

8) Die Stimmung im *Tercio* vor dem Bürgerkrieg wurde ausgezeichnet von Pierre Mac Orlan im Roman *La Bandera* (Gallimard: Paris 1931) geschildert. Man erkennt hier auch den (einäugigen, einarmigen) Millan Astray unter anderem Namen. Der Roman wurde mit Jean Gabin in der Hauptrolle verfilmt.

9) Man stellte *the Moors* als Neger hin, um auch die amerikanischen Rassisten in Entrüstung zu bringen.

10) Diese Guardia Civil wird in unserer Presse als „paramilitärische Organisation der Franco Ära" geschildert. Es ist ganz einfach die Gendarmerie, die 1843 geschaffen wurde.

11) Das schilderte auch empört der ganz rechtsstehende Georges Bernanos in seinem *Les grands cimetières sous la lune* (Gallimard: Paris 1938). In diesem Buch verdammte Bernanos die „Nationalisten" in Grund und Boden, und dennoch – während des ganzen Bürgerkriegs kämpfte einer seiner Söhne als Freiwilliger auf der Seite der „Nationalisten". Simone Weil, am anderen Ende des politischen Spektrums, versuchte ihn in einem langen Brief zu überzeugen, daß die Schandtaten der Roten (sie war längere Zeit bei ihnen) unvergleichlich ärger waren. Siehe G. Bernanos, *Correspondance* (Plon: Paris 1971), Bd. 2, S. 200–203.

12) Siehe Alfonso García Valdecasas, „Los Estados totalitarios y el Estado Español" in *La Revista de Estudios Políticos*, Jänner 1942, S. 5 ff. Dieselbe Ansicht finden wir in einer Cortes-Rede des Hauptgründers der Falange. Siehe José Antonio Primo de Rivera, Marqués de Estella, *Obras Completas* (Ediciones Fe: Barcelona 1939), Bd. 2, S. 9. (Rede vom 19. Dezember 1933.)

13) Unamuno empörte sich aber über den Ausruf General Millan Astrays „Viva la Muerte!" Den sehr spanischen Kult des Todes machte dieser Baske nicht mit.

14) Siehe Geoffrey McNeill-Moss, *The Epic of the Alcázar* (Rich & Cowan: London 1937).

15) Siehe Helene Schreiber, „Guernica – Mythos von Malerhand" in *Rheinischer Merkur*, 17. Jänner, 1969, S. 32 und Luis Bolín, *Spain, The Vital Years* (Lippincott: Philadelphia–New York 1967), S. 355 ff.

16) Siehe George Orwell, *Homage to Catalonia* (Penguin Books, 1962), S. 65, 207–208.

17) Allerdings konnte auch das Verhältnis zwischen Mannschaft und Offizieren in der „nationalen" Armee nicht nach deutschen, ja nicht einmal nach amerikanischen Maßstäben gemessen werden. Kadavergehorsam ist keine spanische Qualität.

18) Ein mir bekannter gebildeter Spanier, der im Jahre 1943 in die Schweiz kam und zum erstenmal von der Lage der Kirchen im Dritten Reich hörte, fiel aus den Wolken.

19) Eine Million Tote – *Un millión de muertos* – ist der Titel eines Bandes der großen Romantrilogie von José-Maria Gironella, erschienen 1961.

20) Der letzte „rotspanische" von Mexiko anerkannte Präsident Spaniens, Negrín, erreichte es, daß der mexikanische Teil dem spanischen Staat überlassen wurde. Das Gold in der Sowjetunion bleibt verloren.

21) Siehe meinen Artikel „L'Espagne et les Juifs", in *Études* (Paris: April 1956).

22) Franco lieferte überhaupt niemanden an Hitler aus. Stalin hingegen händigte Hitler deutsche Kommunisten aus, wie z. B. die Witwe des von ihm ermordeten Heinz Neumann. Frau Buber–Neumann schätzte die Zahl der von Stalin an Hitler ausgelieferten deutschen Kommunisten auf 900. Darüber das ausgezeichnete Buch von Professor David Pike, *German Writers in Soviet Exile 1933–1945* (University of North Carolina Press: Chapel Hill, 1982), S. 346.

23) Diesen Ausdruck findet man mutatis mutandis wieder auf Seite 285.

24) Die Österreicher nannten das „aufg'schnupfte Achkatzeln", aufgeschnupfte Eichhörnchen.

25) Schon im *Mythus des zwanzigsten Jahrhunderts* (Hoheneichen: München 1932), S. 196 nannte Rosenberg Spanien „vor der Revolution des Jahres 1931" das „seelisch-geistig rückständigste Volk Europas". Das ist freilich eine ganz allgemein „linke" Auffassung.

26) Siehe Albert Speer, *Spandauer Tagebücher* (Ullstein: Frankfurt a. M. 1975), S. 252.

27) Schwer hatte es der enttäuschte amerikanische Botschafter in Madrid während des Krieges. Siehe Carlton J. H. Hayes, *Wartime Mission to Spain* (Macmillan: New York 1945). Dieser katholische Professor stand unausgesetzt im Feuer linker Kritik.

28) Einer meiner Romane konnte in Spanien wegen „unzüchtiger" Stellen nicht veröffentlicht werden, ein anderer wurde „beschnitten".

29) Ursprünglich figurierte das *Opus Dei* als „Säkularinstititut", dann aber wurde es (vom Vatikan) als „Vereinigung von Gläubigen" eingestuft. Johannes Paul II. gab ihm eine Sonderstellung.

30) Über die Neuliberalen siehe S. 399.

31) Alfred Müller-Armack war Professor der Wirtschaftsgeschichte an der Universität Köln und unter Ludwig Erhard Staatssekretär. Viele seiner Arbeiten behandeln die Wechselbeziehungen von Religion und Wirtschaft.

32) Bei einer Tertulia, die ich in der Nähe von Sevilla 1955 genoß, schrie ein Professor, daß man Franco den Kopf abschneiden müsse, ein Mitglied des Kabinetts hielt sich aber die Ohren zu und rief: „Ich habe nichts gehört!" Zur politischen Gegnerschaft konnte man sich jederzeit bekennen.

33) Auch die Inquisition konnte der Staat nach Belieben anordnen oder abschaffen.

46. Der „Anschluß"

1) Dieser Krieg hatte psychologisch auch einen sekundären Zweck: die Erinnerung an die große italienische Niederlage in Äthiopien im Jahre 1896 auszulöschen.

2) Eisenhower wurde immer wieder der Vorwurf gemacht, sich an die Abmachungen zwischen den Westmächten und Stalin gehalten zu haben. General Hobart H. Gay berichtet uns von einem Dialog zwischen Eisenhower und Patton. Eisenhower verweigerte Patton mit verschiedenen Ausreden die Einnahme Berlins. „Patton", rief der Oberkommandierende schließlich aus, „Was hätten wir schon von Berlin?" Worauf ihm Patton zur Antwort gab: „Eisenhower, diese Frage wird dir die Geschichte beantworten!" Siehe Henry Regnery, *Memoirs of a Dissident Publisher* (Harcourt, Brace, Jovanovitch: New York 1979), S. 247.

3) Auch die Sowjets, was viel wichtiger war, machten bei den Sanktionen nicht mit; sie lieferten den Italienern den Treibstoff zu diesem Krieg, wie auch später den Deutschen in den Jahren 1939–1941.

4) Es gibt ein sehr gutes Buch über die „Achse" von Elizabeth Wiskemann, *The Rome–Berlin Axis* (Oxford University Press: London 1949). Die Schwäche des Buches liegt aber darin, daß die Autorin die so negative Rolle Anthony Edens nicht hereinbringen wollte. „Oh, he is such a nice man; I would never write anything against him!" versicherte sie mir. Wie sehr aber britische Autoren kontinentale Bezüge außer acht lassen zeigt die sonst so ausgezeichnete und sehr kritische Eden-Biographie von David Carlton, *Anthony Eden* (Allen Lane: London 1981). Edens Rolle als „Architekt der Achse" (oder auch als krimineller „Möchte-Nutznießer" der ungarischen Revolution 1956) bleibt hier unerwähnt.

5) Die linke englische Version sah darin einen Überfall bärtiger, analphabetischer Troglodyten auf eine ‚fortschrittliche' Arbeiterschaft. Stephen Spender und W. H. Auden (damals noch linksdrallig) besangen in Versen die Tragödie von Österreichs Sozialdemokraten.

6) Im Anhaltelager Wöllersdorf biederten sich dann die nationalen und internationalen Sozialisten schnell an. Da wurden wahre Agapen gefeiert. Was die Braunen und Roten verband, war damals fast alles: Ablehnung der Monarchie, Haß auf die Habsburger, Antiklerikalismus, Anschlußfreude, Förderung der Sozialgesetzgebung, Verstaatlichungen, Kommandowirtschaft, Populismus, Aristophobie, Zentralismus, „Darwinismus", ja, wenn wir an Marx denken, auch Antisemitismus. Der große Sieg der Volkspartei im November 1948 kam ganz einfach vom gesetzlichen Ausschluß der Nationalsozialisten von den Urnen. Später wählten sie wieder rot. Dasselbe geschah in der Bundesrepublik Deutschland. Man sehe sich nur einmal die beiden statistischen Karten aus meinem *Narrenschiff auf Linkskurs* (Styria: Graz 1977), S. 214 an. (Siehe Seite 495, Graphiken.)

7) Hitler verbot auch König Carol II. zu rauchen – „In meiner Gegenwart raucht man nicht!" – doch der harte Playboy schnauzte ihn gleich an. Nach Rumänien zurückgekehrt, räumte er dort mit Hitlers Leuten auf.

494

Nationalsozialistische Stimmen, mehr als 40 Prozent. Wahl vom 31. Juli 1932. (Maximum der Nazi-Stimmen in echten freien Wahlen.)

Sozialdemokratische Direktmandate am 19. November 1972 in der Bundesrepublik Deutschland.

8) Siehe Enea Silvio Piccolomini, *Briefe. Dichtungen,* Übers. von M. Mell und U. Abel (Winkler: München 1966), S. 55–61.

9) Über den österreichischen Widerstand gab es viele Veröffentlichungen, die erste, die mir aber bekannt wurde, fand ich in Wilhelm Schmidt SVD *Gegenwart und Zukunft des Abendlands* (Stocker: Luzern 1949), Bd. 3. Wie zu erwarten, fand man im Widerstand kaum Vertreter der demoliberalen „Mitte". An die 2000 Österreicher wurden formell hingerichtet, viel mehr noch starben in Konzentrationslagern.

10) Die Schätzungen über die pro-Schuschnigg Stimmen von Schuschnigg, Max Hoffinger, Hans Becker und Guido Zernatto bewegten sich zwischen 65 und 84 Prozent. Siehe *Anschluß 1938,* Symposiumprotokoll (Verlag für Geschichte und Politik: Wien 1981), S. 237 n. (Und sollten gar am Ende am 10. April auch alle jüdischen ‚Mischlinge' für den Anschluß gestimmt haben? Kaum zu glauben!)

11) Von diesem Chamäleon, der in seinem Leben in allen Farben geschillert hatte, sagte Dr. Friedrich Adler, der Mörder des Grafen Stürgkh und Generalsekretär der Sozialistischen Internationale: „Daß dieser Geist der biederen Verlogenheit in meine Partei, in die Sozialdemokratische, Eingang gefunden hat, daß er in ihr repräsentiert wird durch diesen Dr. Karl Renner, der nichts anderes darstellt als einen Lueger in der Sozialdemokratie, der den Geist der Prinzipienlosigkeit, den Geist der Gaukelei in unsere Partei gebracht hat, daß man sich immer schämen muß, das auf sich sitzen zu lassen." Siehe Jacques Hannak, *Karl Renner und seine Zeit* (Europa-Verlag: Wien 1965), S. 268.

12) Siehe die Rede Bürgermeister Hermann Neubachers am 25. April 1938 in Radomír Luža, *Österreich und die großdeutsche Idee in der NS-Zeit* (Böhlau: Graz 1972), S. 105.

13) Siehe *Arbeiterzeitung* (Wien), 14. Dezember 1947, S. 1–2. Auch Stalin hatte für jüdische Flüchtlinge nichts übrig und beschwerte sich bei Churchill, daß *reiche* Juden aus Mitteleuropa den

Nationalsozialisten oft entfliehen konnten. Darüber korrespondierte dann Churchill auch mit Eden, seinem Außenminister. Siehe Winston S. Churchill, *The Second World War* (Cassell: London 1954), Bd. 6, S. 598, 603.

14) Über das Leben und Wirken des Kardinals siehe Viktor Reimann, *Innitzer, Kardinal zwischen Hitler und Rom* (Molden: Wien 1967).

15) Der Historiker Heinrich von Srbik, selbst ein „betont Nationaler", hatte die größte Schwierigkeit, den Namen seines „Instituts für österreichische Geschichtsforschung" zu erhalten!

16) Mit der Gestalt Andreas Hofers, des großen Volkshelden, begleitet uns das Südtiroler Trauma unerschütterlich weiter und mit immer noch unübersehbaren Folgen.

17) Der Verlust von 60–80.000 Exulanten konnte bis heute nicht wettgemacht werden. 1939 vor die Wahl gestellt, entweder ins „Reich" zu gehen oder vielleicht nach dem Mezzogiorno verschleppt zu werden, begingen nicht wenige Südtiroler in ihrer Verzweiflung Selbstmord.

47. Der zweite Dominostein

1) Chruschtschjów wurde gerne als „großer Liberaler" ausgegeben, aber er war doch der Schlächter der Ukraine und der Henker Ungarns!

2) Siehe Louis P. Lochner, *What About Germany?* (Dodd, Mead: New York 1942), S. 48–49. In seiner Naivität stand Beneš nicht allein. Der Historiker und damalige Außenminister Kamil Krofta fand im ‚Anschluß' Österreichs nur positive Aspekte. Siehe sein Vortrag Ende August 1938(!) in Tatra-Lomnitz, enthalten in seinem Buch *Z dob naší pronÿ a republiky* zitiert in *Anschluß 1938*, S. 313. Was ihm daran so gefiel? Die politische Front Rom–Wien–Budapest war durchbrochen.

3) Siehe *Boothby. Recollections of a Rebel* (Hutchinson: London 1978), S. 137–138.

4) Siehe Gerhard Ritter, *Carl Goerdeler und die deutsche Widerstandsbewegung* (Deutscher Taschenbuchverlag: München 1964), S. 195–196.

5) Siehe Churchills Artikel „The Truth About Hitler", *Strand Magazine,* November 1955.

6) Siehe W. S. Churchill, *Step by Step* (Putnam: New York 1939), S. 143–144. (Geschrieben 1937.)

7) Siehe P. W. Winterbotham, *The Nazi Connection* (Dell: New York 1979), S. 165.

48. Vorspiel zum Zweiten Weltkrieg

1) Natürlich wollte die braune Regierung damals auch die Karpaten-Ukraine zur „Umfassung" Polens selber annektieren.

2) Paderewski beschuldigte Lloyd George, Polen sogar fanatisch zu hassen. Auch Anm. 30/8.

3) Siehe Winston S. Churchill. *The Second World War,* Bd. 1, S. 252.

4) Siehe Dr. Paul Schmidt, *Statist auf diplomatischer Bühne 1923–1945* (Ullstein: Wien 1952), S. 431.

49. Der Abgrund

1) Dies geht aus den beiden großen Hitler-Biographien von Maser und Fest deutlich hervor.

2) Nach den drei Teilungen Polens in der zweiten Hälfte des 18. Jahrhunderts kamen die napoleonische Teilung als vierte, die des Wiener Kongresses als fünfte, die Teilungen durch die braunrote Allianz als sechste hinzu.

3) Diese Anglomanie geht klar aus seinen *Tischreden* hervor. So sagte er, es wäre der schönste Tag seines Lebens (den er aber nicht mehr erleben könne), wenn Deutsche und Briten Schulter an Schulter kämpfend Amerika besiegen würden. Siehe Dr. Henry Picker, *Hitlers Tischgespräche im Führerhauptquartier 1941–1942* (Seewald: Stuttgart 1963), S. 145.

4) Ist Hitler wirklich der Vater eines von ihm in Frankreich gezeugten Kindes? Um diese Sensationsmeldung ist es still geworden.

5) Vide Carl J. Burckhardt, *Op. cit.* S. 265.

6) Die Urbevölkerung der britischen Inseln in vorkeltischer Zeit war klein, dunkelhaarig und dunkeläugig. Dieser Typus ist stark in den Unterschichten des Westens vertreten.

7) Siehe Paul Schmidt, *Op. cit.* S. 448. Hitler sagte zu Ciano im August 1939: „Ich bin felsenfest davon überzeugt, daß weder England noch Frankreich in einen allgemeinen Krieg eintreten werden."

8) Seit der Einführung des Wahlkönigtums im 16. Jahrhundert war Polen eine *Rzeczpospolita,* eine Adelsrepublik. Adelig und daher todesmutig fühlten sich auch die polnischen Kavalleristen, die mit Lanze und Säbel die deutschen Tanks angriffen. Siehe Heinz Guderian, *Erinnerungen eines Soldaten* (Vowinckel: Heidelberg 1951), S. 64.

9) An die deutsch-sowjetische Allianz erinnert gewissermaßen auch das Kurzgedicht von A. P. Herbert aus dem Jahre 1943:

Let's have less nonsense from the friends of Joe
We laud, we love him: but the nonsense, No!
In 1940, when we bore the brunt,
We could have done, boys, with a Second Front!

In: John Colville, *Footprints in Rime,* Collins: London 1976, S. 151.
Doch wie viele Engländer erinnerten sich 1945 daran, daß es der Stalin–Hitler Pakt war, der den Ausbruch des Zweiten Weltkriegs ermöglichte. Niemand im Dritten Reich hätte die riskante Wiederholung eines Zweifrontenkriegs gewagt!

10) Siehe E. Gnjedin, *Iz istorii otnoschenij meshdu SSSR i faschistskoj Germaniej* (Chronika: New York 1977); Gustav Hilger, *Wir und der Kreml* (Athenäum-Verlag: Frankfurt am Main–Bonn 1966); Karlheinz Niclauss, *Die Sowjetunion und Hitlers Machtergreifung* (Ludwig Röhrscheid: Bonn 1966).

11) Siehe Paul Schmidt, *Op. Cit.* S. 481.

12) *Tass,* Meldung vom 13. Juni, 1941.

13) Über Richard Sorge siehe auch Chalmers Johnson, *An Instance of Treason* (Charles E. Tuttle: Tokyo 1977).

14) So zum Beispiel auch ein noch kürzlich im Bundestag gesessener Vertreter der SPD, der kein Hehl daraus macht, Bolschewik gewesen zu sein. Wer über die deutschen Intellektuellen, vor allem über die Schriftsteller in der Sowjetunion, mehr hören möchte, lese nicht nur das *op. cit.* von David Pike, sondern auch das erschütternde Buch von Guido v. Kaulla, *Und verbrenn in seinem Herzen* (Herderbücherei 1037). Hier hören wir vom tragischen Ende Carola Nehers in einem KZ Stalins.

15) Ungefähr die Hälfte der Opfer der Schauprozesse in den Dreißiger Jahren waren sowjetische Juden.

16) Eine grausige Schilderung der Grabarbeiten in Katyn finden wir im Roman W. Odojewski, *Katharina* oder *Alles verwehen wird der Schnee,* (Zsolnay: Wien 1977).

17) Ursprünglich wollte man beim Ersten Nürnberger Prozeß Deutsche wegen der Morde im Wald von Katyn anklagen, dann aber wurde dieser Anklagepunkt diskret von den alliierten Anklägern fallen gelassen. Dasselbe geschah auch im Falle der deutschen „Aggression" gegen Norwegen.

18) Dieser „Blutige Sonntag" in Bromberg hat eine komplizierte Vor- und Nachgeschichte. Von polnischer Seite wurde diese im Buch Jędrzej Giertychs, *op. cit.* S. 560–563 behandelt.

19) Siehe *Soviet Russia Today,* New York: November 1939.

20) So nannte Fritz Reck-Malleczewen Hitler in seinem *Tagebuch eines Verzweifelten,* das nach seinem Tod in Dachau (Februar 1945) 1947 veröffentlicht wurde.

50. Krieg im Norden und Westen

1) Hitler hatte vorher in einer Reichstagsrede den nunmehr verschwundenen polnischen Staat ebenfalls als „rückständig" denunziert. Bekanntlich ist „Rückständigkeit" für den zukunftshungrigen, modernen Menschen das ärgste Verbrechen, das unter keinen Umständen verziehen werden kann.

2) Ein englischer Freund, Katholik und Verwandter des Herzogs von Norfolk, verlor im finnischen Winterkrieg ein Bein.

3) Winston Churchill hat diese Verminung der norwegischen Gewässer offen zugegeben – das geschah am Morgen des 8. April 1940, am Tag vor dem deutschen Angriff, während die norwegische Regierung ihre Protestnote an die britische Adresse skizzierte. Siehe W. Churchill, *The Second World War*, Band 1 (Cassell: London 1948), S. 458, 465.

4) General Hans Oster wurde am 9. April 1945 mit Admiral Canaris in Flossenbürg hingerichtet.

5) Malcolm Muggeridge hat diese „Friedensmüdigkeit" in seinem *The Thirties in Great Britain* (Hamish Hamilton: London 1940) glänzend beschrieben.

6) Dieser Ausdruck für Hitler wurde von Hindenburg in engstem Kreise gebraucht. Hitler kam auch tatsächlich nie über den Rang des Gefreiten hinaus.

7) *Indoctrination* war stets ein eiserner Bestandteil der militärischen „Erziehung" in den Vereinigten Staaten. Zu diesem Behuf wurden Filme hergestellt, in denen Deutsche als gemütliche Biertrinker mit Schnauzbärten dargestellt wurden, die aber dann im geeigneten Moment sich in Bestien verwandelten.

8) Ich selbst verbrachte die ersten drei Kriegstage (1., 2. und 3. September 1939) im „Großdeutschen Reich". Die Niedergeschlagenheit war in Österreich genau so groß wie in Pommern.

9) Die Portugiesen, die man in der Zweiten Marneschlacht (Sommer 1918) einsetzte, liefen einfach davon, denn für die „Demokratisierung" von Schleswig oder Hessen wollten sie keineswegs sterben. Siehe Anmerkung 45./2.

10) Darum annulliert auch die katholische Kirche eine Ehe, wenn bewiesen werden kann, daß der Schwur vor dem Altar nicht wirklich freiwillig abgelegt wurde.

11) Siehe Fritz Molden, *Fepolinski und Waschlapski auf dem berstenden Stern* (Molden: Wien 1977), S. 145.

12) Siehe Rudolf-Christoph Freiherr von Gersdorff, *Soldat im Untergang* (Ullstein: Berlin 1977), S. 74. Dieser Autor sagt uns, daß der französische *Poilu* neben dem deutschen Soldaten der beste Krieger der Welt sei, und 1940 demoralisierte Landser mit der Pistole von Offizieren zur Rückkehr gezwungen werden mußten.

13) Der italienische General Giulio Douhet veröffentlichte 1921 sein epochemachendes Buch *Il dominio dell'aria,* eine Kriegstechnik, in der die Luftwaffe eine führende Rolle spielte.

51. Der Luftkrieg

1) Siehe B. H. Liddell Hart, „War Limited", *Harper's Magazine,* März 1946, S. 198–199.

2) So vor allem J. M. Spaight (Unterstaatssekretär) in *The Battle of Britain 1940* (Bles: London 1941), S. 22–24, 30, 34, 217, 220; ders. *Bombing Vindicated* (Bles: London 1944), S. 74; J. C. F. Fuller, *The Second World War 1939–1945* (Duell, Sloane and Pearce: New York 1949), S. 222–223. Vide auch Churchill, *The Second World War,* Bd. 2, S. 567. – In Rotterdam starben 945 Einwohner, im Haag durch einen britischen Luftangriff über 800!

3) Siehe darüber Anne O'Hare McCormick in der *New York Times* vom 9. Oktober 1944. Die Hälfte der alliierten Bomben fielen auf Deutschland, ein Achtel auf Italien, 20 Prozent auf Frankreich. Zwischen 1941 und 1944 starben nicht weniger als 67.000 Franzosen durch die Bombardierungen der Alliierten. Siehe Robert Aron, *Histoire de Vichy 1940–1944* (Fayard: Paris 1954), S. 604. Doch auch Konzentrationslager erfreuten sich der alliierten „Fürsorge". Prinzessin Mafalda, Tochter Viktor Emmanuels III., kam auf diese Art in Buchenwald um.

52. Frankreich unter dem Hakenkreuz

1) Siehe Anmerkung 4./17.

2) Erst vor seinem Tod kehrte Maurras zum katholischen Glauben zurück. Siehe Anmerkung 14./14.

3) Über die Rolle des französischen Thronprätendenten, des Comte de Paris, während des Zweiten Weltkriegs siehe seine Memoiren: Henri Comte de Paris, *Mémoires d'exil et des combats* (Atelier Marcel: Jullian, Paris 1979).

4) Über die Beziehungen zwischen de Gaulle und dem Comte de Paris siehe auch obiges Werk mit Briefen im Faksimile. De Gaulle gehörte einmal der *Action Française* an; sein Vater war Geschichtsprofessor im *Institut Catholique,* der katholischen „Schattenuniversität".

5) Um die politische Einstellung von Bernanos zu verstehen, muß man seine essayistischen Werke lesen: *Les Enfants Humiliés, Lettre aux Anglais, Nous Autres Français, La France contre les robots, La Liberté pour quoi faire?, Le chemin de la Crois-des-Ames.* Er war ein Feind Francos, machte sich aber über die Demokratie als Alternative oder gar als Schutz gegen die Tyrannis stets lustig. Für seine monarchistische Betätigung war er als junger Mann kurz im Gefängnis.

6) So in seiner Kriegsrede im Juni 1940.

7) Siehe seine Memoiren „Ljudi, gody, shiznj", die 1962 in *Nowy Mir* in Fortsetzungen erschienen. In der Juni-Nummer lesen wir von geradezu unwahrscheinlichen pro-deutschen Haltungen der UdSSR. So wurde im September 1941 (!) ein Russe angeklagt und verurteilt, weil er *vor* dem Bruch des deutsch–sowjetischen Paktes antideutsche Propaganda betrieben hatte.

8) Siehe Richard Mayne, „Dare we Call it Treason?" in *The Listener,* 4. März 1971, S. 266. Ein überaus färbiges Bild von Paris unter der deutscher Besetzung und der weitgehenden Kollaboration so vieler Franzosen erhalten wir in David Pryce-Jones, *Paris in the Third Reich* (Collins: London 1981). Sartre und seine ,Begleiterin', Simone de Beauvoir, lebten sehr friedlich und gemütlich unter dem Hakenkreuz. Eine Liste der Hinrichtungen nach der *Libération* finden wir auf S. 206.

9) Siehe *The Protestant,* IV, 6 (Juni–Juli, 1942), S. 3.

10) Über Pétain siehe auch Geo London, *Le Procès Pétain* (Bonnefour: Lyons 1964) und William L. Langer, *Our Vichy Gamble* (Knopf: New York 1947), besonders S. 353. War auch Pierre Laval nur ein *attentiste?* Sein Fall ist weniger klar.

11) Louis Rougier (der 1979 seinen 90. Geburtstag gefeiert hatte) ist auch geistiger Vater der rechtsgerichteten, sehr intellektuellen GRECE-Bewegung Alain de Benoists.

12) Siehe Louis Rougier, *Les accords Pétain–Churchill. Histoire d'une mission* (Beauchemin: Montréal 1945).

53. Die Résistance

1) So wurde auch der Prinz Xavier von Bourbon-Parma, Bruder der Kaiserin Zita, als Mitglied der Résistance verhaftet und dann im elsässischen Konzentrationslager Struthof halb zu Tode geprügelt. Auch frühere *Maurrassiens* kämpften in der Résistance. Vide die Memoiren des Guillain de Bénouville, *Le sacrifice du matin* (Laffont: Paris 1946).

2) Schon Léon Bloy schrieb über die Schrecken des Franc-Tireurtums im deutsch-französischen Krieg 1870–1871. Victor Hugo, dieser mannhafte Graf auf der Linken, richtete einen flammenden Appell an die Franc–Tireurs voller sadistischer Inuendos und schloß mit den Worten: *Soyez terribles, ô patriotes!*

3) Psychologisch wurde in Belgien das Franc–Tireurwesen vor dem Ersten Weltkrieg durch die Belgien auferlegte Neutralität und durch eine sehr kleine Armee (Freiwillige und Ausgeloste) bedingt. In Friedenszeiten betrug die Armee weniger als 50.000 Mann. Der „Zivilist" hatte daher oft das Gefühl, er müsse „aus eigenem mittun". Das änderte sich nach 1918.

4) Erstaunen erregte nach dem Kriegsende, das auch die Befreiung der Kanalinseln mit sich brachte, daß es dort auf britischem Boden keine Résistance und keine Geiselerschießungen gegeben hatte. Ein Richter erklärte der Presse nüchtern, daß sich Besetzer und Besetzte zueinander korrekt verhalten hätten – wie es die Haager Kriegsordnung vorschreibt.

5) Aus nicht ganz unähnlichen Gründen gab es dann auch in Japan keinen „Widerstand" nach 1945, wozu in Japan allerdings noch der Gehorsam dem Kaiser gegenüber kam (denn dieser hatte die Niederlegung der Waffen ratifiziert) sowie ein gewisser östlicher Fatalismus. *Shikata ga nai,* „da kann man halt nichts machen".

54. Der Krieg im Südosten

1) So wurde Mussolini von der Presse am Anfang seiner Laufbahn genannt, denn in Italien haben nicht nur die Studienräte, wie in Österreich, sondern auch die Volksschullehrer den Professorentitel.

2) Paul Teleki (mein Lehrer und Freund) hatte noch am Morgen vor seinem Selbstmord die heilige Kommunion empfangen, aber vielleicht wirkte auch das Vorbild eines kollateralen Vorfahren Ladislaus Teleki, der in einem nicht unähnlichen Dilemma 1861 den Tod suchte. Churchill sagte, daß es in einer Friedenskonferenz einen leeren Sessel für den abwesenden Grafen Paul Teleki de Szék geben müsse. In einem gut belegten Buch wird jedoch der Selbstmord Telekis bestritten: Dr. András Zakar, *Gróf Teleki Pál halála* (Eola: Wien 1983), 276 Seiten.

3) Siehe darüber Ruth Mitchell, *The Serbs Choose War* (New York 1953), S. 247 ff. Ebenso ihr Brief in der *New York Herald Tribune*, 29. November 1942, 2. Teil, S. 7.

4) Darüber nur andeutungsweise in Christopher Sykes, *Evelyn Waugh* (Collins: London 1975), S. 215.

55. Der Rußlandfeldzug

1) Über die „Liebesgeschichte" zwischen Stalin und den Nazis siehe *Testimony. The Memoirs of Dmitri Shostakovitch,* Edit. S. Volkov (Hamish Hamilton: London 1979), S. 96–97. Kein Wunder, denn Stalin und Hitler waren beide Sozialisten, totalitär eingestellt, Antisemiten, Adelshasser, Antiklerikale, Vertreter des allmächtigen Staates und Militaristen. Darüber hinaus war Stalin auch im Prinzip ein „Germanophiler". Siehe auch E. Gnjedin, *Iz istorii otnoschenij mjeshdu SSSR i faschistskoj Germaniej* (Chronika: New York 1977), S. 43.

2) Stalin liebte besonders die *Walküre*.

3) Siehe L. Kuzmin, „Swoboda i Neobchodimost", *Pravda, 22. Juni* 1941.

4) Siehe Bruno Brehm, *Der Reichsstil*, Herausgegeben von der Propaganda-Abteilung Ukraine der Heeresgruppe Nordukraine. Kein Datum. 22 Seiten.

5) Siehe Ernst Jünger, *Strahlungen* (Heliopolis: Tübingen 1949), S. 330, Eintragung vom 13. Mai, 1943.

6) Diese Lebensraum-Manie wurde schon früher zum Teil durch die Romane des nationalbewußten Schriftstellers Hans Grimm angefacht. Sein zweibändiger Roman *Volk ohne Raum* (1928–1930) war ein Bestseller. Allerdings war die Vision dieses begabten Schriftstellers (auf seinen südafrikanischen Erfahrungen fußend) eine koloniale und keine kontinentale wie die der führenden Nationalsozialisten.

7) Der Schrei nach einem „Lebensraum" ist allerdings oft mit dem Wunsch nach einer wirtschaftlichen Autarkie verbunden, diese aber haben in unserem Zeitalter nichteinmal mehr die ganz großen Weltmächte.

56. Hitler erklärt den Krieg an Amerika

1) Siehe Harold L. Ickes, *The Secret Diary of Harold L. Ickes.* Bd. 2. *The Lowering Cloud* (Simon & Schuster: New York 1954), S. 630.

2) Es lag da ein japanischer Plan vor, mit japanischer Hegemonie in Ostasien einen gemeinsamen Markt (die sogenannte *Co-Prosperity Zone*) einzurichten, dem zwar nicht Eisen und Kohle, wohl aber immer noch das Erdöl gefehlt hätte.

3) Siehe Albert Jay Nock, *Memoirs of a Superfluous Man* (Harper: New York 1953), S. 244.

4) Siehe George Morgenstern, „The Actual Road to Pearl Harbor" in Harry Elmer Barnes, *Perpetual War for Perpetual Peace* (Caxton: Caldwell 1953), S. 385. Und Captain Oliver Lyttelton, britischer *Minister of Production*, sagte am 20. Juni 1944: „Amerika provozierte Japan in einem Maß, daß es gezwungen war, Pearl Harbor anzugreifen. Es ist eine Geschichtsverdrehung zu sagen, daß Amerika zum Kriegseintritt gezwungen wurde." (Associated Press Telegramm von London, 21.

Juni 1944). Die Chance, daß ein so reichdokumentiertes Buch wie das von H. E. Barnes mit 679 Seiten bei uns veröffentlich wird, ist äußerst gering. (Und wenn veröffentlicht, würde es wahrscheinlich falsch interpretiert werden.)

5) Diesen gab es auch nach 1933. Hitler wollte Ernst Jünger zum Mitglied dieser Körperschaft ernennen, doch Jünger ließ vermelden, daß er keine Lust habe, 60.000 Idioten zu vertreten.

6) So vor allem von Hans Thomsen, dem deutschen Geschäftsträger, einem gebürtigen Norweger, mit dem wir befreundet waren. (Dieckhoff, der letzte deutsche Botschafter in Washington, war schon vorzeitig abberufen worden. Mehrere „Dissidenten" hatten schon seit dem Jahre 1934 – der Reichsmordwoche! – die deutsche Botschaft verlassen.)

7) Mündliche Mitteilung George N. Shusters an den Autor. Shuster war deutscher Abstammung und sprach gut deutsch. Harold Nicolson fragte de Gaulle, ob es nicht möglich wäre, daß Hitler an Amerika den Krieg erklären würde. Doch auch de Gaulle hielt Hitler nicht für so grenzenlos dumm. *„Jamais de la vie!"* war seine Antwort. Siehe *Harold Nicolson's Diaries 1930–1964* (Collins: London 1980), S. 221. Eintragung vom 11. XII. 1941.

8) Siehe Bernard Iddings Bell, *Crowd Culture* (Harper: New York 1952), S. 25–26.

9) Noch bevor die Finnen Petrozawodsk erreichten, hatten die Sowjets eine Umgehungsverbindung zur Bahn Moskau–Archangelsk hinüber gebaut.

57. Der Chinesische Krieg

1) Nun aber ist unser Korruptionsbegriff aus einer Reihe von psychischen Gründen für den Großteil Asiens nicht anwendbar. Die asiatische Mentalität (vor allem im Osten) verlangt für jede Leistung eine Gegenleistung. Es wäre eine Beleidigung, diese nicht anzunehmen.

2) Es wäre allerdings eine grobe Vereinfachung zu sagen, daß dieser Krieg von England geführt wurde, um China zu einer Opiumeinfuhr zu zwingen. Juridisch und pragmatisch lag der Fall sehr anders.

3) Diese Missionare waren dann durch die Bolschewisierung Chinas „heimatlos" und auch „arbeitslos" geworden und verlagerten sich größtenteils nach Lateinamerika, was in manchen Fällen zum dortigen „Antiamerikanismus" beitrug.

4) Siehe Wolfgang Franke, *Das Jahrhundert der chinesischen Revolution 1851–1949* (Oldenbourg: München 1958), S. 158–159. Auch: Amaury de Riencourt, *Die Seele Chinas* (S. Fischer: Frankfurt 1962), S. 265.

5) Der verstorbene Bischof Hsü von Hongkong, der in Cambridge konvertiert und in Rom Theologie studiert hatte, erzählte mir, wie die Studenten in Schanghai chinesisch-europäische Mischlinge so lange verfolgten, bis diese „Hurensöhne" das Studium aufgaben. In seinem Elternhaus hatte man für die euramerikanische Kultur nichts als Verachtung. Nur die technische Überlegenheit billigte man den „Weißen Teufeln", den *Yang-Kwei-Tsu,* zu.

6) Auch China, wie Rußland, Spanien, Italien, Frankreich, Indonesien, ist ein Land der Klöster. Daher die Versuchung des „Monastizismus", d. h. klösterliche Ideale auf die Allgemeinheit zu beziehen.

7) Der Durchschnitt hingegen liegt zwischen 1.1 und 1.2 Hektar! Siehe *China Year Book, 1966–1967* (China Publishing Company: Taipei 1967), S. 283 ff.

58. Der Krieg im Pazifik

1) Am stärksten war der amerikanische Druck (mitsamt dem der britischen Labour Party) auf die Niederländer, was zu einer großen Verbitterung unter den „Holländern" führte. Selbstverständlich waren die „Dreizehn Kolonien" im Osten Nordamerikas Kolonien in einem völlig anderen Sinn als z. B. Indien oder Gambia.

2) Jahre hindurch war die kommunistische Huc („Hucbalahap") Bewegung für die Regierung der Philippinen ein schweres Problem. Die „Hucs" betätigten sich als Guerilleros und auch als Stadtterroristen.

3) Sein jüngster Bruder, Prinz Mikasa, ist ein weltberühmter Religionshistoriker.

4) Kyōtō heißt Kaiserliche Stadt, Tōkyō hingegen östliche Kaiserstadt (Peking – nördliche Kaiserstadt). Diese Ausdrücke sind chinesisch und nicht japanisch.

5) Eine gute Schilderung findet man im Roman *Chinmoku* von Shusaku Endo. Eine deutsche Ausgabe unter dem Titel *Schweigen* brachte der Verlag Styria (Graz 1977) heraus.

6) Die Ruinen von Shimabara werden (unter Denkmalschutz gestellt) wohl erhalten. Wenige Jahre nach dem Fall Shimabaras wurde die katholische Bevölkerung einer anderen Stadt mit Stumpf und Stiel ausgerottet: Drogheda in Irland durch die Truppen Oliver Cromwells. (Der Vorläufer: Prachatitz, Opfer der Taboriten im 15. Jahrhundert.)

7) Das historische Material über die christliche Untergrundkirche Japans ist heute in seiner Aufarbeitung unübersehbar. In Nagoya gibt es ein Museum mit vielen Relikten aus dieser Periode.

8) Alljährlich mußte von Deshima, der niederländischen Faktorei im Hafen von Nagasaki, eine Abordnung nach Yedo gehen, um dort vor dem Hof des Shōgun auf einer Bühne europäische Sitten zu demonstrieren. So mußten die Kaufleute tanzen, rauchen, essen, Karten spielen, holländische Lieder singen und dergleichen mehr. Der Hof rollte sich vor Lachen. Es versteht sich von selbst, daß Spanier sich für eine solche Komödie nie hergegeben hätten, aber Geschäft ist Geschäft. Über zwei Jahrhunderte hindurch kannte Japan Europa nur durch niederländische Perspektiven. Gelehrte betrieben zur Kenntnis Europas „holländische Studien" *(rangaku)*.

9) „Harry" hatte allerdings zwei Verdienste: er brachte die Sowjets aus dem iranischen Aserbeidschan (die Region von Täbris) wieder heraus und hielt den roten Vormarsch in Korea auf. (Andererseits sägte er auch den allzu eigenmächtigen und populären General MacArthur ab.)

10) Siehe Jack Lait und Lee Mortimer, *USA-Confidential* (Crown: New York 1952), S. 235–241. Dieses Buch wurde noch während der Präsidentschaft Trumans veröffentlicht. Kaum aber war „Harry" Präsident geworden, begnadigte er seine alten Kumpane aus dem „Pendergast Gang". Er hatte ein „Law Degree", aber seltsamerweise keine College-Bildung. (Eine deutsche Version wäre ein Referendar ohne Abitur.)

11) Als sich ein Journalist abfällig über ein Konzert seiner Tochter äußerte, schrieb ihm Truman einen mit obszönen Ausdrücken gespickten Brief; um diesen aufzugeben und der Zensur seiner Sekretäre zu entgehen, hatte er sich aus dem Weißen Haus geschlichen.

12) Ursprünglich war Fukuoka, eine große Industriestadt, zum zweiten Opfer ausersehen worden, aber dichte Wolken hüllten diesen Ort ein. Nagasaki aber hatte keinen solchen Schutz. Dieses „Brandopfer" wurde dann zur Bluthochzeit der katholischen Kirche und des japanischen Volks, denn für die Masse der Japaner wird Nagasaki stets mit der Kirche identifiziert. (Die Geschichte der „Madame Butterfly" bezog ihre Vorlage jedoch aus Shimoda und nicht aus Nagasaki.)

13) Freilich wurde auch das falsche Argument gebraucht, daß man durch diese Untat das Leben von tausenden *boys* gerettet hätte, aber es beruhte auf der Unkenntnis des japanischen Friedensvorschlags und dem verbrecherischen Unsinn der *Unconditional Surrender* Formel, die historisch nur bei der Übergabe des kleinen Fort Donalson im Sezessionskrieg verwendet worden war.

59. „Bedingungslose Übergabe"

1) In Wien allein lebten 1938 über 12.000 getaufte Juden.

2) Es wurden unter anderen knapp vor dem Ende Albrecht Haushofer, Admiral Canaris und Dietrich Bonhoeffer hingerichtet.

3) Der Genickschuß wurde in der Tscheka-GPU durch chinesische Henker eingeführt; es wurde darauf geachtet, daß der Ausschuß durch das Gesicht erfolgte und somit auch die Gesichtszüge des Toten zerstört wurden.

4) Das sind die Opfer der früheren Lager von Starobielsk und Ostaschkow. Siehe auch Jędrzej Giertych, *Op. cit.*, S. 293.

5) Siehe Churchills Rede am 21. Juni, 1949 im Unterhaus, in der er bestätigte, daß er zwar von Roosevelts Formel überrascht war, sie aber dennoch vollinhaltlich akzeptierte – und das Kabinett tat dies auch. In: Emrys Hughes, *Churchill in War and Peace* (Unity: Glasgow 1950), S. 208. Auch

John L. Chase, „Unconditional Surrender", *Political Science Quarterly* (Sommer 1955), S. 117. Churchill unterstützte die Formel und bemerkte: „Nur der arme Goebbels wird heulen!" (Keine Spur: Goebbels war über dieses Programm sehr erleichtert!) Dieser Autor – man kann es kaum fassen – aber meinte im Schlußwort des Aufsatzes, daß diese Formel *one of the most effective achievements of American statesmanship of the entire war period* war, (S. 279). Bei solchen Aussagen eines „Politologen" bleibt einem der Verstand stehen.

6) Dieser Hinweis gilt General Ulysses S. Grant, der später Präsident wurde und sich auch als Alkoholiker einen Namen machte. (Die Initialen U. S. stehen sowohl für Grant, die Vereinigten Staaten als auch ‚Unconditional Surrender'.) Siehe Robert E. Sherwood, *Roosevelt and Hopkins* (Harper: New York 1948), S. 696.

7) Wilson bekräftigte stets seine rein intuitiven Kräfte, und Hitler brüstete sich seiner „traumwandlerischen Sicherheit".

8) In einem demokratischen oder demotischen Zeitalter, in dem („elitäres") Wissen nicht mehr zählt, bleibt dann nur mehr die Intuition übrig!

9) Siehe *Foreign Relations of the United States* (Washington 1961), S. 863.

10) Alfred Duff Cooper war ein großer Deutschenhasser, noch mehr aber Sir Robert Vansittart. Sein Buch *The Black Record* (London 1940), schließlich von einem hohen Beamten des Foreign Office geschrieben, zeugt von einer Mischung von geschichtlicher Ignoranz und blankem Haß, wie er wieder nur bei der roten und braunen Linken zu finden ist. Sätze wie „Die Deutschen waren immer überzeugt, daß jedes Jahr ein Krieg stattfinden sollte; es blieb nur die Frage zu beantworten, *wer* angriff und *wessen* Land verwüstet werden sollte", oder „Schon vor 1700 Jahren besetzten sie Rumänien" zeugen vom Geist des Verfassers.

11) Siehe Christopher Sykes, *Troubled Loyalty. A Biography of Adam von Trott zu Solz* (Collins: London 1968) und Shiela Grant Duff, *The Parting of Ways* (Peter Owen: London 1982). In diesem Buch zeigt sich auch die Schwierigkeit einer Engländerin, einen deutschen Mann zu verstehen.

12) Siehe die Leitartikel in der *New York Times* vom 22. Juli 1944 und der *New York Herald Tribune* vom selben Tag. Ferner auch beide Blätter im selben Ton am 9. August 1944. Der Bischof von Chichester konnte erst in der *Contemporary Review* im Oktober 1945 einen objektiven Bericht einschließlich seiner eigenen Bemühungen veröffentlichen, und Franklin L. Ford in der *American Historical Review* im Juli 1946.

13) Siehe seine Rede am 2. August 1944 im Unterhaus, zitiert von Gerhard Ritter, *Carl Goerdeler und die deutsche Widerstandsbewegung* (Deutscher Taschenbuchverlag: München 1964), S. 333.

14) Siehe J. Naar und Rolf Palm, „The Men Who Tried to Kill Hitler", *Look Magazine*, 15. Dezember 1964, S. 57.

15) Goebbels erklärte am 3. Oktober 1943 im Berliner Sportpalast: „Könige gibt es bei uns nur in Märchen und Operetten. Das Deutsche Reich ist ein republikanischer Führerstaat." (Siehe *The New York Times*, 4. Oktober 1943, Seite 4:1.)

16) Liddell Hart hatte am Vorabend des Suez-Abenteuers eine heftige Auseinandersetzung mit Eden, in deren Verlauf Eden den Militärexperten mit Tinte übergoß, worauf dieser dem Premier einen Papierkorb über den Kopf stülpte. Siehe Leonard Mosley, *Dulles* (Hodder and Stoughton: London 1978), S. 515.

17) Von nichtkatholischen Kreisen wurde in den Vereinigten Staaten der Vorwurf erhoben, man schone das alte Gemäuer, in dem sich ‚Nazis' verschanzt hatten, nur weil sich katholische und ‚archäologische' Interessen dafür einsetzten. Das Leben ‚unserer boys' werde durch ‚Sentimentalitäten' in Gefahr gebracht. Vergeblich bestand der Vatikan darauf, daß es im alten Kloster keine deutschen Soldaten gab (*New York Times*, 30. Juli 1949), doch aus politischen Gründen wurde diese heilige Stätte zerbombt. Da nun das Gemäuer richtig eingestürzt war, konnte die Wehrmacht die Ruinen und Blöcke besetzen und sich darin ausgezeichnet verteidigen. Jetzt mußten vielleicht nicht gerade *boys*, sondern die um ihr Vaterland betrogenen polnischen Soldaten erst recht daran glauben! Der strategische Vorteil, den nunmehr die Deutschen hatten, wurde auch von amerikanischer Seite bestätigt. Siehe Oberst Francis A. Markoe in *The Brooklyn Tablet*, 6. Mai 1944.

18) Darüber siehe Anthony Cave Brown, *Bodyguard of Lies* (Harper & Row; New York 1975)

und das kleinere, aber genauere Buch von F. W. Winterbotham, *The Ultra Secret* (Weidenfeld & Nicolson: London 1974).

19) Daher schnitt auch Italien bedeutend besser als das Deutsche Reich im Jahre 1945 ab. Der „kleine König" war in dieser Situation unersetzlich! Siehe Pietro Silva, *Io difendo la monarchia* (Fonseca: Rom 1946), S. XII ff.

20) Diesen Ausdruck – „Konservative" – gebrauchen wir ungern, da damals wie heute Konservative Menschen sind, die die bestehende Ordnung evolutionär, im Notfall aber auch revolutionär umstürzen wollen.

21) Der in den letzten hundert Jahren fast regelmäßig geäußerte Wunsch von Siegermächten, daß der besiegte Staat sich zur demokratischen Republik wandle (und womöglich auch das alte Herrscherhaus exiliere), entspringt der Überzeugung, daß die liberale Demokratie die Intervention durch ideologisch verwandte oder korrupte Parteien begünstige; auch ladet der „pluralistische" Staat automatisch zur Einmischung ein.

22) Der Ausdruck wurde von Caspar v. Schrenck-Notzing erfunden und wird allgemein als Gegenstück zum *brain-washing* gebraucht.

60. Das Ende des Dritten Reiches

1) Eine Schilderung der Untaten der Roten Armee im deutschen Osten finden wir in Lew Kopelews *Aufbewahren für alle Zeit* (Hoffmann und Campe: Hamburg 1976) sowie in Alfred M. de Zayas, *Nemesis at Potsdam* (Routledge and Kegan Paul: London 1977), bes. S. 61–67.

2) Die Abschlachtung von Deutschen auf der Elbebrücke in Aussig wurde auch in den *Londýnské Listy*, 15. Juli 1948 geschildert. Dieses Blatt wurde von Exiltschechen veröffentlicht.

3) Erst ganz kurz vor dem Kriegsende wurden die Škoda-Werke in Pilsen bombardiert, die bis zum letzten Augenblick die Wehrmacht mit Kriegsgerät versorgt hatten.

4) Das aber wußten die Polen recht wohl. Siehe *Documenta Occupationis Teutonicae*, Hsg. Dr. K. M. Pospieszalski, mit dem Referat des SS-Obersturmbannführers Brehm, „Die Bedeutung des Polen-Problems für die Rüstungswirtschaft Oberschlesiens" (Wydanictwo Instytutu Zachodniego: Posen 1945), S. 210–211.

5) „Bleiben" durften die Deutschen – teilweise – bei den Besiegten in Ungarn und Rumänien. Auch aus Westeuropa (Frankreich, Belgien und Dänemark) wurden sie nicht vertrieben.

6) Er litt also an der *Pseudologia Phantastica*. Der von dieser Krankheit Befallene lügt ohne zwingenden Grund und ohne aus seinen Lügen einen persönlichen Vorteil schlagen zu wollen.

7) Siehe Jan Ciechanowski, *Defeat in Victory* (Doubleday: Garden City 1947), S. 330–331.

8) *Ibidem*, S. 332–334.

9) Lange und fast verzweifelt versuchte die Linke die Unschuld von Alger Hiss zu beteuern und zu beweisen.

10) Siehe David Irving, *The Destruction of Dresden* (Kimber: London, 1963), S. 180. Nach amtlichem Bericht wurden 202.040 Tote geborgen. Wieviele aber wurden so zerfetzt, daß sie nicht einmal als „Leiche" figurieren konnten? *Frankfurter Allgemeine Zeitung,* 12. März 1982, S. 9.

61. Der Mann mit dem Karlspreis

1) Siehe Winston S. Churchill, *The Second World War,* Bd. 5, „Closing the Ring" (Cassel: London 1952), S. 320.

2) Professor N. D. Chubatyj schrieb in seinem Aufsatz „The Ukraine and the Polish–Russian Boundary Dispute" in *The Ukrainian Quarterly,* Oktober 1944, S. 70, daß nicht mehr als 5 Prozent der ostpolnischen Bevölkerung sich in freien Wahlen für die Sowjetunion entschieden hätten.

3) Wie so manche Briten nannte auch Churchill den Kontinent *Europe.* Siehe sein *Op. cit.* Band 1 („The Gathering Storm", 1948), S. 21.

4) Siehe Peter de Mendelssohn, *The Age of Churchill* (Thames & Hudson: London 1961), Bd 1, S. 244.

5) Siehe Peter de Mendelssohn, *Op. ci.* S. 275. Das Üble bei Churchill war nicht seine Intelligenz, sondern seine Prinzipienlosigkeit, die man allerdings einem Agnostiker nicht nachtragen kann. (Wer liefert ihm schon ein Ethos?) Nein, Churchill war nicht dumm und sein „Lob auf die Demokratie" wird in der Regel falsch zitiert. Die Demokratisierung Mitteleuropas hat dieser Mann als ein ganz großes Unglück empfunden. Siehe *The Second World War,* Bd. 1, S. 8–9.

6) Siehe Fitzroy Maclean, *Escape to Adventure* (Little, Brown: Boston 1951), S. 309–310. Doch schenkte ihm der dankbare Tito ein Haus in Dalmatien!

7) Siehe Robert I. Gannon, *The Cardinal Spellman Story* (Doubleday: New York 1962), S. 222–225. Was man hier liest ist einfach unfaßbar, aber fürchterlich logisch, wenn man die geistigen Grundlagen dieses typischen Politikers kennt.

8) Siehe John Gunther, *Roosevelt in Retrospect* (Hamish Hamilton: London 1950), S. 54.

9) Ruritania ist ein modernes Fabelland, das in den Romanen von Anthony Hope figuriert und im Herzen des Kontinents liegt. Briten und Amerikaner lieben solche erfundene Länder in ihrer Belletristik, Kontinentaleuropäer, denen die Landkarte zu bekannt ist, stoßen sich oft daran.

10) Siehe the Earl of Avon, *The Eden Memoirs,* Bd. 3, „The Reckoning" (Cassell: London 1965), S. 373. Eden versuchte höflich den Präsidenten von diesem Plan abzubringen.

11) Auch ein Reich mit dem *europäischen* Namen „Indonesia" von Sumatra bis Zentral-Neuguinea hatte es in der Geschichte nie gegeben.

12) Wir verstehen unter diesem Wort die Briten und Amerikaner, doch hat dieser Ausdruck „drüben" einen rassenhaften Stellenwert. (Nicht nur ein „Neger", sondern auch ein Ire zählt nicht als *Anglo-Saxon.*) Der Ausdruck dafür wäre *English-speaking Nations.*

62. Das Zweite Groß-Serbien

1) Demokratie heißt „Regierung des Volkes". Eine Volksdemokratie wäre somit ein Pleonasmus. Vielleicht erleben wir aber noch eine „Populäre Volksdemokratie", in der dann aber das Volk schon überhaupt nichts dreinzureden hat.

2) Ein deutsch-österreichischer Standesherr behauptet, Tito wäre, außerehelich geboren, sein Vetter ersten Grades. (Dann aber wäre er halb Slowene und halb Magyare.)

3) Die dokumentarische Unterlage dazu wurde ihm bei seinem Staatsbesuch in Wien ausgehändigt, worauf er feuchte Augen bekam. Im Jahre 1948 gestand er gerührt dem österreichischen Botschafter Konrad, daß als Soldat in Wien herrliche Zeiten verlebt hatte. „Die kommen nie mehr wieder, nie mehr wieder!" 1912 hatte er sich freiwillig zum Dienst gemeldet.

4) Nicht nur die deutsche Luftwaffe richtete grauenhafte Verwüstungen gleich nach dem Kriegsausbruch in Belgrad an, sondern auch die Alliierten, die einen völlig sinnlosen Luftangriff unternahmen, der selbstverständlich eine „antiwestliche" Strömung einleitete.

5) Es wäre zu untersuchen, warum in so vielen Ländern sich die Linkskräfte so leicht (aber auch so methodisch) in den Massenmedien einnisten: hier informieren die Halbgebildeten die Ungebildeten durch „falsche, aber klare Ideen" und gefährliche Vereinfachungen.

6) Ganz vergessen darf man auch nicht den Umstand, daß manchmal naive Kroaten vor 1918 „jugoslawisch" gesinnt waren – so auch der unglückliche Kardinal Stepinac, von der Roten Regierung unschuldig verurteilt, der aber im Ersten Weltkrieg auf seiten der Serben gekämpft hatte. Das war eine jugendliche Verirrung, die zu bereuen er in Krašić sicherlich Zeit und Muße gehabt hatte. Wie verhängnisvoll diese Fehlkonstruktion „Jugoslawien" aber wirklich von allem Anfang gewesen war, sieht man deutlich im Buch eines Mitglieds der Exilregierung Ilija Jukić, *The Fall of Yugoslavia* (Harcourt–Brace–Jovanovich: New York–London 1974), *passim.* Der Haß und das Mißtrauen führten zu den entsetzlichsten Greueltaten auf *allen* Seiten und lähmten auch hoffnungslos die Arbeit der Exilregierung.

7) Andreas Graf Razumovsky in seinem *op. cit.* macht die osmanische Vergangenheit für die Charakterschwächen des Balkans primär verantwortlich. Doch ein weiterer Faktor ist auch das byzantinische Element. (Erinnern wir uns da nur des Kaisers Basileios II. Bulgaroktonos, des „Bulgarentöters", der tausenden seiner Kriegsgefangenen die Augen ausstechen ließ.) Der „internationale

Mord", vom alten Serbien schon praktiziert, nimmt nun ganz enorme Maßstäbe an. (Vide auch Razumovsky, *Op. cit.* S. 399 ff.) So berichtete Volker Happe in der Fernsehreihe *Monitor* des *WDR* am 8. Mai 1979, daß „in den letzten 12 Jahren nicht weniger als 44 jugoslawische Emigranten gewaltsam ums Leben gekommen sind, 18 davon in der Bundesrepublik – doch keiner der Attentäter wurde gefaßt." Natürlich ist heute der politische Mord (der noch 1914 schockierte) vollkommen „salonfähig", sonst würde man ja nicht mit Qadhafis Libyen „diplomatisch verkehren". Wir sind alle auf dem balkanisch-islamischen Niveau angelangt!

8) Bei der tschechischen Vertreibung tat auch die *L'udová Strana,* die katholische Volkspartei, unter Monsignore Šrámek mit. Die Religion soll eben nicht in die Niederungen der Politik hinuntersteigen!

9) Die ersten Schlächtereien durch die Serben fanden 1913 statt, weitere unter Tito *nach* dem Bruch mit der UdSSR in den frühen Fünfzigerjahren.

10) Die Sankt-Nikolaus Parteien der gemäßigten Linken, im Gegensatz zu den Gürtel–Enger Schnallen–Parteien der Rechten, kennen in Wirklichkeit nur eine echte Form des Bankrotts, d. h. den Staatsbankrott mit unübersehbaren Folgen.

11) Die heutige „Vojvodina" ist die Bácska mit dem westlichen Banat. Ihre eher ungewöhnliche Autonomie innerhalb Serbiens erinnert (unbeabsichtigt) an ihren „k.u.k." Charakter. Die Habsburger hatten auch den Titel „Großwojwode der Wojwodschaft Serbien".

12) Diese Slawen (den Slowenen näher verwandt als den Tschechen) siedelten westlich bis ins Salzkammergut und Osttirol, wo sich bis heute die slawischen Orts-, Flur- und Bergnamen erhalten haben. Hingegen ist die slowenische Folklore echt alpin, sowohl die Trachten als auch die Lieder. Die Volkssprache ist mit deutschen Worten durchsetzt.

13) Siehe Slobodan Stanković, „PKJ-Kongreß vertieft Kluft zwischen Belgrad und Moskau", *Osteuropäische Rundschau,* April 1969.

63. Dauerkrise am Apennin

1) Siehe *Boothby. Recollections of a Rebel* (Hutchinson: London 1978), S. 68.

2) Der Welschtiroler Alcide von Gasperi nannte sich für seine Wahl in den Reichsrat Alcide Degasperi und blieb dann dabei. Es gibt aber auch Dokumente, die ihn als „von Gasperi" ausweisen.

64. Italiens Kirche im Umbruch

1) Zum politisch-nationalen Patriarchat gehört auch das Matriarchat – die Königin neben dem König, doch der Papst lebt im Zölibat. Er kann den Landesvater, aber nicht die Landesmutter ersetzen, die in der katholischen Kirche durch die „Mutter Gottes" verkörpert sein kann, z. B. Maria als *Patrona Bavariae, Hungariae, Poloniae* usw.

2) Wäre Italien von allem Anfang geeinigt gewesen, hätte es die kulturelle Glorie Italiens nie gegeben. Ein Brennpunkt ersetzt nie zehn.

3) Das sieht man auch sehr deutlich in den Erzählungen von Giovannino Guareschi über den Priester Don Camillo und den roten Bürgermeister Peppone.

4) Darüber hat Bernanos öfters geschrieben, besonders aber in *Nous autres Français* und *Les grands cimetières sous la lune.*

5) Darüber: Louis Dupré, *The Philosophical Foundations of Marxism* (Harcourt, Brace: New York 1966) und „Marx and Religion: An Impossible Marriage", *The Commonwealh,* 26. April 1968, S. 171–176.

6) Doch einem katholischen Theologen riß schließlich die Geduld und er las den anwesenden tschechischen Kommunisten eine ganze Liste verfolgter und eingesperrter Laien, Geistlicher, Mönche und Nonnen vor. Die ‚Genossen' schwiegen betreten.

7) Siehe seine *Summa Theologiae,* II. I. 5.

8) Maritain, den ich gut kannte, der auch französischer Botschafter am Vatikan war, deklarierte sich in seinem *Le paysan de la Garonne* (Desclée de Brouwer) als theologisch Konservativer, aber politisch als Linker. In seinem *Christianisme et démocratie* beglückwünschte er die „atheistischen Kommunisten in Rußland die Herrschaft des Profits abgeschafft" zu haben. (Verlegt bei Hartmann: Paris 1947, S. 36.) Seine politische Entwicklung wurde sehr gut von David Levy in „Jacques Maritain: Thomism and Politics", *The Occasional Review* (Winter 1976), S. 35–36, analysiert.

9) Das zeigte sich ganz besonders in der „anti-antikonzeptionellen" Enzyklika *Humanae Vitae,* die ganz allgemein nicht befolgt wird und so der Autorität der Kirche schwer schadet.

10) Eine scharfe Kritik der sozio-ökonomischen Enzykliken findet man im Sammelwerk *The Kindness that Kills* (SPCK: London 1984). Ed. Digby Anderson.

11) Ich brüste mich damit, den Terminus „Sozialromantik" erfunden zu haben. Siehe auch mein „Christliche Sozialromantiker", *Wirtschaftspolitische Mitteilungen* (Zürich) XX, 5. Mai 1964.

12) Siehe den zweiten Teil 3. Kapitel seines *De Regimine Principum.* In den Augen des Aquinaten war nur der Kaufmann in Ordnung, der aus seinen Patriotismus heraus anderweitig unerhältliche Waren einführt.

13) Mischformen (staatliche Betriebe!) sind unvermeidlich, aber ein echter „Dritter Weg" bleibt der Wunschtraum unserer Sozialromantiker. Der Ausdruck „Kapitalismus" ist wahrscheinlich von Louis Blanc erfunden worden und sollte stets durch „freie Marktwirtschaft" ersetzt werden.

14) Diese Feststellung möchte ich nach dem Tod von Götz Briefs und Daniel Villey machen. Siehe auch Louis Salleron, *Op cit.* S. 9–13.

15) Siehe Johannes, 17: 14–16.

16) Siehe Römerbrief 12: 2, vergl. auch mit 1. Johannes 3: 13; Jakobus 4: 4.

17) Im Lateinischen: *spoliatus gratuitis et vulneratus in naturalibus.*

18) Siehe mein *Zwischen Ghetto und Katakombe* (O. Müller: Salzburg 1960), S. 291–293 und Anmerkungen 372, 373.

19) In 1. Petrus, 1: 29 wird vom königlichen Priestertum der Christen gesprochen und Thomas von Aquin nennt die Christen „Priester und Könige" (*De Regimine Principum,* 1, 14). Der katholische Glaube sieht auch im „Laien" einen Priester, der, wie ein evangelischer Pastor, zwei Sakramente spenden kann (wenn auch nicht dieselben): Taufe und Ehe. (Siehe S. 294 über die japanische Untergrundkirche.) Nur hat der Klerus eine priesterliche Qualität im engeren Sinn, im engsten allerdings nur der Bischof als Nachfolger der Apostel.

20) Halliday Sutherland verglich die katholische Kultur und Psychologie der Bewohner der Insel South-Uist in den Hebriden mit jener ihrer kalvinischen Nachbarn. Siehe sein *Arches of the Year* (Morrow: New York 1933), S. 283–283. Und Wallace Notestein vermerkt den radikalen Wandel des schottischen Charakters durch die Reformation. Siehe sein *The Scots in History* (Yale University Press: New Haven 1946), S. 85, 103, 116, 150–182. Ideen, Ideologien, Religionen sind „autonom" und nicht materiell gebunden

21) So der kongregationalistische Pastor Everett Dean Martin in *Liberty* (Norton: New York 1930), S. 79, 81. Ganz ähnlich schrieb D. H. Lawrence in „Studies in Classic American Literature" *The Shock of Recognition,* Hsg. E. Wilson (Doubleday: Garden City 1943), S. 907 ff.

22) Über Individuum und Person. Siehe S. 34.

23) Siehe seine *Essais,* Hsg. Jean Plattard (Roches: Paris 1931), S. 117 (Buch I, Kap. 20).

24) Siehe Édouard Laboulaye, *L'État et ses limites* (Chaxpentien: Paris 1863), S. 115.

25) Das führt manchmal dazu, daß felsenfeste Überzeugungen als „schlechte Manieren" angesehen werden. Zumindestens soll sich der „wohlerzogene Mensch" kompromißbereit zeigen.

26) Es gab vor 1940 in den Vereinigten Staaten kaum einen anarchistischen Terroristen, der nicht katholisch getauft war.

27) Die Studentenrevolte, so ausgeprägt in Deutschland, hatte nie England oder Skandinavien berührt.

28) Man fragt sich, ob die *Democristiani* (oder andere „Christlich-Demokratische" Parteien vorherrschend katholischen Charakters) je etwas von der Enzyklika *Graves de Communi* Leos XIII.

gehört haben, in der die Verwendung des Ausdrucks „Christiche Demokratie" für politische Zwecke ausdrücklich verboten wurde. Siehe auch Anm. 74./32.

29) Siehe *Il Popolo*, 25. Juli 1944. Das hat dann die kommunistische *Unità* in ihrer Nummer vom 14.–15. April 1948 abgedruckt.

65. Die französische Malaise

1) Diese Schlächtereien übertrafen bei weitem jene der Französischen Revolution. Schließlich war ja auch der Kommunismus ‚fortschrittlicher' als die Demokratie.

2) Siehe *The New York Times*, 15. Nov. 1970, S. 12.

3) Hitler hatte de Gaulles Bücher über den Blitzkrieg mit der größten Aufmerksamkeit gelesen. Siehe Albert Speer, *Erinnerungen* (Propyläen-Verlag: Berlin 1969), S. 185. Er gab zu, viel daraus gelernt zu haben. Auch: Charles de Gaulle, *Vers l'armée du métier* (Hutchinson: London 1946). Über die Reaktion Blums siehe Ch. de Gaulle, *Mémoires de guerre*, 1. Bd. (Plon: Paris 1955), S. 15. Über de Gaulles adelige Ahnen siehe J. R. Tournous, *Jamais dit* (Plon: Paris 1971), S. 383 ff.

4) Siehe Dominique Ponchardier, *Les pavés de l'enfer* (Gallimard: Paris 1950); Sisley Huddleston, *France. The Tragic Years 1939–1947* (Devin Adair: New York 1955), S. 299; *Historia*, Juni 1965, „Le Bilan de la Terreur". Hier werden die Opfer der Französischen Revolution auf nur 35 000 geschätzt, davon ca. 31% Arbeiter, 28% Bauern, 25% Bürger, 8,5% Aristokraten, 6,5% Priester, unbekannt 1%. Die Zahl der Opfer der roten Résistance müssen also ungefähr zweieinhalb mal so hoch gewesen sein – wenn nicht mehr.

5) Vide die Feststellung Hobsons: „Glaubt denn wirklich irgendjemand ernstlich, daß in Europa ein großer Krieg stattfinden oder eine wichtige Staatsanleihe aufgelegt werden kann, wenn das Haus Rothschild dagegen protestieren würde?" Nun, den Zweiten Weltkrieg hat sicher nicht das Haus Rothschild, sondern die beiden Sozialismen angezettelt. Über diese These Hobsons siehe die vernichtende Kritik von D. W. Brogan in *The Price of Revolution* (Grosset & Dunlap: New York 1966), S. 271–273.

6) Siehe John C. Miller, *Origins of the American Revolution* (Little, Brown: Boston 1943), S. 190–191, 373–374 und vor allem Ray Allen Billington, *The Protestant Crusade* (Macmillan: New York 1938), S. 17. Da finden wir auch ein nettes Liedchen, das den Konflikt zwischen Logik, Fanatismus und Linksdrall reizvoll darstellt:

> If Gallic Papists have the right,
> To worship their own way,
> So farewell to the liberties
> Of poor America!

Georg III. wurde verdächtigt, heimlich katholisch geworden zu sein (was keineswegs der Fall war), also mußten Freunde der Freiheit ihn los werden!

7) Als man mich 1963 in Irkutsk fragte, was ich von dieser Stadt hielte, gab ich zur Antwort, sie gäbe das schönste Zeugnis für die Kraft des russischen Kolonialismus. „Bitte, sagen Sie doch nicht ‚Kolonialismus', sagen Sie doch lieber Einverleibung *(oswojenije)*." Mit todernster Miene schrieb ich diesen Ausdruck in mein Notizbuch, was aber wiederum allgemeine Heiterkeit erregte.

8) Für den Hang zum Sozialismus in der Dritten Welt gibt es eine Reihe von Beweggründen: 1) der Sozialismus ist „modern", 2) Der Sozialismus mit seiner Planwirtschaft ist dem Wechsel abgeneigt: Diktatur und Tyrannis gehen mit ihm leichter eine Synthese ein, 3) Der Sozialismus hat eine verstaatlichte Wirtschaft: daher werden Verwandte oder Stammesmitglieder der Machthaber schneller und schmerzloser mit sicheren Pfründen versehen.

9) Oder auch FLN – „Front der nationalen Befreiung".

10) Der Verlust der Kolonien ging Hand in Hand mit dem großen Wirtschaftsaufschwung Europas.

11) Diese „rechtsdrallige" Verfassung mit größerer Autorität für die Staatsspitze kann natürlich auch eine linke Regierung „festigen".

12) Der Präsident der Eidgenossenschaft ist lediglich ein auf ein Jahr gewähltes Mitglied des

Kabinetts. In amtlichen und auch anderen Lokalen sieht man in der Regel das Bild des leitenden Obersten oder Generals der Armee. Bis zum 47. Lebensjahr muß, bis zum 52. kann jeder Schweizer periodisch Waffendienst leisten.

13) Dieses Plakat beinhaltete noch ein Wortspiel mit dem Ausdruck *couche*, was sowohl Farbschichte als auch Niederkunft bedeutet. „*Quoi, encore une couche?*" fragte eine marschierende Marianne beim Erscheinen des Kükens erstaunt.

14) Siehe Anmerkung 62./3. und 4.

15) Über den Lebensstandard der Algerier siehe Germaine Tillon, *L'Algérie en 1957* (Minuit: Paris 1937), *passim* und S. 70. Würde Frankreich seine algerischen Gastarbeiter heimschicken, könnte auch heute Algerien wirtschaftlich kaum weiterexistieren. De Gaulle sagte nach dem Vertrag von Évian etwas zynisch: „Ich überlasse Algerien den Amerikanern und Russen, beiden wünsche ich viel Glück!"

16) Bei demokratischen Wahlen werden nur ‚Nasen' gezählt, aber nicht die Intensität von Überzeugungen. Wenn nur 20 Prozent einer Bevölkerung von einer Sache fanatisch überzeugt sind, 80 Prozent ihr aber nur „eher ablehnend" gegenüberstehen, haben die 20 Prozent „parlamentarisch" keine Chance. Sie können dann nur „außerparlamentarisch" (d. h. terroristisch) siegen.

17) Giraud war einem Oflag entkommen. Die ‚Aussöhnung' mit de Gaulle erfolgte unter großem Druck. Das Charisma dieses Generals, der für die Haltung Pétains Verständnis hatte, war aber fast Null.

18) Dieser Charakterzug der alten Gallier, wie auch ihr allzugroßer Individualismus wurden schon von Caesar in seinem *De Bello Gallico* hervorgehoben: „In allen Gauen und Dörfern gibt es Parteiungen."

66. Das österreichische Wunder

1) Die „Großdeutschen" des 19. Jahrhunderts wollten die Vereinigung der Donaumonarchie mit dem Deutschen Bund. Wien wäre dann des Zentrum des Deutschen Reichs geworden. Die Habsburger waren mehr oder weniger „großdeutsch", die Hohenzollern „kleindeutsch".

2) Die Österreicher (und Koreaner) waren damit besser gestellt als die amerikanischen Staatsbürger im Westen der USA, wenn sie nur einen Tropfen japanischen Bluts hatten. Dann wurden sie in *Relocation Centers* (humane KZ's) gesteckt. Da gab es im Pomona Center die Hayward Familie, die ursprünglich Hayashi hieß. Der Vater war ein Vierteljapaner, er und seine Kinder sahen (wie auch seine Enkel) völlig „weiß" aus: die waren nie in Japan gewesen und sprachen kein Wort japanisch! Doch war man strenger als die Nürnberger Richtlinien. Siehe Carey McWilliams, „Moving the West Coast Japanese", *Harper's Magazine*, September 1942, S. 363. Besonders aufschlußreich ist auch Peter Irons, *Justice at War* (Oxford University Press: New York 1983). Schließlich ist die Mehrheitsherrschaft im Wesen die Herrschaft der Mehrheit über die Minderheit. Und die Mehrheit beschließt auch was „Menschenrechte" sind.

3) Aus dem „Land Österreich" wurde zuerst die Ostmark, aber auch dieser Ausdruck war „verfänglich". Aus der Ostmark wurden die „Alpen- und Donaugaue" mit Gauleitern, direkt dem ‚Führer' unterstellt. Österreich sollte aus aller Erinnerung ausgelöscht werden: das war das Bestreben seines großen Sohnes aus Braunau. Allein *Brasilien* erkannte den ‚Umbruch' nicht an und versah österreichische Reisepässe mit Sichtvermerken bis zum Kriegsende.

4) Über Beneš' humanistisch-liberaldemokratisches Vertrauen in der UdSSR siehe Maurice Hindus, *The Bright Passage* (Doubleday: New York 1947), S. 171.

5) Eine gute psychologische Erklärung dieses Phänomens finden wir von Viktor Liebscher in *Anschluß 1938* (Verlag für Geschichte und Politik: Wien 1981), S. 305.

6) Über die Rolle von Halifax in der deutschen Ostpolitik nach 1933 siehe Michel Dacier, „Le passage du Rhin", *Écrits de Paris*, Februar 1949, S. 14; Erich Kordt, *Wahn und Wirklichkeit* (Union Deutsche Verlagsgesellschaft: Stuttgart 1948), S. 102; Harry E. Barnes, *op. cit.*, S. 140.

7) Es gibt heute eine große Literatur über den österreichischen Widerstand. Sehr eindrucksvoll ist der Band über die Opfer in Tirol von J. Holzner, A. Pinsker, J. Reiter und H. Tschol, *Zeugen*

des Widerstands (Tyrola: Innsbruck 1977). Nicht ohne Rührung liest man da von einem jungen Andreas Hofer, der am 15. April 1945 knapp vor der Befreiung hingerichtet wurde, (S. 40–41).

8) Das wäre die National Normal University von Lebanon, Ohio, die ich vergeblich gesucht habe. Die Vereinigten Staaten haben die besten und auch die schlechtesten Universitäten der Welt; letztere kommen und gehen mit atemraubender Geschwindigkeit.

9) Siehe *The New Times,* 12. September 1944, S. 6.

10) Siehe *The New York Times,* 2. Oktober 1944, S. 3.

11) Siehe Arthur M. Schlesinger, Jr., *The Vital Center* (Houghton, Mifflin: Boston 1949), S. 222.

12) Mündliche Mitteilung von George Creel.

13) Es sollte an dieser Stelle erwähnt werden, daß das Buch von Moeller van den Bruck *Das dritte Reich* (1922) in keiner Weise zum Aufstieg des Nationalsozialismus beigetragen hatte oder auch beitragen konnte. Dieser Autor war ein eigenwilliger Konservativer und kein Linker. Sein Werk wurde auch von Alfred Rosenberg energisch abgelehnt.

14) Siehe Dr. Karl Renner, *Österreichs Erneuerung* (Wiener Volksbuchhandlung: Wien 1916), S. 11. Und in seinem Buch *Grundlagen und Entwicklungsziele der Österreichisch-Ungarischen Monarchie* [von „Rudolf Springer"], (Deuticke: Wien–Leipzig 1906), S. 237–238, 247–248 war Renner noch ganz „schwarz-gelb".

15) Allerdings waren Dr. Karl Renner und Soso Dshugaschwili vor 1918 wirkliche „Genossen" – beide waren sie Sozialdemokraten.

16) Durch Diabetes geschwächt erhielt er durch den sozialistischen Attentäter Jawurek einen Lungensteckschuß, der inoperabel war und seinen vorzeitigen Tod hervorrief.

17) Der Brief ist leider undatiert.

18) Die Kommunistische Partei Österreichs vertrat und vertritt die Interessen Moskaus. Für die UdSSR ist ein „Großdeutschland" geopolitisch ebenso unsympathisch wie eine Donaumonarchie. Deshalb auch die Frontstellung Moskaus sowohl gegen den „Pangermanismus" als auch gegen den Gedanken einer Habsburger-Restauration.

19) Siehe die Aussprüche des „Dr. Karl" und Otto Bauers in Viktor Reimann, *Innitzer, Kardinal zwischen Hitler und Rom* (Molden: Wien 1967), S. 85. Das reimt sich mit Otto Bauers späteren Aussagen. Siehe Emilio Vasari, *Dr. Otto Habsburg oder die Leidenschaft für Politik* (Herold: Wien 1972), S. 229, 233.

20) Wobei auch zu bemerken sei, daß Haydn nur 150 Meter von der ungarischen Grenze geboren wurde und das Land Salzburg während der ganzen Lebenszeit Mozarts nie österreichisch war. (Sein Vater kam aus Augsburg und seine Mutter auch aus dem Erzbistum.)

21) Siehe Nikolay Nikolajevitch Krasnov, *The Hidden Russia* (Holt: New York 1960).

22) Siehe Boro Karapančič, „Wydatscha i Gibelj Slowentsew", in *Kontinent,* No. 24, 1980, S. 201–221, und ders. *The Bloodiest Yugoslav Spring, 1945. Tito's Katyns and Gulags* (Carlton Press: New York 1980). Ferner: A. Razumovsky, *Op. cit.* S. 252: der hier zitierte Edvard Kocbek sprach von der Hinschlachtung von 12 000 slowenischen *Domobranci.* Ihr kroatisches Gegenstück wurde von Bleiburg über die Grenze verfrachtet und ermordet.

23) Siehe *The New York Times,* 20. Jänner 1946.

24) Die sowjetische Invasion brachte ungeheures Elend über Österreichs Osten: Morde, Verschleppungen, aber hauptsächlich Sexualverbrechen in ungeahntem Ausmaß. (Auch Vergewaltigungen von Männern.) Djilas berichtet uns in *Seinen Gesprächen mit Stalin,* (S. Fischer: Frankfurt a. M. 1962), daß der *Woshdj* dies ganz in Ordnung fand. In Ungarn geschah dasselbe. Siehe Emil Csonka, *A forradalom oknyomozó története 1945–1956* (Veritas: München 1981), S. 54 ff. In Österreich ist das alles „verdrängt" worden. Die Einzelheiten wurden weder geschichtlich aufgearbeitet noch literarisch verwendet.

67. Die neue Zeit an Donau und Rhein

1) Da war das Buch von Theodore N. Kaufmann, *Germany Must Perish* (Argyle Press: Newark 1941), besonders S. 97–98, in dem die Sterilisierung aller Deutschen (und Österreicher) vorgeschlagen wurde. Auf einer Karte dieses Buches grenzten dann die Niederlande an Polen. Aber auch Ernest Hemingway im Vorwort zu einer Anthologie, *Men at War,* schlug die Sterilisierung aller Deutschen vor. Henry Morgenthaus unsterbliches Werk hieß *Germany is Our Problem* (Harper: New York 1945), doch auf einer Karte dieses Buches sah man lediglich Ostpreußen und Oberschlesien den Polen zugeteilt! Im Vergleich zu Roosevelt, Truman, Churchill und Attlee war Morgenthau noch ganz human.

2) Mitteilung Dr. Wolfgang Frickhöffers in einem Vortrag, gehalten am 15. November 1981 im Rahmen der Mont-Pèlerin-Gesellschaft in Viña del Mar, Chile.

3) Die habsburgfeindlichen Passagen im österreichischen Staatsvertrag fanden aber allgemeine Zustimmung: bei Radikaldemokraten, Bolschewiken, Nationalsozialisten, ,Volksdemokraten‘, Internationalsozialisten und dergleichen mehr. Hier reichten sich auf einmal aufgeklärte amerikanische Liberaldemokraten und sowjetische KP-Häuptlinge verständnisvoll die Hand.

4) Darum auch der winzige Umfang der kommunistischen Parteien in Deutschland westlich des Eisernen Vorhangs und in Österreich. Im Jahre 1945 tauchten in Österreich Wahlplakate mit dem Text auf: „Wer wirklich die Rote Armee liebt, wählt kommunistisch!" Die KPÖ hatte diese Plakate nicht hergestellt.

5) Wobei natürlich bemerkt werden muß, daß der spezifisch amerikanische „Demoliberalismus" recht harmonisch in die marxistischen Positionen überging. Im Geschichtsunterricht Amerikas wird zu gutem Teil die Historie als Wirtschaftsprozeß vorgetragen: *history is really nothing but economics.*

6) Dazu gehören auch adelige Nationalsozialisten in Romanen und Kurzgeschichten. Notieren wir hier lediglich: *Once Upon a Honeymoon* ein Film mit Walter Slezak in der Hauptrolle als österreichischer Nazi-Baron; die Erzählung „Thou Shalt not Covet" von Louis Bromfield im November 1943-Heft des *Cosmopolitan*; Lillian Hellmans Theaterstück *The Searching Wind* mit dem Nazi-Grafen Stammer als Diplomat; Ellin Berlins Roman *Land I Have Chosen* (Doubleday: New York 1945); ein weiterer Nazi-Graf figuriert im Film *A Night in Casablanca* mit den Marx-Brothers; ebenso der Film *Mystery Submarine* mit einem adeligen braunen Kommandanten. Lillian Hellman, die eine ausgesprochene pro-Kommunistin war, erfand sogar einen braunen *rumänischen* (!) Grafen für einen weiteren Film. Diese braune Aristo-Serie fing allerdings mit dem Roman von Sir Philip Gibbs, *Blood Relations* (1935) an. (Was natürlich nicht in Abrede stellen will, daß auch einige Adelige, besonders im deutschen Norden, sich dieser Proleten- und Spießerbewegung anschlossen. An „Originalen" hatte es in den obersten Schichten nie gefehlt.)

7) Kurioserweise – oder war es doch nicht so zufällig? – wurde das historische Frankfurt durch Bomben zerstört, nicht aber die I. G. Farbenwerke in Höchst. Die Erinnerung an des Heilige Römische Reich schien den Großen Demokraten vielleicht einer Vernichtung würdiger zu sein als ein Stück Industrie. Hierin lag die Ursache der „Baedecker Raids".

8) Schacht figurierte in der Phantasie der amerikanischen Marxisten als ein *Mastermind,* wie ja auch der „Herr Professor Doktor Generalmajor Karl von Haushofer" als Synthese der Armee, des Professorats und des katholischen Adels" als ein ganz besonderer Bösewicht dastand. Er war zwar weder katholisch noch adelig, aber allein der Rest genügte, um ihn restlos zu verteufeln. Vom heldenhaften Schicksal seines Sohnes Albrecht, des Dichters der „Moabiter Sonette", hörte man natürlich nichts oder fast nichts.

9) Von dieser *reeducation* genießen wir heute mit ihren letzten logischen Konsequenzen die saftigsten Früchte. Die Nobelpreise regnen auf die amerikanischen Universitäten, wir hingegen haben „Mitbestimmung".

10) Siehe die *New York Times,* 16. Oktober 1946. Neben Dr. George P. Zook unterzeichneten diesen Report noch manche andere, darunter ein katholischer Priester, den ich in Louisville (Kentucky) aufsuchte und beschimpfte. „Aber Sie wissen gar nicht", sagte er mir seufzend, „welche noch viel größere Dummheiten nur dank meiner Intervention gestrichen wurden."

11) Zweifellos hätte sich das französische oder italienische Proletariat gesitteter benommen. Der Akzent der Pariser Unterschichten ist fast derselbe wie jener der obersten: umgekehrt spricht ein venezianischer Aristokrat mit anderen Standesgenossen im lokalen Dialekt.

12) So hat, zum Beispiel, Hitler auf die Abschaffung der österreichischen und böhmisch-mährischen Titel bestanden: nur die Adelstitel des ‚Altreichs‘ durften als „Bestandteile des Namens" verwendet werden. Diese rot-braune Gesetzgebung wurde in Österreich 1945 fortgesetzt. Auch die Ehegesetzgebung der Nationalsozialisten (i. e. die Zwangszivilehe) bismarckscher Prägung blieb Österreich erhalten.

13) Bundeskanzler Schuschnigg ignorierte diese Bestimmung des humanen Friedensdiktats und ordnete Gasmasken für die österreichische Armee an. In diesem „Vertragsbruch" sah die Linke einen Beweis seines schlechten Charakters.

14) Er hatte während des Dritten Reiches im KZ gelebt, der anschlußfreudige Dr. Karl Renner aber war unbehelligt geblieben. Schuschnigg war eben ein „Faschist" (was immer das sein mag), der „Doktor Karl" hingegen ein Sozialist.

68. Die Vereinigten Staaten nach dem Krieg

1) Ich hatte mir die Zeit genommen, den ganzen Jahrgang 1949 der *Chicago-Sun Times* auf „My Day" hin mir zu Gemüte zu führen. Über Eleanor Roosevelt, deren Bedeutung keineswegs zu unterschätzen ist, gibt es heute eine ansehnliche Literatur.

2) Dieses „S" hat keinen Punkt! Als Truman getauft wurde, erkundigte sich der Pastor nach dem *middlename*. Den Eltern aber fiel keiner ein. Daraufhin beschloß der Geistliche ein S einzuflechten: da dies aber keine Abkürzung darstellt, wird es auch nicht mit einem Punkt verziert. (Korrekt wird im Englischen auch kein Punkt hinter Dr und Mr gesetzt!)

3) Von Wallace kam die berühmte Formel in Hinsicht auf die Sowjet-Union: „*We have political, they have economic democracy.*" (Vergeblich versucht man sich darunter etwas Konkretes vorzustellen.) Henry Wallace verfiel schließlich dem Einfluß eines Gurus.

4) Mir hingegen war es klar, daß Truman als Verkörperung des Massenmenschen diese Wahl gewinnen würde – und dies schon ein halbes Jahr vor der Wahl. Siehe meinen Artikel in der *Furche* (Wien), 27. März 1948.

5) Im November 1952 ist Eisenhower zum Präsidenten gewählt worden. Sein Außenminister war John Foster Dulles, und Acheson mußte gehen.

6) Siehe Otto von Habsburg, „Gute USA-Außenpolitik", in *Zeitbühne*, Juli 1976, S. 13. Nun glaube man aber ja nicht, daß dies nur eine späte amerikanische Einsicht war. Alexander Hamilton, der in der Gestaltung der Verfassung „mitmischte", nannte sie in einem Brief an Gouverneur Morris (29. Februar 1802) ein *weak and worthless fabric*. Dieser gebürtige Westindier hatte einen weltweiten Horizont.

7) Das ist eine Abwandlung des Schweizerischen: „*Hominum confusione et divina providentia regnatur Helvetia.*"

8) Ich selbst sah den Empfang MacArthurs in San Francisco. Die Bevölkerung war in Verzückung geraten und raste vor Begeisterung. Der Ausdruck: „*There's no substitute for victory*" stammt angeblich von ihm.

9) Zu Beginn des Ersten, des Zweiten Weltkriegs, des Koreakriegs und des Vietnamkriegs war jeweilig eine Regierung der Demokraten am Ruder: die Präsidenten waren Wilson, Roosevelt, Truman und Kennedy.

10) Ich habe ihn zweimal getroffen. Er starb 1961. Sein *Cold Friday* erschien erst 1964, sein *Odyssey of a Friend* (Briefe an William F. Buckley) erst 1969.

11) *The Wave of the Future,* das ist der Titel eines Buches der Frau des berühmten Transatlantikfliegers Lindberg – Anne Morrow Lindberg. Das Buch bezog sich jedoch auf den Nationalsozialismus.

12) Auch die Idee eines irdischen Paradieses wirkte da mit. Als im Jahre 1920 auf einer kommunistischen Parteiversammlung ein Redner das Dasein unter dem Kommunismus als absolut glücklich beschrieb, erkundigte sich ein Mann, ob man auch dann noch glücklich wäre, wenn die

Gattin von der Straßenbahn überfahren würde. „Im Kommunismus jibts keenen Strassenbahnunfall!" wurde ihm darauf erklärt.

13) Siehe Anm. 8./3. *Reflections on the Revolution of Our Time* (Allen & Unwin: London 1943), S. 128 ff. Denselben Gedanken finden wir auch bei Ralph Henry Gabriel, *Op. cit.* S. 378; Gonzague de Reynold, *La démocratie et la Suisse* (Chandelier: Bern 1929), S. 298, *Joseph Conrad, Life and Letters* Herausg. G. J. Aubry (Heinemann: London 1927), Bd. 1, S. 84.

14) Siehe Allen Weinstein, *Perjury. The Hiss–Chambers Case* (Knopf: New York 1978).

15) Siehe R. Digby Baltzell, *The Protestant Establishment. Aristocracy and Caste in America* (Random House: New York 1964), S. 282–283; Hiss aber brüstete sich, ein Geburtshelfer des Abkommens von Jalta gewesen zu sein. Siehe Ralph de Toledano und Victor Lasky, *The Seeds of Treason* (Secker & Warburg: London 1950), S. 108.

16) Siehe die Daten des Daniel Yankelovitch Institutes in der *New York Times*, 1. November 1970, S. 67.

17) Der europäische Leser sei gewarnt, nicht in den Irrtum zu verfallen, in Amerika Geld und gesellschaftliche Stellung gleichzusetzen. Der Hochadel der alten Welt hat größtenteils in die amerikanische Plutokratie und nicht in die sehr exklusiven alten Familine hineingeheiratet.

18) *Shanty Irish* sind zum Unterschied von den *lace-curtain-Irish* (Spitzenvorhang-Iren) die gesellschaftlich wenig geachteten „Hütten-Iren".

19) In Hollywood wurde der Arme nur mit sehr schlechtem Gewissen plötzlich (fast unverdient) steinreich. Mit dem Kommunismus zu sympathisieren wurde somit zur Kompensation: „Ich bin reich, aber..."

20) Das beste Buch über den „McCarthysmus" kommt von William F. Buckley und L. Brent Bozell, *McCarthy And His Enemies* (Regnery: Chicago 1954). Allerdings war im Krieg die Begeisterung für die UdSSR grenzenlos. Da erinnere ich mich an eine Dame auf einer Party in New York mit Nerz-Boa, das dritte Martini-Glas in der Hand. Sie schrie: „Alles, was uns jetzt übrigbleibt, ist uns unserer Sowjetfreunde würdig zu erweisen." Als ich sie beruhigen wollte, rief sie: „Und stellen Sie sich vor: einst habe ich sie Bolschewiken genannt!" „Aber so nennen sie sich ja selbst." Das aber konnte sie nicht glauben. Auch nach dem vierten Martini nicht.

21) „Ich fürchte mich vor dem Liberalismus", schrieb Samuel Butler im Jahre 1893, „oder vielmehr vor Leuten, die sich ‚Liberale' nennen, denn diese flirten mit Radikalen, die wiederum mit Sozialisten liebäugeln, und diese haben Liebschaften mit Anarchisten, die schon viel mehr tun als mit Dynamit nur zu kosen."

22) Siehe Seite 173.

69. John Fitzgerald Kennedy

1) Der alte „Joe" Kennedy war amerikanischer Botschafter in London am Anfang des Zweiten Weltkriegs und vertrat dort einen eher isolationistischen Standpunkt.

2) Diese Tochter verunglückte tödlich – auch ihr Mann.

3) Dieser „flüchtige Eros" ist selbstverständlich von größter Bedeutung in Ländern ohne Listenwahl. Dort kommt es ganz auf den Kandidaten an. Immerhin ist der sexuelle oder erotische Magnetismus des Listenführers auch bei uns recht wichtig. Und dies ganz besonders im Fernsehzeitalter.

4) Ohne „Opfertod" wäre Lincoln lediglich der Mann gewesen, der den größten Krieg aller Zeiten (bis 1861) vom Zaune gebrochen hatte – nicht vielleicht, um die Sklaven zu befreien (was erst 1863 aus taktischen Gründen geschah), sondern um dem Zentralismus zum Sieg zu verhelfen. Und das gelang mit riesigen Opfern.

5) Seine Frau, eine Alkoholikerin, verließ ihn, einem Sohn wurde ein Bein wegen eines Krebsgeschwürs amputiert.

6) Der gefährlichste Rivale Roosevelts war der autokratische Gouverneur des Staates Louisiana, Huey Long, der später ermordet wurde. Man fragte ihn, ob er glaube, Amerika könne ‚faschi-

stisch' werden. Das bejahte er. „Und wie würde man den amerikanischen Faschismus nennen?" „Natürlich *democracy*".

7) Ted Kennedy stürzte mit einem Mädchen im Auto ins Meer. Das junge Mädchen ertrank, er selbst rettete sich und schlug Alarm erst zehn Stunden später. Eine Obduktion des verunglückten Mädchens wurde verweigert. Über den Fall von Chappaquiddick gibt es eine reichliche Literatur.

70. Der Vietnamkrieg

1) In den Fünfzigerjahren machte man in der deutschen Bundesrepublik den folgenden Witz: „Wie nennt man einen Mann, der ein Haus hat?" „Einen Hausbesitzer." „Und einen Mann, der ein Auto hat?" „Einen Autobesitzer?" „Und einen Mann, der ein Haus und ein Auto hat?" „Einen Ostflüchtling!" Trotz der höheren (schnelleren) südlichen Intelligenz waren die (größtenteils christlichen) Flüchtlinge aus dem Norden im Süden unheimlich erfolgreich.

2) Diese „braunen" Stämme waren die Ureinwohner. Die Einteilung in „Braune" und „Gelbe" ist in Vietnam landesüblich und kein europäischer Import. Auch die Kambodschaner waren früher da als die „gelben" Völker.

3) Diese Transkription ist nicht ganz gelungen, denn ohne chinesische Schriftzeichen ist der Wortlaut oft zweideutig geblieben. Die monosyllabischen Sprachen (wie auch das Chinesische) scheinen unheilbar an die Ideogramme gekettet.

4) „Diem" (mit durchkreuztem „d") ist natürlich nur ein Vorname.

5) Freilich waren weder Hitler noch Stalin Jesuitenschüler, wohl aber Voltaire und Fidel Castro, der in früheren Jahren zur Tarnung mit einem Rosenkranz um den Hals umherspazierte.

6) Der Kommunismus habe die Korruption in China abgeschafft – ein höchst populäres linkes Ammenmärchen. Für einen typischen Fall siehe *Wen-Hui-Pao* (Schanghai), 11. März 1968. Es gibt da auch einen Bericht im österreichischen Rundfunk vom 24. März 1982 über zahlreiche Korruptionsfälle in Anyang, Kanton und anderen Städten wie auch über die Einführung der Todesstrafe für besonders schwere Fälle.

7) In der japanischen Folklore nehmen die 47 *Rōnin* (fahrende Ritter) einen zentralen Platz ein. Sie wollen den Selbstmord ihres Feudalherren rächen, der sich wegen einer verächtlichen Bemerkung am Hof des Shōguns den Tod gab. Er hatte sein ‚Gesicht' verloren. Das Kabuki-Theater beschäftigt sich hauptsächlich mit den 47 ‚verwaisten' Samurais.

8) Die Republikaner ließen durch ihren Kandidaten für die Vizepräsidentschaft Senator Cabot Lodge verkünden, sie würden die katholischen Privatschulen unterstützen. Der katholische Kennedy hätte nie und nimmer eine solche Zusicherung gegeben. (Katholische Christen in den Vereinigten Staaten müssen sowohl für ihre Schulen als auch für die Staatsschulen aufkommen.)

9) Lee Oswald, der Mörder Kennedys, lebte jahrelang in der UdSSR und nahm an einer Protestbewegung gegen Amerikas mögliche Intervention in Kuba teil. Die Linke wollte ihn in einen Agenten der ‚Ölmillionäre' umfunktionieren, denen aber Kennedy nie ein Leid angetan hatte.

10) Es erschien der 1. Band von Robert A. Caro *The Years of Lyndon Johnson* (Knopf: New York 1982). Vorabdruck im *Atlantic Monthly*, Oktober 1981, S. 39–75, besonders S. 44.

11) Nicht nur in den Oberen Schichten Vietnams sprach jedermann Französisch, sondern auch sehr viele ‚kleine Leute' beherrschten diese Sprache: Postangestellte, ehemalige Unteroffiziere der französischen Armee, Gastwirte, Taxichauffeure, Buchhalter, Portiere und dergleichen mehr... nicht aber die einströmenden Korrespondenten.

12) Tausende von Nichtkommunisten wurden hier lebendig begraben!

13) „Zeitungsleute? Die sterben wie die Fliegen!" sagte mir ein amerikanischer Transportoffizier in Nha-Trang nicht realisierend, daß ich mich auch zum Teil in dieser Kategorie befand.

14) Siehe *Christ in der Gegenwart,* 5. Mai, 1968, S. 148. Details habe ich in einem Brief von P. Patrick O'Connor vom 14. Mai 1968 aus Saigon.

15) Auch der deutsche Botschafter in Guatemala, Graf Karl Spreti, ein Freund, wurde unter demselben Motto im April 1970 umgebracht. Unsere Linke ahnt nicht, was sie mit ihrem Gerede weltweit anstellt.

16) Kambodscha war damals unter der Regierung des Ministerpräsidenten Prinzen Sihanouk, der zuvor König war, aber abgedankt hatte, um als Regierungsoberhaupt das Land unmittelbarer regieren zu können. Er vertraute einem amerikanischen Freund an, daß er mit den Kommunisten kollaboriere, denn in einer Freien Welt würde sein Land früher oder später von den Thais und den Viets annektiert werden. Als Patriot müsse er bestrebt sein, daß sein Volk physisch überlebe – wie es ja schließlich auch die Polen, Rumänen, Ungarn usw. im Roten Imperium tun. Ein roter Naturschutzpark für die Kambodschaner sei das geringere Übel. Sihanouk hatte stets die asiatische Don Quijoterie auf die Spitze getrieben. (Er wußte selbstverständlich auch, daß der Ho-Chi-Minh Pfad durch sein Land führte.)

17) Ich hatte selbst eine Unterredung mit dem Chef-du-Cabinet von Laos in Vientiane: die cartesianische Logik gab es selbstverständlich ebensowenig für ihn wie für die anderen hohen Beamten.

18) In Hanoi gibt es in den Wintermonaten einige Kühle. Wie Hué ist diese Stadt subtropisch, Saigon hingegen tropisch.

19) Schon das Wort „Beatnik" hatte eine *slawische* Endung! (Der „Beatnik" gehörte der „geschlagenen Generation" an: er war der Vorläufer des „Hippie".)

20) Vom Papst Paul VI. in Audienz empfangen, versuchte ich ihn davon zu überzeugen, daß es in diesem Krieg um das Wohl und Wehe unserer christlichen Brüder in Vietnam ging. Er aber wollte immer nur den Frieden – *la pace, la pace!* – und fürchtete, daß der Vietnam-Krieg zum Weltbrand ausarten könnte. Vergeblich versuchte ich dies dem Heiligen Vater auszureden. (Über seine Grundeinstellung siehe S. 143.) Von der moralischen Überlegenheit der katholischen Flüchtlinge aus Tonking im Süden sprach auch Peter Scholl-Latour, *Der Tod im Reisfeld* (Ullstein Buch: Frankfurt a. M. 1979), S. 115–116.

21) Siehe Dmitri Mereshkowskij, *Tsarstwo Antichrista* (Drei Masken-Verlag: München 1919), S. 232.

22) Amerikanische Auslandsvertretungen zeigten sich oft überraschend gleichgültig, wenn man von ihnen neueste Informationen über den Vietnam-Krieg bekommen wollte.

23) Siehe J. J. Rousseau, *Contrat Social,* III. 3.

24) Siehe Ludwig von Mises, *The Anti-Capitalist Mentality* (Van Nostrand: Princeton 1956).

25) Siehe Martin Gershein, *Destroy or Die. The True Story of Mylai* (Arlington House: New Rochelle 1971). Zum Unterschied von den Urhebern der Viet-Cong-Greuel sind in den Vereinigten Staaten die Verantwortlichen von My-Lai vor Gericht gekommen. Und ein erzkonservativer Verlag hat dieses schreckliche Buch veröffentlicht.

26) Veröffentlicht von der Brookings-Institution, Washington D. C. 1978.

27) Nach dem „Friedensvertrag" in Paris veranstaltete eine Radio- und Fernsehanstalt im deutschen Sprachbereich eine Debatte über den „Frieden", an der 12 Männer teilnahmen. Nur meine Wenigkeit und der Redakteur einer rötlichen Zeitung waren tatsächlich in Vietnam gewesen. Der Unsinn, der geredet wurde, war sagenhaft. Ein linkskatholischer Professor – *corruptio optimi pessima!* – sagte rundweg heraus, daß die „Demokratische Republik" sich den Süden durch ihre Anstrengungen und Opfer verdient hätte! (Na, und die Nationalsozialisten? Haben die sich nicht auch im Zweiten Weltkrieg „angestrengt"?) Nach dieser antiamerikanischen Orgie, an der Carepaketfresser und ihre Söhne sowie teilgenommen hatten, kam der Sozialist zu mir: „Sie haben die Wahrheit gesagt. Wir wissen ja alle von den Greueltaten des Vietcong, aber darüber schreiben kann man doch nicht. Ich bewundere Ihren Mut!" Der öffentlichen Meinung zu widersprechen in einer freiheitlichen Demokratie benötigt doch keinen Mut! (Oder?)

28) Ein gutes Buch über die Greuel Pol Pots ist Fritz Sitte, *Die Roten Khmer. Völkermord im Fernen Osten* (Styria: Graz 1982). Sitte beschreibt uns auch anschaulich, wie 7 junge Kambodschaner (darunter Pol Pot) in Paris dank eines französischen Stipendiums die Fäkalien europäischen Denkens in sich aufnahmen (S. 47). Wer detaillierte Informationen über die Greuel der Dritten linken Welt sich zu Gemüt führen möchte, lese das ganz ausgezeichnete Werk Paul Johnsons *A History of the Modern World* (Weidenfeld & Nicolson: London 1983), besonders die Kapitel 14, 15 und 16. Auch hier wird ein (brillanter) Versuch gemacht, die „Aufgeklärten" endlich einmal aufzuklären!

29) Im Erstdruck des *Großen Brockhaus* (1954) wurde der Intellektuelle als ein Mensch definiert, „der seinem eigenen Verstand nicht gewachsen ist". Eine Protestwelle machte eine Revision notwendig.

30) Ein Teilnehmer, Professor der University of California, weigerte sich, nach dieser Debatte mir die Hand zu geben. „Sind Sie vielleicht beleidigt?" fragte ich ihn. „Natürlich!" „Dann bin ich sehr glücklich, denn es gibt ein französisches Sprichwort: Nur die Wahrheit wirkt verletzend."

31) Wer sich über die Schwierigkeiten der US-Armee mit der eigenen Regierung informieren will, muß unbedingt das umfangreiche Buch des Generals William C. Westmoreland lesen: *A Soldier Reports* (Doubleday: Garden City–New York 1976). Da gibt es haarsträubende Passagen.

71. Indien und China

1) Im Zweiten Weltkrieg brach dank der geographischen Ignoranz im gesamten Westen eine totale Konfusion aus. Der „Mittlere Osten" rückte auf einmal in den Nahen Osten ein, der Westwall wurde *The Siegfried Line* (in Nordfrankreich während des Ersten Weltkriegs). Die Verwirrung wurde dadurch gesteigert, daß die Amerikaner den Fernen Osten *the Orient* nennen, womit wir den Nahen Osten bezeichnen. Hingegen gibt es den Begriff „Vorderasien" im Englischen nicht.

2) Einer der Gründe für einen keineswegs undenkbaren Abfall des Südens ist der Sprachenstreit, d. h. der dauernde Versuch Delhis, neben dem Englischen Hindi als Staatssprache zu erzwingen. Sprachunruhen in Madras (mit ganz anderem linguistischen Hintergrund) forderten *tausende* von Todesopfern wie auch jene in Bombay. Soziologisch (nicht aber kastenmäßig) ist der Unterschied zwischen jenen Indern, die Englisch sprechen, und solchen, die es nicht beherrschen, heute ebenso groß wie gestern.

3) Siehe Anmerkung 2./6.

4) In Brasilien werden die Libanesen und Syrer nach ihrer früheren Staatszugehörigkeit *Turcos* genannt.

5) Siehe auch Adrian Hsia, *Die chinesische Kulturrevolution* (Luchterhand: Neuwied 1971), S. 230 ff. Über die Folgen der Kulturrevolution siehe auch Erwin Wickert, *China von innen gesehen* (Deutsche Verlags-Anstalt: Stuttgart 1982).

72. Nord- und Schwarzafrika

1) Sehr gut darüber ist das Sammelbuch *Afrika und seine Probleme*, Hsg. A. Hunold (Eugen Rentsch: Erlenbach–Zürich 1965).

2) Auch in den Volksschulen, die ich im ‚Busch' des Kongo besuchte (1960), waren die Mädchen mit kaum 10 Prozent vertreten. In Lovanium befand sich kein einziges schwarzes Mädchen, in einem Lycée in Brazzaville hatte kein einziges schwarzes Mädchen ihr *bachot* gemacht: dort schieden sie vorzeitig aus, um Mütter zu werden. Nichts konnte sie zurückhalten.

3) So zum Beispiel schwere Unruhen überall nach dem Fall einer Monarchie: die alte Autorität ist ausgelöscht und eine neue noch nicht „eingewurzelt". Im Extremfall kommen Bürgerkriege. Karl Kraus bemerkte, daß die Korruption nach 1919 so zunahm, weil der durchschnittliche Österreicher früher immer gefühlt hatte, daß ihm der Kaiser über die Schulter blickte.

4) Siehe David Reed, *111 Days in Stanleyville* (Reader's Digest: Pleasantville 1965), deutsch: *111 Tage in Stanleyville* (Zsolnay: Wien 1966), übersetzt von A. u. A. Stuzka.

5) Siehe *The Catholic Post* (Peoria), 30. IV. 1978, S. 6; *Der Report,* 17. August 1978, S. 3; *The Tablet,* 26. August 1978, S. 831.

6) Man darf da nicht vergessen, daß eine Autostunde von Accra junge Männer nach einem Häuptlingstod sich zitternd verstecken, um nicht mit ihm begraben zu werden. Das Resultat der Untat an den italienischen Rotkreuzmännern führte zur Produktion des Films *Addio, Africa,* der heftige Proteste schwarzer Studenten in Europa und Amerika auslöste. Der Film war sehr einseitig, zugleich aber dokumentarisch wertvoll.

7) Bücher, die uns die afrikanische Szene zu verstehen helfen, sind z. B. das ausgezeichnete Buch

516

von René Dumont, *L'Afrique noire est mal partie* (Seuil: Paris 1962); das ergänzende *L'Afrique, peut-elle partir?* (Seuil: Paris 1966) von Albert Meister; der Sammelband *The African Nettle*, Hgb. Frank S. Meyer (Day: New York 1965); das teilweise humoristische *Afrika, wann wirst du es besser haben?* von Max Thurn (Prachner: Wien 1964); recht pessimistisch Michael Wright, *Zambia, I Changed My Mind* (Johnson: London 1972); fürchterlich und erschütternd Henry Kyemba *State of Blood* (Corgi: London 1977) über Uganda. Psychologisch von hohem Wert ist Michel Croce-Spinelli, *Les enfants de Poto-Poto* (Grasset: Paris 1967) mit vielen auf Tonband aufgenommenen Konversationen und schließlich der psychologisch sehr feine Roman über Nigeria von Joyce Cary, *Mister Johnson* (Michael Joseph: London 1947).

8) Die „linken" Algerier gaben trotz internationaler Proteste den Kongolesen aus dem Katanga nicht heraus. Ob er in Algerien eines natürlichen Todes starb, kann heute noch nicht unparteilich festgestellt werden. Sicher war sein Schicksal die Rache für Patrice Lumumba.

9) Man sah natürlich in Moskau praktisch nie schwarze Studenten in der Gesellschaft von Weißen. Auch wurden die Schwarzen beneidet, weil ihr Studienstipendium um 50 Prozent höher war als das der sowjetischen Studenten.

10) „Démocratique" und „Populaire": der alte Pleonasmus der Analphabeten!

11) „Benin" ist ein historischer Name, aber das Zentrum dieses Staates lag im Herzen des heutigen Nigerien und nicht in Dahomey.

12) Diese richtete sich einst gegen die christlichen Schwarzen im tiefen Süden, die einer methodischen Verfolgung ausgesetzt worden waren.

13) Das Wort *Unita* steht für União por independência dos Teritorios Angolenhos. Ich unterhielt mich in Angola mit Terroristen dieser Gruppe, die in China ausgebildet worden waren. Ihre Instruktoren waren Chinesen aus Macau, die Portugiesisch sprachen.

14) Dank des Kupferexports, doch sind heute die Kupferpreise besonders niedrig.

15) Siehe darüber mein *Narrenschiff auf Linkskurs* (Styria: Graz), S. 167 ff.

73. Südafrika

1) Die übliche Schreibweise ist *Afrikaaner*. Bei uns wurden sie auch *Afrikander* genannt. In Rhodesien-Zimbabwe sind die *Africans* die Neger.

2) Das gelang ihnen schon vorübergehend in der Periode 1877–1881. Nach dem Sieg der Buren bei Majuba-Hill erkannten die Briten die Unabhängigkeit des Transvaals an, der zeitweilig „Südafrikanische Republik" geheißen hat.

3) Das Régime war hart, die Menschen hungerten und der burische Haß auf die Briten rührt oft von dem Umstand her, daß Geschichten von der Behandlung in den *Concentration Camps* von Generation zu Generation überliefert wurden.

4) Über das Wort „Dominium" siehe Anmerkung 15./9.

5) Und zwar Weiße, Inder, Farbige und Neger. Ungern verwenden wir das Wort „Schwarze", denn *Negro* zwar ist das spanische Wort für Schwarz, aber die ganz große Mehrheit der Neger ist nicht schwarz, sondern dunkelbraun. In den Vereinigten Staaten sind 96 Prozent aller *Blacks* in Wirklichkeit Farbige, d. h. Mulatten. Brasilianer unterscheiden zwischen *preto* (schwarz) und *moreno* (braun) sehr deutlich. – Wir führten hier nicht die Paläoafrikaner als Rassengruppe an, da diese heute nichteinmal 1 Promille der südafrikanischen Bevölkerung betragen. Laurens Jan van der Post hat über sie öfters geschrieben.

6) Robert Maistriaux (Institut Louis le Grand, Brüssel) und seine Schüler führen die intellektuellen Unterschiede zwischen Weiß und Schwarz primär auf die Vernachlässigung des Kleinkindes zwischen dem dritten und achten Lebensjahr (wenn die Entwicklung der Cortex abgeschlossen ist) zurück. In den ersten zwei Lebensjahren ist für die Entwicklung die enge Kind–Mutter-Beziehung ausschlaggebend, und am Ende des 2. Lebensjahres ist das ‚schwarze' Kind statistisch dem Weißen überlegen, dann aber hat das siebenjährige schwarze Kind nur mehr den I. Q. eines fünfjährigen weißen Kindes. Doch die amerikanischen Biologen von Rang sind größtenteils „Genetiker".

7) Darüber siehe auch Nathaniel Weyl und Stefan Possony, *op. cit.* Aber auch Pierre Teilhard de Chardin war von der intellektuellen Ungleichheit der Rassen überzeugt. Siehe seine *Briefe an Léontine Zantha* (Herder: Freiburg i. Br. 1967), S. 112–113 und *Lettres de voyage 1923–1929* (Grasset: Paris 1956), S. 187, 198.

8) So haben Schweden und Dänemark wenige große Maler produziert. Portugal hat fast keine Dramatiker, die Niederlande keine Komponisten usw.

9) In manchen amerikanischen Universitäten bekommen Professoren die Weisung, farbigen Studenten eine höhere Note zu geben, und der Bakke-Prozess (Kalifornien) hat gezeigt, daß Farbige gleichwertigen Weißen bei der Aufnahme in Staatsuniversitäten vorgezogen werden. Dasselbe Privileg haben Angehörige der niederen Kasten in Indien (und ein Handicap die Brahmanen), alles als Teil einer „Demokratisierung".

10) Diese irrsinnige Religion hatte auch radikal linke Aspekte. Das Vermögen dieser Sekte wurde von ihrem Gründer der UdSSR vermacht. Siehe auch Boris Baramonow, „Amerika w Teni Dshonstauna", in *Kontinent,* No. 19 (197), S. 223–237.

11) Dem Erstgeborenen muß die Mutter durch einen Stein den Schädel einschlagen und dann werden Säue zum Leichnam des Gemordeten hingetrieben. Die Sau, die das Kindlein auffrißt, wird Mitmutter. Nun muß die Kindesmutter ein Ferkel dieser Sau adoptieren und ihm die Brust geben. Siehe André Dupeyrat, *Savage Papua,* übersetzt von E. und D. Fumauny, (Dutton: New York 1954), S. 247–249.

12) Oft sind es gerade die Nieten: jene, die zuhause alle Hoffnung aufgegeben haben, um es im Ausland zum Erfolg zu bringen.

13) Siehe W. H. Hutt, *The Economics of the Colour Bar* (A. Deutsch: London 1964), S. 58 ff.

14) Man muß natürlich auch bei den weißen Rassenvorurteilen gewisse Sensibilitäten ins Kalkül ziehen, die wiederum auf bösen Erfahrungen beruhen. Da waren nicht nur die Flüchtlinge aus dem Kongo und die Schandtaten der schwarzen Terroristen in Rhodesien, sondern auch Dinge, wie der Mord an der Nonne Elsie Quinlan mit allen Umständen. Diese Nonne, eine Hilfsärztin, wurde von einer Jugendgruppe des African National Congress am 9. November 1952 in East London erstochen, verbrannt und halb aufgefressen. Siehe *Die Burger* und *Argus* vom 10. November d. J.

15) Siehe John Stuart Mill, *On Representative Government,* Kapitel XVI.

16) Vide Allan Drury, *A Very Strange Society. A Journey to the Heart of South Africa* (Michael Joseph: London 1968).

17) Bei meinem Besuch von *Bantu Homelands* im Jahre 1970, die oft kein Weißer ohne Sondererlaubnis betreten darf, traf ich Einheimische, die alljährlich nur 3–4 mal einen ‚Europäer‘ sahen.

18) Allerdings kannte ich auch reiche Schwarze, wie z. B. den Autobuskönig Sumariwa, der 3–4 Millionen Mark „wert" war.

19) Dieser finanzierte Terroristen und gab ihnen Geld („für Medikamente, Spitäler und ärztliche Betreuung").

74. Wundes Lateinamerika

1) Im *Voudou* werden hauptsächlich heidnische Gottheiten aus Guinea mit christlichen Heiligen identifiziert. Beunruhigend ist das Buch von Sir Spenser St. John, *Hayti or the Black Republic* (Smith, Elder: London 1889).

2) Die *bokors* sind nicht Voudou-Priester, sondern Zauberer. Als „Papa Doc" noch im Untergrund lebte, befreundete er sich enge mit Bokors und hatte laut Rolf Italiaander den großen Todesfluch *(Onanga à mort)* gegen Kennedy geschleudert. Siehe sein *Terra Dolorosa* (Brockhaus: Wiesbaden 1969), S. 302.

3) Siehe auch R. D. Heiml und N. G. Hall, *The Story of the Haitian People, 1492–1971* (Houghton–Mifflin: Boston 1971), S. 641 mit Photographie nach S. 498.

4) Über die „Schwarze Legende" siehe Julián Juderías, *La leyenda negra* (Arauce: Barcelona 1917).

5) Es waren weniger als 200!

6) Siehe Selden Rodman, *Mexican Journal* (Devin Adair: New York 1958), S. 146.

7) Darüber Salvador de Madariaga, *Bolívar* (Espasa–Calpe: Madrid 1958) Bd. 2, S. 173 ff und F. Loraine Petre, *Simon Bolívar. El Libertador* (Bodley Head: London 1910), S. 299 ff.

8) Über die argentinische Geschichte siehe auch den kurzen Abriß von Wilfred von Oven in *Argentinien, Paraguay, Uruguay* (Glock und Lutz: Nürnberg 1969).

9) Das Haus, in dem sich Bolívar und San Martin trafen, ist abgerissen worden, aber unweit davon gibt es ein ausgezeichnetes Denkmal für die beiden ,Befreier': zwei besorgte Männer, die sich gegenseitig Mut zusprechen.

10) Diese Aussagen finden wir in zahlreichen Büchern; die Originale entstammen einer Schrift *Una mirada sobre la América española,* die 1829 in Cuenca erschien.

11) Rufino Barrios wollte auch ganz Zentralamerika erobern, doch dieser gefährliche Megalomane erlitt dabei Schiffbruch. Aber große Niederlagen machen die Besiegten bei den melancholischen Massen erst recht populär. Daher auch die Popularität des hellen Narren Che Guevara *nach* seinem Tod.

12) Hier fand tatsächlich eine Revolte der oberen Schichten statt – wie immer und überall in Lateinamerika. Auch der Anteil von Geistlichen in den lateinamerikanischen Revolutionen, einst nicht gerade klein, ist heute radikal gestiegen.

13) Die Thronprätendenten sind heute – man muß da im Plural reden – Mitglieder der Familie Bragança–Orléans.

14) Diese blutigen und nie abreißenden Kämpfe sind von Gabriel Garcia Marquez in seinem Roman *Cien años de soledad* (Ed. Sudamericana: Buenos Aires 1967) brillant beschrieben worden. Im Abkommen von Sitges (1957, Spanien) schlossen diese beiden ,bürgerlichen' Parteien einen Pakt, demzufolge liberale und konservative Präsidenten einander abwechseln sollten. Seit 1974 gibt es aber wieder echte Wahlen und damit auch einen weiteren Abstieg mit mehr oder weniger latentem Bürgerkrieg voller Terroraktionen seit 1981.

15) Nichtsdestoweniger ist Paraguay ein „militaristischer" Staat geblieben mit einem methodischen Kult der *proceres,* der militärischen Helden.

16) Sehr aufschlußreich ist das 475 Seiten umfassende, mit Photos reich illustrierte Buch von Alonso Monca de Abello, *Un aspecto de la Violencia* (kein Verleger: Bogotá 1963). Der kommunistische Aspekt der *Violencia* wird ausführlich behandelt.

17) Siehe Fredrick B. Pike, *The Modern History of Perú* (Weidenfeld & Nicolson: London 1967), S. 131–132.

18) Doch auch die Universität von Mexiko-Stadt beansprucht, die älteste Universität der Neuen Welt zu sein.

19) APRA steht für *Alianza Popular Revolucionaria Americana.* Haya de la Torre kam nie zur Regierung, da dies die Armee stets verhinderte. Ein Massaker von Armeeangehörigen durch APRA-Mitglieder hatte eine bleibende Todfeindschaft hergestellt.

20) Obwohl Anhänger der These Max Webers, würde ich *eher* in der Arbeitswilligkeit und im Fleiß als im ,Kapitalismus' die Grundursache der wirtschaftlichen Überlegenheit der evangelischen Völker sehen. Doch ist der Fleiß heute in den Versorgungsstaaten Nordeuropas so stark zurückgegangen, daß dort oft Unternehmer lieber Gastarbeiter aus Europas Süden oder auch aus der Türkei anstellen.

21) Die Möglichkeiten die Indianer zur Arbeit zu zwingen waren im Encomienda-System beschränkt. Die Krone stellte sich in der Regel auf die Seite der *Indios.* Siehe darüber auch Angel Rosenblat, *La población indigena y el mestisaje en América* (Edit. Nova: Buenos Aires 1954), 2 Bde. *Passim.* Siehe auch Salvador de Madariaga, *El auge del imperio español* (Edit. Sudamericana: Buenos Aires 1955), besonders 43 ff und 137 ff.

22) Hier klaffte ein großer Unterschied zwischen Europäern und Indianern. Der indianische Metabolismus ladet zum Alkoholismus ein, der spanisch-mediterrane sehr selten. In Europa ist der Alkoholismus ein Problem der Mitte und des Nordens. In den Vereinigten Staaten war bis vor wenigen Jahren der Alkohol-Verkauf an Indianer verboten, doch wurde dieses Verbot als „undemokratisch-diskriminatorisch" aufgehoben.

23) Der gute Mann wurde später wegen Malversationen eingesperrt.

24) Tatsächlich kontrollierte der Großgrundbesitz in Peru über 70 Prozent des Landes, wobei aber auch Wälder eingerechnet werden müssen, auch die tropischen Wälder und der Staatsbesitz. Bei der Ausdehnung des Landes und der geringen Bevölkerung wären bei richtiger Bearbeitung die restlichen 22 Prozent aureichend gewesen.

25) Man erhoffte sich von ihnen natürlich auch harte Devisen, denn der Staat war bankrott.

26) So wissen wir zum Beispiel, daß bei einer totalen Verteilung des Besitzes aller mexikanischen Peso-Millionäre vor 15 Jahren jeder Mexikaner ein einmaliges Geschenk von DM 72.– bekommen hätte. (1 Peso war damals ungefähr 28 Pfennige.) Hätte man in Deutschland 1958 alle Einkommen über 1000 Mark in eine gemeinsame Kasse gegeben, hätte jeder Bundesbürger bei einer gleichmäßigen Neuverteilung davon 15 Pfennig pro Tag bekommen.

27) Siehe A. de Tocqueville, *De la démocratie en Amérique* (Paris 1839), Bd. 2. Buch IV. Kapitel 6.

28) Siehe Sir Geoffrey Jackson, *People's Prison* (Faber & Faber: London 1973).

29) Darüber entrüstete sich – als Schande der Vereinigten Staaten – der amerikanische Gründervater Benjamin Rush. Siehe *Letters of Benjamin Rush* (Princeton University Press 1951), Bd. 1, S. 526.

30) Die Todesstrafe wurde von Paul I. eingeführt, von Alexander II. abgeschafft, von Alexander III. wieder eingeführt. Man erinnere sich da an Dostojewskijs Raskolnikow, ein *Doppelmörder*, dem der Polizeikommisar sagt, er solle nicht verzweifeln: er sei noch jung und ein paar Jahre Sibirien würden ihm nicht schaden. In England hätte man ihn unweigerlich aufgeknüpft. (Für Diebstähle in England im Werte von über zwei Pfund stand bis zum Jahre 1828 die Todesstrafe.)

31) Auch wenn Staatsoberhäupter in Lateinamerika gegen die Folter sind, so wird sie von untergeordneten Polizeiorganen fast immer angewandt. Sie ist gewissermaßen unausrottbar.

32) Zweifellos war der ,Christdemokrat' Eduardo Frei ein Wegbereiter Allendes. Siehe das *vor* der Machtübernahme Allendes erschienene Buch von Fabio Vidigal Xavier da Silveira, *Frei, el Kerensky Chileno* (Cruzada: Buenos Aires 1967). Eduardo Frei, zweifellos ein religiöser Mann, der auch nicht emigrierte (Pinochet erschien zu seinem Begräbnis), erklärte jedoch, daß das Wort „christlich" in der Bezeichnung seiner Partei bedeutungslos sei. Die Enzyklika *Graves de Communi* mit dem Verbot der Bezeichnung „christlich-demokratisch" findet man in *Acta Sanctae Sedis*, Bd. 33 (1900–1901), S. 387, die Verurteilung der direkten Volkssouveränität im Sillon-Brief Pius X. (*Acta Apostolicae Sedis*, Bd. 2, 31. VIII. 1910).

33) So zum Beispiel die radikale Agrarreform.

34) Das wirtschaftlich-soziale Denken des linken Perón war hochinteressant. So schrieb er dem chilenischen Präsidenten Carlos Ibáñez im Jahre 1953: „Geben Sie dem Volk, vor allem aber den Arbeitern, alles, was möglich ist. Wenn Sie glauben, daß Sie ihnen schon zu viel gegeben haben, dann geben Sie ihnen noch mehr. Sie werden die Resultate sehen! Jeder wird Sie mit dem Gespenst eines wirtschaftlichen Zusammenbruches zu erschrecken versuchen. Das ist aber alles Lüge. Nichts ist elastischer als die Wirtschaft, vor der man sich so fürchtet, weil niemand sie versteht." So zu lesen bei Alejandro Magnet, *Nuestros vecinos argentinos* (Santiago de Chile 1956), S. 14. Also wundere man sich nicht über die Volkwirtschaft in der südlichen Hemisphäre!

35) Die Frauen waren weniger an Ideologien interessiert, dafür aber umso realistischer: sie hatten Mann und Kinder zu versorgen.

36) Siehe Anm. 7./29.

37) Der irreführendste dieser Ausdrücke ist wohl „sozialdemokratisch", denn „sozial" und „sozialistisch" sind zwei verschiedene Begriffe. „Sozialdemokraten" sind nicht einfach Demokraten, die „sozial fühlen". (Ebenso sinnverwirrend ist der Terminus „Radikalsozialisten", denn die französischen *Radicaux Socialistes* sind laizistisch gesinnte Linksliberale.) Nun, in Chile war der Hofdichter Allendes der berühmte Pablo Neruda, der Stalin wiederholt angehimmelt hatte. Siehe in seinen *Obras Completas* (E. Losada: Buenos Aires 1956) die widerlichsten Stellen auf den Seiten 491, 502, 503, 646, 700, 702, 703, 704, 726.

38) Die Stimmen wurden richtig gezählt; Terrorisierungen gab es keine. Doch hatte zweifellos die Regierung ein Propagandamonopol in den Massenmedien. Sie war über das Resultat überrascht und hatte auf 55 Prozent gehofft. Der moderne Mensch, ein mehr oder weniger verstaat-

520

lichtes Säugetier, macht den Staat allein in jedem Fall für sein wirtschaftliches Wohl und Wehe verantwortlich – gerechter- oder ungerechterweise. Daher auch die steigende Opposition gegen die chilenische Militärregierung Ende 1983 und 1984.

39) Sie wurde anfänglich als Zeitschrift der „verrückten äußersten Rechten" *(lunatic fringe of the Right)* angesehen, hat aber heute allgemeines Prestige. Sie ist das Leibblatt Präsident Reagans.

40) Der Mann auf der Straße ist felsenfest davon überzeugt, daß keine neuen Werte geschaffen und verkauft werden können, ohne jemandem etwas wegzunehmen.

41) Eine Köchin berichtete mir, daß sie in einem Warenhaus sah, wie ein Mann einer Frau befahl, ihren (gestohlenen) Pelzmantel auszuziehen. Er hatte einen Säbel in der Hand, die Frau aber weigerte sich, worauf er sie sofort köpfte. Da spielten sich breughelsche Szenen ab!

42) So verlangte dieser naive Priester, daß ausländische Fachleute nicht höher bezahlt werden dürfen als die einheimischen. Dann aber kämen die natürlich nicht!

43) Ein Freund verließ demonstrativ eine Kirche in Deutschland am Anfang einer Predigt, als der gute Pfarrer sich anschickte, über einen „Heiligen unserer Tage" zu sprechen: Camilo Torres Restrepo.

44) Was ihn aber davon nicht abhielt, seine Töchter in (eigentlich illegalen) Klosterschulen erziehen zu lassen. Das war eben für junge Damen unerläßlich, gehört aber zur lateinamerikanischen „Logikferne".

45) *Jedes* Gebäude, in dem eine religiöse Handlung stattfindet, verfällt dem Staat, der theoretisch jede neuerbaute und benützte Kirche in eine Garage umwandeln könnte. Daher auch die Aufschrift auf jeder Kirche: *Es propriedad federal. No fijar carteles* – „Bundesbesitz! Nicht plakatieren!"

46) Der Ausdruck ist als Milderung von „marxistisch-stalinistisch" gedacht und soll zudem auch den Eindruck erwecken, daß man sich von der nicht mehr ganz „leninistischen" UdSSR distanziert.

47) Andererseits waren die argentinischen Militärs an Geschäften mit der UdSSR sehr interessiert; zugleich beweisen sie durch ihre Haltung, von den USA unabhängig zu sein. Die österreichische Regierung hingegen beging einen ihrer reizendsten Schildbürgerstreiche als sie sich weigerte, die von Chile bestellten Panzer tatsächlich an die „Junta" zu verkaufen – dann kamen sie in die Hände der ebenfalls nicht überaus demokratischen argentinischen Militärs.

48) Über Trujillo siehe Arturo R. Espaillat, *Trujillo: The Last Caesar* (Regnery: Chicago 1963).

49) Siehe Merle King, „Contribução para una teoria de instabilidade de poder e da politica na América Latina" in *Revista Brasileira de Estudos Políticos* (Belo Horizonte), No. 5 (Jänner 1959).

50) Diese Aufstellung ist dem *Statistischen Jahrbuch für die Bundesrepublik Deutschland* (Kohlhammer: Stuttgart 1968), S. 43 entnommen.

51) So zum Beispiel drei Priester, die an der Entführung und dem Mord an dem Altpräsidenten Aramburu beteiligt waren. Siehe *The Tablet* 8. August 1970, S. 772.

52) Der brasilianische Wirtschaftsexperte de Oliveira Campos ließ in einem Artikel („La fiesta de los equivocos") einen betrunkenen Diplomaten sagen: „Euer Problem, ihr Brasilianer, ist es, daß eure Unternehmer ausländische Investitionen herbeisehnen, aber keine ausländischen Investoren; die Militärs träumen von einem Kapitalismus ohne Gewinne; und die Linke wünscht sich einen Sozialismus ohne Disziplin – Ihr wollt eben alle die Quadratur des Zirkels." Siehe *Orientación económica* (Caracas), Februar 1970, S. 6.

53) Daß die „Entkolonialisierung" nur bittere Früchte bringen würde, wußte selbst Churchill, der in Kuba während des Befreiungskrieges vor weniger als hundert Jahren weilte. Seherisch sagte er: „Ein Sieg der Aufständischen würde für die Welt im allgemeinen oder für Kuba im besonderen nichts Gutes bedeuten. Obwohl die spanische Verwaltung schlecht ist, würde eine kubanische Regierung noch schlechter sein, ebenso korrupt, aber noch willkürlicher und weniger stabil. Unter einer einheimischen Regierung wären Revolutionen an der Tagesordnung, der Privatbesitz wäre unsicher und Gerechtigkeit unbekannt." Siehe Randolph S. Churchill, *Winston Spencer Churchill* (Heinemann: London 1966), Bd. 1. S. 277 ff. Diese Worte Churchills standen ursprünglich in der *Saturday Review* am 15. Februar 1896.

75. Zwei tragische Völker

1) Die Mehrheit der Bevölkerung in Riga ist heute wahrscheinlich russisch und nicht mehr lettisch.

2) Siehe Anmerkung 40./16.

3) Das wußten auch so manche Sowjetrussen. Darüber eine vorsichtige Bemerkung von Viktor Nekrassow in seiner Erzählung „W rodnom gorodje", *Nowyj Mir,* Oktober 1954, S. 32. (Nekrassow lebt heute als ‚Dissident' im Westen.)

4) Eine erschütternde Schilderung dieses Aufstands finden wir in J. K. Zawodny, *Nothing but Honour. The Story of the Warsaw Uprising* (Macmillan: London 1978).

5) Im Aufstand des 17. Juni weigerten sich sowjetische Offiziere, auf demonstrierende Berliner zu schießen. Sie wurden hingerichtet. Man hat ihnen in West-Berlin ein Denkmal errichtet.

6) Es ist möglich, daß die Bezeichnung dieser Bewegung – *Solidarność* – bewußt oder unbewußt von der katholischen Gesellschaftslehre des Jesuiten Heinrich Pesch abgeleitet wurde, die dieser „Solidarismus" nannte. Zu den Ereignissen des Jahres 1980 in Polen kam es aus einer Reihe von Gründen. Auch der Papstbesuch vorher spielte eine psychologische Rolle. Doch ausschlaggebend war das plötzliche Sinken des Lebensstandards, hervorgerufen durch die Wirtschaftspolitik Giereks. In den Jahren 1970 bis 1980 war es in Polen ökonomisch steil bergauf gegangen: anscheinend bewährte sich die sozialistische Wirtschaft glänzend, in Wirklichkeit lebte sie die ganze Zeit auf Pump. Die Verschuldung (hauptsächlich an den Westen) war enorm. Da aber auf einmal die Gläubiger nicht mehr weiter borgen wollten und das Gürtel-enger-Schnallen verordnet wurde, kam es zum Krach. Die Getäuschten revoltierten.

7) Dieser Ausdruck wird häufig von Sir Karl Popper und Friedrich August v. Hayek verwendet: er trifft tatsächlich den Nagel auf den Kopf.

8) Das Polentum dehnte sich nach Osten als eine immer dünner werdende Oberschichte aus, die ursprünglich noch viel weiter reichte als die polnische Ostgrenze des Jahres 1921. In Kiew gibt es selbst heute eine gar nicht so kleine polnische Minderheit. Die Curzon-Linie war im Jahre 1920 bloß als militärische Demarkationslinie, nicht als Landesgrenze britischerseits gedacht. Tatsächlich war die Mehrzahl der berühmten Polen *östlich* dieser Linie geboren – so z. B. Słowacki, Mickiewicz, Sikorski, Piłsudski, Józef Conrad-Korzeniowski, Jan III. Sobieski, Kościuszko, Pułaski (Vater und Sohn) – wie ja auch die Mehrzahl der großen Ungarn jenseits der Grenzen von Trianon auf die Welt kam.

9) Chruschtschjów hielt ursprünglich lediglich eine Rede gegen den Personenkult, um sich selbst vor der Anklage der Selbstverherrlichung reinzuwaschen. Darauf bemerkte Mikoyan am nächsten Tag gezielt, daß mit dem Personenkult wohl Stalins Herrschaft gemeint war, die unsäglich viel Unschuldigen das Leben gekostet hatte, so zum Beispiel Kossior, dem einstigen Chef der Ukraine, der aber in Wirklichkeit ein Opfer des Zusammenspiels Stalin–Chruschtschjów war! Nun fühlte sich Chruschtschjów schwer getroffen und ging nach längerer Überlegung zwei Tage später auf Mikoyans Linie ein: ja, es war wirklich Stalin, den er gemeint hatte. (Nach einer persönlichen Mitteilung von Franz Borkenau.)

10) Man fragt sich natürlich, wieso jemand in der UdSSR als ‚Krimineller' bezeichnet werden kann. Der Arme kann ja gar nicht anders!

11) Siehe Emil Csonka, *op. cit.* S. 384–386.

12) Der frühere Kronprinz Österreichs verzichtete auf seine Ansprüche in Österreich, nicht aber auf den ungarischen Thron und auch nicht auf die traditionelle Anwärterschaft auf die römischdeutsche Kaiserwürde.

13) Der fette Bursche zog einen Schuh aus und hämmerte damit, um Aufsehen zu erregen, auf seinen Tisch wie ein Irrsinniger.

14) Siehe Jane de Iongh, *Margaret of Austria, Regent of the Netherlands* (J. Cape: London 1954), S. 6.

15) Siehe David Carlton, *Anthony Eden* (Allen Lane: London 1981), S. 444.
16) Wie z. B. Henry Kissinger, damals noch Professor an der Harvard Universität, der mir dies feuchten Auges sagte.

76. Die Heimat Švejks

1) Eduard Beneš war Freimaurer, Thomas G. Masaryk aber nicht. Vide auch das *Internationale Freimaurer-Lexikon* von Eugen Lennhoff und Oskar Posner (Amalthea-Verlag: München–Zürich–Wien, Nachdruck der Ausgabe 1932).
2) Siehe seinen Artikel „The Organization of Post-War Europe", in *Foreign Affairs*, New York, Jänner 1942, S. 233.
3) In der Tschechoslowakei aber hieß dieser Landesteil *Podkarpatská Rus*, also eigentlich „Subkarpatisches Rußland". Anfang der Dreißigerjahre war dort das Telefonbuch in russischer Sprache gehalten.
4) Siehe „Politický vývoj a strany v ČSR" in *Československá Vlastivěda*, Bd. 5 „Stát" (Sfinx: Prag 1934), S. 479.

*77. Die Deutsche Urdemokratische Republik

1) Die größte Partei war die Sudetendeutsche Partei Henleins, gefolgt von den Agrariern und den tschechischen Sozialdemokraten. An fünfter Stelle standen die tschechischen Nationalsozialisten. Bei den Kommunalwahlen des Jahres 1926 traten die Kommunisten in der Tschechoslowakei zum erstenmal in überraschender Stärke auf.
2) Diese Karte findet man auch in meinem *Freiheit oder Gleichheit?* (O. Müller: Salzburg 1953), 3. Karte nach Seite 336.
3) Nach der Bundesrepublik Deutschland, Österreich, Luxemburg und die zu 70 Prozent deutsche Schweiz. Auch könnte man Liechtenstein erwähnen. Deutsche Minderheiten gibt es auch in Frankreich, Italien, Belgien, Dänemark, Ungarn, Rumänien, der Sowjetunion. Keine von Bedeutung mehr in der Tschechoslowakei und Polen.
4) Siehe Guillaume Guizot, *De la démocratie en France* (Melins, Cans: Brüssel 1849), S. 8.
5) Neuauflage O. Spengler, „Preußentum und Sozialismus" in *Politische Schriften* (Beck: München 1933), S. 1–105.
6) Marx und Engels gaben das *Kommunistische Manifest* heraus, die Sowjetunion nennt sich „sozialistisch", die SED nennt sich ebenfalls „sozialistisch", Jugoslawien wird vom „Bund der Kommunisten" regiert, die Sozialdemokratische Partei Österreichs nannte sich nach 1945 „sozialistisch". Die *Brockhaus-Enzyklopädie* (17. Auflage, 1970), 10. Bd., S. 386 sagt klipp und klar: „Zwischen Sozialismus und Kommunismus gibt es keine verbindliche Abgrenzung."
7) Mihajlo Mihajlov schätzt den Anteil auf 2 Prozent. Meiner Erfahrung nach ist der Prozentsatz der Frauen höher als jener der Männer, was keineswegs allein auf den weiblichen Fideismus zurückzuführen ist.
8) Im Norden spielt die große Verehrung für *das* Buch – die Bibel – eine nicht zu unterschätzende psychologische Rolle.
9) Wer wirklich Europas große Wunde buchstäblich in Augenschein nehmen will, muß die Mauer, die die beiden deutschen Staaten trennt, in all ihrer mörderischen Komplexität betrachten, ein wahrhaft erschütternder Anblick.
10) Engels nannte diese Tendenz „reminiszenzlerisch".
11) Es war Roosevelts These, daß man von den Sowjets auch keine Garantien für den freien Zugang zu West-Berlin verlangen sollte. „Wenn wir den Russen Vertrauen entgegenbringen, werden auch sie Vertrauen zu uns haben", argumentierte der Präsident. Das aber war folkloristische amerikanische Weisheit aus der Sonntagsschule.

78. Der Westbalkan

1) Tito hat, obwohl er ein Kroate war, „serbisch" regiert. Siehe Wolfgang Pabst, *Du sollst schön langsam sterben.* (M. C. Wolf: Herne 1982) über die Verfolgung der Kroaten im heutigen Jugoslawien. Die weiteren Dokumentationen über das Leben Titos, von seinem Biographen Vladimir Dedijer herausgegeben, haben seinen Nimbus weitgehend zerstört, und Tito erscheint in ihnen als ein das Wohlleben liebender orientalischer Despot.

2) Tatsächlich ist es so, daß Stalin nach 1942 der russischen Kirche eine weitgehende Freiheit einräumte, die zum Bau zahlreicher neuer Kirchen führte. Stalin, der vor dem Krieg die Kirche brutal und blutig verfolgt hatte, vergaß seine Jahre im Seminar nie ganz. Siehe S. Volkov, *op. cit.*, besonders S. 143–145, 148–149. Die zweite große Kirchenverfolgung begann mit dem November 1958 unter dem „großen Liberalen" Chruschtschjów, der aber angeblich auf dem Totenbett die Sakramente empfing.

3) Diese wurde durch Treueverhältnisse, die *besa*, untermauert.

79. Der Ostbalkan

1) In Mähren gibt es das Städtchen „Wallachisch–Meseritsch" (Valašské Meziříčí). Die Polen, die mit Wanderwalachen in der Transhumance am Karpatenbogen schon früh zusammenkamen, nennen deshalb Italien *Włochy*. Die (rumänischen) Tschitschen südlich von Triest sind heute fast ausgestorben. Einst waren lateinische Dialekte (die auch stark das Albanische beeinflußten) auf dem Balkan stärker vertreten. Der Mörder von Sarajevo, Princip, trug deutlich einen romanischen Namen.

2) Joan und Alexander Ghika, Mircea Eliade, Anne de Noailles (geb. Bibesco-Brancoveanu), Valeriu Marcu, C. Virgil Gheorgiu, Vintila Hora, Eugène Ionesco, E. N. Cioran, Alexander Randa – um nur einige im Westen bekannte Namen zu nennen.

3) Eine formelle, geheime Allianz stammte aus dem Jahre 1883, wurde aber schon 1914 nicht honoriert.

4) Hitler haßte die Ungarn und wandte seine ganze Sympathie Antonescu und den Rumänen zu. Siehe Paul Schmidt, *op. cit.* S. 523.

5) In diesem Frieden mußte sich Rumänien lediglich eine Grenzkorrektur am Hauptkarpatenkamm gefallen lassen und rein provisorisch die Dobrudsha an die vier Zentralmächte abtreten. Dafür aber bekam Rumänien Bessarabien und vergrößerte somit seinen Gesamtbesitz.

6) Der „Slawismus" der Bulgaren stützt sich auf den Umstand, daß das Kirchenslawische von Zyrill und Method auch „altbulgarisch" genannt wird und gewissermaßen die Sprache Altmakedoniens ist.

7) Die Landnahme der Magyaren erfolgte gegen „Großmährer" (Slowaken) und „Bulgaren", die schon slawisiert waren.

80. Italiens Weg ins Chaos

1) Alle großen Bücher über ganze Völker sind stets von Ausländern geschrieben worden. Über die Italiener gibt es aber anscheinend kein solches. Nicht schlecht ist das Werk *Gli Italiani* von Luigi Barzini (Mondadori: Verona 1965). Die Schwäche dieses Buches mit viel brillanten Bemerkungen liegt in der altliberalen Haltung des Autors, der so manchen italienischen Charakterzug, der ihm nicht positiv erscheint, auf die spanische Herrschaft in einigen Teilen seines Landes zurückführt. (Der österreichische Einfluß wird nie erwähnt.) Sein „Antiklerikalismus" (der allerdings sehr italienisch ist) kommt auch in seinem brillanten Artikel „Governing Italian Style" in *Policy Review*, Frühjahr 1980, recht deutlich zum Ausdruck. (Doch trotz seines Antiklerikalismus ist und bleibt Italien das Land der „verborgenen Heiligen".)

2) Aber auch nicht frei vom „Antiklerikalismus", wie ich mich während einer Auseinandersetzung mit ihrem „Chefideologen" Guido de Ruggiero nach dem Krieg überzeugen konnte.

3) Die 13 größten italienischen Unternehmen veröffentlichten in Riesenformat als Zeitungs-

mitteilung ihre Einnahmen, Ausgaben und den Anteil der Dividenden, Löhne und Gehälter für 500 710 Aktionäre und 258 142 Angestellte. Fünf italienische Blätter weigerten sich, die bezahlte Information zu bringen, darunter bezeichnenderweise die kommunistische *Unità* und der vatikanische *Osservatore Romano*.

4) Der erste Staat war Großbritannien unter einer Labour-Regierung.

5) Siehe darüber besonders Victor Serge, „Pages de Journal, 1945–1947" in *Temps Modernes,* Juli 1949, S. 71–96.

81. Wandel in Spanien

1) Schon Cervantes sagte von den Basken: „Son unos benditos como no estén enojados."

2) Eine sehr intelligente und analytische Beschreibung und Verteidigung der spanischen Verfassung unter Franco (einschließlich ihrer Entwicklungsmöglichkeiten) findet man in Rodrigo Fernandez-Carvajal, *La Constitución Española* (Editora Nacional: Madrid 1969).

3) Es darf hier nicht vergessen werden, daß die gegenwärtige griechische Republik – es ist die zweite – von den oligarchischen „Obristen" gegründet wurde.

82. Israel und die Araber

1) Eine Autostunde östlich von Paris sind die „katalaunischen Felder" d. h. die Champagne, wo 451 die Hunnen geschlagen wurden. Der Kern von Europa (wäre man versucht zu sagen) ist nur Paris und Umgebung.

2) Der Grund dafür ist natürlich die türkische Identitätskrise. Es gibt gibt türkische Tendenzen, sich mit den Hethitern zu „identifizieren", es gibt solche, die „turanisch" (und damit auch anti-islamisch) eingestellt sind, dazu auch alle westlichen Narreteien vom Laizismus und Nationalismus bis zum extremsten Marxismus.

3) Diese verzweifelte Selbstsuche hängt unmittelbar mit dem Vergangenheitsbruch zusammen. Ein sehr kluger ausländischer Diplomat, der jahrelang in der Türkei auf Posten war, erklärte mir nach der Hinrichtung von Menderes, daß dies eine Folge davon sei, wenn man ein Volk lehrt, auf die Gräber seiner Ahnen zu spucken – nur drückte er sich drastischer aus. *Das* ist aber nicht nur ein türkisches Problem!

4) Für die Mehrheit der Araber (nicht aber der Moslems) führt der Pilgerweg über Land nach den Heiligen Stätten *durch Israel*.

5) Ein amerikanischer Jude sagte mir, er gehöre der am meisten verfolgten Minderheit der Welt an: er sei ein antizionistischer Jude in den Vereinigten Staaten.

6) Die frankophonen Bewohner von New-Brunswick und Nova Scotia *(L'Acadie)* wurden am Anfang des Siebenjährigen Krieges gefangengenommen und von den Briten nach Louisiana deportiert. Longfellow verwendete diese grausame, erste ,Umsiedlung' aus nationalen Gründen für sein Epos *Evangeline*.

7) Über dieses Thema gibt es zwei Ansprachen von Pius XII. am 20. Februar 1946 über Masse und ,Umsiedlung' und am 25. Februar 1946 über die Vermassung und die gesunde Pluralität. Siehe *Acta Apostolicae Sedis,* Bd. 38, S. 146–147 und 153.

8) Die biologisch-rassischen Unterschiede zeigen sich nur im Temperament und in nervlichen Reaktionen, nicht aber im Weltanschaulichen und Religiösen.

9) Das zeigt sehr deutlich der Bericht von V. S. Naipaul über die islamische Welt: *Among the Believers* (André Deutsch: London 1981).

10) Das beste Buch über den Sufismus ist doch das Werk von Louis Massignon, *Al-Hallaj, martyr mystique d'Islam* (Geuthner: Paris), 2 Bände.

11) Der letztgenannte Krieg war der sogenannte Yom-Kippur-Krieg, weil dieser an einem hohen jüdischen Feiertag („langer Tag", Versöhnungs- und Fasttag) mit einem erfolgreichen Überraschungsangriff von Ägypten begonnen wurde. Nach anfänglichem Sieg wurde ein Teil der ägyp-

tischen Armee am Ostufer des Suez-Kanals in der Wüste eingeschlossen und die Israelis rückten in Afrika ein.

12) Es ist bezeichnend, daß sich die DDR an diesen Sühnezahlungen nicht mit einem Pfennig beteiligt hat, denn die (handelnden) Juden im Dritten Reich waren Opfer des ‚Kapitalismus‘.

13) Einer der wenigen islamischen Staaten, in denen der Druck auf die Juden erträglich ist, wäre außer der Türkei noch Marokko.

14) So schmuggelte sich Charles de Foucauld, damals noch französischer Geheimagent, in jüdischer Verkleidung nach Marokko ein, wo er von Mellah zu Mellah (Judenviertel) wanderte.

15) Die Einordnung der orthodoxen Juden in das so lebenswichtige Militärwesen stößt auf größte rituelle Hindernisse (Sabbathruhe, koschere Verpflegung, Wehrdienst für Frauen und Mädchen.)

16) Einem Karmeliterpater von jüdischen Eltern wurde die automatische israelische Staatsbürgerschaft als Christ nicht zugestanden. Ein Mitglied des obersten Gerichtshofs protestierte gegen die Entscheidung.

83. Die islamischen Feindschaften

1) Dieser direkt von den Palästinensern (gemäßigter Richtung) geforderte Staat würde die jordanische „Westbank“ und den Ghaza-Streifen umfassen. Aber wie stellen sich die guten Leute die Landverbindung zwischen dem Westjordanland und dem Ghaza-Streifen ernstlich vor?

2) Das Wort kommt vom *Haschisch*. Die Assassinen setzten junge Männer unter diesen Drogeneinfluß, währenddessen sie von schönen, jungen Mädchen sexuell betreut wurden. Nachdem sie völlig aufgewacht waren, sagte man ihnen, sie wären im Paradies gewesen – und die lieblichen Mädchen wären die Houris. Diese jungen Männer wurden mit Morden für den „wahren Islam“ betraut; ihre Opfer aber waren nicht nur Kreuzritter. Starben sie, so war ihnen als Diener einer so heiligen Sache das Paradies gewiß – von dem sie nun eine sehr konkrete Ahnung hatten! Die Gründung (1081) war iranisch; die letzte Assassinenfestung im nördlichen Syrien fiel 1273. Die selbstmörderischen Terrorakte schiitischer Fanatiker müssen im Lichte dieser Überzeugungen gesehen werden: Die Männer, die sich im Nahen Osten, insbesondere im Jahre 1983, opferten, starben in der Erwartung einer paradiesischen Sexorgie.

3) Das gilt nicht nur für die arabische, sondern auch für die türkische und die persische Geschichte. Der „arische“ Albaner Mohammed Ali, der *de facto* Herrscher Ägyptens im Jahre 1811, lud 470 Mamelukenführer zu einem Gastmahl ein und ließ dann alle niedermetzeln. Die Bartholomäusnacht figuriert in der europäischen Geschichte vor 1918 als eine ganz große einmalige Schandtat; in der islamischen Geschichte reihen sich aber solche Ereignisse. Mit der Rasse haben solche Ungeheuerlichkeiten aber nichts zu tun. „Iranier“ ist gleichbedeutend mit „Arier“: ein persischer Schah sammelte ganze Säcke von Augäpfeln ein, die man überlebenden Zoroaster-Anhängern herausgeschnitten hatte.

4) Dort halten die Türken der Türkei ein Drittel des Landes besetzt, obwohl der türkische Bevölkerungsanteil weniger als ein Fünftel beträgt. Die dortigen Griechen gehören mehr oder weniger derselben Rasse an: sie sehen auch gar nicht anders aus. Die Kultur der beiden Völkerschaften ist jedoch radikal verschieden, was man sofort bemerkt, wenn man in Nikosia vom griechischen zum türkischen Stadtteil hinüberwechselt.

5) Er begann die zweite Phase seiner Laufbahn als Tabaklieferant der französischen Armee unter Napoleon Bonaparte.

6) Die Synthese des Islams mit dem Marxismus ist leichter: der Marxismus verneint den freien Willen und betont sowohl das ‚Schicksal‘ *(Kismet)* als auch die Ergebenheit *(Islam)* der Doktrin und der Partei gegenüber. Im 16. Jahrhundert hatten wir zwar christliche Lehren, die den freien Willen in Frage stellten, antirational und fideistisch waren, doch blieben *diese* neuen Lehrartikel größtenteils theologische Theorie. Sie haben sich praktisch im Leben der Völker kaum durchgesetzt.

7) So zum Beispiel sind die Frauen in der Malerei nur schwach vertreten, in der musikalischen Komposition, in der Philosophie und in der Theologie kaum. Die weiblichen Talente liegen im

Konkreten und nicht im Abstrakten. Sicherlich hat man Frauen nie am Schreiben gehindert, aber auch nicht am Komponieren oder Philosophieren. Auch von einer „genetischen Behinderung" in der Generationenfolge kann nicht die Rede sein, denn alle Frauen haben Väter und alle Männer Mütter.

8) Siehe Georg Simmel, „Weibliche Kultur" in *Philosophische Kultur* (G. Kiepenheuer: Potsdam 1923), S. 306 ff. Auch mein Buch *Das Rätsel Liebe (Leidenschaft, Lust, Leid und Laster)* (Herold: Wien 1975), S. 106 ff.

84. Die Vereinten Nationen

1) Einen für die Russische Sowjetische Föderative Sozialistische Republik, einen für die Ukrainische SSR und einen für die Weißruthenische SSR.

2) Die Idee für den Völkerbund stammte von Woodrow Wilson, aber der ‚Internationalismus' widerstrebte nicht nur der Republikanischen Partei, sondern überhaupt dem innersten amerikanischen Wesen, das nicht nur „geographisch" isolationistisch ist, sondern alles Fremde assimilieren und integrieren will. Am Anderssein hat man keine Freude. So wurde schließlich Amerikas Beitritt zum Völkerbund (wie auch die Ratifizierung des Vertrags von Versailles) vom Senat verhindert.

3) Man lese da das Buch eines früheren amerikanischen Vetreters bei den „Vereinten Nationen" – William F. Buckley Jr. *United Nations Journal: A Delegate's Odyssey* (Putnam: New York 1974).

85. Zusammenfassung

1) In den Vereinigten Staaten bekennen sich 89 Prozent der Bevölkerung, in Österreich 79 Prozent zum Mittelstand.

2) Auf meiner Liste befinden sich 43 Todesopfer, 3 Verkrüppelte und weitere drei, die das Unglück hatten, einen Passanten zu überfahren.

3) Siehe Karl R. Popper, *Falsche Propheten. Hegel, Marx und die Folgen* (Francke: Bern 1958), S. 336.

4) Siehe die *Writings of Thomas Jefferson*. Edit. H. A. Washington (Derby & Jackson: New York 1859), Bd. 11, S. 223.

5) Siehe Romano Guardini, *Die Existenz des Christen* (Schöningh: München–Paderborn 1976), S. 509 ff.

6) Siehe Hegel „Philosophie der Weltgeschichte" in *Gesammelte Werke*, Bd. 11, S. 56.

7) Siehe Yves Simon, „Philosophie Chrétienne. Notes complémentaires" in *Études Carmélitaines*, XIX, 1. April 1934, S. 114–115.

8) Über die „animalistischen" Tendenzen der Linken siehe meinen Aufsatz „Zurück ins Tierreich" in *Narrenschiff auf Linkskurs* (Styria: Graz 1977), S. 81 ff.

9) Siehe Friedrich Heer, *Grundlagen der europäischen Demokratie der Neuzeit* (Unesco-Schriftenreihe, W. Frick: Wien 1953), S. 46–47.

10) Siehe Hans Kohn, *The Idea of Nationalism* (Macmillan: New York 1944), S. 304.

11) Siehe Theodore Maynard, *Orestes Brownson, Yankee, Radical, Catholic* (Macmillan: New York 1943), S. 36–37.

12) Siehe *Christ und Welt*, 13. Juli 1963, S. 4.

13) Siehe Nikolaus Lobkowicz, *Wortmeldung zu Kirche, Staat und Universität* (Styria: Graz 1980), S. 179.

14) Siehe Ludwig Jedlicka, *Ende und Anfang. Österreich 1918–1919* (Salzburger Nachrichten Verlag: Salzburg 1969), S. 107. Rede vom 2. Juni 1919.

15) Da aber die Vorarlberger keine Austro-Bajuwaren, sondern höchst skeptische Alemannen sind, weigerten sie sich, ein schönes Schiff in Fussach am Bodensee auf den Namen „Karl Renner" taufen zu lassen: sie verhinderten das mit Brachialgewalt, und die Regierung in Wien mußte zurückziehen. Es kam da zu einem wahren Volksaufstand. Siehe auch Anmerkung 46./11.

16) Dabei schießt die UdSSR allerdings den Vogel ab. Man lese einmal in der *Bolschaja Sowjetskaja Entsiklopedija* den Artikel über die „Jesuiten" nach. Dagegen war das Meyer-Lexikon in der Mitte des vorigen Jahrhunderts noch die reine und lautere Wahrheit.

17) Es wurde allerdings vom Verlag Ehrenwirth in München gedruckt – ich besitze ein privat gebundenes Umbruchexemplar –, dann aber weigerte sich der Verlag aus moralischen Gründen das Buch herauszubringen. Es war ihm zu „freizügig". Ob da aber auch nicht politische Motive mitgespielt haben?

18) Siehe meinen Roman *Black Banners* (Caxton Printers: Caldwell, Idaho 1953), S. 161.

19) Diese ‚Komplexe' hat Eugene N. Anderson in einem Essay behandelt, das in der Mai-Juni Nummer 1938 in *Social Education* (NY) erschien.

20) Die Preußen sind auch nicht militaristischer als die Amerikaner: zwischen 1815 und 1914 waren sowohl die Amerikaner als auch die Preußen in je drei Kriege verwickelt.

21) Das sah auch einer der Gründerväter Amerikas, Dr. Benjamin Rush. Siehe *The Selected Writings by Benjamin Rush*, edit. D. D. Runes (Philosophical Library: New York 1947), S. 379–380. Knapp vor dem Ersten Weltkrieg machte Randolph Bourne analoge Entdeckungen in Frankreich. Siehe seine Briefe an Mary Messer und Alyse Gregory in Ph. Rahv, *The Discovery of Europe* (Houghton–Mifflin: Boston 1947), S. 417, 422–423.

22) Das sah auch James Fenimore Cooper, siehe sein *Gleanings in Europe,* edit. R. E. Spiller (Oxford University Press: New York 1928), Bd. 1. S. 127.

23) Siehe Quentin Reynolds, *Only the Stars are Neutral* (Random: New York 1942), S. 173.
24) *Ibidem, S. 98.*

25) Besonders arge Beispiele finden wir in Winfried Martini, *Das Ende aller Sicherheit* (Deutsche-Verlags-Anstalt: Stuttgart 1954), S. 133–134.

26) Besonders Wissen und Bildung möchte man gerne in Österreich von sozialistischer Seite aus durch „Gesamtschulen" demokratisieren. Der Erfolg wäre eine „Amerikanisierung", d. h. eine (selbst in den Vereinigten Staaten heftigst kritisierte) Verflachung des Wissens bei den breitesten Schichten bei gleichzeitiger Förderung winzigster Eliten sehr zahlungskräftiger Minderheiten.

27) Graphisch dargestellt wäre in den Vereinigten Staaten, bei Beteiligung der ganzen wahlberechtigten Bevölkerung und Darstellung dieser Masse durch einen dunklen Strich so hoch wie das *Empire State Building,* eine Stimme gleich 5 *my,* 5 Tausendstel eines Millimeters.

28) Siehe Vilfredo Pareto, *Trattato di Sociologia Generale* (Barbera: Florenz 1923), Bd. 2, S. 170, § 1172 (Fußnote).

29) Im Ministerium wissen dann die hohen Beamten in der Regel mehr als der Minister, aber der Minister befiehlt den Beamten.

30) Nach 1945 konnte in Mitteleuropa zwar das nationalsozialistische Parteimitglied zur Rechenschaft gezogen (und bestraft) werden, aber natürlich nicht der zumeist wichtigere nationalsozialistische Wähler.

31) Siehe Rousseau, *Du Contrat Social,* Buch III, Kapitel 8.

32) Hier zeigen sich in der „angelsächsischen" Welt die üblen Folgen eines nicht existierenden oder nur ganz rudimentären Geographie-Unterrichts.

33) Darüber siehe mein Essay über die Verzwergung des Menschen in *Luftschlösser, Lügen und Legenden* (Herold: Wien 1972), S. 69 ff.

34) In seinem Sonntagsanzug und oft mit umgegürteten Säbel, denn die Schweiz ist nun einmal eine militärische Demokratie.

35) Siehe den unsignierten, statistisch belegten Essay „Warum streikt das Volk?", in *Weltwoche,* 3. November 1976, S. 5–7. Im Jahre 1975 war die Wahlbeteiligung gar nur 52.4 Prozent.

36) Im Jahre 1980 war bei den amerikanischen Präsidentschaftswahlen die Beteiligung nur knappe 52 Prozent.

37) Der *ghostwriter* für die Reden von F. D. Roosevelt war Robert Sherwood, der gestand, wie sehr er sich schämte, das Versprechen Roosevelts, nie Soldaten in Übersee zu schicken, in die Reden des Präsidenten eingeflochten zu haben. Das war offensichtlich eine Lüge, aber zur Wiederwahl

absolut notwendig. Siehe Robert E. Sherwood, *Roosevelt and Hopkins: An Intimate History* (Harper: New York 1948), S. 874.

38) Duff Cooper fand, daß dieses Übel besonders Demokratien auszeichne. Siehe sein *Lest We Forget* (R. Hart–Davis: London 1953), S. 193–194.

39) Berüchtigt war auch ein Nuntius in Brüssel, vor und nach der deutschen Besetzung, dessen Französisch die amüsantest-peinlichsten Situationen schuf.

40) Siehe *The Autobiography of Lincoln Steffens* (Harcourt–Brace: New York 1958), Bd. 2, S. 798.

41) In seinen *Aphorismen zur Welt- und Menschenwürde.*

42) Siehe Margit von Mises, *Erinnerungen an Ludwig von Mises* (Gustav Fischer: Stuttgart 1978), S. 42. In seinem *Human Action* schrieb der Altliberale Ludwig von Mises (Yale University Press: New Haven 1949), S. 861: „Nachdem sie die Fabel über die gesalbten Könige vernichtet hatten, wurden die Liberalen Opfer des nicht weniger illusorischen Glaubens an die unwiderstehliche Kraft der Vernunft, der Unfehlbarkeit der *Volonté Générale* und der göttlichen Inspiration der Massen."

43) *Ibidem,* S. 43.

44) *Ibidem,* S. 43.

45) Siehe Jacques Maritain, *Le Paysan de la Garonne* (Desclée de Brouwer: Paris 1966), S. 237–238.

46) Bentham war einer der gefährlichsten demo-totalitär-materialistischen Denker. Marx war nicht nur Rousseaus, sondern auch Benthams Schüler wie Götz Briefs in seinem Essay „Kapitalismus zwischen Utopie und Wirklichkeit" richtig bemerkte. In *Kapitalismus im Widerstreit,* ed. A. Rauscher (Bachem: Köln 1973), S. 158. Siehe auch A. D. Lindsay, *The Modern Democratic State* (Oxford U. Press: London 1943), Bd. 1. S. 79. F. A. v. Hayek, *Law, Liberty and Legislation* (Routledge & Kegan Paul: London 1973), Bd. 1. S. 129 und Isabel Paterson, *The God of the Machine* (Putnam: New York 1943), S. 60.

47) Dieser Satz findet sich in Actons *History of Freedom,* S. 209, er stammt aus dem Jahre 1858 als Acton 24 Jahre alt war. Siehe dazu die Kritik von Arnold Gehlen in *Moral und Hypermoral* (Athenäum: Frankfurt a. M. 1969), S. 114.

48) Unter den Heiligmäßigen sollte man den steinreichen Fürsten Ladislaus Batthyány–Strattmann erwähnen, der Medizin studierte, Augenarzt wurde, seine Frau als Krankenschwester ausbildete und seine Einkünfte zum Bau von Spitälern verwendete. Er betreute fast ausschließlich die Armen. In seiner Todeskrankheit war er heroisch. Als „Diener Gottes" ist sein Seligsprechungsprozeß eingeleitet. „Das Kamel durch das Nadelöhr?" *Kamilos* (Strick, Bindfaden) wurde genau so ausgesprochen wie *Kamelos* (Kamel), da im ersten nachchristlichen Jahrhundert der Itazismus schon überhand genommen hatte. (Ein enges Tor in Jerusalem, das ‚Nadelöhr' genannt wurde, gab es nicht. Später gab es eines in Damaskus.) Die armenische Bibel spricht vom „Strick", der Koran hingegen tatsächlich vom Kamel. Über das wahre Verhältnis zwischen Christus und den Reichen siehe recht ausführlich Josef Schmid, *Regensburger Neues Testament* (F. Pustet: Regensburg 1954), Bd. 2, S. 196. Über die „Verproletarisierung" Christi, der ein davidischer Königsproß war, siehe mein *Luftschlösser, Lügen und Legenden* (Herold: Wien 1972), S. 127–129.

49) Siehe Georges Bernanos, *La liberté pour quoi faire?* (Gallimard: Paris 1953), S. 129.

50) *We'll outnumber and outproduce them* war das Schlagwort zur Kriegszeit in den Vereinigten Staaten.

51) Gerne zitiert man den Sieg von *ahimsa,* „Gewaltlosigkeit", Gandhis Grundsatz in der indischen Freiheitsbewegung, die so erfolgreich war. Aber Gandhi kämpfte an der Spitze eines 500 000 000 Volkes gegen ein britisches Establishment von insgesamt 79 000 Männern und Frauen. Eine totalitäre Tyrannis wäre mit Indien leicht fertig geworden. Gaskammern und Gulags gehören nicht zur britischen Tradition.

52) Über den Totalitarismus Schwedens siehe Roland Huntford, *The New Totalitarians* (Allan Lane: London 1971).

53) Zitiert von Hugo Lang, OSB in *Der Historiker als Prophet* (Sebaldus: Nürnberg 1947), S. 124.

54) Siehe Herman Melville, *Mardi – And a Voyage Tither* (Small, Maynard & Co.: Boston, k. D.), S. 183.

55) Siehe die Memoiren einer Frau aus Connecticut: Bertha Damon, *Grandma Called it Carnal* (Albatross Leipzig–Paris 1939). Vgl. damit auch Stewart M. Holbrook, „Lost Men of American History" in *Life*, 13. Jänner 1947, S. 81–82, wo er das Martyrium von Joseph Palmer aus Fitchburg beschreibt, der verfolgt wurde, weil er um 1830 sich einen Bart wachsen ließ, und so im Gefängnis landete. Dort verweigerte ihm der Pastor das Abendmahl. Treitschke hatte nicht ganz unrecht, wenn er behauptete, daß man in Preußen freier wäre als in der Schweiz. Siehe Heinrich v. Treitschke, *Politik*, edit. M. Cornicelius (S. Hirzel: Leipzig 1900), Bd. 2. S. 251–252.

56) Um die Planwirtschaft wirklich möglich zu machen, müßte eine Wahl nach der anderen mit Sicherheit eine sozialistische Mehrheit hervorbringen. Der „demokratische Sozialist" baut auf die Feigheit der Sozialismusgegner, die es nicht wagen, in ihrer Regierungsperiode die Planwirtschaft (und den Versorgungsstaat) rückgängig zu machen: für die Planwirtschaft bleibt aber stets die Diktatur die „natürliche" Lösung.

57) Siehe das Tagebuch Kaiser Friedrichs III. in Gustav René Hocke, *Das europäische Tagebuch* (Limes: Wiesbaden 1978), S. 816.

58) Die Monarchen begannen sich vor ihren Völkern zu fürchten; sie wollten genau so patriotisch sein wie ihre Untertanen. Damit aber gaben die christlichen Monarchen eine ihrer wichtigsten Funktionen auf – völkerverbindend und übernational zu sein. So tat auch Georg V. von England kaum etwas, um seinen Vetter Nikolaus II. zu retten. Er hätte sich Lloyd George widersetzen müssen. Von der Behandlung Karls I. aber auch Wilhelms II. wollen wir lieber schweigen.

59) Siehe Rosemary Kingsland, *A Saint Among Savages* (Collins: London 1980), S. 42, 117 und *passim*.

60) Siehe R. F. „Noch immer weibliche Beschneidungen", in *Frankfurter Allgemeine Zeitung*, 30. April 1980, S. 1 von „Natur und Wissenschaft". Über Klitorektomie und Infibulation in Afrika siehe auch Fawn M. Brodie, *A Life of Sir Richard Burton* (Eyre and Spottiswoode: London 1967), S. 110–111. Auch Michel Croce-Spinelli, *Op. cit.* S. 274. und Hans Leuenberger, *Die Stunde des Schwarzen Mannes* (Biederstein: München 1960), S. 196–200.

61) Siehe F. Kaphahn, edit. *Jacob Burckhardt. Briefe zur Erkenntnis seiner geistigen Gestalt* (Kröner: Leipzig 1935), S. 485.

62) Siehe Alexander Rüstow, *Ortsbestimmung der Gegenwart* (Rentsch: Erlenbach–Zürich 1952), Bd. 2. S. 235–236.

63) Zitiert nach dem Buch von M. Marquiset, *Napoléon 1804–1805* (Paris 1933) von Maurice Baring in *Have you Anything to Declare* (Knopf: New York 1937), S. 197.

64) Siehe meine Kurzgeschichte „The Whiff from the Empty Bottle" (unter dem Pseudonym F. S. Campbell) in *The Catholic World* (New York) Oktober 1945. Die Geschichte hat zum Inhalt die Diskussion eines prachtvollen Vaters, Arzt und „anonymer Christ", mit seinem verworfenen, aber intelligenten Sohn, der ein Bösewicht ist. In der Diskussion siegt der Sohn, ein erfolgreicher Drogenhändler, über seinen Vater, den Sohn eines liberalen und Enkel eines „fundamentalistischen" Pastors.

65) Über die Konzentrationslager und die Durchhaltekraft der religiös (oder auch ideologisch) Gläubigen siehe Jean Améry in „Der Intellektuelle im Konzentrationslager", *Die Weltwoche*, 5. Juni 1964, S. 49 ff.

66) Maksymilian Kolbe war ein hochgebildeter Priester und kirchlicher Organisator, der sein Leben im Auschwitz für einen zum Tode verurteilten Familienvater gab. Er starb im „Hungertodkarzer" und wurde von Johannes Paul II. heiliggesprochen.

67) Darüber beklagt sich auch Alexander Mitscherlich, *Auf dem Wege zur vaterlosen Gesellschaft* (Piper: München 1963), S. 349.

68) Siehe *Obras de Don Juan Donoso Cortés,* Hsg. J. M. Ortí y Lara (Editorial San Francisco de Sales: Madrid 1892), Bd. 2. S. S. 87.

69) Das ist besonders in Lateinamerika der Fall, wo so viele Priester *auch* theologisch „unter-

bemittelt" sind. So viele von ihnen können nichteinmal das Neue Testament in seiner Originalsprache lesen!

70) Siehe Günter Rohrmoser, *Die metaphysische Situation der Zeit* (Seewald: Stuttgart 1975), S. 125.

71) Zitiert in *Erneuerung und Abwehr*, Februar 1978, S. 4.

72) Siehe Louis Bouyer, *Religieux et clercs contre Dieu* (Aubier–Montaigne: Paris 1975), S. 31 ff.

73) Siehe Karl Mannheim, *Rational and Irrational Elements in Contemporary Society* (Oxford University Press: London 1934), S. 33.

74) Siehe Theodor Fontane, *Briefe an seine Familie* (Fontane & Co: Berlin 1905), S. 71 ff.

75) Siehe Pia Maria Plechl in *Die Presse* (Wien), 17. März 1981, S. 3, mit interessanten statistischen Angaben.

76) Glücklich sind jene parlamentarisch regierten Länder, die nicht zum Schutze des Glaubens (der ja nie rein spirituell sein kann) „christliche Parteien" haben *müssen*. Wenigstens verbietet heute die katholische Kirche ihren Priestern, politische Ämter zu übernehmen. Erst dem „autoritären" Johannes Paul II. gelang es, den Jesuitenpater Drinan aus dem *Congress* herauszuholen. Dieses Verfahren löst allerdings das Problem der ideologischen Anbiederung der Kirche an die Parteien noch lange nicht.

77) „Es gibt nichts Destruktiveres als Christentum ohne Kirche." So Ida F. Görres in *Nocturnen* (Knecht: Frankfurt a. M. 1949), S. 137.

78) Matthäus, 21, 35.

79) Siehe Sigmund Freud, „Über die allgemeine Erniedrigung des Liebeslebens" in *Gesammelte Werke* (S. Fischer: Frankfurt a. M. 1969), Bd. 8. S. 91.

80) Ich beziehe mich hier zur Zeit der Niederschrift (1983) auf die beiden letzten polizeilichen Fahndungsblätter der Bundesrepublik Deutschland, die die Terrorszene betreffen. Im vorigen Fahndungsplakat waren 12 von 16 Terroristen weiblich, im jetzigen 10 von 15!

81) In seinem geschichtlich wohl fundierten Roman *Oliver Wiswell* (Doubleday: New York 1940) hat Kenneth Roberts uns geschildert, wie die britischen Whigs sich im Geheimen über die Niederlagen der Tories im amerikanischen Unabhängigkeitskrieg freuten.

82) Mehr „Krimis" werden verkauft als Hagiographien; der Teufel scheint interessanter zu sein als die Engel, und da ist auch das furchtbare Wort von Winston Churchills Mutter: „Keine Frau hat je einen guten Mann geliebt." Siehe R. D. Martin, *Jenny* (Signet. American Library: New York 1972), Bd. 2. S. 320.

83) Die Herrschaft kam auf die Erde durch die Erbsünde, denn der Einzelne ist nicht mehr perfekt, sondern ein auf Gesellschaft und Staat angewiesenes „Bruchstück".

84) Vom englischen Politologen Cyril Northcote Parkinson aufgestelltes Gesetz über die „Selbstaufblähung" aller Bürokratien.

85) Die sozialdemokratische Partei, die bis vor wenigen Jahren das Land durch Generationen regierte, machte große Anstrengungen, das letzte Sexual-Tabu, gegen den Inzest, abzuschaffen. Die Blutschande unter „willigen Erwachsenen" sollte legalisiert werden.

86) Ein schwedischer Gehirnchirurg emigrierte, weil er nach dem Steuerabzug kaum mehr verdiente als seine Tochter, die seine Sekretärin. Die Jugendschriftstellerin Astrid Lindgren, wurde mit 102% ihres Einkommens steuerlich belangt und der Filmregisseur Ingmar Bergmann wanderte aus steuerlichen Gründen nach Bayern aus.

87) Zitiert von F. C. Happold in *Towards a New Aristocracy* (Faber & Faber: London 1943), S. 20–21.

88) Das kommt sehr deutlich in seinem Essay *On Liberty* heraus.

89) Siehe auch Lewis Mumford, *The Pentagon of Power* (Harcourt–Brace: New York 1970), S. 238. Dieses ausgezeichnete „konservative" Buch über die Macht in der Moderne hat mit dem Pentagon in Washington nichts zu tun.

90) Siehe K. R. Popper, *The Open Society and its Enemies* (Routledge & Kegan Paul: London 1962), Bd. 2. S. 161.

91) *Ibidem*, S. 162.

92) Das ist in Nordamerika der Fall, weil dort die Französische Revolution das Idearium der Gründerväter fast vernichtet hat, und man die Unvereinbarkeit von Freiheit und Gleichheit vordemonstriert bekam. Vor Andrew Jackson (gewählt 1828) ist Amerika „undemokratisch". Siehe Mortimer Adler, „In Terms of What Moral Principle is Democracy the Best Government", in *Fifteenth Annual Proceedings of the American Catholic Philosophical Association* (Washington 1939), S. 163.

93) Im Englischen ist *persuasion* fast schon Überzeugung. Aber auch im Deutschen kommt die „Über-Redung" schon fast einem geistigen Gewaltakt nahe.

94) Siehe Edgar J. Jung, *Sinndeutung der deutschen Revolution* (Stalling: Oldenburg 1933), S. 62.

95) Über Teilhard de Chardin siehe *Teilhard de Chardin in Selbstzeugnissen und Dokumenten*, edit. J. Hemleben (Rowohlt: Reinbek–Hamburg 1966), S. 59 ff. Mit Kardinal Tisserant unterhielt ich mich persönlich.

96) Siehe Milovan Djilas, *Der Krieg der Partisanen* (Molden: Wien 1977), S. 495. Nicht nur ist der Partisanenkrieg dem Terrorismus verwandt, sondern der Kommunismus selbst hat von Moskau aus den Terrorismus gefördert. Siehe vor allem Claire Sterling, *Das internationale Terrornetz* (Scherz: München 1981).

97) Ihr Argument (das aber stets gierig im dummen Westen aufgegriffen wird) ist dies: die Dritte Welt wurde durch den ‚Kolonialismus' ausgeplündert, der rote Osten sei unschuldig an dem Elend. Wo aber ist dann der Reichtum der Nichtkolonialisierten von Nepal bis zur Türkei?

98) So zum Beispiel die Revolte in Nowotscherkassk im Jahre 1962. Siehe Cornelia I. Gerstenmaier, *Die Stimme der Stummen* (Seewald: Stuttgart 1971), S. 65.

99) Siehe D. Mereshkowskij, *Tsarstwo Antichrista* (Drei-Masken-Verlag: München 1919), S. 232.

100) Siehe *National Review* 16. Oktober 1981, S. 1188–1196. Als Flugschrift gedruckt vom *National Committee of Catholic Laymen* (New York, 1982). Die „Portland Declaration" (26 Punkte) besteht aus einer Lang- und einer Kurzfassung: sie ist nichtdemokratisch, personalistisch und freiheitlich. Sie hat einen theistischen Ausgangspunkt und verdankt ihr Entstehen einer Reihe von Sitzungen im Western Humanities Institute in Portland, Oregon.

101) Selbst intelligente Liberale (im echten Sinn des Wortes) bedauern das Fehlen einer liberalen Utopie. Siehe F. A. v. Hayek, „The Intellectuals and Socialism", in *The Intellectuals* ed. George B. de Huszár (Free Press: Glencoe 1960), S. 384. Siehe auch sein *Law, Liberty and Legislation,* Bd. 1. (London, 1973), S. 65, auch Bd. 2 (1976), S. 54.

102) Siehe auch Eugen Lemberg, *Segen und Fluch der Ideologie* in *Initiative* No. 9 (Herder: Freiburg i. Br. 1975), S. 56. Hier schreibt Lemberg, daß die Ideologien durch Ideologiekritik nicht aus der Welt zu schaffen sind, denn sie seien wie die Luft, die die Menschen atmen.

103) Guido Zernatto war ein namhafter Kärntner Dichter von hohem Rang, Generalsekretär der „Vaterländischen Front" und starb im amerikanischen Exil.

104) Siehe Joseph de Maistre, *Quatre chapitres inédits sur la Russie* (Vaton: Paris 1859), S. 20.

105) Man bastelte dennoch infantil an den alten demokratischen Verfassungen herum: in der deutschen Bundesrepublik sollte der Präsident *nicht* mehr vom Volk gewählt werden (denn das roch nach Weberscher Charismatik und man erinnerte sich auch an Hindenburg), während in Österreich – umgekehrt – zur Stärkung der Demokratie der Präsident (anders als in der Kelsenschen Verfassung) ein Produkt der Volkswahl sein sollte. (Da erinnerte man sich schmerzlich an das Patt von 1933 im österreichischen Parlament.)

106) Siehe Seite 203 und Anm. 33./5.

107) Zitiert von Wilhelm Röpke, *Civitas Humana* (Rentsch: Erlenbach 1946), S. 277.

108) Siehe Ralph Henry Gabriel, *The Course of American Democratic Thought* (Ronald Press: New York 1940), S. 382. Ich hatte das Vergnügen, Professor Gabriel im Oktober 1981 zu besuchen: er war 92 Jahre alt.

109) Siehe Crane Brinton, *Ideas and Men. The Story of Western Thought* (Prentice Hall: New York 1950). S. 538.

110) *Ibidem,* S. 549.

111) Über die Irrationalität dieser Zahlenspielerei siehe auch Fritz Schachermeyr, *Die Tragik der Voll-Endung* (Koska: Wien 1981), S. 433 ff (über den „Kopfzahlfetischismus").

112) Horkheimer gehörte der Frankfurter kritischen Schule an und wurde erst vor seinem Tod ein (jüdisch-orientierter) Theist und sogar ein ‚Konservativer'. Siehe sein großes Interview im *Spiegel,* 5. Jänner 1970, S. 76–84. Dazu auch: M. Horkheimer, *Die Sehnsucht nach den ganz Anderen.* Ein Interview durch H. Gumnior (Furche: Hamburg 1970).

113) Siehe sein Manuskript *Die Juden und Europa* (geschrieben in Paris 1939), zitiert von Michael Th. Greven, „Studien zur Faschismustheorie" in *Paderborner Studien,* Jahrgang 1975, S. 70.

114) Siehe H. G. Wells, *The Mind at the End of its Tether* (Didier: New York 1946), S. 15 und 18.

115) Martin Luther zitiert in *Erneuerung und Abwehr,* März 1977, S. 6.

116) Siehe Denis de Rougemont, *L'aventure occidentale de l'homme,* (Albin Michel: Paris 1957), S. 197–198.

117) In der kinderliebenden Vergangenheit wollten Eltern, daß es ihre Kinder „besser haben" als sie selbst. Jetzt aber heißt es, das Leben zu genießen, während jene, die das Privileg hatten, nicht im Mutterleib gleich umgebracht zu werden, sich nach der „Decke strecken" sollen.

118) Vom fakultativen Abortus ist es kein weiter Schritt bis zum obligaten. Dann kommt die fakultative und schließlich die obligate Euthanasie. Ein ungerechtfertigter Alptraum? Dr. Francis Crick, ein Nobel-Preisträger und Vorkämpfer in England für die Freiheit des Fötalmordes, hat auch den Vorschlag gemacht, alle Achtzigjährigen sanft umzubringen. Siehe K. B. Whitehead, *Respectable Killing* (C. U. F.: New Rochelle 1972), S. 108. Ein den österreichischen Sozialisten nahestehendes Lokalblatt, die *Meidlinger und Liesinger Zeitung,* Juli 1972, S. 3, „ventilierte" auch schon den Mord an den Geborenen und stellte die Frage, ob ein Kind bis zum vollendeten ersten Lebensjahr schon ein Mensch sei. Der evangelische Landesbischof Österreichs, Dr. Oskar Sakrausky, betrachtete die Gesetzgebung seines Landes als auf dem Wege nach Auschwitz befindlich. Die Zäsur im Westen ist durch den Mord an den Ungeborenen eine totale: siehe auch mein Essay über die Abtreibung in *Rechts, wo das Herz schlägt* (Graz: Styria 1980), S. 196 ff.

119) Über die große Schwierigkeit, die Demokratie mit dem Rechtsstaat auf den gleichen Nenner zu bringen, siehe Werner Kägi, „Rechtsstaat und Demokratie" in *Demokratie und Rechtsstaat Festschrift für Zaccaria Giacometti* (Polygraphischer Verlag; Zürich 1953), S. S. 107–142.

120) Es gibt da leider auch ein biologisches Problem, dem die Biologen ratlos gegenüberstehen: die Pubertät setzt unausgesetzt früher und früher ein, aber die geistige Reife später und später (was an und für sich schon verblüffend ist). Daten für den Pubertätsbeginn besitzen wir eigentlich nur für das männliche Geschlecht, denn wir haben Statistiken über den Stimmbruch bei den Sängerknaben, der vor 200 Jahren um das 15. und 16. Lebensjahr herum erfolgte. Haydn „mutierte" erst mit 18 Jahren. Andererseits gingen Jünglinge mit 16 Jahren auf die Universität. Für diesen Zweck mußten sie Latein und Griechisch, nur zu oft aber auch Hebräisch beherrschen. Es gingen also oft Knäblein auf die Hochschule. Pitt ging mit 14 Jahren nach Cambridge, war mit 19 Abgeordneter in Westminster, mit 23 Jahren *Chancellor of the Exchequer* (Finanzminister) und mit 24 für die nächsten 17 Jahre *Prime Minister!* Das wurde kaum kommentiert. Der Botschafter am Hofe von St. James war damals der Graf Stadion. Er war 26 Jahre alt, doch schon mit 23 war er kaiserlicher Gesandter in Stockholm gewesen. Unsere Universitäten beherbergen heute nur zu oft starke, reife Männer mit infantilem geistigen Niveau. Das erklärt auch *zum Teil* den Pariser Aufstand 1968.

Da schrieb Walker Percy, einer der bedeutendsten amerikanischen Schriftsteller (daher auch bei uns unbekannt), in seinem Roman *Love in the Ruins* (Avon Books: New York 1978), S. 207 wenn auch etwas zu verallgemeinernd über die universitäre Jugend: „Students are, if the truth be known, a bad lot. *En masse* they're as fickle as a mob, manipulable by any professor who'll stoop to them. They have, moreover, an infinite capacity for repeating dull truths and old lies with all the insistence of self-discovery. Nothing is drearier than the ideology of students, left or right... People talk a lot about how great ‚the kids' are, compared to kids in the past. The only difference in my opinion is that the kids now don't have sense enough to know what they don't know."

121) Siehe Karl Steinbuch, *Die rechte Zukunft. Gegen Fortschrittswahn und Pessimismus* (Herbig: München–Berlin 1981), S. 133, 255.

122) Siehe *Harold Nicolson's Diaries 1930–1964,* Ed. S. Olson (Collins: London 1980), S. 331 (Eintragung vom 4. März, 1949).

123) Siehe André Shih, *L'occident „chrétien" vu par les Chinois vers la fin du 19ᵉ siècle, 1870–1900* (Presses Universitaires de France: Paris 1962), S. 226.

Auch hier wieder begegnen wir einem geradezu surrealistischen Unsinn. Ernst Bloch war ein Altbolschewik, der Stalin für einen „grossen Metaphysiker" hielt, da er die „Parteilichkeit" in die Metaphysik eingeführt hatte. (Darüber sehr anschaulich Golo Mann in der *Weltwoche* vom 2. Dezember 1978. Über dieses Thema hatte Mann mit dem ‚großen Philosophen' in Prag vor dem Krieg Gespräche geführt.) Bloch zerzankte sich schließlich mit seinen Bossen in Berlin, erhielt fast sofort eine Professur im Westen und als er schließlich starb, bekam er ein bundesdeutsches Staatsbegräbnis. Wer aber hätte eine ähnliche Ehrung für Martin Heidegger vorzuschlagen gewagt? Im Vergleich zur ungebrochenen marxistischen Totalverirrung wirkt eine nur kurze Kollaboration mit dem Nationalsozialismus als dauernd diffamierend.

Anhang: Eine Sprachregulierung. „Was ist ‚faschistisch'?"

1) Diese Hinrichtung war eine der vielen politischen Dummheiten des alten Österreich, die man unter Kaiser Karl sicherlich nicht gemacht hätte. (Arad! Die Dollfußmörder!) Siehe Anm. 28./3.

2) Siehe Karl Dietrich Bracher, „Tradition und Revolution des Nationalsozialismus", in *Lust am Denken,* Ed. Klaus Piper (Piper: München 1982), S. 411.

3) So, zum Beispiel, auch als Buchtitel. Siehe Dr. Joseph Goebbels, *Der Nazi-Sozi* (Eher: München 1932). Hier auch auf S. 10, 12, 18 die starke Bejahung des Sozialismus,

4) Siehe Ernst Nolte, *Der Faschismus in seiner Epoche* (Piper: München 1963), S. 552, Anm. 40.

5) Siehe Renzo de Felice, *Intervista sul Fascismo,* ed. Michael A. Ledeen (Laterza: Bari 1975), bes. S. 48, 49. Über den Linkscharakter des Faschismus S. 53–54.

6) Siehe Galeazzo Ciano, *Diario 1937–1943,* ed. R. De Felice (Rizzoli: Mailand 1980), S. 56, 143.

7) Siehe „Le confessioni di Vittorio Mussolini", in *Il Tempo,* (Rom), 25. Februar 1948, S. 2. („Il matrimonio di Edda non piace all ex-Duce.")

8) In der Kriegserklärung am 11. Juni vom Balkon des Palazzo di Venezia sagte Mussolini, man müsse die „plutokratischen und reaktionären" Demokratien des Westens bekämpfen. Er vertrete das „proletarische und faschistische" Italien. Vgl. mit Hitlers Denunzierung des „jüdisch-kapitalistischen Standes und Klassenwahns" in seiner Rede vom 4. Mai 1941, in Werner Maser, *Op. cit.* S. 409.

9) Siehe Renzo de Felice, *Intervista sul Fascismo,* S. 64.

10) Siehe Renzo de Felice, *Mussolini il revoluzionario 1883–1920* (Einaudi: Turin 1965), S. 517, 565, 738–741, 742–3, 744–5. Am Anfang stand auch die Freimaurerei dem Faschismus freundlich gegenüber (S. 535). Die Mussolini-Biographie de Felices umfaßt 6 Bände von ungefähr je 1000 Seiten. Bis jetzt sind 5 Bände erschienen. Wer über den Faschismus heute autoritativ sprechen will, muß dieses Riesenwerk gelesen haben, das (schon aus finanziellen Gründen) kaum je in andere Sprachen übersetzt werden wird.

11) Darüber auch Pietro Silva, *Io difendo la monarchia* (De Fonseca: Rom 1945), *passim*. Siehe Renzo de Felice, *Mussolini il Duce* (Einaudi: Turin 1981), S. 14, 16, 17, 19, 21. Siehe vor allem das Gespräch zwischen Ribbentrop und Mussolini. Der Reichsaußemminister hatte sich im Namen des ‚Führers' über den Vorrang des Königs beschwert, worauf Mussolini zur Antwort gab: „Sagen Sie dem Führer, er soll Geduld haben. Ich gedulde mich schon seit 16 Jahren." Ribbentrop meinte dann, daß das einzig Gute, was in Deutschland die Sozialdemokraten geleistet hatten, die Abschaffung der Monarchie war. Zu finden in Ciano, *op. cit.* S. 133.

12) Siehe Renzo de Felice, *Mussolini il fascista. La conquista del potere* (Einaudi: Turin 1966).

13) Siehe de Felice. *Mussolini il rivoluzionario,* S. CXLVIII. Mussolini, argumentiert unser Autor, blieb ein typischer Revolutionär sein ganzes Leben lang.

14) Siehe Ernst Nolte, *Op. cit.* S. 306, Paolo Monelli zitierend, vgl. auch mit Victor Serge, „Pages de Journal, 1945–1947" in *Temps Modernes,* Juli 1949, S. 78–79. Dort wird uns berichtet wie Henri Guilbeaux, einer der Gründer des Komintern, Mussolini als den echtesten Erben Lenins betrachtete. Die radikal linke Mentalität Mussolinis wurde schließlich wieder nach der Gründung der „kleinen Republik", der *Repubichetta* mit der Hauptstadt Salò am Gardasee, nur zu deutlich. Darüber gibt es eine reiche Literatur. Zu erwähnen wäre Silvio Bertoldis *Vita e morte della Repubica Sociale Italiana* (Einaudi: Mailand 1978), besonders S. 30–31, 380, 391, 407–18; Giorgio Bocca, *Mussolini Socialfascista* (Garganti: Mailand 1983), besonders S. 15, 74, 133 sowie isdem, *La Repúbblica di Mussolini* (Laterza: Bari 1977), S. 76–77, 84–87, 162, 165. Für die republikanischen Faschisten scheint der Enthusiasmus in den heute „rötesten" Regionen Italiens am größten gewesen zu sein (Toskana, Emilia etc.).

15) Siehe Massimo Rocca, *Come il fascismo divenne una dittatura* (Ed-Librarie Italiane: Mailand 1952), S. 360, 362.

16) Julius Evola, *Il fascismo* (Volpe: Rom 1964), S. 53–54. Genau genommen war der äußerst begabte Evola ein rechtsdralliger Sympathisant des Faschismus mit eigenartiger Stellung während des Zweiten Weltkriegs.

17) Wer die Werke Péguys genau kennt, muß sich darüber allerdings etwas wundern: er wurde sowohl von den Pétainisten als auch von der Résistance immer wieder zitiert. Übrigens war er ein gläubiger Katholik, der niemals in die Messe ging.

18) Siehe den Artikel *Fascismo* in der *Enciclopedia Italiana,* (Treves, Trescani & Tumminelli: Mailand 1932), Bd. 14, Teil II, S. 848 und 850. Es sei hier als Kuriosität vermerkt, daß eine englische Übersetzung dieses Artikels unter dem Titel *The Political and Social Doctrine of Fascism,* von Leonard und Virginia Woolf in der Hogarth Press: London 1934 veröffentlicht wurde.

19) Mussolinis Formel war: „Tutto nello Stato, niente al fuori dello Stato, nulla contra lo Stato." Das ließe sich allerdings auch auf die Sowjetunion anwenden.

20) Siehe A. James Gregor, „Fascism and Modernization: Some Addenda" in *World Politics* (April 1974), *passim.*

21) Siehe R. de Felice, *Intervista sul Fascismo,* S. 24.

22) Siehe Hannah Arendt, *The Origins of Totalitarianism* (Harcourt, Brace: New York 1951), S. 303 ff. Auch waren die Gefängnisse der Faschisten unvergleichlich weniger brutal als die im Dritten Reich. Das ersieht man aus den *Lettere dal carcere* des Kommunisten Antonio Gramsci (Einaudi: Turin 1972).

23) Siehe Heinrich Brüning, *Memoiren 1918–1934* (Deutsche Verlags-Anstalt: Stuttgart 1970), S. 360.

24) Siehe R. de Felice, *Le interpretazioni del fascismo* (Laterza: Bari 1976), S. 204.

25) Siehe de Felice, *Ibidem,* S. 42.

26) Wohl auch eine der Thesen Barzinis in *Gli Italiani.*

27) Siehe R. de Felice, *Mussolini il Duce,* S. 719. Mussolini rettete dann später Nittis Leben, als dieser nach der Besetzung Frankreichs durch die Deutschen in deren Hände fiel. Doch gab es auch „unbekehrte" Sozialisten, die in Mussolinis Nähe blieben, wie z. B. Carlo Silvestri. Ein sehr dunkler Fleck in Mussolinis Leben ist allerdings die Hinrichtung seines Schwiegersohnes Ciano, der den Rücktritt des *Duce* verlangt hatte.

28) Aber auch in der Donaumonarchie wurde zwischen 1903 und 1918 nur *ein* Zivilist hingerichtet. (Zwischen 1874 und 1918 wurden 2786 Personen zu Tode verurteilt, aber nur 85 hingerichtet.) Siehe Theodor Rittler, „Die Todesstrafe und das 20. Jahrhundert" in *Wort und Wahrheit,* Februar 1948, S. 94.

29) Siehe Hannah Arendt, *Op. cit.* S. 303, Anmerkung 8.

30) Als einige Vertreter der *Action Française,* voran Lucien Corpechot, Mussolini erklärten, daß sie dem Papst ein *Non Possumus* entgegensetzen müssen, brüllte Mussolini sie an: „Dem Papst

non possumus sagen? Dem Papst kann man ganz einfach nicht *non possumus* sagen!" Siehe Adrien Dansette, *Histoire religieuse de la France contemporaine* (Flammarion: Paris 1951), Bd. II, S. 595.

31) Lloyd George nannte den Faschismus im *Manchester Guardian* vom 17. Jänner 1933 „die größte soziale Reform der Neuzeit", ähnlich drückte sich der Sozialist George Lansbury in der *News Chronicle* vom 16. Februar 1933 aus. In einem Brief an Mussolini vom 22. Juni 1933 schrieb Lloyd George: „Ich bin noch nicht tot, wohl aber der Liberalismus."

32) Siehe Anm. 64./11., in der Dahrendorf über den Einzug der Modernität durch den Nationalsozialismus in Deutschland zitiert wird – sehr analog zu R. de Felice. Hier soll allerdings auch gesagt werden, daß die Moderne auf dem Zauberbegriff des „Fortschritts" beruht, der heute eine ganz große Rolle spielt. Er ist primär Religionsersatz und Tröstung der Glaubenslosen, die dem Traum einer unaufhaltsamen (zumeist materiellen) Glückssteigerung anhangen, die wiederum den Charakter eines kosmischen Grundgesetzes hat. Dabei kommt es zu entsetzlichen Pannen. Heute aber sind die Illusionen des 19. Jahrhunderts doch einigermaßen erschüttert worden.

33) Siehe *Konfuzius*, ed. Lin Yutang (Fischer-Bücherei: Frankfurt 1956), S. 65–66. Doch gerade das Wort „Demokratie" mußte die unglaublichsten Verdrehungen erleiden, worüber man sich bei ihrem zutiefst irrationalen Charakter nicht wundern darf. Siehe meinen Aufsatz: „Dialog über die Demokratie" oder „Die Demokratie vom Mars aus betrachtet" *Criticòn*, No. 81 (Jänner-Februar 1984), S. 19–23.

Dort beschäftige ich mich mit dem Anspruch der Demokratie, „Selbstregierung" zu sein. Falls es diese überhaupt gäbe, wäre sie nur bei absoluter Einstimmigkeit möglich. Sir Henry Campbell-Bannermans berühmtes Diktum *Selfgovernment is better than good government* drückt jedoch einen hochidealistischen Unsinn aus, denn dann wären Mehrheitsregierungen wie die von Ajatollah Khomeini und Mugabe besser als die von Karl V. und Maria Theresia und quacksalbernde Selbstbehandlung besser als die Fürsorge erfahrener Mediziner.

PERSONEN- UND ORTSREGISTER

Für Worte in der zyrillischen Schrift wird beim weichen „Sch" die Umschreibung mit „sh" benützt. Für serbische Worte wurde die kroatische Rechtschreibung angewendet. Für japanische Worte gilt die offizielle Hepburn Orthographie.

539

543

Fukuoka 502
Fuller, J. C. F., Generalmajor 298, 498
Fuller, Margaret 48
Fulton (Missouri) 303, 326
Funder, Friedrich 483
Fünfkirchen (Pécs) 116
Fürer-Haimendorf, Ch. v. 449
Fustel de Coulanges, N. D. 449
Fussach am Bodensee 527

Gabin, Jean 493
Gabriel, Ralph H. 435, 513, 532
Gaëta 119
Gagern, Max Frh. v. 460
Gaitán, Jorge 375
Galen, Clemens August Graf, Kardinal 474
Galicien 247, 398
Galilei, Galileo 49
Galizien 31, 76, 94, 159, 163, 199
Gambetta, Léon 102
Gambia 501
Gambra, Rafael 470
Gandhi (Mahatma) Mohandas 352, 529
Gannon, Robert I., S. J. 504
García Lorca, Federico 248
García Marquez, Gabriel 519
García Valdecasas, Alfonso 249, 493
Garibaldi, Giuseppe 119, 121, 368
Gasman, Daniel 477
Gasperi, Alcide de, siehe Degasperi
Gaulle, Charles de 185, 275, 277f., 317f., 320,
   322, 414, 448, 483, 499, 501, 508f.
Gaxotte, Pierre 19, 25, 450f.
Gay, Hobart H. General 494
Gazier, Augustin 471
Gdingen 201, 486
Gehlen, Arnold 529
Gelb, Leslie 350f.
Genf 120, 146, 177, 182
Gentz, Friedrich v. 231, 453
Genua 118, 460
Geoffroy, Louis, S. J. 25
Georg III. (Großbritannien) 10, 172, 318, 448,
   508
Georg IV. (Großbritannien) 104
Georg V. (Großbritannien) 530
Georg VI. (Großbritannien) 180, 264, 453
Georgia 171, 480
Georgien (Grusinien) 94, 464, 470
Gerlach, Ludwig v. 134
Germanus (Germain), Hl. 24
Gerő, Ernő 382
Gersdorff, Rudolf-Christoph Frh. v. 194, 484,
   498

Gershein, Martin 515
Gerstenmaier, Cornelia 532
Gezelle, Caesar 130
Gezelle, Guido 130
Ghana 357
Ghaza-Streifen 526
Ghelderode, Michel de 471
Gheorgiu, C. Virgil 524
Ghetto 147
Ghika, Ion und Alexander 524
Gibbs, Sir Philip 511
Gibraltar 29, 32, 103
Gierek, Edward 38, 522
Giertych, Jędrzej 486, 497, 502
Gil Robles, José Maria 319
Gilbert, Martin 474
Gilbert, Nicholas 25
Giraud, Henri-Honorè General 321, 509
Gironella, José Maria 493
Gladstone, William E. 105, 134
Glaise v. Horstenau, Edmund 481, 483
Glasenapp, Igor v. 464–466
Gléglé 356
Gnjedin, E. 497, 500
Goebbels, Paul Joseph 242, 503, 534
Gobineau, J. Arthur Graf 322
Godesberg 263
Gogarten, Friedrich 449
Golder, F. A. 480
Golf, Persischer 400
Gollancz, Victor 298
Gömbös, Julius v. 209
Gomulka, Władysław 381
Gooch, G. P. 453
Goerdeler, Carl 494, 501
Gordon, Lord George 468
Gordon, Manya 465
Gorer, Geoffrey 450
Gorham, Natham 172
Göring, Hermann 276, 289, 453
Gorkij, Maxim 396
Görres, Ida F. 531
Gotenhafen 486
Gotha 459
Goethe, Johann Wolfgang v. 9, 34f., 49, 71,
   102, 202, 439, 454, 459, 463
Gott 125, 143, 149f., 375, 424f., 440
Göttingen 82
Gottschee 402
Gottwald, Klement 306
Goulart, João, Präsident 373
Gracchen 81
Granada 400
Gran Sasso d'Italia 299

552

Owen, Robert 42, 64, 69, 70, 455
Oxenstierna, Axel, Kanzler 448
Oxford 458

Pabst, Wolfgang 524
Paderewski, Ignacy Jan 485, 496
Padover, S. K. 470
Page, Walter H. 175, 481
Paine (Payne), Thomas 492
Pakistan 352, 406f., 408
Palästina 352, 401–405
Paléologue, Maurice 268, 452, 465, 479
Palm, Johann, Ph., Verleger 226
Palm, Rolf 50, 503
Palmer, Joseph 530
Palmerston, Henry S. T., Lord 105
Panamá 304, 360, 368
Pandora 232
Pange, Comte Jean de 462f.
Panthera 476
Papandreou, Andreas 466
Papen, Franz, v. 240, 256, 481, 492
Papini, Giovanni 140, 473
Papua 360
Paraguay 101, 127, 368, 376, 519
Pareto, Vilfredo 436, 528
Paris 16, 19, 21–23, 37, 43, 45, 56–58, 70, 72,
    76, 99–101, 107, 168, 179, 185, 188, 191, 195,
    207, 218f., 243, 251, 262, 268, 273, 278, 320f.,
    374, 419, 459f., 467, 473, 484, 487, 499, 515, 525
Paris, Henri Comte de 498f.
Pariser Vorortefriede siehe auch Versailles etc.
    195, 267, 513
Parker, Theodore 48
Parkes, James 476
Parkinson, Cyril Northcote 531
Parmiter, Geoffrey C. 483
Pascal, Blaise 45, 455
Passau 332
Pastor, Ludwig Frh. v. 134, 460f., 462f., 481, 486
Paterson, Isabel 529
Patton, George S., General 335, 494
Pau 30
Pauker, Anna 306
Paul I., Kaiser 466, 520
Paul VI. (Kardinal Montini) 142f., 311f., 316,
    349, 410, 476, 515
Paulskirche 82
Paulus, Apostel 473
Pavelić, Ante 306
Pazifik 293–296, 360
Peabody, Elisabeth Palmer 48
Pearl Harbor 287, 289, 291, 500
Peć (Ipek) 307, 469

Peel, Sir Robert 105
Péguy, Charles 134, 445, 467, 535
Peking 291, 347, 358, 364, 410, 502
Peloponnes 111
Pennsylvanien 69, 171, 471
Penzer, N. M. 469
Percy, Walker 533
Perón, Juán 373, 377, 520
Perry, Matthew G., Commodore 295
Persien, siehe Iran
Peru 253, 367–371, 377, 517
Pesch, Heinrich, S. J. 522
Pest 76, 78, 89, 488
Pétain, Henri Philippe, Marschall 100, 278f.,
    317f., 343, 499, 509
Petar (Peter) I. v. Serbien 479
Petar II., König v. Jugoslawien 283
Peter I. der Große 137, 464
Peter III., Kaiser v. Rußland 453
Peters, Walter H. 483
Petljura, Symon 200
Petöfi-Gesellschaft 383
Petre, F. Loraine 519
Petrie, Sir Charles 483
Petrović-Njegoš, Dynastie 36, 111, 479
Petrozawodsk 501
Petrus, Hl. 147, 507
Peyrefitte, Roger, 466, 482
Pfitzner, Josef 478
Phanar 112
Philipp II. 179, 257
Philippe Égalite 38
Philippinen 174, 291, 293, 319, 501
Philips, Lion 55, 456
Phillips, George 134
Phokion 9
Piave 179, 186, 464
Picasso, Pablo 250
Piccolomini, Enea Silvio, siehe Pius II.
Picker, Henry 496
Pieck, Wilhelm 403
Piemont 74, 118f., 396
Pike, David 493, 497
Pike, Fredrick B. 519
Pilsen 265, 483, 504
Piłsudski, Józef, Marschall 159, 199f., 219, 241.
    460, 478
Pinochet Ugarte, Augusto 343, 520
Pinsker, A. 509
Pirot 113
Pitt, William d. Jüngere 533
Pittsburgh, Vertrag von 212
Pius II., Enea Silvio Piccolomini 258, 495
Pius IX., „Pio Nono" 119, 141, 148

557

Ruggiero, Guido de 524
Ruhrgebiet 203
Rumänien 62, 90, 115f., 140, 163, 165, 177, 190,
197f., 210, 218f., 310, 392–394, 401, 457, 463,
479, 484, 488, 494, 503f., 524
Rumburg 488
„Ruritania" 505
Rush, Dr. Benjamin 415, 470, 520, 528
Rüssel, H. W. 472
Russel, Lord Bertrand 353, 449
Rußland (UdSSR) 20f., 29, 31–33, 60, 62f., 66,
79, 82, 86, 93–99, 103, 112, 114, 121, 125, 130,
135, 137, 139, 141, 151, 156f., 160, 162, 167–
169, 175, 177, 181, 185, 187, 196, 198, 200,
205, 250, 263, 266, 268, 270–272, 281, 283–
286, 289, 290, 292, 303, 305f., 310, 314,
318f., 326–328, 332, 339, 353, 381, 383, 385,
388f., 391–395, 396, 399, 401–403, 410f., 416,
428f., 439, 451, 458f., 463–465, 469, 475, 480,
482, 484, 493, 499, 501, 504, 507, 509–512,
514, 518, 521–523, 527f.
Rüstow, Alexander 133, 399, 424, 472, 530
Ryukyu, Archipel 293, 319

Saaz 224
Sacco, Nicola 478
Sacher-Masoch, Leopold Ritter v. 462
Sachsen 31, 85, 387, 389
Sachsen–Coburg–Gotha, Familie 104, 126, 180,
469
Sachsen–Coburg–Koháry 114
Sade, Aldonse Donatien Marquis de 17f., 35, 44,
55, 63, 417, 424, 450, 458
Sahara 320
Saigon 16, 345, 348, 351, 515
Saint-Just, Louis Antoine Léon de 24, 338, 425,
458
Saint-Simon, Henri Comte de 42, 44, 48, 57,
457
Sakrausky, Oskar, Landesbischof 533
Salamanca 246
Salandra, Antonio 188
Salazar, Antonio Oliveira 239, 253, 263, 279,
317, 342
Salleron, Louis 466, 507
Saló 535
Saloniki 113, 115, 165, 166
Salviati, Dorothea v. 491
Salzburg (Stadt und Land) 74, 89, 207, 225, 237,
260, 510
Salzkammergut 116, 470, 506
San Antonio 47
San Francisco 132, 411, 472, 512
San Martin, José 366, 395, 519

San Stefano 113, 393
Sandburg, Carl 481
Sanjurjo Sacanell, José, General 245, 246, 250
Sanssouci 84
Santander 254
São Paulo 143
São Tomé 126
Sarajevo 116, 479, 524
Sardinien 76, 79, 118, 119, 460
Sartre, Jean-Paul 499
Saudi-Arabien 406
Savannah 172
Save 90, 111, 210
Savenay 22
Saventhen, Eric de 475
Savoyen (Piemont) 99, 118f., 156, 187, 460
Sazonow, Außenminister 166
Schachermeyr, Fritz 533
Schacht, Hjalmar 241, 330, 491f., 511
Schanghai 501
Schaumburg–Lippe 146
Scheremétjew, Grafen 94, 464
Schestów, Leon 149, 476
Schickelé, René, 183, 483
Schicklgruber, Alois (Hitler) 226, 327, 490
Schlamm, William S. 149, 476
Schleicher, Kurt v. 240, 373, 491
Schleiermacher, Friedrich E. D. 134
Schlesien 74, 80, 188, 193f., 225
Schlesinger Jr., Arthur M. 510
Schleswig 32, 79f., 461, 498
Schleswig-Holstein 128, 389
Schlieffen, Alfred Graf 168, 274
Schmid, Josef 529
Schmidt, Helmut, Bundeskanzler 444
Schmidt, Paul 496f., 524
Schmidt, Wilhelm, SVD. 449, 495
Schmitt, Carl 60, 205, 457
Schneckenburger, Max 38
Schneidemühl 192
Schnitzler, Georg v. 330
Schöffler, Herbert 473
Scholl-Latour, Peter 515
Schomberg, Friedrich H. Graf 110
Schönbrunn 84
Schönerer, Georg v. 224, 487–489
Schönherr, Karl 383
Schopenhauer, Arthur und Familie 200, 439,
486
Schoeps, Hans J. 461f.
Schostakówitsch, Dmitrij 500
Schottland 104., 109, 136, 315
Schrangl, Franz 236
Schreiber, Helene, 493

VERLAG BÖHLAU (B) WIEN · KÖLN · GRAZ

FORSCHUNGEN ZUR GESCHICHTE
DES DONAURAUMES

Band 1:
William M. Johnston, Österreichische Kultur- und Geistesgeschichte. Gesellschaft und Ideen im Donauraum 1848 bis 1938. 1981. IV, 503 S.

Band 2:
Radomír Luža, Österreich und die großdeutsche Idee in der NS-Zeit. 1977. 368 S.

Band 3:
Victor S. Mamatey/Radomír Luža, Geschichte der Tschechoslowakischen Republik 1918–1948. 1980. 553 S.

Band 4:
Robert A. Kann, Geschichte des Habsburgerreiches 1526–1918. 1982 (2. Auflage), 617 S., 5 Karten i. T.

Band 5:
Felix Kreissler, Der Österreicher und seine Nation. Ein Lernprozeß mit Hindernissen. 1984. 733 S., zahlreiche Faksimiles und Graphiken im Anhang.

A-1014 Wien, Dr. Karl Lueger-Ring 12, Tel. (0222) 63 87 35-0*

VERLAG BÖHLAU · WIEN · KÖLN · GRAZ

Friedrich Heer

Der Kampf um die österreichische Identität

Großoktav. 1981. 562 Seiten. Ln. ISBN 3-205-07155-7

Mit der Frage „Was ist Österreich, wer ist Österreicher?" beschäftigt sich ausführlich Friedrich Heer, indem er die rund tausend Jahre österreichischer Geschichte unter spezifisch geistes- und kulturgeschichtlichen Aspekten vor uns abrollen läßt. Der besondere Reiz dieser Darstellung liegt in dem Aufzeigen von landläufig wenig bekannten Zusammenhängen und oft verblüffenden Parallelabläufen in der Geschichte.

Pressestimmen:

„... Mit diesem neuen Werk nun schuf er eine großartige Apologie, eine Verteidigungsschrift, die allen Gegnern Österreichs in die Knochen fahren kann ..."
Willi Lorenz in „Die Wochenpresse", Wien

„... Dem deutschen Leser führt dieses wortmächtige und mit nie nachlassendem rednerischen Pathos geschriebene Werk eine Wirklichkeit vor Augen, von der er immer noch zu wenig weiß ..."
Friedrich Weigand im „ORF"

William M. Johnston

Österreichische Kultur- und Geistesgeschichte

Gesellschaft und Ideen im Donauraum 1848–1938

Aus dem Amerikanischen von Otto Grohma. Mit einem Geleitwort von Friedrich Heer.
Großoktav. 1981/1984. 504 Seiten. Ln./Br.

Jene 90 Jahre vom Sturmjahr 1848 bis 1938, als „fröhliche Apokalypse" bezeichnet, in der die Welt des Habsburgerreiches zerbrach und die Donaumonarchie sich in ihre Nachfolgestaaten auflöste, bilden den Bezugsrahmen dieses in den Vereinigten Staaten mit dem „Austrian History Award" ausgezeichneten Buches. Es liegt hier ein Werk vor, das jeden Österreicher anregen mag, sich mit dem reichen kulturellen Erbe seiner Heimat auseinanderzusetzen.

So urteilt die Presse über dieses Buch:

„Es gibt Bücher, die schon dadurch bemerkenswert sind, daß sie geschrieben wurden. Dieses hier, eine Kultur- und Geistesgeschichte Österreichs seit der Mitte des vorigen Jahrhunderts, gehört dazu. Es ist nichts Geringeres als der Versuch, ein von den Weltuntergängen dieses Jahrhunderts nahezu verschüttetes kulturelles Wirkungsfeld von nachhaltiger Eindringlichkeit zu lokalisieren und zu vermessen."
Frankfurter Allgemeine Zeitung

A-1014 Wien, Dr. Karl Lueger-Ring 12, Telefon (0222) 63 87 35-0*